国际项目管理专业资质认证系列丛书

现代项目管理

升级版

第2版

白思俊 ◎ 主编

MODERN

PROJECT

MANAGEMENT

《现代项目管理：升级版》第 2 版作为国际项目管理专业资质认证（IPMP）考试的指定培训教材，是当前最为系统、最为全面地论述项目管理各个知识领域及其应用的专著。本书分为上、下两册，共 7 篇 29 章。

上册主要讲述项目管理概论、项目论证与评估及项目计划与控制 3 个方面的内容，涉及项目管理的发展、成功的项目管理、项目及项目管理的概念、项目管理的核心内容、项目管理典型模式、项目论证的概念与程序、项目论证的基本原理、项目经济评价和环境影响评价、项目可行性研究及报告撰写、商业计划书及其编制、项目评估及报告编制、项目融资及 PPP 模式、项目计划与控制综述、项目目标与范围管理、网络计划技术、项目时间计划的制订、项目资源与费用计划的制订、项目计划的优化、项目计划的执行与控制、项目质量管理、项目采购与合同管理。

下册主要讲述项目收尾与后评价、项目综合管理、项目组织与团队管理、案例应用与 IPMP 认证 4 个方面的内容，包括项目收尾、项目验收、项目审计及报告编制、项目后评价与报告编制、项目信息管理、项目沟通管理、项目冲突管理、项目风险管理、项目现场管理、项目 HSE 管理、项目监理与行政监督、企业项目管理、多项目管理、项目管理的组织形式与设计、项目团队管理、项目人力资源管理、项目经理的责任、权力、素质及能力要求、组织项目管理能力模型与能力基准、现代项目管理的应用特点与观念、项目管理的综合应用案例、关于 IPMP 认证的申请、评估、笔试、案例研讨、项目管理报告与面试。

本书将理论和实际应用案例相结合，注重项目管理知识的系统性和实际应用案例的完整性，是参加国际项目管理专业资质认证（IPMP）考试人员必备的参考用书，也是各类项目管理从业人员系统学习项目管理必备的专业用书，同时可以作为大学项目管理课程的教学参考用书。

图书在版编目（CIP）数据

现代项目管理：升级版：上下册/白思俊主编. —2 版. —北京：机械工业出版社，2019.12（2025.4重印）
（国际项目管理专业资质认证系列丛书）
ISBN 978-7-111-64406-4

Ⅰ. ①现⋯　Ⅱ. ①白⋯　Ⅲ. ①项目管理　Ⅳ. ①F224.5

中国版本图书馆 CIP 数据核字（2019）第 285868 号

机械工业出版社（北京市西城区百万庄大街 22 号　邮政编码 100037）
策划编辑：张星明　责任编辑：张星明　陈　倩
责任校对：李　杨　封面设计：高鹏博
责任印制：李　昂
河北宝昌佳彩印刷有限公司印刷
2025年4月第2版·第7次印刷
210mm×285mm·44.5 印张·1316 千字
标准书号：ISBN 978-7-111-64406-4
（上下册）定价：138.00 元

电话服务　　　　　　网络服务
客服电话：010-88361066　机 工 官 网：www.cmpbook.com
　　　　　010-88379833　机 工 官 博：weibo.com/cmp1952
　　　　　010-68326294　金 书 网：www.golden-book.com
封底无防伪标均为盗版　机工教育服务网：www.cmpedu.com

《现代项目管理：升级版》第 2 版
编委会

主　编　白思俊

编　委　（按姓氏拼音排序）

白思俊　　戴大双　　丁荣贵　　郭云涛　　刘荔娟

卢向南　　欧立雄　　钱福培　　王祖和　　吴守荣

吴志东　　杨乃定　　薛　岩　　张玉麟

项目管理带来的管理变革（代序言）

作为一种教人们系统做事的方法，项目管理使得人们做事的目标更加明确，工作更有条理，过程管理更为科学。项目管理在越来越多的行业、企业及其他各种组织中得到了极为广泛的认可和应用，"项目化管理"和"按项目进行管理"逐渐成为组织管理的一种变革模式，"工作项目化，执行团队化"已经成为人们工作的基本范式。"当今社会，一切都是项目，一切也都将成为项目"，这种泛项目化的发展趋势逐渐改变着组织的管理方式，使项目管理成为各行各业的热门话题，得到前所未有的关注和认可。项目管理学科的发展，无论是在国外还是在国内，都达到了一个超乎寻常的发展速度。

现代项目管理的发展与应用已经使项目管理的管理模式与理念具有了更为广泛的影响，就像系统工程教给人们一种思考问题的方法一样，项目管理已经成为一种系统做事的方法，一种实现目标的良好途径，一种对过程进行有效控制的手段。项目管理作为提升组织执行力的有效手段和方法，使提升执行力的目标管理与过程控制得到了最佳的结合。按项目进行管理所带来的执行力提升主要表现在：做事的目标更加明确化、实现目标的过程更加条理化、对过程的控制更加科学化、实现过程的沟通方式更加可视化、团队作战的工作效率更加高效化。项目管理的这些特点使得越来越多的企业采用了项目化的管理模式，项目管理的应用日益广泛。

项目管理的核心理念"以客户为中心""以目标为导向""以计划为基础"和"以控制为手段"，已成为项目管理得以广泛应用的基础。项目管理所体现的"程序化、动态化、体系化、可视化"工作特征，保证了项目管理做事的系统性。项目管理所强调的"优化组合、责权结合"进一步明确了项目实施过程中的目的和机制，"利益相关者的满意"成为项目管理成功的主要目标。

按项目进行管理（Management By Project，MBP）将传统的项目管理方法应用于全面的企业运作，是传统项目管理方法和技术在企业所有业务活动中的综合应用，冲破了传统的管理方式和界限。MBP将项目观念渗透到企业所有的业务领域，包括市场、工程、质量管理、战略规划、人力资源管理、组织变革、业务管理等。项目管理者也不再被认为仅仅是项目的执行者，他们应能胜任更为复杂的工作，参与需求确定、项目选择、项目计划直至项目收尾的全过程，在时间、成本、质量、风险、合同、采购、人力资源等方面对项目进行全方位管理。

企业项目管理是伴随着项目管理方法在长期性组织中的广泛应用而逐步形成的一种以长期性组织为对象的管理方法和模式，其主导思想就是把任务当作项目以实行项目管理，即"按项目进行管理"。企业项目管理就是站在企业高层管理者的角度对企业中各种各样的任务实行项目管理，是一种以"项目"为中心的长期性组织管理方式，其核心是基于项目管理的组织管理体系。具体地讲，项目管理能有效地解决当前企业发展中所面临的分权问题、多元化管理问题、资源共享问题及人员进出问题等，有效地提高企业的管理效率和竞争力。

项目化管理模式出现在20世纪80年代末期，特别是当时信息技术类企业的飞速发展和技术的急速变化使得此类企业在管理模式上出现了质的飞跃。一批信息技术类的龙头企业，如IBM、朗讯、AT&T等纷纷采用项目化的管理模式，并为企业带来了新的经营活力。项目管理给传统管理模式带来了变革和挑战，项目化的管理模式已经为企业组织的发展提供了一种新的扩展形式。

在新的不断变化的市场环境下，项目化管理已成为企业发展的有力保障，而企业项目管理已经成为未来长期性组织管理的一种发展趋势。"一切皆项目"已成为现代项目管理理念的一种变革，"项目"的概念成为一种广义的概念，项目管理成为人们系统做事的思维方式和工作理念。项目管理作为一种团队执行力提升的变革方法，给传统职能型的管理组织模式带来了变革的活力，有效提升了企业组织资源的利用效率和效益。项目管理所带来的变革优势主要体现在以下几个方面：

1）组织管理的灵活性。企业项目管理采取面向对象（项目）的管理模式，把项目本身作为一个组织单元，围绕项目来组织资源，打破了传统的固定建制的组织形式，根据项目生命周期各个阶段的具体需要适时地配备来自不同职能部门的工作人员，使项目成员共同工作，为项目目标的实现而努力，使组织具有较大的灵活性。

2）管理责任的分散。按项目进行管理，是把企业的管理责任分散为一个一个具体项目的管理责任，由项目经理具体对各项目负责，确保各项目的执行及完成。各项目经理可以将项目分解为许多小的责任单元，这将有利于组织对项目执行情况及成员工作的考核、监督，有利于企业整体目标的实现。

3）以目标为导向的过程管理。企业负责人根据项目实施的目标和情况来考核项目经理，而项目经理只要求项目成员在约束条件下实现项目目标，强调项目实施的结果，项目成员根据协商确定的目标及时间、经费、工作标准等限定条件独自处理具体工作，灵活地选择有利于实现各自目标的方法，以目标为导向逐一地解决问题，最终确保项目总体目标的实现，保证企业战略的实现。

4）沟通效率的有效提升。企业项目管理关注项目整体目标的实现，关注客户对项目实现程度的满意度，并且在项目的实施过程中，团队成员能以项目目标的实现、客户满意度为动力，相互之间充分交流和合作，不断做出科学决策，力争高质量地、在预算内按时完成全部项目范围，保证问题解决方案的质量和接受的可能性。

5）个人与组织发展的有效结合。企业项目管理可以使企业不断地完成一个又一个项目，以实现企业的目标，促使企业不断上升到一个又一个新的运作平台，使企业始终处在发展前进中。对于个人的发展，传统的职能模式使人们追求的是数量有限的职能部门经理，而项目管理为企业每位员工的发展提供了更加广阔的空间，员工责任的界定可以从小项目开始，员工的成长也就可以从小项目的经理逐渐发展为大项目的经理，有利于员工发展为综合性的管理人才。

未来企业发展的三大支柱应该是战略管理、项目管理、营销管理，战略管理面向未来，营销管理面向成果，项目管理面向过程。可以看出，项目管理是战略和营销中间的载体和过渡，它既是一种思维方式和工作方法，也是一种先进的文化理念。在企业发展中，如果说战略管理是核心、营销管理是命脉，那么项目管理则是企业发展的主体。项目管理的组织形式已经为企业组织的发展提供了一种新的扩展形式，21世纪企业的生产与运作将更多地采用以项目管理为主的发展模式。

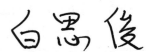

西北工业大学管理学院教授、博士生导师
中国（双法）项目管理研究委员会副主任委员
陕西省项目管理协会会长
中国优选法统筹法与经济数学研究会理事
中国建筑业协会理事兼工程项目管理委员会理事、专家
中国宇航学会理事兼系统工程与项目管理专业委员会副主任委员

编写说明

《现代项目管理：升级版》第 2 版是国际项目管理专业资质认证（IPMP）指定培训教材，相对前一版进行了较大幅度的修改。本次改版的主要思路如下：

全面体现现代项目管理的知识领域，增加最新的项目管理系统理论成果，如敏捷项目管理、利益相关者管理、项目治理、项目集管理、项目组合管理、IPMA Delta 模型等内容；编写时反映国际项目经理能力基准 ICB 4.0 的能力要素要求，增加了关于 ICB 4.0 的章节内容；编写时突出实用型理论和方法，强调编写内容的实用性和实践性，在对原有内容进行修订时注重文字的简练性描述；强调方法和理论组织上的可阅读性，特别强调从应用过程的角度组织章节结构及内容撰写，能够反映国际项目管理实践的通用做法；每个章节通过一些小的应用案例进行应用性展示，以阐述理论方法的应用思想、过程及效果，尽量用简单实用型案例，突出案例的经典实用性。充分考虑 IPMP 培训课程的对象、培训特点，力求教材在全面覆盖知识点的基础上保持可读性和实用性。

本书由中国优选法统筹法与经济数学研究会项目管理研究委员会（简称"PMRC"）组织编写，由白思俊担任主编。本书分为上、下两册，共 7 篇，29 章，每个篇章分别由相应的作者负责编写。具体分工如下：

第一篇　项目管理概论
　　主编　白思俊　　　　西北工业大学教授
第二篇　项目论证与评估
　　主编　郭云涛　　　　西北工业大学副教授、管理学院副院长
　　参编　张美露　　　　西安华鼎项目管理咨询公司高级咨询师、副总经理
　　　　　胥娇娇　　　　西北工业大学博士生
第三篇　项目计划与控制
　　主编　王祖和　　　　山东科技大学教授
　　　　　吴守荣　　　　山东科技大学教授
第四篇　项目收尾与后评价
　　主编　吴守荣　　　　山东科技大学教授
第五篇　项目综合管理
　　主编　卢向南　　　　浙江大学教授
　　参编　王祖和　　　　山东科技大学教授
　　　　　张建林　　　　浙江大学副教授
第六篇　项目组织与团队管理
　　主编　丁荣贵　　　　山东大学教授
　　参编　刘兴智　　　　山东财经大学讲师
　　　　　孙　涛　　　　山东大学副教授
　　　　　赵树宽　　　　山东大学副教授
　　　　　孙　华　　　　山东大学副教授
第七篇　案例应用与 IPMP 认证
　　主编　白思俊　　　　西北工业大学教授

目 录

项目管理带来的管理变革（代序言）
编写说明

第一篇　项目管理概论

第1章　项目管理的发展 …………………………………………………………… 3
本章要点 …………………………………………………………………………… 3
1.1　项目管理的发展历史 ………………………………………………………… 3
 1.1.1　项目管理的产生与发展 ………………………………………………… 3
 1.1.2　项目管理学科的发展 …………………………………………………… 5
 1.1.3　国际项目管理组织及其发展 …………………………………………… 8
 1.1.4　我国项目管理的发展 …………………………………………………… 9
1.2　项目管理的专业化与项目经理的职业化发展 …………………………… 10
 1.2.1　概述 ……………………………………………………………………… 10
 1.2.2　国际项目经理资质认证（IPMP）简介 ……………………………… 11
 1.2.3　项目管理与职业发展 …………………………………………………… 12
1.3　成功的项目管理 ……………………………………………………………… 14
 1.3.1　成功项目管理的概念与特点 …………………………………………… 14
 1.3.2　成功项目管理的基本原理 ……………………………………………… 16
 1.3.3　成功项目管理的基本做法 ……………………………………………… 17
 1.3.4　成功项目管理的应用观念 ……………………………………………… 19
1.4　项目管理为华为产品研发带来的管理变革 ……………………………… 21

第2章　项目与项目管理 ………………………………………………………… 25
本章要点 …………………………………………………………………………… 25
2.1　项目 …………………………………………………………………………… 25
 2.1.1　认识项目 ………………………………………………………………… 25
 2.1.2　项目的概念 ……………………………………………………………… 26
 2.1.3　项目的特征与属性 ……………………………………………………… 27
 2.1.4　项目的组成要素 ………………………………………………………… 29
 2.1.5　项目生命周期 …………………………………………………………… 30
 2.1.6　项目集群与项目组合 …………………………………………………… 33
2.2　项目管理 ……………………………………………………………………… 35
 2.2.1　项目管理的概念 ………………………………………………………… 35
 2.2.2　项目管理的核心思想 …………………………………………………… 36
 2.2.3　项目管理的特点 ………………………………………………………… 37
 2.2.4　项目管理的基本职能 …………………………………………………… 38
 2.2.5　不同层次的项目管理 …………………………………………………… 39

2.3 项目管理的核心内容 ·········· 41
2.3.1 项目管理的两个层次 ·········· 41
2.3.2 项目管理的4个阶段 ·········· 41
2.3.3 项目管理的5个过程 ·········· 42
2.3.4 项目管理的十大知识领域 ·········· 44
2.3.5 项目管理的29个能力要素 ·········· 44
2.4 敏捷项目管理 ·········· 46
2.4.1 敏捷项目管理的概念 ·········· 46
2.4.2 敏捷项目管理与传统项目管理比较 ·········· 46
2.4.3 敏捷项目管理的优势 ·········· 48
2.4.4 敏捷项目管理的框架与内容 ·········· 48
2.5 项目管理典型模式 ·········· 50
2.5.1 工程总承包模式 ·········· 51
2.5.2 项目管理服务模式 ·········· 53
2.5.3 项目管理总承包模式 ·········· 55
2.6 向波音公司学项目管理 ·········· 57

第二篇 项目论证与评估

第3章 项目论证概述 ·········· 63
本章要点 ·········· 63
3.1 项目论证的概念、原则与程序 ·········· 63
3.1.1 项目论证的概念 ·········· 63
3.1.2 项目论证的原则 ·········· 63
3.1.3 项目论证的程序 ·········· 64
3.2 项目论证的阶段划分 ·········· 65
3.2.1 机会研究 ·········· 65
3.2.2 初步可行性研究 ·········· 66
3.2.3 详细可行性研究 ·········· 67
3.3 需求识别与项目构思 ·········· 68
3.3.1 项目需求和目标 ·········· 68
3.3.2 需求识别 ·········· 68
3.3.3 需求建议书 ·········· 69
3.3.4 项目构思 ·········· 71
3.3.5 项目方案的选定 ·········· 72
3.3.6 项目建议书 ·········· 72
3.4 项目论证的基本原理和方法 ·········· 72
3.4.1 资金时间价值理论 ·········· 72
3.4.2 静态和动态评价方法 ·········· 75
3.4.3 不确定性分析 ·········· 77
3.4.4 敏感性分析案例 ·········· 78
3.4.5 影子价格理论 ·········· 81

  3.4.6 增量净效益法（有无比较法） ········· 82

第4章 项目经济评价和环境影响评价 ········· 84
 本章要点 ········· 84
 4.1 项目财务评价 ········· 84
  4.1.1 项目财务评价的含义、意义及程序 ········· 84
  4.1.2 项目基本财务数据的预测 ········· 85
  4.1.3 基本财务报表的编制 ········· 86
 4.2 项目国民经济评价 ········· 94
  4.2.1 项目国民经济评价概述 ········· 94
  4.2.2 项目国民经济评价基本报表的编制 ········· 97
  4.2.3 项目国民经济评价指标体系 ········· 99
  4.2.4 项目经济评价方法的应用 ········· 101
 4.3 项目环境影响评价 ········· 102
  4.3.1 项目环境影响评价的含义及制度 ········· 102
  4.3.2 项目环境影响评价的工作程序 ········· 103
  4.3.3 环境影响评价报告书的内容 ········· 103

第5章 项目可行性研究 ········· 107
 本章要点 ········· 107
 5.1 详细可行性研究的内容 ········· 107
  5.1.1 市场需求预测 ········· 107
  5.1.2 原材料和投入的选择供应 ········· 108
  5.1.3 产品结构及工艺方案的确定 ········· 109
  5.1.4 生产规模（或生产能力）的确定 ········· 109
  5.1.5 技术与设备选择 ········· 111
  5.1.6 坐落地点和厂址选择 ········· 112
  5.1.7 投资、成本估算与资金筹措 ········· 113
  5.1.8 经济评价及综合分析 ········· 115
 5.2 可行性研究报告编写 ········· 116
 5.3 商业计划书 ········· 118
  5.3.1 商业计划书介绍 ········· 118
  5.3.2 商业计划书与可行性研究报告的对比 ········· 119
  5.3.3 商业计划书的编写 ········· 119
 5.4 项目评估 ········· 122
  5.4.1 项目评估概述 ········· 122
  5.4.2 项目评估的内容和程序 ········· 122
  5.4.3 项目评估与可行性研究的联系与区别 ········· 123
  5.4.4 项目评估报告大纲 ········· 125
 5.5 项目评审、核准和备案 ········· 125
 5.6 ××智能机器人研发项目可行性研究案例 ········· 126

第6章 项目融资与PPP模式 ········· 134
 本章要点 ········· 134

6.1 项目融资概述 …………………………………………………………………… 134
　6.1.1 项目融资的定义 …………………………………………………………… 134
　6.1.2 项目融资与公司融资的区别 ……………………………………………… 135
　6.1.3 项目融资模式 ……………………………………………………………… 137
　6.1.4 项目融资模式的设计原则 ………………………………………………… 138
6.2 项目融资风险管理 ……………………………………………………………… 139
　6.2.1 系统风险及其管理 ………………………………………………………… 140
　6.2.2 非系统风险及其管理 ……………………………………………………… 141
　6.2.3 项目风险的担保 …………………………………………………………… 142
6.3 PPP模式 ………………………………………………………………………… 144
　6.3.1 PPP模式的含义及特点 …………………………………………………… 144
　6.3.2 PPP模式的结构分析 ……………………………………………………… 145
　6.3.3 PPP模式的具体形式 ……………………………………………………… 147
　6.3.4 PPP模式的操作程序 ……………………………………………………… 147
　6.3.5 PPP模式的付费机制 ……………………………………………………… 149

第三篇　项目计划与控制

第7章　项目计划与控制综述 ……………………………………………………… 153
本章要点 ……………………………………………………………………………… 153
7.1 项目计划与控制概述 …………………………………………………………… 153
　7.1.1 项目计划与控制的概念 …………………………………………………… 153
　7.1.2 可视化的项目计划与控制流程 …………………………………………… 154
7.2 项目计划 ………………………………………………………………………… 155
　7.2.1 项目计划概述 ……………………………………………………………… 155
　7.2.2 项目计划的类型及属性 …………………………………………………… 156
　7.2.3 项目计划的过程 …………………………………………………………… 157
7.3 项目计划的控制 ………………………………………………………………… 160
　7.3.1 项目控制概述 ……………………………………………………………… 160
　7.3.2 项目控制原理 ……………………………………………………………… 160
　7.3.3 项目控制过程 ……………………………………………………………… 161

第8章　项目目标与范围管理 ……………………………………………………… 163
本章要点 ……………………………………………………………………………… 163
8.1 项目识别与启动 ………………………………………………………………… 163
　8.1.1 项目识别 …………………………………………………………………… 163
　8.1.2 项目启动 …………………………………………………………………… 163
8.2 项目目标 ………………………………………………………………………… 165
　8.2.1 项目目标的定义 …………………………………………………………… 165
　8.2.2 项目目标的确定 …………………………………………………………… 166
　8.2.3 项目目标的描述 …………………………………………………………… 167
　8.2.4 项目目标之间的平衡关系 ………………………………………………… 169
　8.2.5 里程碑计划及其制订 ……………………………………………………… 169

8.3 项目范围管理 ... 171
8.3.1 规划范围管理 ... 171
8.3.2 收集需求 ... 172
8.3.3 定义范围 ... 174
8.3.4 创建 WBS ... 175
8.3.5 确认范围 ... 176
8.3.6 控制范围 ... 178

8.4 项目分解结构与工作分解结构 ... 179
8.4.1 项目分解结构 ... 179
8.4.2 工作分解结构 ... 180
8.4.3 WBS 词典的建立 ... 183
8.4.4 典型 WBS 应用示例 ... 184
8.4.5 PBS 与 WBS 的区别与联系 ... 187

8.5 工作责任分配矩阵 ... 188
8.5.1 责任分配矩阵的概念 ... 188
8.5.2 责任分配矩阵的制定 ... 188

第 9 章 项目进度计划的制订 ... 190
本章要点 ... 190

9.1 进度计划制订的基础 ... 190
9.1.1 工作关系的确定 ... 190
9.1.2 工作持续时间的确定 ... 192

9.2 网络图的绘制 ... 194
9.2.1 网络计划技术简介 ... 194
9.2.2 双代号网络图的绘制 ... 196
9.2.3 单代号网络图的绘制 ... 201
9.2.4 搭接网络图的绘制 ... 204

9.3 网络计划时间参数的计算 ... 206
9.3.1 工作的时间参数及含义 ... 206
9.3.2 计算工期及关键线路 ... 207
9.3.3 双代号网络计划时间参数计算 ... 208
9.3.4 单代号网络计划时间参数计算 ... 210
9.3.5 搭接网络计划时间参数计算 ... 213

9.4 进度计划的表达形式 ... 219
9.4.1 甘特图计划 ... 219
9.4.2 双代号时标网络 ... 220
9.4.3 带有日历时间的网络计划 ... 222
9.4.4 表格形式进度计划 ... 222

第 10 章 项目资源与费用计划的制订 ... 224
本章要点 ... 224

10.1 资源计划的制订 ... 224
10.1.1 资源计划的主要依据 ... 224

10.1.2　资源计划的方法与工具 …………………………………………………… 224
　　10.1.3　资源计划的结果 ……………………………………………………………… 226
　　10.1.4　资源负荷图的绘制 …………………………………………………………… 227
10.2　费用计划的制订 ………………………………………………………………………… 228
　　10.2.1　费用估计 ……………………………………………………………………… 228
　　10.2.2　费用预算 ……………………………………………………………………… 230
　　10.2.3　费用负荷图与费用累积曲线的绘制 ………………………………………… 232

第11章　项目计划的优化 ………………………………………………………………… 234
本章要点 …………………………………………………………………………………… 234
11.1　时间优化 ………………………………………………………………………………… 234
　　11.1.1　时间优化的方法及步骤 ……………………………………………………… 234
　　11.1.2　时间优化示例 ………………………………………………………………… 235
11.2　资源优化 ………………………………………………………………………………… 237
　　11.2.1　"资源有限，工期最短"的优化 …………………………………………… 237
　　11.2.2　"工期固定，资源均衡"的优化 …………………………………………… 241
11.3　费用优化 ………………………………………………………………………………… 244
　　11.3.1　费用与时间的关系 …………………………………………………………… 244
　　11.3.2　费用优化方法 ………………………………………………………………… 245
　　11.3.3　费用优化示例 ………………………………………………………………… 246

第12章　项目计划的执行与控制 ………………………………………………………… 251
本章要点 …………………………………………………………………………………… 251
12.1　项目计划的执行 ………………………………………………………………………… 251
　　12.1.1　项目执行力的概念 …………………………………………………………… 251
　　12.1.2　影响项目执行力的主要因素 ………………………………………………… 251
　　12.1.3　提高项目执行力的途径 ……………………………………………………… 252
12.2　项目进度的控制 ………………………………………………………………………… 252
　　12.2.1　进度控制原理 ………………………………………………………………… 253
　　12.2.2　进度计划的实施 ……………………………………………………………… 255
　　12.2.3　项目进度动态监测 …………………………………………………………… 256
　　12.2.4　比较分析与项目进度更新 …………………………………………………… 261
12.3　项目时间费用的综合控制 ……………………………………………………………… 266
　　12.3.1　项目时间费用的综合控制概述 ……………………………………………… 266
　　12.3.2　时间费用综合控制的挣得值分析法 ………………………………………… 267
　　12.3.3　项目进度与费用的协调控制 ………………………………………………… 269
12.4　项目变更与控制 ………………………………………………………………………… 275
　　12.4.1　项目变更概述 ………………………………………………………………… 275
　　12.4.2　项目变更的控制 ……………………………………………………………… 277
　　12.4.3　变更控制案例 ………………………………………………………………… 279

第13章　项目质量管理 …………………………………………………………………… 280
本章要点 …………………………………………………………………………………… 280
13.1　项目质量管理综述 ……………………………………………………………………… 280

- 13.1.1 项目质量定义 ... *280*
- 13.1.2 项目质量管理概念 ... *283*
- 13.1.3 项目质量管理原则 ... *283*
- 13.1.4 项目质量管理的基本原理 ... *286*
- 13.2 项目质量管理基本过程 ... *291*
  - 13.2.1 规划质量管理 ... *291*
  - 13.2.2 质量保证 ... *296*
  - 13.2.3 质量控制 ... *297*
- 13.3 质量控制的基本工具 ... *303*
  - 13.3.1 质量数据 ... *303*
  - 13.3.2 直方图法 ... *304*
  - 13.3.3 因果分析图法 ... *308*
  - 13.3.4 排列图法 ... *310*
  - 13.3.5 控制图法 ... *311*
  - 13.3.6 6西格玛（6σ）项目质量管理方法 ... *314*

第14章 项目采购与合同管理 ... *318*
本章要点 ... *318*
- 14.1 项目采购管理 ... *318*
  - 14.1.1 项目采购规划 ... *318*
  - 14.1.2 项目采购的方式 ... *323*
  - 14.1.3 工程项目采购管理模式 ... *325*
- 14.2 项目招标投标 ... *332*
  - 14.2.1 招标投标概述 ... *332*
  - 14.2.2 项目招标 ... *334*
  - 14.2.3 项目招标文件的编制 ... *338*
  - 14.2.4 项目投标 ... *342*
  - 14.2.5 开标与评标 ... *347*
  - 14.2.6 授予合同 ... *349*
- 14.3 项目合同管理 ... *349*
  - 14.3.1 项目合同概述 ... *349*
  - 14.3.2 项目合同的订立 ... *353*
  - 14.3.3 项目合同的效力 ... *354*
  - 14.3.4 项目合同的履行与违约责任 ... *355*
  - 14.3.5 项目合同的变更、转让、解除和终止 ... *357*
  - 14.3.6 项目合同纠纷的处理 ... *358*
- 14.4 FIDIC 合同简介 ... *359*
  - 14.4.1 FIDIC 合同简介 ... *359*
  - 14.4.2 FIDIC 合同条件的构成体系 ... *359*
  - 14.4.3 FIDIC 合同条件的特点 ... *360*
  - 14.4.4 FIDIC《施工合同条件》简介 ... *361*

第一篇

项目管理概论

项目管理作为一种教给人们系统做事的方法,
它既是一种思维方式、一种工作方法,
也是一种先进的文化理念。

第 1 章 项目管理的发展

本章要点

本章主要介绍国内外项目管理的发展。首先，介绍项目管理的产生与发展、项目管理学科的发展历史、国际项目管理组织及其发展，以及我国项目管理的发展；其次，介绍项目管理的专业化与项目经理的职业化发展，国际项目经理资质认证（IPMP）及发展，项目管理与职业发展，成功项目管理的概念、特点、基本原理、基本做法和应用观念；最后，介绍项目管理为华为产品研发带来的管理变革。

1.1 项目管理的发展历史

1.1.1 项目管理的产生与发展

项目管理作为一种对一次性工作进行有效管理的活动，其历史源远流长。在古代，人们进行了许多项目管理方面的实践活动，如我国的万里长城、埃及的金字塔、古罗马的供水渠等。这些不朽的伟大工程都是历史上古人运作大型复杂项目的范例。有项目就有项目管理的思想。例如，春秋战国时期的《考工记》中记载，凡修筑沟渠堤防，一定先以匠人一天修筑的进度为参照，再以一里工程所需的匠人数和天数来预算工程的劳力，然后方可调配人力，进行施工。这充分体现了现代项目管理"以计划为基础"的基本思想。

工程领域的大量实践活动极大地推动了项目管理的发展。传统的项目和项目管理的概念起源于建筑行业，这是由于在传统的实践中，建筑项目规模相对庞大、组织实施过程表现得更为复杂。随着社会的进步和现代科技的发展，项目管理也不断地得以完善，项目管理的应用领域也在不断地扩充。

现代项目管理通常被认为是第二次世界大战的产物。美国研制原子弹的"曼哈顿计划"、美国海军的"北极星导弹计划"与美国军方的"阿波罗计划"等是推动现代项目管理学科产生、发展与形成的基本背景。现代项目与项目管理的真正发展可以说是大型国防工业发展所带来的必然结果，项目管理也被誉为美国军方对当代管理科学的 13 项最大贡献之一。

20 世纪 40 年代，由于第二次世界大战的推动，项目管理主要应用于国防和军工项目。典型的项目是上文所提到的美国第一颗原子弹的研制项目"曼哈顿计划"。美国退伍将军莱斯利·格罗夫斯在他的回忆录《现在可以说了》中详细记载了这个项目的始末。项目管理在这一阶段的特征是强调计划的协调与管理，注重进度计划的管控，并因此产生了用甘特图制订项目计划的方法。

20 世纪 50 年代后期到 60 年代，美国出现了关键路径法（CPM）和计划评审技术（PERT），项目管理的突破性成果就产生于这个时期。美国杜邦公司由于生产的需要，生产线必须昼夜连续运行。因此，该公司每年不得不安排一定的时间停下生产线进行全面检修。过去的检修时间一般为 125 个小时。1957 年，他们把检修流程精细分解后竟然发现，在整个检修过程中所经过的不同路线上的总时间是不一样的，缩短或调整最长路线上工序的时间，就能够缩短整个检修的工期。经过反复优化，他们最终只用了 78 个小时就完成了检修，时间节省率达到 38%，当年产生效益达 100 多万美元。这就是现代项目管理的核心方法——关键路径法（CPM）的产生背景。在同一时期，美国海军特种计划局开始研制北极星导弹。这是一个军用项目，技术新，项目组织复杂。当时，美国有近三分之一的科学家都参与了这项工作。如此庞大的尖端项目，其管理难度可想而知，而当时的项目组织者提出了一个方法：为每个任务估计一个悲观的、一个乐观的和一个最可能完成的工期，在关键路径法的基础上，用"三值加权"的方法进行计划编排。最终，只用了4年的时间就完成了预计6年才能完成的项目，时间节省达33%以上。这就是现代项目管理的核心方法——计划评审技术（PERT）的产生背景。

20世纪60年代，美国实施了由42万人参加、耗资400多亿美元的载人登月项目"阿波罗计划"。在应用CPM和PERT的基础上，基于"阿波罗计划"多部门、多专业、众多单位参与的实际情况，该项目运用了跨域组织结构的新型组织形式"矩阵组织"的管理技术，获得巨大成功。此时，项目管理有了科学的系统方法和系统工具。如今，甘特图计划、CPM和PERT技术、矩阵组织技术已被认为是现代项目管理的常规"武器"和核心方法。

20世纪70年代，项目管理在新产品开发领域中的应用扩展到中型企业。到了20世纪70年代后期和80年代，越来越多的中小企业也开始引入项目管理，将其灵活地运用于企业管理的各项活动中。项目管理技术及方法也在此过程中逐步发展和完善，项目管理学科体系逐渐形成。此时，项目管理已经被公认为是一种有生命力并能实现复杂企业目标的良好方法。

20世纪90年代以后，随着信息时代的来临和高新技术产业的飞速发展，项目的特点也发生了巨大变化。管理人员发现，许多在制造业经济条件下建立的管理方法到了信息经济时代已经不再适用。在制造业经济环境下，强调的是预测能力和重复性活动，管理的重点很大程度上在于制造过程的合理性和标准化。而在信息经济环境里，事务的独特性取代了重复性过程，信息本身也是动态的、不断变化的，灵活性成了新秩序的代名词。管理人员发现，实行项目管理恰恰是实现灵活性的关键手段。他们还发现，项目管理在运作方式上最大限度地利用了内外部资源，从根本上改善了中层管理人员的工作效率。于是，项目管理模式成为企业重要的管理手段。经过长期探索、总结，现代项目管理逐步发展成为独立的学科体系，成为现代管理学的重要分支。

21世纪初期，互联网技术的发展及更新促进了项目化管理思想的产生，"一切皆项目"的概念逐步形成，项目管理逐渐成为人们系统做事的一种方法，目标性和计划性也成为项目管理的一种思维模式。

综上所述，项目管理的发展过程主要经历了3个阶段，如图1-1所示。

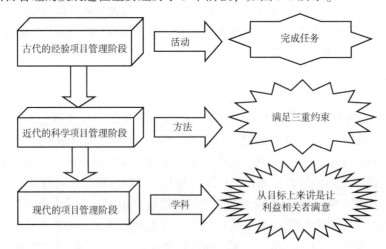

图1-1 项目管理发展的3个阶段

1）古代的经验项目管理阶段，即产生阶段。在这个阶段，项目实施的目标是完成任务，还没有形成行之有效的计划、方法和管理工具，也没有科学的管理手段和明确的操作技术规范。

2）近代的科学项目管理阶段，即形成和发展阶段。在这个阶段，着重强调项目的管理技术与方法的应用，实现时间、成本、质量三大目标。例如，利用关键路径法（CPM）和计划评审技术（PERT）

对美国军事计划以及"阿波罗计划"的成功管理。

3）现代的项目管理阶段，也是项目管理发展的成熟阶段。在此阶段，随着管理范围的不断扩大，应用的领域进一步增加，与其他学科的交叉渗透和相互促进不断增强，项目管理除了实现时间、成本、质量三大目标，还要面向市场和竞争，引入人本管理和柔性管理的思想。这一阶段最主要的标志是项目管理知识体系的形成，并以此为指导向全方位的项目管理方向发展，追求利益相关者的满意。

可以看出，项目管理科学的发展是人类生产实践活动发展的必然产物。从最原始的实践活动来看，人的本能及潜意识行为是以完成所给定的项目任务为最终目标。为了完成任务，人们的活动常常受到一定的限制，即对目标的实现需要在时间、费用和可交付物之间进行综合平衡。传统项目管理的概念就是基于实现项目的三维坐标约束而提出的一套科学管理方法。它追求的目标是在给定的费用限额下，在规定的时间内完成给定的项目任务。在这一界定下，传统项目管理着重项目实施环节，更多地是站在项目实施方的立场上分析如何才能更好地完成项目。然而，项目管理涉及的利益相关者范围广泛，如投资方、设计方、承包方、监理方及用户方等，为此，项目管理中必须树立"多赢"的思想，这也是现代项目管理的理念。现代项目管理为项目管理的应用提供了一套完整的学科体系，其追求的目标是使项目参与方得到最大的满意及项目目标的综合最优化。现代项目与项目管理是扩展了的广义概念，项目管理更加面向市场和竞争，注重人的因素、注重顾客、注重柔性管理，是一套具有完整理论和方法基础的学科体系。

应该说，项目管理是一种特别适用于责任重大、关系复杂、时间紧迫、资源有限的一次性任务的管理方法。目前，在世界各国，项目管理不仅普遍应用于建筑、航空、航天、国防等传统领域，在电子、通信、计算机、软件开发、制造业、金融业、保险业甚至政府机关和国际组织中也已经成为其运作的核心管理模式。例如，Microsoft、Apple、华为、AT&T、Bell、IBM、ABB、花旗银行、摩根士丹利、美国白宫行政办公室、美国能源部、世界银行等都采用了项目管理模式。

1.1.2 项目管理学科的发展

1. 项目管理学科发展的特点

尽管人类的项目实践可以追溯到几千年前，但是将项目管理作为一门学科来进行分析研究的历史并不长。世界第一个项目管理专业性国际组织——国际项目管理协会（International Project Management Association，IPMA）自1965年成立至今只有50多年的时间。经过50多年的努力，目前，国际专业人士对项目管理的重要性及基本理论体系已经达成共识。当前，项目管理学科的发展有以下3个特点：

1）项目管理的全球化发展。知识经济与互联网时代的一个重要特点是知识与经济发展的全球化。竞争的需要和信息技术的支撑促进了项目管理的全球化发展，主要表现在国际项目的合作日益增多、国际化的专业活动日益频繁、项目管理专业信息的国际共享等。项目管理的全球化发展既为我们创造了学习的机遇，也对我们提出了高水平国际化发展的要求。

2）项目管理的多元化发展。由于人类社会的大部分活动都可以按项目来运作，项目化管理的思想得到深入的发展。因此，当代的项目管理已深入各行各业，以不同的类型、不同的规模出现，这种行业领域及项目类型的多样性导致了各种各样项目管理理论和方法的出现，从而促进了项目管理的多元化发展。

3）项目管理的专业化发展。项目管理的广泛应用促进了项目管理向专业化方向的发展，突出表现在项目管理知识体系（PMBOK）的不断发展和完善、学历教育和非学历教育竞相发展、各种项目管理软件开发及研究咨询机构的出现等。项目管理专业化的发展也促进了项目经理职业化的发展。这些专业化的探索与发展，也正是项目管理学科走向成熟的标志。

2. 项目管理学科发展的趋势

项目管理学科发展的趋势，主要体现在以下 4 个方面：

1）项目的广义化概念是现代项目管理最主要的特点。"一切皆项目"已经成为一种管理理念。任何学科的发展都离不开时代背景，都受到客观环境的制约。当今时代尽管有各种各样的项目，对项目的管理也有各种层次，但最基本的都是单一项目的管理。这种单个项目是国民经济发展的细胞，它们的数量、类别、复杂程度、规模大小、周期长短，综合反映了一个国家的经济发展程度和科技发展水平。因此，单个项目的管理从大的方面说，是关系到国民经济发展的重要因素；从小的方面说，是各个项目相关单位兴衰、存亡的关键因素。这也是项目管理在国内外相关领域受到特别重视的原因。

2）世界各国研究的 PMBOK 知识体系及衍生标准是当前项目管理学科发展的重要内容。从 20 世纪 90 年代以来，世界各国专业人员与组织纷纷就 PMBOK 知识体系进行探讨。PMBOK 之所以受到专业学术领域的高度重视，其最主要的原因在于它跨越了行业的界限，归纳出的项目管理体系是各行业的项目管理人员所必需的基本知识。就像网络计划技术可以适用于各行各业的计划管理一样，PMBOK 总结归纳出的知识体系及其相关标准也可以适用于各行各业。应用这一知识体系和标准，对提高项目管理专业人员的水平有极大的促进作用。知识体系与专业资格认证的结合从某种意义上也反映了现代科技发展的特点。

3）企业项目化管理模式的出现扩展了项目管理的传统内涵，项目管理成为一种新的组织与管理方式。传统的项目管理是以单项目的管理过程控制为目标，现代项目管理已经将项目的概念扩展到企业一次性的活动。企业经营活动的项目化管理模式的出现就是将项目管理的目标管理思想和过程控制方法应用于企业的各项活动之中，项目管理成为提升企业执行力的一种重要手段。

4）项目管理是科学、技术和艺术相结合的产物，注重全方位的综合管理是现代项目管理的特点。有越来越多的迹象表明，项目管理专家们正以极大的兴趣关注着所谓项目的"软"问题，如项目过程中的思维、行为、情感、适应性，项目管理中的交叉文化，项目经理的领导艺术等。国际项目管理协会建立的项目经理能力标准 ICB 在对项目经理能力的考核中特别强调对这些软能力的评估，特别是对于高级项目经理而言，软能力的要求会更加严格。因此，项目管理是将思想转化为现实，将抽象转化为具体的科学和艺术。

3. 项目管理学科在双向探索中发展

自 20 世纪五六十年代以来，学术界与各有关专业人士对项目管理的研究基本上侧重于两个方向。一个方向是探讨本学科在项目管理中有无用武之地，如何将本学科领域的专业理论、方法应用于项目管理，如计算机、控制论、工商管理、模糊数学等；另一个方向则是探讨如何把项目管理的理论、方法应用到本行业中去，如建筑业、农业、军事工业以及现代信息领域等。

尽管这种双向探索均出于外界的需求，却极大地促进了项目管理自身的发展，使得项目管理也在向两个方向发展。

1）向学科化、体系化发展。项目管理吸收和集成了现代管理领域各学科最精华的内容，逐渐形成了反映项目特征的学科体系内容。例如，项目管理协会（Project Management Institate，PMI）于 1987 年提出项目管理知识体系（PMBOK），经过几十年的研究与完善，2016 年，《PMBOK®指南》（第 6 版）对项目管理知识框架从十大职能领域进行了划分，涉及范围管理、时间管理、费用管理、质量管理、人力资源管理、沟通管理、合同管理、风险管理、利益相关者管理及综合集成管理。

2）向实用化发展。这也是项目管理学科的主要特色，其强调的是与行业项目实践的结合，包括各种方法、工具、标准、法规等。例如，1992 年我国的 GB/T 13400.1~13400.3—1992《网络计划技术》；国际标准化组织于 1997 年推出的 ISO 10006—1997《质量管理—项目管理质量指南》，以及 2000 年之后各种计算机应用软件系统的出现等。这种跨行业、跨专业，有理论、有实践的学科发展，进一步促进了项目管理专业学科的建立和发展。

4. 项目管理知识体系及其发展

项目管理协会（PMI）于 1984 年首先提出了项目管理知识体系（PMBOK）的概念，并于 1987 年推出第一个基准版本，随后于 1996 年进行了改进并正式发布了《PMBOK®指南》（第 1 版）。其后，每四年发布一次更新版本，目前已经发布了《PMBOK®指南》（第 6 版）。PMBOK 是在所有项目中应用项目管理知识领域的指导纲要，描述了这些领域的基本知识框架。因此，PMBOK 识别了项目管理知识体系普遍公认为良好做法的那一部分内容。所谓识别是指一般概括性介绍，而非详尽无遗的说明。普遍公认是指其介绍的知识和做法在绝大多数情况下适用于绝大多数的项目，其价值和实用性也得到了人们的广泛认同。良好做法是指一致认为正确应用这些技能、工具和技术能够增加范围极为广泛的各种不同类型项目成功的机会。良好做法并不是说将这些知识和做法一成不变地应用于或应当应用于所有的项目，对任何一个指定的项目而言，项目管理团队负责决定体系中的适用内容。

PMBOK 还是项目管理职业和实践中共同的术语汇编，为讨论、书写和应用项目管理方面的问题提供了便利，来自不同组织的人们可以用共同的术语进行高效率的协作。PMBOK 作为项目管理职业的基本参考资料，既非包罗万象，也非面面俱到。它只讨论了公认的对单个项目进行管理的良好做法及其项目管理过程，其他诸如组织项目管理能力的成熟度、项目经理的胜任能力以及涉及这些领域属于公认良好做法的其他题目则用其他标准进行讨论。

有效的项目管理要求项目管理团队至少理解和利用以下 5 个专业知识领域的知识与技能：

1）项目管理知识体系。
2）应用领域知识、标准与规章制度。
3）理解项目环境。
4）通用管理知识与技能。
5）处理人际关系技能。

图 1-2 表示了上述 5 个专业领域之间的关系。它们虽然表面上各成一体，但是一般都有重叠之处，任何一方都不能独立。有效的项目团队在项目的所有方面都要综合运用之，但没有必要使项目团队每一个成员都成为这 5 个领域的专家。然而，项目管理团队具备该指南的全部知识，熟悉项目管理知识体系与其他 4 个管理领域的知识对于有效地管理项目是十分重要的。

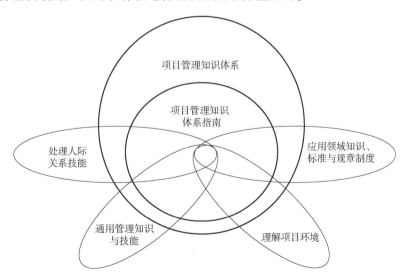

图 1-2　项目管理团队需要的专业知识领域

各个国家都在建立与其管理文化相适应的 PMBOK。2001 年，中国项目管理研究委员会在其成立 10 周年之际，正式推出了"中国项目管理知识体系（C-PMBOK）"，其知识范畴限定在项目管理的共性知识，即"普遍接受的项目管理知识与实践"，但在其体系结构上已考虑了包容其他领域知识的问题。2006 年，《C-PMBOK 2.0》正式出版。

1.1.3 国际项目管理组织及其发展

世界各地项目管理学术组织的纷纷成立是项目管理学科从经验走向科学的标志。国际项目管理组织的发展从某种角度上也反映了项目管理的发展历程。当前，国际上最具有代表性和权威性的项目管理组织是国际项目管理协会（IPMA）和美国项目管理学会（PMI）。

1. 国际项目管理协会

IPMA 是一个在瑞士注册的非营利性组织，它的目标是成为项目管理国际化的主导促进者。

IPMA 创建于 1965 年，早先的名字是 INTERNET，是国际上成立最早的项目管理专业组织。它的目的是促进国际项目管理交流，为国际项目领域的项目经理提供一个交流各自经验的平台。IPMA 于 1967 年在维也纳主持召开了第一届国际会议，项目管理从那时起即作为一门学科而不断发展。截至 2018 年，IPMA 已在世界各地举行了 30 届全球项目管理大会，主题涉及项目管理的各个方面，如"项目实施与管理""按项目进行管理""无边界的项目管理""全面的项目管理""管理变革的突破性能力"等，范围极其广泛。第 20 届全球项目管理大会于 2006 年 10 月在我国上海举行，主题为"项目管理——创新时代的关键"，来自 100 个国家和地区的千余名代表参加了本届会议。

IPMA 的成员主要是各个国家的项目管理协会，到目前为止，有美国、英国、法国、德国、中国等 70 个成员组织。这些国家的组织服务于本国项目管理的专业需求，IPMA 则提供有关需求的国际层次的服务。为了达到这一目的，IPMA 开发了大量的产品和服务，包括研究与发展、教育与培训、国际项目经理 IPMP 认证、项目管理咨询师认证、敏捷项目管理师认证、组织项目管理能力基准、卓越项目管理大奖以及内容广泛的各种出版物等。

除上述各成员组织外，还有一些其他国家的学会组织与 IPMA 一起推动和促进项目管理的国际化。对于那些已经成为 IPMA 成员的各国项目管理组织来说，他们的个人会员或团体会员已自动成为 IPMA 的会员。那些没有项目管理组织或本国项目管理组织尚未加入 IPMA 的国家的个人或团体，可以直接加入 IPMA 成为国际成员。

《国际项目管理杂志》是 IPMA 的正式会刊，每年面向其个人会员发行 6 期。该刊涵盖并综合了项目管理各方面的内容，已经成为国际上最权威的项目管理专业期刊，并被 SSCI 全文收录。它为全世界的相关专业人员提供了一个了解所需技术、实践和研究领域的平台，也为读者提供了一个论坛。在这里，读者可以分享各个行业应用项目管理的共同经验，也可以分享在项目管理中应用各种技术的共同经验。

国际项目经理资质认证（International Project Manager Professional，IPMP）是 IPMA 在全球推行的四级项目经理资质认证体系的总称，是国际上最具权威的项目管理专业资质认证之一。IPMP 是对项目管理人员知识、经验和能力水平的综合评估证明，而能力评估是 IPMP 考核的最大特点。根据 IPMP 认证等级划分，获得 IPMP 各级项目管理认证的人员将分别具有负责项目组合、大型项目、一般项目或从事项目管理专业工作的能力。截至 2018 年，IPMP 在全球的认证人数超过 30 万。

2. 美国项目管理学会

PMI 创建于 1969 年。PMI 在推进项目管理知识和实践的普及中扮演了重要的角色。

PMI 的成员以企业、大学、研究机构的专家为主，其卓有成效的贡献是开发了一套项目管理知识体系（PMBOK）。20 世纪六七十年代，从事项目管理的专业人士只是在实践方面进行总结。在 1976 年的一次会议上，有人大胆地提出了一个设想：能否把这些具有共性的实践经验进行总结，并形成"标准"？与会代表将此作为一个议题，会后进行了深入的思考、研究。

1981年，PMI组委会批准了这个项目，组成了以Matthew H. Parry为主席的10人小组进行开发。这个小组得到了25个志愿者的帮助。1983年，该小组发表了第一份报告。在这个报告中，项目管理的基本内容被划分为6个领域，即范围管理、成本管理、时间管理、质量管理、人力资源管理和沟通管理。这些内容成为PMI的项目管理专业化基础内容。

1984年，PMI组委会批准了第二个关于进一步开发项目管理标准的项目，组成了以R. Max Wideman为主席的20人小组进行再次开发。在该标准的内容方面，他们提出要增加3个部分：项目管理的框架、风险管理、合同/采购管理。1987年，该小组发表了研究报告，题目是《项目管理知识体系》。此后的几年，PMI组委会广泛地讨论和征求了关于PMI主要标准文件形式、内容和结构的意见，有1万多个PMI的成员和20多个其他专业组织做出了贡献。1991年给出了该标准的修订版。1996年再次进行了修订，成为正式发布的项目管理知识体系，简称PMBOK。2016年，PMBOK（第6版）将项目管理系统归纳为十大知识领域：范围管理、时间管理、成本管理、人力资源管理、风险管理、质量管理、采购管理、沟通管理、利益相关者管理和综合集成管理，并分别对各领域的知识、技能、工具和技术进行了全面总结。实践证明，PMBOK已经真正成为项目管理专业人士的知识指南。目前，PMBOK已经被世界项目管理界公认为是一个全球性标准。国际标准化组织（ISO）以该指南为框架，制定了ISO 10006标准。

PMI的资格认证制度从1984年开始。通过认证的人员被称为"项目管理专业人员"（Project Management Professional，PMP）。PMI的项目管理专业人员认证与IPMA的资格认证侧重点有所不同，它不仅有对项目管理能力的审查，更注重对知识的考核。认证的人员必须参加并通过包括200个选择题的考试。

1.1.4 我国项目管理的发展

我国项目管理的发展最早起源于20世纪60年代华罗庚教授对"统筹法"的推广。我国项目管理就是由"统筹法"的应用推广而逐渐形成的。此外，在我国"两弹一星"的研制中推行的系统工程方法也是项目管理体系形成的重要基础。我国项目管理的发展主要经历了4个阶段。

1. 项目管理方法的产生和引进

20世纪60年代初期，华罗庚教授引进和推广了网络计划技术，并结合我国"统筹兼顾，全面安排"的指导思想，将这一技术称为"统筹法"。当时，华罗庚教授组织并带领小分队深入重点工程项目进行"统筹法"的推广应用，取得了良好的经济效益。20世纪80年代，现代化管理方法在我国的推广应用进一步促进了"统筹法"在项目管理过程中的应用。此时，项目管理有了科学的系统方法，但当时主要应用在国防和建筑业，项目管理的任务主要强调的是进度、费用与质量3个目标的实现。

2. 现代项目管理体系的引进与推广

1984年，在我国利用世界银行贷款建设的鲁布革水电站工程中，日本建筑企业运用项目管理方法对这一工程的施工进行了有效的管理，使得该工程的投资总额降低了40%，工期也大大缩短，取得了很好的效果。这对当时我国的整个投资建设领域带来了很大的冲击，让人们看到了项目管理技术的作用。基于鲁布革水电站工程的经验，1987年国家计委、建设部等5个部门联合发出通知，要求在一批试点企业和建设单位采用项目管理施工法，并开始建立中国的项目经理认证制度。1991年，建设部进一步提出把试点工作转变为全行业推进的综合改革，全面推广项目管理和项目经理负责制。例如，在二滩水电站、三峡水利枢纽建设和其他大型工程建设中都采用了项目管理这一有效手段，并取得了良好的效果。

3. 项目管理专业学会及协会的成立

1991年6月，在西北工业大学等单位的倡导下，我国第一个项目管理专业学术组织——中国优选法统筹法与经济数学研究会项目管理研究委员会（Project Management Research Committee, China, PM-RC）成立了。PMRC 的成立是中国项目管理学科体系开始走向成熟的标志。PMRC 成立至今，每年都在开展专业的项目管理学术活动，为推动我国项目管理事业的发展和学科体系的建立，促进我国项目管理与国际项目管理专业领域的沟通与交流起到了积极的作用，特别是在推进我国项目管理专业化与国际化发展方面发挥了非常重要的作用。目前，许多行业也纷纷成立了相应的项目管理组织，如中国建筑业协会工程项目管理委员会、中国国际工程咨询协会项目管理工作委员会、中国工程咨询协会项目管理指导工作委员会、中国宇航学会系统工程与项目管理专业委员会等，都是我国项目管理日益得到发展与应用的体现。

4. 项目管理的培训、普及与应用

2000 年至今，随着 IPMP、PMP 的引进与推广，项目管理培训得到普及，近 20 年的时间里，参加项目管理培训的人数达到数百万。同时，项目管理的应用向不同的行业领域扩展，企业项目化管理的思想也逐渐凸现。这一阶段最为典型的特征是：我国项目管理知识体系的形成与发布，各行各业项目管理的应用得到普及，以及项目化管理理念和管理模式的形成。

1.2　项目管理的专业化与项目经理的职业化发展

1.2.1　概述

1. 项目管理的专业化发展

1994 年，美国权威机构 Standish Group 对超过 8400 个项目进行研究后发现，只有 16% 的项目实现了其目标，50% 的项目需要补救，34% 的项目彻底失败。20 世纪 70 年代中期，美国国防部专门针对软件项目失败原因所做的大规模调查显示，70% 的失败项目都是由于管理不善造成的，而并不是技术实力不够。20 世纪 90 年代，美国软件工程实施现状的调查显示，只有大约 10% 的项目能够在预定的费用和进度下顺利交付。因此，研究人员得出一个结论，即影响项目全局的因素是管理，技术只影响局部。

1997 年，J. D. Frame 博士对 438 名项目工作人员进行了调查。结果表明，项目失败的比例非常高。根据他的分析，大多数项目的问题来源于以下 4 个方面的原因：组织方面出现问题，对需求缺乏控制，缺乏计划和控制，项目执行方面与项目估算方面存在问题。

进一步分析项目成功率低的原因发现，关键因素是项目负责人的观念以及对项目管理方法的应用和理解。从项目管理的应用来看，项目管理人员很多是从技术骨干中培养起来的，他们在项目的专业技术上堪称一流，但他们缺乏系统的项目管理知识和丰富的项目管理经验。基于这一深层次原因，国际上逐渐提出了项目管理专业化发展的概念，认为项目管理应该有其自身的系统理论，项目管理从业人员应该具有专业化的项目管理知识，以促进项目管理的成功。

项目管理的专业化发展最早起源于工程建设领域。英国皇家特许建造师学会（CIOB）是这一专业化发展的促进者。后来，随着信息技术的应用和发展，项目管理在这一具有典型项目特征的领域也得到了广泛应用，PMI 在促进这一领域项目管理的专业化发展中起到了巨大的促进作用。

2. 项目经理的职业化发展

项目经理作为项目执行的实际领导者，对项目实施的成败起着非常关键的作用。项目管理的专业化发展使项目经理的职业化发展成为一种趋势。其主要原因是，丰富的项目管理经验是管理好项目的基础，专业化的项目管理知识是项目成功的保证。项目经理的成长是一个漫长的过程，需要经过许许多多成功与失败项目的系统总结，需要具有应用项目管理工具和方法的基本技能，更需要具有克服重重困难和综合协调的勇气和能力。项目管理的职业化发展使项目管理人员在职业生涯的规划中，可以将自己的一生定位在管理大大小小的项目中，从一个小的项目经理逐渐成长为一个大的项目经理，而不是最终脱离项目去担任职能部门的经理。

项目经理的职业化发展对于提高他们的项目管理能力、发展他们的职业道路以及树立他们的职业荣誉感具有重要作用。它改变了过去以拯救困难项目为英雄行为的观点，转而鼓励项目经理从一开始就胜任自己的工作，并善始善终。1988 年，美国 AT&T 公司提出了项目经理职业化发展的方案构架，并得到了有效实施，这也使得其成为行业中项目管理的领先者。

我国项目经理职业化的发展最早起源于工程建设领域。20 世纪 80 年代中期，鲁布革水电站工程的实施有效地促进了工程项目管理的发展，项目经理责任制有效地促进了项目经理职业化的发展。目前，在建筑工程领域已经培养了超百万名的项目经理，其中获得建设部资质的项目经理及建造师就有 80 万人之多，这是我国工程项目经理职业化发展的最好写照。在其他行业领域，项目经理职业化发展的思路也逐渐清晰，国防及 IT 领域中项目管理的应用与扩展促进了该行业项目经理的职业化发展，从而带动了我国项目经理职业化应用领域的有效发展。

1.2.2 国际项目经理资质认证（IPMP）简介

1. 国际项目管理证书体系发展

（1）概述

项目管理证书体系的发展是伴随着项目管理科学体系的发展和应用的需要而产生的，主要是为了证明项目管理从业人员的能力及资质水平。PMI 于 1984 年最早提出项目管理专业人员 PMP 认证。随后，英、法、德等国也纷纷提出了相应的证书体系，IPMA 于 1996 年在各个国家证书发展的基础上提出了国际项目管理专业资质能力基准（IPMA Competence Baseline，ICB）。目前，世界各国开展的国际项目经理资质认证 IPMP 就是基于 ICB 4.0 进行的。

在国际上，人们通常认为 PMI 的《PMBOK®指南》是针对项目而言的，它强调的是进行项目管理所必须掌握的知识，是人们进行项目管理的方法基础。所以，PMP 更注重从业知识的考核。IPMA 的 ICB 是针对人而建立的，它强调的是从事项目管理的人所应具备的能力要素，是对人的能力进行综合考核的评判体系。所以，IPMP 更注重从业能力的考核。

（2）国际上主要的两大证书体系

1）PMI 的 PMP 认证。PMI 于 1984 年设立了项目管理资质认证制度（PMP），1991 年正式推广。PMP 认证的基准是美国的《PMBOK®指南》，其将项目管理的知识领域分为十大模块，即范围管理、时间管理、成本管理、质量管理、人力资源管理、风险管理、沟通管理、采购管理、利益相关者管理和综合集成管理。

PMP 的申请首先必须通过项目管理经历的审查。报考者须具有学士学位或同等大学学历，申请者必须具备至少 4500 个小时的项目管理经验，并且在申请之日前 6 年内，累计项目管理月数不少于 36 个月；报考者如果不具备学士学位或同等大学学历，则必须持有中学文凭或同等中学学历证书，并且至少具有 7500 小时的项目管理经历。其次，申请者必须经过针对 PMI 的 PMBOK 中的十大知识模块的笔试考核，要求申请者参加并通过包括 200 道选择题的考试。通过标准为：从 200 道试题中随机删除 25 道试题，考生需要在剩余的 175 道试题中答对 61% 或以上的试题。

2）IPMA 的 IPMP 认证。IPMP 是 IPMA 在全球推广的四级证书体系的总称。它是 IPMA 于 1996 年开始提出的一套综合性资质认证体系。1999 年，IPMA 正式推出其认证标准 ICB 1.0，2016 年推出 ICB 4.0。目前，已经有近 70 个国家开展了 IPMP 的认证与推广工作。IPMA 的 70 多个会员国都参与到 ICB

能力基准4.0版的编辑工作中,这确保了所有会员国组织对于项目管理能力的要求和实践经验都能在ICB 4.0中得以反映。ICB 4.0中项目管理专业人员的能力被划分为29项要素,其中包括5项环境能力要素、10项行为能力要素,以及14项技术能力要素。

IPMA能力基准是各成员国开展认证工作的基础,各国认证委员会可以运用这些能力要素来评估申请者。通过在ICB中增加特殊能力要素与内容的方式,国家间的文化差异在国家能力标准NCB中就能够得以体现。各国的国家能力基准必须通过IPMA的审核,这样可以保证各国的认证体系都与ICB保持相对一致。

各国通过IPMP认证的人员由各国统一向IPMA进行注册,并且公布在IPMA的网站以及IPMA的认证年报(IPMA Certification Yearbook)上。

2. IPMP四级证书体系简介

IPMP是对项目管理人员知识、经验和能力水平的综合评估证明。根据IPMP认证等级划分,获得IPMP各级项目管理认证的人员,将分别具有负责项目组合、大型项目、一般项目或从事项目管理专业工作的能力。

IPMA依据ICB,针对项目管理人员专业水平的不同,将项目管理专业人员资质认证划分为4个等级,即A级、B级、C级、D级,每个等级分别授予不同级别的证书,见表1-1。

表1-1 IPMP四级证书体系

等级划分(Level)		领域分类(Domain)		
		项目(Project)	项目集(Programme)	项目组合(Portfolio)
	A	认证的特级项目经理(Certified Project Director)	认证的特级项目集经理(Certified Programme Director)	认证的特级项目组合经理(Certified Portfolio Director)
	B	认证的高级项目经理(Certified Senior Project Manager)	认证的高级项目集经理(Certified Senior Programme Manager)	认证的高级项目组合经理(Certified Senior Portfolio Manager)
	C	认证的项目经理(Certified Project Manager)		
	D	认证的项目经理助理(Certified Project Management Associate)		

IPMP认证的特点是注重能力考核,"能力=知识+经验+个人素质"是其基本定义。IPMP C级以上的考核,级别越高对于经验的要求越严格。IPMP笔试考核注重解决实际问题的能力,并且试题考核以案例为导向。WORKSHOP与案例报告是IPMP特有的考核形式,应试者个人素质及解决问题的能力考核非常重要。IPMP面试着重对应试者综合素质的考核,全面了解应试者从事项目管理的理念。

由于各国管理文化的不同,IPMA允许各成员国的项目管理专业组织结合本国特点,参照ICB增加适合本国文化与管理特点的考核要素,这一工作授权给代表本国加入IPMA的项目管理专业组织完成。

PMRC是IPMA的成员组织,并代表中国加入IPMA成为IPMA的会员国组织。IPMA已授权PMRC在中国进行IPMP的认证工作。PMRC已经根据IPMA的要求建立了"中国项目管理知识体系(C-PMBOK)"及"国际项目经理资质认证中国标准(C-NCB)",均已得到IPMA的支持和认可。PMRC作为IPMA在我国的授权机构,于2001年7月开始在我国全面推行国际项目管理专业资质的认证工作。截至2019年,我国已经有近10万人获得了IPMP证书。

1.2.3 项目管理与职业发展

著名管理顾问Tom Peters指出:"在当今纷繁复杂的世界中,项目管理是成功的关键。"

美国《财富》杂志指出:"项目管理将成为 21 世纪的最佳职业。项目管理专业人员将成为各国争夺人才的热点。"

在现实的工作和生活中,我们发现,很多人做事缺乏计划性和有效性。同样的一件事情,那些善于计划思考并有效执行的人做得就会比较圆满,反之,则会浪费很多资源和时间,结果事与愿违。"系统计划,高效做事"不仅是在校大学生必备的素质,也是职场人士特别是管理者必备的职业素质之一。

项目管理强调的系统思维能力和系统做事能力将有助于职业生涯的发展。系统的思维实际上就是看待问题的角度、观念和思路的系统性与整体性,要求完整和全面,强调的是基于系统的观念分析与处理问题。系统思维能力的核心涉及:把混乱的东西条理化,强调的是系统的思维;把条理的东西合理化,强调的是科学的管理;把合理的东西细分化,强调的是细节的落实;把细化了的东西有机化,强调的是和谐的平衡;把有机的东西最优化,强调追求的目标是"多、快、好、省"。

系统的做事能力是如何有效完成一件有待完成的任务的工作能力。它涉及:如何在给定的时间、资源及费用等各种约束下,按期实现任务的目标;如何根据任务的目标、范围及时间要求,制订一份有效的任务实施计划;如何在任务执行的过程中进行有效的监控;如何分析任务实施过程中的不确定性和风险,以便更好地完成任务目标。这些就是系统做事能力的体现,是一个管理者应该具备的基本素质能力,也是人们在日常生活中应该具备的基本能力的体现。

项目管理有助于职业道路的成长,如图 1-3 所示。如果具有系统的项目管理知识,将更具有成为企业高层领导的潜力,项目管理实际上是从技术走向管理的桥梁。

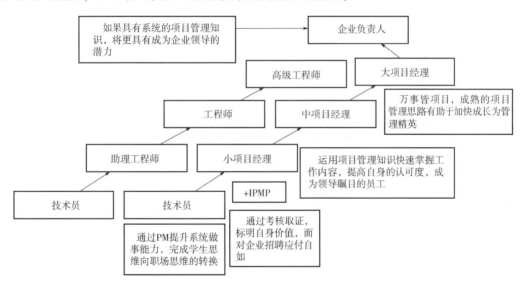

图 1-3　项目管理的职业成长道路

当然,项目经理的能力要求是一个综合的系统能力问题,甚至比专业的职能管理具有更高的要求。个人项目管理能力的提升需要从多方面进行完善,但改变观念接受项目管理的思维理念是其核心所在。系统学习项目管理知识体系将有助于树立项目管理的思维理念,有意识地按照项目管理的思维方式去做事将会不断提升自己完成任务的效率。

基于在企业中的重要价值和在项目中的重要角色,项目经理必须不断提升自己的管理能力,以不断促进自己职业生涯的发展。要成为一名优秀的项目经理,参加专业权威的项目经理认证也是必不可少的。行业协会组织的专业认证通常是项目经理能力在专业领域达到某一水平的重要证明和标志。国际上最具权威的项目管理认证当属 IPMA 的 IPMP 认证,这是一个适应多层次、多级别的全球认证,适应项目经理的职业发展需求。从担任项目中的一个角色,到负责一般项目、大型项目,再到项目群的管理角色,这一认证均有对应的认证级别。

总而言之，项目经理是企业项目化管理的基石、是项目任务的责任主体、是团队管理的灵魂、是项目目标的管控者、是企业执行力提升的组织者。项目经理只有不断地提升自己的管理能力，并使自己的能力得到行业及专业的认可，才能更好地促进自己的职业发展，并在企业管理效率与效益的提升中体现自己的价值。

1.3 成功的项目管理

1.3.1 成功项目管理的概念与特点

1. 成功项目管理的概念

"成功的项目管理是项目的利益相关者对于项目管理成果的认可和欣赏，"这是 IPMA 对成功项目管理的基本界定。

项目、项目集群、项目组合的管理者都追求项目的成功，避免项目或者管理的失败。他们想要知道评价项目成功与失败的标准是什么，以及如何评价。在项目开始时清楚明了地定义这些标准是十分必要的，在约束条件下达到项目的目标，是整个项目成功的标准。

成功的项目管理和项目的成功相关联，然而，它们并不是一回事。有可能在一个项目中成功地实施了项目管理的工作，但最终这个项目会由于组织制定新的战略方向而中止，这就与项目是否成功不再有什么关系了。

项目的管理工作可以被理解为整个项目的一个子项目，在项目管理中需要对环境、范围、可交付物、职责、交付日期、项目成本和效率进行描述和定义，需要对项目管理活动进行计划和控制。

综合管理对项目管理的成功至关重要，它将项目需求、活动和成果结合起来，以实现目标，取得成功。项目复杂性越高，利益相关者的期望越多样化，对综合管理方法精巧性的要求就越高。项目管理监督项目需要进行的活动，应与详细的项目管理计划结合在一起。

项目管理计划可以运用不同的方法和形式。项目管理可将所有单独的计划（如质量计划、利益相关者管理计划、沟通计划、采购计划、合同计划以及交付物计划）很好地结合在一起。

项目管理计划必须得到相关方的接受和认可，并和利益相关者进行沟通，且以适当的详细程度分别提交给相关方。

IPMA 制定的成功项目管理的基本步骤如下：

1）分析项目及项目环境，包括现有的决策和文档。

2）在项目需求的基础上建立项目管理的概念，和利益相关者共同探讨计划，并且与客户达成项目管理协议。

3）做出管理项目的计划，确立项目管理团队、方法、技术和工具。

4）计划综合的管理程序，包括环境管理，排除不融洽的因素。

5）实施和控制项目计划和变更，报告项目管理的进展及执行情况。

6）汇集成果和相应的情况说明，与利益相关者进行沟通。

7）评估项目管理的成功和失败，总结经验，为未来的项目提供参考。

2. 判别项目成功的标准

在项目开始前，如果项目经理、项目团队成员和其他项目利益相关者对项目成功的评价标准有一致的认识，则会大大提高项目成功的概率。传统的观念认为，项目成功就是要达到项目的时间、成本和质量的要求。但这种想法过于简单，有时会对项目管理造成致命的打击。一个项目最终要向业主交付一个项目产品（或者服务），业主虽然也很关心项目产品是否按期交付、价格是否合理并符合某种质量标准，但他们最关心的是这个项目产品是否可以给自己带来利益（经济效益或社会效益）。因此，时间、成本、质量只是3个约束条件，它们会影响业主对项目成败的判断，但不是最主要的。例如，对承包商而言，只要项目按时完成他们就可以拿到报酬了，控制成本可以确保利润，符合规格可以让业主接受并付款。其他利益相关者也会有各种各样的想法和目的。

尽管项目利益相关者对项目成败的判断标准不完全一样，但在成功的项目中，项目各方是在向一个共同的目标而努力；在不成功的项目中，大家却在相互牵制，没有形成一个合力。在项目中，不同的角色可以有各自不同的关注重点，有的希望赢利，有的希望实现好的产品功能，有的希望设计方案巧妙，有的则希望在预算的范围内完成项目。然而这些都可以通过协同努力做到，从而达到一个多赢的结果，即每一个角色都实现了各自关注的目标，同时，项目整体也有一个好的结果。实现项目共同目标的最优化并不能保证每个参与者的目标都能达到最优，反之亦然。对项目片面的评价会影响项目的成功，因此，项目成功的标准必须综合考虑项目的共同目标和各方不同的利益侧重。

对所有的项目，判断其成功与否的标准有以下几点：
1）实现了既定的商业目标。
2）为业主提供了令之满意的收益。
3）满足了业主、用户和其他项目利益相关者的需求。
4）满足了既定交付项目产品的需求。
5）项目产品的完成符合质量、成本、进度的要求。
6）项目使项目团队成员、项目的支持者感到满意。
7）项目使承包方获得了利润。

以上评价标准除了时间和成本是客观评价之外，其他都是主观评价，评价结果会受到评价者的非公开目的的影响。这些标准不是协调一致的，想要做出综合判断就需要对它们进行复杂的平衡。这些指标也不是相互排斥的，因而有可能满足所有的指标，但必须以项目目标为核心。另外，这些指标不是同时进行评测，有些指标是在项目产品试运行之后甚至正式运营之后再作评价，有些指标是要在项目完成若干年后再作评价。

3. 影响项目成功的主要因素

如何管理项目决定了项目成功概率的大小。科学的工作计划和执行过程的有效控制是成功项目管理的基本做法。"凡事预则立，不预则废"是成功项目管理的基本理念。项目经理必须在项目初期就考虑哪些因素会影响项目的成功，并对这些内部的、外部的因素进行管理。影响项目成功的因素很多，一些著名的项目管理专家和企业组织对影响项目成功的因素进行了总结归纳。

波音公司总结出使项目最终获得成功的主要因素包括以下几个方面：
1）方法切实可行，目标合理。
2）管理过程严格科学，利用项目管理方法和工具。
3）实施过程的有效分析，加强过程控制。
4）在项目实施过程中，周围环境能够提供必需的支持，项目资源充足。
5）客户、供应商、管理层和团队成员对于项目有相应的承诺。

莫里斯（Morris）提出成功管理项目需要考虑以下7个方面的影响因素：
1）发起人的权益，业主对项目的收益和进度的期望。
2）外部环境，包括政治、经济、社会、技术、法律、环保等。
3）组织内部对项目的态度。
4）项目的定义。
5）参与项目工作的人。

6）用于管理项目的管理体系。
7）项目的组织架构。

4. 成功项目管理的特点

尽管影响项目成功的因素很多，但成熟的组织和专家对成功的项目管理所表现出的特征有一致的看法，一般成功的项目管理具有如下特点：

1）项目管理与公司战略紧密结合。
2）加强对企业经营环境及市场需求的分析。
3）加强风险预测和管理。
4）实行项目目标管理。
5）项目实施过程中强调沟通与协作。
6）采用灵活的组织形式。
7）从过分强调技术转移到人员的开发与培养。
8）有完善的项目管理过程文档。
9）灵活运用各种项目管理方法和工具。

1.3.2 成功项目管理的基本原理

对待项目的态度和看法是实施项目管理的基础，成功项目管理的基本原理是项目成功的基础。

（1）结构化分解

项目中采用的最主要的分解结构是产品分解结构（Product Breakdown Structure，PBS），它把项目产品分解成部件，通过结构化分解进行项目管理，每一个工作单元由具体的人或团队负责。把项目产品进行结构化分解，可以确定做哪些工作可以得到这些组成部分，并最终可以组合成项目产品。通过结构化分解可以将项目分解成一个个可以界定的工作单元，对这些工作单元进行管理控制就比较容易。

项目组织结构与项目的分解结构有密切的关系，可以把某个项目的工作单元与个人或者团队联系在一起，使他们一对一地负责每一个项目工作单元，负责成功地将该工作单元交付出相应的交付物。

（2）目标导向、注重结果

项目计划是以项目的最终目标和结果（或称之为项目产品、项目的最终交付物）为核心的。也就是说，看待项目结果重于看待所做的工作（实现方式）。这样编制的计划是牢固的，因为它能够保证最终结果的实现，同时也很灵活。另外，注重结果有利于更好地控制项目范围，因为在明确了项目产品的分解结构之后，就能够只做那些与实现最终项目产品有关的工作。如果以工作为核心编制计划、定义工作，看上去可能是很好的点子，但实际上它不能产生有用的结果。

（3）对项目全方位的不断平衡

项目高层计划应确保项目整体上对各个方面的工作重视程度是平衡的，因此，要通过分解结构对项目中的技术工作、人、管理体系、组织等的变化进行不断平衡，以确保项目结果与项目目标相适应。

（4）协商合作协议，以此组织项目

团队成员之所以在项目中工作，是因为他们期望能够获得利益回报。这种期望的回报有多种形式，可能是期望正的回报（如为了得到报酬），也可能是为了避免出现负的回报（如避免失业）。无论团队成员有什么样的期望回报，作为项目经理，都应该与他们协商并达成协议，在协商时要权衡他们对项目的贡献和他们期望的回报。合作协议应以清晰、简洁、坦诚的语言表达，并明确对每个人的贡献和承诺所给予的回报。现实中，有些项目经理独自制订项目计划，然后告诉项目团队照此执行，这样他与团队成员之间的合作协议就是单方面的，另外一方并没有认可。合作协议必须经过双方的讨论，最终必须与项目计划相一致。

(5) 清晰、简单的计划结构与报告流程

计划必须清晰而且简单，这样项目组成员可以精确地看到自己的贡献，并可以看到这份贡献与组织发展目标的关系。此外，还需要一个简单的报告流程，在分解结构的不同层次都可以用一页纸进行报告。

1.3.3 成功项目管理的基本做法

成功的项目管理有其系统的工作程序、工作原理、工作方法和工作工具。要做好一个项目需要做大量的工作。下面是 20 条成功项目管理经验，也可以被认为是成功项目管理做事的基本思路。

(1) 定义项目成功的标准

在项目的开始，要保证风险承担者对于如何判断项目是否成功有统一的认识。通常，满足一个预定义的进度安排是唯一明显的成功因素，但肯定还有其他的因素存在，如增加市场占有率、获得指定的销售量或销售额、取得特定用户满意程度、淘汰一个具有较高维护需求的遗留系统、取得一个特定的事务处理系统并保证正确性等。

(2) 识别项目的驱动、约束和自由程度

每个项目都需要平衡它的功能、人员、预算、进度和质量目标。这 5 个方面中的每一个方面，要么定义成一个约束，必须在这个约束条件下执行项目；要么定义成与项目成功对应的目标方向，或者定义成通向成功的自由程度，可以在一个规定的范围内调整。

(3) 定义产品发布标准

在项目早期，要决定用什么标准来确定项目产品，是否准备好并可以发布。发布标准可以基于：性能度量、特定功能完全可操作，或表明项目已经达到了其目标的其他方面。不管选择了什么标准，都应该是可实现的、可测量的、文档化的，并且与客户所要求的"质量"一致。

(4) 沟通承诺

承诺具有可能实现不了的风险，不应做明知实现不了的承诺。承诺是良好信誉的表现，以往项目成功的数据会作为承诺的有力证据。

(5) 做好计划

有些人认为，花时间做计划还不如花时间去做具体工作，这是一种错误的观念。困难的部分不是做计划，困难的部分是做这个计划时的思考、沟通、权衡、交流、提问和倾听。用来分析、解决计划问题所花费的时间，会减少项目后期可能产生的意外风险。

(6) 分解任务

把大任务分解成多个小任务，可以更加精确地估计它们。小任务可能会暴露没有事先想到的问题，并且能保证项目更加精确、细密的状态跟踪。

(7) 为通用的大任务开发计划工作表

如果团队经常承担某种特定的通用任务，如建筑工程中的空调设备安装，那么就需要为这些任务开发一个活动检查列表和计划工作表。每个检查列表应该包括这个大任务可能需要的所有步骤。这些检查列表和工作表将帮助团队成员确定和评估与他必须处理的大任务的个案相关的工作量，实际上是形成了一个工作标准的参考。

(8) 在质量控制活动后应该有修改工作

几乎所有的质量控制活动，如测试和技术评审，都会发现缺陷或其他提高的可能。项目进度或工作分解结构，应该把每次质量控制活动后的修改作为一个单独的任务包括进去。事实上，如果不用做任何修改固然很好，说明已经走在了该任务的计划前面，但是不要完全去指望它。

(9) 为过程改进安排时间

团队成员通常被淹没在他们当前的项目中。如果想把团队提升到一个更高的工作能力水平，就必须投入一些时间在过程改进上。从项目进度中留出一些时间，因为任何项目活动都应该包括做能够帮助下一个项目更加成功的过程改进。不要把项目成员可以利用的时间百分之百地投入到项目任务中，然后惊讶于为什么他们在主动提高方面没有任何进展。

(10) 管理项目的风险

如果不去识别和控制风险，就会被风险控制。在项目计划阶段花一些时间集体讨论可能存在的风险因素，评估它们潜在的危害，并决定减轻或预防措施，对于项目的顺利完成至关重要。

(11) 根据工作计划进行估计

人们通常以日历时间作估计，但更为重要的是估计与任务相关联的工作计划（以工时为单位）的数量，然后把工作计划转换为日历时间进行估计。这个转换基于每天有多少有效的时间花费在项目任务上，需要考虑各种可能碰到的打断或突发调整请求、会议和所有其他会让时间消逝的事情。

(12) 不要为人员安排超过他们精力80%的时间

跟踪团队成员每周实际花费在项目指定工作的平均小时数，将会令人吃惊。与任务相关的许多活动需要花费相当多的精力，这会显著地降低工作效率。不要因为有人在一项特定工作上每周只需花费10小时，就去假设他可以每周做4项这种任务。实际上，如果他能够完成3项任务，就已经很成功了。

(13) 将培训时间放到计划中

确定团队每年在培训上花费多少时间，并将时间从团队在指定项目任务上的可用时间中减去。由于可能在平均值中已经减去了休假时间、生病时间和其他时间，对于培训时间也需要做同样的处理。

(14) 记录估算和如何达到估算的

准备估算工作时，把它们记录下来，并且记录是如何完成每个任务的。理解估算所用的假设和方法，在必要的时候更容易控制和调整它们，而且将帮助改善估算过程。

(15) 记录估算并使用估算工具

有很多工具和方法可以帮助我们估算整个项目。根据以往真实项目经验的数据库，这些工具可以给出一个可能的进度和人员分配安排选择。它们同样能够帮助我们避免进入"不可能区域"，即有没有其他可借鉴的成功案例能够将产品规模、团队规模和进度安排等组合起来。

(16) 遵守学习曲线

如果在项目中第一次尝试新的过程、工具或技术，必须认可付出短期内生产力降低的代价。不要期望在新方法的第一次尝试中就能够获得惊人的效益，在进度安排中要考虑不可避免的学习曲线。

(17) 考虑意外缓冲

项目不会像项目计划一样准确地进行，所以预算和进度的安排应该在主要阶段后面设置一些意外的缓冲，以适应无法预料的事件。不幸的是，管理者或客户可能把这些缓冲作为填料，而不是明智地承认事实确实如此。

(18) 记录实际情况与估算情况

如果不记录花费在每项任务上的实际工作时间和资源消耗，并和估算作比较，将永远不能提高估算能力，估算将永远只能是猜测。

(19) 只有当任务100%完成时，才能认为该任务完成

将任务划分为"英寸大小的小圆石"的好处是，可以区分每个小任务要么完成了，要么没有完成，这比估计一个大任务在某个时候完成了多少百分比要实在得多。不要让成员只入不舍地描述他们任务的完成状态，要使用明确的标准来判断一个任务是否真正地完成了。

(20) 公开、公正地跟踪项目状态

创建一个良好的风气，让项目成员对准确地报告项目的状态感到安全。努力让项目在准确的、基

于数据的事实基础上运行,而不是因为害怕报告坏消息而产生的令人误解的乐观主义。使用项目状态信息可以在必要的时候进行纠正操作,并且在条件允许时进行表扬。

以上是项目管理工作过程中的 20 条基本做法。这些做法不能完全保证成功,但是能帮助我们在项目上获得一个坚实的把手,并保证做了所有可以做的事情让项目在这个充满变化的世界上成功。

1.3.4　成功项目管理的应用观念

在实际工作中,很多人认为项目管理就是列进度表,如果一个人能做一些技术性的工作,那这个人就能从事管理工作,这样的错误认识普遍存在。其实,项目管理并非只是列进度表,项目管理包含工具、人和过程。所谓工具,是指工作分解结构法、网络计划技术、挣得值分析法、风险分析法和软件等。工具是大多数组织机构在进行项目管理时主要关心的对象,然而工具只是成功项目管理的必要而非充分条件,实际上过程更重要,因为如果没有正确的管理过程,这些工具只会导致高效地堆积错误。

1. 项目管理系统的建立

成功的项目管理离不开一个良好的项目管理系统。项目管理系统通常包含以下 7 个部分,如图 1-4 所示。

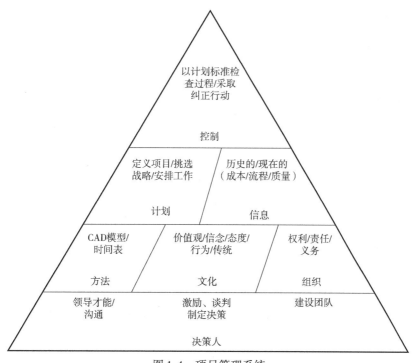

图 1-4　项目管理系统

1)人的因素。人的因素位于最底层,因为处理人的关系是整个架构的基石。项目是靠人做出来的。关键路径或者甘特图不是项目,只是供人使用的工具。如果一个项目经理不能有效地处理好与人的关系,项目就很可能遇到困难。事实上,从来没有哪一个项目的失败是因为项目经理或他的团队画不好一张规范的网络图,相反,很多项目失败是因为"人的问题"。项目很少因工具而失败,却常常因人而失败。作为一名项目经理,必须善于处理沟通、冲突、激励、领导、决策、策略等。

2)文化。文化涵盖组织内的价值观、态度、传统以及行为方式等各个方面。文化差异可以源于不同的地理环境、民族背景、种族、宗教等。宽泛地说,这些差别并无所谓哪个好、哪个坏,却常常会导致冲突、误解和分歧。随着项目本身变得越来越全球化,项目组织中常常包含更多不同的文化。所以，项目经理有必要学习和了解不同的文化，学会处理文化差异。

3）方法。方法是指用来管理项目的方法（包括网络计划技术、挣得值分析法、工作分解结构法等）以及软件。对于大多数人而言，很快就能掌握这些方法，但最容易出问题的是软件与方法的有效结合。很多组织并不培训项目管理人员如何使用软件。而现在，即使是最基本的进度管理软件也有强大的功能。软件功能越强大就越难以使用，更难以精通。因此，项目管理人员不仅需要软件，更需要培训、训练与经验。

4）组织。组织是指项目如何被组织起来的，就像一个公司如何被组织起来一样。每个组织都必须明确地划分个人的权力、责任、义务。权力有两种：一种是可以吩咐人们去做事的权力，即对人的权力。这是项目经理们通常所没有的，他们只能通过发挥自己的影响力来解决问题。第二种是独立的决定权，即无须事先批准的权力。这种权力突出表现在项目费用的管理上，一旦计划（包括预算）已经确定下来，项目经理就应该可以按照事先通过的计划进行开支，无须再经过批准。

（5）计划与信息。如果没有计划，就不可能实现控制。因为只有有了计划才能明确应当在的地方。而如果不知道在什么地方同样无法控制，这有赖于的信息系统。但大多数公司没有用来监控项目的信息系统，因为他们没有意识这样一个系统的重要性。这就使得大多数的项目经理必须人工监控项目进展，并通过项目管理软件进行挣得值分析。信息系统应当包含历史数据，这样就可以对项目的时间、成本、资源要求等进行估计。

（6）控制。项目管理的全部目标是保证取得组织预想的结果。这就是通常所说的"一切尽在掌握之中"，这也正是项目经理所期待的，这就需要控制。控制是监测或判断信息系统，也就是对比你所在的地方和应该在的地方，并在偏离目标时采取措施纠正。

2. 成功应用项目管理的观念

下面是成功应用项目管理常常遇到的一些观念性问题：

1）一种方法能否适应所有的项目。项目的行业、类别、大小千差万别，项目管理这一种方法能适用于所有的项目吗？这是我们经常思考的问题。答案是："是，又不是"。说"是"，是因为所谓项目管理是指用规范的思考方式去完成一件工作，它是一种工作方法。项目管理的一个基本原则是：这种规范的思考过程适用于任何类型的项目，无论它的规模或种类如何。这些项目可以是郊游、开发软件、建设一座大楼，其总的方法是一样的。说"不是"，是因为不同项目使用的工具不同，对那些特别小的项目而言，做一个网络图几乎是在浪费时间，但有的项目缺少了网络计划就是不可想象的。因此，项目管理在实际应用中就是去挑选并使用那些适合的工具。

2）项目太小了，用不着项目管理。总有人认为，规范的项目管理技术只适合于大型项目。这是一种片面的认识，是将思考过程与准备文件混为一谈了。生活中很简单的项目，如做一顿饭，仍然需要经过思考的程序，只是完全没有必要为此准备一大堆的文字报告。因此，一个基本原则是：思考过程不同于制作书面文件。项目管理中的 KISS（Keep It Simple Stupid）原则是：不多做任何不必要的事，但也不少做任何必要的事。因此，按照项目管理规范的程序进行思考，并决定有多少需要形成文字，然后去做，越简单越好。

3）总是在做一直做的事，是否得到了期望的结果。如果总是重复做事，得到的是不变的结果，那表明一直在做的事没有什么成效，需要改变做事的方式。长期以来，很多人都在使用不规范的、非正式的项目管理方法，不但完成了任务，还很满意。其实，他们没有意识到还有其他方法存在，工作可以做得更好，应用规范的项目管理（在流程上的改变）可以使工作做得既快又好。

4）变化以及对变化的抵触。项目管理可以给组织管理带来质的变化。实际上，组织中的很多人由于害怕变化会使自己的利益受到损害，因而害怕变化并抵触变化。此外，组织本身也会抵触变化。在变化引入时，组织（包括部门）会表现出维持现状的惯性，拒绝变化，从而造成项目管理应用的阻力。我们应该事先认识到变化和对变化的抵触是任何组织都具有的惯性。有效沟通是消除对变化抵触的核心。有效沟通是指与合适的人进行交流，说服他们支持或接受项目管理所带来的变化，通过让他们参与变化、将员工培训和个人发展相结合、加强团队建设、改善领导方式以及获得高层管理者的支持与承诺等方式可以克服对变化的抵触。

5）是技术管理还是项目管理的问题。在很多项目中，所谓的"项目经理"其实就是技术经理，主要负责管理技术活动。他们花大量的时间做那些技术工作，掉进了做事的陷阱中，工作的着眼点没有放在项目整体的综合管理上，从而忽略了项目经理的本职——管理。由于他们多是技术专家出身，通常不信赖那些提交上来的报告，认为自己比别人做得更好，怀疑其他人的能力。项目经理不能很好地下放权力，结果管理职能被弱化，自己越来越被动，项目早早就走向了失败。

6）解决项目经理的无权问题。很多项目经理没有被赋予足够的权力，很多行动需要事先获得批准。一般的组织都建立了这样的程序：购买任何东西都要事先批准，甚至要经过项目经理之上的三层管理者的批准。自然，项目经理不能做任何超越红线的事，但项目经理应当自问：我的工作中，哪些是我可以自行决断的？如果你没有被赋予权威，最好的方法就是去主动承担权威的角色。作为项目经理，如果总是在等待别人赋予权威，可能永远不会拥有它，因为你从来没有（来得及）证明你能够运用它，要知道"获得谅解总是比获得批准容易"。

1.4 项目管理为华为产品研发带来的管理变革[⊖]

1. 基于流程的产品开发项目管理体系的形成

华为公司提倡流程化的企业管理方式，任何业务活动都需有明确的结构化流程来指导，如产品规划、产品开发、供应链等业务活动。

产品研发项目是企业最常见的一种项目方式，华为公司也不例外。为了把产品研发活动管理好，华为公司建立了结构化的产品开发流程，以产品开发项目领导（LPDT）管理项目工作。

华为公司的产品开发流程分为 6 个阶段，分别是概念阶段、计划阶段、开发阶段、验证阶段、发布阶段、生命周期管理阶段。为了让大家了解产品开发的总体概况，华为公司建立了产品开发流程的袖珍卡。袖珍卡是一个产品开发概略图，给人一个产品开发的全貌，因为做成卡片可以放在口袋里，所以给它起了一个新名字——产品开发袖珍卡。

袖珍卡在指导产品开发方面还不够具体化，缺乏可操作性，所以针对袖珍卡的每个阶段又进行了展开，制作了阶段流程图，针对流程图中每项活动描述了活动含义，针对项目文档制作了文档的模板。

按照 IBM 咨询顾问指导设计的产品开发流程，和原来华为公司产品开发模式进行对比，其中一项明显的差别是：概念阶段和计划阶段明显比原来的流程周期长，更加重视概念阶段对产品的定义以及各领域策略的制定；重视计划阶段对技术方案的制订以及各领域实施方案的制订。后来，华为公司经过几个产品开发团队（PDT）的验证，发现整个产品开发项目的周期缩短了。在引入 IPD 之前，由于概念阶段和计划阶段时间短，产品定义模糊，方案不具体就进入开发和验证阶段，导致开发和验证阶段周期加长，反而使整个项目开发周期加长。

因此，华为公司的产品研发项目是基于产品开发流程的项目管理。产品开发项目领导（LPDT）带领项目团队成员实施产品开发，按照公司定义的流程来完成项目目标。

2. 对产品开发项目实施"端到端"的管理

在有些企业中，由于对产品开发没有实施"端到端"的管理，出现了许多问题。例如，某个医药企业，产品开发完成后即将进行销售时才发现注册工作还没有做；还有一些企业，产品开发是串行模

⊖ 本案例由深圳汉捷研发管理咨询公司副总裁郭富才撰写提供。

式，从一个部门传递至另外一个部门，各个部门为了保证自己利益最大化而导致产品开发项目进度延迟。类似的现象不胜枚举，这些企业中缺少"端到端"管理项目的特征。

在华为公司引入 IBM 顾问后，"端到端"成为一个常见的术语。它提示我们做产品开发项目，要从市场中来，最终通过项目活动满足市场需求。也就是说，产品开发项目不仅是技术体系一个部门的工作，还需要其他部门的参与。只有形成跨部门的团队，才能完成产品开发目标，保证市场的需求。

为了完成最终的产品开发目标，需要市场人员的参与（提供产品需求定义、制订产品宣传方案和实施等）、销售部门参与（销售预测及销售渠道建立等）、注册部门参与（注册方案制订及实施）、技术部门参与（产品技术实现及目标成本达成等）、制造部门参与（产品试制及生产测试设备开发等）等。只有各个部门都参与，才能完成产品开发的任务。丢三落四、顾此失彼的开发模式不是"端到端"的产品开发管理。

为了完成产品开发项目"端到端"的目标，产品开发项目团队必须由跨职能部门的成员组成，项目经理是这个团队的领导。

3. 建立有利于多部门协作的跨部门项目管理模式

在引入 IBM 咨询之前，华为公司采用的是职能式的产品开发模式：将产品开发任务按照职能分配到各个职能体系，没有明确的产品开发项目经理，或者最多指定一个协调人。由于项目成员沟通不顺畅，产品开发周期和竞争对手相比较长，因此必须改变这种按职能模式进行产品开发的现状。

1999 年，IBM 在给华为公司做咨询顾问时说道："我们这次不光是带给你们一种产品开发的管理模式，更重要的是我们会带给你们做事的文化，那就是跨部门沟通的文化。"IBM 咨询顾问说到也做到了，他们在 IPD 咨询过程中为华为公司建立了许多跨部门的业务团队，如产品组合管理团队（PMT）、集成技术管理团队（ITMT）等。其中，产品开发团队（PDT）是最典型的，其团队成员分为核心组和外围组，分别来自市场、销售、财务、质量、研发、制造、采购、技术服务等部门。他们在 LPDT 的带领下，共同完成由集成组合管理团队（IPMT）下达的产品开发目标。

现在，华为公司产品开发项目团队采用的是强矩阵式的管理模式，由 LPDT 和部门经理共同协商确定 PDT 成员，PDT 成员在 LPDT 的领导下完成产品开发项目目标，职能部门经理由原来既管事又管人转变为只管人。也就是说，在引入 IPD 后，职能部门经理的职责更多的是关注培养部门的能力，包括对部门人力资源规划与培养、部门技术的规划及开发、部门的管理体系建设、向 PDT 团队提供合格的人力资源等。

在矩阵式管理模式下，LPDT 具有对团队成员考核的权利。在考核周期内，各 LPDT 将核心组成员的考核意见汇总到职能部门经理处，由职能部门经理统一给出对项目成员的最终考核结果。

4. 将研发项目按不同业务类型进行分类管理

华为公司一直重视研发，每年会将上年度销售收入的 10% 投入到研发中。在 IBM 咨询顾问的指导下，华为公司将研发管理分为预研和开发，因此又将研发投入金额的 10% 投入到技术研究中去。

很多专业书籍将研发分为基础研究、应用研究、工程化开发。华为公司研发费用大量投入在工程化开发中，兼顾应用研究。

华为公司将研发体系的项目重点分为产品预研、产品开发、技术预研、技术开发四大类。

1) 产品预研。在市场前景尚不明确或技术难度较大的情况下，如果该产品与公司战略相符且有可能成为新的市场增长点，就可以对该产品进行立项研究，着重探索和解决产品实现的可行性，使其能够在条件成熟时转移到产品开发。

与产品开发相比，产品预研具有以下特点：①产品预研的目的是验证或引导客户的潜在需求，把握正确的市场方向和抓住市场机会；②产品预研着眼公司未来发展和未来市场，一般在 1 年内不产生大量销售；③市场前景尚不明确；④存在较大的技术风险；⑤主要关注核心功能的实现，一般不作商用要求。

2）技术预研。在产品应用前景尚不明确或技术难度较大的情况下，如果有利于增强公司产品竞争力，就可以对这些前瞻性技术、关键技术或技术难点进行立项研究，着重探索和解决技术实现的可行性，使其能够在需要时为产品开发提供支撑。

与技术开发相比，技术预研具有以下特点：①技术预研的目的是验证产品技术方案或产品技术，并做技术储备；②着眼公司未来发展和未来市场；③产品可能还没有明确的需求；④技术预研实现难度较大；⑤主要关注核心功能的实现，一般不作商用要求。

华为公司各类型研发项目的特点，见表1-2。

表1-2 华为公司各类型研发项目的特点

	产品开发	产品预研	技术开发	技术预研
目的	根据项目任务书的要求，保证产品包在财务和市场上取得成功	验证或引导客户的潜在需求，把握正确的市场方向，抓住市场机会	开发公共技术和平台，使之符合用户产品的业务目标	验证产品技术方案或产品技术，并做技术储备
市场	针对公司近期的目标市场和客户，有明确的市场需求	着眼公司未来发展和未来市场，一般在1年内不产生大量销售，市场前景不明确	满足公司当前产品对技术的需求	着眼公司未来发展和未来市场，可能产品没有明确需求
技术难度和风险	较小	大	较小	较大

之所以将研发项目分类，也是为了考核的需要。针对预研项目而言，由于预研项目风险大、结果难于预知，因此对进度、结果考核的权重要小一些；而对开发项目而言，由于进度、结果可以预知，质量可以控制，因此开发项目的进度、质量、财务往往成为考核的目标。另外，不同类型的项目对人力资源的要求不同，预研项目的技术倾向明显，往往是技术水平高的人进行预研工作，而开发项目往往工程化倾向明显，华为公司提出的"工程商人"大部分是针对开发人员而言的。

5. 依靠过程审计保证项目流程体系的完善执行

为保证研发项目的成功，华为公司引入IBM咨询团队研发流程；为保证项目团队成员按照流程做事，引入过程审计的概念。

在华为公司，有专门的部门负责公司的流程建设与优化，其重大流程包括产品规划流程（又称为"市场管理流程"）、产品开发流程、集成供应链流程、需求管理流程等，每个流程都对应一个业务团队（或称项目团队）。

为保证流程体系得到执行，华为公司引入过程审计的概念，由产品质量保证（PQA）承担过程审计的任务。在每个产品开发项目启动阶段，公司质量部都会为项目指定一个PQA，PQA定位为项目中的流程专家。其具体职责如下：作为项目的过程引导者，培训项目团队熟悉流程和管理制度；作为过程组织者，组织技术评审，包括选择评审专家、撰写评审报告；独立于项目团队之外，负责过程审计，审计项目团队成员是否按照公司规定的流程实施项目。

在华为公司，研发管理是东方文化和西方科学管理相结合的产物。公司管理优化部门负责流程的制定，研发团队在执行流程的过程中接受PQA的审计，以此保证流程得到有效执行。

6. 通过项目经理的认证体系引导项目经理的发展

引入IPD咨询后，华为公司发现，产品开发项目中有两个角色的人员最为欠缺：一个是项目经理，另一个是系统工程师。关于系统工程师的培养，在此部分不作论述。

华为公司为培养项目经理，专门成立了项目管理能力建设组，制订了培养规划，并对项目经理的资格条件。

华为公司在项目管理建设愿景中明确表示：以不断提升公司的项目管理能力、各业务领域多项目管理能力为龙头，牵引项目经理不断提升个人的项目管理能力，促进公司各业务领域持续提高项目成功率，不断满足客户需求。

华为公司通过与外部合作，建立了项目经理的项目管理能力标准、培训课程与平台、认证程序与平台。

华为公司从知识、技能、行为和素质4个方面对项目经理进行认证，并对项目经理的认证规定了5个等级，从第2级开始规定资格认证的条件，见表1-3。

表1-3 华为的项目经理认证

APM	PM	SPM	DPM
助理项目经理	负责管理简单项目或协助复杂项目经理	负责管理复杂项目	公司或业务领域多项目管理
2级	3级	4级	5级

7. 体现了技术管理和项目管理两线管理的思路

华为公司的研发项目管理，体现了技术线和管理线分开的思路。在项目团队中有两个非常重要的角色，一个是项目经理，另一个就是系统工程师。

项目经理来源于研发、市场、制造等各个领域。项目经理类似于一个新成立公司的首席执行官，他将业务计划提交给 IPMT，并争取获得项目开发所需的资金。PDT 经理全面负责新产品的开发，并组织项目开发团队，代表整个团队在产品开发合同上签字。

系统工程师在预测需求及指导产品开发满足这些需求方面扮演着重要的角色。系统工程师与 PDT 经理和其他代表一起将市场需求转化成产品包需求，并进一步以技术规格表示出来。系统工程师负责开发产品的总体架构，并推动产品集成和测试策略的实施。

因此，在研发项目中，项目经理更像管理专家，负责协调各个部门与角色的关系，而系统工程师更像技术专家。

华为公司作为我国新兴的科技型企业，2009年进入世界500强企业，这首先得益于项目管理的应用及其带来的管理变革。华为研发项目管理的成功实践可供我国其他企业借鉴，因为项目管理的模式是相通的。

第 2 章　项目与项目管理

本章要点

本章主要介绍项目与项目管理的基本概念和项目管理的核心知识内容。首先，介绍项目的概念、特点与组成要素、项目生命周期的概念，对项目集群与项目组合进行对比介绍；阐述项目管理的概念、思想、特点、职能，分析不同层次的项目管理及实施项目管理的原则；其次，介绍项目管理的核心内容，包括项目与企业层次的项目管理、项目生命周期的4个阶段、项目管理的5个过程和10个职能领域以及项目管理的29个能力要素；最后，介绍敏捷项目管理的概念，以及最为常见的工程总承包（EPC）、项目管理服务（PM）及项目管理总包（PMC）等项目管理模式，并用华为成功应用项目管理的案例说明项目管理带来的管理变革。

2.1　项目

前面章节已经述及，项目的历史甚为久远，埃及的金字塔、中国的古长城等已被人们普遍誉为早期成功项目的典范。在今天，项目已经成为人类生产与进步的主要动力，项目无处不有，按项目进行管理也将成为未来发展的主旋律。

2.1.1　认识项目

"项目"现在已成为人们使用得越来越频繁的词汇。"能不能弄个项目来做做？""倒是有一个，不过这个项目做起来不容易，有风险。"这样的对话人们常常听到。当今，国家号召的"大众创业、万众创新"所依赖的也是项目。项目就在人们身边。

我国在项目管理领域有着极其丰富的实践。例如，古长城、都江堰、秦始皇兵马俑等工程，这些项目即使放在今天，也可以当之无愧地称得上是大型工程项目。当今，随着我国经济的发展，无论从宏观的政府组织来看，还是从微观的企业组织来看，各种规模、各种类型的项目更是百花齐放、数不胜数。

项目类型各种各样，有国家领导和专家反复论证后慎重决策的长江三峡水利枢纽、南水北调、西气东输等大型工程项目；有政府部门加紧进行的体制改革项目；有企业家、经理们精心策划的开发、促销活动项目；有广大农民积极参与的科技推广项目；有研究单位遍地开花的科研课题项目；有淮河、太湖、滇池的保护水源"零点"行动项目；有各种基础设施建设、房地产、技术革新、创新创业项目等。甚至，出趟差、组织一个联欢会或请朋友来家聚会，都可以当作一个项目。

项目与项目管理起源于建筑业。但现在，人们对项目的内涵与外延都有了新的认识。美国PMI专业杂志上刊登过的20世纪80年代的3个案例就颇具代表性，也说明了人们对项目认识的发展和变化。

（1）新奥尔良河滩房地产开发

新奥尔良市是美国南方密西西比河和墨西哥湾交会的重要港口城市。该市在20世纪70年代初制订了一项河岸改造战略计划。经过多年的努力，该市在沿河区完成了一个包括水族馆、河边公园、商贸中心和极具城市特色的河岸有轨电车等在内的综合性城市改建项目。这是传统意义上工程项目的概念。

（2）第十五届冬季奥林匹克运动会

1988年，国际奥委会在加拿大的卡尔加里成功地举办了第十五届冬季奥运会。这是一个由57个国家、2000多名运动员、数千名记者和专业人员以及上万名志愿工作者和150万观众参加的大型体育盛会。这是一个将大型活动作为项目管理的案例。

(3) 一个残疾人的环球旅行

1985年，加拿大伤残人士瑞克·汉森为了证明其身残志坚，拟订并实施了一项举世瞩目的项目计划：以轮椅代步行周游世界。结果，他以惊人的毅力克服重重困难，用3年时间周游了世界33个国家，圆满地完成了预定的目标。这是一个日常生活的典型项目示例。

从以上3个案例可以看出，每个项目实际都是有待完成的任务。尽管各行业对项目含义的理解不完全相同，但其共性的内容是：项目是在限定条件下，为完成特定目标要求的一次性任务。任何项目的设立都有其特定的目标。

这种目标从广义的角度看，表现为预期的项目结束之后所形成的"产品"或"服务"，也有人把这类目标称为"成果性目标"。与之相对应的还有另一类项目的目标，称为"约束性目标"，如费用限制、进度要求等。显然，成果性目标是明确的，是项目的最终目标，在项目实施过程中被分解成为项目的功能性要求，是项目全过程的主导目标；约束性目标通常又称限制条件，是实现成果性目标的客观条件和人为约束的统称，是项目实施过程中必须遵循的条件，从而成为项目管理的主要目标。

作为一次性的项目任务，具有区别于其他任务的基本特征，它意味着每一个项目都有其特殊性，不存在两个完全相同的项目。这是基于项目的整体性而言的，项目的特殊性可能表现在项目的目标、环境、条件、组织、过程等诸方面，两个目标不同的项目各有其特殊性，即使目标相同的两个项目也各有其特殊性。例如，按照同一设计图样建造两座图书馆，但建设这两座图书馆的项目是不会完全相同的，由于地理位置、施工的地质条件等不完全相同，其地基处理、平面处理、管道布置的施工方案和任务也就不会完全相同。

从上述关于项目的认识可以看到，项目的外延是广泛的。长江三峡工程建设是一个项目，组织一次会议活动也称为一个项目。正如美国项目管理专业资质认证委员会主席 Paul Grace 所讲："在当今社会中，一切都是项目，一切也将成为项目。"

2.1.2 项目的概念

对于项目的定义和概念，很多教科书或专家从不同的角度给出了不同的答案。对于本书而言，项目的定义是从一般项目和广义项目两个角度给出的。

项目，来源于人类有组织活动的分化。随着人类的发展，有组织的活动逐步分化为两种类型：

1) 是连续不断、周而复始的活动，人们称之为"作业（或运作）"（Operations），如企业日常生产产品的活动。

2) 是临时性、一次性的活动，人们称之为"项目"（Projects），如企业的技术改造活动、一项环保工程的实施等。

美国项目管理协会（PMI）的 PMBOK 体系对项目的定义为：项目是为创造某项独特产品、服务或成果所做的一次性活动。

国际项目管理协会（IPMA）的 ICB 体系对项目的定义为：项目是受时间和成本约束的、用以实现一系列既定的可交付物（达到项目目标的范围），同时满足质量标准和需求的一次性活动。

国际知名项目管理专家、《国际项目管理杂志》主编 J·Rodney Turner 认为：项目是一种一次性的活动。它以一种新的方式将人力、财力和物资进行组织，完成有独特范围定义的工作，使工作结果符合特定的规格要求，同时满足时间和成本的约束条件。项目具有定量和定性的目标，实现项目目标就是能够实现有利的变化。

美国著名的项目管理专家 James Lewis 博士认为：项目是指一种一次性的复合任务，具有明确的开始时间、明确的结束时间、明确的规模与预算，通常还有一个临时性的工作团队。

综上所述，项目的定义如下：

项目是一项特殊的将被完成的有限任务。它是一个组织为实现既定的目标，在一定的时间、人力和其他资源的约束条件下，所开展的满足一系列特定目标、有一定独特性的一次性活动。

此定义包含3层含义：

1）项目是一项有待完成的任务，有特定的目标要求。这一点明确了项目自身的动态概念，即项目是指一个过程，而不是指过程终结后所形成的成果。例如，人们把一个新图书馆的建设过程称为一个项目，而不把新图书馆本身称为一个项目。

2）在一定的组织机构内，利用有限资源（人力、物力、财力等）在规定的时间内完成任务。任何项目的实施都会受到一定的条件约束，这些条件是来自多方面的，如环境、资源、理念等。这些约束条件成为项目管理者必须努力促其实现的项目管理的具体目标。在众多的约束条件中，质量（工作标准）、进度、费用是项目普遍存在的3个主要的约束条件。

3）任务要满足一定性能、质量、数量、技术指标等目标要求。项目是否实现、能否交付用户，必须达到事先规定的目标要求。功能的实现、质量的可靠、数量的饱满、技术指标的稳定，是任何可交付项目必须满足的要求，项目合同对于这些均具有严格的要求。

项目与作业最重要的不同点是：项目的一次性、独立性。两个极端的例子是罐头食品生产与航天飞行器的发射（或开发一种新食品罐头）。项目与作业的主要区别见表2-1。

表2-1 项目与作业的主要区别

项目	作业
独一无二	重复的
有限时间	无限时间（相对）
革命性的改变	渐进性的改变
目标之间不均衡	相对均衡
多变的资源需求	稳定的资源需求
柔性的组织	稳定的组织
效果性	效率性
以完成目标、目的为宗旨	以完成任务、指标为宗旨
风险和不确定性	经验性

在不同的项目中，项目内容可能会千差万别。但项目本身有其共同的特点，这些特点可以概括如下：

1）项目由多个部分组成，跨越多个组织，因此需要多方合作才能完成。
2）通常是为了追求一种新产物才组织项目。
3）可利用资源事先要有明确的预算。
4）有严格的时间界限，并公之于众。
5）可利用资源有一定限制，一经约定，通常不再改变。
6）项目的构成人员来自不同专业的不同职能组织，项目结束后原则上仍回原职能组织中。
7）项目的产物及保全或扩展通常由项目参加者以外的人员来进行。

2.1.3 项目的特征与属性

1. 项目的特征

项目是为提供某项独特产品、服务或成果所做的一次性活动。通过对项目概念的认识和理解，可以归纳出项目作为一类特殊的活动（任务）所表现出来的区别于其他活动的特征。

(1) 项目的一次性

由于项目的独特性，项目作为一种任务，一旦任务完成，项目即告结束，不会有完全相同的任务重复出现，即项目不会重复，这就是项目的"一次性"。但项目的一次性属性是相对项目整体而言的，并不排斥在项目中存在着重复性的工作。

项目的一次性也体现在如下几个方面：

1) 项目——一次性的成本中心。

2) 项目经理——一次性的授权管理者。

3) 项目经理部——一次性的项目实施组织机构。

4) 作业层——一次性的项目劳务构成。

(2) 项目的临时性

临时性是指每一个项目都有确定的开始和结束时间。当项目的目的已经达到，或者已经清楚地看到项目目的不会或不能达到时，或者项目的必要性已不复存在并已终止时，该项目即达到了它的终点。临时性不一定意味着时间短，许多项目都要进行好几年。然而，在任何情况下项目的期限都是有限的，项目不是持续不断的努力。

但是，临时性一般不适用于项目所产生的产品、服务或成果，大多数项目是为了得到持久的结果。项目还经常会产生比项目本身更久远的、事先想到或未曾预料到的社会和环境后果。

(3) 项目的目标性

人类有组织的活动都有其目的性。项目作为一类特别设立的活动，也有其明确的目标。没有明确的目标，行动就没有方向，也就不称其为一项任务，也就不会有项目的存在。

(4) 项目的整体性

项目是为实现目标而开展的多活动的集合。它不是一项项孤立的活动，而是一系列活动有机组合，从而形成的一个完整的过程。强调项目的整体性，也就是强调项目的过程性和系统性。

(5) 项目的唯一性，又称独特性

这一属性是项目得以从人类有组织的活动中分化出来的根源所在，是项目一次性属性的基础。每个项目都有其特别的地方，没有哪两个项目是完全相同的。建设项目通常比开发项目更程序化些，但不同程度的用户化是所有项目的特点。在有风险存在的情况下，项目就其本质而言，不能完全程序化，项目主管之所以被人们强调很重要，是因为他们有许多例外情况要处理。

2. 项目的属性

以上分析的是项目的外在特征，外在特征应该是其内在属性即项目本身所固有的特性的综合反映。结合项目的概念，项目的属性可归纳为4个方面。

(1) 多目标属性

从项目的概念可以看出，项目目标一般由成果性目标与约束性目标组成。其中，成果性目标是项目的来源，也是项目的最终目标。在项目实施过程中，成果性目标被分解为项目的功能性要求，是项目全过程的主导目标。约束性目标通常又称限制条件，是实现成果性目标的客观条件和人为约束条件的统称，是项目实施过程中必须遵循的条件，从而成为项目实施过程中管理的主要目标。项目的目标需要两者的统一。在项目实施过程中成果性目标都是由一系列技术指标来定义的，同时受到多种条件的约束，其约束性目标往往是多重的。因而，项目具有多目标属性，如图2-1所示，项目的总目标是多维空间的一个点。

(2) 生命周期属性

项目是一次性的任务，既有起点，也有终点。任何项目都会经历启动、开发、实施、结束这样一

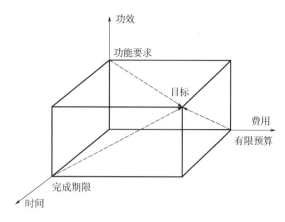

图 2-1 项目的多目标属性示意图

个过程，人们常把这一过程称为"生命周期"。项目的生命周期特性还表现在：项目的全过程中启动比较缓慢，开发实施阶段比较快速，而结束阶段又比较缓慢的规律。

(3) 相互依赖性

项目常与组织中同时进展的其他工作或项目相互作用，但项目总是与项目组织的标准及手头的工作相抵触。组织中各事业部门（行销、财务、制造等）间的相互作用是有规律的，而项目与事业部门之间的冲突则是变化无常的。项目主管应清楚这些冲突并与所有相关部门保持适当联系。

(4) 冲突属性

与其他经理相比，项目经理生活在一个更具有冲突特征的世界中。项目之间有为资源而与其他项目进行的竞争，有为人员而与其他职能部门进行的竞争。项目组的成员在解决项目问题时，几乎一直是处在资源和领导问题的冲突中。

2.1.4 项目的组成要素

项目的组成要素是指与项目本身活动有关的方方面面的总和，项目管理人员必须对项目的组成要素有正确的认识和足够的了解。一般来讲，项目由以下 5 个要素构成。

(1) 项目的范围

正确的范围界定是项目成功的关键。"当它是一个很差劲的范围界定时，由于不可避免的变化会使项目最终的成本提高，因为这些不可避免的变化会破坏项目节奏，导致重复工作、增加项目运行的时间、降低生产功效和工作人员的士气。"界定项目范围所使用的工具和技术主要有：

1) 工作分解结构（WBS）样板。以前类似项目的工作分解结构对新项目的分解具有重要参考作用，虽然每个项目都是独一无二的，但是 WBS 经常能被"重复使用"，多数项目间在某种程序上是具有相似性的。

2) 范围分解。分解意味着分割主要工作细目，使它们变成更小、更易操作的要素，直到工作细目被明确详细地界定，以有助于未来项目具体活动（规划、评估、控制和选择）的开展。分解的主要方法是工作分解结构分析法。

(2) 项目的组织结构

项目组织是为完成项目而建立的组织，一般也称为项目班子、项目管理班子、项目组等。项目组织的具体职责、组织结构、人员构成和人数配备等会因项目性质、复杂程度、规模大小和持续时间长短等而有所不同。

项目组织可以是另外一个组织的下属单位或机构，也可以是单独的一个组织。例如，某企业的新产品开发项目组织是一个隶属于该企业的组织。

项目组织结构类型多种多样，常见的有项目型、矩阵型和直线职能型。各种类型的组织结构适应不同的公司规模及项目需要。

(3) 项目的质量

项目质量在很大程度上既不同于产品质量，也不同于服务质量。因为，项目兼具产品和服务两个方面的特性，同时还具有一次性、独特性与创新性等自己的特性。所以，项目质量的定义和内涵也具有自己的独特性。项目质量的独特性主要表现在如下两个方面：

1) 质量的双重属性。项目质量的双重性是指项目质量既具有产品质量的特性，又具有服务质量的特性。这是因为多数项目既会有许多产品成果，也会有许多服务性成果。

2) 项目质量的过程特性。项目质量的过程特性是指一个项目的质量是由整个项目活动的全过程形成的，是受项目全过程的工作质量直接和综合影响的。由于项目具有一次性和独特性的特性，所以人们在项目的定义和决策阶段往往无法充分认识和界定自己明确和隐含的需求，项目的质量要求是在项目进行过程中通过不断修订和变更而最终形成的。

(4) 项目的成本

项目的成本是指在为实现项目目标而开展的各种项目活动中消耗资源而形成的各种费用的总和，项目成本管理主要包括项目资源计划、项目成本估算、项目成本预算、项目成本控制、项目成本预测等。

(5) 项目的时间进度

项目的时间进度至少应包括每项工作的计划开始日期和期望的完成日期。项目时间进度可以以提要的形式或者详细描述的形式表示，相关项目进度可以表示为表格的形式，但是更常用的却是以各种直观形式的图形方式加以描述。主要的项目进度表示形式有项目网络图、条形图（或称甘特图）、里程碑事件图、时间坐标网络图等。

在项目管理的5个要素中，项目的界定（范围）和项目的组织是最基本的，而质量、时间、费用可以有所变动，是依附于界定和组织的。

2.1.5 项目生命周期

1. 项目生命周期的阶段划分

项目经理或组织可以把每一个项目划分成若干个阶段，以便有效地进行管理控制，并与实施该项目组织的日常运作联系起来。这些项目阶段合在一起称为项目生命周期。

项目生命周期确定了将项目的开始和结束连接起来的阶段。从项目生命周期的一个阶段转到另一个阶段通常是某种形式的技术交接或成果交接。一般而言，前一阶段产生的可交付成果通常要接受是否已经完成和明确的验收，在验收之后才能开始下一阶段的工作。但如果认为对可能出现的风险可以接受，后一阶段可以在前一阶段交付成果通过验收之前开始。

项目生命周期的定义可以帮助区分项目开始到结束时的哪些行动包括在项目范围之内，哪些则不应包括在内。这样就可以用项目生命周期的定义把项目和项目实施组织的日常运作业务联系在一起。

由于项目特性的不同，因此没有确定项目生命周期的唯一最好办法，项目生命期通常界定下述内容：

1) 项目的各个阶段应当从事何种技术工作（例如，建筑师的工作应放在项目的哪个阶段完成）。

2) 项目各阶段可交付成果应何时生成、以及如何审查、核实和确认。项目各阶段由哪些人员参与（例如，并行工程要求实施人员参与制定要求说明书和设计）。

3) 如何控制和批准项目各个阶段。

项目生命周期的阶段划分，不同的行业领域会有所不同，有的划分成4个或5个阶段，有的甚至划分成 9 个或 10 个阶段。即使是在同一应用领域内，不同的组织、不同的项目之间也有可能存在很大差别，如一个组织的软件开发项目生命周期阶段的划分可能只有一个设计阶段，而另一个组织却可能将其分为功能设计和详细设计两个单独的阶段。

一般而言，划分阶段的首要标志是项目工作的相同性。通常相同性质的项目工作会划分在同一个项目阶段中，而不同性质的项目工作会划分在不同的项目阶段中。第二个标志是项目阶段成果（项目产出物）的整体性，即一个项目阶段的全部工作应该能够生成一个自成体系的标志性成果。这种阶段性成果既是这个项目阶段的输出，也是下个项目阶段的输入，或者是整个项目的终结。

一个具体的项目可以根据项目所属专业领域的特殊性和项目的工作内容等因素划分成不同的项目阶段。但对于一般意义上的项目而言，一般都会经历概念阶段（Conceive）、规划阶段（Develop）、实施阶段（Execute）、收尾阶段（Finish）4 个阶段，如图 2-2 所示。

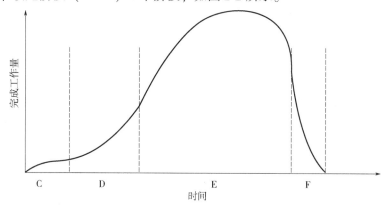

图 2-2　一般意义上项目生命周期阶段划分

2. 项目生命周期中的重要概念

1994 年，美国 Standish Group 对 IT 行业 8400 个项目的研究结果表明：项目总平均预算超出量为 90%；进度超出量为 120%；33% 的项目既超出预算，又推迟进度；在大公司，只有 9% 的项目按预算、按进度完成。造成项目周期拖延或费用超过预算的原因很多，但没有好的阶段和里程碑划分无疑是其中最重要的原因，图 2-3 可以形象地说明这一点。

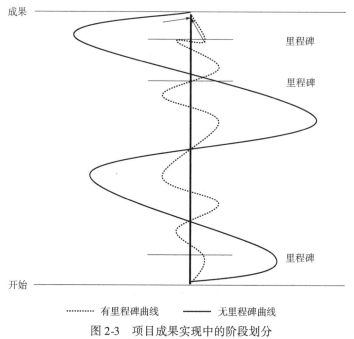

图 2-3　项目成果实现中的阶段划分

从图 2-3 可以看出，项目的成功需要很长的过程。从开始到成果完成之间并没有现成的路可走（项目的一次性），如果项目经理追求一步到位而不做阶段划分，难免会走很多弯路还不容易觉察（不容易比对），当感觉到偏离目标的时候再进行校正，校正后可能又偏离到另外一个方向，同样不易觉察。如此反复，便形成图 2-3 中这条实线的轨迹。如果把项目的实施过程分为若干个阶段，每个阶段都有标志性里程碑，那么每个阶段都有明确的目标，虽然每个阶段仍免不了走弯路，但由于目标相对较近，不至于绕很大的弯子，这样便形成图 2-3 中虚线的轨迹。显然，这两条轨迹的长度是不相同的，实线比虚线要长出很多。这意味着什么？意味着前者比后者要多花很多费用和时间，意味着项目费用超出预算和进度拖延！

项目生命周期中有 3 个与时间相关的重要概念：检查点（Check Point）、里程碑（Mile Stone）和基线（Base Line），描述了在什么时候（When）对项目进行什么样控制。

（1）检查点

指在规定的时间间隔内对项目进行检查，比较实际与计划之间的差异，并根据差异进行调整。可将检查点看作是一个固定"采样"时点，而时间间隔根据项目周期长短不同而不同。频度过低会失去意义，频度过高会增加管理成本。常见的间隔是每周一次，项目经理需要召开例会并上交周报。

（2）里程碑

里程碑是完成阶段性工作的标志。里程碑在项目管理中具有重要意义：第一，对一些复杂的项目而言，需要逐步逼近目标，里程碑产出的中间"交付物"是每一步逼近的结果，也是控制的对象。如果没有里程碑，中间想知道"他们做得怎么样了"是很困难的。第二，可以降低项目风险。通过早期评审可以提前发现需求和设计中的问题，降低后期修改和返工的可能性。另外，还可根据每个阶段的产出结果分期确认收入，避免血本无归。第三，一般人在工作时都有"前松后紧"的习惯，而里程碑强制规定在某段时间做什么，从而合理分配工作，细化管理。

（3）基线

指一个（或一组）配置项在项目生命周期的不同时间点上通过正式评审而进入正式受控的一种状态。基线其实是一些重要的里程碑，但相关交付物要通过正式评审才能作为后续工作的基准和出发点。基线一旦建立后就不应该变化，基线的变更需要受控。

3. 项目生命周期的特征

一般而言，项目生命周期可以分成概念阶段、规划阶段、实施阶段、收尾阶段 4 个阶段。项目存在多次责任转移，所以开始前要明确定义工作范围。项目应该在检查点进行检查，比较实际和计划的差异并进行调整；通过设定里程碑渐近目标，增强控制、降低风险；而基线是重要的里程碑，项目交付成果应通过评审并接受控制。项目的生命周期从几个星期到几年不等，依项目的内容、规模及复杂程度而定，而且不是所有项目都必然经历项目生命周期的 4 个阶段。一般来说，当项目在商业环境中执行时，项目生命周期将以更正式、更有内在结构性的方式展开；而当项目以私人或志愿者方式执行时，项目生命周期则趋向于较随便、不太正式。但无论项目生命周期经历几个阶段，都具有以下几个管理特征，如图 2-4 所示：

1) 项目资源耗费的变动性。项目开始时，投入的费用和人力都比较低，随着项目的不断推进，进入项目执行、控制阶段，项目活动数量迅速增加，人力、物力投入水平也急剧增长，达到最高峰。此后，项目进入评估、收尾阶段，投入水平随之降低，直至项目终止，投入为零。

2) 项目风险的变动性。项目开始时，成功完成项目的可能性最低，因此，不确定性和项目风险最高。随着项目任务一项项完成，不确定性因素逐渐减少，项目成功概率随之增加。

3) 项目变更费用随项目的进行会出现急剧增长性。随着项目的推进，项目变更和纠错的花费将急剧增长，错误发现得越晚，修正的成本将呈现几何级数增长。因此，在每一个项目阶段结束时应及时进行总结回顾，尽可能以较小的代价纠正错误，将偏差和错误"扼杀在摇篮里"。

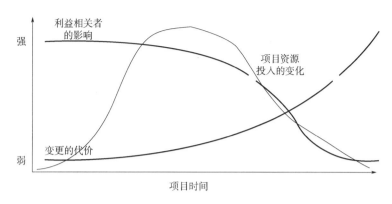

图 2-4 项目生命周期的管理特征

4）利益相关者的影响。在项目开始时，项目利益相关者对项目产品最后特点和项目最后成本的影响力最强，而随着项目的进行，这种影响将逐渐减弱。

2.1.6 项目集群与项目组合

项目（Project）、项目集群（Programme）、项目组合（Portfolio）是相互联系但又有一定差异的一组相关概念。

1. 项目集群

项目集群（或称大型项目计划）是为了达到某个战略目标而设立的，包括一系列相关的项目、必要的组织改变、达到战略目标和既定的商业利益。项目集群通常需要高级项目经理来管理。

项目集群不同于项目，项目集群中重要的是结果而不是项目的输出。所谓输出是在项目中明确说明的在一定时间、成本、质量约束条件下可交付的成果；所谓结果是变化所产生的效果，它构成了项目集群的远景目标。为了获得理想的结果，需要对变化过程进行积极的管理，包括改变行为、态度或思想方法的过程。

项目集群是实现变化的过程，通过此过程产生结果和收益。它是在预期结果的引导下，实施业务战略、方针、举措或大规模变化的工作框架。项目集群将项目分解为可管理的若干部分并设置评审点，以检测工作的进展并对工作效果做出评估。

项目集群的管理是对不确定性的管理，它有助于在一个不确定的环境中对变化进行管理和控制，实现预期的结果。项目集群管理通常会涉及组织文化、风格和组织个性的变化，要使项目集群取得成功就必须考虑并接受人的变化因素。

2. 项目组合

一个项目组合可以包含数个项目集群和项目，因此，更加准确的词语应该是"项目集群和项目"的项目组合。项目组合是为了控制、协调和达到项目组合整体的最优效果，而放在一起进行管理的一群不一定相关的项目和/或项目集群。项目组合级别的重要事件需要由项目组合经理汇报给组织的高级管理部门，并同时提出解决方案。这样有助于管理部门基于实际信息做出决策。

在一个组织中可能同时存在多个项目组合。例如，可能有一个对于涉及多个组织部门参与的所有项目和项目集群进行协调层面的组合，或者需要最高管理层直接监督的组合，也可能有在一个组织部门内产生并服从于该组织部门控制的项目和/或项目集群组合。

项目组合经理的职能是在直线管理组织中充当持久的角色。项目组合中的项目和/或项目集群只会在有限的时间内存在，而项目组合却会继续存在。此职能通常要求负责项目组合的高级项目经理将从事项目管理的知识和经验与综合考虑了组织战略的项目组合结合起来。项目组合经理应该具备很高超的项目管理能力。

3. 项目、项目集群、项目组合的差异

从管理的视角分析，项目、项目集群、项目组合的主要差异见表2-2。

表2-2 项目、项目集群、项目组合的主要差异

	项目	项目集群	项目组合
目标	完成商业利益中定义的交付物	实现战略变更	项目组合与战略相一致的协调与优化
愿景和战略	通过项目的运营相联系	通过项目集群来实现	通过项目组合进行协调和监控
商业利益	在很大程度上不考虑	充分考虑	在很大程度上不考虑
组织变更	通常不考虑	通常被考虑	通常不考虑
时间、成本	在业务中进行了定义，在项目中进行管理	在战略中有粗略的定义，在项目集群中被分解为多个独立的项目	基于项目组合的项目优先级排序和战略目标的考虑

项目的目标是完成商业利益中定义的交付物。战略考虑和组织的利益被转化为商业利益，因此，战略本身不是项目经理所要考虑的。一个项目在支持了业务战略之后，相对于其他的项目就会有较高的优先性，同时也能简化项目经理的工作，但项目还是要交付商业利益所定义的交付物。一旦交付了项目，项目经理就不负责实现商业利益，商业利益在很大程度上应由组织来实现。项目通常不变更组织，而是需要教育和培训项目成员，使其能以不同方式更好地胜任工作。如果项目更加关注的是组织变更，那么，将要实施的变更就会作为项目的输出，由直线管理部门进行管理，而不是项目团队。如果项目在一开始就清楚地定义了交付物，并且组织在项目实施的过程中没有对交付物做出太大的变更，那么在预计的时间和成本内交付项目就会容易得多。

项目集群是为了实现组织制定的战略目标而集中在一起的多个项目。启动一组相互关联的项目就是为了交付达到目标所要求的产品/输出，并且识别规定必要的组织变更来推动战略的变更。项目集群定义业务利益管理过程，并制定业务利益跟踪调查的程序。项目集群经理的职责是通过项目经理来指导项目，并促进他们与直线经理相互联系共同实现变更，并负责利益管理。而利益的实现则不是他们的职责所在，应由直线管理部门负责。项目集群的例子有：开发一个系列的相关产品；建立一个新的交通系统；或者是在一个复杂的知识体系中对信息进行标准化。在规定的时期之后，项目集群要按照战略要求进行整体交付，这样，项目集群就结束了。

项目组合管理是对一个组织的多个项目和项目集群进行协调，对其生产能力进行优化，平衡项目组合的风险以及管理众多项目，在这一层面上，项目的数量、复杂程度和影响力都会明显地提高，因此管理和控制必须到位。项目组合经理应该有适合的程序、机制和系统向高级管理部门显示项目组合将如何实现组织的战略目标，并负责资源的整体最优使用。并向上级管理部门提出自己的观点和决策建议。例如，应该向项目组合中添加什么新的项目；哪些项目应该继续；为了达到项目间的平衡，应该从群组中去除哪些项目；哪些项目符合战略目标；哪些项目可以在有限的时间和成本范围内交付。在成熟的组织中，项目组合经理还应负责评估愿景和战略的变更对项目组合的影响。总体来说，项目组合包含许多已确定的、优先性排序的、相互协调的、监控和管理的项目。项目组合受高层领导或组织的监督，他们有权力和责任批准资源和资金的使用，以保证项目的完成。项目组合的例子有：一个部门所有的大项目，公司内部的所有信息交换技术项目，一个非营利组织的所有项目，一个城市所有的建设项目。

实际上，世界上的事情都不是绝对的，对于项目、项目集群、项目组合之间差别的看法也是不尽相同的。

2.2 项目管理

项目管理是伴随着社会的进步和项目的复杂化而逐渐形成的一门管理学科。项目管理的理念在人类的生产实践中起到了越来越重要的作用，了解和学习项目管理对于项目实施效率的提高将非常重要。

2.2.1 项目管理的概念

"项目管理"给人们的一个直观概念就是"对项目进行的管理"，这也是其最原始的概念。它说明了两个方面的内涵，即：

1）项目管理属于管理的大范畴。
2）项目管理的对象是项目。

然而，随着项目概念的广义化和管理实践的发展，项目管理的内涵得到了较大的充实和发展。当今的"项目管理"已是一种新的管理方式、一门新的管理学科的代名词。项目化管理已经成为一种思维方式、一种工作方法，甚至成为一种生活的方式。

"项目管理"一词有两种不同的含义，其一是指一种管理活动，即一种有意识地按照项目的特点和规律，对项目进行组织管理的活动；其二是指一种管理学科，即以项目管理活动为研究对象的一门学科，它是探求项目活动科学组织管理的理论与方法。前者是一种客观实践活动，后者是前者的理论总结；前者以后者为指导，后者以前者为基础。就其本质而言，两者是统一的。

项目管理协会（PMI）对项目管理的定义是：项目管理就是把各种知识、技能、手段和技术应用于项目活动之中，以达到项目的要求。项目管理是通过应用和综合诸如启动、计划、实施、监控和收尾等项目管理过程来进行的。项目经理是负责实现项目目标的个人。管理一个项目主要包括：

1）识别要求。
2）确定清楚而又能够实现的目标。
3）权衡质量、范围、时间和费用等方面的要求。
4）使技术规定说明书、计划和方法适合于各种各样利益相关者的不同需求与期望。

国际知名项目管理专家、《国际项目管理杂志》主编 J·Rodney Turner 指出，不要试图去定义一个本身就不精确的事物。因此，他给出了一个很简练的定义：项目管理是使远景变为现实的管理艺术。

美国著名的项目管理专家 James Lewis 博士认为：项目管理就是组织实施对实现项目目标所必需的一切活动的计划、安排与控制。

综合上述定义，我们认为：项目管理就是以项目为对象的系统管理方法，通过一个临时性的专门的柔性组织，对项目进行高效率的计划、组织、指导和控制，以实现项目全过程的动态管理和项目目标的综合协调与优化。

所谓实现项目全过程的动态管理是指在项目的生命周期内，不断进行资源的配置和协调，不断做出科学决策，从而使项目执行的全过程处于最佳的运行状态，产生最佳的效果；所谓项目目标的综合协调与优化是指项目管理应综合协调好时间、费用及功能等约束性目标，在相对较短的时期内成功地达到一个特定的成果性目标。

项目管理贯穿于项目的整个生命周期，对项目的整个过程进行管理。它是一种运用既有规律又经济的方法对项目进行高效率的计划、组织、指导和控制的手段，并在时间、费用和技术效果上达到预定目标。

项目的特点也表明它所需要的管理及其管理办法与一般作业管理不同。一般的作业管理只需对效率和质量进行考核，并注重将当前的执行情况与前期进行比较。在典型的项目环境中，尽管一般的管理办法也适用，但管理结构须以任务（活动）定义为基础来建立，以便进行时间、费用和人力的预算控制，并对技术、风险进行管理。

在项目管理过程中，项目管理者并不对资源的调配负责，而是通过各个职能部门调配并使用资源，但最终什么样的资源可以调拨取决于业务领导。

一般来说，当作项目管理的一般是指技术上比较复杂、工作量比较繁重、不确定性因素很多的任务或项目。第二次世界大战期间，美国的原子弹研制以及后来的"阿波罗计划"等重大科学实验项目就是最早采用项目管理的典型例子。项目管理的组织形式在20世纪五六十年代开始被广泛应用，尤其在电子、核工业、国防和航空航天等工业领域中应用更多。目前，项目管理已经应用在几乎所有的工业领域中。

项目管理是以项目经理（Project Manager）负责制为基础的目标管理。一般来讲，项目管理是按任务（垂直结构）而不是按职能（平行结构）组织起来的。项目管理的主要任务一般包括项目计划、项目组织、质量管理、费用控制、进度控制，日常的项目管理活动通常是围绕这5项基本任务展开的。项目管理自诞生以来发展很快，当前已发展为三维管理：

1）时间维，即把整个项目的生命周期划分为若干个阶段，从而进行阶段管理。
2）知识维，即针对项目生命周期的各个不同阶段，采用和研究不同的管理技术方法。
3）保障维，即对项目人、财、物、技术、信息等的后勤保障管理。

2.2.2 项目管理的核心思想

项目管理作为一种教给人们系统做事的方法，有效地提升了企业各项任务实现的执行力。项目管理是一种成功实现目标的良好方法，也是一种科学控制过程的有效手段。项目管理所表现出来的核心思想主要体现在以下几个方面：

1）项目管理的核心理念是"以目标为导向、以团队为模式、以计划为基础、以控制为手段、以客户为中心"。"以目标为导向"强调的是按项目进行管理就必须明确任务的目标及其约束；"以团队为模式"强调的是基于团队高效协作的项目管理工作方式；"以计划为基础"强调的是目标实现首先必须是基于事先的有效计划；"以控制为手段"强调的是实现目标的过程必须加强动态的过程监控手段；"以客户为中心"强调了项目管理的交付成果必须满足客户的需求。

2）项目管理的管理方式具有"程序化、动态化、体系化、可视化"的特点。"程序化"说明了项目管理教给我们一步一步进行工作的程序化工作方法；"动态化"反映了项目管理的工作过程，强调了项目计划的不断调整和有效监控；"体系化"反映了项目管理具有完善的项目管理知识体系作为基础支撑；"可视化"反映了项目管理提供了一整套可视化的方法、图表、工具作为管理手段。

3）项目管理的管理特征是"优化整合、责权结合"。"优化整合"是指项目管理一方面强调企业内部资源的最优化发挥，另一方面强调了如何用企业最少的资源整合最大化的社会资源；"责权结合"是项目管理模式的一种基本原则，强调在任务目标责任落实的基础上必须赋予项目经理调用所需资源的权力。

4）成功项目管理的目标是"利益相关者的满意"。现代项目管理所强调的是全面的项目管理，所追求的不仅仅是项目的进度、费用及质量目标的完成，它需要创造一种环境，以满足不同利益相关者的需求。"利益相关者的满意"成为现代项目管理成功的唯一衡量标准。

从未来企业的发展来看，"战略管理""项目管理"和"市场营销"将是最为重要的三门管理学科。"战略管理"是面向企业未来的发展，是企业发展的方向性问题，也是企业发展的核心；"项目管理"是面向成果实现的过程，项目管理是战略和营销中间的载体和过渡，它既是一种思维方式和工作方法，也是一种先进的文化理念；"营销管理"是面向成果，企业的产出及服务必须能够得到客户的认可，这是企业发展的命脉。

2.2.3 项目管理的特点

项目管理与传统的部门管理相比，最大的特点是项目管理注重于综合性管理，并且项目管理工作有严格的时间期限。项目管理必须通过不完全确定的过程，在确定的期限内生产出不完全确定的产品，日程安排和进度控制常对项目管理产生很大的压力。

1. 项目管理的对象是项目或被当作项目来处理的运作

项目管理是针对项目的特点而形成的一种管理方式，因而，其适用对象是项目，特别是大型的、复杂的项目。鉴于项目管理的科学性和高效性，有时人们会将重复性"运作"中的某些过程分离出来，加上起点和终点当作项目来处理，以便在其中应用项目管理的方法，这实际上就是"项目化管理"的基本理念。

2. 项目管理的全过程都贯穿着系统工程的思想

项目管理把项目看成一个完整的系统，依据系统论"整体—分解—综合"的原理，可将系统分解为许多责任单元，由责任者分别按要求完成任务，然后汇总、综合成最终的成果。同时，项目管理把项目看成一个有完整生命周期的过程，强调部分对整体的重要性，促使管理者不要忽视其中的任何阶段，以免造成总体效果不佳甚至失败的结果。

3. 项目管理的组织具有特殊性

项目管理最为明显的一个特征是其组织的特殊性，其特殊性表现在以下几个方面：

1）有了"项目组织"的概念。项目管理的突出特点是项目本身作为一个组织单元，围绕项目来组织资源。

2）项目管理组织的临时性。由于项目是一次性的，而项目的组织是为项目的建设服务的，项目终结了，其组织的使命也就完成了，项目管理组织也就解散了。

3）项目管理组织的柔性化。所谓柔性，即可变的特性。项目的组织打破了传统的固定建制的组织形式，根据项目生命周期各个阶段的具体需要适时地调整组织的配置，以保障组织的高效、经济运行。

4）项目管理组织强调其协调与控制职能。项目管理是一个综合管理过程，其组织结构的设计必须充分考虑到有利于组织各部分的协调与控制，以保证项目总体目标的实现。因此目前项目管理的组织结构多为矩阵结构，而非直线职能结构。

4. 项目管理的体制是一种基于团队管理的个人负责制

基于项目系统管理的要求，需要集中权力以保证工作正常进行，因此，项目经理是一个关键角色，他要具体负责项目的实施和项目成果的实现。但项目工作的实现是通过团队成员的共同努力而完成的，项目中的每一项工作都要落实其责任人，项目团队的每一位成员都有其所要完成的项目工作。责任分解、责任落实是项目团队管理的基本理念。

5. 项目管理的方式是目标管理

项目的实施具有明确的目标和约束，因此，项目管理是一种多层次的目标管理方式。由于项目涉及的专业领域往往十分宽广，而项目管理者谁也无法成为每一个专业领域的专家，对某些专业虽然有所了解但不可能像专家那样深刻。因此，项目管理者只能以综合协调者的身份，向被授权的专家讲明应当承担工作的责任和意义，协商确定目标以及时间、经费、工作标准的限定条件，具体的工作则由被授权者独立处理。同时，经常反馈信息、检查督促并在遇到困难需要协调时及时给予各方面有关的支持。可见，项目管理只要求在约束条件下实现项目的目标，其实现的方法具有灵活性。

6. 项目管理的要点是创造和保持一种使项目顺利进行的环境

有人认为,"管理就是创造和保持一种环境,使置身于其中的人们能在集体中一起工作以完成预定的使命和目标。"这一特点说明了项目管理是一个管理过程,而不是技术过程,处理各种冲突和意外事件保证项目顺利进行是项目管理者的主要工作。

7. 项目管理的方法、工具和手段具有先进性、开放性

项目管理采用了科学先进的管理理论和方法。例如,采用网络图编制项目进度计划;采用目标管理、全面质量管理、价值工程、技术经济分析等理论和方法控制项目总目标;采用先进高效的管理手段和工具,如使用电子计算机进行项目信息处理等。项目管理学科的发展是在不断吸收各种管理学科的核心理念与方法,项目管理也在实践应用过程中不断地创新与发展。

2.2.4 项目管理的基本职能

项目管理最基本的职能包括计划、组织及评价、控制。

1. 项目计划

项目计划是根据项目目标的要求,对项目范围内的各项活动做出合理安排。它系统地确定项目的任务、进度和完成任务所需的资源等,使项目在合理的工期内,用尽可能低的成本和以尽可能高的质量完成目标。任何项目的管理都要从制订项目计划开始。项目计划是确定项目协调、控制过程和工作程序的基础及依据。项目的成败首先取决于项目计划工作的质量。项目计划作为项目执行的法律,是项目中开展各项工作的基础,是项目经理和项目工作人员的工作依据和行动指南。项目计划作为规定和评价各级执行人的责权利的依据,对于任何范围的变化都是一个参照点,从而成为对项目进行评价和控制的标准。项目计划按其作用和服务对象可以分为 4 个层次:决策型计划、管理型计划、执行型计划、作业型计划。项目计划按其活动内容可分为项目主体计划、进度计划、费用计划、资源计划、质量计划等。项目计划的常用工具主要有工作分解结构(Work Breakdown Structure,WBS)、线性责任图(Linear Responsibility Chart,LRC)、甘特图(Gannt Chart)以及网络计划技术(如 CPM、DCPM、PERT、GERT、VERT)等。

2. 项目组织

组织有两重含义:一是指组织机构;二是指组织行为(活动)。项目管理的组织,是指为进行项目管理、完成项目计划、实现组织职能而进行的项目组织机构的建立、组织运行与组织调整等组织活动。项目管理的组织职能包括 5 个方面:组织设计、组织联系、组织运行、组织行为与组织调整。项目组织是实现项目计划、完成项目目标的基础条件,组织的好坏对于能否取得项目成功具有直接的影响。项目的组织方式根据其规模、类型、范围、合同等因素的不同而有所不同,典型的项目组织形式有以下 3 种。

(1)树型组织

它是指从最高管理层到最低管理层按层级系统以树型展开的方式建立的组织形式,包括直线制、职能制、直线职能制、纯项目型组织等多个变种。树型组织比较适合于单个的、涉及部门不多的小型项目。当前的趋势是树型组织日益向扁平化的方向发展。

(2)矩阵型组织

矩阵型组织是现代项目管理应用最广泛的组织形式,按职能原则和对象(项目或产品)原则结合起来使用形成一个矩阵结构。同一名项目工作人员,既参加原职能部门的工作,又参加项目组的工作,受双重领导。矩阵型组织是目前最为典型的项目组织形式。

(3)网络型组织

网络型组织是未来企业和项目的一种组织形式。它立足于以一个或多或少固定连接的业务关系网络为基础的小单位的联合。它以组织成员间纵横交错的联系代替了传统的一维或二维联系，采用平面性和柔性组织体制的新概念，形成了充分分权与加强横向联系的网络结构。典型的网络型组织如虚拟企业（Virtual Enterprise）等，新兴的项目型公司也日益向网络型组织的方向发展。

3. 项目评价与控制

项目计划是根据预测而对未来做出的安排。由于在编制计划时难以预见的问题很多，因此，在项目组织实施过程中往往会产生偏差。如何识别偏差、消除偏差或调整计划，保证项目目标的实现，这就是项目管理的评价与控制职能所要解决的。这里的项目评价不同于传统意义上的"项目评价"，这一点将在后面的章节中详细说明。项目评价是项目控制的基础和依据，项目控制则是项目评价的目的和归宿。要有效地实现项目评价和控制的职能，必须满足以下条件：首先，项目计划必须以适于评价的方式来表达；其次，评价的要素必须与项目计划的要素相一致；最后，计划的进行（组织）及相应的评价必须按足够接近的时间间隔进行，一旦发现偏差，可以保证有足够的时间和资源来纠偏。项目评价和控制的目的，就是通过伺服机制，根据计划进行中的实际情况做出及时合理的调整，使得项目组织按计划完成目标。从内容上看，项目评价与控制可以分为工作控制、费用控制与进度控制等。

2.2.5 不同层次的项目管理

因为"项目"既可以指一个具体的项目，也可以指一组或一群项目；而"活动"既可以是泛指的项目活动，也可以是指某个项目的生命周期阶段的活动。因此，人们可以从不同的类别、不同的角度来阐述或理解项目管理，具体可归纳为以下几种。

（1）宏观项目管理（项目群管理）

主要是研究项目与社会及环境的关系，也指国家或区域性组织或综合部门对项目群的管理。宏观项目管理涉及各类项目的投资战略、投资政策和投资计划的制订，各类项目的协调与规划、安排、审批等。

（2）中观项目管理（项目组管理）

是指部门性或行业性机构对同类项目的管理，如建筑业、冶金业、航空工业等。包括制定部门的投资战略和投资规划，项目的优先顺序，以及支持这些战略、顺序的政策，项目的安排、审批和验收等。

（3）微观项目管理

微观项目管理是指对具体的某个项目的管理，具体有几种不同角度的说明：

1）不同主体的项目管理。项目管理不仅是项目业主对项目的管理，项目设计、施工单位、项目监理单位等也要对项目进行管理，甚至与项目有关的设备、材料供应单位以及政府或业主委托的工程咨询机构也有项目管理的业务要求。这些都是不同主体的项目管理，它们的内容、方法、规章制度等也不完全相同。

2）不同层次的项目管理。任何一个项目的管理都可以分为3个不同的层次，即高层管理、中层管理和基层管理。高层管理者要与政府、供应商、业主、竞争对手、施工单位等方方面面的单位、人员打交道，要对项目进行重大决策，为项目负责；中层管理是协调项目内外部事务和矛盾的技术与管理核心，是项目质量、进度、成本的主要监督控制者；基层管理则是项目具体工作任务的分配监督者和执行者。

3）不同生命周期阶段的项目管理。项目的不同生命周期阶段有不同的工作内容，从这个角度看，各阶段项目管理的主要任务就是保证本阶段任务的顺利完成。尽管不同类型的项目有不同的生命周期阶段，但概括起来可以用便于记忆的C、D、E、F 4个阶段表述。

C——概念阶段。此阶段提出并确定项目是否可行，进行项目投资决策。

D——规划阶段。此阶段对决策立项的项目进行系统的规划。

E——实施阶段。此阶段依据规划启动实施项目工作。

F——结束阶段。此阶段项目结束相关工作。

各类项目管理及其主要内容见表2-3。

表2-3 各类项目管理及其主要内容

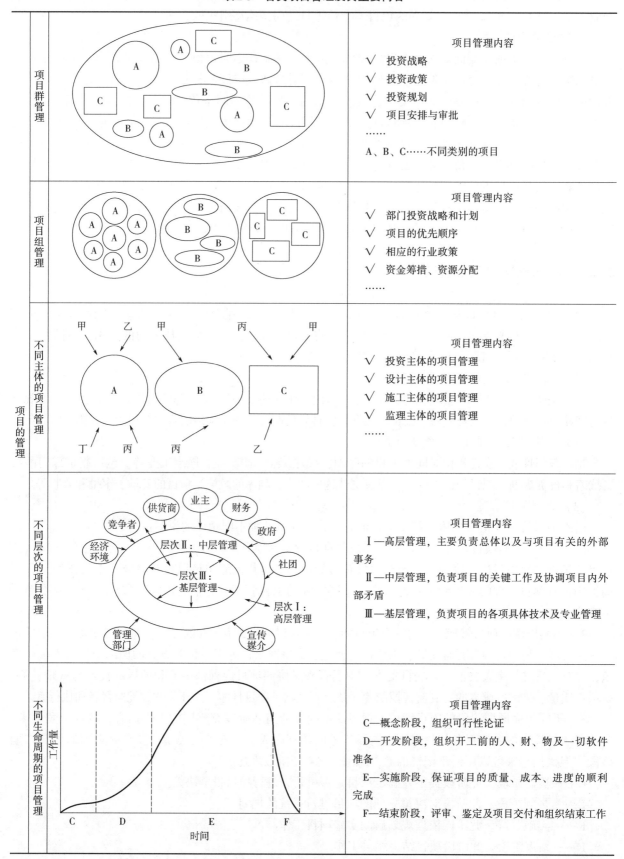

2.3 项目管理的核心内容

2.3.1 项目管理的两个层次

项目管理的两个层次是指任何企业在项目管理的应用过程中都会涉及的两个层面的项目管理问题，即企业层次的项目管理和项目层次的项目管理。

1. 企业层次的项目管理

在新的商业环境下，企业为了生存和发展，应对快速变化所带来的挑战，越来越多地引入项目管理的思想和方法，将企业中的各种任务按项目进行管理。企业除了对传统的项目型任务实行项目管理，还将一些运作型的业务实行项目管理。随着企业中"项目化"的工作越来越多，企业每天面对的不仅仅是几个项目，而是成百上千个不断发生变化的项目。在多项目并存、快速变化和资源有限的环境下，企业需要从战略层面，站在高层管理者的角度考虑如何有效地对企业中的各项任务实行项目管理，如何从企业层面创造和保持一种使企业各项任务都能有效实施项目管理的企业组织环境和业务平台。因此，企业层次的项目管理，即企业项目管理的主导思想是按项目进行管理。

企业层面的项目管理关心的是企业所有项目目标的实现。一个企业在同一时间内可能会有很多项目需要完成，如何经济、高效地管理好众多的项目是企业层面项目管理的核心问题。为了一些经济方面的原因和最有效地使用资源，企业层面的项目管理常常采用多项目管理的方法，即一个项目经理同时管理多个项目。

企业项目管理的重点是企业项目管理体系的建立，主要涉及企业项目管理组织架构、企业项目管理制度体系、企业项目的投资与立项程序、项目经理的培养与职业化发展等，其成果是企业项目管理的执行指南，这是企业项目管理的纲领性文件。

2. 项目层次的项目管理

项目层次的项目管理指单一项目管理的范畴。随着项目管理的快速发展，现代项目管理与传统项目管理相比，其范畴越来越广，表现在现代项目管理的应用范围已不再局限于传统的建筑、国防和工程等领域，而是扩展到各种领域、各种项目。现代项目管理理论认为，所有一次性、独特性和具有不确定性的任务都属于项目的范畴。此外，现代项目管理形成了系统的知识体系，不仅很多国家已经推出了本国的知识体系，同时随着项目管理国际化的发展，全球范围内互认的具有普遍意义的项目管理知识体系也正在研究发展中。

因此，项目层次的项目管理关注的重点是单个项目的工作流程和单个项目的成功，强调如何通过计划、安排与控制等管理活动实现项目的目标，使项目利益相关者满意。

项目层次的项目管理的重点是建立项目管理的操作手册，其主要涉及项目操作流程体系的设计、项目管理标准模板建立、项目管理方法工具的应用、项目团队的管理与考核。项目管理操作手册是项目经理和项目管理人员实施项目的业务操作指南，反映项目执行过程的方方面面，通过各种流程与表格予以体现。

2.3.2 项目管理的 4 个阶段

项目管理的 4 个阶段是基于项目的生命周期来划分的，可以分为概念阶段、规划阶段、实施阶段及结束阶段。项目不同阶段的管理内容是不同的。项目管理的内容大多是以其生命周期的过程为重点进行展开，它使得人们能够从开始到结束对整个项目的实施有全面、系统而又完整的了解。图 2-5 就是从项目生命周期的角度，对项目的 4 个阶段工作内容的概括描述。

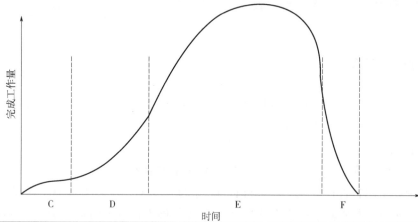

C—概念阶段	D—开发阶段	E—实施阶段	F—结束阶段
明确需求、策划项目 调查研究、收集数据 确立目标 进行可行性研究 明确合作关系 确定风险等级 拟订战略方案 进行资源测算 提出组建项目组方案 提出项目建议书 获准进入下一阶段	确定项目组主要成员 界定项目最终产品的范围 研究实施方案 确定项目质量标准 项目的资源保证 项目的环境保证 主计划的制订 项目经费及现金流量的预算 项目的工作结构分解（WBS） 项目政策与程序的制定 风险评估 确认项目有效性 提出项目概要报告，获准进入下一阶段	建立项目组织 建立与完善项目联络渠道 实施项目激励机制 建立项目工作包，细化各项技术需求 建立项目信息控制系统 执行WBS的各项工作 获得订购物品及服务 指导/监督/预测/控制：范围、质量、进度、成本 解决实施中的问题	最终产品的完成 评估与验收 清算最后账务 项目评估 文档总结 资源清理 转换产品责任者 解散项目组

图 2-5　项目的生命周期及其主要工作

2.3.3　项目管理的 5 个过程

任何项目都是由一系列项目阶段所构成的一个完整过程，而各个阶段又是一系列具体活动所构成的具体工作过程。过程是指为了生成具体结果（可度量结果，如产品、成果或服务）而开展的相互联系的一系列行动和活动的组合。项目的过程分为两种类型：一是项目的实现过程，是指人们为创造项目的产出物而开展的各种业务活动所构成的整个过程。该过程是面向项目产品的过程，又称为项目过程，一般由项目生命周期表述，并因应用领域不同而不同。二是项目的管理过程，是指在项目实现过程中，人们开展项目的计划、决策、组织、协调、沟通、激励和控制等方面的活动所构成的过程。一般而言，不同项目的实现过程有着相同或相类似的项目管理过程。在一个项目的过程中，项目管理过程和项目实现过程从时间上是相互交叉和重叠的，从作用上是相互制约和相互影响的。

1. 项目管理的 5 个过程

一般而言，项目管理过程是由 5 个不同的项目管理的具体过程（或阶段/活动）构成。这 5 个项目管理的具体过程构成了一个项目管理过程的循环"启动—规划（计划）—执行—监控—收尾"。一个项目管理过程循环中所包含的具体过程如图 2-6 所示，图中经过扩展的循环可以用于过程组内及其之间的相互关系。

（1）开始过程

开始过程又称启动过程，处于一个项目管理过程循环的首位。它所包含的管理活动内容主要有：

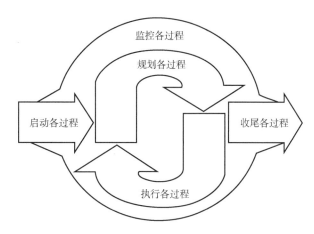

图 2-6 项目管理过程及其循环

确定并核准项目或项目阶段，即定义一个项目或项目阶段的工作与活动；决策一个项目或项目阶段的开始与否；决策是否将一个项目或项目阶段继续进行下去。

（2）计划过程

计划过程又称规划过程，是指确定和细化目标，并为实现项目要达到的目标和完成项目要解决的问题规划必要的行动路线。其所包含的管理活动内容有：拟定、编制和修订一个项目或项目阶段的工作目标、任务、工作计划方案、管理计划、范围规划、进度计划、资源供应计划、费用计划、风险规划、质量规划以及采购规划等。

（3）执行过程

执行过程是将人与其他资源进行结合，具体实施项目管理计划。其所包含的管理活动内容有：组织协调人力资源及其他资源；组织协调各项任务与工作；实施质量保证；进行采购；激励项目团队完成既定的各项计划，生成项目产出物等。

（4）控制过程

控制过程又称监控过程，是指定期测量并监视绩效情况，发现偏离项目目标和项目管理计划之处，采取相应的纠正措施以保证项目目标的实现。其所包含的管理活动内容有：制定标准、监督和测量项目工作的实际情况、分析差异和问题、采取纠偏措施、整体变更控制、范围核实与控制、进度控制、费用控制、质量控制、团队管理、利益相关者管理、风险监控以及合同管理等。

（5）结束过程

结束过程又称收尾过程，是指正式验收项目产出物（产品、服务或成果），并有序地进行结束项目或项目阶段。其所包含的管理活动内容有制定项目或项目阶段的移交与接受条件，完成项目或项目阶段成果的移交，项目收尾和合同收尾，使项目或项目阶段顺利结束等。

在一个项目的实现过程中，项目生命周期的任何一个阶段都需要开展上述项目管理过程循环中的各项管理活动。项目管理的 5 个具体过程是在项目各阶段中不断循环的。

2. 项目管理 5 个过程之间的关系

一个项目循环过程中的 5 个具体管理过程之间具有特定的关系。首先，它们之间是一种前后衔接的关系。各项目管理具体过程都有自己的输入和输出，这些输入和输出就是各个具体管理过程之间的相互关联要素。一个项目管理具体过程的输出（结果）是另一个项目管理具体过程的输入（条件/依据），各个项目管理具体过程之间都有相应的文件和信息传递，并且这些具体过程之间的输入和输出有的是单向的，有的是双向循环的，具体如图 2-7 所示。

一个项目管理循环过程中，各个具体过程在时间上会有不同程度的交叉和重叠，图 2-7 描述了一个项目管理过程循环中，各具体过程之间在时间上是如何交叉和重叠的。开始过程最先开始，但在其

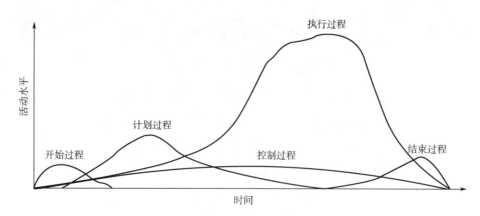

图 2-7 项目管理 5 个过程的交叉与重叠

尚未完成之时,计划过程就已经开始了。控制过程在计划过程之后开始,但它的开始先于执行过程,因为控制过程中有很大一部分管理工作属于事前控制工作,因此必须在执行过程开始之前开始。结束过程在执行过程尚未完成之前就已开始,这意味着结束工作中涉及许多文档准备的工作可以提前开始,在执行过程完成以后所开展的结束过程工作就只剩下移交性工作了。

2.3.4 项目管理的十大知识领域

现代项目管理知识体系包括许多方面的内容,这些内容可以按照多种方式去组织。美国项目管理学会(PMI)从不同的管理职能角度,将现代项目管理知识体系划分为十大知识领域,包括项目整合管理、项目范围管理、项目时间管理、项目成本管理、项目质量管理、项目人力资源管理、项目沟通管理、项目风险管理、项目采购管理和项目利益相关者管理,如图 2-8 所示。

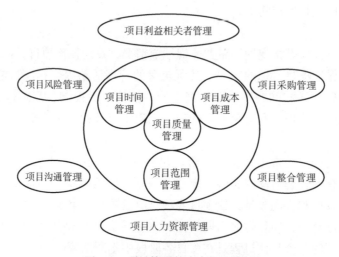

图 2-8 项目管理的十大知识领域

项目管理十大知识领域是不同性质、不同规模、不同行业进行项目管理的通用核心内容,也是任何组织推行项目管理,建立项目管理制度体系的核心内容。

2.3.5 项目管理的 29 个能力要素

IPMA 为了促进项目经理的职业化发展并为项目管理从业人员提供一套能力提升的基准,推出了国际项目管理能力基准(IPMA Competence Baseline,ICB)。ICB 中对项目经理的从业能力进行了分类界定，对项目管理资质认证所要求的能力标准进行了定义和评价。ICB 将项目管理能力定义为：知识 + 经验 + 个人素质，ICB 4.0 从与环境相关、行为相关、技术相关三大范畴中挑选出 29 个项目管理能力要素，用来阐明从事项目管理工作对项目管理专家的能力要求。ICB 强调项目经理应该以满足客户、产品和服务的交付者以及其他利益相关者的需求为己任，为项目、大型项目和项目组合付出努力。项目经理要能够在必要的时候得到专家的帮助，并且在做出决策的时候得到专家们的尊重和支持，还应该能激励专家们运用知识和经验，为项目、大型项目和项目组合的利益做出贡献。

在 ICB 4.0 中，为了评价项目管理人员在实践中应用项目管理的总体专业能力，对项目经理的能力要素归纳如下：

1）环境能力。5 个与环境相关的能力要素，涉及理解适合管理项目环境的能力。

2）行为能力。10 个与行为相关的能力要素，涉及处理在项目中与行为相关的社会能力及人际关系能力。

3）技术能力。14 个与技术相关的能力要素，涉及项目实践中应用项目管理技术、工具的能力。

每个能力要素都有相应的知识和经验的要求。ICB 认为，知识不仅是指准确地记忆，还应该知晓相互间的联系，了解在实际项目管理环境中的应用。表 2-4 展现了 ICB 4.0 的 3 个能力要素模块以及它们所包含的 29 个能力要素。

表 2-4 ICB 4.0 的 29 个能力要素

	1. 环境能力		2. 行为能力		3. 技术能力
1.01	战略 (Strategy)	2.01	自我反思与自我管理 (Self-reflection and self-management)	3.01	项目策划 (Project design)
1.02	治理、架构与过程 (Governance, structures and processes)	2.02	诚信与可靠 (Personal integrity and reliability)	3.02	需求与目标 (Requirements and objectives)
1.03	遵循的要求、标准与规则 (Compliance, standards and regulations)	2.03	人际沟通 (Personal communication)	3.03	范围 (Scope)
1.04	权力与利益 (Power and interest)	2.04	关系与参与度 (Relations and engagement)	3.04	时间 (Time)
1.05	文化与价值 (Culture and values)	2.05	领导力 (Leadership)	3.05	组织与信息 (Organization and information)
		2.06	团队工作 (Teamwork)	3.06	质量 (Quality)
		2.07	冲突与危机 (Conflict and crisis)	3.07	财务 (Finance)
		2.08	谋略 (Resourcefulness)	3.08	资源 (Resources)
		2.09	谈判 (Negotiation)	3.09	采购 (Procurement)
		2.10	结果导向 (Result orientation)	3.10	计划与控制 (Plan and control)
				3.11	风险与机会 (Risk and opportunities)
				3.12	利益相关者 (Stakeholders)
				3.13	变化与变革 (Change and transformation)
				3.14	选择与权衡 (Select and balance)

ICB 4.0 中对每一项能力要素从以下几个方面进行了描述，包括定义、目的、描述、相关的知识要求、相关的技能和才能要求、涉及的其他能力要素、主要能力指标的描述与测量。ICB 对项目经理自身能力的评估与提升具有实际指导价值，也是企业项目经理能力培养的基准参考。

2.4 敏捷项目管理

2.4.1 敏捷项目管理的概念

Scrum 是橄榄球比赛的一个术语，意为灵活应对，具有敏捷之意。如今，项目管理的步伐越来越快，项目管理需要更灵活、更积极地响应客户的需求，敏捷项目管理方法应运而生。利用其灵活多变及不断迭代（Sprint）的思想，项目经理可以在不影响价值、质量和商业规则的前提下实现所有项目目标。Scrum 的管理思想，使得人们可以尽早地发现可能的问题，可以更快地、最小损失地应对问题。根据 Scrum 的主要原则"没有问题被扫入地毯下"，Scrum 鼓励每一个团队成员描述他所遇到的困难，而这个困难可能会对整个团队的工作造成影响。

敏捷项目管理是规划和指导项目流程的迭代方法。与敏捷软件开发一样，敏捷项目是在叫作迭代的小型部门中完成的。每个迭代都由项目团队审查和评判；从迭代评判中获得的信息用于决定项目的下一个步骤。每个项目迭代通常是安排在相对短的时间内完成。

敏捷项目管理适用于需求难以预测的复杂商务应用产品的开发项目。它定义一组活动，这些活动可帮助项目团队更快地向客户交付更多价值。利用这些活动，客户有机会在项目团队开展工作时检查、指导和影响团队的工作。

在敏捷项目管理中，客户成为开发团队中的一部分（因为客户肯定对开发的结果真正感兴趣）。这使得客户可以更早地掌握可以交付的工作成果，同时使得项目可以变更项目需求以适应不断变化的客户需求。频繁的风险和缓解计划是由开发团队自己制订，在每一个阶段根据承诺进行风险缓解、监测和管理（风险分析）。计划和模块开发是透明的，让每一个人知道谁负责什么，以及什么时候完成。频繁地召开所有相关人员会议，以跟踪项目进展，提前了解可能的延迟或偏差。"没有问题会被藏在地毯下"，认识到或说出任何没有预见到的问题并不会受到惩罚。在工作场所和工作时间内必须全身心投入，完成更多的工作并不意味着需要工作更长时间。

Scrum 的概念在市场营销中也可以应用。由于市场营销通常以项目的方式运作，市场营销也可以像项目管理技术那样进行优化。以 Scrum 方法进行市场营销被认为有助于克服市场营销经理们所遇到的问题。短时和固定的会议对于小的市场营销团队来说很重要，因为团队的每一个成员都可以了解其他人在做什么，以及整个团队在朝着什么方向前进。Scrum 使得市场营销计划更灵活，使得采用冲刺的短期市场营销计划更加有效。如果一种促销方法在冲刺过程中显示无效，市场营销经理有机会将其换成另一种促销方法。向每一个团队成员说明每一个小的但重要的任务交付时间也变得更容易。

敏捷开发（Agile Development）已成为在国际上被广泛认可的项目管理框架和方法，近年来在国内软件行业更是发展得如火如荼，敏捷似乎大有取代传统瀑布模型的趋势。

2.4.2 敏捷项目管理与传统项目管理比较

传统项目管理通常采用的是瀑布式、部分迭代开发模式，要求在项目建设时需求足够明确、文档足够规范，迭代过程中需求变更越多、越晚，对项目影响越大，会影响项目的交付质量。

敏捷项目管理作为新兴的项目管理模式，简化了传统项目管理的烦琐流程和文档。以 Scrum 为代表，欢迎需求变更，在客户需求不明确的时候，以在较短的周期内开发出可用的软件为目标，来帮助客户描述自己的需求。迭代过程中的需求变更会加入项目继续迭代需求池，丰富项目的产品功能。

1. 管理流程差异

完整的项目管理流程可以分为 5 个过程组：启动、规划、执行、监控、收尾。

（1）传统项目管理

传统项目管理要对项目的所有过程进行管理和风险把控，并要求在不同环节都要有文档输入和输出。例如，PMBOK 对项目整合管理的过程组做了文档输入和输出的整理。但是，项目管理主要是对范围、进度、成本、质量、人力资源、沟通、风险、采购和利益相关者进行管理，每个环节都存在启动、规划、执行、监控和收尾过程。

如果采用传统的项目管理模式，每个环节都必须进行严格的规划，一旦出现规划以外的变更，则需要经过批准后才能执行。

（2）敏捷项目管理

敏捷项目管理简化了烦琐的流程和文档管理，主张团队内部的面对面沟通和交流。以 Scrum 为代表，简单、持续集成、不断交付、价值优先、拥抱变化的原则在面对时刻变化的市场经济和不断发展的技术时变得十分友好。

在敏捷项目中，项目管理计划分为不同的等级，可以用洋葱图来表示，也就是洋葱计划图，如图 2-9 所示。战略和投资规划在敏捷项目管理的最外层，由更广泛的组织管理系统来处理。由外往内，不断切分项目计划，最后，实现最小周期的可行性版本迭代。对复杂或不明确的客户需求进行合理的分割，最终实现总体上的统一。

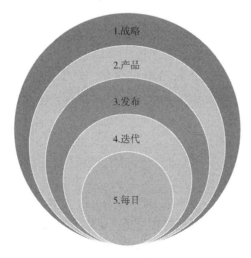

图 2-9　洋葱计划图

2. 风险控制环节

项目风险是指在任何项目中都存在的不确定性，一旦发生，会对项目造成积极或消极的影响，如范围、进度、成本和质量。

（1）传统项目管理

传统项目管理要求项目在规划过程中规划风险管理、识别风险，并且对风险进行定性/定量分析，给出风险应对方案。虽然对已知的风险可以在被识别和分析后采取应对措施，但正是因为风险的不确定性，要求项目风险管理必须给未知风险或者已知却又无法主动管理的风险分配一定的资源储备。

所以，传统项目管理会要求提供风险登记表，并且记录风险应对措施在处理已识别风险及其根源方面的有效性，完成风险再评估和风险审计，直到风险被降到最低。

(2) 敏捷项目管理

敏捷项目管理不同于传统项目管理，开发评估是以工作量为导向而非以时间为导向。所以，在进行开发任务评估时，采用的是相对估算而不是绝对估算，为风险留足了应对空间。同时，Scrum 集合了一线人员，分享经验，集思广益，将小型团队转化成独立的管理者，更有利于问题的解决。

敏捷项目管理在项目正式结束前交付的可用软件是允许风险存在的，并且是根据风险的优先级来进行排期修复的。

2.4.3 敏捷项目管理的优势

敏捷项目管理的提出是基于如下的价值理念：
1) 个体和互动高于流程和工具。
2) 工作的软件高于详尽的文档。
3) 客户合作高于合同谈判。
4) 响应变化高于遵循计划。

应该说敏捷是吸收了传统精益、看板、现代教练技术的精髓。敏捷在软件开发行业诞生和发展，以可视化管理、项目范围管理、质量管理和团队绩效为着力点，由快速响应变化、执行过程中频繁的失败、不断试错、得到反馈后持续校正的一系列简单却互相依赖的最佳实践组成。这些最佳实践不断提炼成为行业标准动作，并结合在一起形成了一个整体框架体系、方法论及工具包的集合。

敏捷项目管理的优势主要有：
1) 专注于如何在最短的时间内实现最有价值的部分。
2) 每隔一两周或者一个月就可以看到实实在在的可以上线的产品。
3) 团队按照商业价值的高低，先完成高优先级的产品功能，并自主管理，凝结了团队智慧创造出最好的方法，提高了效率。
4) 能够在开发进程中不断检查，并做出相应调整，便于快速发现问题，促使团队和组织持续改进。

2.4.4 敏捷项目管理的框架与内容

1. 基本框架

下文依据 2017 年发布的最新版 Scrum Guides，以 Scrum 为主介绍敏捷的结构框架和流程仪式。自 20 世纪 90 年代初以来，它就已经被应用于管理复杂产品的开发。Scrum 并不是构建产品的一种过程或一项技术，而是一个过程框架，在此框架中可以使用各种不同的过程和技术，让产品管理和开发实践的成效可以更加清楚地显现出来。

产品的研发过程有许多冲刺，也可视为一次迭代（Sprint）。每个 Sprint 都可以被视为一个项目，为期不超过一个月。如同项目一样，Sprint 被用于完成某些事情。每个 Sprint 都会定义要开发什么，还有一份灵活的计划，用来指导如何做这些事、工作内容和最终产品。Sprint 的长度限制在一个月内。因为，如果周期太长，复杂性和风险也有可能会增加。Sprint 通过确保至少每月一次对达成目标的进度进行检视和适应，来实现可预测性。Sprint 同时也把风险限制在一个月的成本上。敏捷项目管理的基本框架如图 2-10 所示。

2. 标准动作和仪式

敏捷不意味着不再重视计划，而是计划变得更加频繁，仪式感也必不可少。没有这些都会让敏捷不复存在。敏捷的基本流程是：首先，负责人（通常称之为产品负责人）从客户/组织那里了解到他

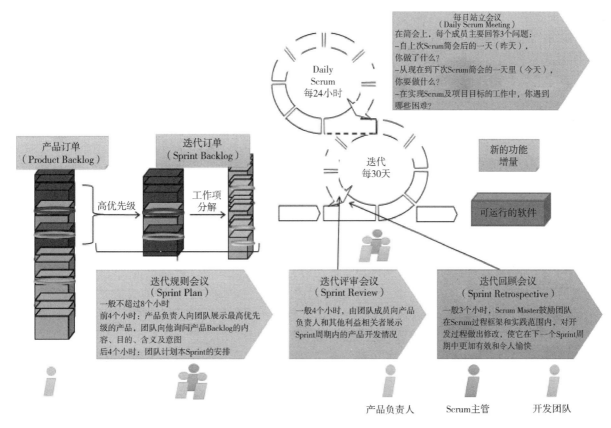

图 2-10 敏捷项目管理的基本框架

们的想法；其次，创建一个排好优先级的产品待办事项列表，跨部门团队从这份列表中领取任务，频繁定期地交付小的可运行的产品；最后，在某个时间点，团队演示他们的工作并进行总结回顾。

如果使用迭代，就要制订时间计划，因为迭代是个时间箱。按照定义，团队在时间结束时完成相应的工作。产品负责人决定未完成的工作移至下个迭代还是移到更往后的产品路线图。如果团队使用像 Scrum 中的迭代，就是以有优先级的待办事项为始，以演示和总结回顾为终。如果团队使用工作流，就可以随时演示和回顾。以下是 Scrum 的几个主要会议。

(1) 计划会议

在计划会议中针对要做的工作制订计划。这份工作计划是由整个团队共同协作完成的。计划会议是限时的，以一个月的 Sprint 来说，最长为 8 个小时。对于较短的 Sprint，会议时间通常会缩短。每个参会者都应理解会议的目的，团队需遵守时间盒的规则。计划会议回答以下问题：接下来的交付的增量中要包含什么内容？要如何完成交付增量所需的工作？

(2) 每日站会

每日站会是开发团队的一个以 15 分钟为限的事件。每日站会在每一天都可以举行。在站会上，开发团队为接下来的 24 个小时的工作制订计划。通过检视上次站会以来的工作和预测即将到来的工作以优化团队协作。站会可以在同一时间同一地点举行，以便降低复杂性。所有团队成员站在看板前，团队成员按照下面的结构做简单的陈述：

1) 昨天，我做了什么？
2) 今天，我准备做什么？
3) 是否有任何障碍阻碍我目标的达成？

(3) 评审会议

评审会议在 Sprint 即将结束时举行，用以检视所交付的产品增量并按需调整产品待办列表。在

Sprint 评审会议中，Scrum 团队和利益相关者协同讨论在这次 Sprint 中所完成的工作。根据完成情况和 Sprint 期间产品待办列表的变化，所有参会人员协同讨论接下来可能要做的事情。这是一个非正式会议，并不是一个进度汇报会议，演示增量的目的是获取反馈并促进合作。对于长度为一个月的 Sprint 来说，评审会议时间最长不超过 4 个小时。对于较短的 Sprint 来说，会议时间通常会缩短。会议主持者要确保会议举行，要求每个参会者都明白会议的目的，并且教导每位参会者遵守时间盒的规则。

（4）回顾会议

回顾会议发生在评审会议结束之后，下个 Sprint 计划会议开始之前。对于长度为一个月的 Sprint 来说，回顾会议时间最长不超过 3 个小时，主要用来总结经验教训，提炼最佳实践。在 Sprint 回顾会议结束时，Scrum 团队应该明确在接下来的 Sprint 中需要实施的改进。

3. 敏捷的角色

（1）产品负责人

产品负责人负责把产品和开发团队工作的价值最大化。客户往往不知道自己需要什么，如一个 ICT 软件产品，有近 60% 的功能客户从来没有使用过，属于过度开发。产品负责人是负责管理产品待办列表的唯一责任人。通过产品待办列表可解决上述问题，主要包括：清晰地表述产品待办列表项；对产品待办列表项进行排序，使其最好地实现目标和使命；优化开发团队所执行工作的价值；产品功能优先级排序，确保产品待办列表对所有人是可见、透明和清晰的，显示团队下一步要做的工作；确保开发团队对产品待办列表项有足够的了解。产品负责人可以亲自完成上述工作，或者让开发团队来完成。然而无论何种情况，产品负责人都是负最终责任的人。

（2）开发团队

开发团队包含各种专业人员，负责在 Sprint 完成时交付潜在可发布并且"完成"的产品增量。只有开发团队成员才能创建增量。开发团队由组织组建并得到授权，自己组织和管理工作，可以最大化开发团队的整体效率和效用。团队作为一个整体，拥有创建产品增量所需的全部技能，开发团队的最佳规模通常维持在 5~9 人。过小的开发团队，成员之间没有足够的互动；过大的开发团队，会产生太多的复杂性，产生沟通衰减，不便于过程管理。

（3）敏捷教练

敏捷教练对团队而言是一位服务型领导，帮助团队之外的人了解如何与团队交互。通过改变与团队的互动方式来最大化团队所创造的价值。敏捷教练要尽可能确保团队中的每个人都能理解目标、范围和产品域，负责移除开发团队工作进展中的障碍，在组织范围内规划敏捷标准动作的实施，维持自组织团队管理高效运作。

2.5 项目管理典型模式

项目由过程组成。基本上，项目过程可以分为两大类：一类是创造项目产品的过程（Project Oriented Processes）；另一类是项目管理过程（Project Management Processes）。

创造项目产品的过程，因项目产品不同过程也不同。例如，工程项目创造项目产品的过程是：立项—设计—采购—施工—开车—考核验收；而一个软件开发项目创造项目产品的过程可能是：需求分析—概念设计—详细设计—编程—测试。创造项目产品的过程具体描述的是项目产品，并根据描述创造产品，关注和实现项目产品的特性、功能和质量。在工程建设项目中，设计（Engineering）、采购（Procurement）、施工（Construction）是创造项目产品的过程，可以简称为 EPC。

而对于项目管理过程，它不会因为项目产品的不同而不同。大多数项目都有相同的项目管理过程，即项目的启动过程—计划过程—实施过程—控制过程—收尾过程。项目管理过程具体描述组织实施项目的各项工作，它关注和实现项目过程的效率和效益。虽然字母都是相同的，但其意义却大相径庭。

项目管理模式很多，这里所介绍的是最常用的 3 种项目管理模式，即工程总承包（EPC）、项目管理服务（PM）和项目管理总包（PMC）。

2.5.1 工程总承包模式

1. 概念

工程总承包（EPC）模式是指从事工程总承包的企业受业主委托，按照合同约定对工程项目的勘察、设计、采购、施工、试运行（竣工验收）等实现全过程或若干阶段的承包。它要求总承包商按照合同约定，完成工程设计、设备材料采购、施工、试运行等服务工作，实现设计、采购、施工各阶段工作合理交叉与紧密配合，并对工程质量、安全、工期、造价全面负责，承包商在试运行阶段还需承担技术服务。工程总承包商在合同范围内对工程的质量、工期、造价、安全负责。

EPC 项目的产品是合同约定的工程，工程总承包商为完成工程必须进行项目产品过程与项目管理过程的管理。完整的工程总承包项目，其创造项目产品的过程要经过 5 个阶段，即可行性研究阶段、设计阶段、采购阶段、施工阶段、开车阶段。每一个阶段有各自的使命，分别起到各自的作用。

1）可行性研究——描述项目产品的概略目标和要求。
2）设计——描述项目产品详细和具体的要求。
3）采购——按设计要求制造设备和材料。
4）施工——完成建筑和安装。
5）开车——验证项目产品。

工程总承包 EPC 模式的组织架构如图 2-11 所示。业主的风险充分转移至总承包商，特别是对于有生产产品要求、工艺较复杂的项目能加快进度。

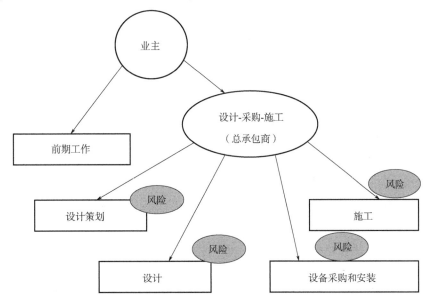

图 2-11　工程总承包（EPC）模式组织架构

EPC 模式的主要工作范围包括：

1）设计（Engineer）。除设计计算书和图样外，还应根据"业主的要求"中列明的设计工作，即项目可行性研究，配套公用工程设计、辅助工程设施设计以及结构/建筑设计等。

2）采购（Procure）。包括获得项目或施工期的融资，购买土地，购买各类工艺、专利产品以及设备、材料等。

3）施工（Construct）。一般包括全面的项目施工管理，如施工方法、安全管理、费用控制、进度管理、设备安装调试、工作协调等。

2. 工程总承包（EPC）项目特征

工程总承包（EPC）项目具有以下主要特征：

1）业主把工程的设计、采购、施工和开车服务工作全部委托给工程总承包商，业主只负责整体的、原则的、目标的管理和控制。

2）业主只与工程总承包商签订工程总承包合同。签订工程总承包合同后，工程总承包商可以把部分设计、采购、施工或开车服务工作委托给分包商完成；分包商与总承包商签订分包合同，而不是与业主签订合同；分包商的全部工作由总承包商对业主负责。

3）业主可以自行组建管理机构，也可以委托专业的项目管理公司代表业主对工程进行整体的、原则的、目标的管理和控制。

4）业主把 EPC 的管理风险转移给总承包商，因而工程总承包商要承担更多的责任和风险，但也拥有更多获利的机会。

5）业主介入具体组织实施的程度较浅，EPC 工程总承包商更能发挥主观能动性，充分运用其管理经验，为业主和承包商自身创造更多的效益。

6）EPC 工程总承包的承包范围有若干派生的模式。例如，设计承包可以从方案设计开始，也可以从详细设计开始；采购工作的某些部分可以委托给设备成套公司；施工工作可以自行完成，也可以分包给专业施工单位完成。

3. 工程总承包（EPC）模式的优势

1）设计、采购、施工的组织实施是统一策划、统一组织、统一指挥、统一协调和全过程控制的。

2）设计、采购、施工之间是合理、有序和深度交叉的，在保证各自合理周期的前提下，有助于缩短总工期。

3）对设计、采购、施工进行整体优化，局部服从整体，阶段服从全过程，以提高经济效益。

4）采购被纳入设计程序，进行设计可施工性分析，以提高设计质量。

5）实施设计、采购、施工全过程的进度、费用、质量、材料控制，以确保实现项目目标。

这些优势都是 E、P、C 被分离时难以做到的，其他的优点包括：

1）概算内总包可有效控制成本风险；责任总包、安全总包、施工进度总包可使项目的造价、质量、进度和 HSE 得到有效控制。

2）优秀的工程管理团队介入项目实施全过程，保证专业化的管理。

3）业主不直接参与项目的具体执行工作项，项目执行过程中的风险转移给承包商。

4. 工程总承包（EPC）模式实施中应注意的问题

（1）合理交叉地完成项目产品的创建过程

1）创造项目产品过程的各阶段必须循序渐进地进行，即前一阶段的成果经过审核确认，才能作为下一阶段的输入，这通常称为"阶段门"。

2）创造项目产品过程的各阶段是合理交叉地进行的，即在上一阶段的工作结束之前开始进行下一阶段的工作，以缩短工程建设周期。

3）创造项目产品的过程合理交叉，带来缩短工期、增加效益的机会，但同时伴随着返工风险。决定合理交叉深度的原则是：机会大于风险。合理交叉设计和有序操作反映了工程公司 EPC 工程总承包的水平和经验。

（2）交钥匙工程

交钥匙工程是工程总承包（EPC）的主要模式之一。交钥匙工程总承包适用于业主希望承包商能保证确切的工期、投资和质量，接收后就能正常运转的项目。此项目的业主只负责提供资金，提供合同规定的条件，监控项目实施，按合同要求验收项目，而不负责具体组织实施项目。交钥匙工程总承包业主把大部分风险转移给承包商，承包商的责任和风险更大，获利的机会也更多。BOT、BOOT、PPP等基于融资条件下的项目实施模式通常采用的也是交钥匙工程总承包模式。

工程总承包（EPC）项目通常不包括可行性研究，而把可行性研究作为一个独立的项目进行管理。

（3）EPC模式的变通形式

EPC模式在实践中会根据业主的需求产生多种变通形式，主要包括：

1）设计-采购-施工管理（EPCm，m—management）指EPCm总承包商负责工程项目的设计、采购和施工管理，不负责组织施工，但对工程的进度、质量全面负责。

2）设计-采购-施工监理（EPCs，s—superintendence）指EPCs总承包商负责工程项目的设计、采购和施工监理。业主和施工承包商另外签订合同。

3）设计-采购-施工咨询（EPCa，a—advisory）指EPCa总承包商负责工程项目的设计、采购和施工阶段向业主提供施工咨询服务，但不负责施工的管理和监理。

2.5.2 项目管理服务模式

1. 项目管理服务（PM）模式的概念

项目管理服务是指专业化的项目管理公司为业主提供专业的项目管理服务工作，主要是针对项目中的管理过程而言，并不针对项目中创建项目产品的过程。在PM模式中，工程项目管理公司一般按照与业主的合同约定，从事下面的工作：

1）在工程项目决策阶段，为业主编制可行性研究报告，进行可行性分析和项目策划。

2）在工程项目实施阶段，为业主提供招标代理、设计管理、采购管理、施工管理和试运行（竣工验收）等服务，代表业主对工程项目进行质量、安全、进度、费用、合同、信息等的管理和控制。

PM模式的组织架构如图2-12所示，在PM模式中工程项目管理企业一般按照合同约定承担相应的管理责任。

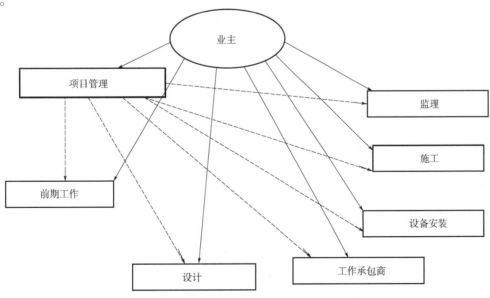

图2-12 项目管理服务（PM）模式的组织架构

一般而言，项目管理服务可以分为咨询服务型和代理服务型两类。咨询服务型只对业主提供建议，不直接指挥承包商；代理服务型则代表业主管理承包商，对项目进行管理和控制。在实际项目运作中，项目管理服务的提供模式种类是非常多的，核心就是项目管理服务商按照合同要求为业主提供其所必需的项目管理工作。

2. 项目管理服务（PM）模式的基本特征

1）业主自身缺乏项目管理人才、项目管理体系、项目管理经验，需要委托专业化的项目管理公司提供咨询服务或代表业主对项目进行管理和控制。

2）项目管理服务属于咨询服务，不属于承包；与业主签订的合约，通常是服务协议书，不是承包合同。

3）项目管理服务除咨询服务型和代理服务型以外，根据业主的需要还可以有其他一些派生的形式，如可行性研究咨询服务、招标投标代理、工程监理等。

4）提供项目管理服务的组织可以是合格的项目管理公司、工程公司、工程咨询公司、设计院、工程监理公司等。

5）项目管理服务可以避免非专业机构管理项目造成的弊端和经济损失。

3. 项目管理服务（PM）模式在项目实施过程中的优点

1）质量控制。减少返工，降低维修成本。

2）采购。降低价格，避免纠纷和索赔。

3）设计审查。避免返工和进度的延误。

4）材料管理。把因为质量、损耗、延误、丢失、恶意损坏或偷盗造成的开支降到最小。

5）施工进展监理。避免返工和进度的延误。

6）安全。减少保险费的开支。

7）优化工程。识别不必要的开支，使每一项开支均取得最大的效益。

8）施工可行性分析。识别能够降低成本及提高效率的设计变更。

9）运行及维护的分析。提高效率和安全，使每一项潜在的收益最大化。

10）信息管理。提高沟通交流、档案管理、信息处理的效率。

4. 项目管理服务（PM）模式的发展

项目管理服务（PM）模式的概念已经越来越引起业主单位的重视。随着项目种类的增加和项目复杂程度的加深，业主单位除要求设计总体单位完成传统的总体设计以外，还对设计总体单位提出了许多涉及项目管理服务的内容。

1）设计总体工作贯穿初步设计、施工图设计、施工及设备采购、联调、竣工验收各阶段，直至试运营结束。

2）设计总体单位的任务是自始至终对设计方案、设计质量、设计进度、设计接口、限额设计、设计工作内外协调等工作负总责。

3）设计总体单位的总报管理工作包括合同管理、质量管理、计划管理、信息管理、后勤服务。

4）负责工程总体策划。

5）参与各项试验工作。

6）参与业主主持的设备引进谈判，统一产品的规格与型号，配合业主设备选型，负责引进设备技术参数与设计要求的一致性，协调全线工程各系统设计技术接口。

7）要求设计总体单位对单项设计的标段划分提出建议。

以上情况说明，不少业主已经建立起对项目管理服务的需求，推行项目管理服务模式已经具备了一定的市场条件。通过建立项目管理服务机制，明确服务内容、服务形式、实施步骤，明确相关内容负责人的工作职责，树立团队成员的项目服务意识，是推广项目管理服务（PM）模式的关键所在。

2.5.3 项目管理总承包模式

1. 项目管理总承包模式的概念

项目管理总承包是针对大型、复杂、管理环节多的项目所发展起来的一种纯粹的管理模式,国外大型项目采用较多。该模式中项目管理总承包商(Project Management Contractor,PMC)作为业主的代表对包括项目的整体规划、项目定义、工程招标直至对承包商设计、采购、施工活动的过程进行全面管理。但 PMC 一般不直接参与项目的设计、采购、施工和试运行等阶段的具体工作。

首先,业主委托一家有相当实力的国际工程公司对项目进行全面的管理承包,即 PMC;其次,项目被分成两个阶段来进行。

第一阶段称为定义阶段,PMC 要负责组织/完成基础设计,确定所有技术方案及专业设计方案,确定设备、材料的规格与数量,做出相当准确的投资估算(±10%),并编制工程设计、采购和建设的招标书,最终确定工程中各个项目的总承包商(EPC 或 EP+C)。

第二阶段称为执行阶段,由中标的总承包商负责执行详细设计、采购和建设工作。PMC 代表业主负起全部项目的管理协调和监理责任,直至项目完成。在各个阶段,PMC 应及时向业主报告工作,业主则派出少量人员对 PMC 的工作进行监督和检查。在定义阶段,PMC 负责编制初步设计并取得有关部门批准,为业主融资提供支持;在执行阶段,不管采用 EP+C 方案,还是采用 EPC 方案,PMC 都要直接参与从试车至投料以及协助业主开车和做性能考核。

项目管理总承包模式的组织架构如图 2-13 所示。项目管理总承包模式与我国投资体制改革推行的项目代建制模式的出发点是一致的。

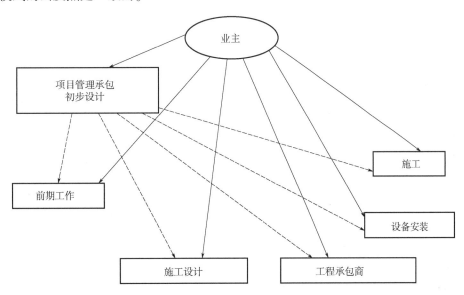

图 2-13 项目管理总承包模式组织架构

项目管理总承包模式对于国内工程建设领域而言是一种新的形式,但国际大型工程公司采用该模式已经成为惯例。工程项目的项目管理总承包在设计、采购、建设、进度控制、质量保证、资料控制、财务管理、合同管理、人力资源管理、IT 管理、HSE 管理、政府关系管理、行政管理等方面,都已形成了相应的管理程序、管理目标、管理任务和管理方法,尤其是在项目费用和奖励机制、项目费用估算、项目文档管理体系方面都有一些独特做法。

项目管理总承包模式作为一种新的国际工程项目管理模式,是要让具有相应资质、人才和经验的项目管理承包商,受业主委托,作为业主的代表或业主的延伸,帮助业主在项目前期策划、可行性研究、项目定义、计划、融资方案,以及设计、采购、施工、试运行等整个实施过程中有效的控制工程质量、进度和费用,保证项目的成功实施。

项目管理总承包模式在国际性的大型项目中应用非常普遍,特别是对于具有下列特点的项目:

1)项目融资超过 10 亿美元,并且技术含量复杂。
2)业主方包括许多公司,甚至有政府部门介入。
3)需要得到商业银行或出口信贷机构的国际信贷。
4)业主不以原有资产进行担保。
5)业主意欲完成项目,但是由于内部资源短缺,而难以实现。

2. 项目管理总包模式的主要工作内容

项目管理总承包模式并没有取代原有的项目前期工作和项目实施工作,只是工程公司或项目管理公司受业主委托,代表业主对原有的项目前期工作和项目实施工作进行管理、监督、指导。它是工程公司或项目管理公司利用其管理经验、人才优势对项目管理领域的拓展,因此其使用的管理理念、管理原则、管理程序、管理方法与以往的项目管理相比并没有什么不同。

项目管理总承包模式中 PMC 的主要工作内容如下:

1)PMC 是业主的延伸,并与业主充分合作,确保项目目标的完成。
2)完成基础工程设计计包,负责组织 EP/EPC 的招标工作。
3)完成 ±20% 及 ±10% 投资估算。
4)负责编制初步设计并取得我国有关部门批准。
5)为业主融资提供支持。
6)在执行阶段,不管是采用 EP+C 方案,还是采用 EPC 方案,PMC 都应对详细设计、采购和建设进行管理,PMC 也应直接参与试车、直到投料的管理。投料后,PMC 要协助业主开车,进行性能考核。

3. 项目管理总承包模式的主要优势

项目管理总承包模式的主要优点包括以下几方面:

1)有利于充分发挥设计在建设过程中的主导作用,使工程项目的整体方案不断优化。
2)有利于克服设计、采购、施工相互制约和脱节的矛盾,使设计、采购、施工各环节的工作合理交叉,确保工程进度和质量。
3)对项目实施的进度、费用、质量、资源、财务、风险、安全等建设全过程实行动态、量化管理和有效控制,有利于达到最佳投资效益,实现业主所期待的目标。
4)该模式也是具有多个承包商承建的大型项目、投资多元化的项目、政府投资的项目对其管理模式的基本要求。
5)大部分管理风险被转移到管理承包商身上,对业主在人力、经验上基本无要求,可以使项目工期、成本和质量得到有效控制。

4. 项目管理总承包与项目管理服务(PM)的主要差异

项目管理总承包与项目管理服务(PM)的主要区别在于:项目管理承包商对业主要承担更多的管理责任和经济责任。另外,根据合同的规定,项目管理承包商还可以承担 EPC 工程总承包以前的可行性研究和项目定义(初步设计或基础工程设计)工作。项目管理承包具有以下主要特征:

1)项目管理承包是代理型的项目管理服务,负责直接管理、监督、检查和控制。
2)项目管理承包适用于规模大、技术复杂、投资主体多元化、需要巨额融资、项目前期工作量大的项目。
3)由项目管理承包商完成主要的项目前期工作和 EPC 的管理工作,业主直接管理较少,采取"小业主,大 PMC"的项目管理组织机构。

4）项目管理承包商的报酬系统设计体现了风险共担，利益共享的原则，采用"成本加奖罚"的办法。成本包括实际开支加合理利润。项目工期、成本、质量、安全等效绩超过业主规定的目标，则按合同规定的计算方法给项目管理承包商支付奖励款；反之，项目管理承包商则应按合同规定的计算方法向业主支付罚款。

5）项目管理承包商可以是独立的工程公司或项目管理公司，也可以是以合同形式联合组建的项目管理承包公司。

2.6 向波音公司学项目管理

美国著名项目管理专家詹姆斯·刘易斯的著作《全球最成功的项目管理实战案例》，主要从波音公司的 777 飞机研制项目的成功完成总结出成功项目管理的黄金法则，分别是：携手合作、梦想蓝图、明确目标、项目计划、人人参与、从数据求解放、透明管理、适度抱怨是可以接受的、提出计划—寻求办法、彼此倾听—相互帮助、保持心情愉快、享受工作乐趣。这 12 个法则指导了波音 777 飞机项目从启动、计划到执行控制、最后顺利交付客户的全过程。该项目历经 5 年，合作伙伴遍布 44 个国家，涉及人员众多。波音 777 飞机的成功不仅仅是工程技术上的成功，也使得整个波音公司在项目管理水平上取得了长足的进步。那么，我们可以从波音公司学到哪些项目管理的理念和技能呢？

1. 正确定义项目战略

正确定义项目战略有两个要素：一是要和该项目所有利益相关者进行充分的沟通，了解、分析、过滤与项目相关的信息；二是要将项目战略和最大利益相关者的需求紧密结合起来。在波音 777 飞机项目启动之初，项目团队就与设计人员、市场销售人员、采购、法律顾问、客服人员及工程人员合作，了解什么样的飞机更适合消费者的需求、对消费者更加友好、如何便于制造、如何方便维修等，然后将收集到的信息进行分析、过滤。在对所有的信息进行前期处理之后，还要进行权重的排序，把最大利益相关者（消费者）的要求和项目目标紧密结合起来。项目战略类似于公司做的产品规划，项目战略的成功可以保证选择"做正确的事"，即做适合市场的产品。在制定项目战略的过程中，"携手合作"是波音公司一条人人自觉遵循的行为准则，也是保证制定正确的项目战略的要求之一。

2. 描绘项目目标（"梦想蓝图"）

在 PMI 的专用教材 PMBOK® 的定义里，项目目标要做到"SMART"原则，即具体的、可测量的、可达到的、现实的、有时间限制的。在波音 777 飞机项目启动之初，项目经理艾伦·穆拉利就为人们描绘了项目目标："在炎热一日跨越丹佛和火奴鲁鲁"，并且把它制成卡通形的徽章让成员佩戴，以便让大家时刻了解团队的"梦想蓝图"。一旦定下了项目目标，就不能随便偏移，一定要"咬住青山不放松"，让它成为一切工作的出发点。在史蒂芬·柯维博士的《高效能人士 7 个习惯》中，他提出了一个有趣的观点：任何创造实际上都经过两个层次，第一个层次是"心智的创造"，即制定项目目标；另一个层次是"实际的创造"，即执行项目目标。其中，"心智的创造"（制定目标）尤为重要，因为它是做事的源头和起始。在平常的项目管理过程中，产品一般也会以按财季上市为目标（例如，2006 年 4 月 10 日完成量试，2006 年 4 月 20 日开始批量），这就是团队的目标和"梦想蓝图"，应该让公司内外所有的项目利益相关者都了解这个目标并且要考虑自己该如何去做才能最终达成"梦想蓝图"。

3. 以计划为基础（"计划先行"）

没有目标就无法做计划，没有计划就无法去控制，因为你不知道你现在身处的地方和你应该在的地方是不是同一个地方。在有项目运作的组织里，经常会听到这样的话："时间太紧了，哪有时间做计划，赶紧干吧"。在调查中,当被问及与项目成功最密切的因素是什么时,被调查者的回答显示,好的计划和对客户需求的正确理解两大因素高居前两位。人们总是有时间去返工而没有时间去做计划,在多数公司传统的开发流程中,也是奉行项目任务来了就开干的作风,很少有人去考虑项目组成员坐在一起来制订一个可行的计划。在国际领先的产品开发流程 IPD 中,在概念阶段就严格规定了所有项目成员都要参与制订计划,并且在计划阶段还要进行调整。在波音公司,项目计划的制订是一个人人参与的过程,协同的项目计划使所有人的步调一致、语言一致,因此可以避免项目中出现不规则的"布朗运动"。

4. 按计划执行("正确地做事")

有了计划,就有了路标,就要去执行,就要去"正确地做事"。执行计划的方法可以通过流程去引导,执行的效果可以通过计划去控制。但在项目执行的过程中,有一些大家公认的、形成习惯的行为模式也是必要的。在波音公司,倡导的是"从数据求解放、透明管理、适度抱怨是可以接受的、提出计划—寻求办法、彼此倾听—相互帮助"等管理法则。基础数据的整理和分析是一个比较烦琐的过程,但对于及时发现项目风险和遗漏之处以及提高项目管理水平等方面大有益处,并可以作为历史的经验库供后来者借鉴,提升整个公司的项目管理成熟度水平。"透明管理"的由来是在波音公司 777 项目的一次例会上。当时,有一个人报告了本部门的工作进展,当他结束发言时,来自另外一个部门的人说:"我们不这么认为",并给出了一些相反的陈述。然后,第一个人承认自己没有完全说出目前项目面临的问题。于是,大家就提出"不能一边保密,一边管理,如果大家都保守秘密的话,那干脆都回家去好了。"这就是"透明管理"法则的由来。我们也经常有项目的周例会,主要目的是通报进度、找出问题、提出解决方案。但在项目组内信息不流畅会产生很多问题,问题不能掩盖,要大家一起协作解决。艾伦·穆拉利对他的项目成员说:"只要不养成万事抱怨的习惯,那么,在你需要安慰的时候,尽可以告诉我们"。尽管我们有"梦想蓝图",但人毕竟是有感情的动物,有喜怒哀乐,所以,如果在工作上有什么怨气,尽可以找人谈谈,释放自己的心理压力。遇到了困难,可以和成员们一起"提出计划、寻求办法"。"彼此倾听—相互帮助"说的是沟通的重要性。史蒂芬·柯维说过:"先理解他人,再寻求被理解。"项目中的沟通是一个很常见的动作,但在沟通中也极易产生矛盾。沟通的 6 个主要要素包括信息发送者、信息接收者、通道、反馈、噪声、背景,任何一个要素产生了问题都会影响沟通的效果。

5. 团队精神的发挥("愉快地工作")

"保持心情愉快、享受工作乐趣"也是波音公司极力倡导的。有一个说法:当你要发怒时,先从 1 数到 10,然后再去发泄,而不要立即就发泄你的怒气。实际上,当你从 1 数到 10 后,你的怒气基本上已经消掉了 3/4,剩下的也会很快平息。艾伦·穆拉利曾对波音 777 项目组的全体成员说过:"我们的愉快情绪可以给整个团队带来稳定和希望,这样大家才能提出计划,找到解决问题的方法。如果我们不这样表现,那么团队就会成为一盘散沙"。詹姆斯·刘易斯在书中写道:"任何人之所以能够得到一份工作,唯一的原因就是某个组织有一些问题要让他来解决。在工作的过程中,当一个人放弃的时候,他就放弃了组织交付给他的责任"。所以,我们每个人的工作对于组织来说都是必要的、必需的,我们的存在是因为我们可以创造价值。在项目运作过程中,每一个项目成员都是一个项目利益相关者,每个人只有保持心情愉快,精诚合作才能促使"梦想蓝图"的实现,既享受了过程中的乐趣,同时也成就了个人的成功。

在波音 777 飞机项目的每周例会上,艾伦·穆拉利都会和大家一起回顾他们的这些管理法则,可以说是不厌其烦。文化的改变是通过不断地强化和重复来实现的,这就像一般的广告,如果只做一次,那么这则广告基本上对你不会产生任何的影响。但如果广告连续打好几周、好几个月,人们就会开始关注它,广告也就会取得比较好的效果。这些法则不能算是灵丹妙药,也不是万金油,但波音 777 飞机项目因为这些法则而取得了巨大的成功,波音公司也在不断地推行、强化这些法则。就像艾伦·穆拉利在读完本书初稿后所说的想法:"这本书是一个机会,让我为人们做一点特殊的贡献,为许多人创造价值和意义。在这个环境中，我们感到自己非常安全，没有互相取笑，没有互相牵制，只有彼此欣赏，相互帮助和学习，以及年复一年高效地工作和发展。"

管理大师彼得·德鲁克说过："管理是一种实践，其本质不在于知，而在于行；其验证不在于逻辑，而在于果。"了解波音公司的项目管理基本法则，就是为了和我们的实际结合起来，和我们的团队成员一起"携手合作"，把法则运用到我们的项目管理中去，成就我们自己的"梦想蓝图"。

第二篇

项目论证与评估

系统科学的项目论证将决定项目成功的70%,
一份完善的商业计划书是项目融资的前提!

第 3 章　项目论证概述

本章要点

项目论证是项目生命周期第一阶段最重要的工作，不仅为项目决策提供客观依据，而且是项目实施中一系列工作的依据。本章主要介绍项目论证的概念、原则、程序，项目论证的阶段划分，需求识别与项目构思，项目论证的基本原理和方法。

3.1　项目论证的概念、原则与程序

3.1.1　项目论证的概念

项目论证又称技术经济可行性分析或项目前评价，是指对拟实施项目技术上的先进性、适用性，经济上的合理性、营利性，实施上的可能性、风险性进行全面科学的综合分析，为项目决策提供客观依据的一种技术经济研究活动。

项目论证应围绕市场需求、工艺技术、财务经济 3 个方面展开调查和分析，市场是前提，技术是手段，财务经济是核心。通过详细论证，要回答以下几个方面的问题：

1）项目产品或劳务市场的需求如何？为什么要实施这个项目？
2）项目实施需要多少人力、物力资源？供应条件如何？
3）项目需要多少资金？筹资渠道如何？
4）项目采用的工艺技术是否先进适用？项目的生命力如何？
5）项目规模多大？地址选择的指向性如何？

任何项目都可能有多种备选实施方案，不同的方案将产生不同的效果。同时，由于未来的环境具有一定的不确定性，同一方案在不同的状态下也可能产生不同的效果。为了从多种可供实施的方案中选优，需要对各种可供实施的方案进行分析、评价，预测其可能产生的各种结果。项目论证通过分析实施方案的工艺技术、产品及原料未来的市场需求与供应情况、项目的投资与收益情况等，得出各种方案的优劣程度以及在实施技术上是否可行、经济上是否合算等信息，供决策参考。

项目论证的作用主要体现在以下几个方面：

1）项目论证是确定项目是否实施的依据。
2）项目论证是筹措资金、向银行贷款的依据。
3）项目论证是编制计划、设计、采购、施工、机构设配、资源配置的依据。
4）项目论证是防范风险、提高项目效率的重要保证。

3.1.2　项目论证的原则

"先论证，后决策"是现代项目管理的基本准则。项目论证既是项目决策的依据，又是银行贷款的依据。因此，项目论证必须有一定的深度和规范的格式。公正、客观地进行项目论证，是正确进行投资项目决策的重要保证。为了保证项目论证的合理性，应遵循以下原则。

(1) 政策导向与市场导向相结合原则

投资者必须确保其投资与产业政策保持一致，符合国家产业政策的原则。发展国民经济的战略是确定项目决策目标的依据，项目论证者必须认真领会相关政策和发展战略，这是项目论证乃至项目决策科学正确的前提。此外，只有满足市场需求的投资项目，才能得到用户、市场和社会承认，并最终实现投资者的投资目的。可以说，市场是项目是否具有生命力的决定因素，进行投资项目决策时不仅要考虑当前的市场需求，更要预测未来的市场需求。

(2) 技术、经济、环保相结合原则

评价方案的技术经济效益，要全面分析其技术上的先进性、经济上的合理性和环境保护上的可接受性。项目建设不仅要考虑经济效益，还要考虑社会和公众的需要，如保持生态平衡、改善社会环境方面的需要。有些项目即使经济效益欠佳，但若具有良好的社会效益，也应继续进行，当然在实施过程中要着力提高经济效益，力求经济效益和社会效益的统一。

(3) 定量分析与定性分析相结合的动态分析原则

影响项目决策的因素很多，有可量化的，也有不可量化的。如何在众多定量和定性混杂的因素中评价项目优劣呢？仅靠定量分析或定性分析都是不全面的，两者必须结合、综合运用。一般来讲，项目财务评价、国民经济评价应以定量分析为主，社会评价则应以定性分析为主。

(4) 近期效益与远期效益相结合、微观效益与宏观效益相结合原则

近期效益和远期效益相结合，实际上就是要正确处理当前利益和长期利益的关系。只有坚持科学发展观，将近期效益和远期效益相结合，才能保证国民经济持续、稳定、健康地发展。进行项目论证时，还必须坚持微观效益与宏观效益相结合原则。在对项目进行财务评价与国民经济效益评价时，投资者往往偏重于项目自身效益的大小，但项目论证应该站在客观立场，不仅要看项目本身获利多少、有无财务生存能力，还要考虑对国民经济的贡献。财务评价不可行，而国民经济评价可行的项目，一般应采取经济优惠措施；财务评价可行，而国民经济评价不可行的项目，应该否定或重新考虑方案。

(5) 系统优化原则

现代投资项目是一个工程系统，项目决策质量的高低不是取决于某一部分或一方面的优劣，而是取决于项目系统的整体功能。因此，必须以系统整体优化作为出发点，正确处理系统各部分之间的关系，如经济与技术的关系，成本与效益的关系，进度、成本与质量的关系。也就是说，应从项目内部各要素之间的相互关系中导出总体效益最优化。系统优化原则要体现在项目可行性研究和组织实施的各个阶段，借鉴"木桶原理"处理相关人和事：项目各个环节都强调向共同目标出发，重视项目系统内部的协调性，重视项目系统对外部环境的适应性。

(6) 客观性、公正性原则

论证要坚持从实际出发、实事求是的客观性原则。建设项目的可行性研究，是根据建设的要求与具体条件进行分析论证，从而得出可行或不可行的结论。为此，这就要求承担项目论证的单位正确认识各种建设条件，实事求是地运用客观资料做出科学的决定和结论，确保论证报告和结论是分析研究过程合乎逻辑的结果，而不掺杂任何主观成分。

3.1.3 项目论证的程序

项目论证是一个连续的过程，包括提出问题、制定目标、拟订方案、分析评价等环节，最后从多种可行的方案中选出最佳方案，供投资者决策。项目论证一般分为以下 7 个主要步骤。

(1) 明确项目范围和业主目标

主要是明确问题，包括确定项目论证的范围和雇主的目标。

(2) 收集并分析相关资料

包括实地调查、技术研究和经济研究，以及每项研究包括的主要方面。需求量、价格、工业结构和竞争决定市场机会，原材料、能源、工艺要求、运输、人力和外围工程影响工艺技术的选择。

(3) 拟定多种可行的、能够互相替代的实施方案

项目论证的核心点是从多种可供实施的方案中选优，因此，拟定相应的实施方案就是项目论证的关键工作。在列出技术方案时，既不能漏掉实际上可能实施的方案，也不能列入实际上不可能实现的方案。否则，要么致使最终选择的方案不是实际最优的方案，要么由于所提方案缺乏可靠的实际基础造成不必要的浪费。因此，在建立各种可行的技术方案时，应当根据调查研究的结果和掌握的全部资料进行全面考虑。

(4) 多方案分析与比较

多方案分析与比较包括：分析各方案在技术上、经济上的优缺点；计算分析各方案的技术经济指标，如投资费用、经营费用、收益、投资回收期、投资收益率等；方案的综合评价与选优，如敏感分析以及对各种方案的求解结果进行比较、分析和评价。最后，根据评价结果选择一个最优方案。

(5) 深入论证最优方案

包括进一步的市场分析、实施方案的工艺流程、项目地址的选择及服务设施、劳动力及培训、组织与经营管理、现金流量及经济财务分析、额外的效果等。

(6) 编制项目论证报告、环境影响报告书和采购方式审批报告

项目论证报告的结构和内容常常有特定的要求，这些要求和涉及的步骤，在项目计划的编制和实施过程中有助于业主清楚了解项目概况。

(7) 编制资金筹措计划和项目实施进度计划

在比较方案时已对项目的资金筹措做过详细考查，其中一些潜在的项目资金会在贷款者进行可行性研究时出现，实施中期限和条件的改变也会导致资金的改变，这些都应根据项目前评价报告的财务分析做出相应的调整。同时，应做出一个最终的决策，以说明项目可根据协议的实施进度及预算进行。

以上步骤只是进行项目论证的一般程序，而不是唯一的程序。在实际工作中，根据所研究问题性质、条件、方法的不同，也可采用其他适宜的程序。

3.2 项目论证的阶段划分

项目论证一般分为机会研究、初步可行性研究和详细可行性研究3个阶段。

3.2.1 机会研究

1. 一般机会研究

一般机会研究是研究项目机会选择的最初阶段，是项目投资者或经营者通过收集大量信息，并经分析比较，从错综纷繁的事务中鉴别发展机会，最终形成确切的项目发展方向或投资领域（或称项目意向）的过程。

按照联合国工业发展组织推荐的纲要，一般机会研究通常需要进行地区研究、部门研究和资源研究。

(1) 地区研究

地区研究就是通过分析地理位置、自然特征、人口、地区经济结构、经济发展状况、地区进出口结构等，选择投资或发展方向。

(2) 部门研究

部门研究就是通过分析部门特征，经营者或投资者所处部门（或行业）的地位作用、增长情况能否做出扩展等，进行项目的方向性选择。

(3) 资源研究

资源研究就是通过分析资源分布状况、资源储量、可利用程度、已利用状况、利用的限制条件等信息，寻找项目机会。

机会研究的任务是鉴别投资机会或项目设想，一般机会研究的结果是项目投资机会研究报告。该报告为决策者提出可供选择的项目发展方向，一旦证明是可行的，需进行详尽研究。

2. 特定项目机会研究

特定项目机会研究是在一般机会研究已经确定项目发展方向或领域后做进一步的调查研究，经方案筛选，将项目发展方向或投资领域转变为概括的项目提案或项目建议。与一般机会研究相比较，特定项目机会研究通常会进行更深入、更具体的分析。

特定项目机会研究的主要内容有：市场研究、项目意向的外部环境分析、项目承办者优劣势分析。

(1) 市场研究

对已选定的项目领域或投资方向中若干项目意向进行市场调查和市场预测，通常不仅要做市场需求预测、市场供应预测，还要概略了解项目意向相关需求。但是，这个阶段不需要具体研究市场与项目规模的关系，而需要从宏观角度把握市场的总体走势及动态。

(2) 项目意向的外部环境分析

需要研究市场之外的其他与项目意向有关的环境，如具体政策的鼓励与限制（包括税收政策、金融政策等）、进出口状况及其他有关政策等。

(3) 项目承办者优劣势分析

分析承办者已经选定的项目意向有哪些优势、有哪些劣势，劣势能否转化为优势；通过寻找投资或发展"机会"和"问题"的方式，再分析将"问题"转化为"机会"的途径，进行优劣势的评价。

特定项目机会研究主要采用要素分层法。特定项目机会研究最终为决策者提供具体项目建议或投资提案，同时提出粗略的比较优选和论证的依据，其结果形式通常为项目机会研究报告。

3.2.2 初步可行性研究

1. 初步可行性研究的目的

初步可行性研究是介于机会研究和详细可行性研究之间的一个阶段，是在确定项目意向之后对项目的初步估计。其研究目的为：

1) 分析项目是否有前途，从而决定是否应该继续进行详细可行性研究。
2) 项目中是否有关键性的技术或问题需要解决。
3) 需要做哪些辅助（功能）研究（如实验室试验、中间试验、重大事件处理、深入市场研究等）。

2. 初步可行性研究需要回答的问题

1) 项目建设有无必要性？
2) 项目需要多长时间完成？
3) 项目需要多少人力、物力资源？
4) 项目需要多少资金？能否筹集到足够的资金？
5) 项目财务上是否有利？项目经济上是否合理？
6) 项目采用的工艺技术是否先进适用？

3. 初步可行性研究的主要内容

初步可行性研究的内容与详细可行性研究的内容基本相同，但在深度和精度上要粗略许多。其研究的主要内容包括：

1）市场和生产能力，包括进行市场需求分析预测、渠道与推销分析、初步销售量和销售价格预测，并依据市场销售量做出初步生产规划。

2）物料投入分析，包括从建设阶段到经营阶段所有物料的投入分析。

3）坐落地点及厂址的选择，包括坐落地点选择与厂址选择两部分。

4）项目设计，包括项目总体规划、工艺设备计划、土建工程规划等。

5）项目进度安排。

6）项目投资与成本估算，包括投资估算、成本估算、筹集资金的渠道及初步筹集方案。

经过初步可行性研究，最终形成初步可行性研究报告。该报告比详细可行性研究报告粗略，但是对项目已经有了全面的描述、分析和论证，既可以作为正式的文献供决策参考，也可以作为项目建议书的依据。通过审查项目建议书决定项目的取舍，即通常所称的"立项"决策。

4. 辅助（功能）研究

辅助（功能）研究是进行项目可行性研究时，深入分析某些影响项目可行性的核心关键要素，以确保项目可行性研究所使用的数据信息具有较高的可靠性。辅助（功能）研究一般包括项目的一个或几个方面，但不是所有方面，并且只能作为初步项目可行性研究、项目可行性研究和大规模投资建议的前提或辅助。辅助（功能）研究分类如下：

1）对要制造的产品进行的市场研究。包括市场需求预测以及预期的市场渗透情况。

2）原料和投入物资的研究。包括项目使用的基本原料及投入物资当前和预测的可获得性、当前和预测的未来价格。

3）实验室和中间工厂的试验。根据需要进行试验，以决定具体原料是否合适。

4）厂址研究。特别是对那些运输费用影响大的项目，其厂址的选择十分重要。

5）规模的经济性研究。此项研究一般作为技术选择研究的一个部分进行，如果牵扯到几种技术和几种市场规模，则分开进行，但不扩大到复杂的技术问题中去。这些研究的主要任务是在考虑各种选择的技术、投资费用、生产成本和价格之后，评价最具经济性的工厂规模。通常是对几种规模的工厂生产能力进行分析，研究该项目的主要特性，并计算出每种规模的结果。

6）设备选择研究。如果设备投资占项目投资的比例较大，项目的构成和经济性在极大程度上取决于设备类型及其资本费用和经营成本，所选设备直接影响项目经营效果，则设备选择研究必不可缺少。

如果一项基本投入可能是项目可行性的一个决定因素，而辅助（功能）研究有可能表明否定的结果，那么应在初步项目可行性研究或项目可行性研究之前进行辅助（功能）研究。如果所要求的对一项具体功能的详细研究过于复杂，不能作为项目可行性研究的一部分进行，辅助（功能）研究则与初步项目可行性研究或项目可行性研究分头同时进行。如果在进行项目可行性研究过程中发现，尽管作为决策过程一部分的初步评价可以早些开始，但比较稳妥的做法是对项目的某一方面进行更详尽的鉴别，那么就在完成该项目可行性研究之后再进行辅助（功能）研究。

辅助（功能）研究的费用必须和项目可行性研究的费用联系起来考虑，因为这种研究的目的之一就是在项目可行性研究阶段节省费用。

3.2.3 详细可行性研究

详细可行性研究通常简称为"可行性研究"，是在项目决策前对与项目有关的工程、技术、经济等各方面条件和情况进行详尽、系统、全面的调查、研究、分析，对各种可能的建设方案和技术方案进行详细的比较论证，并对项目建成后的经济效益和社会效益进行预测和评价的一种科学分析过程和方法，是进行项目评估和决策的依据。

对一个拟建项目进行详细可行性研究，除了必须在国家有关规划、政策、法规的指导下完成，还要有各种相应的技术资料。详细可行性研究的核心内容将在后面章节进行介绍。

项目论证的阶段划分见表3-1。

表3-1 项目论证的阶段划分

阶 段	工 作 内 容	费 用	误 差 控 制
机会研究	寻求投资机会，鉴别投资方向	占总投资的0.2%~1%	±30%
初步可行性研究	初步判断项目是否有生命力，能否盈利	占总投资的0.25%~1.5%	±20%
详细可行性研究	详细技术经济论证，在多方案比较的基础上选择最优方案	中小项目：占总投资的1%~3% 大项目：占总投资的0.2%~1%	±10%

以上收费百分比只是表明3个阶段之间的相对关系，而不是绝对标准。由于项目之间的复杂性、工作的难易程度、论证人员的业务水平以及相互竞争程度有很大不同，所以费用百分比也会有较大差异。

3.3 需求识别与项目构思

3.3.1 项目需求和目标

随着社会的发展，人们的需求日益增长和多样化。项目来源于各种需求和需要解决的问题，人们的需要就是亟待解决的问题。人民生活、社会发展和国防建设的种种需要，常常要通过项目来满足，需求是产生项目的基本前提。

科学研究也是项目的来源，而且是更重要的来源。由科学研究发现产生的项目常常使国民经济结构发生重大变化，甚至改变人类历史。科学发现要变成生产力，中间要经过许多环节，正是这些中间环节为社会带来了数不清的项目。

自然资源的存在和发现当然也是项目的来源。科学发现和科学研究常常为以前人类无法利用的资源找到新用途，因而也就能够提出许多新项目。

国家经济体制改革、政府提出的新政策等更为许多于国于民有利的项目创造了条件，在计划经济时期无法想象的项目现在都可以提出来，都可以付诸实施。

项目产生于社会生产、分配、消费和流通的不断循环之中，因此项目目标应该是满足其需求的项目性能、质量、费用、工期、环保、安全等指标的综合表述。

3.3.2 需求识别

1. 需求识别的内涵

需求识别也称"识别需求"，是项目概念阶段的首要工作。需求识别始于需求、问题或机会的产生，结束于需求建议书的发布。客户识别需求、问题或机会，是为了使自己所期望的目标能以更好的方式实现。客户清楚地知道，只有需求明晰了，承约商才能准确把握自己的意图，才能规划出好的项目。

需求识别是回答"做什么"的问题，是关于产品（服务）属性的描述。如果是有形的产品，要指明规模、性能、使用功能（工艺流程）、使用对象的消费层次定位、技术水准、外观品位等；如果是无形的服务，则要指明内容、所涉及专业领域的广度和深度。

需求识别是一个过程，需求产生之时也是识别需求之始。因为尽管产生了需求，客户萌发了要得到什么的愿望，或感觉到缺乏什么，但这只是一种朦胧的念头，他还不能真正知道什么具体的东西才能满足他这种愿望，他所期望的东西可能还只是一个概念或大概的范围，于是就要收集信息和资料，就要进行调查和研究，从而最终确定到底是什么样的一种产品、一项服务才能满足自己。当然，他在需求识别的过程中还需要考虑到一系列的约束条件。工期和费用是需求识别的重要因素，也是获得产品（服务）成果的约束条件，并与产品（服务）的性能（质量）共同构成项目目标的三大硬性指标。

有时，识别需求并非客户的个体行为，他可能会受到熟知群体的影响，向他们征求建议，也可能在与承约商接触时请求他们帮助定夺，因为承约商在此方面见多识广。当客户的需求界定之后，他便开始着手准备需求建议书，这就是客户从自己的角度出发做详细的论述，表明自己所期望的目标或者希望得到什么，这种期望或希望实质上就是项目目标的雏形。当需求建议书准备完毕之后，客户剩下的工作就是向可能的承约商发送需求建议书，以便从回复的项目申请书中挑选出一家自己认为最满意的承约商，并与之签约。至此，需求识别告一段落。

2. 需求识别的日常案例

假如感到居住多年的房屋已显得陈旧，希望将房屋重新装修一番，此时需求便告产生。但此时的需求尚处于一种朦胧的状态，因为能满足这一愿望的还是一个较大的范围，装修风格多种多样，所需花费也大相径庭。为此，需要收集相关信息，进行调查研究，并积极与有关的装修公司接触。在这一期间，你可能走亲访友，现场观看他们房子的装修风格和了解他们的费用支出，也有可能调查一下市场，了解有关装修材料的种类和价格，还可能尝试性地与装修公司洽谈，征询他们的意见。总之，需要做许多工作，以便识别自己的需求，决定费用支出和装修风格、式样。当这些工作结束时，需求产生之时的那种朦胧想法已经清晰。最后，便可以把自己所确定的想法、要求以及费用支出等明确地写进需求建议书。

3. 需求识别的重要性

需求的识别过程对客户来说至关重要。在现实生活中经常可以碰到这样的例子，当装修公司询问客户需要什么样的布局、风格时，客户却随便地说："你看着办吧，只要好就行。"结果会如何呢？也许当房子装修完毕之后，客户会说："你怎么装修得如此浮华俗气，你知道我是一个知识分子，房间的布局、风格应充满书香墨气，具有古典之美才对！"

责任是很明确的，双方都负有一定的责任：一方面，客户没有明确告诉委托人他所希望的目标；另一方面，委托人没有进行充分调查与研究。

需求识别对于项目与项目管理是异常重要的，意味着从开始时就避免了项目投资的盲目性。一份良好的需求建议书既是客户与承约商沟通的基本前提条件，也是项目取得成功的关键。

3.3.3 需求建议书

1. 需求建议书的内涵与作用

需求建议书（Requirement for Payment，RFP）就是从客户的角度出发，全面、详细地向承约商陈述、表达为了满足其已识别的需求应做哪些工作。也就是说，需求建议书是客户向承约商发出的用来说明如何满足其已识别需求的建议书。

好的需求建议书能让承约商把握客户所期待的产品或服务是什么，或他所希望得到的是什么，只有这样，承约商才能准确地进行项目识别、项目构思等，从而向客户提交一份有竞争力的项目申请书。仍以前面的装修案例来说，客户仅向承约商发送一份简单的装修申请显然是不够的，装修房子只是客户的一种愿望，并不能使承约商清楚地知道客户的具体需求或所希望的项目目标是什么。装修风格和样式千差万别，费用也相去甚远，这使得承约商即装修公司无所适从。装修公司显然不知道该如何设计装修的风格和样式,从而无法向该客户提交项目申请书。为此,客户的需求建议书应当是全面的、明确的,能够提供足够的信息,以使承约商能在把握客户主体意愿的基础上拟订一份最优秀的项目申请书。

当然,并非在所有的情况下都需要准备一份正式的需求建议书。如果某一单位产生的需求可由内部开发项目满足,这时更需要的是口头上的交流和信息传递,而不是撰写需求建议书。例如,某一软件开发公司感到原来的财务分析系统已经远远不能适应日益增加的业务需要,便可直接要求软件开发小组进行开发,这时只需将相关的要求口头传达给软件开发组即可。

2. 需求建议书的内容

客户为了全面、准确地向承约商表达自己的意图,需要认真、充分地准备一份完整的需求建议书。一般来说,客户在需求建议书中主要应明确表达以下内容。

(1) 项目工作陈述

客户在工作陈述中,必须载明项目的工作范围,概括说明客户要求承约商做的主要工作任务和任务范围。如果是一份关于装修的需求建议书,客户首先应让承约商或装修公司清楚他的工作是对旧房子进行装修,其次要说明装修的风格和样式,以及装修的大致范围。

(2) 项目目标

项目目标,即交付物,是承约商所提供的实体内容。以一个用于结账和收款的软件系统为例,承约商可能被希望提供硬件(计算机)、软件(磁盘和一些印刷品)、操作手册和培训教程。交付物也可能包括客户要求承约商提供的定期进度报告或结束报告。

(3) 项目目标的规定

要求涉及大小、数量、颜色、重量、速度和其他承约商提出的解决方案所必须满足的物理参数和操作参数。例如,对于销售手册而言,要求必须是特定样式的回邮信封,用规定的颜色打印,并随附在销售的产品中,印刷品为每批 20 000 个。而盖房要求可能包括总计 $5000m^2$ 的面积、8 间卧室、2 间浴室、1 间双车道车库、中央空调和 1 个游泳池。

有些要求会涉及承约商交付成果的工作成绩。例如,自动结账和收款系统可能包括每天能办理近千余次交易的功能和其他特定的功能。工作成绩往往被客户用来作为检验的标准,承约商应向客户证明交付物能符合工作成绩的要求。

(4) 客户供应

客户供应主要涉及项目实施上客户提供的保障及物品供应等。例如,在销售手册项目中,客户在需求建议书中必须表述将提供的用于手册上的标识语。

(5) 客户的付款方式

这是承约商最为关心的内容,如分期付款、一次性付款等。例如,某房地产开发商在需求建议书中约定,在项目启动时支付给建筑公司 20% 的款项,项目完成一半时支付 30% 的款项,项目竣工后再支付剩余 50% 的款项。

(6) 项目的进度计划

项目的进度通常是客户关注的重要方面,它将影响客户的利益。例如,及时完成房子装修可以保证客户尽早享受舒适的居住条件。因此,客户在需求建议书中一般都会对项目进度做出明确要求。

(7) 对交付物的评价标准

项目实施的最终标准是客户满意,否则承约商很难获得所期望的利润。因此,客户对交付物的评价标准是需求建议书的重要内容。

(8) 有关承约商投标的事项

大型项目一般要求采用招标、投标的方式选择承约商,通过对若干个承约商的项目建议书或投标方案的比较确定最后的承约商。这需要客户在需求建议书中对有关投标的事项(如项目建议书的格式及投标方案的内容)做出规定,以确保为承约商提供一个公平竞争的环境。在需求建议书中,客户还需要对投标的最后期限做出规定，通常客户会在某一固定的时间（或期限内）把截至该日期的投标方案集中起来，并请有关专家对承约商的投标方案进行评审。因此，最后期限的规定非常重要，它向承约商提示了必须在此日期之前投交有关意向。如超过预定的日期，承约商所提交的任何申请书都将不予考虑接受。

（9）投标方案的评审标准

客户将用投标方案的评审标准评审相互竞争的承约商的申请书，以便从众多的承约商中选择一家执行项目。客户的评审标准主要包括承约商的背景和经历、技术力量、技术方案、项目进度、项目成本等。

3.3.4 项目构思

1. 项目构思的定义

项目的最终目的是满足社会需要，但是许多组织或者个人寻找项目的直接目的却是实现他们自己的利益，项目成为他们实现自身利益的手段。

为了实现自己的利益而提出项目并付诸实施的，多是投资者或投资集团。这些投资者挖空心思琢磨点子，或者是为自己的资金寻找出路，或者是为了利用他人的资金获取收益。他们琢磨出来的点子变成项目后，与以往的项目很不一样。

项目构思就是提出实施项目的各种各样的设想，寻求满足客户需求的最佳方案。

2. 项目构思的内容

进行项目构思一般要考虑以下内容：

1) 项目投资的背景及意义。
2) 项目投资的方向和目标。
3) 项目投资的功能及价值。
4) 项目的市场前景及开发潜力。
5) 项目的建设环境和辅助配套条件。
6) 项目的成本及资源约束。
7) 项目所涉及的技术及工艺。
8) 项目资金的筹措及调配计划。
9) 项目运营后预期的经济效益。
10) 项目运营后社会、经济、环境的整体效益。
11) 项目投资的风险及化解方法。
12) 项目的实施及管理。

3. 项目构思的过程

一个成功的、令客户满意的项目构思不是一蹴而就的，而是需要一个逐渐发展的递进过程。项目构思的过程一般分为3个阶段：准备阶段、酝酿阶段、调整完善阶段。

（1）准备阶段

项目构思的准备阶段即进行项目构思各种准备工作的阶段，一般包括以下内容：

1) 明确拟定所构思项目的性质和范围。
2) 调查研究、收集资料和信息。
3) 进行资料、信息的初步整理，去粗取精。
4) 研究资料和信息，通过分类、组合、演绎、归纳、分析等多种方法，从所获取的资料和信息中挖掘有用的信息或资源。

（2）酝酿阶段

酝酿阶段一般包括潜伏、创意出现、构思诞生3个小过程。潜伏过程实质上就是把所拥有的资料和信息与所需要构思的项目联系起来，经过全面的、系统的反复思考，进行比较分析。创意的出现就是在大量思维过程中所出现的与项目有关的独特新意，但又不完全成熟或全面的某些想法或构思。

(3) 调整完善阶段

项目构思的调整完善阶段，就是从项目初步构思诞生到项目构思完善的这一过程。它又包含发展、评估、定型3个具体的小阶段。项目构思的发展，就是将诞生的构思进行进一步的分析和设计，在外延和内涵上做进一步补充，使整个构思趋于完善；项目构思的评估，就是对已形成的项目构思进行分析评价，或是对形成的多个构思方案进行评价筛选；项目构思的定型，就是对评估阶段产生的项目构思进行进一步综合分析，并对内容进行补充和完善。

项目构思的3个阶段体现出一个渐进发展的过程，只有将每一个阶段、每一个步骤的工作都做扎实，才能实现理想的目标。

3.3.5 项目方案的选定

社会的某种需要，往往可以通过多种不同的项目来满足。例如，城市交通拥堵问题，既可以通过道路扩建来解决，也可以通过改善交通管理来解决。

项目方案的选定就是从可供实施的备选方案中选择最佳的方案来满足客户的需求，选择在现实中可行、投入少、收益大的项目方案。项目方案的评价标准主要有：满足客户的程度、时间和成本、实施的可行性、风险的大小等。

另外，个人和组织可能会同时识别出多个项目，但是可以利用的资源却有限。特别是那些需要由政府拨款投资的项目，可能会有许多项目争夺有限的财政资金。在这种情况下，必须综合考虑政治、经济、文化、环境保护、技术、财务、物资和人力资源、组织机构和风险等多种因素，权衡必要和可能两个方面，对这些项目设想进行比较筛选，选择那些投入少、收益大的项目设想方案，继续进行研究，进而付诸实施。这个过程就是项目方案的选定过程。在项目选定阶段淘汰那些不太有希望或不会产生效益的项目设想，避免在项目的后续阶段浪费大量的人力和财力。

3.3.6 项目建议书

项目建议书是拟上项目单位向项目主管部门申报的项目申请，是投资机会的具体化，是项目得以成立的书面文件，应对申报理由及其主要依据、项目的市场需求、生产建设条件、投资概算和简单的经济效益和社会效益情况做出概要叙述。项目建议书一般由提出项目的单位或部门编写，也可由他们委托有关设计院或咨询公司经调研后编写。

项目建议书的主要内容有：投资项目提出的必要性，产品方案、拟建规模和建设地点的初步设想，资源状况、建设条件、协作关系的初步分析；投资估算和资金筹措设想、偿还贷款能力测算，项目总体进度安排；经济效益和社会效益的初步估算。

项目建议书是项目发展周期的初始阶段，既是投资者选择项目的依据，也是可行性研究的依据。涉及利用外资的项目，在项目建议书获得批准后方可开展对外工作。

3.4 项目论证的基本原理和方法

3.4.1 资金时间价值理论

1. 资金时间价值的含义和意义

资金数额在特定利率条件下，对时间指数的变化关系称为资金时间价值。例如，资金和其他生产要素相结合，投入项目的建设和运行，经过一段时间发生增值，价值大于原始投入的价值。

对于资金时间价值，可以从另一方面进行定义，即从量的角度说明资金时间价值究竟是什么。我们说，同等数量的资金由于处于不同的时间而产生的价值差异，称为资金的时间价值。例如，2018年1月20日的10 000元，到了2019年1月20日，尽管资金量是一样的，价值量却是不同的，两者的价值差就是这一年当中产生出来的时间价值。

一般来讲，代表资金时间价值的利息是用百分比（利率）来表示的。在商品经济条件下，利率是由三部分组成的。

1）时间价值。纯粹的时间价值，是随着时间的变化而发生的价值增值。
2）风险价值。现在投入的资金今后能否确保回收。
3）通货膨胀。资金会由于通货膨胀而发生贬值。

其中，时间价值观念和风险价值观念是进行财务管理的重要观念。但在这里，以及今后，如果不特别提及，将只考虑纯粹的时间价值，而不考虑其他两者。

在进行项目论证时，对比不同的备选方案，会发现其现金流量存在两种性质的差异：一是现金流量大小的差异，即投入及产出数量上的差异；二是现金流量时间分布上的差异，即投入及产出发生在不同的时点。如果只是简单对比两个方案的现金流量，或将前期费用和后期收益直接做静态对比，是不可能得出正确的结论的。为了保证项目生命期内不同时点发生的费用和收益具有可比性，只有运用资金时间价值的理论，将不同时点的现金流折算成相同时点的有可比价值的现值（或终值），才能科学判断方案优劣。

2. 影响资金时间价值的约束因素

资金时间价值的大小受到3个因素的约束。

（1）资金投入量

资金投入量就是通常讲的本金，投入越大，在相同的时间和计算方式下，得到的利息越大，本利和也越大。

（2）资金投入方式

按资金投入额和间隔期可以将资金投入方式分为5种：一次性全额投入、等额分期有序投入、不等额分期有序投入、等额分期无序投入、不等额分期无序投入。

不同的投入方式，资金时间价值的大小不同，定期存款利率比活期存款利率高就是这个道理。

（3）利息计算方式

利息计算有单利法和复利法两种方式。

单利法计算公式为

$$F = P(1 + i \times n)$$

复利法计算公式为

$$F = P(1 + i)^n$$

式中，P为本金；i为折现率；n为期数。

用单利计算的价值少于同期复利计算的价值，项目论证通常采用复利（即利滚利）的计算方法。

3. 资金时间价值的计算方法

（1）终值

复利终值是指一笔或多笔资金按一定的利率复利计算若干年后所得到的本利和，计算公式为

$$F = P(1 + i)^n$$

（2）现值

未来资金的现在价值称作现值，计算公式为

$$P = \frac{F}{(1+i)^n}$$

为了比较不同时期的资金的价值，只有把它们都折算成现在的价值（0年的价值），才会使不同时期的资金有一个共同的起点，才具有可比性。因此，在评估项目时更多的是采用现值法，而不是复利值法。这并不等于说复利值不重要，它既是资金时间价值观念的基础，也是现值法的基础。

在计算现值时，如果不加以说明，通常把每年的资金流入或流出都看成是在年末发生，而不是在年初发生。年末与年初是有区别的：年初发生，则第一年年初的资金为现值（0年的价值），无须贴现；年末发生，则要将年末价值折算到年初，倒扣一年的利息。一般把年初资金看作是前一年年末发生的，这样有利于确定贴现系数。

（3）年金

年金是指在一定时期内每间隔相同时间，发生相同数额的款项。年金按其贴息的时序又分为年金终值和年金现值。

普通年金终值的计算公式为

$$F_R = A \frac{(1+i)^n - 1}{i}$$

普通年金现值的计算公式为

$$P_R = A \frac{(1+i)^n - 1}{i(1+i)^n}$$

式中，A 为年金值。

（4）投资回收年金值

投资回收年金值是已知现值求年金，即在固定折现率和期数的情况下，对一笔投资现值每年回收的等额年金值。计算公式为

$$A = P \frac{i(1+i)^n}{(1+i)^n - 1}$$

（5）资金存储年金

资金存储年金是已知终值求年金，即对一笔终值投资，每年存储的等额年金值。计算公式为

$$A = F \frac{i}{(1+i)^n - 1}$$

4. 现金流量图及资金等值计算公式汇总

现金流量图是把现金流量用时间坐标轴表示出来的示意图，有图3-1所示的3种基本类型。

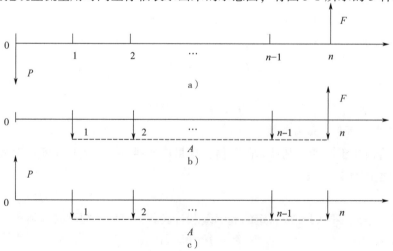

图3-1 现金流量图

a）类型一　b）类型二　c）类型三

资金等值计算公式见表3-2，其中 i 为利率，n 为计息期数。

表3-2 资金等值计算公式

系数名称	已知项	所求项	公式	现金流量图
终值系数	P	F	$F = P(1+i)^n$	图3-1a
现值系数	F	P	$P = F(1+i)^{-n}$	图3-1a
年金终值系数	A	F	$F = A\dfrac{(1+i)^n - 1}{i}$	图3-1b
年金终值系数（偿债基金系数）	F	A	$A = F\dfrac{i}{(1+i)^n - 1}$	图3-1b
年金现值系数	A	P	$P = A\dfrac{(1+i)^n - 1}{i(1+i)^n}$	图3-1c
现值年金系数（资本回收系数）	P	A	$A = P\dfrac{i(1+i)^n}{(1+i)^n - 1}$	图3-1c

3.4.2 静态和动态评价方法

1. 静态评价方法

（1）投资收益率与投资回收期

1）投资收益率（E），又称"投资利润率"，是项目投资后所获得的年净现金收入或利润（R）与投资额（K）的比值，即

$$E = \frac{R}{K}$$

2）投资回收期（T）是指用项目投产后每年的净收入（或利润）收回原始投资所需的年限，是投资收益率的倒数，即

$$T = \frac{1}{E} = \frac{K}{R}$$

若项目的年净现金收入不等，则回收期为使用累计净现金收入收回投资所需的年限，投资收益率则是相应投资回收期的倒数。

3）投资项目的评价原则。投资收益率越大，或者说投资回收期越短，经济效益就越好。

不同部门的投资收益率（E）和投资回收期（T）都有一个规定的标准收益率 $E_{标}$ 和标准回收期 $T_{标}$，只有评价项目的投资收益率 $E \geqslant E_{标}$，投资回收期 $T \leqslant T_{标}$ 时项目才是可行的；否则，项目就是不可行的。

（2）追加投资回收期和追加投资收益率

追加投资是指不同的投资方案所需投资之间的差额，追加投资回收期 T_a 就是利用成本节约额或者收益增加额来回收投资差额的时间。

计算公式若用成本节约额表示，则为

$$T_a = \frac{K_1 - K_2}{C_2 - C_1}$$

计算公式若用收益增加额表示，则为

$$T_a = \frac{K_1 - K_2}{B_1 - B_2}$$

追加投资收益率为

$$E_a = \frac{1}{T_a}$$

式中，K_1、B_1、C_1 和 K_2、B_2、C_2 分别为方案 I 和方案 II 的投资、收益和成本。

如果 $T_a < T_标$ 或者 $E_a > E_标$，则表明高投资方案的投资效果好。

2. 动态评价方法

(1) 净现值法

现值（PV）即将来某一笔资金的现在价值。净现值法是将整个项目投资过程的现金流按要求的投资收益率（折现率），折算到时间等于零时，得到现金流的折现累计值，即净现值（NPV），然后加以分析和评估。

$$\text{NPV} = \sum_{t=0}^{n} A_t \frac{1}{(1+i_0)^t} = \sum_{t=0}^{n} (B_t - C_t) \frac{1}{(1+i_0)^t}$$

式中，A_t 为第 t 年的净现金流量；B_t 为第 t 年的收入额；C_t 为第 t 年的支出额；n 为项目生命期；i_0 为期望的投资收益率或折现率。

净现值指标的评价准则是：当折现率取标准值时，若 $\text{NPV} \geq 0$，则该项目是合理的；若 $\text{NPV} < 0$，则项目是不经济的。

(2) 内部收益率法

内部收益率法又称贴现法，就是求出一个内部收益率（IRR），这个内部收益率使项目使用期内现金流量的现值合计等于零，即

$$\text{NPV} = \sum_{t=0}^{n} A_t \frac{1}{(1+i)^t} = 0$$

内部收益率的评价准则是：当标准折现率为 i_0 时，若 $\text{IRR} \geq i_0$，则投资项目可以接受；若 $\text{IRR} < i_0$，则项目是不经济的。

对两个投资相等的方案进行比较时，IRR 大的方案较 IRR 小的方案可取。

(3) 动态投资回收期法

考虑到资金的时间价值后，投入资金回收的时间即为动态投资回收期（T_d）

$$T_d = \frac{-\log\left(1 - \dfrac{P \times i}{A}\right)}{\log(1+i)}$$

式中，A 为投产后年收益；P 为原始投资额。

相应的项目动态投资收益率为

$$E_d = \frac{1}{T_d}$$

动态投资回收期和动态投资收益率的评价准则是：当动态投资回收期 $T_d \leq T_标$ 或动态投资收益率 $E_d \geq E_标$ 时，项目投资是可行的；当 $T_d > T_标$ 或 $E_d < E_标$，则项目投资是不可行的。

有很多项目不考虑时间因素的投资回收期小于 $T_标$（标准投资回收期），认为经济效益可取；而考虑了贷款利息之后，动态投资回收期却大于 $T_标$，从经济效益看可能就是不可取了。

(4) 收益/成本比值法

项目收益为 B，成本为 C，则收益/成本比值为 B/C。

收益/成本比值法的评判准则是：当 $B/C > 1$ 时，表明这个投资过程的收益大于成本，投资收益有盈余；当 $B/C < 1$ 时，则这个投资过程的收益小于成本，投资收益是亏损的；当 $B/C = 1$ 时，这个投资过程的收益等于成本，投资收益不亏不盈。

(5) 现值指数法（净现值率）

现值指数法是净现值除以投资额现值所得的比值，是测定单位投资净现值的尺度，其计算公式为

$$\text{NP} = \frac{\text{NPV}}{P}$$

式中，NP 为现值指数；NPV 为净现值；P 为投资额现值。

现值指数是反映单位投资效果优劣的一个度量指标，比较适用于对多个投资方案进行评价比较。一般来说，现值指数越大，单位投资效果越好；现值指数越小，单位投资效果越差。

3.4.3 不确定性分析

1. 不确定性分析的内涵及必要性

不确定性分析是以计算和分析各种不确定因素的可能变化对项目经济效益的影响程度为目标的一种经济分析方法。通过不确定性分析，可以推测项目可能承担的风险，进一步确认项目的可能性及可靠性。

项目论证阶段必须对项目进行不确定性分析是基于以下两方面原因：

1）项目可行性研究所涉及的因素和所收集的数据会随着时间的推移发生不同程度的变化。

2）项目可行性研究所取得的数据和系数不可能完整全面。主观认识的局限性和客观条件的制约性使项目的可行性研究具有不确定性，预测的项目效益也具有不确定性。因此，除基本状况分析外，在进行项目论证时必须鉴别关键变量、估计变化范围或直接进行风险分析。

常用的不确定性分析方法有盈亏平衡分析、敏感性分析、概率分析。

2. 盈亏平衡分析——静态的不确定性分析

盈亏平衡分析是指项目投产后，在一定的市场、生产能力及经营销售条件下，确定产量、成本、价格、生产能力利用率、利润税收等因素之间的关系，找出一个平衡点，收入和支出在这一点上持平，净收益等于零。

盈亏分析的主要步骤如下：

1）建立基本的盈亏平衡方程

$$PQ = F + VQ$$

式中，P 为产品价格；Q 为设计产量；F 为固定成本；V 为单位产品变动成本。

2）计算各种盈亏平衡点。常用的盈亏平衡点有：

①以产品产量表示的盈亏平衡点为

$$Q = \frac{F}{P - V}$$

②以生产能力利用率表示的盈亏平衡点为

$$\text{BEP}_Q = \frac{F}{Q(P - V)} \times 100\%$$

3）盈亏平衡点及经营风险分析。以产量表示和以生产能力利用率表示的盈亏平衡点越低，项目未来的经营风险越小；以价格表示的盈亏平衡点越低，项目未来的经营风险越大。通过分析盈亏平衡方程，还可以得出固定成本比率越高、项目生产风险越大的结论。

3. 敏感性分析——动态的不确定性分析

敏感性分析是当论证方案中一个或多个因素发生变化时，对整个项目经济评价指标所带来的变化程度的预测分析。敏感性分析要考虑资金的时间价值，采用现值分析法，是一种动态分析法。敏感性分析分为单因素敏感性分析和多因素敏感性分析。

敏感性分析的主要步骤和内容如下：

1）计算基本情况下备选方案的净现值和内部收益率。

2）选定分析因素及其变化范围。

常选的因素有投资总额、建设年限、项目生命期、生产成本、销售价格、投产期和达产期等。选定的原则是：

1）选取其变化将较大幅度影响经济评价指标的因素。
2）选取项目论证时数据准确性把握不大或今后变动幅度大的因素。

(1) 单因素敏感性分析

分别假设只有某一个因素变化而其他因素不变，将重新预测的数据取代基本情况表的相关内容，重新计算变动后的净现值和内部收益率，从而考虑评价指标的变化大小对项目或方案取舍的影响。

(2) 多因素敏感性分析

计算两个或多个因素变化，在其他因素不变的情况下，对项目经济效益的影响。一般是首先通过单因素敏感性分析确定两个或多个主要因素，然后用双因素或多因素敏感性图反映这些因素同时变化对项目经济效益的影响。

(3) 对敏感因素进行排序

对整个项目的敏感性分析进行汇总、对比，确定各因素的敏感程度和影响大小的先后次序，以便决策项目是否可行以及实施时应重点防范的因素。

4. 概率分析

敏感性分析固然可以考察各种不确定性因素对经济指标的影响程度，却不能表明该不确定因素发生的可能性有多大，以及在综合考虑同一因素不同变化幅度时会对项目产生多大影响。利用概率分析方法可以计算各种因素发生某种变动的概率，并以概率为中介进行不确定性分析。

概率分析的一般步骤为：

1）经过分析判断，在多个不确定因素中选出一个最不确定的因素或影响程度最大的因素，将其他几个因素假定为确定因素。

2）估计这种不确定因素可能出现的自然状态的概率。概率估计的准确度直接影响概率分析的可靠度，并影响项目决策的正确与否。因此，分析人员必须进行认真细致的调查，收集整理数据，做出慎重的估计。

3）计算期望值。期望值又称为数学期望值、平均数，是反映随机变量平均水平的数字，计算公式为

$$E(x) = \sum_{i=1}^{n} x_i P(x_i)$$

式中，$E(x)$为期望值；x_i为i情况下的数值；$P(x_i)$为出现x_i数值的概率。

4）计算方差与标准差。方差是反映随机变量与实际值的分散程度的数值。随机变量x的方差为

$$\sigma_x^2 = \sum_{i=1}^{n} (x_i - E(x))^2 \times P(x_i)$$

方差的平方根叫作标准差，即σ_x。标准差是概率分析中必用的指标，能够反映随机变量的变异程度或分散程度，从而有助于判断项目的风险程度。

5）计算变异系数。标准差是绝对值，用它来衡量项目风险大小有时仍会有局限性。例如，如果两个备选方案投资规模、预期净现金流量相差都很大，用标准差就不能准确反映风险大小。此时，可以通过变异系数反映单位期望值可能产生的离差（变异）。其计算公式为

$$CV = \frac{\sigma}{E(x)}$$

6）选择一个影响程度大一些的不确定因素，假定其他因素为确定数，重复上述2）、3）、4）步的工作。

7）进行综合分析，判断备选方案的优劣顺序，作为方案决策选择的依据。

3.4.4 敏感性分析案例

下面以生产性投资项目为例，说明如何进行敏感性分析。

某城市拟新建一座大型化工企业，计划投资 3000 万元，建设期 3 年。考虑到机器设备的有形损耗与无形损耗，生产期定为 15 年，项目报废时，残值与清理费正好相等。投资者的要求是项目的投资收益率不低于 12%。试通过敏感性分析决策该项目是否可行以及应采取的措施。

该项目的敏感性分析可以分为 6 个步骤进行。

1）预测正常年份的各项收入与支出，以目标收益率为基准收益率，计算基本情况下的净现值和内部报酬率，见表 3-3。

表 3-3　某化工企业新建项目基本情况表　　　　　　　　　　　　（单位：万元）

年份	投资成本 ①	销售收入 ②	生产成本 ③	净现金流量 ④=②-①-③	12%贴现系数 ⑤	净现值 ⑥=④×⑤
1	500			-500	0.892 9	-446.45
2	1500			-1500	0.797 2	-1 195.80
3	1000	100	70	-970	0.711 8	-690.47
4		4000	3600	+400	0.635 5	+254.20
5		5000	4300	+700	0.567 4	+397.18
6~15		63 000	54 000	+9000**	3.206 1*	+2 885.31
合计	3000	72 100	61 970	+7130		+1 203.97

注：* 为贴现率为 12% 时第 6~15 年时的年金现值系数（下同）；** 为单年数值（下同）。

从基本情况表中可以看出，该项目正常情况下的净现值为正值，且数值较大。运用内推法确定基本情况下的内部收益率，计算过程省略。

当贴现率为 18% 时，净现值为 +188.86 万元；当贴现率为 20% 时，净现值为 -28.84 万元。选择靠近 0 的两组数据计算内部收益率。

$$内部收益率 = 18\% + (20\% - 18\%) \times \frac{188.86}{188.86 + |-28.84|} = 19.73\%$$

从计算结果得知，正常情况下的内部收益率为 19.73%，高于投资者期望收益率，具有较大吸引力。对此类项目成本效益影响较大的因素是投资成本、建设周期、生产成本和价格波动，需分别对这些因素进行敏感性分析。

2）进行投资成本增加的敏感性分析。假定该项目由于建筑材料涨价，投资成本上升 15%，原来 3000 万元的投资额增加为 3450 万元。进行敏感性分析时，首先在基本情况表中对投资成本一栏进行调整，计算出净现值，然后计算内部收益率，见表 3-4。

表 3-4　某化工厂投资成本增加 15% 时敏感性分析表　　　　　　　（单位：万元）

年份	投资成本	销售收入	生产成本	净现金流量	12%贴现系数	净现值
1	500+450			-950	0.892 9	-848.26
2	1500			-1500	0.797 2	-1 195.80
3	1000	100	70	-970	0.711 8	-690.47
4		4000	3600	+400	0.635 5	+254.20
5		5000	4300	+700	0.567 4	+397.18
6~15		63 000	54 000	+9000**	3.206 1*	+2 855.31
合计	3450	72 100	61 970	+6680		+772.16

从表 3-4 中可见，其余条件不变，仅仅由于第一年投资增加 450 万元，净现值已由原来的 1 203.97 万元降为 802.19 万元，其内部收益率下降到 16.53%，但仍高于投资者期望收益率，项目仍可实施。

3) 进行项目建设周期延长的敏感性分析。假定在该项目施工过程中,台风、暴雨造成部分工程返工、停工,建设周期延长一年,并导致投资增加100万元,试生产和产品销售顺延一年,预测数据见表3-5。

表3-5 某化工厂建设周期延长一年的敏感性分析表

年份	投资成本（万元）	销售收入（万元）	生产成本（万元）	净现金流量（万元）	12%贴现系数	净现值（万元）
1	500			-500	0.8929	-446.45
2	1400			-1400	0.7972	-1 116.08
3	900			-900	0.7118	-640.62
4	300	100	70	-270	0.6355	-171.59
5		5000	4300	+700	0.5674	+397.18
6~15		63 000	54 000	+9000**	3.2061*	+2 855.31
合计	3100	68 100	58 370	+6630		+907.75

计算表明,该项目对工期延长一年的敏感度不高,内部收益率在17.66%,项目可以进行。

4) 进行生产成本增加的敏感性分析。假定由于原材料和燃料调价,该项目投产后生产成本上升5%,其他条件不变,基本情况表中的数据调整后见表3-6。

表3-6 某化工厂生产成本上升5%的敏感性分析表

年份	投资成本（万元）	销售收入（万元）	生产成本（万元）	净现金流量（万元）	12%贴现系数	净现值（万元）
1	500			-500	0.8929	-446.45
2	1500			-1500	0.7972	-1 195.80
3	1000	100	73.5	-973.5	0.7118	-692.94
4		4000	3780	+220	0.6355	+139.81
5		5000	4515	+485	0.5674	+275.19
6~15		63 000	56 700	+6300**	3.2061*	+2 019.72
合计	3000	72 100	65 086.5	+4 031.5	80	+99.53

计算表明,生产成本上升对项目效益影响较大,生产成本上升5%,内部收益率为12.72%,下降了7%,但仍高于12%的期望收益率,并可获99余万元净现值。因此,在控制成本不再上升的条件下,此方案仍可行。

5) 进行价格下降的敏感性分析。在市场经济条件下,若产品价格呈上升趋势,对项目效益有利,但不能排除价格下降的可能性。假定经过市场预测后得知,项目投产之后的前两年按计划价格销售;从第三年开始,由于市场需求减少,产品价格下降8%才能薄利多销,保证生产的产品全部售出。在其他条件不变的情况下,销售收入也随之下降8%,基本情况表将做相应调整,见表3-7。

表3-7 某化工厂产品价格下降8%的敏感性分析表

年份	投资成本（万元）	销售收入（万元）	生产成本（万元）	净现金流量（万元）	12%贴现系数	净现值（万元）
1	500			-500	0.8929	-446.45
2	1500			-1500	0.7972	-1 195.80
3	1000	100	70	-970	0.7118	-690.47
4		4000	3600	+400	0.6355	+254.20
5		4600	4300	+300	0.5674	+170.22
6~15		57 900	54 000	+3960**	3.2061*	+1 269.54
合计	3000	66 660	61 970	+1690		-638.76

计算表明，产品价格下降8%时，内部收益率为6.74%，项目可行性判断失效。这说明项目对销售价格因素非常敏感，必须千方百计控制价格的下降，否则无法实现投资者的期望收益率。假如通过努力仍不能控制价格下降的幅度，则项目不可行。

6）对整个项目的敏感性分析进行汇总对比，见表3-8。

表3-8 某化工厂4个主要因素敏感性分析汇总表

敏感因素	净现值（万元）	与基本情况差异（万元）	内部收益率（%）	与基本情况差异（%）
基本情况	+1 203.99	0	19.73	0
1. 销售价格下降8%	-638.74	-1 842.73	6.74	-12.99
2. 生产成本增加5%	+99.53	-1 104.46	12.72	-7.01
3. 投资成本增加8%	+802.19	-401.80	16.53	-3.2
4. 建设周期延长一年	+907.76	-296.23	17.66	-2.07

从汇总表中可以得知，某化工厂新建项目对分析的4个影响因素的敏感程度顺序为：销售价格下降8%、生产成本增加5%、投资成本增加8%、建设周期延长一年。后三位因素发生时，净现值仍为正常，仍能实现投资者期望收益率。当第一位因素发生时，净现值降为负值，不能实现投资者目标，在财务评价和社会经济评价时必须提出切实措施，以确保方案有较好的抗风险能力，否则应另行设计方案。

敏感性分析是不确定性分析中的一个重要方法，在充分肯定其作用的同时，必须注意它的局限性。首先，这种分析是将几个影响因素割裂开逐个分析的，如果几个因素同时作用则不能单独依靠敏感性分析进行决策，还应配合其他方法进行。其次，每种影响因素的变化幅度是由分析人员主观确定的，如果是事先未做认真的调查研究或收集的数据不全、不准，敏感性分析得出的预测可能带有较大的片面性，甚至导致决策失误。例如，价格下降幅度，分析人员预测为8%，但实际可能在5年后才下降5%，敏感性分析的结果就可能有较大变化。因此，运用敏感性分析方法时必须注意各种影响因素之间的相互关系，广泛开展调查研究，尽量使收集的数据客观、完整，克服预测中的主观片面性，为决策者提供可靠的依据。

3.4.5 影子价格理论

1. 影子价格的定义

影子价格是指某一种资源的影子价格。当某一种资源实现最优分配时，其边际产出值（使用单位资源所产生的社会贡献或效益增量）即这种资源的影子价格。影子价格不仅是资源分配优化状态下反映出来的价格，而且可以反映资源的稀缺程度以及国内、国际市场价格的差异。资源越稀缺，国内、国际市场价格的差异越大，影子价格越高。

2. 影子价格的确定方法

在确定影子价格时，首先把项目涉及的货物（包括所有的投入物和产出物）划分为可外贸物、非外贸物和特殊投入物3种。

（1）可外贸物影子价格的确定

1）进口的国外产品货物，如图3-2所示。

进口投入的影子价格（到厂价）= 货物到岸价格 × 影子汇率 + 进口费用

2）出口（外销产品）的货物，如图3-3所示。

出口产出的影子价格（出厂价）= 离岸价格 × 影子汇率 - 出口费用

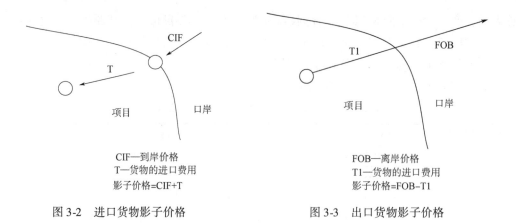

图 3-2 进口货物影子价格　　　　图 3-3 出口货物影子价格

(2) 非外贸货物的影子价格

凡不属于可进口或出口的货物，均列入非外贸货物；有些外贸货物由于国内运费昂贵或受国内外贸易政策的制约，也可以列入非外贸货物。这类货物影子价格的确定方法有 3 种。

1) 如果这类货物处于竞争性市场环境中，应采用市场价格作为计算项目投入或产出的影子价格的依据。

2) 如果项目的投入或产出规模很大，项目的实施将足以影响其市场价格，导致"有项目"和"无项目"两种情况下的市场价格不一致，在项目评价中取二者的平均值作为测算影子价格的依据。

3) 影子价格中流转税（如消费税、增值税、营业税）宜根据产品在整个市场中发挥的作用，分别计入或不计入影子价格。

(3) 特殊投入物影子价格的确定

1) 劳动力的影子价格，即影子工资。影子工资是指建设项目使用劳动力资源而使社会付出的代价。在我国，影子工资的计算公式为

$$影子工资 = 财务工资 \times 影子工资换算系数$$

影子工资换算系数主要是采用技术与非技术劳动力的分类方式分别进行测量。对于技术劳动力，采取影子工资等于财务工资，即影子工资换算系数为 1；对于非技术劳动力，其影子工资换算系数一般取 0.25～0.8，具体可根据当地的非技术劳动力供求状况确定，非技术劳动力较为富余的地区可取较低值，不太富余的地区可取较高值，中间状况可取 0.5。

2) 土地。按照项目国民经济评价的基本方法，土地的影子价格应当等于土地的机会成本加上土地转变用途所导致的新增资源消耗，即

$$土地影子价格 = 土地机会成本 + 新增资源消耗$$

在项目的国民经济评价中，应充分估计占有土地的机会成本和新增资源消耗。项目占用的土地位于城镇与农村，具有不同的机会成本和新增资源消耗构成，要采取不同的估算方法。

3.4.6 增量净效益法（有无比较法）

将有项目时的成本（效益）与无项目时的成本（效益）进行比较，求得的二者差额即增量成本（效益），这种方法称为有无比较法。

相比传统的前后比较法，有无比较法更能准确反映项目的真实成本和效益。因为前后比较法不考虑不上项目时项目的变化趋势，令评价当年的状况凝固化，将上项目以后的成本（效益）与评价当年的数据做静态比较。因为和现在的情况相比较，无项目时的费用和收益在计划期内是可能发生变化的，所以如果忽视这些可能性，就会人为地夸大或低估项目的效益。有无比较法则是先对不上项目时企业

的变动趋势做预测，再将上项目以后的成本（效益）与其逐年做动态比较，因此得出的结论更科学、更合理。

下面用实际案例说明如何进行增量效益的计算。由于市场对 A 生产设备需求的增加，某公司决定扩大 A 生产线规模。该扩建项目的建设期为 3 年，项目生命期为 10 年，第 4 年开始投入使用，在第 4~7 年间产量每年增加 2 万件，然后产量保持稳定不变。该公司 A 设备的年产量为 10 万件，如不扩大生产线的规模，通过挖掘内部潜力，在两年内每年可增加 A 设备产量 1 万件，然后每年保持 11 万件的水平。试用增量净效益法对该扩建进行分析，见表 3-9。

表 3-9 某扩建项目增量效益计算表

年数	有项目时产量（万件） ①	无项目时产量（万件） ②	生产增量（万件） ③=①-②	单价/（万元/件） ④	增量效益（万元） ⑤=③×④
1	10	10	0	10	0
2	11	11	0	10	0
3	12	12	0	10	0
4	14	12	2	10	20
5	18	12	6	9	54
6	20	12	8	9	72
7	22	12	10	9	90
8~10	66	36	30	8.5	255
合计	173	117	56		491

可见，如果采用前后比较法，将 A 产品现在的产量 10 万件作为静态的对比基数，则在扩建项目之前的 10 年产量为 100 万件，而实施项目后的 10 年产量为 173 万件，就会认为实施该项目产生了 73 万件产量的增量效益；而通过有无比较法分析可知，该项目的生产增量应该为 56 万件，即采取前后比较法使项目效益虚增 17 万件。

反之，如果实施项目前该企业产量呈下降趋势，实施项目后不但控制了下降趋势而且使产量上升，采用前后比较法将会掩盖、缩小项目的实际效益。因此，为了正确判断项目效益，必须采用有无比较法。

第4章 项目经济评价和环境影响评价

本章要点

项目的经济效益评价和环境影响评价结果，是项目最终决策的核心依据。项目的经济评价包括微观层面的项目财务评价和宏观层面的项目国民经济评价两个部分。本章对项目财务评价和项目国民经济评价的概念、意义、程序、方法等进行详尽介绍，分析两者的差异，阐述项目财务评价和国民经济评价的基本报表编制和评价指标体系。此外，本章对项目环境影响评价的含义、必要性、相关制度、评价程序和报告书的内容等分别进行论述。

项目的经济评价是在技术可行性研究的基础上，根据国民经济现状和社会发展战略，按照行业和地区发展规划的要求，对拟建项目的经济可行性和合理性进行全面分析论证，做出综合评价，为项目的科学决策提供依据。经济评价包括两个相互补充、互为衔接的评价层次，分别是从微观效益出发的财务评价和从国家宏观效益出发的国民经济评价。项目的经济评价既是项目可行性研究的重要组成部分，也是投资管理中的重要环节，做好经济评价有助于提高投资决策水平和投资效益。

同时，环境保护问题也是衡量项目是否可行的一个重要方面，在提交项目可行性研究报告时，必须附有专门的环境影响报告书，以说明该项目对环境的影响。

4.1 项目财务评价

4.1.1 项目财务评价的含义、意义及程序

1. 项目财务评价的含义和意义

财务评价是项目经济评价的首要内容之一。它是在项目或企业的微观层面，按照国家现行财税制度和价格体系运行标准，从财务角度分析和计算项目的盈利能力、清偿能力以及外汇平衡能力等财务指标，据此判断项目或不同方案在财务上的可行性。财务评价对业主的投资决策、金融机构提供贷款和上级主管部门审批都起着重要的影响作用，其意义具体表现在以下几个方面：

1）财务评价是企业进行项目评估与决策的重要依据。企业进行项目投资的主要目标是获取利润，通过对项目的财务评价可以科学地分析项目的盈利能力，有助于企业做出正确的投资决策。

2）财务评价是金融机构确定是否放贷的重要依据。项目贷款具有数额大、周期长、风险大等特点，金融机构通过财务评价可以科学地分析项目贷款的偿还能力，进而确定是否放出贷款。

3）财务评价是有关部门审批拟建项目的重要依据。企业财务效益的好坏不但会对企业的生存与发展造成影响，还会对国家的财政收入产生影响。因为，由企业投资项目而发生的损失最终可能会通过补贴、核销等形式转嫁给国家，这对国有企业来说更为突出。所以，财务评价也是有关部门在核准审批企业项目时需要重点考虑的因素之一。

2. 项目财务评价程序

项目财务评价的基本程序如下：

1）估算和分析项目的基本财务数据。包括总投资、资金筹措方案、产品成本费用、销售收入、税金、利润以及其他与项目有关的财务数据的预测、估算和分析，是整个财务评价的基础。

2）编制和分析财务基本报表。根据上一步所得的数据编制现金流量表、损益表、资金来源与运用表、资产负债表以及财务外汇平衡表等财务报表。

3）计算财务评价指标。根据已编制好的财务报表数据可以计算各种财务评价指标，如反映项目盈利能力和清偿能力的指标等，而对于涉外项目还要计算外汇平衡能力指标。

4）进行不确定性分析。通过进行项目的盈亏平衡分析、敏感分析和概率分析，可以评价项目的市场适应能力和抗风险能力。

5）得出财务结论。将计算出的经济效果评价指标和国家有关部门公布的（也可以是经验的、历史的或期望的）基准值加以比较，并结合不确定性分析的结果进行综合评价，最终从财务角度提出项目是否可行的结论。

4.1.2 项目基本财务数据的预测

项目基本财务数据预测是整个财务评价的基础，其准确与否将直接影响财务评价和投资决策的准确性。下面就项目总投资、总成本费用、销售收入、税收和利润等基本财务数据的构成和计算方法做简要介绍。

1. 项目总投资预测

项目总投资按其经济用途可分为固定资产投资和流动资金投资。

固定资产投资包括可以计入固定资产价值的各项建设费用支出，以及不计入交付使用财产价值内的应核销投资支出（如不增加工程量的停、缓建维护费）。

流动资金由储备资金、生产资金、产成品资金、结算及货币资金等组成。

项目总投资额的计算可由如下公式表示

$$项目总投资额 = 固定资产投资 + 固定资产投资贷款利息 + 流动资金$$

2. 项目总成本费用预测

总成本费用是指项目在一定时期内为生产和销售产品而花费的全部成本和费用。项目总成本费用既是反映项目所需物质资料和劳动力消耗的主要指标，也是预测项目盈利能力的重要依据。

项目总成本费用的主要构成为

$$总成本费用 = 外购原材料、燃料和动力费 + 工资及福利费 + 折旧费 + 摊销费 + 修理费 + 财务费用（利息支出）+ 其他费用$$

总成本费用的预测可按照完全成本法原理，对构成总成本费用的各项构成要素分别进行估算和分析，然后加以汇总。

估算成本可以采用以下计算公式

$$估算成本 = 可确认单位的数量 \times 历史基础数据 \times 物价波动系数$$

可确认单位的数量，指该项目生产产品所需的材料。历史基础成本指基准年的成本。物价波动系数应该包括基准年到估算日市场价格实际波动系数，以及从估算日到项目建成投产这段时期的通货膨胀预测系数。

在估算成本时，先估算100%达到设计生产能力时正常生产年度的固定费用和变动费用，然后按以下公式估算未达到设计生产能力年度的总成本费用。

$$未达到设计生产能力年度总成本费用 = 固定费用 + 变动费用 \times 实际达到设计能力的百分比$$

3. 销售收入和税金预测

销售收入是指拟建项目建成投产后，产出各种产品和服务的销售所得。其计算公式为

$$销售收入 = 产品销售量 \times 产品销售价格$$

在以上公式中，产品销售量的估算可假设生产出来的产品全部能销掉，即销量等于生产量，也

可以根据各年生产负荷加以确定。销售价格的估算一般采用出厂价，也可根据需要采用送达用户的价格或离岸价格来估算。

为了使估计值更加接近实际的可能情况，应该注意以下几点：

1) 结合市场预测情况，分析销售量能否达到生产量，是否会有不能售出而造成积压的多余产品。

2) 产品销售单价是否高于主管部门和物价部门规定的价格或实际价格，防止人为故意增加单价，以虚报销售收入。

3) 根据项目的具体情况，正确估算产品达到设计生产能力的时间。

所以，销售收入的估算公式也可以表达为

$$销售收入 = 项目设计生产能力 \times 生产能力利用率 \times 产品销售率 \times 产品销售单价$$

在项目经济评价中，所涉及和考虑的税金包括两部分：销售税金和附加、所得税。其中，销售税金和附加包括增值税、营业税、资源税、消费税、城市建设维护费及教育费附加，不计入成本而从销售收入中扣除，是企业在计算利润前须向国家缴纳的税金；所得税则直接从利润中扣除。

税金的预测可根据以上所预测得到的销售量和销售收入以及销售收入乘以相应的税率得到。

4. 利润预测

项目利润是项目财务经济目标的集中表现，通过利润预测可以估算拟建项目投产后每年可以实现的利润和企业每年预计留存的利润额。

利润的计算公式为

$$利润总额 = 产品销售收入 - 总成本费用 - 销售税金及附加$$

$$税后利润 = 利润总额 - 所得税$$

税后利润一般可以按下列顺序进行分配：按税后利润10%提取法定盈余公积金，提取公益金，最后向投资者分配利润。

4.1.3 基本财务报表的编制

根据所得到的基本财务数据可编制现金流量表、财务外汇流量表、预期收益表、资产负债表、损益表等基本报表。

1. 现金流量估算表

现金流量估算表是根据项目生命周期内每年的现金流入量和现金流出量及两者之间的差额等数据编制而成的。项目现金流量估算表反映了项目生命周期内现金的流入和流出，表明该项目获得现金和现金等价物的能力。由于传统会计处理方法把折旧、应收及应付账款等并不引起现金支付的项也列入报表中，不能客观反映项目实际获取或支付现金的能力。因此，用现金流量估算表可以更好地反映项目在生命周期内的盈利或偿债能力。

现金流量表一般由以下三部分组成：现金流入、现金流出、净现金流量。

(1) 现金流入

现金流入是指项目建成投产后所取得的一切现金收入，主要包括以下项目：

1) 销售收入。此项是投资项目现金流入的主要来源。

2) 回收固定资产余值。此项是指固定资产报废后的残值减去清理费用后的净残值。为了简化测算，一般项目的净残值率为3%~5%，中外合资企业项目的净残值率为10%以上。固定资产余值在项目计算期最后一年回收，其计算公式为

$$固定资产余值 = 固定资产原始价值 \times 固定资产净残值率$$

3) 回收流动资金。在建设期和生产期该项资金的流入为零，当项目生命周期结束时，可以收回垫支的流动资金，从而形成现金流入的一项重要内容。

(2) 现金流出

现金流出是指一个项目在从项目开始建设到生命终了的全过程中,为该项目投入的所有资金。它的内容为

$$现金流出 = 固定资产投资 + 流动资金 + 经营成本 + 销售税金及附加 + 所得税$$

其中

$$经营成本 = 总成本费用 - 折旧 - 财务费用 - 摊销费$$

(3) 净现金流量

净现金流量是指现金流入量与现金流出量之间的差额,是项目生命周期内的历史净效益。当净现金流量为负值时,表示项目在该年现金流入量小于现金流出量;反之,表示现金流入大于现金流出。

2. 现金流量表的编制

(1) 项目现金流量表的分类及其基本格式

按照资金范围的不同,现金流量表可分为全部投资现金流量表、国内资金现金流量表和自有资金现金流量表3类。

1) 全部投资财务现金流量表。假定项目全部投资(包括固定资产投资和流动资金)均为自有资金,不考虑资金借贷与偿还,不必计算财务费用。该表用来计算全部投资的财务净现值、内部收益率、投资回收期。

2) 国内投资财务现金流量表。该表以国内投资(包括国家预算内投资、自筹投资、国内贷款)为计算基础,并计算国外借款利息和本金偿还。该表用来计算国内投资的财务净现值、内部收益率,依次评价国内投资的盈利能力及国外借款对项目的影响。

3) 自有资金财务现金流量表。该表以除借入资金以外的自有资金为基础,但包括计算借款利息和本金偿还的现金流量。该表用来计算自有资金的财务净现值、内部收益率,考虑自有资金的盈利能力。

3种现金流量表的流入部分相同,流出部分有所不同,差异对比见表4-1。

表4-1 现金流出差异对比表

全部投资现金流量表	国内投资现金流量表	自有资金现金流量表
1. 全部固定资产投资	1. 固定资产投资中国内投资	1. 固定资产投资中自有资金
2. 部分流动资金	2. 流动资金中国内投资	2. 流动资金中自有资金
	3. 国外借款利息支付	3. 借款利息支付
	4. 国外借款本金偿还	4. 借款本金偿还

全部投资的现金流量表的基本格式见表4-2。

表4-2 财务现金流量表(全部投资) (单位:万元)

序号	项目	计算期								合计
	生产负荷(%)	1	2	3	4	5	6	…	n	
1	现金流入									
1.1	产品销售收入									
1.2	回收固定资产余值									
1.3	回收流动资金									
1.4	补贴收入									
2	现金流出									
2.1	建设投资									

(续)

序号	项目	计算期								合计
		1	2	3	4	5	6	…	n	
2.2	流动资金									
2.3	经营成本									
2.4	销售税金及附加									
2.5	维持运营投资									
3	所得税前净现金流量（项目1－项目2）									
4	累计所得税前净现金流量									
5	调整所得税									
6	所得税后净现金流量（项目3－项目5）									
7	累计所得税后净现金流量									
计算指标：		所得税前				所得税后				
	财务投资财务内部收益率（FIRR）									
	项目投资财务净现值（FNPV）									
	项目投资回收期（T）									

注：①经营成本中不包括折旧、摊销费和流动资金利息。

②国内资金、自有资金现金流量表可根据它们与全部资金现金流量表之间的差异进行调整后得到。

(2) 项目财务盈利能力分析

根据项目现金流量表可以进行项目财务盈利能力分析，项目的盈利水平可以用以下指标表示：

1) 财务内部收益率（FIRR）。财务内部收益率是指项目在计算期内各年净现金流入量现值等于净现金流出量现值的折现率，即使项目净现值为零的折现率。它的经济含义可以理解为项目在 FIRR 的利率下，到项目结束时，项目的所有投资都刚好收回。它是应用最广泛的项目评价指标之一，计算公式为

$$\sum_{t=1}^{N}(C_i - C_o)_t (1 + \text{FIRR})^{-t} = 0$$

式中，C_i 为现金流入；C_o 为现金流出；$(C_i - C_o)_t$ 为第 t 年的净现金流量；N 为计算期。

财务内部收益率一般可采用试差法来计算，先假设一个初始的 i 值，一般可采用相当于机会成本的贴现率来试算。如果净现值刚好为零，则此初始 i 值就是所求的内部收益率；如果净现值为正，就加大 i 的值，直到净现值接近或等于零，此时的贴现率就是所求内部收益率；反之，若净现值为负，就减少 i 的值，直到净现值接近或等于零。要精确计算时，可用两个最接近于零的试算正负净现值对应的贴现率进行计算，计算公式为

$$i = R_1 + (R_2 - R_1) \frac{\text{NPV}_1}{\text{NPV}_1 + |\text{NPV}_2|}$$

式中，R_1 为较低贴现率；R_2 为较高贴现率；NPV_1 为与 R_1 对应的正净现值；$|\text{NPV}_2|$ 为与 R_2 对应的负净现值的绝对值。

2) 财务净现值（FNPV）。财务净现值就是按现行行业的基准收益率或设定的折现率，计算项目计算期内各年的现金净流量的现值之和。其计算表达式为

$$\text{FNPV} = \sum_{t=1}^{N}(C_i - C_o)_t (1 + i_c)^{-t}$$

式中，C_i 为现金流入；C_o 为现金流出；$(C_i - C_o)_t$ 为第 t 年的净现金流量；i_c 为基准收益率或设定的折现率；N 为计算期。

3) 投资回收期。投资回收期是指投资项目所获得的净收益达到全部投资（固定资产投资、投资方向调节税、流动资金）所需要的年限，是考察项目在财务上收回投资能力的主要指标。投资回收期

一般从建设期开始计算，如从投产年开始计算，要予以说明。

静态投资回收期的计算表达式为

$$投资回收期 = 累计净现金流量开始出现正值的年份数 - 1 + \frac{上年累计净现金流量的绝对值}{当年净现金流量}$$

动态投资回收期是按现值法计算的投资回收期，其计算公式为

$$投资回收期 = 累计净现金流量开始出现正值的年份数 - 1 + \frac{上年累计净现值流量的绝对值}{当年财务净现值}$$

4）总投资收益率。总投资收益率是指项目达到设计能力后正常年份的息税前利润（是指支付利息和所得税之前的利润）或运营期内年平均息税前利润与项目总投资的比率。总投资收益率的计算公式为

$$总投资收益率 = \frac{项目正常年份的年息税前利润或运营期内年平均息税前利润}{项目总投资} \times 100\%$$

5）项目资本金净利润率。项目资本金净利润率表示项目资本金的盈利水平，指项目达到设计能力后正常年份的年净利润或运营期内年平均净利润与项目资本金的比率，其计算公式为

$$项目资本金净利润率 = \frac{项目正常年份的年净利润或运营期内年平均净利润}{项目资本金} \times 100\%$$

（3）现金流量表的实际运用

例如，某发电厂建设工期为3年；第4年和第6年为投产期，生产能力可以分别达到设计能力的80%和90%；从第6年达到设计生产能力；达到设计生产能力的生产期为8年；项目生命周期为13年。各年度的现金流量情况如下：

1）现金流入。第1～第3年是建设期，没有现金流入；第4～第5年进入投产期，销售收入分别为400万元和450万元；第6～第13年为达到设计生产能力期，各年销售收入都为500万元；项目生命周期最后一年收回流动资金132万元，收回固定资产余值28.8万元。

2）现金流出。固定资产投资共170万元，其中第1年、第2年、第3年分别投入80万元、55万元、35万元；第1～第5年须支付投资贷款利息，须支付的利息金额分别为2.12万元、5.64万元、8.32万元、6.78万元和2.06万元；流动资金第2年、第3年分别增加86万元和155万元；经营成本（扣折旧）第4年、第5年分别为286.2万元和321.15万元，第6年以后各年都为379.15万元；销售税金第4年、第5年分别为32.9万元和35.06万元，第6年以后各年都为39.78万元；所得税从第6年开始缴纳，每年须交21.6万元。

3）净现金流量。根据各年的净现金流入和现金流出的金额可求出各年的现金流量。具体数据见表4-3。

表4-3 现金流量估算表 （单位：万元）

序号	内容	建设期			生产期				合计
		1	2	3	4	5	6	… 13	
1	（一）现金流入				400.00	450.00	500.00	660.80	5 010.80
2	销售收入				400.00	450.00	500.00	500.00	4 850.00
3	回收固定资产余值							28.80	28.80
4	回收流动资金							132.00	132.00
5	（二）现金流出	82.12	146.64	198.32	325.88	358.27	440.53	440.53	4 635.47
6	固定资产投资	80.00	55.00	35.00					170.00
7	投资贷款利息	2.12	5.64	8.32	6.78	2.06			24.92
8	流动资金		86.00	155.00					241.00
9	经营成本（扣折旧）				286.20	321.15	379.15	379.15	3 640.55
10	销售税金				32.90	35.06	39.78	39.78	386.20
11	所得税						21.60	21.60	172.80
12	（三）净现金流量	-82.12	-146.64	-198.32	+74.12	+91.73	+59.47	+220.27	+375.33

从表 4-3 可见，该项目在前 3 年的现金流入量为负值，第 4 年开始进入生产期，现金流入超过现金流出，净现值转为正值。13 年的净现金流量为正的 375.33 万元。

3. 财务内部收益表的编制

财务内部收益率估算表反映项目计算期内的内部收益率的情况，其格式及实例见表 4-4。

计算出内部收益率的数值后，应与部门或行业的基准收益率相比较，若项目内部收益率大于行业或部门基准收益率，则表示项目在财务上是可行的。

表 4-4 财务内部收益估算表　　　　　　　　　　　　（单位：万元）

序号	内容	建设期			生产期			…		合计
		1	2	3	4	5	6	…	13	
1	净现金流量	-82.12	-146.64	-198.32	+74.12	+91.73	+59.47		+220.27	+375.33
2	高折现率 12%	0.8929	0.7972	0.7118	0.6355	0.5674	0.5066		0.2292	
3	净现值（1×2）	-73.32	-116.90	-141.16	+47.10	+52.05	+30.13		+50.49	
4	累计净现值	-73.32	-190.22	-331.38	-284.28	-232.23	-202.10		-27.73	-27.73
5	低折现率 10%	0.9091	0.8264	0.7513	0.6830	0.6209	0.5645		0.2897	
6	净现值（1×5）	-74.66	-121.18	-149.00	+50.62	+56.96	+33.57		+63.81	
7	累计净现值	-74.66	-195.84	-344.84	-294.22	-237.26	-203.69		+6.32	+6.32
8	内部收益率%	内部收益率 = $10\% + (12\% - 10\%) \times \dfrac{6.32}{6.32 + |-27.73|} = 10.37\%$								

4. 资金来源与运用表的编制

资金来源与运用表反映项目计算期内各年的资金盈余或短期情况，用于选择资金筹措方案，制订合适的借款及偿还计划，并为编制资产负债表提供依据。资金来源与运用表的基本格式见表 4-5。

表 4-5 资金来源与运用表　　　　　　　　　　　　（单位：万元）

序号	项目	建设期		投产期		达到设计能力生产期			合计	上年余值
		1	2	3	4	5	6	…	n		
	生产负荷（%）										
1	资金来源										
1.1	利润总额										
1.2	折旧费										
1.3	摊销费										
1.4	长期借款										
1.5	流动资金借款										
1.6	其他短期借款										
1.7	自有资金										
1.8	其他										
1.9	回收固定资产余值										
1.10	回收流动资金										
2	资金运用										
2.1	固定资产投资										
2.1	建设期利息										
2.3	流动资金										
2.4	所得税										
2.5	应付利润										
2.6	长期借款本金偿还										

(续)

序号	项目	建设期		投产期		达到设计能力生产期				合计	上年余值
		1	2	3	4	5	6	…	n		
2.7	流动资金借款本金偿还										
2.8	其他短期借款本金偿还										
3	盈余资金										
4	累计盈余资金										

注：表中将第 n 年的固定资产余值、流动资金本金偿还填在上年余值栏内。

可将表4-5分为资金来源、资金运用和盈余资金三部分。其中，盈余资金是资金来源和资金运用的差额。在编制表4-5时，先计算项目在计算期内各年的资金来源和资金运用，并求其差额情况，通过差额就可以反映在计算期内各年的资金盈余或短缺情况。一般来说，当它为正数时，表示该项目在该年有资金盈余；如为负数，则表示该年有资金短缺。为了避免项目因资金短缺而不能按计划顺利进行，应该调整项目的资金筹措方案以及借款和偿还计划，使表中各年的累计盈余资金的数额始终可以保持大于或等于零。

5. 资产负债表的编制

（1）项目资产负债表

项目资产负债表反映项目在计算期内各年年末资产、负债及所有者权益增减变化及其对应关系，表明项目在某一特定日期所拥有或控制的经济资源、所承担的义务和所有者对净资产的权益，以考察项目资产、负债、所有者权益的结构是否合理，并可据此计算资产负债率、流动比率、速动比率等财务指标，以进行清偿能力分析。

资产负债表的基本形式见表4-6。

表4-6　资产负债表　　　　　　　　　　（单位：万元）

序号	项目	计算期						
		1	2	3	4	5	…	n
1	资产							
1.1	流动资产总额							
1.1.1	货币资金							
1.1.2	应收账款							
1.1.3	预付账款							
1.1.4	存货							
1.1.5	其他							
1.2	在建工程							
1.3	固定资产净值							
1.4	无形及其他资产净值							
2	负债及所有者权益（项目2.4＋项目2.5）							
2.1	流动负债总额							
2.1.1	短期借款							
2.1.2	应付账款							
2.1.3	预收账款							
2.1.4	其他							
2.2	建设投资借款							

(续)

序号	项目	计算期						
		1	2	3	4	5	…	n
2.3	流动资金借款							
2.4	负债小计（项目2.1＋项目2.2＋项目2.3）							
2.5	所有者权益							
2.5.1	资本金							
2.5.2	资本公积							
2.5.3	累计盈余公积金							
2.5.4	累计未分配利润							
	清偿能力分析 资产负债率（%） 流动比率（%） 速动比率（%）							

（2）项目偿债能力分析

项目清偿能力分析可考察项目计算期内各年的财务偿债能力。根据资金来源与运用表和资产负债表，可计算项目的资产负债率、流动比率、速动比率等评价指标。

1）资产负债率。资产负债率是指负债总额与资产总额的比率，是反映项目的财务风险和偿债能力的静态指标。其计算公式为

$$资产负债率 = \frac{负债合计}{资产合计} \times 100\%$$

2）流动比率。流动比率是指流动资产总额和流动负债总额的比率，是可以反映项目各年偿付流动负债能力的指标。项目能否偿还短期债务，要看项目的流动资产和流动负债的多少以及其关系，所以流动比率比资产负债率能更好地反映项目的短期偿债能力。其计算公式为

$$流动比率 = \frac{流动资产总额}{流动负债总额} \times 100\%$$

3）速动比率。速动比率是指流动资产总额中减去存货后的余额和流动负债总额的比率，由于存货的变现能力较差，存在许多不确定因素，所以剔除存货后的速动比率能较流动比率更好地反映项目的偿付能力。其计算公式为

$$速动比率 = \frac{流动资产总额 - 存款}{流动负债总额} \times 100\%$$

4）利息备付率。利息备付率是指在借款偿还期内的息税前利润与应付利息的比值，从付息资金来源的充裕性角度反映项目偿付债务利息的保障程度。其计算公式为

$$利息备付率 = \frac{息税前利润}{计入总成本费用的应付利息} \times 100\%$$

5）偿债备付率。偿债备付率是指在借款偿还期内，用于计算还本付息的资金与应还本付息金额的比值，表示可用于计算还本付息的资金偿还借款本息的保障程度。其计算公式为

$$偿债备付率 = \frac{息税前利润 + 折旧 + 摊销 - 企业所得税}{应还本付息金额} \times 100\%$$

6. 损益表的编制

损益表反映项目计算期内各年的利润总额、所得税及税后利润的分配情况。损益表的基本形式见表4-7。

表 4-7 损益表 (单位：万元)

序号	项目	建设期		投产期		达到建设能力生产期				合计
		1	2	3	4	5	6	…	n	
	生产负荷（%）									
1	产品销售收入									
2	销售税金及附加									
3	总成本费用									
4	利润总额（项目1－项目2－项目3）									
5	所得税									
6	税后利润（项目4－项目5）									
7	可供分配利润									
7.1	盈余公积金									
7.2	应付利润									
7.3	未分配利润									
	累计未分配利润									

其中，产品销售收入，销售税金及附加和总成本费用的数据从项目基本数据预测中得到。

$$利润总额 = 销售收入 - 销售税金及附加 - 总成本费用$$
$$所得税 = 应纳税所得额 \times 所得税税率$$
$$税后利润 = 利润总额 - 所得税$$
$$= 可供分配利润$$
$$= 盈余公积金 + 应付利润 + 未分配利润$$

可以根据损益表的预测数据计算项目的投资利润率、投资利税率和资本金利润率等指标。

7. 财务外汇平衡表

对于有外汇收支的项目，还要编制财务外汇平衡表。财务外汇平衡表的基本形式见表 4-8。

表 4-8 财务外汇平衡表 (单位：万元)

序号	项目	建设期		投产期		达到设计能力生产期				合计
		1	2	3	4	5	6	…	n	
	生产负荷（%）									
1	外汇来源									
1.1	产品销售外汇收入									
1.2	外汇借款									
1.3	其他外汇收入									
2	外汇运用									
2.1	固定资产投资中外汇支出									
2.2	进口原材料									
2.3	进口零部件									
2.4	技术转让费									
2.5	偿付外汇借款本息									
2.6	其他外汇支出									
2.7	外汇余缺									

注：技术转让费是指生产时期支付的技术转让费。

利用外汇流量表可以计算财务外汇净现值、财务换汇成本和节汇成本，进行该项目的外汇效益分析。财务换汇成本是指当有产品直接出口时，为了换取一单位外汇（通常为美元），该项目需要付出人民

币的金额。它可以用于分析项目产品在世界市场上的竞争力，以判断该产品是否应出口。其计算公式为

$$财务换汇成本 = \frac{生产期内出口产品生产成本总额(人民币)}{生产期内出口产品销售收入总额(美元)}$$

财务节汇成本是指当有产品替代进口时，为了节约一单位外汇（通常为美元）所需付出的人民币金额。其计算公式为

$$财务节汇成本 = \frac{生产期内替代进口产品生产成本总额(人民币)}{生产期内替代进口产品的到岸价格总额(美元)}$$

4.2 项目国民经济评价

4.2.1 项目国民经济评价概述

1. 项目国民经济评价的含义及意义

（1）项目国民经济评价的含义

项目财务评价只是从项目本身的财务状况来评价和判断项目的可行性，并不能评价项目建成后对国民经济和社会发展的影响和作用。因此，必须对项目进行国民经济评价，从宏观角度考察项目客观发生的经济效果，以评价和判断项目的可行性。

项目国民经济评价又称项目社会经济评价，通常运用影子价格、影子汇率、社会贴现率、影子工资等工具或通用参数，计算和分析项目为国民经济带来的净效益，以使有限的社会资源得到合理配置，实现国民经济的可持续发展。

（2）项目国民经济评价的意义

进行国民经济评价具有以下意义：

1）有助于协调好宏观规划与项目规划的关系，适应国家政策的要求。一个项目的可行性论证，不仅要做财务评价，而且要做国民经济评价。通过控制这两种评价结果，正确地协调宏观建设与企业利益的关系，以达到宏观经济增长与微观企业发展协同共进的目的。

2）有助于克服宏观经济增长目标与资源有限性的矛盾。国家与地方宏观目标的增长通常要靠具体项目的实施来实现，而项目的实施必然要消耗资源，资源的有限性又往往制约宏观目标的实现。通过运用国民经济评价方法，能够优选出客观效益好、经济合理的项目，使资源得到合理配置、有效利用。

3）有助于促进产业结构优化。国民经济评价方法运用的影子价格是一种能够实现资源合理分配的价格体系，可以作为杠杆间接拨动投资流向。同时，根据宏观政策调控，优选出符合产业结构调整方向的项目，即可实现产业结构的优化。

2. 国民经济评价方法的特点和应用程序

（1）国民经济评价方法的特点

对大型投资项目进行国民经济评价，与财务评价有着明显的区别和特点。

1）使用独特的一套价格体系——影子价格。影子价格是实现资源最优分配的理想价格体系，国民经济评价方法中用变通的方法寻求影子价格的近似值，用于代替理想价格进行项目的经济效果评价。

2）采用若干个全国统一使用的通用参数。国民经济评价方法中运用的折现率、贸易费用率、影子汇率等在一定时期内是一个确定值，任何建设项目做国民经济评价都适用。

3）费用和效益是从国家宏观角度识别的。不管项目是由企业承办还是由国家承办，进行国民经济评价时都需要从国家角度划分项目的费用和效益。

（2）国民经济评价方法的应用程序

进行国民经济评价，大致可按如下几个步骤进行：

1）根据国民经济评价指标所要求的基础数据，列出需进行调查和调整的内容。

2）针对需调查和调整的内容，逐项确定其影子价格。

3）将影子价格引入后，测算出项目的费用和效益。

4）计算国民经济评价的费用、效益、各项评价指标及现金流量表，包括静态指标和运用资金时间价值的动态指标。

5）选定评价基准，如选定社会折现率或标准投资回收期等。

6）评价和决策。

3. 项目社会成本（费用）和社会效益分析

（1）社会成本和社会效益的识别

对项目进行国民经济评价以判断其合理性的依据就是将其所带来的收益和其费用进行比较，以分析项目对国家经济的贡献，所以必须正确地识别项目在国民经济评价中的效益和费用。项目国民经济评价的目标是使有限的社会资源得到最优配置，从而使社会收益最大化。因此，凡是能为国民经济做出贡献的就是社会效益，凡是能使国民经济受到损失的就是社会成本。在计算项目的效益和费用时，必须遵循效益和费用计算范围相对应的原则。

（2）社会成本（费用）分析

经济评价中的费用分为直接费用和间接费用。其中，直接费用是指国家为满足项目投入的需要而付出的代价，即项目本身直接消耗的有用资源（包括人力、财力、自然资源等各种形态的投入）用影子价格计算的经济价值。它应该能反映整个国民经济意义上的真正消耗。

项目直接费用的确定可分为两种情况：其一，如果拟建项目的投入物来自国内，且使其供应量增加，即靠增加国内生产来满足拟建项目的需求，其社会成本就是增加国内生产所消耗的资源以影子价格计算的价值。其二，如果国内总供应量不变，则又分为3种情况：①项目投入物来自国外，即通过增加进口来满足项目的需求，其成本就是所花费的外汇；②为了项目投入物的需求，本来可以出口，但为了项目需求而减少出口量，其费用就是减少的外汇收入；③项目的投入物来自其他项目，由于改用于拟建项目将减少其他项目的供应，从而使其他项目的效益减少，其费用就是其他项目为此而减少的收益。

间接费用指由项目引起的国民经济的净损失，是在项目的直接费用中未能得到反映的那部分费用，即项目的外部费用。最明显的例子就是项目的废气、废水、废渣等引起的环境污染，给其他人或其他厂商造成了损失，国家为了治理污染也需要费用，而项目本身并不需要支付这些损失和费用。但是，从宏观角度看，其他人或其他厂商以及国家为此付出了成本，发生了资源消耗，应该在项目的社会评价中得到反映。

进行社会成本分析的一般步骤为：

1）确认和调整社会成本内容。在确认社会成本要素范围的基础上，对财务评价时的成本构成做适当调整，扣除从国民经济角度来看不涉及资源实际消耗的转移支付，如税金、折旧、国内支付的利息等。

2）用有无比较法计算项目的增量成本。

3）估算间接费用（外部费用）。

4）将财务成本调整为社会成本。可以用影子价格代替财务分析时使用的国内现行市场价格。

5）以不变价格计算项目的年成本总值。不同时期的价格水平因受通货膨胀、供求关系变化等因素的影响是不同的，所以必须采用不变价格计算成本和收益，以使不同时期的不同项目的成本和效益有可比性。

6）进行多方案的比较，以选择社会成本较低的方案。

(3) 社会效益分析

经济评价中的效益分为直接效益和间接效益。

其中，直接效益是指由项目产出物产生并在项目范围内计算的经济效益。它的确定可分为两种情况：

1）项目产出物用以增加国内市场的供应量，其效益就是所满足的国内需求，即消费者的支付意愿。

2）项目产出物对国内市场供应量没有影响，这其中存在3种可能：

①项目产出物增加了出口，其效益为所获得的外汇收入。

②项目产出物减少了总进口量，即产出物替代了进口货物，其效益为节约的外汇。

③项目产出物替代了原有项目的生产量，导致其减产或停产的，其效益为原有项目减产、停产向社会释放出来的资源。

间接效益（外部效益）是指由项目引起，给国民经济带来了净效益，但在项目的直接社会效益中未能得到反映的那部分效益，如减少污染、改善生活环境、增加就业等。

社会效益分析的一般步骤为：

1）确认社会效益要素，调整社会效益构成。在确认社会效益构成要素的基础上，扣除从国民经济角度来看不能带来净效益的转移效益，如国家补贴、税收折旧等。

2）估算外部效益。虽然在做经济评价时已采用经济价格对财务评价中的价格进行了调整，许多外部效益内部化了，但仍然有一些外部效益需要单列计算：

①对上下游企业的辐射效益。应用有无比较法计算对上下游企业的辐射效益，即由于拟建项目的使用（生产），其上下游企业获得的效益。

②技术的扩散效益。采用先进技术和管理方法的项目，会通过技术推广、人才流动等使社会受益。因此，也应该计算其效益。

③拟建项目为就业提供的直接或间接就业机会。

④专门为拟建项目服务的公共工程等基础设施，如交通设施、商业网点、教育卫生机构等，也应进行相关项目间接效益分析。

总之，在对项目外部效果（项目的间接效益和间接费用的统称）的估算中，对显著的外部效果能做定量分析的要做定量分析，计入项目的效益和费用；不能做定量分析的，应做定性描述。同时，还要防止项目外部效果的重复计算或漏算。

3）可用有无比较法计算项目的增量效益。

4）利用校正系数将财务效益调整为社会效益。现行市场价格存在许多扭曲现象，但财务效益的计算是以现行市场价格为依据的，所以在计算项目的社会效益时应确定一个比较合理的价格标准。

5）以项目的不变价格表示社会效益。

6）计算项目生命周期内的社会总效益，并进行多方案比较，以选择社会效益较高的项目。

4. 国民经济评价与财务评价的区别

通过以上内容可以看出，项目的国民经济评价和财务评价是经济评价的两个不同层次，两者之间的异同点见表4-9。

表 4-9　项目国民经济评价和财务评价的异同点

对比内容		社会经济评价	财务评价
相同点	评价目的	为项目取舍提供依据	
	理论依据及评价方法	货币时间价值理论，用现值方法进行动态分析	

(续)

	对比内容	社会经济评价	财务评价
不同点	分析角度和侧重点	从宏观角度评价项目对全社会的净效益	从微观角度评价项目本身的净效益
	间接费用和效益	计入	不计入
	折现率	社会折现率	行业基准收益率
	采用的价格	影子价格	国内现行市场价格
	折旧	不计入	计入
	国内借款利息	不计入	计入
	税收	不计入	计入
	财政补贴	不计入	计入
	综合评价	经济净现值 经济内部收益率	财务净现值 财务内部收益率

1）评价的角度和侧重点不同。财务评价是从项目本身的微观角度评价资金收支和盈利状况，以及借款偿还能力、投资回收期，以判断投资行为是否可行。财务评价侧重于价值形态的直接效益，即财务报表中的货币流量。社会经济评价是从社会宏观角度评价项目需要社会付出的代价和项目对国民经济的影响，既要考虑项目的直接费用和效益，又要考虑间接费用和效益，在选择项目时注重社会资源的合理配置与充分利用，以等量的资源为社会创造更多的财富。

2）折现率的选用不同。在进行财务评价时，折现率有 4 种选择：银行长期贷款利率、未被选中方案的最高利润率、同行业平均利润率、投资者期望的收益率。进行社会经济评价时，统一采用国家规定的社会折现率。发展中国家通用的社会折现率介于 10% ~ 15%，我国现行社会折现率一般为 8%。对于收益期长的建设项目，如果远期收益较大，收益实现的风险较小，社会折现率可适当降低，但不应低于 6%。

3）采用的价格不同。在进行项目财务评价时，投入物和产出物价格都按照现行国内市场价格，并考虑物价变动因素。如有外汇收支，采用官方汇率。在进行项目社会经济评价时，不能直接运用市场价格，要采用影子价格或利用国家规定的换算系数，将财务成本（或效益）调整为社会成本（或效益），不考虑物价变动因素。对外汇收支数额，采用影子汇率。唯有这样得出的结论，才能真实地反映项目对国民经济造成的影响。

4）评价内容涉及的面不同。项目财务评价涉及的面较小，仅限于项目建设和交付使用后直接发生的资金流量，计入折旧、利息、税收，不计入各种财政补贴。社会经济评价则以整个社会的消耗和收益为准，不计入折旧、利息、税收，却要计入财政补贴、间接费用和效益。

4.2.2 项目国民经济评价基本报表的编制

在计算项目社会成本和社会效益的基础上，可以编制反映项目国民经济评价的基本报表，即国民经济评价基本报表。它一般包括全部投资的经济现金流量表和国内投资的经济现金流量表。

1. 全部投资的经济现金流量表

全部投资的经济现金流量表以全部投资为编制基础，用于计算全部投资的经济内部收益率、经济净现值、经济净现值率等评价指标，见表4-10。

表 4-10　经济现金流量表——全部投资　　　　　　　　　　　　　　　（单位：万元）

序号	项目	建设期		投产期		达到设计能力生产期				合计
		1	2	3	4	5	6	…	n	
	生产负荷（%）									
1	效益流量									
1.1	产品销售收入									
1.2	回收固定资产余值									
1.3	回收流动资金									
1.4	项目间接效益									
2	费用流量									
2.1	固定资产投资									
2.2	流动资金									
2.3	经营费用									
2.4	项目间接费用									
3	净效益流量（项目1－项目2）									

计算指标：经济内部收益率
　　　　　经济净现值
　　　　　经济净现值率

注：生产期发生的更新改造投资作为费用流量单独列项或列入固定资产投资项中。

2. 国内投资的经济现金流量表

国内投资的经济现金流量表是以国内投资为编制基础，用于计算国内投资的经济净现值、经济净现值率、经济内部收益率等指标，见表4-11。

表 4-11　经济现金流量表——国内投资　　　　　　　　　　　　　　　（单位：万元）

序号	项目	建设期		投产期		达到设计能力生产期				合计
		1	2	3	4	5	6	…	n	
	生产负荷（%）									
1	效益流量									
1.1	产品销售收入									
1.2	回收固定资产余值									
1.3	回收流动资金									
1.4	项目间接效益									
2	费用流量									
2.1	固定资产投资中国内资金									
2.2	流动资金中国内资金									
2.3	经营费用									
2.4	流至国外的资金									
2.4.1	国外借款本金偿还									
2.4.2	国外借款利息支付									
2.4.3	其他									
2.5	项目间接费用									
3	净效益流量（项目1－项目2）									

计算指标：经济内部收益率
　　　　　经济净现值
　　　　　经济净现值率

注：生产期发生的更新改造投资作为费用流量单独列项或列入固定资产投资项中。

3. 经济外汇流量表

对于涉及外汇流入或流出的项目,还要编制经济外汇流量表,用以计算外汇净现值、经济换汇成本和经济节汇成本等指标,见表 4-12。

表 4-12 经济外汇流量表   (单位:万元)

序号	项目	建设期		投产期		达到设计能力生产期			合计
		1	2	3	4	5	6	... n	
1	生产负荷(%) 外汇流入								
1.1	产品销售外汇收入								
1.2	外汇借款								
1.3	其他外汇收入								
2	外汇流出								
2.1	固定资产投资中外汇支出								
2.2	进口原料								
2.3	进口零部件								
2.4	技术转让费								
2.5	偿付外汇借款本息								
2.6	其他外汇支出								
3	净外汇流量								
4	产品替代进口收入								
5	净外汇效果								

计算指标:经济外汇净现值
　　　　　经济换汇成本
　　　　　经济节汇成本

注:技术转让费是指生产期支付的技术转让费。

4.2.3 项目国民经济评价指标体系

与项目的财务评价一样,国民经济评价也必须根据项目国民经济评价的要求确定一组相互联系的评价指标体系,以全面、客观地评价项目在国民经济上的可行性,选取对发展国民经济最有利的项目,协调好宏观经济效益与微观经济效益、长远经济效益与当前经济效益、直接经济效益与间接经济效益的关系,实现宏观范围内的资源优化配置,加速国民经济发展。

项目国民经济评价的指标如下。

1. 经济净现值(ENPV)

经济净现值是指用社会折现率将项目计算期内各年的净效益流量折算到建设期初的现值之和。它是反映项目对国民经济净贡献的绝对指标,当经济净现值大于零时,表示国民经济为项目付出代价后,除了获得社会折现率的效益外,还可以得到剩余的社会收益;当经济净现值等于零时,表示项目对国民经济的贡献刚好可以达到社会折现率的要求。一般来说,这两种情况都是可以接受的。而当经济净现值小于零时,应予拒绝。

经济净现值的计算表达式为

$$\text{ENPV} = \sum_{t=1}^{N} (B - C)_t (1 + i_s)^{-t}$$

式中,B 为效益流入量;C 为费用流出量;i_s 为社会折现率。

2. 经济内部收益率(EIRR)

经济内部收益率是指项目在计算期内各年经济净效益流量的现值累计等于零时的折现率,是反映投资项目对国民经济的净贡献能力的相对指标。一般当经济内部收益率大于或等于社会折现率时,说明项目所占用的投资对国民经济净贡献能力可达到要求,即项目从国民经济的角度来看是可以接受的。反之,应予否定。

经济内部收益率的计算表达式为

$$\sum_{t=1}^{N}(B-C)_t(1+\text{EIRR})^{-t}=0$$

式中,B 为效益流入量;C 为费用流出量。

3. 经济效益费用比

经济效益费用比(RBC)是指项目在计算期内效益流量的现值与费用流量的现值之比,具体的计算表达式为

$$\text{RBC}=\frac{\sum_{t=1}^{n}B_t(1+i_s)^{-t}}{\sum_{t=1}^{n}C_t(1+i_s)^{-t}}$$

式中,B_t 为第 t 期的经济效益;C_t 为第 t 期的经济费用。

如果经济效益费用比大于1,表明项目资源配置的经济效率达到了可以被接受的水平。

4. 外汇效果分析

对涉及产品出口创汇及替代进口节汇的项目,应进行外汇效果分析,计算项目的经济外汇净现值、经济换汇成本、经济节汇成本等指标。

(1) 经济外汇净现值(ENPV_F)

经济外汇净现值是指项目生命周期内各年外汇收入与外汇支出差额的现值总和。它通过项目实施后对国家外汇收支影响的分析,可以衡量项目对国家外汇收支真正的净贡献或净消耗;通过经济外汇流量表,可以求得经济外汇净现值。当经济外汇净现值大于或等于零时,表示从项目收益或节约的角度来看,项目是可行的;反之,项目不可行。

经济外汇净现值的计算表达式为

$$\text{ENPV}_F=\sum_{t=1}^{N}(F_i-F_o)_t(1+i_s)^{-t}$$

式中,F_i 为外汇流入量;F_o 为外汇流出量;$(F_i-F_o)_t$ 为第 t 年的净外汇流量。

当项目的产品可以替代进口时,可按净外汇效果计算经济外汇净现值。

(2) 经济换汇成本

当有项目产品出口时,应计算项目的经济换汇成本。它是用货物影子价格、影子工资、社会折现率计算的,以人民币表示的为生产出口产品而投入的国内资源与生产出口产品的经济外汇净现值(通常以美元表示)之比,即换取1美元外汇所需要的人民币金额。它可以反映项目实施后在国际上的竞争力,用以判断产品是否出口。当经济换汇成本等于或小于影子汇率时,表示产品出口是有利的。

经济换汇成本的计算表达式为

$$\text{经济换汇成本}=\frac{\sum_{t=1}^{N}\text{DR}_t(1+i_s)^{-t}}{\sum_{t=1}^{N}(F'_i-F'_o)_t(1+i_s)^{-t}}$$

式中,DR_t 为项目在第 t 年为产品的出口而投入的国内资源(包括投资、原材料、工资、其他收入和贸易费用);F'_i 为项目产品出口而取得的外汇流入,以人民币计;F'_o 是为了产品的出口而导致的外汇流出(包括应由出口产品分担的固定资产投资及经营费用中的外汇流出),以美元计。

(3) 经济节汇成本

当有项目产品替代进口时,应计算项目的经济节汇成本。它等于项目计算期内生产替代进口产品所投入的国内资源的现值与生产替代进口产品的经济外汇净现值之比,即为了节约 1 美元的外汇所需的人民币金额。当经济节汇成本等于或小于影子汇率时,表示替代进口是有利的。

经济节汇成本的计算表达式为

$$经济节汇成本 = \frac{\sum_{t=1}^{N} DR_t''(1+i_s)^{-t}}{\sum_{t=1}^{N} (F_i'' - F_o'')_t (1+i_s)^{-t}}$$

式中,DR_t'' 为项目在第 t 年为生产替代进口产品投入的国内资源(包括投资、原材料、工资、其他投入和贸易费用),以人民币计;F_i'' 为生产替代进口产品所节约的外汇,以美元计;F_o'' 为生产替代进口产品的外汇流出(包括应由替代进口产品分摊的固定资产及经营费用中的外汇流出),以美元计。

5. 就业效果分析

就业对劳动力资源丰富、就业压力严重的国家来讲十分重要,而一个项目可以为社会提供一定数量的直接就业机会和间接就业机会。一个项目的就业效果就是指它为社会提供就业机会的能力,可用项目提供的就业人数和项目投资额之比来表示,公式为

$$总就业效果 = \frac{项目提供的直接和间接就业人数}{项目总投资额}$$

一般来说,单位投资额所提供的就业人数越多,表示就业效果越好。

4.2.4 项目经济评价方法的应用

根据我国现行做法,项目经济评价方法的应用范围分为以下 3 种。

(1) 先做项目财务评价,然后必须做社会经济评价

1) 对国计民生产生影响的项目。
2) 涉及国民经济许多部门的重大工业、交通及技改项目。
3) 中外合资经营项目。
4) 涉及产品或原料进出口或替代进口的项目。
5) 产品和原料价格明显不合理或国内价与国际价有较大差额的项目。

(2) 只做财务评价,不一定做社会经济评价

1) 投资规模小、产出效益简单的小项目,财务评价结果已能满足投资决策者要求的,可以不进行社会经济评价。
2) 不涉及产品进出口和外汇平衡的项目。

(3) 先做社会经济评价,后做财务评价

对一些涉及面广且影响深远的重大基础设施项目,如地铁、机场、大桥以及其他特大型工程,都应先从宏观角度做社会经济评价,确认可行后,再做财务评价。

此外,还有一些无法计算经济效益的非生产性项目,如文教卫生项目、政治军事上特殊要求的项目,一般不进行经济评价,只做费用效益对比分析。在相似社会效益的条件下,选择费用最小的方案立项实施。

财务评价与社会经济评价结论的最终处理。由于财务评价和社会经济评价采用的价格不同、计入的内容不同,常会出现两个层次评价结论相反的现象。项目评价结论的最终处理应贯彻以下原则:

1) 当财务评价和社会经济评价结论均为可行时,最终结论是可行,该项目应尽快实施。
2) 当财务评价和社会经济评价结论均为不可行时,最终结论是不可行,并采取措施防止这些项目上马。

3）当财务评价认为可行，而社会经济评价认为不可行时，一般应予否定，结论为不可行。有时项目发起单位也可对项目实行重新设计，然后进行社会经济再评价，力求通过社会经济评价。

4）对于一些国家急需、十分重要的项目，社会经济评价认为可行，但是财务评价认为不可行，应分析财务效益差的幅度和客观原因，重新考虑方案，必要时可向上级主管部门争取得到相应的经济优惠政策，如财政补贴、税收优惠等，力争使项目财务评价也可行。

4.3 项目环境影响评价

随着环境保护的重要性越来越突出，环境保护问题已成为衡量一个项目可行性的重要内容。不论在哪一类项目的可行性研究报告中，都必须要有专门的部分说明项目的环境污染情况和治理方法，并在提交项目可行性报告的同时向有关部门提交环境影响报告书。

4.3.1 项目环境影响评价的含义及制度

1. 项目环境影响评价的含义和必要性

环境包括作用于人类的所有自然因素和社会因素的总和，在项目可行性研究中所讲的环境是自然环境。自然环境不仅可以为人类生产提供基本的生产条件和对象，而且是人类社会生产和生活产生的废弃物的排放场和自然净化场。可见，自然环境是人类生产和生活赖以存在和发展的基础。

一个项目必然处于某一特定的自然环境中，因而会不可避免地与周围环境发生相互作用，通过和环境发生物质流和能量流的交换对环境造成有利或不利的影响。因此，在对项目进行国民经济评价时，必须权衡项目对环境的影响，进行全面的项目环境影响评价。

环境影响评价是对可能影响环境的重大工程建设、区域开发建设、区域经济发展规划或其他一切可能影响环境的活动，在事前进行调查研究，预测和评定项目可能对环境造成的影响，为防止和减少这种影响制订最佳行动方案。例如，在某项目动工兴建之前，应对其选址、设计以及在建设施工过程中和建设投产后可能造成的影响进行预测和评价。

项目环境影响评价是一项综合性很强的技术工作，需要预测项目对大气、水质、动植物、岩石土壤等要素的影响，分析各种环境要素变化可能给人类社会发展带来的好处或对人类社会造成的危害，估算消除这些危害所需要付出的代价，并就项目对环境的影响做出综合性的评价。这需要数学、化学、物理、生物工程与经济学等专业技术人员的通力合作。另外，项目的环境影响评价不仅要考虑项目对环境的近期影响，还要考虑项目对环境的长期影响，甚至要考虑和研究项目结束几年、几十年后对环境的影响。因此，进行项目环境影响评价时还要考虑环境变化带来的成本与效益的时间价值。

2. 项目环境影响评价制度

我国在十几年的环境保护实践中总结出 8 项环境管理制度，其中与项目密切相关的有 2 项，即"三同时"制度和项目环境影响评价制度。

（1）"三同时"制度

"三同时"制度，是指新建、改建、扩建项目和技术改造项目以及区域性开发建设项目的污染治理设施必须与主体工程同时设计、同时施工、同时投产的制度。

（2）项目环境影响评价制度

项目环境影响评价制度主要包括如下内容：

1）所有大、中、小型新建、扩建和技术改造项目要提高技术起点，采用能耗小、污染物产生量少的清洁生产工艺，严禁采用国家明令禁止的设备和工艺。

2）建设对环境有影响的项目必须依法严格进行环境影响评价，编制环境影响报告书。

3）环境影响报告书对建设项目产生的污染和环境的影响做出评价，制定防治措施，经项目主管部门预审并依照规定的程序报环境保护行政主管部门批准。环境影响报告书经批准后，计划部门方可批准建设项目设计任务书。

4）在建设项目总投资中，必须确保有关环境保护设施建设的投资。建设项目建成投入生产后，必须确保稳定达到国家或地方规定的污染物排放标准，要把环境容量作为建设项目环境影响评价的重要依据。

4.3.2 项目环境影响评价的工作程序

1. 项目环境影响评价的依据

进行项目环境影响评价与管理的主要依据是《中华人民共和国环境保护法》《中华人民共和国环境影响评价法》和《建设项目环境保护管理条例》等的环境标准。

《建设项目环境影响评价资质管理办法》规定，对从事环境影响评价的单位进行资格审查。

《环境影响评价技术导则 大气环境》（HJ 2.2—2008）对环境影响报告书的内容做了详细规定。

《建设项目环境保护管理条例》规定，建设单位应当在开工建设前将环境影响报告书、环境影响报告表报有审批权的环境保护行政主管部门审批。核设施、绝密工程等特殊性质的建设项目，跨省、自治区、直辖市行政区域的建设项目，以及国务院审批的或者国务院授权有关部门审批的建设项目，应由国务院环境保护行政主管部门负责审批建设项目环境影响报告书。

我国现行环境标准体系分为两级，包含5种类型。两级环境标准体系为国家级与地方级（包括行业管理）。5种类型有：

1）环境质量标准。在一定时间和空间内，各种环境介质（如大气、水、土壤等）中有害物质和因素所规定的容许含量与要求，是衡量环境受到污染的尺度，是有关部门进行环境管理、制定污染排放标准的依据。

2）污染物排放（控制）标准。

3）环境监测类标准。对环境保护工作中的实验、分析、抽样、统计、计算方法的规定。

4）环境管理规范类标准。

5）环境基础标准。对制定环境标准的有关名词、术语、符号、指南、导则所做出的统一规定，是制定环境标准的基础。

随着社会对环境保护的日益重视，以及旧法规的修订和新法规的不断出台，项目环境影响评价也越来越有章可循。根据相关法律法规，我国基本建设项目与环保管理的基本程序可按图4-1展开。项目各有关方要时刻关注与环境保护有关的最新法律法规和标准，做好项目环境影响评价。

2. 项目环境影响评价的工作步骤

项目环境评价的主要目的是运用环境影响技术识别和预测项目对环境产生的影响，解释和传播影响信息，制定减轻不利影响的对策措施，做出项目建设后对环境的影响评价，为项目决策和实施服务，实现人类行为与环境的协调发展。

项目环境影响评价的工作步骤如图4-2所示。

4.3.3 环境影响评价报告书的内容

环境影响评价报告书是指预测和评价经济建设和资源开发活动对周围环境可能造成的污染、破坏和其他影响的书面报告。它是项目建设计划的重要组成部分，由环境影响评价负责单位组织协作单位进行编制。编制环境影响评价报告书的目的，是在项目的可行性研究阶段对项目可能对环境造成的近

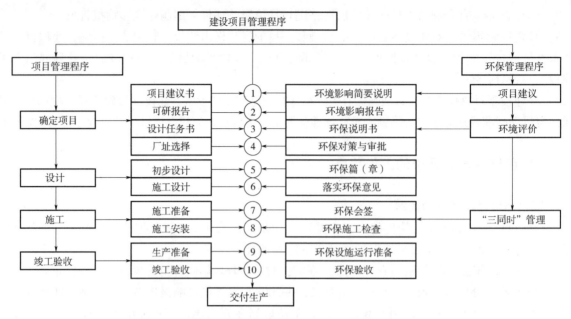

图 4-1 我国基本建设项目与环保管理的基本程序

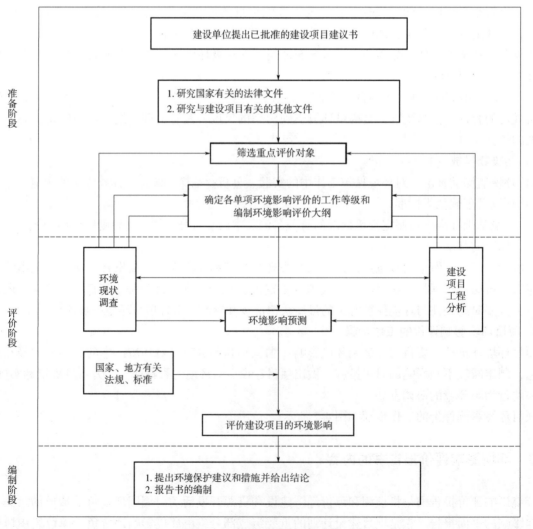

图 4-2 环境影响评价工作步骤

期、远期影响和拟采取的防治措施进行评价和论证，并提出防治措施，选择技术上可行、经济和布局上合理、对环境不利影响较小的方案。

项目环境影响评价报告书的内容应包括项目概况、项目周围环境现状、项目对环境的影响和应对方案。

1. 项目概况

项目概况主要是对项目的基本情况做简要介绍，包括项目名称、地址、各参与方、起止时间和项目总投资等。还需要强调的一点是，报告书中要明确项目在环境保护方面的投资额度。

2. 项目周围环境现状

1）项目的地理位置（附平面图）。

2）地形、地貌、土壤和地质情况，江、河、湖、海、水库的水文情况，气象情况。

3）矿藏、森林、草原、水产、野生动物、野生植物、农作物等情况。

4）自然保护区、风景游览区、名胜古迹、温泉、疗养区以及重要政治文化设施情况。

5）现有工矿企业分布情况。

6）生活居住区分布、人口密度、健康状况、地方病等情况。

7）大气、地下水、地面水的环境质量状况。

8）交通运输情况。

9）其他社会经济活动污染、破坏现状资料。

3. 项目对环境的影响和应对方案

（1）主要污染源

分车间叙述产生污染物的装置、设备、生产线及其投入物、产出品和排出物的品种、数量、排出方式，产生振动、噪声、粉尘、恶臭、有毒气体的装置和车间；易燃、易爆、剧毒物料的运输线路（指厂内外自运）、储存库站位置；放射性物料及放射性废弃物的运输线路、储存和使用场所及其位置。分析污染物的性质、成分、数量、危害程度。

（2）主要污染物

1）主要污染物向厂（场）外排放的性质可分为烟尘、粉尘、废气、恶臭气体、工业废水、生活污水、废液、废渣、噪声、放射性物质、振动、电磁波辐射等。

2）主要污染物所含有害物质分析，列举污染物所含主要有害有毒物质。

3）排放量。污染物经处理后最终排入周围环境的含有有害物质的混合物的数量，注明混合物中有害物质的含量或浓度，并列出国家或地区允许的排放标准。

（3）项目拟采用的环境保护标准

项目拟采用的环境保护标准是指国家及项目所在地区环保部门颁发的标准，如大气环境质量标准、污染物排放标准、噪声卫生标准、生活饮用水卫生标准及有关法规、规定等。地区规定严于国家规定的，应执行地区规定；地区没有特定要求的，应执行国家规定；国家和地方尚未制定标准的，应由可行性研究单位与当地环保部门协商确定。

（4）项目治理环境的方案

1）针对项目对周围地区的地质、水文、气象可能产生的影响，如地下水位下降、地面沉降等，采取防范和减少这种影响的措施。

2）针对项目对周围地区自然资源可能产生的影响，如森林和植被破坏、影响野生动植物生存和繁殖等，采取防范和减少这种影响的措施。

3）针对项目对周围自然保护区、风景游览区名胜古迹、疗养区等可能产生的影响，如土壤污染、水源枯竭等，采取防范和减少这种影响的措施。

4）针对各种污染物排放量对周围大气、水、土壤的破坏程度及对居民生活区的影响范围和程度，采取污水、废气、废渣、粉尘及其他污染物的治理措施和综合利用方案。

5）针对噪声、振动、电磁波等对周围居民生活区的影响范围和程度，采取消声、防振的措施。

6）绿化措施，包括防护地带的防护林和建设区域的绿化。

（5）项目实施环境监测制度的建议

1）监测布点原则。

2）监测机构的设置和设备选择。

3）监测手段和监测目标。

（6）项目环境影响的经济损益分析

简要分析项目环境影响的经济损益。对可以量化的环境影响，应计算并列入经济评价中的现金流量表内进行分析。

（7）环境影响评价结论

1）概括描述环境现状，同时说明环境中现已存在的主要环境质量问题，如某些污染物浓度超过厂标准、某些重要的生态破坏现象等。

2）简要说明建设项目的影响源及污染源状况。根据评价中工程分析结果，简单明了地说明建设项目的影响源和污染源的位置、数量，污染物的种类、数量，以及排放浓度、排放量、排放方式等。

3）概括总结环境影响的预测和评价结果。结论中要明确说明建设项目实施过程中各阶段在不同时期对环境的影响及其评价，特别要说明叠加背景值后的影响。

4）对环保措施的改进建议。如果报告书中有专门章节评述环保措施（包括污染防治措施、环境管理措施、环境监测措施等），结论中应有对该章节的总结。如果报告书中没有专门章节评述环保措施，结论中应简单评述拟采用的环保措施，并结合环保措施的改进与执行说明建设项目在实施过程中各阶段能否满足环境质量要求的具体情况。对涉及水土保持的建设项目，还必须有经行政主管部门审查同意的水土保持方案。

建设项目环境影响报告表、环境影响登记表的内容和格式，由国务院环境保护行政主管部门规定。

第 5 章　项目可行性研究

本章要点

本章主要介绍详细可行性研究的内容，可行性研究报告的编写，商业计划书的编写，可行性研究报告与商业计划书的比较，项目评估的概念，评估工作的内容和程序，项目可行性研究与项目评估的联系和区别，项目的评审、核准和备案制度，以及某房地产项目的可行性研究案例。

5.1　详细可行性研究的内容

详细可行性研究涉及的内容很多，每一方面都有其处理问题的方法。本节就详细可行性研究所涉及的主要内容和方法做以介绍。

5.1.1　市场需求预测

市场需求预测是详细可行性研究的基础工作，这项工作的好坏将直接影响项目可行性研究的水平。一个项目是否可行，主要取决于预计的销售额或收入。因此，市场需求预测的关键因素是在拟议项目存续期间内对某一具体产品的市场需求量做出估计。在任何一个特定时间，需求大小都是若干可变因素的函数，这些可变因素包括市场构成（如来自相同产品和代用品的供应的竞争）、需求的收入弹性与价格弹性、市场对社会经济形势产生的反应、经销渠道和消费增长水平等。市场需求预测一般比想象的要复杂，不仅要估计市场对某一具体产品的需求，而且要明确产品组成（产品组合）、消费者类别，以及需求增长与敏感性所受到的社会与制度方面的限制等。

1. 市场需求分析的内容

市场需求分析的目的是提供关于产品的基本信息，产品的大致技术、规格及特点必须在开始时就是确定的。市场需求分析需要提供的信息主要包括以下 5 个方面：

1）当前市场需求的大小与组成、市场的地域范围。
2）市场细分主要按以下因素确定：最终用途（如消费者），消费者类别（如消费者的不同收入水平），地理区域（如区域市场、国内市场和出口市场）。
3）在项目存续的某段时间内，对整个市场及其各部分进行需求预测，最好是项目使用的前 10 年内。
4）在环境变化的情况下，拟议项目在预测期内预期达到的市场渗透率。
5）作为预测增长与市场渗透依据的大致的定价结构。

推销条件通常也是市场需求分析的一部分，包括售后服务类型、预定的包装标准以及要建立的销售组织。影响出口市场的因素往往比影响国内市场的因素更为复杂，因此需要分别考虑预测方法。此外，在进行市场分析的过程中，也有可能要求对产品的规格、设计、性能、包装等进行适当修改，以便适应市场需求。当然，这种改变不能改变产品原有的基本特性。

2. 市场需求预测

市场需求预测能够为企业的计划和决策提供依据，是确定一个项目有无前途、有无适当生产能力的关键因素。在市场需求分析中，市场需求预测是最重要、最为复杂的部分，其预测内容包括：

1）对某一种或几种产品潜在市场需求的预测。

2) 对潜在供应的估计。
3) 对拟议项目可能达到的市场渗透程度的估计。
4) 某段时期内潜在需求的特性。

对新产品的市场需求预测较为困难，可以对照其他国家在产品发展至类似水平时的需求增长趋势以及经济等其他因素进行。

3. 预测方法

预测有效需求既可使用比较简单的方法，也可使用复杂的数字程序，或者借助计算机。在具体情况下，该使用何种方法取决于产品的类型、产品所要供应的市场、需求增长等因素。常用的预测方法有：时间序列预测法、因果回归预测模型、消费水平法（包括需求的收入弹性与价格弹性）、最终用途（消费系数）法。

以下对消费水平法和最终用途法做以简单介绍：

（1）消费水平法

这是一种运用标准和已确定系数来考虑消费水平的方法。当某一产品直接被消费时，可采用这种方法。例如，通过确定1000名居民的汽车拥有率，或利用统计学中的分层抽样调查法，确定特定群体（如不同收入阶层、不同工作性质）的汽车拥有率，即可估算出汽车的市场需求量。一旦得知总需求量，可从总需求量中扣除实际汽车拥有量，得出新的需求量。

决定产品消费水平的一个主要因素是消费者的收入水平，收入水平会影响消费者愿为购买某一特定产品所支出的家庭预算。收入水平是影响消费水平的主要参数，大部分消费品的消费量和消费者的收入水平表现出高度的正相关。当然，其相关程度随产品的不同而各不相同。

（2）最终用途或消费系数法

这种方法对评价中间产品特别适用，方法如下：

1) 验明一项产品所有可能的用途。
2) 只有取得或估计该项产品和使用该项产品的各项工业的投入产出系数后，才有可能从所预测的各种消费工业的产出水平中得出对一项产品的消费需求量。

例如，为了预测甲醇的需求量，首先要验明哪些工业使用甲醇，如甲醛、肥料和制药工业。在考虑到其他用户对甲醇的需求量以后，这3种工业已制订的生产计划就可说明将来对甲醇的需求量。

5.1.2 原材料和投入的供应选择

原材料和投入的供应选择是项目详细可行性研究的基础内容，需要进行与原材料和投入相关问题的分析，主要包括以下内容。

1. 原材料和投入的分类

原材料和投入应分为以下各类：原料（未加工或半加工的），经过加工的工业材料（中间产品），制成品（组件），辅助材料，工厂供应品及公用设施（水、电、气、燃料、废水和废气处理等）。

2. 原材料和投入的选择与说明

在很多项目中，不同的原材料可用于同一生产。在这种情况下，必须对不同原材料进行调查研究，在衡量全部有关因素后，确定哪一种原材料最合适。如果可供选择的原料都容易获得，问题就在于工艺与技术是否经济。

3. 原材料和投入的特点

（1）质量性能

需对原材料和投入特性做何种分析，取决于投入的性质及其在特定项目中的用途。分析应当包括下列性能和特点：物理性能、机械性能、化学性能、电气和磁力性能等。

(2) 来源和可得数量

原材料的来源及其可得性，对大部分工业项目技术经济的可行性及其规模的确定具有关键意义。在许多项目中，对技术、加工设备和产品组合的选择很大程度上取决于原材料的规格，同时原材料潜在的可得数量决定项目的规模。在详细可行性研究的初期阶段，应对可能需要的原材料数量进行估计，以确定是否满足拟建项目的当前需求和长远需要。投入量的最终估价只有在确定了工厂生产能力和所用技术与设备之后才能进行。

(3) 单位成本

与可得性一样，原材料和投入的单位成本也是决定项目是否经济的关键因素，必须对其进行详细分析。如果是国内材料，一方面，应参照过去的市场行情以及今后的预测来考虑现价；另一方面，应考虑供应弹性。需求量日益增长的材料，其供应弹性越低，价格就越高。

4. 供应计划

在制订供应计划时，要把原材料和投入的需求量及其可得性、预计的单位成本等资料与项目详细可行性研究的其他内容联系在一起。这样，供应计划就可作为计算投入量、确定投入类别的一个基础。任何供应计划都会受到所选用技术与设备的影响。

供应计划的规模表明了拟建项目对储存设施规模的要求。尤其是厂址与投入来源分处两地，由于运输困难等不能保证连续供应的项目，必须把仓库或堆放场地所产生的额外的储存费用列入投资费用与生产成本的计算。

制订供应计划的主要目的是确定原材料和其他投入的年成本，这占全年生产成本的很大一部分。供应计划确定结果将作为经济评价中资金流动表编制的基础。

5.1.3 产品结构及工艺方案的确定

产品结构及生产过程中采用的工艺方案，是项目详细可行性研究中的技术选择问题，对企业的经济效益有直接影响。项目的技术方案在技术上必须是"可行"的，要根据具体的技术经济条件选择"适宜技术"，并做相应的评价。采用的新结构、新工艺，必须有相应的实验根据。工艺方案的选择，包括所采用技术和工艺过程，与生产规模有着密切的关系。

在项目详细可行性研究中，技术评价应反映下述几个方面：

1）技术的先进性。应从技术水平和实用水平两方面进行评价，以判断是否达到国内或国际先进水平。

2）技术的实用性。指项目所采用的技术，在推动生产、推广应用、满足需要方面所具有的适应能力。

3）技术的可靠性。指技术在使用过程中的可靠程度，即在规定的时间和条件下，产品工作性能可以符合要求、工艺方法可以获得成功的概率。

4）技术的连锁效果。指技术应用后对科学技术及其他领域的影响，如推动其他行业发展、改善劳动条件、增加就业机会、提高人民生活水平等。

5）技术后果的危害性。指技术的应用是否会给社会带来不良影响，如环境污染、生态平衡的破坏、资源浪费等。同时，还应提出缓解上述危害的方案和所需费用等。

5.1.4 生产规模（或生产能力）的确定

通过市场调查，可以预测出计划生产的产品在未来 5 年、10 年或 15 年内可能的需求量。根据目前的生产情况及条件，可以估算出该产品在未来若干年内可能达到的产量。将以上两者相比，即可初步做出未来的供需预测。这种预测既是判断某类新建或扩建企业是否可行的依据，也是确定一个工业项目生产规模的依据。在确定企业生产规模时，必须考虑规模的经济性。

1. 生产规模或生产能力的定义

生产规模或生产能力一般是指一个工厂在一定时期内能够生产的量或单位数。企业规模定的是否合理，将直接影响企业的经济效益和长远发展。衡量企业规模，一般是以职工人数、固定资产价值和年生产能力等为标准，但是随着生产技术的不断发展，综合生产能力逐渐成为衡量企业规模的主要标准。在正常情况下，企业产品的年产量应当等于企业的生产能力。

2. 确定可行的企业生产规模

在项目详细可行性研究中确定适当的企业生产规模非常关键。虽然已对具体商品的需求和市场渗透做出预测，而且考虑到基本原材料、投入或资金对拟定项目具有一定的限制，但在多数情况下，这些限制因素的影响程度并不确定，因此需要对各种可供选择的项目规模和生产能力进行评价。确定这些备选方案时，既要考虑不同生产水平下的投资支出，也要考虑不同生产水平下的销售额和盈利率。一旦明确了对需求和市场预测的限制因素，就必须估计项目可行性研究的其他组成部分，以便确定可行的企业生产规模。这一生产规模实际上应该是在项目详细可行性研究中各个组成部分的相互作用下，确定的最佳生产水平。这些组成部分主要有技术、设备、资金、投资和生产成本的构成以及销售范围等。

在确定可行的企业生产规模之后，应该考虑详细的技术和设备问题。在确定企业规模之前，通常需要考虑两个问题：最低限度经济规模、与各级生产水平有关的生产技术和设备的来源如何。

（1）最小经济规模和设备限制因素

最小经济规模的概念适用于大多数工业部门和项目，但对于不同类型的工业有不同的意义：对一些制造企业一般可以规定最小生产规模，以达到规模经济的效益；工业化国家的一些部门一直倾向于生产规模迅速增长，以便更好地利用规模经济，增长的生产规模所涉及的投资支出因为产量增加而相应地要低得多，这就使得单位成本降低。在确定一个项目的最小经济规模时，还应借鉴其他项目的经验，因为所研究项目的生产成本和其他项目的相同生产领域的生产成本之间是有联系的。如果由于资金有限或可预见的需求规模有限而使这种经验不适用，则表明此经济规模将可能造成生产成本和价格较高、在国外市场竞争力低等后果。

（2）资金和投入限制因素

外汇缺乏可能会影响设备、部件或中间产品的进口，国内资金的缺乏可能会限制需要大笔投资支出的项目，因此国内和（或）外来资金以及基本的生产投入的缺乏会妨碍发展中国家的项目。如果有效需求和市场渗透的可能程度都很高，工厂生产规模只能满足需求预测的一部分，其余部分则让其他项目、进口或以后扩大拟议的工厂生产规模来解决。即使达到最小经济规模，单位生产成本与同一生产领域的其他公司的生产成本相比也肯定是相当高的，并且规模经济只能达到项目可行性的最低要求。如果拟议项目可行的生产规模低于最小经济规模，应该在项目可行性研究报告中对生产成本、产品价格以及需要何种程度的保护之类的政策问题等进行详细说明。

（3）投资费用和生产成本

如果在资金或原材料的投入方面没有严格限制，投资费用和生产成本就会成为一个越来越重要的决定因素。通常情况下，每生产单位投资费用的数额往往随着企业生产规模的增大而减少，成本增长通常并不与规模保持严格的比例关系。这种关系可用下述公式表示

$$C_1 = C_2 \times Q_1^x / Q_2$$

式中，C_1 为得出的生产规模 Q_1 的成本；C_2 为已知的生产规模 Q_2 的成本；x 为成本生产规模系数。

不同工业的成本－生产能力比率各不相同，从 0.2 到 0.9 不等，平均在 0.6 左右。但总的来讲，特别是在制造业中，规模经济对设备投资费用较高的项目很重要，企业生产规模较高项目的生产成本应该与投资支出一起评估。某些规模经济的作用可在一定限度之内递增，但超过这一定限度，管理能

力、劳动力问题、资金、投入和市场渗透率以及项目可行性研究的其他组成部分将可能成为关键的限制因素。就拟议项目来说，应该考虑到投资支出、生产成本估计、成本与生产规模的关系，并联系该项目其他研究部分确定研究参数。

3. 预计的销售额和企业的生产规模

应仔细评估预计的销售额和可行的正常生产规模的关系，以决定可供选择的企业生产规模。对于某些新产品或必须为其开辟新市场的产品来说，初期生产规模应高于初期需求和销售额，这样企业生产规模可以在一段较长时间内满足需求的增长，但是在生产规模大于市场需求时，经济效益不应该低于销售收益和生产成本的平衡点（即收支相抵点）。需求和销售不断增长，可能会超过企业生产规模，因而在需求和生产之间就会有一个越来越大的差距，并最终导致企业扩建。只要能迅速实行扩充，最好是使拟定的可行生产规模只在一个规定的时期内高于估计的市场渗透，而使其后的销售增长由随后的企业扩建来解决。所采用的销售预测和企业生产规模之间的比例关系取决于市场预测、价格需求弹性的可靠性或成本-生产规模比率等因素。

鉴于以上考虑，需要确定适当可行的企业生产规模，为此必须明确表明项目评价中各有关组成部分在各生产水平上的影响，确定可供选择的现金流量，这样就可以对照已确定的可行企业生产规模对不同生产规模所涉问题做出评价。选择 2~3 个可供选择的生产水平，分别研究它们对产品定价的影响，估计投资费用和生产成本，并按各生产水平的预期产品价格做出相应的生产水平销售预测。

确定可行的企业规模后，可能需详细地量化各种投入的需求以及这些投入的总费用，并对项目的劳动力需求量做出估计。

5.1.5 技术与设备选择

1. 技术选择

项目可行性研究应该根据具体项目指出所需技术，对可供选择的各种技术进行评价，并按照项目各组成部分的最佳结合选择最合适的技术。在可行性研究中，还要估计获得所需技术所涉及的各种问题，如与所选技术相适应的具体设计和技术服务，要保证选择的可获得技术必须与选择的机器设备相适应。

（1）技术选择

在项目可行性研究中，应对各种可供选择的技术进行评价，以确定项目的最佳技术。对技术的评价应与项目生产规模相联系，开始时应该对产量、生产能力增长率做出估计，并对产品质量和适销性做出预估，然后就这一段时期内各种可供选择的技术对投资费用和生产成本的影响做出估计。除上述的基本标准外，拟采用的技术必须是经过全面检验，最好是在提供拟用技术的公司内应用并经过检验的。虽然新的未经检验的或试用的技术一般不予以采用，但也应避免使用即将过时的技术。

进行技术选择时，必须与项目可能得到的主要投入以及长、短期内的生产要素资源的供应进行联系。在某些情况下，原材料可能会决定要采用的技术，以国内原材料和投入为基础的工艺过程可能比那些依靠进口的工艺过程更为可取。除了广泛的政策影响外，就地取材可以使材料和投入的供应得到更好的保证。

（2）技术获得方式

在选择技术的同时，还应寻找可以获得这种技术的渠道。若必须从其他企业获得拟用技术，就需决定获取的方法。获取方法有：技术许可证交易、技术的全套购买和技术供应方分享所有权的合资经营企业。要对这些获取方式所涉及的问题进行分析，包括许可证交易、技术分解、合同内容、购买技术的方式以及许可证持有者参与合资经营企业所带来的问题等。

（3）技术费用

在项目可行性研究报告中，除选择技术和由于技术选择而可能需要的设计及技术服务外，还应对技术和技术服务的费用进行预测。当然，这种估价是困难的，如果条件允许，可参考同一工业其他项目的技术费用进行估价。估价时可采用不同的方案，如按一次性支付、按连续使用费率支付或二者结合。如果拟用技术使用方需要在一段时间内与技术许可方保持合作关系，那么采取支付使用费的方式较为合适。使用费率往往占实际销售额的5%以内，视工业性质和项目生产规模而定。

2. 设备选择

设备选择和技术选择是相互依存的，在项目可行性研究报告中应根据项目生产能力和所选择的生产技术确定机械和设备的选择。

项目可行性研究阶段的设备选择，应概略说明通过使用某种生产技术达到某种生产规模所必需的机械设备的最佳组合。在所有项目中，必须说明每一加工阶段对所需设备的额定生产能力的要求，并使之与下一生产阶段的生产能力和设备需要相吻合。从投资角度来看，在符合功能和工艺需要的条件下，设备费用要控制到最低限度。例如，要决定一个机器制造企业所需的设备，就有必要明确：在一定时期内达到预计产量所需要的各种机械加工和其他作业，每一作业所需工时分类，履行每项功能的专用机床的选择，以及这段时间内要达到各个不同生产水平所需要的机器数量。

对设备要求的确定应与评价报告的其他组成部分相联系，这些组成部分大多数已在确定项目生产规模和工艺过程时涉及，但对部分问题还应给予足够关注。有时，可能会有基本设施方面的限制，如电力或运输供应方面的问题。在有些情况下，高度先进的设备（如数控机床）在初期生产阶段可能不宜使用，因为需要预留人员培训的时间。如果较先进的设备必须靠进口，那么由于总投资的限制或可得到的外汇有限，也就可能取消或推迟使用这种设备。此外，维修要求和有无维修设施也是重要因素。政府政策（如进口管制）可能限制某些类型设备进口，在这种情况下，只能按可得到的国内产品进行设备选择。

5.1.6 坐落地点和厂址选择

坐落地点和厂址这两个词通常被当作同义词使用，但在对项目进行可行性研究时应当加以区别。地点的选择应当在一个相当广阔的地理区域内考虑几个可供选择的厂址，一个合适的地点可以包括一个相当大的地区，但是厂址的选择则应当是确定建立项目的具体场地所在，因而应该更为详细。

1. 地点选择

工业地点的选择应考虑3个主要方面：政府政策、与具体项目有关的各种因素（如投入和市场）之间的轻重关系和相互作用、一般的地点考虑。由于运输费用对项目是否可行影响较大，以往在选择工业地点时仅限于接近原料和市场的考虑，但近年来其他因素的重要性已有所提高，如环境、劳动力、社会因素等。

(1) 政府政策的作用

政府政策的导向对于项目地点的选择有很大的影响。例如，国家建立一些特定的区域，如保税区、出口加工区，这些地区的工厂可享受各种形式的财政鼓励。这种鼓励政策将会对拟议中项目的经济情况产生影响，特别是对那些不受地点因素影响的项目来说经济影响可能更大。若拟建项目牵涉大量的政府资金投入，政府政策除了具有诱导作用以外，还可能会直接决定工业地点。项目主持者最好能指出项目的具体地点或几个可供选择的地点，然后从技术、财政和经济角度给予评价。

(2) 注重原材料还是市场

原材料和投入的来源如何、消费中心的远近、有无基本的基础设施等因素对具体项目的影响是选择地点的关键因素。

选择地点最简单的方法是计算供选择地点的运输、生产和经销费用，这些供选择地点主要是根据是否具备原料和主要市场确定的。一个以资源为基础的项目应当靠近基本原料的来源地，主要依靠进口原料的项目可能需要设在港口，而对注重市场消费的项目则倾向于设在主要消费中心附近。当然，有些项目并不受某种特定因素的影响，如石油和矿山开发项目。

(3) 当地条件：基本设施和社会经济环境

1) 基本设施。基本设施投资来源对于任何项目来说都是十分重要的，因此应了解项目的生产规模和采用的技术，并对项目建设中所需的能源、运输、水、通信和住房均做出费用估计。

2) 社会经济环境。地点选择也应考虑下列因素的影响：废物处理、可获得劳动力的情况、施工和维修设施、财政和法律规章以及气候条件。

废物处理应当是一个关键因素，大多数企业都产生废料和排放物，可能会对环境产生重大影响。能否招聘到足够数量的熟练和半熟练的工人也是应当考虑的重要因素，当然大多数项目本身就包括工人的培训计划。对某些项目来说，还应考虑不同地点所具有的关于土木建筑、机器安装以及工厂设备维修等方面的设施。同时，应说明各可供选择地点的财政、法律规章、程序以及气候情况是否符合拟建项目的要求。

(4) 地点的最后选定

一个最合适的项目地点应该具备下列条件：项目距离原料产地和市场销地都较近、交通运输条件好、环境条件好、劳动力来源充足、电和燃料充足而且价格合理、税收公平、用水供应充分、有良好的废物处理设施。项目可行性研究报告必须考虑到上述所有因素，最好的地点应是生产成本最低且与其他地点在其他方面的费用差别不大的。

2. 厂址选择

一旦决定了地理区域，项目可行性研究报告就应当说明项目的具体厂址或两三个可供选择的厂址。这就需要评价每个厂址的特点，包括如下方面：

1) 土地费用。土地费用是决定厂址的一个重要因素，这方面的资料通常都可以得到。

2) 当地条件。在一定区域内，大多数厂址的电力供应情况及其费用是相同的，但是架设输电线路到厂区的费用却因厂址的不同而有相当大的差别，因而必须做出估算。在对不同厂址的适宜性进行比较时，运输费用也是相当重要的，可以根据投入量和产出量对不同厂址的各种运输方案的费用进行计算和比较。此外，还应对当地的供水、废料处理、劳动力供应情况以及厂址所在处的土壤性能等进行分析。

3) 场地整理和开拓。考虑各个可供选择厂址的场地整理和开拓费用。

4) 厂址的最后选定。选择工厂地点和厂址不必分两个阶段进行。通常，对厂址适合范围较广的地点进行选择时，是需要同时考虑、同时进行资料搜集、同时评价的。如果将厂址研究中关于地点的结论列成表，就可以将有关资料用于项目设计。

若项目主持者对厂址和地点的选择具有一定的要求和限制，项目可行性研究的任务将会减轻。但是，如果评价报告需在没有任何限制因素的情况下评价各个可供选择的地点和厂址，就应当考虑上述其他因素。

5.1.7 投资、成本估算与资金筹措

1. 总投资费用

总投资费用由建设投资和流动资金构成。建设投资包括建筑工程费、设备及工器具购置费、安装工程费、工程建设其他费和预备费。其中，工程建设其他费包括勘察费、设计费、咨询费、建设单位管理费、研究试验费、土地使用费、与项目建设有关的其他费用、与未来企业生产经营有关的其他费用等；预备费包括基本预备费和涨价预备费。流动资金相当于全部或部分经营该项目所需的资金，在项目评价阶段计算周转资金需要量很重要，应使它保持在一个合理的、必要的水平。净周转资金则是流动资产减去流动负债。其中，流动资产包括应收账款、存货（原料、辅助材料、供应品、包装材料、备件及小工具等）、在制品、成品和现金；流动负债主要包括短期借款、应收票据、应付账款、预收账款、应付工

资、应付福利费、应付股利、应交税金、其他暂收应付账款、预提费用和一年内到期的长期借款等。

在不同的研究设计阶段，投资估算的精确性不同。毛估和粗估，一般可据以否定或初步肯定一个项目，估计的精度一般在 ±30%。初步项目可行性研究则要求估计精度在 ±20%，项目可行性研究要求估计精度在 ±10%，工程设计时则要达到 ±5%。

2. 资金筹措

为一个项目调拨资金，不仅对任何投资决定，而且对项目拟定和投资前分析都是非常重要的先决条件。如果一个项目可行性研究没有资金筹措可行性做保证，那么这项研究就没有多大用处。大多数情况是，在进行项目可行性研究之前就应该对项目筹资的可能性做出初步估计。这说明，实际或可能的资金来源，包括自有资金、各种贷款及其偿还条件，是项目可行性研究最为基本和最为关键的内容。

大型投资项目，除了自筹资金外，通常还需要一定数量的贷款。两者要有适当的比例，贷款要付息，自筹资金要分红。自筹资金比例大，则盈利用来分红的就多；反之，贷款比例大，则利息负债就多。两者要有适当的比例，一般认为自筹、贷款各半稳妥。自筹不足时可以多贷，这个限额通常是在 50%~80%；相反，资金雄厚时，可以少贷。

贷款基本上分为两种：

1) 长期贷款。从国际金融组织（如世界银行或某个国家银行财团）获得。工业发达国家之间由于在输出设备上的竞争，贷款的条件一般比较优惠，利率也较低。根据贷款主体的不同，可分为供方贷款和买方贷款。

2) 短期贷款。由商业银行信贷，通常作为企业流动资金的来源。按国际金融市场牌价，短期贷款利率高于长期贷款利率。

贷款和偿还问题，应与银行和财团商讨，并在项目可行性研究中拟定。

3. 生产成本

在项目可行性研究阶段，所遇到的另一个问题就是生产消耗和成本预算开支不精确，从而可能导致完全不同的结论。生产成本计算，要以生产计划的各种消耗和费用开支为依据，计算全部成本和单位产品的成本。

大多数投资前的项目可行性研究报告只计算生产总成本，这是因为在项目可行性研究阶段将各项成本，无论是原料、劳动力还是管理费用，进行整体估算要比计算单位产品成本更简单一些。生产总成本一般包括：生产成本、管理费用、销售费用、财务费用。

生产成本在项目可行性研究中的用途为计算盈亏，计算净周转资金的需要量，并用于财务评价。

4. 财务现金流量表

为了估计一个新建或扩建项目的资金需要，要编制一套财务报表。财务报表关系到管理决策，所以在对一个公司的财务状况进行分析时，必须注重所用的表格形式。只有当财务报表有标准的项目和格式，才能保证从事有意义的对比和分析。因此，财务报表的格式不能随意改变。

项目可行性研究中的财务报表，其主要目的是向投资者系统说明项目编制以及随之而来的财务分析。按评价角度不同，财务报表现金流量表可以分为以下几种类型。

(1) 项目投资现金流量表

项目投资现金流量表是以项目为一个独立系统进行设置的。将项目建设所需的总投资作为计算基础，反映项目在整个计算期（包括建设期和生产经营期）内现金的流入和流出。通过项目投资现金流量表可计算项目投资财务内部收益率、财务净现值、财务净现值率和投资回收期等评价指标，并考察项目的盈利能力，为各个方案进行比较建立共同的基础。

(2) 项目资本金现金流量表

项目资本金现金流量是从项目法人（或投资者整体）的角度出发，将项目资本金作为计算的基础，将借款本金偿还和利息支付作为现金流出，用以计算资本金内部收益率，反映投资者权益投资的获利能力。

（3）投资各方现金流量表

投资各方现金流量表是分别从各个投资者的角度出发，以投资者的出资额作为计算的基础，用以计算投资各方收益率。

（4）财务计划现金流量表

财务计划现金流量表反映项目计算期各年的投资、融资及经营活动的现金流入和流出，用于计算累计盈余资金，分析项目的财务生存能力。

5.1.8 经济评价及综合分析

1. 经济评价

经济评价分为财务评价（企业经济评价）和国民经济评价。

（1）财务评价

对于一项投资来说，投资的准则是从投入资本所能得到的最大的财务收益，亦即利润。投资盈利率旨在确定利润和投资的比率，同时在分析投资和利润两者之间的关系时应考虑时间因素，并对项目的整个生命期进行总评价。

项目财务评价，又称企业经济评价，即在财务预测的基础上，根据国家现行财税制度和现行价格，分析预算项目的效益和费用，考察项目的获利能力、清偿能力及外汇效益等财务状况，作为判别项目财务可行性的经济评价方法，是建设项目经济评价的组成部分。

财务评价的步骤大致如下：

1）选取财务评价基础数据与参数，包括主要投入物和产出物财务价格、税率、利率、汇率、计算期、固定资产折旧率、无形资产和递延资产摊销年限、生产负荷及基准收益率等基础数据和参数。

2）计算销售收入，估算成本费用。

3）编制财务评价报表。

4）计算财务评价指标，分析盈利能力和偿债能力。

5）进行不确定性分析，包括敏感性分析和盈亏平衡分析。

6）编写财务评价报告。

在进行企业经济评价时，可以使用静态评价方法，如投资收益率与投资回收期，但通常应使用动态评价方法，如财务净现值法、财务内部收益率法、财务净现值率法、动态投资回收期法以及收益/成本比值法等，以便考虑资金的时间价值。

（2）国民经济评价

国民经济评价是按照资源合理配置的原则，从国家整体的角度考察项目的效益和费用，用货物影子价格、影子汇率、影子工资和社会折现率等经济参数分析计算项目对国民经济的净贡献，评价项目的经济合理性。将项目纳入整个国民经济系统之中，考虑对其他相关部门的影响，从国家和社会的全局出发去衡量项目在经济效益上是否可行。

国民经济评价是从国家的角度，评价项目对实现国家经济发展战略目标及对社会福利的实际贡献。它除了考虑项目的直接经济效益，还要考虑项目对社会的全面的费用效益状况。与企业经济评价不同，它将工资、利息、税金作为国家收益，所采用的产品价格为社会价格，采用的贴现率也为社会贴现率。国民经济评价所得数据与结论与企业经济评价可能不完全相同。

2. 综合分析

在对项目进行经济评价后，还要对项目进行综合评价分析。这是因为，一方面，拟建项目未来所处的环境可能会发生一定的变化；另一方面，需要分析项目的实施对整个社会以及国民经济的影响。

(1) 不确定性分析

任何项目的投资都取决于评选判据的计算，而计算判据的部分数据是估计预测的。因此，在计算的结果与未来的客观实际并不确定的情况下，就需要对未来情况进行不确定分析。产生不确定性的最普遍的原因有：通货膨胀、技术变革、额定生产能力测定失实以及施工期和试车期的长短。不确定性分析包括盈亏平衡点分析、敏感性分析和概率分析等。

(2) 综合分析

综合分析一般应结合项目的具体情况，选择分析评估以下各项：

1) 政治和国防。
2) 工业配置。
3) 发展地区经济或部门经济。
4) 提高国家、地区和部门科技水平。
5) 减少进口、节约外汇和增加出口、创造外汇。
6) 环境保护和生态平衡。
7) 节约能源。
8) 节约劳动力和提供就业机会。
9) 产品质量。
10) 提高社会福利和人民物质文化生活水平。

5.2 可行性研究报告编写

根据项目的规模和性质，可行性研究报告有简有繁。以下是可行性研究报告的一般目录格式。

第一章 项目总论

总论作为可行性研究报告的首章，应综合叙述研究报告中各章节的主要问题和研究结论，并对项目的可行与否提出最终建议，为可行性研究的审批提供依据。总论章可根据项目的具体条件，参照下列内容编写：

1) 项目背景。
2) 可行性研究结论。
3) 主要技术经济指标表。
4) 存在问题及建议。

第二章 项目背景和发展概况

这一部分主要应说明项目的发起过程、提出的理由、前期工作的发展过程、投资者的意向、投资的必要性等可行性研究的工作基础。为此，需将项目的提出背景与发展概况做系统叙述，说明项目提出的背景、投资理由、在可行性研究前已经进行的工作情况及其成果、重要问题的决策和决策过程等情况。在叙述项目发展概况的同时，应能清楚地提出本项目可行性研究的重点和问题。一般来讲，本章包括以下几个方面：

1) 项目提出的背景。
2) 项目发展概况。
3) 投资的必要性。

第三章 市场分析与建设规模

市场分析在可行性研究中的重要地位在于，任何一个项目，其生产规模的确定、技术的选择、投资估算甚至厂址的选择，都必须在对市场需求情况有了充分了解之后才能决定，而且市场分析的结果还可以决定产品的价格和销售收入，最终影响项目的营利性和可行性。在可行性研究报告中，要详细阐述市场需求预测、价格分析，并确定建设规模。本章主要包括以下几个方面：

1）市场调查。
2）市场预测。
3）市场推销战略。
4）产品方案和建设规模。
5）产品销售收入预测。

第四章　建设条件与厂址选择

根据前面部分中关于产品方案与建设规模的论证和建议，在这一部分按建议的产品方案和规模研究资源、原料、燃料、动力等的需求和供应的可靠性，并对可供选择的厂址做进一步技术与经济比较，确定新厂址方案。也就是说，本章主要包括以下几个方面：

1）资源和原材料。
2）建设地区的选择。
3）厂址选择。

第五章　项目技术方案

项目技术方案是可行性研究的重要组成部分。它主要研究项目应采用的生产方法、工艺和工艺流程、重要设备及其相应的总平面布置、主要车间组成及建筑物结构型式等技术方案，并在此基础上估算土建工程量和其他工程量。在这一部分中，除文字叙述外，还应将一些重要数据和指标列表进行说明，并绘制总平面布置图、工艺流程示意图等。本章主要包括以下几个方面：

1）项目组成。
2）生产技术方案。
3）总平面布置和运输。
4）土建工程。
5）其他工程。

第六章　环境保护与劳动安全

在项目建设中，必须贯彻执行国家有关环境保护和职业安全卫生方面的法律、法规，对项目可能对环境造成的近期和远期影响，对影响劳动者健康和安全的因素，都要在可行性研究阶段进行分析，提出防治措施，并对其进行评价，推荐技术可行、经济合理、布局合理、对环境的有害影响较小的最佳方案。按照国家现行规定，凡对环境有影响的建设项目都必须执行环境影响报告书审批制度。同时，在可行性研究报告中，对环境保护和劳动安全要有专门论述。本章主要包括以下几个方面：

1）建设地区的环境现状。
2）项目主要污染源和污染物。
3）项目拟采用的环境保护标准。
4）治理环境的方案。
5）环境监测制度的建议。
6）环境保护投资估算。
7）环境影响评价结论。
8）劳动保护与安全卫生。

第七章　企业组织和劳动定员

在可行性研究报告中，根据项目规模、项目组成和工艺流程，研究提出相应的企业组织机构、劳动定员总数及劳动力来源及相应的人员培训计划。本章主要包括以下几个方面：

1）企业组织。

2）劳动定员和人员培训。

第八章 项目实施进度安排

项目实施时期的进度安排也是可行性研究报告的一个重要组成部分。所谓项目实施时期，也可称为投资时期，是指从正式确定建设项目（批准可行性研究报告）到达到正常生产的这段时间。这一时期包括从项目实施准备、资金筹集安排、勘察设计、设备订货、施工准备、施工、生产准备、试运转直到竣工验收和交付使用的各个工作阶段。这些阶段的各项投资活动和各个工作环节，有些是相互影响、前后紧密衔接的；也有些是同时开展、相互交叉进行的。因此，在可行性研究阶段，需将项目实施时期各个阶段的各个工作环节进行统一规划、综合平衡，做出合理而又切实可行的安排。本章主要包括以下几个方面：

1）项目实施的各阶段。

2）项目实施进度表。

3）项目实施费用。

第九章 投资估算与资金筹措

建设项目的投资估算和资金筹措分析是项目可行性研究内容的重要组成部分，要计算项目所需要的投资总额、分析投资的筹措方式，并制订用款计划。本章主要包括以下几个方面：

1）项目总投资估算。

2）资金筹措。

3）投资使用计划。

第十章 财务与敏感性分析

在确定建设项目的技术路线以后，必须对不同的方案进行财务、经济效益评价，判断项目在经济上是否可行，并比选推荐出优秀的建设方案。本章的评价结论既是建设方案取舍的主要依据之一，也是对建设项目进行投资决策的重要依据。

本章就可行性研究报告中财务、经济与社会效益评价的主要内容做一概要说明，主要包括以下几个方面：

1）生产成本和销售收入估算。

2）财务评价。

3）国民经济评价。

4）不确定性分析。

5）社会效益和社会影响分析。

第十一章 可行性研究结论与建议

本章主要包括以下几个方面：

1）结论与建议。

2）附件。

3）附图。

5.3 商业计划书

5.3.1 商业计划书介绍

商业计划书（Business Plan），是公司、企业或项目单位为了达到招商融资和其他发展目标，在经过前期对项目进行可行性研究的基础上，根据一定的格式和内容的具体要求而编辑整理的一个向投资者全面展示公司和项目目前状况、未来发展潜力及融资需求的书面材料。商业计划书是以书面的形式全面描述拟融资项目的产品服务、生产工艺、市场和客户、营销策略、人力资源、组织架构、对基础设施和供给的需求、融资需求，以及资源和资金的利用等。

商业计划书是按照国际惯例通用的标准文本格式形成的项目建议书，是全面介绍公司和项目运作情况，阐述产品市场及竞争、风险等未来发展前景和融资要求的书面材料。商业计划书是把计划中要创立的企业推销给风险投资家，其主要目的之一就是筹集资金。

一份完备的商业计划书不仅是企业成功融资的关键因素，也是企业核心管理思想的体现。

5.3.2 商业计划书与可行性研究报告的对比

可行性研究报告与商业计划书的对比，主要体现在以下几个方面：

1）两者编制的时间不同。可行性研究报告是在决策前进行项目分析论证，这时并不知道项目是否可行。经过可行性研究确认项目可行后，既可能实施，也可能否决。商业计划书是项目已经确定，对项目实施进行计划安排时而要求提供的书面文件。按时间来说，可行性研究报告在前，商业计划书在后，可行性研究报告是商业计划书的基础和前提。

2）两者的目的不同。可行性研究报告是对本项目实施的可能性、真实有效性、技术方案等进行具体、全方面、细致的论证和经济评价，最后确定技术上合理、经济上合算、实施上可行的最优方案和最佳时机。商业计划是为了筹措资金而制订的说服投资者向企业投资的介绍资料。

3）两者的侧重点不同。可行性研究主要侧重分析项目技术方面的内容，并针对项目实施所带来的经济效益进行评估，一般不涉及项目实施中的管理因素、人的因素、投资人利益回报以及回报方式等方面的内容。商业计划书不仅要在技术方面和产业化模式方面进行详细说明，更要在管理团队、经营战略、投资者回报的方式和投资者如何参与未来项目经营监管等方面进行详细说明。商业计划书对项目的研究比项目可行性研究更加全方位、多视角。换句话讲，商业计划书是一份全方位的项目计划，从企业内部的人员、制度、管理以及企业的产品、营销、市场等各个方面对即将展开的商业项目进行可行性分析，即项目可行性研究报告着重于体现项目建设期内所涉及的各项目要素环节设计，而商业计划书着重于体现项目建成后经营期内所涉及的各经营要素环节设计。

5.3.3 商业计划书的编写

商业计划书是全面介绍公司或项目运作情况及阐述未来发展前景和融资要求的书面材料。为使商业计划书更全面地被投资者了解，一般应按照下列原则详细编制：

1）真实，论据、假设合理。
2）形式完善，叙述清晰流畅。
3）简明扼要，突出重点。

不同产业的商业计划书形式有所不同。但是，从总的结构方面，所有的商业计划书都应该包括摘要、主体、附录3个部分。摘要是对整个商业计划书最高度的概括，它的作用是以最精炼的语言、最有吸引力和冲击力的方式突出重点，快速抓住投资者的心。主体部分是整个商业计划书的核心，它的功能是最终说服投资者，使他们充分相信你的项目是一个值得投资的好项目，以及你和你的领导班子有能力让他们的投资产生最佳的投资回报。附录部分是对主体的补充，它的功能是提供更多、更详细的补充信息，完成主体部分中言犹未尽的内容。商业计划书编制大纲的一般格式如下：

第一章　摘要

摘要应该包含创业计划的主要内容，以简明扼要的语言总结、概述整个商业计划书的内容及创业战略，目的是调动投资者进一步评估的兴趣。

第二章　业务内容

在介绍创业项目及计划的主要业务内容时，为让风险投资家对创业计划有一个初步的了解，要简单明了，既要覆盖业务的各个方面，不可遗漏有关内容，又不能冗长啰唆，让人不知所云。此部分内容主要包括以下要点：

1）公司简介。
2）市场目标。
3）经营策略。

第三章　行业分析

在商业计划书的前期准备工作中，已经收集了必要的技术资料，并做了详细的市场调查。在此，创业者所要做的是对这些资料和数据进行整理、归纳和总结，以不容置疑的翔实数据和合理逻辑分析描绘真实的市场情况。行业分析的目的不只是使创业者知己知彼，更是为了向风险投资家展现一幅充满生机和希望的商业图景，证明向本项目投资是有利可图的。此部分内容主要包括：

1）行业的国内现状。
2）行业的国外现状。
3）行业的发展方向。
4）市场规模。
5）市场份额。

第四章　产品与服务

为了使商业计划书对投资者产生足够的吸引力，在介绍创业项目的产品与服务时，要突出创新及其不可比拟性，全面介绍拟提供产品或服务的优点、价值，将之与竞争对象进行比较，证明自己的产品与服务是前所未有的。即使市场上存在相似的产品或服务，你的产品或服务是最好的，不仅可以提供额外的价值，还代表了市场发展的方向，将来要成为市场的主流。此部分内容主要包括：

1）产品与服务是什么。
2）产品与服务有什么特点。
3）如何为客户创造价值。

第五章　管理团队

风险投资界有一句名言："宁投一流的人才、二流的项目，不投二流的人才、一流的项目。"风险投资家特别强调对创业管理团队的考察，以保证创业管理团队的结构和人员素质达到应有的要求。此部分的主要内容有：

1）管理团队的3种人：管理、技术、市场。
2）管理团队的素质和能力。
3）组织结构。
4）激励机制。

第六章　生产过程

生产过程也是商业计划书中的重要内容。在该部分内容中，"通俗是最大的学问"，应能使得风险投资家对创业产品的生产过程有一个清晰的理解，从而对创业项目产生兴趣。此部分主要包括以下几个方面：

1）工艺流程。
2）厂房、设备、劳动力。

3）原材料采购、供应。
4）质量标准。
5）生产规模。

第七章 市场营销

市场营销在创业公司产品和顾客之间架设了一道桥梁，只有通过市场营销，公司产品才能转化为利润，所以市场营销是风险投资家十分关心的内容。市场营销极富挑战性，其设计应充分展示创业者挖掘市场的潜力。此部分主要包括以下内容：

1）客户是谁。
2）营销计划。
3）营销手段。
4）定价。
5）营销团队。

第八章 研究与开发

任何技术及产品都有一定的生命周期，为保持企业的生命力，实现长期发展的目标，创业企业必须考虑研究与开发的问题，而研究与开发的关键是创新与发展的能力。因此，商业计划书对研究与开发的叙述要突出创业企业的创新与发展能力。此部分内容主要包括：

1）研发计划。
2）研发人员。
3）合作单位。

第九章 财务分析

在商业计划书的财务分析中，不仅要有一份良好的财务记录，还要突出预计的盈利能力和良好的现金流，并详细说明资金的筹集情况和使用计划，增强投资者对投资资金的信心。此部分内容主要包括：

1）财务模型。
2）目前的财务状况。
3）3年财务预测。
4）资金的流入与流出。
5）融资计划。
6）资金流向。

第十章 风险控制

风险是任何企业都无法回避的问题，商业计划书应对公司可能遇到的各种风险做出实事求是的分析，使得整个创业计划更客观。同时，还要提出一些风险防范措施。此部分内容主要包括：

1）竞争优势分析。
2）风险分析。
3）风险的控制。

第十一章 风险资本的退出

一般情况下，风险投资属于权益性投资，投资退出的方式是风险投资家非常重视的方面。创业者只有精心设计一个兼顾各方利益、有利于投资者的退出方式，才能提高获得风险投资的可能性。此部分应包括以下内容：

1）股权交易。
2）回购。
3）上市。

第十二章 附录

附录是商业计划书的一个重要组成部分，是正文的重要补充。

5.4 项目评估

5.4.1 项目评估概述

项目评估指在项目可行性研究的基础上，由第三方（国家、银行或有关机构）根据国家颁布的政策、法规、方法、参数和条例等，从项目（或企业）、国民经济、社会角度出发，对拟建项目建设的必要性、建设条件、生产条件、产品市场需求、工程技术、经济效益和社会效益等进行全面评价、分析和论证，进而判断其是否可行的一个评估过程。

项目评估是项目投资前进行决策管理的重要环节，其目的是审查项目可行性研究的可靠性、真实性和客观性，为银行的贷款决策或行政主管部门的审批决策提供科学依据。

5.4.2 项目评估的内容和程序

1. 项目评估的内容

1）项目与企业概况评估。

2）项目建设必要性评估。评估项目是否符合国家的产业政策、行业规划和地区规划，是否符合经济和社会发展需要，是否符合市场需求，是否符合企业的发展要求。

3）项目市场需求分析。项目市场需求研究主要研究项目所产出的产品或服务的市场现状及产品服务在市场上的竞争能力等。

4）项目生产规模确定。在必要性评估与市场需求分析的基础上，分析厂址情况、资金筹措能力、技术管理水平和最佳生产规模。

5）项目建设生产条件评估。综合项目的具体情况（如规模经济），主要评估项目的建设条件能否满足正常实施的需要，生产条件能否满足日常生产经营活动的需要。

6）项目工程与技术评估。项目工程与技术评估主要分析工程项目设计的合理性、经济性和安全性。

7）项目的环境影响评价。项目的环境影响评价主要是分析与评价项目对环境和生态平衡的影响程度及种类，审查项目有关环境保护的方案、措施的可行性、环保投资费用的保证程度以及经济的合理性。

8）投资估算与资金评估。投资估算与资金评估主要估算项目总投资额（包括建设投资、流动资金投资与建设期利息等），并制订相应的资金筹措方案和资金使用计划。

9）财务效益分析。财务效益分析主要是判断基本数据的选定是否可靠，主要财务效益指标的计算及参数选取是否正确，推荐的方案是否为"最佳方案"。

10）国民经济效益评价。在财务效益分析的基础上，重点对费用和效益的范围及其数值的调整是否正确进行核查。

11）社会效益评估。对促进国家或地区社会经济发展，改善生产力布局，增加出口替代能力，带来的经济利益和劳动就业效果，提高国家、部门或地方的科技水平、管理水平和文化生活水平的效益和影响等进行评估。

12）项目风险评估。盈亏平衡分析、敏感性分析、项目主要风险因素及其敏感度和概率分析，项目风险的预防措施及处置方案。

13）项目总评估。在上述基础上，得出项目评估的结论，并提出相应的问题和建议。在现实评估中，可以根据项目的性质、规模、类别等对上述内容加以调整。

2. 项目评估的程序

项目评估是一项时间性强、涉及面广、内容复杂的工作，在开展项目评估工作时，一定要合理地组织和有计划地进行。一般地，项目评估的程序可分为制订计划、搜集资料、审查分析和编写评估报告4个阶段。

（1）明确评估对象，制订评估计划

明确评估对象，即确定具体的评估项目，并根据其特点、性质确定在评估中需着重解决的问题。制订计划是开展项目评估的准备阶段。项目评估部门在收到可行性研究报告后，就要组织评估小组、明确人员分工、确定项目负责人，并根据项目性质、特点、评估内容和时间要求制订切实可行的工作计划。

（2）现场调查和搜集资料

现场调查和搜集资料是项目评估的重要工作阶段。它主要是搜集在可行性研究报告中不可或缺的基础数据资料，并对一些重要的数据资料进行重新搜集。当然，现场调查和资料搜集是一项复杂、细致的工作，搜集过程中须注意数据资料的可靠性、准确性。

（3）审查分析

审查分析是对拟建项目的评估向广度、深度发展的工作阶段。进行审查分析，一般应从以下几个方面进行：

1）审查项目的必要性。从宏观上审查项目是否符合国家的产业政策，是否属于重复建设、盲目发展等。

2）审查拟建规模和生产条件。

3）审查设计方案和建设条件。主要是对工艺、设备选择、建筑地点、施工条件和投资来源进行审查，确定项目建设条件是否能够落实、在技术上是否先进可行。

4）审查财务效益、国民经济效益和社会效益，对各项效益指标进行落实和计算。

（4）编写评估报告

编写评估报告是对拟建项目在完成上述各方面审查的基础上，根据调查研究和审查分析的结果，提出决策建议的综合性文件。

5.4.3 项目评估与可行性研究的联系与区别

项目评估与可行性研究是项目前期咨询的两项重要内容，两者既存在着较为密切的联系，又存在明显的区别。

1. 项目评估与可行性研究的共同点

（1）同处于项目投资的前期阶段

可行性研究是继项目建议书批准后，对投资项目在技术、工程、外部协作配套条件、财务、经济和社会上的合理性及可行性所进行的全面、系统的分析和论证工作；项目评估则是在项目决策之前对项目的可行性研究报告及其所选方案所进行的系统评估。它们都是项目前期工作的重要准备，都是对项目是否可行及投资决策的咨询论证工作。

（2）出发点一致

项目评估与可行性研究都以市场研究为出发点，遵循市场配置资源的原则，按照国家有关的方针政策，将资源条件同产业政策与行业规划结合起来进行方案选择。

（3）考察的内容及方法基本一致

项目评估与可行性研究应当运用同一价值尺度，即运用国家统一颁布的评价方法、技术标准、经济参数及有关的定额资料等，对项目各方面的因素和条件进行测算、验证、衡量和比较，形成抉择性建议。另外，两者考察的基本内容也应是相通的，即都要从国情和实际出发对产品进行市场研究，判断项目是否有存在的必要；评价项目的工艺技术方案，核实项目的生产建设条件是否具备、技术上是否可行；进行财务和经济效益分析，预测项目效益，判断项目在经济上是否合理。

（4）目的和要求基本相同

两者的目的均为提高项目投资科学决策的水平，提高投资效益，避免决策失误，都要求进行深入、细致的调查研究，进行科学的预测分析，实事求是地进行方案评价，力求资料来源可靠、数据准确、结论客观公正。

2. 项目评估与可行性研究的区别

（1）承担主体不同

项目的可行性研究由项目业主主持，项目业主可以把这项工作委托给专业的设计单位或咨询机构，但受托的这些单位与机构只对项目业主负责。而项目评估由投资决策机构或者贷款金融机构负责，这些机构也可以把这项工作委托给专门的咨询机构去做，评估的主体是投资决策机构。可行性研究的具体执行者一般由建设单位、设计院或者咨询公司承担；项目评估的具体执行者一般是贷款银行或建设主管部门委托的工程咨询公司。为保证项目决策前的调查研究和审查评价活动相对独立，应由不同的机构分别承担这两项工作。

（2）评价的角度不同

可行性研究一般从企业（微观）的角度考察项目的盈利能力，决定项目的取舍，侧重讲求投资项目的微观效益。国家投资决策部门主持的项目评估，主要从宏观经济和社会的角度评价项目的经济效益和社会效益，侧重项目的宏观评价。贷款银行对项目进行的评估，则主要是从项目还贷能力的角度，评价项目的融资主体（借款企业）的信用状况及还贷能力。

（3）分析的侧重点不同

可行性研究既重视技术方面的论证分析，又重视经济方面的论证分析；项目评估侧重经济效益方面的论证分析。两者在项目投资决策过程中的目的和任务不同：可行性研究除了对项目的合理性、可行性、必要性进行分析论证外，还必须为建设项目规划多种方案，并从工程、技术经济方面对这些方案进行比较和选择，从中选出最佳方案作为投资决策方案；项目评估一般可以借助可行性研究的成果，并且不必为项目设计多个实施方案，其主要任务是对可行性研究报告的全部内容进行系统的审查、核实，并提出评估结论和建议。

（4）在项目投资决策过程中所处的时序和作用不同

可行性研究在前，项目评估在后。项目评估是在建设单位提交可行性研究报告后才进行的，它以可行性研究报告为基础，对项目是否可行做出论证。从服务对象和地位方面考察，可行性研究为业主服务，是业主投资决策的依据；项目评估为决策机构服务，实际上是可行性研究的再研究，是可行性研究的延续和深化，其目的在于决策，通常比可行性研究更具有权威性。因此，项目业主的最终决策可能会受到项目评估的影响，特别是业主的资本金不够充裕需要向银行贷款时。

（5）分析角度不同

可行性研究主要从企业角度去估量项目的盈利能力，决定项目之弃取，侧重于投资项目的微观经济效益。可行性研究一般由建设单位和设计部门承担，故带有业主或主管部门的意图。而决策机构所做的项目评估，必须对项目的微观效益和宏观效益都进行考察。因此，在可行性研究的基础上开展项目评估，必须再将微观问题放到宏观中去权衡。项目评估一般由咨询公司或贷款银行承担，他们站在国家、社会的角度去看问题，故能比较客观、公正。

总之，项目的可行性研究和项目评估是项目投资决策过程中的两个基本步骤，一前一后，相辅相成，缺一不可。两者在决策过程中的关系是：可行性研究为项目评估提供工作基础，项目评估对可行性研究做进一步的分析和论证,是可行性研究的延续和再研究。

5.4.4 项目评估报告大纲

项目评估报告大纲包括3个方面的内容。
(1) 项目概况
1) 项目的基本情况。
2) 综合评估结论。即提出是否批准或可否贷款的结论性意见。
(2) 详细评估意见
(3) 总结和建议
1) 存在或遗漏的重大问题。
2) 潜在的风险。
3) 建议。

5.5 项目评审、核准和备案

行政审批可以采取多种方式,其基本形式有审批、核准和备案3种。长期以来,政府投资管理的重点多放在微观层次特别是项目审批上,存在政府管得太宽、太细,政府投资浪费现象严重,政府部门之间的协调机制不顺,缺乏严格的监督机制,企业投资决策自主权未完全落实,投资法规不健全等弊端。

投资管理的重点过多放在项目审批上,实际上是政府代替企业进行投资决策,既不利于充分发挥市场配置资源的基础性作用,而且占用了大量的时间和精力,难以集中力量进行投资调控,导致投资管理效率较低。

2004年7月16日,国务院颁布了《国务院关于投资体制改革的决定》(以下简称《决定》)。《决定》对深化投资体制改革的指导思想、目标和改革的重点进行了明确的阐述,对传统的投资项目审批制度进行了重大改革,将企业投资项目审批制改为核准制和备案制,是对企业投资项目行政管理体制改革的重大举措。《决定》提出,改革政府对企业投资的管理制度,按照"谁投资、谁决策、谁收益、谁承担风险"的原则,最终建立起"市场引导投资、企业自主决策、银行独立审贷、融资方式多样、中介服务规范、宏观调控有效"的新型投资体制。

根据上述指导思想和改革目标,这次投资体制改革指出:今后,对企业不使用政府投资建设的项目,无论规模大小,政府均不再审批,区别不同情况实行核准制和备案制,项目的市场前景、经济效益、资金来源和产品技术方案由企业自主决策、自担风险,并依法办理土地使用、环境保护、资源利用、安全生产、城市规划等许可手续和减免税确认手续。对企业投资建设的重大项目和限制类项目,由国务院发布《政府核准的投资项目目录》(以下简称《目录》),实行核准制。企业投资建设《目录》内的项目,只需向政府提交项目申请报告,政府主要从维护经济安全、合理开发利用资源、保护生态环境、优化重大布局、保障公共利益、防止出现垄断等方面进行审查。对《目录》以外的绝大多数企业投资项目,按照属地原则实行备案制。《目录》是根据《决定》确定的原则和经济运行的实际情况制定的,今后还将根据具体情况的变化适时进行调整。另外,《决定》在扩大大型企业集团的投资决策权、引导社会资本、拓宽企业投资项目的融资渠道、规范企业投资行为等方面也明确了改革方向。

核准制与审批制的区别主要体现在3个方面:
1) 适用的范围不同。审批制,只适用于政府投资项目和使用政府性资金的企业投资项目;核准制,则适用于企业不使用政府性资金投资建设的重大项目、限制类项目。

2) 审核的内容不同。审批制,政府同时从社会管理者和投资所有者的角度审核企业的投资项目;核准制,政府只是从社会和经济公共管理的角度审核企业的投资项目,审核内容主要是维护经济安全、合理开发利用资源、保护生态环境、优化重大布局、保障公共利益、防止出现垄断等方面,而不再代替投资者对项目的市场前景、经济效益、资金来源和产品技术方案等进行审核。

3) 审核的程序不同。审批制,一般要经过批准"项目建议书""可行性研究报告"和"开工报告"3个环节,而核准制只有"项目申请报告"一个环节。

从一定意义上讲,实行核准制是我国固定资产投资管理的一项重大制度创新。为保证这一制度的顺利实施,作为《决定》的附件,修正并重新公布了《政府核准的投资项目目录(2014年本)》。

实行备案制,是深化投资体制改革的重要内容。《决定》实施后,对于大多数企业投资项目,政府将不再审批,而是由企业自主决策,按照属地原则向地方政府投资主管部门备案。有效地实行备案制,政府可以全面掌握投资意向信息,及时、准确地监测投资运行情况,适时发布投资信息,引导社会投资方向。按照《决定》的要求,国家将加强对备案工作的指导和监督,既要切实落实备案制度,又要防止以备案的名义变相审批。

《决定》总结了以往的改革经验,广泛借鉴了各地的改革实践,充分吸收了有关方面的意见,从确立企业的投资主体地位、改革政府投资体制、完善投资宏观调控、加强投资监管等方面提出了全面、系统的改革措施,内容丰富,涉及面广。

5.6 ××智能机器人研发项目可行性研究案例[一]

第一章 总论

1.1 项目概况

项目名称:智能机器人研发项目

本项目为智能机器人研发生产项目,主要技术经济指标见表5-1。

1.2 可行性研究报告编制的依据

1) 《中华人民共和国国民经济和社会发展"十二五"规划纲要》。
2) 《建设项目经济评价方法与参数及使用手册》(第三版)。
3) 《工业可行性研究编制手册》。
4) 《现代财务会计》。
5) 《工业投资项目评价与决策》。
6) 国家及××有关政策、法规、规划。
7) 项目公司提供的有关材料及相关数据。

1.3 主要技术经济指标(表5-1)

表5-1 主要技术经济指标

序号	项目名称	单位	数量	备注
一	主要指标			
1	总占地面积	m²	68 778.68	
2	总建筑面积	m²	38 335.25	

[一] 案例来源:本案例参考中国项目工程咨询网(http://www.china-gczx.com/)北京国宇祥国际经济信息咨询有限公司编写的智能机器人研发项目可行性报告改编而成。

(续)

序号	项目名称	单位	数量	备注
3	道路	m²	6 666.70	
4	绿化面积	m²	33 333.50	
5	总投资资金	万元	70 015.10	
5.1	建筑工程	万元	29 813.48	
5.2	设备及安装费用	万元	24 609.90	
5.3	土地费用	万元	0.00	
二	主要数据			
1	年均销售收入	万元	130 909.09	
2	年平均利润总额	万元	28 908.93	
3	年均净利润	万元	24 557.75	
4	年销售税金及附加	万元	950.84	
5	年均增长值	万元	9 508.41	
6	年均所得税	万元	4 351.18	
三	主要评价指标			
1	项目投资利润率	%	41.29	
2	税后财务内部收益率	%	25.12	
3	税前财务内部收益率	%	29.23	
4	税后财务净现值（ic=10%）	万元	73 943.53	
5	税前财务净现值（ic=10%）	万元	79 114.69	
6	投资回收期（税后）	年	5.93	
7	投资回收期（税前）	年	5.48	
8	盈亏平衡点	%	37.56	

1.4 结论

通过对项目选址、项目研发必要性市场预测、项目建设规模、资金筹措方式、不确定性分析等的深入调查研究，结果显示，项目建设区位条件优越，且我国智能机器人研发产业政策及市场需求前景可观，市场潜力较大。投资该产业具有较强的市场可行性、经济收益可行性，该项目的建设不仅可以促进我国新兴智能机器人研发产业的快速发展，还可以有效满足当前市场需求，促进我国低碳环保业及相关产业链快速发展，具有良好的社会效益和经济效益，同时对于促进经济社会可持续发展有着长远的意义。因此，项目的建设是可行的。

第二章 项目开发背景与市场分析

2.1 项目区位概况

本项目厂址选定在广东省××市经济开发区，周围环境及建设条件能够满足本项目建设及发展需要。××市是全国对外开放经济型城市，工业对全市经济增长贡献率为33.4%，其中规模以上工业总产值158.71亿元。

2.2 智能机器人研发市场状况

1. 全球智能机器人研发生产状况

在各国的智能机器人发展中，美国的智能机器人技术在国际上一直处于领先地位，其技术全面、先进，适应性很强，性能可靠，功能全面，精确度高，尤其是视觉、触觉等人工智能技术已在航天、汽车工业中得以广泛应用。日本则得益于一系列的扶植政策，各类机器人包括智能机器人的发展迅速。

欧洲各国在智能机器人的研究和应用方面在世界上处于公认的领先地位。

2. 我国智能机器人研发生产状况

我国的智能机器人研发起步相对较晚，而后进入了大力发展的时期。现今，富士康已经着手工厂自动化方面的准备和制造，计划为装配生产线配备100万套机械设备，是其在自动化生产进程上向前迈进的重要一步。过去的四五年间，我国工业机器人的销量实现了年均25%的速度增长，成为全球最受瞩目的市场之一。

3. 广东省智能机器人研发生产状况

内容略。

2.3 项目SWTO分析

1）优势（Strength）。机器人产业作为高端智能制造的标尺，正在成为"中国制造"的核心和推动我国制造产业升级的原动力，未来必将逐渐替代传统的工业生产。在过去的10年中，我国的工业自动化发展迅速，至2012年，自动化设备市场规模已近千亿。随着市场经济的飞速发展，我国的工业制造业也在向"智"能制造转型，这一过程极大地带动了工业机器人市场需求的增长。根据国际机器人联合会IFR数据，2005—2015年，全球工业机器人的年均销售增长率为9%，而我国达到25%。2012年年底，我国超越韩国成为仅次于日本的全球第二大机器人市场。其中，国家政策对智能机器人的发展推动起到了很大作用，伴随着国家振兴高端装备制造业被列入"十二五"战略性新兴产业规划并得以培育和发展，机器人产业正迎来战略性发展契机。

2）劣势（Weakness）。关键零部件依赖进口，受制于国外，如机械、电气部分的同步带、带轮和运动控制部分的关键芯片、传感器等，高昂的进口费用极易威胁企业的生存状况。且我国机械工业基础略显薄弱，硬件、设备、人才和操作工储备以及管理水平等各方面相对不足，低端技术水平有待改善。

3）机会（Opportunity）。近年来，国内工业机器人装机总量急剧飙升，无疑加速了中国制造业智能时代的到来，制造业用工业机器人取代人力已现端倪。事实上，一方面，基于国际金融危机余波尚存，国内"用工荒"又频频出现的市场大背景，人力成本不断攀升，外部市场给予企业的压力迫使越来越多的企业用工业机器人取代人工作业，从而降低生产成本；另一方面，随着各部门"十二五"规划的陆续出台，工业转型升级赫然位于工信部"十二五"规划之首，高端装备制造业成为未来5年内我国市场重点发展行业已成为业内人士共识。在政策的大力支持下，智能制造行业必将迎来前所未有的市场机遇。

4）威胁（Threat）。高速发展的背后是"中国制造"转型升级的迫切需求。对于中国装备制造业来讲，无论是趋于国际经济形势的逼迫转型，还是出于自身发展的必然需求，企业内部技术的升级及产业结构的调整都是一个贯彻始终的重要问题。据不完全统计，我国机器人拥有量仅是日本的1/5、美国和德国的1/3；从机器人密度（万名员工使用机器人台数）来看，日本是339台，韩国是347台，德国是261台，而我国仅为10台。

在国际上，自动化已然成为制造业发展的趋势，然而对于我国的很多企业来讲，自动化仍是一个新鲜的课题。"中国制造"不应当停留在初级水平，自动化装备核心零部件国产化迫在眉睫。据了解，一旦核心零部件全部实现国产化，自动化设备单机制造成本则可至少降低20%，内资品牌即可在定价上拉开差距。对于国内企业来讲，这既孕育着巨大的机遇，也伴随着严峻的挑战。

第三章 项目实施进度及招投标方案

3.1 建设工期

为尽快加紧该项目施工建设工作，应尽可能利用建筑单位的优势和丰富的工程经验，加快工程建设步伐，力争早日建成投产，发挥其经济效益和社会效益。本项目建设工期共计两年，分两期进行：一期工程从2015年5月开展前期工作，到四季度研发项目开始，2017年二季度完工并实现生产销售。

3.2　工程招投标

1）招标范围。本项目土建工程建设及施工、设备投资、原材料采购均为招标范围。

2）招标组织形式。本项目招标方式应遵守国家基本建设投资招标规定，遵守××审计部门的规定采用委托具有相应资质等级的招标代理公司负责招标。招标时间将在全部设计文件完成并经有关部门办理批准手续后进行公布。

3）招标方式。在以上招标范围的项目，一律采用公开招标。

4）招标公告发布。根据国家招标法，拟在省、市级媒体或其他公开刊物上公开招标信息。

第四章　投资估算与资金筹措

4.1　投资估算编制范围与依据

1. 编制范围

本项目的投资估算范围包括：土地征用拆迁，建设场地总图（道路、给排水、电力电信）、消防、环保、土建工程、配套设施、绿化等费用及与工程相配套的前期工作费用等。

2. 编制依据

1）国家发改委、建设部发布的《建设项目经济评价方法与参数》（第三版）。

2）建筑工程费。

3）设备购置费。

4）其他费用。

4.2　投资估算与资金筹措

本项目固定资产投资 57 284.96 万元，其中建筑工程投资 29 813.48 万元，设备及安装工程投资 24 609.90 万元。本项目采用分项详细估算法进行计算，估计项目达产时需流动资金 55 763.38 万元，其中铺底流动资金 8 922.14 万元。本项目总投资资金 70 015.10 万元，其中项目企业自筹 30 015.10 万元，申请银行贷款 40 000.00 万元。固定资产投资估算见表 5-2。

表 5-2　固定资产投资估算表

序号	工程或费用名称	估算价值（万元）					占总投资的比例
		建筑工程	设备购置	安装工程	其他费用	合计	
1	建筑工程费用	29 813.48			0.00	29 813.48	42.58%
1.1	主要生产工程	22 133.44	0.00	0.00	0.00	22 133.44	31.61%
1.1.1	生产车间	21 333.44				21 333.44	30.47%
1.1.2	辅助车间	800.00				800.00	1.14%
1.2	辅助生产工程	1 280.01	0.00	0.00	0.00	1 280.01	1.83%
1.2.1	物流库房	426.67				426.67	0.61%
1.2.2	产品仓库	426.67				426.67	0.61%
1.2.3	供配电站	160.00				160.00	0.23%
1.2.4	维修车间	266.67				266.67	0.38%
1.3	辅助设施	6 400.03	0.00	0.00	0.00	6 400.03	9.14%
1.3.1	办公楼	2 666.68				2 666.68	3.81%
1.3.2	研发中心	666.67				666.67	0.95%
1.3.3	检测中心	400.00				400.00	0.57%
1.3.4	职工生活中心	1 333.34				1 333.34	1.90%
1.3.5	道路	333.34				333.34	0.48%
1.3.6	绿化	1 000.01				1 000.01	1.43%

(续)

序号	工程或费用名称	估算价值（万元）					占总投资的比例
		建筑工程	设备购置	安装工程	其他费用	合计	
2	设备及安装	0.00	23 438.00	1 171.90	0.00	24 609.90	35.15%
2.1	主要生产设备		23 138.00	1 156.90		24 294.90	34.70%
2.2	办公设备		300.00	15.00		315.00	0.45%
3	无形资产	0.00	0.00	0.00	0.00	0.00	0.00%
3.1	土地费				0.00	0.00	0.00%
4	其他费用	0.00	0.00	0.00	924.40	924.40	1.32%
4.1	勘察设计费				447.20	447.20	0.64%
4.2	施工图审查费				238.51	238.51	0.34%
4.3	建设单位管理费				149.07	149.07	0.21%
4.4	工程建设监理费				59.63	59.63	0.09%
4.5	报告编制费				30.00	30.00	0.04%
	小计（项目1＋项目2＋项目3＋项目4）	29 813.48	23 438.00	1 171.90	924.40	55 347.79	79.05%
5	预备费用				1937.17	1 937.17	2.77%
5.1	基本预备费				1106.96	1 106.96	1.58%
5.2	涨价预备费				830.22	830.22	1.19%
6	建设投资（项目1＋项目2＋项目3＋项目4＋项目5）	29 813.48	23 438.00	1 171.90	2 861.58	57 284.96	81.82%

第五章 财务分析与经济评价

5.1 销售分析

考虑到投资回收及销售操作，项目按一个销售周期销售。本项目研发完成后将开始销售，预计年均销售收入为 130 909.09 万元，年销售税金及附加为 950.84 万元，年增值税为 9 508.41 万元。

5.2 成本分析

成本费用是指项目生产运营支出的各种费用。本项目主要采取要素法测算项目生产成本，按照物料、动力等消耗定额，并以同类企业近几年生产同类产品的经验数据为依据。研发生产项目的主要成本包括外购原辅料、燃料及动力费、财务费、经营成本和总成本费用。经估算，项目年均总成本费用为 91 540.91 万元。

5.3 利润估算及分析

经估算，营业税金及附加为 950.84 万元。

利润估算及分析：项目年均实现利润 28 908.93 万元，投资利润率达 41.29%。具体见表 5-3。

表5-3 损益表

序号	项目	金额（万元）
1	销售收入	130 909.09
2	年销售税金及附加	950.84
3	年均成本费用	91 540.91
4	年增值税	9 508.41
5	年均税后利润	28 908.93

5.4 财务分析

1. 财务状况分析

本项目在整个计算期内将实现年平均利润 28 908.93 万元，项目投入总资金 70 015.10 万元。经测算，项目投资利润率为 41.29%，具有较强的盈利能力和较高的经营收入盈利水平。

2. 投资回收期分析

财务效益分析的目的是考察项目在计算期内所取得经济效益的大小。该项目的财务内部收益率为 25.12%，预计投资回收期为 5.93 年。

3. 财务评价结论

项目投资利润率达 41.29%，财务内部收益率达 25.12%，具有较强的盈利能力。因此，从财务角度看，项目是可行的。

5.5 不确定性分析

本项目的投资利润率达 41.29%，税前财务内部收益率达 29.23%，远高于银行利率，融资没有风险。项目的投资回收可靠性强，不会造成资金回收的风险。因此，项目风险不大。表 5-4 是对销售价格、原材料成本、销售数量、流动资金和建设投资进行的敏感性分析，结果表明项目的抗风险能力较强。因此，项目是可行的。

表 5-4 敏感性分析

不确定因素	变化率	内部收益率	净现值（万元）
销售价格	10%	29.32%	89 896.32
	5%	28.47%	82 935.41
	0	25.12%	73 943.53
	−5%	18.69%	68 935.41
	−10%	15.74%	61 991.92
原材料成本	10%	23.05%	66 795.17
	5%	21.40%	70 837.04
	0%	25.12%	73 943.53
	−5%	28.00%	76 920.78
	−10%	33.00%	83 962.65
销售数量	10%	32.00%	86 765.90
	5%	29.00%	78 822.41
	0%	25.12%	73 943.53
	−5%	22.00%	71 935.41
	−10%	18.00%	69 991.92
流动资金	10%	24.03%	74 764.85
	5%	24.05%	74 764.85
	0%	25.12%	73 943.53
	−5%	26.03%	72 764.85
	−10%	26.01%	72 764.85
建设投资	10%	25.91%	72 774.63
	5%	25.73%	73 326.77
	0%	25.12%	73 943.53
	−5%	23.52%	74 431.05
	−10%	22.51%	75 983.19

5.6 综合效益评价结论

经济评价结果汇总见表 5-5。

表 5-5　经济评价结果汇总表

序号	项目名称	单位	数据和指标
一	主要数据		
1	年销售收入（含税）	万元	130 909.09
2	年平均利润总额	万元	28 908.93
3	年销售税金及附加	万元	950.84
4	年增值税	万元	9 508.41
5	项目总投资	万元	70 015.10
二	主要评价指标		
1	项目投资利润率	%	41.29
2	税后财务内部收益率	%	25.12
3	税前财务内部收益率	%	29.23
4	税后财务净现值（ic = 10%）	万元	73 943.53
5	税前财务净现值（ic = 10%）	万元	79 114.69
6	投资回收期（税后）	年	5.93
7	投资回收期（税前）	年	5.48
8	盈亏平衡点	%	37.56

由以上经济指标可以看出，项目年均销售收入 130 909.09 万元，年均利润总额为 28 908.93 万元，投资利润率为 41.29%，税后财务内部收益率 25.12%，高于设定的基准收益率 10%。盈亏平衡分析和敏感性分析说明，项目虽可能面临单价波动以及经营成本带来的风险，但从财务评价的角度来看该项目可行。

第六章　社会评价

6.1　项目社会影响分析

本项目集智能机器人研发、生产、销售于一体，满足经济发展和居民生活需求，具有良好的社会经济影响。

1）就业方面，可提供大量就业岗位。同时，本项目具有高带动性，其发展可间接带动智能家居等相关行业的发展。

2）项目实施对居民收入和生活水平的影响。该项目实施后，可在一定程度上提高当地居民的生活质量。

3）项目实施对全国经济的影响。由于项目具有高度关联性与带动性，项目研发将推动我国 AI 技术的发展，同时对该区域经济发展起到良好的促进作用。

6.2　项目与项目所在地互适性分析

通过分析项目本身特性和项目实施和营运可能对××市及周边地区带来的社会经济影响，不难看出，项目自然会与当地形成良好的互适应性。

1）同利益群体对项目的态度及参与程度。项目实施可提供大量就业岗位，社会效益良好，当地群众都持支持态度，参与程度高。

2）国家大力支持 AI 技术研发，各级地方政府大力支持当地产业发展，为项目的建设和实施提供良好的条件。

3）本项目与地区文化状况相适应。

6.3　社会风险分析

本项目符合当地居民的利益要求，产生、激化社会矛盾的因素较少，但在研发过程中仍存在技术风险和市场风险。因此，该项目在研发过程中将采用先进的生产管理理念、先进的制造工艺技术、完善的质量检测体系，使产品达到国内外领先水平；项目公司将仔细研究消费市场的特点，加强产品开发的力量，充分利用现有信息渠道，加强对市场反馈信息的研究和整理，确保项目顺利实施。

6.4 社会评价结论

从前述分析可知，项目的实施可在促进就业、提高生活水平、带动周围经济发展等方面发挥巨大作用，民众、地方各级政府都对本项目持支持态度，且项目与地区互适性强，虽然存在一定的市场风险，但从总体来说，社会效益突出，应予大力支持，争取早日实施发挥效益。

第七章 结论与建议

7.1 结论

通过对建设场地的区位、项目建设的必要性、市场预测、项目建设规模、资金筹措方式等的深入调查研究，得出如下结论：

1）项目建设有利于改变我国智能机器人相对落后的格局，为智能家居带来新的发展理念；项目的研发生产发展规划，对推进××市工业发展具有积极的作用。

2）项目建设场地周围的城市配套基础设施比较齐全，有利于提供经济可靠的水电、通信、交通、消防安全等建设条件。

3）项目的前期工作比较扎实，支持项目顺利建设的法律文件和手续等基础资料齐全。

4）资金筹措和来源基本落实。自有资金基本到位，银行贷款得到承诺。

5）项目建设的各项经济效益、社会效益等指标，均满足国家发改委、建设部关于项目建设的可行性研究技术参数的要求。

根据以上各个方面的研究成果，经过综合评估认定：本项目研究内容设计完整、合理，建设思路清晰，目标任务明确，方案合理可行；在规划设计、选址位置、投资规模、建设方案等方面都较为科学合理，经费预算合理；项目建设经济效益与社会效益可观。

7.2 建议

本项目可行性研究报告被批复后，应抓紧进行项目后期建设及规划设计工作，以先进的理念落实好项目投资、技术开发、设备采购等事宜，准备好充足的资金加快项目进度，以时间争效益，尽快组织实施。

1）抓紧按规定和有关程序做好工程建设前期准备工作，按计划落实项目建设资金，确保工程顺利实施。

2）高度重视项目的研发规划设计，做好多方案比选，坚持"以人为本"，确保项目成果能够更好地服务生活，同时应尽可能地节约成本，保证人人都能购买。

3）厂房建设中引进竞争机制，通过招标形式择优选择施工企业与设备供应商，以最合理的费用保证建设项目的工程质量和工程进度。

4）进一步加大建设资金的筹资力度，密切与股东交流和银企联系，确保资金如期到位和项目顺利实施。

第 6 章　项目融资与 PPP 模式

本章要点

项目融资作为一种特殊的融资方式，因其具有风险共担、有限追索等特点而受到欢迎和使用。本章在对项目融资的概念、主要参与方、项目融资模式以及与公司融资的比较等进行阐述的基础上，对目前最为流行的项目融资模式——PPP 模式进行详细介绍，并对项目融资中存在的系统风险和非系统风险及其管理加以阐述。

6.1　项目融资概述

6.1.1　项目融资的定义

项目融资（Project Financing）是一种与公司融资（Corporate Financing）方式相对应的融资方式。它以项目公司为融资主体，以项目未来收益和资产为融资基础，由项目参与各方共担风险，是一种具有有限追索权性质的特定融资方式。

项目融资简单示意图如图 6-1 所示。在项目融资中，应至少有项目发起人、项目公司和贷款人三方当事人。

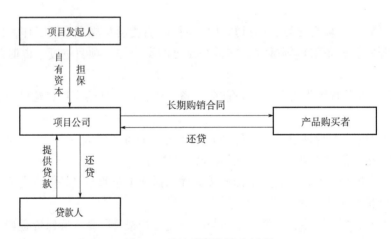

图 6-1　项目融资简单示意图

项目发起人是项目的实际投资者，也称为项目投资者。它可以是单独一家公司，也可以是由多家公司组成的投资财团。项目融资中一个普遍的做法是成立一个单一目的的项目公司，发起人在该公司中拥有股份，其性质类似于控股公司。项目发起人是项目融资中的真正借款人，一般需要以直接注资或间接担保的形式为项目公司提供一定的信用支持。

项目公司是由项目投资者按照股东协议（或称合资协议），根据《中华人民共和国公司法》及其他法律的有关规定在中国境内注册并设立的，其主要法律形式包括有限责任公司和股份有限公司。投资者通过持股拥有公司，并通过选举任命董事会成员来对公司日常运营进行管理。项目公司以公司法人身份进行融资并承担相关责任，它是项目的直接主办人，直接参与项目投资和项目管理，直接承担项目债务责任和项目风险。作为独立法人，项目公司拥有管理和处置公司资产的一切权利，并承担一切相关的债权债务责任，在法律上具有起诉权和被起诉权。

项目融资中的贷款人主要包括各大商业银行，租赁公司、财务公司、投资基金等非银行金融机构，国家政府的出口信贷机构及有资金盈余的企业等。项目融资责任可以由单独一家商业银行承担，但考虑到资金实力和项目所需的庞大资金投入，则往往通过采用银团贷款的方式来完成。根据贷款规模和项目风险，参与银团贷款的银行可达几十家甚至上百家。通过组织银团贷款的方式可以弥补一家银行资金不足的短板，并分散减小每家银行在项目中承担的风险。

6.1.2 项目融资与公司融资的区别

项目融资是一种与传统公司融资相对应的特定融资方式，二者的主要区别见表6-1。

表6-1 项目融资与公司融资的比较

内 容	项 目 融 资	公 司 融 资
融资主体	项目公司	项目发起人
还款基础	项目的未来收益和资产	项目发起人和担保人的信用
贷款银行的追索权	对项目发起人的有限追索	对项目发起人的全额追索
风险承担者	项目参与各方	项目发起人
债务影响	不进入项目发起人的资产负债表，不影响其信用度	进入项目发起人的资产负债表，并影响其信用度
贷款技术	复杂	简单
项目周期	比较长	比较短
融资成本	较高	较低
贷款人对项目的管理权	参与项目管理	不参与项目管理
典型负债率	70%~90%	40%~60%

1. 融资主体和还款基础有别

项目融资的主体是项目公司，而不是项目发起人。项目公司不是依赖项目发起人的信用和资产，而是以项目本身的未来现金流量和资产状况作为举债和还贷基础。相应的贷款人则是将项目公司的资产及项目完工投产所创造的经济效益作为放贷考虑的基础，但因项目贷款人的基本保障是项目未来的现金流量和资产而不是项目发起人以往的财力和资产，故其出于对自身安全的考虑，需要对项目的谈判、建设、运营进行全程的监控。与此相对应，传统公司融资的主体是项目发起人，其融资和还贷的基础是自身的资产状况、信誉以及相关单位为其提供的担保。

2. 融资追索权性质有别

追索权是指借款人未按期偿还债务时，贷款人要求借款人用除抵押资产之外的其他资产偿还债务的权力。对于传统的公司融资方式，贷款人提供的是具有完全追索权的资金。若借款人无法偿还贷款，则贷款人可对其所有资产行使处置权，以弥补由此而来的损失。而对于项目融资来说，其突出特点是一种具有"有限追索权"或"无追索权"的筹资方式。例如，对于一个工程项目而言，如果采用传统公司融资方式，贷款人为项目借款人提供的是完全追索形式的融资贷款。在这种情况下，借款人的资信等级是贷款人最为关心的事情。而项目融资，贷款人的贷款回收主要取决于项目的经济强度，除了在有些情况或有些阶段贷款人对借款人有追索权之外，在一般情况下，无论项目成功与否，贷款人均不能追索到项目借款人除该项目资产、现金流量以及所承担的义务之外的任何形式的财产。在项目融资中，项目本身的效益是偿还债务最可靠的保证。因此，项目贷款人更加重视对项目效益的考察，注重对项目本身的债务追索。

3. 风险分散能力有别

对传统公司融资而言，因融资风险完全由项目发起人一方承担，故风险分散能力较低，而项目融资则因项目各参与方的风险分担而具有较高的风险分散能力。风险分担是指项目融资普遍建立在多方合作的基础之上，项目参与各方均在自己力所能及的范围内承担一定的风险，避免了由其中的任何一方独自承担全部风险。相比公司融资方式，项目发起人通过项目融资可以达到利用外部债务融通项目大部分资金的目的，从而可以把项目的大部分风险转移给项目贷款人，减少项目发起人所承担的项目风险。当然，对于项目贷款人而言，其风险也只能维持在可接受的水平，因而需要将项目风险合理地分配给项目的各参与方。项目的不同参与方对风险的承受能力可能有很大区别，承受风险的大小取决于他们所希望得到的回报及其风险承受能力。最终，项目融资方式就形成了以项目公司对偿还贷款承担直接责任、项目发起人提供有限担保、由第三方向贷款人提供信用支持的风险分担结构。

4. 资产负债表记录有别

按照传统公司融资方式进行融资时，各种债权债务需要直接记入项目发起人的资产负债表中，从而对其信用度产生直接影响。而与此相反，项目融资方式则具有债务屏蔽功能。债务屏蔽是指在项目融资中通过对投资结构和融资结构的设计把项目债务的追索权限制在项目公司中，从而避免对项目发起人的资产负债表产生影响。项目融资是一种非公司负债型融资（Off-Balance Finance），也称为资产负债表外的融资，即项目的债务不表现在项目发起公司的资产负债表中。项目融资的非公司负债型融资特征使得项目发起公司能够以有限的财力进行更多的投资，且达到将投资风险分散和限制在多个项目之中的目的。

5. 融资周期长短有别

在传统公司融资中，通常因规模较小使得融资周期相应变短。但由于项目融资所涉及的资金量和风险都比较大，所以项目评估应该慎重而延长。在项目谈判中，由于要协调项目各参与方的不同利益，而有关风险分担的每一细节又必须在合同中加以详细规定，因而谈判的时间也会延长。同时，项目实施由于规模庞大也相应使项目周期延长。总体下来，使得项目周期比较长，一般都需要经历几年甚至十几年的时间。项目融资耗时长短对项目的成败有着重要的影响，如耗时过长会徒增直接成本，还有可能错过市场和其他机会，造成更为严重的经济损失。因而，大型项目融资一般是随着项目建设的进程，在项目的生命周期内分阶段、多渠道、多形式地筹集资金。

6. 融资成本高低有别

由于贷款人在项目融资中承担了较高的风险，所以项目融资贷款所要求的利率要高于传统的公司融资，而融资过程中烦琐的程序、各种担保与抵押等因素都增加了项目融资的费用。在项目营运期间，可能还需要花费额外的费用监控施工进展、运营及贷款的使用，令项目融资的成本大大上升。

7. 负债能力强弱有别

与传统公司融资方式相比，项目融资可以增强项目债务的承受能力。通过对项目融资结构的设计，建立复杂的多边担保体系，使得对项目潜在的风险会有较为清醒的认识，进而可以排除许多风险和不确定因素。由于项目融资主要依赖于项目的现金流量和资产安排融资，而不是依赖于项目发起人或投资者的资信，故而对于有些投资者很难筹措到的资金可以利用项目融资安排，难得到的担保条件可以通过组织项目融资实现。因此，采用项目融资一般可以获得比传统方式更高的贷款比例。一般来说，项目风险越大，资本金比例应越高。例如，公路项目因车流量难以预测，资本金一般应达到40%~50%，而常规火力发电厂项目的资本金超过15%即可。通常而言，项目融资可以为项目提供65%~

75%的资本金,而某些项目甚至可以获得100%的融资。

6.1.3 项目融资模式

1. 生产支付和预先购买模式

生产支付(Production Payment)是项目融资的早期形式之一,起源于20世纪50年代。贷款银行从项目中购买到一个特定份额的生产量,这部分生产安排量的收益也就成为偿还项目融资本息的主要资金来源。因此,生产支付的特点是以拥有项目的产品和销售收入,而不是通过抵押或权益转让的方式来实现融资的信用保证。该融资模式适用于资源贮藏量已经探明并且项目生产的现金流量能够准确计算的项目。

一般来讲,生产支付融资模式具有如下几个特点:

1)所购买特定份额的生产量及其销售收益是用于支付各种建设成本和债务还本付息的唯一来源。因此,比较容易将融资安排成无追索或有限追索的形式。

2)融资期限短于项目的实际经济生命期。

3)在生产支付融资结构中,贷款银行一般只为项目建设所需的资本费用提供融资,而不提供用于项目经营开支的资金,并且要求项目投资者提供最低生产量、最低产品质量标准等方面的担保。

预先购买模式具有生产支付的许多特点,是更为灵活的项目融资方式。其灵活性表现在贷款人可以成立专设公司,这个专设公司不仅可以购买规定数量的未来产品,还可以直接购买这些产品未来的现金收益。项目公司交付产品或收益的进度,将与规定的分期还款、偿债计划相配合。

2. 融资租赁模式

租赁是一种承租人可以获得固定资产使用权而不必在使用初期支付其全部资本开支的一种融资手段。在发达国家中,相当多的大型项目通过融资租赁方式来筹措资金。常见的融资租赁形式是:当项目公司需要筹资购买设备时,由租赁公司向银行融资并代表企业购买或租入其所需设备,然后租赁给项目公司。项目公司在项目营运期间以营运收入向租赁公司支付租金,租赁公司以其收到的租金向贷款银行还本付息。

融资租赁具有比较高的灵活性。项目融资中采用融资租赁主要是出于以下两方面的考虑:第一,融资租赁可以通过厂房和设备的折旧为项目发起方带来资本让税,从而降低项目总成本;第二,由于在融资租赁中租赁资产的所有权没有发生转移,仍在贷款人的掌握之中,因此债权人对租赁资产比较放心,从而降低了贷款风险。

租赁期结束后,出租人基本上可以收回成本并取得预期的商业利润,租约通常也可以在最低租金水平上延续相当长一段时间,当然租约一般不会规定项目公司具有购买权,而很有可能规定项目公司作为唯一代理人在租约期满时可按照出租人同意的价格销售资产,大部分销售收入将返还给项目公司作为销售代理费。

3. 世界银行贷款项目的联合融资模式

世界银行贷款项目的联合融资(Co-financing)是由世界银行对同时为其所放贷资助项目提供商业性贷款的其他贷款人提供必要担保,以鼓励国外资本(尤其是那些长期、低息的国外私人资本)流向发展中国家的基础设施部门,加强发展中国家在国际金融市场上的筹资能力的一种融资方式。世界银行对其担保的联合融资收取一定的担保费,并要求借款国政府反担保。

4. 资产证券化模式

资产证券化模式(Asset Backed Securitization,ABS),是以项目所属资产为支撑的证券化融资方式,即它是以项目所拥有的资产为基础,以项目资产可以带来的预期收益为保证,通过在资本市场发行债券筹集资金的一种项目融资方式。目前,资产证券化的资产以金融资产为主,如美国的住宅抵押贷款、汽车贷款、信用卡贷款、应收账款等。在资产证券化项目融资中，债券的筹集成本与信用等级密切相关，发行债券机构的信用等级越高，表明债券的安全性越高、债券利率越低、债券的投资级别越高。例如，根据标准普尔公司的信用等级方法，信用等级 AAA、AA、A、BBB 为投资级，债券的信用等级只有达到 BBB 以上才具有投资价值，才能在证券市场上发行债券筹集资金。因此，利用证券市场筹集资金一般都希望进入高档投资级证券市场，但是那些不能获得权威性资信评估机构较高级别信用等级评估的企业和其他机构往往不能进入高档投资级证券市场。

5. PPP 融资模式

PPP 是 Public-Private Partnership 的缩写。狭义的 PPP 是公共部门和私人部门合作中一系列项目融资模式的统称，如 BOT（建设-运营-移交）、BOO（建设-拥有-运营）和 TOT（转让-运营-移交）等，更加侧重公共部门和私人部门合作项目的运作模式、风险分担机制、投融资职能分配和项目监控评估等方面。财政部将 PPP 定义为政府部门和社会资本在基础设施及公共服务领域建立的一种长期合作关系，属于广义 PPP 的范畴。根据财政部发布的操作指南，社会资本是指已建立现代企业制度的境内外企业法人，但不包括本级政府所属融资平台公司及其他控股国有企业。PPP 模式适用于政府、社会资本和其他参与方开展政府和社会资本合作项目的识别、准备、采购、执行和移交等活动。这种融资方式的特点是借助社会资本投资建设原来要由政府投资的基础设施和公共服务领域项目。近年来，PPP 已成为国际上较为流行的由私有资金参与国家公共基础设施建设的一种融资模式，对此本章将在最后一节做详细探讨。

6.1.4 项目融资模式的设计原则

1. 有限追索原则

项目融资模式设计的首要基本原则是实现对项目投资者的有限追索。项目融资的追索形式和追索程度因项目经济强度、投资规模、投资结构、财务状况、生产技术实力、市场运作能力和所处行业的风险系数等因素的不同而不同。在项目融资模式设计中遵循有限追索原则，需要考虑以下 3 个方面的问题：①在正常情况下，项目的经济强度能否支持融资债务的偿还；②能否找到除投资者之外的强有力的信用支持；③对于融资结构的设计可否做出适当技术处理。

2. 风险分担原则

项目融资模式设计需要确保投资者不承担项目的全部风险责任，即遵循风险分担的原则。该原则的关键是在投资者、贷款银行以及其他各类利益相关者之间实现项目风险的有效划分，如通过合理的融资模式设计可以将项目中各种性质的风险加以分散。在项目建设期和试生产期，项目投资者可能需要承担主要的甚至是全部的风险责任；在项目建成投产后，则主要风险将被限制或转移。同样，恰当的投资结构和融资结构可以使贷款银行和一些利益相关者承担一定的风险责任，以起到很好地分担市场风险的作用。

3. 成本降低原则

以最低的成本获取最大的收益是所有市场主体的追求，所以在项目融资模式设计过程中同样遵循成本降低原则。大型工程项目的资本密集度高、建设周期较长，建设前期通常会产生数量较大的税务亏损。根据税法关于企业税务亏损结转问题的相关规定以及政府为发展经济而制定的一系列税务优惠政策，可以考虑利用这些税务亏损降低项目的投资成本和融资成本。这主要从项目的投资结构和融资结构两个方面着手考虑，采用更为有效的结构改变税务流向问题以弥补税务亏损，进而降低项目的资金成本。可见，适当的项目融资模式设计可以在一定程度上实现融资成本的有效降低。

4. 项目融资与市场安排相结合原则

项目融资与市场安排之间是互为基础和互为前提的关系。长期的市场安排是实现项目融资的信用基础，否则项目融资很难组织；合理的市场安排和市场价格是保证投资活动收益的前提。该关系体现在市场公平价格的确定上，对于贷款银行来说，低于公平价格的市场安排意味着银行将承担更多的风险；而对于项目投资者来说，高于公平价格的市场安排则意味着项目融资利益的缺失。可见，体现项目融资和市场安排相结合的公平价格的确定至关重要。对于投资者来说，最大限度地实现融资利益与市场安排利益相结合是项目融资设计应遵循的一个重要原则。

5. 近期融资战略和远期融资战略相结合原则

与项目周期相对应，项目融资可以分为近期融资战略和远期融资战略。在长期和短期之间，如果影响项目融资的各种基本因素变化不大，则项目融资结构将可以长期保持不变；但当某些因素朝着有利于投资者的方向发生较大变化时，就会产生重新安排项目融资结构的需要，以降低融资成本。所以，在进行项目融资模式设计时，投资者需要明确选择某种项目融资方式的目的，同时对重新融资问题加以考虑，以兼顾近期融资战略和远期融资战略。

6. 融资结构最优化原则

项目融资结构是指在项目融资中，诸如资金来源、融资方式、融资期限、利率等构成要素的组合方式。项目融资结构的优化需以融资成本和效率为标准，确保各构成要素的多元化和合理化。项目融资模式的设计应注意内部筹资和外部融资、国内融资与国际融资相结合，直接融资与间接融资相结合，兼顾短期融资与长期融资，规避在资金来源、融资方式、融资期限和利率等方面的单一性，以减少融资风险、降低融资成本，进而提高融资的效率和效益。具体而言，该最优化原则又包括：

1）融资方式种类结构最优化。适当选择使资金来源多元化。
2）融资成本结构最优化。通过多元化的资金来源，多方协商争取最低的融资成本。
3）融资期限结构最优化。保持一个相对平衡的债务期限结构，尽可能使债务与清偿能力相适应，体现均衡性。
4）融资利率结构最优化。当资本市场利率水平相对比较低且有上升趋势时，应尽量争取以固定利率融资，以避免利率浮动升高可能带来的损失；反之，当市场利率处于相对比较高的水平且有回落趋势时，就应考虑用浮动利率签约。
5）融资货币币种结构最优化。融入资金的币种应能与筹资项目未来收入的币种相吻合，即现在所筹集的资金货币就是将来的还款货币。同时，要把握软硬货币的比例关系。
6）融资方式可转换性原则。公司在筹集资金时，应充分考虑筹资调整弹性，即筹集方式相互转换的能力。应选择转换能力较强的融资模式，以避免或减小风险。

6.2 项目融资风险管理

在项目融资中，项目参与各方谈判的核心问题之一就是各方对风险的合理分配和严格管理，这是项目能否成功的关键。由于项目融资具有有限追索或无追索的特点，所以对于借款方而言风险大大降低了，但就项目本身而言风险依然存在。所以，为了保障项目各参与方的利益，识别、评估项目中存在的风险，制定相应措施、编制风险管理计划并付诸实施是十分必要的。

通常，在项目融资中存在两类风险：一类与市场客观环境有关，是超出项目自身控制范围的风险，属系统风险；另一类则是可由项目实体自行控制和管理的风险，即非系统风险。系统风险与非系统风险之间并没有绝对的界限。

项目融资风险种类如图6-2所示。

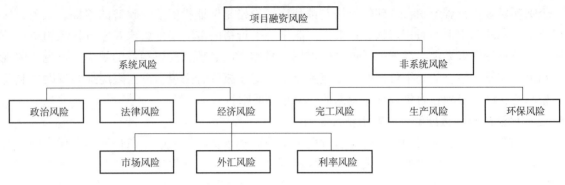

图 6-2 项目融资风险种类

6.2.1 系统风险及其管理

1. 系统风险的类型

系统风险主要包括政治风险、法律风险和经济风险。

(1) 政治风险

政治风险是指由于各种政治因素,如战争、国际形势变幻、政权更替、政策变化等,所导致的项目资产和收益受到损害的风险。政治风险的大小与一国政府的稳定性及政策稳定性密切相关。政治因素的变化难以预料,因此,由此而造成的风险也往往很难避免。主要的政治风险可能来自于项目需要政府许可证、特许经营权或其他形式的批准,项目本身对国家的基础设施或安全产生重要影响,项目对东道国政府的社会政策或国际形象有重大影响等。

(2) 法律风险

法律风险是指东道国法律变动或法制法规不健全而给项目带来的风险。此类风险主要体现在以下几个方面:

1) 没有完善的法律体系来解决项目融资过程中出现的纠纷,或是不能为项目融资提供相应的法律保证。

2) 东道国没有独立的司法制度,各方面的干预使得法律体系不能有效执行法院的裁决结果。

3) 根据东道国的法律规定,项目发起人不能有效建立项目融资的组织结构和进行正常的项目经营。

4) 东道国法律法规时有变动。法律的健全与否是影响项目成败的非常重要的风险因素之一,东道国法律的变动会改变对各参与方的约束,进而改变各参与方的地位,从而带来法律风险。

(3) 经济风险

经济风险包括市场风险与金融风险两大类。

1) 市场风险。项目最终产品的市场风险主要由价格风险、竞争风险和需求风险 3 个方面组成。项目公司必须直接面对市场风云变幻的挑战,除了存在价格、竞争、需求等风险因素之外,市场风险还可能存在于项目原材料及燃料的供应方面。项目投产后,原材料及燃料价格的涨跌直接影响项目收益的增减。

2) 金融风险。金融风险包括外汇风险与利率风险。

外汇风险涉及东道国通货的自由兑换、经营收益的自由汇出以及汇率波动所造成的货币贬值问题。境外的项目发起人一般希望将项目产生的利润以本国货币或者硬通货的形式汇往国内,以避免因为东道国的通货膨胀而蒙受损失。而资金投入与利润汇出两个时点之间汇率的波动可能对项目发起方的投资收益产生较大的影响。

利率风险是指在经营过程中，由于利率变动直接或间接地造成项目价值降低或收益受到损失。实际利率是项目借贷款人的机会成本的参照系数。如果投资方利用浮动利率融资，一旦利率上升，项目的融资成本就上升；而如果采用固定利率融资，一旦市场利率下降，便会导致机会成本提高。反之，则相反。

2. 系统风险的管理

（1）政治风险的管理

降低项目政治风险程度的办法之一是政治风险保险，包括纯商业性质的保险和政府机构的保险，后者多为几个主要的发达国家为保护本国投资者在海外投资的利益时常用。在安排项目融资时应尽可能寻求项目所在国政府、中央银行、税收部门或其他有关政府机构的书面保证。此外，还有更微妙的方法可用来减少项目政治风险，如与地区发展银行、世界银行等机构一起安排平行贷款。贷款结构中具有这样的协调机制将减少东道国政府干涉贷款人利益的风险，而在东道国寻找合作伙伴或是银团中的贷款人来自东道国友好的国家，也将极大地降低项目融资中的政治风险。

（2）法律风险的管理

对于项目贷款人来说，管理法律风险最好的办法是在早期通过自己的律师对东道国的法律风险进行系统、彻底的研究。如果可能，最好征求东道国政府法律机构的确认。在一些情况下，可能需要修改东道国的某些法律条款，把针对本项目的新法案作为融资的先决条件。另外，项目公司与东道国政府签订相互担保协议，真正做到互惠互利，在一定程度上也为项目的发起方和贷款人提供了法律保护。

（3）经济风险的管理

能否降低市场风险取决于项目初期能否做好充分的可行性研究。在项目的建设和营运过程中，签订在固定价格或是可预测价格基础上的长期原材料及燃料供应协议和"无论提货与否均需付款"产品销售协议，也可以在很大程度上降低项目的市场风险。

金融风险相对复杂，金融风险中的汇兑风险相对简单，而且一般来讲汇兑风险可能与政治风险与法律风险相关。消除汇兑风险要利用一些金融衍生工具，如汇率期权、掉期交易。利率风险的消除也可以通过金融衍生工具，其条件是资产、负债及收益使用的是可交易的硬通货。常用的消除利率风险的金融衍生工具包括利率期货、期权、掉期、远期利率协议等。

6.2.2 非系统风险及其管理

1. 非系统风险的类型

（1）完工风险

完工风险是指项目无法完工、延期完工或完工后无法达到预期运行标准的风险。完工风险是项目融资的主要风险之一，如果项目不能按照预定计划建设投产，项目融资所赖以依存的基础就受到了根本性的破坏，将导致项目建设成本增加、项目贷款利息负担加重，项目不能按计划取得收益。项目的完工风险主要源于工业技术水平、管理水平的落后。判断完工风险的标准主要是完工和运行标准，即项目需要在规定的时间内达到商业完工的标准，并且在一定时期内保持在这一水平上运行，具体有技术完工标准、现金流量完工标准等。

（2）生产风险

生产风险是在项目生产阶段和生产运行阶段存在的技术、资源储量、能源和原材料供应、生产经营、劳动力状况等风险因素的总称。生产风险直接影响项目能否正常运转，以及能否产生足够的现金流量支付生产费用的还本付息。

项目的生产风险主要包括技术风险、资源风险、生产供应风险、经营管理风险等。

1）技术风险。是指存在于项目生产技术进程中的问题，如项目生产所采用的技术是否为经市场证实的成熟生产技术、是否会被新技术所替代、厂址选择和配套设备是否合适等。

2) 资源风险。有些生产型项目对某种自然资源形成很大的依赖性，因此，项目在生产阶段有无足够的资源保证是一个很大的风险因素。

3) 生产供应风险。项目的正常生产与经营必须有可靠的原材料和能源的供应。

4) 经营管理风险。经营管理风险主要由项目投资者对所开发项目的经营管理能力高低所决定。经营管理者的能力直接影响项目的质量控制、成本控制和生产效率。

(3) 环保风险

近年来，可持续发展成为各国经济发展战略中一个主要的问题，工业对自然环境及生活和工作环境的破坏日益引起社会公众的关注，有关环境保护的立法在世界大多数国家变得越来越严格。对于项目公司来说，要满足日益严格的环保法规的各项要求，就意味着增加项目成本或者增加新的资产投入来改善项目的生产环境，更严重的甚至迫使项目停产。对于项目融资的贷款银行来说，也必须直接或间接地承担环境保护的压力与责任。因此，在项目融资期内可能出现的任何环境保护方面的风险也应该受到足够的重视。

2. 非系统风险的管理

(1) 完工风险的管理

为了限制和转移项目的完工风险，贷款银行通常要求完工风险由工程承建公司提供相应的"完工担保"作为保证。项目公司也可以通过投保来寻求完工保证。几种常用的完工保证形式有：

1) 无条件完工保证，即投资者提供无条件资金支持，以确保项目可以达到项目融资所规定的"商业完工"条件。

2) 债务收购保证，即在项目不能达到完工标准的情况下，由项目投资者将项目债务收购或转化为负债。

其他保证形式还有单纯技术完工保证、提供完工保证基金和最佳努力承诺等。

(2) 生产风险的管理

生产风险的降低与消除可以通过以下方式实现：保证项目公司与信用好且可靠的伙伴，就供应、燃料和运输问题签订有约束力的、长期的、固定价格的合同；项目公司有自己的供给来源和基本设施（如建设项目专用运输网络或发电厂）；在项目文件中订立严格的条款与涉及承包商和供应商的有延期惩罚、固定成本以及项目效益和效率的标准。另外，提高项目经营者的经营管理水平也是降低生产风险的可行之道。

(3) 环保风险的管理

环保风险的管理可以从两个方面同时展开：一方面，在项目建设和运行中，要注意制定有效的环保工作运行机制，建立污染防治设施，定期进行排查、评估，及时进行养护和维修等；另一方面，可以根据对项目公司环保工作状况、环保设施资产的全面评估确定保险方式、额度和费率等，以投保环境责任险。环境责任险是指以因环境污染而应承担的环境赔偿和治理责任为标的的责任险种。它能够分散项目公司的环保风险、保护各参与方的环境利益、强化环境损害的监督机制和减少政府的环境压力。

总之，项目融资风险管理的主要原则是让利益相关者承担风险，通过各种合同文件和担保文件，实现项目风险在各项目参与方之间的合理、有效分配，将风险带来的冲击降至最低。

6.2.3 项目风险的担保

1. 项目担保人

项目担保人包括3个方面：项目发起人、与项目利益相关的第三方担保人、商业担保人。

(1) 项目发起人作为担保人

项目发起人作为担保人是项目融资中最主要和最常见的一种形式。虽然在大多数情况下，项目公司可以用自身的资产作为贷款的抵押，但由于项目公司在资金经营历史等方面的条件一般不足以支持融资，而使得在很多情况下，贷款银行要求用项目公司之外的担保作为附加的债权保证，这种担保责任通常落到了项目发起人身上。如果项目发起人向项目公司提供直接担保，则应该将这种担保至少作为一种负债形式写在资产负债表中。

(2) 与项目利益相关的第三方担保人

利用第三方作为担保人是指在项目的发起人之外寻找其他与项目开发有直接或间接利益关系的机构为项目提供担保，这样可以使得项目发起人将债务放在资产负债表之外或免受贷款条款的限制。同样，第三方担保人也可以从提供担保中得益。能够提供第三方担保的机构可以是有关的政府机构，世界银行、地区开发银行等国际性金融机构，以及与项目开发有直接利益关系的其他机构，如承包商、供应商及产品用户等。

(3) 商业担保人

商业担保人提供两种担保服务，并从中获取利益。第一种是为项目发起人在项目中或者项目融资中所必须承担的义务提供担保，如银行信用证或银行担保等，这类担保服务主要由商业银行、投资公司和一些专业化的金融机构提供；第二种是为意外事件发生提供担保，这类服务一般由各类保险公司提供。

2. 项目融资中风险担保的形式

(1) 项目融资信用担保

项目融资信用担保亦称为人的担保，是一种以法律协议形式做出的，表明担保人向债权人承担一定的义务，如必须承担起被担保人的合约义务或是在担保受益人的要求下立即支付给担保受益人规定数量的资金，而不论债务人是否真正违约。项目融资信用担保的主要形式有：完工担保、资金缺额担保、以"无论提货与否均需付款"协议和"提货与付款"协议为基础的项目担保、安慰信和东道国政府支持。其中，安慰信一般是项目主办方政府写给贷款人，表示支持其对项目公司的贷款。信中一般表明从3个方面对贷款人给予支持，即经营支持、不剥夺资产（没收或国有化）、提供资金。另外，东道国政府支持是指东道国政府可能不是借款人或项目公司的股东，但仍可能通过代理机构进行权益投资或成为项目产品的最大买主或用户。可见，东道国政府的支持对于项目的顺利进行具有很大的意义。

(2) 项目融资物权担保

项目融资中与人的担保相对的是物权担保，物权担保是指项目公司或第三方以自身资产为履行贷款债务提供担保。项目融资物权担保按担保方式又有以下几种形式：

1) 固定担保。按标的物的性质，固定担保分为不动产物权担保和动产物权担保。

①不动产物权担保。不动产指土地、建筑物等难以移动的财产。在项目融资中，一般以项目公司的不动产作为担保标的，而不包含（除非有协议）项目发起方的不动产。

②动产物权担保。动产与不动产相对，可以将其分为有形动产和无形动产两类。有形动产如船舶、车辆、设备、商品等；无形动产如合同、股份和其他证券、应收账款、保险单、银行账户等都可以被借款方项目公司用来作为履行合同的保证。与不动产相比，动产物权担保在技术上更为方便易行，故而在项目融资中被广泛使用。其理由有3个方面：其一，有形动产的价值同不动产价值一样，在项目失败时可大大降低风险；其二，无形动产涉及众多项目参与方，其权利具有可追索性，并且这种追索有合同文件等书面保证；其三，在项目融资中，无形动产担保比有形动产担保更为方便。

2) 浮动设押（Floating Charge）。浮动设押与固定担保不同，后者是指借款方以确定的资产作为还款保证，而前者则是一种把公司资产（包括未来的资产）和经营收益作为担保并获取收益的担保方式，同时公司具有正常经营这些资产的权利。

另外，项目融资中还有消极担保条款、准担保交易、从属债等其他担保方式。

(3) 项目融资担保文件

项目融资文件可分为 3 类：基本文件、融资文件和专家报告。其中，与项目融资担保直接相关的项目文件为：

1）基本文件。包括：各项政府特许经营协议与其他许可证、关于土地所有权的文件、承建商和分包商的履约保函和预付款保函、项目的各种保险合同、原材料与能源供应协议、销售协议。

2）融资文件。包括：

①贷款协议。包括消极保证、担保的执行。

②担保文件。包括对项目基本文件给予权利的享有权，对项目产品销售协议及营业收入等的享有权，对项目公司股份的享有权，对项目现金流量的享有权，对土地、房屋等不动产抵押的享有权，对动产、债务以及在建生产线抵押的享有权等。

3）支持文件。包括：

①项目发起人的支持。还贷担保、完工担保、运营资本合同、现金差额补偿协议保证书和安慰信。

②项目发起人的间接支持。无货亦付款合同、使用合同、或供或付合同、无条件运输合同、供应保证协议。

③东道国政府的支持。许可证、项目批准、特殊权利、免于没收保证、外汇供应保证等。

④项目保险。商业保险、出口信贷担保以及多边机构的担保。

6.3 PPP 模式

6.3.1 PPP 模式的含义及特点

1. PPP 模式的含义

PPP 是 Public-Private Partnerships 的缩写，即"公私合作伙伴关系"。广义的 PPP 泛指公共部门与私人部门在提供公共产品和服务的过程中建立的各种合作伙伴关系；狭义的 PPP 指公共部门和私人部门合作项目一系列融资模式的总称。财政部将 PPP 定义为政府部门和社会资本在基础设施及公共服务领域建立的一种长期合作关系，属于广义 PPP 的范畴。在理解财政部关于 PPP 的定义时需要注意：第一，PPP 中的公共部门明确为政府部门，并未包含其他非政府公共部门（如社会团体、行业协会、民办非企业单位），即财政部关于 PPP 定义中公共部门的范围相对较小。第二，PPP 定义中私人资本范围放大为社会资本，私人资本不再以所有制性质来定义，泛指以盈利为目的的建立了现代企业制度的境内外企业法人。第三，社会资本的范围中排除了本级政府所属的融资平台公司及其他控股国有企业。

2. PPP 模式的特点

PPP 模式在基础设施及公共服务领域起着越来越重要的作用，其主要特点表现在以下几个方面：

（1）可以有效降低项目成本

PPP 项目依靠利益共享、风险共担的伙伴关系，可以有效降低项目的整体成本，实现"物有所值"。PPP 模式下，社会资本方利用其在建设施工、技术、运营管理等方面的相对优势，可以统筹项目建设成本、运营成本、维修成本等，使项目总成本降低。并且，基于 PPP 模式的风险分担方式，项目的总体风险状况得到明显改善。

(2) 可以有效提升时间效率

在传统模式下，项目完工的超时程度受项目大小影响较为严重，项目越大，工程进度延期的程度越高。但在 PPP 模式下，项目全部由项目公司负责，没有发现项目大小对工程进度的显著影响。根据财政部 PPP 模式操作指南，是否能够提高项目总体效率，是判断 PPP 模式是否适用的关键之一。

(3) 可以增加资金来源渠道，提高效率

PPP 开辟了基础设施和公共服务领域项目资金渠道，通过借用社会资本来解决政府基础设施不足、公共服务配套和建设资金短缺的问题，使得政府急需建设而又无力投资的基础设施项目能够提前建设和及时发挥作用。这既能够提高项目运行效率，以满足社会需要，又能够减少政府财务负担和降低负债风险。

(4) 可以使基础设施和公共服务的品质得到改善

在传统模式下，基础设施或公共服务由政府部门单独提供，由于其缺乏相关的项目经验，且由于其在服务提供和监督过程中既当"运动员"又当"裁判员"，绩效监控难以落到实处。在 PPP 模式下，在筹集到巨额资金的同时，也可以带来先进的技术和管理经验，社会资本方有能力提高服务质量。同时，在特定的绩效考核机制下，社会资本方的收入和项目质量挂钩，使得其有意识地提高服务质量。

(5) 合同周期长、交易结构复杂，运作能力要求高

采用 PPP 模式的项目规模大，涉及参与方较多，交易结构关系比较复杂。在项目创建和经营中，资格审查和招投标程序也相对复杂。承包商不仅需要具备很强的融资能力，而且需要拥有很高的项目管理和运作能力。

6.3.2 PPP 模式的结构分析

PPP 模式是一种涉及多个参与方的系列协议关系集，其核心组织是项目公司，是一种由股本投资和借贷资金所形成的股权与债务相混合的产权组织。项目公司通过与项目所在地政府、投资人（财团）、贷款人（财团）、供应商、建筑商、运营商、使用方和保险公司等达成协议，在 PPP 合同内对项目实行一揽子总承包并进行建设和经营，以收回投资、偿还债务并获取利润。PPP 模式的基本结构如图 6-3 所示。

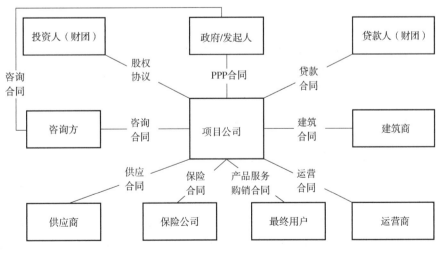

图 6-3 PPP 模式基本结构图

1. 政府/发起人

政府/发起人是指项目所在国政府、机构或其指定的相关公司。在国内，政府和社会资本合作项目由政府或社会资本发起，以政府发起为主。

2. 投资人（财团）

投资人（财团）是项目公司最大的股东，负责为项目提供股本资金，进行融资，承担风险，并从中获取利润。投资人可以是一家公司，也可以是由多个投资者所组成的一家专门的项目公司。其成员通常以项目所在领域具有资金实力和技术管理能力的建筑公司和经营公司为主体，也吸纳其他金融性投资者或项目产品和服务的购买者加入。

3. 项目公司

项目公司是投资人根据项目所在国相关法律法规，按照一定的出资比例发起和创建的。它的形式结构多样，可以是一家公司，也可以而且往往是由多个参与方合资、合作或合营的综合组织。项目公司是全面运行PPP项目的实体，直接承担项目融资、建设和经营，并以项目公司资产状况和未来现金流量作为偿债和盈利的主要保障。

4. 贷款人（财团）

贷款人（财团）是指为PPP模式融资提供建设资金的金融机构，除了包括由商业银行组成的贷款银团之外，还包括出口信贷机构、信托投资公司或地区性开发银行等重要角色。资金筹措是决定PPP模式项目成败的一个关键因素，这取决于项目本身的经济强度、项目公司的资金状况和经营管理能力，当然还要依赖于项目发起人和所在国政府对项目的支持、担保和PPP合同的具体细则。

5. 咨询方

为PPP项目其他参与方提供项目运作的指导和咨询意见，包括尽职调查、编制PPP项目实施方案、编制物有所值评价报告和财政承受能力论证报告、编制招商文件、组织实施招标或竞争性谈判等公开竞争性招商程序、参与商务谈判及协助签订项目特许经营协议等。

6. 建筑商

建筑商也可称为项目工程承包商，是承担设计和建造项目工程的实体。一般情况下，项目公司与建筑商签订建设承包合同，由建筑商承担工程质量不合格或延误工期等相关风险。建筑商同样可以由一家公司承担，也可以由多家公司共同承担。在多家公司承担项目工程建设时，通常由其中一家公司作为总承包，负责项目工程建设的总协调，然后与其他各家公司签订分包合同。建筑商的技术水平是PPP项目顺利完工的关键因素，这也使其成为影响项目融资的一个重要因素，其技术水平和以往业绩记录将在很大程度上影响其他各参与方对项目风险的判断。

7. 运营商

运营商又称项目经营公司。当项目工程完工后，项目公司可以将其外包于其他具有一定运营和管理能力的独立公司承担，该公司通常被称为运营商。运营商需精通PPP项目的运营过程，具有丰富的PPP项目运营和管理经验，与项目公司签订运营合同，保证PPP项目连续有效地运转。

8. 供应商

供应商是项目能源、设备和原材料的供应者，其责任是为PPP项目建设和运营提供各类材料输入。持续稳定的货源是项目建设和运营顺利运转的基础，项目公司往往通过与供应商签订供应合同保障项目的顺利进行。供应价格需在供应合同中明确规定，并由政府和其他机构对其进行担保，以降低不确定性，为项目融资和运行提供便利条件。

9. 最终用户

对使用者付费项目来说，最终用户即项目的最终消费者，是指项目产品的购买者或项目服务的接受者。它是项目未来收益的主要保障，其与项目公司签订的产品服务购销合同应能保证项目公司可以收回投资、偿还债务，并能获取适当利润。对于其他的PPP项目来说，由于这些项目主要是一些关系社会大众的基础设施工程，项目所在国政府可能是最大买主，这在一定程度上保障了项目的未来收益。

10. 保险公司

PPP模式参与方众多、合同关系复杂、项目规模大、持续期限长，项目风险更加复杂。所以，为了降低诸多难以预料的不确定性因素的影响，项目各参与方需认定自身所面临的主要风险，并及时投保，因此保险公司也成为 PPP 模式基本结构的一个重要组成部分。

当然，除此之外，在 PPP 模式中还可能有其他参与者，如信用评估机构、律师、其他专业人士和机构等。这些参与者均以合同的形式确定各自在项目中的权利和义务，形成一个复杂有机的整体。参与各方以项目公司为核心，在各种协议框架内相互配合，通力协作，以完成资金筹措、项目建设和运营管理等一系列工作。

6.3.3 PPP 模式的具体形式

PPP 模式已成为国际上较为流行的一种融资模式，有多种具体实施模式。财政部依据社会资本在 PPP 项目中的参与程度、项目资产产权归属、投融资职责分配、商业风险归属（社会资本承担的风险大小）等因素，在 PPP 项目操作指南中也列举了一些模式。

1. 委托运营（Operations & Maintenance，O&M）

委托经营是指政府将存量公共资产的运营维护职责委托给社会资本或项目公司，社会资本或项目公司不负责用户服务的政府和社会资本合作项目运作方式。政府保留资产所有权，只向社会资本或项目公司支付委托运营费。合同期限一般不超过 8 年。

2. 管理合同（Management Contract，MC）

管理合同是指政府将存量公共资产的运营、维护及用户服务职责授权给社会资本或项目公司的项目运作方式。政府保留资产所有权，只向社会资本或项目公司支付管理费。管理合同通常作为转让-运营-移交的过渡方式。合同期限一般不超过 3 年。

3. 建设-运营-移交（Build-Operate-Transfer，BOT）

BOT 是指由社会资本或项目公司承担新建项目设计、融资、建造、运营、维护和用户服务职责，合同期满后项目资产及相关权利等移交给政府的项目运作方式。合同期限一般为 20~30 年。

4. 建设-拥有-运营（Build-Own-Operate，BOO）

BOO 方式是由 BOT 方式演变而来，二者的区别主要是 BOO 方式下社会资本或项目公司拥有项目所有权，但必须在合同中注明保证公益性的约束条款，一般不涉及项目期满移交。

5. 转让-运营-移交（Transfer-Operate-Transfer，TOT）

TOT 是指政府将存量资产所有权有偿转让给社会资本或项目公司，并由其负责运营、维护和用户服务，合同期满后资产及其所有权等移交给政府的项目运作方式。合同期限一般为 20~30 年。

6. 改建-运营-移交（Rehabilitate-Operate-Transfer，ROT）

ROT 是指政府在 TOT 模式的基础上，增加改扩建内容的项目运作方式。合同期限一般为 20~30 年。

6.3.4 PPP 模式的操作程序

尽管 PPP 模式有诸多具体形式，但在实际运作过程中，不同形式 PPP 的操作程序还是基本一致的。按照财政部 PPP 模式操作制造指南，PPP 模式的操作程序包括 5 个步骤：项目识别、项目准备、项目采购、项目执行、项目移交，具体如图 6-4 所示。

1. 项目识别

项目识别包括项目发起、项目筛选、物有所值评价、财政承受能力论证等步骤。PPP 项目以政府发起为主。政府部门可从国民经济和社会发展规划及行业专项规划中的新建、改建项目或存量公共资产中遴选潜在项目并发起 PPP 项目。社会资本也可以项目建议书的方式推荐潜在项目。经过财政部门和行业主管部门对潜在 PPP 项目进行评估筛选，确定备选项目，并组织物有所值评价。同时，为确保

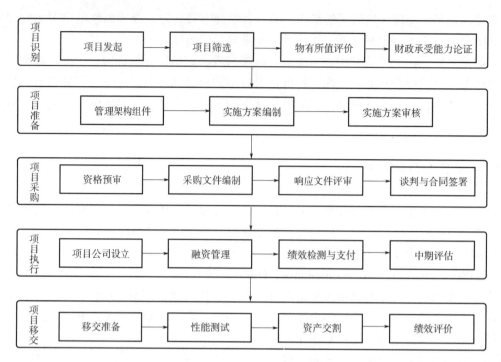

图 6-4　PPP 模式操作程序图

财政中长期可持续性，财政部门应根据项目全生命周期内的财政支出、政府债务等因素，对部分政府付费或政府补贴的项目，开展财政承受能力论证，每年政府付费或政府补贴等财政支出不得超出当年财政收入的一定比例。通过物有所值评价和财政承受能力论证的项目，可进行项目准备。

2. 项目准备

政府或其指定的有关职能部门或事业单位可作为项目实施机构，负责项目准备、采购、监管和移交等工作。项目实施机构应组织编制项目实施方案，对项目概况、风险分配基本框架、项目运作方式、交易结构、合同体系、监管架构、采购方式选择等进行介绍。财政部门对项目实施方案进行物有所值和财政承受能力验证，通过验证的，由项目实施机构报政府审核；未通过验证的，可在实施方案调整后重新验证；经重新验证仍不能通过的，不再采用政府和社会资本合作模式。

3. 项目采购

项目实施机构应根据项目需要准备资格预审文件，发布资格预审公告，邀请社会资本和与其合作的金融机构参与资格预审，经验证能够获得社会资本响应和实现充分竞争的项目，项目实施机构可以继续开展采购文件准备工作。项目采购文件应包括采购邀请、竞争者须知（包括密封、签署、盖章要求等）、竞争者应提供的资格、资信及业绩证明文件、采购方式、政府对项目实施机构的授权、实施方案的批复和项目相关审批文件、采购程序、响应文件编制要求、提交响应文件截止时间、开启时间及地点、强制担保的保证金交纳数额和形式、评审方法、评审标准、政府采购政策要求、项目合同草案及其他法律文本等。项目可以采用公开招标、邀请招标、竞争性谈判、单一来源、竞争性磋商等方式进行采购。项目实施机构应成立专门的采购结果确认谈判工作组，确认谈判完成后，对合同文本进行公示。公示期满无异议的项目合同，由项目实施机构与中选社会资本签署。需要为项目设立专门项目公司的，待项目公司成立后，由项目公司与项目实施机构重新签署项目合同，或签署关于承继项目合同的补充合同。

4. 项目执行

社会资本方可依法设立项目公司。政府可指定相关机构依法参股项目公司。项目实施机构和财政部门应监督社会资本方按照采购文件和项目合同约定，按时足额出资设立项目公司。项目融资由社会资本方或项目公司负责。社会资本方或项目公司应及时开展融资方案设计、机构接洽、合同签订和融资交割等工作。财政部门和项目实施机构应做好监督管理工作，防止企业债务向政府转移。社会资本方或项目公司未按照项目合同约定完成融资的，政府可提取履约保函直至终止项目合同；遇系统性金融风险或不可抗力的风险，政府、社会资本方或项目公司可根据项目合同约定协商修订合同中相关融资条款。当项目出现重大经营或财务风险，威胁或侵害债权人利益时，债权人可依据与政府、社会资本方或项目公司签订的直接介入协议或条款，要求社会资本方或项目公司改善管理等。在直接介入协议或条款约定期限内重大风险已解除的，债权人应停止介入。项目实施机构应根据项目合同约定，监督社会资本方或项目公司履行合同义务，定期监测项目产出绩效指标，编制季报和年报，并报财政部门备案。

5. 项目移交

项目移交时，项目实施机构或政府指定的其他机构代表政府收回项目合同约定的项目资产。按照项目合同中明确约定的移交形式、补偿方式、移交内容和移交标准执行。移交形式包括期满终止移交和提前终止移交；补偿方式包括无偿移交和有偿移交；移交内容包括项目资产、人员、文档和知识产权等；移交标准包括设备完好率和最短可使用年限等指标。采用有偿移交的，项目合同中应明确约定补偿方案；没有约定或约定不明的，项目实施机构应按照"恢复相同经济地位"原则拟定补偿方案，报政府审核同意后实施。项目移交完成后，财政部门组织有关部门对项目产出、成本效益、监管成效、可持续性、政府和社会资本合作模式应用等进行绩效评价，并按相关规定公开评价结果。

6.3.5 PPP 模式的付费机制

PPP 模式常见的 3 种付费机制如下：

1）使用者付费（User Charge）。使用者付费是指由最终消费用户直接付费购买公共产品和服务。

2）可行性缺口补助（Viability Gap Funding）。可行性缺口补助是指使用者付费不足以满足社会资本方或项目公司成本回收和合理回报，而由政府以财政补贴、股本投入、优惠贷款或其他优惠政策的形式，给予社会资本或项目公司的经济补助。

3）政府付费（Government Payment）。政府付费是指政府直接付费购买公共产品和服务，主要包括可用性付费（Availability Payment）、使用量付费（Usage Payment）和绩效付费（Performance Payment）。政府付费的依据主要是设施可用性、产品和服务使用量和质量等要素。

在设置 PPP 项目的付费机制时，通常需要考虑以下因素：

1）项目产出的可计量性。服务质量和数量的可计量性决定了 PPP 项目是否可以采用使用量付费和绩效付费方式。例如，供热、污水处理等项目可在 PPP 合同中明确产出数量和质量的计量方法与标准。

2）适当的激励和可变性。付费机制应当能够保证项目公司获得合理的回报，以对项目公司形成适当、有效的激励，确保项目实施的效率和质量。同时，由于 PPP 项目的期限通常很长，付费机制应该随项目的变化设置一定的变更或调整机制。

3）可融资性。在设置付费机制时，还需考虑付费机制对社会资本方的吸引力和融资的可行性。

4）财政承受能力。采用政府付费和可行性缺口补助机制的 PPP 项目，财政承受能力关系到项目公司能否按时足额地获得付费，因此要对政府的财政承受能力进行论证。

第三篇

项目计划与控制

"凡修筑沟渠堤防,一定先以匠人一天修筑的进度为参照,再以一里工程所需的匠人数和天数来预算这个工程的劳力,然后方可调配人力,进行施工。"

——春秋战国时期《考工记》导读

第 7 章 项目计划与控制综述

本章要点

项目计划与控制是项目管理的核心内容。本章对项目计划与控制的作用、基本流程进行了介绍,并对项目计划的定义、计划的类型及属性、计划之间的关系、项目控制的原理与过程进行了系统的阐述。

7.1 项目计划与控制概述

7.1.1 项目计划与控制的概念

项目管理以目标为导向,图 7-1 示意性地表达了项目目标实现的基本过程。

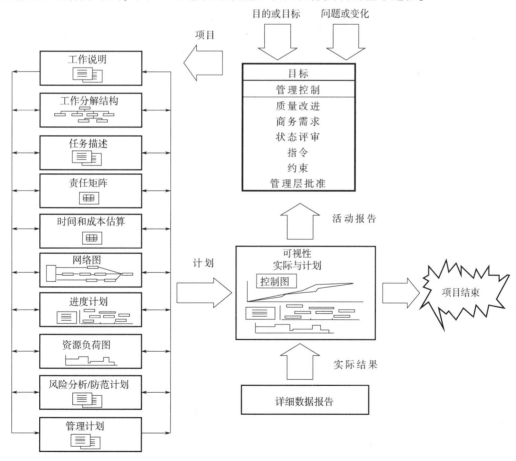

图 7-1 项目目标实现的基本过程

(1) 明确目标

在认识项目的基础上,明确项目目标。

(2）策划

针对项目实施过程中将会涉及的问题，如项目的范围、组织、管理、进度、资源、费用、质量、风险、采购、沟通、信息等进行策划。

(3）形成计划文件

策划的结果是形成各类计划文件。

(4）执行

计划需要得到贯彻和落实，因此应采取各种有效措施，建立有效执行机制，使得计划得以实现。

(5）跟进

由于项目的复杂性、可变性和未来性，项目的实际状态不可能完全按计划进行。变化是绝对的，不变是相对的，偏差的产生是必然的。所以，在项目实施过程中，必须不断进行检查，采集项目信息，进行偏差分析，以掌握项目状态。

(6）问题处置

根据项目实际发生的状况，及时采取措施加以处置。

上述过程循环往复、周而复始，直到项目完成、目标实现为止。这一过程实际上可归纳为 PDCA 循环，即计划、实施、检查、处理的循环过程，其核心是计划与控制。

项目的计划与控制是项目管理的两项重要活动。大量的项目管理实践证明：有效的计划与控制是决定项目成败的关键因素之一。正如美国某项目管理专家所言：PM = PP + PC，即，项目管理就是项目的计划与控制。

项目的计划与控制是一个有机整体，计划为项目控制提供指南和依据，控制是保证项目按计划实施的手段。

7.1.2　可视化的项目计划与控制流程

成功的项目管理离不开规范化的项目管理流程，其工作流程应该具有体系化、程序化、可视化和动态化的特点。成功项目管理的项目计划与控制可视化工作流程如图 7-2 所示。

由图 7-2 可见，项目计划与控制的基本流程如下：

1）明确项目目标。

2）建立项目组织。

3）进行项目结构分解。

4）制订里程碑计划。

5）进行责任分配。

6）确定工作关系及工作时间。

7）编制网络计划。

8）形成甘特图计划。

9）编制资源计划，包括人力、材料、设备等，形成资源数据表、资源负荷图等资源计划图表。

10）编制费用计划，包括费用估计、费用预算，形成费用数据表、费用负荷图、累计费用负荷图等费用计划图表。

11）编制项目的其他计划，包括项目的质量计划、风险计划、采购计划、沟通计划等。

12）组织计划实施。

13）动态监控计划的实施过程，包括监督、检查、偏差分析，开展进度、质量、费用、风险等控制工作，进行沟通、采购、人力资源、整体等管理工作。

14）处理偏差。如果与计划一致，则继续执行；如果产生偏差，则进行引导或纠正。

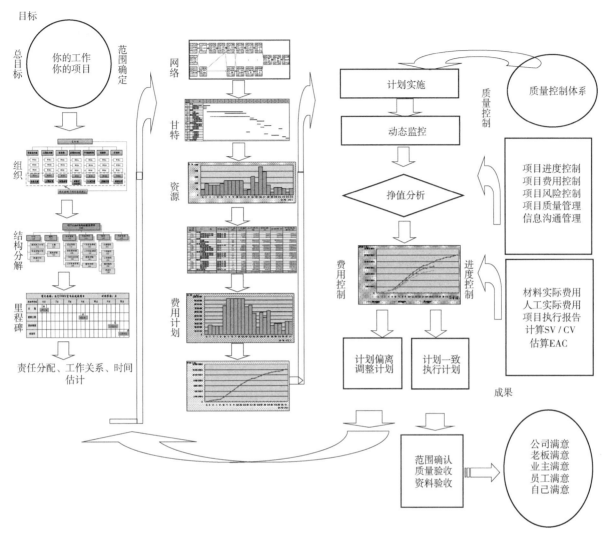

图 7-2 项目计划与控制的可视化流程

上述循环往复、周而复始的计划与控制流程，使得项目最终完成，并使利益相关者都满意。

7.2 项目计划

7.2.1 项目计划概述

1. 项目计划的定义

"凡事预则立，不预则废"，其中"预"就是对计划的最简明的定义。项目计划是对项目所进行的事先安排，是为项目设计最佳的运行轨迹。项目计划是通过策划过程，形成计划文件的活动。

1）策划。针对所要制订的计划进行调查、分析、研究、优化、判断、决策等。

2）形成计划文件。策划的结果是形成计划文件。

毫无疑问，上述两项活动，策划是最为重要的。策划关系到计划的最终结果，是保证计划有效性的前提。

2. 项目计划的作用

项目管理实践表明，"计划先行"是决定项目成败的关键因素之一。凡事有计划，则项目成功就有保证；凡事无计划，则项目成功就毫无把握。

项目计划的作用可以归纳为指南和依据。

1）指南。计划是项目实施的指南。有了计划，才能使项目做到有的放矢，才能做到有章可循，才能做到有前瞻性和预见性。

2）依据。计划是判断偏差和变化的依据。没有计划，就难以及时判断进度、费用、质量等项目进展状态，也就难以及时处理项目所出现的问题。

7.2.2 项目计划的类型及属性

1. 项目计划的类型

在项目实施过程中，需要对所有将会涉及的问题进行事先安排，以指导项目的开展。可见，项目的计划不是只对某些方面进行安排，而是全面计划，需要形成计划体系。一般来说，项目计划包括以下类型。

（1）按计划的功能划分

包括控制性计划、指导性计划与实施性计划。

1）控制性计划。是针对项目整体的总体安排，是一种宏观安排，一般由决策层制订和掌控。

2）指导性计划。是根据控制性计划对项目所作出的中观安排，一般由职能层制订和掌控。

3）实施性计划。是根据控制性计划和指导性计划对项目所作出的具体安排，一般由项目管理层制订和掌控。

（2）按计划的对象划分

包括项目总计划、分项目计划、子项目计划、作业计划等。

1）项目总计划。是对整个项目的总体规划，属于控制性计划和指导性计划。

2）分项目计划。是对总项目所包含的每个分项目进行具体安排，属于实施性计划。

3）子项目计划。是对分项目中的每个子项目进行具体安排，属于实施性计划。

4）作业计划。是针对每项工作、工序、活动的具体安排，属于实施性计划。

（3）按计划所覆盖的时间划分

包括项目总计划、年度计划、季度计划、月度计划、旬计划、周计划等。

1）项目总计划。是对项目整个生命周期的总体安排。

2）年度计划。是对某一个年度的具体安排。

3）季度计划。是对某一季度的具体安排。

4）月计划。是对某一个月的具体安排。

5）旬、周计划。是对某旬、某周的具体安排。

（4）按计划的内容划分

包括整体管理计划、组织计划、范围计划、进度计划、资源计划、费用计划、质量计划、安全计划、风险计划、采购计划、沟通计划等。

1）整体管理计划。从管理的角度对项目所进行的总体安排、顶层设计。整体管理计划需要明确管理者对项目的总体管理思路。

2）组织计划。从组织的角度对项目所进行的安排。需要明确项目组织形式、项目团队组织结构（OBS）、责任分配等。

3）范围计划。就项目范围所进行的规划。需要明确项目范围、项目主要内容，需要进行项目分解

(PBS) 和工作分解 (WBS)。

4) 进度计划。就项目进度所进行的安排。需要明确工作之间的逻辑关系、每项工作的时间安排及整个项目的时间安排。

5) 资源计划。就项目资源的需求所进行的安排。需要明确每项工作所需资源的种类、数量以及何时需要；整个项目所需资源的种类、数量以及何时需要。

6) 费用计划。就项目费用需求及费用筹措所进行的安排。需要明确每项工作需要的费用以及何时需要；整个项目所需费用以及何时需要；项目所需费用的获取方式等。

7) 质量计划。就项目质量问题所进行的计划。需要明确质量标准、质量目标以及实现质量目标的方式和途径。

8) 安全计划。就项目安全问题所进行的计划。需要明确项目所存在的安全因素以及如何应对等问题。

9) 风险计划。就项目风险问题所进行的计划。需要进行风险识别、风险分析、风险归类，并明确风险应对措施等问题。

10) 采购计划。就项目采购问题所进行的计划。需要明确采购内容、采购方式、合同管理等问题。

11) 沟通计划。就项目沟通、信息管理问题所进行的计划。需要明确沟通对象、沟通方式，信息的采集、分析、传递与反馈等问题。

上述各类计划同时存在，不能互相替代。各类计划的编制者、编制时间及计划文件的表达也有区别。这些计划并非由同一部门（机构）在同一时间制订，也并非每种计划都是一份独立的文件，可以是在同一份文件中包括各种不同的计划内容。但是这些计划之间必须相互协调、环环相扣。

2. 项目计划的属性

项目计划要得以执行，至少应具备以下5个方面属性。

(1) 科学性

项目计划应采用科学的原理、方法、技术和工具，依据项目的客观事实而制订。符合项目的客观规律，这是使计划得以执行的关键。

(2) 针对性

项目的一次性、单件性决定了项目计划的针对性。项目计划不能脱离项目的实际，必须深深打下项目的烙印，而非概念化、模式化，这是使计划得以执行的基础。

(3) 合理性

项目的目标、方案等既要科学，又要合理。合理需要建立在科学的基础上，这是使计划得以执行的保证。

(4) 协调性

需要针对项目制订各种类型的计划，如进度计划、资源计划、费用计划、质量计划、采购计划等。无论制订多少计划，这些计划之间必须相互协调，不可相互矛盾；必须环环相扣，不可环环相克。这是使计划得以执行的基本要求。

(5) 可行性

可行，即可以执行。判断计划优劣最重要的标准是该计划能否执行。一个好的计划，只要想执行，就能够执行，否则就不是好计划。

7.2.3 项目计划的过程

就项目整体而言，需要针对项目制订各类计划，而这些计划的形成需要根据各计划之间的关系依次进行。当然，计划应是逐步细化、逐步深入的，它是重复多次的连续过程，即"滚动式计划"。项目计划过程如图 7-3 所示。

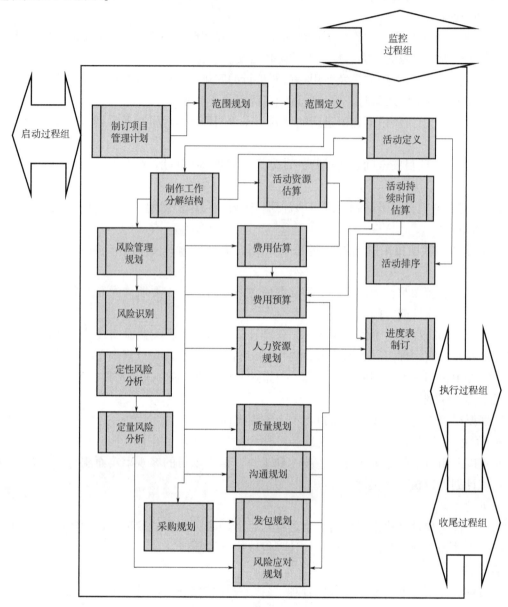

图 7-3 项目计划过程

（1）制订项目管理计划

项目管理计划是有关项目如何规划、执行、监控及结束的基本信息来源。其成果是形成项目管理计划。

（2）范围规划

这是制订项目范围管理计划，确定、核实和控制项目范围，以及建立和制作工作分解结构所必需的过程。其成果是形成范围管理计划。

（3）范围定义

这是制订详细的项目范围管理计划，为将来的项目决策奠定基础所必需的过程。其成果是形成范围说明书，并对项目范围管理计划进行更新。

(4) 制作工作分解结构

将项目主要可交付成果和项目工作分解为较小和更易于管理的组成部分。其成果是形成工作分解结构、工作分解结构词典、范围基准，并对项目范围说明书及项目范围管理计划进行更新。

(5) 活动定义

识别为了提交各种各样项目可交付成果而需要的具体活动。其成果是形成活动清单及里程碑清单，并界定活动属性。

(6) 活动排序

识别与记载各计划活动之间的逻辑关系。其成果是形成项目进度网络图，并对活动清单、活动属性进行更新。

(7) 活动资源估算

估算各计划活动需要的资源类型与数量。其成果是明确活动资源需求，形成资源分解结构，并对活动属性及资源日历进行更新。

(8) 活动持续时间估算

估算完成各计划活动需要的单位工作时间。其成果是明确每项活动的持续时间，并对活动属性进行更新。

(9) 进度表制订

分析活动顺序、持续时间、资源要求，以及进度制约因素和制订项目进度表。其成果是形成项目进度表、进度基准、进度模型数据，并对资源需求、活动属性、项目日历、项目管理计划、进度管理计划等进行更新。

(10) 费用估算

确定完成项目活动所需各种资源的费用近似值。其成果是明确每项活动的费用，并对项目费用管理计划进行更新。

(11) 费用预算

汇总各单个活动或工作细目的估算费用，制订费用基准。其成果是形成费用基准，明确项目资金需求，并对项目费用管理计划进行更新。

(12) 质量规划

识别哪些质量标准与本项目有关，并确定如何达到这些标准要求。其成果是形成质量管理计划、质量测量指标、质量核对表、质量基准、过程改进计划等，并对项目管理计划进行更新。

(13) 人力资源规划

识别项目角色、责任、报告关系并将其形成文件，制订人员配备管理计划。其成果是明确角色与责任、项目组织图，形成人员配备管理计划。

(14) 沟通规划

确定项目利益相关者的信息与沟通需要。其成果是形成沟通管理计划。

(15) 风险管理规划

确定如何对待、规划和执行项目风险管理活动。其成果是形成风险管理计划。

(16) 风险识别

确定哪些风险可能影响本项目并将其特征形成文件。其成果是形成风险登记册。

(17) 定性风险分析

为进一步分析或采取行动而估计风险发生概率与影响程度，进而确定风险量。其成果是更新风险登记册。

(18) 定量风险分析

就风险对项目总体目标的影响进行数值分析。其成果是对风险登记册进行更新。

（19）风险应对规划

就项目风险制订可供选择的行动方案。其成果是对风险登记册、项目管理计划进行更新。

（20）采购规划

确定采购、征购何物，以及何时和如何进行采购和征购。其成果是形成采购管理计划、合同工作说明书等。

（21）发包规划

归档产品、服务、成果要求，识别潜在卖方。其成果是形成采购文件、评价标准，并对合同工作说明书进行更新。

7.3 项目计划的控制

7.3.1 项目控制概述

项目计划在执行过程中将会受到各种因素的干扰，而这些因素中有些是可以预测的，有些则难以预测。项目处在复杂多变的环境中，变化是绝对的，不变是相对的，偏差的产生是必然的。所以，在项目的实施过程中需要时刻对项目进展状态进行监控，了解项目状态，进行偏差分析，采取必要措施，以保证项目按照计划进行，最终实现项目目标。综上所述，即为项目控制的基本活动。

控制的简单定义：一定的主体，为保证在变化着的外部条件下实现其目标，按照事先拟订的计划和标准，采用一定的方法，对被控对象进行监督、检查、引导、纠正的行为过程。

控制通过控制主体实现。控制主体即项目的控制者，而项目控制主体具有多主体、分层次的特点。多主体是指：一个项目的控制主体往往不是一个，而是若干，至少涉及项目的需求方和项目的完成者，这些主体都需要承担相应的控制责任。分层次是指：就某一个控制主体而言，又有直接控制层和间接控制层之分。直接控制层一般是指项目团队，而间接控制层一般是指项目团队所在单位的决策层和职能层。

控制的目的是实现项目的目标。可以说，控制的出发点是目标，落脚点也是目标。计划、标准与控制密不可分，离开计划、标准就不存在控制。控制必须借助于科学的方法、工具、手段和技术，只有这样才能做到有效控制。控制的行为过程是监督、检查、引导、纠正，而这些行为过程主要是围绕偏差展开的。

7.3.2 项目控制原理

1. 项目控制的起因——变化

变化是项目控制的最直接的原因。

2. 项目控制的基本理论——控制论

控制的有效性取决于控制过程的科学性，而控制的科学性取决于所遵循的科学原理。控制的科学原理包括多方面，如控制论、系统论、目标控制理论、程序化理论、封闭循环理论等，其中最基本的理论是控制论。

3. 项目控制的基本问题——偏差

所谓偏差，是指项目实际发生的状态与计划、标准相比较所存在的差异。有利于项目目标实现的偏差称为有利偏差，也称为正偏差，如进度提前、费用节约、质量提高等。不利于项目目标实现的偏差称为不利偏差,也称为负偏差,如进度延误、费用超支、质量下降等。

项目实施过程中要不断进行偏差分析,对所出现的偏差应按以下步骤处置:

1)原因分析。分析产生偏差的原因。

2)系统分析。站在项目全局分析所出现的偏差,判断对项目整体所产生的影响。

3)对策分析。根据不同的偏差采取不同的对策:出现有利偏差一般采取引导措施;出现不利偏差一般采取纠正措施。

4)采取对策。将所确定的对策加以贯彻、落实。

5)总结、评估。对偏差处置的效果进行总结、评估,判断是否已经解决了所出现的问题。如果仍未见效,则应进入下一个回合。

4. 项目控制的机制

有效的控制需要建立理想的控制机制,在项目控制中可采用同态调节机制。同态调节机制就是将项目实施结果保持在规定限度内。调节是指用于将项目运行保持在一定轨道上的过程。控制系统中用于实现调节的部分称为调节器。在调节时,不仅要将系统引入一定的轨道,而且要确定这个轨道,这就是控制。所以,控制有两个重要因素:一是确定系统的轨迹,即控制目标和运行轨迹;二是用调节的方法使系统保持在预期轨迹上。

调节可分为3种类型:

1)通过消除控制对象的实际状态与标准或计划的偏差所进行的调节。

2)通过避免异常因素的干扰所进行的调节。

3)通过发现并消除异常因素的影响所进行的调节。

项目控制系统,可以相对地分为被控子系统(即控制对象)和控制子系统(称为控制单元)。这两个子系统通过信息流彼此联系起来,如图7-4所示。

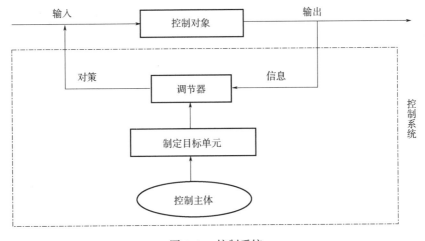

图7-4 控制系统

7.3.3 项目控制过程

对项目进行控制的过程包括:根据项目计划和标准控制正在进行的项目活动,实施变更控制。项目控制过程如图7-5所示。

1. 控制项目工作

收集、测量、传递绩效信息,评价测量结果,预测未来趋势,并改进项目状态,以确保及时发现偏差,及时处理偏差。这一过程是典型的被动控制,是控制的一个方面。

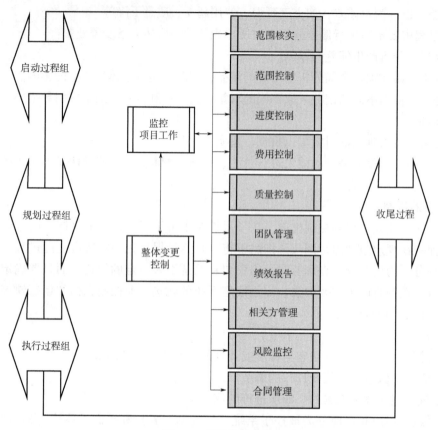

图 7-5 项目控制过程

控制的另一方面是不断识别干扰因素，采取措施避免干扰因素的发生，降低干扰因素对项目所造成的危害，以防止偏差的产生，实现主动控制。

2. 整体变更控制

控制造成变更的因素，确保变更带来有益结果；判断变更是否已经发生，在变更确已发生并得到批准时对其加以管理。该过程贯穿项目始终。

第 8 章　项目目标与范围管理

本章要点

本章主要介绍项目的识别，项目启动的依据、方法、步骤和结果；项目目标的定义、确定、描述、相互间的关系以及里程碑计划及其制订；范围管理的概念、规划范围管理、收集需求、定义范围、创建 WBS、确认范围和控制范围；项目分解结构（PBS）与工作分解结构（WBS）；WBS 词典的建立；典型 WBS 应用案例；PBS 与 WBS 的区别与联系；责任分配矩阵的概念和制定。

8.1　项目识别与启动

8.1.1　项目识别

项目是为了满足社会的某种需求而存在的，因此需求是项目产生的根本前提。识别需求是项目启动的首要工作，它起始于需求或问题的产生，结束于需求建议书的发布。明确、清晰的需求是承约商计划与执行项目的基础。

当承约商得到客户发来的需求建议书时，项目识别过程就开始了。所谓项目识别就是面对客户已识别的需求，承约商从备选的项目方案中选出一种可能的项目方案来满足这种需求。项目识别与需求识别的不同之处是，需求识别是客户的一种行为，而项目识别是承约商的行为。项目识别和需求识别是相互联系、相互融合的。客户往往在产生需求的同时，就开始和承约商联系。他们向承约商了解各种备选方案的优缺点、经济合理性和技术可行性，甚至还邀请承约商进行实地考察。这样就能使承约商帮助客户更好地识别需求，了解客户的意愿，有针对性地提出解决方案。

承约商在识别项目时需要考虑的因素有：

1）客户的预算是否能够满足其已经识别的需求。
2）客户识别的需求在经济上是否合理。
3）客户识别的需求在技术上是否可行。

项目识别阶段不仅要明确项目的产品、服务或要解决的问题，而且要识别有关的制约因素。制约因素包括地理、气候、自然资源、人文环境、政治体制、法律规定、技术能力、人力资源、时间期限等。此外，在许多情况下还需要识别项目的风险。

项目识别是项目管理的一个重要环节。项目管理人员不仅接受他人的委托，还应将其想法变成现实。在项目识别后应进行构思、选择，并对其进行可行性研究。

8.1.2　项目启动

在项目通过了可行性研究之后，客户的需求即由一个概念变成了一个具体的、可行的项目方案，此刻就可以正式启动项目了。

启动过程是指开始一个项目或阶段，并且有意往下进行的过程。启动过程的主要成果就是形成一个项目章程和任命项目经理。启动过程的结果，包括一些项目的初始文件、项目章程、项目经理任命、项目关键的约束、假设条件等。

1. 项目启动的依据

（1）项目目的

项目目的是指项目结束时所能够实现的项目结果，明确项目的目的是项目成功的重要保证。项目团队应该根据自身条件以及资源的获取能力，对能否实现项目目的、满足客户需求作出客观、合理的判断。

（2）成果说明书

成果说明书是对项目所要完成成果的特征和功能进行说明的文件。成果说明书的主要内容包括：产品的特点、产品同项目目的之间的关系以及为什么要实施该项目、获得该产品等。成果说明书并非一成不变，随着项目的进行，项目成果的轮廓以及各项功能的定位日趋明确。成果说明书需要逐步细化，甚至会随项目环境和实施情况的变化而相应变更，但是这种变更要经过客户和项目团队的一致认可。启动阶段的成果说明书对支持项目计划编制起重要作用，也是下一步工作的基础性文件。

（3）企业战略目标

所有项目都要服从企业的整体战略目标，项目选择要以公司的战略目标作为决策标准。项目从事的一切活动都要以实现其战略目标为中心。

（4）项目选择的标准

项目的备选方案可能不止一个，这就需要建立一套评价体系作为选择方案的标准。项目选择的标准一般根据项目最终成果的性质和客户的要求来决定，同时还要考虑经济效益、社会效益以及项目环境等。

（5）历史资料

项目团队在启动一个项目时，应该充分借鉴以前项目选择和决策的历史资料，以及项目以前执行情况的资料，为项目的选择和决策作参考。

2. 项目启动的方法

项目启动的方法主要有以下两种：

1）项目方案选择的方法，如净现值法、内部收益率法、投资回收期法、效益分析法和要素加权分析法。在具有约束条件时，可采用线性规划、动态规划、整数规划以及多目标规划等。

2）专家判断法，如头脑风暴法、专家评分法和德尔菲法等，利用领域专家来提出或评价各个方案。

任何具有专门技能和知识的个人均可视为领域专家。领域专家可以来自于：

1）组织的其他部门。

2）咨询顾问。

3）职业或技术协会。

4）行业协会。

3. 项目启动的结果

（1）项目章程

项目章程就是正式承认项目存在的文件，它可以是一个专门的文件，也可以是企业需求说明书、成果说明书、签订的合同等替代文件。项目章程赋予了项目经理利用企业资源、从事其有关活动的权利。项目章程是由项目的客户或者项目团队所属的上级领导组织的决策者签发的。

（2）项目说明书

项目说明书是说明项目总体情况的文件，主要包括项目的实施动机、项目目的、项目总体情况的相关描述、项目经理的责任和权利等。

（3）选聘项目经理

项目应该尽早选聘项目经理并且在计划开始前指派到位。优秀的项目经理是项目成功的关键因素。项目经理既可以来自企业内部，也可以来自职业项目经理人才市场，还可以由咨询公司推荐。在选聘项目经理的同时，还要明确项目经理的责、权、利，并建立适当的激励和约束机制。

(4)项目制约因素的确定

制约因素就是限制项目团队行动的因素,例如,项目的预算将会限制项目团队的人员配备和进度安排等。

(5)项目假设条件的确定

制订项目计划时一般会假设某些因素是真实和符合现实的,这些因素就是假设条件。做项目计划时,一般假定项目所需的资源都会及时到位,但是现实情况可能不会这么理想。因此,假设条件通常包含着一定的风险。

4. 项目启动的步骤

一个项目的启动一般有以下几个步骤。

(1)项目发起

项目发起就是让项目利益相关者充分认识到项目实施的必要性,并承担起自己相应的责任。项目发起人可以是投资者、项目产品或服务的用户或者提供者、项目客户、实施项目的组织。在一般情况下,项目发起人通常不亲自实施项目,而是将项目委托给承约商组建项目团队来实施项目。

(2)项目核准

项目核准是指由项目实施组织的最高决策者正式承认项目的必要性,把完成项目的全部权力授权给项目组织的过程。许多项目必须按照国家法规的规定,通过必要的程序,并取得政府有关部门的核准。一些小项目,特别是民间项目,只要合法,则不需经过核准就可以启动。

(3)项目启动

项目启动就是项目经理开始组建项目团队,并开始执行项目的具体工作。项目正式启动的标志包括:

1)任命项目经理,开始组建项目团队。

2)颁发项目章程。项目章程正式授权一个项目的存在并向项目经理提供在项目活动中使用资源的权力。它通常是由项目组织以外的负责人或者高级管理层颁发,如在承包的项目中,签署的合同就是提供给卖方的项目章程。因此,项目章程也可称为项目许可证书。

项目章程通常包括项目概况、目标、可交付成果、需求、资源、成本估算和可行性研究等方面的内容,并应该指定项目经理、项目团队成员等的主要职责。完备的项目章程可以使项目利益相关者事先避免许多在项目初期遇到的及随后可能出现的问题。经过签发的项目章程表明,项目章程已经由在其上签名的项目发起人、高层管理人员以及其他的重要项目利益相关者阅读过,并且他们同意和支持该项目,这样就能在项目未来的进展中继续得到他们的参与和支持。

8.2 项目目标

8.2.1 项目目标的定义

项目目标,简单地说就是实施项目所要达到的期望结果。

项目与常规活动的主要区别在于,项目通常是具有一定期望结果的一次性活动。任何项目都是要解决一定的问题,达到合理的目标。项目的实施实际上就是一种追求目标的过程。因此,项目目标应该是清楚定义的、可以最终实现的。

项目的目标具有以下3个特点。

(1)多目标性

一个项目,其目标往往不是单一的,而是一个多目标的系统,而且不同目标之间彼此相互关联。要确定项目目标,就需要对项目的多个目标进行权衡。实施项目的过程就是多个目标协调的过程,这种协调包括项目在同一层次的多个目标之间的协调,项目总体目标与其子项目目标之间的协调,项目本身与组织总体目标的协调。项目无论大小、无论何种类型,其基本目标可以表现为3个方面:时间、成本和技术性能。这三者之间需要进行权衡。

(2) 优先性

由于项目是一个多目标的系统,因此不同层次的目标,其重要性也不相同,往往被赋予不同的权重。这种优先权重对项目经理的管理工作有一定的指导作用。此外,不同的目标在项目生命周期的不同阶段,其权重也往往不同。例如,技术性能、成本、时间作为项目的3个基本目标,是项目在其生命周期过程中始终追求的目标,但其权重在其项目生命周期的不同阶段却不相同。技术性能是项目初始阶段主要考虑的目标,成本是项目实施阶段主要考虑的目标,而时间往往在项目终止阶段显示出迫切性。另外,不同类型的项目,对这3个基本目标追求的努力程度也有所不同。

(3) 层次性

目标的描述需要由抽象到具体,要有一定的层次性。通常把一组定义明确的目标按其意义和内容表示为一个递阶层次结构。因此,目标是一个有层次的体系。它的最高层是总体目标,指明要解决问题的总依据和原动力,最下层目标是具体目标,指出解决问题的具体方针。上层目标是下层目标的目的,下层目标是上层目标的手段。上层目标一般表现为模糊的、不可控的,而下层目标则表现为具体的、明确的、可测的。层次越低,目标越具体而可控。这里需要注意的是,各个层次的目标需要具有一致性,不能自相矛盾。

对于项目来说,目标的具体表达通常有3个层次,即战略性目标、策略性目标和项目实施的具体计划。项目的战略性目标也就是项目的总体目标,也称为项目的使命,通常用来说明为什么实施该项目,实施该项目的意义如何;项目的策略性目标也就是项目的具体目标,用以说明该项目具体应该做什么,应该达到什么样的具体结果;而项目实施的具体计划则说明如何实现项目目标。这3个层次应紧密联系,层层落实。

8.2.2 项目目标的确定

项目目标的确定关系到是否做正确的事,所以,应该用科学的方法、科学的工具,确定科学、合理的目标。目标科学、合理,实现了是成果;目标不科学、不合理,实现了则可能是灾难。

目标确定的基本过程如下。

(1) 项目情况分析

对项目的整个环境进行有效分析,包括外部环境、上层组织系统、市场情况、利益相关者(客户、承包商、相关供应商等)、社会经济与政治以及法律环境等。

(2) 项目问题界定

在对项目情况分析的基础上,分析影响项目开展和发展的因素和问题,并对问题进行分类、界定,分析得出项目问题产生的原因、背景和界限。

(3) 确定项目目标因素

根据项目问题的分析和界定,确定可能影响项目发展和成功的明确、具体、可量化的目标因素,如项目风险大小、资金成本、项目涉及领域、通货膨胀、回收期等。

(4) 建立项目目标体系

依据项目目标因素,确定项目相关各方面的目标和各层次的目标,并对项目目标的具体内容和重要性进行表述。

(5) 各目标的关系确认

确认必然（强制性）目标与期望目标，长期目标与阶段性目标；确认不同目标之间的联系和矛盾，以便于对项目的整体把握和推进项目的发展。

8.2.3 项目目标的描述

1. 项目目标描述的要求与方式

在项目实施的开始，项目经理最主要的任务是必须准确界定项目的总目标，通过对总目标的分解便可得到项目实现的目标体系。也就是说，项目目标确定的结果应该是一个目标体系，分别涉及项目的时间、费用、技术与产品3个方面，每个方面都可能有一些具体的要求及相对应的目标体系，这也体现了目标的层次性。

在对项目目标描述的时候就应该确定项目的总体目标，而总目标的描述应该具体、明确，并尽可能定量化。项目总目标的描述，通常是针对以下3个方面进行：

1）项目范围。即可交付成果，交付物的描述，主要是针对项目实施的结果——产品。
2）进度计划。说明实施项目的周期，包括开始和完成时间。
3）成本。说明完成项目的总成本。

一般来说，总目标的指标比起项目分目标和最终交付成果更倾向于定性化；而项目分目标和成果的指标则更倾向于定量化，以便于检测。

指标描述可以用文字、图形，也可以用表格的形式。描述项目目标的指标要求见表8-1。

表8-1 描述项目目标的指标要求

指标要求	具体描述
确定客观指标体系的必要性	表述总目标、项目目标和交付成果的特征 使管理项目更加客观 提供更加客观的检测和评价基础
指标应具备哪些特征	定量化、相关性、均一性、可测量性
每个目标成果是否仅有一个指标	每个目标成果可以建立多个指标体系
是否一定能够找到定量的指标描述目标	理论上是可以的，但实际上比较困难 有些目标可用定量指标描述，有些可用定性指标描述。尽量用国家、省部或行业标准
目标之间出现矛盾怎么办	各个指标之间可能会相互矛盾，可通过优化来处理指标间的关系

2. 项目目标描述案例——某国际会展中心展览中心项目

（1）项目概况

某国际会展中心工程总建筑面积183 030 m^2，由会议中心、展览中心两部分组成；某承包商中标展览中心部分。展览中心部分工程建筑面积135 650 m^2，高40.5m，展厅2层；辅楼地下1层、地上6层；展厅跨度102m，展厅总建筑面积67 120 m^2，共有3 560个国际标准展位。一层展厅层高16m；二层展厅屋架下弦最低处净高17.6m，屋面板底净高20.1m，结构为钢筋混凝土、预应力钢筋混凝土及钢结构等。

（2）项目目标

1）工程质量目标。允许偏差项目各监测点实测值均小于规范规定值的0.8倍；观感质量检查点90%及其以上达到"好"，一次性验收合格率100%；主体结构、单位工程质量评价得分92分以上；

争创鲁班奖。工程质量目标分解如图 8-1 所示。

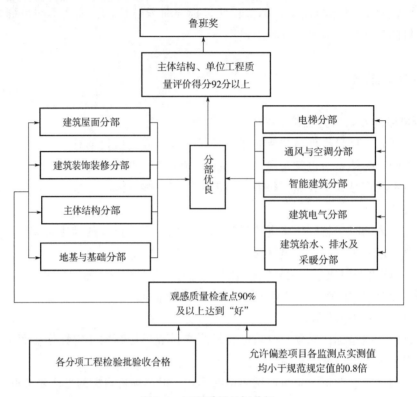

图 8-1　工程质量目标分解

2）工程工期目标。项目于××年××月××日开始至××年××月××日竣工，总日历天数 980 天。

3）安全生产目标。确保省级安全文明施工标准化工地，争创国家级建筑安全奖；杜绝死亡事故，月轻伤率控制在 1.5 ‰以内。

4）文明施工目标。确保省级安全文明施工标准化工地、总公司"CI 达标创优"示范工地。

5）科技目标。申报省科技示范工程，按照科技示范工程的标准制订方案，并认真组织实施，确保通过验收。科技进步率达到 3% 以上。

6）费用目标。项目总费用 268 679 694 元；通过科技创新，节约分流等有效措施，利润率目标为 11.8%。

7）总承包管理目标。总承包管理目标为业主满意。总承包管理目标分解如图 8-2 所示。

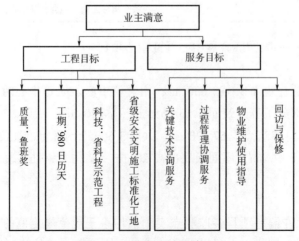

图 8-2　总承包管理目标分解

8.2.4 项目目标之间的平衡关系

在实际的应用领域中,对于不同的项目而言,无论项目大小及类型如何,其基本目标通常主要表现为3个方面:时间、成本和性能(质量),三者之间关系如图8-3所示。所以实施项目的目的就是要充分利用可获得的资源,使得项目在一定的时间内,在一定的预算基础上,获得所期望的技术结果。然而,这3个基本目标之间往往存在着一定的冲突。通常是时间的缩短,要以成本的提高为代价,而时间及成本投入的不足又会影响性能(质量)的提高,因此三者之间往往需要进行一定的平衡。

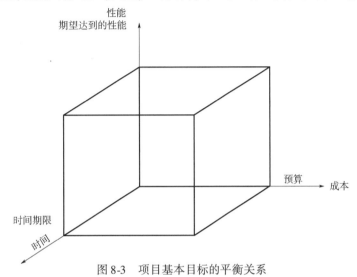

图 8-3 项目基本目标的平衡关系

项目范围管理就是要寻找使效益最大的项目实施范围或规模,从而确定其相应的成本。当进度要求不高时,性能(质量)要求越高,则成本越高;当成本不变时,性能(质量)要求越高,则进度越慢;而当性能(质量)标准不变时,项目的进度过快或过慢都将导致成本的增加。所以管理的目的是谋求快、好、省的有机统一。成本、质量、进度三者之间的相互关系如图8-4所示。

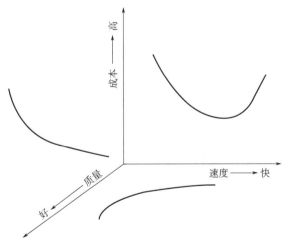

图 8-4 成本、质量、进度三者之间的相互关系

8.2.5 里程碑计划及其制订

1. 里程碑计划概述

项目的里程碑是项目实施过程中,对项目实施进度有重要影响的标志性事件。制作项目里程碑计

划有利于对项目的跟踪、管理。项目里程碑计划技术是在项目实施过程中进行项目计划的重要技术。里程碑计划也称为项目总控计划,是一个战略计划,以可交付成果清单为依据,显示了项目为达到最终目标而必须经过的条件或状态序列,描述了在每一阶段要达到的状态。

里程碑是项目中一部分工作包集合的输出结果(或工作成果),包括工作包的功能、时间进度、费用、资源估算以及工作包所在组织单元的职责。在这一管理层面,需要有一个稳定的、平衡的计划贯穿于整个项目过程。这一层提供了实现项目总体目标的战略构架,并允许各个下层组织中包含一定的变化。体现这一层次的工作结果,便是项目的里程碑计划和责任图。

对于大多数项目而言,一旦确定了项目的范围,需要做的第一件事情就是确定项目实施的里程碑。根据确定的项目阶段划分,在里程碑中应清楚地定义每一个阶段的开始时间、结束时间与负责人,各阶段的可交付成果由各阶段的实施规范确定。里程碑是项目管理小组对项目进行控制的主要依据。里程碑一旦确定,各相应负责人应确保按时交付任务,不管采取什么措施都必须在里程碑所注明的时间内完成各项预定任务,不能有任何工作环节的延迟,从而保证整个项目的进度。

对于各不同的里程碑阶段,可以根据不同的需要制订阶段里程碑。阶段里程碑一般由实施组织内部确定,以便于更好地控制和管理项目的进程。

里程碑计划的编制可以从达成最后一个里程碑即项目的终结点开始,反向进行。在对里程碑概念的确定上,可以用"头脑风暴法"来画出草图。里程碑图的形式与甘特图类似,但里程碑图仅仅表示主要可交付成果的计划开始和完成时间以及关键的外部界面。

2. 里程碑计划编制过程

以某学院改建机房项目里程碑计划编制为例,其里程碑计划编制过程如图8-5所示。

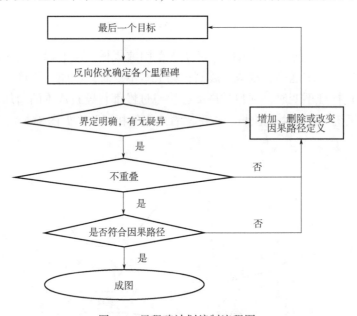

图 8-5 里程碑计划编制流程图

从项目的终点开始,反向依次界定每一个里程碑。每界定一个里程碑,需要检查其是否符合以下条件:

1)界定是否明确。如果是,则继续下一步的操作;否则,检查因果路径的定义,进行必要的修改。

2)与前面的里程碑是否重叠。如果不重叠,则进行下一步的操作;否则,检查因果路径的定义,进行必要的删减、增加或修改。

3)是否符合因果路径。如果是,则进行下一步的操作;否则,检查因果路径的定义,进行必要的修改。

反复上面的步骤,最终完成的里程碑图如图8-6所示。

序号	里程碑事件	1月	2月	3月 ···6···	4月 ···10···	5月 ···29···	6月 ···19···	7月 ···24···
A	整修开始			△				
B	室内装修完成				△			
C	硬件安装完毕					△		
D	软件调试结束						△	
E	项目结束							△

图 8-6 某学院机房改建项目里程碑计划图

在整个项目实施期间,项目管理工作应根据定期报告所表明的里程碑事件,进行里程碑的追踪,并根据现有情况对未到达的里程碑进行再次预测。

8.3 项目范围管理

项目范围管理是指确保项目完成全部规定要做的工作,而且仅仅完成规定要做的工作,从而成功达到项目目标的管理过程。即在满足项目使用功能的条件下,对项目应该包括哪些具体的工作进行定义和控制。项目范围管理主要包括规划范围管理、收集需求、定义范围、创建 WBS、确认范围和控制范围等内容。

8.3.1 规划范围管理

1. 规划范围管理的概念

规划范围管理是指创建范围管理计划,书面描述将如何定义、确认和控制项目范围的过程。本过程的主要作用是:在整个项目管理过程中对如何管理范围提供指南和方向。

2. 规划范围管理的依据

(1) 项目管理计划

依据项目管理计划中已批准的子计划创建项目范围管理计划。

(2) 项目章程

依据项目章程中的项目背景信息来规划各个范围管理的过程。

(3) 事业环境因素

影响规划范围管理过程的事业环境因素,主要包括组织文化、基础设施、人事管理制度、市场条件等。

(4) 组织过程资产

影响规划范围管理过程的组织过程资产,主要包括政策和程序、历史信息和经验教训知识库。

3. 规划范围管理的工具与技术

(1) 专家判断

专家判断是指由具备相关知识和经验的各方所提供的意见。任何经过专门训练或具有专门知识的集体或个人均可视为领域专家。领域专家可以来自于组织的其他部门、咨询顾问、职业或技术协会、行业协会等。

(2) 会议

项目团队可以通过参加项目会议来制订项目范围管理计划。与会人员包括项目经理、项目发起人、选定的项目团队成员、选定的利益相关者、范围管理各过程的负责人以及其他必要人员。

4. 规划范围管理的成果

（1）范围管理计划

范围管理计划是项目或项目集管理计划的组成部分，描述将如何定义、制订、监督、控制和确认项目范围。范围管理计划是制订项目管理计划过程和其他范围管理过程的主要输入。范围管理计划要对将用于下列工作的管理过程作出规定：

1）制订项目详细范围说明书。项目范围说明书是一份保证项目所有的利益相关者关于项目范围达成共识的说明性文件，是未来项目决策的主要依据之一，是未来开展项目工期、项目成本和项目资源等方面管理的基础文件之一。同时，随着项目的开展，项目范围说明书也需要作一些修改或更新，以便能够及时地反映项目范围的变更情况。项目范围说明书的内容包括：①项目的合理性说明（设计说明书），解释为什么要进行这一项目。项目合理性说明为以后权衡各种利弊关系提供依据。②项目可交付成果（执行说明书），一份主要的、具有归纳性层次的产品清单。这些产品完全、满意的交付，标志着项目的完成。例如，某一软件开发项目的主要可交付成果可能包括可运行的电脑程序、用户手册等。③项目目标（功能说明书）。项目目标是指完成项目所必须达到的标准和指标。项目目标必须包括项目成本、项目工期和项目质量等方面的指标，这些指标必须具体、明确，而且尽可能量化。项目目标应该具有属性、计量单位和数量值，未量化的目标未来会存在很大的风险。

2）根据详细范围说明书创建 WBS。

3）维护和批准 WBS。

4）正式验收已完成的项目可交付成果。

5）处理对详细范围说明书的变更。

（2）需求管理计划

需求管理计划是项目管理计划的组成部分，描述将如何分析、记录和管理需求。需求管理计划的内容主要包括：

1）如何规划、跟踪和报告各种需求活动。

2）配置管理活动，例如，如何启动范围变更，如何分析其影响，如何进行追溯、跟踪和报告，以及如何变更审批权限。

3）需求优先级排序过程。

4）产品测量指标及使用这些指标的理由。

8.3.2 收集需求

1. 收集需求的概念

需求是指根据特定协议或相应规范，项目必须满足的条件和能力，或产品、成果和服务必须具备的条件和能力。需求包括发起人、客户和其他利益相关者的已量化且书面记录的需要和期望。这些需求应该被充分地探明、分析和记录，并将其包含在范围基准中，并在项目执行过程中对其进行测量。收集需求是为实现项目目标而确定、记录并管理利益相关者诉求的过程。该过程的主要作用是：为定义和管理项目范围提供依据。

2. 收集需求的依据

（1）范围管理计划

范围管理计划使得项目团队了解需要收集的需求的类型。

（2）需求管理计划

需求管理计划规定了用于整个收集需求过程的工作流程，以便定义和记录利益相关者的需要。

（3）利益相关者管理计划

从利益相关者管理计划中了解利益相关者的沟通需求和参与程度，以便评估并适应利益相关者对需求活动的参与程度。

(4) 项目章程

从项目章程中了解项目产品、服务或成果的描述，并据此收集详细的需求。

(5) 利益相关者登记册。

从利益相关者登记册中了解哪些利益相关者能够提供需求方面的信息。利益相关者登记册中也记录了利益相关者对项目的主要需求和期望。

3. 收集需求的工具与技术

(1) 访谈

通过与利益相关者的直接交谈获取信息。

(2) 焦点小组

召集预定的利益相关者和主题专家，了解他们对所讨论的产品、服务或成果的期望和态度。

(3) 引导式讨论会

将项目主要利益相关者召集在一起，通过集中讨论来定义项目需求。

(4) 群体创新技术

采用头脑风暴、亲和图等群体创新技术识别项目的需求。

(5) 群体决策技术

为了达到某种期望结果，而对多个未来行动方案进行评估的过程。该技术用于生成项目需求，并对其进行归类和优先级排序。

(6) 问卷调查

设计一系列书面问题，向众多受访者快速收集信息。

(7) 观察

直接观察个人在各自环境中如何执行工作和实施流程，以便识别隐藏的需求。

(8) 标杆对照

将实际或计划的做法与其他可比组织的做法进行比较，以便识别最佳实践，形成改进意见。

(9) 文件分析

通过分析相关文档，识别与需求相关的信息。

4. 收集需求的成果

(1) 需求文件

需求文件将描述各种单一需求将如何满足与项目相关的业务需求。需求文件的内容主要包括：

1) 业务需求。包括：可跟踪的业务目标和项目目标；执行组织的业务规则；组织的指导原则等。

2) 利益相关者需求。包括：对组织其他领域的影响；对执行组织内部或外部团体的影响；利益相关者对沟通和报告的需求。

3) 解决方案需求。包括：功能和非功能的需求；技术和标准合规性需求；支持和培训的需求；质量需求；报告需求等。

4) 项目需求。包括：服务水平、绩效、安全和合规性；验收标准等。

5) 与需求相关的假设条件、依赖关系和制约因素等。

(2) 需求跟踪矩阵

需求矩阵式是将项目需求从其来源连接到能满足需求的可交付成果的一种表格。主要跟踪以下内容：

1) 业务需要、机会、目的。

2) 项目目标。

3) 项目范围/WBS 可交付成果。

4）产品设计。
5）产品开发。
6）测试策略和测试场景。
7）高层级需求到详细需求。

8.3.3 定义范围

1. 定义范围的概念

定义范围是制定项目和产品详细描述的过程。本过程的主要作用是明确所收集的需求是否属于项目范围，从而明确项目、服务或成果的边界。定义范围就是把项目的主要可交付成果划分为较小的、更易管理的许多组成部分（即项目可交付成果），最终定义和界定项目产出物范围的项目管理活动。定义项目范围的目的在于明确界定项目产出物和项目可交付成果及其各种约束条件等。定义项目范围给出的项目范围界定是下一步开展项目工作分解的依据，也是进行项目成本、项目时间和项目资源管理的基础之一。

2. 定义范围的依据

（1）项目范围管理计划

项目范围管理计划是项目管理计划的组成部分，确定了制定、监督和控制项目范围的各项活动。

（2）项目章程

项目章程中包含对项目和产品特征的高层级描述。

（3）需求文件

使用需求文件来选择哪些需求将包含在项目中。

（4）组织过程资产

能够影响定义范围过程的组织过程资产主要包括：

1）用于制定项目范围说明书的政策、程序和模板。
2）以往项目的项目档案。
3）以往项目的经验教训。

3. 定义范围的工具与技术

（1）专家判断

利用专家就以往同类项目所积累的经验定义项目范围。专家可以是来自各领域的具有专业知识和技能的人员，也可以来自咨询公司、行业协会等。

（2）产品分析

将项目目标变成有形的可交付成果和要求说明书，每一个应用领域都有一个或多个普遍公认的方法。产品分析包括产品分解、系统分析、系统工程、价值工程、价值分析和功能分析等技术。

（3）备选方案生成

备选方案生成是一种用于制定尽可能多的潜在可选方案的技术，用于识别执行项目工作的不同方法。可利用头脑风暴、备选方案分析等方法生成备选方案。

4. 定义范围的成果

（1）项目范围说明书

项目范围说明书是对项目范围、主要可交付成果、假设条件和制约因素的描述。项目范围说明书记录了整个范围，包括项目和产品范围。项目范围说明书详细描述了项目的可交付成果，以及为创建这些可交付成果而必须开展的工作。主要包括或涉及以下内容：

1）项目范围描述。逐步细化在项目章程和需求文件中所述的产品、服务和成果的特征。

2）验收标准。可交付成果通过验收前必须满足的一系列条件。

3）可交付成果。在某一过程、阶段或项目完成时，必须产出的独特并可核实的产品、成果或服务能力。可交付成果也包括各种辅助成果。

4）项目的除外责任。需要识别出哪些是被排除在项目之外的，明确说明哪些不属于项目范围。

5）制约因素。对项目或过程的执行有影响的限制性因素。

6）假设条件。在制订计划时不需要验证即可视为正确、真实或确定的因素。同时需要描述如果这些因素不成立，可能造成的潜在影响。

（2）项目文件更新

可能需要更新的文件主要包括：

1）利益相关者登记册。

2）需求文件。

3）需求跟踪矩阵。

8.3.4 创建 WBS

1. 创建 WBS 的概念

创建 WBS（又称为范围分解）是将项目可交付成果和项目工作分解成较小的、更易于管理的组件的过程。该过程的主要作用是，对所要交付的内容提供一个结构化的视图。实际上是对定义项目范围后给出的项目工作范围进行进一步细化和分解。

WBS（工作分解结构）描述了人们所要完成的项目工作范围，可以使人们能够清楚地知道整个项目要干什么工作和项目的可交付物是通过开展哪些工作而生成的。所以项目分解的核心内容是给出项目工作分解结构，尤其是项目工作分解结构中最下层的项目工作包。

2. 创建 WBS 的依据

（1）项目范围管理计划

项目范围管理计划定义了应该如何根据详细范围说明书创建 WBS，以及应该如何维护和批准 WBS。

（2）项目范围说明书

项目范围说明书描述了需要实施的工作及不包含在项目中的工作。

（3）需求文件

详细的需求文件对理解需要产出的项目成果，需要做什么来交付项目及其最终产品至关重要。

（4）事业环境因素

项目所在行业的 WBS 标准，可以作为创建 WBS 的外部参考资料。

（5）组织过程资产

能够影响创建 WBS 的组织过程资产主要包括：

1）用于创建 WBS 的政策、程序和模板。

2）以往项目的档案。

3）以往项目的经验教训。

3. 创建 WBS 的工具与技术

（1）结构化分解方法

任何项目系统都有它的结构，都可以进行结构分解。例如，工程技术系统可以按照一定的规则分解成子系统、功能区和专业要素；项目的目标系统可以分解成系统目标、子目标、可执行目标；项目的总成本可以按照一定的规则分解为相关成本要素。此外，组织系统、管理信息系统都可以进行结构分解。分解的结果通常为树型结构图。

(2) 过程化方法

项目由许多活动组成,活动的有机组成形成过程。该过程可以分为许多相互依赖的子过程或阶段。在项目管理中,可以从如下几个角度进行过程分解:

1) 项目实施过程。根据系统生命周期原理,把工程项目科学地分为若干发展阶段,如前期策划、设计和计划、实施、运行等,每一个阶段还可以进一步分解成工作过程。

不同的项目的实施过程会有些差别,例如,美国海军部将武器研制项目分为七大阶段:任务需求评估、初步可行性研究、可行性研究、项目决策、计划与研制、生产及使用等阶段。相邻两个阶段之间有一个决策点和正式评审程序。同样,每个阶段又可分成许多工作过程。

2) 管理工作过程。例如,整个项目管理过程或某一种管理(如成本管理、合同管理、质量管理等)过程,都可以分解成许多管理活动,如预测、决策、计划、实施控制、反馈等。他们形成一个工作过程。

3) 行政工作过程。例如,在项目实施过程中各种申报和批准、招标投标等过程。

4) 专业工作的实施过程。这种分解对工作包内工序(或更细的工程活动)的安排和构造工作包的自网络是十分重要的。

在这些过程中,项目实施过程和项目管理过程是最重要的过程。项目管理实质上就是对这些过程的管理。项目管理者必须十分熟悉这些过程。

(3) 项目分解的模板法

项目工作分解模板法是指项目的工作分解可以借用项目所属专业技术领域中的标准化或通用化的项目工作分解结构模板,然后根据项目的具体情况和要求进行必要的增加或删减而得到项目工作分解结构的方法。多数项目的工作分解可以使用项目工作分解模板法。其主要工作是先进行项目工作分解模板的确定,然后根据具体项目的具体情况进行工作增加或减少,最后进行项目工作分解结构的分析和检验。

在选择工作分解模板时,可以借用项目所属专业技术领域或行业的标准化或通用化的项目工作分解结构模板,也可以使用某个相似历史项目的工作分解结构,甚至可以专门设计一个项目工作分解结构并用作项目工作分解结构的模板。通常这种模板包含的项目工作包比具体项目所需的项目工作包多些。

4. 创建 WBS 的成果

(1) 范围基准

范围基准是经批准的范围说明书、工作分解结构(WBS)和相应的 WBS 词典。

(2) 项目文件更新

8.3.5 确认范围

1. 确认范围的概念

确认范围是正式验收已完成的项目可交付成果的过程。该过程的主要作用是,使验收过程具有客观性;同时通过验收每个可交付成果,提高最终产品、服务或成果获得验收的可能性。

在确认项目范围工作中,要对范围定义的工作结果进行审查,确保项目范围包含了所有的工作任务。确认项目范围可以针对一个项目的整体范围进行确认,也可以针对某个项目阶段的范围进行确认。确认项目范围要审核项目范围界定工作的结果,确保所有的、必需的工作都包括在项目工作分解结构中,而一切与实现目标无关的工作均不包括在项目范围中,以保证项目范围的准确。

确认项目范围包括审查可交付成果,确保每一项结果都令人满意。如果项目提前终止,则确认项目范围的过程应当查明并记载完成的水平与程度。确认范围不同于质量控制,只表示业主是否接受完成的工作成果,质量控制一般先于确认范围,但两者也可以同时进行。

2. 确认范围的依据

(1) 项目管理计划

项目管理计划包含范围管理计划和范围基准。范围管理计划明确了项目已完成可交付成果的正式验收程序。范围基准包括批准的范围说明书、WBS 和相应的 WBS 词典。

(2) 需求文件

需求文件明确了项目的全部需求以及相应的验收标准。

(3) 需求跟踪矩阵

需求跟踪矩阵明确了需求与需求源,用于在整个项目生命周期中对需求进行跟踪。

(4) 核实的可交付成果

核实的可交付成果是指已经完成,并被控制质量过程检查为正确的可交付成果。

(5) 工作绩效数据

工作绩效数据包括符合需求的程度、不一致的数量、不一致的严重性等。

3. 确认范围的工具与技术

(1) 检查

通过测量、审查和确认等活动,判断工作和可交付成果是否符合需求和相应的验收标准。常用两种检查表:项目范围检查表和项目工作分解结构检查表。

项目范围检查表的主要内容包括:

1)项目目标是否完整和准确。
2)项目目标的衡量标准是否科学、合理和有效。
3)项目的约束条件、限制条件是否真实并符合实际。
4)项目的假设前提是否合理,不确定性的程度是否较小。
5)项目的风险是否可以接受。
6)项目成功的把握是否很大。
7)项目的范围界定是否能够保证上述目标的实现。
8)项目范围所能产生的收益是否大于成本。
9)项目范围界定是否需要进一步开展辅助性研究。

项目工作分解结构检查表的主要内容包括:

1)项目目标描述是否清楚明确。
2)项目产出物的各项成果描述得是否清楚明确。
3)项目产出物的各项成果是否都是为实现项目目标服务的。
4)项目的各项成果是否以工作分解结构为基础。
5)项目工作分解结构中的工作包是否都是为形成项目成果服务的。
6)项目目标层次的描述是否清楚。
7)项目工作分解结构的层次划分是否与项目目标层次的划分和描述相统一。
8)项目工作、项目成果和项目目标之间的关系是否一致。
9)项目工作、项目成果、项目分目标和项目总目标之间的逻辑关系是否正确、合理。
10)项目目标的衡量标准是否有可度量的数量、质量和时间目标。
11)项目工作分解结构中的工作是否有合理的数量、质量和时间度量指标。
12)项目目标的指标值与项目工作绩效的度量标准是否匹配。
13)项目工作分解结构的层次分解是否合理。
14)项目工作分解结构中各个工作包内容是否合理。

15）项目工作分解结构中各个工作包之间的相互关系是否合理。
16）项目工作分解结构中各项工作所需的资源是否明确、合理。
17）项目工作分解机构中各项工作的考核指标是否合理。
18）项目工作分解结构的总体协调是否合理。

(2) 群体决策技术

当由项目团队和其他利益相关者进行确认时，可以使用这一技术来达成结论。

4. 确认范围的成果

(1) 验收的可交付的成果

确认范围过程记载了已完成并经过验收的可交付成果。确认范围包括收到的顾客或赞助人证明文件，并记载利益相关者验收项目可交付成果的事实。

(2) 变更请求

对已经完成但尚未验收的可交付成果以及未通过验收的原因应记录在案；可能需要针对这些可交付成果提出变更请求以进行缺陷补救，并通过整体变更控制过程进行审查与批准。

(3) 工作绩效信息

主要包括项目进展信息，这些信息应该被记录并向利益相关者传递。

(4) 项目文件更新

可能需要更新的项目文件包括定义项目或报告项目完成情况的相关文件。

8.3.6 控制范围

1. 控制范围的概念

控制范围是监督项目和产品的范围状态，管理范围基准变更的过程。该过程的主要作用是，在整个项目实施过程中保持对范围基准的维护。项目范围基准变更是项目变更的一个方面，是指在实施合同期间发生的项目工作范围的改变。范围基准变更的请求可能由不同的来源提出，以不同的形式出现。项目范围变更的原因很多，主要有：

1）项目的外部环境，如政府颁布的新法令法规、国家通货膨胀等。
2）新的生产技术、手段或方案等，如果采用，对项目会产生较大的影响。例如，在项目开始后发现了可以大幅度降低费用的新技术。
3）项目团队本身发生变化，如人事变动、组织结构调整等。
4）在制订范围计划时存在失误或遗漏。
5）业主对项目提出了新的要求。

2. 控制范围的依据

(1) 项目管理计划

项目管理计划中的相关信息可用于控制范围，如范围基准、范围管理计划、变更管理计划、需求管理计划、配置管理计划等。

(2) 需求文件

需求文件便于发现项目范围的偏离。

(3) 需求跟踪矩阵

需求跟踪矩阵有助于发现任何变更或对范围基准的任何偏离给项目目标造成的影响。

(4) 工作绩效数据

工作绩效数据可能包括收到的变更请求的数量、接受的变更请求的数量或者完成的可交付成果的数量等。

（5）组织过程资产

能够影响控制范围过程的组织过程资产主要包括：与控制范围相关的政策程序和指南；可用的监督和报告的方法和模板。

3. 控制范围的工具与技术

（1）变更控制系统

项目范围变更控制系统记载了项目范围管理计划，规定了项目范围与产品范围变更所应遵循的程序。该系统包括文字工作、追踪制度，以及核准变更所需通过的审批层次。范围变更控制应当与任何项目管理信息系统结合为整体，共同控制项目范围。在项目按合同实施时，该变更系统还必须符合合同条款中所有的相关规定。

（2）偏差分析

偏差分析是一种确定实际绩效与基准的差异程度及原因的技术。可利用项目绩效测量结果评估偏离范围基准的程度，确定偏离范围基准的原因，并决定是否采取相应措施。

4. 控制范围的成果

（1）工作绩效信息

本过程产生的工作绩效信息是有关项目范围实施情况、相互关联且与各种背景相结合的信息，包括变更的分类、识别的范围偏差和原因、偏差对项目的影响，以及对未来范围绩效的预测等。

（2）变更请求

控制范围的结果可能会提出变更请求，这些变更请求按照项目整体变更控制过程审查和处置。

（3）项目管理计划更新

项目管理计划更新可能包括范围基准更新、其他基准更新等。

（4）项目文件更新

可能需要更新的项目文件包括需求文件、需求跟踪矩阵等。

（5）组织过程资产更新

可能需要更新的组织过程资产包括：造成偏差的原因；所选择的纠正措施及理由；从控制范围过程中获得的经验教训等。

8.4 项目分解结构与工作分解结构

8.4.1 项目分解结构

1. 项目分解结构概念

项目在实施前都须将该项目对象认识清楚，这就要对项目的对象进行分解，建立项目对象分解结构（Project Breakdown Structure，PBS）。实际上，广义的项目可以分为两种：一种是没有形成实体对象的一次性活动，如举办某项活动或某项文艺演出安排；另一种是由实体对象产生的一次性工作。前一种项目的第一步就是工作任务分解，建立工作分解结构（Work Breakdown Structure，WBS）；后一种项目，当实体项目对象的组成本身就很复杂时，直接运用 WBS 会造成困惑，就应该先进行项目对象的梳理，建立 PBS。PBS 是以项目交付成果本身为对象进行的层级结构分解。PBS 分解的结果不是以可交付成果为目标的工作包，而是构成项目最终实体目标的项目单元。

2. 项目分解结构体系

从项目立项到最终交付使用的全过程中，需要针对不同阶段形成相应的 PBS。在项目立项阶段就要对项目对象进行分解，形成第一阶段的 PBS；在项目设计阶段，对项目对象进行进一步分解，形成第二阶段的 PBS；在项目开始实施的阶段，项目管理者应综合考虑项目的管理、组织等因素，对项目群进行重新梳理、分解，形成第三阶段的 PBS；待项目完成以后，还应对已形成的固定资产进行最终的梳理，建立资产清单，形成第四阶段的 PBS。以上 4 个阶段不同的 PBS 共同形成了群体 PBS 体系。

3. 项目分解结构的制定

依据项目的组成部分制定项目分解结构。例如，一个建设项目包括若干单项工程，每个单项工程包括若干单位工程，每个单位工程包括若干分部工程，每个分部工程包括若干分项工程，如图 8-7 所示。

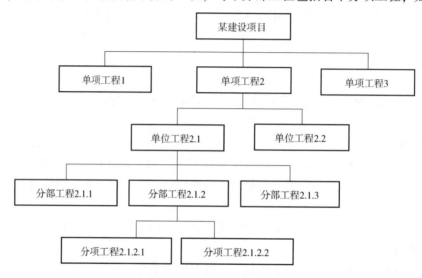

图 8-7　某建设项目 PBS

一般来说，一个大型项目（项目集、项目组合）由若干分项目所组成，每个分项目由若干子项目所组成，每个子项目由若干小项目所组成，按照这种思路进行分解，即可形成相应的 PBS，如图 8-8 所示。

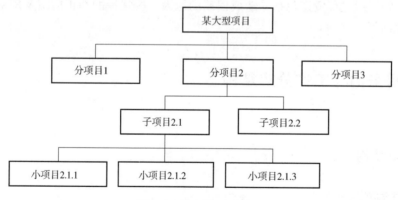

图 8-8　某大型项目 PBS

图 8-7 和图 8-8 中所包含的是构成项目实体目标的项目单元，而非工作包。

8.4.2　工作分解结构

1. 工作分解结构（WBS）的概念

WBS 主要是将一个项目分解成易于管理的几个部分或几个细目，以便确保找出完成项目工作范围所需的所有工作要素。它是一种在项目全范围内分解和定义各层次工作包的方法。WBS 按照项目发展的规律，依据一定的原则和规定，进行系统化、相互关联和协调的层次分解。结构层次越往下层则项目组成部分的定义越详细。WBS 最后构成一份层次清晰，可以具体作为制订项目计划和组织项目实施的工作依据。

项目工作分解结构通常用于分解和给出一个项目的工作范围。在项目工作分解结构中最主要的内容包括项目工作包、项目工作包之间的关系和项目工作包与项目产出物或项目可交付物之间的关系。每个项目工作包都有一个独特的标识，这些标识按照一定的层次结构形成了一个项目工作分解结构的标识系统。

2. WBS 的作用

WBS 作为项目管理的一种核心方法，主要应用于项目的范围管理。它是一种在项目全范围内分解和定义各层次工作包的方法。

WBS 是将项目的各项内容按其相关关系逐层进行分解，直到工作内容单一、便于组织管理的工作单元为止，并将每个单项工作在整个项目中的地位、构成直观地表示出来，以便更有效地计划、组织、控制项目整体实施。进行工作分解是非常重要的工作，它在很大程度上决定项目能否成功。如果项目工作分解得不好，在实施的过程中难免要进行修改，可能会打乱项目的进程，造成返工、延误时间、增加费用等。工作分解结构是一种层次化的树状结构，是将项目按一定的方法划分为更容易管理的项目单元，通过控制这些单元的费用、进度和质量目标，使它们之间的关系协调一致，从而达到控制整个项目目标的目的。

WBS 主要有如下作用：

1）保证项目结构的系统性和完整性。分解结果代表被管理的项目范围和组成部分，包括项目应包含的所有工作，不能有遗漏。这样才可能保证项目的设计、计划、控制的完整性。这是项目结构分解最基本的要求。

2）通过结构分解，使项目的形象透明，使人们对项目一目了然，使项目的概况和组成明确、清晰。这使项目管理者，甚至不懂项目管理的业主、投资者也能把握整个项目，从而方便观察、了解和控制整个项目过程，同时可以分析可能存在的项目目标的不明确性。

3）是项目的工期计划、成本和费用估计，以及进行资源分配的对象。

4）用于建立项目目标保证体系。WBS 能将项目实施过程、项目成果和项目组织有机地结合在一起，是进行项目任务承发包、建立项目组织、落实组织责任的依据。WBS 可以满足各层次项目参与者的需要。WBS 可与项目组织结构有机地结合在一起，有助于项目经理根据各个工作单元的要求，赋予项目各部门和各职员相应的职责。

5）将项目质量、工期、成本（投资）目标分解到各工作单元，这样可以对工作单元进行详细的设计，确定实施方案，做各种计划和风险分析，实施控制，对完成状况进行评价。WBS 是编制项目各种计划的主要依据，也是组织项目实施的主要依据，其作用如图 8-9 所示。

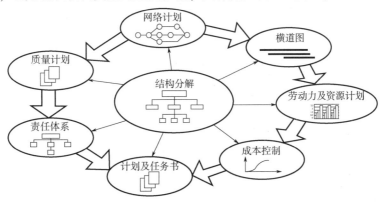

图 8-9　项目结构分解作用图

6）作为项目报告系统的对象，它是进行各部门、各专业协调的手段。项目工作分解结构和编码在项目中充当一个共同的信息交换语言。项目中的大量信息，如资源使用、进度报告、成本开支账单、质量报告、变更、会谈纪要，都以项目工作单元为对象进行收集、分类和沟通。

3. WBS 的编制思路和步骤

（1）WBS 的编制思路

1）基于功能（系统）的分解结构，如图 8-10 所示。

2）基于成果（系统）的分解结构，如图 8-11 所示。

图 8-10　基于功能（系统）的分解结构　　　图 8-11　基于成果（系统）的分解结构

3）基于工作过程的分解结构，如图 8-12 所示。

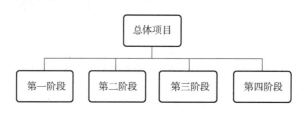

图 8-12　基于工作过程的分解结构

（2）WBS 的编制步骤

1）识别项目的主要组成部分（项目要素或项目交付成果）或主要阶段（或流程）。

问题：包括完成哪些主要组成部分或阶段？

技巧：可以按照项目的主要交付成果、产品、系统、专业或项目生命周期的阶段划分。

层次：在 WBS 中处于第二层上，并在结构图形上标示。

2）判断。在已经分解的基础上，判断能否快速方便地估算各个组成部分各自所需的费用和时间，以及责任分配的可能性与合理性。如果不可以，进入第三个步骤；如果可以，则进入第四个步骤。

3）识别更小的组成部分。

问题：要完成当前层次上各个部分的工作，需要做哪些更细的工作？这些工作是否可行？是否可核查？

在 WBS 上标示出第三、四层。

4）检查。检查分解结果的正确性：必要和充分性检查；完整和模糊性检查；可计划和控制性检查（分配工期、预算、资源和责任人）。

问题：该层各项工作的内容、范围和性质是否都已经明确？如果不进行这一层次的工作，上一层的各项工作能否完成？完成了该层的所有工作，上一层次的工作就一定能完成吗？

根据检查结果，对该当前层次的工作进行增加、删除或者修改，或者对上层工作进行适当的整理。

4. WBS 样板

一个组织过去所实施项目的工作分解结构常常可以作为新项目的工作分解结构的样板。虽然每个项目都是独一无二的，但仍有许多项目彼此之间都存在着某种程度的相似之处。许多应用领域都有标准的或半标准的工作分解结构作为样板，如图 8-13 所示。

5. 编制 WBS 应注意的事项

1）分解后的任务应该是可管理的、可定量检查的、可分配任务的、独立的。

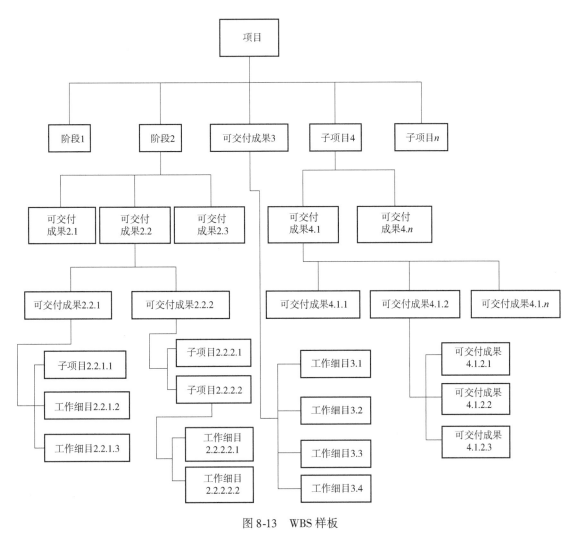

图 8-13 WBS 样板

2) 复杂的工作至少应分解成 2 项或 2 项以上的任务。

3) 表示出任务间的联系。

4) 不表示顺序关系。

5) 与任务描述表一起进行。对每项任务都应编制相应的任务描述表。

6) 在工作分解的同时，应考虑项目管理。将该项目的项目管理工作进行层层分解，直到具体、明确为止。

7) 并不是 WBS 中所有的分支都必须分解到同一水平，各分支中的组织原则可能不同。任何分支最底层的细目称为工作包。工作包是完成一项具体工作所要求的一个特定的、可确定的、可交付的及独立的工作单元，需为项目提供充分而合适的管理信息。任何项目也并不是只有唯一正确的 WBS，如同一个项目按照产品的组成部分或根据生产过程分解就能做出两种不同的 WBS。

8) 分包商及供应商的主要工作也应该包含在工作分解结构之内，以便更好地计划与控制分包商及供应商的实施过程。

8.4.3 WBS 词典的建立

1. WBS 词典的概念

由于项目（特别是大型项目）都有许多工作包，而对于这些最底层的工作包，要有全面、详细和明确的文字说明。因此，通常将项目所有的工作包文字说明汇集在一起，编成一个项目的 WBS 词典，以便需要时查阅。WBS 词典是在制作工作分解结构过程生成并与工作分解结构配合使用的文件。

2. WBS 词典的内容

WBS 各组成部分的详细内容，包括工作细目与控制账户可以在 WBS 词典中说明。

其主要内容包括：

1）账户编码标识。要求每一个工作包都有一个唯一的编码。
2）工作描述。采用工作描述表和工作列表的方式描述每项工作的具体内容和要求。
3）假设条件和制约因素。
4）负责的组织。
5）进度里程碑。
6）相关的进度安排。
7）所需资源。
8）成本估算。
9）质量要求。
10）验收标准。
11）技术参考文献。
12）协议信息。

WBS 词典的示例见表 8-2。

表 8-2 WBS 词典示例

工作细目	主要内容
作业编号	A1020
责任人/授权人	张大千/李开明
作业内容	主楼建筑工程 3～4 层
施工条件	第二层施工完毕，图样具备，现场具备施工条件
标准、规范、方法	按设计图样要求，采用钢模板现浇结构混凝土
施工成果	结构混凝土符合设计要求
质量控制方法	模板质量检查、面板安装检查、混凝土浇筑质量检查
开工/完工日期	2002-07-21，2002-08-29
资源要求	吊车 1 台、模板工 10 人、混凝土工 3 人、84m^3 混凝土
工程量要求	150 m^2 面板架设，浇注 84m^3 混凝土
假设条件	天气晴朗，电源有保障，不发生安全事故

8.4.4 典型 WBS 应用示例

1. 某网站设计项目的 WBS

该项目是设计、建设并推广在一个国内销售企业自产产品的商业互联网站，其一级 WBS 分解的思路是基于项目的生命周期过程进行划分的。网站设计开发生命周期的各个高层次阶段位于 WBS 的第一层次，每个高层次阶段的主要工作分别在各自范围内作进一步细分描述。最终分解的网站建设 WBS 结构，如图 8-14 所示。

2. 某软件园建设项目的 WBS

某软件园建设项目工作分解的一个 WBS，如图 8-15 所示。它是一个项目群，是按功能区逐层进行

第8章 项目目标与范围管理　185

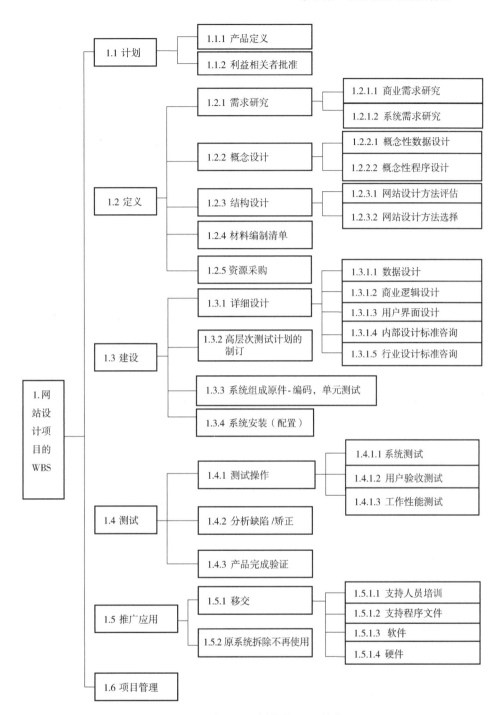

图8-14　水平竖置树状的WBS结构

分解的。

3. 地铁工程建设项目的WBS

同一个建设工程项目可有不同的项目结构分解方法，项目结构分解应与整个工程实施的部署相结合，并与将采用的合同结构相结合，如地铁工程主要有两种不同的合同分解方案，其对应的项目结构不同。

方案1：地铁车站（一个或多个）和区间隧道（一段或多段）分别发包，如图8-16所示。

方案2：一个地铁车站和一段区间隧道，或几个地铁车站和几段区间隧道作为一个标段发包，如图8-17所示。

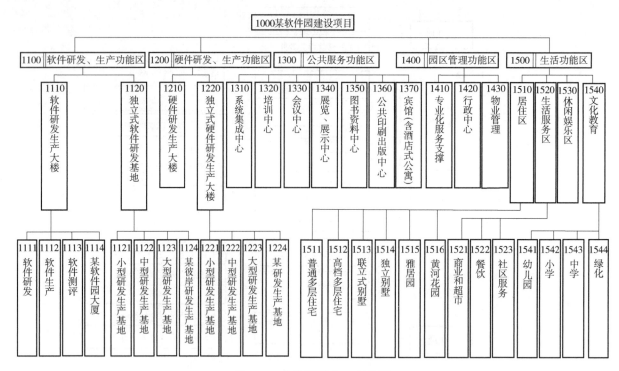

图 8-15　某软件园 WBS 结构图

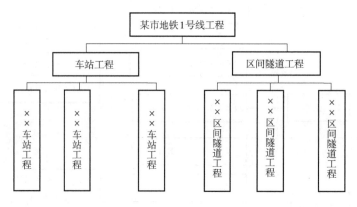

图 8-16　地铁车站和区间隧道分别发包相应的项目结构

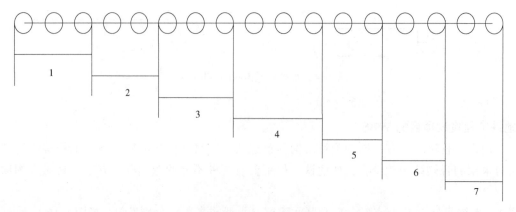

图 8-17　一个地铁车站和一段区间隧道，或几个地铁
车站和几段区间隧道作为一个标段发包

由于图 8-16 所示的项目结构在施工时交界面较多，对工程的组织与管理不利，因此国际上较多的地铁工程则用如图 8-18 所示的方式进行项目结构分解。

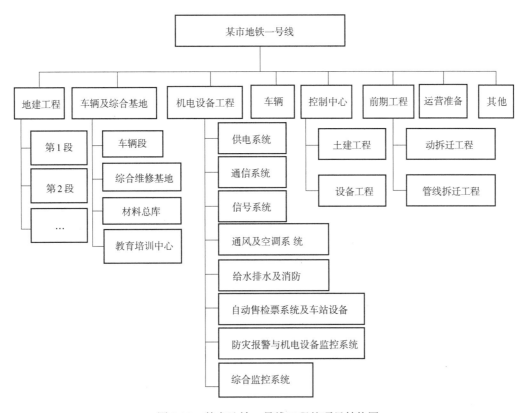

图 8-18　某市地铁一号线工程的项目结构图

综上所述，项目结构分解并没有统一的模式，但应结合项目的特点并参考以下原则进行：
1）考虑项目进展的总体部署。
2）考虑项目的组成。
3）有利于项目实施任务（设计、施工和物资采购）的发包和项目实施任务的进行，并结合合同结构。
4）有利于项目目标的控制。
5）综合项目管理的组织结构等。

8.4.5　PBS 与 WBS 的区别与联系

1. PBS 与 WBS 的区别

PBS 以项目组成部分为导向，即以可交付成果本身为导向，是对项目实体对象的分解，所包含的是各个项目单元。在大型复杂项目中，PBS 应该是不同于 WBS 的独立分解结构，并且是项目管理其他一切工作的基础。

WBS 是以可交付成果为导向的工作层级分解，是"以可交付成果为导向"，而不是可交付成果本身，所包含的是各个工作包。

2. PBS 与 WBS 的联系

大型复杂项目管理的首要工作不是工作任务分解，建立 WBS，而应该是项目实体对象分解，建立 PBS。PBS 的形成早于 WBS，PBS 是 WBS 的前提条件，WBS 是 PBS 的具体体现。

8.5 工作责任分配矩阵

8.5.1 责任分配矩阵的概念

责任分配矩阵是一种将所分解的工作任务落实到项目有关部门或个人，并明确表示出他们在组织工作中的关系、责任和地位的一种方法和工具。在工作分解结构的基础上建立，并以表格形式表示完成工作分解结构中每项活动或工作所需的人员。

责任分配矩阵明确表示出每项工作由谁负责、由谁具体执行，并且明确了每个人在整个项目中的地位。责任分配矩阵还系统阐明了个人与个人之间的相互关系，能使组织或个人充分认识到在与他人配合当中应承担的责任，从而能够充分、全面地认识到自己的全部责任。

在项目实施过程中，如果某项活动出现了错误，就很容易从责任分配矩阵中找出该活动的负责人和具体执行人，并且还可以针对某个子项目或某个活动分别制定不同规模的责任分配矩阵。

8.5.2 责任分配矩阵的制定

用责任矩阵来确定项目参与方的责任与利益关系，目前应用已非常广泛。由于责任分配矩阵是由线条、符号和简洁文字组成的图表，它不但易于制作和解读，而且能够较清楚地反映出项目各工作部门或个人之间的工作责任和相互关系。责任矩阵可以使用在 WBS 的任何层次，如战略层次的里程碑责任矩阵、项目分级的程序责任矩阵以及战术层次的日常活动责任矩阵。

责任分配矩阵是一种矩阵图。一般情况下，它以组织单元为行，工作单元为列；矩阵中的符号表示项目工作人员在每个工作单元中的参与角色或责任。

用来表示工作任务参与类型的符号有多种形式，如数字、字母或几何图形式。常用的是用字母来代表工作参与角色或责任，见表 8-3。也可用符号表示，见表 8-4。

表 8-3 用字母表示的责任矩阵

工作内容	个人与部门									
	职能部门领导	管理者	团队领导	项目经理	项目支持办	地产管理者	网络管理者	信息技术	作业者	全体人员
活动/任务名称	D	D	DX	PX	A	A	A	A	A	A
召开项目定义会议	DX		X	PX	X					
确定收益	D	DX		PX	X					
草拟项目定义报告	D	DX		PX	X	I	I	I	I	I
召开项目启动会议	X	X		PX	X	X	X	X		
完成里程碑计划	D	D	D	PX	X	C	C	C	A	C
完成责任图	D	D	D	PX	X	C	C	C	A	A
准备时间估算			A	P	X	A	A	A		A
准备费用估算			A	P	X	A	A	A		A
准备收益估算	A	A	A	P						

(续)

工作内容	个人与部门									
	职能部门领导	管理者	团队领导	项目经理	项目支持办	地产管理者	网络管理者	信息技术	作业者	全体人员
评价项目活力	D	D	D	PX						
评价项目风险	D	D	DX	PX	X	C	C	C	C	C
完成项目定义报告	D	D	DX	PX	X	C	C	C	C	C
项目队伍动员	D	D	DX	PX	X	X	X	X		I

注：A—可以建议的；C—必须咨询的；D—单独或决定性决策；I—必须通报的；P—控制进度；X—执行。

表 8-4　用符号表示的责任矩阵

WBS		组织责任者		
		项目经理	项目工程师	程序员
	确定要求	○	▲	
	设计	○	▲	
开发	修改外购软件包	□	○	▲
	修改内部程序	□	○	▲
	修改手工操作流程	□	○	▲
测试	测试外购软件包	□	●	▲
	测试内部程序	□	●	▲
	测试手工操作流程	□	●	▲
安装完成	完成安装新软件包	●	▲	
	培训人员	●	▲	

注：▲—负责；○—审批；●—辅助；□—通知。

责任分配矩阵的编制步骤为：

1) 确定工作分解结构中所有层次最低的工作包，将其填在责任分配矩阵列中。
2) 确定所有项目参与者，填在责任矩阵的标题行中。
3) 针对每一个具体的工作包，指派个人或组织对其负全责。
4) 针对每一个具体的工作包，指派其余的职责承担者。
5) 检查责任矩阵，确保所有的参与者都有责任分派，同时所有的工作包都已经确定了合适的责任承担人。

第 9 章　项目进度计划的制订

本章要点

进度计划制订的基础，包括工作关系的确定、工作持续时间的确定；网络图的绘制，包括网络计划技术的概念、双代号网络图的绘制、单代号网络图的绘制、搭接网络图的绘制；网络计划时间参数的计算，包括网络计划时间参数的概念、计算工期及关键线路、双代号和单代号、搭接网络计划时间参数的计算方法；进度计划的表达形式，包括甘特图、双代号时标网络图、带有日历时间的网络图及进度计划表等。

9.1　进度计划制订的基础

9.1.1　工作关系的确定

1. 工作关系的分类

一个项目有若干项工作和活动，这些工作和活动之间的先后顺序称为工作关系。工作关系通常分为两类：

（1）工艺关系

工艺关系也称为强制性逻辑关系。这类关系是客观存在、无法改变的。例如，建一座厂房，首先应进行基础施工，然后才能进行主体施工。

（2）组织关系

这类关系是人为确定的，可以改变的。这类关系随着人为约束条件的变化而变化，随着实施方案、人员调配、资源供应条件的变化而变化，随着项目目标的变化而变化。例如，有 3 项工作 A、B、C，假使 A、B、C 之间不存在工艺关系，则要完成这 3 项工作有多种不同的方案。如 3 项工作可以同时展开，也可以依次进行。虽然不同的方案最终都能完成这 3 项任务，但效果可能大不相同。可见，组织关系是需要优化的。

一般来说，在工作关系确定的过程中，首先应分析确定工作之间客观存在的工艺关系，然后分析、研究工作之间的组织关系。

项目工作之间的关系通常包括以下几种方式：单行关系、并行关系和搭接关系。

单行关系：也称为串行，是指按顺序展开各项工作。该方式的优点是管理简单，问题是将这些工作全部完成所需要的总时间是各项工作时间之和，因而使得项目的工期延长。

并行关系：也称为平行，是指若干项工作同时展开。该方式的优点是可以有效缩短工期，问题是管理要复杂得多。

搭接关系：根据工艺要求或组织要求确定的相邻工作之间的关系，搭接关系有多种类型。

在项目时间计划制订的过程中，首先需要确定相邻工作之间的关系。相邻工作之间的关系用紧前工作和紧后工作的概念加以描述。紧前工作是相对于紧后工作而言的，该工作的完成是其后续工作开始的前提条件。紧后工作是相对于紧前而言的，即紧前工作完成后即可开始的工作。

2. 工作关系确定要考虑的因素

确定工作关系时，主要应考虑以下因素：

1）以提高经济效益为目标，选择所需费用最少的工作关系方案。
2）以缩短工期为目标，选择能有效节省工期的工作关系方案。
3）优先安排重点工作，持续时间长、技术复杂、难度大的工作，先期完成的关键工作。
4）资源利用和供应之间的平衡、均衡、合理利用资源。
5）环境、气候对工作关系的影响。

3. 工作关系确定的主要内容

（1）工艺关系的确定

这是工作关系确定的基础，主要根据项目的工艺、技术、空间关系等因素加以确定，因此比较明确，也比较容易确定。通常由管理人员与技术人员共同完成该项工作。

（2）组织关系的确定

由于这类工作关系确定的随意性，其结果将直接影响进度计划的总体水平。该类工作关系的确定通常难度较大，需要通过方案分析、研究、比较、优化等过程确定。组织关系的确定对于项目的成功实施是至关重要的。

（3）外部制约关系的确定

在项目工作和非项目工作之间通常会存在一定的影响。因此，在项目工作计划的安排过程中应考虑外部工作对项目工作的制约和影响，这样才能把握好项目的发展。

（4）实施过程中的限制和假设

为了制订切实可行的时间计划，应考虑项目实施过程中可能受到的各种限制，同时还应考虑项目计划制订所依赖的假设条件。

确定工作之间的相互关系，应按先工艺关系后组织关系的顺序进行。即找出工作之间的工艺关系是时间计划编制最基本的条件，只有在工艺关系确定的前提下，才能对组织关系进行合理的处理。对于一个熟悉项目情况的计划人员来说，找出工作之间的工艺关系并不是一件困难的事情，因为谁都知道"渡河"的前提条件是"架桥"。关键的问题是在于确定工作之间的组织关系，它不仅仅要求计划人员对任务有深入的了解，对资源和空间等条件有充分的考虑，而且还必须具备良好的运筹分析能力和技巧。实际上，一项计划的好与坏，几乎全在组织关系的确定方面。因此，编制时间计划的立足点应放在组织关系的合理确定上。

工作关系确定的结果是明确工作的紧前和紧后关系，形成项目工作关系表。例如，通过对某项目进行工作关系分析，明确了相邻工作之间的紧前和紧后关系，形成项目工作关系表，见表9-1。

表9-1 某项目工作关系表

序号	工作代号	紧后工作	持续时间（天）	资源强度/（人/天）
1	A	B	3	10
2	B	E、F	2	7
3	C	D	4	3
4	D	F	4	12
5	E	G	7	7
6	F	G	10	12
7	G	—	3	10

在表9-1中，工作A与C之间的关系是人为确定的，可以A在C前，也可以C在A前，A和C也

可以平行进行。通过分析，A 与 C 同时进行是最佳方案，因为这种安排有利于项目工期目标的实现。表中所表达的其他工作之间的关系都是客观存在的、不能改变的。

9.1.2 工作持续时间的确定

工作持续时间，简称为工时。它是指在一定的条件下，直接完成该工作所需时间与必要停歇时间之和，单位可为日、周、旬、月等。工作持续时间的估计是编制项目时间计划的一项重要的基础工作，要求客观正确。如果工作时间估计太短，则会造成被动紧张的局面；相反，则会延长工期。在估计工作时间时，不应受到工作的重要性及项目完成期限的限制，要在考虑各种资源供应、技术、工艺、现场条件、工作量、工作效率、劳动定额等因素的情况下，将工作置于独立的正常状态下进行估计。

1. 工作持续时间估计的依据

1）工作详细列表。
2）项目的约束和限制条件。
3）资源需求。工作的持续时间受到分配给该工作的资源情况以及该工作实际所需要的资源情况的制约。例如，当人力资源减少一半时，工作的持续时间将可能增加一倍。
4）历史信息。类似的历史项目工作资料有助于对项目工作时间的确定，这些历史信息包括项目文件、工作时间估计数据库等。

2. 工作持续时间估计的主要方法

（1）单一时间估计法（单点估计法）

采用这种方法估计各项工作的延续时间时，只估计一个最可能的工作持续时间，对应于 CPM 网络。估计时，应以完成该工作可能性最大的作业时间为准，不受工作重要程度和合同期限的影响。该法主要适应于工作内容简单，不可知因素较少的状况或有类似项目的工时资料可以借鉴的情况。该方法包括：

1）专家判断法。由专家根据历史的经验和信息及专家自己的判断能力估计工作的持续时间，其结果具有一定的不确定性和风险。

2）经验法。根据成功、成熟经验估计工作的持续时间，其结果也具有一定的不确定性和风险。

3）类比估计法。根据以前类似项目的工作时间来估计当前项目的工作时间。当缺乏项目的详细信息时，这是一种比较有效的方法。

4）计算法。在确定了工作的工程量或工作量的基础上，根据作业人员的工作效率或人数确定持续时间的方法。该方法比较正确可靠，但前提条件是能比较正确地确定工作的工程量或工作量，并能正确地确定工作效率。

如果已知某工作的工程量和工作效率，则

$$工作持续时间 = \frac{工程量}{工作效率}$$

如果已知某工作的工作量（以工日计量）和完成该工作的人数，则

$$工作时间 = \frac{工作量}{人数}$$

如果已知某工作的工作量（以工时计量）、完成该工作的人数和每人每天的工作时间，则

$$工作时间 = \frac{工作量}{人数 \times 工作时间}$$

表 9-2 所表示的是某项目根据工作量和人数所确定的各工作的持续时间。

表 9-2 基于工作量及人数的工作持续时间计算

任务名称	资源名称	工作量（工时）	资源数量（人）	工时（天）
100 电动自行车				
110 总体方案				
111 总体框架	工程师	1600	20	10
112 单元定义	工程师	1600	20	10
120 车体				
121 车体设计	工程师	1600	10	20
122 车体试制	工人	3200	20	20
123 车体试验	试验人员	800	10	10
130 电动机				
131 电动机研究	工程师	2400	20	15
132 电动机设计	工程师	2000	10	25
133 电动机试制	工人	4800	40	15
134 电动机试验	试验人员	3200	20	20
140 电池				
141 电池研究	工程师	1600	10	20
142 电池设计	工程师	1600	10	20
143 电池试制	工人	3200	20	20
144 电池试验	试验人员	2400	20	15
150 总装与试验				
151 总装	工人	1600	20	10
152 测试	试验人员	1600	20	10

（2）3 种时间估计法（三点估计法）

对于含有高度不确定性工作的项目，可以采用 3 种时间估计法估计各项工作的持续时间。即预先估计 3 个时间值，然后根据概率统计的原理和方法，确定工作的持续时间。这种方法对应于 PERT 网络。估计的 3 个时间分别是：

1）最乐观时间（t_o）。基于活动的最好情况，完成该工作可能需要的最短时间。估计时，要排除出现的所谓好运气，考虑在正常情况下，假使没有遇到任何困难时需要的时间。经验规律表明，在少于估计的最乐观时间内完成活动的概率仅有 10%。

2）最可能时间（t_m）。基于最可能获得的资源，在正常情况下，完成某项工作最有可能出现的时间。即假使该工作在相同条件下重复多次，完成的时间中出现得最多的时间值。

3）最悲观时间（t_p）。基于活动的最差情况，完成该工作可能出现的最长时间。估计时，要排除出现的特殊不利情况。它应是在正常情况下，假设遇到最大困难时充其量需要的最长时间。经验规律表明，在超出估计的最悲观时间内完成活动的概率也仅有 10%。

t_o、t_m、t_p 3 种时间都基于概率统计，是在综合分析项目特点、工作特点、环境等因素的基础上作出估计。根据统计，某项工作实际消耗的持续时间及其出现的频率分布为正态分布。若以 t_e 表示某项工作的估计时间，则有 $t_e \sim N(\bar{t_e}, \sigma^2)$，如图 9-1 所示。

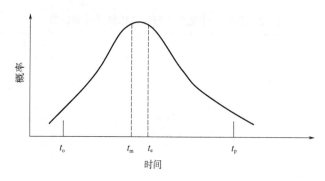

图 9-1　3 种时间估计图

根据每项工作的 3 个时间估计值，可以为每项工作计算一个期望工时（平均或折中）$\bar{t}_e$。期望工时的计算可用以下公式

$$\bar{t}_e = \frac{t_o + 4t_m + t_p}{6}$$

仅知道工作的期望工时 $\bar{t}_e$，还不能预测某一工作在期望工时内完成的可能性。为了反映工作时间概率分布的离散程度，还可通过计算其方差和均方差加以判断。

方差的计算公式为

$$\sigma^2 = \left(\frac{t_p - t_o}{6}\right)^2$$

均方差的计算公式为

$$\sigma = \frac{t_p - t_o}{6}$$

式中，σ 的数值越大，表明工作时间概率分布的离散程度就越大，则期望值 $\bar{t}_e$ 的可靠性就越小；反之，若 σ 值越小，则 $\bar{t}_e$ 的可靠性就越大。

3 种时间估计方法估计工作的作业时间，常用于工程量大、涉及面广、技术复杂、不确定因素多的项目。

3. 工作持续时间估计的结果

1）每项工作所需要的时间及其假设条件。

2）项目文件更新。

9.2　网络图的绘制

9.2.1　网络计划技术简介

1. 网络计划技术概念

网络计划技术是用网络计划对任务的工作进度进行安排和控制，以保证实现预定目标的科学的计划管理技术。网络计划是利用网络图进行时间参数计算而编制成的进度计划。网络计划主要由两大部分所组成：网络图和网络参数。

网络图是由箭线和节点组成的用来表示工作关系的有向、有序的网状图形，如图 9-2 所示。

网络参数是根据项目中各项工作的持续时间和网络图所计算的工作、线路等要素的各种时间参数。

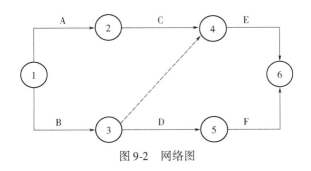

图 9-2 网络图

2. 网络计划技术产生的背景

传统的进度计划编制方法是甘特图，其特点是通俗易懂、直观可视。但作为一种计划管理工具，甘特图的最大缺点是不能明确地表明各项工作之间相互依存与相互作用的关系，管理人员很难迅速判断某一工作的推迟和变化将会对项目的工期产生什么影响；在众多的工作和活动中，无法准确、及时确定关键工作和关键线路；难以明确表达项目进度与资源、费用之间的内在联系和相互作用，因而也就不能对进度计划进行优化和控制。所有这些都使得甘特图很难发挥项目管理中心环节的作用。

随着现代化生产的不断发展，项目的规模越来越大，影响因素越来越多，项目的组织管理工作也越来越复杂。为了适应对复杂系统进行管理的需要，20世纪50年代末，美国杜邦公司在新化工厂的建设过程中，在兰德公司的协助下开发出了关键线路法（Critical Path Method，CPM），同时美国航空航天计划局在北极星导弹的研制过程中，在洛克菲勒公司的协助下提出了计划评审技术（Program Evaluation and Review Technique，PERT）。这两种方法都是对进度进行管理的有效方法，形成了新的进度计划管理方法，并很快渗透到各行业、各领域。实践证明，这两种方法是满足现代工业、现代国防、现代科学技术需要的科学管理方法。

3. 网络计划技术分类

网络计划技术的种类与模式很多，见表9-3。

表 9-3 网络计划技术的类型

类型		延续时间	
		肯定	不肯定
逻辑关系	肯定型	关键线路法（CPM）搭接网络	计划评审技术（PERT）
	非肯定型	决策关键线路法（DCPM）	图形评审技术（GERT） 随机网络技术（QGERT） 风险评审技术（VERT）

网络计划的基本形式是关键线路法（CPM）和计划评审技术（PERT）。

关键线路法（CPM）：可以计算出项目各工作的最早、最迟开始和结束时间，通过最早时间和最迟时间的差额可以分析每一工作相对时间紧迫程度及工作的重要程度，这种最早和最迟时间的差额称为时差，时差最小的工作通常称为关键工作。关键线路法的主要目的就是确定项目中的关键工作和关键线路，以保证项目实施过程中能抓住主要矛盾，确保项目按期完成。该方法在项目管理中最常用。

计划评审技术（PERT）：这是一种应用工作或活动不确定时间表示的网络计划图，其基本形式与CPM网络计划基本相同，只是在工作持续时间的确定方面与CPM有一定的区别，即CPM仅需要一个确定的工作时间，而PERT需要估计工作的3个时间，即最乐观时间、最可能时间、最悲观时间，然后计算工作的期望时间。

决策关键线路法（DCPM）在网络计划中引入了决策点的概念，使得在项目的执行过程中可根据实际情况进行多种计划方案的选择。

图形评审技术（GERT）引入了工作执行完工概率和概率分支的概念，一项工作的完成结果可能有多种情况。

风险评审技术（VERT）可用于对项目的质量、时间、费用三坐标进行综合仿真和决策。

若按网络的结构不同，可以把网络计划分为双代号网络和单代号网络。而双代号网络又可以分为双代号时间坐标网络和非时间坐标网络；单代号网络又可分为普通单代号网络和搭接网络。搭接网络主要是为了反映工作之间执行过程的相互重叠关系而引入的一种网络计划表达形式。

4. 网络计划技术的特点及应用

网络计划技术既是一种科学的计划方法，又是一种有效的科学管理方法。这种方法不仅能完整地揭示一个项目所包含的全部工作以及它们之间的关系，而且还能根据数学原理，应用最优化技术，揭示整个项目的关键工作并合理地安排计划中的各项工作。对于项目进展过程中可能出现的工期延误等问题能够防患于未然，并进行合理的处置，从而使项目管理人员能依照计划执行的情况，对未来进行科学的预测，使得计划始终处于项目管理人员的监督和控制之中，达到以最佳的工期、最少的资源、最好的流程、最低的费用完成所控制的项目。

网络计划技术在我国已得到了广泛的推广和应用，并将在项目管理中发挥更大的作用。我国有关部门对网络计划技术的应用给予了高度重视。为了使网络技术的应用规范化、标准化，原国家技术监督局于1992年颁布了中华人民共和国标准《网络计划技术常用术语》《网络计划技术网络图画法的一般规定》《网络计划技术在项目计划管理中应用的一般程序》，该标准于2008年重新修订。原建设部也于1992年颁布了中华人民共和国行业标准《工程网络计划技术规程》，该标准于1999年进行了重新修订，并颁布实施。这些标准是我国推行网络计划技术的重要依据，作为项目管理人员应熟悉这些标准的内容。

9.2.2 双代号网络图的绘制

1. 双代号网络图的组成

双代号网络图是由节点表示事项，箭线表示工作的网络图。双代号网络图是由若干表示工作的箭线和节点组成的，其中每一项工作都用一根箭线和两个节点来表示，每个节点都编以号码，箭线的箭尾节点和箭头节点就是每一工作的起点和终点，"双代号"即由此而来。图9-2表示的就是双代号网络图。

双代号网络图由节点、箭线与线路3个基本要素所组成。

（1）箭线（或工作、活动）

在一个项目中，任何一个可以定义名称、独立存在、需要一定时间或资源完成的活动或任务都可看作为工作，其具体内容可多可少，范围可大可小。例如，可把整个产品设计作为一项工作，也可把产品设计中的每一道工序、任务作为一项工作。完成一项工作需要消耗一定资源，占用一定的时间和空间。有些工作（如油漆后的干燥、等待材料等）虽不消耗资源，但要消耗时间，在完成任务的过程中，它们同样是一个不可缺少的程序。这些不消耗资、等待结果的过程也应视为工作。

在双代号网络图中，箭线表示工作，箭线所指方向表示工作的前进方向，箭线的尾端表示工作的开始，箭头表示工作的结束，从箭尾到箭头表示一项工作的作业过程。网络图中的工作通常可以分为两种类型：

1）需要消耗时间和资源的工作。这类工作称为实工作，在网络图中用实箭线表示，如图9-3a所示。一般在箭线的上方标出工作的名称，在箭线的下方标出工作的持续时间，箭尾表示工作的开始，箭头表示工作的完成，相应节点的号码表示该项工作的代号。

2）既不消耗时间，也不消耗资源的工作。这类工作称为虚工作，在网络图中用虚箭线表示，如图9-3b 所示。虚工作是虚设的，只表示相邻工作之间的逻辑关系，由于不需要时间，所以虚工作的持续时间为零。

图 9-3 实箭线与虚箭线

a）实箭图　b）虚箭图

（2）节点（事项）

每一项工作都存在一个开始时刻和结束时刻。一件工作若只有一件紧前工作，那么这件紧前工作的结束时刻，也就是该工作的可能开始时刻；一件工作若有数件紧前工作，则要待紧前工作全部结束后，才有可能开始做这件工作。这种紧前工作结束和紧后工作开始的标志，称为节点或事项。

节点的主要作用是连接箭线。箭线尾部的节点称为箭尾节点，箭线头部的节点称为箭头节点；前者又称为箭线的开始节点，后者也称为箭线的结束节点。

网络图中的第一个节点称为起始节点，它意味着一个项目或任务的开始；最后一个节点称为终止节点，它意味着项目或任务的完成。网络图中的其他节点称为中间节点。

在网络图中，就一个节点来说，可能有许多箭线通向该节点，这些箭线就称为内向箭线或内向工作；若由同一个节点发出许多箭线，这些箭线称为外向箭线或外向工作。

节点具有时间的内涵，不同类型的节点具有不同的时间内涵。起始节点标志着整个网络计划和相关工作开始的时刻；终止节点标志着整个网络计划和相关工作完成的时刻；箭尾节点标志着相应工作的开始时刻，箭头节点标志着相应工作结束的时刻；中间节点标志着内向工作的完成和外向工作开始的时刻。

（3）线路

从起始节点开始，沿着箭线的方向连续通过一系列箭线与节点，最后到达终止节点的通路称为线路。每一条线路都有自己确定的完成时间，它等于该线路上各项工作持续时间总和，也是完成这条线路上所有工作的计划时间，该时间也可称为路长。

根据线路的长度，线路可分为关键线路、次关键线路和非关键线路。

关键线路：路长最长的线路称为关键线路或主要矛盾线。位于关键线路上的所有工作称为关键工作。关键工作完成的快慢直接影响整个项目工期的实现。关键线路往往不止一条，可能同时存在若干条关键线路，即这几条线路的路长相同；关键线路并不是一成不变的，在一定条件下，由于干扰因素的影响，关键线路可能会发生变化。这种变化可能体现在两个方面：其一，关键线路的数量的变化；其二，关键线路和非关键线路可能会发生互相转化。例如，非关键线路上的某些工作的持续时间拖延了，使得相关线路的路长超出了关键线路的路长，则该线路就转化为关键线路，而原来的关键线路就转化为非关键线路。

次关键线路：路长仅次于关键线路路长的线路称为次关键线路，次关键线路最容易发生转化。

非关键线路：除了关键线路、次关键线路之外的其他所有线路均称为非关键线路，位于非关键线路上的所有工作都称为非关键工作。

2. 工作关系的表达

正确绘制网络图的基础是正确确定各工作之间的工作关系。就每项工作而言，应解决以下 3 个问题：

1）该工作应在哪些工作之前进行？

2）该工作应在哪些工作之后进行？

3）该工作可以和哪些工作平行进行？

如图9-4所示，工作C应在工作A、B之后进行，工作D、E应在工作B之后进行，工作A应在工作C之前进行，工作D可以和E平行进行。

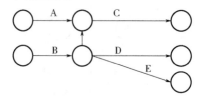

图9-4　工作关系的表达

由图9-4可见，A工作是C工作的紧前工作，B工作是C、D、E的紧前工作；反之，C工作是A、B的紧后工作，D、E是工作B的紧后工作。

表9-4列出了网络图中常见的工作关系及其表示方法。

表9-4　网络图中常见的工作关系及其表示方法

序号	工作之间的逻辑关系	表示方法
1	A、B、C平行进行	
2	A完成后，D才能开始；A、B均完成后，E才能开始；A、B、C均完成后，F才能开始	
3	A、B均完成后，D才能开始；A、B、C均完成后，E才能开始；D、E完成后，F才能开始	
4	A完成后，B、C、D才能开始；B、C、D完成后，E才能开始	
5	A完成后，B、C、D才能开始，但B、C、D不一定同时开始	
6	A、B完成后，D才能开始；B、C完成后，E才能开始	

3. 双代号网络图绘制的基本规则

为了使编制的网络图规范、正确并具有通用性，就必须遵循必要的绘图规则。根据我国有关标准、规程的规定，双代号网络图的编制应遵循以下基本规则。

（1）必须正确表达项目各工作之间的关系

要做到正确表达，首先在绘制网络图以前，应正确确定工作之间的关系；其次要正确绘制。

（2）不允许出现循环回路

循环回路是指从某一个节点出发顺着箭线的方向又回到了该节点，如图9-5所示。出现这种状况可能是关系分析错误，也可能是绘图错误。总之，循环回路所表示的关系是错误的，在工作顺序上是相互矛盾的。

（3）在节点之间严禁出现带双向箭头或无箭头的连线

网络图是有向的，箭头所指的方向就是工作进展的方向。因此，一条箭线只能有一个箭头，不能出现方向矛盾的双向箭头和无方向的无箭头箭线，如图9-6所示。

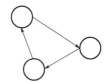
图9-5　循环回路

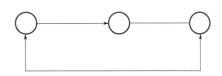
图9-6　双向箭头箭线和无箭头箭线

（4）严禁出现无箭头节点或无箭尾节点的箭线

无箭头的箭线不能表示其所代表的工作在何处完成；无箭尾节点的箭线不能表示其所代表的工作在何处开始。所以出现这种状况是错误的。如图9-7所示。

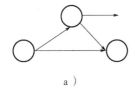
a)

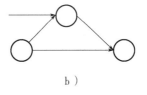
b)

图9-7　无箭头节点的箭线和无箭尾节点的箭线的错误画法
a）无箭头节点的箭线　b）无箭尾节点的箭线

（5）关于箭线交叉

绘制网络图时，箭线不宜交叉，当交叉不可避免时，可采用过桥法（暗桥法）或指向法，如图9-8所示。

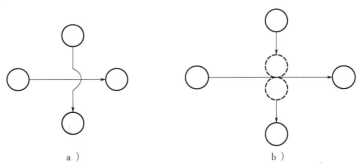

图9-8　交叉线的画法
a）过桥法　b）指向法

（6）关于起始节点和终止节点

在双代号网络图中,起始节点应只有一个;在不考虑分期完成任务的网络图中,终止节点也只能有一个;其他所有节点均应是中间节点。

(7) 关于箭线的画法

1) 箭线形状。箭线可采用直线或折线画法,避免采用圆弧线。当网络图的某些节点有多条内向箭线或多条外向箭线时,在不违反"一项工作应只有唯一的一条箭线和相应的节点"的规则的前提下,可使用母线法绘图。如图 9-9 所示。

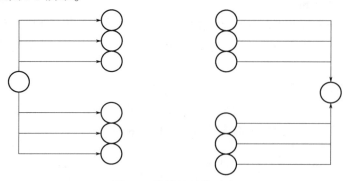

图 9-9　箭线的母线画法

2) 箭线长度。对于非时间坐标网络来说,箭线的长短与所表示工作的持续时间无关,主要考虑网络图的图面布置;而对于时间坐标网络来说,箭线的长短必须与工作的持续时间相对应。如图 9-10 所示。

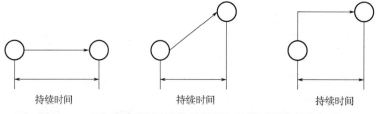

图 9-10　时间坐标网络中箭线的长短与持续时间的对应关系

3) 箭线的方向。对于网络图来说,从左向右的方向标志着项目进展的方向,该方向可称为正向;反之则为反向。所以,箭线的方向应符合项目进展的方向,即从左向右的趋势,避免出现反向箭线。

(8) 关于节点编号

节点编号应符合以下基本要求:双代号网络图中的所有节点都必须编号;不能出现重复编号;箭尾节点的编号应小于箭头节点的编号。在编号过程中,可采用连续编号或非连续编号的方式,而非连续编号的方式有利于网络计划的修改和调整。

网络图的绘制除了应遵循上述基本规则外,还必须图面清晰,要进行周密合理的布置。

4. 双代号网络图的绘制步骤

用网络计划方法编制进度计划的第一步是绘制网络图。通常是先画一个初步网络图,然后在此基础上进行优化和调整,最终得到正式的网络计划图。绘制初步网络图一般按以下步骤进行。

(1) 项目分解

任何项目都是许多具体工作和活动所组成。所以,要绘制网络图,首要的问题是将一个项目根据需要分解为一定数量的独立工作和活动,其粗细程度可以根据网络计划的作用加以确定。宏观控制的网络计划,可以分解得粗一些;具体实施的网络计划,可以分解得细一些。项目分解和工艺、方法的确定是密切相关的。对于较复杂的项目,项目分解是一项深入细致的工作,通常是在工艺和方法确定的基础上进行的。项目分解的结果是要明确工作的名称、范围和内容等。

(2) 确定工作关系

项目分析的主要目的是确定工作之间的紧前紧后关系。根据已确定的项目实施方法、工艺、环境条件以及其他因素，对项目进行分析，通过比较、优化等方法确定合理的紧前紧后关系。

(3) 编制工作关系表

关系分析的结果是明确工作的紧前和紧后的关系，形成项目工作关系表。例如，某仪表检测项目，通过工作关系分析，明确了相邻工作之间的紧前紧后关系，形成项目工作关系表，见表9-5。

表 9-5　某仪表检测项目工作关系表

序号	工作名称	工作代号	紧后工作	持续时间（天）
1	打开仪表	A	C, D, E	1
2	准备清洗材料	B	F	1
3	电器检查	C	G	2
4	仪表检查	D	G, H	3
5	机械检查	E	F	2
6	机械清洗组装	F	G	2
7	总装	G		2
8	仪表校准	H		3

(4) 绘制网络图

根据项目工作关系表，按照绘图规则绘制网络图，并通过修改、完善，最终形成能正确表达工作关系并符合绘图规则的网络图。

在绘图时，可根据紧前工作和紧后工作的任何一种关系进行绘制。按紧前工作关系绘制时，从无紧前工作的工作开始，依次进行，将紧前工作一一绘出，并将最后的工作结束于一点，以形成一个终止节点；按紧后工作绘制时，也应从无紧前工作的工作开始，依次进行，将紧后工作一一绘出，直至无紧后工作的工作绘完为止，并形成一个终止节点。使用一种方法绘制完成后，可利用另一种方法进行检查；或根据网络图描述工作关系，若与项目工作关系表所述工作关系一致，则说明该网络图能正确地表达工作关系。通过检查或检验并对照绘图规则无误后，既可进行节点编号。

【例】根据表9-5，可按紧后工作关系绘图。无紧前工作的工作是A和B，即网络计划开始的工作就是A、B，然后依次进行，如A工作的紧后是C、D、E工作，B工作的紧后是F工作，C工作的紧后G等，直到无紧后工作的工作G、H绘完为止。其网络图如图9-11所示。

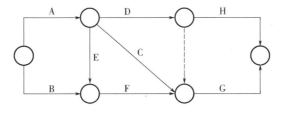

图 9-11　仪表检测项目网络图

9.2.3　单代号网络图的绘制

1. 单代号网络图的组成

与双代号网络图一样，单代号网络图也是由节点、箭线、线路所组成，但其含义则与双代号网络不完全相同。

(1) 节点

节点及其编号用于表达一项工作。该节点宜用圆圈或矩形表示，如图9-12所示。

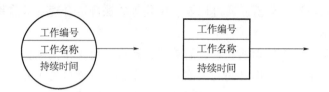

图 9-12　单代号网络图中节点的表达方法

（2）箭线

箭线表示相邻工作之间的关系。

（3）线路

单代号网络图线路的概念与双代号相同。

2. 工作关系的表达

单代号网络图所表示的工作关系易于理解，绘制不易出错。单代号网络图工作关系表达方法见表 9-6。

表 9-6　单代号网络图工作关系表达方法

工作关系描述	图示
A 工作是 B 工作的紧前工作	A → B
D 工作是 B、C 工作的紧后工作	B、C → D
B 工作是 D、C 工作的紧前工作	B → D、C
A 工作是 C 工作的紧前工作，C、D 工作是 B 工作的紧后工作	A → C；B → C、D

3. 单代号网络图的绘图规则

单代号网络图的绘图规则与双代号网络图基本相同，主要规则有：

1）必须正确表达工作的逻辑关系。

2）严禁出现循环回路。

3）箭线的画法。箭线可画成直线、折线；箭线的水平投影方向应自左向右，表示工作的进展方向；不能出现双向箭头或无箭头的连线；不能出现无箭尾节点的箭线或无箭头节点的箭线；箭线不宜交叉，若交叉不可避免时，可采用过桥法或指向法，其画法与双代号网络图相同；单代号网络图中不设虚箭线。

4）只能有一个起始节点和一个终止节点。当网络图中出现多项无内向箭线的工作或多项无外向箭线的工作时，应在网络图的左端或右端分设节点，作为该网络图的起始节点（S_t）和终止节点（F_{in}）。

5）关于节点编号。节点必须编号，节点号即为工作的代号；节点编号标注在节点内，可连续编号，也可间断编号；严禁重复编号；箭尾节点的编号应小于箭头节点的编号；一项工作必须有唯一的一个节点和唯一的一个编号。

4. 单代号网络图绘图步骤

单代号网络图的绘图步骤与双代号网络图基本相同。

在绘图时，应从左向右，逐个处理项目工作列表中的关系，只有在紧前工作都绘制完成后，才能绘制本工作，使本工作与紧前工作相连。当出现多个起始节点或多个终止节点时，增加虚拟的起始节点或终止节点，并使之与多个起始节点或终止节点相连，形成符合绘图规则的完整图形。绘制完成后，应进行检查、调整，使之进一步完善。

【例】某项目工作列表见表 9-7，绘制单代号网络图。

表 9-7 某项目工作列表

序号	工作名称	持续时间（天）	紧后工作
1	A	4	B、C、D、E
2	B	2	F
3	C	6	F、G
4	D	5	H
5	E	3	I
6	F	2	M、N
7	G	1	M、N
8	H	4	N
9	I	12	J
10	J	9	K
11	K	8	Q、L
12	L	7	R
13	M	10	O、P
14	N	10	P、K
15	O	3	S
16	P	9	Q
17	Q	7	R
18	R	3	T
19	S	4	Q、T
20	T	6	

根据表 9-7，按照单代号网络图的绘图规则绘制单代号网络图，如图 9-13 所示。为简化起见，图中未标注工作编号及持续时间。

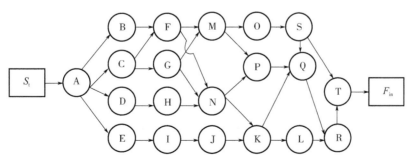

图 9-13 某项目单代号网络简图

9.2.4 搭接网络图的绘制

1. 搭接关系

前面所述的网络图，其工作之间的关系是一种衔接关系，即紧前工作完成之后紧后工作就可以开始，紧前工作的完成为紧后工作的开始创造条件。但实际上，可能会出现另外一些与之不同的工作关系。例如，紧后工作的开始并不以紧前工作的完成为前提，只要紧前工作开始一段时间，能为紧后工作提供一定的工作条件之后，紧后工作就可以开始。这类工作关系称为搭接关系。

搭接关系是指根据工艺要求或组织要求所确定的两个相邻工作之间所存在的关系。搭接关系是由相邻两个工作之间的不同时距所决定。时距是指相邻工作之间的时间差值。由于相邻工作各有开始和结束时间，所以基本时距有 5 种情况：结束到开始时距、开始到开始时距、结束到结束时距、开始到结束时距、混合时距。相应的搭接关系就有结束到开始的搭接关系、开始到开始的搭接关系、结束到结束的搭接关系、开始到结束的搭接关系及混合搭接关系 5 种。

（1）结束（Finish）到开始（Start）的搭接关系

紧前工作完成后需要等待一段时间，紧后工作才能开始，其时距用 $FTS_{i,j}$（Finish To Start）或 $FST_{i,j}$（Finish Start Time）表示。该关系用横道图和单代号搭接网络图表示，如图 9-14 所示。

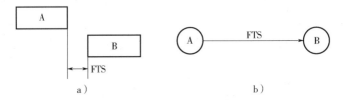

图 9-14 FTS 搭接关系示意图
a）横道图 b）单代号搭接网络图

例如，在房屋装修项目中，刷油漆和安装玻璃两项工作之间的关系是：先刷油漆，干燥一段时间后才能安装玻璃。这种关系就是 FTS 关系。若干燥需要 3 天，则 FTS = 3 或 FS3。

当 FTS = 0 时，就是工作之间的正常连接关系。因此，可以将正常的连接关系看成是搭接关系的一种特殊的表现形式。

（2）开始到开始的搭接关系

开始到开始的搭接关系是指紧前工作开始一段时间后，紧后工作即可开始。其时距用 $STS_{i,j}$ 或 $SST_{i,j}$ 表示。用横道图和单代号网络图表示，如图 9-15 所示。

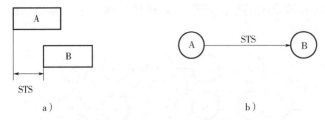

图 9-15 STS 搭接关系示意图
a）横道图 b）单代号网络图

例如，道路工程中的铺设路基和浇筑路面两项工作之间，路基开始一段时间为浇筑路面创造一定工作条件之后，即可开始浇筑路面工作，这种工作开始时间之间的间隔就是 STS 时距。

（3）开始到结束的搭接关系

开始到结束的搭接关系是指从紧前工作的开始时间到紧后工作的完成时间需要间隔一段时间，其

时距用 $STF_{i,j}$ 或 $SFT_{i,j}$ 表示，如图 9-16 所示。

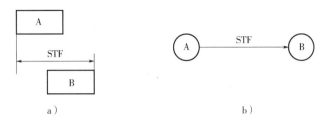

图 9-16　STF 搭接关系示意图
a）横道图　b）单代号网络图

（4）结束到结束的搭接关系

结束到结束的搭接关系是指紧前工作 i 的结束时间到紧后工作 j 的结束时间之间的时间间隔，其时距用 $FTF_{i,j}$ 或 $FFT_{i,j}$ 表示，如图 9-17 所示。

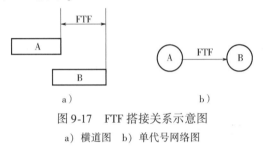

图 9-17　FTF 搭接关系示意图
a）横道图　b）单代号网络图

一般来说，当紧前工作的作业速度小于紧后工作时，则必须考虑为紧后工作留有充分的余地，否则紧后工作将可能因不具备作业条件而无法进行。这就需要采用 FTF 搭接关系。

（5）混合搭接关系

除了上述 4 种基本搭接关系之外，还有可能同时由 4 种基本搭接关系中两种以上来限制工作之间的关系。例如，i、j 两项工作可能同时由 STS 与 FTF 时距限制，或由 STF 与 FTS 时距限制等，如图 9-18 所示。

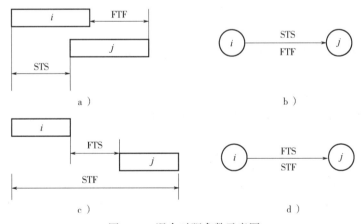

图 9-18　混合时距参数示意图

图 9-18a、b 表示相邻两工作 i、j 之间需同时满足开始到开始时距和结束到结束时距两项限制条件，即 i、j 工作之间的关系由这两种时距来控制。

2. 搭接网络图

搭接网络图是指表达搭接关系网络模型。用单代号网络图表达搭接关系较为简单，只要将搭接关系标注在相应的表达工作关系的箭线的上方或下方即可。

单代号搭接网络图的绘制主要依据各种搭接时距的表示方法。绘图的基本规则和步骤与单代号基本相同。

例如，某项目各项工作的搭接关系见表 9-8，绘制该项目网络图。

表 9-8 搭接关系表

序号	1	2	3	4	5	6
工作代号	A	B	C	D	E	F
紧后工作	C	D、E	E	F		
搭接关系	SS3	B、D 之间 FS2		FF3		

绘制的网络图如图 9-19 所示。

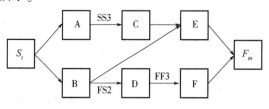

图 9-19 某项目搭接网络图

9.3 网络计划时间参数的计算

9.3.1 工作的时间参数及含义

网络图的绘制仅完成了网络计划编制的第一项任务，更重要的任务是网络计划时间参数的计算，这是网络计划实施、优化、调整的基础。工作的时间参数是网络计划最为重要的时间参数，可归纳为 4 种类型：持续时间、最早时间、最迟时间和时差。

1. 持续时间

工作的基本时间参数是工作持续时间，即工时，用 D 表示。

2. 最早时间

（1）工作最早可能开始时间

工作最早可能开始时间是指该工作的紧前工作已全部完成，本工作有可能开始的最早时刻，用 ES 表示。

$$ES = \max\{\text{紧前工作的最早完成 EF}\}$$

（2）工作最早可能完成时间

工作最早可能完成时间是指紧前工作全部完成后，本工作有可能完成的最早时刻，用 EF 表示。

$$EF = ES + D$$

3. 最迟时间

（1）工作最迟必须开始时间

工作最迟必须开始时间是指在不影响整个项目按期完成的前提下，本工作必须开始的最迟时刻，用 LS 表示。

$$LS = \text{最迟完成时间 LF} - \text{工作持续时间 D}$$

（2）工作最迟必须完成时间

工作最迟必须完成时间是指在不影响整个项目按期完成的前提下，本工作必须完成的最迟时刻，用 LF 表示。

$$LF = \min\{紧后工作的 LS\}$$

4. 时差

工作的时差是指在一定的前提条件下，工作可以机动使用的时间。根据前提条件的不同，时差可分为总时差和自由时差两种。

（1）工作总时差

工作总时差是指在不影响总工期的前提下，本工作可以利用的机动时间，用 TF 表示。

对于每项工作，最早可以在 ES 时开始，在不影响总工期的前提下，最迟应在 LS 时开始，从最早开始时间到最迟开始时间之间是可以机动使用的时间，如图 9-20 所示。

图 9-20　总时差计算示意图

由图 9-20 可见，TF = LS − ES；显然，TF = LF − EF。

总时差是一个非常重要的时间参数，在网络计划的资源优化、网络计划调整、关键工作的确定等方面都要使用总时差。

（2）工作自由时差

工作自由时差是指在不影响其紧后工作按最早开始的前提下，本工作可以利用的机动时间，用 FF 表示。FF 在数轴上表示如图 9-21 所示。

图 9-21　自由时差计算示意图

由图 9-21 可见，FF = 紧后工作 ES − 本工作 D − 本工作 ES = 紧后工作 ES − 本工作 EF。

如果有若干紧后工作，则

$$自由时差 = \min\{ES（紧后工作）\} - EF$$

在调整工作时间安排的时候，自由时差首先应该被利用。同时，自由时差在绘制时间坐标网络时非常有用。

9.3.2　计算工期及关键线路

1. 计算工期和计划工期

计算工期是指根据网络时间参数计算得到的工期，用 T_c 表示

$$T_c = \max\{EF\}$$

式中，EF 为工作的最早完成时间。

计算工期也等于最大线路路长。

计划工期 T_p 是指按要求工期（T_r）和计算工期确定的作为实施目标的工期。

当规定了计划工期时，要求 $T_p \leq T_r$。

2. 关键工作及关键线路

（1）关键工作

关键工作是网络计划中对工期影响最大的工作，即对工期最敏感的工作。工作的总时差反映了该工作对工期的敏感度，总时差越小表明对工期越敏感，总时差最小表明对工期最敏感。因此，总时差最小的工作即为关键工作。关键工作是进度管理中的主要矛盾。

若按计算工期计算网络参数，则关键工作的总时差为 0；若按计划工期计算网络参数，则

当 $T_p = T_c$ 时，关键工作的总时差为 0；

当 $T_p > T_c$ 时，关键工作的总时差为 $T_p - T_c$，大于 0；

当 $T_p < T_c$ 时，关键工作的总时差为 $T_p - T_c$，小于 0。

（2）关键线路

由关键工作组成的从网络起始节点到终止节点的线路即为关键线路。

9.3.3 双代号网络计划时间参数计算

1. 双代号网络参数

（1）工作时间参数

1）工作的基本参数。工作的基本参数是工作持续时间，用 D_{i-j} 表示。

2）最早时间。工作最早可能开始时间，用 ES_{i-j} 表示。

$$ES_{i-j} = \max\{EF_{h-i}\}$$

式中，EF_{h-i} 为 $i-j$ 的紧前工作 $h-i$ 的最早可能完成时间。

工作最早可能完成时间，用 EF_{i-j} 表示。显然，$EF_{i-j} = ES_{i-j} + D_{i-j}$。

3）最迟时间。工作最迟必须开始时间，用 LS_{i-j} 表示。

$$LS_{i-j} = LF_{i-j} - D_{i-j}$$

工作最迟必须完成时间，用 LF_{i-j} 表示。

$$LF_{i-j} = \min\{LS_{j-k}\}$$

式中，LS_{j-k} 为 $i-j$ 的紧后工作 $j-k$ 的最迟必须开始时间。

4）时差。工作总时差，用 TF_{i-j} 表示。

$TF_{i-j} = LS_{i-j} - ES_{i-j}$；显然，$TF_{i-j} = LF_{i-j} - EF_{i-j}$。

工作自由时差，用 FF_{i-j} 表示。

$$FF_{i-j} = \min\{ES_{j-k} - EF_{i-j}\} = \min\{ES_{j-k}\} - EF_{i-j}$$

式中，ES_{j-k} 为 $i-j$ 工作的紧后工作 $j-k$ 的最早开始时间；EF_{i-j} 为 $i-j$ 工作的最早完成时间。

（2）计算工期

计算工期 T_c，其计算公式为

$$T_c = \max\{EF_{i-n}\}$$

式中，EF_{i-n} 为以终止节点（$j=n$）为箭头节点的工作 $i-n$ 的最早完成时间。

2. 双代号网络参数的计算方法

常用的双代号网络参数的计算方法有分析法、图解法、表算法、计算机算法等。

1）分析法。根据参数的含义，用公式进行计算，所以该方法也称为公式法。其他方法都是以分析法为基础，采用不同的计算手段进行。

2）图解法。图解法又称为图上计算法，是依据时间参数的含义，直接在网络图上进行计算。这是一种比较直观、简便的方法。一般将计算的结果标在图上，其标注方法如图 9-22 所示。

图 9-22 图解法网络参数标注方法

3. 图解法计算网络计划时间参数示例

【例】某项目网络图如图 9-23 所示,按图解法计算网络时间参数,并确定关键工作和关键线路。

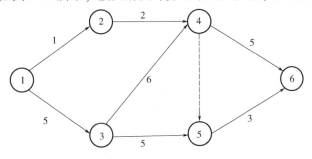

图 9-23 某项目网络图(工作持续时间单位为天)

(1) 计算工作的最早时间参数

计算工作的最早时间参数,从网络起点开始。

1-2、1-3 工作的最早开始、最早完成时间:项目开始的时间就是这两项工作的最早可以开始的时间,项目的起点为 0,所以 1-2、1-3 工作的最早开始时间为 0。

最早开始时间加工时即为最早完成时间,所以 1-2、1-3 工作的最早完成时间分别是 1 和 5。

2-4 工作的最早开始、最早完成时间:根据最早开始时间的含义,2-4 工作的最早开始时间就等于其紧前工作 1-2 的最早完成时间,即等于 1,其最早完成时间为 3。

同理可得到 3-4、3-5 工作的最早开始和最早完成时间。

4-6 工作的最早开始、最早完成时间:其紧前工作 2-4 和 3-4 的最早完成时间分别是 3 和 11,所以 4-6 工作的最早开始时间应取其最大值,即为 11,其最早完成时间为 16。

同理可得到 5-6 工作的最早开始和最早完成时间。

工作的最早时间参数计算结果直接标注在图上,如图 9-24 所示。

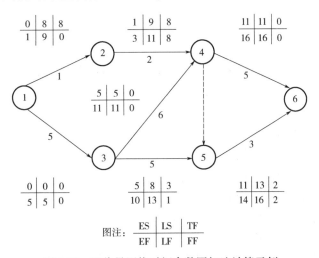

图 9-24 双代号网络时间参数图解法计算示例

(2) 计算项目的计算工期

根据计算工期的含义可得：本项目的计算工期为 16 天。

(3) 计算工作的最迟时间参数

计算工作的最迟时间参数，从网络终点开始。

4-6、5-6 工作的最迟完成、最迟开始时间：这两项工作是网络计划完成时的工作。因此，根据最迟完成时间的含义，其最迟完成时间即为项目的计算工期，即为 16。最迟完成时间减去其工时即得到最迟开始时间，所以，4-6、5-6 工作的最迟开始时间分别为 11 和 13。

3-5 工作的最迟完成、最迟开始时间：3-5 工作的最迟完成时间等于其紧后工作 5-6 的最迟开始时间，即为 13，减去其工时即得到该工作的最迟开始时间为 8。

3-4 工作的最迟完成、最迟开始时间：3-4 工作的最迟完成时间应为其紧后工作 4-6、5-6 工作的最迟开始时间的最小值，即为 11，减去其工时即可得到该工作的最迟开始时间为 5。

同理可得到其他工作的最迟完成、最迟开始时间。

工作的最迟时间参数计算结果直接标注在图 9-24 中。

(4) 计算工作的总时差和自由时差

1) 总时差的计算。根据总时差的含义，将工作的最迟完成时间减去最早完成时间，或将其最迟开始时间减去最早开始时间即可得到该工作的总时差。

例如，2-4 工作的总时差：该工作的最迟开始是 9，最早开始是 1；最迟完成是 11，最早完成是 3。所以其总时差为 9-1 或 11-3，即为 8。

2) 自由时差的计算。根据自由时差的含义，将其紧后工作最早开始时间的最小值减去本工作的最早完成时间即可得到该工作的自由时差。

例如，2-4 工作的自由时差：其紧后工作是 4-6 和 5-6，最早开始时间都为 11，2-4 工作的最早完成时间为 3，所以 2-4 工作的自由时差即为 11-3 = 8。

工作的总时差、自由时差如图 9-24 所示。

(5) 确定关键工作和关键线路

总时差为 0 的工作是关键工作，所以本项目的关键工作是：1-3、3-4、4-6。

关键工作所在线路即为关键线路，本项目的关键线路是：1-3-4-6。

9.3.4 单代号网络计划时间参数的计算

1. 单代号网络参数

(1) 工作参数

单代号网络计划的工作参数所包括的内容与双代号网络计划完全相同，其概念也完全一致，所不同的是表示符号有所不同。单代号网络计划工作参数的内容及表达符号如下：

· 工作 i 的持续时间，用 D_i 表示。

· 工作 i 的最早可能开始时间，用 ES_i 表示。

· 工作 i 的最早可能完成时间，用 EF_i 表示。

· 工作 i 的最迟必须开始时间，用 LS_i 表示。

· 工作 i 的最迟必须完成时间，用 LF_i 表示。

· 工作 i 的总时差，用 TF_i 表示。

· 工作 i 的自由时差，用 FF_i 表示。

单代号网络计划时间参数的计算是在确定各项工作持续时间的基础上进行的。

1) 工作最早可能开始时间的计算。工作 i 的最早可能开始时间 ES_i 应从网络计划的起始节点开始，顺着箭线的方向依次逐项计算。起始节点的最早开始时间若无规定，其值应等于 0，即

$$\mathrm{ES}_i = 0 \quad (i = 1)$$

其他工作的最早可能开始时间：

当 i 工作只有一项紧前工作时

$$\mathrm{ES}_i = \mathrm{EF}_h$$

式中，EF_h 为工作 i 的紧前工作 h 的最早完成时间。

当 i 工作有多项紧前工作时

$$\mathrm{ES}_i = \max\{\mathrm{EF}_h\}$$

工作的最早可能完成时间

$$\mathrm{EF}_i = \mathrm{ES}_i + \mathrm{D}_i$$

2）工作最迟完成时间的计算。

工作最迟完成时间的计算：工作 i 的最迟完成时间 LF_i 应从网络计划的终止节点开始，逆着箭线的方向依次逐项计算。终止节点所代表的工作 n 的最迟必须完成时间 LF_n，应根据网络计划的计算工期 T_c 或计划工期 T_p 计算，即

$$\mathrm{LF}_n = T_p \ (\text{或 } T_c)$$

单代号网络计划的计算工期

$$T_c = \max\{\mathrm{EF}_n\}$$

式中，EF_n 为网络终止节点所代表工作 n 的最早完成时间。

单代号网络计划的计划工期的确定与双代号网络计划相同。

其他节点所代表工作 i 的最迟必须完成时间 LF_i：

当 i 工作只有一项紧后工作时

$$\mathrm{LF}_i = \mathrm{LS}_j$$

式中，LS_j 为 i 工作的紧后工作 j 的最迟开始时间。

当 i 工作有多项紧后工作时

$$\mathrm{LF}_i = \min\{\mathrm{LS}_j\}$$

工作最迟必须开始时间的计算

$$\mathrm{LS}_i = \mathrm{LF}_i - \mathrm{D}_i$$

3）工作时差的计算。

工作总时差的计算

$$\mathrm{TF}_i = \mathrm{LS}_i - \mathrm{ES}_i$$

或

$$\mathrm{TF}_i = \mathrm{LF}_i - \mathrm{EF}_i$$

工作自由时差的计算

$$\mathrm{FF}_i = \min\{\mathrm{ES}_j - \mathrm{EF}_i\}$$

式中，ES_j 为 i 工作的紧后工作 j 的最早开始时间。

（2）计算工期与时间间隔

单代号网络计划的计算工期的确定，前已叙述，在此不再重复。

与双代号网络不同的是，单代号网络用时间间隔 $\mathrm{LAG}_{i,j}$ 表示相邻两项工作之间的时间关系。时间间隔是指相邻两项工作之间，后项工作 j 的最早开始时间与前项工作 i 的最早完成时间之差，其计算公式为

$$\mathrm{LAG}_{i,j} = \mathrm{ES}_j - \mathrm{EF}_i$$

（3）关键工作和关键线路的确定

单代号网络计划关键工作的确定与双代号网络计划相同，即总时差最小的工作是关键工作。从起始节点开始到终止节点均为关键工作，且所有工作之间的时间间隔均为 0 的线路是关键线路。

2. 单代号网络参数的计算方法

单代号网络计划时间参数的计算可采用分析法、图解法、计算机算法等方法。

图解法计算是直接在图上计算并将计算的结果标注在图上,这一方法比较直观、简单。单代号网络计划的时间参数的标注如图 9-25 所示。图解法计算的基本思路与双代号网络相同。

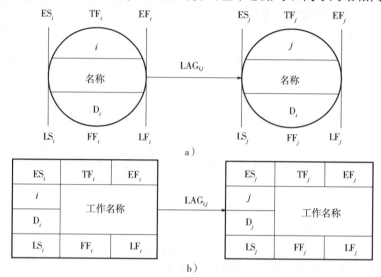

图 9-25 单代号网络计划时间参数的标注形式

3. 单代号网络计划编制案例

【例】表 9-9 是某项目工作列表,根据该表编制单代号网络计划。

表 9-9 项目工作列表

序号	工作名称	工作代号	紧后工作	持续时间(天)
1	项目策划	A	B、C	5
2	材料购置	B	D	8
3	组织准备	C	D	15
4	项目实施	D	E	15
5	项目结束工作	E		10

(1)绘制单代号网络图

根据项目工作列表,绘制单代号网络图,如图 9-26 所示。

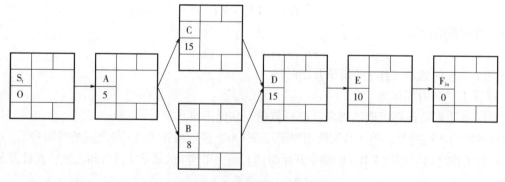

图 9-26 某项目单代号网络图

(2)计算网络时间参数

计算网络时间参数采用图解法计算法。

1）计算工作的最早时间。计算最早时间从起点节点开始，显然，起点节点的最早开始、最早完成时间等于0。

A工作的最早开始等于其紧前工作的最早完成时间，即为0，与其工时相加即得到该工作的最早完成时间为5。

以此类推，可得到B、C工作的最早时间。

D工作的最早开始等于其紧前工作最早完成时间的最大值，即为20，加其工时得到该工作的最早完成时间35。

以此类推，可得到其他工作的最早时间。

计算结果如图9-27所示。

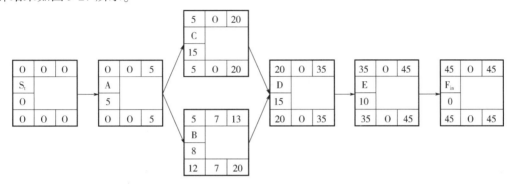

图9-27 单代号网络参数计算示例

2）计算工期。本项目的计算工期为终点节点所代表工作的最早完成时间，即为45。

3）计算工作的最迟时间。计算最迟时间从终点节点开始，显然，终点节点的最迟完成时间为45，减去其工时即可得到最迟开始时间为45。

E工作的最迟完成时间等于其紧后工作的最迟开始时间，即为45，减去其工时得到该工作的最迟开始时间为35。

以此类推，可得到D、C、B工作的最迟时间。

A工作的最迟完成时间等于其紧后工作C、B工作最迟开始时间的最小值，所以等于5。

4）计算工作的总时差和自由时差。A工作的总时差等于其最迟开始减去最早开始，也等于其最迟完成减去最早完成，所以，A工作的总时差为0。

以此类推，可得到其他各项工作的总时差。

A工作的自由时差等于其紧后工作的最早开始时间的最小值减去本工作的最早完成时间，所以，A工作的自由时间为0。

以此类推，可得到其他各项工作的自由时差。

上述计算结果如图9-27所示。

5）确定关键工作和关键线路。根据总时差确定关键工作：本项目的关键工作总时差为0，所以关键工作是A、C、D、E。

关键线路：根据关键线路的判断方法，从起始节点开始到终止节点均为关键工作，且所有工作之间的时间间隔均为0的线路是关键线路。可见，本项目的关键线路是0-1-3-4-5-6。

9.3.5 搭接网络计划时间参数计算

搭接关系是根据工艺要求或组织要求确定的，一旦确定，就必须满足。而要满足搭接关系，所有参数计算都必须考虑搭接关系，按照这些参数执行就可满足要求。不同搭接关系，其相关参数的计算方法也不尽相同。

1. 不同搭接关系情况下工作的最早时间、最迟时间的计算

（1）结束到开始的搭接关系（FST）

结束到开始的搭接关系，如图 9-28 所示。

图 9-28　FST 情况下的参数计算

各时间参数之间的关系是

$$ES_j = EF_i + FST_{i,j}$$
$$EF_i = ES_j - FST_{i,j}$$
$$LF_i = LS_j - FST_{i,j}$$
$$LS_j = LF_i + FST_{i,j}$$

式中，i、j 分别为紧前工作和紧后工作的编号，$i<j$。

（2）开始到开始的搭接关系（SST）

开始到开始的关系，如图 9-29 所示。

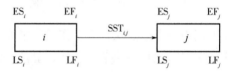

图 9-29　SST 情况下的参数计算

各时间参数之间的关系是

$$ES_j = ES_i + SST_{i,j}$$
$$ES_i = ES_j - SST_{i,j}$$
$$LS_j = LS_i + SST_{i,j}$$
$$LS_i = LS_j - SST_{i,j}$$

（3）开始到结束的搭接关系（SFT）

开始到结束的搭接关系，如图 9-30 所示。

图 9-30　SFT 情况下的参数计算

各时间参数之间的关系是

$$EF_j = ES_i + SFT_{i,j}$$
$$ES_i = EF_j - SFT_{i,j}$$
$$LS_i = LF_j - SFT_{i,j}$$
$$LF_j = LS_i + SFT_{i,j}$$

（4）结束到结束的搭接关系（FFT）

结束到结束的关系，如图 9-31 所示。

图 9-31　FFT 情况下的参数计算

各时间参数之间的关系是

$$EF_j = EF_i + FFT_{i,j}$$
$$EF_i = EF_j - FFT_{i,j}$$
$$LF_i = LF_j - FFT_{i,j}$$
$$LF_j = LF_i + FFT_{i,j}$$

（5）混合搭接关系

在混合搭接情况下，所有搭接关系都必须考虑。计算最早时间，分别计算取大值；计算最迟时间，分别计算取小值。

如图 9-32 所示，i 工作与 j 工作之间存在两种搭接关系，即混合搭接关系。

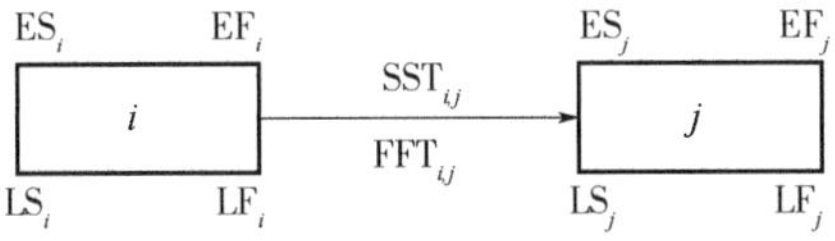

图 9-32　混合搭接情况下的参数计算

根据图 9-32，混合搭接关系情况下时间参数的计算公式如下。

1）最早时间计算。

根据 SST 关系

$$ES_j = ES_i + SST_{i,j}$$
$$EF_j = ES_j + D_j$$

根据 FFT 关系

$$EF_j = EF_i + FFT_{i,j}$$

根据计算结果取大值，即可得到 j 工作的最早完成时间。

2）最迟时间计算。

根据 SST 关系

$$LS_i = LS_j - SST_{i,j}$$
$$LF_i = LS_i + D_i$$

根据 FFT 关系

$$LF_i = LF_j - FFT_{i,j}$$

根据计算结果取最小值，即可得到 i 工作的最迟完成时间。

2. 不同搭接情况下工作的总时差和自由时差的计算

（1）总时差的计算

总时差的计算方法与搭接关系无关。只要计算出工作的最早、最迟时间，即可计算出工作的总时差，即

$$TF_i = LS_i - ES_i = LF_i - EF_i$$

（2）自由时差的计算

无论何种搭接关系，工作的自由时差都可以按下式计算

$$FF_i = \min\{LAG_{i,j}\}$$

即工作 i 的自由时差等于该工作与所有紧后工作之间时间间隔的最小值。

如果 i 工作与其紧后工作 j 之间无搭接关系，则

$$LAG_{i,j} = ES_j - EF_i$$

如果 i 工作与其紧后工作 j 之间存在搭接关系，则不同搭接关系其时间间隔的计算方法也不相同。

1）完成到开始关系（FST）。

由公式 $ES_j = EF_i + FST_{i,j}$ 可知，这是最紧凑的搭接关系。

在搭接网络中，若出现 $ES_j > EF_i + FST_{i,j}$ 时，即表明 i、j 两工作之间存在时间间隔 $LAG_{i,j}$，且

$$LAG_{i,j} = ES_j - (EF_i + FST_{i,j}) = ES_j - EF_i - FST_{i,j}$$

该关系可用横道图表示，如图 9-33a 所示。

2）开始到开始关系（SST）

同理可得

$$LAG_{i,j} = ES_j - ES_i - SST_{i,j}$$

其关系如图 9-33 b 所示。

3）结束到结束关系（FFT）

$$LAG_{i,j} = EF_j - EF_i - FFT_{i,j}$$

其关系如图 9-33 c 所示。

4）开始到结束关系（SFT）

$$LAG_{i,j} = EF_j - ES_i - SFT_{i,j}$$

其关系如图 9-33 d 所示。

5）混合搭接关系

相邻工作之间存在两种以上搭接关系时，则应分别计算，然后取其中的最小值。

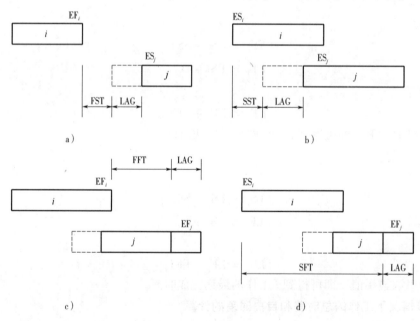

图 9-33　不同搭接关系时 LAG 的计算示意图

3. 关键工作、关键线路的确定

（1）根据总时差确定

搭接网络计划的关键工作是总时差最小的工作。若从起始节点开始顺着箭线的方向到终止节点，所有工作的总时差均最小，且所有工作之间的时间间隔均为 0，则该线路是关键线路。

（2）根据时间间隔确定

根据 LAG 也可确定关键线路：从起始节点顺着箭线的方向到终止节点，若所有工作之间的时间间隔均为 0，则该线路是关键线路。只有 LAG = 0，从起点到终点贯通的线路才是关键线路。

（3）根据路长确定

路长最长的线路为关键线路。

搭接网络计划与其他网络计划一样，由多条线路组成，且每条线路的长度不尽相同，其中最长的线路称为关键线路。关键线路的长度决定了项目工期。由于搭接网络中，工作之间的关系不是衔接关系，因此线路的路长并不等于该线路上所有工作持续时间之和，而应该根据时距关系加以确定。

例如，某线路如图 9-34 所示。

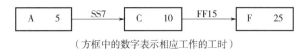

（方框中的数字表示相应工作的工时）

图 9-34 某线路各工作之间的关系

本线路的路长主要取决于 A、C、F 3 项工作的持续时间以及工作之间的搭接关系。图 9-34 表达了这 3 项工作的上述内容。

由图 9-35 可见，该线路的长度应为：SS7 + 10 + FF15 = 32。

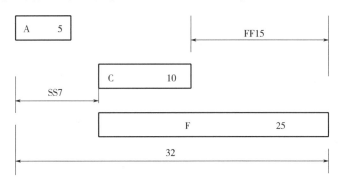

图 9-35 确定线路长度示意图

4. 搭接网络参数计算方法

搭接网络参数与单代号网络和双代号网络参数计算方法基本相同。由于搭接网络具有几种不同形式的搭接关系，所以其参数的计算要复杂一些。一般的计算方法是：依据计算公式在图上进行计算；利用计算机直接计算。

5. 计算示例

【例1】A、B、C 3 项工作，其工作关系如图 9-36a 所示。

采用图解法，计算结果标注在图 9-36a 中。

【例2】A、B、C 3 项工作，其工作关系如图 9-36b 所示。

采用图解法，计算结果标注在图 9-36b 中。

该计算示例中需要关注以下两点。

（1）计算工期的确定

在搭接网络中，计算工期取所有工作最早完成时间的最大值，而该最大值不一定是在网络终点的工作。本例最早完成时间的最大值是 35，且是 B 工作的最早完成时间，本例的计算工期为 35。

（2）最迟时间的意义

最迟时间是指在不影响工期的前提下，该工作必须开始和完成的时间，超过这一时间开始（或完成)就一定会影响工期。在搭接网络中,按正常程序计算有可能出现某些工作的完成时间超过工期,这就违背了最迟时间的意义,因此应取工期为该工作的最迟完成时间。

本例中,B、C 之间存在 SF15 搭接关系,按正常程序计算:B 工作的最迟开始时间应等于 C 工作的最迟完成时间 35 减去搭接时间 15,即 20,加上 B 工作的工时,则得到 B 工作的最迟完成时间为 40。这样,已超出本项目的计算工期,与最迟时间的意义不相吻合。所以,B 工作的最迟完成时间取为 35。

【例 3】A、B、C 3 项工作,其工作关系如图 9-36c 所示。

本例 A、B 之间存在混合搭接关系,采用图解法计算,计算结果标注在图 9-36c 中。

该计算示例中需要关注的是:计算 B 工作的最早时间,需要同时考虑两种搭接关系,分别计算取大值;计算 A 工作的最迟时间,需要同时考虑两种搭接关系,分别计算取小值。

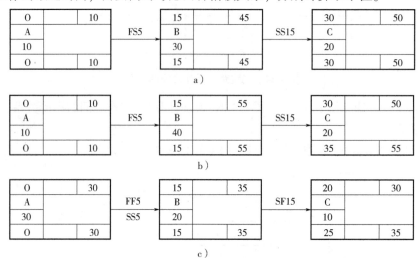

图 9-36 搭接时间参数计算示例

6. 搭接网络计划编制案例

根据表 9-10 编制该项目的搭接网络计划。

表 9-10 某项目搭接关系表

序号	工作名称	工作代号	紧后工作	搭接关系	持续时间(天)
1	项目策划	A	B、C	A、B 之间 SS2	5
2	材料购置	B	D		8
3	组织准备	C	D	SS4	15
4	项目实施	D	E	FS5	15
5	项目结束工作	E			10

(1)绘制网络图

根据表 9-10 绘制该项目网络图,如图 9-37 所示。

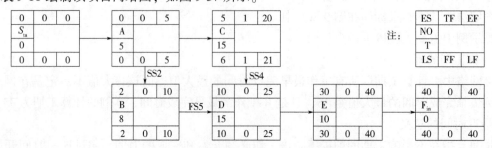

图 9-37 搭接网络参数计算示例

(2) 计算网络参数

采用图解法计算。

1) 计算工作的最早时间。

从起点节点开始，起点节点的最早开始和最早完成时间都为 0。

A 工作的最早开始等于其紧前工作的最早完成，所以等于 0，与其工时相加则得到该工作的最早完成时间为 5。

B 与 A 之间存在 SS2 搭接关系，所以 B 工作的最早开始时间应等于 A 工作的最早开始时间与搭接时间之和，即为 2。

D 工作的最早时间取决于其紧前工作 B、C，考虑 B 工作得到 10，考虑 C 工作得到 9，两者取大值，所以 D 工作的最早开始为 10，最早完成则为 25。

以此类推，可得到其他工作的最早时间。计算结果如图 9-37 所示。

2) 计算工期。本项目的计算工期为 40。

3) 计算工作的最迟时间。从终点节点开始，显然，终点节点的最迟完成、最迟开始时间为 40。

E 工作的最迟完成时间等于其紧后工作的最迟开始时间，所以为 40，减去其工时得到该工作的最迟开始时间为 30。

D 与 E 之间存在搭接关系 FS5，所以 D 工作的最迟完成时间应等于 E 的最迟开始时间减去搭接时间 5，即为 25。

以此类推，可得到其他工作的最迟时间。计算结果标注在图 9-37 中。

4) 计算工作的总时差和自由时差。

①总时差计算。将每项工作的最迟开始减去最早开始或最迟完成减去最早完成即可得到该工作的总时差。

②自由时差计算。对于无搭接关系的工作，其自由时差的计算按无搭接关系的计算方法计算；对于存在搭接关系的工作，应考虑搭接关系。

A 工作的自由时差：A 工作的紧后工作是 B、C，A 与 B 之间存在 SS2 的搭接关系，所以 A、B 之间的时间间隔为 B 工作的最早开始减去 A 工作的最早开始，再减去搭接时间，即等于 0；A、C 之间无搭接关系，所以 A、C 之间的时间间隔等于 C 工作的最早开始减去 A 工作的最早完成，即等于 0。

可见，A 工作的自由时差为 0。

以此类推，可得到其他工作的自由时差。计算结果如图 9-37 所示。

5) 确定关键工作和关键线路。本项目的关键工作是总时差等于 0 的工作，即 A、B、D、E。关键工作所在线路为关键线路，即 S_t-A-B-D-E-F_{in}。

9.4 进度计划的表达形式

进度计划常以图表的方式表达。图表的方式直观易懂，主要包括甘特图、时标网络、带有日历时间的网络图、进度计划表等。

9.4.1 甘特图计划

1. 概念

甘特图又称条线图或横道图。甘特图是一个二维平面图，横维表示进度或活动时间，纵维表示工作包内容，如图 9-38 所示。横道线显示每项工作的开始时间和结束时间，横道线的长度表示该项工作的持续时间。

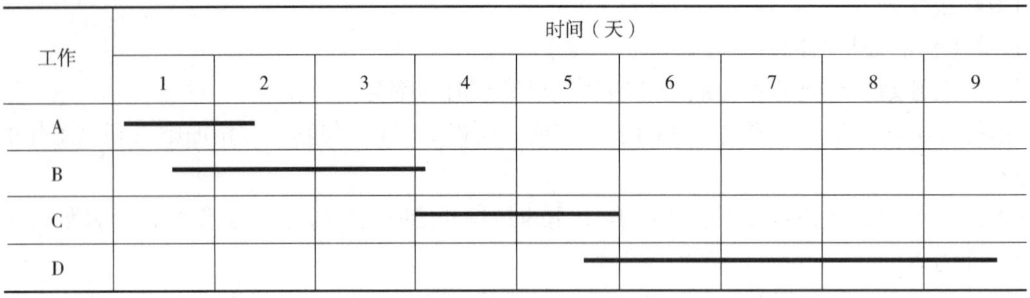

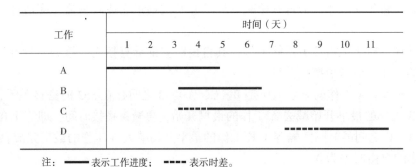

图 9-38　甘特图

2. 甘特图的特点及适用范围

甘特图直观、简单、容易制作、便于理解。在资源、费用等计划的编制和优化过程中，一般都借助于甘特图。但是，甘特图难以系统地表达一个项目所包含的各项工作之间的复杂关系，难以进行定量的计算和分析，难以进行计划的优化。这些弱点严重制约了甘特图的进一步应用。所以，传统的甘特图一般只适用于比较简单的小型项目。甘特图可用于 WBS 的任何层次，除了用于进度计划的编制外，还可以用于进度控制。

3. 甘特图的类型

（1）带有时差的甘特图。

带有时差的甘特图，如图 9-39 所示。

图 9-39　带有时差的甘特图

（2）表达工作关系的甘特图。

表达工作关系的甘特图，如图 9-40 所示。

上述两种类型的甘特图，实际上是将网络计划原理与甘特图两种表达形式进行有机结合的产物，其同时具备了甘特图的直观性，又兼备了网络图各工作的关联性。图 9-41 是某项目的网络甘特图。

9.4.2　双代号时标网络

1. 概念

双代号时标网络计划（时标网络计划）是以时间坐标为尺度编制的网络计划。时标网络计划中应以实箭线表示工作，以虚箭线表示虚工作，以方点线或波形线表示工作的自由时差，如图 9-42 所示。

双代号时标网络计划主要适用于以下几种情况：

1）所含工作数量较少，工艺过程比较简单的项目。

2）局部网络计划。

第9章 项目进度计划的制订 221

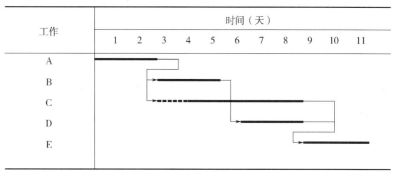

图 9-40 表达工作关系的甘特图

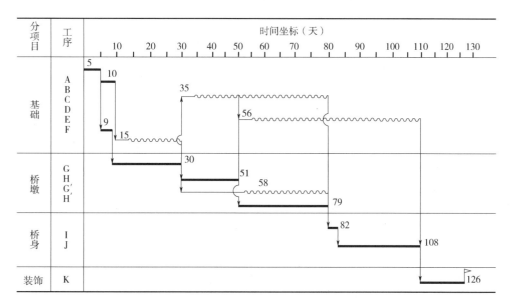

图 9-41 某项目甘特图

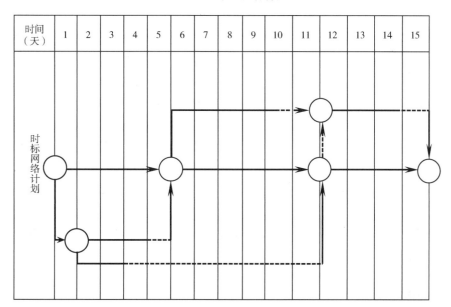

图 9-42 双代号时标网络计划图

3）作业性网络计划。

4）使用实际进度前锋线进行进度控制的网络计划。

时标网络计划的主要特点：

1）兼有网络计划与甘特图两者的优点，能够清楚地表明计划的时间进程。

2）能在图上直接显示各项工作的开始与完成时间、自由时差及关键线路。

3）可以利用时标网络分析，监控进度偏差。

4）可以利用时标网络编制资源计划，进行资源优化和调整。

2. 时标网络的编制

（1）双代号时标网络图编制的基本要求

1）时间长度是以所有符号在时标计划表上的水平位置及其水平投影长度表示的，与其所代表的时间值相对应。

2）节点的中心必须对准时标的刻度线。

3）虚工作必须用垂直虚箭线表示，有时差时加方点线或波形线表示。

4）时标网络图宜按最早时间绘制，不宜按最迟时间绘制。

5）时标网络图绘制之前，应先绘制非时标网络图。

（2）时标网络的编制方法

时标网络的编制方法一般有两种：一是间接绘制，即先计算非时标网络计划的时间参数，再按时间参数在时间计划表上进行绘制。可以按最早开始和最早完成时间绘制时标网络；也可以按最迟开始和最迟完成绘制时标网络；或通过优化后按照合理的开始和完成时间绘制时标网络。具体可以根据需要加以确定。二是直接绘制，即不计算网络时间参数，直接根据非时标网络图和每项工作所需要的时间在时间计划表上绘制。

（3）时标网络计划的编制步骤

1）间接绘制法的编制步骤：①根据项目分析表绘制双代号网络图；②计算工作时间参数；③绘制时标计划表；④根据网络参数确定每项工作的开始时间，并将每项工作的箭尾节点定位于时标计划表上；⑤按各工作的时间长度绘制相应工作的实线部分，使其在时间坐标上的水平投影长度等于工作的持续时间；用虚线绘制无时差的虚工作（垂直方向）；⑥用方点线或波形线将实线部分与其紧后工作的开始节点连接起来，以表示工作的时差；⑦进行节点编号。

2）直接绘制法的编制步骤：①根据项目分析表绘制双代号无时标网络图；②绘制时标计划表；③将网络的起点节点定位在时标计划表的起始刻度线上；④根据工作的持续时间在时标计划表上绘制起点节点的外向箭线；⑤工作的箭头节点，定位于所有内向箭线完成时间最大值所在时间点；⑥某些内向箭线长度不足以到达该箭头节点时，用方点线或波形线补足；若虚箭线的开始节点和结束节点之间有水平距离时，也以方点线或波形线补足，若无水平距离，则绘制垂直虚箭线；⑦按上述方法自左至右依次确定其他节点的位置，直至终点节点定位，绘制完成；⑧进行节点编号，完成编制工作。

9.4.3 带有日历时间的网络计划

带有日历时间的网络计划较为常用，因为它明确表达了各工作的具体开始和结束的日历时间，便于执行。图 9-43 为单代号日历时间网络计划。

9.4.4 表格形式进度计划

利用表格表达进度计划，其特点是可以增加信息量。表 9-11 是某项目的表格形式的进度计划表。

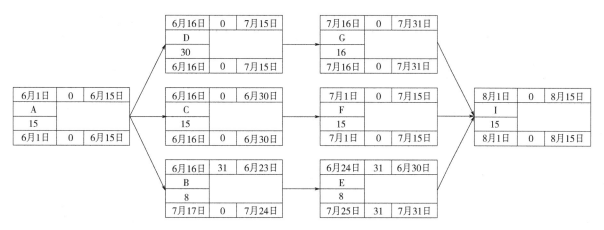

图 9-43 单代号日历时间网络计划

表 9-11 某项目进度计划表

序号	任务名称	工时（天）	开始时间	完成时间	资源名称	完成百分比
1	启动	0	2004 年 7 月 2 日	2004 年 7 月 2 日		
2	编制项目任务书	20	2004 年 7 月 2 日	2004 年 7 月 27 日		
3	制作工作总计划书	20	2004 年 7 月 30 日	2004 年 8 月 24 日		
4	总体设计	80	2004 年 8 月 27 日	2004 年 12 月 14 日		
5	详细设计	140	2004 年 9 月 24 日	2005 年 4 月 5 日		
6	工艺设计	40	2004 年 9 月 24 日	2004 年 11 月 16 日		
7	工装设计	200	2004 年 7 月 2 日	2005 年 4 月 5 日		
8	工装制造	200	2005 年 4 月 8 日	2006 年 1 月 10 日		
9	零件制造	355	2005 年 4 月 8 日	2006 年 8 月 15 日		
10	部件总配	80	2005 年 6 月 3 日	2006 年 2 月 7 日		
11	总装	60	2006 年 8 月 18 日	2006 年 11 月 7 日		
12	喷漆	40	2006 年 11 月 10 日	2007 年 1 月 2 日		
13	地面测试	20	2007 年 1 月 5 日	2007 年 1 月 30 日		
14	试飞前准备	100	2007 年 2 月 2 日	2007 年 6 月 18 日		
15	地面测试	100	2007 年 2 月 2 日	2007 年 6 月 18 日		
16	试飞鉴定	80	2007 年 6 月 21 日	2007 年 10 月 8 日		
17	交付	60	2007 年 10 月 11 日	2007 年 12 月 31 日		
18	结束	0	2007 年 12 月 31 日	2007 年 12 月 31 日		

对于项目的工作任务，也可借助于表格表达其进度计划等信息。表 9-12 是某项工作任务的行动计划表。

表 9-12 某工作任务的行动计划表

递送：					
完成措施：					
估计资源：					
前期任务：					
关键约束条件和假设：					
责任人：					
任务	工时	计划开始时间	计划完成时间	实际开始时间	实际完成时间

第10章 项目资源与费用计划的制订

本章要点

主要介绍项目资源计划的制订,包括资源计划的依据、方法与工具,资源计划的结果及资源负荷图的绘制;项目费用计划制订,包括费用估计的依据、方法与工具,费用估计的基本结果,项目费用预算的概念及依据、技术与方法,费用预算的结果,费用负荷图及累计曲线的绘制等。

10.1 资源计划的制订

项目的资源计划需要明确:项目所包含的每项工作(活动)需要资源的种类、数量及时间;项目需要资源的种类、数量及时间。

10.1.1 资源计划的主要依据

(1) 工作分解结构(WBS)

利用 WBS 系统进行项目资源计划时,工作划分得越细、越具体,所需资源种类和数量越容易估计。工作分解自上而下逐级展开,各类资源需要量可以自下而上逐级累加,便可得到整个项目各类资源的需求。

(2) 项目进度计划

项目进度计划是资源计划的基础,资源计划必须服务于进度计划,何时需要何种资源是根据进度计划确定的。

(3) 历史资料

历史信息记录了先前类似工作资源的需求情况,这些资料对于资源计划的制订有参考作用。

(4) 项目范围陈述

范围陈述包括了划定哪些方面是属于项目应该做的,哪些工作是不包括在项目之内以及对项目目标的描述,这些应该在项目资源计划的编制过程中予以考虑。

(5) 资源安排的描述

什么资源(人、设备、材料)是可能获得的,是项目资源计划必须掌握的,特别的数量描述和资源状况对于资源安排描述是非常重要的。

(6) 组织策略

在资源计划的过程中还必须考虑人事组织,所提供设备的租赁和购买策略。如工程项目中劳务人员是用外包工还是本企业职工,设备是租赁还是购买等,这些都对资源计划产生影响。

10.1.2 资源计划的方法与工具

1. 资源计划的方法

(1) 专家判断

专家判断对于资源计划的制订是最为常用的。专家可以是任何具有特殊知识或经过特别培训的组织和个人。

（2）选择确认

制订多种资源安排计划，以供专家选择确认。最常用的方法是"头脑风暴法"。

（3）数学模型

为了使编制的资源计划具有科学性、可行性，在资源计划的编制过程中，往往借助于某些数学模型，如资源分配模型、资源均衡模型等。

2. 资源计划的工具

（1）资源计划矩阵

某项目资源计划矩阵见表 10-1。

表 10-1　某项目资源计划矩阵

任务	方法学专家	课程专家	评估员	科学家	数学家	印刷设备	计算机主机
识别需求	S	P					
建立需求		P					
设计预备课程	S	P		S	S		
评价设计	S	S	P				
开发科学课程		S		P			
开发数学课程		S			P		
测试综合课程	S	S	P				S
印刷与分销		S				P	

注：P 表示主要；S 表示次要。

（2）资源数据表

某项目资源数据表见表 10-2 所示。

表 10-2　某项目资源数据表

资源	时间（周）												
	1	2	3	4	5	6	7	8	9	10	11	12	13
	工作的人·周数												
方法学专家	1.5	1.5	1.5			1	1	1	1	1	1	2	2
课程专家	1	1	1	1	1	1	1	1	1	1	1	1	1
评估员												2	2
科学家						0.7	0.7	0.7	0.7	0.7	0.7		
数学家						0.7	0.7	0.7	0.7	0.7	0.7		
合计	2.5	2.5	2.5	1	1	3.4	3.4	3.4	3.4	3.4	3.4	5	5

（3）资源甘特图

资源甘特图如图 10-1 所示。

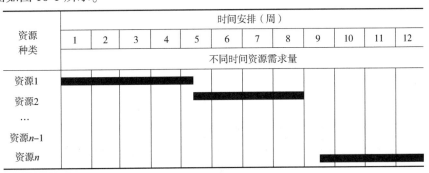

图 10-1　资源甘特图

(4) 资源负荷图或资源需求曲线

某资源负荷图或需求曲线如图 10-2 所示。

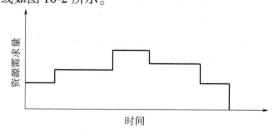

图 10-2 某资源负荷图或需求曲线

(5) 资源累计需求曲线

某资源累计需求曲线如图 10-3 所示。

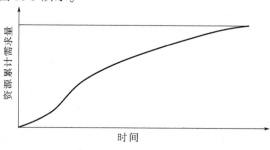

图 10-3 某资源累计需求曲线

10.1.3 资源计划的结果

资源计划的结果是制订资源的需求计划，对各种资源需求及需求计划加以描述。它主要用各种形式图表予以反映。某项目人力资源负荷图，如图 10-4 ~ 图 10-6 所示。

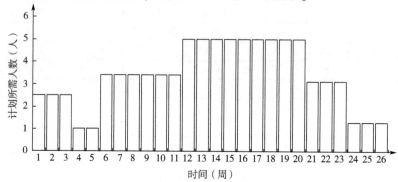

图 10-4 人力资源负荷图（计划）

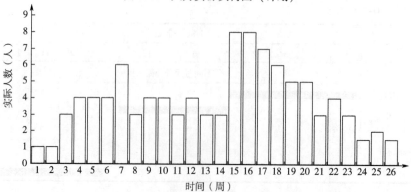

图 10-5 人力资源负荷图（实际分配）

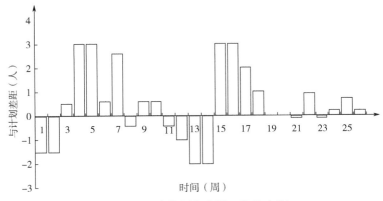

图 10-6 人力资源负荷图（偏差变化）

10.1.4 资源负荷图的绘制

1. 资源负荷图的绘制步骤

1）确定工程项目进度计划，编制进度计划的甘特图。

2）根据每单位时间内完成的实物工程量，确定单位时间内需要投入的人力、物力和财力。

3）根据甘特图和每单位时间内的资源需求量作出相应资源的负荷图。

2. 资源负荷图绘制示例——湘江大桥项目人力资源负荷图绘制

1）编制该项目的进度计划的甘特图，如图 10-7 所示。

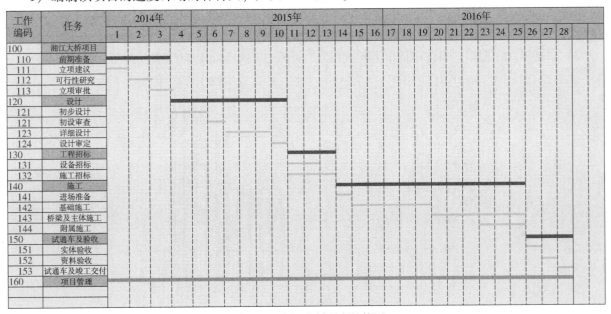

图 10-7 湘江大桥进度甘特图

注：年份下数据为项目开始后的月数。

2）根据该项目单位时间内完成的实物工程量，确定单位时间内需要投入的人力资源，作出人力分配表，见表 10-3。

表 10-3 湘江大桥项目人力资源分配表

工作编码	任务	人力资源种类	持续时间（月）	工作量（工日）	人力资源数量（人）
110	前期准备				
111	立项建议	设计	1	100	5

(续)

工作编码	任务	人力资源种类	持续时间（月）	工作量（工日）	人力资源数量（人）
112	可行性研究	设计	1	100	5
113	立项审批	设计	1	40	2
120	设计				
121	初步设计	设计	2	600	15
122	初步设计审查	设计	1	100	5
123	详细设计	设计	3	1800	30
124	设计审定	设计	1	100	5
130	工程招标				
131	设备招标	管理	2	200	5
132	施工招标	管理	3	300	5
140	施工				
141	进场准备	管理	1	120	6
142	基础施工	工人	5	30000	300
143	桥梁主体施工	工人	6	60000	500
144	附属施工	工人	3	6000	100
150	试通车及验收				
151	实体验收	工人	1	600	30
152	资料验收	工人	1	400	20
153	试通车及竣工交付	工人	1	400	20
160	项目管理	管理	28	5600	10
	合计			106460	1063

3) 根据项目的进度计划甘特图和单位时间内人力资源的需求量画出人力资源负荷图，如图10-8所示。

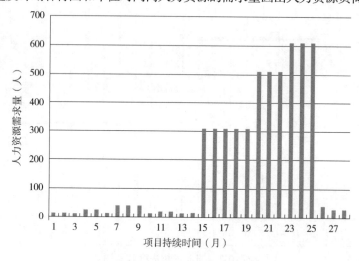

图10-8 湘江大桥人力资源负荷图

10.2 费用计划的制订

10.2.1 费用估计

费用估计是指预估项目各工作所需要的费用及项目所需要的费用。

1. 项目费用估计的主要依据

项目费用估计的主要依据有：

1）工作分解结构（WBS）。

2）资源需求计划，即资源计划安排结果。

3）资源价格。为了计算项目各工作费用必须知道各种资源的单位价格，包括工时费、单位体积材料的费用等。如果某种资源的实际价格不知道，就应该对它的价格做出估计。

4）工作的持续时间。工作的持续时间将直接影响到项目工作费用的估算，因为它将直接影响分配给它的资源数量。

5）历史信息。同类项目的历史资料始终是项目执行过程中可以参考的最有价值的资料，包括项目文件、共用的项目费用估计数据库等。

6）会计表格。会计表格说明了各种费用信息项的代码结构，这有利于项目费用的估计与正确的会计目录相对应。

2. 项目费用估计的方法与工具

（1）类比估计法

类比估计法通常是与原有的已执行过的类似项目进行类比以估计当期项目的费用。当项目的详细资料难以得到时，这是一种估计项目总费用的行之有效的方法。类比估计法是专家判断的一种形式。它通常比其他技术和方法花费要少一些，但是其准确性也较低。当先前的项目与目前的项目不仅在形式上，而且在实质上相同或者对所进行的项目进行预估计时，类比估计法更为可靠和实用。

（2）参数模型法

参数模型法通常是将项目的特征参数作为预测项目费用数学模型的基本参数，模型可能是简单的（如建筑费用的估计通常是建筑面积的一个简单函数），也可能是复杂的（如软件费用的模型通常就是需要许多独立的因素加以描述）。

无论费用模型还是模型参数，其形式是各种各样的。如果其模型是依赖于历史信息，模型参数容易数量化，而且模型应用仅是项目范围的大小，则它通常是可靠的。

（3）从上向下的估计法

自上向下估计法多在有类似项目已完成的情况下应用。自上而下估计的基础是收集上层和中层管理人员的经验和判断，以及可以获得的关于以往类似活动的历史数据。上层和中层管理人员估计项目整体的费用和构成项目的子项目的费用，这些估计结果给予低层的管理人员，在此基础上他们对组成项目和子项目的任务和子任务的费用进行估计。然后继续向下一层传递他们的估计，直到最底的基层。

这种过程和层级计划过程相似，费用和项目一样被分解为更丰富的细节，按照 WBS 从最上层或者最为综合的层级一层层向下分解。

这种估计法的优点是上中层管理人员的丰富经验往往使得他们能够比较准确地把握项目整体的资源需要，从而使得项目的费用能够控制在有效率的水平上。一般而言，同一类项目的需要往往是比较稳定，而且即使是看上去相差很大的项目实际上有很多方面是相似的，这也使得有经验的人做出比较准确的估计是可能的。由于在过程中总是将一定费用在一系列任务之间进行分配，这就避免有些任务被过分重视而获得过多费用，同时由于涉及任务的比较，所以也不会出现重要的任务被忽视的情况。

这种估计法的缺点是当上层的管理人员根据他们的经验赋予费用估计时，分解到下层时可能会出现下层管理人员认为不足以完成相应任务的情况。这时，下层管理人员并不一定会表达出自己的观点，而是与上层管理人员理智地讨论以得出更为合理的费用分配方案。现实中往往出现的情况是，由于下层管理人员很难提出上层管理人员判断不合理的看法，而只能沉默地等待上层管理人员自行发现其中的问题而进行纠正，这可能会使得项目的进行出现困难，甚至失败。

（4）自下而上的估计法

根据 WBS，首先估计各个独立工作的费用，然后再从下往上估计出整个项目费用。最初估算是针对资源而进行的，如工时和原材料，然后被转换为所需要的经费。得到的任务的费用被综合起来形成项目整体费用的直接费估计。在此基础上加上适当的间接费用、利润等，估计出项目总费用。

自下而上的估计费用在子任务级别上更为精确，关键在于要保证所涉及的所有任务均要被考虑到，这一点比进行自上而下的费用估算时更为困难。

自下而上估计法的优点是相对高层管理人员来说，直接参与项目的人员更为清楚项目涉及活动所需要的资源量，而且由于费用出自于要参与项目实际工作的人员之手，也可以避免日后引起争执和不满。

3. 费用估计的基本结果

（1）项目的费用估计

明确每项工作及整个项目所需要的各类费用，包括人工费、材料费、设备费、间接费、总费用等。

（2）详细说明

详细说明包括：工作估计范围描述，通常是依赖于 WBS 作为参考；对于估计的基本说明，如费用估计是如何实施的；各种假设的说明；指出估计结果的有效范围。

10.2.2 费用预算

1. 费用预算的概念及依据

项目费用预算是给每一项独立工作分配全部费用，以获得度量项目执行的费用基线。项目费用预算具有以下特征。

（1）计划性

在项目计划中，将项目分解为任务，而后进一步分解，按照 WBS 工作过程而不断展开，形成一种系统结构，对 WBS 的每一种组成部分估算相应的成本就可以形成预算。可以说，预算是另一种形式的项目计划。

（2）约束性

预算是一种分配资源的计划。预算分配的结果表现为一种约束，所涉及人员只能在这种约束的范围内行动。而且，也正是预算约束的模式体现了公司的政策和倾向，对项目所包含活动的支持力度反映了对该活动重要性的认识。

（3）控制性

项目预算是一种控制机制。预算可以作为一种比较标准而使用，一种度量资源实际使用量和计划量之间差异的基线标准。管理者必须小心谨慎地控制资源的使用。由于进行预算时不可能完全预计到实际工作中所遇到的问题和所处的环境，所以对预算计划的偏离总是有可能会出现，这就需要在项目进行中不断根据项目进度来检查所使用的资源量。如果出现了对预算的偏离，就需要对相应偏离的模式进行考察，以确定是否会突破预算的约束和相应的对策。这样，管理者就可以更为清楚地掌握项目进展和资源使用情况，以避免出现措手不及的情况，从而造成项目失败或者效益低下的后果。

项目费用预算主要依据：项目费用估计；WBS；项目进度计划。

2. 费用预算的技术和方法

（1）费用汇总

将费用估算的结果汇总到 WBS 工作包，再由工作包汇总到 WBS 的更高层级，最终得出整个项目的总费用。

（2）专家判断

专家基于经验，对每项工作的费用在时间上进行分配。

(3) 数学模型

利用有关变量之间的关系,建立数学模型进行费用预算。

3. 费用预算的结果

(1) 费用基准

经过批准的,按项目进度分配的项目费用,用作与实际结果进行比较的依据。该基准的表达形式:基于时间的费用数据表,见表10-4;费用负荷图,如图10-9所示;累计费用负荷图,即费用累计曲线(S形曲线),如图10-10所示。

表 10-4　某项目基于时间的费用数据表　　　　　　　　　　（单位:万元）

工作名称	预算值	进度时间预算（项目日历月）										
		1	2	3	4	5	6	7	8	9	10	11
A	400	100	200	100								
B	400		50	100	150	100						
C	550		50	100	250	150						
D	450			100	100	150	100					
E	1100					100	300	300	200	200		
F	600								100	100	200	200
月计		100	300	400	500	500	400	300	300	300	200	200
累计	3500	100	400	800	1300	1800	2200	2500	2800	3100	3300	3500

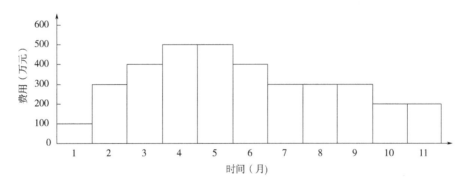

图 10-9　某项目费用负荷图

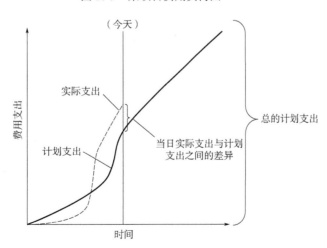

图 10-10　累计费用负荷图

(2) 项目费用需求

根据费用基准，确定项目总费用需求和阶段性费用需求。

(3) 项目文件更新

可能需要更新的项目文件，包括项目风险登记册、费用估计、进度计划等。

10.2.3 费用负荷图与费用累积曲线的绘制

1. 费用负荷图及费用累计曲线的绘制步骤

1) 编制项目进度计划，形成进度计划的甘特图。
2) 根据 WBS 进行费用估计，确定每项工作所需要的总费用及单位时间所需要的费用。
3) 根据进度计划，确定整个项目每单位时间内所需要的费用及累计费用，形成基于时间的费用数据表。
累计费用的计算方法：各单位时间计划完成的成本累计额累加求和，即

$$Q_t = \sum_{n=1}^{t} q_n$$

式中，Q_t 为某单位时间 t 计划累计支出成本额；q_n 为单位时间 n 的计划支出成本额；t 为某规定计划时刻。

4) 绘制费用负荷图及累计曲线。

2. 费用负荷图及费用累计曲线绘制示例

某施工项目的数据资料见表 10-5，绘制该项目的费用负荷图及费用累计曲线。

表 10-5 某施工项目的数据资料

编码	工作名称	最早开始时间	持续时间（月）	费用强度/（万元/月）
11	场地平整	1	1	20
12	基础施工	2	3	15
13	主体工程施工	4	5	30
14	砌筑工程施工	8	3	20
15	屋面工程施工	10	2	30
16	楼地面施工	11	2	20
17	室内设施施工	11	1	30
18	室内装饰	121	1	20
19	室外装饰	12	1	10

1) 确定施工项目进度计划，编制进度计划的甘特图，如图 10-11 所示。

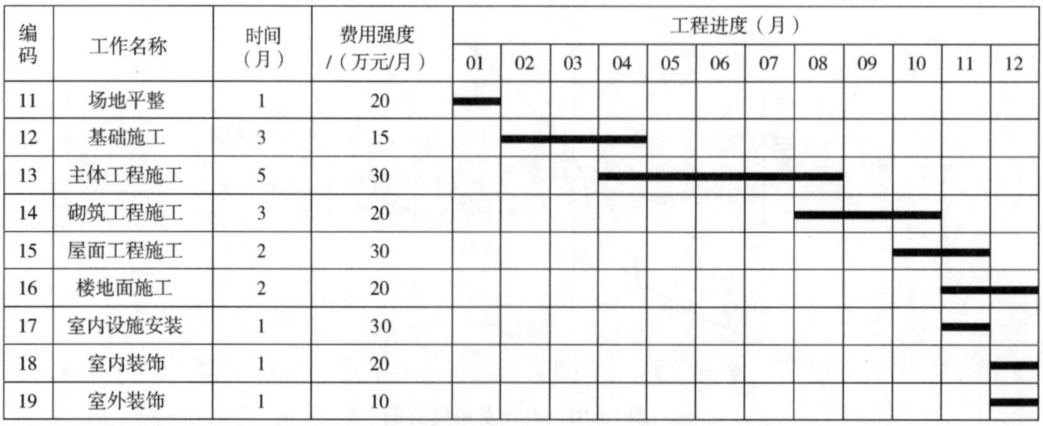

编码	工作名称	时间（月）	费用强度/（万元/月）	工程进度（月）											
				01	02	03	04	05	06	07	08	09	10	11	12
11	场地平整	1	20												
12	基础施工	3	15												
13	主体工程施工	5	30												
14	砌筑工程施工	3	20												
15	屋面工程施工	2	30												
16	楼地面施工	2	20												
17	室内设施安装	1	30												
18	室内装饰	1	20												
19	室外装饰	1	10												

图 10-11 项目进度计划的甘特图

2) 确定每项工作单位时间所需要的费用,即费用强度,结果见表10-5。

3) 根据进度计划,确定整个项目每单位时间内所需要的费用,计算规定时间 t 计划累计支出的费用额,形成基于时间的费用数据表,见表10-6。

4) 绘制费用负荷图及累计曲线,如图10-12、图10-13所示。

表 10-6 某施工项目基于时间的费用数据表

工作名称	费用强度/（万元/月）	工程进度（月）											
		01	02	03	04	05	06	07	08	09	10	11	12
场地平整	20	20											
基础施工	15		15	15	15								
主体工程施工	30				30	30	30	30	30				
砌筑工程施工	20								20	20	20		
屋面工程施工	30										30	30	
楼地面施工	20											20	20
室内设施安装	30										30		
室内装饰	20												20
室外装饰	10												20
月 计		20	15	15	45	30	30	30	50	20	50	80	50
累 计		20	35	50	95	125	155	185	235	255	305	385	435

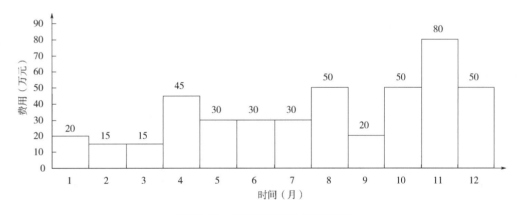

图 10-12 某施工项目费用负荷图

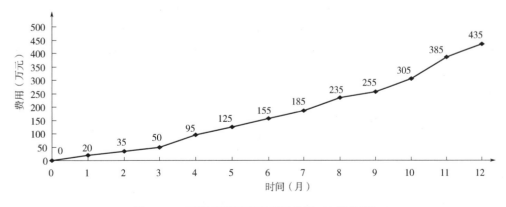

图 10-13 某施工项目费用累计曲线（S形曲线）

第 11 章　项目计划的优化

本章要点

依据网络计划技术原理所编制的时间计划仅是一个初始方案，这种方案可能存在诸多问题。如在时间方面，可能超出了要求工期；在资源方面，可能出现供不应求的情况，也可能出现不平衡状况；或在时间和资源方面的潜力尚未得到最佳的发挥。因此，要使项目时间计划得以实现，并使项目工期短、质量优、资源消耗少、成本低，就必须用最优化原理调整和改进初始时间计划，这就是项目计划的优化问题。项目计划的优化，就是在满足既定的约束条件下，按某一目标，通过不断调整，寻找最优项目计划的过程。项目计划的优化包括时间优化、资源优化及费用优化。

11.1　时间优化

时间优化也可称为工期优化，其目的是当网络计划计算工期或实际工期不能满足要求工期时，通过不断压缩关键线路上的关键工作的持续时间等措施，达到缩短工期、满足要求工期的目的。

11.1.1　时间优化的方法及步骤

1. 时间优化方法

（1）调整工作关系

根据项目的可能性，将某些串行作业的工作调整为平行作业或搭接作业。

（2）压缩工作的持续时间

采取措施使网络计划中的某些关键工作的持续时间尽可能缩短。这是目前最常用的时间优化方法。这种优化方法需要解决的一个重要问题就是选择哪些工作压缩其持续时间达到缩短工期的目的。常用以下方法选择某些工作进行持续时间的调整：

1）顺序法。根据关键工作开始时间确定，先开始的工作先压缩。

2）加权平均法。根据关键工作持续时间长短的百分比进行压缩。

3）选择法。计划编制者有目的地选择某些关键工作进行持续时间的压缩。

前两种方法未考虑压缩持续时间所造成的资源和费用的增加等因素，而选择法充分考虑了这些因素。所以，选择法是时间优化的一种较为理想的方法，也是最常用的方法。

2. 时间优化步骤

以压缩工作的持续时间优化方法为例。

1）编制初始网络计划，确定计算工期、关键线路及关键工作。

2）按要求工期计算应缩短的时间。

3）确定各关键工作能缩短的持续时间及相应的费用率。

费用率是指每压缩一个时间单位所增加的直接费，费用率的确定方法：

设工作 i 的正常持续时间为 D_{in}，相应的直接费为 C_{in}；最短持续时间为 D_{is}，相应的直接费为 C_{is}；则 i 工作的费用率 e_i

$$e_i = \frac{C_{is} - C_{in}}{D_{in} - D_{is}}$$

上述计算费用率的方法是基于工作的直接费与其持续时间之间的关系是线性关系，但实际上有些是非线性关系，所以这只是一种粗略计算。

4）根据上述因素选择关键工作压缩其持续时间，重新计算网络计划的计算工期，并确定对项目费用的影响。

选择调整对象（关键工作）考虑的主要因素有：

①有调整余地。

②有充足备用资源。

③缩短持续时间对质量、安全影响不大。

④缩短持续时间所需增加的费用最少。

5）若计算工期仍超过要求工期，则重复以上步骤，直至满足工期要求或工期已不能再缩短为止。

6）当所有关键工作的持续时间都已达到其能缩短的极限而工期仍不能满足要求时，应对计划的原技术、组织方案等进行调整或对要求工期的合理性进行重新审定。

11.1.2 时间优化示例

某项目网络计划如图 11-1 所示。图中箭线上方的数字表示该工作的费用率，即每压缩一个时间单位所需要增加的直接费，箭线下方括号外的数字表示该工作的正常工时，括号内的数据是该工作的最短工时，工时单位为天。本项目要求的工期是 22 天。采用选择法进行工期优化。

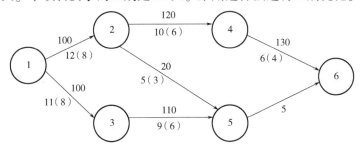

图 11-1 时间优化网络图

优化步骤如下：

（1）确定网络计划的计算工期、关键工作及关键线路

根据工作的正常持续时间计算工作的最早时间和最迟时间、总时差；根据工作参数确定计算工期、关键工作和关键线路，参数计算结果如图 11-2 所示。

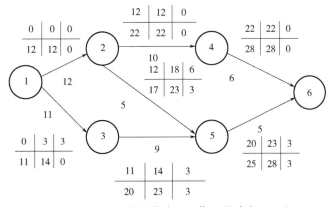

图 11-2 关键线路（工作）的确定

从图 11-2 可以看出，关键线路是 1-2-4-6，计算工期（T_c）是 28 天，关键工作是：1-2、2-4、4-6。

(2) 按要求工期确定应缩短的工期目标

根据计算结果可知，工期需缩短 6 天。

(3) 调整关键工作的持续时间

第一次调整：

选择调整对象。假设压缩工时所需要的资源可获得，并对质量、安全的影响不大，仅考虑有调整余地及增加费用最少的因素，则选择 1-2 工作作为第一次调整的对象。

确定压缩时间。1-2 工作有 4 天的调整余地，但如果调整 4 天，将会使关键线路发生变化，而对工期不会产生同等程度的影响。

分析：本项目的计算工期是 28 天，而次长路为 25 天，所以本次只能压缩 3 天。调整后的结果如图 11-3 所示。

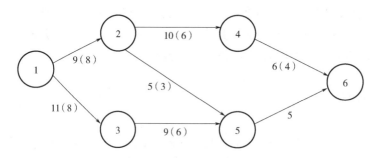

图 11-3　第一次调整后的结果

计算工期的变化：调整后的计算工期为 25 天。

费用变化：1-2 工作的费用率为 100 费用单位/天，压缩 3 天，需要增加 300 个费用单位。

第二次调整：

选择调整对象。由图 11-3 可见，调整后的关键线路是：1-2-4-6 和 1-3-5-6。因此，本次调整必须同时压缩两条关键线路的路长，根据调整对象的选择原则，选择 1-2 和 1-3 工作同时调整。

确定压缩时间。1-3 工作有 3 天的调整余地，但 1-2 工作只有 1 天的调整余地，所以本次只能压缩 1 天。调整后的结果如图 11-4 所示。

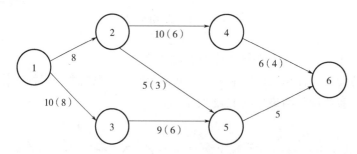

图 11-4　第二次调整后的结果

计算工期的变化：计算工期为 24 天。

费用变化：根据 1-2、1-3 工作的费用率及本次压缩的时间，可得本次调整需要增加 200 个费用单位，累计增加 500 个费用单位。

第三次调整：

选择调整对象。由图 11-4 可见，关键线路是 1-2-4-6 和 1-3-5-6，根据调整对象的选择原则，本次调整选择 1-3 和 2-4 工作同时压缩工时。

确定压缩时间。1-3 工作有 2 天的余地，2-4 工作有 4 天的余地，且要求工期是 22 天，所以将 1-3

和 2-4 工作同时压缩 2 天时间。调整后的结果如图 11-5 所示。

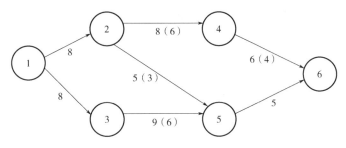

图 11-5 第三次调整后的结果

计算工期的变化：第三次调整后的计算工期为 22 天。

费用变化：根据 1-3 和 2-4 工作的费用率及本次压缩的时间，可得本次调整需要增加 440 个费用单位，累计增加 940 个费用单位。

11.2 资源优化

任何一个项目都需要消耗一定的资源才能完成，而在一定时间内，由于某些客观因素的影响，能够提供的各种资源的数量往往是有限的，这就存在一个如何合理利用这些有限资源的问题。对于一个项目来说，如果安排得不合理，就可能在计划工期内的某些时段出现资源需求的"峰值"，而在另一时段内则可能出现资源需求的"低谷"。当"峰值"和"低谷"相差很大时，如果计划的某些时段内资源需用量超出最大可供应量，则会造成"供不应求"，导致工期延误；而当出现资源需求低谷时，就可能造成资源的大量积压。这种资源消耗的不均衡，必然会影响项目目标的实现。资源优化就是力求解决这种资源的供需矛盾或实现资源的均衡利用。

资源优化通常有两个目标：一是对于一个确定的网络计划，当可供使用的资源有限时，如何合理安排各项工作的进展，使得完成计划的总工期最短；二是对于一个确定的网络计划，当总工期一定时，如何合理安排各项工作，使得在整个计划期内所需要的资源比较均衡。这两个目标通常又称为"资源有限，工期最短"和"工期固定，资源均衡"。

11.2.1 "资源有限，工期最短"的优化

"资源有限，工期最短"的优化是指通过优化，使单位时间内资源的最大需用量小于资源限量，而为此需延长的工期最少，使"工期最短"。

"资源有限，工期最短"的优化必须在网络计划编制后进行。这种优化不改变各工作之间的先后顺序关系，只是通过调整时间计划得以实现。目前，解决这类问题的计算方法往往都只能得到一个较优的方案，难以得到最优方案。

"资源有限，工期最短"的优化宜逐步对各"时间单位"进行资源检查。当出现第 t 个时间单位资源需用量 R_t 大于资源限量 R_a 时，应进行计划调整。在资源调整时，应对资源冲突的各项工作的开始和结束时间进行调整。其选择标准是"工期延长，时间最短"。

1. 计算公式

网络计划的类型不同，计算公式也不相同。

对双代号网络计划，其计算公式为

$$\Delta D_{m'-n',i'-j'} = \min\{\Delta D_{m-n,i-j}\}$$

$$\Delta D_{m-n,i-j} = \mathrm{EF}_{m-n} - \mathrm{LS}_{i-j}$$

式中，$\Delta D_{m'-n',i'-j'}$ 表示在各种顺序安排中，最佳顺序安排所对应的工期延长时间的最小值。它要求将 $\mathrm{LS}_{i'-j'}$ 最大的工作 $i'-j'$ 安排在 $\mathrm{EF}_{m'-n'}$ 最小的工作 $m'-n'$ 之后进行；$\Delta D_{m-n,i-j}$ 表示在资源冲突的各项工作中，工作 $i-j$ 安排在工作 $m-n$ 之后进行，工期所延长的时间。

对单代号网络计划，其计算公式为

$$\Delta D_{m',i'} = \min\{\Delta D_{m,i}\}$$

$$\Delta D_{m,i} = \mathrm{EF}_m - \mathrm{LS}_i$$

式中，$\Delta D_{m',i'}$ 表示在各种顺序安排中，最佳顺序安排所对应的工期延长时间的最小值；$\Delta D_{m,i}$ 表示在资源冲突的各项工作中，工作 i 安排在工作 m 之后进行，工期所延长的时间。

2. "资源有限，工期最短"的优化一般步骤

第一步：计算网络计划每"时间单位"的资源需用量。

第二步：从计划开始之日起，逐个检查每个时间单位资源需用量是否超出资源限量。若在整个工期内每个"时间单位"均能满足资源限量要求，可行优化方案即编制完成。否则，必须进行计划调整。

第三步：分析超过资源限量的时段，即每"时间单位"资源需用量相同的时间区段，计算 $\Delta D_{m'-n',i'-j'}$ 或 $\Delta D_{m',i'}$ 值，并据此确定新的安排顺序。

第四步：若最早完成时间 $\mathrm{EF}_{m'-n'}$ 或 $\mathrm{EF}_{m'}$ 最小值和最迟开始时间 $\mathrm{LS}_{i'-j'}$ 或 $\mathrm{LS}_{i'}$ 最大值同属一个工作，应找出最早完成时间为次小，最迟开始时间为次大的工作，分别组成两个顺序方案，再从中选取较小者进行调整。

第五步：绘制调整后的网络计划，重复上述步骤，直到满足要求为止。

3. "资源有限，工期最短"优化示例

【例】某项目时间坐标网络计划如图 11-6 所示。图中方点线表示自由时差；箭线下方标注的数据为相应工作的持续时间，上方是工作所需人力资源强度（人/天）。若每天只有 9 名工人可供使用，如何安排各工作的最早开始时间才能使工期最短。

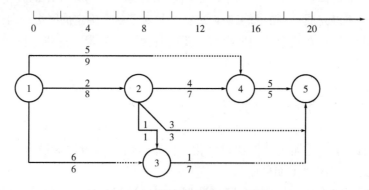

图 11-6 某项目时间坐标网络图

优化步骤如下：

1）计算每日资源需用量。每日所需人力资源数量计算结果见表 11-1。

表 11-1 每日所需人力资源数量表

工作日	1	2	3	4	5	6	7	8	9	10
资源数量	13	13	13	13	13	13	7	7	13	8
工作日	11	12	13	14	15	16	17	18	19	20
资源数量	8	5	5	5	5	6	5	5	5	5

2）逐日检查资源需用量并与资源限量比较。由表 11-1 可见，第一天资源需用量就超过了可供资源量，必须进行工作最早开始时间的调整。

3）分析资源超限的时段。从 1～6 天，资源需用量均为 13，超出了资源限量，在这一时段内有工作 1-2、1-3 和 1-4。

4）确定需要调整工作的顺序。假设有两项工作 i 和 j，资源有冲突，不能同时进行，如图 11-7 所示。

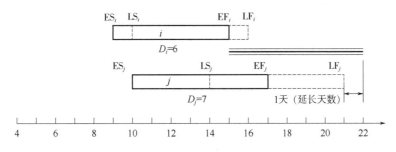

图 11-7　工作 i、j 的安排对工期的影响示意图

工作 i、j 的有关网络时间参数见表 11-2。

表 11-2　工作 i、j 的网络时间参数表

工作名称	时间参数			
	ES	EF	LS	LF
i	9	15	10	16
j	10	17	14	21

如果将工作 j 安排在工作 i 之后进行，则工期延长

$$\Delta D_{i-j} = EF_i + D_j - LF_j = EF_i - LS_j = 15 - 14 = 1(天)$$

即需延长 1 天。

如果将工作 i 安排在工作 j 之后进行，则工期延长

$$\Delta D_{j-i} = EF_j - LS_i = 17 - 10 = 7(天)$$

显然，应选择第一方案。

根据上述原理，在确定需要调整工作的次序时，应将资源发生冲突的各项工作每次取两个进行排列，列出各种可能的调整方案，然后逐一计算其延长时间，最后根据延长时间最短的原则确定调整方案。

在本算例中，工作 1-2、1-3 和 1-4 有资源冲突，其网络参数见表 11-3。

表 11-3　超过资源限量的时段工作参数表

工作代号 $i-j$	EF_{i-j}	LS_{i-j}
1-2	8	0
1-3	6	7
1-4	9	6

将上述 3 项工作进行两两排列，组成不同方案，并计算其工期延长时间，计算结果见表 11-4。

表 11-4　ΔD_{i-j} 值计算表

工作名称		EF	LS	ΔD_{1-2}	ΔD_{1-3}	ΔD_{2-1}	ΔD_{2-3}	ΔD_{3-1}	ΔD_{3-2}
1	1-4	9	6	9	2				
2	1-2	8	0			2	1		
3	1-3	6	7					0	6

由表 11-4 可见，将各种 1-4 置于 1-3 之后，工期未增加。按此方案调整，并绘制新的网络计划，如图 11-8 所示。

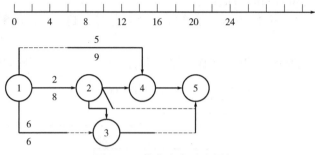

图 11-8 优化方案示意图

5）重复上述步骤。根据第一次调整方案，逐日计算资源需用量，见表 11-5。

表 11-5 人力资源需求表

工作日	1	2	3	4	5	6	7	8	9	10
资源数量	8	8	8	8	8	8	7	7	13	13
工作日	11	12	13	14	15	16	17	18	19	20
资源数量	13	10	10	10	10	6	5	5	5	5

可见，在第 9 天资源需求超出限量，这时的工作有 1-4、2-4、2-5、2-3，计算各方案的工期延长值，结果见表 11-6。

表 11-6 ΔD_{i-j} 值计算表

	工作名称	EF	LS	ΔD_{1-2}	ΔD_{1-3}	ΔD_{1-4}	ΔD_{2-1}	ΔD_{2-3}	ΔD_{2-4}	ΔD_{3-1}	ΔD_{3-2}	ΔD_{3-4}	ΔD_{4-1}	ΔD_{4-2}	ΔD_{4-3}
1	1-4	15	6	7	8	−2									
2	2-4	15	8				9	3	−2						
3	2-3	9	12							3	1	−8			
4	2-5	11	17										5	3	−1

由表 11-6 可见，工期延长最小值为 −8，故将工作 2-5 安排在工作 2-3 之后进行；但剩余工作 1-2、2-4 及 2-3 的资源需用量为 10，仍超出限量，尚需继续调整。根据表 11-6，考虑剩余的与 2-5 工作无关的 ΔD_{i-j} 的最小值，由表可知，最小值是 $\Delta D_{3-2}=1$，即将工作 2-4 安排在工作 2-3 之后进行，但工期延长了 1 天。绘制调整后的网络图。如此重复上述计算方法和步骤，可得最终优化方案，如图 11-9 所示。

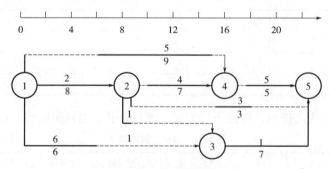

图 11-9 最终优化方案

最终优化方案，工期延长了 2 天，但已满足资源限量要求，见表 11-7。

表 11-7 优化后的资源需用量表

工作日	1	2	3	4	5	6	7	8	9	10	11
资源数量	8	8	8	8	8	8	7	7	6	9	9
工作日	12	13	14	15	16	17	18	19	20	21	22
资源数量	9	9	9	9	8	4	9	6	6	6	6

11.2.2 "工期固定，资源均衡"的优化

工期固定是指要求项目在国家颁布的工期定额、甲乙双方签订的合同工期或上级机关下达的工期指标范围内完成。一般情况下，网络计划的工期不能超过这些规定。资源均衡问题是在可用资源数量充足并保持工期不变的前提下，通过调整部分非关键工作进度的方法，使资源的需用量随着时间的变化趋于平稳的过程，如图 11-10 所示。

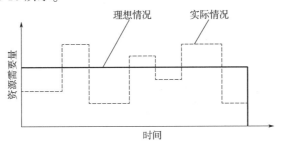

图 11-10 资源计划安排

实际上，资源计划安排难以达到理想状态，但可以通过调整工作的时间参数使资源需用量在理想情况的上下范围内波动。

1. 优化方法

常用的资源均衡方法是一种启发式方法，即削峰填谷法，也称为削高峰法。

削高峰法的基本步骤如下：

1）根据进度计划编制项目资源计划。

2）确定削峰目标，其数值等于每时间单位资源需用量的最大值减去一个单位量。

3）确定高峰时段的最后时间点及相关工作的最早开始时间和总时差。

4）计算有关工作的时间差值。

对于双代号网络计划，其计算公式为

$$\Delta T_{i-j} = \text{TF}_{i-j} - (T_h - \text{ES}_{i-j})$$

对于单代号网络计划，其计算公式为

$$\Delta T_i = \text{TF}_i - (T_h - \text{ES}_i)$$

式中，ΔT_{i-j}、ΔT_i 分别为双代号网络计划和单代号网络计划工作的时间差值；T_h 为高峰时段的最后时间点。

优先以时间差值最大的工作 $i'-j'$ 或 i' 作为调整对象，令

$$\text{ES}_{i'-j'} = T_h \quad \text{或} \quad \text{ES}_{i'} = T_h$$

5）若峰值不能再减少，即求得均衡优化方案；否则，重复以上步骤。

2. 优化示例

【例】某项目网络计划如图 11-11 所示。图中箭线下方的数据是持续时间，上方的数据是工作的资源强度。用"削高峰法"进行资源均衡优化。

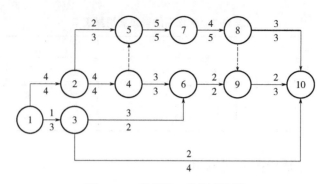

图 11-11　某项目双代号网络图

优化步骤如下：

1）计算网络参数，并按最早开始时间绘制时间坐标网络，见图 11-12。图中方点线表示自由时差。

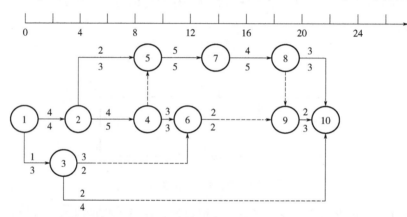

图 11-12　某项目时标网络图

2）逐日计算资源需用量，见表 11-8。

表 11-8　每日资源需用量表

工作日	1	2	3	4	5	6	7	8	9	10	11
资源数量	5	5	5	9	11	8	8	4	4	8	8
工作日	12	13	14	15	16	17	18	19	20	21	22
资源数量	8	7	7	4	4	4	4	4	5	5	5

3）确定资源限量。

找出整个计划中资源需用量的高峰值（以下简称"资源峰值"）及其所在时段。根据资源峰值设置一个调整的"控制标准"，该标准即为资源限量。一般是将资源峰值减去一个单位作为资源限量。本例中，第一次调整时，即用表 11-8 中的最大值减去其一个单位量作为控制标准；优化时将资源峰值降低一个单位值，然后按每次降低一个单位量进行优化，直至"基本削平"。

本例中，资源峰值是第 5 天的 11，故控制标准为 $R = 11 - 1 = 10$。

4）分析资源用量的高峰并进行调整。

第一次调整：

根据表 11-8 中的资源数量，可以确定资源超限的状况，对超过限值的时间区段中每一个工作（$i-j$）是否能调整，根据时间差值加以判别。

若 ΔT_{i-j}（或 ΔT_i）≥ 0，则该工作可以向右移动至资源峰值之后，即移（$T_h - ES_{i-j}$）时间单位；否则，则该工作不能移动。

当在需要调整的时段中，使上述不等式成立的工作有若干项，则应按时间差值的大小顺序，最大值的优先移动；如果时间差值相同，则应考虑资源需用量小的优先移动。

本例中，第 5 天的资源需用量是 11，超过 $R=10$ 的限量。由图 11-12 可见，第 5 天正在进行的工作有 2-5、2-4、3-6、3-10，分别计算其时间差值 ΔT_{i-j}

$$\Delta T_{2-5} = \text{TF}_{2-5} - (T_h - \text{ES}_{2-5}) = 2 - (5-4) = 1。$$
$$\Delta T_{2-4} = \text{TF}_{2-4} - (T_h - \text{ES}_{2-4}) = 0 - (5-4) = -1。$$
$$\Delta T_{3-6} = \text{TF}_{3-6} - (T_h - \text{ES}_{3-6}) = 12 - (5-3) = 10。$$
$$\Delta T_{3-10} = \text{TF}_{3-10} - (T_h - \text{ES}_{3-10}) = 15 - (5-3) = 13。$$

可见，工作 2-5、3-6、3-10 都可以移动，其中工作 3-10 的时间差值最大，故优先将该工作向右移动 2 天（即第 5 天之后开始），如图 11-13 所示。重新计算每日资源需用量，见表 11-9。

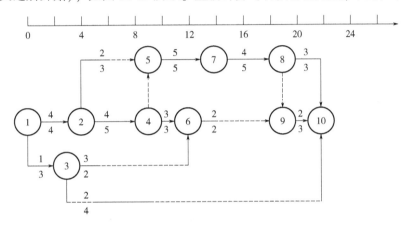

图 11-13　第一次调整后的时标网络计划

表 11-9　第一次调整后每日资源需用量表

工作日	1	2	3	4	5	6	7	8	9	10	11
资源数量	5	5	5	7	9	8	8	6	6	8	8
工作日	12	13	14	15	16	17	18	19	20	21	22
资源数量	8	7	7	4	4	4	4	4	5	5	5

根据第一次调整情况，观察资源峰值变化状况，若在其他时段出现超过 R 的情况时，则重复第四步，直至不超过 R 为止。本例中，工作 3-10 调整后，其他时段未出现超过资源峰值（$R=10$）的情况。

第二次调整：

经第一次调整后，资源量最大为 9，故削峰目标确定为 8。逐日检查至第 5 天，其资源数量超过了削峰目标值。第 5 天正在进行的工作有 2-4、3-6 和 2-5，计算各工作的时间差值

$$\Delta T_{2-4} = 0 - (5-4) = -1。$$
$$\Delta T_{3-6} = 12 - (5-3) = 10。$$
$$\Delta T_{2-5} = 2 - (5-4) = 1。$$

工作 2-5 及 3-6 均可以推迟到资源高峰后开始，其中工作 3-6 的时间差值最大，故优先调整工作 3-6，将其向后移动 2 天（即第 5 天以后开始），但移动之后的资源峰值超过控制标准，所以不能移动工作 3-6。改为将工作 2-5 推后 1 天开始，资源需用量变化见表 11-10，资源峰值由 9 减少到 8。

表 11-10　第二次调整后每日资源需用量表

工作日	1	2	3	4	5	6	7	8	9	10	11
资源数量	5	5	5	7	7	8	8	8	8	8	8
工作日	12	13	14	15	16	17	18	19	20	21	22
资源数量	8	7	7	4	4	4	4	4	5	5	5

按照上述调整思路进一步调整新的资源高峰，最终调整后的资源峰值为 7，资源均衡完成后的时标网络计划如图 11-14 所示，其资源需用量见表 11-11。

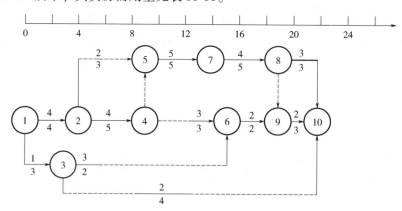

图 11-14　资源均衡完成后的时标网络计划

表 11-11　第二次进一步调整后每日资源需用量表

工作日	1	2	3	4	5	6	7	8	9	10	11
资源数量	5	5	5	7	7	6	6	6	7	7	7
工作日	12	13	14	15	16	17	18	19	20	21	22
资源数量	7	5	5	7	7	7	7	7	5	5	5

11.3　费用优化

项目费用是随着项目时间的变化而变化的。因此，在时间与费用之间存在一个最佳解的平衡点。费用优化也称时间-费用优化。它是应用网络计划方法，在一定的约束条件下，综合考虑费用与时间之间的相互关系，以求费用与时间的最佳组合，达到费用低、时间短的优化目的。

11.3.1　费用与时间的关系

一般来说，项目费用包括直接费用和间接费用两部分。在一定的范围内，直接费用随着项目工期的缩短而增加，直接费用与工期成反比关系。例如，为了加快项目进度，必须突击作业，增加投入而导致直接费用增加；而间接费用则随着工期的延长而增加，与工期成正比关系，通常用直线表示，其斜率表示间接费用在单位时间内的增加值。间接费用与项目管理水平、项目条件等因素相关。项目费用与时间的关系，如图 11-15 所示。

由图可见，项目总费用曲线是由直接费用曲线和间接费用曲线叠加而成的。曲线的最低点就是项目费用与时间的最佳组合点，即费用最少、工期最佳。

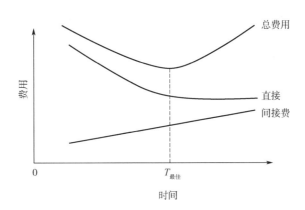

图 11-15　费用与时间的关系示意图

项目费用与时间的关系是由工作的费用与其持续时间的关系所决定的。如果某工作的正常持续时间为 D_n，相应的直接费用为 C_n，最短持续时间为 D_s，相应的直接费用为 C_s，则该项工作的直接费用与其持续时间之间的关系可以粗略地认为是线性关系，如图 11-16 所示。

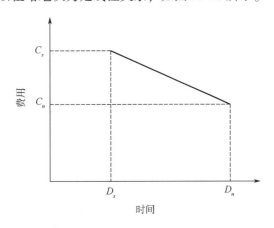

图 11-16　项目工作持续时间-费用的关系

11.3.2　费用优化方法

就费用的观点而言，时间-费用优化的目的就是确定项目直接费用与时间的关系，间接费用与时间的关系及总费用与时间的关系，并明确项目费用最低所对应的工期，即最佳工期。具体优化问题分为以下几种情况：

1）在规定工期的条件下，确定项目的最低费用。
2）若需要缩短工期，则考虑如何使增加的费用最小。
3）若要求以最低费用完成整个项目计划，如何确定其最佳工期。
4）若增加一定数量的费用，则可使工期缩短多少。

进行费用优化，应先求出不同工期情况下最低直接费用，然后考虑相应的间接费用的影响和工期变化带来的其他损益，包括效益增量和资金的时间价值等，最后再通过叠加求出项目总费用。

费用优化步骤如下：

1）按工作正常持续时间确定关键工作和关键线路。
2）计算网络计划中各项工作的费用率。
3）按费用率最低的原则选择优化对象。

4）考虑不改变关键工作性质，并在其能够缩短的范围之内调整等原则，确定能够缩小的时间，并按该时间进行优化。

5）计算相应的费用变化值。

6）考虑工期变化带来的间接费用及其他损益，在此基础上计算项目总费用。

7）重复上述3）~6）步骤，直到总费用最低为止。

11.3.3 费用优化示例

图 11-17 是标有时间和费用的网络图。图中箭线的上方所标数据是该工作的正常费用，括号中的数据是最短持续时间所对应的费用；箭线下方的数据是该工作的正常持续时间，括号中的数据是最短持续时间。已知间接费用变化率为 200 千元/天，试求出费用最少的工期。

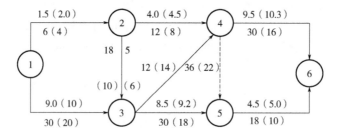

图 11-17 费用优化网络图

费用优化的具体过程如下。

（1）计算网络参数

分别计算在工作的正常持续时间和最短持续时间情况下网络计划的时间参数，结果见表 11-12、11-13。

表 11-12 正常持续时间下的时间参数

工作	持续时间	ES	EF	LS	LF	TF	关键工作
1-2	6	0	6	6	12	6	
1-3	30	0	30	0	30	0	1-3
2-3	18	6	24	12	30	6	
2-4	12	6	18	54	66	48	
3-4	36	30	66	30	66	0	3-4
3-5	30	30	60	48	78	18	
4-5	0	66	66	78	78	12	
4-6	30	66	96	66	96	0	4-6
5-6	18	66	84	78	96	12	

表 11-13 最短持续时间下的时间参数表

工作	持续时间	ES	EF	LS	LF	TF	关键工作
1-2	4	0	4	6	10	6	
1-3	20	0	20	0	20	0	1-3

(续)

工作	持续时间	ES	EF	LS	LF	TF	关键工作
2-3	10	4	14	10	20	6	
2-4	8	4	12	34	42	30	
3-4	22	20	42	20	42	0	3-4
3-5	18	20	38	30	48	10	
4-5	0	42	42	48	48	6	
4-6	16	42	58	42	58	0	4-6
5-6	10	42	52	48	58	6	

（2）计算各工作的费用率

各工作费用变化率计算结果见表 11-14。

表 11-14　各工作费用变化率

工作	正常		最短		差值		费用率 /（元/天）
	时间（天）	费用（千元）	时间（天）	费用（千元）	时间（天）	费用（千元）	
1-2	6	1.5	4	2	2	0.5	250
1-3	30	9	20	10	10	1	100
2-3	18	5	10	6	8	1	125
2-4	12	4	8	4.5	4	0.5	125
3-4	36	12	22	14	14	2	143
3-5	20	8.5	18	9.2	12	0.7	58
4-5	—	—	—	—	—	—	—
4-6	30	9.5	16	10.3	14	0.8	57
5-6	18	4.5	10	5	8	0.5	62
合计	96	54	58	61	38	7	

由表 11-14 可见，各工作都按正常持续时间进行时，整个项目的工期是 96 天，费用是 54 000 元。如果按最短持续时间进行，完成整个项目的工期是 58 天，费用为 61 000 元。如果各项工作的持续时间在正常持续时间和最短持续时间之间变化，则其费用也在正常工期和最短工期所对应的费用之间变化。

要使整个项目的正常工期从 96 天缩短到 58 天，必须调整关键工作的持续时间才能实现。而工作的持续时间与费用密切相关，所以在调整工期时应考虑到既能缩短工期，又不至于增加太多的费用。显然，只有选择费用率较小的关键工作缩短其持续时间才能达到此项目的。

（3）选择关键线路上费用率最小的关键工作，缩短其持续时间

拟缩短持续时间的关键工作确定以后，就应确定缩短时间的数量，其考虑的因素是本工作可能缩短的时间及原关键线路是否会发生改变。费用优化是一个多次迭代的过程，每调整一次，计算一次项目所需要的直接费用，得到一个相应的时间-费用点；经过多次迭代，得到一系列的时间-费用点，将这些点连成一条曲线，即可得到直接费用与时间的关系曲线。

1）第一次缩短。

从正常持续时间的网络计划开始。

选择优化对象：由表 11-12 可见，关键工作是 1-3、3-4 和 4-6，其中工作 4-6 的费用率最小。所以，选择工作 4-6 作为第一次缩短持续时间的对象。

确定缩短的时间：工作 4-6 可缩短 14 天，但由于工作 5-6 的总时差只有 12 天，因此确定缩短 12 天，即工作 4-6 的持续时间由 30 天调整为 18 天，项目工期为 84 天，如图 11-18 所示。

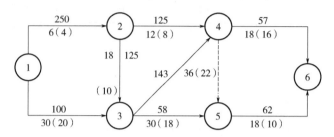

图 11-18　第一次缩短工期后的网络计划

注：图中箭线上方的数据是费率。

第一次缩短工期后增加的费用 $C_1 = \Delta C_{4-6} \times 12 = 57 \times 12 = 684$（元）。

2）第二次缩短。

通过第一次缩短，出现了两条关键线路：1-3-4-6 和 1-3-4-5-6。

选择优化对象：要使总工期缩短，必须同时缩短两条关键线路上的时间。第一条关键线路上费用率最低的工作仍是 4-6，第二条关键线路上费用率最低的工作是 5-6，两项工作同时压缩持续时间，则总的费用率为 57 + 62 = 119（元/天）；若缩短两条关键线路的公共工作 1-3，其费用率是 100 元/天，显然小于第一方案，故选择 1-3 工作进行第二次缩短。

确定缩短的时间：工作 1-3 的持续时间可允许缩短 10 天，但考虑工作 1-2 和 2-3 的总时差有 6 天，因此工作 1-3 的持续时间只能缩短 6 天，总工期则由 84 天缩短为 78 天，如图 11-19 所示。

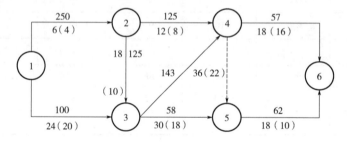

图 11-19　第二次压缩工期后的网络计划

第二次压缩工期增加的费用 $C_2 = 100 \times 6 = 600$（元）。

3）第三次缩短。

选择优化对象：由图 11-19 可见，第二次调整后的关键线路是 1-2-3-4-5-6、1-2-3-4-6、1-3-4-5-6、1-3-4-6。显然，本次缩短需选择工作 4-6 和 5-6，同时缩短其持续时间，这样才能使费用率最低。其费用率为 57 + 62 = 119（元/天）。

确定压缩的时间：工作 4-6 只能允许缩短 2 天，故工作 4-6 和 5-6 同时缩短 2 天，总工期变为 76 天。第三次缩短工期增加的费用 $C_3 = 119 \times 2 = 238$（元）。

4）第四次缩短。

选择优化对象：第三次调整后的关键线路是 1-2-3-4-5-6、1-2-3-4-6、1-3-4-5-6、1-3-4-6，工作 4-6 已不能再压缩，工作 3-4 是所有关键线路所共有的，其费用率是各种方案中最小的，所以选择工作 3-4 作为第四次缩短持续时间的对象。

确定缩短的时间：工作 3-4 本身允许压缩 14 天，因工作 3-5 的总时差为 6，所以只能缩短 6 天，则总工期变为 70 天。

第四次缩短工期增加的费用 $C_4 = 143 \times 6 = 858$（元）。

5）第五次缩短。

选择优化对象：第四次调整后的关键线路是 1-2-3-4-5-6、1-2-3-4-6、1-3-4-5-6、1-3-4-6、1-2-3-5-6、1-3-5-6。显然，选择工作 3-4 和 3-5 同时压缩，其费用率最低，综合费用率为 $143 + 58 = 201$（元/天）。

确定压缩的时间：工作 3-4 还可缩短 8 天，工作 3-5 可以缩短 12 天，故确定缩短 8 天，总工期变为 62 天。

第五次缩短工期增加的费用 $C_5 = 201 \times 8 = 1608$（元）。

6）第六次缩短。

选择优化对象：第五次压缩后的关键线路有 1-2-3-4-5-6、1-2-3-4-6、1-3-4-5-6、1-3-4-6、1-2-3-5-6、1-3-5-6。有两个方案可供选择：1-2 工作和 1-3 工作同时缩短；1-3 工作和 2-3 工作同时缩短。第二个方案的费用率（125 + 100）小于第一个方案的费用率（250 + 100）。所以，选择第二个方案。

确定压缩的时间：工作 2-3 可压缩 8 天，工作 1-3 还可压缩 4 天，所以只能压缩 4 天，总工期变为 58 天，如图 11-20 所示。

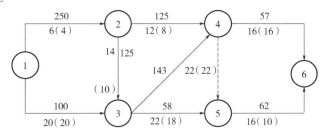

图 11-20 第六次压缩工期后的网络计划

第六次缩短工期增加的费用 $C_6 = 225 \times 4 = 900$（元）。

由图 11-20 可见，经过 6 次缩短工期，工期已不能再压缩了。

（4）绘制项目的直接费用与时间之间的关系曲线

将 6 次迭代相关参数及结果列于表 11-15，根据该表即可绘制出直接费用与时间之间的关系曲线。

若仅考虑缩短工期，将各项工作的持续时间都缩短到最短持续时间，可以将工期缩短到 58 天，但其直接费用为 61 000 元，显然不是最优方案。经优化后的方案，其直接费用是 58 888 元，节约了 2112 元。所以，经过 6 次迭代后所得到的网络计划才是优化的网络计划。

表 11-15 网络计划 6 次迭代后相关参数表

迭代次数	压缩时间（天）	费用率/（元/天）	工期（天）	直接费用增加（千元）	总直接费用（千元）	总间接费用（千元）	总费用（千元）
0			96		54.000	19.200	73.200
1	12	57	84	0.684	54.684	16.800	71.484
2	6	100	78	0.600	55.284	15.600	70.844
3	2	119	76	0.238	55.522	15.200	70.722
4	6	143	70	0.858	56.380	14.000	70.380
5	8	201	62	1.608	57.988	12.400	70.388
6	4	225	58	0.900	58.888	11.600	70.488

（5）计算总费用和最优工期

项目总费用包括直接费用和间接费用,直接费用的发生情况已在表 11-15 中列出。已知本项目的间接费用为 200 元/天,假设间接费用与时间成正比增长,则可计算出间接费用随着工期变化的情况,并列入表 11-15。根据直接费用和间接费用发生状况,即可计算出项目总费用随着工期而变化的数值,如表 11-15 所示。从表 11-15 可以看出,当工期为 70 天时,项目总费用最低,因此本项目的最佳工期是 70 天。

根据表 11-15,可绘制出项目费用与工期之间的关系曲线,如图 11-21 所示。

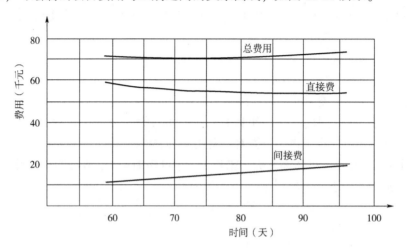

图 11-21 项目费用与时间关系曲线示意图

第 12 章　项目计划的执行与控制

本章要点

项目计划的执行，包括项目执行力的概念、影响项目执行力的因素、提高执行力的途径；项目进度控制，包括进度控制原理、进度计划的实施、项目进度动态监测、比较分析与项目进度更新；项目时间费用的综合控制，包括时间费用综合控制的概念、挣得值分析方法、项目进度与费用的协调控制；项目变更与控制，包括项目变更的概念、项目变更的控制等。

12.1　项目计划的执行

12.1.1　项目执行力的概念

实践表明，某些项目失败的原因在于项目的计划未得到有效执行，很多计划未能按预期得到落实，或项目管理组织没有足够的能力落实计划。所谓执行，就是将计划落到实处，是一个实现目标的过程。项目的计划和计划的执行是不可分割的，编制计划的目的就是使之得以落实，以实现项目的目标。计划是执行的指南，明确执行的路径，而执行就是落实计划。所以，项目的执行是项目计划的一个内在组成部分。

所谓项目执行力，就是指项目管理组织落实项目计划的能力。项目执行力是可以提高的，也是可以度量的。

12.1.2　影响项目执行力的主要因素

1. 项目计划缺乏可执行性

项目计划缺乏科学性、针对性、合理性、协调性和可行性，因此按计划无法执行。

2. 项目管理人员缺乏执行意识

项目管理人员未能真正意识到项目计划是项目实施的指南，缺乏按计划执行的意识，导致项目的计划与执行"两层分离"。

3. 项目管理人员缺乏执行素质和能力

项目管理人员具有执行意识，但缺乏执行素质和能力，项目计划仍然难以落实。因为项目管理人员不知道应该如何有效执行计划。

4. 缺乏有效的执行机制

项目管理组织机构不合理，责任不明确；工作程序紊乱。

5. 项目经理不称职

项目经理本身缺乏执行意识和执行能力，或不重视计划的执行，或不知道如何抓执行。

6. 缺乏执行性项目文化

未形成共同的价值观，未养成良好的按计划执行的习惯，即未形成执行性项目文化。

7. 程序烦琐

执行的流程过于烦琐，导致计划无法执行。

12.1.3 提高项目执行力的途径

1. 建立有效的执行流程

执行是一种暴露现实并根据现实采取行动的系统化的方式。为了执行，应建立一套系统化的流程，包括对方法和目标的严密讨论、质疑，坚持不懈地跟进。执行的核心在于3个核心流程：

1）人员流程。在战略和实施之间建立联系。
2）战略流程。将人员与实施结合起来。
3）实施流程。在战略和人员之间建立联系。

2. 建立有效的执行机制

建立与有效执行相适应的机构，落实项目管理机构及人员的责任，形成有效的组织机制；建立奖惩制度，形成有效的奖惩机制；加强执行过程的监督、检查，形成有效的监督、检查机制；加强沟通、协调，形成有效的沟通、协调机制；建立考核制度，形成有效的考核机制。

3. 执行成为项目经理的主要工作

项目经理是决定项目执行力的关键人物。对于一个项目来说，要想建立一个执行文化，项目经理必须全身心地投入项目的实施过程之中。项目经理必须融入项目实施之中，要学会执行。项目经理必须亲自运营项目执行流程；优选项目管理人员；提高项目管理人员的素质和能力；确定项目实施方向；引导项目实施，并在实施过程中落实各项计划。

项目经理在项目执行过程中应注意的基本行为有：

1）了解项目团队及其员工。
2）坚持以事实为基础。
3）建立明确的目标和实现目标的先后顺序。
4）跟进。
5）对执行者进行奖励。
6）提高员工的能力和素质。
7）了解自己。

4. 建立项目执行文化

为使项目成为执行型项目，应使执行成为项目文化中的一部分，促使项目的所有管理者的行为水平得到改进。

5. 计划本身应具有可执行性

重视计划的制订过程，使计划具有科学性、合理性、针对性、协调性、可行性等特点。建立计划的评估机制，对计划的上述特点进行评估，只有通过评估的计划才能推行。

12.2 项目进度的控制

进度管理就是采用科学的方法确定进度目标，编制进度计划及其配套计划，进行进度控制，在与质量、费用目标协调的基础上，实现工期目标。工期、费用、质量是项目的主要目标。其中，费用发生在项目的各项作业中，质量取决于每个作业过程，工期则依赖于进度系列上时间的保证，这些目标均能通过进度控制加以掌握。所以，进度控制是项目控制工作的首要内容，是项目的灵魂。

在项目进行过程中，很多因素会影响项目工期目标的实现，这些因素称为干扰因素。影响项目工期目标实现的干扰因素，可以归纳为：人的因素，材料、设备的因素，方法、工艺的因素，资金因素，环境因素等。

对这些因素作进一步分析，项目进度管理中大体存在以下几种状况。

(1) 错误估计了项目实现的特点及实现的条件

低估了项目的实现在技术上存在的困难；未考虑到某些项目设计和实施问题的解决，必须进行科研和实验，而它既需要资金又需要时间；低估了项目实施过程中，各项目参与者之间协调的困难；对环境因素、物资供应条件、市场价格的变化趋势等了解不够。

(2) 盲目确定工期目标

不考虑项目的特点，不采用科学的方法，盲目确定工期目标，使得工期要么太短，无法实现，要么太长，效率低下。

(3) 工期计划方面的不足

项目设计、材料、设备等资源条件不落实，进度计划缺乏资源的保证，以致进度计划难以实现；进度计划编制质量粗糙，指导性差；进度计划未认真交底，操作者不能切实掌握计划的目的和要求，以致贯彻不力；不考虑计划的可变性，认为一次计划就可以一劳永逸；计划的编制缺乏科学性，致使计划缺乏贯彻的基础而流于形式；项目实施者不按计划执行，而是凭经验办事，使编制的计划徒劳无益，不起作用。

(4) 项目参加者的工作失误

不能有效执行项目的进度计划，突发事件处理不当，项目参加各方关系协调不顺等。

(5) 不可预见事件的发生

项目环境发生变化，风险因素的发生等。

以上仅列举了几类问题，而实际出现的问题更多，其中有些是主观的干扰因素，有些是客观的干扰因素。这些干扰因素的存在，充分说明了加强进度控制的必要性。因此，在项目实施之前和项目进展过程中，加强对干扰因素的分析、研究，将有助于进度控制。

12.2.1 进度控制原理

项目进度控制过程包括以下主要环节：制订项目进度计划及其配套计划；组织计划的实施；在项目进行过程中不断监控项目的进程，掌握计划的实施状况；将实际情况与计划进行对比分析并采取有效的对策，使项目按预定的进度目标进行。该过程可用图12-1加以描述。

有效进行项目进度控制的关键是监控实际进度，及时、定期地将实际进度与进度计划进行比较，并及时采取纠正措施。项目进度控制的目的就是确保项目按既定工期目标实现，或是在保证项目质量和不增加项目实际成本的条件下，适当缩短项目工期。

项目进度控制的主要方法是规划、控制和协调。规划是指确定项目总进度控制目标和分进度控制目标，并编制其进度计划；控制是指在项目实施全过程所进行的检查、比较及调整；协调是指协调参与项目的各有关单位、部门和人员之间的关系，使之有利于项目的进展。

进度控制所采取的措施主要有组织措施、技术措施、合同措施、经济措施和管理措施等。组织措施是指落实各层次的进度控制人员，具体任务和工作责任；建立进度控制的组织系统；按照项目的结构、工作流程或合同结构等进行项目的分解，确定其进度目标，建立控制目标体系；确定进度控制工作制度，如检查时间、方法、协调会议时间、参加人员等；对影响进度的因素进行分析和预测。技术措施主要是指采取加快项目进度的技术方法。合同措施是指项目的发包方和承包方之间，总包方与分包方之间等通过签订合同明确工期目标，对项目完成的时间进行制约。经济措施是指实现进度计划的

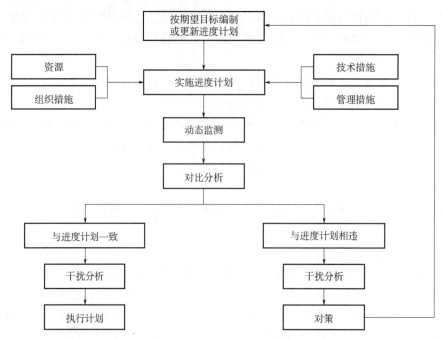

图 12-1　项目进度控制过程

资金保证措施。管理措施是指加强信息管理，不断地收集项目实际进度的有关信息资料，进行整理统计，与进度计划相比较，并定期提出项目进展报告，以此作为决策依据之一。

项目进度控制主要依据以下原理。

(1) 动态控制原理

项目进度控制是随着项目的进行而不断进行的，是一个动态过程，也是一个循环进行的过程。从项目开始，实际进度就进入了运行的轨迹，也就是计划进入了执行的轨迹。实际进度按计划进行时，计划的实现就有保证；实际进度与进度计划不一致时，就产生了偏差，若不采取措施加以处理，工期目标就难以实现。所以，当产生偏差时，就应分析偏差的原因，采取措施，调整计划，使实际进度与计划进度在新的起点上重合，并尽量使项目按调整后的计划继续进行。但在新的因素干扰下，又有可能产生新的偏差，又需继续按上述方法进行控制。进度控制就是采用这种动态循环的控制方法。

(2) 系统原理

进行项目的进度控制，首先应编制项目的各种计划，包括进度计划、资源计划、费用计划等，计划的对象由大到小，计划的内容从粗到细，形成了项目的计划系统；项目涉及各个相关主体、各类不同人员，这就需要建立组织体系，形成一个完整的项目实施组织系统；为了保证项目进度，自上而下都应设有专门的职能部门或人员负责项目的检查、统计、分析、调整等工作，不同的人员负有不同的进度控制责任，分工协作，形成一个纵横相连的项目进度控制系统。所以，无论是控制对象，还是控制主体；无论是进度计划，还是控制活动都是一个完整的系统。进度控制实际上就是用系统的理论和方法解决系统问题。

(3) 封闭循环原理

项目进度控制的全过程是一种循环性的例行活动，其活动包括编制计划、实施计划、检查、比较与分析、确定调整措施、修改计划，形成了一个封闭的循环系统，即 PDCA 循环。进度控制过程就是这种封闭循环不断运行的过程。

(4) 信息原理

信息是项目进度控制的依据。项目进度计划的信息从上到下传递到项目实施相关人员，以使计划得以贯彻落实；而项目实际进度信息则自下而上反馈到各有关部门和人员，以供分析、决策和调整，使进度计划仍能符合预定工期目标。这就需要建立信息系统,以便不断地进行信息的传递和反馈。所以,项目进度控制的过程也是一个信息传递和反馈的过程。

(5) 弹性原理

项目一般工期长且影响因素多。这就要求计划编制人员能根据统计经验估计各种因素的影响程度和出现的可能性,并在确定进度目标时进行目标的风险分析,使进度计划留有余地,即使得计划具有一定的弹性。在进行项目进度控制时,可以利用这些弹性,缩短工作的持续时间,或改变工作之间的搭接关系,以便最终能实现项目的工期目标。

(6) 网络计划技术原理

网络计划技术不仅可以用于编制进度计划,而且可以用于计划的优化、管理和控制。网络计划技术是一种科学、有效的进度管理方法,是项目进度控制特别是复杂项目进度控制的完整计划管理和分析计算理论基础。

12.2.2　进度计划的实施

进度控制的首要工作是制订各种计划。显然,仅有好的计划而不付诸实施,再好的计划也是一纸空文。因此,要使计划起到其应有的效应,就必须采取措施,使之得以顺利实施。可以说,计划是实施的开始,实施是计划的必然。

1. 实施的阻力

进度计划在实施过程中,必然会遇到各种阻力,这就需要根据项目的具体情况预测、分析可能会遇到的障碍,提出消除这些障碍的措施并加以实施。

实施的阻力主要有以下几个方面。

(1) 人

项目实施人员未能认识到计划的必要性,认为计划仅是形式而并不完全按计划执行或完全不按计划执行,从而造成实施与计划脱节。

(2) 资源

项目中使用的资源,如材料、设备、劳力、资金等不能按计划提供,或提供资源的数量、质量不能满足要求。

(3) 环境

受不利的环境因素的影响,如不良的气候条件、不可预见的地质条件等自然条件的影响,阻碍了计划的执行。

2. 计划实施准备

计划实施的准备工作主要有:建立组织机构、编制实施计划、培训有关人员。

(1) 建立组织机构

为保证进度计划得以顺利实施,必须有必要的组织保证。组织机构主要作用就在于:制订实施计划;落实计划实施的保证措施;监测计划的执行情况;分析与控制计划执行状况。概括地说,该组织机构的作用就是实施工期控制。组织机构的形式、规模等应根据项目的具体条件确定,无统一模式,但应做到使工期控制和管理工作层层有人抓,环环有人管。

(2) 编制实施计划

项目实施复杂多变,所以进度计划的编制不可能考虑到项目进展过程中的所有变化,不可能一次安排好未来项目实施的全部细节。因此,可以说进度计划是比较概括的,还应有更为符合实际的实施性计划加以补充。根据计划时间的长短,实施计划包括年度、季度、月度、旬、周计划等。

(3) 培训

为提高计划实施的有效性,应根据项目的特点,对各类人员分层次、分期培训,以提高项目参与者的素质,为进度控制打下良好的基础。

3. 保证措施

项目进度受到了众多因素的制约,因此必须采取一系列措施,以保证项目能满足进度要求。措施是多方面的,不同的项目、不同的条件,措施也不相同,但无论什么项目,以下措施都是必要的。

(1) 进度计划的贯彻

进度计划的贯彻是计划实施的第一步,也是关键的一步。其工作内容包括:

1) 检查各类计划,形成严密的计划保证系统。为保证工期的实现,应编制各类计划,这些计划的关系是:高层次的计划是低层次计划的编制依据;低层次计划是高层次计划的具体化。在贯彻执行这些计划时,应首先检查计划本身是否协调一致,计划目标是否层层分解、互相衔接。在此基础上,组成一个计划实施的保证体系,以任务书的形式下达给项目实施者以保证实施。

2) 明确责任。项目经理、项目管理人员、项目作业人员,应按计划目标明确各自的责任、权限和利益。

3) 计划全面交底。进度计划的实施是项目全体工作人员的共同行动,要使相关人员都明确各项计划的目标、任务、实施方案和措施,使管理层和作业层协调一致,将计划变为项目人员的自觉行动。要做到这一点,就应在计划实施前进行计划交底工作。

(2) 调度工作

调度工作是实现项目工期目标的重要手段。其主要任务是:掌握项目计划实施情况;协调各方面关系;采取措施解决各种矛盾;加强薄弱环节,实现动态平衡;保证完成计划和实现进度目标。调度是通过监督、协调、调度会议等方式实现的。

(3) 抓关键工作

关键工作是项目实施的主要矛盾,应紧抓不懈。可采取以下措施:

1) 集中优势按时完成关键工作。为保证关键工作能按时完成,可采取组织骨干力量、优先提供资源等措施。

2) 专项承包。对关键工作可采用专项承包的方式,即定任务、定人员、定目标。

(4) 采用新技术、新工艺

技术、工艺选择不当,就会严重影响工作进度。采用一项好的、先进的技术或工艺能起到事半功倍的作用。所以,只要被证明是成功的新技术、新工艺,都应积极采用。

(5) 保证资源的及时供应

应按资源供应计划,及时组织资源的供应工作,并加强对资源的管理。

(6) 加强组织管理工作

根据项目特点,建立项目组织和各种责任制度,将进度计划指标的完成情况与部门、单位和个人的利益分配结合起来,做到责权利一体化。

12.2.3 项目进度动态监测

在项目实施过程中,为了收集反映项目进度实际状况的信息,以便对项目进展情况进行分析,掌握项目进展动态,应对项目进展状态进行观测。这一过程称为项目进度动态监测。

对于项目进展状态的观测,通常采用日常观测和定期观测的方法进行,并将观测的结果用项目进展报告的形式加以描述。

1. 日常观测

随着项目的进展,不断观测进度计划中所包含的每一项工作的实际开始时间、实际完成时间、实际持续时间、目前状况等内容,并加以记录,以此作为进度控制的依据。记录的方法有实际进度前锋线法、图上记录法、报告表法等。

(1) 实际进度前锋线法

实际进度前锋线是一种在时间坐标网络或甘特图中记录实际进度情况的曲线,简称为前锋线。它表达了计划执行过程中,某一时刻正在进行的各工作的实际进度前锋的连线,如图 12-2 所示。

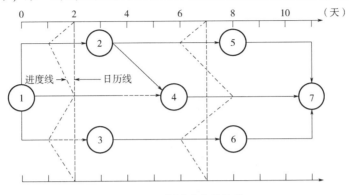

图 12-2 实际进度前锋线

(2) 图上记录法

当采用非时标网络计划时,可直接在图上用文字或符号记录。如用点画线代表其实际进度在网络图中标出,如图 12-3 所示;在箭线下方标出相应工作的实际持续时间,如图 12-4 所示;在箭尾节点下方和箭头节点下方分别标出工作的实际开始和实际结束时间,如图 12-4 所示;在网络图的节点内涂上不同的颜色或用斜线表示相应工作已经完成,如图 12-5 所示。

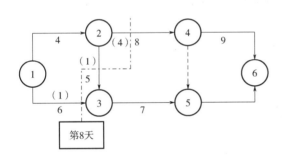

图 12-3 双代号网络实际进度的记录

注:括号内的数值表示检查时工作尚需的作业时间。

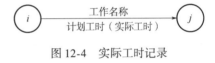

图 12-4 实际工时记录

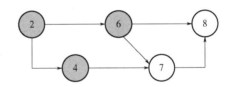

图 12-5 已完成工作的记录

注:该图表示 2-6 工作和 2-4 工作已完成。

若进度计划是横道图,则可在图中用不同的线条分别表示计划进度和实际进度。

随着项目的完成,可绘制实际进度网络图。该图表达了各工作实际开工、完工时间,并将项目进展中出现的问题、影响因素等反映在图中。绘制实际进度网络图,可明显表达实际与计划不相符合的情况,有助于计划工作的总结和资料的积累。

(3) 报告表法

将实际进度状况反映在表上,即为报告表法。报告表的形式各异,所含内容也各不相同。有关这一方法的具体内容将作专门介绍。

2. 定期观测

定期观测是指每隔一定时间对项目进度计划执行情况进行一次较为全面、系统的观测、检查。间隔的时间因项目的类型、规模、特点和对进度计划执行要求程度的不同而异,可以是一日、双日、五日、周、旬、半月、月、季、半年等为一个观测周期。

观测、检查的内容主要有以下几个方面:

1) 观测、检查关键工作的进度和关键线路的变化情况,以便采取措施调整或保证计划工期的实现。

2) 观测、检查非关键工作的进度,以便更好地发掘潜力,调整或优化资源,以保证关键工作按计划实施。

3) 检查工作之间的关系变化情况,以便适时进行调整。

4) 有关项目范围、进度计划和预算变更的信息。

这些变更可能是由客户或项目团队引起,或是由某种不可预见事件的发生所引起。

定期观测、检查有利于项目进度动态监测的组织工作,使观测、检查具有计划性,成为例行性工作。定期观测、检查的结果应加以记录,其记录方法与日常观测记录相同。定期检查的重要依据是日常观测、检查的结果。

3. 项目进展报告

项目进度观测、检查的结果通过项目进展报告的形式向有关部门和人员报告。项目进展报告是记录观测检查的结果、项目进度现状和发展趋势等有关内容的最简单的书面形式报告。项目进展报告根据报告的对象不同,确定不同的编制范围和内容,一般分为项目概要级进度控制报告、项目管理级进度控制报告和业务管理级进度控制报告。

1) 项目概要级进度控制报告。它是以整个项目为对象说明进度计划执行情况的报告。

2) 项目管理级进度控制报告。它是以分项目为对象说明进度计划执行情况的报告。

3) 业务管理级进度控制报告。它是以某重点部位或重点问题为对象所编写的报告。

项目进展报告的内容主要包括:项目实施概况、管理概况、进度概要;项目实际进度及其说明;资源供应进度;项目近期趋势,包括从现在到下次报告期之间将可能发生的事件等内容;项目费用发生情况;项目存在的困难与危机。困难是指项目实施中所遇到的障碍,危机是指对项目可能会造成重大风险的事件。

项目进展报告的形式可分为:日常报告、例外报告和特别分析报告。

1) 日常报告。根据日常监测和定期监测的结果所编制的进展报告即为日常报告。这是项目进展报告的常用形式。

2) 例外报告。这是为项目管理决策所提供的信息报告。

3) 特别分析报告。就某个特殊问题所形成的分析报告。

项目进展报告的报告期应根据项目的复杂程度和时间期限以及项目的动态监测方式等因素确定,一般可考虑与定期观测的间隔周期相一致。一般来说,报告期越短,早发现问题并采取纠正措施的机会就越多。

项目进展报告常见形式有以下几种:

(1) 进度计划执行情况报告

该报告包括报告期各项工作的计划执行情况,见表12-1。

表 12-1 项目进度计划执行情况报告表

项目名称			项目所有者			项目执行者			信息号		报告日期	
工作编号	工作名称	工作情况	计划			实际			估计		TF_{i-j}	
			D_{i-j} (天)	ES_{i-j} 月、日	EF_{i-j} 月、日	工时 (天)	开始 月、日	结束 月、日	工时 (天)	结束 月、日	原有 (天)	剩余 (天)
1	2	3	4	5	6	7	8	9	10	11	12	13

注:1. 第一、二、四、五、六栏应事先填好。

2. 第三栏可填一个数字代表工作情况:0—工作剔除;1—新增工作;2—工作已结束;3—推迟完成;4—按期完成;5—提前完成;6—推迟开始;7—如期开始;8—提前开始。

(2) 项目关键点检查报告

项目关键点是指对项目工期影响较大的时间点，如里程碑事件点就是项目关键点。对项目关键点的监测、检查是项目进度动态监测的重点之一。将关键点的检查结果加以分析、归纳所形成的报告就是项目关键点检查报告，见表12-2。

表 12-2 项目关键点检查报告

关键点名称		检查组名称	
检查组负责人		报告人	
报告日期		报告份数	
对关键点的目标描述			
关键点实际时间与计划时间相比			
交付物是否能满足项目要求			
预计项目发展趋势			
检查组负责人的审核意见：		签名：	日期：

(3) 项目执行状态报告

项目执行状态报告反映了一个项目或一项工作的现行状态，见表12-3。

表 12-3 项目执行状态报告

任务名称（项目或工作）		任务编码	
报告日期		状态报告份数	
实际进度与计划进度比较			
已用时间、尚需时间与计划总时间比较			
提交物能否满足项目要求			
任务能否按时完成			
目前人员配备状况			
目前技术状况			
任务完成预测			
潜在风险分析及建议			
任务负责人审核意见：			
签名：		日期：	

(4) 任务完成报告

任务完成报告反映了一项已完成任务或工作的基本情况，见表12-4。

表 12-4 任务完成报告

任务名称及编码		任务完成日期		
已完成任务基本情况	交付物的性能特点			
	实际工时与计划工时比较			
	实际成本与计划成本比较			
	遇到的重大问题及解决办法			
紧后工作情况	紧后工作名称及编码			
	紧后工作计划及措施			
评审意见：		评审人：		评审日期：
项目负责人审核意见：		签名：		日期：

(5) 重大突发事件报告

重大突发事件报告是就某一重大突发事件的基本情况及其对项目的影响等有关问题所形成的特别分析报告。报告的基本形式见表12-15。

表 12-5　重大突发事件报告

事件发生时间	
事件发生部位	
事件描述	
事件对项目影响程度说明	
事件发生原因分析	
建议采取的措施	
项目负责人审核意见：	签名：　　　　　日期：

(6) 项目变更报告

项目变更报告反映了某一项目变更的状况及其对项目产生的影响，也属特别分析报告，见表12-6。

表 12-6　项目变更报告

项目名称		项目负责人	
项目变更原因			
项目变更替代方案描述			
估计项目变更对进度的影响			
变更所涉及的相关单位			
项目负责人审查意见：	签名：		日期：
项目主管部门审查意见：	签名：		日期：

(7) 项目进度报告

项目进度报告反映了报告期项目进度的总体概况，见表12-7。

表 12-7　项目进度报告

项目名称			报告日期	
关键问题	任务范围变化情况			
	进度状况			
	费用状况			
	质量状况			
	技术状况			
对跟踪项目的解释：				
未来设想	任务计划			
	问题和办法			
完成人：　　　日期：		评审人：　　　日期：		

(8) 项目管理报告

项目管理报告反映了报告期项目管理的总体状况，见表12-8。

表 12-8 项目管理报告

	项目名称			项目号	
	报告日期			报告份数	
状态总结	已完成任务或工作占用时间占总工期的比例				
	已完成工程量或工作量占总工程量或工作量的比例				
	已完成任务或工作实际时间、费用及质量状况				
	已完成任务或工作计划时间、费用及质量要求情况				
	提交物状况				
	目前状态对项目工期的影响程度预测				
	目前状态对项目费用的影响程度预测				
	目前状态对项目质量的影响程度预测				
人员配备情况					
技术状况					
项目完成情况评估					
其他需要说明的事项					
审核意见：		审核人：		审核时间：	
项目经理意见：		项目经理：		日期：	

12.2.4 比较分析与项目进度更新

在项目进展中，有些工作或活动会按时完成，有些会提前完成，而有些工作或活动则可能会延期完成，所有这些都会对项目的未完成部分产生影响。特别是已完成工作或活动的实际完成时间，不仅决定着时间计划中其他未完成工作或活动的最早开始与完成时间，而且决定着总时差。但必须注意的是，并非所有不按计划完成的情况都会对项目总工期产生不利影响。有些可能会造成工期拖延；有些则可能有利于工期的实现；有些对工期不产生影响。这就需要对实际进展状况进行分析比较，以弄清其对项目可能会产生的影响，以此作为项目进度更新的依据。进度控制的核心问题就是能根据项目的实际进展情况，不断地进行进度计划的更新。可以说，项目进度计划的更新既是进度控制的起点，也是进度控制的终点。

1. 比较与分析

将项目的实际进度与计划进度进行比较分析，以评判其对项目工期的影响，确定实际进度与计划不符的原因，进而采取对策，这是进度控制的重要环节之一。

（1）横道图比较法

横道图比较法是将在项目进展中通过观测检查搜集到的信息，经整理后直接用横道线并列标于原计划的横道线一起，进行直观比较的方法。例如，将某项目的实际进度与计划进度比较，见表 12-9。

表 12-9 某项目实际进度与计划进度比较表

工作编号	工作名称	工作时间（天）	项目进度									
			1	2	3	4	5	6	7	8	9	10
1	A	3										
2	B	3										
3	C	4										
4	D	5										
5	E	3										

检查日期

在表 12-9 中，虚线表示计划进度，实线表示实际进度。在第五天末检查时，A 工作已按计划完成；B

工作比进度计划拖后 1 天；C 工作的实际进度与计划进度一致；D 工作尚未开始，比进度计划拖后 1 天。

通过比较，为项目管理者明确了实际进度与计划进度之间的偏差，为采取调整措施提出了明确任务。这是进度控制中最简单的方法。但是，这种方法仅适用于项目中各项工作都是按均匀的速度进行，即每项工作在单位时间内所完成的任务量是各自相等的。

项目完成的任务量可以用实物工程量、劳动消耗量和工作量 3 种物理量表示。为了方便比较，一般用实际完成量的累计百分数与计划应完成量的累计百分数进行比较。

(2) 实际进度前锋线比较法

实际进度前锋线比较法是指从计划检查时间的坐标点出发，用点画线依次连接各项工作的实际进度点，最后到计划检查时间的坐标点为止，形成前锋线。根据前锋线与工作箭线交点的位置判断项目实际进度与计划进度偏差，如图 12-2 所示。

实际进度前锋线可用于判断相关工作的进度状况，同时可用于判断整个项目的进度状况。

某工作的提前或拖后对项目工期会产生什么影响，这是项目管理人员最为关心的。根据实际进度前锋线可以判断该工作的状况对项目的影响。如果该工作是关键工作，则其提前或拖后将会对项目工期产生影响；非关键工作的提前不会对工期产生影响；非关键工作的延误时间如果在其总时差范围内，也不会影响工期，超过总时差的范围，其超出部分将会使工期产生同等程度的延误。

需要注意的是，在某个检查日期，往往并不是一项工作的提前或拖后，而是多项工作均未按计划进行，这时则应考虑其交互作用。

例如，根据图 12-2 可以判断，当项目进行到第七天时，项目的时间状态是：2-5 工作只完成了 3 天的工作量，比原计划延误 1 天；4-7 工作已完成了 2 天的工作量，比原计划提前了 1 天；3-6 工作只完成了 3 天的工作量，比原计划延误了 1 天。由图 12-2 可见，2-5 工作是关键工作，所以该工作的延误将会使项目工期延误 1 天，而 4-7、3-6 工作是非关键工作，其提前、延误的时间在其总时差范围之内，所以这两项工作的当前状态不会对项目工期产生影响。

(3) S 形曲线比较法

S 形曲线比较法是以横坐标表达进度时间，纵坐标表示累计完成任务量，而绘制出的一条按计划时间累计完成任务量的 S 形曲线，将项目的各检查时间实际完成的任务量与 S 形曲线进行实际进度与计划进度相比较的一种方法。

1) S 形曲线绘制。S 形曲线反映了随时间进展累计完成任务量的变化情况，如图 12-6 所示。

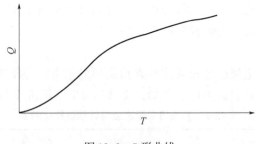

图 12-6　S 形曲线

S 形曲线的绘制步骤如下：

第一步：计算每单位时间内计划完成的任务量 q_i。

第二步：计算时间 j 的计划累计完成的任务量，即

$$Q_j = \sum_{i=1}^{j} q_i$$

式中，Q_j 为某时间 j 计划累计完成的任务量；q_i 为单位时间 i 的计划完成任务量。

第三步：按各规定时间的 Q_j 值，绘制 S 形曲线。

2) S形曲线比较。S形曲线比较法是在图上直观地进行项目实际进度与计划进度的比较。通常，在计划实施前绘制出计划S形曲线，在项目进行过程中，按规定时间将检查的实际完成情况绘制在与计划S形曲线同一张图中，即可得出实际进度的S形曲线，如图12-7所示。比较两条S形曲线，即可得到相关信息。

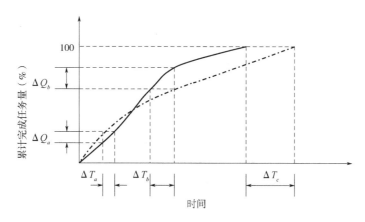

图12-7 S形曲线比较图

项目实际进度与计划进度比较：当实际进展点落在计划S形曲线左侧时，表示实际进度超前；当实际进展点落在计划S形曲线右侧时，表示实际进度拖后；若实际进展点正好落在计划S形曲线上，则表明实际进度与计划进度一致。

项目实际进度与计划进度之间的偏差：如图12-7所示，ΔT_a表示T_a时刻实际进度超前的时间；ΔT_b表示T_b时刻实际进度拖后的时间。

项目实际完成任务量与计划任务量之间的偏差：如图12-7所示，ΔQ_a表示T_a时刻超额完成的任务量；ΔQ_b表示在T_b时刻少完成的任务量。

项目进度预测：如图12-7所示，项目后期若按原计划进度进行，则工期拖延预测值为ΔT_c。

（4）"香蕉"形曲线比较法

"香蕉"形曲线是两条S形曲线组合而成的闭合曲线。对于一个项目的网络计划，在理论上总是分为最早和最迟两种开始和完成时间。因此，任何一个项目的网络计划，都可以绘制出两条S形曲线，即以最早时间和最迟时间分别绘制出相应的S形曲线，前者称为ES曲线，后者称为LS曲线，如图12-8所示。"香蕉"形曲线的绘制方法与S形曲线相同。

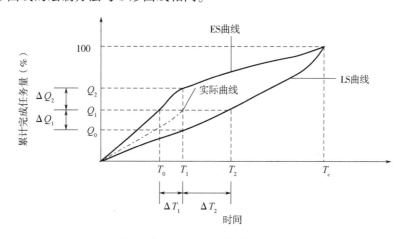

图12-8 "香蕉"形曲线比较图

"香蕉"形曲线的比较：在项目实施过程中，根据每次检查的各项工作实际完成的任务量，计算出不同时间实际完成任务量的百分比,并在"香蕉"形曲线的平面内绘出实际进度曲线,即可进行实际进度与计划进度的比较。

"香蕉"形曲线比较法主要进行如下两个方面的比较:

1)时间一定,比较完成的任务量。当项目进展到 T_1 时,实际完成的累计任务量为 Q_1,若按最早时间计划,则应完成 Q_2。可见,实际比计划少完成 $\Delta Q_2 = Q_1 - Q_2 < 0$;若按最迟时间计划,则应完成 Q_0,实际比计划多完成 $\Delta Q_1 = Q_1 - Q_0 > 0$。

由此可以判断,实际进度在计划范围之内,不会影响项目工期。

2)任务量一定,比较所需时间。当项目进展到 T_1 时,实际完成累计任务量 Q_1,若按最早时间计划,则应在 T_0 时完成同样任务量。所以,实际比计划拖延,其拖延的时间是 $\Delta T_1 = T_1 - T_0 > 0$;若按最迟时间计划,则应在 T_2 时完成同样任务量。所以,实际比计划提前,其提前量是 $\Delta T_2 = T_1 - T_2 < 0$。

可以判断:实际进度未超出计划范围,进展正常。

2. 项目进度更新

根据实际进度与计划进度比较分析结果,以保持项目工期不变、保证项目质量和所耗费用最少为目标,进行项目进度更新,这是进行进度控制和进度管理的落脚点。项目进度更新主要包括两方面工作:分析进度偏差的影响和调整项目进度计划。

(1)分析进度偏差的影响

通过前述进度比较方法,当出现进度偏差时,应分析该偏差对后续工作及总工期的影响。主要从以下几方面进行分析:

1)分析产生进度偏差的工作是否为关键工作。若出现偏差的工作是关键工作,则无论其偏差大小,都会对后续工作及总工期产生影响,必须进行进度计划更新;若出现偏差的工作为非关键工作,则根据偏差值与总时差和自由时差的大小关系,确定其对后续工作和总工期的影响程度。

2)分析进度偏差是否大于总时差。如果工作的进度偏差大于总时差,则必将影响后续工作和总工期,应采取相应的调整措施;如果工作的进度偏差小于或等于该工作的总时差,表明对总工期无影响,但其对后续工作的影响,需要将其偏差与其自由时差相比较才能作出判断。

3)分析进度偏差是否大于自由时差。如果工作的进度偏差大于该工作的自由时差,则会对后续工作产生影响,应根据后续工作允许影响的程度确定如何调整。如果工作的进度偏差小于或等于该工作的自由时差,则对后续工作无影响,进度计划可不作调整更新。

经过上述分析,项目管理人员可以确认应该调整产生进度偏差的工作和调整偏差值的大小,以便确定应采取的调整更新措施,以形成新的符合实际进度情况和计划目标的进度计划。

(2)项目进度计划的调整

1)关键工作的调整。关键工作无机动时间,其中任一关键工作持续时间的缩短或延长都会对整个项目工期产生影响。因此,关键工作的调整是项目进度更新的重点。

关键工作的调整通常有以下两种情况。

①第一种情况。关键工作的实际进度较计划进度提前时的调整:若仅要求按计划工期执行,则可利用该机会降低资源强度及费用。实现的方法是,选择后续关键工作中资源消耗量大或直接费用高的予以适当延长,延长的时间不应超过已完成的关键工作提前的量;若要求缩短工期,则应将计划的未完成部分作为一个新的计划,重新计算与调整,按新的计划执行,并保证新的关键工作按新计算的时间完成。

②第二种情况。关键工作的实际进度较计划进度落后时的调整:调整的目标就是采取措施将耽误的时间补回来,保证项目按期完成。调整的方法主要是缩短后续关键工作的持续时间。这种方法是指在原计划的基础上,采取组织措施或技术措施缩短后续工作的持续时间以弥补时间损失。这种调整通常采用网络计划技术进行,调整方法通过以下案例说明。

【例】某项目网络计划如图12-9所示，计划工期210天，在项目进展到95天时进行检查，其结果是工作4-5以前的工作已全部完成，工作4-5刚开始，即已拖后15天开始。工作4-5是关键工作，其拖后15天将延长项目总工期15天。为使该项目按期完成，则需在工作4-5及其以后各工作中进行调整，调整的原则是满足工期要求，但由此而增加的费用最少。

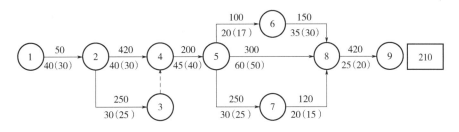

图12-9 某项目网络计划

在图12-9中，箭线上方数据是相应工作的费用率，即每缩短1天需增加的费用；箭线下方的数据是该工作的正常持续时间，括号内的是该工作的最短持续时间。

本案例压缩周期的思路是采用时间费用优化的方法。由图12-9可见，尚未进行的关键工作是：4-5、5-8和8-9。按费用率最低的原则，选择调整对象。

第一次调整：选择4-5工作作为第一次调整的对象，可压缩工期5天。

第二次调整：选择5-8工作作为第二次调整的对象，总工期可缩短5天，即为215天，但工作5-6和6-8变为关键工作。

第三次调整：选择5-6工作与5-8工作同时调整可压缩工期3天，总工期压缩为212天。

第四次调整：选择8-9工作作为本次调整对象，总工期压缩为210天，已满足计划工期的要求。

到此为止，总工期压缩了15天，但增加了总费用，即共增加 1000 + 1500 + 1200 + 840 = 4540（元）。最终调整后的网络计划如图12-10所示。

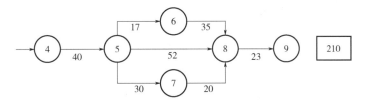

图12-10 调整后的网络计划

调整后的网络计划，工期仍为210天，但部分工作的开始时间和部分工作的持续时间发生了变化。资源供应计划等也应按调整后的进度计划作相应调整。

需要说明的是，上述进度计划仍可通过继续调整相关工作的持续时间缩短工期，但会进一步增加费用。如果工期的提前能获得奖励，则应考虑综合效益，合理调整，使项目的损益最佳。

2）改变某些工作之间关系。若实际进度产生的偏差影响了总工期，则在工作之间的关系允许改变的条件下，改变关键线路和超过计划工期的非关键线路上有关工作之间的关系，以达到缩短工期的目的。这种方法调整的效果是显著的。例如，可以将依次进行的工作变为平行或互相搭接的关系，以缩短工期。但这种调整应以不影响原定计划工期和其他工作之间的顺序为前提，调整的结果不能形成对原计划的否定。

3）重新编制计划。当采用其他方法仍不能奏效时，则应根据工期要求，将剩余工作重新编制网络计划，使其满足工期要求。例如，某项目在实施过程中，由于地质条件的变化，造成已完工程的大面积塌方，耽误工期6个月。为保证该项目在计划工期内完成，在认真分析研究的基础上，重新编制了网络计划，并按新的网络计划组织实施，最终不仅保证了工期，而且略有提前。

4）非关键工作的调整。当非关键线路上某些工作的持续时间延长，但不超过其时差范围时，则不会影响项目工期，进度计划不必调整。为了更充分地利用资源，降低成本，必要时可对非关键工作的时差作适当调整，但不得超出总时差，且每次调整均需进行时间参数计算，以观察每次调整对计划的影响。

非关键工作的调整方法有 3 种：在总时差范围之内延长非关键工作的持续时间、缩短工作的持续时间、调整工作的开始或完成时间。

当非关键线路上某些工作的持续时间延长而超出总时差范围时，则必然会影响整个项目工期，关键线路就会转移。这时，其调整方法与关键线路的调整方法相同。

5）增减工作项目。由于编制计划时考虑不周，或因某些原因需要增加或取消某些工作，则需重新调整网络计划，计算网络参数。增减工作项目不应影响原计划总的工作关系，以便使原计划得以实施。因此，增减工作项目只能改变局部的工作关系。

增加工作项目，只对原遗漏或不具体的工作关系进行补充；减少工作项目，只是对提前完成的工作项目或原不应设置的工作项目予以消除。增减工作项目后，应重新计算网络时间参数，以分析此项调整是否对原计划工期产生影响，若有影响，则应采取措施使之保持不变。

6）资源调整。若资源供应发生异常时，则应进行资源调整。资源供应发生异常是指因供应满足不了需要，如资源强度降低或中断，影响到计划工期的实现。资源调整的前提是保证工期不变或使工期更加合理。资源调整的方法是进行资源优化。

12.3 项目时间费用的综合控制

12.3.1 项目时间费用综合控制概述

由于费用、进度和技术三者密不可分，项目时间费用的综合控制就要在费用、技术、进度三者之间进行综合平衡。基本方法是规定各部门定期上报其时间费用报告，采用挣值分析方法分析时间、费用偏差，根据偏差及时采取措施，以使项目时间和费用处于受控状态。

1. 项目时间费用综合控制的内容

项目时间费用综合控制主要关心的是影响项目时间和费用的各种因素、确定时间费用基准是否改变以及管理和调整实际的改变。其内容主要包括：

1）监控时间费用执行情况以确定与计划的偏差。
2）确认所有发生的变化都被准确记录。
3）避免不正确的、不合适的或者无效的变更发生。

综合控制还应包括寻找时间、费用向正反两方面变化的原因，同时必须考虑与其他控制过程（范围控制、质量控制等）相协调。

2. 时间费用综合控制的依据

时间费用综合控制的依据主要有：

1）时间及费用基准。
2）实施报告。这是时间费用综合控制的基础。实施报告通常包括项目各工作的所有费用支出及时间状态，同时也是发现问题的最基本依据。
3）项目变更状况。

3. 时间费用综合控制的方法与技术

（1）时间费用控制改变系统

时间费用控制改变系统通常是说明时间费用基准被改变的基本步骤，它包括文书工作、跟踪系统及调整系统。时间费用的改变应该与其他控制系统相协调。

（2）实施的度量

实施的度量主要帮助分析各种变化产生的原因，挣得值分析法是一种最为常用的分析方法。

（3）附加的计划

很少有项目能够准确地按照期望的计划执行。由于存在不可预见的情况，因此要求在项目实施过程中重新对项目的时间费用作出新的估计和修改。

12.3.2 时间费用综合控制的挣得值分析法

1. 挣得值分析法简介

（1）挣得值分析法的概念

挣得值分析法，简称挣值法。它是一种分析目标实施与目标期望之间差异的方法，是一种偏差分析方法。挣值法通过测量和计算相关参数，得到有关计划实施的进度和费用偏差，从而判断项目预算和进度计划执行情况。挣值法的独特之处在于以预算和费用来衡量项目的进度。挣值法是用于对项目时间和费用进行综合控制的基本方法。

（2）挣值法的基本环节

主要包括：

1）在项目开始之前制订切实可行的工作计划。
2）按照客观标准评价项目进度。
3）采用 CPM 方法分析进度状态，并和目标计划（Baseline）进行对比。
4）根据已经完成的工作（而不是计划完成的工作）计算挣得值。
5）针对 WBS 的不同层次识别问题区域（SPI、CPI）。
6）采取纠正措施。
7）预测完工日期和最终成本。
8）对设定的目标预算基准（时间和成本）进行严密监控。

（3）采用挣值法的益处

主要包括：

1）项目开始前对工作作出明确的界定。帮助现场经理合理取得所需的资源；制订计划，作为绩效评价的依据。

2）实事求是地反映已经完成的工作。帮助现场经理制订现实可行的计划；如果能够在既定的范围、进度安排和预算内完成工作，则信心大增、士气高昂；否则可以找出并解决问题，以免付出更大的代价；帮助现场经理提出具体的请求；帮助管理层识别需要特别注意的区域。

3）客观反映成本态势。避免出现虚假的成本偏差；有利于报告真实的最终成本；提高现金流预测的精确度。

2. 挣值法的 3 个基本参数

（1）计划工作量的预算费用（Budgeted Cost for Work Scheduled，BCWS）

BCWS 是指项目实施过程中某阶段计划要求完成的工作量所需的预算工时（或费用），计算公式为

$$BCWS = 计划工作量 \times 预算定额$$

BCWS 主要是反映进度计划应当完成的工作量。

(2) 已完成工作量的实际费用（Actual Cost for Work Performed，ACWP）

ACWP 是指项目实施过程中某阶段实际完成的工作量所消耗的工时（或费用）。ACWP 主要反映项目执行的实际消耗指标，计算公式为

$$ACWP = 已完成工作量 \times 实际价格$$

(3) 已完工作量的预算成本（Budgeted Cost for Work Performed，BCWP）

BCWP 是指项目实施过程中某阶段实际完成工作量及按预算定额计算出来的工时（或费用），也称为挣得值（Earned Value）。挣值法就是根据此参数而命名，计算公式为

$$BCWP = 已完成工作量 \times 预算定额$$

3. 挣值法的 4 个评价指标

(1) 费用偏差（Cost Variance，CV）

CV 是指检查期间 BCWP 与 ACWP 之间的差异，即

$$CV = BCWP - ACWP$$

当 CV 为负值时，表示执行效果不佳，实际消耗人工（或费用）超过预算值，即超支，如图 12-11a 所示；当 CV 为正值时，表示实际消耗人工（或费用）低于预算值，即有节余或效率高，如图 12-11b 所示；当 CV 等于零时，表示实际消耗人工（或费用）等于预算值。

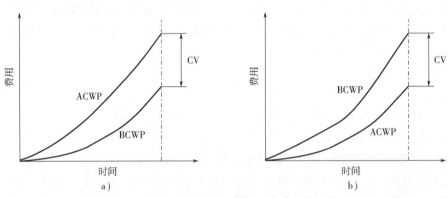

图 12-11 费用偏差示意图

(2) 进度偏差（Schedule Variance，SV）

SV 是指检查日期 BCWP 与 BCWS 之间的差异，即

$$SV = BCWP - BCWS$$

当 SV 为正值时，表示进度提前，时间提前量 Δt，如图 12-12a 所示；当 SV 为负值时，表示进度延误，时间延误量 Δt，如图 12-12b 所示；当 SV 为零时，表示实际进度与计划进度一致。

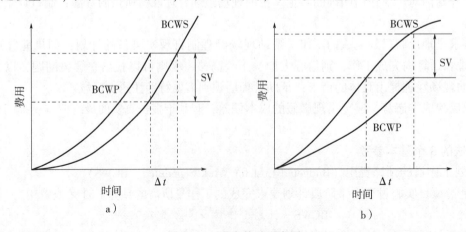

图 12-12 进度偏差示意图

(3) 费用执行指标（Cost Performed Index，CPI）

CPI 是指预算费用与实际费用值之比（或工时值之比），即

$$CPI = BCWP/ACWP$$

当 CPI>1，表示低于预算，即实际费用低于预算费用；当 CPI<1，表示超出预算，即实际费用高于预算费用；当 CPI=1，表示实际费用与预算费用吻合。

(4) 进度执行指标（Schedule Performed Index，SPI）

SPI 是指项目挣得值与计划之比，即

$$SPI = BCWP/BCWS$$

当 SPI>1，表示进度提前，即实际进度比计划进度快；当 SPI<1，表示进度延误，即实际进度比计划进度慢；当 SPI=1，表示实际进度等于计划进度。

4. 预测项目最终费用

根据已知的信息和知识，对项目将来的状况作出估算和预测，这是挣值分析中的一项重要工作。

挣值分析中常用的是按照完成情况估计在目前实施情况下完成项目所需的总费用（Estimate At Completion，EAC），有以下 3 种情况。

(1) 当前状态将会延续到项目完成

EAC = 实际支出 + 按照实施情况对剩余预算所作的修改，即

$$EAC = ACWP + (总预算 - BCWP) \times ACWP/BCWP = 总预算 \times ACWP/BCWP$$

这种方法通常用于当前的变化可以反映未来的变化时。

(2) 未来项目将会按计划进行

EAC = 实际支出 + 剩余的预算，即

$$EAC = ACWP + (总预算 - BCWP)$$

这种方法适用于现在的变化仅是一种特殊情况，项目经理认为未来的实施不会发生类似的变化。

(3) 原计划不再适用

EAC = 实际支出 + 对未来所有剩余工作的新的估计，即

$$EAC = ACWP + \sum \{剩余工作重新估计\}$$

这种方法通常用于当过去的执行情况显示了所有的估计假设条件基本失效的情况下，或者由于条件的改变，原有的假设不再适用。

如预测 EAC 不在可接受的范围内，则可为项目团队提供预警信号。

12.3.3 项目进度与费用的协调控制

1. 利用挣值法进行项目进度与费用的协调控制

在项目计划阶段，根据进度计划、资源计划等制定项目的费用累积线即费用基准线 BCWS。在项目实施过程，跟进项目、采集信息，不断获得项目的 ACWP 和 BCWP，从而获得 ACWP 和 BCWP 曲线，直到项目完成。由 BCWS、ACWP、BCWP 构成挣值分析图，如图 12-13 所示。图的横坐标表示时间，纵坐标则表示费用（以实物工程量、工时或金额表示）。图中，BCWS 是在项目计划阶段获得的，而 ACWP 和 BCWP 曲线是项目实施过程中不断获取的。根据项目的挣值曲线，可以及时判断项目的进度及费用状态，直到项目结束。

当项目进展到某个检查时间时，对项目进行检查，从图 11-13 可获得 $ACWP_1$、$BCWP_1$，根据计划可得 $BCWS_1$。显然，该项目的 CV<0，SV<0，这表示项目执行效果不佳，即费用超支、进度延误，其时间延误量已标注在图中。

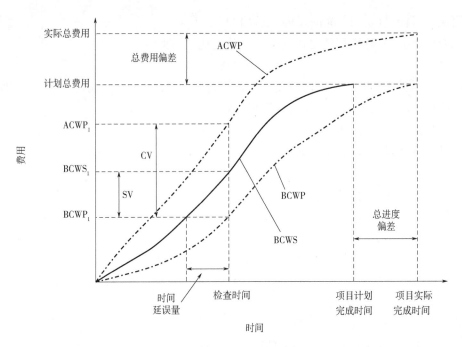

图 12-13 挣值分析法曲线图

从项目开始就可以经常进行上述检查、分析工作,直到项目完成为止。从图 12-13 可见,项目最后实际完成时间超出了项目计划完成时间,说明项目最终工期延误了;项目最后实际总费用超出了项目计划总费用,说明项目最终费用超支了。项目的工期目标及费用目标都未实现。

在项目进展过程中,通过挣值分析判断项目的进度及费用状态,同时需要根据实际状态进行原因分析并采取有效对策。

(1) 原因分析

在实际执行过程中,最理想的状态是 ACWP、BCWS、BCWP 3 条曲线靠得很近、平稳上升,表示项目按预定计划目标前进。如果 3 条曲线离散度不断增加,则预示可能发生关系到项目成败的重大问题。

经过对比分析,发现费用超支或进度延误,或预计最终将会出现费用超支或进度延误,则应作进一步的原因分析。原因分析是责任分析和提出控制措施的基础。费用超支、进度延误的原因是多方面的,例如,宏观因素有物价上涨、工作量大增加;微观因素有分项工作效率低、协调不好、局部返工;内部原因有管理失误、不协调、采购了劣质材料、工人培训不充分、材料消耗增加、事故、返工等,外部原因有上级和需求方的干扰、环境因素等;还有技术、经济、管理、合同等方面的原因。

(2) 对策建议

不同的状态应采取不同的对策。例如,如果费用超支、进度延误,则可采取的对策通常包括:寻找新的、更好更省的、效率更高的技术方案;购买部分产品,而不是采用完全由自己生产的产品;重新选择供应商;改变实施过程;加快后续工作的进度;删去工作包;变更项目范围;索赔,如向需求方、承(分)包商、供应商索赔以弥补费用超支、进度延误的损失等。

当发现费用超支时,人们常常通过其他手段,如在其他工作包上节约开支,但这常常是十分困难的。这会损害项目总体目标的实现,包括项目质量和工期的目标,甚至有时贸然采取措施,主观上企图降低成本,而最终却导致更大的费用超支。

表 12-10 表达了进度、费用不同状态下的对应措施。

表 12-10 不同进度、费用状态下的应对措施

序号	图形	3 个参数的关系	分析	措施
1		ACWP > BCWS > BCWP SV < 0　CV < 0	效率低 进度较慢 投入超前	用工作效率高的人员更换一批工作效率低的人员
2		BCWP > BCWS > ACWP SV > 0　CV > 0	效率高 进度较快 投入延后	若偏离不大，维持现状
3		BCWP > ACWP > BCWS SV > 0　CV > 0	效率较高 进度快 投入超前	抽出部分人员，放慢进度
4		ACWP > BCWP > BCWS SV > 0　CV < 0	效率较低 进度较快 投入超前	抽出部分人员，增加少量骨干人员
5		BCWS > ACWP > BCWP SV < 0　CV < 0	效率较低 进度慢 投入延后	增加高效人员投入
6		BCWS > BCWP > ACWP SV < 0　CV < 0	效率较高 进度较慢 投入延后	迅速增加人员投入

由表 12-10 可见，BCWS、ACWP、BCWP 3 个参数大小不同，表现出项目进度、费用的不同状态。例如，第四种情况是：ACWP > BCWP > BCWS，则 SV > 0，CV < 0，说明项目的进度提前，费用超支，则需要分析费用超支与进度提前的关系。如果费用超支是因为进度提前所造成的，则需要分析进度提前的必要性；如果进度提前是必需的，则因进度提前而引起的费用超支就是必要的；如果要保证项目总费用不超支，则必须采取措施在后续工作中节省开支。

2. 项目进度与费用协调控制应注意的问题

（1）实施中的计划变更问题

虽然进度计划、费用计划是控制的依据，但在项目实施过程中，原计划的变更是经常发生的。只有将项目实际状态与这种新的计划相比较，才更有实际意义，才更有可信度，才更能获得项目进度、费用的真正信息。所以进度、费用控制必须一直跟踪最新的计划。

为了保持可比性，原计划、新计划在结构、内容、范围上应保持一致性。

（2）实际成本核算

为了及时进行进度与费用的协调控制，必须及时、准确获得 ACWP，其主要途径是及时进行成本核算。一般来说，企业有会计核算系统，其中包括项目的成本核算。这个成本核算反映项目的实际支付，对企业项目成本的宏观控制是十分有用的。项目的成本核算必须与企业会计的成本核算相结合形成一个集成系统。

（3）成本开支的监督

成本控制一定要着眼于成本开支之前和开支过程中，因为当发现成本超支时，损失已成为现实，很难甚至无法挽回。人们对超支的成本经常企图通过在其他工作包上的节约来解决，这是十分困难的，因为这部分工作包要想压缩成本必然会损害工期和质量。反之，如果不发生损害，则说明原成本计划没有优化。

3. 与费用控制相关的其他工作

与费用控制相关的其他工作主要有：

1）与相关部门（职能人员）合作，提供分析、咨询和协调工作。例如，提供由于技术变更、方案变化引起的费用变化，使决策或调整项目时考虑费用因素。

2）用技术经济的方法分析超支的原因、节约的可能性，从总成本最优的目标出发，进行技术、质量、工期、进度的综合优化。

3）通过详细的成本比较、趋势分析获得一个顾及合同、技术、组织影响的项目最终成本状况的定量诊断。这是为调控措施服务的。

4）组织信息。向有关各方特别是决策者提供成本信息，保证信息的质量，为各方的决策提供问题解决的建议和意见。在项目管理中，成本的信息量是最大的。

5）对项目的变化（如环境的变化、目标的变化等）所造成的成本影响进行测算分析，并调整成本计划，以协助解决费用补偿问题（即索赔和反索赔）。

4. 挣值分析法在费用进度综合控制中的应用

【例】某项目的 WBS 结构及工作包 E121 的预算费用如图 12-14 所示，采用挣值分析法对该项工作包的进度与费用进行综合检测与分析。

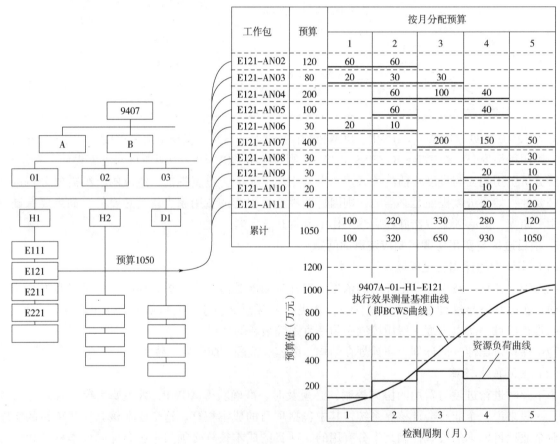

图 12-14 BCWS 曲线

（1）建立费用/进度执行效果测量基准

对于 EN121 工作包，其执行效果测量基准以进度计划为基础进行核算，即 BCWS 曲线，如图 12-14 所示。

（2）费用/进度实际执行情况检测

根据 EN121 工作包的实际情况执行及费用消耗，获得 AC 曲线，如图 12-15 所示。

第 12 章 项目计划的执行与控制　　273

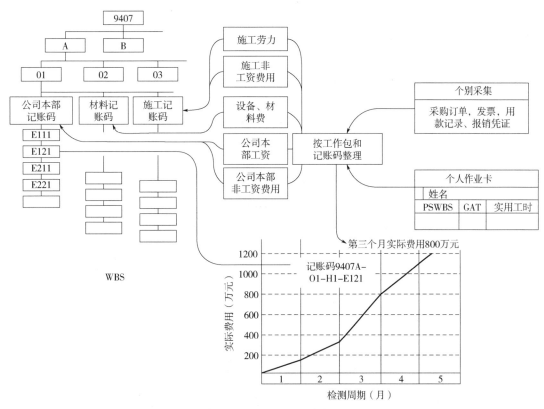

图 12-15　ACWP 曲线

（3）费用/进度执行状态测量

根据 EN121 工作包各工作实际完成工作量情况，获得 BCWP 曲线，如图 12-16 所示。

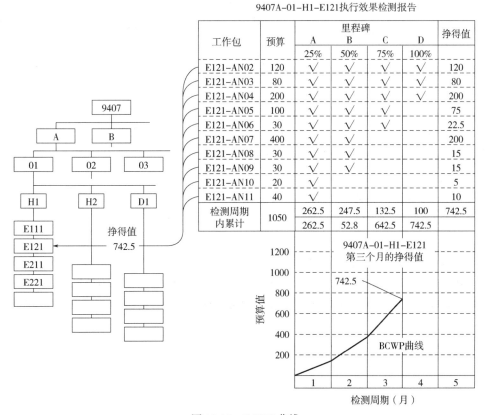

图 12-16　BCWP 曲线

(4) 分析与判断

该工作包进行到3月末进行挣值分析。

由图12-14可得：3月末 BCWS = 650（万元）。

由图12-15可得：3月末 ACWP = 800（万元）。

由图12-16可得：3月末 BCWP = 742.5（万元）。

到3月末，该工作包3个参数之间的关系如图12-17所示。

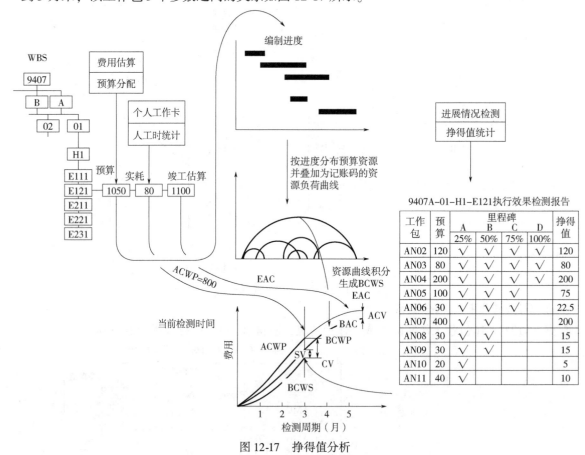

图12-17 挣得值分析

费用偏差 CV = BCWP − ACWP = 742.5 − 800 = −57.5（万元） < 0。

费用执行指标 CPI = BCWP/ACWP = 742.5/800 = 0.928 < 1。

可见，费用超支。

进度偏差 SV = BCWP − BCWS = 742.5 − 650 = 92.5（万元） > 0。

进度执行指标 SPI = BCWP/BCWS = 742.5/650 = 1.142 > 1。

可见，进度提前。

根据项目3月末的执行情况，预估项目完工费用 EAC 如下：

如果当前状态会延续到未来，则 EAC = BCWS × ACWP/BCWP = 1050 × 800/742.5 = 1 131.31（万元）；如果未来将按计划执行，则 EAC = ACWP + (BCWS − BCWP) = 800 + (1050 − 742.5) = 1 107.5（万元）。

12.4 项目变更与控制

12.4.1 项目变更概述

1. 项目变更的含义

在项目的生命周期中，存在着各种因素不断干扰着项目的进行，项目总是处于一个变化的环境之中。项目管理得再好，采用的管理方法再科学，项目也避免不了会发生变化。项目管理的哲学思想是：变化是绝对的，不变是相对的。对于项目管理者来说，关键的问题是能够有效地预测可能发生的变化，掌握项目变化的规律，以便采取措施，有效地进行项目变化的控制，以实现项目的目标。

项目的变化是相对于原来确定的项目计划基准而言的，这些基准包括项目的目标、项目的范围、项目要求、内外部环境以及项目的技术质量指标等。

当项目的某些基准发生变化时，为了达到项目的目标，就必须对项目发生的各种变化采取必要的应变措施，这种行为称为项目变更。而项目变化是指项目的实际情况与项目基准计划发生偏差的状况，项目发生变化并不意味着项目就会发生变更。项目变更和项目变化的基本区别就在于，项目变更要采取必要的措施，而项目变化可能不必采取措施。

为了保证项目的顺利实现，处理项目变化的最根本的措施是变更。项目变更就是针对项目的变化状况，以实现项目的既定目标为前提，所采取的应变措施。

项目变更是一项复杂工作。对于可预见的项目变化，可以采取预防措施，以消除变化对项目的影响；而更多的则是项目的变化无法预测，因此也就无法事先采取对策，以使项目发生合理的变更。

项目的变化要求项目变更，这种变更会发生在项目实施过程中的任一阶段。但根据项目的生命周期理论，项目的变更越早，损失就会越小；变更越迟，变更的难度就越大，损失也就越大。项目在失控的状态下，任何微小变化的积累，最终都可能会导致项目质量、费用和进度的变更，这是一个从量变到质变的过程。

2. 影响项目变化的因素

项目变化的规律可能因项目而异，但通常情况下，项目变化一般受以下因素的影响。

(1) 项目的生命周期

项目的生命周期越长，项目的变化就越多，特别是项目的范围就越容易发生变更。

(2) 项目的组织

项目的组织越科学、越有力，则越能有效制约项目的变化。反之，缺乏强有力的组织保障的项目则较易发生变化。人员的流动、协调的困难、管理的随机性等都会使项目容易产生较大的变化。

(3) 项目经理的素质

高素质的项目经理善于在复杂多变的项目环境中应对自如、正确决策，从而使项目的变化不会造成对项目目标的影响。反之，则在这样的环境中，项目经理往往难以驾驭和控制项目。

(4) 外部因素

引起项目变化的因素不仅来源于项目自身，而且更多的是来源项目的外部。例如，不良的天气，原材料、设备的供应，法律纠纷，团队成员的消极态度以及有关方面的干预等因素都会使项目发生变化。

当然，除了上述因素以外，还有其他若干因素。例如，项目要采用新技术、新方法，项目就可能会发生变化；计划出现错误，项目需要变化；项目中原定的某项活动不能实现，项目也需要变化；项目的设计不合理，项目更需要变化等。

项目的变化更多的是来源于顾客的要求和项目团队对项目或服务的改进。随着项目的进展，顾客会越来越清楚地认识到一些在项目初期未能认识到的问题，因此会不断提出更改的要求；项目团队在项目实施过程中，也有可能不断改进技术或发现一些新的方法、工艺或材料。

毫无疑问，项目的变化会对项目产生影响，这种影响有的可能有利于项目目标的实现，但更多的则是不利于项目目标的实现。

3. 项目变化对项目的影响

一般来说，项目的变化会对项目带来以下影响。

（1）项目的目标

项目的变化可能会造成项目工期的延长或缩短，项目费用的增加或减少，项目质量的降低或提高。这种影响是项目管理人员最为关心的问题，也是最重要的问题。

（2）生产要素

由于项目的变化可能会导致对项目所需材料、设备或工具等生产要素的更新。

（3）项目组织

项目的变化也可能会导致项目组织的变更。

项目的变化可能会对以上 3 个方面都产生影响，但更多的是对有些方面产生影响，而对另一些方面则不会产生影响。这就需要项目管理人员针对具体情况作出具体分析，以便识别项目的变化对项目所产生的影响。

4. 项目变更的类型及其相互影响

（1）基于起因的项目变更类型

1）顾客引起的变更。由于顾客的需求、期望等发生变化而导致的变更即属于这一类型。例如，购房者向建筑商建议，房间应该更大些，窗户的位置应重新设置；顾客要求信息系统开发项目团队应提高信息系统的能力，以生成以前未提到过的报告和图表。这些都是由顾客引起的变更。这些变更类型代表着对最初项目范围的变更，将会对项目的进度、费用产生影响。不过，影响程度却取决于作出变更的时间。如果在房子的设计图尚未完成时，改变房子的大小和窗户的位置就比较容易；但是，如果房子的主体已完成，窗户也已安装好，要作上述变更，则对项目的进度和费用将会产生很大的影响。

2）项目团队引起的变更。项目团队在项目实施过程中发现存在的问题所提出的变更。例如，在项目实施过程中，项目团队发现项目设计方案不合理，则提出设计变更建议。

3）项目经理引发的变更。项目经理根据项目中的问题所提出的变更。例如，某位负责为顾客开发自动发票系统的承约商提出，为了降低项目成本并加快进度，自动发票系统应该采用现成的标准化软件，而不是为顾客专门设计软件。

4）计划的不完善引起的变更。在项目计划过程中，忽略了某些环节而引起的变更。例如，在建造房屋时，客户或承约商未将安装下水道列入工作范围，则应进行范围变更。

5）不可预见事件引发的变更。由于不可预见事件的发生所导致的变更。例如，地质条件的变化使得原先的设计方案不能满足要求，则需要进行设计变更；暴风雨延缓了项目实施过程，则需进行进度变更。

（2）基于内容的项目变更类型

1）需求变更。由于顾客需求的变化所导致的变更。

2）范围变更。由于项目范围的变化所导致的变更。需求方指令完成方增加或减少合同规定的工作内容。

3）基准变更。由于相关因素的变化所导致的目标变更、计划变更和方案变更等。

4）工作条件变更。由于实际工作条件不同于招标文件或合同所描述的状况，为了使得项目顺利进行而增加一些必要的工作以实现合同规定的条件。

5）设计变更。在项目实施前或实施过程中，设计图任何部分的修改或补充，项目各方主体均可提出设计变更。

6）技术标准变更。由于技术要求或技术标准等变化所引起的变更。

（3）各类变更的相互影响。

项目变更是一个系统问题，任何一项变更都不可能孤立存在，各类变更相互影响，相互作用。例如，顾客需求变化会导致需求变更，进而导致范围变更、目标变更、计划变更、工作条件变更、设计变更等。

12.4.2 项目变更的控制

1. 项目变更控制的基本要求

（1）关于变更的协议

在项目早期，项目承约方和客户之间，项目经理和项目团队之间应就有关变更方式、过程等问题进行协商，并形成文件或协议。

（2）谨慎对待变更请求

对任何一方提出的变更请求，其他各方都应谨慎对待。例如，承约方对客户提出的变更，在未对这种变更可能会对项目的工期、费用产生何种影响作出判断前，就不能随便同意变更。而应估计变更对项目进度和费用的影响程度，并在变更实施前得到客户的同意。客户同意了对项目进度和费用的修改建议后，所有额外的任务、修改后的工期估计、原材料和人力资源费用等均应列入计划。

（3）制订变更计划

无论是由客户、承约商、项目经理、项目团队成员或是由不可预见事件的发生所引起的变更，都必须对项目计划涉及的范围、预算和进度等进行修改。一旦这些变更被各方同意，就应形成一个新的基准计划。

（4）变更的实施

变更计划确定后，应采取有效措施加以实施，以确保项目变更达到既定的效果。其步骤是：

1）明确界定项目变更的目标。项目变更的目的是为了适应项目变化的要求，实现项目预期的目标。这就要求明确项目变更的目标，并围绕着该目标进行变更，做到有的放矢。

2）优选变更方案。变更方案的不同影响着项目目标的实现。一个好的变更方案将有利于项目目标的实现，而一个不好的变更方案则会对项目产生不良影响。这就存在着变更方案的优选问题。

3）做好变更记录。项目变更的控制是一个动态过程，它始于项目的变化，而终于项目变更的完成。在这一过程中，拥有充分的信息、掌握第一手资料是做出合理变更的前提条件。这就需要记录整个变更过程，而记录本身就是项目变更控制的主要内容。

4）及时发布变更信息。项目变更最终要通过项目团队成员来实现，所以项目变更方案一旦确定以后，应及时将变更的信息和方案公布于众，使项目团队成员能够掌握和领会变更方案，以调整自己的工作方案，朝着新的方向去努力。同样，变更方案实施以后，也应通报实施效果。

2. 项目变更控制要点

不同类型的项目变更控制，其变更控制实施的前提、控制的工具和技术、变更控制的作用等各有不同。现以范围变更控制为例，作简单叙述。

项目范围变更是指由于项目范围的变化所导致的变更过程。项目范围变化及控制不是孤立的，它与项目的工期、费用和质量密切相关。因此，在进行项目范围变更控制的同时，应全面考虑对其他因素的控制。

（1）范围变更控制实施的基础和前提

范围变更控制实施的基础和前提包括以下几方面：

1）进行工作任务分解。建立工作任务分解结构是确定项目范围的基础和前提。

2）提供项目实施进展报告。提供项目实施进展报告就是要提供与项目范围变化有关的信息，以便了解哪些工作已经完成、哪些工作尚未完成、哪些问题将会发生,这些将会如何影响项目的范围变化等。

3) 提出变更要求。变更要求的提出一般以书面的形式,其方式可以是直接的也可以是间接的。变更要求的提出可以是来自项目内部,也可能来自项目外部;可以是自愿的,也可能是被迫的。

4) 项目管理计划。项目管理计划应对变更控制提出明确要求和有关规定,以使变更控制做到有章可循。

(2) 范围变更控制的工具和技术

1) 范围变更控制系统,包括组织系统。该系统由来自多方的项目利益相关者组成,不同的利益相关者在变更过程中所承担的角色各有不同。该系统包括:控制程序、控制方法和控制责任体系;文档记录系统;变更跟踪监督系统;变更请求的审批授权系统。

该系统用于明确项目范围变更处理程序,包括计划范围文件、跟踪系统和偏差控制与决策机制。范围变更控制系统应与全方位变化控制系统相集成,特别是与输出产品密切相关的系统集成。这样才能使范围变更控制与其他目标或目标变更控制的行为相兼顾。当要求项目完全按合同要求运行时,项目范围变更控制系统还必须与所有相关的合同要求相一致。

2) 项目进展报告。项目进展报告应反映已经发生的项目范围变化,而且应说明导致项目范围变化的原因。

3) 计划调整。为有效进行项目范围的变更与控制,应不断进行项目工作任务的再分解,并以此为基础,建立多个可供选择及有效的计划更新方案。

(3) 项目范围变更程序

项目范围变更程序如图 12-18 所示。

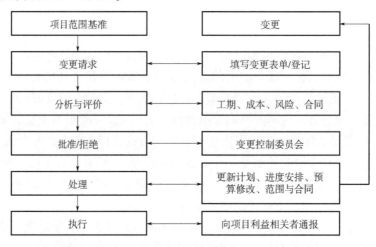

图 12-18 范围变更程序

(4) 项目范围变更的权衡因素

项目范围变更不仅涉及项目范围,而且将会对项目的时间、费用、质量等因素产生影响,如图 12-19 所示。这就需要进行权衡,在确定的需求范围内,全方位满足相关方的要求。

(5) 项目范围变更控制的输出

项目范围变更控制的输出主要体现在以下几个方面:

1) 合理调整项目范围。范围变更是指对已经确定的、建立在已审批通过的 WBS 基础上的项目范围所进行的调整与变更。项目范围变更常常伴随着对成本、进度、质量或项目其他目标的调整和变更。

2) 纠偏行动。由于项目的变化所引起的项目变更偏离了计划轨迹,从而产生了偏差。为保证项目目标的顺利实现,就必须进行纠正。所以,从这个意义上来说,项目变更实际上就是一种纠偏

第 12 章 项目计划的执行与控制 279

图 12-19 项目范围变更的权衡因素

行动。

3) 总结经验教训。导致项目范围变更的原因、所采取的纠偏行动的依据及其他任何来自变更控制实践中的经验教训，都应该形成文字、数据和资料，以作为项目组织保存的历史资料。

12.4.3 变更控制案例

某工程项目从产生变更的相关方进行分类，项目的变更可能有建设方、施工总包方和设计方 3 种类型。一般来说，应依据不同类型的变更建立相应的变更控制流程。图 12-20 为施工总包方的变更控制程序，从图中可以看出，施工总包方的变更如要改变质量、突破工期和合同价款，则需要取得建设方的批准。一般只有不改变三大目标的情况下，施工总包方的变更才会被批准。

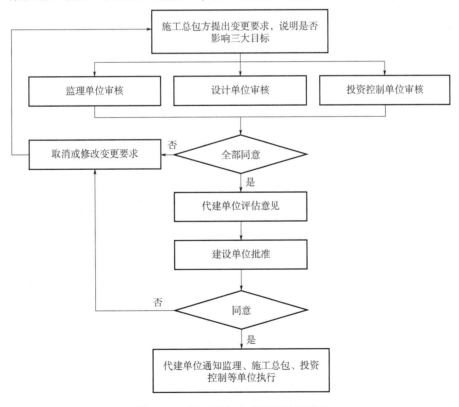

图 12-20 施工总包方变更的处理流程

第 13 章 项目质量管理

本章要点

项目质量管理综述,包括项目质量定义、项目质量管理概念、项目质量管理原则;项目质量管理的基本原理,包括系统原理、PDCA循环原理、全面质量管理原理、质量保证原理、合格控制原理、监督原理;项目质量管理基本过程,包括规划质量管理、质量保证、质量控制;质量控制的基本工具,包括质量数据、直方图法、因果分析图法、排列图法、控制图法、6西格玛项目质量管理方法等。

13.1 项目质量管理综述

13.1.1 项目质量定义

1. 项目质量

项目质量的主体是项目,项目的结果可能是有形产品,也可能是无形产品,更多的则是两者的结合。例如,工程项目质量就包括建筑工程产品实体(有形产品)和服务(无形产品)这两类特殊产品的质量;产品研发项目的交付物是设备、仪器;软件开发项目的交付物是软件。从这个意义上来说,项目质量与一般质量的概念并无本质的区别。项目质量就是项目满足项目相关方要求的程度。满足要求就是应满足明示的、通常隐含的和必须履行的需要和期望。对项目质量的要求来源于项目的各相关方,满足各方要求的程度反映出项目质量的好坏。

国际项目管理专业资质认证标准(IPMA Competence Baseline 3.0,ICB 3.0)就项目质量的定义为:项目的质量是一系列满足项目需求的内在特性需要达到的程度。通过项目的质量,让客户满意来实现长期业务组织的发展和成功。项目质量的基础是长期性组织中的质量管理实践,并对项目的过程和结果产生重要影响。

根据项目的一次性特点,项目质量取决于由WBS所确定的项目范围内所有的阶段、子项目、各工作单元的质量,即项目的工作质量。要保证项目质量,首先应保证工作质量。

2. 项目质量特性

项目作为一种特殊的产品,除具有一般产品所共有的质量特性,如性能、寿命、可靠性、安全性、经济性等满足社会需要的价值及其属性外,还应具有其特定的内涵。例如,建设工程项目质量的特性主要表现为以下几个方面。

(1)适用性

适用性即项目功能,是指工程项目满足使用目的的各种性能,包括理化性能、结构性能、使用性能、外观性能等。

(2)耐久性

耐久性即寿命,是指工程项目在规定的条件下,满足规定功能要求使用的年限,即工程竣工后的合理使用生命周期。

(3)安全性

工程项目建成后,在使用过程中保证结构安全、保证人身和环境免受危害的程度就是工程项目的安全性。建设工程项目的结构安全度，抗震、耐火及防火能力，抗辐射、抗爆炸波等能力，是否达到特定的要求，都是安全性的重要标志。

（4）可靠性

工程项目在规定的时间和规定的条件下完成规定功能的能力即为可靠性。工程项目不仅在交付使用时应达到规定的指标，而且在一定的使用时期内应保持应有的正常功能。如工程项目的防洪与抗震能力，工业生产用的管道防"跑、冒、滴、漏"等，均属于可靠性的质量范畴。

（5）经济性

工程项目从规划、勘察、设计、施工到整个项目使用的全生命周期内的成本和消耗的费用反映了项目的经济性。工程项目的经济性具体由设计成本、施工成本、使用成本三者体现。所以，判断工程项目的经济性必须从项目的全生命周期考虑，而不能仅考虑项目的某一阶段所需要的费用。

（6）与环境的协调性

工程项目应与其周围的生态环境相协调，与所在地区经济环境相协调，与周围已建工程相协调，以适应可持续发展的需要。

工程项目的这些质量特性是相辅相成的。就总体而言，工程项目都必须达到这些要求，但对于不同类型的工程，则有不同的侧重面。

3. 项目质量形成过程及影响因素分析

（1）项目形成各阶段对质量形成的作用及影响

项目形成的各阶段对项目质量的形成都会产生影响，但不同的阶段对项目质量影响的程度也不相同。

1）项目概念阶段。项目的概念阶段主要进行项目的可行性研究及项目的决策。项目的可行性研究需要确定项目的总体质量要求，并与项目的费用目标相协调。所以，项目的可行性研究直接影响项目的决策质量和项目的开发质量。项目的决策是通过项目的可行性研究和项目评估，对项目的方案做出决策，使项目能充分反映顾客的意愿，并使项目的费用、质量、时间等目标达到协调和平衡。所以，项目决策阶段对项目质量的影响主要是确定项目应达到的质量目标和水平。

可见，项目概念阶段对项目质量的形成是至关重要的。

2）项目开发阶段。项目开发阶段需要界定项目的范围，明确项目的方案，进行项目规划，设计项目质量。项目开发阶段是决定项目质量的关键环节。因为在这一阶段，项目的质量目标和水平将通过对项目的策划、研究、构思、设计和描绘而得以具体体现。"质量是设计出来的，而不是加工出来的"准确反映了项目开发阶段对项目质量形成的重要性。

3）项目实施阶段。项目实施是按照项目开发阶段所提出的要求、规划，将项目意图付诸实现最终形成项目成果的活动。只有通过实施，项目才能变为现实。所以，项目实施决定了项目意图能否体现，它直接关系到项目的最终成果，在一定程度上，项目实施是形成项目质量的决定性环节。

4）项目收尾阶段。项目收尾阶段需要对项目质量进行验收，考核项目质量是否达到预期要求；是否符合决策阶段确定的质量目标和水平，并通过验收确保项目质量。可见，项目收尾阶段对项目质量的影响是对项目质量的确认和项目最终成果质量的保证。

（2）影响项目质量的因素

影响项目质量的因素是多方面的，并且不同的项目影响的因素会有所不同。但是，无论任何项目，也无论在任何阶段，影响项目质量的因素可以归纳为"人、机、料、法、环"五类因素，即人（Man）、机械（Machine）、材料（Material）、方法（Method）和环境（Environment），简称"4M1E因素"。

1）人对项目质量的影响。ISO9000—2015《质量管理体系 基础和术语》所提出的7项质量管理原则的第三条为"全员参与"。该条原则充分体现了人与质量的关系。就项目而言，人是项目活动的主体，具体体现在：项目的决策者是人；项目的管理者是人；项目的操作者也是人。项目的所有环节、所有阶段都是通过人来完成的。所以，人将会对项目质量产生最直接、最重要的影响。人对于项目质量的影响程度取决于人的素质和质量意识。人的素质包括人的知识、经验、能力、职业道德、身体素质等。项目的参与人员应具备与其所承担的工作相适应的专业知识、文化水平、技术水平、工作经验、决策能力、管理能力、组织能力、作业能力、控制能力、创新能力；应具备最基本的职业道德和身体素质。人的质量意识是指人对于项目质量重要性的认识及对项目质量所持的态度。项目的参与者如果对项目质量的重要性无足够的认识，将会导致对项目质量不重视、项目质量控制不严格等一系列问题，也就不可能使项目的相关方达到满意状态。

2）机械设备对项目质量的影响。项目中的机械设备分为两类：一类是构成项目本身的机械设备、机具等。例如，建筑工程项目中的电梯、通风设备等机械设备构成了建筑设备安装工程或工业设备安装工程，形成了完整的使用功能。另一类是项目形成过程中使用的各类机具设备、仪器等。例如，软件开发项目中使用的计算机。这类设备是项目实施的手段，将会直接影响项目质量。当然，不同类型的项目，其机械设备对项目质量的影响程度不一，有些是较为重要的因素，有些则可能是较为次要的因素。因此，在项目进行过程中，应有针对性地加以分析，以明确机械设备对项目质量可能会造成的影响。

3）材料对项目质量的影响。材料泛指构成项目实体的各类原材料、构配件、半成品等，是形成项目的物质条件，是项目质量的基础。材料的选用是否合理、质量是否合格、是否经过检验、保管是否恰当等，都将会直接影响项目质量，甚至会造成质量事故。使用不合格材料是产生质量问题的根源之一。所以，在项目进行过程中，加强对材料的质量控制，杜绝使用不合格材料是项目质量管理的重要内容。

4）方法对项目质量的影响。方法是指项目实施所采用的工艺方案、技术方案、作业方案和组织方案等。在项目实施过程中，选用方法的合理性、先进性、可靠性、科学性都将会对项目质量产生重大影响。方法合理、先进、可靠、科学将会大大促进项目质量的提高，反之则可能降低项目质量。方法选择失误，往往会对项目质量的保证造成重大障碍。所以，采用成熟的新技术、新工艺、新方法，不断提高方法的科学性和可靠性，是保证项目质量稳定提高的重要因素。

5）环境条件对项目质量的影响。环境条件是指对项目质量产生影响的环境因素。不同类型的项目，其环境条件会有很大不同。例如，工程项目的环境条件包括工程技术环境，如工程地质环境、水文、气象等；工程作业环境，如施工环境、防护设施等；工程管理环境，如工程实施的合同结构与管理关系的确定、组织体制及管理制度等；周边环境，如工程项目邻近的地下管线、构筑物等。而产品开发项目的环境条件就比工程项目的环境条件简单。但无论环境条件简单还是复杂，都会对项目质量产生特定的影响，只不过是影响的程度不同而已。因此，在项目进行过程中，应对项目的环境条件加以认真分析，有针对性地采取措施，进行环境管理，改善环境条件，创造有利于保证项目质量的环境。

如果根据性质划分，影响项目质量的因素又可分为偶然因素和系统因素。

1）偶然因素。偶然因素是指随机发生的因素。这类因素一般是不可避免的，其对项目质量所造成的影响较小，往往在允许的范围之内。

2）系统因素。系统因素是非随机发生的，是不正常行为所导致的。这类因素对项目质量所造成的影响较大，往往超出允许范围。通过采取有效措施，这类因素是可以避免的。

4. 项目质量的特点

项目质量的特点是由项目的特点所决定的。不同的项目，项目质量的特点可能有所不同，但总的来说，无论何种项目都具有以下特点。

（1）影响因素多

项目需要经历若干阶段、一定周期才能完成。在不同的阶段、不同的时期，影响质量的因素是变化的，且有些因素是已知的，有些因素则可能是未知的，所以可以将影响项目质量的因素集看成是一个灰色系统。

（2）项目目标的制约性

项目具有多目标属性，而目标之间存在着对立统一的关系。项目的质量与项目的时间、费用等目标之间既相互统一，又相互矛盾。

（3）质量的变异性

质量的变异性是指质量指标的不一致性。项目与一般工业产品的生产不同，无固定的生产流水线，无规范化的生产工艺和完善的检测技术，无成套的生产设备和稳定的生产环境，所以项目质量易产生波动。同时，由于影响项目质量的偶然因素和系统因素比较多，其中任意一个因素的变化，都会使项目质量产生波动。

（4）评价方法的特殊性

对项目质量的评价不同于对一般产品质量的评价，且不同类型的项目，其质量评价方法也不相同。

13.1.2 项目质量管理概念

项目管理知识体系指南（PMBOK®指南）（第5版）关于项目质量管理的定义：项目质量管理包括执行组织确定质量政策、目标与职责的各过程和活动，从而使项目满足预定的需求。项目质量管理在项目环境内使用政策和程序，实施组织的质量管理体系，并以执行组织的名义，适当支持持续的过程改进活动。项目质量管理确保项目需求（包括产品需求）得到满足和确认。

项目质量管理过程包括：

1) 规划质量管理——识别项目及其可交付成果的质量要求和/或标准，并书面描述项目将如何证明符合质量要求的过程。

2) 实施质量保证——审计质量要求和质量控制测量结果，确保采用合理的质量标准和操作性定义的过程。

3) 控制质量——监督并记录质量活动执行结果，以便评估绩效，并推荐必要的变更的过程。

ICB 3.0 关于项目质量管理的定义：项目质量管理的过程贯穿于从初始的项目定义到项目过程、项目团队的管理、项目的交付物和项目收尾的所有项目阶段和项目的每个部分。项目的质量管理是项目、大型项目、项目组合管理的主要内容，也是全面质量管理的一部分。项目的质量管理要求每个团队成员的参与。项目质量管理与其长期性组织的质量管理实践密切相关。长期性组织的质量管理包括制定质量方针、目标和职责，并且以质量计划、标准运作程序以及运用质量管理体系进行改进。

综上所述，项目质量管理是指围绕项目质量所进行的指挥、协调、控制等活动，是项目管理的重要内容之一；是由优化的质量方针、质量计划、组织结构、项目过程中的活动以及相应的资源所组成，包括为确保项目能够满足质量需求所展开的过程和整体管理职能的所有活动。这些活动包括确定质量政策、目标和责任。在项目生命周期内，需要持续使用质量计划、质量控制、质量保证和改进措施，最大限度地满足顾客的需求和期望，并争取最大的顾客满意度。项目的质量管理要求每个团队成员的参与，他们都应该意识到，质量是项目成功的基础。项目的质量是通过让客户的满意，来实现在长期业务组织中的发展和成功。

13.1.3 项目质量管理原则

ISO9000—2015《质量管理体系 基础和术语》在总结质量管理实践经验的基础上，用高度概括的语言表达了质量管理最基本、最通用的一般规律，这就是质量管理7项原则。这7项原则同样是指导项目质量管理的重要原则，只不过需要赋予项目的内涵和特点。

1. 以顾客为关注焦点

质量管理的主要关注点是满足顾客要求并且努力超越顾客期望。组织只有赢得和保持顾客和其他相关方的信任才能获得持续成功。与顾客互动的每个方面都提供了为顾客创造更多价值的机会，理解顾客和其他利益相关者对当前和未来的需求有助于组织的持续成功。在项目质量管理中，项目的相关主体应明确自己的顾客是谁；应调查顾客的需求和期望是什么；应研究如何满足顾客的需求，提高顾客的满意度。

在项目进展过程中，为了做到"以顾客为关注焦点"，项目的相关主体应采取以下主要措施：

1）辨别从组织获得价值的直接和间接的顾客。
2）理解顾客当前和未来的需求和期望。
3）将组织的目标与顾客的需求和期望联系起来，确保本组织的各项目标，包括质量目标，能直接体现顾客的需求和期望。
4）确保顾客的需求与期望在整个组织中得以沟通，使得本组织的所有员工都能及时了解顾客需求的内容、细节和变化，并采取措施以满足顾客的要求。
5）对产品和服务进行策划、设计、开发、生产、交付和支持，以满足顾客的需求和期望。
6）有计划、系统地测量和监视顾客满意程度并针对结果采取必要的改进措施，与顾客保持良好的关系，力求做到使顾客满意。
7）在重点关注顾客的前提下，确保兼顾其他相关方的利益，使组织得到全面、持续的发展。
8）积极管理与顾客的关系，以实现持续成功。

2. 领导作用

组织的领导者是"在最高层指挥和控制组织的一个人或一组人。"在项目管理中，任一相关方的领导者都需要针对项目的特点和要求，建立统一的质量宗旨和目标，应当创造并保持使项目的所有参与者都能充分参与实现项目质量目标的内部环境，以实现组织的质量目标。为此，领导者应做好确定方向、策划未来、激励员工、协调活动和营造一个良好的内部环境等工作。对项目质量的保证并使项目的所有相关方都满意，领导者的作用、承诺及积极参与这是至关重要的。

在项目质量管理中，实施本原则应采取的主要措施包括：

1）在整个组织内，就其使命、愿景、战略、方针和过程进行沟通。
2）在组织的所有层级创建并保持共同的价值观、公平以及道德的行为模式。
3）创建诚信和正直的文化。
4）鼓励整个组织对质量的承诺。
5）确保各级领导者成为组织人员中的楷模。
6）为人员提供履行职责所需要的资源、培训和权限。
7）为项目编制可行的质量计划。
8）对员工在项目质量管理方面的贡献予以肯定和激励。

3. 全员参与

各级人员是组织之本，只有他们的充分参与，才能使他们的才干为组织带来收益。组织的质量管理不仅需要最高管理者的正确领导，还有赖于全员的参与。

实施本原则应采取的主要措施有：

1）对员工进行职业道德的教育，使员工了解其贡献的重要性和在组织中的作用。
2）能识别影响其工作的制约条件，使其能在一定的制约条件下取得最好的效果。
3）使员工有一定的自主权，并承担解决问题的责任。

4）组织的总目标分解到各有关部门和层次，并评价员工的业绩。

5）启发员工积极寻找机会来提高自己的能力、知识和经验。

6）提倡自由地分享知识和经验，使先进的知识和经验成为共同的财富。

4. 过程方法

任何利用资源并通过管理，将输入转化为输出的活动，均可视为过程。所谓过程方法是指系统地识别和管理组织所应用的过程，特别是这些过程之间的相互作用。过程方法的目的是获得持续改进的动态循环，并使组织的总体业绩得到显著的提高。过程方法通过识别组织内的关键过程，随后加以实施和管理并不断进行持续改进来达到顾客满意。

实施本原则的主要措施包括：

1）识别质量管理体系所需要的过程，包括管理活动、资源管理、产品实现和测量有关的过程，确定过程的顺序和相互作用。

2）确定每个过程为取得所期望的结果所必须开发的关键活动，并明确管理好关键过程的职责和义务。

3）确定对过程的运行实施有效控制的准则和方法，并实施对过程的监视和测量，包括测量关键过程的能力。

4）对过程的监视和测量的结果进行数据分析，发现改进的机会，并采取措施，以提高过程的有效性和效率。

5）评价过程结果可能产生的风险、后果及对顾客、供方和其他相关方的影响。

5. 改进

影响项目质量的因素在变化，顾客的需求和期望在变化，这就要求项目的相关方应不断地改进其工作质量，提高质量管理体系及过程的效果和效率，以满足顾客和其他相关方日益增长和不断变化的需求与期望。只有坚持持续改进，项目质量才能得到不断完善和提高。项目质量的持续改进是无止境的，应成为项目进展过程中的一个永恒的主题。

实施本原则应采取的主要措施有：

1）在组织的所有层级建立改进目标和实施指南。

2）使持续改进成为一种制度。

3）对员工进行持续改进的方法和工具方面的培训，以实现改进目标。

4）确保员工有能力成功地筹划和完成改进目标。

5）跟踪、评审和审核改进项目的计划、实施、完成和结果。

6）对改进的结果加以肯定，并加以推广应用。

6. 循证决策

在项目质量管理过程中，决策将会随时伴随其中。决策的有效性将决定质量管理的有效性。而有效的决策应建立在数据和信息分析的基础上。基于数据和信息的分析和评价的决定，更有可能产生期望的结果。决策者应采取科学的态度，以事实或正确的信息为基础，通过合乎逻辑的分析，做出正确的决策。在质量管理过程中，必须避免盲目的决策或只凭个人的主观意愿的决策。

实施本原则应采取的主要措施包括：

1）确定、测量和监视证实组织绩效的关键指标。

2）明确规定应收集信息的种类、渠道和职责，并有意识地收集与项目质量目标有关的各种数据和信息。

3）对所采集的数据和信息进行鉴别，确保其准确性和可靠性。

4）采取各种有效方法，分析、处理所采集的数据和信息；在分析时，应采用适当的统计技术。

5）建立完整的质量管理信息系统，确保信息渠道的畅通。

6）根据对事实的分析、积累的经验和直觉判断等进行综合决策，并采取措施实现决策。

7. 关系管理

项目的相关方会对项目质量产生各种影响。当项目相关方对项目质量产生积极影响时，项目质量才能得以保证。这就需要加强对项目相关方的关系管理，尤其是对供方及其合作伙伴的关系管理。供方提供给项目的资源将对项目质量产生重要的影响。项目的完成方与供方是相互依存、互利互惠的关系，这种关系可增强双方创造价值的能力。处理好与供方的关系，将对完成方是否能向顾客提供满意的项目成果产生影响。因此，对供方不仅要讲控制，还要讲互利合作，这对完成方和供方都是有利的，是一种双赢战略。

实施本原则应采取的主要措施有：

1）确定相关方及其与组织的关系。
2）合理选择重要的供方。
3）建立、权衡短期利益和考虑长远因素之间的关系。
4）收集并与相关方共享信息、专业知识和资源。
5）与相关方之间创造一个通畅和公开的沟通渠道，及时解决有关问题。
6）与相关方确定合作开发和改进活动。
7）对相关方的改进及其成果给予承认和鼓励。

13.1.4 项目质量管理的基本原理

项目质量管理可归纳为 7 个基本原理，即系统原理、PDCA 循环原理、全面质量管理原理、质量控制原理、质量保证原理、合格控制原理、监督原理。

1. 系统原理

项目质量管理的对象是项目，项目是由不同的环节、不同的阶段、不同的要素所组成，项目的各环节、各阶段、各要素之间存在着相互矛盾又相互统一的关系；项目具有众多目标，既有总目标，又有子目标，总目标之间、总目标与子目标之间、子目标与子目标之间同样存在着相互矛盾又相互统一的关系。可见，项目是一个有机整体，是一个系统。

从项目质量管理的主体来看，项目的质量管理是由项目的相关方共同进行的。项目的各个相关方也存在着相互矛盾又相互统一的关系。

无论是从项目质量管理的主体还是从管理的客体，都是一个完整的体系。因此，在项目质量管理过程中，应运用系统原理进行系统分析，用统筹的观念和系统方法对项目质量进行系统管理，从而使得项目总体达到最优。

2. PDCA 循环原理

（1）PDCA 循环的基本内容

在项目质量管理过程中，无论是对整个项目的质量管理，还是对项目的某一个质量问题所进行的管理，都需要经过从质量计划的制订到组织实施的完整过程。首先要提出目标，即质量达到的水平和程度，然后需要根据目标制订计划，这个计划不仅包括目标，而且包括为实现项目质量目标需要采取的措施。计划制订后，就需要组织实施。在实施的过程中，需要不断检查，并将检查结果与计划进行比较，根据比较的结果对项目质量状况作出判断。针对质量状况分析原因并进行处理。这个过程可归纳为 PDCA 循环。这里的 P 表示计划（Plan），D 表示实施（Do），C 表示检查（Check），A 表示处理（Action）。这是由美国著名管理专家戴明博士首先提出的，所以也称为"戴明环"。PDCA 循环可分为 4 个阶段、8 个步骤，如图 13-1 所示。

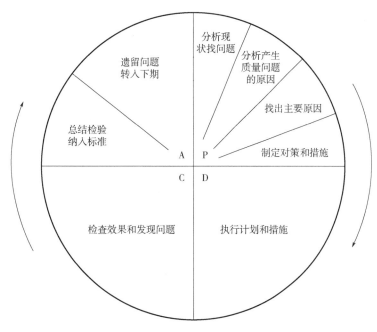

图 13-1 PDCA 循环的 4 个阶段 8 个步骤

第一阶段是计划阶段（P 阶段）。

该阶段的主要工作是制定项目质量管理目标、活动计划和管理项目的具体措施。这一阶段的具体工作步骤分为四步：

第一步是分析质量现状，找出存在的质量问题。这就要有质量问题意识和改善质量的意识，并要用数据说话。

第二步分析产生质量问题的各种原因或影响因素。

第三步从各种原因中找出影响质量的主要原因或因素。

第四步针对影响质量的主要原因或因素制定对策，拟定改进质量的管理、技术和组织措施，提出执行计划和预期效果。在进行这一步工作时，需要明确回答 5W1H 问题，即：

1）为什么要提出这样的计划，采取这些措施？为什么需要这样改进？回答采取措施的原因（Why）？

2）改进后要达到什么目的？有何效果（What）？

3）改进措施在何处（哪道工序、哪个环节、哪个过程）进行（Where）？

4）计划和措施在何时执行和完成（When）？

5）由谁来执行（Who）？

6）用何种方法完成（How）？

第二阶段是实施阶段（D 阶段）。

该阶段的主要工作任务是按照第一阶段所制订的计划，采取相应措施组织实施。这是管理循环的第五步，即执行计划和措施。在实施阶段，首先应做好计划措施的交底和落实，包括组织落实、技术落实和物资落实。有关人员需要经过训练、考核，达到要求后才能参与实施。同时应采取各种措施保证计划得以实施。

第三阶段是检查阶段（C 阶段）。

这一阶段的主要工作任务是将实施效果与预期目标对比，检查执行的情况，判断是否达到了预期效果。再进一步查找问题。这是管理循环的第六步，即检查效果、发现问题。

第四阶段是处理阶段（即 A 阶段）。

这一阶段的主要工作任务是对检查结果进行总结和处理。这一阶段分两步，即管理循环的第七步和第八步。第七步是总结经验，纳入标准。经过第六步检查后，明确有效果的措施，通过制订相应的工作文件、规程、作业标准以及各种质量管理的规章制度，总结好的经验，巩固成绩，防止问题的再次发生。第八步是将遗留问题转入下一个循环。通过检查，找出效果尚不显著的问题所在，转入下一个管理循环，为下一期计划的制订或完善提供数据资料和依据。

上述 PDCA 循环的 4 个阶段 8 个步骤以及所采用的方法或措施见表 13-1。

表 13-1　PDCA 循环 4 个阶段 8 个步骤及相应的方法或措施

阶段	步骤		方法或措施	说明
P	1	分析现状，找出质量问题	排列图	查找影响项目质量的主次因素
			直方图	显示质量分布状态，并与标准对比，判断是否正常
			控制图	观察控制质量特性值的分布状况，判断项目进展过程中有无异常因素影响，用于动态控制
	2	分析影响质量的原因	因果分析图	寻找某个质量问题的所有可能的原因，分析主要矛盾
	3	找出主要原因	相关图或排列图	观察分析质量数据之间的相关关系
	4	制订措施计划	对策表	确定问题，制定对策，研究措施和落实有关部门、执行人及实现时间
D	5	执行措施计划	下达落实计划中心措施	
C	6	检查效果发现问题	与步骤一相同	
A	7	总结经验纳入标准	修订规程、工作标准，提供规范修订数据	标准化
	8	遗留问题转入下一循环	反馈到下一循环的计划中	重新开始新的 PDCA 循环问题

（2）PDCA 循环的特征

如图 13-2 所示，PDCA 环是一个不断循环的过程，每一个过程实际上也是一个 PDCA 的子环，即大环套小环；每一次 PDCA 循环的最后阶段，都需要总结经验和教训，研究改进和提高的措施，制定新的实施标准，并按照新的措施和标准组织实施，使得下一个 PDCA 循环在新的基础上转动，从而达到更高的水平，使项目质量总是处于上升的趋势，即阶梯式上升。

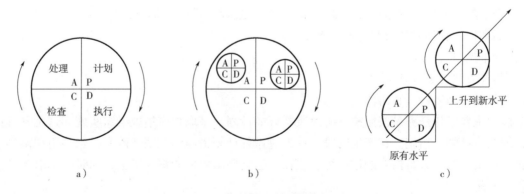

图 13-2　PDCA 循环的特征
a）PDCA 环　b）大环套小环　c）阶梯式上升

3. 全面质量管理原理

全面质量管理是世界各国普遍采用的先进的质量管理方法，其内涵是指质量管理的范围不是仅限于产品质量本身，而是包含质量管理的各个方面，即将质量管理工作从生产扩大到设计、研制、生产准备、材料采购、生产制造、销售和服务等各个环节；将产品质量扩大到工序质量、工作质量和管理质量。所以，全面质量管理是一种涵盖全员、全面、全过程的质量管理体系。

在项目质量管理中，运用全面质量管理的思想，就是将项目的质量管理对象、过程、活动、主体等看成一个有机整体，对影响项目质量的各种因素，从宏观、微观、人员、技术、管理、方法、环境等各方面进行综合管理，以实现项目的综合目标。

全面质量管理在项目质量管理中的应用需要强化几个重要思想。

(1) 质量效益的思想

质量与效益既相互统一又相互矛盾。统一的一面体现在，合理的质量可以减少质量事故，降低项目的返工费和维修费，同时又可以降低项目的运营费用；矛盾的一面体现在，质量越高，需要的费用就越高，项目的效益可能就会降低。所以，项目的相关方在追求质量的同时还需要追求经济效益。但是，追求效益必须以不断提高项目质量为前提，走质量效益型的发展道路。

(2) 以人为本的思想

在影响项目质量的诸因素中，人的因素是首要因素。提高项目质量的根本途径在于不断提高所有项目参与者的素质，充分调动和发挥人的积极性和创造性。在项目进行过程中，倡导树立质量精神和培养质量意识，创建项目质量文化，增强凝聚力。通过目标管理、质量管理小组活动、合理化建议活动等形式，使每个人都明确项目的质量目标，并参与项目的质量管理。

(3) 预防为主的思想

全面质量管理强调"预防为主"，这是与传统质量管理的重要区别。在项目质量管理中，预防为主就是要预先分析影响项目质量的各种因素，找出主导性因素，并采取措施加以控制，变"事后把关"为主为"事前预防"为主，使质量问题消灭在质量形成过程之中，做到防患于未然。

(4) 技术与管理并重的思想

项目质量与项目所采用的技术是密切相关的。这里所指的技术包括专业技术、实施方法和管理技术等。合理的技术方案，再加上科学、完善的管理，才能使项目质量得以保证；如果技术方案选择不合理，管理再完善也难以保证项目质量。因此，技术是保证项目质量的基础，质量管理是实现项目质量目标的重要途径，两者同等重要。

(5) 注重过程的思想

项目的最终质量是项目的交付物质量，是结果质量，是项目的工序质量和工作质量综合影响的结果。工序质量是指人员、机械、材料、方法和环境等 5 个方面的综合质量。工作质量是指项目参与者在完成项目的过程中其工作符合要求的程度。工序质量和工作质量是在项目实施过程中形成的，因此可称为过程质量。过程质量能够得到保证，项目质量就能得到保证。项目质量管理不是就事论事，它不仅是注重结果，更重要的是注重过程。

4. 质量控制原理

质量控制是质量管理的一部分，致力于满足质量要求。质量控制的目标就是确保项目质量能满足顾客、法律法规等方面所提出的质量要求。质量控制的范围涉及项目形成全过程的各个环节。项目质量受到质量环各阶段质量活动的直接影响，任一环节的工作未做好，都会使项目质量受到损害而不能满足质量要求。质量环各阶段质量活动是由项目性质决定的，根据项目形成的工作流程，由掌握了必需的技术和方法的人员进行一系列有计划、有组织的活动，使之转化为满足质量要求的项目。为了保证项目质量，这些活动必须在受控的状态下进行。

项目质量控制的工作内容包括了作业技术和活动，即包括专业技术和管理技术两方面。围绕着质量环每一阶段的工作，应对影响项目质量的人员、机械、材料、方法、环境因素进行控制，并对质量活动的成果进行分阶段验证，以便及时发现问题，查明原因，采取相应的纠正措施，防止质量问题的再次发生，并使质量问题在早期得以解决，以减少经济损失。因此，质量控制应贯彻预防为主与检验把关相结合的原则。同时，为了保证每项质量活动的有效性，质量控制必须对干什么、为何干、怎样干、谁来干、何时干、何地干等作出规定，并对实际质量活动进行监控。

5. 质量保证原理

项目的质量保证致力于提供质量要求会得到满足的信任。要使用户能"信任"，项目实施者应加强质量管理，完善质量体系，对项目应有一套完善的质量控制方案、办法，并认真贯彻执行；对实施过程及成果进行分阶段验证，以确保其有效性。在此基础上，项目实施者应有计划、有步骤地采取各种活动和措施，使用户能了解其实力、业绩、管理水平、技术水平以及对项目在设计、实施各阶段主要质量控制活动和内部质量保证活动的有效性，使对方建立信心，相信完成的项目能达到所规定的质量要求。所以，质量保证的主要工作是促使完善质量控制，以便准备好客观证据，并根据对方的要求有计划、有步骤地开展提供证据的活动。

可见，质量保证的作用是从外部向质量控制系统施加压力，促使其更有效地运行，并向对方提供信息，以便及时采取改进措施。

内部质量保证是为使组织领导"确信"本组织所完成的项目能满足质量要求所开展的一系列活动。组织领导对项目质量负全责，一旦出现质量事故，则要承担法律和经济责任。而项目的一系列质量活动是由项目经理部或项目团队进行的。虽然项目团队明确了职责分工，也有相应的质量控制方法和程序，但是，是否严格按程序进行，这些方法和程序是否确实有效，这就需要组织领导来组织一部分独立的人员（国外称质量保证人员）对直接影响项目质量的主要质量活动实施监督、验证和质量审核活动（即内部质量保证活动），以便及时发现质量控制中的薄弱环节，提出改进措施，促使质量控制能更有效地实施，从而使领导"放心"。所以，内部质量保证是组织领导的一种管理手段。

6. 合格控制原理

在项目实施过程中，为保证项目或工序质量符合质量标准，及时判断项目或工序质量合格状况，防止将不合格品交付给用户或使不合格品进入下一道工序，必须借助于某些方法和手段，检测项目或工序的质量特性，并将测得的结果与规定的质量标准相比较，从而对项目或工序做出合格、不合格或优良的判断（称为合格性判断）；如果项目或工序不合格，还应做出适用或不适用的判断（称为适用性判断），这一过程就称为合格控制。合格控制贯穿于项目进行的全过程。

可见，合格控制是确定项目阶段性成果及最终成果是否符合规定的要求。其质量的含义是静态的符合性质量。

合格控制的基本环节是：量测（检测）、比较、判断和处理。

（1）量测

为了对项目阶段性成果或最终成果的质量状况作出判断，需要采集相关数据，而采集数据的必要手段是量测。因此，在项目的质量管理过程中，必须具备必要的量测仪器或手段，且需要保证量测仪器或手段的可靠性和准确性。同时需要设计合理的量测方案，如量测点的数量、量测点的分布等。

（2）比较

比较就是将实际采集的质量数据与计划或标准相对比，以便发现所存在的偏差。

（3）判断和处理

这一环节是合格控制的最终环节，也是最重要的环节。其主要工作是根据比较的结果，采用科学、可靠的方法加以判断，并根据判断的结果采取相应措施进行处理。

7. 监督原理

项目的承揽方作为独立的项目实施方，其质量行为始终受到实现最大利润这一目标的制约。这种最大利润是在保证和提高项目质量或服务质量的前提下，通过提高工作效率取得，还是通过偷工减料、降低质量获得，这显然是两种完全不同的利润获得方式。前者是正当的，后者是不正当的。为了减少出现不正当的获利行为，减少质量问题的发生，进行质量监督是必要的。

质量监督包括政府监督、社会监督、第三方监督和自我监督。

1）政府监督。基本上是一种宏观监督，包括质量的法制监督、各种相关法规实施状况的监督、行业部门或职能部门的行政监督等。政府监督一般是属于强制性的。例如，工程质量监督站对工程项目的质量监督就是一种形式的政府监督。

2）社会监督。就是通过舆论、社会评价、质量认证等行为对项目质量的监督。这种监督对项目质量的保证起到了重要的制约作用。

3）第三方监督。由项目管理公司、咨询公司等第三方所实施的监督。例如，工程监理单位对工程项目的监理就属于第三方监督。

4）自我监督。一般是指项目管理主体自身所组织的监督。

13.2 项目质量管理基本过程

13.2.1 规划质量管理

1. 规划质量管理概述

（1）规划质量管理概念

规划质量管理是指识别项目及其可交付成果的质量要求和/或标准，并书面描述项目将如何证明符合质量要求的过程。本过程的主要作用是，为整个项目中如何管理和确认质量提供指南和方向。规划质量管理需要通过质量策划，形成质量计划和质量技术文件。规划质量管理充分体现了现代质量管理的一项基本准则，即质量是规划、设计出来的，而不是检查出来的。

项目管理知识体系指南（PMBOK®）对规划质量管理进行了归纳，如图13-3所示。

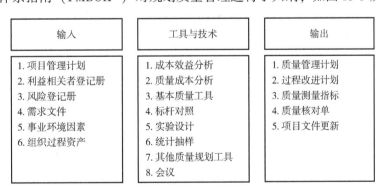

图13-3　规划质量管理概念图

（2）规划质量管理的输入

1）项目管理计划。项目管理计划是说明项目将如何执行、监督和控制的一份文件，它合并和整合了其他各规划过程所输出的所有子管理计划和基准。项目管理计划记录了规划过程组的各个规划子过程的全部成果。这些内容是项目质量规划的重要依据。

2）利益相关者登记册。利益相关者登记册是利益相关者识别过程的主要输出，用于记录已识别的利益相关者的所有详细信息。利益相关者登记册有助于识别对质量有特别影响的那些利益相关者。

3）风险登记册。风险登记册记录了风险分析和风险应对规划的结果。风险登记册中所包含的有可能会影响质量要求的各种威胁和机会的信息，这些信息有助于规划质量管理。

4)需求文件。需求文件记录了项目应该满足的、与利益相关者期望有关的需求。需求文件中包括项目需求和质量需求。这些需求将有助于项目团队规划如何开展项目质量控制。

5)事业环境因素。与项目相关的法律法规、标准、条例、规程、规范等。可能会影响到规划项目质量管理的事业环境因素,包括政府法规、相关规则、标准和指南,影响项目质量的工作条件或运行条件,影响质量期望的文化观念等。

6)组织过程资产。影响项目成功的资产称为组织过程资产。包括:项目相关方的正式或非正式的方针、程序、计划和原则;组织从以前项目中所获得的经验、教训,如完成的进度表、风险数据等。组织过程资产通常可以归纳为两类:

1)组织进行工作的过程与程序。它包括:标准;项目生命期;质量方针与程序;财务控制程序;确定问题与缺陷控制、问题与缺陷识别和解决,以及行动追踪的问题与缺陷管理程序;变更控制程序;风险控制程序;批准与签发工作授权的程序等。

2)组织整体信息存储检索知识库。包括:过程测量数据库,用于搜集与提供项目过程实测数据;项目档案;历史信息与教训知识库;问题与缺陷管理数据库;配置管理知识库,包括公司所有正式标准、方针、程序和任何项目文件的各种版本与基准;财务数据库,包括工时、费用等信息。

上述组织过程资产都可能会对项目质量造成影响,所以应作为规划质量管理的依据。

(3)规划质量管理的工具与技术

1)成本效益分析。规划质量管理过程必须考虑成本与效益两者间的取舍权衡。符合质量要求所带来的主要效益是减少返工,它意味着劳动生产率提高,成本降低,利益相关者更加满意。

2)质量成本分析。质量成本包括在项目生命期中为预防不符合要求、为评价项目质量是否符合要求,以及因未达到要求(返工)而发生的所有成本。质量成本分析有助于在规划质量管理过程中权衡质量与费用的关系,以实现质量与费用的最佳匹配。

3)基本质量工具。基本质量工具用于在 PDCA 循环的框架内解决与质量相关的问题。主要包括因果图、流程图、排列图、直方图、控制图、散点图和核查表。其中核查表是用于收集数据的查对清单。它合理排列各种事项,以便有效收集质量问题的有用信息。

4)标杆对照。标杆对照是指将项目的实际做法或计划做法与其他项目的做法进行对照,产生改进的方法,或者提供一套度量绩效的标准。其他项目既可在实施组织内部,也可在其外部;既可在同一应用领域,也可在其他领域。

5)实验设计。实验设计用于确定在项目实施过程中,影响项目质量的因素。该项技术最重要的特征是,它提供了一个统计框架,可以系统地改变所有重要因素,而不是每次只改变一个重要因素。通过对实验数据的分析,可以得出项目的最优状态、着重指明结果的影响因素并揭示各要素之间的交互作用和协同作用关系。

6)统计抽样。统计抽样是从目标总体中选取部分样本用于检查。抽样的频率和规模应在规划质量管理过程中确定。

7)其他质量规划工具。为定义质量要求并规划有效的质量管理活动,也可使用其他质量规划工具,以便更好地界定、更有效地规划质量管理活动。这些工具包括专家判断、市场分析等。

8)会议。项目团队可以召开规划会议来规划质量管理。参会人员包括项目经理、项目发起人、选定的项目团队成员、选定的利益相关者、负责项目质量管理活动的人员以及需要参加的其他人员。

(4)规划质量管理的输出

1)质量管理计划。质量管理计划为整体项目计划提供依据,并且必须考虑项目质量控制(QC)、质量保证(QA)和过程持续改进问题。质量管理计划应当说明项目管理团队将如何执行实施组织的质量方针。质量管理计划是项目管理计划的组成部分或从属计划。

2)过程改进计划。过程改进计划应详细说明过程分析的具体步骤,包括:

①过程边界。描述过程目的、起点和终点、依据和成果、所需信息以及本过程的负责人和利益相关者等。

②过程配置。过程流程图,以便接口和界面分析。

③过程测量指标。以便对过程状态进行控制。

④绩效改进目标。以指导过程改进活动。

3)质量测量指标。度量项目质量状态的指标称为质量测量指标,例如,缺陷数、故障率、可用性、可靠性等。质量保证和质量控制过程都将用到质量测量指标。通过规划质量管理应明确所有质量测量指标。

4)质量核对单。质量核对单是一种结构性工具,通常因事项而异,用于核实所要求进行的各个步骤是否已经完成。规划质量管理应设计各类质量核对表,以便在质量控制过程中使用。

5)项目文件更新。在项目管理计划中纳入质量管理计划和过程改进计划等,并更新利益相关者登记册、责任分配矩阵和WBS等文件。

2. 项目质量策划

ISO9000—2015《质量管理体系 基础和术语》对质量策划的定义是:质量策划是"质量管理的一部分,致力于制定质量目标并规定必要的运行过程和相关资源以实现质量目标。"质量计划的编制是质量策划的一部分。

项目质量策划是围绕着项目所进行的质量目标策划、运行过程策划、确定相关资源等活动的过程。项目质量策划的结果是明确项目质量目标;明确为达到质量目标应采取的措施,包括必要的作业过程;明确应提供的必要条件,包括人员、设备等资源条件;明确项目参与各方、部门或岗位的质量职责。质量策划的这些结果可用质量计划、质量技术等质量管理文件形式加以表达。

(1)项目质量策划的依据

1)项目特点。不同类型、不同规模、不同特点的项目,其质量目标、质量管理运行过程及需要的资源各不相同。因此,应针对项目的具体情况进行质量策划。

2)项目质量方针。项目的质量方针反映了项目总的质量宗旨和质量方向,质量方针提供了质量目标制定的框架,是项目质量策划的基础之一。

3)项目范围陈述。项目范围陈述说明了项目所有者的需求及项目的主要要求,项目质量策划应适应这些需求。

4)产品描述。产品是项目的成果。尽管可能在项目范围陈述中已经描述了产品的相关要素,然而产品的描述通常包含更加详细的技术要求和其他相关内容,这是项目质量策划的必要依据。

5)标准和规则。不同的行业、不同的领域,对其相关项目都有相应的质量要求,这些要求往往是通过标准、规范、规程等形式加以明确,这些标准和规则对质量策划将产生重要影响。例如,建筑工程项目的质量策划就应依据建筑施工规范、建筑结构规范等国家和行业标准。

(2)项目质量策划的内容

1)项目质量目标策划。项目的质量目标是项目在质量方面所追求的目的。无论何种项目,其质量目标都包括总目标和具体目标。项目质量总目标表达了项目拟达到的总体质量水平,如某建筑项目的质量总目标就是合格品率为100%,优良品率为80%。项目质量的具体目标包括项目的功能性目标、可靠性目标、安全性目标、经济性目标、时间性目标和环境适应性目标等。项目质量的具体目标一般应以定量的方式加以描述。不同的项目,其质量目标策划的内容和方法也不相同,但考虑的因素是基本相同的,主要有:

① 项目本身的功能性要求。每一个项目都有其特定的功能,在进行项目质量目标策划时,必须考虑其功能,满足项目的适用性要求。

② 项目的外部条件。项目的外部条件使项目的质量目标受到了制约,项目的质量目标应与其外部条件相适应。在确定项目的质量目标时,应充分掌握项目外部条件,如工程项目的环境条件、地质条

件、水文条件等。

③市场因素。市场因素是项目的一种"隐含需要",是社会或用户对项目的一种期望。所以,进行项目质量目标策划时,应通过市场调查,探索、研究这种需要,并将其纳入质量目标之中。

④质量经济性。项目的质量是无止境的。要提高项目质量,必然会增加项目成本。所以,项目所追求的质量不是最高,而是最佳,即既能满足项目的功能要求和社会或用户的期望,又不至于造成成本的不合理增加。在项目质量目标策划时,应综合考虑项目质量和成本之间的关系,合理确定项目的质量目标。

2)运行过程策划。项目的质量管理是通过一系列活动、环节和过程来实现的。项目的质量策划应对这些活动、环节、过程加以识别和明确。当然,不同的项目,其质量管理的运行过程也有区别,但就其运行过程策划而言,至少都应明确以下几点:

①项目质量环。简单地说,项目质量环就是影响项目质量的各个环节,是从识别需要到评定能否满足这些需要的各个阶段中,影响质量的相互作用活动的概念模式。不同的项目,其质量环也有所不同。例如,产品开发项目质量环一般就是由 11 个阶段所构成,如图 13-4 所示。

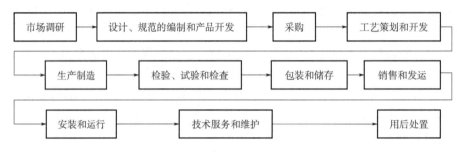

图 13-4 产品开发项目质量环

再如,施工项目的质量环一般是由 8 个阶段所构成,如图 13-5 所示。

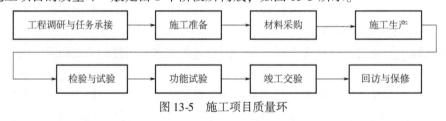

图 13-5 施工项目质量环

②质量管理程序。质量管理程序应明确项目不同阶段的质量管理内容和重点以及质量管理的工作流程等问题。

③质量管理措施。质量管理措施包括质量管理技术措施、组织措施等。

④质量管理方法。质量管理方法包括项目质量控制方法、质量评价方法等。

3)确定相关资源。为进行项目质量管理,需建立相应的组织机构,配备人力、材料、检验试验机具等必备资源。这些都应通过项目质量策划过程加以确定。

(3)质量策划的方法和技术

在质量策划过程中,应采用科学的方法和技术,以确保策划结果的可靠性。常用的质量策划的方法和技术有以下几种:

1)流程图。流程图是由若干因素和箭线相连的因素关系图,主要用于质量管理运行过程策划。它包括系统流程图和原因结果图两种主要类型。

①系统流程图。该图主要用于说明项目系统各要素之间存在的相关关系。利用系统流程图可以明确质量管理过程中各项活动、各环节之间的关系。图 13-6 就是一个系统流程图,反映了一个质量评判的系统过程。

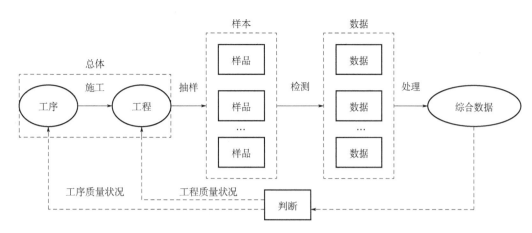

图 13-6　工程项目质量评判流程图

②原因结果图：该图主要用于分析和说明各种因素和原因如何导致或产生各种潜在的问题和后果，如图 13-7 所示。

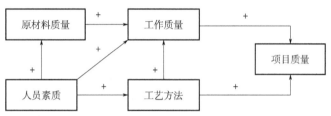

图 13-7　原因结果图

2）质量成本分析。质量成本是指为保证和提高项目质量而支出的一切费用，以及因未达到既定质量水平而造成的一切损失之和。项目质量与其成本密切相关，它们既相互统一，又相互矛盾。所以，在确定项目质量目标、质量管理流程和所需资源等质量策划过程中，必须进行质量成本分析，以使项目质量与成本达到高度统一和最佳配合。质量成本分析就是要研究项目质量成本的构成和项目质量与成本之间的关系，进行质量成本的预测与计划。

3）类比。类比就是将拟进行的项目与已完成的类似项目相比较，为实施项目的质量管理提供成熟的经验和思路。

3. 质量计划

质量计划是对特定的项目、产品、过程或合同，规定由谁做、何时做、应使用哪些程序和相关资源的文件。质量计划是质量策划的结果之一。项目的质量计划是针对具体项目的要求，以及应重点控制的环节所编制的对设计、采购、项目实施、检验等质量环节的质量控制方案。质量计划往往并不是单独一个文件，而是由一系列文件所组成。项目开始时，应从总体考虑，编制一个保证项目质量的规划性的质量计划，如质量管理计划；随着项目的进展，编制相应的各阶段较详细的质量计划，如项目操作规范。项目质量计划的格式和详细程度并无统一规定，但应与用户的要求、供方的操作方式和活动的复杂程度等相适应。计划应尽可能简明。

质量计划应明确指出所开展的质量活动，并直接指出或间接指出（通过相应程序或其他文件）如何实施所要求的活动。其内容包括：

1）需达到的质量目标，包括项目总质量目标和具体目标。
2）质量管理工作流程，可以用流程图等形式展示过程的各项活动。
3）在项目的各个不同阶段，职责、权限和资源的具体分配。
4）项目实施中需采用的具体的书面程序和指导书。

5) 有关阶段适用的试验、检查、检验和评审大纲。
6) 达到质量目标的测量方法。
7) 随项目的进展而修改和完善质量计划的程序。
8) 为达到项目质量目标必须采取的其他措施，如更新检验技术、研究新的工艺方法和设备、用户的监督、验证等。

以上这些内容可能包含在不同的质量计划文件之中。

4. 质量技术文件

质量技术文件主要用以表述保证和提高项目质量的技术支持内容，包括与项目质量有关的设计文件、工艺文件、研究试验文件等。技术文件应准确、完整、协调、一致。

13.2.2 质量保证

1. 项目质量保证工作的基本内容

质量保证应做到：识别目标与标准；为连续改进的周期中使用与收集数据编制计划；为建立和维持绩效评估编制计划；质量审核；提出质量改进措施，提高项目的效能和效率。

项目质量保证工作的基本内容包括以下几方面。

（1）制定质量标准

要制定各种定性、定量的指标、规则、方案等质量标准，力求在质量管理过程中达到或超过质量标准。

（2）制定质量控制流程

对于不同行业和不同种类的项目，或同一项目的不同组成部分或不同实施阶段，其质量保证和控制流程也不相同。

（3）建立质量保证体系并使之有效运行

某大型产品研制生产企业质量保证体系（图13-8）由质保管理、质保工程、质保材料、质量检验和质量审计5个部门组成。质保管理负责质保部内本系统的运行管理，是质保部的日常办事机构；质保工程负责技术管理，进行监督控制等质量预防性工作，有质保计划、工艺控制、纠正措施和软件质量控制；质保材料负责对供应商实行监控，对购入材料进行接收检验和储存监督；质量检验负责现场检验和验收，确保被检验物符合质量要求；质量审计负责审计整个质量保证系统，有较大的监督权。

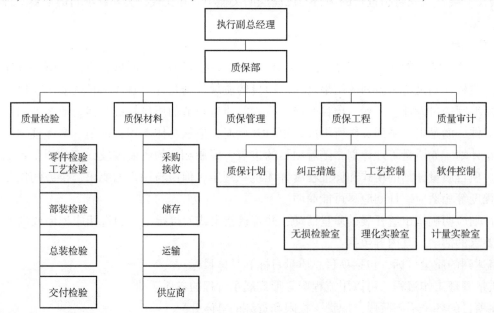

图13-8 某大型产品研制生产企业质量保证体系

2. 实施质量保证

实施质量保证是指审计质量要求和质量控制测量结果，确保采用合理的质量标准和操作性定义的过程。该过程的主要作用是促进质量过程改进。通过实施计划中的系统质量活动，确保项目实施满足要求所需的所有过程。项目管理知识体系指南（PMBOK®指南）归纳了实施质量保证的要点，如图13-9所示。

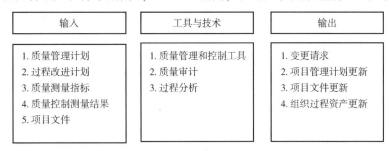

图 13-9　实施质量保证的要点

（1）实施质量保证的输入

1）质量管理计划。质量管理计划说明项目中将如何实施质量保证。

2）过程改进计划。项目的质量保证活动应该支持并符合执行组织的过程改进计划。

3）质量测量指标。质量测量指标提供了应该被测量的属性和允许的偏差。

4）质量控制测量结果。质量控制测量结果是质量控制活动的结果，用于分析和评估项目过程的质量是否符合执行组织的标准和要求。质量保证过程将依据其结果，分析并重新评估实施组织的质量标准和过程。质量控制测量结果有助于分析这些结果的产生过程，以确定实际测量结果的正确程度。

5）项目文件。项目文件是实施质量保证的重要依据，同时会影响质量保证工作。

（2）实施质量保证的工具与技术

1）质量管理和控制工具。实施质量保证过程使用规划质量管理和控制质量过程的工具，以确保质量保证的有效性。

2）质量审计。质量审计是指进行系统的独立审查，确定项目活动是否符合组织和项目政策、过程和程序等要求。质量审计的目标在于识别项目中使用的不恰当的政策、过程和程序。质量审计可以事先安排，也可以随机进行；可以由组织内经过恰当培训的审计人员，也可以由第三方进行。

3）过程分析。过程分析是指按照过程改进计划中所要求的步骤，从组织和技术角度识别所需的改进。其中，也包括对遇到的问题、约束条件和无价值活动进行检查。过程分析包括根源分析，为类似问题制定纠正措施。

（3）实施质量保证的输出

1）变更请求。变更的主要途径是实施质量改进，质量改进包括采取措施以提高实施组织的质量政策、过程和程序的效率和效力，会为所有项目利益相关者带来增值。

2）项目管理计划更新。项目管理计划将根据实施质量保证过程产生的质量管理计划变更进行更新，包括质量管理计划、范围管理计划、进度管理计划和成本管理计划等。

3）项目文件更新。项目文件需要根据实施质量保证过程的结果进行更新，包括质量审计报告、过程文档等。

4）组织过程资产更新。需要更新的组织过程资产，主要包括组织的质量标准和质量管理系统。

13.2.3　质量控制

1. 质量控制定义

项目质量控制是通过认真规划，不断进行观测检查，以及采取必要的纠正措施，鉴定或维持预期的项目质量或工序质量水平的一种系统。它是为了达到质量要求所采取的作业技术和活动。项目质量控制不仅包括检验工作,而且包括质量规划、工序控制、验收控制、异常因素的分析与消除等工作。项目质量控制不仅局限在质量本身这种狭窄的范围内,而且包括为保证和提高项目质量的理想水平而进行的一切工作。

项目质量控制是项目质量管理的一部分而非全部。项目质量控制是在明确的项目质量目标和具体的条件下,通过行动方案和资源配置的计划、实施、检查和监督,进行质量目标的事前控制、事中控制和事后控制,实现预期目标的系统过程。

项目管理知识体系指南(PMBOK®指南)指出:控制质量是监督并记录质量活动执行结果,以便评估绩效,并推荐必要的变更的过程。本过程的主要作用是:

1)识别过程低效或产品质量低劣的原因,建议并采取相应措施消除这些原因。
2)确认项目的可交付成果及工作满足主要利益相关者的既定需求,足以进行最终验收。

2. 质量控制的特点

项目不同于一般产品,对于项目的质量控制也不同于一般产品的质量控制。其主要特点如下。

(1)影响质量的因素多

项目的进行是动态的,影响项目质量的因素也是动态的。项目的不同阶段、不同环节、不同过程,影响因素也不尽相同。这些因素有些是可知的,有些是不可预见的。有些因素对项目质量的影响程度较小,有些对项目质量的影响程度则较大,有些对项目质量的影响则可能是致命性的。

(2)质量控制的阶段性

项目需经历不同的阶段,各阶段的工作内容、工作结果都不相同,所以每阶段的质量控制内容和控制重点也不相同。

(3)易产生质量变异

质量变异就是项目质量数据的不一致性。产生这种变异的原因有两种:偶然因素和系统因素。偶然因素是随机发生的、客观存在的,是正常的;系统因素是人为的、异常的。偶然因素造成的变异称为偶然变异。这种变异对项目质量的影响较小,是经常发生的,难以避免和识别,也难以消除。系统因素所造成的变异称为系统变异。这类变异对项目质量的影响较大、易识别,通过采取措施可以避免,也可以消除。由于项目的特殊性,在项目进行过程中,易产生这两类变异。所以在项目的质量控制中,应采取相应的方法和手段对质量变异加以识别和控制。

(4)易产生判断错误

在项目质量控制中,经常需要根据质量数据对项目实施的过程或结果进行判断。由于项目的复杂性、不确定性,造成质量数据的采集、处理和判断的复杂性,往往会对项目的质量状况作出错误判断。例如,将合格判为不合格,或将不合格判为合格;将稳定判为不稳定,或将不稳定判为稳定;将正常判为不正常,或将不正常判为正常。这就需要在项目的质量控制中,采用更加科学、更加可靠的方法,尽量减少判断错误。

(5)项目一般不能解体、拆卸

已加工完成的产品可以解体、拆卸,对某些零、部件进行检查。但项目一般做不到这一点,例如,对于已浇筑完成的混凝土构筑物,就难以检查其中的钢筋质量。所以,项目的质量控制应更加注重项目进展过程,注重对阶段性结果的检验和记录。

(6)项目质量受费用、工期的制约

项目质量不是独立存在的,它受费用和工期的制约。在对项目进行质量控制的同时,必须考虑其对费用和工期的影响。同样,还应考虑费用和工期对质量的制约,使项目的质量、费用、工期都能实现预期目标。

3. 质量控制的步骤

就项目质量控制的过程而言，质量控制就是监控项目的实施状态，将实际状态与事先制定的质量标准作比较，分析存在的偏差及产生偏差的原因，并采取相应对策。这是一个循环往复的过程。项目质量控制过程主要包括以下步骤：

1）选择控制对象。项目进展的不同时期、不同阶段，质量控制的对象和重点也不相同，这需要在项目实施过程中加以识别和选择。质量控制的对象可以是某个因素、某个环节、某项工作或工序、某项阶段成果等一切与项目质量有关的要素。

2）为控制对象确定标准或目标。

3）制订实施计划，确定保证措施。

4）按计划执行。

5）跟踪观测、检查。

6）发现、分析偏差。

7）根据偏差采取对策。

上述步骤可归纳为4个阶段：计划（Plan）、实施（Do）、检查（Check）和处理（Action）。在项目质量控制中，这4个阶段循环往复，形成PDCA循环。

计划阶段的主要工作任务是确定质量目标、活动计划和管理项目的具体实施措施。实施阶段的主要工作任务是根据计划阶段制订的计划措施，做好计划措施的交底和组织落实、技术落实和物资落实。检查阶段的主要工作任务是检查实际执行情况，并将实施效果与预期目标对比，进一步找出存在问题。处理阶段的主要工作任务是对检查的结果进行总结和处理，包括总结经验、纳入标准以及将遗留问题转入下一个控制循环。

4. 质量控制的实施

项目管理知识体系指南（PMBOK®指南）归纳了控制质量的实施要点，如图13-10所示。

图13-10 控制质量实施要点

（1）控制质量的输入

1）项目管理计划。项目管理计划中包含质量管理计划，描述了如何在项目中开展质量控制。

2）质量测量指标。质量测量指标描述了项目属性及其测量方式。质量测量指标通过质量检查、检测、测量等过程获得。只有掌握实际状态，才能将其与计划进行比较，以发现偏差。

3）质量核对单。质量核对单是一种结构性工具，用于核实所要求进行的各个步骤是否已经完成。质量核对单是质量控制的一种常用表格，是一种质量偏差分析的方法。

4）工作绩效数据。工作绩效数据是指为了完成项目工作而进行的项目活动工作状态的信息和数据，包括技术性能值、项目可交付成果状态、需要的纠正措施和绩效报告等。工作绩效数据是质量控制的重要依据，可用于质量审计、质量审查和过程分析等。

5）批准的变更请求。批准的变更请求是指为了扩大或缩小项目范围而批准并形成文件的变更。批准的变更请求还可能修改方针、项目管理计划、程序、费用和预算以及修改进度表。在质量控制中,应根据项目变更状态调整项目质量计划、质量指标、控制方案等。

6)可交付成果。可交付成果是任何在项目管理规划文件中记录,并为了完成项目而必须生成和提交的独特并可核实的产品、成果或提供服务的能力。项目质量控制的最终目标是提交满足要求的可交付成果,因此质量控制者应充分了解项目可交付成果的要求,使得质量控制具有针对性。

7)项目文件。项目文件中的协议、质量审计报告和变更日志、培训计划和效果评估、过程文档等是控制质量的重要依据。

8)组织过程资产。组织过程资产是指影响项目成功的资产。组织过程资产的组织方式因行业、组织和应用领域的类型不同而异。组织过程资产是控制项目质量的基础。

(2)控制质量的工具与技术

1)基本质量工具。控制质量的工具与技术主要包括:因果分析图、控制图、流程图、直方图、排列图、趋势图、散点图等。

①因果分析图。用于查找、分析影响项目质量的因素。

②控制图。用于判断项目质量状态。

③流程图。用于分析问题发生的缘由。它以图形的形式展示一个过程,可以使用多种格式,但所有过程流程图都具有几项基本要素,即活动、决策点和过程顺序。它表明一个系统的各种要素之间的交互关系,可协助项目团队预测将在何时、何地发生质量问题,有助于应对方法的制定。

④直方图。用于分析质量数据的分布状态。

⑤排列图。用于将影响项目质量的因素进行归类,划分为主要因素、次要因素和一般因素,以确定控制重点。

⑥趋势图。可反映质量偏差的历史和规律。根据质量数据发生的先后顺序将其以圆点形式绘制成线形图形,可反映质量数据在一定时间段的趋势、偏差情况以及过程的状态。

⑦散点图。用于显示两个变量之间的关系和规律。将独立变量和非独立变量以圆点绘制成图形。利用散点图,质量团队可以研究并确定两个变量的变更之间可能存在的潜在关系。

基本质量工具的具体内容将在13.3中介绍。

2)统计抽样。按照质量管理计划中的规定,抽取和测量样本。

3)检查。检查是指检验工作产品,以确定是否符合标准。检查的结果通常包括相关的测量数据。

4)审查已批准的变更请求。对所有已批准的变更请求进行审查,以核实其是否已按批准的方式得到实施。

(3)控制质量的输出

1)质量控制测量结果。通过质量检查,测得质量数据后,将其与质量标准和控制水平进行比较,即可度量质量偏差。度量质量偏差是为了进行偏差分析,其结果可能是偏差超出了允许的范围,也可能是偏差虽未超过允许范围,但其发展下去有可能超过允许范围。如果偏差已经超过允许范围,应立即分析原因,采取相应措施予以纠正;如果是向不利趋势发展,应分析原因,采取预防措施,使项目处于稳定状态。质量控制测量结果是对质量控制活动结果的书面记录,应该以规划质量管理过程中所确定的格式加以记录。

2)确认的变更。对变更的对象进行检查,做出接受或拒绝的决定,并将决定通知利益相关者。被拒绝的对象可能需要返工。

3)核实的可交付成果。质量控制的目的在于确定可交付成果的正确性。实施质量控制过程的结果是可交付成果得以验证。

4)工作绩效信息。工作绩效信息是从各控制过程收集,并结合相关背景进行整合分析而得到的绩效数据。

5）变更请求。如果根据纠正措施或预防措施，需要对项目进行变更，则应按照既定的整体变更控制过程启动变更请求。

6）项目管理计划更新。根据质量控制的结果对项目管理计划进行更新，以反映实施质量控制过程产生的质量管理计划和过程改进计划的变更。

7）项目文件更新。可能需要更新的项目文件，包括质量标准、协议、质量审计报告和变更日志、培训计划和效果评估、过程文档等。

8）组织过程资产更新。根据质量控制的结果对组织过程资产进行更新，如完成的核对单、经验教训文档等。

5. 质量因素的控制

影响项目质量的因素主要有五大方面：人、材料、设备、方法和环境。对这五方面因素的控制，这是保证项目质量的关键。

人的控制更为重要的是提高人的质量意识，形成人人重视质量的项目环境。材料的控制主要通过严格检查验收，正确合理地使用。设备控制应根据项目的不同特点，合理选择，正确使用、管理和保养。方法控制主要通过合理选择、动态管理等环节加以实现。其中，合理选择就是根据项目特点选择技术可行、经济合理、有利于保证项目质量、加快项目进度、降低项目费用的实施方法，动态管理就是在项目进行过程中正确应用，并随着条件的变化而不断进行调整。环境控制应根据项目特点和具体条件，采取有效措施对影响质量的环境因素进行控制。

6. 项目不同阶段的质量控制

项目的不同阶段对其质量的形成起着不同的作用，有着不同的影响，所以其质量控制的重点也不相同。

（1）项目概念阶段的质量控制

项目概念阶段包括项目的可行性研究和项目决策等。

项目的可行性研究直接影响项目的决策质量和规划质量。所以，在项目的可行性研究中，应进行方案比较，提出对项目质量的总体要求，使项目的质量要求和标准符合项目所有者的意图，并与项目的其他目标相协调，与项目环境相协调。

项目决策是影响项目质量的关键阶段，项目决策的结果应能充分反映项目所有者对质量的要求和意愿。在项目决策过程中，应充分考虑项目费用、时间、质量等目标之间的对立统一关系，确定项目应达到的质量目标和水平。

（2）项目规划阶段的质量控制

项目规划阶段是影响项目质量的决定性环节，没有高质量的规划就没有高质量的项目。在项目规划过程中，应针对项目特点，根据决策阶段已确定的质量目标和水平，使其具体化。质量规划是一种适合性质量，即通过规划，应使项目质量适应项目使用的要求，以实现项目的使用价值和功能；应使项目质量适应项目环境的要求，使项目在其生命周期内安全、可靠；应使项目质量适应用户的要求，使用户满意。实现规划阶段质量控制的主要方法是方案优选、价值工程等。

（3）项目实施阶段的质量控制

项目实施是项目形成的重要阶段，是项目质量控制的重点。项目实施阶段所实现的质量是一种符合性质量，即实施阶段所形成的项目质量应符合设计要求。

项目实施阶段是一个从输入、转化到输出的系统过程。项目实施阶段的质量控制，也是一个从对投入品的质量控制开始，到对产出品的质量控制为止的系统控制过程，如图13-11所示。

项目实施阶段的不同环节，其质量控制的工作内容也不同。根据项目实施的不同时间阶段，可以将项目实施阶段的质量控制分为事前控制、事中控制和事后控制。

1）事前质量控制。在项目实施前所进行的质量控制称为事前质量控制，其控制的重点是做好项目

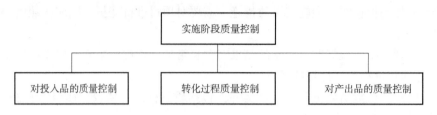

图 13-11 项目实施阶段质量控制过程

实施的准备工作,且该项工作应贯穿于项目实施全过程。

2)事中质量控制。在项目实施过程中所进行的质量控制称为事中控制。事中质量控制的策略是:全面控制实施过程,重点控制工序或工作质量。其具体措施是:工序交接有检查;质量预控有对策;项目实施有方案;质量保证措施有交底;动态控制有方法;配制材料有试验;隐蔽工程有验收;项目变更有手续;质量处理有复查;行使质控有否决;质量文件有档案。

3)事后质量控制。一个项目、工序或工作完成形成成品或半成品的质量控制称为事后质量控制。事后质量控制的重点是进行质量检查、验收及评定。

(4)项目最终完成阶段的质量控制

项目最终完成后,应进行全面的质量检查评定,判断项目是否达到其质量目标。对于工程类项目,还应组织竣工验收。

7. 工序质量控制

(1)工序质量控制概念

工序是指一个(或一组)工人在一个工作地(如一台机床)对一个(或若干个)劳动对象连续完成的各项生产活动的总和。项目就是由一系列相互关联、相互制约的工序所构成。要控制项目质量,首先应控制工序质量。

工序质量包括两方面内容:一是工序活动条件的质量;二是工序活动效果的质量。就质量控制而言,这两者是互为关联的。一方面要控制工序活动条件的质量,使每道工序投入品的质量符合要求;另一方面,应控制工序活动效果的质量,使每道工序所形成的产品(或结果)达到其质量要求或标准。工序质量控制就是对工序活动条件和活动效果进行质量控制,从而达到对整个项目的质量控制。

工序质量控制的原理是采用数理统计方法,通过对工序样本数据进行统计、分析,判断整个工序质量的稳定性。如果工序不稳定,则应采取对策和措施予以纠正,从而实现对工序质量的有效控制。

(2)工序质量控制点的设置

工序质量控制点是指在不同时期工序质量控制的重点。质量控制点涉及面较广,根据项目的特点,视其重要性、复杂性、精确性、质量标准和要求等,可能是材料、操作环节、技术参数、设备、作业顺序、自然条件、项目环境等。质量控制点的设置,主要视其对质量特征影响的程度及危害程度加以确定。

8. 合格控制

合格控制是项目质量管理的重要组成部分,是保证和提高项目质量必不可少的手段。合格控制的方法可分为4种类型:抽查、全检、合格证检查、抽样验收检查。

(1)抽查

该方法通常要求从每批项目产品中抽取一定比例的样品作为样本,作通过或通不过的检验,符合规定要求的予以验收。这种方法没有以概率论作为依据,因此,缺乏科学性和可靠性。

(2)全检

对产品逐一加以检查,合格者接收,不合格者拒收。从理论上来说,这是一种可靠的方法,但工作量太大,所耗费的费用太高。对项目的合格控制来说,这一方法是不可取的,甚至是不可能做到的。

但对某些原材料、构配件的合格控制，有必要采用全检的合格控制方法。

（3）合格证检查

这是从销售者处得到一份表明已对产品进行合格试验和检查的合格证。若销售者信用可靠，以往产品质量较高，则该合格证有时可作为产品的合格证明来代替检验。显然，该方法对用户来说是有风险的。在项目质量控制中，合格证检查控制方法有时可用于原材料、外购件的合格控制。

（4）抽样验收检查

抽样验收合格控制的理论依据是概率论和数理统计，其科学性、可靠性均较强，用于控制的费用较低，是一种比较理想的合格控制方法，在项目质量控制中广为采用。

13.3 质量控制的基本工具

13.3.1 质量数据

1. 质量数据概述

在项目质量控制过程中，自始至终都要以数据为根据，以数据说话。数据是质量控制中最重要的信息，是质量控制的基础。

项目质量控制中所涉及的数据各种各样。有的是可以用仪器仪表检测出来的，如高速公路路面的混凝土抗压强度、混凝土路面厚度等；有的是通过查数的方法得到的，如墙体的裂纹数、不合格品数等；有的是相对数，如不合格品率、优良品率等；有的是通过评分等方法所得到的，如顾客满意度等。

根据质量数据本身特性的不同，分为两类：计量值数据和计数值数据。

1）计量值数据。可以连续取值的数据，如重量、压力等。

2）计数值数据。不能连续取值，只能数出个数、次数的数据，如废品数、缺陷数等。

由于质量数据有计量和计数之分，所以在项目质量控制中，不同类型的质量数据，其分析处理方法也不同。根据质量数据的使用目的不同，项目质量数据大体上有以下几类：

1）掌握项目实施质量状况用的数据。如与项目有关的质量指标、参数等。

2）分析质量问题、原因用的数据。如为了分析某一质量特性值不合格的原因而搜集的数据。

3）控制工序质量用的数据。这类数据是为了掌握工序生产状态的稳定性，用以对工序质量作出判断和确定对策。

4）判断项目质量水平的数据。这类数据是为了评判已完成项目的质量状况，作为项目质量合格控制的依据。

质量数据具有两个重要特点：波动性和规律性。所谓波动性是指质量数据的不一致性，即质量数据在一定的范围内存在一定的差异，这是质量变异性的客观反映。质量数据的波动是必然的，其实质就是质量数据具有分布性。从表面上看，质量数据是杂乱无章的，但若作进一步分析处理，就可以看出，在正常稳定的状态下所获取的质量数据会呈现出一定的规律性。质量数据既有波动性又常具有规律性，这是客观存在的事实。从某种意义上说，统计方法就是从波动的数据中分析其中的规律性的一种数学方法。

2. 数理统计的几个概念

（1）总体

总体又称母体、检查批或批，是指研究对象全体元素的集合。总体分为有限总体和无限总体。有限总体有一定的数量表现，如一批同规格的材料；无限总体则无一定的数量表现，如一道工序，它源源不断地生产出某一产品，本身是无限的。

（2）样本

从总体中抽取出来的一部分个体组成样本，样本也可称为子样。从总体中抽取样本的方法有两种：随机抽样和系统抽样。随机抽样排除了人的主观影响，使总体中的每一个个体都具有同等的机会被抽取到；系统抽样是指每经过一定的时间间隔或数量间隔抽取若干产品作为样本。

（3）随机现象

在质量检验中，某一产品的检验结果可能是合格、优良、不合格，这种事先不能确定结果的现象称为随机现象。

（4）随机事件

每一种随机现象的表现或结果就是随机事件。如某产品检验为"合格"就是一个随机事件。

（5）随机事件的频率

随机事件发生的次数称为"频数"，它与数据总数的比值就称为"频率"。

（6）随机事件的概率

随机事件频率的稳定值称为"概率"。

13.3.2 直方图法

为了能够比较准确地反映出质量数据的分布状况，可以用横坐标标注质量特性值，纵坐标标注频数或频率值，各组所包含数据的频数或频率的大小用直方柱的高度表示，如图13-12所示。这种图形称为直方图，又称为质量分布图、矩形图。

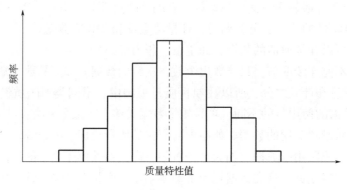

图13-12　频率直方图

1. 直方图的类型

按纵坐标的计量单位不同，直方图可分为：频数直方图和频率直方图。

（1）频数直方图

以频数为纵坐标的直方图称为频数直方图。它直接反映质量数据的分布情况，故又称为质量分布图。

（2）频率直方图

以频率为纵坐标的直方图称为频率直方图。该图中，各直方柱面积之和为1，其纵坐标值与正态分布的密度函数一致。因此，可以在同一图中划出标准正态分布曲线，并可以形象地看出直方图与正态分布曲线的差异。

2. 直方图绘图步骤

现以某项目质量指标为例，说明直方图的做法。

(1) 采集数据

根据绘图意图采集数据。为使直方图能够比较准确地反映质量分布情况,制作直方图用的数据个数一般应大于 50。本例共采集了 100 个数据,见表 13-2。

表 13-2　某项目质量指标测定值记录表

测点号	测定值（mm）	最大值	最小值
1～10	137　134　138　132　128　133　134　131　133　134	138	128
11～20	129　136　130　131　133　134　134　136　139　134	139	129
21～30	135　136　130　141　143　135　135　134　132　138	143	130
31～40	141　137　134　138　136　136　136　131　133　130	141	130
41～50	135　133　138　137　144　131　136　132　129　135	144	129
51～60	138　139　134　132　130　139　136　140　132　133	140	130
61～70	129　141　127　136　141　137　136　137　133　136	141	127
71～80	131　139　135　134　135　136　141　136　135　135	141	131
81～90	140　135　137　135　135　136　138　135　131　134	140	131
91～100	135　136　139　131　142　130　135　133　135　131	142	130

(2) 确定组数、组距及组的边界值

①确定组数（K）。按组距相等的原则确定。K 的大小影响着直方图的形状。一般来说,K 愈大,直方图越接近实际情况,但计算也越烦琐。因此,应合理确定 K 值,使直方图尽量符合总体特性值的分布情况。至今尚无准确的计算公式可用于合理确定 K 值,而只能根据经验数据或经验公式确定。一般来说,K 的选择范围常在 6～25 之间,$K=10$ 最常用。通常按 K 分组后,应使每组有 4～5 个数据为宜。表 13-3 可供参考。

表 13-3　组数 K 选择参考表

数据数 n	<50	50～100	100～250	>250
分组数 K	5～7	6～10	7～12	10～25

根据上述原则,确定本例分组数为 $K=9$。

②确定组距（h）。K 确定后,组距 h 也就随之而定。若一批数据中最大值为 X_{max},最小值为 X_{min},则

$$h = \frac{X_{max} - X_{min}}{K - 1}$$

本例中,$X_{max} = 144$ mm,$X_{min} = 127$ mm,则 $h = \frac{144 - 127}{9 - 1} = 2.125$（mm）。

在确定组距时,一般取 h 为最小测量单位的整数倍。本例的最小测量单位是 1mm,所以取 $h = 2$ mm。

③确定组的边界值。以一批数据中的最小值 X_{min} 为第一组（从小到大排列）的组中值,其上、下界限分别是:

第一组下限为 $X_{min} - h/2$,第一组上限为 $X_{min} + h/2$。

第二组下限为第一组上限,第二组上限为 $X_{min} + h/2 + h$。

依此类推,即可得到各组边界值。

为避免某些数据正好落在边界上,组的边界值应定在最小测量单位的 1/2 处。

根据上述原则，本例中各组的边界值分别是：
第一组下限为 $X_{\min} - h/2 = 127 - 1 = 126$，取为 126.5。
第一组上限为 126.5 $+ h$ = 126.5 + 2 = 128.5。
依此类推，得到每组边界值，见表 13-4。

表 13-4 频数计算表

组号	1	2	3	4	5	6	7	8	9
组界	126.5~128.5	128.5~130.5	130.5~132.5	132.5~134.5	134.5~136.5	136.5~138.5	138.5~140.5	140.5~142.5	142.5~144.5
频数	2	8	14	19	27	14	8	6	2
频率（%）	2	8	14	19	27	14	8	6	2

（3）计算频数和频率

根据测定值和组的边界值，计算频数和频率，见表 13-4。

（4）绘制直方图

以横坐标表示分组的边界值，纵坐标表示各组间数据发生的频数，以直方柱的高度对应各组频数的大小即可绘制出直方图，如图 13-13 所示。

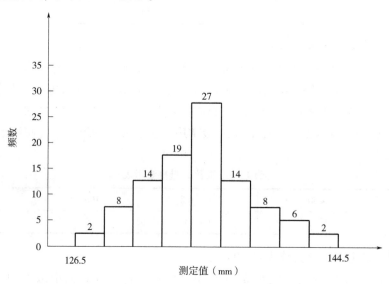

图 13-13 某项目质量指标测定值频数直方图

3. 直方图的观察与分析

从表面上看，直方图表现了所取数据的分布，但其实质是反映了数据所代表的生产过程的分布，即生产过程的状态。根据直方图的这一特点，可以通过观察和分析直方图对生产过程的稳定性加以判断。

（1）直方图图形分析

直方图形象直观地反映了数据分布情况，通过对直方图的观察和分析可以判断生产过程是否稳定以及质量情况。直方图图形分为两种类型：正常型和异常型。

1）正常型。左右对称的山峰形状，如图 13-14a 所示。图的中部有一峰值，两侧的分布大体对称且越偏离峰值直方柱的高度越小，符合正态分布。这表明这批数据所代表的工序处于稳定状态。

2）异常型。与正常型分布状态相比，带有某种缺陷的直方图为异常型直方图。这表明这批数据所代表的工序处于不稳定状态。常见的异常型直方图有以下几种：

①偏向型。直方的顶峰偏向一侧。这往往是由于只控制一侧界限；或一侧控制严格，另一侧控制宽松所造成的。根据直方的顶峰偏向的位置不同，有左偏峰型和右偏峰型，如图13-14b、c所示。仅控制下限或下限控制严、上限控制宽时多呈现左偏峰型；仅控制上限或上限控制严、下限控制宽时多呈现右偏峰型。

②双峰型。一个直方图出现两个顶峰，如图13-14d所示。这往往是由于两种不同的分布混在一起所造成的。即虽然测试统计的是同一项目的数据，但数据来源条件差距较大。如两班工人的操作水平相差较大，将其质量数据混在一起所做出的直方图。出现这种直方图时，应将数据进行分层，然后分步绘图分析。

③平峰型。在整个分布范围内，频数（频率）的大小差距不大，形成平峰型直方图，如图13-14e所示。这往往是由于生产过程中有某种缓慢变化的因素起作用所造成的。如工具的磨损、操作者的疲劳等都有可能出现这种图形。

④高端型（陡壁型）。直方图的一侧出现陡峭绝壁状态，如图13-14f所示。这是由于人为地剔除一些数据，进行不真实的统计所造成的。

⑤孤岛型。在远离主分布中心处出现孤立的小直方，如图13-14g所示。这表明项目在某一短时间内受到异常因素的影响，使生产条件突然发生较大变化，如短时间原材料发生变化或由技术不熟练工人替班操作等。

⑥锯齿型。直方图出现参差不齐的形状，即频数不是在相邻区间减少，而是隔区间减少，形成了锯齿状，如图13-14h所示。造成这种现象的原因不是质量数据本身的问题，而主要是绘制直方图时分组过多或测量仪器精度不够所造成的。

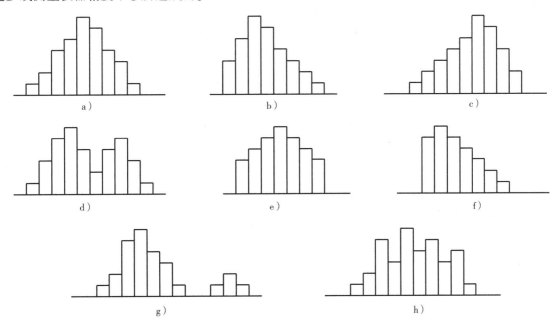

图 13-14 各种形状的直方图
a）正常型 b）左偏峰型 c）右偏峰型 d）双峰型
e）平峰型 f）高端型 g）孤岛型 h）锯齿型

（2）直方图与公差或标准对比

观察直方图的形状只能判断生产过程是否稳定正常，并不能判断是否能稳定地生产出合格的产品。而将直方图与公差或标准相比较，即可达到此项目的。对比的方法是：观察直方图是否都落在规格或公差范围内，是否有相当的余地以及偏离程度如何。

几种典型的直方图与公差标准的比较情况，如图 13-15 所示。

1）理想型。数据分布范围充分居中，分布在规格上下界限内，且具有一定余地，如图 13-15a 所示。这种状况表明生产处于正常状态，不会出现不合格品。

2）偏向型。数据分布虽然在标准范围之内，但分布中心偏向一边，如图 13-15b 所示。这说明存在系统偏差，必须采取措施。

3）无富余型。数据分布虽然在规格范围之内，但两侧均无余地，如图 13-15c 所示。这说明稍有波动就会出现超差，产生不合格品。

4）能力富余型。数据分布过于集中，分布范围与规格范围相比余量过大，如图 13-15d 所示。这说明控制偏严，质量有富余，不经济。

5）能力不足型。数据分布范围已超出规格范围，如图 13-15e 所示。这说明已产生不合格品。

6）陡壁型。数据分布过于偏离规格中心，如图 13-15f 所示。这说明已造成超差，产生了不合格品。造成这种状况的原因是控制不严，应采取措施使数据中心与规格中心重合。

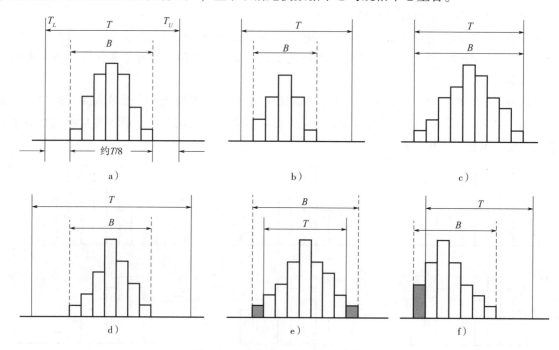

图 13-15　与标准规格比较的直方图
a）理想型　b）偏向型　c）无富余型
d）能力富余型　e）能力不足型　f）陡壁型
T—公差范围　B—分布范围　T_L—规格下限　T_U—规格上限

综上所述，通过观察直方图的分布状态以及将其与公差标准相比，可以判断项目是否有异常因素存在、是否产生了不合格品等，以便采取措施，将异常因素消除在生产过程之中，使之处于控制状态。在项目质量控制中，许多质量特性值仅有下限要求，因此在将直方图与公差标准对比的过程中，主要看直方图的分布是否超出下限及分布偏离下限的程度。正常状况应是分布超越下限并留有适当余地。一般来说，分布超越下限越远，则对质量的保证程度越高，但质量经济性则越差。

13.3.3　因果分析图法

因果分析图又称特性要因图、树枝图、鱼刺图，如图 13-16 所示。

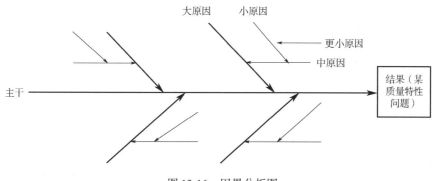

图 13-16 因果分析图

1. 因果分析图绘制原理

影响项目质量的原因尽管很多,且关系复杂,但归纳起来,存在两种互为依存的关系,即平行关系和因果关系。因果分析图能同时整理出这两种关系。利用因果分析图可以逐级分层,从大到小,从粗到细,寻根究底,直至确定能采取有效措施的原因为止。

2. 因果分析图的基本类型

根据表示问题的体系不同,一般可分为 3 种类型。

(1) 结果分解型

这种类型因果分析图的特点是沿着为什么会产生这种结果进行层层解析,可以系统地掌握纵的关系,但易遗漏或忽视横的关系或某些平行关系。

(2) 工序分类型

按工序的流程,将各工序作为影响项目质量的平行的主干原因,再将各工序中影响工序质量的原因填写在相应的工序中。该类型的因果分析图简单易行,但有可能会造成相同的因素出现在不同的工序中,难以反映因素间的交互作用。

(3) 原因罗列型

采用"头脑风暴法"等方法,使参与分析的人员无限制地自由发表意见,并将所有观点和意见都一一罗列起来,然后系统地整理出它们之间的关系,最后绘制出一致同意的因果分析图。这种类型的因果分析图反映出的因素比较全面,在整理因素间关系时,客观地促使对各因素的深入分析,有利于问题的深化,但工作量较大。

3. 因果分析图的绘制步骤

不同类型的因果分析图的绘制步骤有所不同。现以混凝土强度不足的质量问题为例说明原因罗列型因果分析图的绘制步骤。

(1) 决定特性

特性就是需要解决的质量问题,放在主干箭头的前面。本例的特性是混凝土强度不够。

(2) 确定影响质量特性的大原因(大枝)

影响混凝土强度的大原因主要是人、材料、工艺、设备和环境等 5 个方面。

(3) 进一步确定中、小原因(中、小、细枝)

围绕着大原因进行层层分析,确定影响混凝土强度的中、小原因。

(4) 补充遗漏的因素

发扬技术民主,反复讨论,补充遗漏的因素。

(5) 制定对策

针对影响质量的因素,有的放矢地制定对策,并落实到解决问题的人和时间上,通过对策计划表的形式加以表达,并限期改正。

本例的因果分析图和对策计划表，如图 13-17 和表 13-5 所示。

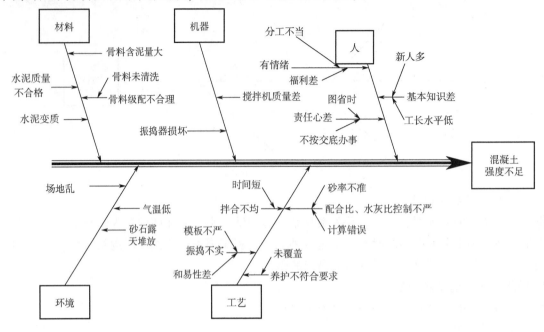

图 13-17 混凝土强度不足因果分析图

表 13-5 对策计划表

项目	序号	原因	对策	负责人	期限
人	1	基本知识差	对工人进行教育培训 做好技术交底工作 学习操作规程及质量标准		
	2	责任心不强，有情绪	加强组织工作，明确责任 建立工作岗位责任制 关心工人生活		
工艺	3	配合比不准	重新设计试配		
	4	水灰比控制不严	严格计量		
材料	5	水泥用量不足	严格水泥计量		
	6	骨料含泥量大	清洗过筛，用前检验		
设备	7	振捣器、搅拌机常坏	加强维修，增加设备		
环境	8	场地乱	清理现场		
	9	气温低	采取保温措施		

13.3.4 排列图法

排列图法又称主次因素排列图法、巴雷特图法。这是用来分辨影响项目质量主次因素的一种常用的统计分析工具，如图 13-18 所示。

排列图有两个纵坐标：左纵坐标表示频数，即某种因素发生的次数；右纵坐标表示频率，即某种因素发生的累计频率。图中的横坐标表示影响项目质量的各个因素或项目，按影响质量程度的大小，从左到右依次排列。图中由若干个按频数大小依次排列的直方柱和一条累计频率曲线所组成。在排列图中，通常将累计频率曲线的累计百分数分为三级，与此对应的因素分为三类：A 类因素对应于频率

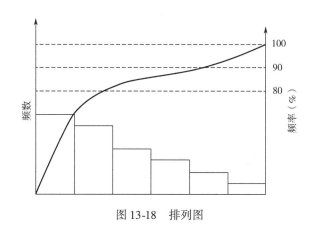

图 13-18 排列图

0~80%，是影响项目质量的主要因素；B 类因素对应于频率 80%~90%，是影响项目质量的次要因素；C 类因素对应于频率 90%~100%，是影响项目质量的一般因素。运用排列图，有利于确定主次因素，使错综复杂的问题一目了然。

1. 绘图原理

排列图绘图原理如下：

1）按影响程度的大小将影响质量的各个因素或项目从左至右排列，以直方柱的高度表示各因素出现的频数。

2）将各因素所占的百分比依次累加，以求得各因素的累计频率；将所得的各因素的累计频率逐一标注在图中相应位置，并将其以折线连接，即可得到累计频率曲线。

3）划分 A、B、C 类区。自频率纵坐标引累计频率为 80%、90%、100% 的 3 条平行于横坐标的虚线。横坐标及 3 条虚线由上向下将累计频率分为 A、B、C 3 个类区。

2. 绘图要点

排列图绘图要点如下：

1）按不同的因素（项目）进行分类，分类因素要具体明确，尽量使各个影响质量的因素之间的数据有明显差别，以便突出主要因素。

2）数据要取足，代表性要强，以确保分析判断的可靠性。

3）适当合并一般因素。通常情况下，不太重要的因素可以列出很多项。为简化绘图，常将这些因素合并为其他项，放在横坐标的末端。

4）对影响因素进行层层分析。在合理分层的基础上，分别确定各层的主要因素及其相互关系。分层绘制排列图可以步步深入，最终确定影响质量的根本原因。

13.3.5 控制图法

控制图又称管理图，是反映工序随时间变化而发生的质量变动的状态，即反映项目实施过程中各阶段质量波动状态的图形。

1. 控制图原理

例如，对某项目，每天测得某质量数据 10 个，共测 10 天，做成直方图，如图 13-19 所示。

从图 13-19 中，可以直观地看出数据的分布状态，但看不出数据随时间变化的状况。若计算出每天数据的平均值和极差，并做出曲线，如图 13-20 所示。

由图 13-20 可以看出，某质量数据平均值和极差随时间而变化的情况，但这种变化是否正常仍不能判断，因此必须引入判定线。判定线可根据数理统计方法计算得到。这种带有判定线的图就是控制

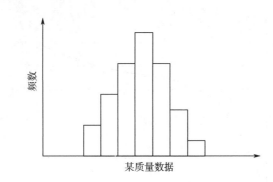

图 13-19　某质量数据直方图

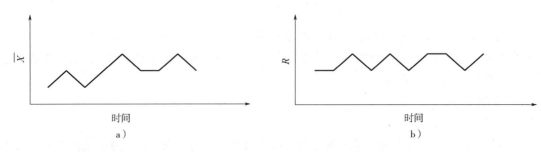

图 13-20　某质量数据平均值和极差随时间变化状况

图,其判定线称为控制界限。

控制图是用来区分质量波动是属于由偶然因素引起的正常波动,还是由异常因素引起的异常波动,从而判断项目实施过程是否处于控制状态的一种有效工具。控制图的基本格式如图 13-21 所示。

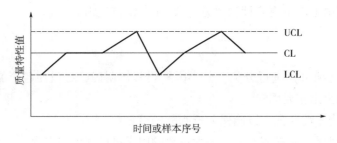

图 13-21　控制图基本格式

在控制图中,一般有 3 条控制界限:上控制界限,用 UCL(Upper Control Limit)表示;中心线,用 CL(Central Line)表示;下控制界限,用 LCL(Lower Control Limit)表示。将所控制的质量特性值在控制图上打点,若点子全部落在上、下控制界限内,且点子的排列无缺陷(如链、倾向、接近、周期等),则可判断项目实施过程处于控制状态,否则就认为项目实施过程中存在异常因素,必须查明,予以消除。

可见,控制界限是判断项目实施过程是否发生异常变化、是否存在异常因素的尺度。因此,确定控制界限是制作控制图的关键。控制界限可根据数理统计原理计算得到。目前采用较多的是"三倍标准差法",即用"3σ"方式确定控制界限。"3σ"方式是以质量特性值(统计数据)的平均值作为中心线,以中心线为基准向上 3σ 作为控制上限,以中心线为基准向下 3σ 作为控制下限。设质量特性值均值为 μ,标准差为 σ,则

$$UCL = \mu + 3\sigma$$
$$CL = \mu$$
$$LCL = \mu - 3\sigma$$

在正态分布中，数据落在 $\mu \pm 3\sigma$ 之间的概率为 99.73%，在 $\mu \pm 3\sigma$ 范围之外的数据发生的概率仅为 0.27%，属小概率事件。根据小概率事件不可能发生的原理，若只做了几次或几十次试验或观测，数据应在 $\mu \pm 3\sigma$ 之间波动，这是一种正常波动，可判断项目实施过程处于正常状态；反之，则可判断实施过程出现了异常。

控制图用于项目质量控制的基本思路是：为了使项目实施过程处于正常状态，项目实施应实现标准化。只要操作者按标准作业，控制图上的点子越出控制界限或排列有缺陷的可能性就非常小。一旦点子超出控制界限或排列有缺陷，即认为维持正常作业的良好状态和标准作业条件被破坏的可能性极大。因此，就应对工序作仔细观察、调查研究，查清产生异常的原因，并采取措施，消除异常因素，使工序恢复和保持良好的状态，避免产生大量不合格品，真正起到"预防为主"和"控制"的作用。

2. 控制图分类

按控制对象（不同的统计量）的不同，控制图可分为计量值控制图和计数值控制图两大类。而根据质量特性值的不同和组合方式的不同，又可细分为各种类型的控制图，见表 13-6。

无论是计量值控制图，还是计数值控制图，按用途的不同都可分为管理用控制图和分析用控制图。

在项目质量控制中，可根据工序特性、项目实施需要、数据特征等不同情况，选用不同类型的控制图。

表 13-6 控制图分类

控制图类型	单统计量控制图	多统计量控制图
计量值控制图	平均值控制图（$\bar{X}$ 图） 中位数控制图（$\tilde{X}$ 图） 单值控制图（X 图） 移动平均值控制图（$\bar{X}_k$ 图） 标准差控制图（S 图） 移动标准差控制图（S_k 图） 极差控制图（R 图） 移动极差控制图（R_S 图）	平均值与极差控制图（$\bar{X} - R$ 图） 平均值与标准差控制图（$\bar{X} - S$ 图） 中位数与极差控制图（$\tilde{X} - R$ 图） 单值与移动极差控制图（$X - R_S$ 图） 移动平均值与移动标准差控制图（$\bar{X}_k - S_k$ 图）
计数值控制图	不合格品数控制图（P_n 图） 不合格品率控制图（P 图） 缺陷数控制图（C 图） 缺陷率控制图（u 图）	

3. 控制图的观察与分析

制作控制图的目的是为了利用控制图控制项目或工序、工作质量，使项目实施过程或工作过程处于"控制状态"。所谓控制状态，是指项目实施过程或工作过程仅受到偶然因素的影响，其质量特性统计量的分布基本上不随时间而变化。反之，则称非控制状态或异常状态。对控制图的观察分析，其依据是统计经验所得到的简单规律。

判定项目实施过程或工作过程处于控制状态的标准，可归纳为两条：控制图上的点不超过控制界限；控制图上点的排列分布无缺陷。同时满足这两条标准，则可判断控制图所代表的项目实施或工作过程处于控制状态，其控制界限可作为以后项目实施或工作过程进行控制所遵循的可靠依据。

（1）控制图上的点不超过控制界限

以下情况可以认为基本满足要求：

1）连续 25 个点以上处于控制界限内。

2）连续 35 个点中，最多仅有 1 个点超出控制界限。

3）连续 100 个点中，不多于 2 个点超出控制界限。

凡点恰在控制界限上，均作为超出控制界限处理。

在上述2)、3) 情况下，虽然可以判断项目实施过程或工作过程基本满足第1) 条标准，但就控制界限之外的点本身而言，终究是异常点，应密切注意，并追查原因加以处理。

(2) 控制图上点的排列分布无缺陷

控制图上点的排列缺陷有以下几种情况：

1) 链。点连续出现在中心线的一侧的现象称为链。链的长度用链内所含点数的多少来度量。

在正常状态下，点在中心线两侧应是等概率随机分布，概率各为50%，每一点的分布并不受前一点的影响，相互独立。根据概率理论，可得到以下判别准则：

①出现5个点链，应引起警惕，注意发展状况。

②出现6个点链，应查找原因。

③出现7个点链，判为异常，应采取措施。

出现链的原因，通常是实施过程中存在着使分布中心偏移的因素。

2) 偏离。较多的点间断地出现在中心线一侧时称为偏离。出现下列情况之一者判为异常：

①连续11个点中至少有10个点出现在中心线的一侧。

②连续14个点中至少有12个点出现在中心线的一侧。

③连续17个点中至少有14个点出现在中心线的一侧。

④连续20个点中至少有16个点出现在中心线的一侧。

出现偏离的原因可能是在项目实施过程中存在着使分布中心偏移的因素。

3) 倾向。若干点连续上升或下降的现象称为倾向。其判别准则是：

①连续5个点不断上升或下降的趋向，应注意操作方法。

②连续6个点不断上升或下降的趋向，应调查分析原因。

③连续7个点不断上升或下降的趋向，应判为异常，需采取措施。

4) 周期。点的上升或下降出现明显的一定间隔称为周期。出现周期性排列，表明项目实施过程可能存在着起周期性作用的因素。这时即使点子都在控制界限内，也应查找是否存在异常因素。

5) 接近。点接近中心线或上下界限的现象称为接近。

点连续出现在 $CL \pm 0.5\sigma$ 之间，称为点接近中心线。若连续6个点出现在 $CL \pm 0.5\sigma$ 之间或连续14个点出现在 $CL \pm \sigma$ 之间，则判为异常。产生这种现象的原因可能是：采用新设备、新工艺，使工序质量大大改善，波动大为减少。这时，原控制图已不起作用，应重新收集数据制作新的控制图。也可能是：采用了特别好的材料或控制加严，使波动大为减少。当然，还可能是质量数据存在某种虚假成分。

点出现在 $CL \pm 2\sigma$ 至 $CL \pm 3\sigma$ 之间，称为接近控制界限。若出现以下情况之一判为异常：

①连续3个点中有2个点。

②连续7个点中至少有3个点。

③连续10个点中至少有4个点。

点接近控制界限的原因可能是控制不严，质量波动太大，应迅速查清原因并加以消除。

13.3.6 6西格玛 (6σ) 项目质量管理方法

1. 6西格玛质量

"西格玛"源于统计学中标准差 σ 的概念，而标准差 σ 表示数据相对于平均值的分散程度。"西格玛水平"则将过程输出的平均值、标准差与顾客要求的目标值、规格限值联系起来并进行比较。其中，目标值是指顾客要求的理想值；规格限值（Specification Limits）是指顾客允许的质量特性的波动范围。如果过程输出质量特性服从正态分布，并且过程输出质量特性的分布中心与目标值重合，那么 σ 越小，过程输出质量特性的分布就越靠近于目标值，同时该特性落到规格限值外的概率就越小，出现缺陷的可能性就越小。因此，过程满足顾客要求的能力就越强。

如图 13-22 所示，如果项目某质量指标的规格界限已经确定，则将"目标值 ±3σ"控制在规格界限之内的概率为 99.7%；将"目标值 ±6σ"控制在规格界限之内的概率为 99.999 999 8%。可见，6σ 意味着一个检验批中 99.999 999 8% 是合格的，不合格的只有百万分之二。而要将 99.999 999 8% 的质量数据控制在规格界限之内，则"σ"值就需要大大降低，也就意味着需要大大提高项目精度，质量需要进一步精益化。

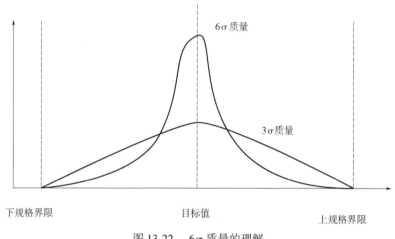

图 13-22　6σ 质量的理解

6σ 质量的含义已经不仅局限于项目特性，还包括服务与工作质量。如果一个项目的质量特性能够达到 6σ 质量水平，则意味着该项目可以用精益的质量满足顾客要求。

在以缺陷率计量质量特性时，用"σ"度量缺陷率。6σ 质量表示质量特性的缺陷率仅为百万分之二。

2. 6 西格玛（6σ）管理

（1）6σ 管理的概念

6σ 管理是以数据为基础的管理方法，要求具备完整的数据，包括对数据的收集、分析和利用。6σ 管理是获得和保持项目成功的综合管理体系和发展战略，是寻求同时增加顾客满意和经济增长的经营战略途径，是使项目组织获得快速增长和竞争力的经营方式。它不是单纯的技术方法的引用，而是全新的管理模式。

其基本思想是：以质量管理为主线，以客户需求为中心，利用对事实和数据的分析，改进产品或服务的流程；要求企业完全站在外部客户的角度，而不是站在自己的角度，来看待企业内部的各种业务流程；利用客户的要求来建立标准，建立产品和服务的标准和规格，并以此来评价业务流程的有效性和合理性，从而提升产品质量和企业的整体竞争力。

（2）6σ 质量管理的概念

6σ 质量管理是建立在统计学基础上的全面质量管理方法，以追求完美为目标的管理理念。6σ 质量管理的重点是将所有工作作为一种流程，采用量化方法分析流程中影响质量的因素，找出关键的因素加以改进从而达到更高的顾客满意度。

6σ 质量管理强调"度量"的重要性，没有度量就没有管理。这里不仅要度量项目质量符合顾客要求的程度，还要度量服务乃至工作过程质量等。

（3）6σ 管理的重要观点

提高质量同时降低成本并缩短周期，取决于过程特别是核心业务过程的能力。这个能力可以表述为过程输出波动的大小。过程能力用"西格玛"来度量，西格玛水平越高，过程的波动越小，过程满足顾客要求的能力越强。

如果一个过程的西格玛水平较低，那么表明它以较低的成本、较短的时间向顾客提供较高质量的产品与服务的能力较低，因此该过程的竞争力就较低。统计资料显示：如果一个 3σ 企业组织其所有资源改进过程，则提高一个 σ 水平，则大约可获得下述收益：利润率增长 20%；产出能力提高 12% ~ 18%；减少雇员 12%；资本投入减少 10% ~ 30%。

3. 实施 6σ 项目质量管理

（1）6σ 项目质量管理组织

通常，6σ 管理是由执行领导、倡导者、大黑带、黑带、绿带等关键角色和项目团队传递并实施的。

1）关键角色及职责。

①执行领导（Executives）。建立项目的 6σ 管理愿景；确定项目的战略目标和业绩的度量系统；确定项目的管理重点；在项目中建立促进应用 6σ 管理方法与工具的环境。

②倡导者（Champion）。负责 6σ 管理的部署；构建 6σ 管理基础；向执行领导报告 6σ 管理的进展；负责 6σ 管理实施中的沟通与协调。

③大黑带（MBB-Master Black Belt）。对 6σ 管理理念和技术方法具有较深的了解与体验，并将他们传递到组织中；培训黑带和绿带，确保他们掌握了适用的工具和方法；为黑带和绿带的 6σ 项目提供指导；协调和指导跨职能的 6σ 项目；协助倡导者和管理层选择和管理 6σ 项目。

④黑带（BB-Black Belt）。领导 6σ 项目团队，实施并完成 6σ 项目；向团队成员提供适用的工具与方法的培训；识别过程改进机会并选择最有效的工具和技术实现改进；向团队传达 6σ 管理理念，建立对 6σ 管理的共识；向倡导者和管理层报告 6σ 项目的进展；将通过项目实施获得的知识传递给组织和其他黑带；为绿带提供项目指导。

⑤绿带（GB-Green Belt）。绿带是项目中经过 6σ 管理方法与工具培训的、结合自己的本职工作完成 6σ 项目的人员。一般，他们是黑带领导的项目团队的成员或结合自己的工作开展涉及范围较小的 6σ 项目人员。

2）6σ 项目团队（Six Sigma Team）。6σ 项目通常是通过团队合作完成的。项目团队由项目所涉及的有关职能（如技术、生产、工程、采购、销售、财务、管理等）人员构成，一般由 3~10 人组成，并且应包括对所改进的过程负有管理职责的人员和财务人员。

（2）6σ 的分析流程

6σ 管理不仅是理念，同时也是一套业绩突破的方法。它是将理念变为行动，将目标变为现实的方法，这套方法就是 6σ 改进方法 DMAIC。

DMAIC 方法是指由定义（Define）、测量（Measure）、分析（Analyze）、改进（Improve）、控制（Control）5 个阶段构成的过程改进方法，如图 13-23 所示。该方法一般用于对现有流程的改进，包括实施过程、服务过程以及工作过程等。一个完整的 6σ 改进项目应完成"定义 D""测量 M""分析 A""改进 I"和"控制 C"5 个阶段的工作。每个阶段又由若干个工作步骤构成，见表 13-7。

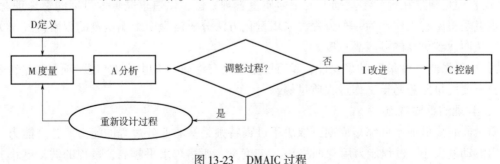

图 13-23　DMAIC 过程

表 13-7 DMAIC 工作步骤

阶段	活动要点	主要工作
D 定义	项目启动	确定顾客的关键需求并识别需要改进的产品或过程,将改进项目界定在合理范围内
M 度量	测量输出,确定基线	测量现有过程,确定过程的基线以及期望达到的目标,识别影响过程输出的因素,对测量系统的有效性进行评价
A 分析	确定关键影响因素	通过数据分析,确定影响过程输出的关键因素
I 改进	设计并验证改进方案	确定优化过程输出并消除或减少关键因素影响的方案,以减少过程缺陷或变异
C 控制	保持	使改进后的过程程序化,并通过有效的监测方法保持过程改进的成果

第 14 章　项目采购与合同管理

本章要点

本章主要介绍项目采购管理，包括采购规划的内容、依据、采购规划的技术与工具以及采购的方式和几种工程项目采购管理模式；项目招标投标，包括项目招标投标的程序、项目招标投标文件的编制以及项目的开标与评标的方法；项目合同管理，包括项目合同的订立、效力，合同履行和违约责任，合同变更、转让、解除和终止，合同纠纷的处理；FIDIC 合同，包括 FIDIC 合同范本系列构成和简明合同格式。

14.1　项目采购管理

14.1.1　项目采购规划

1. 项目采购规划概述

（1）采购的定义

采购是从系统外部获得货物、土建工程和服务（以下统称"产品"）的完整的采办过程。货物采购是指购买项目建设所需的投入物（如机械、设备、材料等）及与之相关的服务。土建工程采购是通过招标或其他商定的方式选择工程承包单位及其相关的服务。咨询服务采购主要指聘请咨询公司或咨询专家。

（2）采购在项目执行中的重要性

采购工作是项目执行中的关键环节，并构成项目执行的物质基础和主要内容。规范的项目采购要兼顾经济性和有效性，可以有效降低项目成本，促进项目的顺利实施和按期完成。项目采购必须体现设计和计划的要求，如果采购的产品不符合设计的预定要求，将会直接影响项目质量，甚至导致项目失败。竞争性招标采购有规范的程序，体现公平、公正原则，即给符合条件的承包商提供均等的机会，这不仅符合市场经济运行原则，而且会进一步提高项目的实施质量；公平竞争又会促使报价降低，因而对项目的费用控制更为有利。此外，采用比较规范的公开招标，公平竞争的招标程序和严谨的支付办法，能从制度上最大限度地防止贪污、浪费和欺诈行为。

（3）《中华人民共和国招标投标法》相关规定

《中华人民共和国招标投标法》对必须招标采购的项目范围作出了明确规定：在中华人民共和国境内进行下列工程建设项目包括项目的勘察、设计、施工、监理以及与工程建设有关的重要设备、材料等的采购，必须进行招标的项目有：大型基础设施、公用事业等关系社会公共利益、公众安全的项目；全部或部分使用国有资金投资或者国家融资的项目；使用国际组织或国外政府贷款、援助资金的项目。《中华人民共和国招标投标法》第四条规定：任何单位和个人不得将依法必须进行招标的项目，化整为零或者以其他方式规避招标。《中华人民共和国招标投标法》的适用范围原则上是中华人民共和国境内的招标投标行为，强制适用范围是建设工程。由于建设工程既有政府采购工程又有民间工程，其中的政府采购工程采取招标投标方式的，也要执行招标投标法的规定。

（4）《中华人民共和国政府采购法》相关规定

政府采购是指各级国家机关、事业单位和团体组织，使用财政性资金采购依法制定的集中采购目录以内的或者采购限额标准以上的货物、工程和服务的行为。政府集中采购目录和采购限额标准依照政府采购法规定的权限制定。

《中华人民共和国政府采购法》从地域、采购人、采购资金、采购形式、采购项目以及采购对象等方面，确定了该法适用范围。凡是同时符合这些要素的采购项目，都属于政府采购项目，必须依照本法开展采购活动。

《中华人民共和国政府采购法》第三条对政府采购的原则作出了规定，即政府采购应当遵循公开透明原则、公平竞争原则、公正原则和诚实信用原则。

2. 采购规划的内容和依据

（1）采购规划的准备

项目采购是一项很复杂的工作。它不但应当遵循一定的采购程序，而且更重要的是项目组织及其采购代理人，在实施采购前必须清楚地知道所需采购的货物或服务的各种类目、性能规格、质量要求、数量等，必须了解并熟悉国内、国际市场的价格和供求情况、所需货物或服务的供求来源、外汇市场情况、国际贸易支付办法、保险、损失赔偿惯例等有关国内、国际贸易和商务方面的信息和知识。上述几个方面，都必须在采购准备及实施采购过程中细致而妥善地做好。稍有不慎，就可能导致采购工作的拖延、采购预算超支、不能采购到满意的或适用的货物或服务，从而造成项目的损失，影响项目的顺利完成。

当然，项目组织不大可能全面掌握所需货物及服务在国际及国内市场上的供求情况和各承包商、供应商的产品性能规格及其价格等信息。这一任务要求项目组织、业主、采购代理机构通力合作来承担。采购代理机构尤其应当重视市场调查和相关信息采集，必要时还需要聘用咨询专家来帮助制定采购规划、提供有关信息，直至参与采购的全过程。

（2）采购规划的内容

项目采购计划是在考虑了买卖双方之间关系之后，从采购者（买者）的角度来进行的。项目采购规划过程就是识别项目的哪些需要可以通过从项目实施组织外部采购产品和设备来得到满足。采购规划应当考虑合同和分包合同。例如，买主经常希望对所有分包决策施加某种程度的影响或控制。采购规划一般要对下列事项之一做出决策：

1）通过一家总承包商采购所有或大部分所需要的货物和服务。例如，选择一家设计施工公司来完成一项基本建设设施；选择一家系统集成公司来研制某一电脑软件系统；成立一家合资企业承担一项工程项目。在这种情况下，从询价到合同终止的各个过程都只要实施一次。

2）向多家承包商采购大部分需用的货物和服务。在这种情况下，从询价直至合同终止的各个采购过程，都要在采购进行过程中的某个时候，为每一个采购活动实施一次。这种方法一般都要有订货和采购专家的支持才能进行。

3）采购小部分需用的货物和服务。这时，从询价直至合同终止的各个采购过程，也要在采购进行过程中的某个时候，为每一采购活动实施一次。这个方法在使用时有没有订货和采购咨询专家的帮助都能进行。

4）不采购货物和设备。这种方法常用于研究和科技开发项目（当实施组织不愿别人得到项目技术信息时）和许多小型的、机构内部的项目（当寻找和管理某种外部来源的费用可能超出潜在的节省费用时）。这时，从询价到合同终止的各个过程都不必实施。

（3）采购规划的依据

采购规划的依据主要有：

1）范围说明。范围说明书说明了项目目前的界限，提供了在采购规划过程中必须考虑的项目要求和策略的重要资料。随着项目的进展，范围说明书可能需要修改或细化，以反映这些界限的所有变化。范围说明应当包括对项目的描述、定义，详细说明需要采购的产品类目的参考图或图表以及其他信息。具体包括以下内容：

①项目的合理性说明（设计说明书）。解释为什么要进行这一项目。项目存在的合理性风险是买方承担的。

②项目可交付成果（执行说明书）。这是一份主要的、属于归纳性的项目清单，其完整、令人满意的交付，标志着项目的完成。项目存在的执行风险由承包商承担。

③项目目标（功能说明书）。项目成功必须要达到的某些数量标准。项目目标至少必须包括费用、进度和质量标准。项目目标应当有属性、计量单位和数量值。未量化的目标未来会存在很大风险。

2）产品说明。项目产品（项目最终成果）的说明，提供了有关在采购计划过程中需要考虑的所有技术问题或注意事项的重要材料。

3）采购活动所需的资源。项目实施组织若没有正式的订货单位，则项目管理班子将不得不自己提供资源和专业知识支持项目的各种采购活动。

4）市场状况。采购计划过程必须考虑市场上有何种产品可以买到、从何处购买，以及采购的条款和条件是怎样的。

5）其他计划结果。只要有其他计划结果（如项目成本初步估算、质量管理计划等）可供使用，则在采购计划过程中必须加以考虑。

6）制约条件和基本假设。由于项目采购存在着许多变化不定的环境因素，因此项目实施组织在实施采购过程中，必须面对变化不定的社会经济环境作出一些合理推断，这就是基本假设。制约条件和基本假设的存在限制了项目组织的选择范围。

3. 采购规划的技术和工具

项目实施组织对需要采购的产品拥有一定的选择权，通常运用以下技术进行选择。

（1）自制或外购分析

利用平衡点分析法进行自制或外购选择决策分析，这是一种普遍采用的管理技术，可以用来确定某种具体的产品是否可由实施组织自己生产出来，而且成本又很节省。

【例】某项目实施需用甲产品，若自制，单位产品变动成本为 12 元，并需另外增加一台专用设备价值 4000 元。若外购，购买量大于 3000 件时，购价为 13 元/件，购买量小于 3000 件时，购买价为 14 元/件。试问：该项目实施组织如何根据用量做出甲产品取得方式的决策？

解：在此例进行分析时，有 3 条成本曲线，根据此题的特点采用平衡点分析法较为便利。

设：x_1 表示用量小于 3000 件时，外购产品平衡点；x_2 表示用量大于 3000 件时，外购产品平衡点；x 表示产品用量。

则：

用量小于 3000 件时，产品外购成本 $y = 14x$。用量大于 3000 件时，产品外购成本 $y = 13x$。

产品自制成本 $y = 12x + 4000$。

根据上述成本函数，

平衡点 x_1：$12x_1 + 4000 = 14x_1$，求得 $x_1 = 2000$（件）。

平衡点 x_2：$12x_2 + 4000 = 13x_2$，求得 $x_2 = 4000$（件）。

将 3 条成本曲线及平衡点用图 14-1 表示如下。

由平衡点分析可知：

1）当用量在 0~2000 件时，外购为宜。

2）当用量在 2000~3000 件时，自制为宜。

3）当用量在 3000~4000 件时，外购为宜。

4）当用量大于 4000 件时，自制为宜。

自制或外购分析还必须反映项目实施组织的发展前景和项目的目前需要的关系。例如，购买一项项目资产（一般为长期资产，如施工设备、个人电脑），从目前成本上看往往不合算。但是，如果项

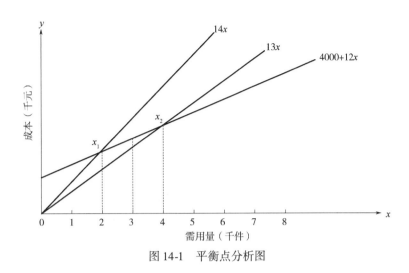

图 14-1 平衡点分析图

目实施组织以后还需要使用这项资产,则购买费中分期摊入到该项目损益中的部分可能就会小于每期的资产租赁费用。那么,这种情况下项目实施组织应选择购买而不是去租赁设备资产。

(2) 短期租赁或长期租赁分析

决定是短期还是长期租赁,通常取决于财务上的考虑。根据项目对某租赁品的预计使用时间、租金大小来分析短期与长期租赁的成本平衡点。

【例】某项目经理部,因施工需要某台特殊设备。若短期租赁该设备,租金按天计算,每天为150元;也可以长期租用,租金每天为90元,但必须交纳固定手续费用6000元。应如何选择?

解:设在预计租期为 x 天时,长短期租赁费用相等。

则 $150x = 6000 + 90x$

得 $x = 100$(天)

因此,若预计租用设备不超过100天,应选择短期租赁;若预计租用设备超过100天,应选择长期租赁更经济。

(3) 采购专家的介入

采购专家就是具有专门知识或经过训练的单位和个人。咨询公司、行业团体、有发展前景的承包商以及项目实施组织内部的其他单位(有专门从事采购的职能部门,如合同部)可能都具备用于采购的专业知识。项目实施组织可以聘请采购专家作为顾问,甚至邀请他们直接参与采购过程。

(4) 经济采购批量分析

按照采购管理的目的,需要通过合理的进货批量和进货时间,使存货的总成本最低,这个批量叫作经济采购量或经济批量。有了经济采购量,可以容易地找出最适宜的进货时间。

货物采购总成本(TC)= 取得成本(TC_a)+ 储存成本(TC_c)+ 缺货成本(TC_s)

其中

$$TC_a = F_1 + \frac{D}{Q}K + DU$$

$$TC_c = F_2 + K_c \frac{Q}{2}$$

式中,F_1 为采购固定成本(采购机构的基本开支),与订货次数无关;D 为产品年需用量;Q 为每次进货批量;K 为每次采购变动成本(差旅费、邮资等);U 为产品进货单价;F_2 为储存固定成本(包括折旧、仓库职工工资等);K_c 为产品储存单位成本。则

$$TC = F_1 + \frac{D}{Q}K + DU + F_2 + K_c \frac{Q}{2} + TC_s$$

经济采购量的基本模型需要设立的假设条件有：

1）项目能够及时补充存货，即需要采购时便可立即取得存货。

2）能集中到货，而不是陆续入库。

3）不允许缺货，即无缺货成本，TC_s 为零。这是因为良好的存货管理本来就不应该出现缺货成本。

4）需用量确定且能确定，即 D 为已知常量。

5）产品单价不变，不考虑现金折扣，即 U 为已知常量。

6）项目现金充足，不会因现金短缺而影响进货。

7）所需产品市场供应充足，不会因买不到需要的产品而影响其他事情。

设立上述假设后，存货总成本的公式可以简化为

$$TC = F_1 + \frac{D}{Q}K + DU + F_2 + K_c\frac{Q}{2}$$

当 F_1，K，D，U，F_2，K_c 为常数时，TC 的大小取决于 Q。为了求出 TC 的极小值，对其进行求导演算，可得出下列公式

$$Q^* = \sqrt{2KD/K_c}$$

这一公式称为经济采购量基本模型，求出的每次采购批量，可使 TC 达到最小值。

这个基本模型还可以演变为其他形式：

1）每年最佳采购次数公式

$$N^* = \frac{D}{Q^*} = \frac{D}{\sqrt{2KD/K_c}} = \sqrt{DK_c/2K}$$

2）存货总成本公式

$$TC(Q^*) = \frac{KD}{\sqrt{\frac{2KD}{K_c}}} + \frac{\sqrt{\frac{2KD}{K_c}}}{2}K_c = \sqrt{2KDK_c}$$

3）最佳订货周期公式

$$t^* = \frac{1\text{ 年}}{N^*} = \frac{1}{\sqrt{\frac{DK_c}{2K}}}$$

【例】某项目每年耗用某种产品为 3600 千克，该产品单位成本为 10 元，单位存储成本为 2 元，一次采购成本为 25 元。则

$$Q^* = \sqrt{\frac{2KD}{K_c}} = \sqrt{\frac{2 \times 3600 \times 25}{2}} = 300(\text{千克})$$

$$N^* = \frac{D}{Q^*} = \frac{3600}{300} = 12(\text{次})$$

$$TC(Q^*) = \sqrt{2KDK_c} = \sqrt{2 \times 25 \times 3600 \times 2} = 600(\text{元})$$

$$t^* = \frac{1\text{ 年}}{N^*} = \frac{12\text{ 月}}{12} = 1(\text{月})$$

4. 采购规划的结果

（1）采购管理计划

采购管理计划应当说明具体的采购过程将如何进行管理。它包括：

1）应当使用何种类型的合同。

2）是否需要有独立的估算作为评估标准，由谁负责以及何时编制这些估算。

3）项目实施组织是否有采购部门，项目管理组织在采购过程中自己能采取何种行动。

4）是否需要使用标准的采购文件，从哪里找到这些标准文件。

根据项目的具体要求，采购管理计划可以是正式的，也可以是非正式的；可以非常详细，也可以很粗略。此计划是整体项目计划的补充部分。

(2) 工程说明

工程说明又称为要求说明。它相当详细地说明了采购项目，以便潜在的承包商确定他们是否能够提供该采购项目的货物或服务。工程说明的详细程度可以视采购项目的性质、买主的要求或者预计的合同形式而异。

工程说明在采购过程中可能被修改和细化。例如，潜在的承包商可能建议使用比原来规定的效率更高的方法或成本更低的产品。每一个单独的采购项目都要求有单独的工程说明。但是，多种产品或服务可以组成一个采购项目，使用一个工程说明。

工程说明应尽可能清晰、完整、简洁。其中包括对所有要求的附属服务的说明。例如，承包商报告及对采购来的设备给予项目完成后的运行支持。在某些应用领域，对于工程说明的内容和格式已有具体的规定，如各种形式的政府订货。

14.1.2 项目采购的方式

1. 根据竞争的程度可以分为公开招标和邀请招标

从竞争的程度进行划分，可以把招标分为公开招标和邀请招标，也可以称为无限竞争性招标（Unlimited Competitive Bidding）和有限竞争性招标（Limited Competitive Bidding）。这种划分方式可以说是招标方式的基本划分方法，也是《中华人民共和国招标投标法》规定的招标方式。

(1) 公开招标

公开招标是指招标人以招标公告的方式邀请不特定的法人或者其他组织投标。它是一种由招标人按照法定程序，在公开出版物上或者以其他公开方式发布招标公告，所有符合条件的承包商都可以平等参加投标竞争，从中择优选择中标者的招标方式。由于这种招标方式对竞争没有限制，因此又被称为无限竞争性招标。从招标的本质来讲，这种招标方式是最符合招标宗旨的，因此应当尽量采用公开招标方式进行招标。

1）公开招标的特点。招标人以招标公告的方式邀请招标；可以参加投标的法人或者其他组织是不特定的。

2）公开招标的优点。

①有效地防止腐败。公开招标要求招标过程应当公开、公正、公平，并且在"三公"的程度上要求很高，因此与邀请招标相比，能更有效地防止腐败。当然，为了达到这一目的，需要有其他的制度配合，也需要完善公开招标的一些具体程序。

②能够最好地达到经济性的目的。这是招标制度最原始的目的，因为公开招标允许所有合格的投标人参加投标，因此能够让最有竞争力、条件最优厚的潜在投标人参加投标。

③能够为潜在的投标人提供均等的机会。邀请招标只有接到投标邀请书的潜在投标人才有资格参加投标，这对于招标人不了解的潜在投标人或者新产生、新发展起来的潜在投标人是不公平的，特别对于政府投资的项目，这种公平性是十分重要的。

3）公开招标的缺点。

①完全以书面材料决定中标人。公开招标只能以书面材料决定中标人，这本身就有一定缺陷。即使撇开有些投标人存在弄虚作假的情况，有时书面材料也不能反映投标人真实的水平和情况。

②招标成本较高。公开招标对招标文件的发布有一定要求，一般也会导致投标人较多。这样，从招标的总成本（包括招标人的成本和投标人的成本）来看，必然是比较高的，招标人的评标成本也较高。

③招标周期较长。从理论上说，公开招标应当保证所有的潜在投标人能够获得招标信息，这就导致其时间必然长于由招标人直接向潜在投标人发出投标邀请书的邀请招标，故相对于邀请招标，公开招标的周期较长。

(2) 邀请招标

邀请招标是指招标人以投标邀请书的方式邀请特定的法人或者其他组织投标。邀请招标是由接到投标邀请书的法人或者其他组织才能参加投标的一种招标方式，其他潜在的投标人则被排除在投标竞争之外，因此，也被称为有限竞争性招标。

邀请招标必须向3个以上的潜在投标人发出邀请，并且被邀请的法人或者其他组织必须具备以下条件：

1) 具备承担招标项目的能力。如施工招标，被邀请的施工企业必须具备与招标项目相应的施工资质等级。

2) 资信良好。邀请招标只有在招标项目符合一定的条件时才可以采用。《中华人民共和国招标投标法》规定，国务院发展计划部门确定的地方重点项目不适宜公开招标的，经国务院或省、自治区、直辖市人民政府批准，才可以进行邀请招标。一般可以考虑采用邀请招标情况有：

1) 技术要求较高、专业性较强的招标项目。对于这类项目而言，由于能够承担招标任务的单位较少，且由于专业性较强，招标人对潜在的投标人都较为了解，新进入本领域的单位也很难较快具有较高的技术水平。因此，这类项目可以考虑采用邀请招标。

2) 合同金额较小的招标项目。由于公开招标的成本较高，如果招标项目的合同金额较小，则不宜采用。

3) 工期要求较为紧迫的招标项目。公开招标周期较长，这也决定了工期要求较为紧迫的招标项目不宜采用。

(3) 议标

在《中华人民共和国招标投标法》颁布以前，我国的许多规范性文件都规定议标是招标方式之一，如原建设部1992年11月6日发布的《工程建设施工招标投标管理办法》第13条规定的招标方式，包括公开招标、邀请招标和议标3种，其他部委、地方也有类似的规定。议标是由招标人直接与投标人通过协商议定标价及有关事宜的合同订立方式。但《中华人民共和国招标投标法》仅规定了公开招标和邀请招标两种招标方式。

2. 根据招标的范围可分为国际招标和国内招标

从招标的范围进行划分，可以分为国际招标（International Bidding）与国内招标（Local Bidding）。国际招标是允许所有国家的潜在投标人参加投标的招标方式，当然也包括国内的潜在投标人；而国内招标则只允许国内的潜在投标人参加投标的招标方式。如果在国际招标中采用无限竞争性招标，则成为被广泛采用的国际竞争性招标（International Competitive Bidding，ICB）。

国际招标是指"符合招标文件规定的国内、国外法人或其他组织，单独或联合其他法人或其他组织参加投标，并按招标文件规定的币种结算的招标活动"；国内招标则是指"符合招标文件规定的国内法人或其他组织，单独或联合其他国内法人或其他组织参加投标，并用人民币币种结算的招标活动"。

从世界各国的立法看，成熟的招标投标市场都没有将国内再按照地区进行划分，进行地区内招标的情况。

14.1.3 工程项目采购管理模式

在工程项目建设的实践中,应用的工程项目采购管理模式有多种类型,每一种模式都有不同的优势和相应的局限性,适用于不同种类工程项目。业主可根据其工程的特点选择适合的工程项目采购管理模式。在选择工程项目采购管理模式时,业主应考虑时间与进度要求、项目复杂程度、业主的合同经验、当地建筑市场情况、资金限制和法律限制等。

下面介绍并对比了国际上常用的几种工程项目采购管理模式,这些管理模式对其他类型的项目采购管理有一定的借鉴和参考意义。

1. 传统的(通用的)工程项目采购管理模式

传统模式又称设计-招标-建造方式(Design-Bid-Build Method)。这种项目采购管理模式在国际工程界最为通用,世界银行、亚洲开发银行贷款项目和采用 FIDIC 的"土木工程施工合同条件"的项目均采用这种模式。这种模式下的项目各参与方的关系如图14-2所示。

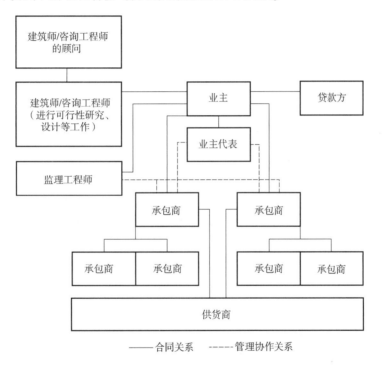

图 14-2 传统的工程项目采购管理模式

这种项目采购管理模式由业主与设计机构(建筑师/咨询工程师)签订专业服务合同,委托建筑师/咨询工程师进行项目前期的各项有关工作(如进行机会研究、可行性研究等),待项目评估立项后再进行设计。在设计阶段进行施工招标文件的准备,随后通过招标选择承包商。业主和承包商订立工程项目的施工合同,有关工程的分包和设备、材料的采购一般都由承包商与分包商和供货商单独订立合同并组织实施。业主单位一般指派业主代表(可由本单位选派或由其他公司聘用)与咨询工程师和承包商联系,负责有关的项目管理工作。但在国外,大部分项目实施阶段的有关管理工作均授权建筑师/咨询工程师进行。建筑师/咨询工程师和承包商没有合同关系,但承担业主委托的管理和协调工作,业主、咨询工程师和承包商在项目实施阶段的职责义务和权限在此不作详细论述。

传统工程项目采购管理模式的优点是:由于这种模式已长期、广泛地在世界各地采用,因而管理方法较成熟,各方都熟悉有关程序;业主可自由选择咨询和设计人员,对设计要求可以控制;可自由选择咨询工程师负责监理工程的施工；可采用各方均熟悉的标准合同文本，有利于合同管理和风险管理。

传统工程项目采购管理模式的缺点是：项目周期较长，业主管理费较高，前期投入较高，变更时容易引起较多的索赔。

2. 建筑工程管理模式

建筑工程管理模式（Construction Management Approach），简称 CM 模式。

（1）CM 模式的特点

这种项目采购管理模式又称为阶段发包方式或快速轨道方式，是近年来在国外比较流行的一种工程项目采购管理模式。这种模式与过去那种等设计图样全部完成之后再进行招标的传统的连续建设模式不同，其特点是：

1）由业主和业主委托的 CM 经理与建筑师组成一个联合小组，共同负责组织和管理工程的规划、设计和施工，但 CM 经理对涉及的管理起协调作用。在项目总体规划、布局和设计时，要考虑到控制项目的总投资。在主体设计方案确定后，随着设计工作的进展，完成一部分分项工程的设计后，对这一部分分项工程组织进行招标，发包给一家承包商，由业主直接就每个相对独立的分项工程与承包商签订承包合同。

2）要挑选精明强干，懂工程、懂经济，又懂管理的人才来担任 CM 经理，负责工程的监督、协调和管理工作。在施工阶段，CM 经理的主要任务是定期与承包商会晤，对成本、质量和进度等进行监督，并预测和监控成本和进度的变化。

业主分别与各个承包商、设计单位、设备供货商、安装单位、运输单位签订合同。业主与 CM 经理、建筑师之间也是合同关系，而业主任命的 CM 经理与各个施工、设计、设备供应、安装、运输等承包商之间则是业务上的管理和协调关系。

3）阶段采购管理模式的最大优点是：可以大大缩短工程从规划、设计到竣工的周期，节约建设投资，减少投资风险，可以比较早地取得收益。一方面，整个工程可以提前投产；另一方面，减少了通货膨胀等不利因素造成的影响。例如，购买土地从事房地产业，用此方式可以节省投资贷款的利息。由于设计时可听取 CM 经理的建议，所以可以预先考虑施工因素，运用价值工程以节省投资。设计一部分，招标一部分并及时施工，因而设计变更较少。这种方式的缺点是：分项招标可能导致承包费用较高，因而要做好分析比较，研究项目分项的多少，从中选定一个最优的结合点。

（2）CM 模式的分类

CM 模式可以有多种组织方式，图 14-3 介绍的是其常用的两种形式。

1）代理型 CM 模式（CM/Agency）。这种模式又称为纯粹的 CM 模式。采用代理型 CM 模式时，CM 单位是业主的咨询单位，业主与 CM 单位签订咨询服务合同，CM 合同价就是 CM 费，其表现形式可以是百分率（以后续确定的工程费用总额为基数）或固定数额的费用；业主分别与多个施工单位签订所有的工程施工合同。其合同关系和协调管理关系，如图 14-3 所示。需要说明的是，CM 单位对设计单位没有指令权，只能向设计单位提出一些合理化建议，因而 CM 单位与设计单位之间是协调关系。这一点同样适用于非代理型 CM 模式。这也是 CM 模式与全过程建设项目管理的重要区别。

代理型 CM 模式中的 CM 单位通常是由具有较丰富的施工经验的专业 CM 单位或咨询单位担任。

2）非代理型 CM 模式（CM/Non-Agency）。这种模式又称为风险型 CM 模式（At-Risk CM），在英国则称为管理承包（Management Contracting）。据英国有关文献介绍，这种模式在英国于 20 世纪 50 年代就已出现。采用非代理 CM 模式时，业主一般不与施工单位签订工程施工合同。但是，也可能在某些情况下，对某些专业性强的工程内容和工程专用材料、设备，业主与少数施工单位和材料、设备供应商签订合同。业主与 CM 单位、CM 单位与施工单位和材料、设备供应商签订合同。其合同关系和协调管理关系如图 14-3 所示。

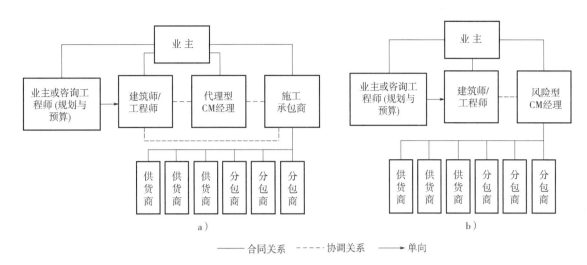

图 14-3 建筑工程采购管理模式的两种组织形式
a) 代理型建筑工程管理　b) 风险型建筑工程管理

在图 14-3 中，CM 单位与施工单位之间似乎是总分包关系，但实际上却与总承包模式有本质的不同。其根本区别主要表现在：一是虽然 CM 单位与各个分包商直接签订合同，但 CM 单位对各分包商的资格预审、招标、议标和签约都对业主公开并必须经过业主的确认才有效；二是由于 CM 单位介入工程时间较早（一般在设计阶段介入）且不承担设计任务，所以 CM 单位并不向业主之间报出具体数额的价格，而是报 CM 费，至于工程本身的费用则是今后 CM 单位与各分包商、供应商的合同价之和。也就是说，CM 合同价由以上两部分组成，但在签订 CM 合同时，该合同价尚不是一个确定的具体数据，而主要是确定计价原则和方式，本质上属于成本加酬金合同的一种特殊形式。由此可见，在采用非代理型 CM 模式时，业主对工程费用不能直接控制，因而在这方面存在很大风险。为了促使 CM 单位加强费用控制工作，业主往往要求在 CM 合同中预先确定一个具体数额的保证最大价格（Guaranteed Maximum Price，GMP），包括总的工程费用和 CM 费。而且，在合同条款中通常规定，如果实际工程费用加 CM 费用超过 GMP，超出部分由 CM 单位承担；反之，结余部分归业主。为了鼓励 CM 单位控制工程费用的积极性，也可在合同中约定对结余部分由业主和 CM 单位按一定比例分成。

不难理解，如果 GMP 的数额过高，就失去了控制工程费用的意义。因此，GMP 具体数额的确定就成为 CM 合同谈判的一个焦点和难点。确定一个合理的 GMP，一方面取决于 CM 单位的水平和经验；另一方面，更主要的是取决于设计所能达到的深度。因此，如果 CM 单位介入时间较早（如在方案设计阶段即介入），则可能在 CM 合同中暂不确定 GMP 的具体数额，而是规定确定 GMP 的时间（不是从日历时间而是从设计进度和深度考虑）。但是，这样会大大增加 GMP 谈判的难度和复杂性。

非代理型 CM 模式中的 CM 单位通常是由过去的总承包商演化而来的专业 CM 单位或总承包商担任。

(3) CM 模式的适用情况

从 CM 模式的特点来看，在以下几种情况下尤其能体现出它的优点：

1) 设计变更可能性较大的建设工程。某些建设工程，即使采用传统模式（即等全部设计图样完成后再进行施工招标），但在施工过程中依然会有较多的设计变更（不包括因设计本身缺陷引起的变更）。在这种情况下，传统模式利于投资控制的优点体现不出来，而 CM 模式则能充分发挥其缩短建设周期的优点。

2) 时间因素最为重要的建设工程。尽管建设工程的投资、进度、质量三者是一个目标系统，三大目标之间存在对立统一的关系。但是，某些建设工程的进度目标可能是第一位的，如生产某些急于占领市场的产品的建设工程。如果采用传统模式组织实施,建设周期太长,虽然总投资可能较低,但可能因此而失去市场,导致投资效益降低乃至很差。

3) 因总的范围和规模不确定而无法准确定价的建设工程。这种情况表明业主的前期项目策划工作做得不好,如果等到建设工程总的范围和规模确定后再组织实施,则持续时间太长。因此,可采取确定一部分工程内容即进行相应的施工招标,从而选定施工单位开始施工。但是,由于建设工程总体策划存在缺陷,因而 CM 模式应用的局部效果可能较好,而总体效果却可能不理想。

以上都是从建设工程本身的情况说明 CM 模式的适用情况。不论哪一种情况,应用 CM 模式都需要有具备丰富施工经验的高水平的 CM 单位,这可以说是应用 CM 模式的关键和前提条件。

3. 设计-建造工程项目采购管理

设计-建造模式是一种简练的工程项目采购管理模式。1995 年 FIDIC 出版的《设计-建造与交钥匙合同条件》,1999 年 FIDIC 出版的《工程设备与设计-建造合同条件》《EPC(设计-采购-建造)交钥匙项目合同条件》都是基于这种项目采购管理模式而编制的。设计-建造工程项目采购管理模式的组织形式如图 14-4 所示。

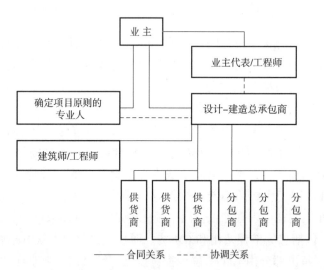

图 14-4 设计-建造模式的组织形式

在项目原则确定之后,业主只需选定一家公司负责项目的设计和施工。这种采购管理模式在投标和订合同时是以总价合同为基础的,设计-建造总承包商对整个项目的成本负责。他首先自己选择一家咨询设计公司进行项目的设计,然后采用竞争性招标方式选择各个承包商,当然也可以利用本公司的设计和施工力量完成一部分工程。

在这种方式下,业主方首先招聘一家专业咨询公司代他研究拟定拟建项目的基本要求,然后授权一位具有专业知识和管理能力的管理专家为业主代表,在项目期间作为与设计-建造总承包商的联络人。

设计-建造项目采购管理模式,有时也称为"交钥匙"采购模式。在国际上对"交钥匙"还没有公认的定义。"交钥匙"模式可以说是具有特殊含义的设计-建造方式,即承包商为业主提供包括项目融资、土地购买、设计、施工、设备采购、安装和调试,直至竣工移交的全套服务。

在设计-建造工程项目采购管理模式中,也有多种不同的形式,以适应不同种类项目需要。

1) 竞争性设计-建造程序。例如,政府的公共项目,则必须采用资格预审,公开竞争性招标办法。如果建造私营项目,业主可以采用邀请招标方式选定设计-建造的承包商。

2) 谈判型设计-建造程序。例如,房屋建筑和标准或装配建筑常采用议标形式,其合同通常是总价合同。在业主建筑中,常使用成本加酬金或保证最大成本合同。

设计-建造模式的主要优点是:在项目初期选定项目组成员,连续性好,项目责任单一,有早期的成本保证；可采用 CM 模式，可减少管理费用，减少利息及价格上涨的影响；在项目初期预先考虑施工因素可减少由于设计错误、疏忽引起的变更。其主要缺点是：业主对最终设计和项目实施过程中的细节控制能力降低，工程设计可能会受施工者的利益影响。

4. 设计-管理工程项目采购管理模式

设计-管理工程项目采购管理模式通常同一实体向业主提供设计和施工管理服务的工程管理方式。在通常的 CM 模式中，业主分别就设计和专业施工过程管理服务签订合同。采用设计-管理合同时，业主只签订一份既包括设计也包括类似 CM 服务在内的合同。在这种情况下，设计师与管理机构是同一实体。这一实体常常是设计机构与施工管理企业的联合体。

设计-管理工程项目采购管理模式的实现可以有两种形式（如图 14-5 所示）：

形式一：业主和设计-管理公司和施工总承包商分别签订合同，由设计-管理公司负责设计并对项目实施进行管理。

形式二：业主只与设计-管理公司签订合同，由设计公司分别与各个单独的承包商和供货商签订合同，由其施工和供货。这种方式可看作是 CM 与设计-建造两种模式相结合的产物。这种方式也常常用于承包商或分包商阶段发包方式，以加快工程进度。

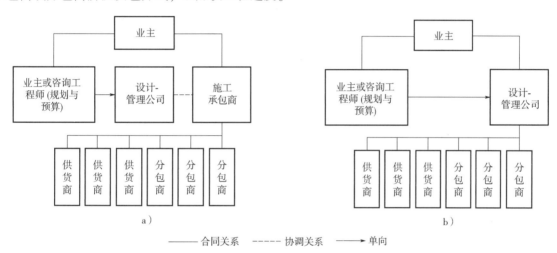

图 14-5 设计-管理工程采购管理模式的两种组织形式

5. Partnering 模式

（1）Partnering 模式的概念

Partnering 模式于 20 世纪 80 年代中期首先在美国出现。1984 年，壳牌（Shell）石油公司与 SIP 工程公司签订了被美国建筑业协会（CII）认可的第一个真正的 Partnering 协议。1988 年，美国陆军工程公司（US Army Corp of Engineers，COE）开始采用 Partnering 模式并应用得非常成功。1992 年，美国陆军工程公司规定在其所有新的建设工程上都采用 Partnering 模式，从而大大促进了 Partnering 模式的发展。到 20 世纪 90 年代中后期，Partnering 模式的应用已逐渐扩大到英国、澳大利亚、新加坡、中国香港等国家和地区，从而越来越受到建筑工程界的重视。

至今为止，诸多专家、学者以及组织对 Partnering 下过各种定义，其中以在英美有较大影响力的美国建筑业协会（CII）对 Partnering 的定义最具代表性。CII 认为，Partnering 是指两个或两个以上的组织之间的一种相互承诺关系，目的在于充分利用各方资源获取特定的商业利益。工程项目不可避免地要同外部组织发生经济联系，当这种经济联系强化到项目参与方都认为他方是达到自身重要目标的最佳选择，并协同致力于实现附加价值时，利益相关者之间就不再是简单的、短期的交易关系，而是成为能持续发展的合作关系。Partnering 正是这种合作关系，共同目标是促进各方协力完成项目的驱动力。合同签订后,参与各方都会存在目标重叠,这正是 Partnering 模式之所以能应用于工程项目的基础。基于此,可以将工程项目 Partnering 模式界定为:项目的各个参与方,通过签订 Partnering 协议作出承诺和组建工作团队,在兼顾各方利益的条件下,明确团队的共同目标,建立完善的协调和沟通机制,实现风险的合理分担和矛盾的友好解决的一种项目管理模式。

(2) Partnering 协议

Partnering 协议的英文原文为 Partnering Charter,其中 Charter 的含义有宪章、协议等,一般是由多方共同签署的文件,这是与 Agreement 的重要区别。

Partnering 协议并不仅仅是业主与施工单位双方之间的协议,而需要建设工程参与各方共同签署,包括业主、总包商或主包商、主要的分包商、设计单位、咨询单位、主要的材料设备供应单位等。对此,要注意两个问题:一是提出 Partnering 模式的时间可能与签订 Partnering 协议的时间相距甚远。由于业主在建设工程中处于主导和核心地位,所以通常是由业主提出采用 Partnering 模式的建议。业主可能在建设工程策划阶段或设计阶段开始前就提出采用 Partnering 模式,但可能到施工阶段开始前才签订 Partnering 协议。二是 Partnering 协议的参与者未必一次性全部到位。例如,最初 Partnering 协议的签署方可能不包括材料设备供应单位。

需要说明的是,一般合同(如施工合同)往往是由当事人一方(通常是业主)提出合同文本,该合同文本可以采用成熟的标准文本,也可以自行起草或委托咨询单位起草,然后经过谈判(主要是针对专用条件内容)签订。而 Partnering 协议没有确定的起草方,必须经过参与各方的充分讨论后才能确定该协议的内容,经参与各方一致同意后共同签署。

由于 Partnering 模式出现的时间还不长,应用范围也比较有限,因而到目前为止尚没有标准、统一的 Partnering 协议的格式,其内容往往也因具体的建设工程和参与方的不同而有所不同。但是,Partnering 协议还是有很多共同点,一般都是围绕建设工程的三大目标以及工程变更管理、争议和索赔管理、安全管理、信息沟通和管理、公共关系等问题作出相应的规定,而这些规定都是有关合同中没有或无法详细规定的内容。

(3) Partnering 模式的特征

Partnering 模式的特征主要表现在以下几个方面:

1) 处于自愿。在 Partnering 模式中,参与 Partnering 模式的有关各方必须是完全自愿,而非出于任何原因的强迫。Partnering 模式的参与各方要充分认识到,这种模式的出发点是实现建设工程的共同目标以使参与各方都能获益。只有在认识上统一,才能在行动上采取合作和信任的态度,才能愿意共同分担风险和有关费用,共同解决问题和争议。在有的案例中,招标文件中写明该工程将采用 Partnering 模式,这时施工单位的参与就可能是出于非自愿。

2) 高层管理的参与。Partnering 模式的实施需要突破传统的观念和传统的组织界限,因而建设工程参与各方高层管理者的参与以及在高层管理者之间达成共识,对这种模式的顺利实施是非常重要的。由于这种模式要由参与各方共同组成工作小组,要分担风险、共享自愿,甚至是公司的重要信息资源,因此高层管理者的认同、支持和决策是关键因素。

3) Partnering 协议不是法律意义上的合同。Partnering 协议与工程合同是两个完全不同的文件。在工程合同签订后,建设工程参与各方经过讨论协商后才会签署 Partnering 协议。该协议并不改变各方在有关合同规定范围内的权利和义务关系,参与各方对有关合同规定的内容仍然要切实履行。Partnering 协议主要确定了参与各方在建设工程上的共同目标、任务分工和行为规范,是工作小组的纲领性文件。该协议的内容也不是一成不变的,当有新的参与者加入时,或某些参与者对协议的某些内容有意见时,都可以召开会议经过讨论对协议内容进行修改。

4) 信息的开放性。Partnering 模式强调资源共享,信息作为一种重要的资源对于参与各方必须公开。同时,参与各方要能够及时、便利地获取信息。这不仅能保证建设工程目标得到有效的控制,而且能减少许多重复性的工作,从而降低成本。

(4) Partnering 模式的要素

Partnering 模式的要素是指保证这种模式成功运作所不可缺少的重要组成元素。综合美国有关机构和学者对 Partnering 模式要素的论述,可归纳为以下几点:

1)长期协议。虽然 Partnering 模式目前也经常被运用于单个建设工程,但从各国的实践来看,在多个建设工程上持续运用 Partnering 模式可以取得更好的效果,因而这是 Partnering 模式的发展方向。通过与业主达成长期协议、进行长期合作,施工单位能够更加准确地了解业主的需求;同时能保证施工单位不断地获取工程实施任务,从而使施工单位可以将主要精力放在工程的具体实施上,充分发挥其积极性和创造性。而业主一般只有通过与某一施工单位的成功合作才会与其达成长期协议,这样不仅可以使业主避免了在选择施工单位方面的风险,而且可以大大降低"交易成本",缩短建设周期,从而取得更好的投资收益。

2)共享。共享的含义是指建设工程参与各方的资源共享、工程实施产生的效益共享;同时,参与各方共同分担工程的风险和采用 Partnering 模式所产生的相应费用。在这里,资源和效益都是广义的。资源既有有形的资源(如人力、机械设备等),也有无形的资源(如信息、知识等);效益同样既有有形的效益(如费用降低、质量提高等),也有无形的效益(如避免争议和诉讼的产生、工作积极性的提高、施工单位社会信誉提高等)。其中,尤其要强调信息共享。在 Partnering 模式中,信息应在参与各方之间及时、准确而有效地传递、转换,才能保证及时处理和解决已经出现的争议和问题,以提高整个建设工程组织的工作效率。

3)信任。相互信任是确定建设工程参与各方共同目标和建立良好合作关系的前提,是 Partnering 模式的基础和关键。只有对参与各方的目标和风险进行分析和沟通,并建立良好的关系,彼此才能更好地理解;只有相互理解才能产生信任,而只有相互信任才能产生整体性效果。Partnering 模式所达成的长期协议本身就是相互信任的结果,其中每一方的承诺都是基于对其他参与方的信任。

4)共同的目标。在一个确定的建设工程上,参与各方都有各自不同的目标和利益,在某些方面甚至还有矛盾和冲突。尽管如此,在建设工程的实施过程中,参与各方之间还是有许多共同利益的。例如,通过设计方、施工方和业主方的配合,可以降低工程的风险,这对参与各方均有利;还可以提高工程的使用功能和使用价值,这不仅提高了业主的投资效益,而且也提高了设计单位和施工单位的社会声誉等。因此,采用 Partnering 模式要使参与各方认识到,只有建设工程实施结果本身是成功的,才能实现各自的目标和利益,从而取得双赢和多赢的结果。为此,就需要通过分析、讨论、协调、沟通,针对特定的建设工程确定参与各方共同的目标,在充分考虑参与各方利益的基础上努力实现这些共同的目标。

5)合作。合作意味着建设工程参与各方都要有合作精神,并在相互之间建立良好的合作关系。但这只是基本原则,要做到这一点,还需要有组织保证。Partnering 模式需要突破传统的组织界限,建立一个由建设工程参与各方人员共同组成的工作小组。同时,要明确各方的职责,建立相互之间的信息流程和指令关系,并建立一套规范的操作程序。该小组围绕共同的目标展开工作,在工作过程中鼓励创新、合作的精神,对所遇到的问题要以合作的态度公开交流、协商解决,力求寻找一个使参与各方均满意或均能接受的解决方案。建设工程参与各方这种良好的合作关系创造出和谐、愉快的工作氛围,这不仅可以大大减少争议和矛盾的产生,而且可以及时做出决策,从而大大提高工作效率,有利于共同目标的实现。

(5) Partnering 模式的适用情况

Partnering 模式总是与建设工程组织管理模式中的某一种模式结合使用的,较为常见的情况是与总分包模式、项目总承包模式、CM 模式结合使用。这表明,Partnering 模式并不能作为一种独立存在的模式。从 Partnering 模式的实践情况来看,并不存在适用范围的限制。但是,Partnering 模式的特点决定了它特别适用于以下几种类型的建设工程。

1）业主长期有投资活动的建设工程。比较典型的有：大型房地产开发项目、商业连锁建设工程、代表政府进行基础设施建设投资的业主的建设工程等。由于长期有连续的建设工程作保证，业主与施工单位等工程参与各方的长期合作就有了基础，有利于增加业主与建设工程参与各方之间的了解和信任，从而可以签订长期的 Partnering 协议，取得比在单个建设工程上运用 Partnering 模式更好的效果。

2）不宜采用公开招标或邀请招标的建设工程。例如，军事工程、涉及国家安全或机密的工程、工期特别紧迫的工程等。在这些建设工程上，相对而言，投资一般不是主要目标，业主与施工单位较易形成共同的目标和良好的合作关系。而且，虽然没有连续的建设工程，但良好的合作关系可以保持下去，在今后新的建设工程上仍然可以再度合作。

3）复杂的、不确定因素较多的建设工程。如果建设工程的组成、技术、参与单位复杂，尤其是技术复杂、施工的不确定因素多，在采用一般模式时，往往会产生较多的合同争议和索赔，容易导致业主和施工单位产生对立情绪，相互之间的关系紧张，影响整个建设工程目标的实现，其结果可能是两败俱伤。在这类建设工程上采用 Partnering 模式，可以充分发挥其优点，能协调参与各方之间的关系，有效避免和减少合同争议，避免仲裁或诉讼，较好地解决索赔问题，从而更好地实现建设工程参与各方共同的目标。

14.2 项目招标投标

14.2.1 招标投标概述

1. 招标投标的概念与特征

招标投标是由招标人和投标人经过要约、承诺、择优选定，最终形成协议和合同关系的，平等主体之间的一种交易方式，是"法人"之间达成有偿、具有约束力的法律行为。

招标投标是商品经济发展到一定阶段的产物，是一种最高竞争性的采购方式，能为采购者带来经济、有质量的工程、货物或服务。因此，在政府及公共领域推行招标投标制，有利于节约国有资金，提高采购质量。

招标投标具有以下基本特征。

（1）平等性

商品经济的基本法则是等价交换。招标投标是独立法人之间的经济活动，应按照平等、自愿、互利的原则和规范的程序进行，双方享有同等的权利和义务，受到法律的保护和监督。招标方应为所有投标者提供同等条件，让他们展开公平竞争。

（2）竞争性

投标招标的核心是竞争。按规定每一次招标必须有3家以上投标，这就形成了投标者之间的竞争，他们以各自的实力、信誉、服务、报价等优势来战胜其他的投标者。此外，在招标人与投标者之间也展开了竞争，招标人可以在招标者中间"择优选择"，有选择就有竞争。

（3）开放性

正规的招标投标活动，必须在公开发行的报刊上刊登招标公告，打破行业、部门、地区甚至国别的界限，打破所有制的封锁、干扰和垄断，在最大限度的范围内让所有符合条件的投标者前来投标，进行自由竞争。

2. 招标投标活动应遵循的基本原则

招标投标行为是市场经济的产物，并随着市场经济的发展而发展，因此必须遵循市场经济活动的基本原则。各国立法及国际惯例普遍确定，招标投标活动必须遵循"公开、公平、公正"的"三公"原则。例如，《世界银行贷款项目国内竞争性招标采购指南》规定："本指南的原则是充分竞争、程序公开、机会均等、公平一律地对待所有投标人，并根据事先公布的标准将合同授予最低评标价的投标人。"《联合国贸易法委员会货物、工程和服务采购示范法》在立法宗旨中指出："促进供应商和承包商为供应拟采购的货物、工程或服务进行竞争，规定给予所有供应商和承包商以公平和平等的待遇，促使采购过程诚实、公平，提高公众对采购过程的信任。"

（1）公开原则

公开原则就是要求招标投标活动具有高的透明度，实行招标信息、招标程序公开，即发布招标通告，公开开标，公开中标结果，使每一个投标人获得同等的信息，知悉招标的一切条件和要求。

（2）公平原则

公平原则就是要求给予所有投标人平等的机会，使其享有同等的权利并履行相应的义务，不歧视任何一方。

（3）公正原则

公正原则就是要求评标时按事先公布的标准对待所有的投标人。

鉴于"三公"原则在招标投标活动中的重要性，我国的《招标投标法》始终以其为主线，在总则及各章的各个条款中予以具体体现。

（4）诚实信用原则

诚实信用原则也称诚信原则，是民事活动的基本原则之一。《中华人民共和国民法通则》第四条规定，"民事活动应当遵循自愿、公平、等价有偿、诚实信用的原则。"这条原则的含义是，招标投标当事人应以诚实、守信的态度行使权利，履行义务，以维持双方的利益平衡以及自身利益与社会利益的平衡。在当事人之间的利益关系中，诚实原则要求尊重他人利益，以对待自己事务的态度对待他人事务，保证彼此都能得到自己应得的利益。在当事人与社会利益关系中，诚信原则要当事人不得通过自己的活动损害第三人和社会的利益，必须在法律范围内以符合其社会经济目的的方式行使自己的权利。从这一原则出发，我国《招标投标法》规定了不得规避招标，串通投标、泄漏标底、骗取中标、非法律允许的转包合同等诸多义务，要求当事人遵守，并规定了相应的罚则。

3. 招标投标的一般程序

招标投标活动一般分为4个阶段。

（1）招标准备阶段

招标准备阶段基本分为8个步骤：①具有招标条件的单位填写招标申请书，报有关部门审批；②获准后，组织招标班子和评标委员会；③编制招标文件和标底（或招标控制价）；④发布招标公告；⑤审定投标单位；⑥发放招标文件；⑦组织招标会议；⑧接受招标文件。

（2）投标准备阶段

投标准备阶段基本分为4个步骤：①根据招标公告或招标单位的邀请，投标单位选择符合本单位能力的项目，向招标单位提交投标意向，并提供资格证明文件和资料；②资格预审通过后，组织投标班子，跟踪投标项目，购买招标文件；③参加招标会议；④编制投标文件，并在规定时间内报送给招标单位。

（3）开标评标阶段

开标评标阶段基本分为3个步骤：①按照招标公告规定的时间、地点，由招投标方派代表并有公证人在场的情况下，当众开标；②招标方对投标方作资料后审、询标、评标；③投标方作好询标解答准备，接受询标质疑，等待评标决标。

（4）决标签约阶段

决标签约阶段基本分为3个步骤：①评标委员会提出评标意见，报送决定单位确定；②依据决标内容向中标单位发出《中标通知书》；③中标单位在接到通知书后，在规定的期限中与招标单位签订合同。

14.2.2 项目招标

项目招标是指招标人（又称业主）对自愿参加某一特定项目的投标人（承包商）进行审查、评比和选定的过程。例如，工程项目的招标，业主要根据建设目标，对特定工程项目的建设地点、投资目的、任务数量、质量标准及工程进度等予以明确，通过发布广告或发出邀请函的形式，使自愿参加投标的承包商按业主的要求投标；业主根据其投标报价的高低、技术水平、人员素质、施工能力、工程经验、财务状况及企业信誉等方面进行综合评价，全面分析，择优选择中标者，并与之签订合同。

招标采购作为最富竞争力的一种方式，与其他采购方式相比，招标采购至少应具备以下要素：

1）程序规范。在招标投标活动中，从招标、投标、评标、定标到签订合同，每个环节都有严格的程序、规则。这些程序和规则具有法律拘束力，当事人不能随意改变。

2）编制招标、投标文件。在招标投标活动中，招标人必须编制招标文件，投标人据此编制投标文件参加投标，招标人组织评标委员会对投标文件进行评审和比较，从中选出中标人。因此，是否编制招标、投标文件，是区别招标与其他采购方式的最主要特征之一。

3）三公原则。招标投标的基本原则是"公开、公平、公正"，将采购行为置于透明的环境中，防止腐败行为的发生。招标投标活动的各个环节均体现了这一原则。

4）一次成交。在一般的交易活动中，买卖双方往往要经过多次谈判后才能成交。招标则不同。在投标人递交投标文件后确定中标人之前，招标人不得与投标人就投标价格等实质性内容进行谈判。也就是说，投标人只能一次报价，不能与招标人讨价还价，并以此报价作为签订合同的基础。

以上4个要素基本反映了招标采购的本质，也是判断一项采购活动是否属于招标采购的标准和依据。

1. 项目招标文件

《中华人民共和国招标投标法》第八条规定："招标人是依照本法规定提出招标项目，进行招标的法人或者其他组织。"法人是指具有民事权利能力和民事行为能力，并依法享有民事权利和承担民事义务的组织，包括企业法人、机关法人、事业单位法人和社会团体法人。其他组织是指不具备法人条件的组织，主要包括：法人的分支机构；企业之间或企业、事业单位之间联营，不具备法人条件的组织；合伙组织；个体工商户；农村承包经营户等。所谓"提出招标的项目"，即根据实际情况和有关规定，提出和确定拟招标项目，办理有关审批手续，落实项目的资金来源等。

（1）建设单位招标应当具备的条件

建设单位招标应当具备以下条件：

1）招标单位是法人或依法成立的其他组织。

2）有与招标工程相应的经济、技术、管理人员。

3）有组织编制招标文件的能力。

4）有审查投标单位资质的能力。

5）有组织开标、评标、定标的能力。

不具备上述3）~5）项条件的，须委托具有相应资质的招标代理机构办理招标事宜。有关招标代理机构应具备条件等，《中华人民共和国招标投标法》中有相应规定。上述5条中，前2条是单位资格规定，后3条则是对招标人能力的要求。

（2）建设项目招标应具备的条件

建设项目招标应具备以下条件：

1）概算已经批准。

2）建设项目已经正式列入国家、部门或地方的年度固定资产投资计划。

3）建设用地的征用工作已经完成。
4）有能够满足施工需要的施工图样及技术资料。
5）建设资金和主要建筑材料、设备的来源已经落实。
6）已经建设项目所在地规划部门批准，施工现场"三通一平"已经完成或一并列入施工招标范围。

上述规定的主要目的在于促使建设单位严格按基本建设程序办事，防止"三边"工程的现象发生，并确保招标工作的顺利进行。

2. 项目招标程序框架图

具备招标条件的项目组织一般按以下程序开展采购招标工作。图14-6为建设工程招标程序框图，图14-7及图14-8分别为建设工程公开招标和邀请招标的程序框图。

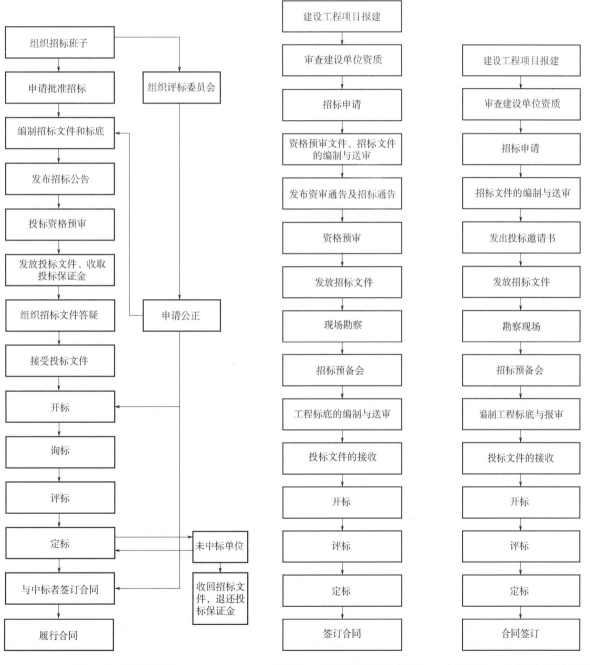

图14-6 招标程序图　　　图14-7 公开招标程序框图图　　　图14-8 邀请招标程序框图

3. 招标文件的编制

招标文件一般包括以下几部分：

1）招标邀请书，投标人须知。
2）合同的通用条款、专用条款。
3）业主对货物、工程与服务方面的要求一览表格式、技术规格（规范）、图样。
4）投标书格式、资格审查需要的报表、工程清单、报价一览表、投标保证金格式及其他补充资料表。
5）双方签署的协议书格式、履约保证金格式、预付款保函格式等。

4. 发布招标公告

招标文件编好后，即可根据既定的招标方式，在主要报刊上刊登招标公告或发出投标邀请通知。

招标公告和投标邀请通知的主要内容：项目采购类目，项目资金来源，招标内容和数量，时间要求，发放招标文件的日期和地点，招标文件的价格，投标地点，投标截止日期（必须具体到年、月、日、时）和开标时间，招标单位的地址、电话、邮政编码、电报挂号。

5. 资格预审

资格预审是对申请投标的单位进行事先资质审查。资格预审的主要内容有投标者的法人地位、资产财务状况、人员素质、各类技术力量及技术装备状况、企业信誉和业绩等。例如，工程项目招标，对于要求资格预审的应编制预审文件，资格预审文件包括的内容，除上述的资格预审通知外，还包括如下的资格预审须知、资格预审表和资料、资格预审合格通知书等。

1）资格预审资料要求。为了证明投标单位符合规定要求投标合格条件和履约合同的能力，参加资格预审的投标单位应提供相关的资质及业绩证明。
2）在资格预审合格通过后，改变分包人所承担的分包责任或改变承担分包责任的分包人之前，必须征得招标单位的书面同意；否则，资格预审合格无效。
3）将资格预审文件按规定的正本、副本份数和指定时间、地点送达招标单位。
4）招标单位将资格预审结果以书面形式通知所有参加预审的施工单位，对资格预审合格的单位应以书面形式通知投标单位准备投标。

6. 现场勘察和文件答疑

（1）现场勘察

业主在招标文件中要注明投标人进行现场勘察的时间和地点。按照国际惯例，投标人提出的标价一般被认为是审核招标文件后并在现场勘察的基础上编制出来的。投标人应派出适当的负责人员参加现场勘察，并做出详细的记录，作为编制投标书的重要依据。通常，招标人组织投标方统一进行现场勘察并对工程项目进行必要的介绍。投标人现场勘察的费用将由投标人自行承担。

（2）文件答疑

标前会议是业主给所有投标者的一次质疑机会。投标人应消化招标文件中提到的各类问题，整理成书面文件，寄往招标单位指定地点要求答复，或在会上要求澄清。对会上提出的问题和解答的概要情况，应做好记录，如有必要可以作为招标文件补充部分发给所有投标人。

7. 标底的编制

标底又称底价，是招标人对招标项目所需费用的自我测算的期望值。它是评定投标价的合理性、可行性的重要依据，也是衡量招标活动经济效果的依据。标底应具有合理性、公正性、真实性和可行性。

影响标底的因素很多，在编制时要充分考虑投资项目的规模大小、技术难易、市场条件、时间要求、价格差异、质量等级要求等因素。从全局出发，兼顾国家、项目组织和投标单位三者的利益。标底的构成包括3个部分：项目采购成本、投标者合理利润、风险系数。

标底直接关系到招标人的经济利益和投标者的中标率，应在合同签订前严加保密。如有泄密情况，应对责任者严肃处理，直到追究其法律责任。

工程标底是由招标单位或委托建设行政主管部门批准的具有编制标底资格和能力的中介代理机构，根据国家（或地方）公布的统一工程项目划分、统一的计量单位、统一的计算规则以及施工图样、招标文件，并参照国家规定的技术标准、经济定额所编制的工程价格。其编审程序如下：

1）确定标底计价内容及计算方法、编制总说明、施工方案或施工组织设计、编制（或审查确定）工程量清单、临时设施布置及临时用地表、材料设备清单、补充定额单价、钢筋铁件调整、预算包干、按工程类别的收费标准等。

2）确定材料设备的市场价格。

3）采用固定价格的工程，应测算施工周期内的人工、材料、设备、机械台班价格波动风险系数。

4）确定施工方案或施工组织设计中计费内容。

5）计算标底价格。

6）标底送审。标底应当在投标截止日期或开标之前15日报招标审查机构审定。未经审查的标底一律无效。

7）标底价格审定交底。标底价格由成本、利润、税金等组成，应考虑人工、材料、机械台班等价格变化因素，还应包括不可预见费、预算包干费、措施费（赶工措施费、施工技术措施费）、现场因素费、保险以及采用固定价格的工程风险金等。计价方法可选用我国现行规定的工料单价和综合单价两种方法计算。当采用工料单价计价方法时，其主要审定内容包括标底计价内容、预算内容、预算外费用。当采用综合单价计价方法时，其主要审定内容包括标底计价内容、工程单价组成分析、设备市场供应价格、措施费（赶工措施费、施工技术措施费）、现场因素费等。

8. 招标控制价

在建设工程工程量清单计价规范（GB50500—2008）中，提出了招标控制价的概念。招标控制价是指招标人根据国家或省级、行业建设主管部门颁发的有关计价依据和办法，按设计施工图样计算的，对招标工程限定的最高造价。国有资金投资的工程建设项目应实行工程量清单招标，并应编制招标控制价。投标人的投标报价高于招标控制价的，其投标应予拒绝。

招标控制价的编制依据：

1）建设工程工程量清单计价规范。

2）国家或省级、行业建设主管部门颁发的计价定额和计价办法。

3）建设工程设计文件及相关资料。

4）招标文件中的工程量清单及有关要求。

5）与建设项目相关的标准、规范、技术资料。

6）工程造价管理机构发布的工程造价信息，工程造价信息没有发布的参照市场价。

7）其他的相关资料。

招标控制价的作用决定了招标控制价不同于标底，无须保密。为体现招标的公平、公正，防止招标人有意抬高或压低工程造价，招标人应在招标文件中如实公布招标控制价，不得对所编制的招标控制价进行上浮或下调。同时，招标人应将招标控制价报工程所在地的工程造价管理机构备查。招标人通过招标控制价，可以清除投标人之间合谋超额利益的可能性，有效遏制围标、串标行为；可以避免投标决策的盲目性，增强投标活动的选择性和经济性。工程量清单招标实质上是市场确定价格的一个规则，招标控制价提前向所有投标人公布，使投标人之间的竞争更加透明，向各投标人提供公平竞争的平台。招标控制价与经评审的合理最低价评标配合，能促使投标人加快技术革新和提高管理水平。经评审的合理最低价中标的评标办法是工程量清单计价规范的基本准则。经评审的最低投标价法，是在满足招标文件实质性要求，并且在投标价格高于成本价的前提下，经评审的投标价格最低的投标作为中标人。招标控制价能够有效割裂围标、串标利益链条，提高招投标活动的透明度，避免招投标活动中的暗箱操作，改变投标人不惜一切代价围着标底转的怪圈，有效遏制摸标底、泄露标底等违法行为的发生。

14.2.3 项目招标文件的编制

现以工程项目施工招标为例，介绍招标文件的编制。

根据原建设部 1996 年 12 月发布的《建设施工招标文件范本》规定，对于公开招标的招标文件，分为四卷共十章，其内容的目录如下：

第一卷　投标须知、合同条件及合同格式
　第一章　投标须知
　第二章　施工合同通用条款
　第三章　施工合同专用条款
　第四章　合同格式
第二卷　技术规范
　第五章　技术规范
第三卷　投标文件
　第六章　投标书及投标书附录
　第七章　工程量清单
　第八章　辅助资料表
　第九章　资格审查表
第四卷　图样
　第十章　图样

对于邀请招标的招标文件的内容，除去上述公开招标文件的第九章资格审查表以外，其余与公开招标文件的内容完全相同。我国在施工项目招标文件的编制中除合同协议条款较少采用外，基本上按《建设工程施工招标文件范本》的规定进行编制。现将上述内容说明如下。

1. 投标须知

投标须知是招标文件中很重要的一部分内容，投标者在投标时必须仔细阅读和理解，按须知中的要求进行投标，其内容包括总则、招标文件、投标报价说明、投标文件的编制、投标文件递交、开标、评标、授予合同 8 项内容。一般在投标须知前有一张"前附表"。

"前附表"是将投标者须知中重要条款规定的内容用一个表格的形式列出来，以使投标者在整个投标过程中必须严格遵守和深入考虑。前附表的格式和内容见表 14-1。

表 14-1　投标须知前附表

项号	内容规定
1	工程名称： 建设地点： 结构类型： 承包方式： 要求工期：____年____月____日开工 　　　　　____年____月____日竣工 工期__天（日历日） 招标范围：

(续)

项号	内容规定
2	合同名称：
3	资金来源：
4	投标单位资质等级：
5	投标有效期___天（日历日）
6	投标保证金额：___%或___元
7	投标预备会： 　　时间：　　地点：
8	投标文件份数： 　　正本___份　副本___份
9	投标文件递交至： 　　单位：　　地址：
10	投标截止日期： 　　时间：
11	开标时间： 　　时间：　　地点：
12	评标办法：

（1）总则

在总则中要说明工程概况和资金的来源，资质与合格条件的要求及投标费用等内容。工程概况和资金来源通过前附表中第 1~3 项所述内容获得。资质和合格条件的要求在资格预审中介绍。投标单位不管是否中标应承担投标期间的一切费用。

（2）招标文件

招标文件除了在投标须知中写明的招标文件的内容外，有关招标文件的解释、修改和补充内容也是其中的组成部分。招标人对已发出的招标文件进行必要的澄清或修改，应当在招标文件要求提交投标文件截止时间至少 15 日前，以书面形式通知所有招标文件收受人。

（3）投标报价说明

投标报价说明应指出对投标报价、投标价格采用的方式和投标货币 3 个方面的要求。

1）投标报价。除非合同另有规定，具有报价的工程量清单中所报的单价和合价，以及报价总表中的价格应包括人工、施工机械、材料、安装、维护、管理、保险、利润、税金，政策性文件规定、合同包含的所有风险和责任等各项费用。不论是招标单位在招标文件中提出的工程量清单，还是招标单位要求投标单位按招标文件提供的图样列出的工程量清单，其工程量清单中的每一项的单价和合价都应填写，未填写的将不能得到支付，并认为此项费用已包含在工程量清单的其他单价和合价中。

2）投标价格采用的方式。它包括采用价格固定和价格调整两种方式。①采用价格固定方式，应写明投标单位所填写的单价和合价在合同实施期间不因市场因素而变化，在计算报价时可考虑一定的风险系数；②采用价格调整方式，应写明投标单位所填写的单价和合价在合同实施期间可因市场变化因素而变动。

3）投标货币。对于国内工程的国内投标单位的项目，应写明投标文件中的报价全部采用人民币表示。

(4) 投标文件的编制

投标文件的编制主要说明投标文件的语言、投标文件的组成、投标有效期、投标保证金、投标预备会、投标文件的份数和签署等内容。

2. 合同条件、合同格式

原建设部颁布的《建设工程施工招标文件范本》中，对招标文件的合同条件规定采用1991年由国家工商行政管理局和原建设部颁布的《建设工程施工合同》。该合同由两部分组成，第一部分称《建设工程施工合同条件》。有的则用其他的标准合同来代替。

对于《建设工程施工合同文本》，在总结实施经验的基础上已作出了进一步的修改，并已于1999年12月公布实施。修订的施工合同文本由《协议书》《通用条款》《专用条款》三部分组成，可在招标文件中采用。

合同格式包括：合同协议书格式、银行履约保函格式、履约担保格式、预付款银行保函格式。为了便于投标和评标，在招标文件中都使用统一的格式。

3. 技术规范

技术规范主要说明工程现场的自然条件，施工条件及本工程施工技术要求和采用的技术规范。

1) 工程现场的自然条件。应说明工程所处的位置、现场环境、地形、地貌、地质与水文条件、地震烈度、气温、雨雪量、风向、风力等。

2) 施工条件。应说明建设用地面积、建筑物占地面积、场地拆迁及平整情况，施工用水、用电、通讯情况，现场地下埋设物及其有关勘探资料等。

3) 施工技术要求。主要说明施工的工期、材料供应、技术质量标准有关规定，以及工程管理中对分包、各类工程报告（开工报告、测量报告、实验报告、材料检验报告、工程自检报告、工程进度报告、竣工报告、工程事故报告等）、测量、试验、施工机械、工程记录、工程检验、施工安装、竣工资料的要求等。

4) 技术规范。一般可采用国际国内公认的标准及施工图中规定的施工技术要求。

在招标文件中的技术规范，必须由招标单位根据工程的实际要求自行决定其具体的内容和格式，由招标文件的编写人员自己编写，没有标准化内容和格式可以套用。技术规范是检验工程质量的标准和质量管理的依据，招标单位对这部分文件编写应特别重视。

4. 投标书及投标书附录

投标书是由投标单位授权的代表签署的一份投标文件，是对业主和承包商双方均具有约束力的合同的重要部分。与投标书跟随的有投标书附录、投标保证书和投标单位的法人代表资格证书及授权委托书。投标书附录是对合同条件规定的重要要求的具体化，投标保证书可选择银行保函、担保公司、证券公司、保险公司提供担保书。

5. 工程清单与报价表

(1) 工程量清单与报价表的用途

工程量清单与报价表有3个主要用途：一是为投标单位按统一的规格报价，填报表中各栏目价格，按价格的组成逐项汇总，按逐项的价格汇总成整个工程的投标报价；二是方便工程进度款的支付，每月结算时可按工程量清单和报价表的序号，已实施的项目单价或价格来计算应给承包商的款项；三是在工程变更或增加新的项目时，可选用或参照工程量清单与报价表单价来确定工程变更或新增项目的单价和合价。

(2) 工程量清单与报价表的分类

在工程量清单与报价表中，可分为两类：一类是按"单价"计价的项目；另一类是按"项"包干的项目。在编制工程量清单时，要按工程的施工要求进行工作分解来立项。

(3) 工程量清单与报价表的前言说明

在招标文件中，对工程量清单与报价表的前言中应作以下说明：

1）工程量清单应与投标须知、合同条件、技术规范和图样一起使用。

2）工程量清单所列工程量系投标单位估算和临时作为投标单位共同报价的基础而用的，付款以实际完成的工程量为依据，由承包单位计量，监理工程师核准的实际完成工程量。

3）工程量清单中所填入的单价和合价，对于综合单价应说明包括人工费、材料费、机械费、其他直接费、间接费、有关文件规定的调价、利润、税金以及现行取费中的有关费用、材料差价和采用固定价格的工程所预算的风险等全部费用。对于工料单价应说明按照现行预算定额的工料消耗及预算价格确定，作为直接费的基础，其他直接费、间接费、有关文件所规定的调价、利润、税金、材料差价、设备价、现场因素费用、施工技术措施费用以及采用固定价格所测算的工程风险金等，按现行计算办法计取，计入其他相应的报价表中。

（4）报价表格

在招标文件中一般列出投标报价的工程量清单和报价表有：

1）报表汇总表。

2）工程量清单报价表。

3）设备清单及报价表。

4）现场因素、施工技术措施及赶工措施费用报价表。

5）材料清单及材料差价。

6. 辅助资料表

辅助资料表是进一步了解投标单位对工程施工人员、机械和各项工作的安排情况，便于评标时进行比较，同时便于业主在工程实施过程中安排资金计划。在招标文件中统一拟定各类表格或提出具体要求让投标单位填写或说明。一般列出辅助资料表的有：

1）项目经理简历表。

2）主要施工管理人员表。

3）主要施工机械设备表。

4）拟分包项目情况表。

5）劳动力计划表。

6）施工方案或施工组织设计。

7）计划开工、竣工日期和施工进度表。

8）临时设施布置及临时用地表。

7. 资格审查表

对于未经过资格预审的，在招标文件中应编制资格审查表，以便进行资格后审。在评标前，必须首先按资格审查表的要求进行资格审查，只有资格审查通过者，才有资格进入评标。

资格审查表的内容如下：

1）投标单位概况。

2）近三年来所承建工程情况一览表。

3）在建施工情况一览表。

4）目前剩余劳动力和机械设备情况表。

5）财务状况，包括固定资产、流动资产、长期负债、流动负债、近三年完成的投资、经审计的财务报表等。

6）其他资料（各种奖罚）。

7）联营体协议和授权书。

8. 图样

图样是招标文件的重要组成部分，是投标单位拟定施工方案、确定施工方法、提出替代方案、确定工程量清单和计算投标报价不可缺少的资料。

图样的详细程度取决于设计的深度与合同的类型。实际上，在工程实施中陆续补充和修改图样，这些补充和修改的图样必须经监理工程师签字后正式下达，才能作为施工和结算的依据。

地质钻孔柱状图、水文地质和气象等资料也属图样的一部分，建设单位和监理工程师应对这些资料的正确性负责。而投标单位据此作出的分析判断、拟订的施工方案和施工方法，建设单位和监理工程师不负责任。

14.2.4 项目投标

1. 投标人及其条件

投标人是响应招标，参加投标竞争的法人或者其他组织。投标人应具备下列条件：

1) 投标人应当具备承担招标项目的能力；国家有关规定对投标人资格条件或者招标文件对投标人资格条件有规定的，投标人应当具备规定的资格条件。

2) 两个以上法人或者其他组织可以组成一个联合体，以一个投标人的身份共同投标。

联合体各方均应当具备承担招标项目的相应能力；国家有关规定或者招标文件对投标人资格条件有规定的，联合体各方均应当具备规定的相应资格条件。由同一专业的单位组成的联合体，按照资质等级较低的单位组成资质等级。联合体各方应当签订共同投标协议，明确约定各方拟承担的工作和相应的责任，并将共同投标协议连同投标文件一并提交招标人。联合体中标的联合体各方应当共同与招标人签订合同，就中标项目向招标人承担连带责任，但是共同投标协议另有约定的除外。

招标人不得强制投标人组成联合体共同投标，不得限制投标人之间的竞争。

3) 投标人不得相互串通投标报价，不得排挤其他投标人的公平竞争，损害招标人或者他人的合法权益。

4) 投标人不得以低于合理预算成本的报价竞标，也不得以他人名义投标或者以其他方式弄虚作假，骗取中标。所谓合理预算成本，就是按照国家有关成本核算的规定计算的成本。

5) 投标人根据招标文件载明的项目实际情况，拟在中标后将中标项目的部分非主体、非关键性工作交由他人完成的，应当在投标文件中载明。

2. 投标的组织

进行项目投标，需要有专门的机构和人员对投标的全部活动过程加以组织和管理。实践证明，建立一个强有力的、内行的投标班子是投标获得成功的根本保证。

对于投标人来说，参加投标就是面临一场竞争，不仅要比报价的高低，而且要比技术、经验、实力和信誉。特别是在当前的国际承包市场上，技术密集型工程项目越来越多，势必会给投标人带来两方面的挑战：一方面是技术上的挑战，要求投标人具有先进的科学技术，能够完成高、新、尖、难工程；另一方面，是管理上的挑战，要求投标人具有现代先进的组织管理水平。

为迎接技术和管理两方面的挑战，在竞争中取胜，投标人的投标班子应该由如下三类人才组成：一是经营管理类人才；二是技术专业类人才；三是商务金融类人才。

经营管理类人才是指专门从事经营管理、制定和贯彻经营方针与规划，负责工作的全面筹划和安排，具有决策水平的人才。这类人才应当知识渊博、视野广阔；具有一定的法律知识和实际工作经验；勇于开拓，且具有较强的思维能力和社会活动能力；掌握一套科学的研究方法和手段，如科学的调查、统计、分析、预测的方法。

技术专业类人才主要是指工程及施工中的各类技术人员，如建筑师、土木工程师、电气工程师、机械工程师、软件工程师等专业技术人员。他们掌握本学科最新的专业知识，具备熟练的实际操作能力，在投标时能从本公司的实际技术水平出发，考虑各项专业实施方案。

商务金融类人才是指具有金融、贸易、税法、保险、采购、保函、索赔等专业知识的人才。财务人员要懂税收、保险、涉外财会、外汇管理和结算等方面的知识。

以上是对投标班子三类人员个体素质的基本要求。一个投标班子仅仅做到了个体素质良好往往是不够的，还需要各方的共同参与、协同作战，充分发挥群体的力量。

对于工程项目投标班子的组成和要求，除了符合上述要求外，保持投标班子成员的相对稳定，不断提高其素质和水平对于提高投标竞争力至关重要。同时，逐步采用或开发有关投标报价的软件，使投标报价工作更加快速、准确也很重要。如果是国际工程（包含境内涉外工程）投标，则应配备懂得专业和合同管理的外语翻译人员。

3. 投标程序

投标过程是指从填写资格预审表开始到正式投标文件送交业主为止所进行的全部工作。这一阶段工作量很大、时间紧，一般要完成下列各项工作：填写资格预审调查表，申报资格预审；购买招标文件（资格预审通过后）；组织投标班子；进行投标前调查与现场考察；选择咨询单位；分析招标文件，校核工程量，编制规划；结价，确定利润方针，计算和确定报价；编制投标文件；办理投标担保；递交投标文件。图14-9是工程项目投标程序图。

（1）研究招标文件

投标单位取得投标资格，获得投标文件之后的首要工作就是认真仔细地研究招标文件，充分了解其内容和要求，以便有针对性地安排投标工作。

研究招标文件的重点应放在投标者须知、合同条款、设计图样、工厂范围及工程量表上，还要研究技术规范要求，看是否有特殊的要求。

投标人应该重点注意招标文件中以下几个方面的问题：

1）投标人须知。"投标人须知"是招标人向投标人传递基础信息的文件，包括工程概况、招标内容、招标文件的组成、投标文件的组成、报价的原则、招投标时间安排等关键的信息。

首先，投标人须注意招标工程的详细内容和范围，避免遗漏或多报。

其次，投标人要特别注意投标文件的组成，避免因提供的资料不全而被作为废标处理。例如，曾经有一家资信良好的企业在投标时，因为遗漏资产负债表而失去了本来非常有希望的中标机会。在工程实践中，这方面的先例不在少数。

最后，投标人要注意招标答疑时间、投标截止时间等重要时间安排，避免因遗忘或迟到等原因而失去竞争机会。

2）投标书附录与合同条件。这是招标文件的重要组成部分，其中可能标明了招标的特殊要求，即投标人在中标后应享受的权利、所要承担的义务和责任等，投标人在报价时需要考虑这些因素。

3）技术说明。要研究招标文件中的施工技术说明，熟悉所采用的技术规范，了解技术说明中有无特殊施工技术要求和有无特殊材料、设备要求，以及有关选择代用材料、设备的规定，以便根据相应的定额和市场确定价格，计算有特殊要求项目的报价。

4）永久性工程之外的报价补充文件。永久性工程是指合同的标的物——建设工程项目及其附属设施。但是，为了保证工程建设的顺利进行，不同的业主还会对承包商提出额外的要求。这些额外要求可能包括：对旧有建筑物和设施的拆除，工程师的现场办公室及其各项开支、模型、广告、工程照片和会议费用等。如果有额外要求，则需要将其列入工程总价中，明确一切费用纳入总报价的方式，以免产生遗漏从而导致损失。

（2）进行各项调查研究

在研究招标文件的同时，投标人需要开展详细的调查研究，即对招标工程的自然、经济和社会条

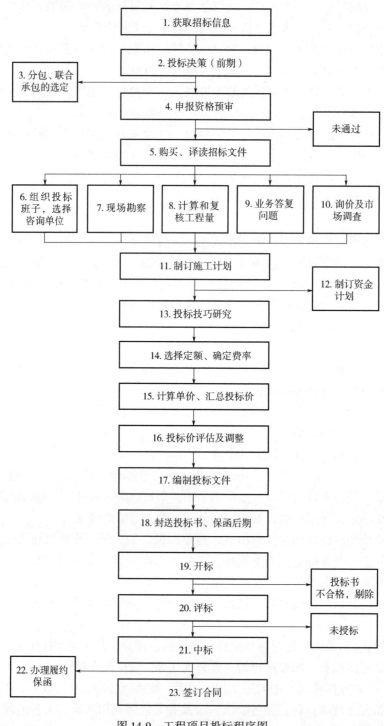

图 14-9 工程项目投标程序图

件进行调查,这些都是工程施工的制约因素,必然会影响工程成本,是投标报价所必须考虑的,在报价前必须了解清楚。

1)市场宏观经济环境调查。应调查工程所在地的经济形势和经济状况,包括与投标工程实施有关的法律法规、劳动力与材料的供应状况、设备市场的租赁状况、专业施工公司的经营状况与价格水平等。

2)工程现场考察和工程所在地区的环境考察。要认真地考察施工现场,认真调查具体工程所在地区的环境,包括一般自然条件、施工条件及环境,如地质地貌、气候、交通、水电等的供应和其他资源情况等。

3) 工程业主方和竞争对手公司的调查。业主、咨询工程师的情况，尤其是业主的项目资金落实情况，参加竞争的其他公司与工程所在地的工程公司的情况，与其他承包商或分包商的关系。参加现场踏勘与标前会议，可以获得更充分的信息。

(3) 复核工程量

有的招标文件中提供了工程量清单，尽管如此，投标者还是需要进行复核，因为这直接影响投标报价以及中标的机会。例如，当投标人大体确定工程总报价以后，可适当采用报价技巧（如不平衡报价法），对某些工程量可能增加的项目提高报价，而对某些工程量可能减少的降低报价。

对于单价合同，尽管是以实测工程量结算工程款，但投标人仍应根据图样仔细核算工程量，当发现相差较大时，投标人应向招标人要求澄清。

对于总价固定合同，更要引起特别重视，工程量估算的错误可能会带来无法弥补的经济损失。因为总价合同是以总报价为基础进行结算的，如果工程量出现差异，可能对施工方极为不利。对于总价合同，如果业主在投标前对争议工程量不予更正，而且是对投标者不利的情况，投标者在投标时要附上声明：工程量表中某项工程量有错误，施工结算应按实际完成量计算。

承包商在核算工程量时，还要结合招标文件中的技术规范明确工程量中每一细目的具体内容，避免在计算单位、工程量或价格方面出现错误和遗漏。

(4) 选择施工方案

施工方案是报价的基础和前提，也是招标人评价时要考虑的重要因素之一。有什么样的方案，就有什么样的人工、机械与材料消耗，就会有相应的报价。因此，必须确定分项工程的内容、工程量、所包含的相关工作、工程进度计划的各项要求、机械设备状态、劳动与组织状况等关键环节，据此制订施工方案。

施工方案应由投标人的技术负责人主持制订，主要应考虑施工方法、主要施工机具的配置、各工种劳动力的安排及现场施工人员的平衡、施工进度及分批竣工的安排、安全措施等。施工方案的制订应在技术、工期和质量保证等方面对招标人有吸引力，同时又有利于降低施工成本。

(5) 投标计算

投标计算是投标人对招标工程施工所要发生的各种费用的计算。在进行投标计算时，应先根据招标文件复核或计算工程量。作为投标计算的必要条件，应预先确定施工方案和施工进度。此外，投标计算还必须与采用的合同计价形式相协调。

(6) 确定投标策略

正确的投标策略对提高中标率并获得较高的利润有重要作用。常用的投标策略又以信誉取胜、以低价取胜、以缩短工期取胜、以改进设计取胜或者以现金或特殊的施工方案取胜等。不同的投标策略要在不同投标阶段的工作（如制订施工方案、投标计算等）中体现和贯彻。

(7) 正式投标

投标人按照招标人的要求完成标书的准备与填报之后，就可以向招标人正式提交投标文件。在投标时需要注意以下几个方面：

1) 注意投标的截止日期。招标人所规定的投标截止日期就是提交标书最后的期限。投标人在招标截止日期之前所提交的投标是有效的，超过该日期就会被视为无效投标。在招标文件要求提交投标文件的截止时间后送达的投标文件，招标人可以拒收。

2) 投标文件的完备性。投标人应按照招标文件的要求编制投标文件。投标文件应当对招标文件提出的实质性要求和条件做出响应。投标不完备或投标没有达到招标人的要求、在招标范围以外提出新的要求，均被视为对于招标文件的否定，不会被招标人所接受。投标人必须为自己所投出的标负责，如果中标，必须按照投标文件中所阐述的方案完成工程，这其中包括质量标准、工期与进度计划、报价限额等基本指标以及招标人所提出的其他要求。

3）注意标书的标准。标书的提交要有固定的要求，基本内容是签章、密封。如果不密封或密封不满足要求，投标是无效的。投标书还要按照要求签章，投标时需要盖有投标企业公章以及企业法人的名章（或签字）。如果项目所在地与企业距离较远，由当地项目经理组织投标，需要提交企业法人对于投标项目经理的授权委托书。

4）注意投标的担保。通常投标需要提交投标担保。

4. 投标文件

（1）投标文件的编制

投标文件是承包商参与投标竞争的重要凭证，是评标、决标和订立合同的依据，是投标人素质的综合反映和投标人能否取得经济效益的重要因素。可见，投标人应对编制投标文件的工作特别重视。

投标文件应当对招标文件提出的实质性要求和条件做出响应。投标人要到指定的地点购买招标文件，并准备投标文件。在招标文件中，通常包括招标须知、合同的一般条款、合同的特殊条款，价格条款、技术规范以及附件等。投标人必须按照这些要求编写投标文件，严格按照招标文件填报，不得对招标文件进行修改，不得遗漏或者回避招标文件中的问题，更不能提出附带条件。

（2）投标文件的组成

投标文件一般由下列内容组成：投标书、投标书附录、投标保证金、法定代表人的资格证明书、授权委托书、具有价格的工程量清单与报价表、辅助资料表、资格审查表（有资格预审的可不采用）、按须知规定提出的其他资料。

对投标文件中的以上内容通常都在招标文件中提供统一的格式，投标单位按招标文件的统一规定和要求进行填报。

招标项目属于建设施工的，投标文件的内容应当包括拟派出的项目负责人与主要技术人员的简历、业绩和拟用于完成招标项目的机械设备等，这样有利于招标人控制工程发包以后所产生的风险，保证工程质量。

（3）投标有效期

1）投标有效期一般是指从投标截止日起至公布中标的一段时间。一般在投标须知的前附表中规定投标有效期的时间（如28天），那么投标文件在投标截止日期后的28天内有效。

2）在原定投标有效期满之前，如因特殊情况，经招标管理机构同意后，招标单位可以向投标单位书面提出延长投标有效期的要求。此时，投标单位须以书面的形式予以答复，对于不同意延长投标有效期的，招标单位不能因此而没收其投标保证金；对于同意延长投标有效期的，不得要求在此期间修改其投标文件，而且应相应延长其投标保证金的有效期，对投标保证金的各种有关规定在延长期内同样有效。

（4）投标保证金

1）投标保证金是投标文件的一个组成部分，对未能按要求提供投标保证金的投标，招标单位将视为不响应投标而予以拒绝。

2）投标保证金可以是现金、支票、汇票和在中国注册的银行出具的银行保函，对于银行保函应按招标文件规定的格式填写，其有效期应不超过招标文件规定的投标有效期。

3）未中标的投标单位的投标保证金，招标单位应尽快将其退还，一般最迟不得超过投标有效期期满后的14天。

4）中标的投标单位的投标保证金，在按要求提交履约保证金并签署合同协议后，予以退还。

5）对于在投标有效期内撤回其投标文件或中标后未能按规定提交履约保证金或签署协议者将没收其投标保证金。

（5）投标文件的份数和签署

投标文件应明确标明"投标文件正本"和"投标文件副本",其份数应按前附表规定份数提交。若投标文件的正本与副本有不一致时,以正本为准。投标文件均应使用不能擦去的墨水打印和书写,由投标单位法定代表人亲自签署并加盖法人公章和法定代表人印鉴。

全套投标文件应无涂改和行间插字,若有涂改和行间插字,应由投标文件签字人鉴字并加盖印鉴。

(6) 投标文件的送达和签收

1) 投标文件的密封与标志。

①投标单位应将投标文件的正本和副本分别密封在内层包封内,再密封在一个外层包封内,并在内包封上注明"投标文件正本"或"投标文件副本"字样。

②外层和内层包封都应写明招标单位和地址,合同名称、投标编号并注明开标时间之前不得开封。在内层包封上还应写明投标单位的邮政编码、地址和名称,以便投标出现逾期送达时能原封退回。

③如果在内层包封未按上述规定密封并加写标志,招标单位将不承担投标文件错放或提前开封的责任,由此造成的提前开封的投标文件将予以拒绝,并退回投标单位。

2) 投标截止日期。

①投标单位应按前附表规定的投标截止日期之前递交投标文件。招标方收到投标文件后,应当签收保存,不得开启。

②招标单位因补充通知修改招标文件而酌情延长投标截止日期的,招标和投标单位截止日期方面的全部权力、责任和义务,将适用延长至新的投标截止期。

③招标人对招标文件要求提交投标文件的截止时间后收到的投标文件,应原样退还。

3) 投标文件的修改与撤回。投标单位在递交投标文件后,可以在规定的投标截止时间之前以书面形式向招标单位递交修改或撤回其投标文件的通知,补充、修改内容为投标文件的组成部分。在投标截止时间之后,则不能修改与撤回投标文件;否则,将没收投标保证金。

14.2.5 开标与评标

1. 开标

开标应当在招标文件确定的提交投标文件截止时间的同一时间公开进行;开标地点应当为招标文件中预先确定的地点。

开标是在招标管理机构监督下由招标单位主持,并邀请所有投标单位的法定代表人或者其代理人和评标委员会全体成员参加。

开标一般应按照下列程序进行:

1) 主持人宣布开标会议开始,介绍参加开标会议的单位、人员名单及工程项目的有关情况。

2) 请投标单位代表确认投标文件的密封性。

3) 宣布公正、唱标、记录人员名单和招标文件规定的评标原则、定标办法。

4) 宣读投标单位的名称、投标报价、工期、质量目标、主要材料用量、投标担保或保函以及投标文件的修改、撤回等情况,并作当场记录。

5) 与会的投标单位法定代表人或者其代理人在记录上签字,确认开标结果。

6) 宣布开标会议结束,进入评标阶段。

投标文件有下列情形之一的,应当在开标时当场宣布无效:

1) 未加密封或者逾期送达的。

2) 无投标单位及其法定代表人或者其代理人印鉴的。

3) 关键内容不全、字迹辨认不清或者明显不符合招标文件要求的。

4) 无效投标文件,不得进入评标阶段。

2. 评标

(1) 评标委员会的组成

评标由评标委员会负责，评标委员会由招标单位代表和技术、经济等方面的专家组成，成员人数为5人以上单数，其中技术、经济等方面的专家不得少于成员总数的2/3。

上述专家应当从事相关领域工作满8年并具有高级职称或具有同等专业水平，由招标单位以国务院有关部门或省、自治区、直辖市人民政府有关部门提供的专家名册或者招标代理机构的专家库内的相关专业的专家名单中确定；一般招标项目可以采取随机抽取方式，特殊招标项目可以由招标人直接确定。与投标人有利害关系的人不得进入相关项目的评标委员会。

专家评委在评标活动中徇私舞弊、显失公正行为的，应当取消其评委资格。

(2) 评标内容的保密

1) 公开开标后，直到宣布授予中标单位为止，凡属于评标机构对投标文件的审查、澄清、评比和比较的有关资料和授予合同的信息、工程标底等情况，都不应向投标单位和与该过程无关的人员泄露。

2) 在评标和授予合同过程中，投标单位对评标机构的成员施加影响的任何行为，都将导致取消投标资格。

(3) 资格审查

对于未进行资格审查的，评标时必须首先按招标文件的要求对投标文件中投标单位填报的资格审查表进行审查，只有资格审查合格的投标单位，其投标文件才能进行评比和比较。

(4) 投标文件的澄清

为了有助于对投标文件的审查评比和比较，评标委员会可以个别要求投标单位澄清其投标文件。有关澄清的要求与答复，均须以书面形式进行，在此不涉及投标报价的更改和投标的实质性内容。

(5) 投标文件的符合性鉴定

1) 在详细评标之前，评标机构将首先审定每份投标文件是否实质上响应了招标文件的要求。实质响应招标文件的要求是指应与招标文件所规定的要求、条件、条款和规范相符，无显著差异或保留。显著差异或保留是指对发包范围、质量标准及运用产生实质影响，或者对合同中规定的招标单位权利及投标单位的责任造成实质性限制，而且纠正这种差异或保留，将会对其他实质上响应要求的投标单位的竞争地位产生不公正的影响。

2) 如果投标文件没有实质上响应招标文件的要求，其投标将被拒绝，并且不允许通过修正或撤销其不符合要求的差异或保留其成为具有响应性的投标。

(6) 评标标准和方法

评标可以采用合理低标价法和综合评议法。合理低标价法是指能够满足招标文件的各项要求，投标价格最低的投标即可作为中选投标。综合评议法又可分最低评标价法和打分法两种。最低评标价法是指评标委员会根据评标标准确定的每一投标不同方面的货币数额，然后将那些数额与投标价格放在一起比较。估值后价格（"评标价"）最低的投标可作为中选投标。打分法是指评标委员会根据评标标准确定的每一投标不同方面的相对权重（"得分"），得分最高的投标即为最佳的投标。

具体评标方法由招标单位决定，并在招标文件中载明。对于大型或者技术复杂的项目，可以采用技术标、商务标两阶段评标法。

(7) 评标报告

评标结束后，评标委员会应当编制评标报告。评标报告应包括下列主要内容：

1) 招标情况。招标情况包括工程概况、招标范围和招标的主要过程。

2) 开标情况。开标情况包括开标的时间、地点、参加开标会议的单位和人员以及唱标等情况。

3) 评标情况。评标情况包括评标委员会的组成人员名单，评标的方法、内容和依据，对各投标文件的分析论证及评审意见。

4）对投标单位的评标结果排序，并提出中标候选人的推荐名单。
5）评标报告须经评标委员会全体成员签字确认。
6）如果评标委员会经评审，认为所有投标都不符合招标文件要求，则可以否决所有投标。依法必须进行招标的项目的所有投标被否决的，招标单位必须重新招标。

14.2.6　授予合同

1. 中标单位的确定

招标单位应当依据评标委员会的评标报告，并从其推荐的中标候选人名单中确定中标单位，也可以授权评标委员会直接定标。

实行合理低标价法评标的，在满足招标文件各项要求的前提下，投标报价最低的投标单位应当为中标单位，但评标委员会可以要求其对保证工程质量、降低工程成本拟采用的技术措施作出说明，并据此提出评价意见，供招标单位定标时参考；实行综合评议法的，得票最多或者得分最高的投标单位应当为中标单位。

招标单位未按照推荐的中标候选人排序确定中标单位的，应当在其招标投标情况的书面报告中说明理由。

2. 中标通知书

在评标委员会提交评标报告后，招标单位应当在招标文件规定的时间内完成定标。定标后，招标单位须向中标单位发出《中标通知书》。《中标通知书》的实质内容应当与中标单位投标文件的内容相一致。

3. 履约保证

中标单位应按规定提交履约保证。履约保证可由在中国注册银行出具的银行保函（保证数额为合同价的5%），也可由具有独立法人资格的经济实体企业出具履约担保书（保证数额为合同价的10%）。投标单位可以选其中一种，并使用招标文件中提供的履约保证格式。中标后不提供履约保证的投标单位将没收其投标保证金。

4. 合同协议书的签署

中标单位按《中标通知书》规定的时间和地点，由投标单位和招标单位的法定代表人按招标文件中提供的合同协议书签署合同。若对合同协议书有进一步的修改或补充，应以"合同协议书谈判附录"形式作为合同的组成部分。

中标单位按文件规定提供履约保证后，招标单位及时将评标结果通知未中标的投标单位。

14.3　项目合同管理

14.3.1　项目合同概述

1. 合同的概念

合同是平等主体的自然人、法人、其他经济组织（包括中国的和外国的）之间建立、变更、终止民事法律关系的协议。在社会生活中，合同是普遍存在的。社会各类经济组织或商品生产经营者之间存在着各种经济往来关系，都需要通过合同来实现和连接，需要用合同来维护当事人的合法权益，维护社会的经济秩序。没有合同，整个社会的生产和生活就不可能有效和正常地进行。

项目合同是指项目业主或其代理人与项目承包人或供应人为完成一确定的项目所指向的目标或规定的内容，明确相互的权利义务关系而达成的协议。项目合同具有以下特点：

1）合同是当事人协商一致的协议，是双方或多方的民事法律行为。
2）合同的主体是自然人、法人和其他组织等民事主体。
3）合同的内容是有关建立、变更和终止民事权利义务关系的约定，通过合同条款具体体现出来。
4）合同须依法成立，只有依法成立的合同当事人才具有法律约束力。

2. 项目合同的分类

项目合同的类型按不同的分类方法，其分类也不同。

（1）按签约各方的关系分类

1）工程总承包合同。项目组织与承包商之间签订的合同，所包含的范围包括项目建设的全过程（包括土建、安装、水、电、空调等）。

2）工程分包合同。它是承包商将中标工程的一部分内容包给分包商，为此而签订的总承包商与分承包商间的分包合同。允许分包的内容，一般在合同条件中有规定，如菲迪克合同条件就规定"承包商不得将全部工程分包出去……如（工程师）同意分包（指部分分包），也不得免除承包商在合同中承担的任何责任和义务。"也就是说，签订分包合同后，承包商仍应全部履行与业主签订的合同所规定的责任和义务。

3）货物购销合同。该合同是项目组织为从组织外部获得货物而与供应商签订的合同。

4）转包合同。该合同是一种承包权的转让。承包商之间签订的转包合同，明确由另一承包商承担原承包商与项目组织签订的合同所规定的权利、义务和风险，而原承包商由转包合同中获取一定的报酬。

5）劳务分包合同。通常称劳务分包合同为包工不包料合同或称为包清工合同。分包商在合同实施过程中，不承担材料涨价的风险。

6）劳务合同。承包商或分承包商聘用劳务所签订的合同。提供劳务一方不承担任何风险，但也难获得较大的利润。

7）联合承包合同。该合同是指两个或两个以上合作单位之间，以承包人的名义，为共同承担项目的全部工作而签订的合同。

（2）按合同计价方式分类

1）固定价或总价合同。这种类型的合同就是把各方面非常明确的产品的总价格固定下来。如果该产品不是各方面都很明确，则买主和卖主将会有风险。买主可能收不到希望的产品，或者卖主可能要支付额外的费用才能提交该产品。固定价合同还可以增加激励措施，以便达到或超过预定的项目目标。

2）单价合同。付给承包商的报酬按单位服务计算（如每小时专业服务70美元或每立方米挖方1.08美元），因此该合同的总价值是为完成该项目所需工作量的函数。

3）成本加酬金合同。这种类型的合同就是向承包商支付（报销）项目的实际成本。成本一般分为直接费用（项目直接开支的费用，如项目人员的薪水）和间接费用（由实施组织分摊到该项目上作为经营费的费用，如承包商行政人员的工资）。间接费用在计算时一般都取直接费用的某个百分比。成本加酬金合同经常包括某些激励措施，以便达到或超过某些预定的项目目标。

这种承包方式的基本特点是按项目实际发生成本加上商定的管理费和利润来确定项目总价金。在实践中有四种具体做法：

①成本加固定百分比酬金，可按下式计算

$$C = C_d + C_d P$$

式中，C 为合同总价；C_d 为实际发生的项目成本；P 为固定百分比。

从上式看，总价随着实际成本的增加而增加，显然承包商对缩短项目周期降低成本无积极性，对顾客（买主）不利，现在较少采用。

②成本加固定酬金，项目成本实报实销，但酬金是事先商定一个固定数目，可按下式计算

$$C = C_d + F$$

式中，F 为固定酬金。

这种承包方式比前一种承包方式进了一步，虽然还不能鼓励承包商关心降低成本，但从尽快取得酬金出发，将会关心缩短项目周期。

③成本加浮动酬金。这种承包方式是预先商定项目成本和酬金的预期水平，根据实际成本与预期成本的离差，酬金上下浮动，计算公式为

当 $C_d = C_0$ 时，则 $\qquad C = C_d + F$

当 $C_d > C_0$ 时，则 $\qquad C = C_d + F - \Delta F$

当 $C_d < C_0$ 时，则 $\qquad C = C_d + F + \Delta F$

式中，C_0 为预期成本；ΔF 为酬金的增减部分（可以是一个百分比，也可以是绝对数）。

④目标成本加奖罚。这种承包方式与成本加浮动酬金基本相同，它以项目的粗略估算成本作为目标成本，随着项目设计的逐步具体化，劳务数量和目标成本可以加以调整。另外，规定一个百分数作为计算酬金的比率，最后结算时根据实际成本与目标成本的关系确定，计算公式为

$$C = C_d + P_1 C_0 + P_2 (C_0 - C_d)$$

式中，C_0 为目标成本；P_1 为基本酬金百分数；P_2 为奖罚百分数。

4) 计量估价合同。计量估价合同以承包商提供的劳务数量清单和单价表为计算价金的依据。

(3) 按承包范围分类。

1) 交钥匙合同。这种合同又称为"统包"或"一揽子"合同，整个项目的设计和实施通常由一个承包商承担，签订一份合同。项目业主只对项目概括地叙述一般情况，提出一般要求，而把项目的可行性研究、勘测、设计、施工、设备采购和安装及竣工后一定时期内的试运行和维护等全部承包给一个承包商。显然这种方式要求业主必须很有经验，能够与承包商讨论工作范围、技术要求、工程款支付方式和监督施工方式、方法。因此，这种合同方式最适合于承包商非常熟悉的那类技术要求高的大型工程项目。已经有许多规模大、复杂的土木、机械、电气项目使用这种合同方式并取得成功。

这种合同一般分3个阶段进行：第一阶段为业主委托承包商进行可行性研究，承包商在提出可行性研究报告的同时，提出进行初步设计和工程结算所需的时间和费用；第二阶段是在业主审查可行性研究报告并批准项目实施之后，委托承包商进行初步设计和必要的施工准备；第三阶段由业主委托承包商作施工图设计并着手准备施工。上述每一阶段都要签订合同，其中包括支付报酬的形式。支付报酬的形式一般采用成本补偿合同的形式。

2) 设计-采购-施工合同。该合同与交钥匙合同类似，只是承包的范围不包括试生产及生产准备。

3) 设计-采购合同。承包商只负责工程项目设计和对材料、设备的采购，工程施工由业主另行委托。卡洛克公司为我国承建的13套大型化肥项目合同即属于此种。美方只负责工程项目设计和设备、材料供应，工程施工由中方自己负责，美方负责设备安装指导。

该类合同承包商承包的工作范围较窄，业主管理工作量大，需负责设计、采购、施工的协调。

4) 单项合同。单项合同，如设计合同和施工合同等。设计合同是承包商只承包工程项目设计和实施中的设计技术服务，而大部分工作由业主统一协调控制。施工合同是承包商只能按图施工，无权修改设计方案，承包范围单一。与项目设计、采购等环节形成众多结合部，难以协调。这种设计、施工、分立式项目合同，需要业主管理能力强，对承包商项目管理也增大了工作难度。

(4) 合同类型的选择

合同类型的选择主要依据以下因素：

1) 项目实际成本与项目日常风险评价。

2）双方要求合同类型的复杂程度（技术风险评价）。
3）竞价范围。
4）成本价格分析。
5）项目紧急程度（顾客要求）。
6）项目周期。
7）承包商（卖主）财务系统评价（是否有能力通过合同营利）。
8）合作合同（是否允许其他卖主介入）。
9）转包范围的限定。

3. 合同的主要内容

合同的内容由合同双方当事人约定。不同种类的合同其内容不一，繁简程度差别很大。签订一个周全的合同是实现合同目的、维护自己合法权益、减少合同争执的最基本的要求。合同通常包括如下几方面内容。

（1）合同当事人

合同当事人是指签订合同的各方，是合同的权利和义务的主体。当事人是平等主体的自然人、法人或其他经济组织。但对于具体种类的合同，当事人还应当"具有相应的民事权利能力和民事行为能力"。例如，签订建设工程承包合同的承包商，不仅需要工程承包企业的营业执照（民事权利能力），还要有与该工程的专业类别、规模相应的资质许可证（民事行为能力）。

（2）合同标的

合同标的是当事人双方的权利、义务共指的对象。它可能是实物（如生产资料、生活资料、动产、不动产等）、行为（如工程承包、委托）、服务性工作（如劳务、加工）、智力成果（如专利、商标、专有技术）等。例如，工程承包合同的标的是完成工程项目，标的是合同必须具备的条款。无标的或标的不明确，这种合同是不能成立的，也无法履行。

合同标的是合同最本质的特征，通常合同是按照标的来分类的。

（3）标的的数量和质量

标的的数量和质量共同定义标的的具体特征。

标的的数量一般以度量衡作为计算单位，以数字作为衡量标的的尺度；标的的质量是指质量标准、功能、技术要求、服务条件等。

没有标的数量和质量的定义，这种合同是无法生效和履行的，发生纠纷也不易分清责任。

（4）合同价款或酬金

合同价款或酬金是指取得标的（物品、劳务或服务）的一方向对方支付的代价，作为对方完成合同义务的补偿。合同中应写明价款数量、付款方式、结算程序。

（5）合同期限、履行地点和方式

合同期限是指履行合同的期限，即从合同生效到合同结束的时间。履行地点是指合同标的物所在地，如以承包工程为标的的合同，其履行地点是工程计划文件所规定的工程所在地。

由于项目活动都是在一定的时间和空间上进行的，离开具体的时间和空间，项目活动是没有意义的，所以合同中应非常具体地规定合同期限和履行地点。

（6）违约责任

违约责任是指合同一方或双方因过失不能履行或不能完全履行合同责任而侵犯了另一方权利时所应负的责任。违约责任是合同的关键条款之一。如果合同中没有规定违约责任，则合同对双方难以形成法律约束力，难以确保圆满地履行，发生争执也难以解决。

（7）解决争执的方法

解决争执的方法是一般项目合同必须具备的条款，不同类型项目合同按需要还可以增加许多其他内容。

14.3.2 项目合同的订立

合同的签订过程也就是合同的形成过程、合同的协商过程。合同订立应遵循以下原则：不能违反法律的原则，由合格的法人在协商基础上达成协议原则，公平合理、等价交换原则，诚信原则等。

订立合同的具体方式多样：有的是通过口头或者书面往来协商谈判，有的是采取拍卖、招标投标等方式。但不管采取什么具体方式，都必然经过两个步骤，即要约和承诺。《中华人民共和国合同法》（以下简称《合同法》）规定，"当事人订立合同，采取要约、承诺方式。"

1. 要约

要约在经济活动中又称为发盘、出盘、发价、出价、报价等。

要约是当事人一方向另一方提出订立合同的愿望。提出订立合同建议的当事人被称为"要约人"，接受要约的一方被称为"受要约人"。要约的内容必须具体明确，表明只要接受要约人承诺，要约人即接受要约的法律约束力。

要约人提出要约是一种法律行为。它在到达受要约人时生效。

要约人可以撤回要约。要约人发出的撤回要约的通知应当在要约到达受要约人之前，或与要约同时到达受要约人。

要约人还可以撤销要约。要约人撤销要约的通知应当在受要约人发出承诺通知前到达受要约人。

在下列情况下，要约不能撤销：

1）要约人规定了承诺期限，或者有其他形式明示要约不可撤销。

2）受要约人有理由认为要约是不可撤销的，并已经为合同的履行做了准备工作，如果要约撤销，受要约人就会受到损失。例如，受要约人收到要约后可能拒绝了其他人的同种要约；受要约人收到要约后，可能为承诺做了准备工作，如为付款而向银行贷款，或者为准备接受来货而租赁了仓库等。

在下列情况下，要约无效：

1）拒绝要约的通知到达要约人。

2）要约人依法撤销要约。

3）在承诺期限内，受要约人未做出承诺。

4）受要约人对要约的内容做出实质性变更。

有时当事人一方希望他人向自己发出要约，如发布拍卖公告、寄送价目表、发布招标公告和招标文件、做商业广告等，这些为要约邀请。但商业广告的内容符合要约规定的，视为要约。在工程招标投标中，承包商的投标书是要约。

2. 承诺

承诺即接受要约，是受要约人同意要约的意思表示。承诺也是一种法律行为，"要约"一经"承诺"，就被认为当事人双方已协商一致，达成协议，合同即告成立。承诺有两个条件：

1）承诺人要按照要约所指定的方式，无条件地完全同意要约（或新要约）的内容。如果受要约人对要约的内容做了实质性变更，则要约失效。

2）承诺应在要约规定的期限内到达要约人，并符合要约所规定的其他各种要求。

承诺一般以通知的方式做出，承诺通知到达要约人时承诺生效；承诺生效时合同成立。承诺期限的起算：

1）如果要约确定承诺期限，则应在该确定的期限内做出承诺；如果没有确定期限，以对话方式做出的，应当及时做出承诺；要约以非对话方式做出的，应当在合理期限内做出承诺。所谓合理期限，就是要考虑给承诺人以必要的时间。

2）要约以信件或电报做出的，则承诺期限从信件载明的日期或电报交发的日期起算；信件未载明日期的，则以投寄该信件的邮戳日期起算。

3）要约以电话、传真等快速通信方式做出的，则承诺期限自要约到达受要约人时开始计算。

承诺可以撤回。承诺人撤回承诺的通知应在承诺通知到达要约人之前，或与承诺通知同时到达要约人。

如果受要约人尚要求对要约的内容做出实质性变更（如修改合同标的、数量、质量、合同价款、履行期限、履行地点和方式、违约责任和争执解决方法等），或超过规定的承诺期限才做出承诺，都不能视为对原要约的承诺，而只能作为受要约人提出的"新要约"。只有当要约人接受了这个新要约才算达成协议，合同以新要约的内容为准。

通常在合同的酝酿过程中，当事人双方对合同条款要反复磋商，经多轮会谈，在其中会产生许多次"新要约"，最终才达成一致，签订合同。

承诺生效的地点为合同成立的地点。如果当事人以合同书的形式签订合同，则双方当事人签字或盖章的地点为合同成立的地点。

14.3.3 项目合同的效力

项目合同效力是指合同所具有的法律约束力。只有有效的合同才受法律保护。

1. 合同生效的要件

合同生效，即合同发生法律约束力。合同生效后，业主和承包商须按约定履行合同，以实现其追求的法律后果。

《合同法》规定，"依法成立的合同，自成立时生效。"但也有两种特殊的情况：

1）按照法律或行政法规规定，有些合同应当在办理批准、登记等手续后生效。例如，《中华人民共和国担保法》规定，以土地使用权、城市房地产等抵押的，应当办理抵押物登记，抵押合同自登记之日起生效。

2）当事人对合同的效力可以约定附条件或者附期限，那么自然条件成立或者期限截止时生效。

2. 无效合同

（1）无效合同的确认

《合同法》规定，有下列情形之一的，合同无效：

1）一方以欺诈、胁迫的手段订立合同。

2）恶意串通，损害国家、集体或者第三人利益。

3）以合法形式掩盖非法目的的。

4）损害社会公共利益。

5）违反法律、行政法规的强制性规定。

无效合同的确认权归合同管理机关和人民法院。

（2）无效合同的处理

1）无效合同自合同签订时就没有法律约束力。

2）合同无效分为整个合同无效和部分无效。如果合同部分无效的，不影响其他部分的法律效力。

3）合同无效不影响合同中独立存在的有关解决争议条款的效力。

4）因该合同取得的财产，应予返还；有过错的一方应当赔偿对方因此所受到的损失。

3. 可撤销合同

《合同法》规定了合同可撤销制度，这是为了体现和维护公平和自愿的原则，给当事人一种补救的机会。

(1) 可变更或撤销合同的条件

1) 当事人对合同的内容存在重大误解。

2) 在订立合同时显失公平。

3) 一方以欺诈、胁迫的手段或者乘人之危，使对方在违背真实意愿的情况下订立合同。

对可撤销合同，只有受损害方才有权提出变更或撤销，而有过错的一方不仅不能提出变更或撤销，还要赔偿对方因此所受到的损失。

(2) 可撤销合同与无效合同的区别

1) 可撤销合同必须由当事人提出变更或撤销，当事人可以自由选择。

2) 提出的当事人有举证责任。请求人要提出存在的重大误解，或显失公平，或对方在签订合同时采取的欺诈、胁迫手段，或者乘人之危的证据。

3) 可撤销合同必须由人民法院或者仲裁机构做出裁决。做出裁决之前该合同还是有效的。如果裁决决定对合同内容予以变更，则按裁决履行；如果裁决该合同被撤销，那么它从签订时就没有法律约束力。

4) 撤销权的行使有一定的期限。具有撤销权的当事人从知道撤销事由之日起一年内没有行使撤销权，或者知道撤销事件后明确表示，或者以自己的行为表示放弃撤销权，则撤销权消失。

4. 项目合同效力待定

某些项目合同和合同某些方向不符合合同生效要件，但又不属于无效合同或可撤销合同，应当采取补救措施，有条件的应尽量促使其成为有效合同。

例如，在代理过程中，若发生以下情况，其签订的合同效力待定：

1) 行为人没有代理权。

2) 合同超过代理范围。

3) 原来有代理权，在代理权终止后还以被代理人的名义签订合同。在发生以上情况时，行为人可以催告被代理人在一个月内予以追认。如果被代理人追认，则该合同对被代理人有效；否则，对被代理人不发生效力，而由行为人承担责任。

14.3.4 项目合同的履行与违约责任

1. 项目合同的履行

项目合同的履行是指合同生效后，当事人双方按照合同约定的标的、数量、质量、价款、履行期限、履行地点和履行方式等完成各自应承担的全部义务的行为。严格履行合同是双方当事人的义务，因此合同当事人必须共同按计划履行合同，实现合同所要达到的各类预定目标。

项目合同的履行有实际履行和适当履行两种形式。

(1) 实际履行

项目合同的实际履行，即要求按照合同规定的标的来履行。实际履行已经成为我国合同法规的一个基本原则，采用该原则对项目合同的履行具有十分重大的意义。由于项目合同的标的物大多为指定物，因此不得以支付违约金或赔偿损失的方式免除一方当事人继续履行合同规定的义务。如果允许合同当事人的一方可用货币代偿合同中规定的义务，那么合同当事人的另一方可能会在经济上蒙受更大的损失或无法计算的间接损失。此外，即使当事人一方在经济上损失得到一部分补偿，但是对于预定的项目目标或任务，甚至国家计划的完成，某些涉及国计民生、社会公益项目不能得到实现，实际上也会有更大的损失。所以，实际履行的正确含义只能是按照项目合同规定的标的履行。

当然，在贯彻以上原则时，还应从实际出发。在某些情况下，过于强调实际履行，不仅在客观上不可能，还会对对方和社会利益造成更大的损害。这样，应当允许用支付违约金和赔偿损失的办法来代替合同的履行。

(2) 适当履行

项目合同的适当履行，即当事人按照法律和项目合同规定的标的按质、按量地履行。义务人不得以次充好，以假乱真，否则权利人有权拒绝接受。所以，在签订合同时必须对标的物的规格、数量、质量做出具体规定，以便按规定履行义务，权利人按规定验收。

(3) 合同履行中的解释问题

1) 在合同的执行过程中，如果当事人对合同条款的解释有异议，应当按照合同所使用的词句、合同的有关条款、合同的目的、交易习惯以及诚实信用的原则，确定该条款的真实意思。

2) 如果合同文本采用两种以上的文字订立，并约定具有同等效力，则当各文本使用的词句不一致时，应当根据合同的目的予以解释。

3) 当合同中对有些内容没有约定或约定不明时，双方可以订立补充协议确定。如果不能达成补充协议，根据公平合理的原则，按照如下规定执行：

①若质量要求不明确，则应按照国家标准、行业标准履行；若没有国家标准或行业标准，则应按照通常标准或者符合合同目的的特定标准履行。

②若合同对价款或者报酬规定不明，则应按照订立合同时履行地的市场价格履行；若依法应当执行政府定价或政府指导价，则应按照规定履行。

如果合同规定执行政府定价或政府指导价，在合同执行中政府价格调整，则应按照交付时的价格计价；若逾期交付标的物，又遇价格上涨，则应按照原价格执行。若遇价格下降，则应按照新价格执行。对逾期提取标的物或逾期付款的，则进行相反的处理。这也体现了公平原则，但对违约者不利。

③对履行地点不明确的情况，若合同规定给付货币的，则在接受货币一方所在地履行；若合同规定交付不动产的，则在不动产所在地履行；对其他标的情况，应在履行义务一方所在地履行。

④若履行期限不明确，则债务人可以随时履行，债权人也可以随时要求履行，但应当给对方必要的准备时间。

⑤若履行方式不明确，则按照有利于实现合同目的的方式履行。

⑥若履行费用的负担不明确，则由履行义务一方负担。

2. 违约责任

违约责任是指合同当事人违反合同约定、不履行义务或者履行义务不符合约定所应承担的责任。违约责任制度是保证当事人履行合同义务的重要措施，有利于促进合同的全面履行。如果没有违约责任制度，"合同具有法律约束力"便成为空话。

当事人一方不履行合同义务或者履行合同义务不符合约定的，应当承担如下责任：

1) 继续履行合同。违约人应继续履行未尽的合同义务。

2) 采取补救措施。例如，质量不符合约定的，可以要求修理、更换、重做、退货、减少价款或者报酬等。

3) 支付违约金。

①当事人可以约定违约金条款。在合同实施中，只要一方有不履行合同的行为，就必须按合同规定向另一方支付违约金，而不管违约行为是否造成对方损失。以这种手段对违约方进行经济制裁，目的是对企图违约者起警诫作用。违约金的数额应在合同中用专门条款详细规定。

②违约金同时具有补偿性和惩罚性。《合同法》规定，"约定的违约金低于违反合同所造成的损失的，当事人可以请求人民法院或者仲裁机构予以增加；若约定的违约金过分高于所造成的损失，当事人可以请求人民法院或者仲裁机构予以适当减少。"这就保护了受损害方的利益，体现了违约金的惩罚性，有利于对违约者制约，同时也体现了公平原则。

③当事人可以约定一方向对方给付定金作为债权的担保。即为了保证合同的履行，在当事人一方

应付给另一方的金额内,预先支付部分款额作为定金。若支付定金一方违约或不履行合同,则定金不予退还。同样,如果接受定金的一方违约,不履行合同,则应加倍偿还定金。

4)赔偿损失。违约方在继续履行义务、采取补救措施、支付违约金后,对方仍有其他损失,则应当赔偿损失。损失的赔偿额应相当于因违约所造成的损失,包括合同履行后可以获得的利润。

因不可抗力导致不能履行合同责任,可以部分或全部免除合同责任。但如果当事人拖延履行合同责任后发生不可抗力,不能免除责任;若法律规定和合同约定有免责条件,则当发生这些条件时,可以不承担责任。

14.3.5 项目合同的变更、转让、解除和终止

1. 项目合同的变更和转让

合同的变更通常是指由于一定的法律事实而改变合同的内容和标的的法律行为。当事人双方协商一致,就可以变更合同。合同变更应符合合同签订的原则和程序。

债权人可以将合同的权利全部或部分转让给第三人,但如下情况除外:

1)根据合同的性质不得转让。
2)按照当事人的约定不得转让。
3)按照法律规定不得转让。

债权人转让权利应当通知债务人。未经通知,该转让对债务人不发生效力。

合同当事人一方经对方同意,可以将自己的权利和义务转让给第三人。

如果当事人一方发生合并或分立,则应由合并或分立后的当事人承担或分别承担履行合同的义务,并享有相应的权利。

2. 项目合同的解除

合同的解除是指消灭既存的合同效力的法律行为。其主要特征有:一是合同当事人必须协商一致;二是合同当事人应负恢复原状之义务;三是其法律后果是消灭原合同的效力。合同解除有以下两种情况:

1)协议解除。协议解除是指当事人双方通过协议解除原合同规定的权利和义务关系。有时是在订立合同时在合同中约定了解除合同的条件,当解除合同的条件成立时,合同就被解除;有时在履行过程中,双方经协商一致同意解除合同。

2)法定解除。法定解除是在合同成立后,没有履行或者完全履行以前,当事人一方行使法定解除权而使合同终止。为了防止解除权的滥用,《合同法》规定了十分严格的条件和程序。有下列情形之一的,当事人可以解除合同。

①因不可抗力因素致使合同无法履行,或不能实现合同目的。
②在履行期满之前,当事人一方明确表示或者以自己的行为表明不履行主要债务。
③当事人一方拖延履行主要债务,经催告后在合理期限内仍未履行。
④当事人一方延迟履行债务或者有其他违约行为致使不能实现合同目的,使原签订的合同成为不必要。
⑤法律规定的其他情形。

从上述可见,只有在不履行主要债务、不能实现合同目的,也就是根本违约的情况下,才能依法解除合同。如果只是合同的部分目的不能实现,或者部分违约,如延迟或者部分质量不合格,则一方是不能解除合同的,而应当按违约责任来处理,可以要求违约方实际履行、采取补救措施、赔偿损失。

合同解除的程序是:若当事人一方依照规定要求解除合同应当通知对方,对方若有异议的,可以请求人民法院或仲裁机构确认解除合同的效力。如果按法律、行政法规规定解除合同需要办理批准、

登记等手续的，则应当办理相关的批准、登记等手续。

合同的权利和义务终止，并不影响合同中结算和清理条款的效力。

3. 项目合同的终止

当事人双方依照项目合同的规定，履行其全部义务后，合同即行终止。合同签订以后，是不允许随意终止的。根据我国的现行法律和有关司法实践，合同的法律关系可由下列原因而终止。

1）合同因履行而终止。合同的履行，就意味着合同规定的义务已经完成，权利已经实现，因而合同的法律关系自行消灭。所以，履行是实现合同、终止合同的法律关系的最基本的方法，也是合同终止的最通常原因。

2）当事人双方混同为一人而终止。法律上对权利人和义务人合为一人的现象，称为混同。既然发生合同当事人合并为一人的情况，那么原有的合同已无履行的必要，因而自行终止。

3）合同因不可抗力的原因而终止。合同不是由于当事人的过错而是由于不可抗力的原因致使合同义务不能履行的，应当终止合同。

4）合同因当事人协商同意而终止。当事人双方通过协议而解除或者免除义务人的义务，也是合同终止的方法之一。

5）仲裁机构裁决或者法院判决终止合同。

14.3.6 项目合同纠纷的处理

合同纠纷通常具体表现在，当事人双方对合同规定的义务和权利理解不一致，最终导致对合同的履行或不履行的后果和责任的分担产生争议。合同纠纷的解决通常有如下几个途径。

1. 协商

这是一种最常见的，也是首先采用的解决方法。当事人双方在自愿、互谅的基础上，通过双方谈判达成解决争执的协议。这是解决合同争执的最好方法，具有简单易行、不伤和气的优点。

2. 调解

调解是在第三者（如上级主管部门、合同管理机关等）的参与下，以事实、合同条款和法律为根据，通过对当事人的说服，使合同双方自愿、公平合理地达成解决协议。如果双方经调解后达成协议，由合同双方和调解人共同签订调解协议书。

3. 仲裁

仲裁是仲裁委员会对合同争执所进行的裁决。我国实行一裁终局制，裁决做出后若合同当事人就同一争执再申请仲裁或向人民法院起诉，则不再予以处理。

仲裁机构做出裁决后，由其制作仲裁裁决书。对仲裁机构的仲裁裁决，当事人应当履行。当事人一方在规定的期限内不履行仲裁机构的仲裁裁决，另一方可以申请法院强制执行。

4. 诉讼

诉讼解决是指司法机关和案件当事人在其他诉讼参与人的配合下，为解决案件依法定诉讼程序所进行的全部活动。基于所要解决的案件的不同性质，可以分为民事诉讼、刑事诉讼和行政诉讼。而在项目合同中，一般只包括广义上的民事诉讼（民事诉讼和经济诉讼）。

项目合同当事人因合同纠纷而提起的诉讼一般由各级法院的经济审判庭受理并判决。根据某些合同的特殊情况，还必须由专业法院进行审理，如铁路运输法院、水上运输法院、森林法院以及海事法院等。

当事人在提起诉讼以前应该做好充分准备，收集有关对方违约的各类证据，进行必要的取证工作，整理双方往来的所有财务凭证、信函、电报等，同时向律师咨询或聘请律师处理案件。

当事人在采取诉讼前，应注意诉讼管辖地和诉讼时效问题。

14.4 FIDIC 合同简介

14.4.1 FIDIC 合同简介

FIDIC 是国际咨询工程师联合会（Fédération Internationale Des Ingenieurs-Conseil）的法文缩写。该联合会始建于 1913 年，总部设在瑞士洛桑，经过一个世纪的发展，现在已经成为一个拥有 80 多个会员国的国际组织。中国工程咨询协会代表我国于 1996 年 10 月加入该组织。

FIDC 除下属若干个地区委员会外还下设许多专业委员会，主要包括业主-咨询工程师关系委员会（CCRC）、土木工程合同委员会（CECC）、电器机械合同委员会（EMCC）及职业责任委员会（PLC）等。FIDIC 专业委员会针对不同的工程采购模式编纂了许多标准合同条件范本，如《FIDIC 土木工程施工合同条件》《FIDIC 电器与机械工程合同条件》等。1957 年，FIDIC 与欧洲建筑工程联合会（FIEC）一起在英国土木工程师协会（ICE）编写的《标准合同条件》（ICE Condition）的基础上，编纂了《FIDIC 土木工程施工合同条件》（第 1 版）。该版主要沿用英国的传统做法和法律体系。1969 年，《FIDIC 土木工程施工合同条件》（第 2 版）面世。该版没有修改第 1 版的内容，只是增加了适用于疏浚工程的特殊条件。1977 年，《FIDIC 土木工程施工合同条件）（第 3 版）出版，对第 2 版做了较大修改，同时出版了《土木工程合同文件注释》。1987 年，出版了《FIDIC 土木工程施工合同条件》（第 4 版）。1988 年，又出版了《FIDIC 土木工程施工合同条件》（第 4 版修订版），对 1987 年的版本做了 17 处修订。为了指导应用，FIDIC 又于 1989 年出版了一本更加详细的《土木工程合同条件应用指南》。

随着国际工程合同额的持续增长，合同争端的增加，客观上需要适应性更强、能更好地界定承发包双方责权利的标准合同范本。在对 1988 年版进行多处修订的基础上，FIDIC 又编纂了 1999 年版施工合同条件范本。2017 年 12 月，国际咨询工程师联合会在伦敦举办的国际用户会议上，发布了 1999 版 3 本合同条件的第 2 版，分别是：《施工合同条件》（Conditions of Contract for Construction）、《生产设备和设计-建造合同条件》（Conditions of Contract for Plant and Design - Build）和《设计-采购-施工（EPC）/交钥匙工程合同条件》（Conditions of Contract for EPC / Turnkey Projects）。由此可以看出，FIDIC 一直致力于对施工合同范本的改进和完善。正因为如此，不仅世界银行和各洲开发银行的贷款项目无一例外地要求借款国在工程发包时采用 FIDIC 合同条件，而且美国总承包商协会（FIFG）、中美洲建筑工程联合会（FIC）、亚洲及西太平洋承包商协会国际联合会（IFAWPCA）均推荐在实行土木工程国际招标时以 FIDIC 作为合同条件的范本。我国是接受世界银行和亚洲开发银行贷款最多的国家之一。自 20 世纪 80 年代以来，我国利用世界银行和亚洲开发银行贷款开发的基础设施项目几乎全部采用 FIDIC 施工合同条件。不仅如此，我国原建设部和国家工商管理局联合颁布的 1992 年和 1999 年施工合同示范文本也是在参考 FIDIC 的基础上编纂的。

14.4.2 FIDIC 合同条件的构成体系

1999 年版 FIDIC 合同范本包括以下 4 种，即《施工合同条件》《生产设备和设计-建造合同条件》《设计-采购-施工（EPC）/交钥匙工程合同条件》和《简明合同格式》。这套合同范本的组合是认真汲取过去的经验，加入新的理念，为适应各类工程和各种承包管理模式而重新编写的。各合同范本的通用条件均为 20 章，专用条件分别适用不同的承包方式，业主在发包时可根据需要灵活地"拼装"，从而最大限度地满足自己的要求。这种做法为各类工程普遍利用国际经验创造了条件。

1.《施工合同条件》

2017 年版 FIDIC《施工合同条件》（Conditions of Contract for Construction）简称"新红皮书"。其《土木工程施工合同条件》主要适用于业主或其代表工程师设计的建筑工程或土木工程项目，它的特点是承包商按照业主提供的设计施工，但业主可要求承包商作少量的设计工作，这些设计可以包含土木、机械、电气或构筑物的某些部分。这些部分的范围和设计标准必须在规范中作出明确规定，如果大部分工程都要求承包商设计，很显然新红皮书就不适用了。

2.《生产设备和设计-建造合同条件》

2017 年的最新修订版《生产设备和设计-建造合同条件》，主要适用于电气或机械设备的供货及建筑或工程的设计与施工。其特点是具有设计-建造资质的承包商按照业主的要求设计并建造该项目，可能包括土木、机械、电气或构筑物的任何组合。采用这种模式时由于设计是承包商的职责，承包商则有可能以牺牲质量来降低成本。因此，业主应考虑聘用专业技术顾问来保证其要求在招标文件中得以体现。

3.《设计-采购-施工（EPC）／交钥匙工程合同条件》

1999 年，FIDIC 发布了《设计-采购-施工（EPC）／交钥匙工程合同条件》。在该合同模式下，承包商负责完成设计、设备供货、施工安装、调试开车等工作，合同采用总价模式，与 FIDIC 其他合同条件相比，承包商承担的工作范围更广、风险更大。2017 版总结了 1999 版在 18 年应用中的实践经验，吸收借鉴了以各专业协会为代表的广大用户提出的批评和建议，力求通过此次调整满足工程界发展变化的需求，以提高在项目执行中的可操作性，使业主和承包商之间的风险分担更加合理。

4.《简明合同格式》

《简明合同格式》（Short Form of Contract）适用于合同额较小的建筑或工程项目。根据工程的类型和具体情况，该合同格式也可用于较大金额的合同，特别适用于简单的或重复性的或工期较短的工程。一般情况下由承包商按照业主方提供的设计进行施工，但也适用于部分或全部由承包商设计的土木、机械、电气或构筑物的合同。

上述 4 种合同范本由 FIDIC 推荐，广泛用于国际招标。在某些司法权限方面，特别是用于国内合同的情况下，可能需要做某些修改。

14.4.3　FIDIC 合同条件的特点

1. FIDIC 合同条件的基本特点

（1）公正合理、责任分明

合同条件的各项规定体现了编纂者对业主、承包商的义务、职责和权利的分配的倾向性及基于这种倾向性的工程师的职责和权限。由于 FIDIC 重视来自各方的意见反馈，因此在其合同条件中的各项规定越来越体现业主和承包商之间利益的均衡和风险的合理分担，并且在合同条件中体现双赢的理念。合同条件对发、承包双方的职责既作出明确的规定和要求，又给予必要的限制，使双方责权利的合理性不断得到完善。

（2）程序严谨，易于操作

合同条件对各种问题的处理程序都有严谨的规定，尤其是对事件发生的时间、呈递备案的时间、解决的时间下限的规定极为严格，责任方要为误期或拖拉付出代价。另外，还特别强调各种书面文件和证据的重要性，从而使各方均有章可循，使条款中的规定易于操作和实施。

（3）通用条件和专用条件相结合

各版本的 FIDIC 合同条件均分为通用条件（General Condition）和专用条件（Particular Condition）。其中，通用条件是指对某类工程具有普遍适用性的条款。而专用条件的作用是将特定的工程合同具体化，对通用条件进行修改或补充。这样做的好处是：对招标方而言，可节省编制招标文件的工作量；对投标方而言，无须担心不熟悉的合同条件导致的报价风险，只需重点研究专用条件以确定报价策略。

1) FIDIC 通用合同条件。某一特定版本的 FIDIC 通用条件都是固定不变的。以土木工程施工合同条件为例，工程建设项目只要是属于房屋建筑或者工程的施工，如工业与民用建筑工程、水电工程、路桥工程、港口工程等建设项目均可使用。通用条件对合同中多方面的问题给予全面的论述，大致可划分为：涉及权利义务的条款、费用管理的条款、工程进度控制的条款、质量控制的条款和涉及法律法规性的条款五部分。这种划分只能是大致的，有些条款同时涉及费用管理、工程进度控制等几方面的问题，因此很难将其准确地划入某一范畴。

2) FDIC 专用合同条件。FIDIC 的专用条件是针对某一特定的工程项目。考虑到各国家和地区的法律法规不同，项目的特点和业主对合同实施的要求不同，通过对通用条件的修改和补充来实现对特定合同的具体化。在 FIDIC 专用合同条件中有很多建议性的措辞和范例，业主及工程师可酌情采用这些措辞范例或另行编制更能反映发包方意愿的措辞对通用条件进行修改或补充。凡合同条件第二部分与第一部分的不同之处均以第二部分为准。第二部分的条款号与第一部分相同。这样合同条件的第一部分和第二部分就共同构成一套完整的合同条件。

2. 新版合同条件的总体特点

新版合同条件的总体特点主要是：

1) 优化编排格式，强化项目管理工具和机制的运用。2017 年第 2 版合同将 1999 版合同的第 20 条进行拆分，形成了第 20 条［业主和承包商索赔］和第 21 条［争议和仲裁］，打破了 1999 版 FIDIC 合同 20 条的体例安排，条款也从 1999 版的 167 款增加到 174 款，使得 FIDIC 合同条件中相应的规定更加刚性化、程序化，对索赔、争议裁决、仲裁做出了更加明确的规定。

2) FIDIC 对 1999 版"彩虹系列"合同条件进行了大幅修订，内容增加了近 50%，使得 FIDIC 合同条件中相应条款的规定更加详细，对雇主、承包商、工程师（雇主代表）的权责做出了更加明确的规定。

3) 新版合同条件之间的分工更加明晰，应用范围更广，覆盖面更宽，但是增加了承包商的风险。如果业主确定工程的任何一部分不能满足预期的目的，无论业主是否与承包商对此进行了实际的交流，业主都可以根据保障条款向承包商进行索赔。

4) 平衡各方风险分配；更加清晰化，增强透明性和确定性；反映当今国际工程的最佳实践做法；解决过去 18 年来使用 FIDIC 合同 1999 版产生的问题；反映 FIDIC 合同最新发展趋势，融入金皮书中的内容。

14.4.4　FIDIC《施工合同条件》简介

1. FIDIC《施工合同条件）的通用条件和专用条件

2017 年版 FIDIC《施工合同条件》（新红皮书）是继 1999 年版后的最新修订版，适用于单价与子项包干混合式建筑工程或土木工程合同。其第一部分"通用条件"包括 21 章 168 款，论述了 21 个方面的问题，其中包括：一般规定，业主，工程师，承包商，分包，职员和劳工，工程设备、材料和工艺，开工、误期和暂停，竣工检验，业主的接收，缺陷责任，测量和估价，变更和调整，合同价格和支付，业主提出终止，承包商提出暂停和终止，风险和责任，例外事件，保险，业主和承包商索赔，争议和仲裁。

"通用条件"后面是"专用条件编写指南"（Guidance for the Preparation of Particular Condition），仍旧以上述 21 个方面为顺序，FIDIC 就最有可能进行修改的措辞以范例的形式给出推荐的表述方式。

随后是 7 个保函格式范本，包括：母公司保函范例格式、投标保函范例格式、履约担保函-即付保函范例格式、担保保证范例格式、预付款保函范例格式、保留金保函范例格式和业主支付保函范例格式。其中，除履约保函和履约担保范例格式外，其余 5 种范例格式都是 1988 年版 FIDIC 红皮书未曾包括的内容。

最后是投标函、合同协议书和争端裁决协议书格式。

2. 施工合同文件的组成及解释顺序

（1）施工合同文件的组成

施工合同文件由下列各项组成：

1）合同协议书。

2）中标通知书（如果有）。

3）投标函及其附录（如果有）。

4）专用合同条款及其附件。

5）通用合同条款。

6）技术标准和要求。

7）图样。

8）已标价工程量清单或预算书。

9）其他合同文件。

上述各项合同文件包括合同当事人就该项合同文件所做出的补充和修改，属于同一类内容的文件，应以最新签署的为准。

（2）施工合同文件的优先解释顺序

施工合同文件各组成部分应能够互相解释、互相说明。当合同文件中出现不一致时，上述顺序就是合同的优先解释顺序。当合同文件出现含混不清或者当事人有不同理解时，按照合同争议的解决方式处理。

3. FIDIC《施工合同条件》下的索赔

在 FIDIC《施工合同条件》（新红皮书）中，施工索赔（Construction Claim）在第 20 条进行了详细的规定。对于欲在国际工程承包领域取胜、营利的承包商来说，施工索赔工作十分关键。

在 2017 版第 20 条［业主和承包商的索赔］中，对引起索赔的事项以及索赔程序进行了统一的规定，业主发起的索赔与承包商一样受到索赔时效和索赔程序的制约。第 20.1 款［索赔］，在引起索赔的事项中增加了一条，即如任何一方认为自己有权获得除费用补偿和工期延长以外的其他权利而另一方不同意时，先按照索赔程序提交业主代表按第 3.5 款的规定处理，而不直接视为构成争端按争端解决程序（DAAB）处理。而且 2017 版规定，在大多数情况下承包商可获赔的利润默认为成本的 5%。根据 15.5 款业主终止合同后，承包商有权力获得由终止而导致损失的利润。

2017 版强调同等对待业主和承包商提出的索赔，即业主和承包商的索赔适用同一程序，即第 20 条中对承包商和业主索赔规定了相同的程序。同时，2017 版对工期和费用索赔有两个时间限制（time-bar）规定：第一，要求在发现导致索赔的事件后 28 天内发出索赔通知；第二是要求索赔方将在 84 天内提交完整详细的索赔资料。相对于 1999 版而言，提交全面详细索赔资料的期限已从 42 天（发现导致索赔的事件后）延长至 84 天。尽管有时间限制规定，任何索赔通知的有效性应由工程师根据 3.7 款同意或决定。作为此过程的一部分，索赔方可以提交关于为什么迟交索赔通知或在完全详细索赔意见书中对工程师的同意或决定表示异议。在索赔通知中，2017 年第 2 版合同要求承包商需发出"有效的"索赔通知。因此，对于承包商而言，在索赔事件发生后的 28 天内，发出标题为"索赔通知"或者"索赔意向通知"是避免今后发生索赔通知无效的最为妥善的解决方法。

在索赔中，2017 版还引入了第三类索赔："其他索赔事项"，这类索赔应由工程师根据 3.7 款同意或决定。针对这类索赔第 20 条索赔程序不适用。2017 版在 8.5 款中提及了变更导致竣工时间的延长中无须按照 20.2 款规定的程序，这与 1999 版 8.4 款中对由于变更引起的竣工时间延长要求不同。

在 FIDIC 合同条件（第 4 版）中，凡是承包商可以引用的施工索赔条款，在 FIDIC 总部编写的关于第 4 版的"摘要"（Digest of FIDIC Condition）中作了论述。该摘要在列出可索赔条款的同时，还提出每个不同的索赔内容可以得到哪些方面的补偿，即不仅可得到附加的成本开支（Cost，代号为 C），还可得到计划的利润（Profit，代号为 P）或相应的工期延长（EOT，代号为 T）。

4. FIDIC《施工合同条件》中的工程师

（1）工程师的职责和权力

雇主应任命工程师，该工程师应履行合同赋予他的职责。担任工程师的人员包括有恰当资格的工程师及其他有能力履行上述职责的专业人员。2017 版扩展和增强了工程师的角色和职责，并对工程师提出了更高的专业资质和语言能力要求。2017 版新增了"工程师可指定工程师代表按照 3.4 款行使工程师的权力，并要求工程师代表要常驻现场，而且工程师不能随意更换其代表"这一条款。

工程师无权修改合同。工程师可行使合同中明确规定的或必然隐含的赋予他的权力。如果要求工程师在行使其规定权力之前须获得雇主的批准，则此类要求应在合同专用条件中注明。雇主不能对工程师的权力进一步限制，除非与承包商达成一致。

2017 版要求工程师在处理合同事务中使用"商定或确定"条款时必须保持"中立"，而不应被视为代表业主行事。同时规定了以工程师为核心达成协议的协商程序。如果双方无法在 42 天内就事项达成一致，而工程师又未能在下一个 42 天内公平确定事项，则双方可视为存在争议，该争议可由任何一方向 DAAB 提交且无须发出不满意通知。如果任何一方对某项决定提出异议，必须在 28 天内发出不满意通知，否则该决定将被视为最终决定并具有约束力。如果任何一方未能遵守双方的协议或具有约束力的最终裁定，另一方可将未能履行协议的情况直接提交仲裁。

然而，每当工程师行使某种需经雇主批准的权力时，则被认为他已从雇主处得到任何必要的批准（为合同之目的）。除非合同条件中另有说明，否则：

1）当履行职责或行使合同中明确规定的或必然隐含的权力时，均认为工程师为雇主工作。

2）工程师无权解除任何一方依照合同具有的任何职责、义务或责任。

3）工程师的任何批准、审查、证书、同意、审核、检查、指示、通知、建议、请求、检验或类似行为（包括没有否定），不能解除承包商依照合同应具有的任何责任，包括对其错误、漏项、误差及未能遵守合同的责任。

（2）工程师的授权

工程师可以随时将他的职责和权力委托给助理，并可撤回此类委托或授权。这些助理包括现场工程师和（或）指定的对设备和（或）材料进行检查和（或）检验的独立检查人员。此类委托、授权或撤回应是书面的并且在合同双方接到副本之前不能生效。但是工程师不能授予其按照第 3.5 款【决定】的规定决定任何事项的权力，除非合同双方另有协议。另外，2017 版第 3.4 款增加了工程师不能委托授权给其他工程师助理的职责，除了商定意见和确定不能授权之外，还规定不能将第 15.1 款中发出纠正通知的权力授权给工程师的助理。助理必须是合适的合格人员，有能力履行这些职责以及行使这种权力，并且能够流利地使用第 1.4 款【法律和语言】中规定的语言进行交流。

被委托职责或授予权力的每个助理只有在其被授权范围内对承包商发布指示。由助理按照授权做出的任何批准、审查、证书、同意、审核、检查、通知、建议、请求、检验或类似行为，应与工程师做出的具有同等的效力。

但也会出现以下两种情况：

1）未对任何工作、永久设备及材料提出否定意见并不构成批准，也不影响工程师拒绝该工作、永久设备及材料的权利。

2）如果承包商对助理的任何决定或指示提出质疑，承包商可将此情况提交工程师，工程师应尽快地对此类决定或指示加以确认、否定或更改。

(3) 工程师的指示

工程师可以按照合同的规定（在任何时候）向承包商发出指示以及为实施工程和修补缺陷所必需的附加的或修改的图样。承包商只能从工程师以及按照本条款授权的助理处接受指示。如果某一指示构成了变更，则适用于第 13 条【变更和调整】。

承包商必须遵守工程师或授权助理对有关合同的某些问题所发出的指示。只要有可能，这些指示均应是书面的。如果工程师或授权助理：①发出口头指示；②在发出指示后 2 个工作日内，从承包商（或承包商授权的他人）处接到指示的书面确认；③在接到确认后 2 个工作日内未颁发书面拒绝和（或）指示作为回复，则此确认构成工程师或授权助理的书面指示（视情况而定）。

(4) 工程师的撤换

如果雇主准备撤换工程师，则必须在期望撤换日期 42 天以前向承包商发出通知，说明拟替换的工程师的姓名、地址及相关经历。如果承包商对替换人选向雇主发出了拒绝通知，并附具体的证明资料，则雇主不能做出撤换工程师的决定。

每当合同条件要求工程师按照该款规定对某一事项做出商定或决定时，工程师应与合同双方协商并尽力达成一致。如果未能达成一致，工程师应按照合同规定在适当考虑到所有有关情况后做出公正的决定。

工程师应将每一项协议或决定向每一方发出通知及具体的证明资料。每一方均应遵守该协议或决定，除非和直到按照第 20 条规定做出了修改。

国际项目管理专业资质认证系列丛书

下册

现代项目管理

升级版

第2版

白思俊 ◎ 主编

MODERN
PROJECT
MANAGEMENT

机械工业出版社
CHINA MACHINE PRESS

《现代项目管理：升级版》第2版作为国际项目管理专业资质认证（IPMP）考试的指定培训教材，是当前最为系统、最为全面地论述项目管理各个知识领域及其应用的专著。本书分为上、下两册，共7篇29章。

上册主要讲述项目管理概论、项目论证与评估及项目计划与控制3个方面的内容，涉及项目管理的发展、成功的项目管理、项目及项目管理的概念、项目管理的核心内容、项目管理典型模式、项目论证的概念与程序、项目论证的基本原理、项目经济评价和环境影响评价、项目可行性研究及报告撰写、商业计划书及其编制、项目评估及报告编制、项目融资及PPP模式、项目计划与控制综述、项目目标与范围管理、网络计划技术、项目时间计划的制订、项目资源与费用计划的制订、项目计划的优化、项目计划的执行与控制、项目质量管理、项目采购与合同管理。

下册主要讲述项目收尾与后评价、项目综合管理、项目组织与团队管理、案例应用与IPMP认证4个方面的内容，包括项目收尾，项目验收，项目审计及报告编制，项目后评价与报告编制，项目信息管理，项目沟通管理，项目冲突管理，项目风险管理，项目现场管理，项目HSE管理，项目监理与行政监督，企业项目管理，多项目管理，项目管理的组织形式与设计，项目团队管理，项目人力资源管理，项目经理的责任、权力、素质及能力要求，组织项目管理能力模型与能力基准，现代项目管理的应用特点与观念，项目管理的综合应用案例，关于IPMP认证的申请、评估、笔试、案例研讨，项目管理报告与面试。

本书将理论和实际应用案例相结合，注重项目管理知识的系统性和实际应用案例的完整性，是参加国际项目管理专业资质认证（IPMP）考试人员必备的参考用书，也是各类项目管理从业人员系统学习项目管理必备的专业用书，同时可以作为大学项目管理课程的教学参考用书。

图书在版编目（CIP）数据

现代项目管理：升级版：上下册/白思俊主编．—2版．—北京：机械工业出版社，2019.12（2025.4重印）
（国际项目管理专业资质认证系列丛书）
ISBN 978-7-111-64406-4

Ⅰ．①现⋯　Ⅱ．①白⋯　Ⅲ．①项目管理　Ⅳ．①F224.5

中国版本图书馆CIP数据核字（2019）第285868号

机械工业出版社（北京市西城区百万庄大街22号　邮政编码100037）
策划编辑：张星明　责任编辑：张星明　陈　倩
责任校对：李　杨　封面设计：高鹏博
责任印制：李　昂
河北宝昌佳彩印刷有限公司印刷
2025年4月第2版·第7次印刷
210mm×285mm·44.5印张·1316千字
标准书号：ISBN 978-7-111-64406-4
（上下册）定价：138.00元

电话服务	网络服务
客服电话：010-88361066	机　工　官　网：www.cmpbook.com
010-88379833	机　工　官　博：weibo.com/cmp1952
010-68326294	金　书　网：www.golden-book.com
封底无防伪标均为盗版	机工教育服务网：www.cmpedu.com

目 录

第四篇 项目收尾与后评价

第15章 项目收尾 ... 3
- 本章要点 ... 3
- 15.1 项目收尾 ... 3
  - 15.1.1 项目收尾概述 ... 3
  - 15.1.2 项目收尾的主要内容 ... 4
- 15.2 项目验收 ... 5
  - 15.2.1 项目验收的范围及方法 ... 5
  - 15.2.2 项目验收的标准及依据 ... 5
  - 15.2.3 项目验收的组织和程序 ... 6
- 15.3 项目质量验收 ... 8
  - 15.3.1 项目质量验收的范围 ... 8
  - 15.3.2 项目质量验收的方法 ... 9
  - 15.3.3 项目质量验收的结果 ... 10
- 15.4 项目文件验收 ... 10
  - 15.4.1 项目文件验收的范围与内容 ... 10
  - 15.4.2 项目文件验收的依据与程序 ... 11
  - 15.4.3 项目文件验收的结果 ... 11
- 15.5 项目交接或清算 ... 12
  - 15.5.1 项目交接的概念 ... 12
  - 15.5.2 项目交接的范围与依据 ... 12
  - 15.5.3 项目交接的程序及结果 ... 13
  - 15.5.4 项目交接后的回访与保修 ... 14
  - 15.5.5 项目清算 ... 15
- 15.6 项目费用结算与决算 ... 16
  - 15.6.1 项目费用结算 ... 16
  - 15.6.2 项目费用决算 ... 20
- 15.7 项目审计 ... 23
  - 15.7.1 项目审计概述 ... 23
  - 15.7.2 项目审计的范围和内容 ... 25
  - 15.7.3 项目审计的程序和方法 ... 27
  - 15.7.4 项目的费用审计 ... 29

第16章 项目后评价 ... 30
- 本章要点 ... 30
- 16.1 项目后评价 ... 30

16.1.1 项目后评价概述 …… 30
16.1.2 项目后评价与项目前评估的区别 …… 31
16.1.3 项目后评价与项目竣工验收的区别 …… 32
16.1.4 项目后评价与项目审计的区别 …… 32
16.1.5 项目后评价与项目全过程评估 …… 33
16.1.6 项目后评价的分类与管理 …… 33
16.2 项目后评价的主要内容 …… 35
16.2.1 评价项目的分类 …… 35
16.2.2 项目后评价的层次与分级管理 …… 36
16.2.3 项目后评价的基本内容 …… 36
16.3 项目后评价的程序与方法 …… 39
16.3.1 项目后评价的程序 …… 39
16.3.2 项目后评价的4个阶段 …… 41
16.3.3 项目后评价的常用方法 …… 42
16.4 项目后评价报告的编写 …… 50
16.4.1 项目后评价报告的编写要求 …… 50
16.4.2 项目后评价报告的内容与格式 …… 51
16.5 项目管理后评价 …… 51
16.5.1 项目管理后评价概述 …… 51
16.5.2 "国际卓越项目管理评估模型"框架 …… 52
16.6 案例：××煤矿建设项目后评价报告简介 …… 53
16.6.1 报告的目录 …… 53
16.6.2 报告主要内容摘要 …… 54

第五篇 项目综合管理

第17章 项目利益相关者管理 …… 63
本章要点 …… 63
17.1 利益相关者概述 …… 63
17.2 利益相关者识别与分析 …… 64
17.3 利益相关者管理 …… 65
17.4 利益相关者管理案例 …… 66

第18章 项目信息管理 …… 68
本章要点 …… 68
18.1 信息与管理信息 …… 68
18.1.1 数据与信息的概念 …… 68
18.1.2 管理信息 …… 70
18.2 项目管理信息 …… 71
18.2.1 项目管理信息的含义及特征 …… 71
18.2.2 项目管理信息的形式与来源 …… 72
18.2.3 项目管理信息流路线 …… 72
18.2.4 项目管理信息的种类和作用 …… 73

    18.3 项目信息管理 ··········· 74
        18.3.1 项目信息的收集、传递、加工与处理 ··········· 74
        18.3.2 项目信息分发 ··········· 75
        18.3.3 项目进展报告 ··········· 76
        18.3.4 项目信息归档 ··········· 77
    18.4 项目管理信息系统 ··········· 77
        18.4.1 项目管理信息系统的概念 ··········· 77
        18.4.2 项目管理信息系统的发展 ··········· 78
        18.4.3 项目管理信息系统的实现方式 ··········· 79
        18.4.4 项目管理信息系统的开发过程 ··········· 80
        18.4.5 典型项目管理信息系统构建案例 ··········· 80

第 19 章 项目沟通管理 ··········· 84
    本章要点 ··········· 84
    19.1 沟通管理概述 ··········· 84
        19.1.1 沟通的概念 ··········· 84
        19.1.2 沟通方式、方法和渠道 ··········· 85
    19.2 项目沟通管理 ··········· 89
        19.2.1 项目沟通管理定义 ··········· 89
        19.2.2 项目沟通管理规划 ··········· 89
    19.3 有效的项目沟通 ··········· 91
        19.3.1 聆听 ··········· 91
        19.3.2 谈判 ··········· 92
        19.3.3 讲演 ··········· 94
        19.3.4 面谈 ··········· 95
        19.3.5 会议 ··········· 96
    19.4 项目沟通管理案例 ··········· 99

第 20 章 项目冲突管理 ··········· 101
    本章要点 ··········· 101
    20.1 冲突的概念 ··········· 101
        20.1.1 冲突的定义 ··········· 101
        20.1.2 冲突的发展阶段 ··········· 102
    20.2 项目冲突的来源和强度 ··········· 102
        20.2.1 项目冲突的来源 ··········· 102
        20.2.2 项目生命周期中的冲突强度 ··········· 106
    20.3 项目冲突的解决 ··········· 108
        20.3.1 回避或撤出 ··········· 108
        20.3.2 竞争或逼迫 ··········· 108
        20.3.3 缓和或调停 ··········· 109
        20.3.4 妥协 ··········· 109
        20.3.5 正视 ··········· 109
    20.4 冲突管理案例 ··········· 111

20.4.1 案例背景 ... *111*
　　20.4.2 案例分析 ... *111*

第 21 章　项目风险管理 ... *114*
本章要点 ... *114*
21.1　项目风险管理概述 ... *114*
　　21.1.1 项目风险的概念 ... *114*
　　21.1.2 项目风险的主要特征 ... *117*
　　21.1.3 项目风险的主要来源 ... *117*
　　21.1.4 项目风险管理 ... *118*
21.2　项目风险管理规划 ... *120*
　　21.2.1 风险管理规划的概念 ... *120*
　　21.2.2 风险管理规划的依据 ... *121*
　　21.2.3 风险管理规划的方法 ... *121*
　　21.2.4 风险管理规划的结果 ... *121*
21.3　项目风险识别 ... *122*
　　21.3.1 风险识别的依据 ... *122*
　　21.3.2 风险识别的步骤 ... *123*
　　21.3.3 风险识别的方法 ... *125*
　　21.3.4 风险识别的结果 ... *129*
21.4　项目风险评估 ... *130*
　　21.4.1 风险评估的概念 ... *130*
　　21.4.2 风险评估的方法 ... *131*
　　21.4.3 风险量化的方法 ... *132*
　　21.4.4 风险评估的结果 ... *134*
21.5　项目风险应对 ... *134*
　　21.5.1 风险应对的依据 ... *134*
　　21.5.2 风险应对计划的主要工具和技术 ... *135*
　　21.5.3 风险应对的结果 ... *137*
21.6　项目风险监控 ... *138*
　　21.6.1 风险监控的概念 ... *138*
　　21.6.2 风险监控的依据 ... *138*
　　21.6.3 风险监控的主要工具和技术 ... *139*
　　21.6.4 风险监控的结果 ... *139*
21.7　风险管理案例 ... *139*

第 22 章　项目现场管理 ... *142*
本章要点 ... *142*
22.1　项目生产要素管理 ... *142*
　　22.1.1 生产要素管理概述 ... *142*
　　22.1.2 劳动力管理 ... *143*
　　22.1.3 材料与设备管理 ... *144*
　　22.1.4 资金管理 ... *149*

22.1.5 技术管理	151
22.2 项目 HSE 管理	152
22.2.1 项目职业健康安全（OHS）管理	152
22.2.2 项目环境管理	155
22.3 项目监理与监督	158
22.3.1 项目监理	158
22.3.2 项目监督	166
22.4 案例：某燃煤电厂建设项目安全管理	168

第六篇 项目组织与团队管理

第 23 章 企业项目管理	**173**
本章要点	173
23.1 企业项目管理	173
23.1.1 企业项目管理的概念	173
23.1.2 企业项目管理的实施与应用	174
23.2 多项目管理	179
23.2.1 多项目管理的概念	179
23.2.2 项目集群管理	179
23.2.3 项目组合管理	181
23.3 项目管理办公室	183
23.3.1 项目管理办公室的概念与分类	183
23.3.2 项目管理办公室的职能	184
23.3.3 项目管理办公室的建立与运行	185
23.4 企业项目管理体系建设	186
23.4.1 企业项目管理能力的提升	186
23.4.2 企业项目管理体系概述	187
23.4.3 企业项目管理体系建设	187
23.5 华为公司"以项目为中心"的项目化管理转变案例	190
23.5.1 "以项目为中心"的管理变革	191
23.5.2 "以项目为中心"的项目管理体系建设	191
23.5.3 "以项目为中心"转变落地	194
23.5.4 "以项目为中心"转变的经验教训	194
第 24 章 项目组织与团队管理	**196**
本章要点	196
24.1 组织的概念	196
24.1.1 组织的定义和形成过程	196
24.1.2 组织的特征	198
24.1.3 组织设计的一般原则	199
24.1.4 正式组织中的非正式组织	200
24.2 项目管理的组织形式	202
24.2.1 职能式组织形式	202

24.2.2 项目式组织形式	203
24.2.3 矩阵式组织形式	205
24.2.4 案例：解析 IBM 的矩阵组织结构	209
24.3 项目管理组织的设计	212
24.3.1 项目管理组织的规划	212
24.3.2 项目管理组织形式的选择	215
24.3.3 项目组织规划的成果	216
24.4 项目团队管理	217
24.4.1 项目团队的概念与角色	217
24.4.2 项目团队的组建	219
24.4.3 项目团队的发展阶段与领导风格	220
24.4.4 构建高效的项目团队	223
24.4.5 案例：如何组建高效的项目团队	224

第 25 章 项目人力资源管理

本章要点	226
25.1 项目人力资源配置	226
25.1.1 项目人力资源计划	226
25.1.2 项目人力资源获得与匹配	229
25.1.3 项目人力资源培训与调整	230
25.2 项目人力资源激励	231
25.2.1 激励理论	231
25.2.2 项目人力资源激励模式	233
25.2.3 案例：华为人力资源激励机制	235
25.3 项目人力资源绩效管理	236
25.3.1 项目人力资源绩效管理体系	236
25.3.2 项目人力资源绩效评估方法	238
25.3.4 案例：华为公司的绩效管理	241
25.4 项目人力资源薪酬管理	243
25.4.1 项目人力资源薪酬管理概念	243
25.4.2 影响项目薪酬分配的因素	244
25.4.3 项目的薪酬结构	244

第 26 章 项目经理

本章要点	246
26.1 项目经理概述	246
26.1.1 项目经理	246
26.1.2 项目经理负责制	247
26.2 项目经理的责任和权力	248
26.2.1 项目经理的责任	248
26.2.2 项目经理的职位描述	249
26.2.3 项目经理的权力	250
26.3 项目经理的素质和能力要求	251

    26.3.1 项目经理的素质要求 ··· 251
    26.3.2 项目经理的能力要求 ··· 252
    26.3.3 项目经理的特殊要求 ··· 254
    26.3.4 案例：项目经理团队管理的误区 ·· 254
  26.4 项目经理的挑选与培养 ·· 256
    26.4.1 项目经理的挑选 ··· 256
    26.4.2 项目经理的培养 ··· 259

第27章 组织项目管理模型 ·· 261
  本章要点 ··· 261
  27.1 组织项目管理能力模型（Delta） ·· 261
    27.1.1 Delta 含义 ·· 261
    27.1.2 Delta 模型内容 ·· 262
    27.1.3 实施 Delta 的目的 ·· 262
    27.1.4 IPMA Delta 认证评估等级 ··· 263
  27.2 组织项目管理能力基准（OCB） ··· 263
    27.2.1 OCB 概述 ··· 263
    27.2.2 OCB 受众及作用 ··· 264
    27.2.3 OCB 内容 ··· 264
  27.3 国际卓越项目管理基准（PEB） ·· 267
    27.3.1 常见的项目管理基准 ·· 267
    27.3.2 PEB 概述 ·· 268
    27.3.3 PEB 模型框架和内容 ·· 268
    27.3.4 PEB 模型的评价指标 ·· 268
    27.3.5 PEB 模型的项目管理评价标准 ··· 270
    27.3.6 PEB 模型的项目结果评价标准 ··· 271
  27.4 国际项目管理能力基准（ICB） ·· 271
    27.4.1 ICB 概述 ··· 271
    27.4.2 ICB 4.0 受众和用途 ··· 272
    27.4.3 ICB 4.0 的框架和结构 ·· 272
  27.5 组织项目管理成熟度模型 ·· 274
    27.5.1 项目管理成熟度模型 ·· 274
    27.5.2 PMI 的 OPM3 模型介绍 ·· 277

第七篇 案例应用与 IPMP 认证

第28章 成功项目管理的应用 ·· 283
  本章要点 ··· 283
  28.1 现代项目管理的应用特点 ··· 283
    28.1.1 传统项目管理应用的症结 ··· 283
    28.1.2 现代项目管理应用的特点 ··· 284
    28.1.3 项目管理应用中的问题 ··· 285
  28.2 应用项目管理的观念问题 ··· 287

28.2.1	项目管理的适用性	287
28.2.2	应用项目管理的观念	288
28.2.3	应用项目管理的关键原则	289

28.3 项目管理的综合应用案例 290
- 28.3.1 工作分解结构在项目范围管理中的应用 290
- 28.3.2 网络计划技术在进度计划编制中的应用 295
- 28.3.3 资源费用曲线在项目计划编制中的应用 298

第29章 IPMP认证核心环节介绍 306
本章要点 306

29.1 关于IPMP认证的申请 306
- 29.1.1 IPMP有效性最高的全球项目管理认证 306
- 29.1.2 IPMP认证的申请 307

29.2 IPMP认证评估与笔试考核 308
- 29.2.1 关于IPMP认证评估 308
- 29.2.2 关于IPMP笔试 309

29.3 关于IPMP案例讨论 310
- 29.3.1 案例讨论的考核形式 310
- 29.3.2 案例讨论流程 310
- 29.3.3 案例讨论的问题 311

29.4 关于IPMP项目管理报告 312
- 29.4.1 项目管理报告的撰写要求 312
- 29.4.2 报告撰写的参考目录 314
- 29.4.3 STAR方法应用指南 315

29.5 关于IPMP认证面试 317
- 29.5.1 IPMP面试 317
- 29.5.2 IPMP面试的方法 318

参考文献 320

第四篇

项目收尾与后评价

交付满足客户需求的项目产品是项目成功的前提,
系统总结项目实施经验是提升项目管理水平的基础!

第 15 章　项目收尾

本章要点

项目收尾阶段是项目管理全过程的最后阶段，包括竣工验收、结算、决算、回访保修、管理考核评价等方面的管理。本章主要介绍项目收尾的概念和主要内容；项目验收的范围与方法、标准和依据、组织和程序；项目质量验收的内容、验收方法以及质量验收的结果；文件验收的依据和结果；项目交接的范围依据、程序和结果、交接后的回访和保修以及项目清算的适用情况。此外，还对项目管理中涉及的费用估算和决算问题以及项目审计的任务和作用、范围和内容、程序和方法进行了介绍。

15.1　项目收尾

15.1.1　项目收尾概述

1. 项目收尾的概念

项目收尾（Project Closing）是项目管理过程的最后阶段。当项目的阶段目标或最终目标已经实现，或者项目的目标不可能实现时，项目就进入了收尾工作过程。只有通过项目收尾这个工作过程，项目才有可能正式投入使用，才有可能提供预定的产品或服务，项目利益相关者也才有可能终止他们为完成项目所承担的责任和义务，因而从项目中获益。但是，由于项目收尾是一项不但烦琐，而且费力费时的工作，很容易被人们忽略，因此，必须关注项目的收尾管理工作。一旦客户批准了项目团队提交的最终可交付成果，就可以开始项目收尾工作。

项目收尾阶段包括竣工收尾、验收、结算、决算、回访保修、管理考核评价等方面的管理工作。

2. 项目收尾管理工作的重要性

在实际项目管理中，项目管理收尾过程和工作往往不被大家重视。有时因为项目任务繁重，项目组为了按时完成任务忙于埋头赶工，或一大堆的问题急需解决，项目经理干脆就把该项工作给忽略了。

项目的收尾工作在项目执行期间是一个不断进行的过程，阶段管理收尾工作是使一个项目成功的重要管理手段，它和项目的其他工作和任务一样，应该纳入项目计划并按计划落实。阶段管理收尾工作的重要性主要体现在如下几个方面。

（1）阶段管理收尾是项目的重要评审点

项目经理如何评定自己手头项目当前的绩效呢？实际上，这一工作就是通过这些事先安排好的管理收尾工作，收集项目的最新信息和数据，并将这些数据与项目计划进行比较，来评定项目的绩效：进度是提前了还是落后了，费用是有节余还是超支了，质量是否符合要求，项目工作是否都是按计划在进行，客户是否对项目工作满意。同时，项目经理也是通过项目管理收尾来预测项目的完工绩效，及时发现项目存在或潜在的问题，以便尽早采取纠正措施。这就好比你正在和朋友一起快乐地长途旅行，每到一个城市，除了观光外，总会抽些时间看一下计划：走了哪些地方，还有哪些地方要去；时间是否来得及；已经用了多少钱，还剩多少钱，还要花多少钱；有没有经验和教训值得借鉴等。否则，走到哪算哪，不是因假期结束行程不得不半途而废，就是因中途"弹尽粮绝"而终止。

（2）阶段管理收尾是与客户进行沟通的好时机

一个阶段的项目工作完成后，与客户一起就前一段时间的工作进行总结是十分必要的。这既可以及时了解客户对项目工作的满意程度,又可以把有些因工作繁忙未能及时签署的文件尽可能找客户签字确认。否则,时间一长,可能找不到一个合适的客户来签这个字了。只有双方当时签字的文字记录才是最有用的东西。

(3) 阶段管理收尾是收集、整理、保存项目记录最好的时机

一个项目阶段的工作刚刚完成,项目成员手头都保留工作记录,收集起来是非常容易的。时间久了,有些项目成员可能去了其他项目组,有些可能离职了,到那时再去收集,有些记录可能就永远也找不到了。建议事先列一个项目记录存档清单,在项目每一个阶段有哪些工作记录需要收集、整理和保存,由谁提供,什么时候提供,文档记录格式和要求等,并告知相关项目成员。除了完成项目工作以外,向项目经理及时提供准确的工作记录也是一项非常重要的工作。有些要求移交给客户的文件、记录,项目经理最好要客户签收,同时一定要自己留好一份备案。好多项目历时几年的时间,现在的项目经理可能是第三任、第四任了,客户的工程主管可能换了好几位。这个时候靠什么,无非就是白纸黑字的记录了。一个称职的项目经理一定要为项目做好并保存好记录,如因工作需要不能把这个项目做完,一定要做好文件记录的移交工作。

(4) 阶段管理收尾为项目最终收尾提供最基本的数据

这一点是不言而喻的。只有阶段管理收尾提供的数据越真实、越准确,才能在项目最终收尾时客观评定项目的最终绩效,总结的经验教训才有借鉴的价值。

15.1.2 项目收尾的主要内容

项目收尾过程是实施项目管理计划中的项目收尾部分。对于多阶段项目而言,项目收尾过程是同给定阶段对应的那部分项目的范围和有关活动。这一过程包括最后了结所有项目管理过程组完成的所有活动,正式结束项目或项目阶段,移交已完成或取消的项目。项目收尾过程还建立某些程序,用以协调、核实项目可交付成果的各项活动并形成文件;协调并与顾客或赞助人联系与沟通,使其正式验收这些可交付成果,并调查在项目未能完成就终止时采取行动的理由并将其形成文件。

项目收尾的主要核心内容包括管理收尾和合同收尾。

1. 管理收尾

管理收尾是指为了使项目利益相关者对项目产品的验收正式化而进行的项目成果验证和归档,具体包括收集项目记录、确保产品满足商业需求、并将项目信息归档和项目审计。

项目验收要核查项目计划规定范围内的各项工作或活动是否经已全部完成,可交付成果是否令人满意,并将核查结果记录在验收文件中。如果项目没有全部完成而提前结束,则应查明有哪些工作已经完成,完成到了什么程度,哪些工作没有完成并将核查结果记录在案,形成文件。

项目审计是正式评审项目进展和成果的一个好方法。项目审计的目的是明确完成的项目实现了哪些收益,实际成果和计划中的预计成果相比有哪些差异。

管理收尾对降低软件项目失败率有重大的意义。为什么会失败?有什么地方可以改进?获得了什么经验?一系列的问题应进行分析,这些是可迭代复用的资源,就好像软件中的构件一样,总结得越多,资源就越丰富,能形成适合软件企业自身成熟的管理模式,造就管理的本地化和渐近式复用,降低软件项目管理风险和管理成本。

2. 合同收尾

合同收尾就是了结合同并结清账目,包括解决所有尚未了结的事项。合同收尾需要对整个采购过程进行系统地审查,找出进行本项目其他产品或本组织内其他项目采购时值得借鉴的成功和失败之处。

合同收尾往往是项目经理最为头痛的事情。在理想的情况下,既要使客户和用户对产品满意,又要使公司顺利地收到项目资金,造就一个"双赢"的局面。项目先天就有很多不确定因素,比如,进

行采购的市场人员并不清楚项目的具体实现细节和难度,用户需求不明确、不断变更等。诸多因素最终都要在合同收尾之前被解决。

15.2 项目验收

项目验收又称为范围确认或移交,是指项目结束或项目阶段结束时,项目团队将其成果交付给使用者之前,项目接受方会同项目团队、项目监理等有关方对项目的工作成果进行审查,核查项目计划规定范围内的各项工作或活动是否已经完成,应交付的成果是否令人满意。若检查合格,将项目成果由项目接收方及时接收,实现投资转入生产或使用。同时,总结经验教训,为后续项目作准备。

对提前结束的项目或非正常结束的项目,通过验收查明哪些工作已经完成、完成到什么程度,哪些原因造成项目不能正常结束,并将核查结果记录在案,形成文件。

15.2.1 项目验收的范围及方法

1. 项目验收的范围

项目验收的范围是指项目验收的对象中所包含的内容和方面,即在项目验收时,对哪些子项进行验收和对项目的哪些方面、哪些内容进行验收。

从项目层次来看,原则上一切完整的子项或单元都应列入项目验收的范围。根据项目的业主方和性质的不同,验收的形式有所不同。但所有列入固定资产投资计划的建设项目或单项工程,只要已按国家批准的设计文件所规定的内容建成,或工业投资项目经负荷试车考核,试生产期间能够正常生产出合格产品,或非工业投资项目符合设计要求,能够正常使用的,不论是属于哪种建设性质,都应及时组织验收,办理固定资产移交。

从项目验收的内容划分,项目验收范围通常包括工程质量验收和文件资料验收。

2. 项目验收的方法

项目验收应根据项目的特点不同,灵活采用不同的方法。在实际验收中,采用观测的方法非常普遍。对于生产性项目,可采用试生产的方法,检验生产设备是否能达到设计要求;对于系统开发项目,可采用试运行的方式,检验项目成果的性能;对 R&D 项目,可通过测试成果的各项物理、化学、生化等性能指标来检验;对服务性项目,一般通过考核其经济效益或社会效益来验收。为了核查项目或项目阶段是否已按规定完成,验收往往需要进行测量、考察和试验等必要的活动。

15.2.2 项目验收的标准及依据

1. 项目验收的一般标准

项目验收标准是判断项目成果是否达到目标要求的依据,因而应具有科学性和权威性。只有制定科学的标准,才能有效地验收项目结果。作为项目验收的标准,一般选用项目合同书、国家标准、行业标准和相关的政策法规、国际惯例等。

项目合同书规定了在项目实施过程中各项工作应遵守的标准、项目要达到的目标、项目成果的形式以及对项目成果的要求等,它是项目实施管理、跟踪与控制的首要依据,具有法律效力。因此,在对项目进行验收时,最基本的标准就是项目合同书。

国家标准、行业标准和相关的政策法规是比较科学的、被普遍接受的标准。项目验收时,如无特殊的规定,可参照国家标准、行业标准、地方性标准、企业标准以及相关的政策法规进行验收。

国际惯例是针对一些常识性的内容而言的,如无特殊说明,可参照国际惯例进行验收。

2. 投资建设项目竣工验收的一般标准

进行投资建设项目验收时,由于建设项目所在行业不同,验收标准也不完全相同。一般情况下必须符合以下要求方可认为符合标准:

1)生产性项目和辅助性公用设施,已按设计要求完成,能满足生产使用。
2)主要工艺设备配套设施经联动负荷试车合格,形成生产能力,能够生产出设计文件所规定的产品。
3)必要的生活设施,已按设计要求及规定的质量标准建成。
4)生产准备工作能适应投产的需要。
5)环境保护设施、劳动安全卫生设施、消防设施已按设计要求与主体工程同时建成使用。

有的投资建设项目(工程)基本符合竣工验收标准,只是零星土建工程和少数非主要设备未按设计规定的内容全部建成,但不影响正常生产,也应办理竣工验收手续。对剩余工程,应按设计留足投资,限期完成。

若投资建设项目或单项工程已形成部分生产能力,或部分工程已经投入生产中使用,近期不能按原定规模续建的,应从实际情况出发缩小规模,报主管部门(公司)批准后,对已完成的工程和设备,应尽快组织验收,移交固定资产。

国外引进设备项目,须按照合同规定,在完成负荷调试、设备考核合格后,进行竣工验收。其他类型项目在验收前是否需要安排试生产阶段,可按照各个行业的规定执行。

按照我国有关规定,已具备竣工验收条件的项目(工程),在规定的期限内不办理验收投产和移交固定资产手续的,取消企业和主管部门(或地方)的基建试车收入分成,由银行监督全部上缴财政。如在规定期限内办理竣工验收确有困难,经验收主管部门批准,可以适当延长期限。

生产性投资项目,如工业项目、一般土建工程、安装工程、人防工程、管道工程、通信工程等,其施工和竣工验收,必须按国家批准的《中华人民共和国国家标准××工程施工及验收规范》和主管部门批准的《中华人民共和国行业标准××工程施工及验收规范》执行。

3. 项目验收的依据

在对项目进行验收时,主要依据项目的工作成果和成果文档。工作成果是项目实施后的结果,项目结束应当提供出一个令人满意的工作成果。因此,项目验收重点是针对工作成果进行检验和接收。工作成果验收合格,项目实施才可能最终完结。同时在进行项目验收时,项目团队必须向接受方出示说明项目(或项目阶段)成果的文档,如项目计划、技术要求说明书、技术文件、图样等,以供审查。对不同类型的项目,成果文档包含的文件不同。

15.2.3 项目验收的组织和程序

1. 项目验收的组织

项目验收的组织是指进行对项目成果验收的组成人员及其组成。一般由项目接收方、项目团队和项目监理人员构成。但由于项目性质的不同,项目验收的组织构成差异较大。对一般小型服务性项目,由项目接收人员验收即可;对内部项目,甚至仅由项目经理就可验收。

投资建设项目的竣工验收组织,按原国家计委、建委关于《建设项目(工程)竣工验收办法》的规定组成。大中型和限额以上基本建设和技术改造项目(工程),由原国家计委或由原国家计委委托项目主管部门、地方政府部门组织验收。小型和限额以下基本建设和技术改造项目(工程),由项目(工程)主管部门或地方政府部门组织验收。竣工验收要根据工程规模大小、复杂程度组成验收委员会或验收组。验收委员会或验收组,应由投资方以及银行、环保、劳动、消防和其他有关部门人员组成。接管单位、施工单位、勘察设计单位参加验收工作。

2. 项目验收的程序

项目验收依据项目的大小、性质、特点的不同，其程序也不尽相同。对大型建设项目而言，由于验收环节较多、内容繁杂，因而验收的程序也相对复杂。对一般程序设计、软件开发或咨询等小项目，验收也相对简单一些。但项目验收一般应由下面这些过程组成。

（1）前期准备工作

1）做好项目的收尾工作。当项目接近尾声时，大量复杂的工作已经完成，但还有部分剩余工作需要细致耐心处理。一般情况下，遗留的工作大多是分散、零星、工作量小的棘手工作。这些工作看似较轻，如果处理不好，将直接影响项目的进行。同时，临近项目的结束，项目团队成员通常有松懈的心理，对项目工作的热情不如项目开始时高涨。这就要求项目负责人把握全局，正确处理好团队成员的工作情绪，保质保量地将收尾工作做好，做到善始善终。

2）准备项目验收材料。项目验收的重要依据之一是项目的成果材料，因而项目团队在项目的实施过程中，就应不间断地做好各种项目文件的收集工作，编制必要的图样、说明书、合格验收证、测试材料（包括相关的论文、研究报告等）。当项目准备验收时，再将分阶段、分部分的材料汇总、整理、装订入档，形成一整套完整的验收材料。准备一套清新、完整、客观的项目材料是项目验收的前提，也是顺利通过项目验收的必要保证。

3）自检。项目负责人应组织项目团队，在项目成果交付验收之前，进行必要的自检自查工作，找出问题和漏洞，尽快解决。

4）提出验收申请，报送验收材料。项目自检合格后，项目团队应向项目接受方提交申请验收的请求报告，并同时附送验收的相关材料，以备项目接受方组织人员进行验收。

（2）验收方应做好验收工作

1）组成验收工作组或验收委员会。项目业主（接受方）应会同项目监理人员、政府相关人员，如有必要还可吸收注册会计师、律师、审计师、行业专家等人员，组成验收工作组或验收委员会。项目验收班子成员应坚持公正、公平、科学、客观、负责的态度对项目进行全面验收。

2）项目材料验收。项目验收班子对项目团队送交的验收材料进行审查，如有缺项、不全、不合格的材料立即通知项目团队，令其限期补交，以保证项目验收的顺利进行。

3）现场（实物）初步验收。项目验收班子根据项目团队送交的验收申请报告，可组织人员对项目成果现场或项目成果进行初步检查，对项目成果大体上有个把握。如果检查发现不符合项目目标要求，应通知项目团队尽快整改。

4）正式验收。项目验收班子在对项目验收材料和项目初审合格的基础上，组织人员对项目进行全面、细致的正式验收。正式验收还可依据项目的特点，实行单项工程验收、整体工程验收或部分验收、全面验收等。如果验收合格，签署验收报告；如果验收不合格，通知项目团队进行整改后再验收。若在验收中发现较严重的问题，双方难以协商解决，可诉之法律。

5）签发项目验收合格文件。对验收合格的项目，项目验收班子签发项目验收合格文件。这标志项目团队的工作圆满结束，项目由接收方使用，投入到下一阶段的生产运营。

6）办理固定资产形成和增列手续。对于投资性项目，当项目验收合格后，应立即办理项目移交，对固定资产的形成和增列办理固定资产手续。项目验收的程序如图 15-1 所示。

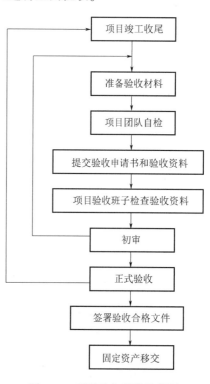

图 15-1 项目验收程序示意图

15.3 项目质量验收

项目质量永远是考察和评价项目成功与否的重要方面。一个项目的最终目的是满足客户的需求,这种需求是以质量保证为前提的。特别是对于投资的基本建设项目,保证质量更有十分重要的意义。必须从项目计划、项目控制、项目验收等环节严把质量关。工程质量验收尤为关键,只有搞好质量验收,项目才能圆满移交。

15.3.1 项目质量验收的范围

项目质量验收的范围包括:项目概念阶段的质量验收、项目规划阶段的质量验收、项目实施阶段的质量验收、项目竣工阶段的质量验收。

1. 项目概念阶段的质量验收

概念阶段是项目整个生命周期的起始阶段,这一阶段的工作好坏直接影响到项目后期的实施结果。同时,项目概念阶段的质量目标决策是项目规划、设计阶段质量验收范围与标准设计的依据和前提。

概念阶段各项工作的主要目的是确定项目的可行性,对项目所涉及的领域、总投资、投资的效益、技术可行性、环境情况、融资措施、社会效益等进行全方位的评估,从而明确项目在技术上、经济上的可行性和项目的投资价值。这一阶段的主要工作包括:一般机会研究、特定项目机会研究、方案策划、初步可行性研究、详细可行性研究、项目评估及商业计划书的编写等。

项目概念阶段的质量验收是整个项目质量验收的开端,可以说是对项目是否具有可行性的把关。这一阶段的质量验收主要是检查项目进行可行性研究和机会研究时,是否收集到足够多和准确的信息,使用的方法是否合理,项目评估是否科学,评估的内容是否全面;是否考虑了项目的进度、成本与质量三者之间的制约关系;对客户的需求是否有科学、可行、量化的描述;对项目的质量目标与要求是否做出整体性、原则性的规定和决策。

项目概念阶段的工作质量关系到项目判断是否科学和真实,是决定项目能否继续进行的关键,因而,这一阶段的质量验收非常重要。质量验收工作做得好,就为项目的实施把好关、开好头,否则,有可能使一个不可行的项目投资建设,造成资源浪费,形成进退两难的"半截子工程",也有可能使一个非常好的项目错过发展的时机。因此,对项目概念阶段的质量验收要给予足够的重视。

2. 项目规划阶段的质量验收

规划阶段作为项目实施的前期准备阶段,是对项目的实施过程进行全面、系统的描述和安排。规划阶段的主要工作包括:项目背景描述、目标确定、范围规划、范围定义、工作分解、关系排序、工作延续时间估计、进度安排、资源计划、费用估计、费用预算、质量计划及质量保证等。

这一阶段的质量验收主要检验设计文件的质量,应对以下工作逐件进行检验:

1) 检验项目目标定位是否准确。
2) 目标描述是否清晰。
3) 范围规划是否全面,使用的工具和技术是否科学。
4) 工作分解是否细致,使用的方法和工具是否科学,结果能否达到目的。
5) 工作排序是否符合逻辑性和最优化思想,工具和方法是否科学。
6) 工作延续时间估计是否准确,考虑影响工作延续的可能因素是否全面。
7) 进度安排是否合理,使用的方法和工具是否科学,是否考虑到资源的相互制约。
8) 资源计划涉及的内容是否考虑全面,费用估计的依据是否可信,使用的方法和工具是否科学。

9) 费用预算是否精确，系数选择是否合理。

10) 质量计划是如何安排的，质量计划的标准和规划是否实际可行，制约质量计划的方法和技术是否科学。

11) 质量保证是否完善，是否切实可行，质量保证的依据是否真实，使用的工具和方法是否科学等。

此外，在这一阶段要检验项目的全部质量标准及验收依据是否完成。因为规划阶段的质量验收也是对质量验收评定标准与依据的合理性、完备性和可操作性的检验。

项目规划阶段质量验收的标准与依据是根据概念阶段决策的质量目标进行分解，在相应的设计文件上指出达到质量目标的途径和方法。

由于项目规划阶段已经对项目的具体实施方案、项目的预期成果有了一个较明确的计划，因而，这一阶段在规划中，必须指明项目竣工验收时质量验收评定的范围、标准与依据以及质量事故处理程序和奖惩措施等。项目规划阶段给出的质量验收范围与适用标准是项目实施阶段每个工序实体质量控制和评定的依据。

3. 项目实施阶段质量验收

项目实施阶段是项目质量管理、质量控制的具体执行，它占据了项目生命周期的大部分时间，涉及的工作内容最多、时间最长，耗费大量资源，是项目能否取得成功的关键所在。项目实施阶段的质量验收要根据范围规划、工作分解和质量规划对每一道工序进行单个评定和验收。

项目实施阶段的主要管理工作包括：采购规划、招标采购的实施、合同管理基础、合同履行和收尾、实施计划、安全计划、项目进展报告、进度控制、费用控制、质量控制、安全控制、范围变更控制、生产要素管理及现场管理与环境保护等。项目实施阶段的验收既要对上述主要工作的过程进行检验，又要对工作结果进行验收。

项目实施阶段，对单个工序依据规划阶段对质量验收评定的标准、范围和依据进行验收，对验收结果进行汇总、统计，形成上级工序的质量结果（合格率或优良率），以检验项目质量的等级，依此类推，最终形成全部项目质量的验收结果。

如上所述，项目实施阶段质量验收的标准和依据是项目规划阶段制定的质量评定的范围、标准与依据。

4. 项目收尾阶段的质量验收

项目收尾阶段是整个项目生命周期的最后阶段，是项目质量的最后把关，它关系到项目能否顺利交接进入正常使用阶段。这个时期的质量验收如果不严格检验，将有可能使不合格的成果进入到后期使用中，造成许多麻烦和不良影响，因而这一阶段的质量验收，无论对项目团队还是对项目接受方都非常重要。

对于大型、复杂项目的质量验收，可采用对项目实施阶段中每个工序的质量验收结果进行汇总、统计、澄清，得出项目最终的、整体的质量验收结果；对于比较简单的项目和特殊要求的项目（如系统软件等），收尾阶段的质量验收要依据验收标准，彻底进行检验，以保证项目的质量。

收尾阶段的质量验收要以项目规划阶段制定的"项目竣工质量验收评定的范围、标准与依据"为准。

收尾阶段项目验收的结果将产生质量验收评定报告。

15.3.2 项目质量验收的方法

项目质量验收的方法依据项目阶段的不同、项目类型的不同而不同，如在项目概念、规划等阶段，项目质量验收多采用审阅的方法，主要是对项目的文件进行审阅。对于一般项目通常采用文件审阅、实物观测、性能测试或进行特殊实验等方法。对于大型投资建设项目，除采用一般项目的验收方法外，还要进行试生产等验收。

15.3.3 项目质量验收的结果

项目质量验收的结果一般包括：质量验收评定报告和项目技术资料。

项目质量验收评定报告主要内容包括：详细评定项目各组成部分的质量等级；工程质量等级应按分部工程、单位工程、合同段、建设项目逐级进行评定；分部工程质量等级分为合格、不合格，单位工程、合同段、建设项目工程质量等级分为优良、合格、不合格 3 个等级；综合项目不同时期的质量检验结果；对项目质量作出最终的评价；对于验收不合格的项目，指出问题所在，限定达标的期限及组织再验收的规定。

在项目的不同阶段验收中，都形成验收评定报告，这些报告详实地记录了项目进程中各时期的工作状况，将这些资料汇总，形成相应的验收技术资料。这些技术资料既是前期工作的记录，也是后期工作评定的依据，是项目资料的重要组成内容。对项目技术资料，要按《技术档案法》妥善保管，以备在项目引进、项目评估和项目后评价中查阅使用。同时，这些技术资料也可以为将来新项目提供有价值的参考。

15.4 项目文件验收

项目文件（或称资料）是项目整个生命周期的详细记录，是项目成果的重要展示形式。项目文件既是项目评价和验收的标准，也是项目交接、维护和后评价的重要原始凭证，在项目验收工作中起着十分重要的作用。文件验收是指交验方将整理好的、真实的项目资料交给接收方，并进行确认和验收的过程。

15.4.1 项目文件验收的范围与内容

项目的不同阶段，形成文件的范围与内容也不同。

（1）项目概念阶段

项目概念阶段应验收、移交、归档的资料主要有：

1）项目机会研究报告及相关附件。
2）项目初步可行性研究报告及相关附件。
3）项目详细可行性研究报告及相关附件。
4）项目方案及论证报告。
5）项目评估与决策报告。

（2）项目规划阶段

项目规划阶段应验收、移交、归档的文件主要有：

1）项目背景概况。
2）项目目标文件。
3）项目范围规划说明书（包括项目成果简要描述、可交付成果清单）。
4）项目范围管理计划。
5）项目工作结构分解图。
6）项目计划资料（包括完整的项目进度计划、质量计划、费用计划和资源计划）。

(3) 项目实施阶段

项目实施阶段应验收、移交、归档的文件主要有：
1) 全部项目的采购计划及工程说明。
2) 全部项目采购合同的招标书和投标书（含未中标的标书）。
3) 全部合格供应商资料。
4) 完整的合同文件。
5) 全部合同变更文件、现场签证和设计变更等。
6) 项目实施计划、项目安全计划等。
7) 完整的项目进度报告。
8) 项目质量记录、会议记录、备忘录、各种通知等。
9) 进度、质量、费用、安全、范围等变更控制申请及签证。
10) 现场环境报告。
11) 质量事故、安全事故调查资料和处理报告等。
12) 第三方所做的各类试验、检验证明、报告等。

(4) 项目收尾阶段

项目收尾阶段应验收、移交、归档的文件主要有：
1) 项目竣工图。
2) 项目竣工报告。
3) 项目质量验收报告。
4) 项目后评价资料。
5) 项目审计报告。
6) 项目交接报告。

15.4.2 项目文件验收的依据与程序

1. 项目文件验收的依据

项目文件验收的依据主要为：合同中有关资料的条款要求，国家关于项目资料档案的法规、政策性规定和要求，国际惯例等。

2. 项目文件验收的程序

项目团队依据项目进行的不同时期，按合同条款有关资料验收的范围及清单，准备完整的项目文件。文件准备完毕后，由项目经理组织项目团队组织自检和预验收。合格后将文件装订成册，按文档管理方式妥善保管，并送交项目验收方进行验收。

项目验收班子在收到项目团队送交的验收申请和所有相关的项目文件后，应组织人员按合同资料清单或档案法规的要求，对项目文件进行验收、清点。对验收合格的项目文件立卷、归档；对验收不合格或有缺损的文件，通知项目团队采取措施进行修改或补充。只有项目文件验收完全合格，才能进行项目的整体验收。

当所有的项目文件全部验收合格时，项目团队与项目接收方对项目文件验收报告进行确认和签证，形成项目文件验收结果。

15.4.3 项目文件验收的结果

项目文件验收结果一般包括项目文件档案和项目文件验收报告。

项目文件档案既是项目文件的卷宗,也是项目文件的结果。一套完整的项目文件档案,就是一个项目的历史。

项目文件验收报告表明了对项目文件质量的客观评价,同时也构成了项目验收的主要内容。对于某些咨询类、策划类的项目,项目文件验收就是项目的成果验收,因而合格的项目文件验收结果非常重要。

15.5 项目交接或清算

15.5.1 项目交接的概念

项目交接是指全部合同收尾后,在政府项目监管部门或社会第三方中介组织协助下,项目业主与全部项目参与方之间进行项目所有权移交的过程。

项目能否顺利移交取决于项目是否顺利通过了竣工验收。在项目收尾阶段,主要工作由项目竣工、竣工验收和项目交接组成。三者之间紧密联系,但三者又是不同的概念和过程。项目竣工是对项目团队而言的,它表示:

1)项目团队按合同完成了任务。
2)项目团队组织人员对项目的有关质量和资料等内容进行了自检。
3)项目的工期、进度、质量、费用等均已满足合同的要求。

项目竣工验收是指项目团队与项目承接方、项目监理和与项目有关的人员组成的验收班子,对竣工的项目进行验收,是项目验收班子对项目的检查过程。只有当项目质量和资料等项目成果完全符合项目验收标准,达到要求,才能通过验收。当项目通过验收后,项目团队将项目成果的所有权交给项目接收方,这个过程就是项目的交接。项目交接完毕,项目接收方有责任对整个项目进行管理,有权力对项目成果进行使用。这时,项目团队与项目业主的项目合同关系基本结束,项目团队的任务转入对项目的保修阶段。

由此可见,项目竣工验收是项目交接的前提,交接是项目收尾最后的工作内容,是项目管理的完结。项目竣工、项目竣工验收与项目交接三者的关系如图15-2所示。

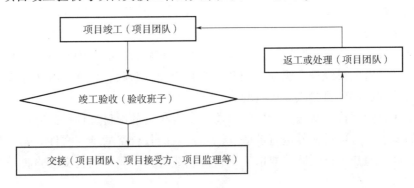

图 15-2 项目竣工、验收、交接关系图

15.5.2 项目交接的范围与依据

对于不同行业,不同类型的项目,国家或相应的行业主管部门出台了各类项目交接的规程或规范。

下面将以投资建设项目为主，依据不同的投资主体，分别就个人投资项目、企（事）业投资项目和国家投资项目的交接范围与依据进行讨论。

1. 个人投资项目的交接范围与依据

对于个人投资项目（如外商投资的项目），一旦验收完毕，应由项目团队与项目业主按合同进行移交。移交的范围为：合同规定的项目成果、完整的项目文件、项目合格证书、项目产权证书等。

2. 企（事）业投资项目的交接范围与依据

对于企（事）业单位投资项目，如企（事）业利用自有资金进行的技术改造项目，企（事）业为项目业主，应由企（事）业的法人代表出面代表项目业主进行项目交接。移交的依据是项目合同。移交的范围为：合同规定的项目成果、完整的项目文件、项目合格证书、项目产权证书等。

3. 国家投资项目的交接范围与依据

对于国家投资项目，投资主体是国家，是通过国有资产的代表实施投资行为。一般来说，中小型项目是由地方政府的某个部门担任业主，如业主可能是某城市的建委、城建局或其他单位；大型项目通常是委托地方政府的某个部门担任建设单位（项目业主）的角色，但建成后的所有权属于国家（中央）。国家投资项目建成后，项目的使用者（业主）与项目的所有者（国家）并非一体，因而竣工验收和移交要分两个层次进行：

（1）项目团队向项目业主进行项目验收和移交

一般是项目竣工并通过项目验收班子的竣工验收之后，由监理工程师协助项目团队向项目业主进行项目所有权的交接。

（2）项目业主向国家进行的验收与交接

由国家有关部委组成验收工作小组，在项目竣工验收试运行 1 年左右时间后进驻项目现场，在全面检查项目的质量、档案、环保、财务、预算、安全及项目实际运行的性能指标、参数等情况之后，进行项目交接手续。交接在项目法人与国家有关部委或国有资产授权代表之间进行。

15.5.3　项目交接的程序及结果

工程项目经竣工验收合格后便可办理工程交接手续，即将项目的所有权移交给建设单位。项目的移交包括项目实体移交和项目文件移交两部分。以工程项目移交为例，移交的内容如下：

1）工程实体移交，即建（构）筑物实体和工程项目内所包括的各种设备实体的交接。工程实体移交的繁简程度因工程项目承发包模式的不同及工程项目本身的具体情况不同而不同。在工业建筑工程项目中，一些设备还带有备品和安装调试用的专用工机具，在实施单位负责设备订货和交接工作时，凡是合同上规定属于用户在生产过程中使用的备品备件及专用工机具，均应由项目团队向项目接受方移交。

2）工程技术档案文件移交。移交时，要编制工程档案资料移交清单，详见表15-1。项目团队和业主按清单查阅清楚并认可后，双方在移交清单上签字盖章。移交清单一式两份，双方各自保存一份，以备查对。

3）在办理工程项目交接前，项目团队要编制竣工结算书，以此作为向项目业主结算最终拨付的工程价款的依据。竣工结算书通过监理工程师审核、确认并签证后，通知银行与项目团队办理工程价款的拨付手续。

4）当项目的实体移交、文件资料移交和项目款项结清后，项目移交方和项目接收方将在项目移交报告上签字，形成项目交接报告。项目交接报告即构成项目交接的结果。

表 15-1　工程档案资料移交清单

编号	专业	档案资料内容	人员数	备注
（项目团队）签章 经办人：		（接收单位）签章 接收人：		说明：

15.5.4　项目交接后的回访与保修

1. 回访的目的和意义

项目验收、交接后，按采购合同的条款要求和国家有关规定，在预约的期限内，由项目经理部组织原项目人员主动对交付使用的竣工项目进行回访，听取项目业主对项目质量、功能的意见和建议。一方面，对项目运行中出现的质量问题，在项目质量回访报告中进行登记，及时采取措施加以解决；另一方面，对于项目实施过程中采用的新思想、新工艺、新材料、新技术、新设备等，经运行证明其性能和效果达到预期目标的，要予以总结、确认，为进一步完善、推广积累数据创造条件。

项目回访与保修的意义在于：

1）有利于项目团队重视管理，增强责任心，保证工程质量，不留隐患，树立向用户提供优质工程的良好作风。

2）有利于及时听取用户意见，发现问题，找到工程质量的薄弱环节，不断改进工艺，总结经验，提高项目管理水平。

3）有利于加强项目团队同用户的联系和沟通，增强项目用户对项目团队的信任感，提高项目团队的信誉。

2. 项目回访的方式

项目移交后，项目团队应定期向用户进行回访，特别是在保修期内至少应回访一次。例如保修期为一年时，可在半年左右进行第一次回访，一年到期时进行第二次回访，并填写回访卡。

对不同的项目，回访的方式不同。以常见的工程项目为例，回访的方式一般有 3 种：一是季节性回访。大多数是雨季回访屋面、墙面的防水情况，冬季回访锅炉房及采暖系统的情况。发现问题后应采取有效措施，及时加以解决。二是技术性的回访。主要是了解在工程施工过程中所采用的新材料、新技术、新工艺、新设备等的技术性能和使用后的效果。发现问题后应及时加以补救和解决，同时便于总结经验，获取科学依据，不断改进与完善，并为进一步推广创造条件。这种回访既可定期进行，也可以不定期进行。三是保修期满前的回访。这种回访一般是在保修届满之前进行回访，既可以解决出现的问题，同时也标志着保修期即将结束，提示建设单位注意建筑的维护和使用。

回访可采取项目团队人员到现场查询的方法，观察建筑物的状况和机器运转情况；也可采用召集有关人员开座谈会的方法，听取各方面对项目的意见。回访时，态度必须认真，能够真正了解问题并给予满意的答复，并作详细的回访记录，写出回访纪要作为技术档案归档。

3. 项目保修

项目合同中一般都规定缺陷保修期，并对这段时间内所发生的质量问题以合同条款的形式规定出预先处理方式，项目团队可以按照合同要求进行保修。

在保修期内，用户发现问题后一般有如下处理方法：

1）确因项目团队施工质量原因造成的问题，应由项目团队无偿进行保修。

2）如因设计原因造成使用问题，则可由用户提出修改方案或由原设计单位提出修改方案，经用户向项目团队提出委托，进行处理或返修，费用原则上由用户负担。

3）如因用户在使用后有新的要求或用户使用不当需进行局部处理和返修时，由双方另行协商解决；如由原项目团队进行处理或施工时，费用由用户负担。

4）对无法协商解决的项目质量及其他问题，可请法律部门调解，也可提交有关仲裁部门仲裁解决。

项目保修要有保修记录，作为项目团队技术资料之一，归入技术档案，以备日后查阅。

15.5.5 项目清算

在项目结尾阶段，如果项目达到预期的成果，即为正常的项目竣工、验收、移交过程。如果项目没有达到预期的效果，并且由于种种原因已不能达到预期的效果，这时项目已没有可能或没有必要进行下去，就此终止项目。这时，项目的收尾就是清算，项目清算是非正常的项目终止过程。

1. 项目清算的条件

项目是否进行清算是要依据一定条件来判定的，如果项目存在下列情况（但不仅限于下列情况）之一，应果断进行清算：

1）项目决策失误。由于在项目概念阶段工作有误，如可行性研究报告依据的信息不准确、市场预测失误、重要的经济预测有偏差等原因造成项目决策失误，其结果必然导致项目失败，因此必须及时清算。

2）项目规划、设计中出现重大技术方向错误，造成项目的计划不可能实现，这种情况也要进行清算。

3）项目实施过程中出现重大质量事故并且不可挽回，项目如果继续进行，从经济上权衡不划算，从社会效益上衡量也无价值。这时，只有立即进行清算才是明智的选择。

4）项目虽然顺利进行了交接，但在项目试运行过程中发现项目的技术性能指标或经济效益无法达到项目概念设计的目标，项目的经济或社会价值无法实现，即项目的后评价中对该项目从技术、经济和社会效益几个方面评价不合格，则必须进行项目清算。

5）因为资金无法近期到位，并且无法确定可能到位的具体期限，出现"烂尾项目"。这种因受资金制约的项目有时只能进行清算。

6）由于制约项目运行的相关新政策（如环保政策）的出台，项目的继续进行已无可能，必须进行清算。

7）其他不可预见因素造成项目清算。

项目清算是项目业主和项目团队都不希望出现的事件，但是依据具体情况及时、果断地进行项目清算无论是对业主还是对项目团队都是必要的。对于项目业主来说，如果出现项目不能顺利进行的情况，以"壮士断腕"的勇气果断地进行项目清算，是最大限度减少损失的唯一方法和途径。对于项目团队来说，在回天无力的情况下，促使项目业主尽快清算，可减轻对项目承担的责任，是尽快开展新项目的有利举措。对于国家来说，当项目无意义时，尽快清算、结束项目，可减少对资源的占用和浪费。因而，对不能成功结束的项目，要根据情况尽快进行清算。

2. 项目清算的程序

项目清算的组织与项目竣工不同，是由项目业主召集项目团队及其相关人员组成清算班子执行清算。

项目清算主要以合同为依据。在清算时，按照合同的有关条款，确定相应的责任和损失。

项目清算的程序如下：

1）由业主召集项目团队、工程监理等相关人员组成项目清算小组。

2）项目清算小组对项目进行的现状及已完成的部分依据合同逐条进行检查。对项目已经进行的并且符合合同要求的，免除相关部门和人员的责任；对项目中不符合合同目标的并有可能造成项目失败的工作，依合同条款进行责任确认、损失估算、索赔方案拟定等事宜的协商。

3）找出造成项目流产的所有原因，总结经验。

4）明确责任，确定损失，协商索赔方案，形成项目清算报告，合同各方在清算报告上签证，使之生效。

5）协商不成则按合同的约定提起仲裁，或直接向项目所在地的人民法院提起诉讼。

项目清算对于有效地结束不可能成功的项目、保证国家资源得到合理使用、增强社会的法律意识都具有重要作用。因此，项目各方要树立依据项目实际情况、实事求是地对待项目成果的观念，如果确定要清算，就应及时、客观地进行。

15.6 项目费用结算与决算

15.6.1 项目费用结算

1. 项目费用结算的概念

项目费用结算是指承包商在工程实施工程中，依据承包合同中关于支付条款的规定和已经完成的工程量，并按照规定的程序向业主收取工程价款的一项经济活动。项目费用结算是施工阶段工程造价控制的主要内容，而施工结算工程造价的控制是实现总体控制目标的最后阶段，它的控制效果决定了总体的控制效果。

2. 项目费用结算的作用

工程价款结算是工程项目承包中一项十分重要的工作，其主要作用表现在以下几个方面：

1）通过项目费用结算，可以确定承包人的货币收入，及时补充生产过程中的资金消耗。

2）项目费用结算是统计承包人完成生产计划和业主完成建设投资任务的依据。

3）竣工结算时承包人完成该工程项目的总货币收入，是承包人内部编制工程决算、进行成本核算、确定工程实际成本的重要依据。

4）竣工结算是建设单位编制竣工决算的主要依据。

5）竣工结算的完成，是承包人和发包人双方承担的合同义务和经济责任约束的标志之一。

3. 项目费用结算的内容

项目费用结算主要包括工程预付款结算、工程进度款结算和工程竣工结算。

（1）工程预付款结算

工程预付款是建设工程施工合同订立后由发包人按照合同约定，在正式开工前预先支付给承包人的工程款。它是进行施工准备和工程材料、结构部件采购所需流动资金的主要来源，国内习惯称之为预付备料款。

《建设工程施工合同（示范文本）》对工程预付款进行了如下规定："实行工程预付款的，双方应当在专用条款内约定发包人向承包人预付工程款的时间和数额，开工后按照约定的时间和比例逐次扣回。预付时间应不迟于约定的开工工期前 7 天。发包人不按约定预付，承包人在约定预付时间 7 天后向发包人发出要求预付的通知，发包人收到通知后仍不能按要求预付，承包人可在发出通知后 7 天停止施工，发包人从约定支付之日起向承包人支付应付款的利息，并承担违约责任。"

工程预付款的额度在各地区、各部门的规定中不完全相同，主要是保证施工所需材料和构件的正常储备，一般根据施工工期、建安工作量、主要材料和构建费用占建安工作量的比例以及材料储备周期等因素经测算来确定。发包人根据工程的特点、工期长短、市场行情、供求规律等因素，招标时在合同条件中约定工程预付款的百分比。

发包人支付给承包人的工程预付款是预支性的。随着工程进度的推进，拨付的工程进度款数额不断增加，工程所需主要材料、构件的用量逐渐减少，原已支付的预付款应以抵扣的方式陆续扣回。

扣款的方法有 3 种：

1）由发包人和承包人通过合同的形式确定，既可采用等比例或等额扣款的方式，也可针对工程实际情况处理。例如，有些工程工期较短、造价较低，就无须分期扣还；有些工期较长，如跨年度工程，其预付款的占用时间很长，根据需要可以少扣或者不扣。

2）累计工作量法。从未施工工程尚需的主要材料及构件的价值相当于工程预付款数额时起扣，从每次中间结算工程价款中按材料比重抵扣工程款，至工程竣工验收前全部扣清。

3）工作量百分比法。在承包商完成工程款金额累计达到合同总价的一定百分比后，由承包商开始向发包方还款，发包方从每次支付给承包商的金额中扣回工程预付款，发包方要在合同规定的完工期前的一定时间内将工程预付款的总计金额按逐次分摊的办法扣回。

（2）工程进度款结算

承包人在施工过程中，除专用合同条款另有约定外，工程量的计量按月进行。承包人应于每月 25 日向监理人报送上月 20 日至当月 19 日已完成的工程量报告，并附具进度付款申请单、已完工程量报表和有关资料，向业主办理工程进度款的支付（中间结算）。

对承包商已完工程量的确认是发包人支付工程进度款的依据。根据有关规定，工程量的确认应做到：

1）承包方应按约定时间向监理工程师提交已完工程量的报告。监理人应在收到承包人提交的工程量报告后 7 天内完成对承包人提交的工程量报表的审核并报送发包人，以确定当月实际完成的工程量。监理人对工程量有异议的，有权要求承包人进行共同复核或抽样复测。承包人应协助监理人进行复核或抽样复测并按监理人要求提供补充计量资料。承包人未按监理人要求参加复核或抽样复测的，监理人审核或修正的工程量视为承包人实际完成的工程量。

2）监理工程师收到承包方报告 7 天内未进行计量，从第 8 天起，承包商报告中开列的工程量即视为已被确认，作为工程价款支付的依据。

3）监理工程师对承包方超出涉及范围和（或）自身原因造成返工的工程量，不予计量。

每期支付给承包人的工程进度款项包括：

1）经过确认核实的已完工程量对应的用工程量清单或报价单的相应价格计算出的工程款。

2）设计变更应调整的合同价款。

3）本期应扣回的工程预付款。

4）根据合同中允许调整合同价款的规定，应补偿给承包人的款项和应扣减的款项。

5）经过监理工程师批准的承包人的索赔款。

6）其他应支付或扣回的款项等。

以按月结算为例，业主在月中向承包人预支半月工程款，月末承包人根据实际完成工程量向业主提供已完工程月报表和工程价款结算账单,经业主和监理工程师确认,收取当月工程价款,并通过银行结算。为简化手续,多年来采用的办法是以承包人提出的统计进度月报表为支取工程款的凭证,即通常说的工程进度款。

工程进度款的支付步骤为:

1) 工程量测量与统计。
2) 提交已完工程量报告。
3) 监理工程师核实并确认。
4) 业主认可并审批。
5) 支付工程进度款。

(3) 工程竣工结算

1) 工程竣工结算及其管理。工程竣工结算是指承包人按照合同规定的内容全部完成所承包的工程,经验收质量合格并符合合同要求之后,向发包单位进行的最终工程价款结算。竣工结算一般由承包人编制,经发包人或监理工程师审查无误,由承包人和发包人共同办理竣工结算确认手续。项目竣工结算公式为

$$项目竣工结算价款 = 预算或合同价款 + 施工过程中预算或合同价款调整数额 - 预付款 - 已结算工程价款$$

原国家建设部和国家工商行政管理局制定的《建设工程施工合同(示范文本)》通用条款对竣工结算作了详细要求:

① 工程竣工验收报告经发包人认可后 28 天内,承包方向发包方递交竣工结算报告及完整的结算资料,双方按照协议约定的合同价款及专用条款约定的合同价款调整内容进行工程竣工结算。

② 发包方在收到承包方递交的竣工结算报告及结算资料后 28 天内进行核实,给予确认或者提出修改意见。发包方确认竣工结算报告后通知经办银行向承包方支付工程竣工结算价款。承包方收到竣工结算价款后 14 天内将竣工工程交付发包方。

③ 发包方在收到竣工结算报告及结算资料 28 天内无正当理由不支付工程竣工结算价款,从第 29 天起按承包方同期向银行贷款利率支付拖欠工程价款并承担违约责任。

④ 发包方在收到竣工结算报告及结算资料后 28 天内不支付工程竣工结算价款,承包方可以催告发包方支付结算价款。发包方在收到竣工结算报告及结算资料 56 天内仍不支付的,承包方可以与发包方协议将该工程折价,也可以由承包方申请人民法院将该工程拍卖,承包方就该工程折价或者拍卖的价款优先受偿。

⑤ 工程竣工验收报告经发包方认可后 28 天内,承包方未能向发包方递交竣工结算报告及完整的结算资料,造成工程竣工结算不能正常进行或工程竣工结算价款不能及时支付,发包方要求交付工程的,承包方应当交付;发包方不要求交付工程的,承包方承担保管责任。

⑥ 发包方和承包方对工程竣工结算价款发生争议时,按争议的约定处理方式处理。

2) 工程竣工结算的依据。编制工程竣工结算所依据的资料有:

① 建设工程施工合同。施工合同中约定了有关竣工结算价款的,应按约定的内容执行。承包双方可约定完整的结算资料的具体内容,还可涉及竣工结算的其他内容。例如,合同价采用固定价的,合同总价或单价在合同约定的风险范围内不可调整;合同价采用可调价方式的,合同总价或单价在合同实施期内,根据合同约定的办法进行调整。

② 中标投标书的报价表。无论是公开招标或邀请招标,招标人与中标人应该根据中标价订立合同。中标投标书的报价表是订立合同且是竣工结算的重要依据。在招标投标中,因采用的计价方式不同,编制投标报价表的方法和内容会有一定的区别。在原中标的基础上,根据施工的设计变更等增减变化,经过调整之后,编制竣工结算。

报价表的内容一般包括：
- 报价汇总表，包括工程总价表、单项工程费汇总表、单位工程费汇总表。
- 工程量清单计价表。
- 措施项目清单报价表、其他项目清单计价表、零星工作项目计价表。
- 材料清单及材料差价表或差价报价表。
- 设备清单及报价表。
- 现场因素、施工技术措施及赶工措施费用报价表等。

③ 工程变更及技术经济签证包括：
- 施工中发生的变更，由原设计单位提供变更的施工图和设计变更通知单。
- 因施工条件、施工工艺、材料规格、品种数量不能完全满足设计要求以及合理化建议等原因发生的施工变更，并已执行的技术核定单。
- 在合同履行中，发包人要求承包人改变工程内容和标准，导致施工中用工数和工程量增加，改变了工程施工程序和施工时间，承包人在施工中办理的技术经济签证单。

④ 其他与竣工结算有关的资料。承包人在施工中应建立完整的竣工结算资料保证制度，项目经理部在施工中还要注意收集其他相关的结算资料。其他与竣工结算有关的资料主要包括：发包人的指令文件、钢筋混凝土供应记录、材料代用资料、材料价格变动文件、隐蔽工程记录及施工日志、竣工图和竣工验收报告等。

3）项目竣工结算编制的方法和原则。编制项目竣工结算的目的有：一是为发包人编制建设项目竣工决算提供基础资料；二是为承包人确定工程的最终收益、考核工程成本和进行核算提供依据。

编制项目竣工结算的方法是在原工程投标报价或合同价的基础上，根据所收集整理的各种结算资料，如设计变更、技术核定、现场签证、工程量核定单等，进行直接费用的增减调整计算，按收费标准的规定计算各项费用，最后汇总为工程结算造价。

办理项目竣工结算，应掌握以下原则：

① 以单位工程或施工合同约定为基础，对工程量清单报价的主要内容，包括项目名称、工程量、单价及计算结果，进行认真检查和核对。若是根据中标合同，应对原报价单的主要内容进行检查和核对。

② 在检查和核对中若发现不符合有关规定，应填写单位工程结算书与单项工程综合结算书。有不相符的地方，有多算、漏算或计算误差等情况时，均应及时进行纠正调整。

③ 建设工程项目由多个单位工程构成的，应按建设项目划分标准的规定，将各单位工程竣工结算书汇总，编制单位工程竣工综合结算书。

④ 若建设工程是多个单项工程构成的项目，实行分段结算并办理了分段验收计价手续的，应将各单项工程竣工结算书汇总编制成建设项目总结算书，并撰写编制说明。

3）工程竣工结算的核实。工程竣工结算是由于施工过程中发生的工程变更和技术经济鉴证等，使工程造价或合同条款发生变化，对原来的工程造价或合同价款进行了调整，最终确定工程造价的结算方式。

项目经理部处在施工生产第一线，对施工各阶段的变化、变更情况更了解，而且许多基础资料是从项目上产生的。在实际工作中，项目经理要安排专职人员对竣工结算书的内容进行核对，检查各种设计变更签证、资料有无遗漏，依据竣工图和变更签证核实工程数量，要按统一规定的计算规则核算工程量，按合同约定计价，还要特别注意各项费用的记取是否正确。

检查工程竣工结算书一般包括以下内容：
①工程开工前的施工准备和"三通一平"的费用计算是否准确。
②钢筋混凝土结构工程中含钢量是否按规定进行了调整。

③加工订货项目的规格、数量、单价与清单及实际安装量的规格、数量、单价是否相符。
④特殊工程中使用的特殊材料的单价有无变化。
⑤施工变更记录、技术经济签证与清单价或合同价的调整是否相符。
⑥分包工程费用支出与收入是否相符。
⑦图样要求与实际施工有无不相符的项目。
⑧施工项目的工程量有无漏算、多算或计算失误等。
⑨检查各项费率、价格指数或换算系数正确与否，价格调整是否符合要求。
⑩项目竣工结算书的项目多、篇目多，要认真核对和计算。

5）工程竣工结算的支付。项目竣工验收后，承包人应在约定的期限内向发包人递交工程竣工结算报告及完整的结算资料，经双方确认并按规定进行竣工结算。《合同法》对工程竣工结算价款的支付进行了相应的规定。

《合同法》第二百七十九条规定："验收合格的，发包人应当按照约定支付价款，并接受该工程。"第二百八十六条规定："发包人未按约定支付价款的，承包人可以催告发包人在合理期限内支付价款。发包人逾期不支付的，除按照建设工程的性质不宜折价、拍卖的以外，承包人可以与发包人协议将该工程折价，也可以申请人民法院将该工程依法拍卖。建设工程的价款就该工程折价或者拍卖的价款优先受偿。"

工程竣工结算是项目管理的重要工作，竣工结算价款的收取是项目经理的重要职责和义务。工程竣工结算报告和结算资料向发包人递交后，项目经理应根据法律、法规、规章的规定，按照《项目管理目标责任书》规定的义务，积极配合企业主管部门催促发包人及时办理工程竣工结算的签认。

工程竣工结算经发包人签认后，主管部门应将竣工结算书送交财务部门一份，财务部门据此与发包人进行工程价款的最终结算和收款。对于承包人来说，只有当发包人将竣工结算价款支付完毕，才意味着承包人获得了工程成本和相应的利润，实现了既定的经营目标和经济效益目标。对于项目经理部来说，只有当工程价款结算完毕才意味着考核项目成本目标和决定奖罚有了可靠的依据。

15.6.2 项目费用决算

1. 项目费用决算的概念及内容

竣工决算时以实物量和货币为单位，综合反映项目实际投入和投资效益，核定交付使用财产和固定资产价值的文件。这是项目的财务总结，也是竣工验收报告的重要组成部分。

竣工决算是由项目业主编制的，所需的材料由项目团队提供。

费用决算是指项目从筹建开始到项目结束交付使用为止的全部费用的确定，其内容包括项目生命周期各个阶段支付的全部费用。

2. 项目费用决算的作用

竣工验收是工程项目建设全过程的最后一个程序，是全面考核基本建设工作是否合乎设计要求和工程质量的重要环节，是投资成果转入生产或使用的标志。竣工验收的项目在办理验收手续之前，必须对所有财产和物质进行清理，做好竣工决算。

（1）竣工决算是国家对基本建设投资实行计划管理的重要手段

在基本建设项目从筹建到竣工投产或交付使用的全过程中，各项费用的实际发生额和基本建设投资计划的实际执行情况只能从建设单位编制的建设工程竣工决算中全面反映出来。将竣工决算的各项费用数额和设计概算中的相应费用指标相比可得出节约或超支的情况，再通过分析其原因、总结经验教训、加强投资计划管理提高基本建设投资效果。

（2）竣工决算是对基本建设项目实行"三算"对比的基本依据

"三算"对比是指设计概算、施工图预算和竣工决算的对比，前两者是人们在建筑施工前的不同建设阶段根据有关材料进行计算，确定拟建工程所需的费用，一定意义上属于主观估算范畴。而竣工决算所确定的费用是建设活动中实际支出的费用，能够直接反映固定资产投资计划完成情况和投资效果。

（3）竣工决算是基本建设成果和财务状况的综合反映

竣工决算包括基本建设项目从开始建设到竣工验收为止的全部实际费用。它采用货币指标、建设工期、实物数量和各种技术经济指标，综合全面地反映基本建设项目的建设成果和财务状况。

（4）竣工决算是竣工验收的主要依据

竣工验收之前，建设单位须向主管部门提出验收报告，其主要组成部分是建设单位编制的竣工决算文件，作为验收委员会（或小组）的验收依据。验收人员要检查建设项目实际建筑物、构筑物和生产设备与设施的生产和使用情况，同时审查竣工决算文件中的有关内容和指标，确定建设项目的验收结果。

（5）竣工决算是确定建设单位新增资产价值的依据

在竣工决算中详细计算了建设项目所有的建筑工程费、安装工程费、设备费和其他费用等新增固定资产总额及流动资金，作为建设管理单位向使用单位移交财产的依据。

3. 项目费用决算编制的依据及要求

（1）项目竣工决算编制的依据

项目竣工决算是全面、综合、系统考核评价项目建设成果的资料，在编制形成文件、说明、报表时，依据的资料必须充分，数据必须准确，体系必须完整。

项目竣工决算编制的主要依据有：

1）项目计划任务书和有关文件。
2）项目总概算和单项工程综合概算书。
3）项目设计图样及说明书。
4）设计交底、图样会审资料。
5）合同文件。
6）项目竣工结算书。
7）各种设计变更、经济签证。
8）设备、材料调价文件及记录。
9）竣工档案资料。
10）相关的项目资料、财务决算及批复文件。

（2）编制竣工决算的基本要求

为严格执行建设工程项目竣工验收制度，正确核定新增固定资产价值，考核分析投资效果，建立健全经济责任制，所有新建、扩建和改建的建设工程项目竣工后，都应及时、完整、正确地编制好竣工决算。

编制竣工决算的基本要求是：

1）按照规定组织竣工验收，保证竣工决算时的及时性。
2）收集、整理竣工项目材料，保证竣工决算依据的完整性。
3）清理项目账务债务的准确性。
4）保证项目竣工决算的正确性。
5）填写项目决算报表的符合性。
6）撰写竣工决算说明的概括性。
7）送上级审查批准的准时性。

4. 项目费用决算的编制内容

建设项目的竣工决算，包括项目从筹建开始到项目建成后交付使用为止的全部工程建设费用。一般应包括以下 3 个方面。

（1）项目竣工财务决算说明

项目竣工财务决算说明书是综合归纳项目竣工情况的报告性文件，主要反映项目建设成果各项技术经济指标完成情况，也是全面考核评价工程建设投资和工程造价控制的文字总结说明。其编写应注重综合性、准确性、系统性的统一，报告和文字要层次清晰、条理分明。其主要内容包括：

1）建设项目概况。主要是对项目的建设工期、工程质量、投资效果以及设计、施工等各方面的情况进行概括分析和说明。

2）对建设项目投资来源、占用（运用）、会计财务处理、财产物资情况以及项目债权债务的清偿情况等进行分析说明。

3）建设项目资金节超、竣工项目资金结余、上交分配等说明。

4）建设项目各项主要技术经济指标的完成比较、分析评价等。

5）建设项目管理及竣工决算中存在的问题和处理意见。

6）建设项目竣工决算中需要说明的其他事项等。

（2）项目竣工财务决算报表

为正确反映建设项目的建设规模、适应项目分级管理的需要，按照国家规定的标准，依据《基本建设项目大中小型划分标准》，建设项目划分为大型项目、中型项目和小型项目三类。项目竣工财务决算报表的编制要求也应按照此原则执行。

根据财政部的规定，项目竣工财务决算报表分为两种情况编制，其财务决算报表的内容要求如下：

1）大、中型建设项目竣工财务决算报表内容：

① 建设项目竣工财务决算审批表。

② 大、中型建设项目概况表。

③ 大、中型建设项目竣工财务决算表。

④ 大、中型建设项目交付使用资产总表。

⑤ 建设项目交付使用资产明细表。

2）小型建设项目竣工财务决算报表内容：

① 建设项目竣工财务决算审批表。

② 小型建设项目竣工财务决算总表。

③ 建设项目交付使用资产明细表。

由于小型建设项目一般比较简单，建设内容不如大型建设项目复杂，所以小型建设项目不单独编制建设项目概况表，其项目概况纳入小型建设项目竣工财务决算总表中，小型建设项目不编制交付使用资产总表，只编制建设项目交付使用资产明细表。

（3）竣工图和工程造价比较分析资料

竣工图和工程造价比较分析资料是编制项目竣工决算的重要技术档案和工程结算依据。

1）竣工图的编制要求。为满足项目竣工验收和项目竣工决算的需要，项目竣工后还应编制反映项目实际竣工全部内容的竣工图，作为项目竣工决算的真实记录和技术档案。竣工图的编制方法应按国家有关竣工图编制的规定执行。

2）工程造价比较分析资料。编制项目竣工决算，还应对工程造价控制中采取的措施和效果进行比较分析，用以确定竣工项目工程总造价的情况，总结建设项目节约工程造价、提高投资效益的经验或找出超支的原因，提出改进意见。

工程造价比较分析资料应涵盖主要实物工程量、主要材料消耗量和工程造价构成的主要费用等。

除上述报表以外，还可根据需要编制结余设备材料明细表、应收应付明细表、结余资金明细表等，将其作为竣工决算报表的附件。

5. 项目竣工决算的编制方法和步骤

竣工决算编制说明主要反映竣工工程建设成果和经验，是对竣工决算报表进行分析和补充说明的文件，是全面考核分析工程投资造价的书面总结。

（1）工程概况和对工程的总评价

主要说明工程的基本情况和从进度、质量、造价、安全等方面对工程进行的总评价。

1）进度方面。主要说明开工和竣工时间，对照合理工期和要求工期分析施工活动时提前还是延期。

2）质量方面。要有说明竣工验收委员会或质量监督部门的验收评定等级。

3）造价方面。主要对照概算造价，用金额或百分率的形式说明建设资金是节约还是超支。

4）安全方面。主要是根据劳动和施工管理部门的记录，对有无设备或人身事故进行说明。

（2）资金来源与运用的财务分析

主要通过历年资金来源和占用情况、工程价款结算、会计账务处理、财产物资情况及债权债务的清偿情况等进行资金来源与运用的财务分析。

（3）各项技术经济指标分析

1）概预算执行情况分析。根据实际投资完成额与概算进行对比分析，说明资金使用的执行情况。

2）新增生产能力的效益分析。说明交付使用财产占总投资额的比例、固定资产占交付使用财产的比例、递延资产占总投资的比例，分析有机构成和成果。

3）基本建设投资包干情况分析。说明基本建设投入、投资包干数、实际支用数和节约额、投资包干结余的有机构成和包干结余的分配情况等。

（4）经验教训及有待解决的问题

分析工程建设的经验、教训及项目管理和财务管理工作、竣工财务决算中有待解决的主要问题，并提出解决措施。

项目费用决算的编制步骤为：

1）整理和分析原始资料，并进行财产物资的盘点核实及债务债权的清偿。

2）进行工程对照，核实工程变动情况。

3）核定其他各项投资费用。

4）编制竣工财务决算说明书。

5）填报竣工财务决算报表。

6）工程造价对比分析。

7）制作工程竣工图。

8）按国家规定上报审批。

15.7 项目审计

15.7.1 项目审计概述

1. 项目审计的概念

项目审计是整个项目管理系统的重要组成部分。项目审计是指审计机构依据国家的法令和财务制度、企业的经营方针、管理标准和规章制度，对项目的活动用科学的方法和程序进行审核检查，判断其是否合法、合理和有效，借以发现错误、纠正弊端、防止舞弊、改善管理，以保证项目目标顺利实现的一种活动。

2. 项目审计的任务

项目审计的任务主要有以下6项：

（1）检查审核项目建设活动规范

检查审核项目建设活动是否符合相关规章制度的规定。比如，建设过程中的收支是否符合财务制度，项目立项是否符合既定的程序等。

（2）检查审核项目建设活动行为

检查审核项目建设活动是否符合国家的政策、法律、法规和条例，有无违法乱纪、营私舞弊等现象。

（3）检查审核项目活动合理性

比如，项目的组织形式是否得当，项目的控制系统是否健全，项目计划是否科学，项目实施状况与目标是否相同。

（4）检查审核建设项目的效益

在项目建设前期，它是指对投资效益进行审计；在项目建设期间，则是指对有效利用资源进行审计。例如，投资的内部收益率是否满足企业预期的投资要求，建设期间的劳动生产率是否达到标准，资源的配置是否达到最优等。

（5）检查审核相关资料

检查审核项目报告、会计记录和财务报表等反映项目建设和管理状况的资料是否真实和公允，有无弄虚作假或文过饰非的现象，有无只报喜不报忧的问题。

（6）提出改进建议

在检查审核项目建设和管理状况的基础上，提出改进建议，为企业决策者提供决策依据，促使项目组织改善管理工作。

以上6项任务都要在维护国家和企业的利益，将项目成功、顺利建成的前提之下完成。

3. 项目审计的作用

项目审计在整个项目管理中发挥着重要作用，特别是对于刚刚实行项目管理的企业，项目审计的作用更不容忽视。

具体来说，项目审计的作用主要有：

1）通过审计，可以提高项目效益。项目的效益可分为两部分：一是项目建成以后的效益；二是项目建设期间的效益。前者的物质表现是多产出，而后者的物质表现则是少投入。在项目建设期间，通过审计可以及时发现不合理的经济活动，并能相应地提出改正建议，促使项目管理人员最大限度地实现对人、财、物使用的综合优化，从而尽可能降低项目造价，提高项目收益。

2）通过审计，保证投资决策和项目建设期间的重大决策正确可行。项目审计可以对项目决策是否遵循了科学的程序、决策依据是否充分、方案是否经过优选等做出正确评价，从而避免或中止错误的决策。这一点，对防止盲目投资和建设决策中的重大失误非常重要。

3）通过审计，可以揭露错误和舞弊，制止违法违纪行为，维护投资者的权益。

4）通过审计，可以交流经验，吸取教训，提高项目管理水平。项目审计的效果常常体现在后续工作或下一个项目中，任何时期的项目审计都会发现经验和暴露问题，这些经验和问题会帮助项目经理以及企业的高层管理部门改善管理状况，避免或减少再次出现类似的错误。如此良性循环会大大提高企业的项目管理水平。

5）通过审计，可以激发项目管理人员的积极性和创造性。在审计过程中，通过对管理状况和建设现状的评价与鉴证，使渎职舞弊的人员受到处理或批评，使成绩优异的部门和管理人员得到承认和荣誉，从而激励项目管理人员恪尽职守，努力工作。

6）项目审计是高层管理人员调控项目的重要手段。项目立项以后，具体的管理工作由项目组织承担，其效率如何、运行情况如何，高层管理人员除根据项目的定期和例行报告进行了解外，项目审计也是重要的监控手段之一。从某种意义上讲，这种手段也许更为客观和有效。

15.7.2 项目审计的范围和内容

项目审计的范围原则上是将项目的所有内容贯穿于项目的整个生命周期中，但在实际项目的进程中，审计人员往往依据项目目标的特点和项目中具体出现的问题有重点地选择项目的不同内容、不同时期进行审计。按审计的内容分类，分为工程质量审计、资金使用审计、合同审计等；按项目周期分类，分为项目前期审计、项目实施期审计、项目竣工期审计。

项目前期审计、项目实施期审计和项目竣工期审计是对项目管理生命周期的审计，贯穿于项目始终，对保证项目目标的顺利实现具有非常重要的意义。

1. 项目前期审计

项目前期审计是指在项目展开大规模实施之前的审计，是项目审计最重要的组成部分。做好前期审计，对于防止错误的投资决策和保证项目目标的顺利实现具有十分重要的意义。

（1）可行性研究审计

可行性研究审计是指对项目可行性研究的组织、过程和研究结果进行审核和调查，确定研究结果的正确性，避免或减少决策失误。

（2）项目计划审计

项目计划审计主要包括项目总计划的审计、进度安排的审计、成本估算和成本计划审计、质量计划审计、其他项目分计划的审计、信息控制制度审计等。

（3）项目组织审计

项目组织审计主要集中在组织形式、项目经理和项目人员3个方面。

（4）招标审计

项目的招标工作也要根据国家的政策、法令和有关规定及定额，依据先进、合理的原则进行全过程审计。

（5）投标审计

前述审计工作主要发生在甲方的审计部门，而投标审计则是指投标单位所做的审计。

（6）项目合同审计

项目合同审计是对项目合同的合法性、合规性所做的审计。

按照项目管理的要求，项目的前期审计工作主要包括上述六大方面，其中有些内容在审计实施过程中还可根据实际要求做进一步的拓展和深入，也可仅作概略审查。

2. 项目实施期审计

项目合同生效之后，大规模的建设活动便开始了。在此期间，审计部门必须根据国家的方针政策和相关法规以及企业的投资目标和规章制度，对工程建设期间的管理状况、财务收支情况以及财经纪律的遵守状况进行强制性审查，做出客观公正的评价，以改善管理、提高投资效益。

（1）项目组织审计

项目实施期间的许多管理问题都是由于没有良好的组织机构和合理的运行机制造成的，因此组织审计是项目建设期间审计的重点。

（2）报表、报告审计

报表、报告审计是检查项目组织提供的报表、报告等资料的可靠性、全面性和规范性的基本手段，是防止弄虚作假、报喜不报忧和提高投资效益、避免浪费的有力措施，也是整个项目审计工作的重要内容。它主要包括进度报告审计、成本报告审计、质量报告审计、财务报表审计等。

(3) 设备和材料审计

设备和材料是许多工程项目的物质基础，其支出在项目成本中占很大的比重。加强对设备和材料在采购、运输、保管和使用等环节的审计，对于加强设备和材料管理、节约使用资金、降低项目成本是十分必要的。设备和材料审计的重点应放在设备和材料采购、设备和材料发出、设备和材料其他收发业务等环节。

(4) 项目建设收入审计

在各种工业项目的建设中，经常会发生一些零星的收入。这些收入数额虽然不大，但也是国家或企业的财产，且极易发生舞弊问题。因此，对项目建设期间的收入也要加强审计监督。其主要内容包括：审查收入是否符合国家规定；审查出售产品的价格是否合理；审查售出产品的质量；审查产品收入是否全部入账，财务处理是否正确；审查收入的分配是否合法。

(5) 施工管理审计

工程施工是项目建设最重要的工作，其管理效果直接关系到项目的成败。因此，审计工作也应发挥其支持职能，以帮助项目管理组织做好施工管理工作。对施工管理工作的审计，主要集中在进度、成本和质量3个方面。

(6) 合同管理审计

合同规定了项目建设单位和承包企业之间的关系，要确保承包者在费用、作业和技术要求等方面满足投资方的需要，就必须对合同的执行和管理状况进行监督。合同管理审计的主要内容包括项目管理组织是否具备合格的合同管理人员，以及合同变更、合同终止、合同结算情况等。

(7) 审计时机和主题领域的选择

决策者决定对一个项目进行审计通常有其特殊原因，这种原因决定着项目审计的主题领域。由于指明了审计的主要范围，一般不需要对在建项目进行全面审查。例如，据群众反映，某勘探项目组在处理落地原油过程中有贪污嫌疑，则审计工作应集中对建设收入进行审计。再如，项目建设暴露出严重的质量问题，这就要组织相关专家重点对工程质量进行审计。在多数情况下，这种专项审计的安排取决于问题发生的严重程度和决策者的重视程度。

对于大型的建设项目，除进行专项审计外，在建设初期应安排一次对技术和非技术领域的全面审计。这是因为在项目建设初期，前期工作中的各种错误和疏漏都将在预算、进度、质量和调控等方面暴露出来。项目规模越大、技术越先进，可利用的经验就越少，出现问题的机会就越多。国外经验表明，在项目建设的前6个月或1年中进行一次全面审计，有利于防止各种问题的发生。

3. 项目竣工期审计

工程项目经过系统建设达到既定的投资目标之后，就要组织试运行和验收，交付使用。为了对项目结束期间的经济活动进行监督和对整个项目的建设与管理状况做出评价，必须加强这一时期的审计工作。

(1) 竣工验收审计

项目完成有形建设直至交付使用后还有大量的工作要做，期间的审计工作主要有以下几方面：

1) 审查剩余物资、设备的处理情况。
2) 审查项目的试运行情况。
3) 审查项目建设资料的归档和移交。
4) 审查索赔问题。
5) 人员复员情况审计。

6）项目验收审计。

(2) 竣工决算审计

竣工决算是由项目组织或建设单位编制的综合反映竣工项目的建设成果和财务情况的总结性报告文件。对竣工决算的审计主要从以下几方面进行：

1）审查项目预算的执行情况。审计人员要审查建设内容与批准的预算和建设计划是否相符，如果决算与预算相比超支过多，则要核查有无擅自改变建设内容、乱摊成本和搞计划外工程的现象，一经发现，要及时上报，严肃处理。

2）审查项目的全部资金来源和资金运用是否正常。要认真审核竣工财务决算表和竣工决算总表是否正确，其所反映的全部资金来源和资金占用情况是否正常，有没有与历年统计数额不相符的问题，有没有建设资金和专用基金等其他资金相互挪用的问题，有没有技术方面的问题。

3）审查交付使用财产总表和明细表是否正确。交付使用财产总表反映大、中型建设项目建成后新增固定资产和流动资产的价值，审查时要与各子项目或单项工程的交付使用财产明细表对比进行，看两者有无差异，交付使用财产价值的计算是否准确、可靠，有无虚列、重报等现象，发现问题要及时查明原因，尽快更正，并追究当事人责任。

4）审查竣工情况说明书的编制是否真实。竣工情况说明书是对竣工决算报表作做一步分析和补充说明的文件，主要应审查其内容与编制的竣工决算表是否一致，与实际情况是否相符，如发现内容不全、说明不充分、虚报成绩、掩盖问题等现象，审计人员要督促编制者及时做出修改和补充。

5）审查竣工决算的编报是否及时。项目竣工验收交付使用后一个月内，要编好竣工决算，并按规定上报。审计人员要检查有无拖延编报期或未将编好的竣工决算及时送交相关部门等现象的发生，检查经审查批复的竣工决算是否及时办理了调整和结束工作。

(3) 项目建设经济效益审计

项目建设的经济效益体现在成本降低、工期缩短和质量提高 3 个方面，因而审计工作也要紧密围绕这三者展开。

(4) 项目人员业绩评价

项目完成后，要对项目参与人员做出全面真实的评价，以确定他们在项目建设期间的业绩和其对职责的履行状况。做好这项工作，对于激发员工的工作热情和为新的项目组织优秀的管理人员具有重要意义。

首先，要根据任命书评价项目经理的业绩，查明项目经理是否履行了既定的责任，在项目管理中是否充分调动了部下的工作积极性，是否有效地利用了各种资源，对意外事件的处理是否正确果断，是否创造性地开展了工作，对技术问题的判断能力如何等。在此基础上，按照优秀、很好、好、一般、差 5 个等级评定项目经理的业绩。

其次，要对主要项目管理人员做出评价。这些管理人员是协助项目经理开展工作的，因而对他们的评价主要集中在评价他们的业务能力如何、工作的主动性和适应性如何、与他人合作的程度如何以及工作习惯和对项目建设做出的贡献。

最后，要对一般工作人员的工作态度、工作质量和工作主动性做出评价。

在评价项目参与人员业绩的工作中，一要注意征求相关部门负责人的意见，避免所做的评价带有片面性；二要不以成败论英雄，有些项目虽然不是很成功，但管理人员已付出了最大努力，这时也要做出正确评价，否则就会挫伤他们的积极性；三要将评价与精神和物质鼓励结合起来。

15.7.3 项目审计的程序和方法

项目审计是一项复杂、细致而又专业性很强的工作，必须按照科学的程序进行。这一程序就是指审计部门对项目进行审计时，从开始到结束的全过程以及其中采取的步骤。

1. 审计准备

在实施审计之前要进行周密的准备，这是保证审计工作达到预期目的的前提。项目审计能否发挥应有的效用以及效用的大小，很大程度上取决于准备工作。

通常审计准备主要包括以下工作：

（1）选择审计项目、明确审计目的、确定审计范围

有时候一个企业在建或拟建的项目很多，每个项目需要审计的范围也各不相同，因而在实行审计之前要对审计的项目进行选择，同时明确审计的目的。这项工作通常在主管领导的指示或支持下进行，所选的项目及其审计领域一般会有明确的范围。这样做可以提高审计效率，做到有的放矢。

（2）项目审计工作组织

项目审计工作组织应由主管领导和审计机关的领导协商确定，理想的形式是由审计机关的专职人员负责和组织，并根据审计内容的要求增加其他专家。在组建审计组织时，主要应该考虑审计领域对技术和非技术专家及其经验的要求。具体来讲，审计人员应具有专业领域的技术能力、综合分析能力、写作和表达能力，热心审计工作并与项目无利害关系。

（3）了解概况，准备资料

首先，要了解项目的基本状况，包括项目的组织形式、投资目的、参与建设的承包公司等；其次，要熟悉和收集有关项目建设的法规、政策、标准以及被审项目的各种文件，如项目计划、项目合同。只有做好这些工作，才能有备无患、事半功倍。

（4）制订项目审计计划

制订项目审计计划主要是指根据审计的目的和范围，确定日程安排和工作步骤，以及提出包括审计重点在内的详细提纲。

2. 实施审计

实施审计是整个审计工作最重要、工作量最大的阶段，它主要包括以下工作：

1）针对确定的审计范围实施常规审查，从中发现常规性错误和弊端。这项工作内容复杂，既包括定性的审查，也包括定量的审查，有时还需要进行大量的计算。

2）对可疑的环节或特殊领域进行详细审核和检查。如将贪污盗窃、营私舞弊、严重渎职等行为通过这一工作予以查清，问题较严重时还会涉及内查外调、查账对证、接受群众检举等，因而搞好这项工作必须要掌握政策界限。

3）协同项目管理人员纠正错误事项。在审计中发现的错误和舞弊现象，要帮助或协同项目管理人员及时纠正，避免影响日后的工作。一些重大的违法违纪问题，还要等待汇报主管领导或部门后再做处理。

3. 报告审计结果

审计报告是审计集体工作的最终产品，审计工作的成果和后续行动的效果将取决于报告编写的质量和提出的方式。这个报告要在征求项目管理人员意见的基础上对所获得的资料进行综合归纳和分析研究，进而对审计事项做出客观、公正和准确的评价。最后，将作为审计结果和结论的报告送交有关部门。

4. 后续工作

审计后续工作之一是审计报告建议部分的实施。审计人员应尽量明确采取纠正行动的部门和人员。当这些部门人员属于项目组织之外的企业支持系统时，企业决策者应迅速做决策，解决错误和偏差。

审计的另一个后续工作是吸取教训。项目审计结束之后，相关的人员要认真地进行反思，杜绝日后发生类似问题，起到标本兼治的作用。项目审计的最大效益就在于此。

最后，作为项目审计的后续工作，应将审计过程中的全部文件（包括审计记录以及各种原始材

料）整理归档，建立审计档案，以备日后查考和研究。

15.7.4 项目的费用审计

费用审计是项目审计的重要组成部分。费用审计是对项目管理中判断有关费用使用的合法性、合理性和有效性的一种活动。费用审计贯穿于项目的全过程中。

1. 项目计划时期的费用审计

项目计划时期是项目计划实施的前期准备，对项目的实施过程进行全面、系统的描述和安排。这个时期将依据项目的工作分解结构、资源计划、进程安排等，对费用进行科学的估计和合理的计划。因此，这个时期的费用审计主要进行费用估算和费用计划的审计。审计的主要内容包括：费用估算采用了哪种方法，采用的方法是否合理；费用估算的依据是否合理；费用估算的结果是否准确；费用计划采用了什么方法，方法是否科学，是粗线条还是细线条的；费用计划的依据是否充分；费用计划能否满足控制成本的要求；不可预见费用的数量是否合理等。

1）审计的依据是费用预算、费用计划等。

2）审查的结果是形成审计报告。

2. 项目实施过程中的费用审计

项目实施阶段涉及的工作内容最多、时间最长、耗费资源量最大，是项目费用的主要使用过程，也是项目费用审计的关键阶段。项目实施阶段的费用审计包括对成本报告的审计和实施成本的审计。

（1）成本报告的审计

成本报告的审计包括审核成本报告的内容是否全面，报告格式是否规范；审查报告与实际发生成本的吻合情况；结合进程报告和质量报告判断成本报告的真实性。

1）审计的依据是成本报告、进程报告和质量报告。

2）审查的结果是形成审计报告。

（2）实施成本的审计

实施成本审计的主要工作有审查成本的超出和实际支出偏低的情况，查明发生成本与计划成本的偏差幅度及其原因；审查发生的成本是否合理，有无因管理不善造成上升和乱摊成本的问题；审查成本控制方法、程序是否有效，是否有严密的规章制度；审查有无擅自改变项目范围。若存在成本失控问题，应查明原因，提出整改建议。

1）审计的依据是成本报告、进度报告和质量报告。

2）审查的结果是形成审计报告。

3. 项目结束时的费用审计

在项目结束阶段，项目业主要对项目进行全面审计并进行验收。这个时期的费用审计主要进行项目成本审计。其做法是对照项目预算审核实际成本的发生情况，看是超支还是节约。如果超支，则要查明是因为成本控制不利还是因为擅自扩大项目范围或乱摊成本所致；如果节约，则要查明是否缩小了项目范围或降低了事实标准。

1）审计的依据是成本报告、进度报告和质量报告。

2）审查的结果是形成审计报告。

第 16 章　项目后评价

本章要点

本章介绍了项目后评价的概念、项目后评价与项目前期评估、项目竣工验收、项目审计的区别以及项目后评价的特点与沿革；对项目后评价的主要内容、项目后评价的程序与方法、后评价报告进行了重点阐述；介绍了项目管理后评价及卓越项目管理模型，介绍了××能化有限公司××煤矿建设项目后评价报告。

16.1　项目后评价

16.1.1　项目后评价概述

1. 项目后评价的概念

项目后评价是指对已经完成的项目（或规划）的目的、执行过程、效益、作用和影响所进行的系统、客观的分析，是对已经完成项目进行分析和价值评定的一种活动。项目后评价通过对项目的实施过程、结果及其影响进行调查研究和全面系统回顾，与项目决策时确定的目标以及技术、经济、环境、社会指标进行对比，确定项目预期的目标是否达到，项目或规划是否合理有效，项目的主要效益指标是否实现；通过分析评价找出成败的原因，总结经验教训；通过及时有效的信息反馈，为提高未来新项目的决策水平和管理水平奠定基础；为项目实施运营中出现的问题提出改进建议，从而达到提高投资效益的目的。

现代项目后评价是范围更广泛、内容更深入、方法更科学的评价活动。

在评价的内容上，一方面，更多地要求对已经完成的项目对社会环境和健康发展的影响；另一方面，强调和细化了对项目管理的评估，注重评价项目管理过程如何导致项目结果、项目结果如何体现项目管理，从而更有利于具体总结项目管理的经验教训，提高未来新项目的决策水平，促进可持续发展。

2. 项目后评价的作用和意义

项目后评价的作用和意义有以下几个方面：

1）项目后评价是一个学习和知识管理过程。后评价是在项目投资完成以后，通过对项目目的、执行过程、效益、作用和影响所进行的全面系统的分析，总结正反两方面的经验教训，使项目的决策者、管理者和建设者学习到更加科学合理的方法和策略，提高决策、管理和建设水平。

2）项目后评价是增强投资活动工作者责任心的重要手段。由于后评价具有透明性、公开性和科学性等特点，因而可以比较客观公正地确定投资决策者、管理者和建设者在工作中实际存在的问题，从而进一步提高他们的责任心和工作水平。

3）项目后评价主要是为投资决策服务的。一方面，对完善已建项目、改进在建项目和指导待建项目具有重要的意义；另一方面，为提高投资决策水平服务。

3. 项目后评价的特点

由项目后评价的定义及项目后评价所涉及的内容可以看出，项目后评价与前期评价、中期评价相比具有如下特点：

（1）现实性

项目后评价是以实际情况为基础，对项目建设、运营现实存在的情况、产生的数据进行评价，所以具有现实性的特点。在这一点上，和项目前期评估不同。例如，在前期评估中，项目可行性研究是预测性的评价，它所使用的数据为预测数据。

（2）公正性

项目后评价必须保证公正性，这是一条很重要的原则。公正性表示在评价时应抱有实事求是的态度，在发现问题、分析原因和做出结论时避免出现避重就轻的情况发生，始终保持客观、负责的态度对待评价工作，做到"一碗水端平"，客观地做出评价。公正性标志着后评价及评价者的信誉，应贯穿于整个后评价的全过程，即从后评价项目的选定、计划的编制、任务的委托、评价者的组成、具体评估过程和直到形成报告。

（3）全面性

项目后评价是对项目实践的全面评价，它是对项目立项决策、设计施工、生产运营等全过程进行的系统评价。这种评价涉及项目生命周期的各阶段，涉及项目的方方面面，不仅包括经济效益、社会影响、环境影响，还包括项目综合管理等。因此，它是比较系统、比较全面的技术经济活动。

（4）反馈性

项目后评价的结果需要反馈到决策部门，作为新项目立项和评估的基础以及调整投资计划和政策的依据，这是后评价的最终目标。因此，项目后评价结论的扩散和反馈机制、手段和方法便成为后评价成败的关键环节之一。一些国家建立了"项目管理信息系统"，通过项目周期各个阶段的信息交流和反馈，系统地为后评价提供资料和向决策机构提供后评价的反馈信息。

4. 项目后评价的主要内容

项目后评价通常在项目竣工以后项目运作阶段或项目结束之前进行，其内容包括项目效益后评价和项目管理后评价。

项目效益后评价主要是对应项目前评价而言的，是指项目竣工后对项目投资经济效果的再评价。它以项目建成运行后的实际数据资料为基础，重新计算项目的各项经济数据，得到相关的投资效果指标，然后将它们同项目前评价时预测的有关经济效果值（如净现值 NPV、内部收益率、投资回收期等）进行纵向对比，评价和分析其偏差情况及其原因，吸收经验教训，从而为提高项目的实际投资效果和制订有关的投资计划服务，为以后相关项目的决策提供借鉴和反馈信息。

项目管理后评价是指当项目竣工以后，对前面（特别是实施阶段）的项目管理工作所进行的评价，其目的是通过对项目实施过程的实际情况的分析研究全面总结项目管理经验，为今后改进项目管理服务。可以看出，项目后评价是全面提高项目决策和项目管理水平的必要和有效手段。

项目后评价还具有重要的监督功能。如前所述，后评价是一个向实践学习的过程，同时又是一个对投资活动的监督过程。项目后评价的监督功能与项目的审计、前期评估、实施监督结合在一起，构成了对投资活动的监督机制。例如，世界银行对投资活动的监督，主要是依靠在项目准备阶段的评估（派评估团）、在项目实施过程中的监督检查（派检查团）和在项目完成后的后评价（派评价团）来实现的。项目的实施监督和后评价监督还具有向银行高层及时反馈问题和意见的责任。此外，世界银行的后评价还要对整个银行的业务执行情况进行监督和评价。

16.1.2 项目后评价与项目前评估的区别

项目后评价与项目前评估在评估原则和方法上没有太大的区别，采用的都是定量与定性相结合的分析方法，都是对项目进行的系统化的技术、经济的再论证与评价。其主要目的也基本相同，都是为了确认或提高项目的效益，实现经济、社会和环境效益的统一。

但是两者也有一些区别。两者的评价时点不同，目的也不完全相同。项目前评估的目的是确定项目是否可以立项或建设，是站在项目的起点，主要应用预测技术分析评价项目未来的效益，以确定项目投资是否可行。项目后评价则是在项目建成以后，总结项目的准备、实施、完工和运营，并通过预测对项目的未来进行新的分析评价，其目的是总结经验教训，为改进决策和管理服务。所以，项目后评价要同时进行项目的回顾总结和前景预测。项目后评价是站在项目完工的时点上，一方面，检查总结项目的实施过程，找出问题，分析原因；另一方面，要以后评价为基点，预测项目未来的发展。项目前评估的重要判别标准是投资者要求获得收益率或基准收益率（社会折现率），而项目后评价的判别标准则重点是对比前评估的结论，主要采用对比的方法，这是后评价与前评估的主要区别。项目后评价与项目前评估比较详见表 16-1。

表 16-1　项目后评价与项目前评估比较

对比项目	前评估	后评价
时点	项目的起点	项目竣工验收后
目的	确定项目是否可以立项	总结经验教训，为改进决策和管理服务
内容	应用预测技术来分析评价项目未来的效益，确定项目投资是否可行	总结项目的准备、实施、完工、管理和运营，通过预测对项目未来进行分析评价
判别标准	投资者要求获得的收益率或基准收益率（社会折现率）	主要与前评估的结论对比，兼顾项目的实际影响
作用	为确立项目的科学决策服务	知识管理，为未来科学决策提供参考，兼有反腐败与防腐败的作用

16.1.3　项目后评价与项目竣工验收的区别

项目后评价与项目竣工验收具有密切的关系。

两者具有一些相同之处：同处于项目的后期，都是项目后期的重要工作，都涉及对项目成果的最终评价。

两者也有一些不同之处，具体见表 16-2。

表 16-2　项目后评价与项目竣工验收的区别

对比项目	后评价	竣工验收
时点	项目竣工验收后	项目建成后
执行机构	投资方委托的后评价机构	投资方、项目法人
服务对象	投资决策层	投资方、项目承建方
目的	分析评价，总结经验教训	确认项目成果、合同完成情况，为项目移交使用奠定基础
内容	重点是项目的可持续性及项目的宏观影响和作用	重点是确认项目的实物（交付成果）建成，技术质量、工期和费用等控制指标实现的结果，欠缺及问题的处理，财务及经济指标的实现情况，效益情况（交付时可考核部分）等
作用	知识管理、及时反馈信息，为未来科学决策提供参考，兼有反腐败与防腐败的作用	确认项目成果，形成相关的法律文件，具有法律意义，是项目移交使用的前提

16.1.4　项目后评价与项目审计的区别

项目审计与项目后评价有一些相同的作用，但项目审计与项目后评价也有一些区别，主要区别见

表 16-3。

表 16-3　项目后评价与项目审计的区别

对比项目	后评价	审计
时点	项目竣工验收后	项目生命期全过程
执行机构	后评价机构	审计机构
服务对象	投资决策层	政府、委托方
目的	分析评价，总结经验教训	审查项目各项经济活动的合法性、公允性、合理性及效益性
内容	重点是项目的可持续性及项目的宏观影响和作用	重点是经济活动、财务方面、报表审计、符合性审计和绩效审计
作用	知识管理、及时反馈信息，为未来科学决策提供参考，兼有反腐败与防腐败的作用	揭露错误和舞弊，制止违法违纪行为；提高项目效益，交流经验，吸取教训，是高层管理人员调控项目的重要手段

16.1.5　项目后评价与项目全过程评估

评估是指人们以自身的价值准则对某一目标事物价值性的判断过程。评估是人类最基本、最司空见惯的活动之一。在通常情况下，一个人在决定其某一行动之前，大都会自觉不自觉地对行动进行管理，特别是会对影响其行动成效的相关因素做出评估，做到知己知彼，进而正确决定进退取舍，力争百战不殆。评估是管理的重要内涵和手段。

现代项目评估的观点认为：项目全生命期的各个阶段都有相应的管理工作，也都存在相应的评估活动，现代项目评估应该是广义的项目全生命期的评估。项目前评估与项目后评价都是广义的项目全生命期评估的重要组成部分。评估或评价是人类认识能力的一种决定因素，无人不"会"，无时不在、无处不有、无事不需。

通常，评估与评价所蕴含的主要内容是一致的。评价原指评论货物的价值，现在也泛指衡量和评定人或事物的价值，评价是一种结论性的判断；评估是评价和估量，除了做出结论性的判断外，还包含对这种判断考察研究等估计和推断过程。评估所涉及的面更广一些、更深一些。评价或评估既是判断的工具，也是促进与保证决策科学化、管理有效化、达标完善化的手段。在现代科技迅猛发展、经济全球化过程加快、国际竞争越来越激烈的环境下，通过对项目的全过程评估实现科学决策、优化管理方式、提高管理效益，是应对竞争、适应经济社会发展新格局的重要管理范畴。

对项目的全过程的评估，国际上又具有许多组织（世界银行、日本海外协力基金组织等）进行了理论研究和具体实践。一个项目生命期的全过程评估如图 16-1 所示。

16.1.6　项目后评价的分类与管理

1. 按投资体制划分项目后评价的分类

就项目投资渠道和管理体制而言，项目后评价可分为以下几类。

（1）国家重点建设项目

这类项目由国家发展和改革委员会（以下简称"国家发改委"）制定评价规则、编制评价计划，委托独立的咨询机构来完成。目前，国家发改委、国务院国有资产监督管理委员会（以下简称国资委）等委托具有相应资质的甲级工程咨询机构（不得委托参加过同一项目前期工作和建设实施工作的

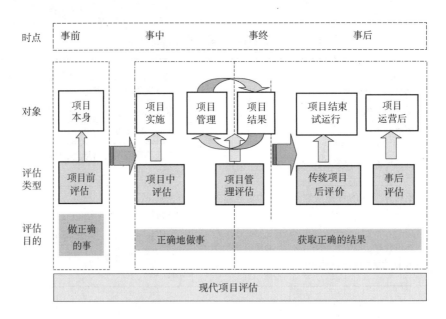

图 16-1　项目生命期的全过程评估图

工程咨询机构）承担该项目的后评价任务，实施项目后评价。国家发改委还专门建立项目后评价信息管理系统，负责项目后评价的组织管理工作。

国家重点建设项目后评价有多种类型，包括项目后评价、项目效益调查、项目跟踪评价、行业专题研究等。

（2）国际金融组织贷款项目

这类项目主要是指世界银行和亚洲开发银行在华的贷款项目。国际金融组织贷款项目按其规定开展项目后评价，中方项目管理和执行机构主要做一些后评价的准备和资料收集工作。作为中国政府对外窗口，财政部和中国人民银行也积极参与了这些项目后评价的指导和管理工作。当然，多数国际金融组织的贷款项目也是中国国家的重点建设项目，其中部分项目国家发改委也安排进行国内的后评价。

（3）国家银行贷款项目

过去国家建设项目的投资执行机构是中国人民建设银行。该行从 1987 年起就开展了国家投资大中型项目的效益调查和评价工作，目前已形成了自己的评价体系。1994 年，国家开发银行成立，对国家政策性投资实行统一管理。国家开发银行担负起对国家政策性投资业务的后评价工作，近年来在后评价机构建设、人员配备和业务开发上取得了重大的进展。

（4）国家审计项目

20 世纪 80 年代末，国家审计署建立，开始了对国家投资和利用外资大中型项目的正规审计工作。对这些主要项目的审计，国家审计署自己来完成，主要进行项目开工、实施和竣工的财务方面的审计。

（5）行业部门和地方项目

由行业部门和地方政府安排投资的建设项目一般由部门和地方去安排后评价。各行业、各地方的项目后评价的发展并不平衡，开展得比较好的有农林、能源、交通、卫生等部门和黑龙江、云南、山西、福建等地区。部门和地方项目管理机构还参与了在本部门或本地区的国家银行和世界银行、亚洲开发银行的项目后评价工作。

2. 项目后评价的机构和管理

到 1995 年，国家开发银行、中国建设银行和中国国际工程咨询公司等相继成立了后评价机构。这些机构大多类似世界银行的模式，具有相对的独立性。

工程咨询机构应对项目后评价报告质量及相关结论负责，并承担对国家秘密、商业秘密等保密责任。工程咨询机构在开展项目后评价工作中，如有弄虚作假行为或评价结论严重失实等情形的，根据情节和后果，依法追究相关单位和人员的行政和法律责任。

承担项目后评价任务的工程咨询机构，在接受委托后，应组建满足专业评价要求的工作组，在现场调查和资料收集的基础上，结合项目自我总结评价报告，对照项目可行性研究报告及审批文件的相关内容，对项目进行全面系统的分析评价，必要时应参照初步设计文件的相关内容进行对比分析。

承担项目后评价任务的工程咨询机构，应当按照委托单位的委托要求，根据业内应遵循的评价方法、工作流程、质量保证要求和执业行为规范，独立开展项目后评价工作，按时、保质地完成项目后评价任务，提供合格的项目后评价报告。

工程咨询机构在开展项目后评价的过程中，应重视公众参与，广泛听取各方面意见，并在后评价报告中予以客观反映。

国家发改委对国家重点建设项目建立了项目后评价信息管理系统，负责项目后评价的组织管理工作。中央企业的后评价工作由国资委规划发展局具体负责指导、管理。

一般情况下，国家发改委和国家开发银行选择后评价项目的原则包括以下几个方面：

1）对行业和地区发展、产业结构调整有重大指导和示范意义的项目。
2）对节约资源、保护生态环境、促进社会发展、维护国家安全有重大影响的项目。
3）对优化资源配置、调整投资方向、优化重大布局有重要借鉴作用的项目。
4）采用新技术、新工艺、新设备、新材料、新型投融资和运营模式，以及其他具有特殊示范意义的项目。
5）跨地区、跨流域、工期长、投资大、建设条件复杂，以及项目建设过程中发生重大方案调整的项目。
6）征地拆迁、移民安置规模较大，对贫困地区、贫困人口及其他弱势群体影响较大的项目。
7）使用中央预算内投资数额较大且比例较高的项目。
8）重大社会民生项目。
9）社会舆论普遍关注的项目。

国家发改委将委托中国工程咨询协会，定期对承担项目后评价任务的工程咨询机构和人员进行执业检查，并将检查结果作为工程咨询机构资质和个人资质管理及工程咨询成果质量评定的重要依据。

16.2 项目后评价的主要内容

项目后评价是以项目前期所确定的目标和各方面指标与项目实施结果之间的对比为基础的。因此，项目后评价的内容范围和项目分类大体上与前期评估的范围和分类相同。

16.2.1 评价项目的分类

国外评价项目的分类一般是按项目的效益评价方法和创造效益的资金来源划分的，通常可分为以下几类。

1. 生产类

如工业和农业。这类项目一般有直接的物质产品产出，通过投入产生并增加产出，其产出可提供更多的税收和财务收入，为社会提供直接的积累。当然，农业是与工业有所不同的生产行业，不少国家把农业另作一类，即包括农业、林业、牧业、渔业和水利灌溉等。

2. 基础设施类

如能源、交通、通信等行业。这类项目为生产类行业提供生产所必需的服务和条件，一般没有直接的产品产出。这类项目主要依靠社会生产的积累来投入，项目评价的要点是项目的经济分析和社会影响的效果。这类投入主要根据宏观经济政策和社会发展规划来确定。

3. 社会基础设施和人力资源开发类

如公共教育、公共卫生、公共社会服务和福利事业、环境保护、人员培训和技能开发等。这类项目由社会的公共积累来开支，一般与生产行业无直接服务关系。一些国家认为，人力资源开发是社会最重要、最根本的投入，这类项目的效益和影响最大、最深远，也有单独作为一类项目进行评价的。

16.2.2 项目后评价的层次与分级管理

目前，我国的项目后评价工作实行分级管理，一般可分为3个层次。

1. 项目承担主体对所实施项目的后评价

这一层次的后评价体现为完成项目自我总结评价报告，在项目内及时反馈评价信息，向后评价承担机构提供必要的信息资料，配合后评价现场调查以及其他相关事宜。这是项目业主作为项目法人，负责项目竣工验收后进行项目自我总结评价并配合投资主体具体实施项目后评价。

2. 项目投资主体组织的后评价

体现为投资主体（含国际组织、企业等）组织的、委托由有资质的项目（工程）咨询机构进行的独立项目后评价，投资主体可根据其上级主管部门的要求编制本组织的投资项目后评价实施细则，对项目后评价工作的内容和范围可有所侧重和取舍。各投资主体要制订本企业的投资项目后评价年度工作计划，有目的地选取一定数量的投资项目开展后评价工作；要加强投资项目后评价信息和成果的反馈，及时总结经验教训，以实现后评价工作的目的。

3. 政府主管部门组织的后评价

由国家发改委或国资委等政府部门审批可行性研究报告的中央政府投资项目组织的后评价。例如，国家发改委每年年初研究确定需要开展后评价工作的项目名单，制订项目后评价年度计划，印送有关项目主管部门和项目单位。

16.2.3 项目后评价的基本内容

1. 项目后评价的总体内容

基于项目后评价理论的发展，通常的项目后评价总体应包括项目效益后评价和项目管理后评价两方面内容。

（1）项目效益后评价

项目效益后评价是项目后评价理论的重要组成部分。它以项目投产后实际取得的效益（经济、社会、环境等）及隐含在其中的技术影响为基础，重新测算项目的各项经济数据，得到相关的投资效果指标，然后将它们与项目前期评估时预测的有关经济效果值（净现值 NPV、内部收益率 IRR、投资回收期等）、社会环境影响值（环境质量值 IEQ 等）进行对比，评价和分析其偏差情况及其原因，吸取经验教训，从而为提高项目的投资管理水平和投资决策服务。项目效益后评价具体包括经济效益后评价、项目的环境效益和社会效益后评价、项目可持续性后评价以及项目综合效益后评价。

1）经济效益评价。项目后评价的经济效益评价主要是指项目的财务评价和经济评价（或称国民经济评价），其主要原理与项目前期评估一样，只是评价的目的和数据取值不同。

2）项目的环境影响评价。项目后评价的环境影响评价是指对照项目前期评估时批准的《环境影响评价》重新审定项目环境影响的实际结果，审核项目环境管理的决策、规定、规范、参数的可靠性和实际效果。实施环境影响后评价应遵照国家环保法的规定，根据国家和地方环境质量标准、污染物排放标准以及相关产业部门的环保规定。在审核已实施的环评报告和评价环境影响现状的同时，要对未来进行预测。对有可能产生突发事件的项目，要有环境影响的风险分析。如果项目生产或使用对人类和生态危害极大的剧毒物品，或项目位于环境高度敏感的地区，或项目已发生严重的污染事件，还需要提出一份单独的项目环境影响后评价报告。环境影响后评价一般包括五部分内容：项目的污染控制、区域的环境质量、自然资源的利用、区域的生态平衡和环境管理能力。

3）项目的社会影响评价。从社会发展的观点来看，项目的社会影响评价是分析项目对国家（或地方）社会发展目标的贡献和影响，包括项目本身和对周围地区社会的影响。社会影响评价一般定义为对项目的经济、社会和环境方面产生的有形和无形的效益和结果所进行的一种分析。

4）项目的可持续性评价。项目可持续性评价的要点包括：

①确立项目目标、产出和投入与相关"持续性因素"之间的真实关系（因果联系）。

②区别在无控制条件下可能产生影响的因素，即行为因素与需执行者调整的结构因素。其中重要的一点是，一个因素对某些执行者来说是结构方面的问题而对其他人则可能是行为因素。

③区分在项目立项、计划、投资（决策）、项目运作和维持中各种因素的区别。对于项目各方面的了解是很重要的，因为不同的对象（如投资者、财政部、国家发改委、部门、地方、银行执行单位、项目组织实施单位和当地社区）对同一发展项目的看法可能是不一致的，包括对问题的不同理解、采取的不同措施和不同的目的等。

5）项目综合评价。项目综合评价包括项目的成败分析和项目管理的各个环节的责任分析。综合评价一般采用成功度评价方法。该评价方法是依靠评价专家或专家组的经验，综合后评价各项指标的评价结果，对项目的成功程度做出定性的结论，也就是通常所说的打分的方法。成功度评价是以用逻辑框架法分析项目目标的实现程度和经济效益的评价结论为基础，以项目的目标和效益为核心所进行的全面系统的评价。

(2) 项目管理后评价

传统的项目管理后评价是以项目竣工验收和项目效益后评价为基础，结合其他相关资料，对项目整个生命周期中各阶段管理工作进行评价。其目的是通过对项目各阶段管理工作的实际情况进行分析研究，形成项目管理情况的总体概念。通过分析、比较和评价，了解目前项目管理的水平。通过吸取经验和教训，以保证更好地完成以后的项目管理工作，实现项目预期目标。项目管理后评价包括项目的过程后评价、项目综合管理后评价及项目管理者评价，主要涉及以下几个方面：

1）投资者的表现。评价者要从项目立项、准备、评估、决策和监督等方面评价投资者和投资决策者在项目实施过程中的作用和表现。

2）借款人的表现。评价者要分析评价借款者的投资环境和条件，包括执行协议能力、资格和资信，以及机构设置、管理程序和决策质量等。世界银行、亚洲开发银行贷款项目还要分析评价协议承诺兑现情况、政策环境、国内配套资金等。

3）项目执行机构的表现。评价者要分析评价项目执行机构的管理能力和管理者的水平，包括合同管理、人员管理和培训以及与项目受益者的合作等。世界银行、亚洲开发银行贷款项目还要对项目技术援助、咨询专家使用、项目的监测评价系统等进行评价。

4）外部因素的分析。影响项目成果的还有许多外部管理因素，如价格的变化、国际国内市场条件的变化、自然灾害、内部形势不安定等，以及项目其他相关机构的因素，如联合融资者、合同商和供货商等。评价者要对这些因素进行必要的分析评价。

近年来，国际国内在项目管理评估方面有了较大的发展。2001年，国际项目管理协会推出了"国际卓越项目管理评估模型"，我国也在中国（双法）项目管理研究会的组织下研发了"中国卓越项管理评估模型"并开始运用,对项目管理的评估有了科学可依据的标准及一套极具可操作性的办法、流程,从而推动了对项目管理评估活动的实际进展。有关内容将在后面的章节中将专题进行介绍。

2. 项目后评价报告的重点内容

由于项目的特点不同、投资主体不同和隶属关系不同等原因,项目后评价的具体内容会有所不同。以2014年国家发改委颁布的《中央政府投资项目后评价报告编写大纲(试行)》要求为例,介绍项目后评价报告的重点内容。

(1)项目概况

1)项目基本情况。对项目建设地点、项目业主、项目性质、特点(或功能定位)、项目开工和竣工、投入运营(行)时间进行概要描述。

2)项目决策理由与目标。概述项目决策的依据、背景、理由和预期目标(宏观目标和实施目标)。

3)项目建设内容及规模。项目经批准的建设内容、建设规模(或生产能力),实际建成的建设规模(或生产能力);项目主要实施过程,并简要说明变化内容及原因;项目经批准的建设周期和实际建设周期。

4)项目投资情况。项目经批准的投资估算、初步设计概算及调整概算、竣工决算。

5)项目资金到位情况。项目经批准的资金来源,资金到位情况,竣工决算资金来源及不同来源资金所占比重。

6)项目运营(行)及效益现状。项目运营(行)现状,生产能力(或系统功能)实现现状,项目财务及经济效益现状,社会效益现状。

7)项目自我总结评价报告情况及主要结论。

8)项目后评价依据、主要内容和基础资料。

(2)项目全过程总结与评价

1)项目前期决策总结与评价。包括:项目建议书主要内容及批复意见,可行性研究报告主要内容及批复意见,项目初步设计(含概算)主要内容及批复意见(大型项目应在初步设计前增加总体设计阶段),项目前期决策评价。

2)项目建设准备、实施总结与评价。包括:项目实施准备,项目实施组织与管理,合同执行与管理,信息管理,控制管理,重大变更设计情况,资金使用管理,工程监理情况,新技术、新工艺、新材料、新设备的运用情况,竣工验收情况,项目试运营(行)情况,工程档案管理情况。

3)项目运营(行)总结与评价。包括:项目运营(行)概况,项目运营(行)状况评价。

(3)项目效果和效益评价

1)项目技术水平评价。包括:项目技术效果评价,项目技术标准评价,项目技术方案评价,技术创新评价,设备国产化评价(主要适用于轨道交通等国家特定要求项目)。

2)项目财务及经济效益评价。包括:竣工决算与可研报告的投资对比分析评价,资金筹措与可研报告对比分析评价,运营(行)收入与可研报告对比分析评价,项目成本与可研报告对比分析评价,财务评价与可研报告对比分析评价,国民经济评价与可研报告对比分析评价,其他财务、效益相关分析评价(如项目单位财务状况分析与评价)。

3)项目经营管理评价。包括:经营管理机构设置与可研报告对比分析评价,人员配备与可研报告对比分析评价,经营管理目标,运营(行)管理评价。

4)项目资源环境效益评价。包括:项目环境保护合规性,环保设施设置情况,项目环境保护效果、影响及评价,公众参与调查与评价,项目环境保护措施建议,环境影响评价结论,节能效果评价。

5)项目社会效益评价。包括:利益相关者分析,识别利益相关者,社会影响分析,互适应性分析,社会稳定风险分析。

(4) 项目目标和可持续性评价

1) 项目目标评价。包括：项目的工程建设目标，总体及分系统技术目标，总体功能及分系统功能目标，投资控制目标，经济目标，项目影响目标。

2) 项目可持续性评价。包括：项目的经济效益（主要包括项目全生命周期的经济效益、项目的间接经济效益），项目资源利用情况，项目的可改造性（主要包括改造的经济可能性和技术可能性），项目环境影响，项目科技进步性，项目的可维护性。

(5) 项目后评价结论和主要经验教训

1) 后评价主要内容和结论。包括：过程总结与评价，效果、目标总结与评价，综合评价。

2) 主要经验和教训。按照决策和管理部门所关心问题的重要程度，主要从决策和前期工作评价、建设目标评价、建设实施评价、征地拆迁评价、经济评价、环境影响评价、社会评价、可持续性评价等方面进行评述。

(6) 对策建议

1) 宏观建议。对国家、行业及地方政府的建议。

2) 微观建议。对企业及项目的建议。

16.3 项目后评价的程序与方法

16.3.1 项目后评价的程序

项目后评价的程序一般包括选定后评价项目、编制项目后评价计划、确定项目后评价范围、编写与报送项目自我总结评价报告、选择执行项目后评价的咨询机构及专家、实施独立后评价和出具项目后评价的报告等。

1. 后评价项目的选定

选择后评价项目有两条基本原则，即特殊的项目和规划计划总结需要的项目。选定后评价项目主要考虑：

1) 由于项目实施而引起运营中出现重大问题的项目。
2) 一些非常规的项目，如规模过大、建设内容复杂或带有试验性的新技术项目。
3) 发生重大变化的项目，如建设内容、外部条件、厂址布局等发生了重大变化的项目。
4) 急迫需要了解项目作用和影响的项目。
5) 组织管理体系复杂的项目（包括境外投资项目）。
6) 可为即将实施的国家预算、宏观战略和规划原则提供信息的相关投资活动的项目。
7) 为投资规划计划确定未来发展方向的有代表性的项目。
8) 对开展行业部门或地区后评价研究有重要意义的项目。

跟踪评价或中期评价的项目选定属于第1) 类项目，因为这类项目评价更注重现场解决问题，其后评价报告更类似于监测诊断报告，并针对症结所在提出具体的措施建议。一般后评价计划以项目为基础，有时难以达到从宏观上总结经验教训的目的，为此不少国家和国际组织采用了"打捆"的方式，就各行业或一个地区的几个相关的项目一起列入计划，同时进行后评价，以便在更高层次上总结出带有方向性的经验教训。

一般国家和国际组织均采用年度计划和2~3年滚动计划结合的方式来操作项目后评价计划。国家重点项目的后评价计划由国家发改委有关部门编制，以年度计划为主，按行业选择一些有代表性的项目进行后评价。

2. 编制项目后评价计划

选定进行后评价的项目之后,需要制订项目后评价的计划,以便项目管理者和执行者在项目实施过程中注意收集资料。从项目周期的概念出发,每个项目都应重视和准备事后的评价工作。因此,以法律或其他手段,把项目后评价作为建设程序中必不可少的一个阶段确定下来就显得格外重要。国家、部门和地方的年度评价计划是项目后评价计划的基础,时效性比较强。但是,与银行等金融组织不同的是,国家的后评价更注重投资活动的整体效果、作用和影响等。因此,国家的后评价计划应从长远角度和更高的层次上来考虑,做出合理安排,使之与长远目标结合起来。

3. 项目后评价范围的确定

由于项目后评价的范围很广,一般后评价的任务限定在一定的内容范围内,因此在评价实施前必须明确评价的范围和深度。评价范围通常在委托合同中确定,委托者要把评价任务的目的、内容、深度、时间和费用等,特别是那些在本次任务中必须完成的特定要求交代得十分明确具体。受托者应根据自身的条件来确定是否能按期完成合同。

国际上后评价委托合同通常有以下内容:

1)项目后评价的目的和范围,包括对合同执行者明确的调查范围。
2)提出评价过程中所采用的方法。
3)提出所评项目的主要对比指标。
4)确定完成评价的经费和进度。

4. 编写与报送项目自我总结评价报告

项目后评价通常分两个阶段实施,即自我评价阶段和独立评价阶段。列入项目后评价计划的项目单位,应当在项目后评价年度计划下达后在主管部门规定的时间内,向主管部门报送项目自我总结评价报告。

项目自我总结评价报告的主要内容包括:

1)项目概况。包括项目目标、建设内容、投资估算、前期审批情况、资金来源及到位情况、实施进度、批准概算及执行情况等。
2)项目实施过程总结。包括前期准备、建设实施和项目运行等过程总结。
3)项目效果评价。包括技术水平、财务及经济效益、社会效益、环境效益等评价。
4)项目目标评价。包括目标实现程度、差距及原因、持续能力等评价。
5)项目建设的主要经验教训和相关建议。

5. 项目后评价咨询机构和专家的选择

在项目独立评价阶段,需要委托一个独立的评价咨询机构去实施(通常委托具备相应资质的甲级工程咨询机构承担项目后评价任务),或由银行内部相对独立的后评价专门机构来实施,如世界银行的业务评价局。项目后评价往往由这两类机构来完成,一般情况下这些机构要确定一名项目负责人,该负责人不应是参与过此项目前期评估和项目实施的人。该负责人聘请并组织项目后评价专家组去实施后评估。近年来,我国从中央到地方已经陆续建立了各自的专家库。后评价咨询专家的聘用,要根据所评项目的特点、后评价要求和专家的专业特长及经验来选择。

项目后评价专家组由"内部"和"外部"两部分人组成。所谓"内部",就是被委托机构内部的专家。由于他们熟悉项目后评价过程和报告程序,了解后评价的目的和任务,一方面,可以顺利实施项目后评价;另一方面,费用也比较低。所谓"外部",就是项目后评价执行机构以外的独立咨询专家。聘请外部专家的优点是更为客观公正。因此,应聘请熟悉被评项目专业的真正行家,一方面,可以提高评估质量;另一方面,还可以解决执行机构内部人手不足的问题。

6. 实施独立项目后评价

承担项目后评价任务的工程咨询机构，在接受了委托、组建了满足专业评价要求的工作组后，后评价工作即可开始执行。

（1）资料信息的收集

项目后评价的基本资料应包括项目自身的资料、项目所在地区的资料、评价方法的有关规定和指导原则等。

项目自身的资料一般应包括：

1）项目自我评价报告、项目完工报告、项目竣工验收报告。
2）项目决算审计报告、项目概算调整报告及其批复文件。
3）项目开工报告及其批复文件、项目初步设计及其批复文件。
4）项目评估报告、项目可行性研究报告及其批复文件等。

项目所在地区资料包括国家和地区的统计资料、物价信息等。项目后评价方法规定的资料则应根据委托方的要求进行收集。目前，已经颁布项目后评价方法指导原则或手册的国内外主要机构有：联合国开发署、世界银行、亚洲开发银行、经济和合作发展组织、英国海外开发署、日本海外协力基金、国家发改委、国资委、中国国家开发银行、中国地方政府和行业主管部门、中国国际工程咨询公司、中国各省市工程咨询中心等。

（2）后评价现场调查

项目后评价现场调查应事先做好充分准备，明确调查任务，制定调查提纲。调查任务一般应回答以下问题：

1）项目基本情况。
2）目标实现程度。
3）项目管理情况。
4）作用和影响。

（3）分析和结论

后评价项目现场调查后，应对资料进行全面认真的分析，主要回答以下问题：

1）总体结果。
2）可持续性。
3）方案比选。
4）经验教训。

7. 出具项目后评价的报告

项目后评价报告是评价结果的汇总，是反馈经验教训的重要文件。后评价报告必须反映真实情况，报告的文字要准确、简练，尽可能不用过分生疏的专业化词汇；报告内容的结论、建议要和问题分析相对应，并把评价结果与将来规划和政策的制定、修改相联系。

16.3.2 项目后评价的 4 个阶段

国内项目后评价一般分为 4 个阶段：

1. 项目自评阶段

在项目自评阶段，由项目业主会同执行管理机构按照国家发改委或国家开发银行的要求编写项目的自我评价报告，报行业主管部门、开发银行等。后评价项目的自我评价是从项目业主或项目主管部门的角度对项目的实施进行全面的总结，为开展项目后评价做好准备。

项目自我评价的内容基本上与项目完工报告相同，侧重找出项目在实施过程中的变化，以及变化对项目效益等各方面的影响，并分析变化的原因，总结经验教训。在我国，由于国际金融组织（如世界银行、亚洲开发银行）、国家发改委和国家开发银行及各部门和地方对项目后评价的目的、要求和任务不尽相同，因此项目自我评价报告的格式也有区别。根据国家有关规定，从 1998 年起利用国内商业银行贷款的项目，凡是投资总额超过 2 亿元以上的，在项目完工以后必须进行后评价。因此，项目单位需要在银行评价之前提交一份项目执行自我评价报告。

2. 行业或地方初审阶段

在行业或地方初审阶段，由行业或省级主管部门对项目自评报告进行初步审查，提出意见，一并上报。

3. 正式后评价阶段

在正式后评价阶段，由具有资质的相对独立的后评价机构组织专家对项目进行后评价，通过资料收集、现场调查和分析讨论，提出项目的后评价报告，这一阶段也称为项目的独立后评价。项目的独立后评价要保证评价的客观公正性，同时要及时将评价结果报告委托单位。世界银行、亚洲开发银行的项目独立后评价由其行内专门的评价机构来完成，一般称这种评价为项目执行审核评价。为了达到后评价总结经验教训的目的，项目独立后评价的主要任务是在分析项目完工报告，或项目自我评价报告，或项目竣工验收报告的基础上，通过实地考察和调查研究，评价项目的结果和项目的执行情况。

4. 成果反馈阶段

反馈是后评价的主要特点，评价成果反馈的好坏是后评价能否达到其最终目的的关键因素之一。在项目后评价报告的编写过程中，应该广泛征求各方面意见，在报告完成之后要以召开座谈会等形式进行发布，同时散发成果报告。反馈是后评价体系中的一个决定性环节，是一个传达和公布评价成果信息的动态过程，可以保证这些成果在新建或已有项目中以及其他开发活动中得到采纳和应用。后评价反馈系统通过提供和传送已完成项目的执行记录，可以增强项目组织管理的责任制和透明度。反馈过程有两个要素：一是评价信息的报告和扩散，其中包含评价者的工作责任。后评价的成果和问题应该反馈到决策、规划、立项管理、评估、监督和项目实施等机构和部门。二是后评价成果及经验教训的应用，以改进和调整政府的决策程序及相关政策。这是反馈最主要的管理功能。在反馈程序中，必须在评价者及其评价成果与应用者之间建立明确的机制，以保持紧密的联系。

16.3.3 项目后评价的常用方法

国内项目后评价的方法主要参考项目前评估的评价方法和国际上通用的后评价方法，国家发改委和国家开发银行已经颁布了有关规定，并在不断地完善。国际上通用的后评价方法有统计预测法、对比分析法（有无比较法等）、逻辑框架法（LFA）及成功度法等定性与定量相结合的分析方法。本节就这几种方法作简要介绍。

1. 统计预测法

项目后评价包括对项目已经发生事实的总结，以及对项目未来发展的预测。因此，在后评价中，只有具有统计意义的数据才是可比的，后评价时点前的统计数据是评价对比的基础，后评价时点的数据是对比的对象，后评价时点以后的数据是预测分析的依据。因此，项目后评价的总结和预测是以统计学原理和预测学原理为基础的。

（1）统计原理、方法及其应用

1）统计调查。统计是一种从数量方面认识事物的科学方法。统计工作包括统计资料的搜集、整理和分析 3 个紧密联系的阶段。统计资料的搜集一般称为统计调查。统计调查是根据研究的目的和要求，采用科学的调查方法，有计划、有组织地搜集被研究对象的原始资料的工作过程。统计调查是统计工作的基础，是统计整理和统计分析的前提。统计调查要求实事求是，所搜集的资料必须准确、及时、全面。

统计调查是一项复杂、严肃和技术性较强的工作。每一项统计调查都应该事先制订一个调查方案或调查工作计划，作为调查全过程的指导性文件。调查方案一般包括：确定调查目的；确定调查对象和调查单位；确定调查项目，拟定调查表格；确定调查时间；制订调查的组织实施计划等。统计调查常用的方法有直接观察法、报告法、采访法和被调查者自填法等。

统计报表是统计调查的一种基本方式，报表包括的范围相对全面，指标体系系统分组齐全，指标内容和调查周期相对稳定。统计调查的另一种主要方式是专门调查。专门调查又可分为普查、重点调查、典型调查、抽样调查4种。

2）统计资料的整理。统计资料整理是统计工作的第二阶段。它是根据研究的任务，对统计调查阶段获得的大量原始资料进行加工汇总，使其系统化、条理化、科学化，以得出反映事物总体综合特征资料的工作过程。统计资料的整理工序有3个步骤：第一步，科学的统计分组，这是资料整理的前提；第二步，科学的汇总，这是资料整理的核心；第三步，编制科学的统计表，这是资料整理的结果。统计资料的汇总方式可分为：逐级汇总、集中汇总和综合汇总。

统计资料的汇总技术包括对资料的检查、资料的分组分类和专门的汇总手段。检查资料的准确性，可以通过逻辑检查和计算检查的方法。逻辑检查主要看资料的内容是否符合逻辑，指标之间是否相互矛盾等；计算检查是检查调查资料在计算方法和计算结果上是否有错误，计量单位是否准确等。

统计分组是根据研究的目的和任务，按照一定的标准，将所研究的社会经济现象划分为若干性质相同的部分或组。分组之后，组内部单位性质相同，组与组之间性质相异。统计分组是统计特有的方法，在资料整理和统计分析中起着重要的作用。只有对总体进行分组，才能对现象进行分门别类的研究，才能通过对事物个性的研究。认识事物的共性，才能通过对现象各个布局的了解认识现象的全貌。因此，科学的分组是统计科学的一个重要环节。统计资料的汇总手段主要是计算机汇总，简单的项目也可运用手工和机械汇总。

3）统计分析。统计分析是根据研究的目的和要求，采用各种分析方法，对研究的对象进行解剖、对比、分析和综合研究，以揭示事物的内在联系和发展变化的规律性。统计分析过程是揭示矛盾，找出原因，提出解决问题办法的过程。

统计分析的步骤如下：第一，根据统计分析的任务，明确分析的具体目的，拟订分析提纲；第二，对应于分析的统计资料进行评价和辨别真伪；第三，将评价并肯定的统计资料进行对照分析，从而发现矛盾，并探明问题的症结所在；第四，对分析的结果，做出结论，提出建议。

进行统计分析的方法有分组法、综合指标法、动态数列法、指数法、抽样和回归分析法、投入产出法等。统计分析的综合指标包括总量指标、相对指标、平均指标和标准变动度等。

4）统计学原理和方法在项目后评价中的应用。根据项目后评价的概念，后评价大量的基础资料是以统计数据为依据的，后评价的调查在许多方面与统计调查相同，其数据的处理和分析方法也与统计分析类似。因此，统计原理和方法完全可以应用在后评价实践中，也是后评价方法论原则之一。特别应指出，在经济和效益的统计中，统计学确定的不变价理论，使数据具有统计性和可比性，是项目后评价效益评价的一条重要原则。

（2）预测原则和方法

预测是对尚未发生或目前还不明确的事物进行预先的估计和推测，是在现时对事物将要发生的结果进行探讨和研究。预测的过程是从现在和已知的情况出发，利用一定的方法和技术去探索或模拟不可知的、未出现的或复杂的中间过程，推断出未来的结果。

在实际进行预测时，一般借助以下几条原则：

1）惯性原则。该原则认为，没有一种事物的发展会与其过去的行为没有联系。过去的行为不仅影响现时，还会影响未来。这表明，任何事物的发展都带有一定的延续性。这一特点一般称为惯性。惯性往往有两种形式,即经济内在联系的惯性与经济系统的某些方面在一定的发展阶段所呈现的惯性。以惯性原则为前提的预测技术主要有:利用回归法建立因果关系的预测模型,利用时间序列外推法建立趋势预测模型等,这也是应用最多的预测方法。

2) 类推原则。该原则认为,许多事物相互之间在发展变化上常有类似的地方。利用事物与其他事物的发展变化在时间上前后不同,但在表现形式上有相似的特点,有可能把先发展事物的表现过程类推到后发展事物上去,从而对后发展事物的前景做出预测。

3) 相关原则。该原则认为,任何事物的发展变化都不是孤立的,都是在与其他事物的发展变化相互联系、相互影响的过程中确定其轨迹的。利用事物发展过程中的相关性进行预测,是开展预测工作的重要方法之一。

4) 概率推断原则。该原则认为,随机变化的不确定性给预测工作带来很大困难,需要预测者提出确定的结论,一般应采用概率推断。概率的原则就是当推断预测结果能以较大概率出现时,就认为这个结果是成立的、可用的。

常用的预测方法有回归预测、趋势预测、投入产出预测和调研预测等。

(3) 预测步骤

1) 预测因素分析。根据预测目的明确需要研究的变量,而后分析影响这些主要变量的因素。

2) 搜集和审核资料。统计资料是预测的基础。做好因素分析后,应进行调查研究,广泛搜集有关的历史和现实资料,包括问题和各种不同意见等。要认真审核资料,保证其完整性和可比性。

3) 绘制散点图。在进行回归分析和趋势预测时,可先将审核后的资料绘制成散点图,观察其结构形式,将其作为选择数学模型的依据。

4) 选择数学模型和预测方法。

5) 检验预测技术的适用性。

6) 预测并选定预测值。

预测技术已广泛应用于投资项目的可行性研究以及评估、项目后评价的实践中,特别在项目效益评价方面普遍采用了预测学常用的模式。根据项目后评价的特点和预测学原则,投资项目后评价主要采用的预测技术包括趋势外推法、参照对比法和专家调查预测法等。

项目后评价中有两种主要的预测方法:一种是在有无对比中,对无项目条件下可能产生的效果进行假定的估测;另一种是对项目今后效益的预测,这种预测以后评价时点为基准,参考时点前的发展趋势,一般采用项目前期评估的方法进行测算。

2. 对比分析法

后评价方法论的一条基本原则是对比法则,主要方法之一是对比分析法。对比分析法是把客观事物加以比较,以达到认识事物的本质和规律并作出正确的评价。对比的目的是要找出变化和差距,为提出问题和分析原因找到重点。在对比分析中,选择合适的对比标准是十分关键的步骤。选择合适,才能做出客观的评价;选择不合适,评价可能得出错误的结论。对比分析方法包括前后对比、有无对比和横向对比等。对比分析按说明的对象不同可分为单指标对比,即简单评价;多指标对比,即综合评价。在进行对比分析时应注意的是:

1) 指标的内涵和外延可比。

2) 指标的时间范围可比。

3) 指标的计算方法可比。

4) 总体性质可比。

(1) 前后对比法

投资活动的前后对比(Before and After Comparison)是指将项目实施之前与项目完成之后的情况加以对比,以确定项目效益的一种方法。前后对比法是项目实施前后相关指标的对比,用以直接估量项目实施的相对成效。它在项目后评价中则是指将项目前期的可行性研究和评估的预测结论与项目的实际运行结果相比较，以发现变化和分析原因。这种对比用于揭示计划、决策和实施的质量，是项目过程评价应遵循的原则。

评价是通过项目的实施所付出的资源代价与项目实施后产生的效果进行对比得出的项目好坏。方法论的关键是要求投入的代价与产出的效果口径一致。也就是说，所度量的效果要真正归因于项目。但是很多项目，特别是大型社会经济项目，实施后的效果不仅仅是项目的效果和作用，还有项目以外多种因素的影响。因此，简单的前后对比不能得出项目效果的真正结论。

例如，由世界银行资助的我国华北平原农业项目，总投资1.8亿美元，1980年立项，1987年竣工。该项目的主要内容是在华北三省的9个县建立20万公顷土壤改良和改善排灌设施的开发样板。项目后评价结果发现，该项目刚刚结束就已经达到预期的产量目标；经济内部收益率为56%，大大超过前期评估的目标值。事实上，从该项目立项以来，我国农村进行了重大的经济体制改革，实行了联产承包责任制，农产品价格大幅度提高。显然，如果没有该项目，这些地区的农业产出也会有相当大的提高。因此，该项目的后评价必须采用下面介绍的有无对比的方法。有无对比的经济内部收益率结果与前后对比的结果相差23个百分点。

（2）有无对比法

有无对比（With and Without Comparison）是指将项目实际发生的情况与若无项目可能发生的情况进行对比，以度量项目的真实效益、影响和作用。对比的重点是要分清项目作用的影响与项目以外作用的影响。这种对比用于项目的效益评价和影响评价，是项目后评价的一个重要方法论原则。这里说的"有"与"无"指的是评价的对象，即计划、规划或项目。有无对比法是指在项目周期内"有项目"（实施项目）相关指标的实际值与"无项目"（不实施项目）相关指标的预测值对比，用以度量项目真实的效益、作用及影响。

后评价中的效益评价任务就是要剔除那些非项目因素，对归因于项目的效果加以正确的定义和度量。由于无项目时可能发生的情况往往无法确定地描述，项目后评价中只能用一些方法去近似地度量项目的作用。理想的做法是在该受益范围之外找一个类似的"对照区（control area）"，进行比较和评价。

通常项目后评价的效益和影响评价要分析的数据和资料包括：项目前的情况、项目前预测的效果、项目实际实现的效果、无项目时可能实现的效果、无项目的实际效果等，图16-2为项目有无对比示意图。

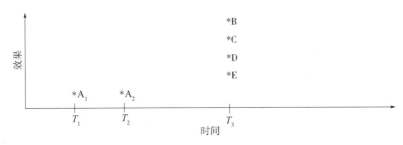

图16-2　项目有无对比示意图

A_1—项目开工　A_2—项目完工　B—项目实际效果

C—项目前的预测效果　D—无项目实际效果　E—无项目，外部条件与开工时相同

T_1—项目开工时间　T_2—项目完工时间　T_3—项目后评价时间

如图16-2所示，项目的有无对比不是前后对比（B/A_1或B/E），也不是项目实际效果与项目前预测效果之比（B/C），而是项目实际效果与若无项目实际或可能产生的效果的对比（B/D）。有无对比需要大量可靠的数据，最好有系统的项目监测资料，也可引用当地有效的统计资料。在进行对比时，

先要确定评价内容和主要指标，选择可比的对象，通过建立比较指标的对比表用科学的方法收集资料。

(3) 横向对比法

横向对比是同一行业内类似项目相关指标的对比，用以评价企业（项目）的绩效或竞争力。目前国际国内推行的标杆管理（Benchmarking，或称准优胜基准）也是一种横向对比方法。标杆管理是以行业中的领先团队为标准或参照，通过资料收集、分析比较、跟踪学习等一系列的规范化的程序，改进绩效，赶上并超过竞争对手，成为领先者的方法和活动。施乐公司将标杆管理定义为"一个将产品、服务和实践与最强大的竞争对手或是行业领导者相比较的持续流程"。它是对产生最佳绩效的行业最优的经营管理实践的探索，也是一种团队学习的方法。

3. 逻辑框架法

逻辑框架法（Logical Framework Approach，LFA）是一种概念化论述项目的方法，即用一张简单的框图来清晰地分析一个复杂项目的内涵和关系，将几个内容相关、必须同步考虑的动态因素组合起来，通过分析其间的关系，从设计策划到目的、目标等方面来评价一项活动或工作。

LFA 是美国国际开发署（USAID）在 1970 年开发并使用的一种设计、计划和评价的工具。目前，已有 2/3 的国际组织把 LFA 作为援助项目的计划管理和后评价的主要方法。LFA 不是一种机械的方法程序，而是一种综合和系统地研究和分析问题的思维框架。在后评价中采用 LFA 有助于对关键因素和问题做出系统、合乎逻辑的分析。

LFA 的核心概念是事物的因果逻辑关系，即"如果"提供了某种条件，"那么"就会产生某种结果。这些条件包括事物内在的因素和事物所需要的外部因素。LFA 为项目计划者和评价者提供一种分析框架，用以确定工作的范围和任务，并通过对项目目标和达到目标所需的手段进行逻辑关系的分析。

(1) LFA 的基本模式

LFA 的模式是一张 4×4 的矩阵，见表 16-4。

表 16-4　LFA 的基本模式

层次描述	客观验证指标	验证方法	重要外部条件
目标	目标指标	监测和监督手段及方法	实现目标的主要条件
目的	目的指标	监测和监督手段及方法	实现目的的主要条件
产出	产出物定量指标	监测和监督手段及方法	实现产出的主要条件
投入	投入物定量指标	监测和监督手段及方法	落实投入的主要条件

比较具体的实际应用的项目后评价逻辑框架表，见表 16-5。

表 16-5　项目后评价逻辑框架表

项目描述	可客观验证的指标			原因分析		项目可持续能力
	原定指标	实现指标	差别或变化	内部原因	外部条件	
项目宏观目标						
项目直接目的						
产出/建设内容						
投入/活动						

LFA 的常规应用逻辑框架是通过对项目设计的清晰描述，更清楚地了解项目的目的和内容，从而改进和完善项目的决策立项、项目准备和评估程序。LFA 立足于项目的发展和变化，因为要获取理想的成果，必须在最大成本-效果分析中进行多方案比较。因此，LFA 是把项目管理的诸多方面融合起来进行综合分析。LFA 主要包括以下几个方面：

1) 通过结果判断管理水平。立项主要立足于项目的目的和目标，具体建设内容是次要的。项目成功的判定标准主要是项目目标的实现程度，因为项目结果是对管理水平的最好判别。这里隐含着一个因果关系，即项目管理水平导致项目的结果，项目的结果体现项目管理的水平。

2）从实践中学习。由于项目实践中不确定因素很多，不断地从项目结果中学习是项目实施过程中的一项重要任务。就此而言，项目过程是一个学习系统。

3）进行全面的系统分析。项目不是孤立的，而是社会系统的一部分，实施项目必然会与外界环境产生关联，因此对项目的分析应该是全面的。

4）目标合同。各种合同的基本特征是相同的，主要包括结果和产出、严密的外部条件和实现的目标等。

5）分析因果关系。LFA的核心是分析事物发生的原因和后果之间的关系。如果项目不同层次目标间因果关系明确，项目计划编得好，那么执行也就顺利。应用LFA进行计划和评价时的一项主要任务是对项目最初确定的目标做出清晰的定义和描述，具体为：

①清晰并可度量的目标。
②不同层次的目标和最终目标之间的联系。
③确定项目成功与否的测量指标。
④项目的主要内容。
⑤计划和设计时的主要假设条件。
⑥检查项目进度的办法。
⑦项目实施中要求的资源投入。

(2) 逻辑框架法的层次和逻辑关系

1）层次划分。LFA把目标及因果关系划分为4个层次：

①目标（Goal）。目标通常是指高层次的目标，即宏观计划、规划、政策和方针等。该目标可由几个方面的因素来实现。宏观目标一般超越了项目的范畴，是指国家、地区、部门或投资组织的整体目标。这个层次目标的确定和指标的选择一般是由国家或行业部门负责。

②目的（Objectives or Purposes）。目的是指"为什么"要实施这个项目，即项目直接的效果和作用。一般应考虑项目为受益目标群带来什么，主要是社会和经济方面的成果和作用。这个层次的目标由项目和独立的评价机构来确定，指标由项目确定。

③产出（Outputs）。这里的"产出"是指项目"干了些什么"，即项目的建设内容与产出物或项目成果。一般要提供项目可计量的直接结果。

④投入和活动（Inputs and Actives）。该层次是指项目的实施过程及内容，主要包括资源的投入量和时间等。

2）垂直逻辑关系。以上4个层次由下而上形成了3个逻辑关系。第一级是直接资源投入与直接成果产出的关系，即如果保证一定的资源投入，并加以很好的管理，则预计有怎样的产出；第二级是项目产出与中观环境的关系，即项目的产出与社会或经济的变化之间的关系；第三级是项目产出与宏观环境的关系，即项目的目的对整个地区甚至整个国家更高层次目标的贡献关联性。

如上所述，在LFA中称为"垂直逻辑（Vertical Logic）"可用来阐述各层次的目标内容及其上下间的因果关系。

3）水平逻辑关系（Horizontal Logic）。LFA的垂直逻辑分清了评价项目的层次关系。每个层次的目标水平方向的逻辑关系则由验证指标、验证方法和重要的假定条件所构成，从而形成了LFA的4×4的逻辑框架。

水平逻辑的3项内容主要包括：

①客观验证指标（Objective Verifiable Indicators）。各层次目标应尽可能有客观可度量的验证指标，包括数量、质量、时间及人员。在后评价时，一般每项指标应具有3个数据，即原来预测值、实际完

成值、预测和实际间的变化和差距值。

②验证方法（Means of Validation）。验证方法包括主要资料来源（监测和监督）和验证所采用的方法。

③重要的假定条件（Important Assumption Conditions）。

一是需要假定风险，这是最重要的假定条件。对项目的后评价需要分析可能对项目进展或成果产生影响，而项目管理者又无法控制的外部条件。这种失控的发生有多方面原因，首先是项目所在地的特定自然环境及其变化。例如，农业项目，管理者无法控制的一个主要外部因素是气候，变化无常的天气可能使庄稼颗粒无收，计划彻底失败。这类风险还包括地震、干旱、洪水、台风、病虫害等。其次是需要假定政府在政策、计划、发展战略等方面的失误或变化会给项目带来什么严重的影响。例如，一些发展中国家的产品价格极不合理，农产品价格很低，即使项目的设计和实施完成得再好，经济效果仍然不好。

二是需要假定由管理部门体制不合理而使项目的投入产出与其目的目标分离。例如，一些国家的农田灌溉设施由水资源部门管理，一个具体的农业项目（包括良种、化肥、农药、农机设施、农技服务、水利灌溉等多项内容）可能因为水资源部门不合理的水量分配而大大降低效益。

总而言之，项目的假定条件很多，一般应选定其中几个最主要的因素作为假定的前提条件。通常项目的原始背景和投入/产出层次的假定条件较少，而产出/目的层次间所提出的不确定因素往往会对目的/目标层次产生重要影响。由于宏观目标的成败取决于一个或多个项目的成败，因此最高层次的前提条件是十分重要的。在后评价中可以建立目标树，以便于分析问题，找出问题间的因果关系；分清各目标的层次，确定项目的主要目标。换言之，某个建设项目的目标是为了解决实际存在的某个问题。

4）问题树和目标树。对问题的分析可以用一棵树的模型来表示，而解决问题是项目的目的，因此可以与问题树一一对应地建立一棵目标树。有些问题可能与项目没有直接的关系，但项目的目标一旦实现，问题就可以解决，关键取决于其他外部条件或风险，需要从战略上采取措施。当然这些措施不可能由项目自身来实现，而需要对项目的工作进行密切的监督和监测，甚至作为贷款条件来限定。

问题树和目标树的建立是编制 LFA 结构的基础，可以作为后评价分析的一个步骤。目标树的建立可分为两步，即问题分析和目标分析。

①问题分析。问题分析的步骤包括：记录所有的问题、选择核心问题、在核心问题下列出问题的直接原因、在核心问题上列出问题的直接效果、在直接原因下和直接效果上列出间接原因和间接效果。这样就构成了以核心问题为中心的"树"和"树枝"。

②目标分析。用上述同样的方法建立目标树，项目的目的一般应在设计文件中有所表述。项目要解决的主要问题应是目标树的核心，要按因果关系来确定目标的层次。在目标树中应以目的达到需采用的手段的逻辑来表示其因果关系。

(3) LFA 在项目后评价中的应用

在项目准备阶段，采用逻辑框架法可以明确项目的目的和目标，确定考核项目实施结果的主要指标，分析项目实施和运营中的主要风险，从而加强项目的实施和监督管理。因此，国际上已普遍应用到项目的评估中。例如，英国的海外开发署规定，其所有海外投资项目在评估时，评估人员须填报项目的逻辑框架，作为批准项目的必备文件。项目后评价的主要任务之一是分析评价项目目标的实现程度，以确定项目的成败。项目后评价通过应用 LFA 来分析项目预期目标、各种目标的层次、目标实现的程度和原因，用以评价效果、作用和影响。因此，国际上不少组织把 LFA 作为后评价的方法论原则之一。

采用逻辑框架法进行项目后评价时，可根据后评价的特点和项目特征在格式和内容上进行一些调整，以适应不同评价的要求。LFA 一般可用来进行目标评价、项目成败的原因分析、项目可持续评价等。

建立项目后评价 LFA 目的是依据其中的资料确立目标层次间的逻辑关系，用以分析项目的效率、效果、影响和持续性。

1) 效率性。效率性主要反映项目投入与产出的关系，即反映项目把投入转换为产出的程度，同时也反映项目管理的水平。效率分析的主要依据是项目监测报表和项目完成报告（或项目竣工报告）。项目的监测系统主要为改进效率性而提供信息反馈建立的；项目完成报告主要反映项目实现产出的管理业绩，核心是效率。分析和审查项目的监测资料和完工报告是后评价的一项重要工作，是用 LFA 进行效率性分析的基础。

2）效果性。效果性主要反映项目的产出对目的和目标的贡献程度。项目的效果性主要取决于项目对象群对项目活动的反映。对象群对项目的行为是分析的关键，在用 LFA 进行项目效果性分析时要找出并查清产出与效果间的主要因素，特别是重要的外部条件。效果性分析是项目后评价的主要任务之一。

应用 LFA 进行影响分析时应能分清并反映出项目对当地社区的影响和项目以外因素对社区的影响。一般项目的影响分析应在项目的效率性和效果性评价的基础上进行，有时可推迟几年单独进行。

3）持续性。持续性分析主要通过项目产出、效果、影响的关联性，找出影响项目持续发展的主要因素，分析满足这些因素的条件和可能性，提出相应的措施和建议。一般在后评价 LFA 的基础上需重新建立一个项目持续性评价的 LFA，在新的条件下对各种逻辑关系进行重新预测。在持续性分析中，风险分析是其中一项重要的内容。LFA 是风险分析的一种常用方法，它可以把影响发展的项目内在因素与外部条件区分开来，明确项目持续发展的必要的政策环境和外部条件。

4. 成功度法

成功度法是根据项目各方面的执行情况并通过系统标准或目标判断表来评价项目的总体成功度。依靠评价专家或专家组的经验，综合各项指标的评价结果，对项目的成功程度做出定性结论，在此基础上进一步转换成量化的分数，也就是通常所称的打分的方法。这是一种定性和定量相结合的效益分析方法。成功度评价是以用逻辑框架法分析的项目目标的实现程度和经济效益分析的评价结论为基础，以项目的目标和效益为核心，所进行的全面、系统的评价。它是进行项目综合评价的方法之一。进行项目成功度分析时，把建设项目评价的成功度分为 5 个等级：

1）完全成功的（A）。项目的目标都已全面实现或超过，相对成本而言，项目取得巨大的效益和影响。

2）基本成功的（B）。项目的大部分目标已经实现，相对成本而言，项目达到了预期的效益和影响。

3）部分成功的（C）。项目实现了原定的部分目标，相对成本而言，项目只取得了一定的效益和影响。

4）不成功的（D）。项目实现的目标非常有限，相对成本而言，项目几乎没有产生正效益和影响。

5）失败的（E）。项目的目标是不现实的，无法实现，相对成本而言，项目不得不终止。

在具体操作时，项目评价组成员每人填好一张表后，对各项指标的取舍和等级进行内部讨论，或经必要的数据处理，形成评价组的成功度表，再把结论写入评价报告。

成功度的量化转换可参考表 16-6 所示成功度打分表。

表 16-6 成功度打分表

成功度		细化的考核内容			综合评分范围（分）	
		目标实现情况	效益情况	其他指标	十分制	或百分制
A	完全成功	全面实现或超过	巨大的效益和影响		9~10	90~100（间隔为5）
B	基本成功	绝大部分完成	预期的效益和影响		7~8	65~85
C	部分成功	原定的一部分	一定的效益和影响		5~6	40~60
D	不成功	非常有限	几乎没有产生什么正效益和影响		2~4	15~35
E	失败	无法实现	不得不终止		0~1	0~10

评价人员首先要根据具体项目的类型和特点，设置项目成功度表中的评价项目的相关指标。为了细化，还可以根据确定表中指标与项目相关的程度，把它们分为"重要""次重要"和"不重要"的类别和权重。

一种细化、但不评分的成功度评价表参见表 16-7。

表 16-7 项目成功度评价表

序号	评定项目指标	项目相关重要性	评定等级
1	宏观目标和产业政策		
2	决策及其程序		
3	布局与规模		
4	项目目标及市场		
5	设计与技术装备水平		
6	资源和建设条件		
7	资金来源和融资		
8	项目进度及其控制		
9	项目质量及其控制		
10	项目投资及其控制		
11	项目经营		
12	机构和管理		
13	项目财务效益		
14	项目经济效益和影响		
15	社会和环境影响		
16	项目可持续性		
	项目总评		

注：1. 项目相关重要性分为：重要、次重要、不重要。
   2. 评定等级分为：A—成功，B—基本成功，C—部分成功，D—不成功，E—失败。

16.4 项目后评价报告的编写

16.4.1 项目后评价报告的编写要求

项目后评价报告是评价结果的汇总，一方面，应真实反映情况，客观分析问题，认真总结经验；另一方面，后评价报告是反馈经验教训的主要文件，必须满足信息反馈的需要，而且后者显得更为重要。因此，后评价报告有相对固定的内容格式。项目后评价报告编写有以下要求。

1. 规范报告的体例与文字

报告文字准确清晰，尽可能不用过分专业化的词汇，报告应包括摘要、项目概况、评价内容、主要变化和问题、原因分析、经验教训、结论和建议、评价方法说明等。这些内容既可以形成一份报告，也可以单独成文上报。

2. 注意报告内容之间的对应关系

报告的内容和结论要与问题和分析相对应，经验教训和建议要把评价的结果与将来规划和政策的制定、修改联系起来。

16.4.2 项目后评价报告的内容与格式

一般项目后评价报告的内容包括项目概况、项目实施过程的总结与评价、项目效果和效益评价、项目环境和社会效益评价、项目后评价结论和主要经验教训、对策建议等几个部分。其内容与格式要求可参见 2014 年国家发改委颁布的《中央政府投资项目后评价报告编制大纲（试行）》。

16.5　项目管理后评价

16.5.1　项目管理后评价概述

1. 项目管理后评价的概念

项目管理后评价也称项目管理评价，是项目管理评估人员依据相关的准则，运用科学原理和方法，通过对评估对象的项目管理过程和结果进行测量、评定，进而对项目管理做出综合估判，确定项目管理能力和水平的行为和过程。项目管理后评价的对象是项目管理的全过程。

项目管理后评价是在项目竣工验收和项目效益后评价的基础上，通过对项目整个生命周期内各阶段的管理工作的评价及综合管理评价，达到总结前期工作经验和教训，指导后期项目的运营管理工作的作用。同时，通过项目管理后评价能促使项目管理水平不断提高，为更好地完成项目目标服务。

项目管理后评价主要有 3 个方面的内容：

（1）项目过程后评价

项目过程评价是指通过对项目建设全过程的评价来研究和解决项目存在的问题，涉及对项目的立项决策、设计施工、竣工投产、生产运营等全过程进行系统分析，找出问题所在，使后评价结论有根有据，同时针对问题提出解决方法。

项目过程后评价根据项目类型不同会有不同的侧重，但不论是哪一种类型的项目，项目过程后评价均包括项目立项决策后评价、项目实施工作后评价和项目生产运营后评价三部分内容。

（2）项目综合管理的后评价

项目综合管理后评价是针对项目管理中的计划、组织、协调、控制等活动进行的综合评价，其目的是提高项目综合管理水平，为以后的项目服务。

（3）项目管理者的后评价

项目管理者的后评价主要是针对项目管理团队的后评价，主要从团队领导、团队管理、团队发展等方面进行综合评价。

2. 项目管理后评价的发展

有关项目管理的评价起步较晚，项目管理成熟度模型是项目管理评价的模型之一，主要是应用于组织层级的项目管理评价。

1997 年，德国借鉴欧洲质量管理模型，结合项目管理的特点，研发了"卓越项目管理模型"（Project Excellence Model），开始用于对单个项目的项目管理评估。2001 年，国际项目管理协会（IPMA）以"国际卓越项目管理评估模型"为评估准则在全球开展项目管理大奖评选活动，并用于项目管理水平的评估。我国从 2004 年着手研究适合我国的卓越项目管理评估模型。2006 年，中国（双法）项目管理研究委员会组织国内专家在引进、消化、吸收"国际卓越项目管理评估模型"的基础上，结合我国国情,改造、创新、开发了"中国卓越项目管理评估模型"。该模型通过了专家论证、评审,已经开始应用,并得到了 IPMA 的肯定。

16.5.2 "国际卓越项目管理评估模型"框架

IPMA "国际卓越项目管理评估模型"是目前项目管理后评价最具权威的评价模型之一。该模型根据项目管理的特点,共设有 9 个评估要素,分为"项目管理(500 分)"和"项目结果(500 分)"两个部分,如图 16-3 所示。

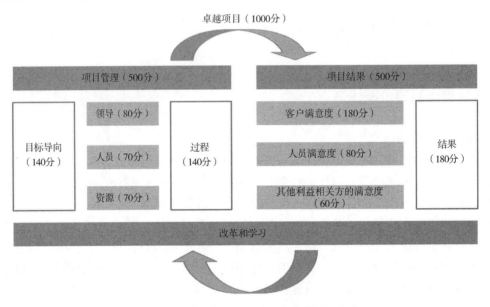

图 16-3 "国际卓越项目管理评估模型"框架

在"目标导向"项中,需要评估如何基于充足的项目利益相关者的需求信息,设定、开发、跟踪检查并实现项目目标的情况,还必须展示如何识别并确定项目利益相关者的期望值和需求,如何基于充足的相关信息,综合、权衡、优化项目目标以及如何赋予实施、检验、调整并实现项目目标。

在"领导"项中,需评估领导者如何激励、支持和促进"卓越项目管理"的情况,提供领导者追求卓越并积极有效推进的实证,提供领导者如何关心客户、供应商和其他机构的例证。

在"人员"项中,需评估项目团队成员如何参与到项目中,他们的潜力、能力和积极性是如何被识别、开发、维护和发展,并为项目目标的实现而发挥作用的,以及项目团队成员如何被授权及独立开展工作的情况。

在"资源"项中,需评估如何充分、合理、高效率利用现有资源的情况,需说明项目是如何计划并使用财政资源,信息资源、供应商及他们所提供的服务,以及其他必要资源的情况。

在"过程"项中,主要评估如何确定、审核,在必要时变更项目过程的情况。说明项目成功所需的过程是如何被系统化地确定、管理、审核、调整和优化的;项目管理的方法和体系是如何被选择、有效地采用并加以改进的,以及如何将过去和当前的经验教训提取、积累并文档化,并使其他项目受益的。

在"客户满意度"项中,需评估项目在这方面达到的成果,包含客户的期望值和满意度情况,需展示客户是如何评价项目所取得的绩效和成果的。要有直接和间接的度量。

在"人员满意度"项中,需表明项目所达到的成果,包括参与员工的期望值和满意度情况,展示出员工和项目经理如何评价该项目、项目过程中的团队合作以及项目绩效和项目结果。也要有直接和间接的度量。

在"其他利益相关者满意度"项中,需评估项目对各利益相关者达到的成果,包含各利益相关者的期望值和满意度情况,说明该项目对其他利益相关者所产生的直接影响和间接影响。

在"结果"项中,须证明项目所取得的预期成果,包括项目目标的实现情况、完成的程度(占75%)以及其他绩效情况(占25%)。

16.6 案例:××煤矿建设项目后评价报告简介

本案例主要介绍后评价报告的基本结构,包括报告目录、报告的主要内容摘要、相关的资料等,以便读者了解报告的编写要求。

16.6.1 报告的目录

1. 项目概况
1.1 项目情况简述
1.2 项目建设背景及决策要点
1.3 项目主要建设内容
1.4 项目实施进度总体情况
1.5 项目主要参建单位
1.6 项目总投资、资金来源及到位情况
1.7 项目运行及效益现状
2. 项目实施全过程的情况与评价
2.1 项目前期决策阶段
2.2 项目建设准备阶段
2.3 项目建设实施阶段
2.4 项目运营阶段
3. 项目效果和效益评价
3.1 项目技术水平情况与评价
3.2 项目财务经济效益评价
3.3 项目社会影响评价
4. 项目可持续性评价
4.1 项目地区煤炭市场预测
4.2 项目竞争优势与劣势
4.3 项目可持续性分析
5. 建设项目的总体评价、存在问题及意见和建议
5.1 项目成功度评价
5.2 总体评价
5.3 存在问题
5.4 意见和建议
附件1:××煤矿建设项目后评价工作组名单(省略)
附件2:项目成功度评分汇总表(省略)

附表 3：项目招标情况统计表（省略）
附表 4：项目建设期合同管理情况表（省略）
附表 5：项目建设进度及质量情况统计表（省略）

16.6.2 报告主要内容摘要

1. 项目概况

为落实国家西部大开发的战略决策，积极发展地方经济，××省以煤炭资源为基础，以"西电东送"为契机，组织规划了三批电源点项目，其中××电厂属第二批火电项目之一。××电厂设计装机容量 4×300MW，于 2005 年初开工建设，2007 年 6 月两台机组投入运行。

根据××省煤电项目规划，××煤矿是××电厂的电煤配套矿井，其煤炭产品主供××电厂。按照××省《关于下发 2005 年开工建设配套电煤项目调整名单的通知》（××电办［2005］02 号文），将煤矿建设规模由 120 万 t/a 调整到 60 万 t/a（该规模××省有权审批），要求 2005 年 9 月下旬开工建设。

矿井的开发建设符合国家的产业政策，有利于促进区域经济的发展，有利于建成××能化有限公司煤炭生产基地和安全高效现代化矿井。根据××煤矿的具体条件，按照建设安全、高效现代化煤矿的要求，采用合理的开拓方式、先进的生产工艺和装备，建立完善的生产、辅助生产系统和安全保障系统，包括矿建、土建、安装三类工程。

初步设计建设工期为 39 个月。矿井于 2005 年 7 月开工建设，2011 年 6 月完成 16 中 03 工作面开切眼施工，2011 年 8 月 17 日正式进入联合试运转，时间跨度 74 个月。2006 年 4 月—2007 年 9 月，受临近煤矿煤与瓦斯突发事故影响而停工。2007 年 10 月恢复建设，至 2011 年 5 月所有工程结束并通过工程质量认证。2011 年 6 月 16—18 日，××集团公司对该矿井联合试运转条件进行专项检查。2011 年 6 月 24—25 日，××省能源局对该矿井联合试运转条件现场验收；2011 年 8 月 17 日，矿井正式进入联合试运转。2011 年 11 月，先后通过了该煤矿一期 60 万 t 水土保持设施和矿山救护中队资质验收。2012 年 3 月，通过了消防设施验收、建设项目档案专项验收。2012 年 4 月，通过了安全设施及条件验收和环境保护专项验收。2012 年 8 月，取得了安全生产许可证和煤炭生产许可证。

该矿井设计概算 53 087.09 万元。其中，矿建工程 10 601.03 万元，土建工程 7 571.58 万元，安装工程 4 293.39 万元，设备购置 9 594.41 万元，其他工程费用 17 632.7 万元，建设期利息 2 264.27 万元，预备费 648.89 万元，铺底流动资金 480.82 万元。该项目共交付使用资金 69 745.46 万元，按投资类别构成分为：

1）建筑安装工程投资累计完成 31 822.42 万元，其中矿建工程 23 项，实际完成投资 16 212.78 万元；土建工程 58 项，实际完成投资 10 883.42 万元；安装工程 44 项，实际完成投资 4 726.22 万元。

2）设备购置 1781 台（套），累计完成投资 9 966.33 万元。

3）待摊其他投资累计完成 27 956.71 万元。

2012 年 5 月投产以来，井下杜绝了重伤及以上人身事故、重大非人身事故和瓦斯事故，地面杜绝了轻伤及以上人身事故和三级非人身事故。该煤矿一期生产能力 60 万 t/a，矿井实际生产能力已达到并超过一期设计生产能力，逐年产量及效益见表 16-12。

表 16-12 投产后主要经济指标情况表

项目	单位	2011 年	2012 年	2013 年	2014 年	2015 年	合计
原煤收入	万元	14 796.61	29 056.71	24 066.43	30 693.61	18 009.61	116 622.97
原煤产量	万 t	47.62	74.00	73.11	92.37	65.27	352.37

(续)

项目	单位	2011年	2012年	2013年	2014年	2015年	合计
单位完全成本	元/t	306.15	385.11	393.04	292.03	353.46	
销售单价	元/t	310.72	392.66	343.02	331.75	278.70	
利润总额	万元	55.57	102.38	-4 142.82	2 364.50	-5 632.04	-7 252.41
所得税费用	万元	13.89	25.60	-1 035.71	591.13	-1 408.01	-1 813.10
净利润	万元	41.68	76.79	-3 107.12	1 773.38	-4 224.03	-5 439.30
累计现金流量	万元	5 094.39	12 633.07	19 334.48	25 729.40	29 404.08	92 195.42
资产负债率	%	81	80	84	79	82	
工业增加值	万元	11 060.07	21 631.73	17 987.49	18 486.88	11 687.96	80 854.13

2. 项目实施全过程的评价

（1）项目前期决策工作评价

该项目符合××能化有限公司发展战略，是××省"西电东送"重要配套项目。

该项目编制了开发利用方案、预可研、可研（代初设）等设计文件，在××能化有限公司组织下进行自我审查后，报××集团公司审查，并委托有资质的单位进行了评审，出具了审查意见。有关决策的文件均按规定报经相关领导机关和部门批准。建设项目符合国家产业政策，符合××省、××集团公司、××能化有限公司的发展要求，项目决策的依据充分。

（2）项目建设准备阶段

××煤矿从2003年到2015年8月共进行了5次补充勘探，达到了（规模120万t/a）井田地质勘探的要求，上报了《××省××县××井田煤炭勘探报告》。地质勘探工作存在滞后于设计和开工建设现象；由于矿井建设规模调整导致设计变更较多。

该项目在建设阶段，组织机构设置合理，成立了相关的部门，各部门职能分工明确，可满足项目建设需要；项目开工前施工监理单位均通过招标进场，满足了基本建设要求；但是存在：硐开工时未取得相关部门批准，到2008年2月28日才取得开工备案回执；用可行性研究报告代替初步设计；施工组织设计未经批复问题。

项目根据《中华人民共和国招投标法》《工程建设施工招标投标管理办法》（原建设部第23号令）等国家和政府、××集团公司有关招投标管理的规定开展本项目的招标工作。

评标时主要采用综合评估法，遵循低价合理中标原则，但是存在以下问题：招标工作开始早于可研批复时间容易造成招标内容的方案和工程量不确定，对后期合同执行增加潜在风险，投资不易控制；部分招标文件归档资料管理不完整。

拆迁工作前期顺利后期困难。

（3）项目建设实施阶段。

1）项目合同管理评价。项目根据《中华人民共和国合同法》和××集团公司、××能化公司相关规定，制定下发了《××煤业有限公司合同管理办法》，并建立了合同审查批准制度、合同专用章管理制度、合同档案管理制度等。合同管理制度建设与机构设置合理，能够满足项目合同管理需要。但是由于人员变动，部分合同归档资料不完整。

2）工程进度控制评价。2005年4月25日—7月1日，开始施工现场准备工作，完成工业场地的"四通一平"，通过招标确定了施工队伍和监理单位，用较短的时间完成了开工准备工作。

初步设计（修改版）建设工期为39个月。矿井于2005年7月平硐开工建设，实际工期74个月，为接近设计工期的2倍。其主要影响因素：受临近煤矿"3.26"煤与瓦斯突发事故影响，停止建设17个月；因主平硐单进达不到设计要求，影响14.3个月；矿井设计修改，增加工程量，影响工期5.8个月，这样共计影响 37.1 个月。

3）投资控制评价。2010 年 11 月 30 日，××集团公司批准该矿井设计概算 53 087.38 万元。项目实际投资 69 745.46 万元，超概算投资 16 658.08 万元，超值比例为 31.38%。其中，矿建工程超 5 611.45 万元，土建工程超 3 311.84 万元，安装工程超 432.84 万元，设备购置费超 371.92 万元，其他工程费超 5 712.46 万元，贷款利息超 2 347.28 万元，详见表 16-13。主要原因：一是因地质条件复杂、煤层稳定性差、瓦斯治理难度大等客观因素造成的设计变更；二是工期延长的因素；三是管理因素；四是政策变化及市场变化造成的投资增加。

表 16-13　项目投资情况分项表

序号	项目	数量	批复估算（万元）	批复概算（万元）	实际投资（万元）	折扣增值税额（万元）	超额金额（万元）	超概率（%）	占投资百分比（%）
1	矿建工程		7 060.75	10 601.33	16 212.78		-5 611.45	52.93	23.25
2	土建工程		6 110.48	7 571.58	10 883.42		-3 311.84	43.74	15.6
3	安装工程		3 614.16	4 293.38	4 726.22	803.46	-432.84	10.08	6.78
4	设备购置	8 678	9 897.04	9 594.41	9 966.33	1 694.28	-371.92	3.88	14.29
5	其他工程费			17 632.70	23 345.16		-5 712.46	32.40	33.47
6	贷款利息			2 264.27	4 611.55		-2 347.28	103.67	6.61
7	预备费			648.89			648.89		
8	铺底流动资金			480.82			480.82		
9	建设项目总资金			53 087.38	69 745.46		-16 658.08	31.38	

被评单位建设项目管理制度健全、程序合理，项目造价管理人员配备充足、管理水平较高，结算及财务相关资料整理及归档齐全。项目全过程投资控制委托中介机构符合规定，但是该项目前期工作深度不足，对高瓦斯矿井认识程度不够，部分非生产性超标准建设，未能合理安排调整人员进场时间，项目投资超概算情况严重。

4）工程质量控制评价。该项目由监理单位对单位工程进行质量控制，监理单位有符合要求的质量管理体系和保证体系。所配备的监理工程师均符合国家、地方、行业及招标文件规定的从业资格，满足现场施工质量控制的需要。对监理工程师历次查出的质量问题，施工单位有较好的态度，使质量问题得到及时、有效的整改。自项目开工至工程竣工未发生质量事故，一期工程评定为质量优良工程。

5）工程计算评价。该项目结算工作有××煤业有限公司委托××工程咨询有限公司（中介机构）审核，然后由××集团公司基本建设处审定。能够真实反应建设时期的工程造价，避免了不合理的投资发生，在施工期间，未能根据实际情况对概算及时进行调整，造成实际投资超概算较大。

6）联合试运转评价。该项目按规定申请，并经批准组织了联合试运转。制定了联合试运转方案，成立了联合试运转领导机构，制定并落实了组织管理和安全保障措施，完成了联合试运转任务。

7）环境保护评价。该项目的环境保护工作履行了国家规定的环评程序，做到了"同时设计、同时施工、同时投产"。建设单位重视企业发展与环境保护的关系，认真执行设计规定的环保措施，完成了规定的环境保护工程，制定了环境保护的制度和措施，并能得到认真执行。大气、水、噪声、固体废弃物的污染得到了较好的控制，达到了有关规范、标准的要求。

（4）项目运营阶段

该项目一期设计生产能力为 60 万 t/a，最终生产能力为 120 万 t/a，已建成的系统（采掘除外）满足 120 万 t/a 的需要。2015 年预计生产能力 65.27 万 t，已超过项目一期设计生产能力 60 万 t/a 的能力。

该单位安全管理机构健全，安全管理制度完善，重视提高职工队伍素质，有利于安全生产。

利润、生产成本与矿井产量和销售价格密切相关。根据目前煤炭市场的实际情况，结合××煤矿的生产能力，以及当前煤炭销售价格及特殊的用户关系，计算期 20 年，经测算××煤矿按原煤约 310 元/t，年销售煤炭 100 万 t 以上可保持低盈利水平。该项目投产以来，矿井利润情况参见表 16-12。

3. 项目效果与效应评价

（1）项目技术水平评价

该项目设计符合国家对煤矿的有关政策、法律、法规；符合煤矿设计的规程、规范；基本符合××煤矿的地质和生产技术条件。矿井环节简单，安全、生产的系统和设施完善，采用的技术和装备成熟度高，性能可靠，性价比良好。总体技术水平达到国内一般先进水平。

（2）项目财务经济效益评价

矿井一期初步设计产量 60 万 t/a，建设投资总资金为 53 087 万元，项目实际投资 69 745.46 万元，设计估算煤炭售价 320 元/t，估算成本 181.78 元/t，一期财务评价各项指标与项目投产后的实际情况财务指标的对比见表 16-14。

表 16-14　财务评价指标表

序号	名称	单位	一期评价 60 万 t 指标	投产后评价 指标
1	税后内部收益率（全部投资）	%	10.29	10.21
2	内部收益率（自有资金）	%	14.20	18.36
3	税后投资回收期	a	9.89	19.00
4	税后财务净现值（全部投资）	万元	955.26	1 201.21
5	财务净现值（自有资金）	万元	8 490.80	2 568.39
6	投资利润率	%	9.18	8.06
7	投资利税率	%	13.99	10.68
8	盈亏平衡点（产量的比例）	%	67.07	80.00
9	借款偿还期	a	9.89	13.00

（3）社会影响评价

该项目开发建设符合国家有关××省"大煤保大电"的产业政策，有利于国家西部大开发和"西电东送"战略的实施，符合××集团公司的发展战略和主业需求；为周边居民增加了就业机会，项目建设中促进当地建材工业的发展，对当地运输业、建筑安装行业有着直接的影响。

项目投产后，创造产值、缴纳税金、增加社会就业，提高居民收入，对当地脱贫有较大的帮助。

项目可持续性评价（省略）。

4. 项目的总体评价、存在问题与意见建议

（1）项目成功度评价

本项目的成功度总评得分：8.54 分；评定等级为 B，即项目的大部分目标已经实现；项目基本达到了预期的效益和影响。项目成功度评价结果见表 16-15。

表 16-15　项目成功度评价结果表

序号	评定项目指标	指标权重	评定等级	评分分值
1	立项及前期管理	0.07	C	7.53
2	项目组织管理	0.06	B	8.60
3	设计管理	0.08	C	7.77
4	招标管理	0.07	B	8.77

(续)

	评定项目指标	指标权重	评定等级	评分分值
5	合同管理	0.07	B	8.62
6	财务管理	0.06	B	8.78
7	进度管理	0.08	C	7.38
8	工程质量控制	0.07	A	9.35
9	工程造价管理	0.07	B	8.22
10	项目运营管理	0.05	B	8.95
11	项目技术水平	0.06	A	9.08
12	项目财务效益	0.06	B	8.75
13	项目环境保护	0.08	B	8.93
14	项目社会影响	0.06	B	8.82
15	项目可持续能力	0.07	B	8.97
	总体评价结论	1.00	B	8.54

说明：项目成功度评价是通过评价工作组中专家评议打分形式完成。参与评议人员为6名。评议人员在充分了解被评单位管理状况的基础上，对照评价参考标准采取综合分析判断法，对项目各项绩效指标作出分析评议，评判各项指标所处的水平档次，并直接给出评价分数。项目总评分数和评价等级确定方法如下：

1) 计分公式。

$$项目总评分数 = \Sigma（单项指标分数 \times 该项指标权重）$$
$$单项指标分数 =（\Sigma 每位专家评定的单项指标分数）/专家人数$$
$$单项指标权重 =（\Sigma 每位专家评定的单项指标权重）/专家人数$$

2) 评定等级与分值范围。

A——成功。表明项目的各项目标都已全部实现或超过；项目取得了预期或很大的效益和影响。评价分值范围：9.01～10.00。

B——基本成功。项目的大部分目标已经实现；项目基本达到了预期的效益和影响。评价分值范围：7.01～9.00。

C——部分成功。表明项目实现了原定的部分目标；项目取得了一定的效益和影响。评价分值范围：5.01～7.00。

D——不成功。表明项目实现的目标非常有限；项目几乎没有取得什么效益和影响。评价分值范围：3.01～5.00。

E——失败。表明项目的目标是不现实的，根本无法实现；项目不得不终止。评价分值范围：0.00～3.00。

(2) 总体评价

该项目为××省"西电东送"××电厂的配套煤矿，符合××省发展战略和××能化公司"以煤为主，煤电联营，向煤化工产业链延伸"的发展方向。项目资源可靠，可直接向××电厂供煤，为电厂用煤提供了可靠保障，促进了地方经济发展。当矿井规模达到120万t/a后，有一定盈利空间。

(3) 存在问题

项目前期决策阶段对可行性研究报告审查深度不够；项目建设准备阶段施工产前设计，设计超前地质报告，不符合建设程序规定，放弃了对120万t/a能力有关文件的申报与审批，至今矿井合法的生产规模仍然是60万t/a；建设项目施工阶段施工工期大幅增加，实际工期接近设计工期的2倍，工程建设投资控制效果不好，超概比例为 31.38%；建设项目运行阶段投产以来，矿井实际生产能力均超过 60t/a，存在超（合法）生产能力、采煤工作面继续紧张、煤炭产品单一、市场局限性大、用户范围窄、瓦斯综合利用规模不大、瓦斯利用率不高、资产负债率高、盈利水平不高等问题。

（4）意见与建议

1）严格遵守程序依法建矿，依法管矿。当前，××能化有限公司和被评项目单位应全力以赴，尽快取得 120 万 t/a 生产许可。

2）建设单位必须认真审查地质报告和可行性研究报告，根据资源条件确定早上、缓上、不上项目，或者转让资源。根据××煤矿的资源条件分析，属于开采难度较大，开采成本较高的煤层，再上类似条件项目时应增加研究、论证深度。

3）组建基建管理队伍要及时，专业人员要配足，资料管理要严格。人员调动时必须移交掌握的资料、文件和工作进展情况，防止资料遗失，工作脱节。

4）严格按照基建工作程序办事，有关审批文件不滞后，重要时间节点不延误，杜绝"三边"现象。

5）严格控制非生产辅助设施数量和建设标准。

6）按照 120 万 t/a 生产能力编制 5 年"抽、掘、采"规划，按照"抽、掘、采"平衡需要，科学确定掘进总进尺和万 t 掘进率，调整"采、掘、抽"工作面比例和"采、掘、抽"工人比例，确保"采、掘、抽"平衡，实现矿井长期、稳定、安全生产。

7）被评项目存在顶板、煤与瓦斯突出、瓦斯爆炸、煤尘爆炸、水灾、火灾、提升运输等危险和有害因素，应认真防范。防止煤与瓦斯突出和瓦斯爆炸事故是被评项目安全的重中之重，必须认真做好煤与瓦斯突出的预测分析，落实区域性防突、局部防突措施和防突效果检验，认真执行防突安全措施，确保安全监测、监控系统正常运转，监测数据准确、可靠，及时发现事故隐患。应不断完善和认真执行"生产安全事故应急预案"，认真组织应急预案演练，将事故危害降到最低。

8）充分利用瓦斯资源，扩大瓦斯电厂规模，提高企业经济效益。

9）增加煤炭产品品种，拓宽销售渠道。

第五篇

项目综合管理

项目管理并非只是列进度表，它不仅仅是一些工具和方法，
也不仅仅是一个工作岗位或一个职位头衔，
全面综合的项目管理将更能保证项目的成功！

第 17 章 项目利益相关者管理

本章要点

利益相关者管理是项目管理的十大知识领域之一，在现代项目管理中越来越重要。本章包含利益相关者概念介绍、利益相关者识别、利益相关者分析以及利益相关者管理等内容。

17.1 利益相关者概述

利益相关者（stakeholders），又称利益干系人，是指项目的参与方及可能对项目产生影响的个人或组织。

在项目中，有既定利益的任何人员，包括客户、供应商、贡献者、项目投资方、项目经理以及与项目涉及公共设施有关的当地居民，都是利益相关者。

一般项目的主要利益相关者有：

1）客户或委托人。可以是一个人、一个组织/一个团体/对同一项目结果具有相同需求的许多组织。客户既是项目结果的需求者，也是项目资金提供者。

2）项目发起人。实际命令执行项目的人。可以是客户，也可以是第三方。

3）项目经理。对保证按时、按照预算/按照工作范围以及按所要求的性能水平完成项目全面负责的人。

4）被委托人或承约商。承接项目、满足客户需求的项目承建方。

5）供应商。为项目的承约商提供原材料/设备/工具等物资设备的商人。

6）分包商。对于大型复杂的项目，一般承约商在承接项目之后都要将总项目中的一些子项目再转包给不同的分包商。

7）其他利益相关者。政府有关部门/社区公众/项目用户/新闻媒体/市场中潜在的竞争对手和合作伙伴等。

以核电项目为例，其利益相关者有：

1）政府部门。工业部、能源部、能源委员会、专门委员会。

2）核安全监管机构。制定安全法规和条例，独立地监管控制核设施。

3）业主（电力公司）。核电厂建成后的营运者。

4）主要承包商。核电厂建设的承包者。

5）系统供货商。核电系统的供货者。

6）顾问公司。对业主进行全过程项目管理者。

7）设备制造商。核电系统设备的制造者。

8）施工建造承包商。核电厂施工建设的承包者。

9）检查机构（独立的监察）。检查核电系统者。

10）燃料供应商。供应核燃料者。

17.2 利益相关者识别与分析

17.2.1 利益相关者识别

利益相关者识别是确认能对项目决策、活动或结果产生影响的个人、群体或组织，以及受项目决策、活动或结果影响的个人、群体或组织，并分析和记录其相关信息的过程。这些相关信息包括利益相关者的利益、参与度、相互依赖、影响力及对项目成功的潜在影响等。由于有些项目的相关利益主体可能直到项目阶段的较晚时期才对项目产生影响，因此识别项目相关利益主体是一个动态的管理过程。

项目经理应该识别所有的利益相关者，分析他们所关心的利益是什么，并按其在项目中的重要性进行排序。每个利益相关者都可以直接或间接地影响项目。

通过利益相关者识别，可以编制利益相关者登记表，将各个利益相关者的名称、地址、联系方式等信息记录下来，对他们进行初步评价，以确定他们的需求、期望、影响，及其与项目各个阶段的关系。

在项目的不同阶段，利益相关者可能会发生变化，因此利益相关者识别应贯穿于项目的整个生命周期。随着项目的进展，原有的利益相关者可能与项目的关系越来越小，也可能出现新的利益相关者。

17.2.2 利益相关者分析

在充分收集利益相关者信息的基础上，应对每一个利益相关者或利益相关者群体进行进一步分析。以下是常见的利益相关者群体：

1）项目团队。包括所有团队成员。
2）高管人员。包括所有级别高于项目经理的管理人员。由于客户对项目有着与高级管理人员类似的影响力，所以把客户归类于高管人员。
3）外部利益相关者。包括项目执行组织之外的各种利益相关者，如供应商、顾问、工会等。
4）受项目影响的利益相关者。包括各种受项目影响的人，如最终用户。
5）潜在的利益相关者。未被明确识别出来的利益相关者。

利益相关者分析主要采用定性的方法，如头脑风暴法、专家判断法、会议、访谈等。需要分析各个利益相关者的利益所在和利益大小、影响所在和影响大小。为此，首先需要列出利益相关者的利益点（包括正负利益），并对每个利益点赋予一定的权重，分析利益相关者在该项目总体利益的大小；其次，对利益相关者进行排序，找出重要的利益相关者、次要的利益相关者。通常，正利益的利益相关者会支持项目，负利益的利益相关者会反对项目。

除了分析利益相关者在项目中的利益和对项目的影响之外，还要分析他们对项目的认知程度、对项目施加影响的程度，以及利益相关者为项目所用的知识和技能。有些人对项目的认知程度高，有些人对项目的认知程度低，有些人会立即对项目施加影响，有些人则要在相当长的时间之后才对项目施加影响，不同的利益相关者有不同的知识和技能。

在分析利益相关者的基础上，需要对他们进行进一步的归类和排序。常用的归类方法包括：权力和利益矩阵、权力和影响矩阵、影响和作用矩阵、认知和影响矩阵、认知和态度矩阵、凸显模型、参与评估矩阵。

以凸显模型为例。根据项目利益相关者的权力（施加自己意愿的能力）、紧急程度（需要立即关注）和合法性（有权参与），对项目利益相关者进行分类。

在归类的基础上，可以对利益相关者进行综合排序。例如，可以用权力、利益、影响、作用和认知等维度，分别对每个利益相关者的每个维度按高、中、低来评级，然后按照他们所得到的"高"级别的数量做出综合排序，如下：

第一优先级：最重要的利益相关者。
第二优先级：重要的利益相关者。
第三优先级：需要让其参与项目的利益相关者。
第四优先级：只需被观察的利益相关者。

17.3 利益相关者管理

利益相关者管理是指通过各种管理手段识别、分析项目相关利益主体，并根据其对项目的影响有针对性地对其加以管理、控制的过程。其目的是尽可能地满足相关利益主体的正当需求与期望，获得项目成功。

在识别和分析项目的利益相关者之后，就要对项目的利益相关者进行有效的管理。利益相关者管理包括制定管理策略、制订管理计划、管理和控制利益相关者参与。

1. 制定管理策略

限于多种因素的影响，不可能对所有的利益相关者进行同等程度的管理，需要分门别类地对待。对于利益大、影响大的利益相关者，要重点管理；对于利益小、影响小的利益相关者，则只需投入很少的精力加以管理。

利益相关者管理策略比较笼统，需要进一步细化为具体的利益相关者管理措施。例如，在什么时间、以什么方式与利益相关者做何种沟通，如何让利益相关者了解项目情况，如何实现利益相关者的利益，如何扩大或削弱利益相关者的影响。通常，利益相关者管理策略可以基本不变，但是管理措施应该动态调整。

2. 制订管理计划

综合归纳之前的讨论，编制完整的利益相关者管理计划。利益相关者管理计划是一份正式的文件，用于指导利益相关者管理工作。利益相关者管理计划的主要内容包括：

1）利益相关者登记册。
2）利益相关者归类和排序。
3）利益相关者管理策略和措施。
4）与项目沟通管理计划的关系。
5）与项目其他计划的关系。
6）修订利益相关者管理计划的时间、程序和方法。

3. 管理和控制利益相关者参与

管理利益相关者参与，是指通过与利益相关者打交道引导利益相关者合理参与项目。对于现有参与程度比较高的利益相关者，要使他们继续保持参与程度；对于现有参与程度比较低的利益相关者，要采取措施，提升他们的参与程度。

控制利益相关者参与，是指根据项目利益相关者管理计划，监督利益相关者管理工作的执行情况，若发现与计划出现偏差或者计划本身有问题，采取措施纠正偏差或修改计划。例如，应该开展的沟通是否开展了？如果开展了，效果如何？利益相关者实际参与程度是否达到要求？如果没有达到，原因是什么？准备如何解决？

项目管理应在总体上维护利益相关者及其代表人的利益，尤其是当出现新的利益相关者或者利益相关者代表发生改变，项目经理应考虑此变更可能带来的影响，并保证新的利益相关者或代表对项目有充分的了解。

17.4 利益相关者管理案例[一]

1. 项目概况

××中外企业家俱乐部工程项目计划于 2018 年 8 月 1 日开工，于 2019 年 10 月底完工，工程总投 1500 万元。该项目由施工设计、土建施工、设备采购安装、内外装饰、验收及项目管理组成。项目业主为某企业家协会，施工总承包为某建筑工程公司。该项目将在指定的时间、费用预算等范围内，通过项目管理的方式进行全过程管理，最终顺利完成某中外企业家俱乐部工程建设任务，并实现成果验收。

该项目的难点有：

1）坐落在山坡上，每座建筑物的基础工程都是因地制宜特殊设计，技术要求高，技术风险大。

2）坐落在风景区，环境限制条件多，有些工程要在夜间施工。

3）项目工程规模较大，工期紧。

4）项目设计功能多，有商务、餐饮、康乐、桑拿，工程质量要求高。

2. 项目利益相关者

该项目的主要利益相关者包括：业主、某企业家协会、政府部门、施工单位、供应商、附近居民、项目组成员。

3. 利益相关者分析

不同阶段的利益相关者及可能出现的问题见表 17-1。

表 17-1　不同阶段的利益相关者及可能出现的问题

阶段	利益相关者及可能出现的问题	
概念阶段	业主	提出的要求具有随意性，对需求的确认不够积极
	供应商	对工程提供物料供应服务的选择
	附近居民	对项目可能改变的环境问题产生焦虑
规划阶段	项目组成员	因组员兼职、职能部门可能不同意抽调人员
		项目组成员讨论实施方案和对 WBS 分解时可能产生不同意见
实施阶段	政府部门	对项目的审批是否顺利
	业主	项目需求变化随意，造成项目范围的蔓延、进度的拖延、成本的扩大
	供应商	对物料供应服务不及时，影响工期
	项目组成员	项目团队内部不同角色之间的责任分工不够清晰，导致互相推诿
	附近居民	施工造成的不便影响（粉尘、噪声等）
收尾阶段	业主	对项目的整体效果存在异议
	项目组成员	项目行将结束，有放松思想及考虑回原部门的岗位安排

根据业主满意程度以及对工程的影响程度衡量利益相关者，并做出综合排序。为简单起见，只给出重要的和次要的排序。

[一] 案例取自 IPMP 认证的案例讨论。由邵大伟、金敏、张晓冬、倪晓海、孙立民、虞荣耀、韩政勇提供。

(1) 重要的排序

1) 业主。业主是否满意是检验项目成功的关键。

2) 项目组成员。项目经理及成员团结协作、尽心尽职是项目圆满完成的重要条件。

(2) 次要的排序

1) 附近居民。取得附近居民的认同和谅解。

2) 政府部门。与政府相关部门加强沟通,以顺利通过审批。

4. 利益相关者管理

不同阶段的利益相关者管理措施见表17-2。

表 17-2 不同阶段的利益相关者管理措施

阶段		利益相关者管理
开发阶段	业主	通过沟通协调对业主施加影响,驱动他们对项目的支持,调查并明确他们的需求和愿望,减小其对项目的阻力,以确保项目获得成功
	供应商	选择符合供应标准要求的供应商
	附近居民	发布公告、与居民代表沟通,以求谅解
规划阶段	项目组成员	沟通、从大局出发,选派能力强有思路的人员参加项目组
		广泛讨论,实现思想统一、目标一致
实施阶段	政府部门	及时与政府部门沟通,争取顺利通过审批
	业主	加强沟通,明确项目需求,取得业主认可
	供应商	及时联系,对采购期有提前量,对不符合要求的供应商及时更换
	项目组成员	项目经理应合理分配并明示项目成员的责任,强调不同分工、不同环节的成员应当相互协作,共同完善
	附近居民	沟通、及时整改,加强项目管理
收尾阶段	业主	加强沟通,统一认识
	项目组成员	鼓劲、收拢人心,向原部门真实反映工作业绩,安心继续完成工作

第 18 章　项目信息管理

本章要点

信息作为项目执行过程沟通的基本前提条件，是进行项目管理的基础，对于项目的有效实施起着非常关键的作用。人们常常发现，项目不成功的原因，更多的是由信息管理的不规范造成的。同时，随着项目的日渐复杂化，项目信息沟通的频次也日益增加，信息沟通的现代化成为必然。项目管理信息系统就是为适应项目信息化管理需求而产生的一种主要的信息管理手段。

本章主要介绍项目信息，包括项目信息的形式、来源、种类和作用；项目信息管理，包括项目信息的收集、传递、加工与处理，项目信息分发，项目进展报告，项目信息归档；项目管理信息系统的概念、发展及国内外典型项目管理软件系统。

18.1　信息与管理信息

18.1.1　数据与信息的概念

在信息社会中，人类的活动离不开对反映客观世界的各种数据的收集、存储、处理和使用。数据与信息是客观存在的，数据与信息的起源和使用始终伴随着人类的社会、政治、经济、军事和文化等活动。在远古时代，人类的祖先在共同的狩猎和农业劳动中为了进行沟通协商，逐渐创造了人类语言。为了便于记载、保存和传播，又逐渐发展创造了文字。人类社会经历过四次信息革命，前两次是语言革命和文字革命，第三次是印刷革命，第四次是电信、电话、电视及电子计算机的出现和广泛应用。正如《大趋势》的作者美国学者奈斯比特所断言的，"人类社会已进入信息社会"。互联网的扩张就是一个很好的例证。

什么是数据？一般可以认为，数据（Data）是客观实体的属性值，是一组描述客观现实世界（如数量、行动、目标等）的非随机的、可鉴别的符号。例如，"某学生身高1.62米"，其中"1.62米"即为数据，这个数据就是"学生"这个客观实体所具有的"身高"属性的值。同一类客观实体通常具有相同的属性，每一个个体的差别则体现在各个个体不同的属性值上。例如，"人"这一类客观实体都具有姓名、性别、身高、体重、出生日期、文化程度等属性，而人与人之间的差别则通过这些属性值的差别来区分。我们经常填写的人事表格就是要标明自己的某些属性，以便与其他人区分开来。

需要注意的是，用来表示人的体重、身高、工资以及产品的销售量、单价等的数字固然是数据，但它还包括非数值性的属性值。但实际上，这里所说的数据不仅指数字，还可以是文字、图形和声音。例如，人的姓名、出生日期、性别、职务、职称、血型、照片、声音等非数值性的属性值也是数据。现代的计算机可以接受所有种类的数据。

那么什么是信息呢？信息（Information）一词来源于拉丁文，意思是指解释或陈述。随着信息在各个领域得到广泛的应用，其含义往往各不相同。从对信息进行研究和利用的出发点，可以将信息定义为：经过加工处理，对人们各项具体活动有参考价值的数据资料。信息具有以下特点：

1）信息是客观事物的反映。

2）信息是人们从事社会活动的需要。

3）信息是从数据加工（或解释）得到的。

从管理角度来看，可以简单地将信息理解为加工后的数据（图18-1）。人们为了某种社会活动的需要，将某些数据进行加工处理，以便得到指导社会活动的信息。

图 18-1　数据与信息

信息是经过加工并对人类社会实践和各种管理活动产生影响的数据。人们起初所收集到的数据经常是杂乱无章的，并不能带给我们信息，只有对原始数据进行加工提炼后所得到的数据才能为我们提供有用的、新的信息。信息和数据既有联系又有区别：数据是信息的来源，是产生信息的根据；信息则是数据加工处理后的结果，但并非所有数据都能转化为信息。

通常，数据仅仅是对客观现实世界的一种描述，追求的是客观真实。数据是纯客观的，是反映事物的属性值，所以经常会听到"原始数据"这样的说法。而信息则是对客观数据加工后的结果，已经加入了人的主观意志，因而人们不会使用"原始信息"这样的说法。实际上，信息往往是既反映客观的事实，又带有主观的成分。其主观性主要体现在以下几个方面：

1）信息的需求是主观的，是由人提出来的。

2）数据的收集取舍是人主观决定的。选用什么数据进行加工是由人定的，完全可能有意或无意地选用了错误的或片面的数据来进行加工。人们往往只收集自己认为重要的、正确的数据。

3）数据的加工方式（方法）是人依据自己的知识经验决定的，完全可能由于人们知识的不足或分析研究不够深入从而运用了错误的加工方法来加工数据。

4）信息对人行动的指导作用也是因人而异的（即信息的使用是主观的），当同样的信息被不同的人获得后，尽管他们所处的环境与追求的目标都是一样的，但由于他们个人的不同偏爱、不同的知识水平等，往往还是会做出不同的决策。

当然，在实际运用中，数据与信息的概念是相对的。在数据处理过程中，经加工处理得到的信息往往是另一个处理过程的被加工对象——数据。例如，企业上报的各种经济指标，对企业来说是经过加工的输出结果，即信息；但对上级主管部门来说则是数据，还需要做进一步的加工处理。所以，现实生活中完全可能存在着这样的两个系统：第一个系统的输出刚好是第二个系统的输入，有时甚至第二个系统的输出反过来又对第一个系统产生影响。数据与信息的相互转化如图18-2所示。

图 18-2　数据与信息的相互转化

实际上，日常处理的许多数据通常都是前面的处理过程产生的结果——信息，因而在后面的讨论中，数据与信息常常表达的是同一个概念。

项目组织的上下级之间和各平等部门之间应当依靠信息进行管理。参加项目建设的工作人员，只有知道了项目的总体情况和完成工作所必需的信息之后，才有可能很好地完成其所承担的任务。因此，当前管理者十分重视信息的作用，将信息视为一种资源、作为一种商品，认为占有与使用信息的水平会影响管理水平的高低。

18.1.2 管理信息

1. 管理信息的含义

管理信息是指那些以文字、数据、图表、音像等形式描述的，能够反映管理组织中各种业务活动在空间上的分布和时间上的变化程度，并对组织的管理决策和管理目标的实现有参考价值的数据和情报资料。简单地说，管理信息是指对管理活动有帮助的信息。

2. 管理信息的基本要求

从管理控制工作职能的角度来看，为了实现有效控制，管理信息具有以下基本要求：

1）管理信息的准确性。即信息必须真实、客观地反映实际情况。虚假的信息往往会对组织决策者产生误导，使其做出错误的判断和决策，从而给组织造成损害。

2）管理信息的及时性。信息具有时间价值。在管理活动中，信息的加工、检索和传递一定要快，只有这样才能使管理者不失时机地对生产经营活动做出反应和决策。如果不能及时地将信息提供给各级主管人员及相关人员，就会失去信息支持决策的作用，甚至有可能给组织带来巨大损失。

3）管理信息的可靠性。信息的可靠性除与信息的精确程度有关外，还与信息的完整性成正比关系。完整性是指管理信息的收集和加工不仅应全面、系统，而且应具有连续性。项目管理是一个复杂的过程，而影响项目的内外因素又非常多，因而必须全面收集反映项目进展过程的每一方面信息，以便为项目主管人员的决策提供可靠的依据。

4）管理信息的适用性。管理控制工作需要的是适用的信息。由于不同的管理职能部门，其工作业务的性质和范围不同，因而其对信息的种类、范围、内容等方面的要求也是各不相同的。因此，信息的收集和加工处理应有一定的目的性和针对性，应当是有计划地收集和加工。

3. 管理信息的类型

为了有效地对管理信息加以分析和利用，就要对其进行科学的分类。

（1）按管理信息的来源划分

按管理信息的来源，可以将其分为内生信息和外生信息。

1）内生信息。内生信息指组织内部所产生的信息，反映组织内部所拥有的资料状况、资料的利用水平和能力。

2）外生信息。外生信息来自组织外部，是对组织业务活动有影响的外部环境各因素的信息。例如，企业外部原材料的供应情况，消费时尚的变化，产生技术进步的速度和方向，政府颁布的政策、法规、条令等都属于外部信息。

（2）按组织不同层次的要求划分

按组织不同层次的要求，可以将管理信息分为计划信息、控制信息和作业信息。

1）计划信息。这种信息与最高管理层的计划工作任务有关，即与决定该组织在一定时期内的目标、制订战略和政策、制订规划、合理分配资料有关的信息。这类信息主要来自组织外部环境，如当前和未来的经济形势的分析预测资料，市场竞争对手情况，国家的政策、法律、法规颁布情况及变动。

2）控制信息。这是组织的中层管理部门为了实现组织的经营目标而对生产经营活动各环节进行监督、控制所应有的信息。控制信息主要来自组织内部，要求比较详细具体。

3）作业信息。这种信息与组织的日常管理业务活动有关，大多反映企业生产经营的日常业务活动，用以保证基层管理部门切实地完成具体作业。这类信息也主要来自组织内部。基层主管人员是该类信息的主要使用者，其信息要求明确、具体、详细。

（3）按产生时间的不同划分

按产生的时间，可以将管理信息分为历史性信息、实时性信息和预测性信息。

1）历史性信息。这是指在过去就已经产生的信息。这类信息一般已被使用过，但是具有帮主管人员从历史条件中找到借鉴和启发的意义，因而仍具有利用价值，仍需将其以资料文档的形式予以保存。

2）实时性信息。这是指反映组织当前活动情况及外部环境特征的信息。该类信息的时效性很强，往往是企业信息工作的重点，对于指导和控制组织正在进行的活动具有非常重要的作用。

3）预测性信息。这是指在掌握和利用以上两种信息的基础上，通过运用科学的预测方法或主管人员的经验判断，据此对组织未来进行预先描述所得到的信息。这类信息对于高层主管人员及时决策、尽早做出相应的准备措施有重大的意义。

（4）按管理信息的稳定性划分

按管理信息的稳定性，可以将其分为固定信息和流动信息。

1）固定信息。这是指组织在一定时期内不会发生重大变化，具有相对稳定性的信息。它可以供各项管理工作重复使用，不会发生质的变化。以项目为例，固定信息主要包括定额标准信息、计划信息及合同信息等。对于企业来讲，固定信息一般约占企业管理系统中总信息流量的75%，因而固定信息的整理和利用在很大程度上决定了整个企业管理系统的工作质量。

2）流动信息。流动信息又称为作业统计信息，是由组织的劳动活动所产生的，反映生产经营活动实际进程和实际状况的信息，并且随着生产经营活动的进展而不断变化和更新，如企业的库存量情况、产品的生产进度、设备的损耗情况等。由于该类信息是不断变化的，因而其时效性非常重要，一般只有一次性使用价值。

当然，在许多场合，我们经常说的信息实际上就是指的管理信息。

18.2 项目管理信息

18.2.1 项目管理信息的含义及特征

项目管理信息是指与项目具有联系的、对项目管理活动有帮助的各种信息。在实际使用中，为了方便，我们经常把项目管理信息简称为"项目信息"。

项目信息在整个项目实施过程中起着非常重要的作用，收集到的项目信息是否正确、能否及时地传递给项目利益相关者，将决定项目的成败。因此，一个项目要想顺利进行，就必须对项目信息进行系统科学的管理。

项目信息的特点如下：

1）信息量大。这主要是因为项目本身涉及多部门、多环节、多专业、多用途、多渠道和多形式的缘故。

2）系统性强。项目信息虽然数量庞大，但都集中于较为明确的项目对象，因而容易系统化，从而为项目信息系统的建立和应用创造了非常有利的条件。

3）传递障碍多。一条项目信息往往需要经历提取、收集、传播、存储以及最终处理这样一个过程。在这一过程中，通常会有以下几个方面的原因造成项目信息传递障碍：一是信息传递人主观方面的因素，如对信息的理解能力、经验、知识的限制等；二是地区的间隔、部门的分散、专业的区别等；三是传递手段落后或使用不当。

4）信息反馈滞后。信息反馈一般要经过加工、整理、传递才能到决策者手中，因此往往滞后于物流，造成反馈不及时，从而影响信息及时发挥作用。

18.2.2 项目管理信息的形式与来源

1. 项目管理信息的形式

在实际工作中，项目管理信息的形式是多种多样的，归纳起来有 3 种：

1) 口头形式。包括会议、工作人员集体讨论、培训班，还包括个别谈话、给工作人员分配任务、检验工作、向个人提出建议和帮助等。

2) 书面形式。包括信件及其复印件、谈话记录、工作条例、进展情况报告等。

3) 技术形式。包括录音、视频、数据库、电子邮件等。

2. 项目管理信息的来源

项目管理信息的来源如下：

1) 记录。记录分为内部记录和外部记录两种。内部记录多为书面材料形式，如输出或输入的事例、存储记录、施工日志、技术养路费、回忆录及信件等，可从档案或工作记录本中取得。外部记录是指从外部的各种渠道取得的资料，如有关期刊，统计年鉴，公开发表的统计报告、报纸、言行等。

2) 抽样调查。如果要取得尽可能准确的资料，就要全面客观地进行调查。然而，资料积累得过多，处理全部资料又常受时间和资金的限制，此时常用的有机械抽样、随机抽样、分层分级抽样和整群抽样等调查方法。

3) 文件报告。指从组织内外的有关文件、报告中取得信息。常见的文件报告有技术操作规程、竣工验收报告、工程情况进展报告、可行性研究报告、设计任务书等。

4) 业务会议。指通过召开各种会议，用座谈讨论的形式获取信息。这样可以在总体设想的基础上进一步扩大信息的来源，并对信息进行综合评价和修正。

5) 直接观测。指管理者通过直接到现场观察或测量实际情况来收集所需要的资料。在观测过程中，还可以收集部分样品，通过统计分析得到信息。

6) 个人交谈。指通过个人之间交换意见的形式获得信息。个人交谈有利于消除顾虑，充分发表个人的观点和意见。由于此种信息是面对面得到的，故其可靠程度将取决于个人之间的信赖程度。

18.2.3 项目管理信息流路线

项目管理信息流路线实为项目管理工作路线。因此，它与组织机构的类型有直接关系。信息流路线的类型有以下 5 种。

(1) 由上而下的信息

通常，由上而下的信息是指上级通知下级的有关情况，一般分为下级必须了解的信息、下级应该了解的信息和下级想要了解的信息 3 种。

1) 下级必须了解的信息。为了更好地完成所分担的工作任务，下级人员必须了解的信息包括：项目目标及约束条件，项目组织系统及与该下级有关的工作部门和单位，项目内部各工作部门的任务和职责，项目开展的程序、进度、结束时间，项目有关的工作条例、标准、规定等。

2) 下级应该了解的信息。包括与该下级有关的工作进展情况、项目目标及约束条件的变化情况、与该下级有关的工作中出现的问题和困难等。

3) 下级想要了解的信息。一般情况下，下级想了解项目的特殊情况、近期安排及其原因。

(2) 由下而上的信息

项目经理在进行决策的过程中需要依赖大量的信息，其中来自下层的项目执行及进展情况最为关键，由下而上的信息为项目经理提供了最基本的信息渠道。

项目经理起码应掌握以下几方面的信息：项目目标及约束条件的实现情况（任务量、进度、成本、质量），人力、物力等资源计划的干扰因素及变化情况，下级较大的错误决策，参加项目或涉及的有关单位和部门造成的困难是哪些，项目内部成员的工作情况。

（3）横向信息

横向信息指的是同一层的两个不同工作部门之间的信息关系。必须指出的是，横向信息关系不是正常流，只有在特殊、紧急的情况下为节约时间才允许发生。如果规定不允许横向流，这对线性组织系统来讲，两个工作部门之间的信息关系要通过先由下向上再由上向下的信息路线来沟通，这就增加了信息流的时间。

（4）与顾问室的信息关系

在项目组织系统中，如果设置顾问室，那么其目的就在于帮助项目经理为决策做准备工作。顾问室既无决策权，也无指挥权，其主要职能是汇总信息、分析信息和分发信息。

（5）项目经理班子与环境之间流动的项目信息

项目管理班子与上级领导、建设单位、设计单位、供应单位、建设银行、咨询单位、质量监督单位、国家有关管理部门都需要进行信息交流。

18.2.4 项目管理信息的种类和作用

项目管理信息在项目组织内部和该组织与外部环境之间不断地流动，从而构成了"信息流"。按不同流向，项目管理信息可分为以下几种。

（1）自上而下的项目管理信息

自上而下的项目管理信息是指从项目经理流向中低层项目管理人员乃至具体工作队的信息；或在分级管理时，每一个中间层次的机构向其下级逐级流动的信息，即信息源在上，信息接受者是其下属。这些信息包括管理目标、命令、工作条例、办法、规定和业务指导意见等。

（2）自下而上的项目管理信息

自下而上的项目管理信息是指由下级向上级（一般是逐级向上）传递的信息。这些信息的信息源在下，而信息接受者在上。这些信息包括项目管理中有关目标的进度、成本质量、安全、消耗、效率情况，工作人员的工作情况和一些值得引起上级注意的情况、意见以及上级因决策需要下级提供的资料等。

（3）横向流动的项目管理信息

横向流动的项目管理信息是指项目管理班子中同一层的工作部门或工作人员之间相互交流的信息。这种信息一般是由于分工不同而各自产生的，但为了共同的目标和相互协作又需要互通有无。项目经理的主要职能之一就是采取有效措施攻克横向信息流通的障碍，发挥其应有的作用，尤其在直线制组织结构中更要注意这一点。

（4）以顾问室或经理办公室等综合部门为集散中心的项目管理信息

顾问室或经理办公室等综合部门为项目经理决策提供辅助资料，同时又是项目利益相关者信息的提供者。他们既是汇总、分析、传播信息的部门，又是帮助工作部门进行规划、检验任务，对专业技术与问题进行咨询的部门。

（5）在项目管理班子与环境之间流动的项目管理信息

项目管理班子与上级领导、建设单位、设计单位、供应单位、建设银行、咨询单位、质量监督单位、国家有关管理部门之间都需要进行信息交流。一方面，是为了满足自身管理的需要；另一方面，是为了满足与项目外部环境协作的要求，或按国家有关规定相互提供信息。因此，项目经理对这种信息应给予充分的重视，因为它们涉及项目单位信誉、项目竞争、守法和经济效益等多方面的原则问题。

从项目管理信息的来源看，项目管理信息又可分为下面两种：

（1）外生信息

即产生于项目管理班子之外的信息，可分为指令性或指导性信息、市场信息和技术信息。

（2）内生信息

即产生于项目管理与施工中的信息，包括基层信息、管理信息和决策信息。基层信息是项目基层工作人员所需要的及由他们产生的信息，这类信息多是一些原始记录或报表；管理信息是中层管理人员用于计划和控制的信息，这类信息需要对原始数据进行整理和汇总；决策信息是高层决策者所需要并产生的信息，如决策、计划、指令等。

18.3 项目信息管理

项目信息管理是对项目信息的收集、整理、处理、储存、传递、分发与应用等一系列工作的总称，也就是把项目信息作为管理对象进行管理。项目信息管理的目的是根据项目信息的特点有计划地组织信息沟通，以保持决策者能及时、准确、高效地获得所需要的信息。

18.3.1 项目信息的收集、传递、加工与处理

1. 项目信息收集

项目信息收集是项目信息管理的一个重要环节，进行信息的有效收集要做到不漏不滥。因此，要善于在项目不同阶段运用各种信息收集方式保证信息及时和准确地传递。一般来讲，信息收集的主要方法有两类：第一类是直接到信息产生的现场去调查收集；第二类是收集、整理已有的信息情报资料，间接获取信息。

（1）现场调查研究

1）询问法。其方式有当面询问、会议调查、发函问卷调查、电话调查等。

2）观察法。包括客户现场调查、使用现场调查、供应厂家现场调查等。

3）试验法。是指在本企业的全新产品或改进后的新产品正式投放市场之前，先进行小规模的试销活动，看顾客动向。

（2）收集现有的管理信息

1）收集公开发行的报纸、杂志和书籍中的信息，从而可以推测或了解国家有关经济政策、法令的调整变化。

2）收集计算机互联网和数据库中的信息。

3）内部信息的收集和积累。即收集企业生产技术活动中的原始记录和对有关原始记录进行过一定汇总和加工的分析报告等。

2. 项目信息传递

将收集到的信息及时地传递到信息需求者手中是项目信息管理的一项重要内容，这就要求建立一套合理的信息传递制度，并使其标准化。

（1）由专人负责信息传递

在项目实施过程中，各工程部门、各科、各组之间都有许多日常资料需要传递。其中的一种方式是由专人负责信息传递。对于需要颁发的文件，信息人员应首先按照规定的份数复印，然后确定以下几个问题，即是哪一种文件、制定的时间、是否修改过、将发给谁等，再按文件分配单进行分发。

(2) 通过通信方式传递信息

即通过信函、电话、电报、传真、网络等方式进行项目信息的传递。从现在来看，通过网络（互联网）进行信息传递是最佳选择。

(3) 通过会议方式传递信息

会议是项目信息传递的重要方式，包括关键会议、例会、告别会议等。项目执行期间要召开各种各样的工作会议，如项目开工会议、项目进展报告会议、项目总结会议、项目协调会议等。

3. 项目信息加工与处理

所谓项目信息加工与处理是指将组织收集到的原始信息，根据管理的不同需要及要求，运用一定的设备、技术、手段和方法进行分析处理，以获得可供利用的或可存储的真实可靠的信息资料。

对初始信息的加工主要包括判断、分类整理、分析和计算、编辑归档等几方面工作。

(1) 判断

由于原始信息中通常存在一些虚假信息或水分，因此信息管理工作者在进行信息加工的过程中，必须首先对其真伪性进行判定，以剔除那些明显不真实、不可靠的信息。这部分工作及其有效性主要取决于信息工作者的经验及对业务的熟悉程度。

(2) 分类整理

企业从各方面收集到的信息是分散的、杂乱无章的，因而要对其进行分类整理。这主要是把初始信息按一定的标准，如时间、地点、使用目的、所反映的业务性质等，分门别类，排列成序。这方面的工作方法已有成熟的编码技术。

(3) 分析和计算

分析和计算，是指利用一定的方法，主要是数理统计和运筹学等，将数据信息进行加工，从中得到符合需要的数据。

(4) 编辑归档

信息经加工处理后，必须存储起来，以供随时调用。因而，对于处理加工后的信息结果，应编辑成文件的就编辑成文件，应装订成册的就装订成册，并以一定的形式归档保存。目前，归档保存有两种形式：一种是纸质文档的方式；另一种是电子文档的方式。使用电子文档归档保存信息资料，优点是简单、方便、存储量大、成本低，被企业信息管理部门普遍采用。

信息资料经过加工和处理后，管理者可直接利用，为管理决策和管理控制等服务。

18.3.2 项目信息分发

项目信息分发就是把所需要的信息及时地分发给利益相关者，其中不但包括实施沟通管理计划，而且包括对事先未打招呼而临时索取请求的回复。项目信息的分发一般是指非实时的、主动的推送。

1. 信息分发的依据

(1) 项目计划的工作结果

作为项目计划执行的一部分，项目班子应收集工作成果的资料并纳入进度报告过程。例如，哪些可交付成果已经完成，哪些还没有？质量标准达到了什么程度？已花费或投入了多少费用？

(2) 沟通管理计划

根据项目早期阶段所制订的沟通管理计划实施，并在实际操作中不断修改和完善，以适应项目发展过程。

(3) 项目计划

项目计划是在项目投标过程中，经过详细分析、论证并经过批准的正式文件。对此，项目班子应分阶段地及时把计划信息分发出去。

2. 信息分发工具和技术

（1）沟通技能

沟通技能是用于交换信息的。发出信息者负责信息的清楚、准确，以便信息到达接收者时正确无误，项目管理班子是主要的信息发布者。而信息的接受者绝大多数是项目的各种利益相关者，其责任是保证信息被完整、正确地理解。在项目管理中，其沟通过程如图18-3所示。

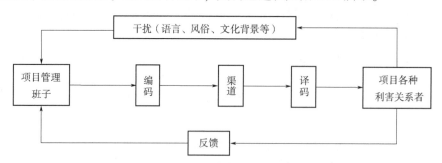

图18-3 项目管理中的沟通过程示意图

项目沟通方式可以从以下几种内选择：

1）书面的（书面报告、呈报材料等）和口头的（指示、通知等）。
2）内部的（在项目范围内）和外部的（对顾客、新闻界、公众等）。
3）正式的（报告、情况介绍会、讨论等）和非正式的（如备忘录、专门的谈话等）。
4）纵向的（组织内从上到下、从下到上）和横向的（同级之间）。
5）网络的和非网络的。

以网络方式为例。在网络上发布信息有许多优点：费用低、省时、省力、传播速度快、形式多样（文字、图片、声音、视频等）……，既可以向公众发布（项目网站、博客、微博、微信公众号等），也可以在一定范围内（朋友圈）发布（项目内部网站、QQ、微信、Facebook的朋友圈等）。网络上发布信息对于信息接收者来说还有一个很大的好处：既可以在方便的时候非实时地接收，也可以有选择地实时接收。

（2）建立项目管理信息系统

项目管理信息系统是用于收集、综合、分析、处理、分发项目信息及其他各种项目管理活动的工具和技术的总和。它的优点是能快速查询和处理纷繁复杂的项目信息，系统信息可由项目管理班子成员通过各种方法共同使用。项目管理信息系统在后面会有详细的介绍。

2. 信息分发结果

建立项目记录，在项目进行期间交流的信息应当尽可能地以各种方式收集起来，并保管得井井有条，为以后的索赔、仲裁等提供有力的证据。特别是对来往单据的管理更应重视，防止发生丢失、短缺以及不能按时清理、提货和发运等现象。

18.3.3 项目进展报告

项目进度观测、检查的结果通过项目进展报告的形式向有关部门和人员报告。项目进展报告是记录观测检查的结果、项目进度现状和发展趋势等有关内容的最简单的书面形式报告。根据报告的对象，确定项目进展报告不同的编制范围和内容，一般分为项目概要级进度控制报告、项目管理级进度控制报告和业务管理级进度控制报告。

1）项目概要级进度控制报告。是以整个项目为对象说明进度计划执行情况的报告。
2）项目管理级进度控制报告。是以分项目为对象说明进度计划执行情况的报告。

3）业务管理级进度控制报告。是以某重点部位或重点问题为对象所编写的报告。

项目进展报告的内容主要包括：项目实施概况、管理概况、进度概要；项目实际进度及其说明；资源供应进度；项目近期趋势，包括从现在到下次报告期之间将可能发生的事件等内容；项目费用发生情况；项目存在的困难与危机，困难是指项目实施中所遇到的障碍，危机是指可能会对项目造成重大风险的事件。

项目进展报告的形式可分为日常报告、例外报告和特别分析报告。

1）日常报告。根据日常监测和定期监测的结果所编制的进展报告即为日常报告。这是项目进展报告的常用形式。

2）例外报告。是为项目管理决策所提供的信息报告。

3）特别分析报告。就某个特殊问题所形成的分析报告。

项目进展报告的报告期应根据项目的复杂程度和时间期限以及项目的动态监测方式等因素确定，一般可考虑与定期观测的间隔周期相一致。一般来说，报告期越短，早发现问题并采取纠正措施的机会就越多。如果一个项目远远偏离了控制，就很难在不影响项目范围、预算、进度或质量的情况下实现项目目标。明智的做法是增加报告期的频率，直到项目按进度计划进行。

18.3.4 项目信息归档

对于收集到的资料数据，首先，要经过鉴别、分析、汇总、归类，做出推测、判断、演绎。这是一个逻辑判断推理过程，必须做好会计核算、统计核算和经济活动分析等工作，可借助计算机进行。其次，要把有价值的原始资料数据及加工整理的信息长期积累起来，以备查阅。手工管理信息可用档案法存储，其他类型信息应尽量采用电子计算机数据库或其他缩微系统，以便节省存储时间和空间。不论是存入档案库，还是存入计算机的信息库、资料库，入库前都要做好分类编目，以便查找和提取。因此，需要建立健全检索系统，既可以使报表、文件、资料、人事和技术档案保存完好，又可以方便检索。

18.4 项目管理信息系统

18.4.1 项目管理信息系统的概念

项目管理信息系统（PMIS）是指以计算机、网络通信、数据库作为技术支撑，对项目整个生存周期中所产生的各种数据及时、正确、高效地进行管理，为项目所涉及的各类人员提供必要的高质量的信息服务的人机系统。这个定义包括以下几个要点：

1）项目管理信息系统是以计算机作为基本的劳动工具。

2）系统所处理的对象（劳动对象）是项目管理中的信息流，并且加工处理必须是高效、正确、及时的。

3）系统仅仅起辅助作用，而不是取代人的管理，虽然有时候它可以为管理人员提供解决问题的方案，但最终起作用的是人而不是计算机。所以，项目管理信息系统实际上是一个人-机系统。

为了实现对项目信息的管理，需要在把握项目信息管理各个环节（信息收集、加工整理、存储、传递、应用等）的基础上，建立项目管理信息系统。这一工作包括设计信息沟通的渠道、建立信息管理组织和信息管理制度等。设计信息沟通渠道是为了保证信息通畅，而健全的组织和有效的管理制度是完善的信息管理系统的必要条件。

管理信息系统分为人工管理信息系统和计算机管理信息系统两种。其中，人工管理信息系统包括信息人员的配备、会议制度的建立、各项基础工作的信息鉴定等。

在当今的企业环境中，大部分管理信息系统被用作支持传统组织机构中的决策和职能。例如，用计算机处理的会计系统、工资报表系统等为企业的财务管理职能提供系统化的方法；销售和预测的计算机辅助系统帮助和改进这些职能的效率；人事管理系统支持企业的人力资源开发；在产品设计和生产系统，也有很多计算机辅助设计、计算机辅助制造系统为企业最终生产的产品提供服务。但这些传统的企业管理信息系统不能被直接有效地应用于项目管理中，因为就项目管理的本质而言，项目负责人只有超越职能机构的界限才能完成其目标，即综合和指挥各个机构的特有资源走向一个特定的目标。而传统的企业管理信息系统是为其他目的，即为使职能机构有效地实施其职责而设计的，既不能产生项目经理和其他项目参加人员需要的具体信息，也没有综合和协调不同职能的功能。因此，开发适应项目管理需要的、以计算机为基础的独特的项目信息和控制系统是非常必要的。

项目管理信息系统的主要作用是使管理部门能够评价项目如何逼近目标，从而可以有效地利用宝贵资源及时做出决策。根据上述观念，在设计任何项目管理信息系统时都必须考虑两个要素：信息要素与控制要素。这是两个既相互区别又相互关联的要素。系统的信息要素主要涉及与项目费用、进度及实施方向有关的、准确的、结构性的信息的产生和数据加工工作，而系统的控制要素主要涉及利用所提供的信息形成决策和给出与资源的利用或问题的解决有关的指令。控制要素和信息要素必须设计为彼此兼容和相互依存的，否则它们将起不到提高项目信息管理水平的作用。

18.4.2 项目管理信息系统的发展

近年来，商品化的项目管理软件大量地涌现出来，可以应用于整个项目管理过程的各项活动，帮助用户制定任务、管理资源、进行成本预算、跟踪项目进度等，不仅功能越来越强，还提供了便于操作的图形界面。目前，市场上有上百种项目管理软件，各具特色，各有所长。

项目管理软件主要具备的功能如下：

1）资源管理。可预先对各种资源的相关数据进行管理。

2）制订计划。用户对每项任务排定起始日期（预计工期）、明确各任务的先后顺序及可使用的资源后，软件可根据任务数据和资源数据排定项目日程，并随任务和资源的修改而进行调整。

3）成本预算和控制。在输入任务、工期后，如果把资源的使用成本、所用材料的造价、人员工资等完整地分配到各项任务，软件即可计算出该项目的完整成本预算。在项目实施过程中，可随时分别对单个资源、单项任务乃至整个项目的实际成本与预算成本进行对比分析。

4）报表与查询。与人工相比，项目管理软件的一个突出功能是能在许多数据资料的基础上，快速、简便地生成多种报表和图表，如甘特图、网络图、资源图表、日历等。大多数项目管理软件都提供排序和筛选功能；通过排序，用户可以按所需顺序浏览信息，如按字母顺序显示任务和资源信息；通过筛选，用户可以指定需要显示的信息，而将其他信息隐藏起来。

5）监督和跟踪项目的执行。在项目的实际执行过程中，输入资源的使用状况或工程的完成情况，可以对多种情况（任务的完成情况、费用、消耗的资源、工作分配等）进行跟踪，并根据需要自动产生多种报表和图表（资源使用状况表、任务分配状况表、进度图表等）。

6）处理多个项目和子项目。有些项目很大而且很复杂，将其作为一个大文件进行浏览和操作的难度较大，而将其分解成子项目后，可以分别查看每个子项目，更便于管理。另外，项目经理或成员有可能会同时参加多个项目的工作，需要在多个项目中分配工作时间。通常，项目管理软件将不同的项目存放在不同的文件中，这些文件是相互连接的，也可以用一个大文件存储多个项目，便于组织、查看和使用相关数据。

7）加密与安全。一些项目管理软件具有安全管理机制，可对项目管理文件以及文件中的基本信息设置密码，限制对项目文件或文件中某些数据项的访问，避免项目信息被非法之徒盗取。

8）假设分析。假设分析是项目管理软件提供的一个非常实用的功能，用户可以利用该功能探讨各种情况的结果。例如，假设某任务延长一周，系统就能计算出该延时对整个项目的影响。这样，项目经理可以根据各种情况的不同结果进行优化，更好地控制项目的发展。

18.4.3 项目管理信息系统的实现方式

项目管理信息系统有 3 种实现方式：自行开发、委托开发、购买商品化的软件。这 3 种方式是完全极端的方式，一个组织在实际过程中往往是混合使用，即自己开发一些，也请软件公司开发一些，还可能直接购买一些。

1. 自行开发

自行开发是指组织完全依靠自己的力量来实现管理信息系统的开发，这要求组织必须有一定数量的开发人员。一般来说，自行开发的使用满意度较高（使用过程中一旦出现问题，开发人员可随叫随到），但总体费用也较高（主要是开发人员的人力资源费用）。

2. 委托开发

委托开发是指整个系统的开发完全委托给其他软件公司，这样组织不必有自己的开发人员，管理人员只要配合其开发即可。一般来说，委托开发与自行开发相比使用满意度要低一些，但总体的开发费用也相应低一些。

3. 购买商品化的软件

购买商品化的软件是指直接买一款商品化的软件来使用。与自行开发和委托开发相比，购买商品化的软件满意度往往较低（这是因为人要去适应软件，而不是像前两种方式是软件来适应人），但费用一般也较低（因为该软件是大批量生产）。

费用较低这一点也有例外。例如，一个组织如果计划购买 SAP 或 ORACLE 公司的管理系统，则其费用可能非常高，除了需要支付昂贵的软件费用以外，还需要支付可能比软件费用高出几倍的实施费用。因为这些软件公司认为，购买者不单是购买管理信息系统的软件，而是引入了他们的管理思想与管理方法，所以他们必须要有专案对组织进行业务流程重组。

伴随着项目管理的发展，项目管理的信息管理技术也得到不断发展：从适用面来看，走过了"单一工具—面向项目的系统—面向项目型企业"的集成系统的发展路径；从技术手法来看，正在摒弃"IT 应用到项目管理"的简单方法，逐步走向"项目管理方法的 IT 应用"，深化实现项目管理的价值本源。

早期在国内比较流行的典型项目管理软件包括 P3、Project、Openplan，这些软件甚至曾经是项目管理软件的代名词。但是，实际上它们都仅是进度管理软件工具，几乎没有其他功能，不构成一个完整的项目管理信息系统，更不是综合的企业级集成系统。由于项目管理成熟度不同、管理模式与习惯不同、软件价格承受能力不同等，国外的项目管理系统，无论是项目级，还是企业级，并没有哪一个品牌的项目管理软件系统在我国得到普遍的应用。相反，国内项目管理专业软件企业近年来发展迅猛，出现了一些好的产品和好的应用局面。

从学习的角度来看，考虑到微软的 Office 在国内的普及率，建议使用微软的 Project，其入门非常简单。

18.4.4 项目管理信息系统的开发过程

项目管理信息系统的开发过程一般可分解为系统分析、系统设计、系统实施（编码和测试）3 个阶段。

1. 系统分析

系统分析又称需求分析。软件最终要为用户服务，用户对于软件功能、性能等方面的需求也就决定了软件的功能。因此，分析员需要在开发开始的时候充分地了解和论证软件所应具有的功能和性能。当然，这需要用户密切合作。总的来说，系统分析的目的是要确定软件要做什么（What），并设计出每一件事的业务逻辑。

真正理解了用户对于软件的各项要求后，分析员以标准的格式和描述方法将已经明确了的用户需求记录下来形成软件需求文档（系统分析报告）。

2. 系统设计

软件需求分析明确了待开发的软件应具有的功能（以及每项功能的业务逻辑）和性能，系统设计就是在此基础上把需求细化为描述处理流程和算法的伪代码（从现在来说，采用面向对象的设计方法，则系统设计就主要是类的设计）。设计形成的软件具有确定的体系结构和明确的模块划分，同时有一定的手段描述清楚模块内部的逻辑。总的来说，系统设计的目的是要确定软件怎么做（How）。

同样，系统设计结果必须按标准格式的规范描述方法记录下来，形成软件设计规格说明（系统设计报告）。

3. 系统实施（编码和测试）

在软件设计规格说明书的基础上，可以运用某种编程语言（如 C#、JAVA、PowerBuild、Delphi、C++、Python）进行程序编写，以程序的形式实现软件的设计。通常程序通过编译就形成可在机器上直接执行的机器代码（或通过解释执行的中间形式代码）。程序的编写应严格按照设计规格说明书进行，当然也不排除程序员的个人发挥。

软件开发是人的创作，出现错误是正常的，也是不可避免的，因此需要在开发的每个阶段后进行测试。测试需要设计测试用例来驱动程序的运行，以期发现错误，并加以改正。测试是保证软件质量的重要手段，但测试过的软件并不能保证没有错误。

18.4.5 典型项目管理信息系统构建案例

项目管理信息系统的建设是一项非常复杂的工作，要构建一套完善的项目管理信息系统需要经过系统分析、系统选型、系统定制、系统改进这样一个过程。这里介绍国内最为典型的两套项目管理信息系统，即同望科技建设工程项目管理整体解决方案和普华项目管理信息平台 PowerPIP。

1. 同望科技建设工程项目管理整体解决方案

整体解决方案包括工程建设项目业务协同平台、全过程工程咨询服务平台、施工企业项目管理系统三大产品线，依据工程建设管理体制、市场机制和改革方案，支持工程建设项目全周期、工程全过程、市场多主体的业务协同，服务于政府、投资业主和工程咨询机构以及工程和施工总承包企业。

（1）工程建设项目业务协同平台

平台依据政府工程建设领域"放管服"改革相关文件和平台建设相关技术规范，结合各省市工程建设项目审批制度改革方案，通过优化各业务部门的审批流程显著提高审批效率、压缩审批时间，打造法治化、国际化、便利化的营商环境；通过"减、放、并、转、调、信"各项措施，加强工程建设项目的分类管理，细化审批流程，强化审批协调，打造项目审批"高速公路"。主要建设思路如下：

1）通过项目分类改革，对现有事项实施简化、合并办理、转备案、下放审批权限、调整审批时序、逐步取消等各项措施，统一审批流程，深化改革措施。

2）通过优化审批阶段，将审批流程划分为立项用地规划许可、工程建设许可、施工许可、竣工验收4个阶段，打造可视化的审批流程跟进图，为申请单位提供最清晰、高效、直观的审批服务。

3）强化并联审批，从立项到验收的4个阶段，分别由"一家牵头"，统筹协调各相关单位，对事项进行深入梳理，明确事项串并联要求和前后置关系，构建场景式服务，大幅压缩审批时间。

4）对涉及工程建设项目的事项流程进行全面梳理，针对流程、表单、材料等进行深入分析，对不同场景的申报表单，通过"一张表单，一套材料"数据驱动，实现工程建设精细化管控。

5）整合各部门和各市政公共服务单位，建立"前台受理、后台审批"机制，统一收件、出件，实行"一窗式、一站式"服务。

6）推行承诺制改革，对于可容缺受理的材料先予受理，并告知申请人，在容缺时限内补交相关材料，加快审批进度。

7）从重审批向重事中事后监管转变，建立"双随机、一公开"监管系统，通过审批部门联合抽查的方式，对告知承诺情况进行检查。

（2）全过程工程咨询服务平台

平台依据工程建设现行管理体制、市场机制和"放管服"改革要求，基于BIM工程数字化、可视化管理技术，为项目投资业主、工程建设单位和咨询服务机构搭建项目全周期、工程全过程的咨询服务平台，覆盖投资决策、建设准备、建设实施、交竣工及运营保修等工程建设全周期的技术支持与服务。全过程工程咨询服务平台的主要架构如图18-4所示。

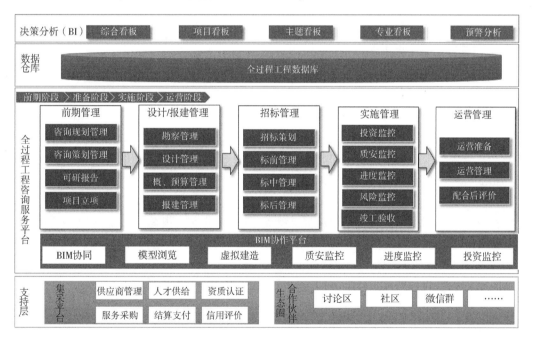

图18-4 全过程工程咨询服务平台的主要架构

（3）施工企业项目管理系统

系统主要服务于建筑、市政、公路、铁路等工程和施工总承包企业，实现工程项目管理"标准化、在线化、精细化、智能化"，以信息系统促进管理升级，提升企业"组织项目管理成熟度"，增强施工企业核心竞争力。

系统以施工项目管理为中心，以价值创造为本，以现场业务推进为主线，以项目策划、实施重点方案、进度、成本、交工为抓手，打通管理链条，使资源、合同、现金、支付、责任、绩效等环节串联起来。业务上实现业财一体化,管理上实现"理性经营、精细管理"。施工企业项目管理系统架构如图 18-5 所示。

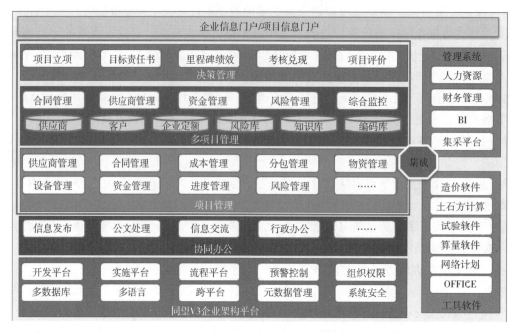

图 18-5　施工企业项目管理系统架构

该系统能够满足项目、多项目和企业决策三层应用,项目管理着眼于承包项目的全生命周期管理,多项目重在发挥规模效应、风险防控及企业知识积累,决策主要实现项目重大里程碑及绩效管理。

2. 普华项目管理信息平台 PowerPIP

PowerPIP,普华项目管理信息平台 Power Project Information Platform 的缩写,是上海普华科技发展股份有限公司(http://www.powerpms.com)总结 20 多年工程项目管理信息化建设和推广应用经验,基于企业级项目管理思想,为满足大型工程建设项目、项目型组织、政府项目管理部门等机构的需求而研发的集成项目管理信息平台。该平台以 .net 框架开发,采用 MVC 框架、B/S 表现形式。PowerPIP 以企业决策层、各级管理层和项目实施层为服务对象,不仅可以应用于单项目、多项目组合管理,而且可以融合企业管理,直至延伸到集团化的管理。采用该平台可增进项目利益相关者之间的沟通,保障企业的项目管理业务有序开展,达到有效消除信息孤岛、实现企业的知识积累与利用的目的,帮助企业解决项目管理中项目多、区域散、时间紧、事务多、人员少、跟踪难、手段缺、评价迟、决策烦等问题。PowerPIP 包含的 PMIS(项目管理业务处理系统)+ PCIS(项目总控信息系统)+ Portal(门户系统)分别指以下功能:

1)PMIS 是供工程项目管理各业务部门使用的系统,包含进度控制、投资控制、合同管理、采购管理、质量控制、安全控制、文档管理、前期管理、设计管理、施工管理、竣工结算和事务管理等业务模块,通过对项目管理专业业务的流程电子化、格式标准化及记录和文档信息的集中化管理,提高工程管理团队的工作质量和效率。PMIS 既有相应的功能模块满足范围、进度、投资、质量、采购、质量、安全、文档、前期、设计、施工、竣工结算和事务管理的业务需求,又蕴涵了"以计划为龙头、以合同为中心、以投资控制为目的"的现代项目管理理念。

2)PCIS 是以现代信息技术为手段,对企业集团内多项目及大型建设工程项目群进行信息的收集、加工和传输,用经过处理的信息流指导和控制项目建设的物质流,支持项目决策者进行策划、协调和控制的管理组织。项目总控系统 PCIS 主要提供数据监控和决策支持、项目管理环境规范维护、最佳实践经验积累 3 个方面的功能。

3）Portal 为企业决策者、项目部、客户、供应商、员工和合作伙伴提供了一个统一的应用界面，使用户可以根据自己的需要获得想要的信息，通过提供全面的信息和应用来支持企业决策和客户选择。

按照 PMIS + PCIS + Portal 的思想，该集成平台在统一的项目管理框架体系下采用多个展现层面设计方案。图 18-6 所示为 PowerPIP 的总体架构，包括 4 部分内容：一是图左侧下部的企业级统一项目管理框架体系，用以企业规范化的项目编码体系的规划，是企业级多项目或大型项目群管理的基础；二是图右侧下部的业务模块，是在统一框架体系下的项目业务处理系统，以计划为龙头、以合同为中心、以投资控制为目的，涵盖质量管理、HSE 管理、资源管理、文档管理及事务管理的功能；三是图的中部，对项目信息流程控制及加工处理的过程；四是最上部的协同平台和数码桌面功能。

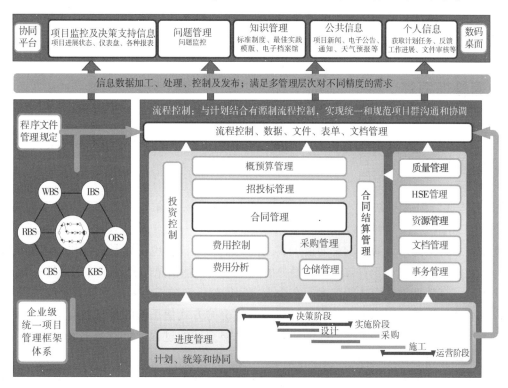

图 18-6　PowerPIP 的总体架构

PowerPIP 的基础业务平台 PowerM3 是普华公司潜心多年研发的具有自主知识产权的二次开发平台，能够帮助客户获得更低成本、更高质量、更快交付业务的竞争力，保障客户企业落实 IT 策略，实现业务愿景，最终推动业务与 IT 的更佳融合，可与企业的门禁系统、OA 系统、ERP 系统、主数据系统、档案系统、视频监控、BIM 软件等进行无缝集成。PowerPIP 集成了普华自主研发的 PowerPlan 产品作为进度管理子系统，能支持项目各类计划的编制、进度计算、计划审核、任务下达、计划反馈及计划更新，能展示甘特图、网络图、直方图，可提供不同类型的进度分析，如赢得值曲线、形象进度曲线等，可实现自上而下的计划编制、自下而上的计划反馈，也支持 P6、Project 或 Excel 编制的计划通过各自软件提供的 API 接口进行导入。

第 19 章　项目沟通管理

本章要点

项目沟通管理就是要保证项目信息及时、正确地提取、收集、传播、存储以及进行最终处置，保证项目利益相关者的信息畅通。本章主要论述三方面内容：沟通管理概述，包括沟通的概念、方式方法和渠道；项目沟通管理，包括项目沟通管理定义、项目沟通管理规划；有效的项目沟通，包括聆听、谈判、演讲、面谈、会议。

19.1　沟通管理概述

19.1.1　沟通的概念

"管理就是沟通、沟通再沟通"是通用电器公司总裁杰克·韦尔奇的名言，说明了沟通在管理中的重要性。

沟通就是信息的交流。沟通可以是通信工具之间的信息交流，也可以是人与机器之间的交流，还可以是人与人之间的交流。关于有效沟通，经典的文献定义包括信息的交换、传送信息的行为或实例、口头或书面消息、有效地表达想法的技术、在个人之间通过一般的符号系统交换意见的过程等内容。

项目需要有效的沟通，以确保在适当的时间以低代价的方式使正确的信息被合适的人所获得。合适的沟通对于项目的成功是极其重要的。沟通就是信息被交换的过程，可以是书面正式的、书面非正式的、口头正式的和口头非正式的。

口头沟通带有高度的弹性，以个人间的接触、小组会议或电话为媒介。书面沟通则是准确的，以通信（记录、信件、备忘录、报告）、电子邮件和项目管理信息系统为媒介。一些人把非口头的/视觉的沟通，如手势和身体语言，也作为可接受的形式。

在项目实施过程中，信息沟通主要是人际沟通和组织沟通。

1) 人际沟通，就是将信息由一个人传递给另一个人，如项目经理与下级人员之间的沟通。

2) 组织沟通，是指组织之间的信息传递。

这两种沟通，都符合前面所说的沟通过程的一般模式，但是又有着不同于其他沟通的特殊性，特别是人际沟通，主要表现在：

1) 人与人之间的沟通，主要是通过语言进行的。

2) 人与人之间的沟通，不限于消息的交流，还包括情感、思想、态度、观点等的交流。

3) 在人与人之间的沟通过程中，交流动机、目的、态度等心理因素有重要意义，交流的结果要改变人的行为。

4) 在人与人之间的沟通过程中会出现特殊的沟通障碍，即人所特有的心理障碍。例如，不同的人，由于知识、经历、职业、价值观的不同，可能会对同一种信息产生不同的看法、不同的理解。因此，在研究人与人之间的沟通过程时，需要了解和研究它的特殊规律。

19.1.2 沟通方式、方法和渠道

1. 沟通方式和方法

（1）正式沟通与非正式沟通

1）正式沟通是通过项目组织明文规定的渠道进行信息传递和交流的方式，如组织规定的汇报制度、例会制度、报告制度及组织与其他组织的公函来往。它的优点是沟通效果好，有较强的约束力；缺点是沟通速度慢。

2）非正式沟通指在正式沟通渠道之外进行的信息传递和交流，如员工之间的私下交谈、小道消息、QQ交流、微信交流等。这种沟通的优点是沟通方便，沟通速度快，且能提供一些正式沟通中难以获得的信息；缺点是容易失真。

（2）上行沟通、下行沟通和平行沟通

1）上行沟通。上行沟通是指下级的意见向上级反映，即自下而上的沟通。项目经理应鼓励下级积极向上级反映情况，只有上行沟通渠道畅通，项目经理才能掌握全面情况，做出符合实际的决策。上行沟通有两种形式：一是层层传递，即依据一定的组织原则和组织程序逐级向上反映；二是越级反映，指的是减少中间层次，让项目最高决策者与一般员工直接沟通。

2）下行沟通。下行沟通是指领导者对员工进行的自上而下的信息沟通。例如，将项目目标、计划方案等传达给基层群众，发布组织新闻消息，对组织面临的一些具体问题提出处理意见等。这种沟通形式是领导者向被领导者发布命令和指示的过程。

国外有关专家认为，这种沟通方式有5个目的：

①员工明确组织的目标。
②有关工作方面的指示。
③提醒对于工作及其任务关系的了解。
④对部属提供关于程序和实务的资料。
⑤对部属反馈其本身工作的绩效。

3）平行沟通。平行沟通是指组织中各平行部门之间的信息交流。在项目实施过程中，经常可以看到各部门之间发生矛盾和冲突，除其他因素外，部门之间互不通气也是重要原因之一。保证平行部门之间沟通渠道畅通，是减少部门之间冲突的一项重要措施。

（3）单向沟通与双向沟通

1）单向沟通。单向沟通是指发送者和接收者两者之间的地位不变（单向传递），一方只发送信息，另一方只接收信息。双方无论是在情感上还是在语言上都不需要信息反馈，如做报告、发布指令、微博、微信公众号等。这种方式信息传递速度快，但准确性较差，有时还容易使接收者产生抗拒心理。

2）双向沟通。在双向沟通中，发送者和接收者两者之间的位置不断交换，且发送者是以协商和讨论的姿态面对接收者，信息发出以后还需及时听取反馈意见，必要时双方可进行多次重复商谈，直到双方共同明确和满意为止，如交谈、协商、微信、QQ等。这种方式的优点是沟通信息准确性较高，接收者有反馈意见的机会，容易产生平等感和参与感，增加自信心和责任心，有助于建立双方的感情。但是，对发送者来说，在沟通时随时会受到接收者的质询、批评和挑剔，因而心理压力较大，同时信息传递速度也较慢。

（4）书面（文字）沟通和口头沟通

1）书面（文字）沟通是指用书面（文字）形式所进行的信息传递和交流，如通知、文件、报刊、备忘录、微信、QQ等。其优点是可以作为资料长期保存，反复查阅。

2）口头沟通就是运用口头表达进行信息交流活动，如谈话、游说、演讲等。其优点是比较灵活、

速度快，双方可以自由交换意见，且传递消息较为准确。

(5) 言语沟通和体语沟通

1) 言语沟通是利用语言、文字、图画、表格等形式进行沟通。

2) 体语沟通是利用动作、表情姿态等非语言方式（形体）进行沟通，如欢乐时手舞足蹈、悔恨时顿足捶胸、惧怕时手足无措等，一个动作、一个表情、一个姿势都可以向对方传递某种信息。不同形式的、丰富复杂的"身体语言"也在一定程度上起着沟通的作用。

2. 沟通渠道

信息沟通是在项目组织内部的公众之间进行信息交流和传递活动。当项目成员为解决某个问题和协调某一方面而在明确规定的组织系统内进行沟通协调工作时，就会选择和组建项目组织内部不同的信息沟通渠道，即信息网络。这些沟通渠道可以影响团体公众的工作效率，也可以影响团体成员的心理和组织的气氛。

(1) 正式沟通渠道

在信息传递中，发信者并非直接把信息传给接收者，中间要经过某些人的转承，这就出现了沟通渠道和沟通网络问题。沟通的结构形式关系着信息交流的效率，对班子集体行为、对集体活动的效率都有不同的影响。

关于不同的沟通网络如何影响个体和团体的行为，以及各种网络结构的优缺点，巴维拉斯（Bavelas）曾对 5 种结构形式进行了实验比较，如图 19-1 所示。

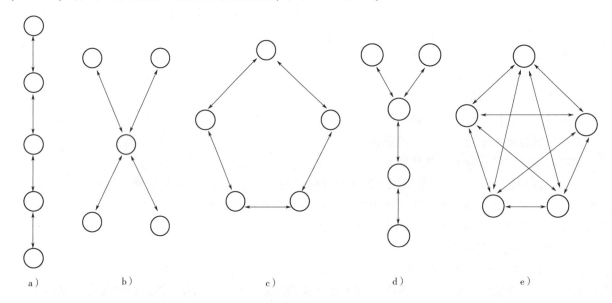

图 19-1　5 种沟通渠道
a) 链式　b) 轮式　c) 环式　d) Y 式　e) 全通道式

在图 19-1 中，每一个圈可看成一个成员或组织的同等物，每一种网络形式相当于一定的组织结构形式和一定的信息沟通渠道，箭头表示信息传递的方向。

1) 链式沟通渠道。在一个组织系统中，它相当于一个纵向沟通渠道。链式网络中的信息按高低层次逐级传递，信息可以自上而下或自下而上地交流。这个模式中有 5 级层次，居于两端的传递者只能与里面的每一个传递者相联系，居中的则可以分别与上下互通信息，各个信息传递者所接受的信息差异较大。该模式的最大优点是信息传递速度快，适用于班子庞大、实行分层授权控制的项目信息传递及沟通。

2) 轮式沟通渠道。在这一模式中，主管人员分别同下属部门发生联系，成为个别信息的汇集点和传递中心。在项目中，这种模式大体类似于一个主管领导直接管理若干部门和权威控制系统。只有处于领导地位的主管人员了解全面情况，并由他向下属发出指令，而下级部门和基层公众之间没有沟通联系，只分别掌握本部门的情况。轮式是加强控制、争时间、抢速度的一种有效方法和沟通模式。

3）环式（或圆周式）沟通渠道。这种组织内部的信息沟通是指不同成员之间依次联络沟通。这种模式结构可能产生于一个多层次的组织系统之中。第一级主管人员对第二级建立纵向联系。第二级主管人员与底层建立联系，基层工作人员之间与基层主管人员之间建立横向的沟通联系。该种沟通模式能提高群体成员的士气，即让大家都感到满意。

4）Y式沟通模式。这是一个组织内部的纵向沟通渠道，其中只有一个成员位于沟通活动中心，成为中间媒介与中间环节。

5）全通道式沟通模式。这种模式（渠道）是一个开放式的信息沟通系统，其中每一个成员之间都有一定的联系，彼此十分了解。民主气氛浓厚、合作精神很强的组织一般采取这种沟通渠道程式。

巴维拉斯等人根据实验研究就不同的沟通模式的优劣进行了比较，其结果见表19-1。

表19-1 各种沟通模式（渠道）的比较

指标	沟通模式				
	链式	Y式	轮式	环式	全通道式
解决问题的速度	适中	适中	快	慢	快
正确性	高	高	高	低	适中
领导者的突出性	相当显著	非常显著	非常显著	不发生	不发生
士气	适中	适中	低	高	高

上述沟通模式虽然是在实验室条件下设计的，而且主要是小型群体的沟通模式，但对于研究整个企业、公司或项目的信息沟通也很有启发意义。例如，链式和倒转的Y式沟通模式相当于一个企业中5个或4个等级的上下组织，他们彼此之间交流信息是采取上情下达和下情上报的形式。信息传递的速度很快，但由于信息经过层层筛选，可能使上级不能了解下级的真实情况，也可能使下级不能了解上级的真正意图。轮式沟通模式可以代表一个领导人与他的4个下级保持双向联系，并向下级发出指示，而4个下级只分别了解本部门的情况并向领导人汇报。全通道式沟通模式可表示一个民主气氛很浓的领导集体或部门，其成员之间总是互相交流情况，通过协商采取决策。

沟通模式不只是上述5种，实际的沟通模式可以多种多样。例如，图19-2所示的沟通模式可形象地称为"秘书专政"沟通模式。如果就一个项目班子而言，这表明各部门的汇报都要经过总经理的秘书（助理）转交给总经理，而总经理的指示也是通过秘书传达到各个部门。因此，在这一模式中秘书（助理）是沟通的中心。

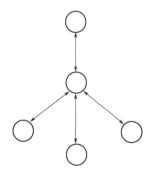

图19-2 "秘书专政"沟通模式

每个项目都有自己的组织结构，有自己的具体情况，为了达到有效管理的目的，应视不同情况采取不同的沟通模式，以保证上下左右部门之间的信息得到顺利沟通。

（2）非正式沟通渠道

正式沟通渠道只是信息沟通渠道的一部分。在一个组织中，还存在着非正式的沟通渠道，有些消息往往是通过非正式渠道传播的，其中包括小道消息的传播。

戴维斯（Keith Davis）曾在一家公司对 67 名管理人员采取"顺藤摸瓜"的方法对小道消息的传播进行了研究，发现有 4 种传播方式，如图 19-3 所示。

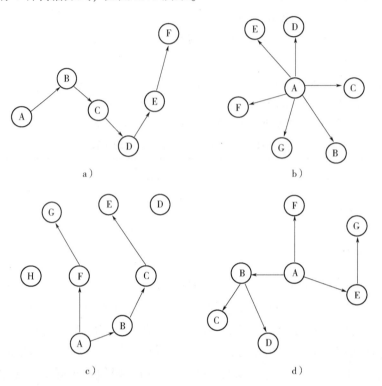

图 19-3 非正式沟通渠道图
a）单线式 b）流言式 c）偶然式 d）集束式

1）单线式。消息由 A 通过一连串的人把消息传播给最终的接收者。

2）流言式。又叫闲谈传播式，是由一个人（A）主动地把小道消息传播给其他人，如在小组会上传播小道消息。

3）偶然式。又叫机遇传播式，消息由（A）按偶然的机会传播给他人，他人又按偶然机遇传播，并无一定的路线。

4）集束式。又叫群集传播式，是将信息由（A）有选择地告诉自己的朋友或有关的人，使有关的人也照此办理的信息沟通方式。这种沟通方式最为普遍。

戴维斯的研究结果证明，小道消息传播的最普通形式是集束式，又称葡萄藤式沟通渠道。例如，在一个大公司里，总经理准备邀请数名地位较高的经理到郊外野餐。在国外企业中，部门经理受到总经理的邀请是一种荣誉。在发出请柬之前，小道消息已经传播出去。据调查，数名被邀请的经理在接到请柬之前几乎全部知道了这个消息，而在未被邀请的地位较低的经理中，只有两个人知道这个消息，这两个人所以知道是因为传播消息者误认为这两个人也在被邀请之列。这一实例以及许多实例表明，小道消息多是按集束式传播的。

戴维斯还发现，只有 10% 的人是小道消息的传播者，而且这些传播者往往是固定的一些人，大多数人是姑妄听之，听而不传的。

企业中传播的小道新闻常常会对项目目标带来不良影响，改善的办法在于使正式沟通渠道畅通，用正式消息驱除小道传闻。但是，非正式沟通渠道也有弥补正式渠道不足的作用。

19.2 项目沟通管理

沟通是人与人之间传递和沟通信息的过程。在项目组织内，沟通是正式的、非正式的领导与被领导之间的自上而下或自下而上地沟通信息的过程。在项目管理中，沟通管理是进行项目各方面管理的纽带，是在人、思想和信息之间建立的联系，对于项目取得成功是必不可少的，而且是非常重要的。

无论何种规模及类型的项目都有其特定的周期。项目周期的每一个阶段都是重要的，甚至是关键性的。特别是大型土建工程和复杂的成套设备，生产线安装工程更是如此。显而易见，为做好每个阶段的工作，以达到预期标准和效果，就必须在项目部门内、部门与部门之间、项目与外界之间建立沟通渠道，快速、准确地传递和沟通信息，以便项目内各部门达到协调一致；使项目成员明确各自的工作职责，并且了解他们的工作为实现整个组织目标所做出的贡献；通过大量的信息沟通找出项目管理中存在的问题，制定政策并控制评价结果。因此，缺乏良好的沟通，就不可能做好人力资源管理工作，更不可能较好地实现项目目标。

19.2.1 项目沟通管理定义

项目沟通管理就是确定利益相关者对信息与沟通的需要，主要包括谁需要何种信息、何时需要以及应如何将其交到他们手中，同时包括保证及时与恰当地生成、搜集、传播、存储、检索和最终处置项目信息所需要的过程。虽然所有的项目都需要交流项目信息，但信息的需求和分发方法不大相同。识别利益相关者的信息需求，并确定满足这些需求的合适手段，是获取项目成功的重要保证。由于项目的组织结构对项目的沟通要求有重大影响，所以沟通管理往往与事业环境因素和组织影响密切相关。

19.2.2 项目沟通管理规划

项目沟通管理在人、思想和信息之间建立了联系，这些联系对于取得成功是必不可少的。参与项目的每一个人都必须准备用项目语言沟通，并明白个人所参与的沟通将会如何影响项目整体。项目沟通管理所涉及知识领域是保证项目信息及时、正确地提取、收集、传播、存储以及最终处置所必需的。

沟通规划就是确定利益相关者的信息交流和沟通的要求。简单地说，也就是谁需要何种信息、何时需要以及应如何将其交到他们手中。虽然所有的项目都需要交流项目信息，但信息的需求和分发方法不大相同。识别利益相关者的信息需求，并确定满足这些需求的合适手段，是获得项目成功的重要保证。

1. 沟通规划的依据

（1）事业环境因素

事业环境因素包括组织或公司的文化与组成结构、政府或行业标准、基础设施、现有的人力资源、人事管理、公司工作核准制度、市场情况、利益相关者的风险承受力、商业数据库和项目管理信息系统等。

（2）组织过程经验

经验教训和历史信息是至关重要的依据信息，这些可从先前的类似项目中得到，可以为相关沟通问题的决策提出依据。

（3）项目范围说明书

项目范围说明书为未来的项目决策提供了文档化的基础，并在项目利益相关者之间就项目范围达成共识。

(4) 项目管理计划

项目管理计划为项目提供背景信息,包括与沟通管理相关的假设和制约因素,其中影响沟通管理的特定假设取决于具体项目的特定性,制约因素是指限制项目管理团队权衡选择的因素。

2. 沟通规划的工具技术

(1) 沟通需求分析

通过沟通需求分析可得出项目各利益相关者信息需求的总和。信息需求的界定是通过所需信息的类型和格式以及该信息价值的分析这两者结合来完成的。项目资源应该只用于沟通有利于成功的信息,或者缺乏沟通可能造成的失败的信息。这并不是说不用发布坏消息,而是说沟通需求分析的本旨在于防止项目利益相关者因过多的细节内容而应接不暇。

沟通渠道或沟通路径的潜在数量可反映项目沟通的复杂程度。沟通渠道总量为 $n(n-1)/2$,其中,n 为利益相关者人数。假设项目的利益相关者为 10 人,则项目就具有多达 45 条的沟通渠道。因此,在项目沟通管理中,确定并限制谁与谁沟通以及谁是消息接受者便成为一项极为关键的内容。确定项目沟通要求通常需要的信息如下:

1) 组织结构图。
2) 项目组织和利益相关者职责关系。
3) 项目中涉及的学科、部门和专业。
4) 多少人参与项目以及在何地参与项目。
5) 内部信息需求(如跨越组织的沟通)。
6) 外部信息需求(如与媒体或承包商的沟通)。
7) 利益相关者的信息需求。

(2) 沟通技术

在项目各部分之间来回传递信息所用的技术和方法很多。例如,根据沟通的严肃性程度,分为正式沟通和非正式沟通;根据沟通的方向,分为单向沟通和双向沟通、横向沟通和纵向沟通;根据沟通的工具,分为书面沟通和口头沟通。选用哪种沟通技术以迅速、有效、快捷地传递信息,主要取决于下列因素:

1) 对信息要求的紧迫程度。例如,项目的成功是否依赖于不断更新的信息,在想要时马上就能要到手;是否只要有定期发布的书面报告就够了。
2) 技术的取得性。例如,项目已有的系统是否满足要求,或者项目的需求是否有理由要求扩大或缩小已有的系统。
3) 预期的项目环境。例如,所建立的通信系统是否适合项目参加者的经验和专业特长,或者是否需要进行广泛的培训和学习。
4) 项目的时间长短。例如,现有技术在项目结束前是否有变化的可能。
5) 预期的项目环境。例如,所建立的通信系统是否适合项目参加者的经验和专业特长,或者是否需要进行广泛的培训和学习。

(3) 制约因素和假设

制约因素和假设是限制项目管理班子选择的因素。项目沟通管理者应对其他知识领域各过程的结果进行评价,以发现它们可能影响项目通信的途径,并采取相应的措施。

3. 沟通规划的结果

(1) 分析确定项目的利益相关者

项目利益相关者就是积极参与该项目或其利益受到该项目影响的个人和组织。项目管理班子必须明确项目的利益相关者,首先确定他们的需要和期望是什么,然后对这些期望进行管理和施加影响,确保项目获得成功。

一般地说，项目利益相关者包括顾客和发起人、内部的和外部的业主和出资者、供应商和承包商、管理班子成员及其家庭、政府机构和新闻界、公民和整个社会等。

项目管理班子分析各种利益相关者的类型及信息要求时，主要考虑下列因素：

1）考虑适合某种项目需求的方法和技术。

2）为项目成功提供所有必需信息。

3）不要让资源浪费在不必要的信息或不适用的技术上。

（2）制订沟通管理计划

沟通管理计划是规定项目未来沟通管理的文件，一般在项目初期阶段制订。其主要内容如下：

1）详细说明信息收集渠道的结构，即采用何种方法、从何人处收集各种各样的信息。

2）详细说明信息分发渠道的结构，即信息（报告、数据、指示、进度报告、技术文件等）将流向何人，以及使用何种方法传送各种形式的信息（报告、会议、通知），这种结构必须与项目组织结构图中说明的责任和报告关系相一致。

3）说明待分发信息的形式，包括格式、内容、详细程度和要采用的符号规定和定义。

4）制订信息发生日程表。在表中列出每种形式的通信将要发生的时间；确定提供信息更新依据或修改程序，以及确定在依进度安排的通信发生之前查找现时信息的各种方法。

5）制定随着项目的进展而对沟通计划更新和细化的方法。

沟通计划可以是正式的、非正式的，也可以是非常详细的或仅仅粗线条的。具体如何计划应视项目的需要而定。

19.3 有效的项目沟通

19.3.1 聆听

交流沟通的核心不是语言，而是理解，不仅需要被理解，还需要理解。有效沟通的一半是聆听，不会聆听则会使沟通失败。

1. 有效聆听的障碍

有效聆听常见的障碍有：

1）假装聆听。在听别人陈述时，却在想着其他事情，没有全神贯注地听。

2）注意力分散。在听别人陈述时，却在做其他事，如接电话或看书，没有集中精力聆听。

3）偏见和固执。只听正面的观点，拒绝相反的意见，这是一种选择性的聆听。聆听中的偏见可能是来自对陈述者服饰、相貌、语调或特殊习惯的感觉。

4）不耐烦。因急于让陈述者进入主题而打断其发言。

5）急于得出结论。在陈述人还未结束讲话时就开始对他讲的内容下结论。

2. 有效聆听的技巧

聆听不仅仅是给他人讲话的机会，还是一个主动而非被动的过程，主动去听可以增进理解并减少矛盾。有效聆听的技巧如下：

1）集中精力。注视陈述人并观察其身体语言，可以帮助集中精力聆听。

2）积极主动。向陈述人提供语言或非语言性的反馈信息，如身体语言（点头、微笑、前倾等），或对陈述人的言语进行解释，这种解释将会给陈述者消除误解的机会。

3）提问。当想要澄清事实或获得关于此事的更多的信息时，可以追根究底地提问。

4）不要打断。当陈述人在讲话时，应听清整个思路或在适当的间隙提出问题或评论。在一个人提供完信息之前，不要打断或转换主题。

19.3.2 谈判

1. 谈判准备

谈判准备的全部过程需要做到"知己知彼""知头知尾""通过预审"这12个字。

（1）知己知彼

知己知彼即应了解己方与对方的所有情况。此处的知己知彼可以分为对人（自然人和法人）、事（标的）及背景3个层次信息的了解。

人的信息包括法人在谈判中的态度、利害关系、财务状态、市场地位、追求目标，以及自然人在谈判中的利益、个人追求、个人经历、个人爱好、婚姻状况、家庭状况、受教育程度、个性等。

事先对谈判标的做深入了解，即从技术上进一步了解对手、了解自己，具体应了解透彻对标的技术水平、规格、市场占有率、竞争状况，分析清楚标的内容的交易条件、关键问题与次要问题、可修改与不可修改等。

背景条件主要指人的背景条件，如政治背景、经济状况（宏观与微观，所在地区或国家及交易人所在企业）、人际关系、双方在交易中所处的地位（需求地位）。这些信息决定着谈判优势的强弱。

（2）知头知尾

知头知尾系指对谈判过程的设计或预测。其表现形式是制订谈判方案，通常包含3项基本内容：成交目标、谈判程序、谈判时间。

成交目标有3种表述方式：上、中、下成交方案，成交上限和下限，与对方条件对应的随动成交方案。

谈判程序系指谈判起始点、展开过程及结束点的设计或预测。起始点的设计指对谈判开场的设定，根据不同谈判对开场的要求设定不同的开场形式。展开过程的设计指谈判各项议题的先后次序及双方互动条件的设定。结束点的设计指对结束条件及结束方式的设定，这也是谈判收尾的预测。结束条件原则上以谈判目标条件为参考，在双方分歧很大时，结束条件将为各方自持的条件——未达成协议的各自坚持的条件。结束方式将有多种可能，它决定由谁出面结束（主谈人、负责人、领导）、在什么时候、什么地点（会议室、住址、饭桌上）宣布不同谈判结果的结束。

谈判时间系指对有效完成谈判过程的时间段的决定。时间具有一种力量，会从时空与心理关系上对谈判产生影响。

（3）通过预审

通过预审指将上述的谈判目标与程序形成的谈判方案向交易主人或谈判的相关领导汇报并获得批准的过程。通过预审是准备阶段必须履行的法律程序，既验证谈判手的组织观念与职业道德水准，又为谈判提供援助与保护。

2. 谈判方式

（1）书面磋商

书面磋商系通过信息、传真、电子邮件进行说明、讨论，以说服对手并达成妥协的做法。其优势在于谈判成本低，快捷；缺点在于局限性大。

（2）电话磋商

根据有关公约和法规，口头要约及接受也能使合同成立，这就为电话谈判提供了可能。电话磋商有快捷、便利的优点，还可减少面对面的偶尔尴尬的局面，但也有易被拒绝和保留承诺证据难的缺点，故要进行成功的电话谈判仍要考虑其内在的特有要求。

（3）面对面磋商

无论网络多么发达，为了交易而面对面磋商的做法将永远存在。面对面的磋商形式较之书面与电话磋商更加丰富多彩，亦具有复杂刺激性，处理的交易也一定更大、更敏感。面对面磋商是传统的谈判形式，但不乏先进的、科学的做法，其中最基础的就是面对面磋商时的程序设定。

3. 讨价还价

讨价还价是交易双方为解决尚存差距而在单位时间内同时进行讨价和还价的行为。由于是在单位时间内同时进行买卖双方进攻转换，谈判的节奏与激烈程度比前述阶段谈判更甚，要求也更高，因此买方和卖方均应注意下述问题。

（1）进入讨价还价的时机

开始讨价还价的时机直接影响该阶段的谈判效益。过早进入，前面谈判不够充分，有理的一方将凭空失去战机、放弃权利，还平增谈判难度；过晚进入，会加大谈判成本，甚至造成不必要的谈判危机。

（2）讨价还价的方式

在讨价还价阶段，谈判形式要求简明。讨价还价原则上应在会议室进行，这样有利于创造气氛，集中精力，调动时间效果。场外的讨价还价只能作为一种辅助形式，而且应为已开始在会议室讨价还价、有进展但陷于僵局之后再在场外进行，常见场所有饭店、旅游地、宴会厅、走廊、机场等。当讨价还价仅剩最后一击时，也可用电话进行。

4. 让步妥协

谈判中的妥协是降低、放弃己方原要求、接受对方相应要求等行为的总称。通常，妥协意味着退让，等于付出，所以下妥协的决心难。怎样的妥协才是适当的呢？

（1）把握妥协时机

妥协时机即何时可以退让的时机。只有时机得当，妥协才会名退实进，形让实不亏。时机有3点：

1）有所得退。经过双方较量，己方已有了收获，即对方已有让步，欲再想得需有妥协的情况时，应退。

2）己方无理时退。经过论战，己方理不如人，若不退就会大损形象，且难以再去说服对方让步的情况。

3）全局需推动力时退。双方僵持太久，厌战、失望情绪充斥谈判间，谈判人员心头烦闷，而谈判需有结果，不超过眼前障碍则危及将来成果时，需主动考虑退。

（2）选择妥协方式

谈判中有3种妥协方式：立场上妥协、数字上妥协和文字上妥协。

1）立场上妥协。该妥协指态度上、观点上的让步，属软性让步，是非实质交易条件的让步。不过，这是让步中的一档，是实质让步的一种拖延方式，如从强硬的态度转为温和、使僵死的看法开始松动。

2）数字上妥协。该妥协指改善以数字表示的交易条件，属于硬条件的让步，多反映在价格、指标、保证期、交货期、服务量上。

3）文字上妥协。该妥协指合同文本上的让步，是一种权责与风险性的妥协。总的来讲，文字描述均与权责有关，也与风险相关。

5. 结束谈判

结束谈判有3种形式：成交、破裂、中止，各种形式还有细分，具体情况会对谈判组织有不同要求。

(1) 成交

成交指双方达成协议而结束谈判。成交有可能是按原相关条件全部达成一致，也可能是经过协商仅对部分内容及相应条件达成一致。两者均视为成交，仅在交易内容、规模上有量的变化。

(2) 破裂

破裂指因为双方分歧严重导致交易失败而结束。由于交易成败不等于谈判成败，故人们很重视交易失败时如何使谈判成功的技巧。从谈判成功的角度看破裂的交易，可分为友好破裂与愤然破裂。其中，前者为成功的谈判、失败的交易；后者为失败的谈判、失败的交易。

(3) 中止

中止谈判指双方因某种原因未能就交易内容或条件完全达成协议即结束谈判全过程的做法。中止可由双方共同商定，也可由单方要求。对中止的谈判，双方可以约定恢复谈判的时间，也可不约定。不同的情况又产生不同的中止与谈判的要求。

19.3.3 讲演

项目经理和项目团队成员常常需要发表正式讲演，听众可能是客户代表、项目的高层组织、项目团队成员或公众，可以是一个人，也可以是几百人；讲演时间可能是10分钟，可能是1个小时，也可能是更长的时间；讲演主题可以是对项目的总体看法、项目目前的进展状况、威胁项目目标成功实现的问题，还可以是试图说服客户改变项目的范围的问题。讲演者是公众注意的中心，需要有成功讲演的技巧。

1. 为讲演做准备

1) 确定讲演目的。让利益相关者了解什么样的信息，这是首先要明确的问题。例如，是想让听众了解项目，还是想让客户同意项目变更。

2) 了解听众。例如，听众的知识水平以及对讲演主题的熟悉程度如何，他们的职位如何。

3) 准备讲演提纲。根据讲演提纲写出讲稿，对讲稿反复阅读，但不必死记硬背。

4) 使用听众听得懂的简单语言。不要使用听众听不懂的术语、首字母缩写词、专门或复杂的技术性术语。

5) 准备在讲演时备用的便条或提纲。

6) 试讲。可以在同行中试讲一次，得到反馈意见后做进一步修改，以提高讲演水平。

7) 准备直观教具并进行测试。确保在讲演室的最远处能看清直观教具。直观教具（如图形、图解、表格）必须简单，不能太繁杂，且每张图表或幻灯片只应该有一个主题。

8) 复印、散发材料。有必要时，将与讲演有关的材料散发给听众。

9) 准备好视听设备。所有的视听设备要事先检查一遍，以免在最后一刻出现故障。

10) 感受讲演场所。讲演前去讲演场所感受环境，试用讲演设备。

2. 讲演过程

1) 熟知开场白。开始几句很重要，要记得分毫不差，并用自信和轻松的方式将它表达出来。

2) 讲演时使用3-T方法。首先，告诉听众讲演的概要；其次，陈述主要内容；最后，进行总结。

3) 面对听众讲，不要对着讲演稿。尽可能与听众保持较多的目光接触，尽量不要看讲演稿。

4) 讲话要清楚、自信。不要讲得太快或太慢；讲话要用短的、易于理解的句子，不要用长的、复杂的、不连贯的句子；在一个个论点之间转换时要适当停顿；适当运用语音变化有助于陈述观点，不会使讲话显得单调。

5) 适当地运用气势有助于立论。运用手势、面部表情和身体语言，不要一直站在一个地方；尽量使用便携式话筒。

6）不要站在直观教具面前，不要站在阻挡听众观看影视设备或其他教具的位置。
7）按逻辑推理讲述，调动听众对讲演的兴趣。
8）提纲中列明要点，不要离题或偏离主题。
9）讲要点时，向听众解释为什么。
10）结束语。结尾和开头一样重要。结尾要紧扣讲演的目的，要以有说服力和自信的方式结束讲演。
11）在适当情况下，留出时间与听众交流。

19.3.4 面谈

面谈是指任何有计划的和受控制的、在两个人之间（或更多人之间）进行的、参与者中至少有一人是有目的的，并且在进行过程中互相有听和说的谈话。面谈既可以在沟通者和沟通对象之间一对一地进行，也可以以一对多的口头沟通形式进行。面谈是人际沟通的重要形式，具有目的性、计划性、控制性、双向性、即时性的特点。面谈的过程包括制订面谈计划和实施面谈两个步骤。

1. 制订面谈计划

尽管面谈是非常重要的，甚至会是影响每个人职业前途的技能，管理者几乎每天都要面谈，但有些访谈者过于随便地看待这种"有目的的交流"，仅仅把它看作一个非正式的谈话。他们对于面谈往往事先没有计划，或者计划制定得很糟糕，且不注重处理面谈过程，这样导致的结果是他们不但不能实现面谈的目的，还疏远了与被访问者的关系。面谈计划应包含以下几个方面。

（1）确立面谈的目的

任何有计划的沟通活动，都要清晰确定面谈的目的。若要成功地进行某个面谈，或者使自己成为一个有效的沟通者，在每次面谈之前都要清楚面谈的目的。只有解决了这个问题，才可能选择面谈的策略、时间、地点等。

（2）设计面谈的问题

问题来源于目的，面谈的问题是在面谈中获取信息的基本手段。任何访谈者都会提问，只有精心准备的访谈者才能提出有效的问题，从而获取他们所需要的信息。在准备问题时，很重要的一点是根据被访问者的特点组织使用对方能懂的语言，以加强相互之间的有效沟通，准确传达信息。在问题设计上，可采用两种类型的问题：开放式问题和封闭式问题。这些不同类型的问题可以达到不同的效果，获取各具特点的信息。

（3）安排面谈结构

确定面谈目的、设计好面谈问题后，下一个步骤就是确定面谈内容的结构。为此，要考虑3件事：面谈指南、问题提问、过渡。其中，面谈指南是一份关于你想涉及的话题和子话题的提纲，通常在每个标题下列举一些特定的问题。

（4）安排面谈环境

面谈地点会对面谈的气氛和结果产生较大影响。如果在办公室或单位会议室进行面谈，创造的是一种正式的氛围。如果在一个中立的地点（如餐馆）进行面谈，气氛就会轻松些。环境的选择取决于面谈的目的。

（5）预期问题并准备回答

当准备面谈时，应当考虑可能遭遇哪些问题、被访者可能怎样回答提问、他们会提出什么异议或问题、被访者的个性以及在面谈中的地位（支配地位还是被支配地位）、预计需要多长时间完成面谈等。每一次面谈都会遇到新问题，如果能事先考虑到这些情况，在实际面谈时就会比较主动。

2. 实施面谈

(1) 开始

在面谈组织过程中，必须仔细策划面谈的开始方式。虽然面谈开始的方式可以多种多样，但必须坚持两个原则：一是尽量开诚布公；二是尽量以"建立和睦的关系"开始。

(2) 面谈主体内容的组织

面谈的主体部分应该用来提出和回答问题、寻求问题的答案、努力说服被面谈者接受你的观点。面谈主体部分的时间安排，由于不同的面谈目的、类型和时间限制，是各不一样的。在一个非结构化的面谈中，容许被面谈者成为面谈的主导者。在非结构化面谈中，面谈者只要简单考虑面谈的目的，对可能涉及的几个问题或领域做一些思想准备。这种面谈比较适合于交流性、劝告性的面谈。而在结构化的会谈中，面谈者必须支配和控制进程。在一般结构化的面谈中，要准备好计划和要回答的主要问题的框架，若需要进一步了解问题，则要准备一些进一步的问题。在高度结构化的面谈中，所有的问题都是事先安排和准备好的。这些问题以完全相同的方式提给每一位被面谈者。有些问题可能是不受限制的，但这类面谈一般主要采用限定性的问题。

(3) 实施面谈的阶段

在面谈实施过程中，面谈者要从引子、主体和结论3个阶段考虑面谈技能。

1) 引子的目的是建立和维持一种易于交流的氛围。面谈的氛围是指面谈的语气和面谈中总的气氛。与其他任何一种人际沟通活动一样，面谈应当是一种建设性的相互影响，参与者感觉能自由准确地交流。作为访谈者，要在引子中创造面谈的气氛，和被访者建立良好的关系，创造和寻求舒适的、开放的气氛，而且在整个面谈过程中要不断分析面谈的氛围，当感到气氛已经不太合适时，要适当地把话题从实质性内容暂时引向其他相关的、轻松的话题。

2) 面谈主体要服从面谈指南，后者预先决定了提问的顺序。要根据面谈是结构化的、半结构化的和非结构化的，建立3种类型的面谈指南。如果面谈指南是结构化的，只要根据指南上的问题提问并记录被访者的回答即可；半结构化的指南是在每个话题下列举几个推荐的问题，到时访谈者针对特定的候选者选择最适合的问题；非结构化的指南仅仅当作进程使用，需要在面谈中鼓励被访者尽可能完整地回答问题。

3) 面谈的第三阶段是得出结论。当结束面谈时，应当达到4个目的：首先，明确表示面谈即将结束。其次，试着总结得到的信息，检查所得信息的准确性。如果有误，可以由被访者进行纠正。第三，让被访者知道下一次将干什么。最后，对被访者回答问题给予答谢，以建立与被访者之间的良好关系。

19.3.5 会议

会议是促进团队建设和强化团队成员的期望、重要性以及对项目目标投入的工具。在会前、会中和会后，召集或主持会议的人应采取多种措施确保会议的效率。项目会议类型通常有3种：情况评审会议、解决问题会议、技术设计评审会议。

1. 会议筹备

一般来说，高效的会议管理者在筹备会议时可以根据5W1H原则确定有关会议准备的6个问题。

(1) 明确会议目的

会议目的是指会议召开的理由，是指通过会议的方式有效解决的问题。如果信息能够通过备忘录和电话传递，或者与会人员未做准备，或者关键人员不能参加，或者会议成本超过其可能的潜在收益，或者即便纳入日程但开会无益，会议就不应该召开。

(2) 确定会议议题

设定会议目的和目标后，要想高效率地召开会议，必须拟妥相关议题。首先，议题必须紧扣会议目标。凡是与会议目标无关的议题都不要列入会议议程，以免分散会议主题，延长会议时间，引起不必要的麻烦。其次，各项议题之间最好存在有机联系，且按合乎逻辑的顺序排列。只有这样，才能使会议得以顺利进行。最后，应清楚地指出各项议题所需的讨论时间，使与会人员做到心中有数。

（3）确定会议场地

确定好会议的主题和议题之后，要相应进行一些会议的辅助性准备工作，包括选择会议场所、布置会场和做其他一些物质准备工作。

确定会议地点，一般要遵循交通方便的原则。可能的话，应是离与会者工作或居所较近的地方，以保障与会者能方便及时地赶到。会场应该能够适应会议的级别和与会者的身份。会场的照明情况也很重要，光线明亮会使人精神振奋，提高会议效率。

（4）选定会议时间

选定开会的时间与时限也是一项不可忽视的准备工作。在考虑会议的时间时，应注意以下几点：

1）要有充足的准备时间。除非是处理紧急的突发事件，否则，充分准备都是召开会议的必要条件。

2）要考虑到与会者的工作时间及协调。

3）明确规定会议的起止时间，在会议通告书上说明，并提醒与会者准时参加。

（5）确定与会者

与会者指应邀参加会议的个人。与会者一般可以分为会议主席、会议成员和会议工作人员三类。在有效的会议管理中，决定与会者群体的规模和构成是非常重要的。会议可能由于太多或太少的人员参加或不恰当的人员结构而流于失败。

（6）制订会议计划

一般而言，会议的进行程序可分为4个阶段：

1）开始阶段。主持人宣布正式开会，说明会议的目的及意义，介绍与会的重要人物，提醒与会者注意相关的会议事项。

2）讨论或报告阶段。与会者在主持人的引导下分别针对会议目标提交报告或讨论。

3）总结阶段。在与会者充分讨论后，主持人应将各种意见加以整理、评价、得出结论或引导大家进行表决。切忌议而不决，浪费时间。

4）结束阶段。在宣布散会前，主持人或会议秘书应再次确认会议结论，以取得与会者认同。散会时，主持人应感谢大家的合作。

（7）会议议程

会议议程的确定指的是会议的实质性进程管理以及用以确保会议有效的手段方法。最常见的会议主要议程可以分为7个步骤：回顾、介绍、制定规则、报告、演示、参与、总结。会议议程准备应包括以下4个方面：以次序排列出议程，对历史项目的讨论准备支持性文件，准备好具体议题，确定下次会议的时间、地点等。

2. 会议组织

（1）明确与会者角色

在确定与会者的人数和结构之后，会议组织者必须明确与会者的角色安排。

1）主持人责任

①会前

会议目的：会议是为了交流信息、计划、收集情况或意见、制定决策、解决问题，还是为了评估项目进展情况。

议事日程：包括会议目的、主题、每个主题的时间分配及谁将负责该主题发言或主持讨论。

与会人员：确定谁需要参加会议。参加会议的人数应是能达到会议目的的最少人数。

时间地点：确定会议的时间及地点。

会议类型：是情况评审会议、解决问题会议，还是技术设计评审会议。

应散发的材料：包括会议议程和会议发言或报告的资料，或在会前需要评审的文件资料。

②会间

创造和谐的会议气氛，宣布开会、控制议程、鼓励讨论、总结发言、控制发言、作出决议、确认行动和责任。

③闭会

寻找同意或不同意点、限制讨论、鼓励所有的人参与、定期总结同意或不同意点。

④会后

回顾会议情形，评价会议进展情况和结果。

2）记录员责任

①会前

检查会场情况，通知会议参加人员，准备必要的文件、资料、茶点、座位、视听设备。

②会间

记录会议备忘录、与会人数、应采取的行动、具体实施人员及实施约束。

③会后

备忘录整理成文，核对必要事实数据，向主持人递交备忘录并与之达成一致，散发备忘录。

3）会议成员责任

①会前

研究问题、记住开会时间地点、准备在会间发挥作用。

②会间

倾听他人观点、积极发表自己意见、与主持人密切配合。

③会后

努力完成会议安排的各项任务。

(2) 会议开始

会议应当在一种和睦活跃的气氛中开始。大部分会议先由主持者介绍与会人员，主要包括与会者的姓名、身份，有必要时也可以介绍与会人员的工作经历和工作业绩。常用方法有：

1）自我介绍。与会者分别进行简短的自我介绍，说明自己的姓名、身份、背景情况等。这种介绍可以是按照一定次序进行的，也可以是随意的、无序的。介绍时，通常应起立、脱帽。

2）相互介绍。

这种介绍将自我介绍与他人介绍结合起来，通常按照座次或按事前编排好的次序进行。

3）主席介绍

由会议主席一一介绍参加会议的人员情况，这一方法适用于主席对与会者的姓名、身份比较熟悉的情况。介绍到哪一位与会者时，被介绍者应起立、脱帽，向大家点头示意。

4）名片介绍

通过与会者相互递交名片进行。

(3) 讨论主题

主持人应当在会议之前就讨论的问题做好充分的准备，对于会议中可能提到的几种方案有一个基本的判断。主持人的工作有两点：一是维持好的会议气氛，使会议按照预期的步骤进行下去；二是围绕会议主题，促使会议获得一些有意义的结论。

1）营造良好的会议气氛。

2）热烈而不失理智的辩论是必要的。

3）组织讨论，是达成会议结论的必要途径。

4）提问是一种很有效的控制方式。提问的作用主要有：一是可以鼓励那些保持沉默者多发言；二是可以在主持人认为发言者表达不清时，要求对方将他的观点表达清楚。

5）主持人应当善于总结。总结的关键是要抓住各位与会者发言的内部逻辑，将他们的意见进行分类整理和归纳，得出若干条比较清晰的结论。

6）协调会议中的不同意见。在会议中，各方可能会持不同意见，相互争执。如果争论已经达到过火的程度，主持人首先应当制止这种争论，其次应当就各方的不同意见具体进行分析。

7）会议记录是会议内容和过程的真实凭证。

（4）会议收尾

会议结束之后，会议组织者还有很多事情要做。

比较大型的正式会议之后，组织者应将会议的决议和感谢信寄给每位与会者，感谢与会者的参与及在会议上所做的贡献，并对给予会议支持的各方寄出感谢函。致谢的态度应当热情诚恳，这样有利于保持更长期的友好合作。

租借的设备和场地应当及时退回。对于参与会议者遗忘的物品，应当及时与失主联系。尽快整理会议记录，有必要的话还要编写会议纪要和会议简报。

有些会议演讲者，是要支付演讲报酬的，应当尽快将报酬和感谢信送到他们手中。其他一些有关费用，如租用场地费等，应尽快到位，为了填写支付对方的支票，要设法得到收款方的银行账号、收据等。

（5）会议备忘录

任何做出决定的会议都应当记录决策是如何制定的、最后的决定是什么、由谁负责哪些行动等重要问题。备忘录能有效地提供有价值的参考资料，减少在何时、何地、何人所做讨论和决策的问题上出现的分歧，并明确和监督责任人的工作落实情况。因此，对于连续性的会议，组织应该完成并保存好备忘录。

备忘录通常由秘书负责完成，但管理者也应该知道如何写备忘录，或者为秘书写备忘录提供指导。这也是管理者的基本功。

19.4 项目沟通管理案例[一]

1. 案例背景

某团队为一个有迫切需求的客户设计一项庞大而技术复杂的项目。凯茜·布福德（Cathy Buford）是该项目团队的设计领导，乔·杰克逊（Joe Jackson）则是一名分派到她的设计团队的工程师。

一天上午，大约是九点半，乔走进凯茜的办公室，凯茜正在埋头工作。"嗨，凯茜"，乔说，"今晚去观看联赛比赛吗？你知道，我今年志愿参加。""噢，乔，我实在太忙了。"接着，乔就在凯茜的办公室里坐下来，说道："我听说你儿子是个非常出色的球员。"凯茜将一些文件移动了一下，试图集中精力工作，她答道："啊？我猜是这样的。我工作太忙了。"乔说："是的，我也一样。我必须抛开工作，休息一会儿。"

凯茜说："既然你在这儿，我想你可以比较一下，数据输入是用条形码呢，还是用可视识别技术？可能是……"乔打断她的话，说："外边乌云密集，我希望今晚的比赛不会被雨浇散了。"凯茜接着说："这些技术的一些好处是……"

[一] 本节案例选自项目管理联盟网（www.mypm.net）。

凯茜接着说了几分钟，又问："那么，你怎样认为？"乔回答道："噢，不，它们不适用。相信我。除了客户是一个水平较低的家伙外，这还将增加项目的成本。"凯茜坚持道："但是，如果我们能向客户展示它能使他省钱并能减少输入错误，他可能会支付实施这些技术所需的额外成本。"乔惊叫起来："省钱！怎样省钱？通过解雇工人吗？我们这个国家已经大幅度裁员了，而且政府和政治家们对此没任何反应。你选举谁都没关系，他们都是一路货色。""顺便说一下，我仍需要你对进展报告的资料"，凯茜提醒她，"明天我要把它寄给客户。你知道，我大约需要8到10页。我们需要一份很厚的报告向客户说明我们有多忙。"乔说："什么？没人告诉我！"

"几个星期以前，我给项目团队发了一份电子邮件，告诉大家在下个星期五以前我需要每个人的数据资料。而且，你可能要用到这些为明天下午的项目情况评审会议准备的材料"，凯茜说。"我明天必须讲演吗？这对我来说还是个新闻"，乔告诉她。"这在上周分发的日程表上有"，凯茜说。

"我没有时间与篮球队的所有成员保持联系"，乔自言自语道，"好吧，我不得不看一眼这些东西了。我用我6个月以前用过的幻灯片，没有人知道它们的区别。那些会议只是一种浪费时间的方式，没有人关心它们，人人都认为这只不过是每周浪费2个小时。""不管怎样，你能把你对进展报告的资料在今天下班以前以电子邮件的方式发给我吗？"凯茜问。

"为了这场比赛，我不得不早一点离开。""什么比赛？""难道你没有听到我说的话吗？联赛。""或许你现在该开始做这件事情了。"凯茜建议道。"我必须先去告诉吉姆有关今晚的这场比赛"，乔说，"然后我再详细写几段。难道你不能在明天我讲述时做记录吗？那将给你提供你做报告所需的一切。"

"不能等到那时，报告必须明天发出，我今晚要在很晚才能把它搞出来。""那么，你不去观看这项比赛了？""一定把你的输入数据通过电子邮件发给我。""我不是被雇来当打字员的"，乔声明道。"我手写更快一些，你可以让别人打印。而且你可能想对它进行编辑，上次给客户的报告好像与我提供的资料数据完全不同。看起来是你又重写了一遍。"凯茜重新回到办公桌并打算继续工作。

2. 案例思考问题

1）交流中的问题有哪些？
2）凯茜应该怎么做？
3）你认为乔要做什么？
4）凯茜和乔怎样处理这种情况会更好？
5）为防止出现凯茜和乔之间的交流问题，应该怎么做？

第20章 项目冲突管理

本章要点

冲突是项目实施过程中的必然产物。本章的主要内容有：冲突的概念，包括冲突的定义和发展阶段；项目冲突的来源和强度；项目冲突的解决办法，包括回避或撤出、竞争或逼迫、缓和或调停、妥协和正视。

正像家庭结构一样，不论其大小，都存在着矛盾。在项目运行过程中，冲突可能来源于各种情形，尤其是在项目发生变化之时更容易产生冲突，有时，把项目经理描述为"冲突经理"并不夸张。在许多项目里，项目经理通常从启动阶段便开始为解决项目的冲突而忙碌着。冲突带来的负面影响是巨大的。项目成员通常是冲突的起源，如果冲突处理不当，就会破坏团队的沟通，造成队员之间的互相猜疑和误解；严重时，还能破坏团队的团结和精神，从而削减集体的战斗力。但是项目的冲突并非一无是处，也有其有利的一面，如可以将问题及早地暴露出来，以较低的代价解决项目进展中的障碍；迫使项目团队去寻求新的方法，激发队员的积极性和创造性；激起讨论和思考，形成好的工作方法和民主气氛。

20.1 冲突的概念

大到国际的军事、政治冲突以及外交谈判，经济领域中的贸易谈判、劳资关系，小到家庭纠纷、人与人之间的关系，冲突在现实生活中无处不在。例如，个人与组织之间、部门与部门之间、组织与组织之间都会产生冲突。

20.1.1 冲突的定义

冲突是两个或两个以上的决策者在某个争端问题上的纠纷。从心理学的角度讲，冲突是指发生在两个或两个以上的当事人之间，因其对目标理解的相互矛盾以及对自己实现目标的妨碍而导致的一种激烈争斗。

冲突的定义揭示了以下重要关系：

1）冲突是发生于两个或两个以上当事人之间的，如果只有一个人，不存在对立方，就无所谓冲突，而不相干的人之间也不可能发生冲突。

2）冲突只有在所有的当事人都意识到争议存在时才会发生。

3）所有的冲突都存在着赢和输的潜在结局。参与冲突的各方为了达到各自的目标总会千方百计地阻碍对方实现其目标。

4）冲突总是以当事人各方相互依存的关系来满足各方的需求。也就是说，冲突与合作是可以并存的。例如，企业与员工在一些问题上经常存在冲突，但当事人双方还始终保持着相互间的合作以达到他们各自的目的，即企业要求员工生产产品或提供优质服务以获取利润，员工则依靠企业为自己谋得工作和收入。

对待冲突有两种观念。传统的观念是害怕冲突，力争避免冲突，消灭冲突；现代的观念认为冲突是不可避免的，只要有人群的地方，就可能存在冲突。冲突本身并不可怕，可怕的是处理不当。对有些冲突，可以等待其发展到一定的阶段再合理地加以解决；对有些冲突，如不及时处理，则可能造成混乱，影响甚至危及组织的发展。

20.1.2 冲突的发展阶段

冲突是一个能动的、互相影响的过程，其发展通常有一定的规律可循，一般包括潜伏、被认知、被感觉、出现及结局 5 个阶段，如图 20-1 所示。

在第一阶段（潜伏）中，不存在公然的冲突，只是产生了冲突的条件，使冲突成为可能。

第二阶段是冲突被认知阶段。在这一阶段中，冲突各方开始注意到对冲突问题的争异。

第三阶段是冲突被感觉阶段。当一个或更多的当事人对存在的差异有情绪上的反应时，冲突就到达了被感觉的阶段。

第四阶段是冲突出现阶段。在这一阶段，冲突由认识或情感上的发觉转化为行动。冲突的当事人可能会选择扩大冲突，也可能会决定对冲突进行处理。

第五阶段是冲突的结局。这是冲突的最后阶段，冲突的结局说明冲突的结果，分析冲突可能出现的结局可以为决策提供正确的信息。

图 20-1 冲突的阶段

20.2 项目冲突的来源和强度

在项目环境中，冲突是不可避免的。在大多数情况下，冲突总是因人而起。如果采取正确的方式，这些冲突通常在影响项目计划之前就能够被化解。认识冲突的起因和来源有助于更好地解决冲突。

所谓项目冲突，就是组织团队或队员为了限制或阻止另一部分组织、团队或队员达到其预期目的而采取的行为和措施。尽管冲突可能会阻碍某个组织或个人目标的实现，但是当冲突能给决策带来新信息并能产生新方法、促进创新时，便会促进项目工作的开展。

20.2.1 项目冲突的来源

项目冲突来源于项目成员、项目目标、技术问题、项目计划、成本、资源分配、组织结构、优先权问题、管理程序。

1. 项目成员

在项目的进行过程中，项目成员在项目的开始时间、项目进度、实施技术等方面会发生分歧。例如，在一个电缆铺设项目中，如果在挖掘地下道时遇到其他废弃干线的阻碍（如天然气、暖气管道），就会引起争议。有些队员可能希望改道，有些队员则希望增加项目时间以清理废旧干道。

涉及项目成员的冲突主要表现为 4 个方面，分别是：

1）项目成员的个性冲突。项目成员有时会感到无法达到项目的期望，在项目进程中，当遇到某些挫折时，甚至会感到心灰意冷。

2）成员之间的冲突。例如，两位项目队员无法和谐共处，或其中的一位成员不能与其他成员相处。

3）团队之间的冲突。在一个总公司内部，不同的项目团队成员之间也会产生冲突。当他们为同一个项目工作时，成员之间可能会产生竞争角逐、猜疑和怨恨。

4）团队内部的冲突。当项目团队的内凝力不高或团队精神建设出现问题时，团队内部会发生内讧，经常表现为帮派、小集体斗争。

当许多队员一起工作的时候，冲突不可避免。在团队组织中，那些教育背景较好、技能较高、作用较大的队员难免会轻视其他的队员。有时，由于价值观或心理上的原因，不同的队员对项目的工作及其评判标准也有不同认识，这都会产生冲突。

以上这些冲突既有其积极影响，也有消极影响。培育新想法、激起更高的工作热情是冲突对项目工作的促进作用，降低团队士气和工作效率甚至导致项目终止是其引发的负面影响。

2. 项目目标

项目团队中，并非每位成员对项目目标的理解都趋于一致。由于在项目组织中所处的位置不同，项目经理和团队队员对项目目标的理解和对项目实际产出的期望都会产生分歧。项目经理可能希望项目的技术性能高一些，这样会有一种成就感，从而获得更高的社会知名度，而团队队员则更为现实一些，希望项目顺利成功，从而拿到既定的报酬。

3. 技术问题

当项目采用新技术或需要技术创新时，冲突便与技术的不确定性相伴而来。采用哪种技术如何进行创新才是最好的？如何进行操作才能使项目完成得更好、更快？采用新技术或进行创新最终能否获得成功？如果失败了意味着什么，又会给项目带来什么样的后果？对于以上问题，队员会有不同的见解，决策层也会有不同的考虑。

例如，波音747客机上需要一种高性能的发动机。设计人员认为采用甲制造公司的引擎稳定性更好一些，决策层则主张采用乙制造公司的高速引擎，这样波音747才会名副其实。也许决策层的提议最终会被采纳，但这并不代表只有采用乙制造公司的发动机才是最好的。

4. 项目计划

项目计划是产生冲突的最主要因素。项目团队总是认为他们没有足够的时间规划出一份完善的项目计划，时间的仓促会导致粗略的可行性分析，这不可避免地会导致决策时的争议和冲突。由于时间的紧迫性，在制订项目计划时，项目经理不可能仔细地论证每项工作活动所需要的时间和成本。团队队员可能预计完成该项任务至少需要一个月的时间，而项目经理可能会认为时间太长了，无法保证项目如期竣工。这样的情况同样也会发生在成本管理等方面。

5. 成本

在项目运行过程中，经常会由于某项工作需要多少成本而产生冲突。这种冲突多发生在客户和项目团队之间、管理决策层和执行队员之间。例如，中方委托外国某家公司开发一种手机芯片，当项目进行了约50%时，这家外国公司告诉中方要完成该项目必须增加50%的预算成本，材料价格的大幅上扬已使原定的预算难以维持。这样的情形也会发生在管理层和团队队员之间，如管理层要求队员用2万元的成本铺设100平方米的地板，但队员则认为由于木材涨价，2万元的预算仅够铺设既定面积的一半。

6. 资源分配

在资源分配中，人员分配最为关键，可能会引起很大的冲突。如果把既定的人力资源分给几个项目，团队之间便会发生冲突，因为一个团队的得到必然是以另一个团队的失去为代价的。类似的情况还会发生在其他资源的分配上，如把最精良的车床分给甲团队自然会引起乙团队的怨恨，把最先进的计算机设备分给人力资源部则会遭到财务部门的反对。

7. 组织结构

组织结构也会引起冲突。在传统的组织结构中，冲突常因队员的惹是生非、自私自利而起。这种冲突有百害而无一利。在现代项目组织结构中，冲突还取决于组织的系统结构和各组成部分之间的关系。这种冲突有时利于暴露和发现问题，从而促进项目工作的管理。

8. 优先权问题

优先权问题带来的冲突主要表现在两个方面：一是工作活动的优先顺序；二是资源分配的先后顺序。优先顺序的确定常常意味着重要的程度和项目组织对其的关注程度，这常常会引起冲突。

当同一队员被同时分配在几个项目中工作，当不同的项目、不同的队员需要同时使用某种资源，冲突就会发生。例如，财务部门的何会计师被委派到项目团队中开发财务管理系统，工作量的突然增加使他无法同时兼顾两方面的工作，当职能部门的需要和项目团队的需要发生冲突时，哪项工作应放在首位？再如，当同一团队的两个部门或两项活动同时需要某一先进设备时，谁有优先使用权？

确立优先权的责任在于上层管理人员，有时即使确立了优先顺序，冲突仍旧会发生。对此，美国的项目管理专家戴维·威尔蒙总结出以下原因：

1）项目团队队员的专业技能差异越大，其间发生冲突的可能性越大。
2）项目决策人员对项目目标（如项目成本、进度计划、技术性能）的理解越不一致，冲突越易发生。
3）项目队员的职责越不明确，冲突越易发生。
4）项目经理的管理权力越小、威信越低，项目越容易发生冲突。
5）项目经理班子对上级目标越趋一致，项目中有害冲突的可能性越小。
6）在项目组织中，管理层次越高，由于某些积怨而产生冲突的可能性越大。

9. 管理程序

在项目管理中，项目报告的数量、种类以及信息管理渠道等管理程序也会引发冲突。在项目进程中，项目成员常常会因信息的获得产生冲突，对于某些敏感或需要分类发送的信息，高层管理人员希望信息能保密地、准确无误地发送到需要的项目成员手中，而低层的项目队员则会抱怨信息少。

总之，在项目环境中，引起冲突的原因多种多样，有些冲突产生于项目组织和客户之间，有些冲突产生于项目团队和公司上司之间，还有些冲突产生于项目团队的内部。冲突并非有害无益，通过冲突发现问题、解决问题，有助于更好地开展项目工作，但若处理不好，就会导致项目变化、项目变更甚至是项目终止。认识冲突的性质，寻求解决的途径，这就是"冲突经理"的主要职责。

从上面的讨论中可以发现，项目运行过程中的主要冲突源有如下几种：

1）人力资源冲突。对有来自其他职能部门或参谋部门人员的项目团队而言，围绕着用人问题会产生冲突。当人员支配权在职能部门或参谋部门的领导手中时，双方会因如何使用这些队员产生冲突。

2）成本费用冲突。成本费用冲突往往发生在费用分配过程中。例如，项目经理分配给各职能部门的资金总被认为相对于支持要求是不足的，工作包 1 的负责人认为该工作包中预算过小，而工作包 2 的预算过大。

3）技术冲突。在面向技术的项目中，在技术质量、技术性能要求、技术权衡以及实现性能的手段上都会发生冲突。例如，客户认为应该采用最先进的技术方案，而项目团队则认为采用成熟的技术更为稳妥。

4）管理程序的冲突。许多冲突来源于项目应如何管理，也就是项目经理的报告关系定义、责任定义、界面关系、项目工作范围、运行要求、实施的计划、与其他组织协商的工作协议、管理支持程序等。

5）项目优先权的冲突。项目参与者经常对实现项目目标应该执行的工作活动和任务的次序关系有不同的看法。优先权冲突不仅发生在项目班子与其他合作队伍之间，在项目班子内部也会经常发生。

6）项目进度的冲突。围绕项目工作任务（或工作活动）的时间确定次序安排和进度计划会产生冲突。

7）项目成员个性冲突。这类冲突源于个人的价值观、判断事物的标准等个性差别，并非技术问题。该类型的冲突往往起源于团队队员的"以自我为中心"。

图 20-2 反映了项目进程中冲突源的强度，从中可以看出：

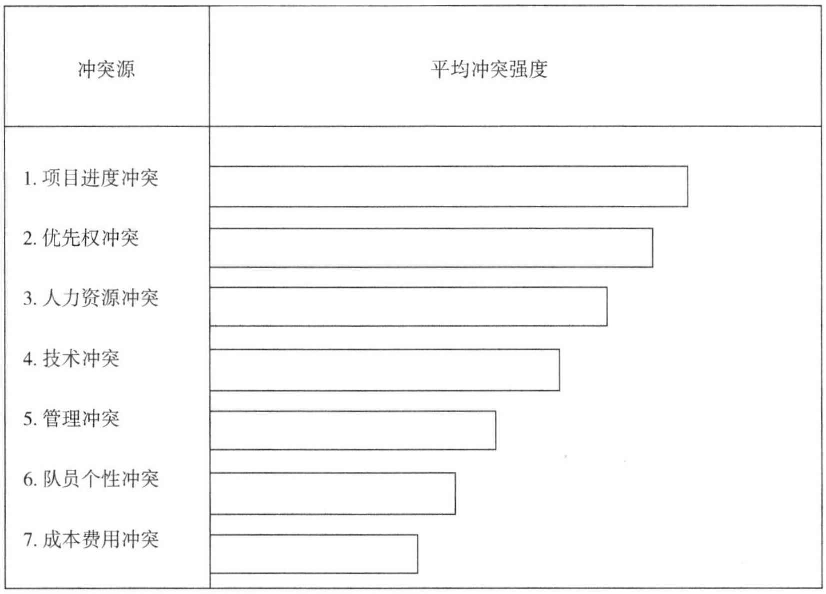

冲突源	平均冲突强度
1. 项目进度冲突	
2. 优先权冲突	
3. 人力资源冲突	
4. 技术冲突	
5. 管理冲突	
6. 队员个性冲突	
7. 成本费用冲突	

图 20-2 项目进程中平均冲突强度

1）与其他冲突源相比，项目进度冲突的强度最大。项目进度冲突常因项目经理对这些部门只有有限的权力而发生。例如，当项目团队需要本公司中其他团队来完成项目中的某些辅助任务时，由于项目经理不易控制其他团队，便导致项目进度不能如期推进。再如，当项目经理把项目的若干子项目、子任务承包给分包商时也会发生类似的情形。

2）项目优先权的冲突占据第二位。在与众多项目经理的讨论中，许多人指出，这种冲突之所以经常发生是因为项目组织对当前的项目实施没有经验，因此项目优先权的形式与最初的预测相比就可能发生一定的变化，同时把关键资源和进度计划进行重新安排往往会遭到一些团队队员的强烈反对。相应地，随着已经建立一定进度计划和工作方式的其他合作方被这一变化所困扰，优先权问题往往就发展为冲突。

3）人力资源是第三位的冲突源。项目经理常为在人力资源方面的难以协调而遗憾，在这种情况下，他们经常要经受强烈的冲突。问题很明显，当项目团队需要某方面的专业人才而职能部门难以调配时，人力资源冲突随即产生。

4）强度排在第四位的冲突源是技术冲突。通常，支持项目的职能部门主要负责技术投入和性能标准，而项目经理主要负责费用、进度计划和性能目标。因为公司的职能部门通常只对项目部分负责，所以他们可能不具备整个项目管理的全局观念。职能部门常常会把技术问题推给项目经理定夺，而项目经理会因为费用或进度计划限制而必须否决技术方案。在另外一些情况下，项目经理可能会发现，如果按照严格的技术标准，他不能赞同职能部门的意见。

5）管理程序冲突在 7 种冲突源中列第五位。大部分管理程序的冲突几乎均衡地分布于职能部门、项目队员和项目经理等几个方面。在管理部门上发生冲突可能包括：发生在项目经理权力和职责、报告关系、管理支持、状况审查、不同项目团队间或项目团队与协作方合作上的冲突。其中，项目经理如何发挥作用、如何与公司的高级管理层接触是管理冲突最主要的部分。

6）队员的个性冲突通常被项目经理认为是较低强度的冲突。在与项目经理的讨论中，他们认为，虽然人际冲突的强度可能不像其他冲突源那么高，却是最难有效解决的一种。个性争端往往也会被沟通问题和技术争端所掩盖。例如，一个项目队员可能坚持与项目经理不一致的技术方案，而实际上，真正的争端是个性间的相互冲突。

7）像进度计划一样，成本费用经常是项目管理目标是否完成的度量标准。作为一种冲突源，费用排在最后。当项目经理与其他部门磋商，让该部门完成项目的一些任务时，费用冲突经常会发生。由于紧张的预算限制，项目经理希望尽量减少费用，但是实际执行者都希望项目在预算中扩大他那部分。另外，引起费用增加的技术问题或进度调整也会引起冲突。

20.2.2　项目生命周期中的冲突强度

从项目的生命周期角度考察冲突，把握每阶段中可能出现的冲突源、冲突的性质、冲突的强度，有利于寻找更好的模式解决冲突。

1. 项目启动阶段

启动阶段是项目生命周期的第一阶段。在这一阶段中，冲突源的排序为：项目优先权、管理程序、项目进度计划、人力资源、成本费用、技术问题、项目成员的个性。

在项目启动阶段，冲突呈现出一些独特的性质。在这一阶段，项目组织还未真正形成，项目经理及其经理班子在其所属的总公司框架中开始启动项目。在工作活动的优先权问题上，项目经理、职能部门、顾问部门常常会孕育和产生冲突。要消除和减少可能引发的有害结果，项目经理必须对优先权而引发的冲突、所带来的冲击进行仔细评价和计划。这一步应在项目生命周期内尽可能早地完成。排在第二位的冲突源是管理程序，涉及几个非常关键的管理问题：如何设计项目组织？项目经理向谁负责？项目经理的权力是什么？项目经理能否控制人力资源和物资资源？应使用什么样的报告和沟通渠道？由谁建立项目的进度计划和质量、性能要求？这些问题主要由项目经理负责，冲突常在这个过程中发生。为了避免因这些问题而导致项目工作延误，应尽早建立清晰的程序。

项目的进度计划在另外的领域中也很典型，在那里已建立起来的项目团队可能不得不通过调整他们自己的运行以适应新型的项目组织。大多数项目经理证明，即使在理想的条件下，这种调整也极可能引发冲突，这就意味着有关职能部门的现有运作方式和内部权力的重新定位。这些职能部门可能被完全分配给其他项目，从而针对职能部门人员和其他资源的谈判可能成为项目启动阶段重要的冲突源。因此，在项目启动时，针对这些问题的有效计划与磋商就显得非常重要。

2. 项目规划阶段

在这个阶段中，主要冲突源的排序为（注意它与第一阶段、第三阶段、第四阶段的区别）：项目优先权、项目进度计划、管理程序、技术问题、人力资源、项目队员的个性、成本费用。

项目优先权、项目的进度计划和管理程序上的冲突仍然是重要的冲突，其中一些表现为上一阶段的延伸。通过比较发现，在项目启动阶段强度排在第三位的进度计划冲突到规划阶段成为第二冲突。许多进度计划冲突发生在第一阶段是由于在进度计划建立上的不一致。相比之下，在项目规划阶段，冲突可能是根据整个项目计划所确定目标进度计划的强制性而发展起来的。

在这一阶段，管理程序冲突的强度开始降低。这表明随着项目的推进以及各项规章制度的建立，可能出现的管理问题无论是数量还是频率都会减少。但是，这并不代表项目最初阶段可能发生的管理冲突在以后阶段就可避免，相反，任何管理上的松懈都有可能使项目陷入混乱和冲突状态。

在项目规划阶段，技术冲突也变得显著起来，从前一阶段的第六位上升到这一阶段的第四位。这种冲突往往是由于项目的职能部门或项目协作方不能满足技术要求或要求增加他所负责的技术投入而导致的。这种行动会对项目经理的成本和进度目标产生消极影响。

个性冲突往往难以解决，即使看起来很小的个性冲突，也可能给整个项目带来比非人员问题冲突（这种冲突倒可以在理性的基础上解决）更具分裂性和更有害的结果。许多项目经理还指出，成本冲突在项目规划阶段趋低主要有两个原因：其一，成本目标建立的冲突并没有给大多数项目经理造成强烈的冲突；其二，一些项目在规划阶段还未成熟，不至于引发项目经理与项目有关执行人员之间关于成本的冲突。

3. 项目实施阶段

在这一阶段，主要的冲突源排序为：项目进度计划、技术问题、人力资源、项目优先权、管理程序、成本费用、团队队员的个性。

由于项目已处于执行期，主要冲突源的排序与其他阶段相比已发生了明显的变化。在复杂项目的运行过程中，可能需要其他团队或分包商来协助项目的执行，各个支持方、合作方的协调配合决定着项目能否按计划如期推进。当不同的合作方介入项目时，由于项目工作任务（或子项目）内在的逻辑关系，某一方工作的滞延便会引发整个项目的连锁反应。

进度计划冲突往往是在项目的早期发展起来的，常与进度计划的建立有关。在项目实施阶段，项目经理的职责常常表现为对进度计划的管理与调整，计划的调整会导致更加强烈的冲突。

技术的冲突也是实施阶段一种最重要的冲突源。有两个主要原因可以解释这个阶段中技术冲突的高强度：其一，实施阶段以项目各子系统的第一次集成为特征，如结构管理。由于集成过程的复杂性，因而常在子系统集成欠缺或一个子系统技术落后时产生冲突，这将轮流影响其他部件和子系统。其二，部件可以按原型设计但并不确保所有的技术问题都被消除。在实施阶段，还可能在可靠性与质量控制标准、各种设计问题和测试程序上发生冲突。所有这些问题都会严重冲击项目，并给项目经理带来强烈的冲突。

人力资源在这一阶段排为第三位。对人力的需要在实施阶段达到最高水平，如果有关的参与方还正向其他项目提供人员，人力供应能力的严格限制和项目需求的一再扩大必定产生矛盾。

优先权冲突作为主要冲突源的强度在这一阶段继续下降。项目优先权是一种极易在项目早期出现的冲突形式。管理程序、费用和个性冲突并列排在各冲突源的最后。

4. 项目的结束阶段

这一阶段是项目生命周期的最后阶段。此时，冲突源发生了一定的变化，其排序为：项目进度计划、项目成员的个性、人力资源、优先权、成本费用、技术问题、管理程序。

在这一阶段，项目进度计划再次上升为最主要的冲突因素。许多在实施阶段发生的进度计划错位很容易传递到项目的结束阶段。从量的积累到项目质的变化，这些错位的积累在这一阶段将会严重影响整个项目，甚至会导致项目目标的最终失败。

项目队员的个性冲突排在第二位并不奇怪，主要有两方面原因：其一，项目团队成员对未来的工作安排的关注与紧张是不容忽视的；其二，由于项目参加者在满足紧迫的进度计划、预算、性能要求与目标上承受的压力，人际关系可能在这个阶段受到相当大的损伤。

排在冲突源第三位的是人力资源冲突。在这一阶段，人力资源冲突的强度趋于上升，这是因为公司中新项目的启动常常会与进入结束阶段的项目团队进行人才争夺。相反，项目经理也可能经历这样的冲突，即公司的职能部门应该吸收剩余队员，但回去的队员却影响项目团队的预算和项目组织的可变性。

结束阶段的优先权冲突经常直接或间接地与公司内其他项目的启动有关。典型地，新组成的项目工作任务可能需要得到急切的关注和承诺，但关注和承诺不得不被压在很紧张的进度计划内。与此同时，队员可能因为当前的项目进度变动与事前承诺之间的冲突，或者因为突然而来的新工作安排而过早地离开目前的项目。在任何一种情况下，在进度计划、人力和个性上组合起来的压力，都使得优先权冲突退到后面。

从图 20-3 可以看出，费用、个性和管理程序基本排在冲突源的最后，而成本费用不是主要的冲突因素。众多的项目实践表明，虽然这个阶段的费用控制很棘手，但强烈的冲突通常不会发生。费用冲突大多数是在前几个阶段的基础上逐渐发展起来的，这一阶段并非项目问题的焦点。

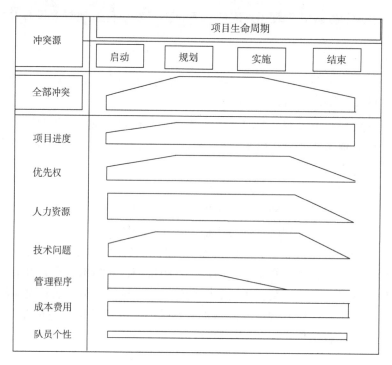

图 20-3　项目生命周期中冲突源相对强度分布图

在结束阶段，技术和管理程序问题排在最后。道理很显然，当项目到达这个阶段时，大多数技术问题已经解决，管理程序问题也基本如此。

尽管不同的冲突源在项目生命周期中的排序各不相同，但并不能反映各种冲突源的重要程度。

20.3　项目冲突的解决

项目存在于一个冲突的环境中，冲突是项目的存在方式。引发冲突的因素各式各样，不同的冲突源在项目的整个生命周期中呈现出不同的性质。面对众多冲突，项目管理专家提出了 5 种基本的解决模式。

20.3.1　回避或撤出

回避或撤出的方法就是让卷入冲突的项目成员从这一状态中撤离出来，从而避免发生实质的或潜在的争端。有时，这种方法并不是一种积极的解决途径。例如，项目中某个队员对另一个队员提出的技术方案有异议，如果其采取回避或撤出的态度，将自己更好的方法掩藏起来，就会对项目工作产生重大的不利后果。

20.3.2　竞争或逼迫

这种方法的精神实质就是"非赢即输"，认为在冲突中获胜比勉强保持人际关系更为重要。这是一种积极的冲突解决方式。例如，如果上例中的团队队员据理力争，项目必定会以更好的技术方式实施。当然，有时也会看到这种解决方式的另一种极端情形，即用权力进行强制处理。例如，项目经理与某位队员就关于购买哪家原材料发生冲突，如果项目经理不顾原材料的质量和价格强行命令要购买甲公司的，就会导致队员怨恨，恶化工作氛围。

20.3.3 缓和或调停

"求同存异"是这种方法的精神实质，通常的做法是忽视差异，在冲突中找出一致的方面。这种方法认为，团队队员之间的关系比解决问题更为重要，通过寻求不同的意见来解决问题会伤害队员之间的感情，从而降低团队的集体力。尽管这一方式能缓和冲突、避免某些矛盾，但并不利于问题的彻底解决。

20.3.4 妥协

协商并寻求争论双方在一定程度上都满意的方法是这一方式的实质。这一冲突解决的主要特征是"妥协"，并寻求一个调和的折中方案。有时，当两个方案势均力敌、难分优劣之时，妥协也许是较为恰当的解决方式，但是这种方法并非永远可行。例如，项目团队的某位队员认为完成管道铺设的成本费用大概需要5万元，而另一成员却说至少需要10万元。经过妥协，双方都接受了7万元的预算，但这并非最好的预计。

20.3.5 正视

直接面对冲突是克服分歧、解决冲突的有效途径。通过这种方法，团队队员直接正视问题、正视冲突，要求得到一个明确的结局。这种方法既正视问题的结局，也重视团队成员之间的关系。每位队员都必须以积极的态度对待冲突，并愿意就面临的问题、面临的冲突广泛地交换意见。只有暴露冲突和分歧，才能寻求最好的、最全面的解决方案。由于新信息的交流，每位成员都愿意修订或放弃自己的观点和主张，以便形成一个最佳的方案。这是一个积极的冲突解决途径，需要一个良好的项目环境。在这种方式下，团队队员之间的关系是开放的、真诚的、友善的。

以诚待人、形成民主的讨论氛围是这种方式的关键。分歧和冲突能激发团队队员的讨论，在解决冲突时决不能夹杂个人的感情色彩，应花更多的时间去理解和把握其他成员的观点和方案，要善于处理而不是压制自己的情绪和想法。

通过对众多项目经理解决冲突方式的考察，项目管理专家总结出如图20-4所示的项目冲突的解决模式。

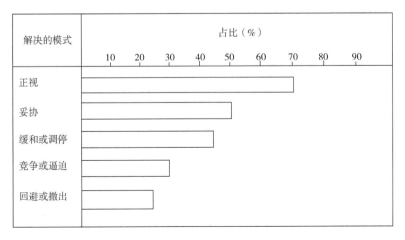

图20-4 项目冲突的解决模式

项目经理解决冲突的风格决定了其解决冲突的模式。从图 20-4 中可以看出，正视是项目经理最常用的解决方式，有 70% 的经理喜欢这种冲突解决模式；排在第二位的是以权衡和互让为特征的妥协模式；然后是缓和（调停）模式；最后是竞争（或逼迫）和回避（或撤出）模式。

在项目经理对冲突解决模式的态度方面，除了经常使用前两种（正视和妥协）模式之外，他们也经常把其他几种方式应用于与团队队员、主管上司、职能部门的冲突中。相对而言，正视较多地应用于与上级的冲突解决中，妥协则常常应用于与职能部门的冲突解决中。

研究冲突的起源、冲突的性质，并将其放在项目的生命周期中考察，有利于寻求更好的解决模式。正如平均冲突强度的数据指出的那样，在整个项目生命周期中最可能给项目经理带来问题的 3 个领域是进度计划、项目优先权和人力资源。这些领域容易产生更高强度的冲突，其中的原因是项目经理对影响这些领域的其他领域，特别是职能支持部门，只能进行有限的控制。在整个项目生命周期内，都需要认真监督和管理进度计划、项目优先权和人力资源这 3 个领域。为了减少有害冲突，应当在项目实际开始之前就做好深入的计划，以帮助项目经理在冲突发生前预计可能的冲突源。项目进度计划的编制、优先权的建立和资源的分配都需要有效的计划，以避免项目可能会出现的问题。

表 20-1 总结了一些具体建议，能帮助认识在项目生命周期各阶段最易出现的一些最主要的冲突源。

表 20-1 项目生命周期及主要的冲突源

项目阶段	冲突源	策略建议
项目启动阶段	优先权	清楚定义的项目计划。联合决策以及有关部门协商
	程序	建立在项目执行中队员要遵守的详细管理作业程序。建立理解说明或证明
	进度	在项目开始之前建立进度计划。预测其他部门优先权和对项目可能带来的影响
项目规划阶段	优先权	通过碰头会向支持领域提供对既定的项目计划和需求的有效反馈
	进度	在与职能部门的合作中完成工作任务包的进度
	程序	制订关键管理问题的预备计划
项目规划阶段	进度	在项目进程中连续监督与有关部门的沟通结果；预见问题并考虑替代方案；确认需要密切监督的问题
	技术	尽早解决项目的技术问题；向技术人员通报进度计划和预算的约束；重视早期的技术测试；尽早对项目的技术方案达成共识
	人力	尽早预测和协调对人力资源的需求；向职能和顾问部门提出人力需求的优先权
项目结束阶段	进度	在项目生命期中密切监督进度；考虑向可能出现进度差错的关键项目重新调配队员；及时解决可能影响项目进度的技术问题
	个性和人力	在项目接近完成时做好人员重新分配计划；与项目班子和协作方保持和谐的工作关系；努力缓和紧张的工作环境

在项目生命周期的各个阶段，每个冲突源都会表现出一种动态的性质。项目早期最可能诱发冲突的因素，到了项目成熟期却变得不太可能引起剧烈的冲突。例如，随着项目的成熟，管理程序逐渐不再是重要的冲突源。相反，在项目启动阶段排在最后的个性冲突在项目结束阶段成为排在第二位的冲突源。总的来说，如果项目经理懂得每种冲突源在项目生命周期中的重要程度，就能发现更有效减少冲突的策略。

就项目经理解决冲突和纠纷的方法而言，资料表明正视或解答问题的模式是最常用的。虽然我们的研究没有单独测定每一种方法的效果，但在以前的研究中，项目专家博克提出正视是解决冲突最有效的办法。

与一般管理研究有些不同的是，从项目环境因素的分析中我们发现：寻找有效的冲突管理的最好模式并不那么重要，更为重要的是项目经理应根据其已掌握的多种组织资源，以整体的方式来解决冲突。虽然正视在大多数情况下被认为是理想的方法，但是根据纠纷局面的特定内容，其他模式也可以同样有效。例如，撤出可以在得到新信息之前暂时用来平息团队队员之间不友好的行为，但如果不能找到根本的解决办法，而把撤出作为一种基本的长期策略，最终可能导致某个冲突逐渐升级。

在其他情况下，只要妥协和缓和不严重影响整体项目目标，项目经理也可以把它们当作有效的策略。竞争是一种"非赢即输"的模式。即使项目经理在特定问题上取胜，与被强制一方的有效工作安排也可能在未来关系中受到损害。尽管如此，一些项目管理者仍认为，在某些情形下，竞争或逼迫的模式是唯一的解决方法。从一定程度上来说，正视可能包括所有处理冲突的模式，其实质就是在特定的冲突中寻求最恰当的解决方式。例如，项目经理或管理者可以用撤出、妥协、竞争和调停的办法，以使冲突最终得到有效的解决。而正视的目的，就是寻求恰当的解决方法，从而得到有关方面都能接受的最佳方案。

总之，冲突管理和解决是项目管理中的重要内容。当你第一次看到项目经理被描述为"冲突经理"时，难免会感到惊讶，但在项目的冲突环境中，项目经理不仅要清楚冲突的可能来源，更要把握冲突的强度、性质，从而预见它们在项目生命周期中何时最有可能发生。研究项目的冲突，无疑会提升项目管理者趋利避害的本领。

20.4 冲突管理案例[⊖]

20.4.1 案例背景

亚通网络公司是一家专门从事通信产品生产和电脑网络服务的中日合资企业。该公司自1991年7月成立以来发展迅速，销售额每年增长50%以上。但与此同时，其内部也存在不少冲突，影响公司绩效的继续提高。

因为是合资企业，尽管日方管理人员带来了许多先进的管理方法，但是日本式的管理模式未必完全适合中国员工。例如，亚通公司经常让中国员工长时间加班，引起了大家的不满，一些优秀员工还因此离开了亚通公司。

亚通公司的组织结构由于是直线职能制，部门之间的协调非常困难。例如，销售部经常抱怨研发部开发的产品偏离顾客的需求，生产部的效率太低，使自己错过了销售时机；生产部则抱怨研发部开发的产品不符合生产标准，销售部门的订单无法达到成本要求。

研发部胡经理虽然技术水平首屈一指，但是心胸狭窄，总怕他人超越自己，常常压制其他工程师。这使得工程部人心涣散，士气低落。

亚通公司的冲突有哪些？原因是什么？

如何解决亚通公司存在的冲突？

20.4.2 案例分析

调查表明，企业经理要花费20%的时间用于处理冲突，冲突管理能力因此被认为是管理者事业成功的关键因素之一。

⊖ 本案例选自 Allen Lee's Magic 的博客（http://blog.csdn.net/allenlooplee）。

冲突是指一方（包括个体、群体和组织）认识到另一方正在或将要采取阻碍、危害自己实现目标的行动的过程。冲突发生的条件有：

1）双方存在不同的利益。
2）双方均认为对方会损害自己的利益。
3）察觉到对方正在采取不利于自己的行为或预测到对方将会采取类似的行为。

根据冲突范围，可将冲突分为人际冲突、群际冲突和组织间冲突。

首先，分析亚通公司的管理层与中国员工之间的冲突。这种冲突存在于不同组织层次之间，可称之为纵向冲突，属于群际冲突。产生这种冲突的原因有多种，在该案例中主要有：

1）权力与地位。管理层运用行政权力要求员工加班，但没有赋予任何报酬作为补偿，而员工则没有（充分的）权力维护自身的利益。

2）价值观不同。如果只要求员工（长时间）加班，却没有相应的报酬，一般很难调动员工的积极性，久而久之就会削弱员工的工作动机强度。

3）资源缺乏。管理的重要性在很大程度上体现为对资源的合理配置，而可用的资源总是有限的。要求员工加班，通常需要提供合理的加班费作为补偿，而主管们则希望把人力成本维持在一个较低的水平。

这样，没有能力外逃的员工就会表现出工作动机不强、工作效率低下，而有能力的明星员工则想方设法跳槽到更好的工作环境。如果这种情况长时间没有得到控制和改善，企业将会变成一个过滤器，把有能之士赶到竞争对手那里，把平庸之士保留下来。如果管理者仅能把所谓的"优秀"方法照搬过来，而不能因地制宜地活用各种管理方法，就会断送企业的前途。

解决方法已经明摆在眼前，管理层应该根据具体情况合理地设计报酬系统，重新激发员工的积极性，并在人力成本与员工绩效之间取得动态平衡。

各部门之间的冲突存在于统一组织层次不同部门之间，可称之为横向冲突，属于另一种群际冲突。由于亚通网络公司采用的组织结构是直线职能型，出现这种类型的冲突就不足为奇了。

直线职能型组织结构的优点是分工细密、任务明确、职责清晰、统一指挥、结构稳定，但其缺点也很明显，包括中央集权、横向联系弱、目标不统一、信息传递较慢、环境适应性低。因此，产生冲突的原因有：

1）任务相互依赖。由于各部门之间存在任务依赖性，而组织结构的先天缺陷却削弱了各部门之间必要的沟通量，从而导致任务的不协调。这些部门间的关系是团队关系。

2）目标不相容。各部门都有自己的绩效目标，如销售部希望增加产品线的广度以适应多样化的市场需求，生产部希望减少产品线的广度以节省成本，即销售部门的目标是顾客满意，生产部门的目标是生产效率。

解决的办法也是明显的，企业通过信息管理系统促进信息的流通，让各部门及时得到有用的数据。目前，稍有规模的企业都希望上 ERP 项目，充分利用信息技术增强企业的信息管理能力。不过，更根本的原因是目标不相容，各部门同属于一个企业，但未能看到企业的统一目标，而只是看到各自的绩效目标。企业可以实施关联性绩效评估，把具有依赖性的部门的绩效关联起来。如果某些部门只顾实现自身绩效，而不顾与之关联的部门绩效，就不能达到整体平衡，实现整体最优绩效。这样即使自身绩效达到最优，绩效评级也不会高。这种做法还存在一个小问题，就是如果主管本身的整体观念不强，实施的效果就会令人失望。企业可以考虑对主管进行适当的培训，必要时可考虑换人。

胡经理与其下属之间的冲突存在于两个或两个以上的个体之间，称为人际冲突。产生这种冲突的原因也是多种多样的，主要有：

1）人格特质。优秀的员工未必能成为优秀的经理。盖洛普对此给出两种解释：其一，与当事人的独特优势相关；其二，与他们当经理的动机相关。以下为相关实例。

杰夫异常好胜。他当销售代表时，什么事都想赢。在这种不夺第一死不休的欲望推动下，杰夫年复一年取得佳绩。杰夫成为经理后，他全力推动部下力争第一。表面看来，这无可厚非。然而，作为经理，杰夫不仅与其他地区竞争，而且与自己手下的销售代表竞争，他始终要超过他们。遇到大客户，他总要争做主讲人，而无法忍受当旁观者。他每次与员工谈话，总要压倒对方。本来是与员工谈个人发展，他却忍不住吹嘘自己如何技压群芳。结果，他这种盛气凌人的言行气走了许多销售高手。

特洛依的一个标志主题是"统率"，具有这一主题的人善于掌控对话的进程。特洛依的绝招是成交，他向客户做完演示后，对方难以说不。但是，特洛依当上经理后，他的部下却难以忍受他的"统率"风格。特洛依不与部下讨论指标，而更愿意向销售代表"推销"新的配额，然后逼他们接受。结果，他的部下感到被愚弄了。特洛依做销售时，这些成交的绝招使他受益无穷，却无助于他当经理。

苏珊以为，当了经理就会减轻指标压力，但她很快就发现，现在她要操心的不再是她本人要达标，而是8个部下都要达标，而如果他们不达标，她就会承受巨大的压力。"作为一名销售代表，我只要出去，抓个大客户就行"，她说，"可作为经理，事情可没那么简单。不仅指标落空，而且你干着急，没招。真能把我气死。"

2）缺乏信任。人与人之间越是相互猜疑，越会产生冲突；越是信任对方，越能互相合作。胡经理心胸狭窄，总是疑心别人超越自己，抢了自己的饭碗。这会极大地影响团队的凝聚力，导致团队效率低下。

3）归因失误。当个体的利益受到他人的侵害，他/她就会弄清对方为什么如此行动。如果确认对方是故意的，就会产生冲突和敌意；如果对方不是故意的，冲突发生的概率就会很小。没有（良性）竞争就没有进步，如果错误地把良性的竞争归因为恶性的竞争，就会出现各种误会和冲突。归因行为在很大程度上依赖于人格特质与行为动机，归因失误还会导致信任程度减弱。胡经理的担心其实是不必要的。

在以上3点原因中，人格特质是最为关键的，如果胡经理真的不适合做一名管理者，让他继续待在这个位置上肯定会出现问题。所以，企业只好考虑换掉胡经理，但胡经理技术了得，是企业的明星员工，如果处理不当，将有可能把胡经理赶到竞争对手那边。体面地解决替换胡经理所引起的问题有多种方法，如企业可以试探他的工作动机，设计合适的报酬机制来重新吸引并激励胡经理。

第 21 章 项目风险管理

本章要点

本章主要内容：项目风险管理概述，包括项目风险的特征和来源；项目风险管理规划，包括依据、方法和结果；项目风险识别，包括依据、步骤、方法和结果；项目风险评估，包括风险评估方法、风险量化方法和风险评估结果；项目风险应对，包括应对的依据、应对的工具和技术以及应对的结果；项目风险监控，包括监控的依据、工具和技术以及监控的结果。

项目是在复杂的自然和社会环境中进行的，受众多因素的影响。对于这些内外因素，从事项目活动的主体往往认识不足或者没有足够的力量加以控制。项目的过程和结果常常出乎人们的意料，有时不但未达到项目主体预期的目的，反而使其蒙受各种各样的损失，而有时又会给他们带来很好的机会。项目与其他经济活动一样带有风险，要避免和减少损失，将威胁化为机会，项目主体就必须了解和掌握项目风险的来源、性质和发生规律，进而实行有效的管理。

21.1 项目风险管理概述

21.1.1 项目风险的概念

风险的含义可以从多种角度进行考察。

1）风险与人们有目的的活动有关。人们从事活动总是预期一定的结果，如果对于预期的结果没有十分的把握，人们就会认为该项活动有风险。

2）风险与将来的活动和事件有关。已经结束了的活动或项目，既成事实，后果已无法改变。对于将来的活动、事件或项目，总是有多种行动方案可供人们选择，但是没有哪一个行动方案可确保达到预期的结果。那么，应该采取何种办法和行动才能不受或少受损失，并取得预期的结果呢？这就是说，风险与行动方案的选择有关。

3）如果活动或项目的后果不理想甚至是失败，人们总是要想：能否改变以往的行为方式或路线，把以后的活动或项目做好？另外，当客观环境或者人们的思想、方针或行动路线发生变化时，活动或项目的结果也会发生变化。这样，风险还与上述变化有关。若世界永恒不变，人们就不会有风险的概念。

1. 项目变数和不确定性

（1）项目变数

项目各组成部分的性质和功能，彼此之间的联系和相互作用以及它们组成项目整体的方式等，决定了项目整体的性质和功能。各组成部分若有变动，则项目整体的性质和功能也要发生变化。我们称各组成部分为项目的一组变数，如成本、进度和质量就是项目的 3 个主要变数。变数可以是项目有形或无形的技术、政治、法律或经济的属性。我们可以通过变数来描述项目。分析项目风险时，哪些变数需要考虑，哪些变数不需要考虑，关系很大。

（2）不确定性

《现代汉语词典》把风险定义为"可能发生的危险"，而一些英文字典将其定义为"遭受危险，蒙受损失或伤害等的可能或机会"。这样看来，可能性（或然性）是与风险紧密联系的概念，肯定蒙受或肯定不蒙受的损失不是风险。一般而言，将来的活动或事件，其后果有多种可能，各种后果出现的可能性大小（概率）也不一样。由于人们一般不能掌握将来的活动或事件的全部信息，所以事先不能确知最终会产生什么样的后果，这种现象叫作不确定性。不确定性是存在于客观事物与人们认识与估计之间的一种差距，反映了人们由于难以预测未来活动或事件的后果而产生的怀疑态度。即使有些时候人们可以事先辨识事件或活动的各种可能结果，但仍然不能确定或估计它们发生的概率。这种情况也是一种不确定性。不确定性有程度之分，有关活动或事件的信息掌握得越充分，不确定性越小。

不确定性有 3 种类型：

1）说明或结构的不确定性。指人们由于认识不足，不能清楚地描述和说明项目的目的、内容、范围、组成和性质以及项目与环境之间的关系。

2）计量的不确定性。指在确定项目变数数值大小时由于缺少必要的信息、尺度或准则而产生的不确定性。在确定项目变数的数值时，人们有时难以获取有关的数据和观察结果，有些项目则不知采用何种计量尺度和准则才好。例如，政府为便利私人汽车停放而建设停车设施，该项目好坏的评定准则是什么？它也许对那些拥有私人汽车的少数人有利，而对其他大多数人就不一定有利。

3）事件后果的不确定性。当人们无法确认事件的预期结果及其发生的概率时，我们称此时的不确定性为事件后果的不确定性。在这种情况下，人们在采取行动之后却不知道事件或活动到底会产生怎样的结果。

2. 方案选择

对于多种行动方案，应当选择哪一种付诸实施，才能实现既定的项目目标呢？选择并不是一件容易的事。因为没有哪一种行动路线或方案能保证万无一失地实现目标，反而在许多情况下会把项目主体引入歧途，使之蒙受损失、伤害。因此，选择本身就是风险。项目涉足风险可能有三种方式：项目主体将项目置于风险之中、被他人置于风险之中、处于自然力量的作用之下。

自己涉足风险叫冒险。冒险一般是由于人们没有明显意识到风险的存在。

3. 风险的定义

归纳以上各点可知，风险定义的必要条件有：

1）有损失或收益与之相联系。

2）涉及某种或然性或不确定性。

3）涉及某种选择时。

以上三条，每一条都是风险定义的必要条件，不是充分条件。具有不确定性的事件不一定是风险。

综上所述，我们可以接受这样的定义：风险就是活动或事件消极的、人们不希望的后果发生的潜在可能性。

该定义需要注意：

1）损失或收益的大小及其发生的可能性大小都应该能够测量。

2）事件可以是单独互不联系的事件，也可以是同时发生的多个事件，还可以是持续的事件。

损失或收益可以是单一形式的，也可以是多种形式的。形式单一的事件的后果一般不像同时发生的多个事件那样严重。多种形式的损失（如政治的和经济的损失）一般要比单一形式的损失（如经济损失）严重。

4. 风险事件

（1）风险事件

我们把活动或事件的主体未曾预料到或虽然预料到其发生但未预料到其后果的事件称为风险事件。

以上关于风险的种种观点有一个共同点：风险有可能给人们带来损失或损害。本书主要讨论风险的这一方面。要避免损失或损害，就要把握风险事件发生的原因和内外条件两方面。

1) 风险来源

给项目带来机会、造成损失或损害、人员伤亡的原因，就是风险来源。风险来源可划分为自然、社会和经济来源，也可以划分为组织或项目的内部和外部来源，还可以划分为自然和经营来源等。

2) 风险的转化条件和触发条件

风险是潜在的。只有具备了一定的条件，才有可能发生风险事件，这一定的条件称为转化条件。即使具备了转化条件，风险也不一定演变成风险事件。只有具备了另外一些条件时，风险事件才会真的发生，这后面的条件称为触发条件。

例如，利用国外贷款做项目有外汇风险，但是外汇风险不一定使贷款者获得汇率上的好处或蒙受损失。各国货币之间汇率变动的主要原因是它们之间的收支情况。当一国对于另一国的收支长期出现较大赤字时，该国货币对于另一国的货币就可能贬值。两国之间收支长期不平衡就是该国货币对于另一国货币贬值的转化条件。收支不平衡固然使两国货币汇率变动具备了转化条件，但若两国政府能够合作，并取得其他有关国家的支持，共同干预外汇市场，两国货币之间的汇率就不会发生大的变动。相反，如果他们只考虑自己的利益，甚至想借此打击对方，就会触发两国货币汇率发生大变动，使借用这两国货币的项目外汇风险成为现实的风险事件。

了解风险由潜在转变为现实的转化条件、触发条件及其过程，对于控制风险非常重要。控制风险，实际上就是控制风险事件的转化条件和触发条件。当风险事件只能造成损失和损害时，应设法消除转化条件和触发条件；当风险事件可以带来机会时，则应努力创造转化条件和触发条件，促使其实现。

(2) 风险因素和风险事故

在风险管理中，人们还常常使用风险因素和风险事故两个术语。

风险因素是指增加、减少损失或损害发生频率和大小的主客观条件，包括转化条件和触发条件。风险因素是风险事件发生的潜在原因，有造成损失或损害的内部或外部原因。如果消除了所有风险因素，则损失或损害就不会发生。对于工程项目，不合格的材料、漏洞百出的合同条件、松散的管理、不完全的设计文件、变化无常的建材市场都是风险因素。

风险事故是指直接造成损失或损害的风险事件。例如，一个工程正在紧张施工，但施工电源却出乎意料地发生故障，形成风险事故。

5. 项目风险

项目的一次性使其不确定性要比其他一些经济活动大得多，因而项目风险的可预测性也就差得多。重复性的生产和业务活动若出现问题，常常可以在以后找到机会补偿，而项目一旦出现问题则很难补救。项目多种多样，每一个项目都有各自的具体问题，但有些问题却是很多项目所共有的：

1) 对于项目各组成部分之间的复杂关系，任何个人都不可能了如指掌。

2) 项目各组成部分之间不是简单的线性关系。例如，当项目进度拖延时，有时可以通过增加人力夺回失去的时间。但在另外一些情况下，增加人力不但不能加快进度，反而使进度更加拖延。

3) 项目处于不断变化之中，难得出现平衡。即使偶尔出现，也只能短时间维持。

4) 虽然项目管理班子只想处理技术和经济问题，但找上门来的却经常是各不同方面互相冲突的希望或者难以满足的要求，还有一些非常复杂、非线性极强、不确定性极高的非技术和非经济问题，都使得最后完成的项目是互相冲突的希望和要求的一种折中，而非项目计划的实现。

项目不同阶段会有不同的风险。风险大多数随着项目的进展而变化，不确定性会随之逐渐减少。最大的不确定性存在于项目的早期。早期阶段做出的决策对以后阶段和项目目标的实现影响最大。在项目的各种风险中，进度拖延往往是费用超支、现金流出以及其他损失的主要原因。为减少损失而在早期阶段主动付出必要的代价要比拖到后期阶段才迫不得已采取措施好得多。

21.1.2 项目风险的主要特征

1. 风险事件的随机性

风险事件的发生及其后果都具有偶然性。风险事件是否发生，何时发生，发生之后会造成什么样的后果？人类通过长期的观察发现，许多事件的发生都遵循一定的统计规律，这种性质叫随机性。风险事件具有随机性。

2. 风险的相对性

风险总是相对项目活动主体而言的，同样的风险对不同的主体有不同的影响。人们对于风险事故都有一定的承受能力，但是这种能力因活动、人和时间而异。对于项目风险，人们的承受能力主要受下列几个因素的影响：

1）收益的大小。收益总是有损失的可能性相伴随。损失的可能性和数额越大，人们希望为弥补损失而得到的收益也越大。反过来，收益越大，人们愿意承担的风险也就越大。

2）投入的大小。项目活动投入的越多，人们对成功所抱的希望也越大，愿意冒的风险也就越小。一般人希望活动获得成功的概率随着投入的增加呈 S 曲线规律增加。当投入少时，人们可以接受较大的风险，即使获得成功的概率不高也能接受；当投入逐渐增加时，人们就开始变得谨慎起来，希望活动获得成功的概率提高了，最好达到百分之百。

3）项目活动主体的地位和拥有的资源。管理人员中级别高的与级别低的相比能够承担大的风险。同一风险，不同个人或组织的承受能力也不同，个人或组织拥有的资源越多，其风险承受能力越大。

3. 风险的可变性

辩证唯物主义认为，任何事情和矛盾都可以在一定条件下向自己的反面转化。这里的条件指活动涉及的一切风险因素。当这些条件发生变化时，必然会引起风险的变化。风险的可变性有如下含义：

1）风险性质的变化。例如，10 年前熟悉项目进度管理软件的人不多，一旦出现问题，常常手足无措，使用计算机管理进度的风险很大。而现在，熟悉的人多了起来，使用计算机管理进度不再是大的风险。

2）风险后果的变化。风险后果包括后果发生的频率、收益或损失大小。随着科学技术的发展和生产力的提高，人们认识和抵御风险事故的能力也逐渐增强，能够在一定程度上降低风险事故发生的频率并减少损失或损害。在项目管理中，加强项目班子建设，增强责任感，提高管理技能，就能使一些风险变成非风险。此外，由于信息传播技术、预测理论、方法和手段的不断完善和发展，现在可以较准确地预测和估计某些项目风险，大大降低了项目的不确定性。

3）出现新风险。随着项目或其他活动的开展，会有新的风险出现。特别是在活动主体为回避某些风险而采取行动时，另外的风险就会出现。例如，为了避免项目进度拖延而增加资源投入时，就有可能造成费用超支。有些建设项目为了早日完工，采取边设计、边施工或者在设计中免除校核手续的办法。这样做虽然可以加快进度，但是增加了设计变更、降低施工质量和提高造价的风险。

21.1.3 项目风险的主要来源

按照风险来源或损失产生的原因，可将项目风险划分为自然风险和人为风险。

1. 自然风险

由于自然力的作用，造成财产毁损或人员伤亡的风险属于自然风险。例如，水利工程施工过程中因发生洪水或地震而造成的工程损害、材料和器材损失。

2. 人为风险

人为风险是指由于人的活动而带来的风险。人为风险又可以细分为行为、经济、技术、政治和组织风险等。

1）行为风险是指由于个人或组织的过失、疏忽、侥幸、恶意等不当行为造成财产毁损、人员伤亡的风险。

2）经济风险是指人们在从事经济活动时，由于经营管理不善、市场预测失误、价格波动、供求关系发生变化、通货膨胀、汇率变动等所导致经济损失的风险。

3）技术风险是指伴随科学技术的发展而来的风险，如核燃料出现之后产生了核辐射风险。

4）政治风险是指由于政局变化、政权更迭、罢工、战争等引起社会动荡而造成财产损失和损害以及人员伤亡的风险。

5）组织风险是指由于项目有关各方关系不协调以及其他不确定性而引起的风险。现代的许多合资、合营或合作项目组织形式非常复杂。有的单位既是项目的发起者，又是投资者，还是承包商。由于项目有关各方参与项目的动机和目标不一致，在项目进行过程中常常出现一些不愉快的事情，影响合作者之间的关系、项目进展和项目目标的实现。组织风险还包括项目发起组织内部的不同部门由于对项目的理解、态度和行动不一致而产生的风险。例如，我国的一些项目管理组织，各部门意见分歧，长时间扯皮，严重影响了项目的准备和进展。

21.1.4 项目风险管理

1. 概述

项目风险管理就是项目管理班子通过风险识别、风险估计和风险评价，并以此为基础合理地使用多种管理方法、技术和手段对项目活动涉及的风险实行有效的控制，采取主动行动，创造条件，尽量扩大风险事件的有利结果，妥善处理风险事故造成的不利后果，以最少的成本保证安全、可靠地实现项目的总目标。

项目的风险来源、风险的形成过程、风险潜在的破坏机制、风险的影响范围以及风险的破坏力错综复杂，单一的管理技术或单一的工程、技术、财务、组织、教育和程序措施都有局限性，都不能完全奏效，必须综合运用多种方法、手段和措施，才能以最少的成本将各种不利后果降到最低程度。因此，项目风险管理是一种综合性的管理活动，其理论和实践涉及自然科学、社会科学、工程技术、系统科学、管理科学等多种学科。项目风险管理在风险估计和风险评价中使用概率论、数理统计甚至随机过程的理论和方法。

管理项目风险的主体是项目管理班子，特别是项目经理。项目风险管理要求项目管理班子采取主动行动，而不应仅仅在风险事件发生之后被动地应付。项目管理人员在认识和处理错综复杂、性质各异的多种风险时，要统观全局，抓主要矛盾，创造条件，因势利导，将不利转化为有利，将威胁转化为机会。

项目风险管理的基础是调查研究和收集资料，必要时还要进行实验或试验。只有认真地研究项目本身和环境以及两者之间的关系、相互影响和相互作用，才能识别项目面临的风险。

风险识别、风险估计和风险评价是项目风险管理的重要内容，但仅仅完成这部分工作还不能做到以最少的成本保证安全、可靠地实现项目的总目标，还必须在此基础上对风险实行有效的控制，妥善地处理风险事件造成的不利后果。所谓控制，就是随时监视项目的进展、注视风险的动态，一旦有新情况，马上对新出现的风险进行识别、估计和评价，并采取必要的行动。

以上说明，涉及项目风险管理的全过程可以称为广义的项目风险管理。在实践中，这个全过程可以划分为风险分析和风险管理两个阶段，第二个阶段可以称作狭义的项目风险管理。风险分析包括风险识别、风险估计和风险评价。按事先制订好的计划对风险进行控制，并对控制机制本身进行监督以确保其成功叫作风险管理。图 21-1 简要地说明了风险分析和风险管理的内容以及两者之间的区别。

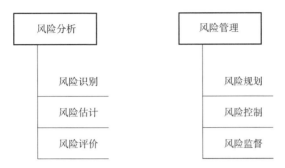

图 21-1　风险分析和风险管理的内容以及两者的区别

风险分析和风险管理是一个连续不断的过程，可以在项目生命期的任何一个阶段进行。但是，在项目的早期阶段就开始风险分析和风险管理效果最好，越早越好。

2. 风险分析

风险分析就是查明项目活动可能在哪些方面、哪些地方、什么时候出现问题，哪些地方潜藏着风险。查明之后要对风险进行量化，确定各风险的大小以及轻重缓急，并在此基础上提出为减少风险而供选择的各种行动路线和方案。

风险分析的第一步是风险识别，其目的是降低项目的结构不确定性。风险识别首先要明确项目的组成、各变数的性质和相互间的关系、项目与环境之间的关系等，然后在此基础上利用系统的、有章可循的步骤和方法查明对项目可能形成风险的诸端事项。在这个过程中，还要调查、了解并研究对项目以及项目所需资源形成潜在威胁的各种因素的作用范围。为了便于项目管理人员理解和掌握，风险一经识别，一般都要划分为不同的类型。

风险估计就是估计风险的性质、估算风险事件发生的概率及其后果，以减少项目的计量不确定性。风险估计时必须做到以下三点：

1）确定项目变数的数值和计量这些变数的标度。
2）查明项目进行过程中各种事件的后果以及它们之间的因果关系。
3）根据选定的计量标度确定风险后果的大小，考虑哪些风险有可能增加以及哪些潜在威胁可能演变为现实的风险事件。如果潜在的威胁真的演变为现实，则须考虑后果的严重程度。

风险估计分为客观风险估计和主观风险估计两种。其中，客观风险估计以历史数据和资料为依据；主观风险估计无历史数据和资料可参照，靠的是人的经验和判断。一般情况下，这两种风险估计都要做。因为现实项目活动的情况并不总是泾渭分明，一目了然。对于新技术项目，由于新技术发展飞快，之前项目的数据和资料往往已经过时，对新项目失去了参考价值。例如，在软件开发项目中，因为很少有人发表软件开发项目的最新资料和数据，所以主观风险估计尤其重要。

风险评价就是对各风险事件的后果进行评价，并确定其严重程度顺序。评价时，还要确定对风险应该采取何种应对措施。在风险评价过程中，管理人员要详细研究决策者决策的各种可能后果，并将决策者做出的决策与自己单独预测的后果相比较，判断这些预测能否被决策者所接受。各种风险的可接受或危害程度互不相同，因此产生了哪些风险应该首先或者是否需要采取措施的问题。风险评价方法有定量和定性两种。进行风险评价时，还要提出防止、减少、转移或消除风险损失的初步办法，并将其列入风险管理阶段要进一步考虑的各种方法之中。

在实践中，风险识别、风险估计和风险评价绝非互不相关，而是常常互相重叠，需要反复交替进行。

风险分析的内容如图 21-2 所示。

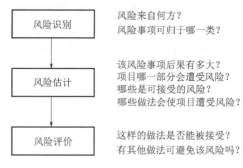

图 21-2 风险分析的内容

3. 风险管理

风险管理就是在风险分析之后针对风险做出决策，一般分为风险管理规划、风险控制（应对）和风险监督 3 个阶段。

1）风险管理规划有两个方面。第一，决策者针对项目面对的形势选定行动方案，一经选定，就要制订执行这一行动方案的计划。为了使计划切实可行，常常还需要进行再分析，特别是要检查计划是否与其他已做出的或将要做出的决策冲突，为以后留出灵活余地。一般只有在获得关于将来潜在风险以及其他风险足够多的信息之后才能做出预防的决策，应当避免过早地决策。第二，选择适合于已选定行动路线的风险规避策略。选定的风险规避策略要写入风险管理和风险规避策略计划中。在这期间，还要选定监督风险规避策略的措施，确定规避风险可能需要哪些应急资源，并考虑在监督期间出现意外时如何保证风险规避策略正常发挥作用。

2）风险控制（应对）就是实施风险规避策略的控制计划。该计划的内容就是在必要时向项目提供必要的资源。有时还要修改项目计划，随时对项目的费用和进度重新进行估算，并采取相应的纠正步骤。风险控制的关键是采取果断的行动。

3）风险监督是在决策付诸实施之后进行的，其目的是查明决策的结果是否与预期的相同。进行风险监督时要找出细化和改进风险管理计划的机会，并加强与决策者的沟通，把信息反馈给有关决策者。风险监督十分重要。如果发现已做出的决策是错的，则必须尽早承认，以便采取纠正行动。如果已做出的决策是正确的，则不应过早地改变。频繁地改变计划会浪费许多宝贵的项目资源，大大增加项目的风险。

风险管理过程不是一成不变的既成顺序或是划分成各自独立、互不干扰的部分，项目各个不同方面实际上是平行展开的，各种不同的活动之间经常重叠。项目活动随时创造出新的选择，因此应该随时对决策做出调整。

21.2 项目风险管理规划

21.2.1 风险管理规划的概念

风险管理规划是规划和设计如何进行项目风险管理的过程。该过程应该包括定义项目组织及成员风险管理的行动方案及方式、选择合适的风险管理方法、确定风险判断的依据等。风险管理规划对于能否成功进行项目风险管理、完成项目目标至关重要。

风险规划就是制定风险规避策略以及具体实施措施和手段的过程。这一阶段要考虑两个问题：第一，风险管理策略本身是否正确、可行；第二，实施管理策略的措施和手段是否符合项目总目标。

在进行风险规划时，项目班子首先应当采取主动行动，尽量减少已知的风险，提高项目成功的概率。同时，还不应忘记，风险分析已经用掉了项目的一部分宝贵资源，其效果如何？用掉一部分资源之后会不会增加项目的风险？下一步进行风险管理是否还要消耗更多的本应投入项目本身的宝贵资源？其次，项目班子必须考虑，为了监视风险并观察、研究是否有新的风险出现，还要付出多少努力？

风险管理规划的工作成果记入风险管理计划和风险规避计划两个文件。

21.2.2 风险管理规划的依据

1) 项目规划中所包含或涉及的有关内容，如项目目标、项目规模、项目利益相关者情况、项目复杂程度、所需资源、项目时间段、约束条件及假设前提等可作为规划的依据。
2) 项目组织及个人所经历和积累的风险管理经验及实践。
3) 决策者、责任方及授权情况。
4) 项目利益相关者对项目风险的敏感程度及可承受能力。
5) 可获取的数据及管理系统情况。丰富的数据和严密的系统基础，将有助于风险识别、评估、定量化及对应策略的制定。
6) 风险管理模板。项目经理及项目组将利用风险管理模板对项目进行管理，从而使风险管理标准化、程序化。风险管理模板应在实际应用中得到不断改进。

21.2.3 风险管理规划的方法

风险管理规划一般通过规划会议的形式制订，会议参加人员应包括项目经理、团队领导者及任何与风险管理规划和实施相关者，规划会议将具体地把风险管理标准模板应用于当前的项目。风险管理规划将针对整个项目生命周期制订如何组织和进行风险识别、风险评估、风险量化、风险应对、风险监控的规划。单个风险对应策略及措施将在风险对应计划中制定。

风险管理规划应包括：
1) 方法。确定风险管理使用的方法、工具和数据资源，这些内容可随项目阶段及风险评估情况做适当的调整。
2) 人员。明确风险管理活动中领导者、支持者及参与者的角色定位、任务分工及其各自的责任。
3) 时间周期。界定项目生命周期中风险管理过程的各运行阶段，以及过程评价、控制和变更的周期或频率。
4) 类型级别及说明。定义并说明风险评估和风险量化的类型级别。明确的定义和说明对于防止决策滞后和保证过程连续是很重要的。
5) 基准。明确定义由谁以何种方式采取风险应对行动。合理的定义可作为基准衡量项目团队实施风险应对计划的有效性，并避免发生项目业主方与项目承担方对该内容理解的二义性问题。
6) 汇报形式。规定风险管理各过程中应汇报或沟通的内容、范围、渠道及方式。汇报与沟通应包括项目团队内部之间的，及项目外部与投资方及其他项目利益相关者之间的内容。
7) 跟踪。规定如何以文档的方式记录项目过程中风险及风险管理的过程，风险管理文档可有效应用于对当前项目的管理、监察和经验教训的总结，以及对日后项目的指导。

21.2.4 风险管理规划的结果

项目风险管理规划的结果是项目风险管理计划。风险管理计划描述的是在项目生命周期内如何安排与实施项目风险识别、定性与定量分析、应对规划、监测及控制等一系列风险管理活动。风险管理计划不针对个别的项目风险，主要包括以下内容：

1）方法。确定本项目实施风险管理所使用的方法、工具以及数据来源。根据项目所处的阶段、可获得的信息以及风险管理尚存的灵活性，对可能采用不同类型的方法进行评估。

2）角色与职责。确定风险管理计划每项活动的领导、职员与风险管理班子的成员组成。在项目办公室之外组建的风险管理班子通常比由主持项目班子所组建的风险管理班子更能客观、无偏见地进行风险分析。

3）预算。以项目的风险分解结构建立项目风险管理的预算。

4）时间安排。明确在项目整个生命周期内风险管理过程间隔多久进行一次。结果应尽早公布，以便能有影响决策的足够时间。在项目执行过程中，决策应被定期重新审查。

5）评分与解释。这里指与所实施的风险定性分析与风险定量分析的类型与时间安排相适应的评分和解释方法。方法与评分标准必须事先确定，以保证前后一致。

6）风险临界值。风险临界值指规定由何人、以何种方式对风险采取行动的临界值。项目所有者、顾客以及赞助者可能有不同的风险临界值。可接受的临界值构成了项目班子衡量风险应对计划执行效果的指标。

7）风险类别。为确保系统地、持续地、详细地和一致地进行风险识别，为风险识别的效果提供一个框架，可对风险分类进行分类。风险分解结构是提供该框架的方法之一。在风险识别过程中，需对风险类别进行重新审核。较好的做法是，在风险识别开始之前，对原有风险类别进行调整或扩展。

8）风险概率和影响定义。为确保风险定性分析过程的质量和可信度，要求界定不同层次的风险概率和影响。在风险管理规划过程中，风险概率水平和影响水平的界定将依据个别项目的具体情况进行调整，以便在风险定性分析过程中运用。风险影响标度可以反映某项风险发生后造成的消极影响或者机会产生的积极影响，还可表述对每个项目目标影响的重要程度。

9）概率和影响矩阵。根据风险可能对实现项目目标产生的潜在影响，对风险进行优先排序。风险优先排序的典型方法是借用对照表或概率和影响矩阵，通常由组织界定哪些风险概率和影响组合具有较高、中等或较低的重要性，据此可确定相应的风险应对规划。在风险管理规划过程中，可以对风险应对规划进行审查并根据具体项目进行调整。

10）风险报告格式。风险报告格式指风险管理计划的内容与格式，规定风险管理过程的结果如何记录与分析，以及如何通知项目班子、内部与外部利益相关者、赞助者与其他人。

11）追踪。记载应如何记录风险活动的各个方面与所汲取的教训，以供当前项目以及未来项目参考，以判定风险过程是否需要重新审计以及如何进行审计。

21.3 项目风险识别

项目风险识别包括确定风险的来源、风险产生的条件，描述其风险特征，确定哪些风险事件有可能影响本项目。风险识别不是一次就可以完成的事情，应当在项目的全生命周期中自始至终地定期进行。

21.3.1 风险识别的依据

1）风险管理规划。

2）项目规划。项目规划中的项目目标、任务、范围、进度计划、费用计划、资源计划、采购计划及项目承担方、业主方和其他利益相关者对项目的期望值等都是项目风险识别的依据。

3)风险种类。风险种类指那些可能对项目产生正负影响的风险源。一般的风险类型有技术风险、质量风险、过程风险、管理风险、组织机构风险、市场风险及法律法规变更等。项目的风险种类应能反映项目所在行业及应用领域的特征。

4)历史资料。项目的历史资料可以从项目及相关项目的历史文档及公共信息渠道中获取。

5)制约因素和假定。

21.3.2 风险识别的步骤

风险识别可分为三步进行：第一步，收集资料；第二步，估计项目风险形势；第三步，根据直接或间接的症状将潜在的风险识别出来。以下对前两步进行介绍。

1. 收集资料

资料和数据能否到手、是否完整都会影响项目风险损失的大小。能帮助我们识别风险的资料具体有下列几个方面。

（1）项目产品或服务的说明书

项目产品或服务的说明书提供了大量关于项目的信息。

（2）项目的前提、假设和制约因素

不管项目管理班子和其他有关各方是否意识到，项目的建议书、可行性研究报告、设计或其他文件一般都是在若干假设、前提和预测的基础上做出的。这些前提和假设在项目实施期间可能成立，也可能不成立。因此，项目的前提和假设之中隐藏着风险。

制约因素。任何一个项目都处于一定的环境之中，受到许多内外因素的制约。其中，法律、法规和规章等因素都是项目活动主体无法控制的。例如，对于某个收费公路项目，政府规划部门规定了公路线路，要求施工时不得破坏沿线自然环境，收费标准必须报请批准，投资者的资本金必须超过项目预算的40%，雨季不能施工。这些都是项目的制约因素，都不是项目管理班子所能控制的，其中也隐藏着风险。

为了找出项目的所有前提、假设和制约因素，应当对项目其他方面的管理计划进行审查。

1)范围管理计划中的范围说明书能揭示项目的成本、进度目标是否定得太高，而审查其中的工作分解结构可以发现以前或别人未曾注意到的机会或威胁。

2)审查人力资源与沟通管理计划中的人员安排计划，会发现哪些人员对项目的顺利进展有重大影响。例如，某个软件开发项目的项目经理听说被安排参加系统设计的某人最近常去医院，而此人掌握着其他人不懂的技术。这样一审查就会发现该项目潜在的威胁。

3)项目采购与合同管理计划中关于采取何种计价形式的合同的说明。不同形式的合同，将使项目管理班子承担不同的风险。

（3）可与本项目类比的先例

以前做过的、与本项目类似的项目及其经验教训对于识别本项目的风险非常有用。

2. 风险形势估计

风险形势估计是明确项目的目标、战略、战术以及实现项目目标的手段和资源，以确定项目及其环境的变数，如产业政策、原材料价格、项目的参与者、项目规模、费用、时间和质量等。

若项目目标含混不清，则无法测定项目目标何时或是否已经达到，无法激励人们制定实现项目目标的战略。项目目标要量化，目的是便于测量项目的进展、及时发现问题，当不同的目标出现冲突时便于权衡利弊，判定项目目标是否能够实现，以及在必要时改变项目的方向或及时果断地中止。

战略是保证实现项目目标的方针、步骤或方法，决定了项目的行动方向。

战略靠战术来实现，战术决定了在给定的条件下项目目标最终如何实现。具体的战术要根据可用的手段和资源情况确定,项目可用资源的质和量决定了选用何种战术。

对于项目而言,预算资金和时间是主要的手段和资源,彻底弄清项目有多少可以动用的资源对于实施战术进而实现战略意图和项目目标是非常重要的。

表 21-1 列出了项目风险形势估计的内容。

表 21-1　项目风险形势估计的内容

依据:项目计划、项目预算、项目进度等
1. 项目及其分析 (1) 为什么要做这个项目,本项目的积极性来自何方 (2) 本项目的目标说明 (3) 将本项目的目标与项目执行组织的目标进行比较 (4) 研究本项目的目标 　　1) 明确项目目标,包括经济的、非经济的 　　2) 说明本项目对项目执行组织目标的贡献 　　3) 说明本项目的主要组成部分 　　4) 约束、机会和假设 (5) 说明本项目与其他项目或项目有关方面的关系 (6) 说明总的竞争形势 (7) 归纳项目分析要点
2. 对行动路线有影响的各方面的考虑 (对于每一个因素,都应说明它对项目的进行产生怎样的影响) (1) 总的形势 (2) 项目执行过程的特点 　　1) 一般因素:政治的、经济的、组织的 　　2) 不变因素:设施、人员、其他资源 (3) 研究项目的要求 　　1) 比较已有资源量和对资源的需求 　　2) 比较项目的质量要求和复杂性 　　3) 比较组织的现有能力 　　4) 比较时间和预算因素 (4) 对外部因素进行评价 　　1) 查明缺乏哪些信息资料 　　2) 列出优势和劣势 　　3) 初步判定已有资源是否足够
3. 分析阻碍项目的行动路线 (1) 阻碍项目成功的因素 　　1) 列出并衡量妨碍项目实现其目标的因素 　　2) 衡量妨碍因素发生的相对概率 　　3) 如果妨碍目标实现的因素发生作用,估计其严重程度 (2) 项目的行动路线 　　1) 列出项目的初步行动路线 　　2) 列出项目行动路线的初步方案 　　3) 检查项目行动路线和初步方案是否合适、是否可行、能否被人接受 　　4) 列出保留的项目行动路线和初步方案 (3) 分析阻碍项目的行动路线 　　以下步骤可反复进行,每次反复都经过这 4 步: 　　1) 可能会促进上述阻碍项目成功的因素出现的行动 　　2) 当上述阻碍项目成功的因素出现时,为了实施上述行动路线,仍然必须采取的行动

(续)

3）因上述 A 和 B 两种行动而发生的行动（无 A/B）
4）针对上述行动的可能后果做出结论，以此为基础判断上述行动路线是否可行，能否被人接受，并将其优点与其他行动路线相比较
4. 项目行动路线的比较
（1）列出并考虑各行动路线优点和缺点
（2）检查行动路线和初步方案是否合适、可行，能否被人接受
（3）衡量各路线的相对优点并选定项目的行动路线
（4）列出项目的最后目标、战略、战术和手段

21.3.3 风险识别的方法

风险识别首先需要对制订的项目计划、项目假设条件和约束因素、与本项目具有可比性的已有项目的文档及其他信息进行综合会审，然后在综合会审的基础上应用德尔菲法、头脑风暴法、面谈法等信息收集技术获取新的信息资源并进行综合评审。

1. 德尔菲法

德尔菲法最早出现于20世纪50年代末，是当时美国为了预测在其遭受原子弹轰炸后可能出现的结果而发明的一种方法。1964年，美国兰德（RAND）公司的赫尔默（Helmer）和戈登（Gordon）发表了《长远预测研究报告》，首次将德尔菲法用于技术预测中。从此之后，德尔菲法便迅速地应用于其他国家。除了科技领域之外，德尔菲法几乎可以应用于任何领域的预测，如军事预测、人口预测、医疗保健预测、经营和需求预测、教育预测等。此外，德尔菲法还用来进行评价、决策和规划工作，在长远规划者和决策者心目中享有很高的威望。据《未来》杂志报道，从20世纪60年代末到20世纪70年代中，专家会议法和德尔菲法（以德尔菲法为主）在各类预测方法中所占的比重由20.8%增加到24.2%。20世纪80年代以来，我国不少机构也采用德尔菲法进行了预测、决策分析和编制规划工作。

（1）德尔菲法的基本特征

德尔菲法本质上是一种反馈匿名函询法。其做法是，在就所要预测的问题征得专家的意见之后进行整理、归纳、统计，匿名反馈给各专家，再次征求意见，再集中，再反馈，直至得到稳定的意见。

（2）德尔菲法的程序

在运用德尔菲法的过程中，始终有两方面的人在活动：一是预测的组织者；二是被选出来的专家。德尔菲法的程序是以轮来说明的。在每一轮中，组织者与专家都有各自不同的任务。

第一轮：①由组织者发给专家的第一轮调查表是开放式的，不带任何框框，只提出预测问题，请专家围绕预测主题提出预测事件。这是因为如果限制太多，会漏掉一些重要事件。②预测组织者要对专家填好的调查表进行汇总整理，归并同类事件，排除次要事件，用准确术语提出一张预测事件一览表，并作为第二张调查表发给专家。

第二轮：①专家对第二张调查表所列的每个事件做出评价。例如，说明事件发生的时间，叙述争论问题和事件或迟或早发生的理由。②预测组织者收到第二轮专家意见后，对专家意见做统计处理，整理出第三张调查表。第三张调查表包括：事件、事件发生的中位数和上下四分点，以及事件发生时间在四分点外侧的理由。

第三轮：①把第三张调查表发下去后，请专家做以下事情：重审争论；对上下四分点外的对立意见做出评价；给出自己的新评价（尤其是在上下四分点外的专家，应重述自己的理由）；如果修正自己的观点，也请叙述为何改变，原来的理由错在哪里，或者说明哪里不完善。②专家的新评论和新争论返回到组织者手中后，组织者的工作与第二轮十分类似：统计中位数和上下四分点；总结专家观点，重点在争论双方的意见；形成第四张调查表。

第四轮：①请专家对第四张调查表再次进行评价和权衡，做出新的预测。是否要求做出新的论证与评价，取决于组织者的要求。②当第四张调查表返回后，组织者的任务与上一轮的任务相同：计算每个事件的中位数和上下四分点，归纳总结各种意见的理由以及争论点。

注意：①并不是所有被预测的事件都要经过四轮，有的事件可能在第二轮就达到统一，而不必在第三轮中出现；②在第四轮结束后，专家对各事件的预测也不一定都达到统一，不统一也可以用中位数和上下四分点来作结论。事实上，总会有许多事件的预测结果是不统一的。

2. 头脑风暴法

头脑风暴法是在解决问题时常用的一种方法，具体来说就是团队的全体成员自发地提出主张和想法。团队成员在选择问题的方案之前，一定要得出尽可能多的方案和意见。利用头脑风暴法，可以想出许多主意，能产生热情的、富有创造性的、更好的方案。

头脑风暴法更注重想出主意的数量，而不是质量。这样做的目的是要团队想出尽可能多的主意，鼓励成员有新奇或突破常规的主意。

头脑风暴法的做法是：当讨论某个问题时，由一个协助的记录人员在翻动记录卡或黑板前做记录。首先，由某个成员说出一个主意；接着，下一个成员出主意。这个过程不断进行，每人每次想出一个主意。如果轮到某位成员时，他（她）没出主意，就说一声"通过"。有些人会根据前面其他人的提法想出主意，包括把几个主意合成一个或改进其他人的主意。协助的记录人员会把这些主意记录在翻动记录卡或黑板上。这一循环过程一直进行，直到想尽了一切主意或限定时间已到。

应用头脑风暴法时，要遵循两个主要的规则：不进行讨论，没有判断性评论。一个成员说出他（她）的主意后，紧接着下一个成员说。人们只需要说出一个主意，不要讨论、评判，更不要试图宣扬。其他参加人员不允许做出任何支持或判断的评论，也不要向提出主意的人进行提问。像"那决不会起作用""这是个愚蠢的做法""老板不会那么做"等这类扼杀性的评论是不允许的。同时，也要明确参加人员不要使用身体语言（如皱眉、咳嗽、冷笑或叹气）来表达评判意见。头脑风暴法在帮助团队获得解决问题的最佳可能方案时是很有效的。

3. 核对表

核对表是基于以前类比项目信息及其他相关信息编制的风险识别核对图表，一般按照风险来源排列。利用核对表进行风险识别的主要优点是快而简单，缺点是受到项目可比性的限制。

人们考虑问题时有联想习惯，在以往经验的启示下，思想常常变得很活跃，浮想联翩。风险识别实际是关于将来风险事件的设想，是一种预测。如果把人们经历过的风险事件及其来源罗列出来写成一张核对表，项目管理人员看后容易开阔思路，容易想到本项目有哪些潜在的风险。核对表可以包含多种内容，如以前项目成功或失败的原因、项目其他方面规划的结果（范围、成本、质量、进度、采购与合同、人力资源与沟通等计划成果）、项目产品或服务的说明书、项目班子成员的技能、项目可用的资源等。还可以到保险公司索取资料，认真研究其中的保险例外事项，这些东西能够提醒还有哪些风险尚未考虑到。表21-2就是一张项目管理成功与失败原因的核对表。

表 21-2 项目管理成功与失败原因核对表

1. 项目管理成功原因
1) 项目目标清楚，对风险采取了现实可行的措施
2) 从项目一开始就让参与项目以后各阶段的各有关方参与决策
3) 将项目各有关方的责任和应当承担的风险划分明确
4) 在项目设备订货和施工之前，对所有可能的设计方案都进行了细致的分析和比较
5) 在项目规划阶段，组织和签约中可能出现的问题都事先预计到了
6) 项目经理有献身精神，拥有所有应该有的权限

（续）

7）项目班子全体成员工作勤奋，对可能遇到的大风险都集体讨论过
8）对外部环境的变化采取了及时的应对行动
9）进行了班子建设，表彰、奖励及时、有度
10）对项目班子成员进行了培训

2. 项目管理失败原因
1）项目业主不积极，缺少推动力
2）沟通不够，决策者远离项目现场，项目各有关方责任不明确，合同上未写明
3）规划工作做得不细，或缺少灵活性
4）把工作交给了能力较差的人，又缺少校查、指导
5）仓促进行各种变更，更换负责人，改变责任、项目范围或项目计划
6）决策时未征求各方面意见
7）未能对经验教训进行分析
8）其他错误

4. SWOT 技术

SWOT 技术是分析项目内部优势与弱势和项目外部机会与威胁综合分析的代名词。SWOT 分析作为一种系统分析工具，其主要目的是从多角度对项目的优势与劣势、机会与威胁等各方面对项目风险进行分析识别。表 21-3 是 SWOT 分析检核表的一个实例。

表 21-3 SWOT 分析检核表

潜在内部优势	潜在内部弱点
产权技术 成本优势 竞争优势 特殊能力 产品创新能力 经验曲线优势 具有规模经济性 适当的财务资源 良好的竞争技能 久经考验的管理人员 被公认是市场领先者 有可能回避竞争压力 买主对企业的印象良好 精心设计的职能领域战略 其他	竞争劣势 设备老化 战略方向不明 竞争地位恶化 产品线范围太窄 易受竞争压力影响 研究开发工作落后 缺少关键技能或实力 营销水平低于一般企业 管理不善或管理能力较弱 战略实施的历史记录不佳 不明原因导致的利润率低下 缺乏改变战略方向所必需的资金 相对于关键竞争对手而言成本较高 其他
潜在外部机会	潜在外部威胁
纵向一体化 市场增长迅速 可以增加互补产品 能争取到新的用户群 进入新的市场或市场面 多元化进入相关产品领域 在同行竞争企业中业绩优良 有能力进入更好的战略集团 扩展产品线以满足更多用户需要 其他	市场增长较慢 竞争压力增大 不利的政府政策 行业有新的竞争者进入 替代品销售额正在上升 用户讨价还价能力加强 用户需要与爱好有所改变 易受衰退与商业循环影响 人口统计情况的不利变化 其他

5. 项目工作分解结构

风险识别要减少项目的结构不确定性，就要明确项目的组成、各个组成部分的性质及其之间的关系、项目与环境之间的关系等。项目工作分解结构是完成这项任务的有力工具。项目管理的其他方面，如范围、进度和成本管理，也要使用项目工作分解结构。因此，在风险识别中利用这个已有的现成工具并不会给项目班子增加额外的工作量。

6. 常识、经验和判断

以前做过的项目积累起来的资料、数据、经验和教训，项目班子成员个人的常识、经验和判断，对于识别风险非常有用，对于那些采用新技术、无先例可循的项目更是如此。另外，把项目有关各方找来，与他们就风险识别进行面对面的讨论，也有可能发现一般规划活动中未曾或不能发现的风险。

7. 实验或试验结果

利用实验或试验结果识别风险，实际上是花钱买信息。例如，在软件开发项目中，预先做一个原型，就是一种实验；在地震区建设高耸的电视塔，预先做一个模型，放到振动台上进行抗震试验。实验或试验还包括数学模型、计算机模拟、市场调查等方法，进行文献调查也属于这种办法。

8. 敏感性分析

敏感性分析研究在项目生命期内，当项目变数（例如产量、产品价格、变动成本等）以及项目的各种前提与假设发生变动时，项目的性能（如现金流的净现值、内部收益率）会出现怎样的变化以及变化范围如何。敏感性分析能够回答哪些项目变数或假设的变化对项目的性能影响最大，这样项目管理人员就能识别出风险隐藏在哪些项目变数或假设下。

9. 系统分析法

系统分析法就是将复杂的事物分解成比较简单的容易被认识的事物，将大系统分解成小系统，从而识别风险的方法。

例如，建造一座化肥厂时，可先将风险分解为市场风险、经济风险、技术风险、资源及原材料供应风险、环境污染风险等，再对每一种风险做进一步的分析。例如，市场风险可进一步分解如下：

1）竞争能力，取决于产品质量和售价，可进行计算和估计。
2）其他企业同种产品的预计产量，或有相似功能的新产品出现的时间和产量。
3）消费者拥有该产品的饱和度。

用系统分析方法分解风险的过程如图 21-3 所示。

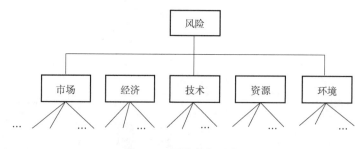

图 21-3　风险分解过程

10. 事故树分析

在可靠性工程中常常利用事故树进行系统的风险分析，不仅能识别出导致事故发生的风险因素，还能计算风险事故发生的概率。

事故树由结点和连接结点的线组成，结点表示事件，连线则表示事件之间的关系。事故树分析是从结果出发，通过演绎推理查找原因的过程。在风险识别中，事故树分析不但能够查明项目的风险因素，求出风险事故发生的概率，还能提出各种控制风险因素的方案，既可做定性分析，也可做定量分析。事故树分析一般用于技术性强、较为复杂的项目。

例如，橡胶生产自动化系统的工作原理是：天然橡胶被吸到箱体一端，添加剂进入另一端，二者混合后由电泵从箱体内抽出。系统中，当箱体内压力升高而安全阀门失效时就会发生爆炸，而压力升高或安全阀门失效又由其他因素引起。因此，箱体爆炸风险分析的事故树如图 21-4 所示。

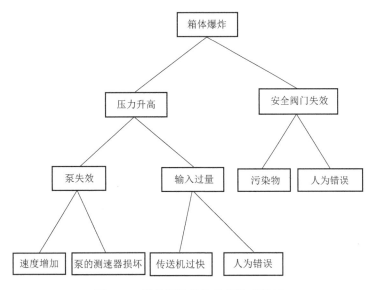

图 21-4 箱体爆炸风险分析的事故树

事故树常用于直接经验很少的风险识别。由图 21-4 可以看出，箱体爆炸风险可分解为两种原因或故障：压力升高、安全阀门失效。每种原因或故障又可分为两种。最终，可列出六种可能性。

21.3.4 风险识别的结果

风险识别之后要把结果整理出来，写成书面文件，为风险分析的其余步骤和风险管理做准备。风险识别的成果应包含下列内容。

1. 风险来源表

风险来源表中应列出所有的风险，罗列应尽可能全面，不管风险事件发生的频率和可能性、收益或损失、损害或伤害多大都要一一列出。对于每一种风险来源，都要有文字说明。文字说明中一般要包括以下内容：

1）风险事件的可能后果。
2）对该来源产生的风险事件预期发生时间的估计。
3）对该来源产生的风险事件预期发生次数的估计。

表 21-4 给出了风险来源表的形式。

表 21-4 风险来源表

风险事件的来源	预期发生的时间估计	预期发生的次数估计	风险事件的后果		
			不太严重	很严重	致命

2. 风险的分类或分组

完成风险识别之后，应该将风险进行分组或分类。分类结果应便于进行风险分析的其余步骤和风险管理。例如，对于常见的建设项目可将风险按项目建议书、可行性研究、融资、设计、设备订货和施工以及运营阶段分组。而施工阶段的风险可做如下分类,见表21-5。

表 21-5 风险分类表

业主风险	承包商风险
征地	工人和施工设备的生产率
现场条件	施工质量
及时提供完整的设计文件	人力、材料和施工设备的及时供应
现场出入道路	施工安全
建设许可证和其他有关条例	材料质量
政府法律规章的变化	技术和管理水平
建设资金及时到位	材料涨价
工程变更	实际工程量
	劳资纠纷
业主和承包商共担风险	未定风险
财务收支	不可抗力
变更令谈判	第三方延误
保障对方不承担责任	
合同延误	

风险分类表中的每一组或每一类风险还可以根据需要进一步细分。

3. 风险症状

风险症状就是风险事件的各种外在表现,如苗头和前兆等。项目管理班子成员不及时交换彼此间的不同看法,就是项目进度出现拖延的一种症状;施工现场混乱,材料、工具随便乱丢,无人及时回收整理,就是安全事故和项目质量、成本超支风险的症状。

4. 对项目管理其他方面的要求

在风险识别的过程中可能会发现项目管理其他方面的问题,需要完善和改进。例如,利用项目工作分解结构识别风险时,可能会发现工作分解结构做得不够详细,应要求负责工作分解结构的成员进一步予以完善。又如,当发现项目有超支的风险,但是又无人制定防止超支的措施时,必须向有关人员提出要求,让他们采取措施防止项目超支。

21.4 项目风险评估

21.4.1 风险评估的概念

风险评估是对风险进行定性分析,并依据风险对项目目标的影响程度对项目风险进行分级排序的过程。

风险评估依据以下几方面:

1)风险管理规划。

2)风险识别的成果。需对已识别的项目风险及风险对项目的潜在影响进行评估。

3)项目进展状况。风险的不确定性常常与项目所处的生命周期阶段有关。在项目初期,项目风险症状往往表现得不明显,随着项目进程的不断推进,项目风险及发现风险的可能性会增加。

4)项目类型。一般来说,普通项目或重复率较高项目的风险程度比较低,技术含量高或复杂性强的项目的风险程度比较高。

5)数据的准确性和可靠性。应对用于风险识别的数据或信息的准确性和可靠性进行评估。

6）概率和影响的程度。用于评估风险的两个关键方面。

21.4.2 风险评估的方法

1. 定性评估

风险概率及影响程度可以用定性的方法进行评估，如非常高、高、一般、低和非常低。风险概率的高低描述的是风险发生可能性的大小。风险影响程度的高低描述的是如果风险发生，风险对项目目标影响程度的高低。风险概率和风险影响程度评估的对象是单个风险，而不是整个项目。风险定性分析见表21-6。

表21-6 风险定性分析表

风险种类	风险产生的后果及影响范围	概率	影响程度
工期风险	工期延长，成本加大	高	中
地质风险	增加成本，增加安全隐患	中	高
安全风险	造成较坏的社会影响，造成经济损失	低	高

2. 矩阵图分析

（1）风险影响程度分析

风险影响程度分析见表21-7。

表21-7 风险对项目主体目标影响程度评价表

项目目标	很低（0.05）	低（0.1）	一般（0.2）	高（0.4）	很高（0.8）
费用	不明显的费用增加	<5%的费用增加	5%~10%的费用增加	10%~20%的费用增加	>20%的费用增加
进度	不明显的进度拖延	进度拖延<5%	总体项目拖延4%~10%	总体项目拖延<10%~20%	总体项目拖延>20%
功能	很难发现的功能减弱	影响一些次要功能	影响一些主要功能	功能降低到客户无法接受的程度	项目所完成的功能产品没有实际用途
质量	很难发现的品质降低	只有在要求很高时，应用才会受到影响	质量的下降应得到客户的承认	质量下降到客户无法接受的程度	项目所完成的质量产品没有实际用途

（2）风险发生概率与影响程度评价

风险发生概率与影响程度评价见表21-8。其中，风险值=风险概率×风险影响值。

表21-8 风险发生概率与影响程度评价表

风险种类	风险识别		风险评估		
	潜在的风险事件	风险发生的后果	风险概率	风险影响值	风险值
环境	天气	工期滞后，费用增加，项目失败	0.9	100	90
	枯水、洪水期	工期滞后，费用增加	0.3	100	30
	地质变化	工期滞后，费用增加	0.5	100	50
利益相关者	干扰	工期滞后，费用增加	0.2	50	10
	政策不利	影响士气，项目失败	0.1	100	10
业主方	资金不足	工期滞后，费用增加	0.5	50	25
	人员素质不高	影响士气	0.1	50	5
	逃避责任	工期滞后，费用增加，法律纠纷	0.3	50	15

(续)

风险种类	风险识别		风险评估		
	潜在的风险事件	风险发生的后果	风险概率	风险影响值	风险值
项目部	组织不力	工期滞后，费用增加，士气低	0.2	100	20
	质量控制	费用增加	0.3	100	30
	进度控制	工期延长，费用增加	0.1	100	10
	费用控制	费用增加，法律纠纷	0.3	100	30
	人力资源	士气低落，工期滞后，费用增加	0.1	50	5
	安全管理	费用增加，项目亏损	0.5	100	50
合计					380

（3）风险发展趋势评价方法

随着项目的进展，项目的风险评级可能会增加或减小，趋势评估是对风险变化趋势进行评估的方法。

（4）项目假设前提评价及数据准确度评估

项目假设前提的评价主要针对两个核心内容，即假设前提的稳定性和假设前提失误对项目目标造成的影响。

数据准确度方法是一种评价有关风险数据和信息对风险管理实用程度的技术。

21.4.3 风险量化的方法

风险量化是衡量风险概率和风险对项目目标影响程度的过程。风险量化的基本内容是确定哪些事件需要制定应对措施。风险量化的依据包括：风险管理计划、风险及风险条件排序表、历史资料、专家判断及其他计划成果。风险量化是利用面谈、灵敏度分析、决策分析和模拟的方法和技术，得出量化序列表、项目确认研究以及所需应急资源等量化结果。

1. 风险量化的依据

1）风险管理计划。

2）风险及风险条件排序表。

3）历史资料。例如，类比项目的文档、风险专家对类比项目的研究成果及所在行业或其他来源的相关信息数据。

4）专家判断结果。专家既可以是项目团队、组织内部的专家，也可以是组织外部的专家；既可以是风险管理专家，也可以是工程或统计专家。

5）其他计划成果。

2. 风险量化的主要工具和技术

（1）确定性风险量化

假定项目各种状态出现的概率为1，只计算和比较各种方案在不同状态下的后果，进而选择出风险不利后果最小、有利后果最大的方案的过程，称作确定性风险估计。

（2）不确定性风险量化

不确定性风险量化的主要方法是概率分析法。所谓概率分析，是指用概率来分析、研究不确定因素对指标效果影响的一种不确定性分析方法。具体而言，是指通过分析各种不确定因素在一定范围内随机变动的概率分布及其对指标的影响，从而对风险情况做出比较准确的判断，为决策提供更准确的依据。

计量是为了取得有关数值或排列顺序。计量使用标识、序数、基数和比率4种标度。

标识标度是标识对象或事件的，可以用来区分不同的风险，但不涉及数量。不同的颜色和符号都可以作为标识标度。在尚未充分掌握风险的所有方面或与其他已知风险的关系时，使用标识标度。例如，项目班子如果感到项目进度拖延的后果非常严重，可用紫色表示进度拖延风险；如果感到很严重，用红色表示；如果感到严重，则用桔红色表示。

序数标度。事先确定一个基准，然后按照与这个基准的差距大小将风险排出先后顺序，使之彼此区别开来。利用序数标度还能判断一个风险是大于、等于还是小于另一个风险。但是，序数标度无法判断各风险之间的具体差别大小。这里所说的基准可以是主观的，也可以是客观的。将风险分为已知风险、可预测风险和不可预测风险用的就是序数标度。

基数标度。使用基数标度不但可以把各个风险彼此区别开来，还可以确定它们彼此之间差别的大小。例如，项目进度拖延20天造成800万元损失，项目超支230万元，用的是基数标度。

比率标度不但可以确定风险彼此之间差别的大小，还可以确定一个计量起点。风险发生的概率就是一种比率标度。

有些类型的风险，常常要用多种标度。正确地选用计量标度在风险估计中非常重要。此外，还需要知道对于已经收集在手的信息和资料应当选用哪一种标度。

通常情况下，有关风险的信息资料有3种形式：书面或口头记述性的、定性的、定量的。

记述性信息指出有哪些潜在风险可能会妨碍项目的进行，或指出风险的来源。这时，最好选用标识标度或序数标度来估计风险事件发生可能性的大小或后果。

定性信息和资料通常采用序数标度。例如，用不同的颜色区别高风险、低风险或中等风险。

当用语言定性描述风险时，可使用定性标度，如高、低、或许、预期的、不肯定、有可能、不大可能等。但是对于这些词、用语或说法，不同的人有不同的理解。

定量估计风险时使用基数或比率标度。在这种情况下，用一个百分数或分数，即概率，表示风险发生的可能性大小。概率仍然只是一种信念，并不一定能提高风险估计的准确性。定量估计与定性估计相比可以减少含混不清，更客观地估计有关风险的信息资料。另外，风险有了数值之后，就可以参与各种运算，进而可以确定两个风险之间到底相差多少。记述性和定性计量无法进行计算。表21-9就是一个对风险进行定量比较的实例。

表21-9 风险定量评级

风险评级	失败概率	说明
极高	0.81~0.99	超过目前水平，极有可能出现技术问题
很高	0.61~0.80	超过目前水平，很有可能出现技术问题
高	0.50~0.60	最新技术，但未充分考验，有可能出现技术问题
一般	0.25~0.49	最好的技术，不会出现大技术问题
低	0.10~0.24	实用技术，不会出现技术问题
很低	0.01~0.09	正在使用的系统

风险事件后果的估计。风险事故造成的损失大小要从3个方面来衡量：损失性质、损失范围、损失的时间分布。

损失性质指损失是属于政治性的、经济性的，还是技术性的。

损失范围包括严重程度、变化幅度和分布情况。严重程度和变化幅度分别用损失的数学期望和方差表示，而分布情况是指哪些项目参与者的损失。

损失的时间分布指风险事件是突发的还是随着时间的推移逐渐致损；该损失是立即就能感受到，还是随着时间的推移逐渐显露出来。损失的时间分布与项目的成败关系极大。数额很大的损失如果一次就落到项目头上,项目很有可能因为流动资金不足而破产,永远失去项目可能带来的机会;而同样数额的损失如果是在较长的时间内分几次发生,则项目班子容易设法弥补,使项目能够坚持下去。

损失这3个方面的不同组合使得损失情况千差万别,任何单一的标度都无法准确地对风险进行估计。

3. 风险量化的成果

(1) 量化的风险序列表

对要抓住的机会和要采取措施的威胁列表并按影响程度进行排序。这份风险序列表将作为应对措施研究的基本依据。

(2) 项目确认研究

应用风险评估和风险量化结果对原项目进度和费用计划进行分析,提出确认的项目周期、完工日期和项目费用,并提出对应当前项目计划实现项目目标的可能性。

(3) 所需的应急资源

风险量化可以确定所新需资源的量及所需资源的应急程度,以帮助项目经理在实现目标的过程中将资源消费控制在组织可接受的程度内。

21.4.4 风险评估的结果

1. 项目整体风险等级

通过比较项目间的风险等级,对该项目的整体风险程度做出评价。项目的整体风险等级将用于支持各项目资源的投入策略及项目继续进行或取消的决策。

2. 风险表

风险表将按照高、中、低类别的方式对风险和风险状况做出详细的表示,风险表可以表述到WBS的最低一层。风险表还可以按照项目风险的紧迫程度以及项目的费用风险、进度风险、功能风险和质量风险等类别单独做出风险排序和评估。对重要风险的风险概率和影响程度要有单独的评估结果,并做出详细说明。

3. 附加分析计划表

应将高等程度或中等程度的风险列为重点并做出更详尽的分析和评价,其中应包括进行下一步的风险定量评价和风险应对计划。

21.5 项目风险应对

风险应对计划是针对风险量化结果,为降低项目风险的负面效应制定风险应对策略和技术手段的过程。风险应对计划依据风险管理计划、风险排序、风险认知等依据,得出风险对应计划、剩余风险、次要风险、合同协议,以及为其他过程提供的依据。

21.5.1 风险应对的依据

1) 风险管理计划。

2) 风险排序。将风险按其可能性、对项目目标的影响程度、缓急程度分级排序,说明要抓住的机会和要应付的威胁。

3) 风险认知。对可放弃的机会和可接受的风险的认知。组织的认知度会影响风险应对计划。

4）风险主体。确定项目利益相关者中可以作为风险应对主体的名单。风险主体应参与制订风险应对的计划。

5）一般风险应对。许多风险可能是由某一个共同的原因造成的。这种情况下为利用一种应对方案缓和两个或更多项目风险提供了机会。

21.5.2 风险应对计划的主要工具和技术

规避风险，可从改变风险后果的性质、风险发生的概率和风险后果大小3个方面提出多种策略，此处重点介绍减轻、预防、转移、回避、自留和后备措施。每一种都有侧重点，具体采取哪一种或哪几种措施取决于项目的风险形势。

1. 减轻风险

此策略的目标是降低风险发生的可能性或减少后果的不利影响。具体目标是什么，则在很大程度上要看风险是已知风险、可预测风险还是不可预测风险。

对于已知风险，项目班子可以在很大程度上加以控制，可以动用项目现有资源减少之。例如，可以通过压缩关键工序的时间、加班或采取"快速跟进"措施，减少项目进度风险。

可预测风险或不可预测风险是项目班子很少或根本不能控制的风险，有必要采取迂回策略。例如，政府投资的公共工程，其预算不在项目管理班子直接控制之中，存在政府在项目进行当中削减项目预算的风险。为了减轻这类风险，直接动用项目资源一般无济于事，必须进行深入细致的调查研究，减少其不确定性。例如，在决定是否上一个项目之前先进行市场调查，了解顾客对项目产品是否有需要、需要多少和愿意以什么样的价格购买，在这样的基础上提出的项目才有较大的成功机会。

2. 预防风险

预防策略通常采取有形和无形的手段。工程法是一种有形的手段，是以工程技术为手段，消除物质性风险威胁。无形的风险预防手段有教育法和程序法。

（1）教育法

项目管理人员和所有其他有关各方的行为不当构成项目的风险因素。因此，要减轻与不当行为有关的风险，就必须对有关人员进行风险和风险管理教育。教育内容应该包含有关安全、投资、城市规划、土地管理与其他方面的法规、规章、规范、标准和操作规程、风险知识、安全技能和安全态度等。风险和风险管理教育的目的是让有关人员充分了解项目所面临的种种风险，了解和掌握控制这些风险的方法，使他们深深地认识到个人的任何疏忽或错误行为都可能给项目造成巨大损失。

（2）程序法

程序法指以制度化的方式从事项目活动，减少不必要的损失。

合理地设计项目组织形式也能有效地预防风险。项目发起单位如果在财力、经验、技术、管理、人力或其他资源方面无力完成项目，可以与其他单位组成合营体，预防自身不能克服的风险。

使用预防策略时需要注意的是，在项目的组成结构或组织中加入多余的部分同时增加了项目或项目组织的复杂性，提高了项目成本，进而增加了风险。

3. 转移风险

转移风险又叫合伙分担风险，其目的不是降低风险发生的概率和不利后果的大小，而是借用合同或协议，在风险事故一旦发生时将损失的一部分转移到项目以外的第三方身上。

转移风险主要有4种方式：出售、发包、开脱责任合同、保险与担保。

（1）出售

通过买卖契约将风险转移给其他单位。这种方法在出售项目所有权的同时也把与之有关的风险转移给了其他单位。例如，项目可以通过发行股票或债券筹集资金。股票或债券的认购者在取得项目的一部分所有权时，也承担了一部分风险。

(2) 发包

发包就是通过从项目执行组织外部获取货物、工程或服务而把风险转移出去。发包时又可以在多种合同形式中选择。例如，建设项目的施工合同按计价形式划分，有总价合同、单价合同和成本加酬金合同。总价合同适用于设计文件详细完备，工程量易于准确计算或简单、工程量不大的项目。采用总价合同时，承包单位要承担很大风险，而业主单位的风险相对要小得多。成本加酬金合同适用于设计文件不完备但又急于发包、施工条件不好或由于技术复杂需要边设计边施工的一些项目。采用这种合同形式，业主单位要承担很大的费用风险。一般的建设项目采用单价合同。

采用单价合同时，承包单位和业主单位承担的风险彼此差不多，因而承包单位乐意接受。

(3) 开脱责任合同

在合同中列入开脱责任条款，要求对方在风险事故发生时，不要求项目班子本身承担责任。

(4) 保险与担保

保险是转移风险最常用的一种方法。项目班子只要向保险公司交纳一定数额的保险费，当风险事故发生时就能获得保险公司的补偿，从而将风险转移给保险公司（实际上是所有向保险公司投保的投保人）。

除了保险，也常用担保转移风险。所谓担保，指为他人的债务、违约或失误负间接责任的一种承诺，在项目管理中是指银行、保险公司或其他非银行金融机构为项目风险负间接责任的一种承诺。

4. 回避

回避是指当项目风险潜在威胁发生可能性太大、不利后果太严重、又无其他策略可用时，主动放弃项目或改变项目目标与行动方案，从而规避风险的一种策略。如果通过风险评价发现项目的实施将面临巨大的威胁，项目管理班子又没有其他办法控制风险，甚至保险公司亦认为风险太大而拒绝承保，这时就应当考虑放弃项目的实施，避免巨大的人员伤亡和财产损失。

5. 自留

有些时候，项目班子可以自愿接受风险事件的不利后果。自愿接受可以是主动的，也可以是被动的。由于在风险管理规划阶段已对一些风险有了准备，所以当风险事件发生时马上执行应急计划，这是主动接受。被动接受风险是指在风险事件造成的损失数额不大、不影响项目大局时，项目班子将损失列为项目的一种费用。费用增加了，项目的收益自然要受影响。自留风险是最省事的风险规避方法，在许多情况下也最省钱。当采取其他风险规避方法的费用超过风险事件造成的损失数额时，可采取自留风险的方法。

6. 后备措施

有些风险要求事先制定后备措施。一旦项目实际进展情况与计划不同，就动用后备措施。后备措施主要有费用、进度和技术3种。

(1) 预算应急费

预算应急费是一笔事先准备好的资金，用于补偿差错、疏漏及其他不确定性对项目费用估计精确性的影响。预算应急费在项目进行过程中一定会花出去，但用在何处、何时以及用多少，则是在编制项目预算时无法确定的。

(2) 进度后备措施

对于项目进度方面的不确定因素，项目各有关方一般不希望以延长时间的方式来解决。因此，项目管理班子就要设法制订一个较紧凑的进度计划，争取项目在各有关方要求完成的日期前完成。从网络计划的观点来看，进度后备措施就是在关键路线上设置一段时差或浮动时间。

压缩关键路线各工序时间有两大类办法：减少工序（活动）时间，改变工序间逻辑关系。一般而言，这两种办法都会增加资源的投入，甚至带来新的风险。

(3）技术后备措施

技术后备措施专门用于应付项目的技术风险，是预先准备好的一段时间或一笔资金。当预想的情况未出现并需要采取补救行动时才动用这笔资金或这段时间。预算和进度后备措施很可能用上，而技术后备措施很可能用不上。只有当不大可能发生的事件发生、需要采取补救行动时，才会动用技术后备措施。技术后备措施分为两种情况：技术应急费、技术后备时间。

21.5.3 风险应对的结果

1. 风险应对计划（风险注册）

风险应对计划应详细到可操作的层次，应包括下面的一些或全部内容：
1）风险识别、风险特征描述、风险来源，以及对项目目标的影响。
2）风险主体和责任分配。
3）风险评估及风险量化结果。
4）单一风险的应对措施，包括回避、转移、缓和或接受。
5）战略实施后，预期的风险自留（风险概率和风险影响程度）。
6）具体应对措施。
7）应对措施的预算和时间。
8）应急计划和反馈计划。

2. 确定剩余风险

剩余风险包括在采取了回避、转移或缓和措施后仍保留的风险，也包括被接受的小风险。

3. 确定次要风险

由于实施风险应对措施而直接导致的风险称作次要风险，应与主要风险一样进行识别并计划应对措施。

4. 签署合同协议

为了避免或减轻威胁，可以针对具体风险或项目签订保险、服务或其他必要的合同协议，确定各方的责任。

5. 为其他过程提供的依据

选定的或提出的各种替代策略、应急计划、预期的合同协议，需额外投入的时间、费用或资源以及其他有关的结论都必须反馈到相关领域，成为其过程计划、变更和实施的依据。

表 21-10 是风险应对计划的一个实例。

表 21-10 风险应对计划

风险种类	风险产生的后果及影响范围	风险概率	风险影响度	风险值	应对措施计划	处置方法
人力风险	冲突，工作延误损失	中等(0.6)	很高(8)	4.8	合理配备资源，员工培训，关键岗位配后备人员，用约束制度和激励制度留住人才	预防
计划风险	指导性差，影响项目进度，影响费用成本控制	中等(0.5)	很高(8)	4.0	与项目工作有关部门人员共同参与制订计划，客观地估计工期	预防
资金风险	开发成本增加，导致预期利润降低	高(0.8)	很高(8)	6.4	制订周密的费用计划，加强管理；资金不按时到位，责任索赔；预留后备资金	预防/转移/后备

(续)

风险种类	风险产生的后果及影响范围	风险概率	风险影响度	风险值	应对措施计划	处置方法
工期风险	工期延长	高(0.8)	很高(8)	6.4	加强组织管理；资金不按时到位，责任索赔；设有工期预留时间	预防/减轻/后备
技术风险	进度拖期，成本增加	低(0.3)	危险的有警示(9)	2.7	聘请专家指导，严格审查技术方案，预防风险发生；采用分包，转移风险；制定后备技术措施；变更请求，减轻风险	预防/转移/后备/减轻
管理风险	项目管理制度不全或约束无力；激励不足；主观人为因素，未按制度执行；责权不清，管理混乱，冲突不断	中等(0.6)	高(7)	4.2	制定行之有效的管理制度并严格执行；制定风险事件责任制度；制定激励和惩罚制度	预防
组织风险	易发生冲突或工作效率不高，严重影响项目目标的实现	低(0.3)	很高(8)	2.4	根据项目需求，按照科学的选择程序择优竞选项目团队成员	预防

21.6 项目风险监控

21.6.1 风险监控的概念

风险监控就是在风险事件发生时实施风险管理计划中预定的规避措施。另外，当项目的情况发生变化时，要重新进行风险分析，并制定新的规避措施。

风险监控就是要跟踪识别的风险，识别剩余风险和出现的风险，修改风险管理计划，保证风险计划的实施，并评估消减风险的效果。

风险监控依据包括风险管理计划、实际发生了的风险事件和随时进行的风险识别结果。

风险监控的手段除了风险管理计划中预定的规避措施之外，还应有根据实际情况确定的权变措施。如果实际发生的风险事件事先未曾预料到，或其后果比预期的严重，风险管理计划中预定的规避措施也不足以解决时，必须重新制定风险规避措施。

21.6.2 风险监控的依据

风险监控的依据主要有：
1) 风险管理计划。
2) 风险应对计划。
3) 项目沟通。工作成果和多种项目报告可以表述项目进展和项目风险。一般用于监督和控制项目风险的文档有事件记录、行动规程、风险预报等。
4) 附加的风险识别和分析。随着项目的进展，在对项目进行评估和报告时可能会发现以前未识别的潜在风险事件。应对这些风险，需继续执行风险识别、评估、量化，并制订应对计划。
5) 项目评审。风险评审者检测和记录风险应对计划的有效性，以及风险主体的有效性，以防止、转移或缓和风险的发生。

21.6.3 风险监控的主要工具和技术

1）核对表。在风险识别和评估中使用的核对表也可用于监控风险。
2）定期项目评估。风险等级和优先级可能会随项目生命周期而发生变化，而风险的变化可能需要新的评估或量化。因此，项目风险评估应定期进行。实际上，项目风险应作为每次项目团队会议的议程。
3）挣值分析。挣值分析是按基准计划费用来监控整体项目的分析工具。此方法将计划的工作与实际已完成的工作进行比较，确定是否符合计划的费用和进度要求。如果偏差较大，则需要进一步进行项目的风险识别、评估和量化。
4）附加风险应对计划。如果该风险事先未曾预料到，或其后果比预期的严重，则事先计划的应对措施可能不足以应对之，因此有必要重新研究应对措施。
5）独立风险分析。项目办公室之外的风险管理团队比来自项目组织的风险管理团队对项目风险的评估更独立、公正。

21.6.4 风险监控的结果

1）随机应变措施。随机应变措施就是消除风险事件时所采取的未事先计划到的应对措施。这些措施应有效地进行记录，并融入项目的风险应对计划中。
2）纠正行动。纠正行动就是实施已计划的风险应对措施（包括实施应急计划和附加应对计划）。
3）变更请求。实施应急计划经常导致对风险做出反应的项目计划变更请求。
4）修改风险应对计划。当预期的风险发生或未发生时，当风险控制的实施消减或未消减风险的影响或概率时，必须重新对风险进行评估，对风险事件的概率和价值以及风险管理计划的其他方面做出修改，以保证重要风险得到恰当控制。

21.7 风险管理案例⊖

该项目为浙江省杭州市千岛湖环城公路上一座中承式钢管外包混凝土拱桥，桥宽 10.5m，桥跨 218m。合同工期为 2009 年 8 月—2009 年 11 月，设计合同额为 140 万元。
项目业主：千岛湖环城公路投资公司。
地方政府：浙江省淳安县水务部门、文物部门、林业部门。
当地居民：线路所经区域乡镇村各级政府及居民。
设计监理：设计监理单位。
外协单位：航拍单位、地勘单位。
该项目为桥梁设计项目，在项目实施前应与项目业主和地方政府进行充分沟通，和业主方确认项目范围和相关要求，和地方政府就征地拆迁、地方居民出行、航道、林业等问题进行沟通落实，制订信息、沟通和冲突管理计划。
该项目费用较低，为了占领市场，为承接后续项目做准备，公司决定接受本项目。

⊖ 本案例选自一次 IPMP 认证的案例讨论结果。

该项目涉及的主要环节有航测、地勘、测量、设计、评审等，在进行项目进度、人力资源和费用安排时需要统筹考虑。

该项目外业期间正值雨季、台风季，安全生产和风险管理是项目实施过程中（地勘、测量）的重点工作之一，需要在全过程贯穿安全生产和风险管理的理念，并制订相应的管理计划。外业工作对工期的影响很大，业主在合同中没有明确天气对工期的影响，需和业主进行进一步沟通。由于本设计为一阶段设计，所以需业主准确移交前期工作（工可方案及评审意见）。

该项目有如下特点：工期紧，设计工期仅为 4 个月；任务多，协调量大；外业期间正值雨季，易造成工期延误。

项目风险管理团队组建完成后，根据本项目相关的制约因素，如项目的成本要求、工期要求等，结合本项目的进度计划、工作分解结构、人力资源安排计划，召开专题会议，对收集的资料进行归纳总结，主要采用头脑风暴法对本项目的风险进行识别，确定了本项目实施过程中存在的主要风险存在于以下几个方面：工期风险、技术风险、费用风险、安全风险、自然风险和管理风险。

在风险识别的基础上，项目组成员在项目经理的主持下，采用专家经验法聘请有类似项目经验的专业人士对本项目潜在的风险进行分析、估计，并对风险发生的概率与影响程度进行评价，从而确定各风险的风险值，最后结合本项目具体情况制定应对方法，具体内容见表 21-11。

表 21-11　中承式钢管外包混凝土拱桥项目风险识别、风险评估及风险应对

风险种类	风险识别			风险评估			风险应对措施	
	风险来源	潜在风险因数	风险发生的后果	风险概率	风险影响值	风险值	处置方法	应对措施计划
工期风险	业主	工期资料的提交及对方案的确认	反复修改方案，延误工期	4	8	32	减轻预防	及时与客户沟通，明确客户需求
	航道及水利部门	对方案的确认	反复修改方案，延误工期	6	8	48		加强与各职能部门的联系沟通，及时了解相关规定，配合完成对方提出的合理要求，并将处理结果及时回馈对方
	地方政府	地方协调对方案的确认	反复修改方案，延误工期	6	8	48		
技术风险	地勘资料	资料准确性	设计内容出现偏差，返工	8	10	80	转移	通过分包，转移风险。加强对分包单位的监督、检查，提高资料准确性。出现问题责任索赔
	设计风险	结构计算分析	设计不符合要求，返工	5	10	50	预防	严格审查技术方案，确保计算准确性
费用风险	业主	资金不到位	工作无法开展，延误工期	4	9	36	减轻	资金不按时到位，责任索赔
	本方	成本增加	费用增加，利润减少	4	6	24	减轻	制订周密的资金使用计划，加强管理，预留后备资金
安全风险	人员	遭受意外	影响工作进度，费用增加，造成不利影响	6	9	54	预防	做好安全教育，配备必要的安全防护设备
	设备	外业作业中受损	影响工作进度，费用增加	6	9	54	预防	做好安全教育，制定设备使用章程，并严格按章程内容执行

(续)

风险种类	风险识别			风险评估			风险应对措施	
	风险来源	潜在风险因数	风险发生的后果	风险概率	风险影响值	风险值	处置方法	应对措施计划
自然风险	自然条件	地形、天气雨季、台风期	外业工作无法正常开展延误工期,费用增加	8	7	56	减轻	与当地气象机构联系,及时掌握未来天气变化情况,合理制订相应的外业作业计划
管理风险	组织机构	项目管理不力	管理混乱、冲突不断	2	9	18	预防	制定行之有效的管理制度并严格执行,制定风险事件责任制度,制定激励和惩罚制度

第 22 章 项目现场管理

本章要点

本章主要内容：项目生产要素管理，包括项目生产要素管理概念、劳动力管理、材料与设备管理、资金管理、技术管理；项目 HSE 管理，包括项目职业健康安全管理、项目环境管理；项目监理与项目监督。

22.1 项目生产要素管理

22.1.1 生产要素管理概述

1. 生产要素及项目生产要素

1）生产要素。生产要素指进行物质生产所必需的一切要素及其环境条件。一般而言，生产要素至少包括人的要素、物的要素及其结合因素。而劳动者和生产资料是最基本的生产要素，前者是生产的人身条件，后者是生产的物质条件。

2）项目生产要素。项目的生产要素是指生产力作用于该项目的有关要素，如投入项目的劳动力、材料、机械设备、技术、资金等。当然，不同的项目，其生产要素可能不完全相同。一个项目具有哪些生产要素，如何配置，如何使用，是项目管理中必须解决的问题，也是关系到项目成败的关键问题之一。

2. 生产要素管理

生产要素管理就是对要素的配置和使用所进行的管理，其根本目的是节约活劳动和物化劳动。生产要素管理的主要内容包括：生产要素的优化配置、生产要素的优化组合、生产要素的动态管理。

生产要素优化配置就是适时、适量地配备或投入生产要素，以满足项目需要。

生产要素的优化组合就是使投入项目的生产要素搭配适当、协调地在项目中发挥作用，以有效形成生产力，力争使项目达到最优。

项目的实施过程是一个不断变化的过程，对生产要素的需求也在不断变化之中，平衡是暂时的，不平衡是永久的。因此，生产要素的配置和组合应随着这种变化而进行不断调整，这就是动态管理。动态管理始于优化配置与组合而又终于优化配置与组合，动态管理是有关配置和组合的手段与保证。动态管理的基本内容是按照项目的内在规律对生产要素进行有效的计划、组织、协调和控制，使之在项目中合理流动，在动态中寻求平衡。

生产要素管理主要有 4 个环节：

1）编制生产要素计划。针对项目的具体情况，对生产要素的投入量、投入时间、投入步骤等做出合理安排，以满足项目实施的需要。编制计划是优化配置和组合的手段。

2）生产要素的供应。按照生产要素计划，实施生产要素的供应，以满足项目对生产要素的需要。

3）生产要素的节约使用。根据每种生产要素的特性，采取有效措施，进行动态配置和组合，协调投入，合理使用，不断纠正偏差，并不断进行生产要素投入、使用与产出的核算，以尽可能少的生产要素满足项目需求，达到节约的目的。

4）生产要素使用效果分析。对生产要素使用效果的分析主要体现在两方面：一是对管理效果进行总结，总结问题和经验，评价管理活动；二是为管理提供储备和反馈信息，以指导生产要素管理工作。

22.1.2 劳动力管理

劳动力管理的主要对象是劳动力。对劳动力的管理，关键在于合理安排、正确使用，使用的关键在于提高效率，提高效率的关键在于调动劳动力的积极性。这就是劳动力管理的基本思路。

1. 劳动力的优化配置

一个项目所需要的劳动力的种类、数量、时间、来源等，应就项目的具体状况做出安排，安排得合理与否将直接影响项目的完成效果。劳动力的合理安排需要通过对劳动力的优化配置实现。

（1）优化配置的依据

1）项目自身情况。不同项目所需劳动力的种类、数量是不同的，如工程项目与产品开发项目所需要的劳动力情况可能完全不同。因此，需要根据项目的具体情况以及项目的 WBS 分解结构加以确定。

2）项目的进度计划。劳动力资源的时间安排主要取决于项目的进度计划。例如，在某个时间段，需要什么样的劳动力，需要多少，应根据在该时间段所进行的工作或活动情况确定。当然，劳动力的优化配置和进度计划之间存在着综合平衡和优化问题。

3）项目的劳动力资源供应环境。项目不同，其劳动力资源供应环境亦不相同，项目所需劳动力取自何处，应在分析项目劳动力资源供应环境的基础上加以正确选择。

（2）优化配置方法

劳动力的优化配置首先应根据项目分解结构，按照充分利用、提高效率、降低成本的原则确定每项工作或活动所需劳动力的种类和数量；然后根据项目的初步进度计划进行劳动力配置，在此基础上进行劳动力资源的平衡和优化，同时考虑劳动力资源的来源，最终形成劳动力优化配置计划。

劳动力的优化配置还应注意以下问题：

1）应在劳动力需用量计划的基础上进一步具体化，以防漏配。必要时，应根据实际情况对劳动力计划进行调整。

2）配置劳动力应积极可靠，使其有超额完成的可能，以获得奖励，进而激发其劳动积极性。

3）尽量保持劳动力和劳动组织的稳定，防止频繁变动。但是，当劳动力或劳动组织不能适应任务要求时，则应进行调整，并敢于改变原建制进行优化组合。

4）工种组合、技术工种和一般工种的比例等应适当、配套。

5）力求使劳动力配置均匀，使劳动资源强度适当，以达到节约的目的。

2. 劳动力的动态管理

由于项目任务和条件的变化，劳动力的安排应与之相适应，以避免劳动力配置失衡或与项目要求脱节。这就要求在项目进行过程中不断对劳动力进行跟踪平衡和协调，以实现劳动力动态的优化组合，这一过程就是劳动力的动态管理。

项目团队在项目进展过程中进行劳动力动态管理的主要工作是：

1）根据项目要求招募劳务人员，并根据需要与其签订劳务合同。

2）根据项目计划在项目中分配劳动力。

3）在项目进行过程中不断进行劳动力平衡、调整，解决项目要求与劳动力数量、种类、能力、相互配合中存在的矛盾。

4）根据劳务合同支付劳务报酬，解除劳务合同。

劳动力动态管理的原则是：

1）动态管理以进度计划和劳务合同为主要依据。

2）动态管理应以动态平衡和日常调度为手段。

3）动态管理应以达到劳动力优化组合和充分调动劳动者的积极性为目的。

22.1.3 材料与设备管理

1. 材料管理

不同的项目，所需材料的种类和数量可能不同，材料在项目中的重要程度也可能因项目而异。但无论什么项目，节约使用材料、节约材料费用、降低项目成本都是其追求的共同目标。对项目进行材料管理的目的亦在于此。项目的材料管理主要应把握两个环节：材料的采购管理、材料的现场管理。

（1）材料的采购管理。

材料的采购管理主要包括以下工作：

1）编制材料采购计划。项目部依据合同、项目管理实施规划、项目材料需求计划和相关采购管理制度等编制材料采购计划。材料采购计划包括采购范围、内容、方式、时间、管理要求，采购信息（采购数量、技术标准和质量要求），检验方式和标准，供应方资质审查要求，采购控制目标及措施等。

2）市场调研、合理选择。重点展开以下工作：①审核查验材料生产经营单位的各类生产经营手续是否完备齐全；②实地考察企业的生产规模、诚信、销售业绩、售后服务等情况；③考察企业的质量控制体系是否健全并有效运行；④考察相应的材料质量在同类产品中的水平；⑤组织对采购报价进行有关技术和商务的综合评审，并制定选择、评审的准则。

3）材料价格的控制。通过市场调查或通过咨询机构了解材料的市场价格，在保证材料质量的前提下择优选择。合理组织运输，降低运输费用。考虑资金的时间价值，合理确定进货的批次和批量。通过上述措施，达到经济合理地获取所需材料的目的。

4）材料的进场检验。材料进场时，必须根据进料计划、送料凭证、质量保证书或产品合格证等对所进材料进行质量和数量验收，严把质量和数量关。验收的内容包括品种、规格、型号、质量、数量、证件等。材料验收工作应遵循有关规定进行，并做好记录、办理验收手续；对不符合计划要求或质量不合格的材料，应拒绝接收。材料检验单位应具备相应的检测条件和能力。

（2）材料的现场管理

材料的现场管理是指，对项目所需的各类材料，自进入项目现场至项目完成为止的全过程所进行的管理。项目经理对项目材料的现场管理全面负责，项目团队中主管材料的人员是项目材料现场管理的直接责任人。材料现场管理的主要内容包括材料计划管理、材料的存储与保管、材料领发、材料使用监督、材料回收等。

1）材料计划管理。项目开始前，向材料供应部门提供材料需要计划。该计划包括所需材料的种类、规格品种要求、数量、需要时间等，作为供应备料的依据。在项目进行过程中，根据项目变更及时向材料供应部门提出材料供应月度计划或调整计划，作为动态供料的依据；根据项目进度，在加工周期允许的时间内提出加工制品计划，作为材料供应部门组织加工和向现场提供制品的依据；按一定的周期对材料计划的执行情况进行检查，不断改进材料供应工作。

2）材料的存储与保管。进场的材料应建立台账；应采取防火、防盗、防潮、防变质、防损坏措施；应根据材料的不同性质存放于符合要求的专门的材料库房；材料的堆放应符合项目平面布置要求，防止乱堆乱放；要做到日清、月结、定期盘点、账实相符。

3）材料发放管理。凡有定额的材料，应限额领发；超限额的用料，用料前应办理手续，注明超耗原因，并经签发批准后实施；应遵循"先进先出，推陈储新"的原则；应记录领发料台账，记录领发状况和节约或超耗状况。

4）材料使用监督。项目材料管理责任者应就是否合理用料、是否严格按设计参数用料、是否认真执行领发手续、是否按规定进行用料交底和工序交接、材料是否合理堆放、是否按要求保管材料等材料使用问题进行监督。监督的常用手段是检查，检查应做到情况有记录、原因有分析、责任要明确、处理有结果。

5）材料回收。项目余料应回收，并及时办理退料手续，建立台账，处理好经济关系。

以上所述对项目材料的现场管理主要是针对一次性材料而言的。对于周转性材料亦应加强现场管理，其管理内容主要包括：根据项目状况编制周转性材料需用计划；建立周转性材料领用、保管、维修、报废制度，并严格执行。

（3）材料管理方法

1）ABC分类法。ABC分类法又称重点管理法，是运用数理统计的方法对事物的构成因素进行分类排队，以抓住事物的主要矛盾的一种定量的科学分类管理技术。ABC管理法用于材料管理就是将材料按数量、成本比重等划分为A、B、C三类，并根据不同类型材料的特点采取不同程度的管理方法。这样既能够保证重点，又能够照顾一般，有利于达到最经济有效地使用材料的目的。

ABC分类法的分类标准是：

A类：数量很少，仅占总数的5%~10%，但其价值或资金却占总价值的70%~80%。

B类：数量较多，约占总数的10%~20%，其价值或资金占总价值的20%左右。

C类：数量很多，约占总数70%，但其价值只占总价值的5%左右。

在材料管理中，ABC分类法可按以下步骤实施：

①计算项目各种材料所占用的资金总量。

②根据各种材料的资金占用量从多到少按顺序排列，并计算各种材料占用资金占总材料费用的百分比。

③计算各种材料占用资金的累计金额及其占总金额的百分比，即计算金额累计百分比。

④计算各种材料的累计数及其累计百分比。

⑤ABC三类材料的分类标准，ABC分类。

2）存储理论。项目所需材料是分批采购，还是一次采购；若分批采购，分成几批，每批采购量是多少。这些问题都是在确定材料采购计划时必须考虑的。不同的方案，其效果可能截然不同，这就存在一个优化问题，存储理论就可用于解决此类问题。在材料管理中，存储理论用于确定材料的经济存储量、经济采购批量、安全存储量、订购点等参数。

3）价值工程。价值工程又称为价值分析，是挖掘降低成本潜力、对成本进行事前控制、促使产品或项目成本降低的一种技术方法，是以最低的费用可靠地实现产品或项目的必要功能所进行的技术性、经济性和组织性的综合分析活动。价值工程用于材料管理，其主要目的是寻求降低材料成本、提高功能即提高材料价值的主要途径。价值工程用于材料管理，其最重要的环节是正确选择价值分析的对象。价值分析的对象，应是价值较低、降低成本潜力大的材料。价值工程用于材料管理，其最常进行的活动是改进设计、研究代用材料。根据价值工程理论，提高价值的最有效的途径之一是改进设计和使用代用材料，这比改进工艺的效果要好得多。所以，在项目进行过程中，应开展科学研究，开发新技术，以改进设计，寻求代用材料，从而达到大幅度降低成本的目的。

2. 设备管理

与材料一样，不同的项目可能需要不同类型的设备，需要的数量也可能不同。有的项目可能需要很多设备，有的项目则可能需要很少的设备。例如，随着建筑科学技术的发展，建筑工业化、机械化水平得以迅速提高，以机械施工代替繁重的体力劳动，机械设备的数量、种类、型号也在不断增加，在建筑工程项目中的作用越来越大。项目所需设备越多，作用越大，则对其进行管理就越显重要。

对项目设备进行管理，就是按照优化原则对项目设备进行选择、合理使用与适时更新，其主要任务是：正确选择机械设备，保证其在使用中处于良好状态，减少设备闲置、损坏，提高使用效率及产出水平。

(1) 机械设备选择

机械设备的合理选择是设备管理的首要环节，其原则是：切合需要、实际可能、经济合理。选择的方法有：

1) 综合评分法。若有多种设备的技术性能满足项目需要，则应对各个设备进行综合比较。比较的方法就是综合考虑各种设备的主要特性，如工作效率、工作质量、使用费和维修费、能源消耗量、所需操作人员和辅助人员数、安全性、稳定性运输、安装和操作的难易程度和灵活性、设备的完好程度和维修的难易程度、对气候条件的适应性、对环境的影响程度等。对每种设备根据上述特性评分，评分方法有简单评分法和加权评分法。

①简单评分法。按照一定的评分规则，对每种设备的各个特性分别评分，求出各自总分，总分最高者即为所选择的设备。

②加权评分法。设备的各个特性的重要程度可能并不完全相同，而简单评分法是按各特性的重要程度相同考虑的，这是这一方法的不足之处。加权评分法考虑了各特性的重要程度差异，为不同的特性赋予不同的权数，使综合评分法更具科学性。

【例】有4台设备的技术性能均可满足某项目，在选择时综合考虑10个特性，根据每个特性的重要程度给予不同权数。组织相关人员对每台设备进行评分，根据分数高低选择设备。结果见表22-1。

表22-1 综合加权评分表

序号	特性	权重	综合评分（评价分×权重）			
			设备1	设备2	设备3	设备4
1	工作效率	0.2	90×0.2	85×0.2	80×0.2	85×0.2
2	工作质量	0.2	85×0.2	90×0.2	80×0.2	85×0.2
3	使用费和维修费	0.1	80×0.1	90×0.1	70×0.1	80×0.1
4	能源耗费量	0.1	70×0.1	85×0.1	90×0.1	80×0.1
5	占用人员	0.05	60×0.05	90×0.05	80×0.05	80×0.05
6	安全性	0.05	80×0.05	90×0.05	70×0.05	70×0.05
7	稳定性	0.05	60×0.05	80×0.05	80×0.05	70×0.05
8	完好性和可维修性	0.05	70×0.05	90×0.05	90×0.05	80×0.05
9	使用的灵活性	0.1	60×0.1	85×0.1	80×0.1	80×0.1
10	对环境的影响	0.1	80×0.1	90×0.1	85×0.1	80×0.1
合计		1.0	77.5	87.5	80.5	81.0
选择		根据综合评分结果，选择设备2				

2) 单位工程量成本比较法。这种方法是根据设备所耗费用进行比较选择。设备耗费可分为两类，即可变费用和固定费用。可变费用是随着设备工作时间而变化，如操作人员的工资、燃料动力费、小修理费、直接费等；固定费用是按一定的项目工期分摊的费用，如折旧费、大修理费、设备管理费、投资应付利息、固定资产占用费等。用这两类费用计算单位工程量成本，单位工程量成本低的设备即为选择对象。

单位工程量成本计算公式为

$$C_u = \frac{R + PX}{QX}$$

式中，C_u 为单位工程量成本；R 为操作时间固定费用；P 为单位时间操作费；X 为操作时间；Q 为单位时间产量。

【例】挖土机 A 和 B 均能满足项目需要。A 机的月固定费为 7000 元，每小时操作费是 30.8 元，每小时产量为 45m³；B 机的月固定费为 8400 元，每小时操作费是 28 元，每小时产量是 50m³。预计每月使用时间是 130h，采用单位工程量成本比较法选择挖土机。

解：分别计算 A、B 两机的单位工程量成本

A 机：$C_u = \dfrac{7000 + 30.8 \times 130}{130 \times 45} = 1.88$（元/m³）

B 机：$C_u = \dfrac{8400 + 28 \times 130}{130 \times 50} = 1.85$（元/m³）

根据计算结果，选择挖土机 B。

3）界限使用时间判断法。单位工程量成本受使用时间的制约，若计算出两种机械单位工程量成本相等时的使用时间，并根据该时间进行选择则会更简单，也更可靠，这种方法就称为界限使用时间判断法。

解：设 A 机和 B 机的固定费用分别是 R_a 和 R_b；单位时间产量分别是 Q_a 和 Q_b；每小时操作费分别是 P_a 和 P_b；界限使用时间是 X_0，则两机的单位工程量成本相等时可表示为

$$\frac{R_a + P_a X_0}{Q_a X_0} = \frac{R_b + P_b X_0}{Q_b X_0}$$

解此式得

$$X_0 = \frac{R_b Q_a - R_a Q_b}{P_a Q_b - P_b Q_a}$$

上式即界限使用时间的计算公式。可见，使用时间高于和低于该时间，单位工程量成本的变化会使选用机械的决策得到相反的结果。

为了分析使用时间的变化对决策的影响，假设两机的单位时间产量相等，则上式可简化为

$$X_0 = \frac{R_b - R_a}{P_a - P_b}$$

该式可用图 22-1 表示。

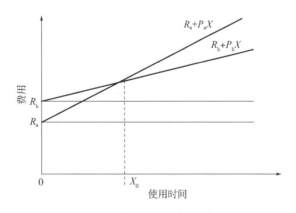

图 22-1 使用时间和费用关系

由图 22-1 可见，当 $R_b > R_a$、$P_a > P_b$ 时，且机械使用时间少于 X_0 则选择机械 A 为优；若使用时间多于 X_0，则选择机械 B 为优；反之，当 $R_b < R_a$、$P_a < P_b$ 时，且使用时间少于 X_0，则选择机械 B 为优；当使用时间多于 X_0 时，则选择机械 A 为优。所以，采用该方法选择机械设备，首先应计算界限使用时间，然后根据实际项目需要的预计使用时间做出选择机械设备的决策。

【例】根据上例数据计算界限使用时间，并计算使用时间为 90h 和 110h 的单位工程量成本。

解：界限使用时间为

$$X_0 = \frac{R_b Q_a - R_a Q_b}{P_a Q_b - P_b Q_a} = \frac{8400 \times 45 - 7000 \times 50}{30.8 \times 50 - 28 \times 45} = 100(\text{h})$$

由于分子和分母均大于 0，所以当使用时间小于 100h 时，选择 A 机；当使用时间高于 100h 时，选择 B 机。

当使用时间为 90h 时，两机的单位工程量成本分别是

A 机：$\frac{7000 + 30.8 \times 90}{90 \times 45} = 2.41$（元/m³）

B 机：$\frac{8400 + 28 \times 90}{90 \times 50} = 2.43$（元/m³）

当使用时间为 110h 时，两机的单位工程量成本分别是

A 机：$\frac{7000 + 30.8 \times 110}{110 \times 45} = 2.1$（元/m³）

B 机：$\frac{8400 + 28 \times 110}{110 \times 50} = 2.09$（元/m³）

可见，其结果与界限使用时间判断法是一致的。

4）等值成本法。如设备在项目中的使用时间较长，且涉及购置费用，则在选择设备时往往涉及设备原值（投资）、资金的时间价值等问题，这时可采用等值成本法进行选择。

等值成本法，又称折算费用法，是通过计算折算费用，进行比较选择，低者为优。该方法的计算公式为

年折算费用 = 每年按等值分摊的设备投资 + 每年的设备使用费

若考虑资金的时间价值，则

年折算费用 = （原值 - 残值）× 资金回收系数 + 残值 × 利率 + 年度使用费

其中，资金回收系数为

$$\alpha = \frac{i(1+i)^n}{(1+i)^n - 1}$$

式中，α 为资金回收系数；i 为复利率；n 为计利期。

【例】某项目需要一种设备，而现有设备不能满足需要，因此需要就购买还是租赁的问题进行决策。与之相关的参数见表 22-2。

表 22-2 购买与租赁设备相关参数

方案	一次投资（元）	年使用费（元）	使用年限（年）	残值（元）	年复利率（%）	年租金（元）
购买	200 000	40 000	10	20 000	10	
租赁		20 000				40 000

解：计算购买设备的年折算费用

$(200\,000 - 20\,000) \times \frac{0.1 \times (1+0.1)^{10}}{(1+0.1)^{10} - 1} + 20\,000 \times 0.1 + 40\,000 = 71\,295$（元）

租赁设备的年租金及使用费用

$20\,000 + 40\,000 = 60\,000$（元）

可见，购买设备的年折算费用要高于租赁，所以应采用租赁的策略。

(2) 机械设备的使用

为提高设备利用率和工作效率，保证设备的可靠性，应做到合理使用设备并加强设备的保养和维修。

设备的合理使用主要通过采取必要的措施加以实现。例如，人机固定，实行设备使用、保养责任制；提高操作人员的素质，实行操作证制度；建立设备档案，实行设备档案制度；合理组织设备的调配，提高设备的完好率和单机效率；综合利用设备，提高设备利用率；创造设备的良好工作环境，确保设备安全使用。

为保持设备的良好技术状态，提高设备运行的可靠性和安全性，减少设备的磨损，延长设备的使用寿命，降低消耗，提高设备使用效率，应加强对设备的保养和维修。

设备的保养分为例行保养和强制保养。例行保养属于正常使用管理工作，不占用设备的运转时间，由操作人员在设备运行间隙进行，包括保持设备的清洁、检查运转状况、防止设备腐蚀、按技术要求润滑等。强制保养是指每隔一定的周期所进行的停机保养。

设备的维修是指对设备的自然损耗进行的修复，对损坏的零部件进行更换、修复，排除设备运行的故障等。设备维修分为大修、中修和零星小修。其中，大修是对设备所进行的全面的解体检查修理，以保证各零部件质量和配合要求，使其达到良好的技术状态，恢复可靠性和精度等工作性能，以延长设备的使用寿命；中修是指在大修间隔期间对少数总成进行大修的一次性平衡修理，对其他不进行大修的总成只执行检查保养；零星小修是指临时安排的修理，其目的是消除操作人员无力排除的突然故障、个别零件损坏，或一般事故性损坏等问题，一般与保养相结合，不列入修理计划之中。

22.1.4　资金管理

在项目进行过程中，资金管理的主要环节有：资金收入预测、资金支出预测、资金收支对比、资金筹措。

1. 资金收入预测

一般来说，项目资金是按合同价款收取的。因此，在实施项目合同的过程中，应从收取项目预付款开始，每隔一定的时间按进度收取项目进度款，直到项目完成进行结算。资金收入预测就是根据项目费用支付方式按时间测算出价款数额，形成项目收入预测表或图。资金收入预测的结果，形成了资金在收入时间、数量上的总体概念，为项目筹措资金、加快资金周转、合理安排资金使用提供了科学依据。

2. 资金支出预测

项目资金支出与项目进度计划、费用控制计划、资源计划等有关。根据这些因素，测算出随着项目的实施每隔一定的时间所需支出的各项费用，使整个项目的支出在时间和数量上有一个总体概念，以满足资金管理的需要。实际上，资金支出预测与项目费用计划的编制是密切相关的，所采用的方法和程序也基本相同。

3. 资金收支对比

将项目资金收入预测累计结果和支出预测累计结果绘制在一个图中，并进行比较。如图 22-2 所示，A 是项目计划曲线，B 是资金预计支出曲线，C 是资金预计收入曲线，B、C 曲线之间的距离是相应时间收入与支出资金的差额，也就是项目应筹措的资金数量。

4. 资金筹措

就一个项目本身而言，项目所需资金的筹措有多种途径，如财政资金、银行信贷资金、发行各种债券、自有资金和对外筹措资金（包括发行股票及企业债券、集资等）、利用外资等。

在项目进行过程中，所需资金一般在合同条件中都做出了规定，由项目发包方提供。但为了使项目能正常进行，项目承约方也可垫支部分资金。承约方的资金来源主要有：预收项目款、项目已完部分的价款结算、银行贷款、自有资金、其他项目资金的调剂占用。承约方在资金筹措时应充分利用自有资金，并考虑资金的时间价值。筹措资金的数额应根据资金收支对比状况确定，避免造成浪费。

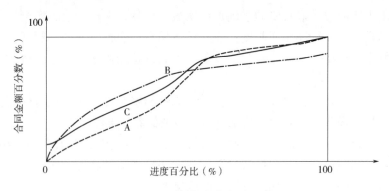

图 22-2 项目资金收支对比图

承约方采用什么方式筹措资金最有利,可通过计算加以确定。例如,是采用银行贷款,还是利用自有资金,或者两者结合,可以通过以下方法进行计算。

若项目的合同价是 C,项目所需周转资金占 C 的比例为 P_1,项目业主支付的预付款 A 占 C 的比例是 P_2,预期利润占 C 的比例是 P_3,项目工期是 T 年,年平均利润率为 P_a。如果承约方只使用自有资金 S 承包项目,则 S 与 C 的关系是

$$S = (P_1 - P_2) C$$

或承约方可以承包的合同金额应为

$$C = \frac{S}{P_1 - P_2}$$

总利润额是

$$P = CP_3$$

自有资金年平均利润率为

$$P_a = \frac{P}{TS}$$

若承约方可以从银行借到贷款 B,其利率为 P_4(单利),则该承约方可以承包的合同金额为

$$C = \frac{S + B}{P_1 - P_2}$$

预期利润为

$$P = CP_3 - BTP_4$$

自有资金形成的年平均利润率 P_a 为

$$P_a = \frac{P}{TS} = \frac{CP_3 - BTP_4}{TS}$$

【例】若 P_1 为 20%,P_2 为 10%,P_3 为 6%,P_4 为 15%,S 为 150 万元,B 为 400 万元,T 为 2 年,分别计算利用自有资金和利用自有资金同时利用银行贷款时,可以承包的合同金额、预期利润和年平均利润率,并做出比较。

解:若仅利用自有资金,则

$$C = \frac{150}{20\% - 10\%} = 1500(万元)$$

$$P = 1500 \times 6\% = 90(万元)$$

$$P_a = \frac{90}{2 \times 150} = 30\%$$

若同时利用自有资金和银行贷款,则

$$C = \frac{150 + 400}{20\% - 10\%} = 5500(万元)$$

$$P = 5500 \times 6\% - 400 \times 2 \times 15\% = 210(万元)$$

$$P_a = \frac{210}{2 \times 150} = 70\%$$

由计算结果可知，当自有资金不变时，利用银行贷款可以显著提高承包合同金额和年平均利润率。

22.1.5 技术管理

技术是项目的重要生产要素，是否对技术进行管理及管理的程度如何关系到项目目标能否顺利实现。不同的项目，其技术内容不尽相同，有的可能还有较大区别。但无论是什么项目，其技术管理的内容都是基本相同的，主要包括技术基础工作的管理、项目实施过程中技术工作的管理、技术开发管理、技术经济分析与评价。

1. 技术基础工作的管理

技术基础工作的管理主要包括实行技术责任制、执行技术标准与技术规程、制定技术管理制度、开展科学试验、交流技术情报和管理技术文件等。

1）实行技术责任制。就是要把针对项目的具体技术工作落实到人，明确责任。

2）执行技术标准与技术规程。技术标准与技术规程是技术工作的指南，执行技术标准与技术规程就是要按照标准与规程开展技术工作。所以，在项目进行过程中，首先应熟悉有哪些标准和规程，然后应组织相关人员学习，并在具体操作过程中严格遵照执行。

3）制定技术管理制度。技术管理工作需要用技术管理制度加以制约，技术管理制度是就具体的技术管理工作所制定的规定、制度，这种制度可能有若干项。例如，就一个施工项目来说，需要制定图样学习和会审制度、施工组织设计管理制度、技术交底制度、施工项目材料与设备检验制度、工程质量检查验收制度、技术组织措施计划制度、工程施工技术资料管理制度等。

4）开展科学试验。在项目实施过程中，材料、设备、工艺方案、技术参数等问题的确定，有些需要通过开展科学试验的方法辅助决策。

5）交流。进行项目内部及外部的技术交流，以掌握当前技术状态。

2. 项目实施过程中技术工作的管理

项目实施过程中技术工作的管理，主要包括工艺管理、技术试验、技术核定、技术检查等。

例如，就施工项目而言，施工项目组织就应根据技术标准、技术规程、企业的技术管理制度、施工项目经理部制定的技术管理制度等开展以下技术管理工作：

1）设计文件的学习和图样会审。通过对设计文件的学习和图样会审，使施工单位熟悉、审查设计图样，了解工程特点和设计意图以及关键部位的工程质量要求，帮助设计单位减少差错。

2）施工项目技术交底。技术交底的目的是使参与项目施工的人员熟悉和了解所担负的工程的特点、设计意图、技术要求、施工工艺和应注意的问题。

3）隐蔽工程检查与验收。隐蔽工程是指完工后将被下一道工序所掩盖的工程。对隐蔽工程进行检查与验收的目的是在隐蔽工程项目隐蔽之前进行严格检查，作出记录，签署意见，办理验收手续。

4）施工预检。预检就是在工程项目或分项工程施工前所进行的预先检查，预检是保证工程质量、防止可能产生差错造成质量事故的重要措施。

5）技术措施计划。技术措施是为了克服项目进行中的薄弱环节，挖掘生产潜力，保证完成项目任务，获得良好的经济效果，在提高技术水平方面采取的各种手段和办法。技术措施计划是做好技术措施工作必须编制的。

6）施工组织设计。施工组织设计是用于指导拟建工程项目施工全过程中各项活动全面性的技术、经济和组织的综合性文件，是施工项目管理规划。

3. 技术开发管理

技术开发管理，包括技术培训、技术革新、技术改造、合理化建议等。

4. 技术经济分析与评价

在项目管理过程中，会涉及许多技术问题。技术是否可行，在经济上是否合理，这是在技术选择过程中所要考虑的主要因素。因此，对项目中所采用的每项技术都应进行技术经济分析与评价，以此作为技术取舍的重要依据。技术经济分析与评价是技术管理的一项重要内容。

22.2 项目 HSE 管理

22.2.1 项目职业健康安全（OHS）管理

1. 概述

职业健康安全（OHS），通常是指影响项目作业场所内的人员健康安全的条件和因素。项目职业健康安全管理，是针对项目职业健康与安全所开展的管理活动。职业健康安全管理的目的是防止和减少生产安全事故，保护项目利益相关者的健康与安全。职业健康安全管理的有效手段是控制影响人员健康和安全的条件和因素，避免因管理不当对人员造成危害。

项目的安全管理，就是在项目实施过程中组织安全生产的全部管理活动。通过对项目实施安全状态的控制，使不安全的行为和状态减少或消除，以使项目工期、质量和费用等目标的实现得到充分的保证。安全管理的中心问题是保护项目实施过程中人的安全与健康，保证项目顺利进行。在安全管理过程中，应正确处理五种关系，坚持六项基本原则。

（1）正确处理五种关系

1）安全与危险并存。安全与危险在同一事物的运动中是相互独立、相互依存而存在的。因为有危险，才需要进行安全管理，以防止危险的发生。安全与危险并非等量并存，而是随着事物的运动变化而不断变化。

2）安全与项目实施过程的统一。在项目实施过程中，如果人、物、环境等都处于危险状态，则项目无法顺利进行。所以，安全是项目实施的客观要求，项目有了安全保障才能持续、稳定地进行。

3）安全与质量的包涵。从广义上看，质量包涵安全工作质量，安全概念也包涵质量，二者交互作用、互为因果。安全为天，质量第一，这两种说法并不矛盾。安全为天是从保护生产要素的角度出发，而质量第一则是从关心产品成果的角度出发。安全为质量服务，质量需要安全保证。

4）安全与速度互保。速度应以安全作保障，安全就是速度。在项目实施过程中，应追求安全加速度，尽量避免安全减速度。当速度与安全发生矛盾时，应暂时减缓速度，保证安全。

5）安全与效益兼顾。安全技术措施的实施，会改善作业条件，带来经济效益。所以，安全与效益是完全一致的，安全促进了效益的增长。当然，在安全管理中，投入应适当，既要保证安全，又要经济合理。

（2）坚持六项基本原则

1）管项目同时管安全。安全管理是项目管理的重要组成部分，安全与项目实施两者存在密切的联系，存在共同管理的基础。管项目同时管安全，是各级有关人员的安全管理责任。

2）坚持安全管理的目的性。安全管理的内容是对项目中人、物、环境因素状态的管理，有效地控制人的不安全行为和物的不安全状态，消除和避免事故，达到保护劳动者安全和健康的目的。安全管理必须明确目的，无明确目的的安全管理是一种盲目行为。

3）贯彻预防为主的方针。安全管理的方针是"安全第一，预防为主"。安全管理不仅是处理事故，更重要的是在项目活动中，针对项目的特点，对生产要素采取管理措施，有效地控制不安全因素的发展和扩大，将可能发生的事故消灭在萌芽状态。

4）坚持"四全"动态管理。安全管理与项目的所有人员有关，涉及项目活动的方方面面，涉及项目的全部过程及一切生产要素。因此，应坚持全员、全过程、全方位、全天候的"四全"动态管理。

5）安全管理重在控制。安全管理的目的是预防、消灭事故，防止或消除事故危害，保护人员的安全与健康。安全管理有多项内容，但对生产因素状态的控制与安全管理目的直接相关。所以，对项目中人的不安全行为和物的不安全状态的控制是安全管理的重点。

6）不断完善提高。安全管理是一种动态管理。管理活动应适应不断变化的条件，消除新的危险因素；应不断地摸索新的规律，总结管理、控制的办法与经验，指导新的变化后的管理，从而使安全管理不断地上升到新的高度。

2. 安全计划

针对项目的特点进行安全策划，规划安全作业目标，确定安全技术措施，最终所形成的文件称为安全计划。安全计划应在项目开始实施前制订，在项目实施过程中不断加以调整和完善。安全计划是进行安全控制和管理的指南，是考核安全控制和管理工作的依据。安全计划应针对项目特点、项目实施方案及程序，依据安全法规和标准等加以编制。安全计划的主要内容包括：

1）项目概括。包括项目的基本情况，可能存在的主要的不安全因素等。
2）安全控制和管理目标。应明确安全控制和管理的总目标和子目标，且目标要具体化。
3）安全控制和管理程序。主要应明确安全控制和管理的工作过程和安全事故的处理过程。
4）安全组织机构。包括安全组织机构的形式、安全组织机构的组成。
5）职责权限。根据组织机构状况，明确不同组织层次、各相关人员的职责和权限，进行责任分配。
6）规章制度。包括安全管理制度、操作规程、岗位职责等规章制度的建立，应遵循的法律法规和标准等。
7）资源配置。针对项目特点，提出安全管理和控制所必需的材料、设施等资源要求和具体的配置方案。
8）安全措施。针对不安全因素，确定相应措施。
9）检查评价。明确检查评价方法和评价标准。
10）奖惩制度。明确奖惩标准和方法。

安全计划的结果是形成文件。

3. 安全控制

在项目实施过程中，通过采用计划、组织、技术、控制等手段，依据并适应项目进行中人、物、环境等因素的运动规律，使其既能充分发挥自身作用，而又有利于控制安全事故不致发生的行为过程称为安全控制。安全控制的目的是保证项目实施中能避免危险、避免事故、避免造成人身伤亡和财产损失。

（1）安全控制工作内容

项目实施过程中存在许多不安全因素，控制人的不安全行为和物的不安全状态是安全控制的重点。其主要内容包括：

1）进行安全立法，执法和守法。项目实施人员首先应熟悉相关的法律法规，并在项目实施过程中严格执行。其次，应针对项目的特点，制定自己的安全管理制度，并以此为依据，对项目实施过程进行经常性的、制度化和规范化的管理。按照安全法规的规定工作，使安全法规变为行动，产生效果。

2）建立安全控制体系。建立安全控制组织机构，形成安全组织系统；明确各部门、各人员的职责，形成安全控制责任系统；配备必要的资源，形成安全控制要素系统。最终，形成具有安全控制和管理功能的有机整体。

3）进行安全教育与训练。进行安全教育与训练，能增强人的安全生产意识，提高安全生产素质，有效防止人的不安全行为，减少人的失误。

4）采取安全技术措施。针对项目实施中已知的或已出现的危险因素，采取的一切消除或控制的技术性措施，统称为技术性措施。针对项目的不安全状态的形成与发展，采取安全技术措施，将物的不安全状态消除在生产活动进行之前或引发事故之前，这是安全管理的重要任务之一。安全技术措施是改善生产工艺、改进生产设备、控制生产因素不安全状态、预防与消除危险因素对人产生伤害的有效手段。安全技术措施包括为使项目安全实现的一切技术方法与措施，以及避免损失扩大的技术手段。安全技术措施应针对具体的危险因素或不安全状态，以控制危险因素的生成与发展为重点，以控制效果的好坏作为评价安全技术措施的唯一标准。

5）进行安全检查与考核。安全检查与考核的目的是及时发现、处理、消除不安全因素，检查执行安全法规的状况等，从而进行安全改进，清除隐患，提高安全控制水平。

安全检查的形式有定期安全检查、突击性安全检查和特殊检查。其中，定期安全检查是指列入安全管理活动计划，有较一致时间间隔的安全检查；突击性安全检查是指无固定检查周期，对特别部门、特殊设备等进行的安全检查；特殊检查是指对预料中可能会带来新的危险因素的新安装设备、新采用工艺、新完成项目，以发现危险因素为专题的安全检查。

安全检查的内容主要是查思想、查管理、查制度、查现场、查隐患、查事故处理。

6）作业标准化。在操作者产生的不安全行为中，不熟悉正确的操作方法和坚持自己的操作习惯等原因所占比例较大。按科学的作业标准规范人的行为，有利于控制人的不安全行为，减少人的失误。实施作业标准化的首要条件是制定作业标准。

作业标准的制定应采取技术人员、管理人员、操作者三结合的方式，根据操作的具体条件制定，并坚持反复实践、反复修订后加以确定的原则。

作业标准应明确规定操作程序、步骤，并尽量使操作简单化、专业化；作业标准必须符合生产和作业环境的实际情况，不能将作业标准通用化；作业标准还应考虑人体运动的特点和规律、作业场地布置、使用工具设备、操作幅度等，应符合人机学的要求。

（2）安全控制方法及工具

不同的项目，其安全控制的方法和工具可能有所不同，但有两种方法是通用的。

1）安全系统工程。安全是项目目标之一，但该目标并不是孤立存在的，而是与其他目标之间存在着相互统一又相互矛盾的关系。项目实施的各个环节、各个要素都有可能产生不安全因素。所以，安全管理和控制是一项系统工程。安全系统工程就是采用系统的理论、观点和方法对安全进行管理和控制。这是安全管理和控制中的一种重要方法。

2）安全心理学。不安全行为是人表现出来的，是与人的心理特征相违背的、非理智的行为。人的自身因素是人的行为内因，环境因素是人的行为外因。非理智行为是引发安全事故的重要因素。非理智行为的产生是由侥幸、逆反、凑巧等心理所支配的。安全心理学就是运用心理学原理研究人的心理特征及其受环境因素影响变化的规律，以达到控制人的非理智行为的目的。

（3）安全管理制度

为了有效管理安全，一般需要建立以下各项制度：

1）安全生产责任制度。
2）安全教育制度。
3）安全检查制度。
4）安全措施计划制度。
5）安全监察制度。
6）伤亡事故和职业病统计报告处理制度。
7）安全预评价制度。

4. 职业健康安全管理体系

职业健康安全管理体系（Occupation Health Safety Management System，OHSMS），是 20 世纪 80 年代后期国际上兴起的现代安全生产管理模式，与 ISO9000 和 ISO14000 等标准体系一并被称为"后工业化时代的管理方法"。企业必须依据 OHSAS18000（GB/T28001）系列标准建立职业健康安全管理体系，采用现代化的管理模式，使包括安全生产管理在内的所有生产经营活动科学化、规范化和法制化。

OHSAS18000 系列标准是由英国标准协会（BSI）、挪威船级社（DNN）等 13 个组织于 1999 年联合推出的国际性标准，在目前 ISO 尚未制定情况下，它起到了准国际标准的作用。其中的 OHSAS18001 标准是认证性标准，是组织（企业）建立职业健康安全管理体系的基础，也是企业进行内审和认证机构实施认证审核的主要依据。我国已于 2000 年 11 月 12 日将其转化为国家标准《职业健康安全管理体系规范》（GB/T28001—2001 idt OHSAS18001：1999）。2001 年 12 月 20 日，原国家经贸委也推出了《职业安全健康管理体系审核规范》，并建立了职业健康安全管理体系认证制度。

22.2.2 项目环境管理

1. 概述

项目是与环境相联系的，项目的进行会对环境产生影响，其影响的程度可能因项目的不同而不同。例如，在工程项目实施过程中，应考虑粉尘、噪声、水源污染、固体废弃物、环境卫生等问题；在组织大型活动项目时，应考虑环境污染和环境卫生问题。在项目进行过程中，重视环境保护，改善项目环境，对项目和对社会都是非常重要的。

2. 环境保护措施

1）实行环境保护目标责任制。环境保护目标责任制是指将环境保护指标以责任书的形式层层分解到有关部门和人员，并列入岗位责任制，形成环境保护自我监控体系。项目经理是环境保护的第一责任人，是项目环境保护自我监控体系的领导者和责任者。

2）加强检查和监控工作。项目对环境的影响程度，需要通过不断检查和监控加以掌握。只有掌握了项目环境的具体状况，才能采取有针对性的措施。

3）进行综合治理。一方面，要采取措施控制污染；另一方面，应与外部的有关单位、人员及环保部门保持联系，加强沟通。要统筹考虑项目目标的实现与环境保护问题，使两者达到高度的统一。

4）严格执行相关法律法规。国家、地区、行业和企业在环境保护方面都颁布了相应的法律法规，项目管理者应掌握这些法律法规，并在项目进行过程中严格执行。

5）采取有效技术措施。在进行项目计划时，必须提出有针对性的技术措施；在项目进行过程中，应按计划实施这些技术措施，并根据具体情况加以调整。

3. 项目场地管理

项目场地是指从事项目活动的场地。例如，施工项目现场就包括建筑用地和施工用地。场地管理是指对这些场地进行科学安排、合理使用，并与各种环境保持协调关系。场地管理的目标是：规范场容、文明作业、安全有序、整洁卫生、不损害公众利益。

(1) 项目现场管理的原则

1) 基础性管理原则。一般来说，项目的各项目标都要通过加强现场管理才能实现，而要做好场地管理则应做好各项基础工作，包括标准化工作、计量工作、原始记录、业务核算、统计和会计工作等。所以，场地管理属于基础性管理。

2) 综合性管理原则。项目场地管理既包括目标性管理，又包括生产要素管理，还包括组织协调和现场文明管理等。所以，场地管理是综合性管理。在项目管理过程中，应运用系统的观点，按目标管理的方法，认真执行有关标准，全面地进行管理，达到整体优化的目标。

3) 群众性管理原则。场地管理的综合性强、内容多，必须依靠项目团队中每一位成员的精心工作、自我控制和自身素质的提高。群众性管理的原则就是要求重视每一个人员、每一个岗位，发挥每一个人的主观能动性。

4) 动态性管理原则。项目场地的各项生产要素要不断进行动态组合，各种条件和环境也在不断变化，因此必须进行动态管理，以适应不断变化的情况。

5) 服务性原则。管理人员应本着为现场服务的思想，深入到现场、服务在现场、取得效益在现场。

(2) 场地管理的内容

不同类型的项目，其现场管理的内容各有不同。以工程施工现场管理为例，其管理内容主要包括以下几个方面：

1) 合理规划项目用地。应针对工程项目的特点、施工方案和方法等，合理确定用地面积，并保证占地的合理使用。

2) 科学进行施工总平面设计。施工总平面设计既是施工组织设计的重要内容，也是进行施工现场管理的重要依据。所以，应以科学的态度，用科学的方法对施工现场进行科学规划，以合理利用空间。在布置施工总平面时，临时设施、大型机械、材料堆场、物资仓库、构件堆场、消防设施、道路、加工场地、水电管线、周转使用场地等都应各得其所，从而维持现场文明，有利于安全和环境保护，有利于节约，方便工程施工。

3) 施工现场平面布置的动态调整。工程项目进展的不同阶段，现场平面布置的要求也不相同。因此，应随着项目的进展不断调整现场的平面布置，以适应新的要求。

4) 加强对施工现场使用的检查。现场的平面布置是否符合设计要求和各项规定，是否满足施工的需要，存在哪些不足，所有这些都需要通过不断的检查才能发现。所以，工程施工现场管理的内容之一就是加强对施工现场使用的检查，从而为调整施工现场布置提供有用的信息。

5) 建立文明的施工现场。文明的施工现场是指：按照有关法规的要求，使施工现场和临时占地范围内秩序井然、文明安全、环境得到保持、绿地树木不被破坏、交通畅达、文物得以保存、防火设施完备、居民不受干扰、场容和环境卫生均符合要求。建立文明的施工现场，有利于提高工程质量和工作质量。

6) 及时清场转移。项目完成后，应及时组织清场，拆除临时设施，以便整治规划场地，恢复临时占用土地。

(3) 场地管理措施

场地管理措施是视项目的具体情况所采取的管理办法。就施工项目而言，场地管理措施主要有：开展"5S"活动，合理定置和目视管理。

1) "5S"活动。"5S"活动是指对施工现场各生产要素所处状态不断地进行整理、整顿、清扫、清洁和素养。因为这5个词日语中罗马拼音的第一个字母都是"S"，所以简称为"5S"。"5S"活动是符合现代化大生产特点的一种科学的管理方法，是提高现场管理效果的一项有效措施和手段。

①整理，就是对施工现场现实存在的人、事、物进行调查分析，按照有关要求区分需要和不需要、

合理和不合理，将施工现场不需要和不合理的人、事、物及时处理。

②整顿，就是合理定置。在整理的基础上，将施工现场所需要的人、机、物、料等按照施工现场平面布置设计的位置，并根据有关法规、标准以及规定，科学合理地安排布置和堆码，使人才合理使用、物品合理定置，实现人、物、场所在空间上的最佳结合，从而达到科学施工、文明安全生产、提高效率和质量的目的。

③清扫，就是对施工现场的设备、场地、物品等进行维护打扫，保持现场环境卫生、干净整齐、无垃圾、无污物，并使设备运转正常。

④清洁，就是维持整理、整顿、清扫，是前三项活动的继续和深入。通过清洁，消除发生事故的根源，使施工现场保持良好的施工与生活环境和施工秩序，并始终处于最佳状态。

⑤素养，就是努力提高施工现场全体人员的素质，使之养成遵章守纪和文明施工的习惯，这是开展"5S"活动的核心和精髓。

开展"5S"活动，要特别注意调动项目团队全体人员的积极性。在项目全过程中，要始终做到自觉管理、自我实施和自我控制。

2）合理定置。将施工现场所需要的物在空间上合理布置，实现人与物、人与场所、物与场所、物与物之间的最佳配合，使施工现场秩序化、标准化、规范化，体现文明施工水平。合理定置是现场管理的一项重要内容，是改善施工现场环境的一种科学的管理方法。

合理定置的主要依据是：有关现场管理的法规、法律、标准、管理办法、设计要求，施工组织设计，自然条件，材料、设备等需用量及进场计划和运输方式等。合理定置应保证施工能顺利进行，尽量减少施工用地；应尽量减少临时设施的工程量，充分利用原有建筑物及给排水、道路等设施，以节省临时设施费；应合理布置施工现场的运输道路及各种材料堆放、加工场、仓库位置，尽量使场内运输距离最短和减少二次搬运，以降低运输费用；要按照有关标准和规定，一次定置到位；要进行多方案比较，择优选择，做到有利于项目目标的实现，使人、物、场所之间形成最佳结合，创造良好的施工环境。

合理定置的主要内容包括：一切拟建的永久性建筑物、构筑物，建筑坐标网、测量放线标桩，弃土、取土场地，垂直运输设备的位置，施工、生活用临时设施，各种材料、加工半成品、构件和各类机具的存放位置，安全防火设施。

合理定置是一项日常管理工作，贯穿于整个项目进展过程中。

3）目视管理。目视管理实际上就是用眼睛看的管理，也可称为"看得见的管理"，是利用形象直观、色彩适宜的各种视觉感知信息组织现场施工活动，达到提高生产效率、保证工程质量、降低工程成本的目的。

目视管理的基本特征是：以视觉显示为基本手段，便于判断和监督；以公开化为基本原则，尽可能地向所有人员全面提供所需要的信息，形成一个让所有人都自觉参与完成项目目标的管理系统。目视管理形象直观、简便、适用、透明，便于项目参与人员的自我管理和自我控制，是一种科学的管理方法。这种方法可以贯穿于项目场地管理的各个环节之中，具有其他方法不可替代的作用。

4. 环境管理体系

环境管理体系（EMS）是企业或其他组织的管理体系的一部分，用来制定和实施其环境方针，并管理其环境因素，包括为制定、实施、实现、评定和保持环境方针所需的组织结构、计划活动、职责、惯例、程序、过程和资源。与项目相关的组织应根据ISO14001（GB/T24001）环境管理体系标准建立环境管理体系并有效运行。

22.3 项目监理与监督

22.3.1 项目监理

1. 概述

1)监理的定义。"监理"是"监"和"理"的组合词。"监"是对某种预定的行为从旁观察或进行检查,使其不得逾越行为准则,也就是监督的意思;"理"是对一些相互作用和相互交错的行为进行协调,以理顺人们的行为和权益的关系。所以,"监理"一词可以理解为:一个机构和执行者,依据一项准则,对某一行为的有关主体进行监督、检查和评价,并采取组织、协调、疏导等方式,促使人们相互密切协作,按行为准则办事,顺利实现群体或个体的价值,更好地达到预期的目的。

2)项目监理的定义。项目监理就是对项目的完成过程所进行的监理,即监理的执行者依据有关法规和标准,综合运用法律、经济、行政和技术手段,对项目承担者的行为及其责权利进行必要的协调和约束,制止随意性和盲目性,确保其行为的合法性、科学性和经济性,使项目按预期的目标进行,并取得最佳的经济效益和社会效益。

3)建设工程监理。建设工程监理是指工程监理单位受建设单位委托,根据法律法规、工程建设标准、勘察设计文件及合同,在施工阶段对建设工程质量、进度、造价进行控制,对合同、信息进行管理,对工程建设相关方的关系进行协调,并履行建设工程安全生产管理法定职责的服务活动。监理单位作为市场主体之一,对规范建筑市场的交易行为、充分发挥投资效益、发展建筑业的生产能力等都具有不可忽视的作用。

建设工程监理已经成为我国的一项重要制度,简称"建设监理制"。除了建设工程监理外,其他行业也开始逐步推行监理制,如信息行业。本节主要介绍建设工程监理的有关内容。

2. 有关术语

1)工程监理单位。依法成立并取得建设主管部门颁发的工程监理企业资质证书,从事建设工程监理与相关服务活动的服务机构。

2)项目监理机构。工程监理单位派驻工程负责履行建设工程监理合同的组织机构。

3)注册监理工程师。取得国务院建设主管部门颁发的《中华人民共和国注册监理工程师注册执业证书》和执业印章,从事建设工程监理与相关服务等活动的人员。

4)总监理工程师。经工程监理单位法定代表人同意,由总监理工程师书面授权,代表总监理工程师行使其部分职责和权力,具有工程类注册执业资格或具有中级及以上专业技术职称、3年及以上工程实践经验并经监理业务培训的人员。

5)专业监理工程师。由总监理工程师授权,负责实施某一专业或某一岗位的监理工作,有相应监理文件签发权,具有工程类注册执业资格或具有中级及以上专业技术职称、2年及以上工程实践经验并经监理业务培训的人员。

6)监理员。从事具体监理工作,具有中专及以上学历并经过监理业务培训的人员。

7)监理规划。在总监理工程师的主持下编制、经监理单位技术负责人批准,用于指导项目监理机构全面开展监理工作的指导性文件。

8)监理实施细则。根据监理规划,由专业监理工程师编写,并经总监理工程师批准,针对工程项目中某一专业或某一方面监理工作的操作性文件。

9)工程计量。根据工程设计文件及施工合同约定,项目监理机构对施工单位申报的合格工程的工程量进行核验。

10）旁站。项目监理机构对工程的关键部位或关键工序的施工质量进行的监督活动。

11）巡视。项目监理机构对施工现场进行的定期或不定期的检查活动。

12）平行检验。项目监理机构在施工单位自检的同时，按有关规定、建设工程监理合同约定对同一检验项目进行的检测试验活动。

13）见证取样。项目监理机构对施工单位进行的涉及结构安全的试块、试件及工程材料现场取样、封样、送检工作的监督活动。

14）监理日志。项目监理机构每日对建设工程监理工作及施工进展情况所做的记录。

15）监理月报。项目监理机构每月向建设单位提交的建设工程监理工作及建设工程实施情况等分析总结报告。

16）设备监造。项目监理机构按照建设工程监理合同和设备采购合同约定，对设备制造过程进行的监督检查活动。

17）监理文件资料。工程监理单位在履行建设工程监理合同过程中形成或获取的，以一定形式记录、保存的文件资料。

3. 项目监理机构

监理单位履行施工阶段的委托监理合同时必须在施工现场建立项目监理机构，项目监理机构在完成委托监理合同约定的监理工作后可撤离施工现场。项目监理机构的组织形式和规模，应根据委托监理合同规定的服务内容、服务期限、工程类别、规模、技术复杂程度、工程环境等因素确定。建设项目监理组织机构有以下几种形式：

1）按项目组成分解设立监理机构。若项目规模较大，且由若干相对独立的子项所组成，则可选用这种形式，如图22-3所示。

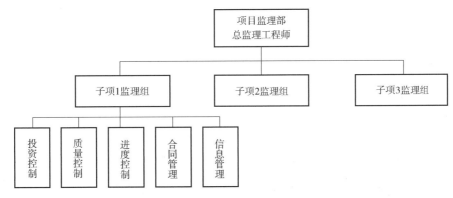

图22-3 按子项分解的项目监理机构示意图

这是项目监理部和子项监理组两级组织形式。项目监理部主要负责整个项目监理工作的规划、组织和指导及有关方面的协调；各子项监理组则专门负责相应子项范围内的投资、进度、质量和安全等目标的控制和管理任务。

2）按建设阶段分解设立监理机构。该种类型的监理机构形式如图22-4所示。

这种类型的机构适合于承担大、中型建设项目建设全过程监理任务。项目监理部负责整个项目监理工作的规划、组织与协调工作。项目进展的不同阶段的具体监理工作由相应的监理组负责。

3）按监理职能分解设立监理机构。这种形式适合于中、小型建设项目，或不宜分解为子项的项目，如图22-5所示。

4）矩阵制监理机构。这是一种按项目组成的子项和按职能分解综合设立监理机构的形式，适应于大型建设项目，如图22-6所示。

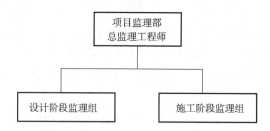

图 22-4　按建设阶段分解的项目监理机构

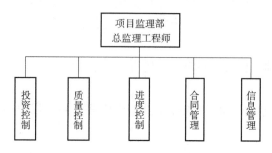

图 22-5　按职能分解的项目监理机构

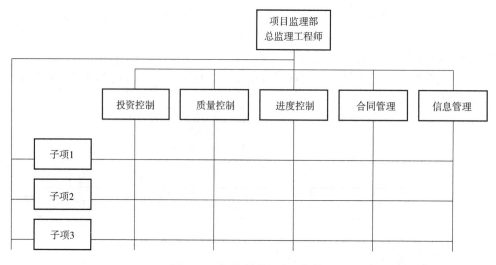

图 22-6　矩阵制项目监理机构

这种形式有利于强化各子项监理工作责任，同时有利于总监理工程师对整个项目的总体规划、组织和指导，并能促进监理工作规范化和工作标准更加统一。

4. 工程项目建设监理范围及主要内容

（1）工程项目建设监理范围

根据《建设工程质量管理条例》规定，下列建设工程必须实行监理：

1）国家重点建设工程。
2）大中型公用事业工程。
3）成片开发建设的住宅小区工程。
4）利于外国政府或国际组织贷款、援助资金的工程。
5）国家规定必须实行监理的其他工程。

（2）工程项目建设监理的主要内容

控制工程建设的投资、建设工期、工程质量和安全；进行工程建设合同管理；协调有关单位的工作关系。所以，工程项目建设监理的主要内容可以归纳为"四控、一管、一协调"。

1）投资控制。投资控制的任务主要是在建设前期进行可行性研究，协助业主正确地进行投资决策，控制投资估算；在工程设计阶段审查设计方案、设计标准、总概算（或修正总概算）和概（预）算；在建设准备阶段协助确定标底和合同造价；在施工阶段进行设计变更审查，核实已完工程量，进行工程进度款签证和控制索赔；在工程竣工阶段审核工程结算。

2）工期控制。在建设前期，通过周密分析研究确定合理的工期目标。在项目实施阶段，审查施工单位报审的施工总进度计划和阶段性施工进度计划，提出审查意见，并由总监理工程师审核后报建设单位；检查施工进度计划的实施情况，发现实际进度严重滞后于进度计划且影响合同工期时，应签发监理通知单，要求施工单位采取调整措施加快施工进度。应分析比较工程实际进度与计划进度，预测实际进度对总工期的影响，并在监理月报中向建设单位报告工程项目实际进展情况。

3）质量控制。建设监理过程中进行质量控制的主要环节包括：工程开工前审查施工单位现场的质量管理组织机构、管理制度以及专职管理人员和特种作业人员的资格；审查施工单位报审的施工方案；审查施工单位报送的新材料、新工艺、新技术、新设备的质量认证材料和相关验收标准的适用性；检查、复核施工单位报送的施工控制测量结果和保护措施；检查施工单位为本工程提供服务的试验室；审查施工单位报送的用于工程的材料、构配件、设备的质量证明文件，对用于工程的材料进行见证取样，平行检验；审查施工单位定期提交影响工程质量的计量设备的检查和检定报告；根据工程特点和施工组织设计，确定旁站的关键部位、关键工序，并实施旁站；对工程质量进行巡视；对工程材料、施工质量进行平行检验；组织对工程质量的验收；就存在的问题签发监理通知单，要求施工单位整改；监管质量缺陷、质量事故的处理；组织工程竣工预验收，参加工程竣工验收。

4）安全控制。工程监理单位应当按照法律法规和工程建设强制性标准及委托监理合同实施安全监理，对所监理工程的安全进行监督检查，实施安全控制。

5）合同管理。合同是监理单位采取各种控制、协调与监督措施，履行纠纷调解职责的依据。所以，在合同执行过程中，监理单位应站在公正的立场上，监督合同的执行状况，及时沟通有关信息，及时处理合同执行中的有关问题，以便为项目的顺利进行创造良好的合同环境。

6）组织协调。一项工程涉及许多参与方，各个参与方之间若不能很好协调将会严重影响项目的进行。因此，监理单位应协调相关单位的协作关系，使之相互合作，减少矛盾，为实现项目目标而共同努力。

5. 工程项目设计阶段监理

（1）设计前的监理准备工作

设计前的监理准备工作主要包括以下几项：

1）收集有关设计开展的必要资料。

2）编制工程项目设计监理规划。监理规划的内容包括：监理工作的组织机制；设计监理各阶段的工作目标；设计方案选择和设计工作所应遵循的原则，如投资规模的控制、采用的设计标准、使用功能要求等。

3）确定设计要求。监理单位根据与业主商定的基本原则，提出各专业设计的指导原则和具体要求，并形成文件，提交业主确认。

（2）组织设计方案比选和使用功能监理

若采用设计方案比选的方式选择设计单位，监理单位应协助业主组织方案比选工作。由监理单位提出设计方案比选规划或方案比选可行性报告，组织设计方案评审机构，并组织设计方案的预选和评选。项目监理组织的这项工作属于咨询性质。

使用功能和技术方面的监理随着项目的设计阶段不同而不同。在初步设计、技术设计和扩大初步设计阶段，主要监督设备选型、生产工艺、总平面与运输布置、建筑与设施的布置、采用的设计标准和主要的技术参数等；在施工图设计阶段，主要监督设计计算、材料选择、各专业设计之间协调等问题及设计的正确性。

（3）设计阶段投资监理和进度监理

设计阶段是投资控制的主要阶段，投资控制的最主要方法是限额设计。因此，在设计过程中，监理单位应通过监督限额设计执行情况使设计方案控制在投资估算之内；协助设计单位进行不同设计方案的比较和优选；就编制依据、工程量计算、各分部分项工程单价、补充定额取值和各种取费项目的合理性和正确性等问题，审查确定的设计方案的设计概算。由于设计进度直接影响项目进度，所以应加以控制。

监理单位对工程设计进度的控制主要通过两个环节实现：

1）监督设计合同规定的进度执行情况。根据合同要求不断检查设计进度，使设计进度处于控制之中。

2）及时处理出现的问题。若出现设计进度拖期，监理单位应要求设计单位查找原因，及时调整，以免影响整个设计进度；若出现重大问题，应由设计、项目法人、监理三方共同磋商，及时解决问题。

6. 工程项目施工阶段的监理

（1）制定监理工作程序

制定监理工作程序有利于项目监理机构的工作规范化、程序化、制度化，有利于建设单位、承包单位及其他相关单位与监理单位之间工作配合协调。监理工作程序包括：监理工作总程序、签订工程项目建设监理合同的程序、招标阶段的咨询程序、施工阶段的监理程序、工程保修阶段的监理程序和结束监理合同的程序。

在制定监理工作程序时，要按照监理工作开展的先后次序明确每一阶段完成的工作内容、行为主体、工作时限和考核标准；应根据专业工程特点，并按工作内容分别制定具体的监理工作程序；应体现事前控制和主动控制的要求；在监理工作实施过程中，应根据实际情况的变化对监理工作程序进行必要的调整和完善。

（2）施工准备阶段的监理工作

施工准备阶段主要进行下述监理工作：

1）熟悉设计文件。在设计交底前，总监理工程师应组织监理人员熟悉设计文件，并对图样中存在的问题通过建设单位向设计单位提出书面意见和建议。这是监理预先控制的一项重要工作，其目的是熟悉图样，了解工程特点、工程关键部位的施工方法、质量要求，以督促承包单位按图施工。

2）参加设计技术交底会。监理人员应参加由建设单位组织的设计技术交底会。

3）审查施工组织设计。承包单位在完成施工组织设计的编制并自审的基础上，填写施工组织设计报审表，报送项目监理机构审查。监理单位应在约定的时间内组织专业监理工程师审查，并提出审查意见，由总监理工程师审定批准。需要承包单位修改时，由总监理工程师签发书面意见，退回承包单位修改后再报审，监理单位应重新审定。已审定的施工组织设计由项目监理机构报送建设单位。承包单位应按审定的施工组织设计文件组织施工，如需对其内容做较大变更，应在实施前将变更内容书面报送项目监理机构重新进行审定。

4）审查承包单位现场管理体系。监理工作是在承包单位建立健全质量管理体系、技术管理体系和质量保证体系的基础上完成的。所以，工程项目开工前，监理机构应审查承包单位现场项目管理机构的质量管理体系、技术管理体系和质量保证体系。审核的主要内容包括：质量管理、技术管理和质量保证的组织机构，质量管理、技术管理制度，专职管理人员和特种作业人员的资格证和上岗证。

5）审查分包单位资格。分包工程开工前，专业监理工程师应审查承包单位报送的分报单位的资格报审表和分包单位有关资质资料，符合有关规定后，由总监理工程师予以签认。

6）检查测量放线控制成果及保护措施。专业监理工程师应检查承包单位专职测量人员的岗位证书及测量设备检定证书,复核控制桩的校核成果、保护措施及平面控制网等测量成果。符合要求时予以签认。

7)审查工程开工报审表及相关资料。专业监理工程师应审查承包单位报送的工程开工报审表及相关资料,具备开工条件时,由总监理工程师签发,并报建设单位。

8)参加第一次工地会议。工程项目开工前,监理人员应参加由建设单位主持召开的第一次工地会议。第一次工地会议纪要应由监理机构负责起草,并经与会各方代表会签。

(3)目标控制

在工程项目施工阶段,目标控制是监理最为重要的工作,也是最根本的工作,包括工程质量控制、工程安全控制、工程造价控制和工程进度控制。

1)工程质量控制。施工阶段质量控制监理的任务是:对形成工程实体的质量进行控制,达到预定的质量标准和质量等级。主要的控制工程是对投入物的质量控制,对施工及安装工艺过程的质量控制和对产品的质量控制;主要的控制因素包括:参与施工的人员的质量控制,对所用原材料及构配件的质量控制,对所用机械设备的质量控制,对采用的施工检测方法的质量控制,对生产、劳动、管理、环境的质量控制。

2)工程安全控制。监理单位应依据法律法规、工程建设强制性标准,履行安全生产管理的监理职责,并应将安全生产管理的监理工作内容、方法和措施纳入监理规划和监理实施细则。主要内容包括:审查施工单位现场安全生产规章制度的建立和实施情况、安全生产许可证;审查项目经理、专职安全生产管理人员和特种作业人员的资格,核查施工机械和设施的安全许可验收手续;审查施工单位报审的专项施工方案;巡视专项施工方案实施情况;发现工程存在安全隐患时,应签发监理通知单,情况严重时,应签发工程暂停令。

3)工程造价控制。工程造价控制是监理单位一项不可忽视的工作。工程施工阶段,工程造价监理的任务是:控制工程款的支付和结算,严格处理索赔事件,严格进行变更审核,确保工程造价目标的实现。

4)工程进度控制。施工阶段监理是项目全过程监理的重要组成部分,而施工阶段进度控制监理则是整个项目进度控制监理的重点阶段,其任务是实现项目的工期或进度目标。

进度控制监理的主要工作是:

①按一定的程序进行工程进度控制。监理单位进行工程进度控制的程序如图22-7所示。

图22-7 工程进度控制程序

②制订进度控制方案。专业监理工程师应依据施工合同的有关条款、施工图及经过批准的施工组织设计制订进度控制方案,对进度目标进行风险分析,制定防范性对策,经总监理工程师审定后报送建设单位。

③报告进度状况。监理单位应在监理月报中向建设单位报告工程进度及所采取的进度控制措施的执行情况,并提出合理预防由建设单位原因导致的工程延期及其相关费用索赔的建议。

5)合同管理

①工程暂停及复工。发生下列情况之一时,总监理工程师可签发工程暂停令:

a)建设单位要求暂停施工,且工程需要暂停施工。

b)为了保证工程质量而需要进行停工处理。

c)施工出现了安全隐患,总监理工程师认为有必要停工以消除隐患。

d)发生了必须暂时停止施工的紧急事件。

e) 承包单位未经许可擅自施工，或拒绝项目监理机构管理。

由于建设单位原因，或其他非承包单位原因导致工程暂停时，项目监理机构应如实记录所发生的实际情况。总监理工程师应在施工暂停原因消失、具备复工条件时，及时签署工程复工报审表，指令承包单位继续施工。

由于承包单位原因导致工程暂停，在具备恢复施工条件时，项目监理机构应审查承包单位报送的复工申请表及有关材料，同意后由总监理工程师签署工程复工报审表，指令承包单位继续施工。

②工程变更的管理。项目监理机构应根据委托监理合同的约定进行工程变更的处理，不应超越所授权限，并应协助建设单位与承包单位签订工程变更的补充协议。监理机构处理变更的程序是：

a) 设计单位对原设计存在的缺陷提出的变更，应编制设计变更文件；建设单位或承包单位提出的工程变更，应提交总监理工程师，由总监理工程师组织专业监理工程师审查。同意后，应由建设单位转交原设计单位编制设计变更文件。

b) 项目监理机构应了解实际情况和收集与工程变更有关的资料。

c) 总监理工程师必须根据实际情况、设计变更文件和其他有关资料，按照施工合同的有关条款，在指定专业监理工程师完成相关工作后，对工程变更的费用和工期做出评估。

d) 总监理工程师应就工程变更费用及工期的评估情况与承包单位和建设单位进行协调。

e) 总监理工程师签发工程变更单。

f) 项目监理机构应根据工程变更单监督承包单位实施。

③费用索赔的处理。费用索赔的处理是监理机构的一项重要工作。项目监理机构在处理费用索赔时的主要依据是：国家有关的法律、法规和工程项目所在地的地方法规，本工程的施工合同文件，国家、部门和地方有关的标准、规范和定额，施工合同履行过程中与索赔事件有关的凭证。

承包单位提出的费用索赔同时满足以下条件时，项目监理机构应予受理：

a) 索赔事件造成了承包单位直接经济损失。

b) 索赔事件是由于非承包单位的责任引发的。

c) 已按照施工合同规定的期限和程序提出费用索赔申请表，并附有索赔凭证材料。

④工程延期及工程延误的处理。承包单位提出的工程延期要求符合施工合同文件规定的条件时，项目监理机构应予以受理。工期索赔经过批准的部分为工程延期，其余部分则为工程延误。

项目监理机构在审查工程延期时，应依下列情况确定批准工程延期的时间：

a) 施工合同中有关工程延期的约定。

b) 工期拖延和影响工期时间的事实和程度。

c) 影响工期事件对工期影响的量化程度。

⑤合同争议的调解。项目监理机构在接到合同争议的调解要求后应进行以下工作：

a) 及时了解合同争议的全部情况，包括进行调查和取证。

b) 及时与合同争议的双方进行磋商。

c) 在项目监理机构提出调解方案后，由总监理工程师进行争议调解。

d) 当调解未能达成一致时，总监理工程师应在施工合同规定的期限内提出处理该合同争议的意见。

e) 在争议调解过程中，除已达到了施工合同规定的暂停履行合同的条件之外，项目监理机构应要求施工合同的双方履行施工合同。

7. 建设监理与项目管理

(1) 建设监理的特征

建设监理属于项目管理，是业主委托监理单位所进行的项目管理。监理具有服务性、公正性和独立性、科学性的特征。

1)服务性。监理单位是知识密集型的高智能服务性组织,以自己的科学知识和专业经验为建设单位提供工程建设监理服务。

2)公正性和独立性。监理单位在工程建设监理中具有组织有关各方协作、配合的职能,同时是合同管理的主要承担者,具有调解有关各方之间权益矛盾、维护合同双方合法权益的职能。为使这些职能得以实施,监理单位必须坚持公正性,而为了保护其公正性,又必须在人事上和经济上保持独立,以独立性为公正性的前提。

3)科学性。科学性是社会监理单位区别于其他一般性服务机构的重要特征,也是其赖以生存的重要条件。科学性来源于它所拥有的监理人员的高素质,监理单位依靠相当数量的高素质的监理人员成为智力密集型高智能服务性机构,使其具有能发现建设过程中的设计、施工的技术、管理和经济方面问题并加以科学合理解决的能力,能够提供有权威的、高水平的专业服务。

(2)建设监理与项目管理之间的关系

建设监理与项目管理之间的关系主要体现在:

1)组织关系。建设监理单位在进行工程项目监理时,与有关单位的关系如图22-8所示。图22-8a表明,监理单位和施工单位均与业主有合同关系,而监理单位和施工单位之间仅存在监理与被监理关系;图22-8b表明,当监理单位作为咨询单位或作为代甲方时,只与业主有关系,而与施工单位无关;图22-8c表明,在有总承包单位的情况下,项目经理部是作为分承包单位与总承包单位有合同关系,接受监理单位的监督;图22-8d表明,施工单位与业主有合同关系,既接受监理单位的监督,又接受质量监督站的监督。

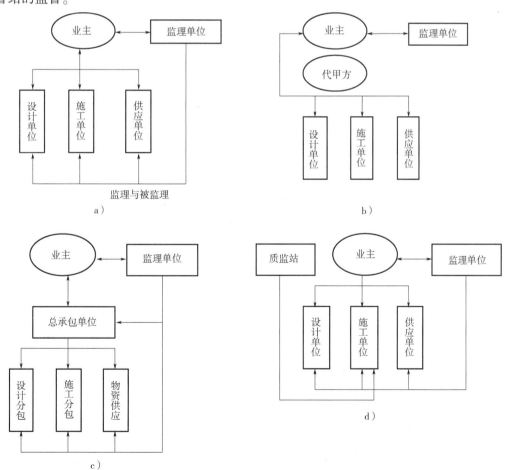

图22-8 监理单位与相关单位关系示意图

在项目现场,监理机构与施工项目经理部直接相处,共同对项目负责。监理工程师按施工单位与业主签订的承包合同进行监督,以保证项目目标的实现。

2)业务关系。施工项目与监理机构之间的业务关系主要表现在以下三方面:

①商签合同中的业务关系。在商签合同过程中,一般是监理单位代表业主方与施工单位谈判,以便达成签订合同的协议。商签合同在招标文件及中标条件的基础上进行。谈判的主要内容是造价、质量保证和工期保证。商签合同及合同的订立,为在项目施工过程中监理与施工双方之间的关系奠定了基础。

②施工准备中的业务关系。在施工准备中,监理的责任是代表业主单位督促承包商按时完成应承担的准备工作,以便工程早日开工。工作重点是:现场准备、审查施工组织设计、审查承包商的资金准备。准备工作完成后,协助建设单位与承包单位编写开工报告,并下达开工令。

③施工阶段中的业务关系。施工期间,监理单位根据业主授予的权利开展三大目标控制、合同管理与信息管理、组织协调工作。业主一般授予的权利是:工程规模、设计标准和使用功能的建议权,组织协调主持权,材料和施工质量确认权与否决权,施工进度和工期上的确认权和否决权,工程合同内工程款支付与工程结算的确认权与否决权。业主与承包单位之间不再直接交涉,而是通过监理与之协调。

(3)监理单位与承包单位之间关系的处理原则

1)在社会上,双方是平等的法人组织,在工程项目管理中互相协作。

2)严格按合同办事。监理单位根据与业主签订的监理委托合同服务,承包单位按其与业主签订的工程承包合同施工。监理单位服务的宗旨是监督承包单位全面履行工程承包合同。

3)监理单位既严格监督承包单位,又积极维护其合法权益,并积极帮助承包单位解决项目管理中所出现的问题。

4)依法办事。监理单位在监理过程中,应严格执行有关法规,如《建筑法》《合同法》《招投标法》《工程质量管理条例》《工程安全管理条例》《建设工程监理规范》等。

22.3.2 项目监督

项目监督由政府监督、法律监督、社会监督三方面构成。政府监督、法律监督、社会监督共同构成项目监督的有机系统,在不同的方面按不同的职能要求对项目行使监督权,以确保项目目标的实现以及项目目标与其他目标协调发展。

1. 政府监督

政府对项目进行监督管理,这是由政府的职能和项目本身的特点所决定的。政府从维护社会公共利益的职能出发,必须对项目实施过程进行监督管理。政府为保证项目质量、完成时间、价格与合同关系合理合法,不但要对项目决策、规划、设计进行监督管理,还应对项目相关方及其在项目实施过程中的行为进行监督管理。政府本身作为项目利益相关者以及现代项目的复杂性都决定了政府进行监督的必要性和重大意义。政府在诸如产业政策引导、规范建设程序、制定标准、进行质量监督等方面都可以通过立法和行政监督来达到规范项目活动主体、维护社会公共利益的目的。

(1)政府监督的性质

1)强制性与法令性。政府有关机构代表社会公共利益对项目参与者及实施过程所进行的监督管理是强制性的,被监督者必须接受。而政府强制性监理的依据是国家的法律、法规、方针、政策和国家或其授权机构颁布的技术规范、规程与标准,因而又是法令性的。政府监督主要是通过监督、检查、许可、纠正、禁止等方式强制执行实施。

2)全面性。政府监督既包含对项目所有参与方及他们的行为进行监督,又贯穿于从项目立项、实施直到交付使用全过程中每一阶段的监督。所以，政府监督的对象、范围和内容都是全面的。

3）宏观性。政府监督虽然较全面，但其深度并未达到直接参与日常活动监督的细节，而只限于以维护公共利益、保证项目实施行为规范性和保障各参与各方合法权益的宏观管理。

（2）政府监督的主要职能

1）政府对项目行为实施监理的职能。我国政府对项目行为的管理，包括项目决策阶段的监督、管理和实施阶段的监理。政府各部门对项目的监理形成对项目行为监督管理的整体职能。

2）政府对社会监理单位实行监督管理的职能。政府主管部门对社会监理单位实行监督管理的职能，主要是制定有关监理法规政策，审批社会监理单位的设立、资质等级、变更、奖惩、停业，办理监理工程师的注册和监督管理社会监理单位和监理工程师工作等。

（3）政府监督的内容

政府对项目的监督主要包括以下内容：

1）项目投资方向是否符合国家产业政策要求。项目投资方向必须符合国家产业政策的要求，尤其是当前要符合国家节能减排政策的要求。只有坚持按国家产业政策导向规范和引导自己的项目投资行为，项目才有可能取得成功，也才有可持续性和长久的发展动力。

2）项目使用土地资源的有效性和可持续性。目前，我国土地资源所面临的严峻形势迫切要求提高项目使用土地资源的有效性和可持续性。一个项目占用了土地，对其他项目而言具有排他性。从这一意义上讲，提高项目使用土地资源的有效性和可持续性是解决我国土地资源紧缺和社会经济高速发展之间矛盾的一条切实可行的对策与措施。政府责无旁贷，要确保把有限的土地资源配置到更需要、更有效率的项目上。

3）安全与环保监督。安全监督是指各级政府主管安全工作的部门及其授权的安全监督机构对建筑安全进行的行业监督。项目环境监督在政府项目监督管理中越来越重要，此项工作由政府环保部门负责。政府对环保的监督贯穿项目全过程，各阶段任务的重点有所不同。

4）规范建筑市场。政府规范建筑市场包括贯彻政策、资质审查、招投标管理、规划许可证、建筑工程许可证及验收、价格管理、合同管理等工作。

5）监督建设工程质量。该项工作由建设主管部门负责，具体由其下属的建设工程质量监督站负责。建设工程质量监督站按项目特点配置相应人员。

工程质量监督程序如下：

①要求项目建设单位应在开工前一个月到质量监督站办理监督手续。

②质量监督站在两周内确定监督人员。

③通知建设、勘察、设计、施工单位，提出监督计划。

工程质量监督内容主要包括：开工前的核查，核查勘查、设计单位资质等；施工中的抽查，按监督计划由监督员对工程质量抽查；完工后的核验，在施工单位验收的基础上核验。

2. 法律监督

项目的法律监督主要体现在公证环节。《中华人民共和国公证暂行条例》规定：公证是国家公证机关根据当事人的申请，依法证明法律行为、有法律意义的文书和事实的真实性、合法性，以保护公共财产，保护公民身份上、财产上的权利和合法利益。根据《中华人民共和国公证暂行条例》第四条规定，公证处的业务包括以下几个方面：

1）招标公证。公证机关根据招标方的申请，依法证明招标方、投标方及评标方在招投标过程中一切活动符合国家有关法律要求，是真实的意思表达。

2）购销合同公证。一般在合同签订地的公证机关申请。

3）货物运输合同公证。货物运输合同是由承运人按约定的运输方式，将货物按时送到指定地点，交给收货人，并向托运人收取运输的协议。货物运输合同公证在合同签订地公证部门办理。

4）建设工程承包合同公证。建设工程承包合同是指建设单位（发包方）与勘察、设计或施工单位（承包方）签订的，完成具体建筑工程项目，明确双方权利义务的协议。建设工程承包合同公证在合同签订地公证部门办理。

5）借款合同公证一般是由出借人向借款人所在地公证处申请办理。

3. 社会监督

由社会中介机构、社会舆论以及社会团体对项目情况的监督称为社会监督。社会中介机构一般是指咨询公司、监理公司、会计师事务所、审计所、律师事务所等。

1）社会审计。社会审计是指会计师事务所或审计所接受国家机关、企事业单位和个人的委托提供的审计服务。

2）社会监理。建设单位可委托具有相应资质等级的工程监理单位进行监理，也可以委托具有工程监理相应资质等级并与被监理工程的施工承包单位没有隶属关系或者其他利害关系的该工程的设计单位进行监理。

3）社会舆论监督。大众传媒对项目的监督属于社会舆论监督。在大众传媒极度发达的今天，媒体舆论对项目实施的影响日益加大，甚至会影响项目的投资决策。

22.4 案例：某燃煤电厂建设项目安全管理

1. 项目背景

某火电厂 8 号机 EPC 项目是某国政府为缓解国内电力紧缺状况而出资建设的一揽子电站项目之一，由该国国家电力公司负责工程建设和运营。经国际招标，此 EPC 合同授予中国某公司为领导方组成的联合体。该项目合同总工期为 38 个月。

2. 安全管理目标

为了确保项目现场安全，项目部特制定了 7 个安全管理目标，要求严格执行，包括：

1）不发生人身死亡事故。

2）不发生重大机械设备事故。

3）不发生重大火灾事故。

4）不发生重大以上交通事故。

5）不发生压力容器爆炸事故。

6）不发生重大职业卫生伤害事故。

7）年人身重伤率小于 0.5 次/（年·千人）。

3. 安全管理要点

（1）制订安全管理计划

项目组制订了严格的安全管理计划，根据建设工程项目进入不同的阶段，确定安全管理重点如下：

1）施工进入设备安装高峰期的安全文明施工管理重点。

2）单体、分步和整体调试、启运的安全、文明施工管理重点。

3）土建施工后期的安全管理重点。

4）施工中、后期的阶段性安全管理工作。

5）施工人员的习惯性违章、管理人员的违章指挥等行为有效管控方法。

（2）加强过程管控

整个项目施工阶段，项目现场施工作业使用承包方 HSE 管理程序，保证每项作业的执行与 HSE 程序和规则相一致，且应与所在国及中国的安全法规保持一致。

1）严格执行承包商的 HSE 管理系统、HSE 程序、HSE 标准。

2）承包商设立的 HSE 系统应符合当地规定和要求。

3）HSE 小组从设计早期就应考虑安全问题，要有策划计划。在现场的早期的临时设施建设中应设立全职安全员，以保证项目安全目标。

4）承包商要建立一个专门的现场 HSE 规范，并要求施工人员包括分包商严格遵守。

5）设立全职安全监督员监督安全项目的执行。

6）承包商必须确保最高标准的安全措施的执行，在现场应提供足够的防护墙和 24 小时的安全巡逻。

7）安全经理在质保/质控安全组的配合下，通过评估、验证、审核工作保证 HSE 的实施。

第六篇

项目组织与团队管理

团队的目的在于，促使平凡的人做出不平凡的事。
正如比尔·盖茨所言"小成功靠个人，大成功靠团队"，
团队管理的目标就是能够实现 1＋1＞2 的效果。

第 23 章　企业项目管理

本章要点

项目管理的模式为越来越多的企业带来了变革的活力,多项目管理模式的应用促进了企业项目管理的发展。首先,介绍企业项目管理的概念、实施及应用,阐述矩阵式组织模式在企业项目管理中的应用;其次,阐述多项目管理的概念、项目集群管理及项目组合管理;再次,介绍项目管理办公室的概念、职能及其建立和运行;最后,阐述企业项目管理体系建设。

23.1　企业项目管理概述

23.1.1　企业项目管理的概念

在市场环境快速变化、竞争日益激烈、新技术层出不穷的新环境下,产品生命周期变得越来越短,全球经济组织对有限资源的争夺越来越激烈,客观上要求组织对其资源进行最大限度地利用。以目标为导向的价值观可以指导组织的经营管理活动,对成本、时间、质量 3 个方面进行全方面、全过程地控制。由于项目管理方法具有较强的市场适应能力和创新能力,在新的市场环境下,越来越多的企业开始引入项目管理的思想和方法,将企业的各种任务按项目进行管理(Management by Project),不仅对传统的项目型任务实行项目管理,还将一些传统的作业型业务当作项目对待,进而实行项目管理,即开展企业项目管理(Enterprise Project Management, EPM)。

企业项目管理是现代项目管理的一个重要发展,是伴随着项目管理方法在长期性组织(如企业、政府部门等)中的广泛应用而逐步形成的一种以长期性组织为对象的管理方法和模式。其早期的概念是基于项目型公司而提出来的,是指"管理整个企业范围内的项目(Managing Projects on an Enterprise Wide Basis)",即着眼于企业层次总体战略目标的实现对企业中诸多项目实施管理。随着外部环境的发展变化,项目管理方法在长期性组织中的应用已不再局限于传统的项目型公司,在传统的生产作业型企业及政府部门等非企业型组织中也得以广泛实施。企业项目管理的概念随之有了较大的发展,逐渐成为一种长期性组织(不局限于企业组织)管理方式的代名词。

企业项目管理是指以企业高层管理者的角度对企业中各种各样的任务实行项目管理,是一种以"项目"为中心的长期性组织管理的方式,其核心是多项目管理与项目管理体系建设。企业项目管理具有以下特点:

1) 突破项目层面,站在组织整体层面看待项目管理,将项目管理与战略管理进行有机融合,并借用项目管理优化、提升企业管理能力。一般先根据组织的使命分解得到组织的战略目标,然后根据战略目标拟定实现这些战略目标的项目、项目群和项目组合,最后,通过使用项目管理的理论和方法使这些项目获得成功,实现组织永续的目标。

2) 主导思想是"按项目进行管理(Management by Project)",是指以组织高层管理者的角度对组织中的各项任务实施项目管理。按项目进行管理冲破了传统的管理方式和界限,是传统项目管理方法和技术在企业所有项目上的综合应用。按项目管理意味着项目观念渗透到组织所有的业务领域,包括市场、工程、质量管理、战略规划、人力资源管理、组织变革、业务管理等。项目管理者也不再被认为仅仅是项目的执行者,他们应能胜任更为复杂的工作,在时间、成本、质量、风险、合同、采购、人力资源等方面对项目进行全方位管理。例如,参与需求确定、项目选择、项目计划直至项目收尾的全过程。

3)它是"整个企业范围内的项目管理",关注多项目的管理。单项目管理只关心单个项目目标的实现,而企业项目管理必须关心组织中所有项目目标的实现。故企业项目管理既需要适应单个项目管理的要求,同时也要从企业总体目标出发,平衡企业中多个项目间的资源和利益,以保证所有项目的实现。创造和保持一种使企业各项任务都能有效实施项目管理的组织环境和平台,构建企业项目管理体系,是实施企业项目管理的关键所在。

4)它是一种面向目标、面向成果的系统管理方法。每个项目的目标都要与相关的企业战略目标相适应;每个项目都有具体而明确的目标;项目中的每一任务都有明确的目标;同时,为了便于检查目标的实现还会设立一系列阶段性的目标;从组织负责人到项目经理直至项目团队的每一个成员都有各自的目标。组织负责人根据项目目标和完成情况来考核项目经理;项目经理只要求项目成员在约束条件下实现项目目标,强调项目实施的结果;项目成员根据协商确定的目标、时间、费用、工作标准等限定条件,独自处理具体工作,灵活地选择有利于实现各自目标的方法,以目标为导向逐一地解决问题,通过持续不断的过程最终确保项目总体目标的实现,保证组织战略目标的实现。

企业项目管理与单项目管理的区别见表23-1。

表23-1 企业项目管理与单项目管理的区别

	企业项目管理	单项目管理
管理对象	整个组织所有的项目	特定项目
管理目标	实现企业战略目标	按计划向业主提交项目
管理视角	相对宏观	相对微观
管理层次	组织战略层	执行层
管理决策者	由高层经理、部门经理、项目经理等组成	项目经理
管理方法	战略管理、项目组合管理、项目群管理	项目管理
管理周期	周而复始并不断变化	随项目结束而结束

23.1.2 企业项目管理的实施与应用

1. 企业项目管理的实施

企业项目管理是站在组织整体战略的角度,为保证企业中所有项目按时、高质、顺利地完成而进行的管理活动,是以项目作为相对独立的组织单元,围绕项目来组织资源。它根据项目生命周期各个阶段的具体需要,配置和协调人力、原材料、设备、资金及时间等资源,最大限度地利用有效资源,以项目目标为导向来解决问题,保证所有项目目标的实现。实施企业项目管理的核心关键就是建立一个有效的企业项目管理体系。在具体实施中,应关注以下几个方面。

(1)建立企业资源库

在采用企业项目管理方法之前,管理者首先要明确企业拥有什么样的资源。资源是企业项目管理的约束条件,一般来说,可以将资源划分为人力资源、财务资源、技术资源等类型。企业项目管理需要各部门多种技能之间相互的配合,因此,人力资源是最具重要意义的资源。企业必须建立自己的人才考核系统,对员工所拥有的技能建立档案并进行评价,以便随时高效地遴选项目经理,组建项目团队。此外,通过对知识积累状况的研究,企业可以迅速发现缺乏什么样的人才,可立即进行人才的选聘、培养,以建立知识结构全面的项目团队。企业其他的资源和人力资源一起构成企业项目管理的约束条件。因此，对企业的其他资源也要建立详细的档案并进行考核，帮助企业自我诊断，这是实施企业项目管理的基础。

（2）标准化工作程序

大多数组织，无论管理正规与否，都会有一些工作程序。这些程序主要应用于整个企业的业务或产品，例如：人员雇佣程序、采购程序、报销支出程序以及其他支持企业运作的程序。如果企业起初并不是实行企业项目管理的模式，那么，在向企业项目管理转型的过程中就必须对这些程序进行标准化，统一项目执行的过程，减少管理过程中工作程序的冲突，具体包括项目选择程序、项目工作程序和项目资源配置程序的标准化。

1）项目选择程序

由于资源的限制，对于任何企业来说，选择合适的项目配置都是困难的。因此，企业必须有能力避免启动那些对企业长期发展并不重要的项目，从而避免资源的浪费。项目选择程序是在项目启动初期选择合适的项目进行投资，以最大效用利用资源的论证过程，其目的是确定项目的可行性和有效性，包括项目的一般机会研究、特定机会研究和可行性论证等阶段，是确保项目成功的第一步。

项目选择程序所采用的标准（参数）可因企业不同而不同，但通常需要考虑以下问题：是否能够充分满足客户的需要或期望？是否符合企业的战略发展需要？是否能够为企业带来合理的投资回报？是否能够建立企业的竞争优势？

需要重点强调的一个基本原则就是企业所担负的任何一个项目都必须符合企业的发展战略、目标和方针。企业对发展远景的规划通常会转换为发展战略、目标和方针，这些目标和方针又被进一步定义为由各种项目构成的企业发展计划，并由企业所拥有的人力资源和其他资源给予相应的管理和支持。从按项目进行管理的观点来看，企业业务成为一种多项目的组合。所有项目构成了企业的业务内容并支持业务的发展。因此，企业所选择的项目必须满足企业业务发展的方针和目标。一些企业可能犯的共性错误就是选择了只对企业长期发展起很小作用的项目，有时企业为了眼前的利益，或因为没有明确的发展战略，往往顾及不到这一点，但这将是致命的。

2）项目工作程序

在确定了项目之后，需要严格按照项目管理的方法实施项目并对其进行考核，包括采用项目管理的常用技术，如甘特图、挣得值分析等对项目的各个方面进行管理。美国项目管理学会 PMI 把项目管理分为十大类：范围管理、质量管理、时间管理、沟通管理、人力资源管理、采购管理、费用管理、风险管理、综合管理和利益相关者管理。按照项目管理的特点和方法进行管理构成了企业项目管理的工作程序。

3）项目资源配置程序

项目资源配置程序要求企业对各个项目进行资源利用效率的评估。根据投资回报、成本节约等指标来安排项目资源的分配。实施企业项目管理的组织可同时进行多个项目，可以采用 ABC 法、价值分析法等方法来评价这些项目，并根据其重要程度相应分配资源。企业必须建立多个资源利用效率的评价系统。

对于整个企业资源管理而言，创立项目型企业的关键是资源整合。整合意味着按最有效的方式，将企业的资源分配给关键项目，而这些关键项目是通过项目过滤程序选择出来的。整合还意味着对企业有效资源库的全面掌握和管理（企业的所有资源应汇总到资源库，并能显示资源的可用性）。企业的关键资源（或稀缺资源）在业务范围内的有效分配和使用，取决于对正在执行的各个项目的有效控制和信息的充分交流。而成功实施企业项目管理的组织拥有正规的资源配置程序和全局计划。

（3）团队型企业文化的塑造

企业项目管理要求企业文化必须能够接纳"按项目进行管理"的思维方式。因此，企业的管理者在推行企业项目管理的过程中一定要处理好企业原有层级文化向团队文化的转变。通常采取的措施包括：

1）在推行企业项目管理之前向全体员工进行充分有效的宣传，使员工对自身工作的认识从"满足部门的要求"转向"满足项目的要求"。

2）妥善处理原有领导职位的转岗问题，尽量减少职位变化给企业带来的波动。

3）对全体员工进行项目管理专业知识的培训。

4）强调集体合作更新人员考核办法，以项目目标的实现作为考核的指标，鼓励团队合作。

5）在企业中推行"平等合作"的工作观念，消除过分严格的企业等级观念。

（4）形成合理有效的授权体系

项目管理的运作是通过公司高层管理者对项目经理的授权进行的，由于项目通常涉及项目委托人、业主、项目监理等多方面的利益，而项目经理只能调动本组织内部的资源。因此，项目经理所负担的责任要大于他所拥有的权力。在实际的项目管理运作中，对项目经理授权的"度"很难把握。因此，需建立一个合理、有效的授权体系，以权责对等、明确目标为原则，合理授予项目经理权力。

权责的分配与界定应该遵循以下两个原则：一是权责对等的原则。在任何工作中，权与责必须对等，不但要有权，还要有责，权力太小或者过大都是不妥当的，变动权力时，必须同时变动与权力相应的责任。如果要求一名项目经理履行某些责任，那就要授给他充分的权力。如果这些权力已经授给他，但该项目经理不能承担相等的责任，那么就应收回这些权力或对他的职务做某些变动。二是明确目标的原则。每一项权力的分配都是为了获得所期望的结果，因此，责权的分配和界定，必须根据企业的整体目标及所在职位的具体要求来进行。

一般来说，项目经理应具有项目团队的人事权、一定额度下的资金调用权、物资调用权以及紧急事件处理权，而不应该具有合同文件签署权、项目标价谈判权、超过项目总价一定比例（由公司根据实际情况制定）的资金调用权和物资调用权。总的来说，对项目经理授权的原则是：项目经理的权力应该仅限于完成项目交付成果本身，牵涉各方重大利益的决策制定权力都不应该授予项目经理。

项目经理应承担的责任包括在预算费用内按时按质完成项目、团队合作与建设、处理团队内部的各种争端、指导督促团队队员的工作、与项目各利益相关者进行沟通和密切跟踪项目的进展情况等。

（5）采用以矩阵式为基础的组织结构

就专业的项目型公司而言，最常用的组织结构是项目式组织结构，即公司按照项目来设置不同的部门。但对于进行企业项目管理的大多数组织来说，项目式组织结构最大的问题在于资源的浪费和团队的不稳定性，因此，大多数组织更多的是采用矩阵式组织结构。在组建团队时，项目经理从各个职能部门抽调项目成员，项目成员受职能经理和项目经理的双重领导。职能经理注重对项目素质与技能的评估，而项目经理注重对项目效果的最终获得。矩阵式组织结构最大限度地体现了项目管理组织柔性的特点。在项目结束后，项目成员回到各自所在的职能部门。在项目进展中严格执行项目管理的方法和考核，可以确保每个项目目标的实现。

对于一些大型的公司来说，采用企业项目管理的一个重要措施是建立项目技术支持部门——项目管理办公室。大型企业通常同时面临多项目的任务环境，而且这些项目投资大、技术比较复杂、不确定性较高。由于外部环境的变化和内部资源的限制，在项目的实施过程中，必然会遇到各种各样的问题，为了保证项目顺利完成，组建项目管理办公室，为多项目管理提供支持是非常必要的。项目管理办公室将项目管理的多项职能加以整合，由熟练掌握项目管理专业技术的专业人员组成，为企业中多项目的管理提供规范的专业化服务，将项目经理从日常的琐碎事务中解放出来，为项目提供进展等方面的信息，可以更好地支援项目，满足企业的业务需求。

（6）建立有效的沟通平台

企业项目管理对企业内部和外部的紧密合作提出了更高的要求。在企业内部需要实现企业的信息化，形成有效的沟通系统。具体来说，要实现企业文件传输的电子化和项目监控的软件化，可以在每个时点上对项目进行成本、质量和时间 3 个维度的全方位及时监控。

建立企业与外部的有效沟通更为重要。调查研究显示，项目管理失败的一个很重要的原因就是客户需求的变动导致项目范围（为交付符合规格的最终成果而必须完成的工作）的变动。产生需求变动的原因可能有以下两种：一是不正确的需求定义。客户在项目初期对项目目标没有本质上的理解，在项目开始之后才发现按既定的做法不能解决自己目前的问题，因此提出变更项目范围。通常在这种情况下，项目已经进行到一定程度，重新变更项目范围不论是从成本上还是从组织的士气上来说都非常不利。为防止这种情况的出现，项目经理要在项目初期与客户充分地沟通、合作，透彻地了解客户的需求，为客户提供真正满足其需求的项目服务。二是项目所处的环境发生变化，要求变更在所难免。在这种情况下，企业项目组织要做的是随时跟踪项目的进展情况，定期向客户报告并听取客户意见，对项目中出现的问题及时与客户及监理方进行联席会议，获得客户的理解和支持。这样即使项目过程中出现问题，也可以通过比较稳妥的方式获得客户和监理方的支持。

（7）应用项目管理知识体系

实施企业项目管理，最困难的是在整个企业范围内应用项目管理知识体系。对于整个企业而言，项目管理知识体系所规定的知识范畴和所涉及的工作程序并非独立存在，而是需要与企业的业务相结合，并保持在所有项目上的一致性。每个知识范畴所包含的程序对各个项目都有不同的控制作用。当这些项目管理的知识体系应用程序真正能够与企业的组织结构相融合时，可以显著增强企业在项目计划和执行过程中的作业效率。一旦这些程序得以实施并为企业的组织文化所接受，将成为企业作业的标准，并使企业更加接近于按项目进行管理。

要切实运用项目管理的专业技术，企业需要拥有一批具有项目管理专业技能的项目经理。对项目经理的培养应该在企业项目管理推行之前就开始进行。项目专业技术的运用还需要信息化的支持，为企业项目管理提供技术平台。目前，多数企业采用 MIS 系统和项目管理专用软件进行项目文件的传递和项目进度的跟踪，企业应根据实际情况选择适合自身情况的系统进行项目运作。

（8）建设企业项目管理体系

项目管理体系是用系统化的思维方式，综合企业项目管理中涉及的多项目管理、项目群管理和单项目管理，融入企业项目管理策略和方法，规范项目的工作流程、操作规则、操作方法，并为项目考核评价奠定基础。

项目管理体系建设是在企业建立一套项目管理的标准方法，并与企业的业务流程集成在一起，形成以项目管理为核心的运营管理体系。项目管理体系是企业有组织地放弃、有组织地持续改进，有计划地挖掘成功经验和系统化管理创新的重要手段。

建立项目管理体系是要建立支持项目管理的组织体系和企业环境，为企业提供体系化的项目管理理念、可视化的项目管理工具、动态化的过程控制方法和程序化的项目作业流程。

项目管理体系能够解决企业如何决策和控制多项目以及如何考核和评价多项目的问题，可以指导项目经理制订高效的项目计划、有效地进行项目监控，确保项目目标的有效实现。在项目管理体系中，明晰的过程规范可以作为项目成员的工作指导依据；明晰的操作模板可以作为项目成员的工作实施准则；明晰的责任权利可以作为项目成员工作考核基础。

企业项目管理体系的持续改进，可以为企业积累成功的过程管理经验，有利于企业用最优的思路、最佳的流程、最高的效率实现项目目标。

2. 企业项目管理应用中的主要问题

实施企业项目管理有助于促进团队合作和人才培养，有助于促进企业文化的建设，有助于更加科学化、系统化地决策，有助于对经营活动更加严格地监控。但同时也会给企业带来一定程度的震荡。在应用企业项目管理的过程中，应注意解决好以下几个主要问题。

(1) 项目执行的多头管理问题

企业项目管理过程中很可能出现这样的情况，例如，一个团队成员既要向他所属项目的项目经理汇报，又要向其原来的部门领导汇报，当他的两个上级意见不一致时，他就会不知所措，无法进行正常的工作，即多头管理的问题。若企业存在多头管理的情况，会十分不利于项目的完成，造成项目进度拖延或耽搁，甚至无法完成。因此，必须处理好多头管理的问题，合理分配项目主管和部门主管的权利，使其权责大致相等。

(2) 项目利益的均衡问题

企业同时进行多个项目，而每个项目的复杂、周期及经济效益是不同的，企业中有可能会出现项目经理和人员都愿意参加经济效益大而复杂程度又不高的项目，而不愿意参加难度大、经济效益低的项目。项目间的利益难以均衡，将造成一部分项目难以按时完成。因而，实施企业项目管理，不仅要处理同一个项目内部不同阶段的资源平衡问题，还要处理不同项目间所需资源的平衡问题。不同项目具有不同的工作难度、不同的收益，使得项目间的冲突较大，因而必须处理好项目利益的均衡问题，正确处理不同项目间的利益分配，保证企业内的所有项目都能在规定的周期内完工，保证企业的整体利益最大化。

(3) 团队人员的激励考核问题

激励是引发和促进人们进行某种特定行为的活动。项目的复杂性、一次性特点对项目人员素质提出了较高的要求，同时在项目的实施过程中又涉及了众多不同专业的人员，因此，实施企业项目管理的组织必须更重视人员的激励问题，建立客观而有效的量化考核体系。通过考评及时发现问题，可以促进员工提高工作绩效，并创造一种有利于员工充分发挥才能的公平合理的环境。

(4) 企业资源效用最大化的问题

资源是项目建设的物质基础，它包括生产力的各种要素，只有通过合理的组织和配置使生产力达到最优的结合，才能最大限度地发挥资源的效用。资源不足或过剩，都会影响资源效用的最大化。当资源效用达到最大化时，企业的成本较低，利润较大。

在企业项目管理中，影响企业资源效用最大化的因素主要有：

1）工作性质、组织方式的制约。以人力资源为例，对于工作量较大、自动化程度低的环节，要保证项目的进度，需要配置较多的人力；对于工作量较少的环节，所需的人力也较少。从企业项目管理的全过程来看，对人力的要求不是恒定不变的，而是经常会出现大幅度的变化。

2）工作本身的限制。如某些工作每次只能靠固定数量的人员作业，人多会造成资源过剩，人少了又不能保证该工作的顺利进行。

3）项目间的资源冲突。企业中有多个项目同时进行工作，而这些工作由于类似性等原因，可能会在某一时间同时需要同一专家参加，或同时不需要某类人员，造成资源的相对短缺或过剩。

(5) 项目团队的临时性与终身为客户服务的问题

项目组织具有临时性。因为项目是一次性的，而项目组织是为了项目的建设服务的，项目完成，其组织使命也就完成了；项目组织中的人员来自不同的专业领域或部门，是一种动态的组合，当项目完成后，项目人员根据各自的技能及工作的需要，又投入到另一个项目中。但企业是一种长期性的组织，它需要不断满足客户需要，提供客户所需的产品和服务来获取盈利，从而得以存在和发展，企业组织必须保持相对的稳定性，才能持续为客户服务。因而，实施企业项目管理必须建立合适的组织结构，合理配置人员，在企业的整个存续期内，使得人员的闲置率较低，又能满足终身为客户服务的目的。

23.2 多项目管理

23.2.1 多项目管理的概念

基于经济方面的原因和为了最有效地使用资源，企业项目管理中常常采用一种新的管理方法——多项目管理。多项目管理最早是由美国的 Michael Tobis 博士和 Irene P. Tobis 博士提出的。按照中国项目管理指导委员会的定义，所谓"多项目管理"，简单地说就是一个项目经理同时管理多个项目，在组织中协调所有项目的选择、评估、计划、控制等各项工作。从广义上来说，多项目管理不仅指"一个项目经理同时管理多个项目"的活动，还应该延伸到一个组织对多个项目进行的管理活动，是站在企业层面对现行组织中所有项目进行筛选、评估、计划、执行与控制的项目管理方式。需要说明的是，将一个复杂的项目分解为子项目群进行管理的情况仍属于一般项目管理的范畴，不属于多项目管理。因为单项目管理是在假定项目资源得到保障的前提下进行的项目管理，思考角度采取"由因索果"的综合法方式；而多项目管理则是在假定存在多个项目的前提下，如何协调和分配现有项目资源、获取最佳项目实施组合的管理过程，其思考角度一般采取"由果索因"的分析方式。

企业中的多个项目依据相关程度，可分为两种情形：一种是多个项目之间在目标上没有共同的联系，但项目本身类似，在工作开展方法、所需人员等方面具有相似性，多个项目之间可以相互参照；另一种则是多个项目间不具有类似性，难以相互参照，但这些项目组合在一起能够使企业的技术和财务资源得到有效的配置和利用，进而可以提高企业的市场竞争力。因而，多项目管理又分为项目集群管理（Group Projects for Management or Program Management）和项目组合管理（Project Portfolio Management）。

项目集群管理是以多任务的实施为导向，对人为定义的一组项目进行管理，这些项目并不是为某个共同的目标服务的，但项目间具有相似性，把这些项目放在一起进行管理，可以形成规模经济，提高工作效率；而项目组合管理是以战略目标为导向，从企业整体出发，动态地选择不具类似性的项目，对企业所拥有的或可获得的生产要素和资源进行优化组合，有效地、最优地分配企业资源，分散企业风险，达到企业效益最大化，提高企业的核心竞争能力。

23.2.2 项目集群管理

一个企业可能会有许多彼此无关的小项目需要完成并将产品交付给客户。这些项目同样需要有某种形式的项目计划及获取相应的资源以完成任务，但是为每个项目指派一个主管并组织一个项目团队可能并不是完成项目最有效的办法。由于在技术解决方案上同出一辙，这些彼此无关的小项目无须像大项目一样正规的计划。某些计划是需要的，而另一些计划（如沟通计划）的主要框架对所有项目来说可能是相同的，甚至好几个项目的产品也可能是提供给同一个客户的。项目的这些共性使得用较少的资源进行单个项目的管理成为可能。

项目管理协会（Project Management Institute，PMI）将项目集群管理（Program Management）定义为，以协调方法管理一批项目以获得单个管理所不能获得的效益。一个项目组/群（Program）是由具有共同特性的多个项目所构成，通常为了管理需要而把它们组织在一起进行管理，来获得单个项目难以得到的效果和收益，故项目组就是对现有的和将开展的一些类似项目进行集群。项目集群管理是为了实现组织的战略和项目群的共同目标，应用知识、技能、技术和方法，对项目组进行的协同管理。

1. 项目集群管理的益处

项目集群管理以多任务的实施为导向，通过更有效地利用资源和使用公用的标准计划来实行多个项目管理。实行项目集群管理可以实现 1 + 1 > 2 的效应，可以为企业带来如下益处：

1) 对人员进行跨项目任务分配可更有效地利用资源。
2) 在多个项目中充分发挥经验丰富的项目经理的才干。
3) 采用优先权理念可更快地交付项目产品。
4) 通过一次汇报几个项目的进展情况以及使用相似的汇报方式，可以提高汇报的效率。
5) 通过一系列小项目的学习可改善组织的项目管理技术。
6) 通过一系列小项目的实践可改善项目管理的过程。
7) 根据项目优先权，使用平衡资源的单一项目进度表对资源和时间进行管理。
8) 具有调节各个项目节奏以满足交付要求的灵活性。

2. 项目集群管理的分组原则

项目集群管理通过对项目分组进行计划、实施和控制，可以从重复性职能和共性工作中获益。项目分组必须遵循一些基本原则，否则项目获得成功的难度将会增大。

（1）项目优先级

优先级是指对某项目需要的迫切程度，它指明了项目获取资源的先后顺序以及需要完成的先后顺序。同组的项目应具有相同的优先级。混合优先级很容易导致不能给予低优先级的项目必要的资源，导致低优先级项目的完成可能受到影响。

（2）项目类别

所谓项目类别是指用周期、价值或所需资源等指标对项目规模的度量。这是组织用以确定项目对组织业绩影响程度的一种方法。同组的项目应当类别相似。当大、小项目混合进行管理时，在项目的执行过程中就会出现一些不平衡情况。由于大项目被认为非常重要，因而它有可能得到多于其实际需要的资源。另一方面，由于小项目可以较快地完成并显示项目的进展情况，所以，小项目也有可能获得多于其应有份额的资源。

（3）项目管理的生命周期

同组的项目应具有相类似的生命周期。尽管不同的项目处于其生命周期的不同阶段，由于相似的生命周期，所以仍具有统一制订计划与实施计划的基础。这种在生命周期方面的相似性有助于项目实施过程和管理过程的改进。

（4）项目的复杂性

为了多项目管理而进行的项目分组应当简单化。复杂的技术解决方案可能会需要更多精力与管理，这样就可能分散对其他项目的注意力。

（5）项目周期与资源

对于同组项目，其周期应相对短一些，通常每个项目的生命周期应小于 3 个月，且项目需要的资源较少，单个项目所需的人力资源也应小于 6 人。要求更多的资源可能会分散较重要项目的资源。

（6）项目应用技术

同组项目所需的技术应当类似。如果这些项目属于一个技术门类则更好。混合技术要有不同的技术组合，由于不相互兼容，所以无法跨项目使用。任何技术的混合都将削弱多项目管理的效率。

3. 项目集群管理的适用范围

如果企业中的一个项目既可以作为单个项目进行管理，也可以将其纳入到一个项目组中实行项目集群管理，那么，究竟是将它纳入项目集群管理还是单独进行管理，必须要在充分掌握信息并加以权衡之后才能做出决策。

实行单独管理项目可能要占用更多的资源，而这些资源也许不能很有效地利用。通常，当一个项目非常重要而且需要采取专门的措施时，就要单独对其进行管理。以下是一些项目需要单独进行管理的情形：

1）由于需求的紧迫性及其对组织的重要性，某个项目需要特别予以关注，如果项目失败将会产生很大的负面影响。
2）由于会影响所有其他的项目，所以要求必须首先完成该项目。
3）项目技术复杂且需要特别地关注。
4）项目成为样板，因而要求项目经理格外关注。
5）对于组织而言，项目是新类型或使用了新技术。

23.2.3 项目组合管理

项目组合管理的概念来源于金融领域，Harry M. Markowitz 于 1952 年创立了现代资产组合理论，这个理论的核心是基于"不要将所有的鸡蛋放在一个篮子里"的风险分散和规避理念。1981 年，F. Warren McFarlan 教授首次将这一理论运用到 IT 项目的选择和管理中，通过项目组合的运作方式实现了一定风险情况下的收益最大化。1999 年，NP Archer 和 F. Ghasemzadeh 提出一个详尽的项目组合选择体系，项目组合管理在国际项目管理领域得到广泛应用。

美国项目管理协会（PMI）将项目组合管理（Project Portfolio Management，PPM）定义为，在可利用的资源和企业战略计划的指导下，进行多个项目或项目群投资的选择和支持，通过项目评价选择、多项目组合优化，确保项目符合企业的战略目标，从而实现企业收益最大化。项目组合（Portfolio）是一组使用共同资源池（Resource Pool）的项目，是将一系列项目和/或项目群以及其他工作聚合在一起，通过有效管理以满足业务战略目标。故项目组合管理的重点主要是项目的组合管理，而非单一项目的管理。它是以战略目标为导向，通过选择合理的项目组合，并进行有效的组合管理来保证组织中的项目、生产和业务活动与组织战略目标的一致性。项目组合所选择的项目是不具类似性的项目，它的目的是有效地、最优地分配企业资源，达到企业效益最大化。

1. 项目组合管理的特点

（1）组合管理的战略性

组合管理是战略的体现，项目组合分析及资源分配与企业总体经营战略紧密相连并保持一致，这是企业竞争成功的关键。在组合管理中，高层管理人员的合作和积极参与是其重要特征之一。组合管理在某种程度上考虑了风险不确定性和成功的概率，并且将其体现在项目选择决策过程中。

（2）组合管理的动态性

组合决策环境呈现动态特性，在组合中项目的状态和前景是经常改变的，组合管理可以不断发现新机会，新机会又与现有的项目竞争资源，这些情况使得企业需要将自己的活动不断调整到一个合适的位置和重点上，要求对处于不同阶段的、具有不同质量和数量信息的项目之间做出比较，这是传统项目管理的方法所不能解决的。组合管理的方法能够适应整个项目生命周期内所发生的目标、需求和项目特征变化，能够同时处理项目之间的资源、效益、结果方面的互相影响，能够使管理人员对现行项目按时间变化做出计划，对组合适时地进行调整，明确项目在总体项目组合中所起的作用。

（3）强调组织的整合性

项目组合体中各项目小组成员在一个统一的合作体中工作，可形成一种连续式的沟通机制。技术、知识、信息共享程度较高，易于形成和强化统一的合作观念，沟通效率和有效性较高。而在传统的项目管理模式中，各项目小组分散于不同的项目中，项目间成果和技术沟通多，过程和人员沟通少，是一种间歇的沟通机制，沟通效率和有效性较低。项目组合管理有利于显示决策过程的信息，能够系统地选择每个项目，并评价组合中某一个项目的状态以及其与公司目标的适应程度。

2. 项目组合管理的益处

（1）核心能力的培养和提升

在资源有限的条件下，许多企业往往会选择一些快速、容易、低成本的项目，而这些项目通常又是不重要的，如一些产品的改进和延伸。那些能够产生实际竞争优势的、能带来重大创新的重要项目却没有受到重视，从而导致有利于核心能力培养和发展的重要项目缺乏人力和资金。项目组合管理通过识别低价值的、不符合战略的、多余的、执行很差的项目来降低成本，从而降低运营风险；通过有效的项目组合，应用组织学习手段，将不同项目的技术知识整合起来，形成知识节点或新的知识联结方式，以培养、拓展和强化企业的核心能力。

（2）与企业经营战略相匹配

项目组合管理对项目的特性以及成本、资源、风险等项目要素按照统一的评价标准进行优先级别排序，选择符合企业战略目标的项目，能保证在不同类型、不同经营领域和市场的项目之间的费用分配与经营战略相符，实现与企业经营战略相匹配。

（3）组合价值最大化

在资源配置方面，项目组合管理通过合理分配资源可以使企业战略目标（如长期赢利能力、投资回收期等）的组合价值最大化。组合管理可产生比单一资源单独使用更大的效益，使资源在企业不同阶段的配置更为合理，可以分散或降低风险，有利于企业发展过程各环节的一体化，降低交易成本，能够根据项目各自的优势对企业活动进行合理分工。

可见，合理地进行项目组合管理，能够使企业的技术和财务资源得到有效的配置和利用，进而提高企业的创新效率和市场竞争力。因此，企业有必要把注意力放在项目组合管理上，特别是资源如何在项目之间合理分配，使企业获得持久的竞争优势。

3. 项目组合与构建

项目组合管理采取自上而下的管理方式，即从组织的整体战略目标出发，首先评价选择项目，形成项目组合，并对组织所拥有的资源进行优化配置，然后进入项目实施阶段，对项目组合进行动态管理，直至通过项目组合的实施来实现公司战略目标。具体包括识别需求与机会、项目组合与构建、项目计划与执行3个阶段。

在单个项目的管理中，"怎样做好这个项目"可能是问题的关键。而在项目组合管理中，"怎样实现各个项目对目标贡献最大"是关键的问题。因此，项目组织与构建是项目组合管理的核心环节，而项目组合构建阶段的主要任务是选择项目，在有限的资源范围内使所选项目组合起来能更好地实现组织目标。从组织定义的标准角度看，所选择的项目应组成最佳项目组合，同时还要从资源（财务、人力等）可用性的角度检查项目组合内的项目和项目群的切实可行性，评估项目组合平衡性并做出项目组合结构的最终决策。

选择项目经常考虑以下几个问题：该项目对于整个项目群的目标实现是否有贡献？怎样组合这些项目才能使得项目群的总体效益最好？现有的每个项目对将要加进来的项目是否有负面影响？项目群中的各个项目是否具有较大的依赖性？项目群的总目标和总收益是否有分派？

项目组合分析与构建过程，包括：按优先顺序列出企业目标，明确公司的战略目标；估计项目对每一企业战略因素的贡献；按目标优先顺序确定出项目的优先顺序；对给定约束条件中项目的不同成本和资源的需求做出评价，优化项目组合；在投资回报、风险以及战略、战术上的多种考虑因素之间进行平衡，确定最适合的项目组合结构。

项目优先级的划分是项目组合中较为重要的一个环节。PMI建立并发布的《项目组合管理标准》针对的主要是项目组合的构建阶段，概括介绍了根据组织战略识别和选择项目纳入到项目组合的步骤，解决了项目优先级划分的方法和策略、资源的有效利用以及对战略目标的贡献等问题。该标准指出应根据项目为组织带来的收益划分项目优先级，优先级划分标准应定期更新，与组织战略保持一致。

4. 项目组合管理的组合范围

项目组合管理的组合范围包括：
1) 长期项目与短期快速项目的组合。
2) 高风险的远景项目与低风险有把握项目的组合。
3) 经营业务所处的不同市场项目的组合。
4) 不同技术或技术类型（如初始技术、先进技术、基础技术）项目的组合。
5) 新产品开发项目与产品改进和费用减少项目的组合。
6) 产品创新项目与工艺创新项目的组合。

23.3 项目管理办公室

23.3.1 项目管理办公室的概念与分类

1. 项目管理办公室的概念

项目管理办公室（Project Management Office，PMO），又称为计划支持办公室（Program Support Office，PSO）或战略项目管理办公室（Strategic Project Management Office，SPMO）。它出现于20世纪90年代初期，是为了应对项目进行集成化、系统化管理的需要而产生并发展起来的。目前，PMO已经成为大部分企业和组织不可或缺的职能部门，欧美等地越来越多的企业设置了PMO。一般而言，PMO是企业或组织的内部项目管理中心，对项目进行分析、设计、管理、检查等，是企业项目管理中常用的组织形式。

不同的项目管理组织对项目管理办公室的概念有不同的定义和理解，其中较为普遍的是PMI对项目管理办公室的定义：项目管理办公室是创造和监管整个组织的全部项目的管理体系，这个管理体系是为项目和项目管理更为有效地实施和最大限度达到组织目标而存在的。实际上，项目管理办公室是企业项目化管理的归口部门，是一个组织为集成所有的项目经验和资源而设置的一种项目管理机构，它可以使组织的各种资源实现共享，同时使组织的各种项目和项目管理更好地协调发展。

项目管理办公室是组织中集中管理和协调各个项目的机构，是组织提高其项目管理成熟度的核心部门。很明显，项目管理办公室的作用是支持项目经理的工作，为各个项目或者大型项目的经理制定标准和指导方针，收集并整理项目管理相关的数据，向有关责任部门汇报。项目管理办公室是根据项目管理的最优实践和人们公认的项目管理知识体系而为一个组织量身定制的项目管理组织机构，它负责项目管理流程制定、项目管理人力资源培训、项目管理指导、项目组合管理等方面的工作，确保提高组织全部项目的成功率，贯彻执行组织的战略。

2. 项目管理办公室的分类

项目管理办公室可以是一种临时性的管理机构，也可以是一种永久性的管理机构。PMO在企业组织结构中的位置也多种多样，可能位于不同层级。表23-2是常见的项目管理办公室所处的组织层级及称谓。

表23-2 项目管理办公室的组织层级及称谓

组织层级		称谓
第一层	项目级	项目控制办公室（Project Control Office）
第二层	部门级	项目管理办公室（Project Management Office）
第三层	公司级	战略项目管理办公室（Strategic Project Management Office）

项目级的项目控制办公室是针对单个项目的，是为管理一个特定项目而设立的临时性管理机构，如企业并购项目中设立的项目管理办公室等。项目控制办公室可能会聘用多位项目经理，分别负责大型、复杂项目的不同部分，实际上是项目团队的办公室。部门级的项目管理办公室和公司级的战略项目管理办公室一般是永久性的项目管理机构。部门级的项目管理办公室综合管理多个项目，同时综合管理业务单元或部门资源，为业务单元或部门提供项目管理支持。战略项目管理办公室是企业从战略角度出发而设立的专门负责项目管理的组织机构。战略项目管理办公室首先从企业战略出发设计和生成项目组合、项目群和项目，然后协调和管理这些不同级别的项目。战略项目管理办公室将一个企业的全部项目和项目管理作为实现企业经营目标和战略发展目标的根本手段，它对企业的所有项目进行资源和机会的优化，并管理它们的风险和协调项目间的关系，保证企业全部项目的实现。

23.3.2 项目管理办公室的职能

成立项目管理办公室的最初目的是为了减少企业中项目管理职能的成本和改进呈报高层管理者的信息质量。许多企业通过项目办公室来履行项目管理的诸多职能，对多种职能实现整合可使企业在行动上保持统一，在不同项目的管理上有统一的规范。微观地讲，项目管理办公室的职能取决于企业的具体需求，而且会随同这些需求的变化不断调整。通常，项目管理办公室被定位为企业项目管理的业务支持机构或内部咨询机构，其主要职能包括以下几个方面。

1. 开发和维护项目管理标准、程序和方法

项目管理办公室应开发和维持一套项目管理技术的标准和方法，在组织中形成一套通行的项目管理工作流程、方法、模式、标准、方针和政策等。这些标准与程序应该提供足够详细的指导，但不过分详细到抑制创造力。所有这些项目管理标准和方法是组织中各个项目团队开展项目管理的章程、准则和规定，为了使这些项目管理的标准和方法能够适应组织项目及其管理的发展变化需要，项目管理办公室必须不断修订和改进，增加它们的内容、要求和使用范围。

2. 配置项目资源，开展多项目管理工作

项目管理办公室应做好组织中所有资源的集中与合理配置，协调好组织各个项目对公用资源的争夺和有效利用。公用资源包括组织的各种物质资源、人力资源、信息资源、财务资源等。同时，项目管理办公室还需要从整个组织的角度去确定在既定资源情况下究竟何时开始实施哪些项目，从而实现整个组织资源的最佳配置和工作的集成计划与管理。

项目管理办公室与项目经理、项目管理团队的管理职责不同。项目经理和项目管理团队是针对一个具体项目开展管理和协调工作，而项目管理办公室是从整个组织或企业的角度去对各个项目开展管理与协调工作。项目管理办公室应从整个组织的角度出发去开展多项目和项目组合的全面集成管理，主要包括：根据组织发展战略设计提出项目和项目组合，根据项目和项目组合的实际需要集成配置资源，根据项目和项目组合的需要开展集成计划并实施，根据组织或企业的发展需要进行项目或项目组合的变更与变更总体控制。

3. 提供项目管理的咨询和指导

项目管理办公室应为企业中各个项目的管理人员提供各方面的咨询、指导和帮助。这种帮助和指导既有资源管理方面的支持（如为各个项目积极提供资源），也有方法和技术方面的指导（如使用项目管理方法和开展风险应对）。项目管理办公室还可以组织企业中各个项目的项目经理或项目团队开展有关项目和项目管理的协作，召开各种形式的信息交流和经验讨论，分享不同项目经理各自的成功经验等。

4. 组织项目管理培训

随着项目管理业务的增多，项目管理培训的需求也在增加。项目管理办公室并不负责每个具体项目的直接管理工作，但是项目管理办公室通过组织项目管理人员的培训，可提升整个组织的项目管理能力，所以，组织项目管理培训是项目管理办公室的主要职能之一。项目管理办公室一般是同人力资源部一起，安排基于项目管理和相关软件的培训，并在经济上支持管理培训和一对一的指导。项目管理办公室在企业中所提供的项目管理培训的主要内容包括一般性的项目管理知识体系、项目所属专业的专门管理知识体系、项目管理技能培训等。

5. 建立项目管理信息系统

项目管理办公室应为企业建立统一的项目管理信息系统，收集、整理和报告项目情况，以供企业领导者和各项目团队使用。这种信息系统可以是人工的信息系统，也可以是基于计算机的人机信息系统。信息系统具有收集、处理和发布项目各种信息以及收集和推广项目管理经验教训和知识的功能，包括项目实施记录（状态报告、差异分析、基线变更）、风险列表及风险管理文件、已成功项目和不成功项目的信息以及经验学习（知识学习中心）的信息等。这方面的职能又可进一步分为项目管理信息系统的开发、使用和维护等内容，利用信息系统可以收集、处理和使用企业的各种项目信息。

项目管理办公室还包括其他方面的职能。例如，各种信息的集成管理功能、项目的合同管理职能、项目的文档和资料管理功能、项目与日常运营之间的协调功能等。

以上项目管理办公室的职能可进一步细化，项目管理办公室内部又可视情况需要设立一些专业小组，如风险评估小组等。

23.3.3 项目管理办公室的建立与运行

通常，建立项目管理办公室是为了集中项目管理（单个项目以及项目组合）方面的能力，并将这些能力用于提高项目管理效率和项目管理有效性。从开始建立项目管理办公室到使其具备成熟的管理能力通常需要经过如下几个阶段：

1）确定项目管理办公室提供的服务内容。其服务内容必须得到高级管理层和项目经理的认可。项目管理办公室的职能可能会逐步演化，但就其工作范围与各方面达成一致意见是非常重要的。

2）确定项目管理办公室人员的职责和技能要求。因为所指派人员的职责与技能水平决定了他们所能提供服务的多少。

3）建立项目管理办公室并宣布其开始运行。项目管理办公室成立之初，应制订一个能成功支持总经理和项目经理的工作计划，并通过宣传所取得的成功扩大项目管理办公室的影响。

4）工作中与总经理和项目经理密切联系，以便了解他们的需求并满足这些需求。项目经理从日常事务中解脱出来，这些日常工作交由项目管理办公室完成，这时又可能会产生新的要求。

5）在为项目经理提供服务时，通过不断满足业务需求，扩展项目管理办公室的服务功能。

6）在项目管理办公室的"客户"的经常参与下，不断地改进其技能和完善其职责。

7）为客户提供最佳的服务。

项目管理办公室的建立必须有高层管理者的支持，但其运行的成功与否则取决于其"客户"。如果客户对其服务不满意，那么来自高层管理者的支持将会减弱，项目管理办公室也就无法生存下去。项目管理办公室的客户是指接受项目管理办公室的产品和服务的个人，主要包括公司总经理、项目经理或主管、项目团队成员、职能部门的经理以及其他利益相关者（如项目产品的接收者）等。

目管理办公室的运作通常根据企业所处行业的不同而不同，通常可分为三步，如图23-6所示。

总之，项目管理办公室提供项目相关的专业化服务以满足企业的业务需求，并可将项目经理从日常的琐碎事务中解脱出来。项目管理办公室为项目相关各部门收集信息并将其格式化，便于对项目进

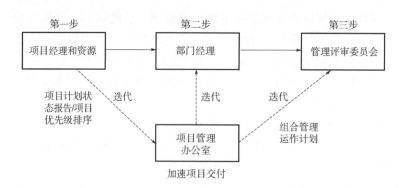

图 23-6 项目管理办公室的运作

展情况的统一认识。项目管理办公室将项目管理的多项职能加以整合可以提高工作效率，并更好地支援项目。需要强调的是，项目管理办公室通常不是决策机构和项目的管理机构，而是项目决策的支持机构和项目管理的服务机构。

23.4 企业项目管理体系建设

23.4.1 企业项目管理能力的提升

企业项目管理的实施是以项目为中心，明确目标和资源约束；以项目团队为管理主体，运用项目管理知识、工具、方法，在一定资源约束下，实现项目目标；以企业项目管理标准体系为支撑，提供资源、管理环境、规范性文件、行为一致性等支持。

随着外部环境变化加剧，企业任务日趋项目化，项目管理成为企业打造其核心竞争力的有效手段。而解决企业项目管理应用中的问题，成功实施企业项目管理，是构建企业持续竞争力的关键所在。实践表明，对于项目型组织而言，可以从3个方面实施企业项目管理，构建项目型组织的持续竞争力。

（1）项目分类明晰化

如果不进行项目分类，对大部分项目采用同样的管理方法和统一化的管理模式，表面上看，这种管理方式简单易操作，降低了企业的管理成本，但往往会造成"眉毛胡子一把抓"，无法确定管理重点。而且这种不进行分类的管理模式，也会造成多项目资源冲突难以协调，项目管理部门、项目负责部门、项目经理等各级管理者在项目运作中职责难以明确，导致项目沟通协调成本上升；此外，由于每类项目都有特殊性，也很难建立统一的项目管理标准。

（2）项目过程标准化

项目过程包括项目的管理过程和项目的实施过程（或称为工程过程）。项目型企业的核心竞争力之一在于对各类型项目的过程进行标准化管理，提高快速交付能力。每个项目都有其特殊性，所以在项目标准化的过程中需要基于项目的分类分级划分，制定对于不同级别项目的过程裁减标准，以同时满足标准化和差异化的要求。

（3）项目内容知识化

通过项目过程标准化建立起的项目过程框架，依然只是骨干。项目每一步要完成的工作内容所涉及的相关知识文档是项目型组织能够产生的真正价值和财富。基于项目推动的知识型组织必须不断积累项目经验，将个人的知识资本转化为组织的知识资本，将在项目中形成的各种知识视同组织的资产进行管理，形成强大的无形资产。对处于新商业环境中的项目型组织而言，良好的知识管理能力将降低关键人才流失所带来的管理风险，有效的知识管理可促进知识积累与扩散，并保持企业的创新能力。

23.4.2 企业项目管理体系概述

企业项目管理应用的核心关键是建立一个有效的企业项目管理体系，包括职能部门和项目组织之间的权力分配与职责界定、项目管理岗位职责的设置与工作流程的规范、多项目之间的资源冲突协调与利益平衡机制的建立和以目标为导向的项目团队成员的双重考核体系建立等。

项目管理体系建设是在企业建立一套项目管理的标准和方法，并与企业的业务流程集成在一起，形成以项目管理为核心的运营管理体系。项目管理体系是企业有组织地放弃、有组织地持续改进、有计划地挖掘成功经验和系统化管理创新的重要手段。项目管理体系用系统化的思维方式，综合企业项目管理中涉及的多项目管理、项目集管理和单项目管理的问题，融入企业项目管理策略和方法，规范项目的工作流程、操作规则及操作方法，为项目考核评价奠定基础。

在急速变化的环境中，面对快速发展的压力，企业开展的业务越来越多、经营范围越来越广，项目型的工作任务急剧增加。如果企业缺乏项目管理体系，则可能出现如下问题：

1）缺少系统性，项目管理流和业务流分离，往往顾此失彼，矛盾此起彼伏。
2）项目经理和公司领导成为消防队员。
3）责权不明，协调与沟通不畅。
4）常常陷于"项目经理无法，公司管理层无奈，项目成员无从"的状态。
5）不利于项目实施的控制，给项目成功实施带来了潜在风险。

因此，建设企业项目管理体系就是建立支持企业项目管理的组织体系和企业环境，为企业所开展的所有项目的成功实施提供保障。企业项目管理体系可以为企业提供：体系化的项目管理理念、可视化的项目管理工具、动态化的过程控制方法、程序化的项目作业流程。企业项目管体系的建设能够解决企业如何决策控制多项目以及如何考核评价多项目的问题；可以指导项目经理制订高效的项目计划、有效地进行项目监控，确保实现项目目标；明晰的过程规范，可以作为项目成员的工作指导依据；明晰的操作模板，可以作为项目成员的工作实施准则；明晰的责任权利，可以作为项目成员工作考核基础。

构建企业项目管理体系的目的是为项目目标的实现提供质量保证，通过正确的决策、高效的流程、标准的操作、可控的过程，确保项目的有效实施，为企业创造良好的社会效益和经济效益。

23.4.3 企业项目管理体系建设

1. 企业项目管理体系建设的内容

企业项目管理体系的建设要以国际项目管理知识为基础，首先从思想上让企业及员工认识到项目管理的重要性、项目管理能够帮助他们解决什么问题，其次，将项目管理理念和通用的现代项目管理知识、方法和工具融入企业项目实践，结合企业项目类型和业务流程，编制公司项目管理手册，形成企业项目管理体系。

企业项目管理体系建设包括两个层次的内容，即企业层次的项目管理制度体系建设和项目层次的项目操作流程体系建设。

1）企业层次的项目管理制度体系建设。它是项目管理执行指南，注重于组织管理、项目管理模式和制度建设，是企业项目管理的纲领性文件。

2）项目层次的项目操作流程体系建设。它是项目管理操作手册，是项目经理和项目管理人员实施项目的业务操作指南，包括项目执行过程的方方面面，通过各种流程与表格予以体现。

项目管理手册是项目管理体系建设的重要表现形式,是组织规范其标准管理过程的方法。建立专业的项目管理手册,是目前很多企业领导的企盼。

2. 企业项目管理体系建设的思路和对策

项目管理体系建设已经成为企业有组织地放弃昨天、有计划地实施今天、有策略地规划明天的有效手段。它是企业积累成功经验、系统化管理创新的有效方法。

(1) 变更观念

如何认识项目管理体系建设对企业变革的意义;如何结合企业实际,建立成功有效的项目管理体系;如何确保项目管理体系建设的可操作性等问题,是每一个企业实施项目化管理所面临的重要问题。不更新管理思想,不改变管理体制和管理办法,单纯追求工具的完美是做不好项目管理的。企业项目管理体系建设必须涉及管理体制、管理思想、管理水平、管理规范、人员素质、组织形式等多方面的问题。

(2) 组织变更与调整

建立一个综合的、专业化的、相对独立的、严密的项目管理组织,需要做好 4 个方面的工作:

1) 健全各种数据采集、管理制度,采用科学的方法和适宜的技术。
2) 明确项目经理与职能经理的责权利,建立有效授权体系并合理授权。
3) 明确团队成员汇报关系,善于运用管理技能并进行有效沟通。
4) 有更高层的管理人员的支持机制。

(3) 业务流程优化

业务流程优化有利于统一思想、统一标准、统一步骤,促使管理人员自觉运用项目管理的原理、方法和技术。项目管理体系建设的最大难点是:如何将项目管理方法与企业的业务流程集成起来,从而建立以项目管理为核心的业务流程,而此业务流程又是基于项目管理的过程所设定的。项目管理方法和业务流程相互配合,在实践中进行优化,将全面增加企业项目成功的机会,同时也使企业的相关部门以项目为导向,步调一致。

(4) 项目分类战略与优先原则

项目管理体系建设是站在组织层面上进行管理,为企业战略服务的,因此,需要建立项目分类战略与优先原则,包括基于组织战略的项目分类原则、合理决定项目优先级原则、多项目之间的资源冲突解决原则。这些原则的建立,将有利于项目集群管理与项目组合管理的有机结合,有利于合理配置资源、拟定资源计划、分析资源可得性、优化资源配置。

(5) 构建多层次项目管理体系

企业构建项目管理体系时可能会面临项目"多元化"的问题,即项目的领域、规模、类型差异很大,因此难以建立一个统一的项目管理体系。实际上,可以通过分层管理的方式解决这个问题,即构建多层次项目管理体系。图 23-7 所示为一个三层项目管理体系。这个三层体系是按项目管理的重点将体系划分为"项目级""过程级"和"人员级"3 个层次,并通过这三者的集成管理和相互促进不断提高软件项目的开发质量和效率。

项目级是指公司项目监控体系,管理的重点是项目的运行指标,解决"如何管好公司内的(多个)项目"问题。过程级是指公司的过程规范,过程规范可以根据不同的领域、规模和项目类型有所不同,其管理的重点是项目的执行过程,解决"如何管好一个项目"的问题。人员级是指培训体系,管理的重点是人员的效率,解决"如何做好项目中的一件事"的问题。

(6) 知识管理的融入

知识管理可实现项目成功经验的复制。组织必须根据自身业务领域项目的运作特点,建立项目管理流程及规范,总结实际项目运行过程中的经验与教训,逐步改进项目过程模型、流程与规范,如图 23-8 所示。

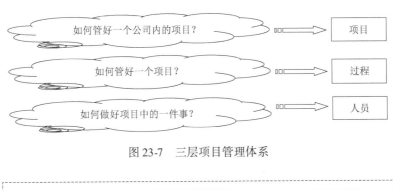

图 23-7 三层项目管理体系

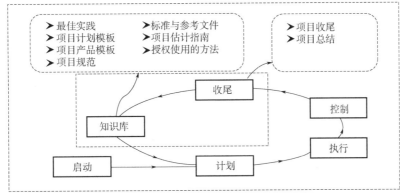

图 23-8 知识管理的融入

（7）体系建设的系统性

项目管理体系的建立涉及项目管理流程与规范，也涉及组织机构设置、角色与职责。项目管理体系是项目过程、管理过程与组织结构相结合的产物。

项目管理可以划分为项目资源支持保证部分、项目核心过程部分、项目质量控制部分（包括质量管理和文档管理）和项目管理活动部分（项目评估、实施策略、过程监控等）等。

项目管理体系涉及管理体制和管理思想的变革、管理人员素质的提高、全员管理意识的加强。所以说项目管理体系建设是个系统工程。

4. 成功的项目管理体系建设

成功的项目管理体系建设强调项目生命周期的过程定义，通过对过程输入与输出的界定，分析组织如何将项目看作一个整体来处理，分析各职能部门如何对过程起到帮助作用，并通过项目管理过程、项目实施支撑、项目监控方法及项目作业指导，以项目管理的理念、工具方法为支撑，系统化地将项目管理理论与项目过程要求融入具体的操作实践中（图 23-9）。具体包括：

1）项目过程控制总体思路。包括企业项目实施策略、项目各阶段控制思路及过程控制方法等。

2）输入和输出的要素。包括数据和信息、计划和报告、风险及可以交付的成果等。

3）过程控制。包括工作流程、工作方法、操作规则和作业指导，同时应制定基于过程的流程和基于角色的流程。

4）职责。包括职能部门和项目角色对项目阶段和实施步骤的贡献。

5）模板。包括简单明了的表格和文档模板等。

一般项目管理体系由 4 层结构构成，包括指导性文件、过程控制文件、支持性文件、操作模板和指南（图 23-10）。每层结构中又由很多模块组成。需要注意的是，不同层次、不同组织的项目管理体系，其模块内容是不同的；针对单项目管理和多项目管理，其模块组成也是不同的，即各个组织需要根据自己的实际情况，设计不同层次结构的模块内容和构成数量。

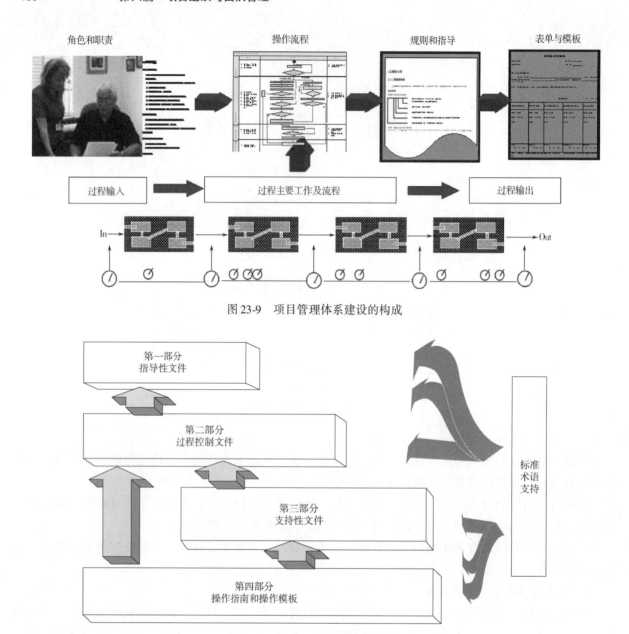

图 23-9 项目管理体系建设的构成

图 23-10 项目管理体系结构示意图

23.5　华为公司"以项目为中心"的项目化管理转变案例[一]

华为技术有限公司（以下简称"华为公司"）是全球领先的信息与通信技术解决方案供应商，为电信运营商客户、企业客户和消费者提供有竞争力的ICT解决方案、产品和服务。华为公司的业务遍及全球170多个国家和地区，服务全世界三分之一以上的人口，全球员工近18万人。目前，华为公司各业务每年新立项项目约4万个。如何驱动这样一个大型组织，调动公司资源，顺利完成分布于全球的项目交付，实现项目目标和商业价值，是华为公司面临的巨大挑战。华为公司于2013年组建了公司项目管理能力中心，负责项目管理体系的建设和运营。本节将重点向读者介绍华为公司是如何从以"功能"为中心向以"项目"为中心转变，建设相应的项目管理体系，促进公司项目化运作，向项目

[一] 本案例由华为项目管理能力中心易祖炜、谢靓提供。

型组织转变的过程。

23.5.1 "以项目为中心"的管理变革

华为公司提出"以项目为中心"是内外环境变化使然,也是企业的一场管理变革。

首先,项目化运作已成为企业生存的常态。企业战略、商业价值的实现都基本上通过项目的实施来实现。一个项目的成败会影响盈利,会决定企业能否赢得市场先机甚至关乎生死存亡。客户在选择合作伙伴时,项目管理水平是一项重要的衡量指标。企业对项目管理越来越重视,对体系化的项目管理建设投入也越来越大。另外,华为公司在业务中也明确地感受到客户要求的响应速度越来越快、留给项目决策的时间越来越短,跨部门的协同越来越多。如果不能以项目为中心去构建全方位的支持体系,实现快速响应,导致项目交付不能达到预期、客户不满意、市场不满意,最终会导致企业的产品、服务、交付等在市场的竞争力越来越低,企业终将被淘汰。重视项目管理,实现商业和客户价值,这是华为"以客户为中心"的企业核心价值观的具体体现。

其次,华为公司十分重视管理体系的建设,项目管理体系作为公司管理体系的重要组成部分,受到高度重视。项目管理体系建设就是要不断提升优质、高效、高质量交付项目的能力,实现"多打粮食,提升土壤肥力"的企业管理体系变革的目标。华为公司近年提出的"大平台下精兵作战""千军万马上战场""打赢班长的战争"等管理导向,对项目管理能力提出了新的要求。任正非指出"必须从中央集权式的管理,逐步转向让听得见炮声的人来指挥战斗",就是要求华为公司的组织架构要支撑项目运作,逐步实现从以"功能"为中心向以"项目"为中心转变,项目经理要担当项目作战指挥官的职责。

华为公司强调以"项目"为中心不仅是对面向客户的业务前端运作的要求,同时也包括对为项目提供支持的管理支撑系统的要求,此种运作模式的调整实际上是要建立一套组织级的项目管理体系。具体的方法就是通过借鉴成熟的组织级项目管理方法、流程和最佳实践,充分调动一线作战单元及项目组的灵活性、主动性,通过经营活动标准化、流程化,使经营管理向可预测、可管理和自我约束,从而提升运营效率和盈利能力。

23.5.2 "以项目为中心"的项目管理体系建设

华为公司的项目管理体系建设不仅是一组实践或工具,也是联系业务战略和执行的桥梁,包括政策、规则、流程、数据及平台、组织、方法、模板、工具以及度量等。华为公司轮值 CEO 徐直军指出,以"项目"为中心的"项目"不仅是指一个个的具体项目,同时也包含项目集、项目组合。

华为公司制定了一整套项目管理体系建设框架,清晰定义了项目管理流程、知识领域及管理范围、项目角色的权利和职责等内容,统一了项目语言,建立了各种规则,明确了对项目经理的授权,制定了项目经理任职通道和标准来牵引项目经理的能力提升。

图 23-11 是一个以"构建华为公司卓越项目管理能力、支撑业务决策、实现商业价值"为目标,从规则、流程/工具/平台、组织、运营及度量四位一体内容来提升华为项目管理软能力和硬能力的实践框架。

华为公司项目管理能力中心以及各领域 PMO 就是围绕这一整体框架来建设项目管理体系和能力。

1. 规则

规则主要用来统一语言和规范运作。华为公司主要从项目管理通用原则、项目经营、项目资源、项目预算、项目型组织 5 个方面加强"以项目为中心"的运作,颁布了一系列的公司政策、公司标准和业务规定,包括华为公司项目、项目群定义、华为公司项目分类标准、华为公司项目等级标准、华为公司项目基本信息定义和构成、项目经营管理政策、项目概算管理规则、项目预算管理规则、资源

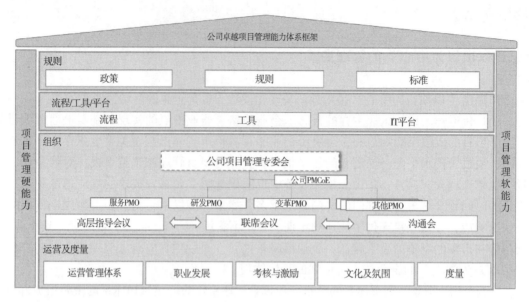

图 23-11 华为公司"以项目为中心"的项目管理能力建设框架

买卖规则、技能管理指导白皮书、项目型组织人力资源管理规定、项目管理任职标准等具体规则和白皮书。在尊重各领域业务差异性的同时,在项目管理的认知和语言上进行了大范围地统一,为跨领域的项目管理沟通、协作和互助提供了土壤。

2. 流程/工具/平台

项目管理流程一直是项目管理体系的重点。2012 年,任正非指出:"华为公司谁最需要流程?谁最重视流程?最需要、最重视流程的人是我"。华为公司创办 20 多年来,任总一直在推动建立无生命的管理体系,而流程就是其中最重要的载体。华为公司正是通过标准化和模块化的 IT 工具和平台实现了流程落地。

华为公司在 2015 年发布了《管理项目/项目群》和《管理项目组合》两个公司级的指导流程来规范华为公司的项目管理,定义了项目管理的 6 个标准阶段:分析、规划、建立、实施、移交、关闭。以项目为中心,明确了项目管理过程中与其他业务(如财经、供应、人力资源等)流程和模块的集成调用关系,6 个阶段共设置了 45 个标准动作供各领域应用时裁剪。基于此,华为公司建立了"以项目为中心"运作的三层项目管理架构,如图 23-12 所示。

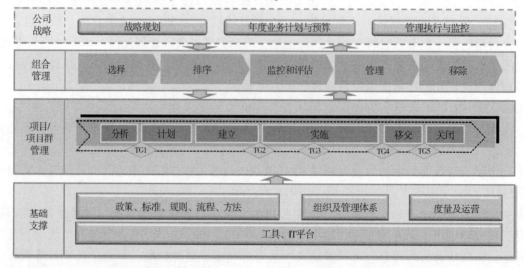

图 23-12 华为公司"以项目为中心"运作的三层项目管理架构

2017 年，华为公司提出"数字化转型"的变革战略目标，项目管理工具/平台建设要在之前基础上强调提升用户的"ROADS"（实时、按需、在线、自制和社交）体验，构建基于项目管理业务的服务化、轻量化平台，推动平台标准化服务，支撑项目管理的数字化转型。华为公司通用项目管理服务化平台架构如图 23-13 所示。

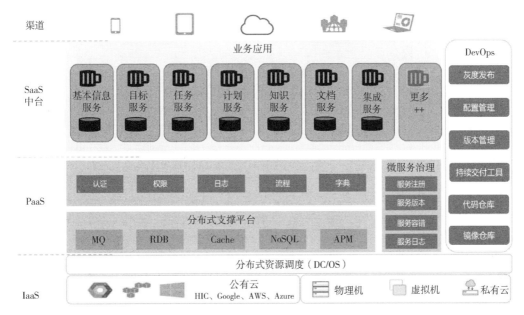

图 23-13　华为公司通用项目管理服务化平台架构示意

3. 组织

华为公司在公司层面设立了项目管理专委会，建立了公司级项目管理能力中心 PMCoE。PMCoE 统筹管理公司的项目管理政策、规则、流程、工具等，并在公司内部进行项目管理文化建设和项目管理能力提升。各领域设立自己领域层面的项目管理能力中心或 PMO，也有领域的项目管理分委会，承接公司层面的政策和要求，依据领域的业务和项目管理特色进行适配、解释，并监督执行。华为公司项目管理组织架构如图 23-14 所示。

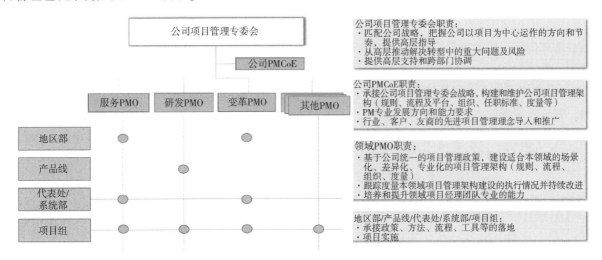

图 23-14　华为公司项目管理组织结构

目前，华为公司更加强调向一线授权、实现权利下沉，构建更扁平化的组织。各级机关不是管理中心、权利中心，而是支撑中心、服务中心，主要职责就是向一线提供服务。

4. 运营和度量

管理体系的落地要考虑持续地实现运营。首先要明确运营策略、运营主体及运营内容。华为公司项目管理体系的运营主要通过 3 个维度来度量，如图 23-15 所示。

其中，组织级：从以"功能"为中心向以"项目"为中心转变的变革进展度量；CoE 级：CoE 工作和队伍建设成熟度度量；项目级：7 个核心要素度量（从 IBM 引进）。

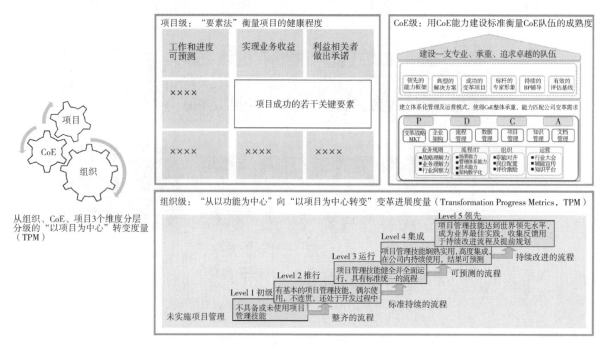

图 23-15 华为公司项目管理三维度度量

23.5.3 "以项目为中心"转变落地

华为公司在公司层面要求并推动：

1）各领域的项目管理流程显性化，将项目管理流程与各领域业务适度解耦，明确基于人、财、事的项目管理流程，明确项目管理本身的专项活动以及与其他各项业务的集成关系，统一全公司的语言和认识。

2）所有项目都有项目管理系统支撑，各支撑系统开始服务化改造，共建项目管理数据底座、通用平台，并实现服务能力共享，可相互调用。

在华为公司各主流业务领域，建立了针对领域的以项目为中心转变方针政策的应用和落地项目实施机制，启动了如项目型组织变革、预算机制转变、项目经营加强、资源买卖机制建立等配套项目。

23.5.4 "以项目为中心"转变的经验教训

华为公司"以项目为中心"的转变任重道远。

1. 务必建立项目经营管理及配套机制

向"以项目为中心"转变是一个渐进的过程。2015 年，华为公司计划用 3～5 年的时间将公司转变为以项目为主、功能为辅的强矩阵结构。在这个过程中，既要做好具体项目的管理和相应的配套机制建设，也要重视"以项目为中心"的转变对代表处经营管理带来的影响，同时对预算机制进行改革,以适应"以项目为中心"运作的要求。

2. 站在巨人的肩膀上,善用已有成果

经过多年的努力,华为公司在项目运作中包括项目经理在内的"八大员"角色的认知和能力建设已经取得显著进步,但在项目经理授权、项目预算管理权力和资源可获得性3个方面仍存在很大差距,这些是转变过程中最大的挑战和障碍。

向"以项目为中心"转变不是要去创造一个新的体系,而是要充分借鉴和学习业界成熟的项目管理方法。业界的一些领先企业把不断提高项目能力作为一项长期的战略行动,通过10余年的持续变革,逐步建立了完备的项目管理流程和制度,将业务运作构建在项目经营管理之上,实现了组织的弹性化管理。

以业界项目管理先进公司为参照,华为公司进行了深入的自我剖析,查看究竟存在哪些具体的差异。当然,这种差异并不一定都是差距,但可以为我们提供思考的方向。

首先,从项目经理授权来看,业界先进公司会根据项目角色自动进行授权。项目经理对项目组成员拥有管理和考核的权力,在所负责的业务流程范围内对采购拥有完全控制权,项目组的考核评价与经营结果直接挂钩。华为公司目前是转授权。在采购上,华为公司强调流程遵从,采取评审、集体决策等强管控模式。华为公司目前也在强调合同审结,希望加大对一线项目经理的授权。

其次,在预算管理权力方面,业界项目化公司的项目经理拥有较大的权力。在预算范围内项目经理有决定权。华为公司目前的项目预算管理水平还不高,在这样的基础上行使完全的预算管理权力,进行绩效评价、考核和利益分享颇有难度。预算管理水平的提高需要漫长的过程。要做好预算管理必须有坚实的基线管理基础。基线管理水平的不断提升是预算准确性提升的基础。

再次,在资源保障方面,业界项目化公司有比较完善的资源计划和保障体系,项目组以预算为基础获取所需要的资源,项目和资源部门之间是 Buy & Sell 的关系。华为公司希望未来能够建立一种资源部门,创建将人推向项目、个人争着进项目、项目组在项目工作完成后及时释放人员的资源管理机制,提升内部运营效率。但华为公司目前的资源还是卖方市场,有预算不一定能获得资源,有时候领导关注或者客户投诉反而是更有效的获取资源的手段,因此就不难理解为什么经营单元(如代表处)要把资源抓在自己手上,实现自给自足。如果不能改变目前卖方市场的现状,推行资源买卖会面临现实的障碍。所以,建立全球共享资源中心并良好运作成为可行的选择。

最后,必须跳出项目管理来看项目管理。客户、市场、企业内部的无数鲜活案例不断提醒我们:必须以客户为中心,遵循市场规律,否则企业终将落后。项目经理和企业管理者在埋头干活的同时,都应该多抬头看路:看自身、看行业、看客户,不故步自封,结合当下市场和行业趋势来看待项目管理,不断学习,用新的理念和技术来武装自己,才能不断提升项目管理的水平。当前,我们已经进入一个项目管理空前重要的时代,项目经理的发展也慢慢进入黄金时代,希望企业及每个项目经理人都能抓住这个机会,实现企业利润增长和个人能力提升的双赢!

第 24 章 项目组织与团队管理

本章要点

组织是一切管理活动取得成功的基础。项目组织的主要目的是充分发挥项目管理职能，提高项目管理的整体效率，实现项目管理的预期目标。由于项目本身的特性，决定了项目实施过程中的组织管理与传统组织管理既有相同之处，也有不同之处。项目管理与传统组织管理的最大区别在于项目管理更强调项目负责人的作用，强调团队的协作精神，其组织形式具有更大的灵活性和柔性。本章主要介绍组织的概念，包括组织的定义和形成过程、组织的特征、组织设计的一般原则；项目管理的组织形式及特点，包括职能式组织形式、项目式组织形式、矩阵式组织形式；项目管理组织的设计，包括项目管理组织的规划、项目管理组织形式的选择、项目组织规划的成果；项目团队管理，包括项目团队的概念与角色、项目团队的组建、项目团队的发展阶段与领导风格、构建高效的项目团队等内容。

24.1 组织的概念

24.1.1 组织的定义和形成过程

在现代社会，每个人都工作、生活在某种组织之中。管理学家巴纳德认为，人类由于受生理的、生物的、心理的和社会的限制，为了达到个人的目的，不得不进行合作。而要使这样的合作以较高的效率实现预定的目标，就必须形成某种组织结构。例如，具有不同特长的球员组成的一支球队是一个组织，不同类型的科学家组成的某研究小组是一个组织，同样，参与项目的所有人员为了完成项目任务也必须形成一个组织。

尽管"组织"一词流行广泛而且人们都意识到了它的重要性，然而当使用"组织"一词时却有着不同的含义。首先，"组织"作为一个名词，是指有意识形成的职务或职位的结构。例如，一个企业会确定若干纵向、横向的职务或职位，而这些职务或职位之间并不是孤立的，为了实现组织目标它们之间存在相互联系，从而形成组织结构，这种组织可以用组织结构图来表示，如图 24-1 所示。其次，"组织"作为一个动词，是指一个工作过程，是指为了达成某项目的而设计并保持有效完成此目的的组织结构，并随环境变化而不断对之进行完善的过程。例如，某企业要生产由两个主要部件组成的产品，组织设计者将企业的所有资源按部件 1、部件 2 及组装划分为 3 个车间，每个车间再细化为不同的班组，从而形成类似图 24-1 的组织结构。

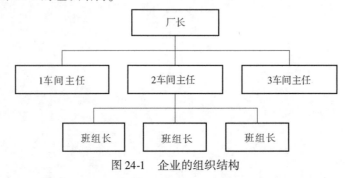

图 24-1 企业的组织结构

从项目管理的角度来说,项目组织是指由一组个体成员为实现具体的项目目标而建立的协同工作的队伍。项目组织的根本使命是在项目经理的领导下,协同工作、共同努力、增强组织凝聚力,为实现项目目标而努力工作。项目组织为了完成某个特定的项目任务通常由不同部门、不同专业的人员组成,它不受既存的职能组织构造的束缚,但也不能代替各种职能组织的职能活动。一般来说,除了非常小的项目,如编写个人报告、完成小实验等,几乎所有的项目都需要一个团队来完成,因而就必须建立项目组织,以便更加高效地完成项目目标。

作为动词的"组织"也称"组织过程""组织设计"等,其一般过程是首先进行工作划分,即将组织要承担的任务按目标一致及高效的原则进行分解,其次进行工作分类,将分解得到的诸多工作分为不同的类别,这也是以后组织中职务和职位的基础。最后,确定不同类别的工作之间的关系,即形成组织机构。其过程如图 24-2 所示。

图 24-2 组织结构的形成过程

工作划分是在总目标、总任务确定的前提下,按照目标一致及效率优化的原则,对完成组织目标的总任务进行具体分解,直到分解为便于组织管理的单项工作为止,并将各项工作之间的相互关系简单、直观地表现出来。

在项目管理上,人们将这项工作的结果称为工作分解结构(Work Breakdown Structure,WBS)。WBS 中的所有工作单元都必须落实到具体的承担者,所以项目的组织结构受到 WBS 的制约,后者决定了项目组织成员在组织中所应承担的工作任务,决定了组织结构的基本形态。项目组织成员在组织中的地位,不是由它的企业规模、级别或所属关系决定的,而是由它从项目分解结构中得到的工作任务所决定的。

工作归类是将分解后的若干个子任务、子目标按照有关的或者类似的工作进行归类,归类的方法主要有职能部门化、产品(或项目)部门化和地区部门化。实际中进行工作归类的方法很多,主要有:

1)按简单数量进行归类,即抽取一定数量的人在主管人员的指挥下去执行一定的任务。这种方法在部落、氏族和军队中曾经是一个重要的方法,虽然正遭受废弃,但仍有一定的适用范围。

2)按时间进行归类,这也是划分部门最古老的方法之一,通常适用于组织的基层。轮班制生产方式就是基于这种分类方法的。

3)按职能进行归类,这是一种广泛采用的做法。根据组织要达到目标所应具有的职能来进行工作归类。例如,工业企业要提供满足市场顾客需要的产品,就必须具有营销、计划、生产、财务等职能。因此,把企业的业务部门划分营销、计划、生产、财务等部门是合乎逻辑的。

4)按地区进行归类。对于在地理上分散的企业来说按地区进行工作归类是一个较为普遍的方法,其原则是把某个地区或范围的业务工作集中起来并委派给一个经理主管。

5)按产品进行工作归类。按产品或产品系列划分企业的业务工作,在多品种经营的大规模企业中早就表现得日趋重要。这种方法就是将同一种产品或产品系列的业务划归一个部门并委派一个经理主管。

6)按顾客进行工作归类。将为同一顾客服务的工作划归为一个部门并委派一个经理主管,这种方法对于更好满足顾客需要是十分有效的。有些企业以这种安排来迎合不同顾客的要求。

7)按市场渠道进行工作归类。围绕市场渠道来组织企业,不同的市场渠道有不同的经理主管。

8)按工艺或设备进行工作归类。在制造企业中常常按加工工艺或设备划分业务工作,相同工艺或设备归为同一个部门。

9）矩阵组织，这是一种形象的称呼。它实际上是按职能划分部门和按产品划分部门之间的一个折中办法。在后面项目矩阵组织形式中将详细阐述。

10）临时性工作归类。这种归类方法的根本特征在于工作的临时性，经常用的是临时性的产品部门和工作组，前者除了规定其有效时间外，与前面讲的按产品进行归类并无别的不同。工作组是临时组织起来为解决某一问题而进行调查研究和提出见解的人员形成的组织。

组织结构是支撑企业运转的框架体系，主要包括 3 个关键部分：①指定正式的汇报关系，包括层级中的级别数量以及各级主管的控制范围；②确定构成部门的个人以及构成组织的部门；③包括设计系统以确保部门之间的有效沟通、协调和整合。可以说，没有组织结构，企业的一切活动将无法进行。

项目管理的组织结构实质上决定了项目组织实施项目获得所需资源的可能方法与相应的权利，不同的项目组织结构对项目的实施会产生不同的影响。项目组织结构的基本类型有：职能型组织结构、项目型组织结构和矩阵型组织结构等，本章第 2 节将具体介绍。

24.1.2 组织的特征

现代社会中有形形色色的组织，家庭是一种组织，学校是一种组织，企业是一种组织，国家也是一种组织，WTO 及联合国等都是组织。尽管这些组织形态各异，然而它们都有以下共同特征。

（1）目的性

任何组织都有其目的。目的既是组织产生的缘由，也是组织形成后使命的体现。例如，为了开发某种产品而形成的开发项目组织，开发需要的产品就是它的目的。同时，组织的目的性还表现在组织成员对目的的共享，即组织成员共同认可同样的组织目的。

（2）专业化分工

组织是在分工的基础上形成的，组织中不同的职务或职位承担不同的组织任务。专业化分工能协调工作的复杂性与人的生理、心理等有限性特征之间的矛盾，便于积累经验及提高效率。例如，按职能专业划分的企业有计划、财务、生产、销售、人事等部门。

（3）依赖性

组织内部的不同职务或职位并非孤立而是有相互联系的，具体表现为组织的组织结构。这种依赖性一方面可以从结构图上看出；另一方面可以在具体岗位的说明书中看到。说明书描述了不同职务或职位之间具体的工作关系。例如，生产部门依据计划部门的计划组织生产，计划部门通过销售部门及财务部门的反馈信息调整计划等。

（4）等级制度

任何组织都会存在一个上下级关系，下属有责任执行上级的指示，这一般是绝对的，而上级不可以推卸组织下属活动的责任。如企业一般将组织划分为高层、中层和基层，高层有指挥中层的职权，而中层有指挥基层的职权。

（5）开放性

所有组织都与外界环境存在资源及信息的交流。如企业需要从供应商那里获取原材料，经过企业内部的加工制造以生成满足顾客需要的产品并输出到市场中；企业的多种决策要依赖从环境取得的信息，同时也会向环境发布或传递相关信息。

（6）环境适应性

组织本身是一个系统，然而它又存在于环境这样的大系统之中。组织必须具有环境适应性才能生存发展。例如，某企业处于顾客需求相对稳定的环境之中，那么职能制的组织机构可能是较好的选择；而企业处于顾客需求多样化及变化迅速的环境之中，矩阵制组织形式可能是这个企业最好的选择。

但是由于项目及项目管理的特殊性，决定了项目组织不同于一般的企业组织、社团组织和军队组织，有其自身的特点。

（1）一次性或临时性

项目组织的一次性或临时性是其区别于其他组织的明显特点。由于项目具有一次性或临时性的特点，所以项目组织也具有一次性或临时性的特点。一般来说，项目完成以后，项目组织就会解散，等待新项目启动。即使有一些项目组织不解散，其项目成员也会发生改变以承接新项目。

（2）生命周期性

项目组织与项目一样有其生命周期，要经历建立、发展和解散的过程。项目组织是具有生老病死规律的有机体，不可能长盛不衰。项目组织的生命周期性往往以项目团队的生命周期性来体现，项目团队的生命周期一般包括形成期、风暴期、规范期、成果期及结束期等多个阶段。

（3）柔性组织

柔性组织是指组织要有机动灵活的组织形式和用人机制，对内外环境具有适应性。项目组织应当是柔性组织，不能是"来了走不得，定了变不得，不用去不得，用得进不得"的迟钝、僵化、无生命的机体。

项目组织的天性还反映在各个项目利益相关者之间的联系都是有条件的、松散的；各利益相关者是通过合同、协议、法规以及其他各种社会关系结合起来的；项目组织不像其他组织那样有清晰的组织边界，项目利益相关者及个别成员在某些事务中属于项目组织，在另外的事务中可能又属于其他组织。

（4）协调和沟通频繁

由于项目具有较高的不确定性和风险性特征，加强协调与沟通、发挥集体决策的作用，是减少突发性问题的有效手段。

（5）团队精神

基于项目具有一次性或临时性的特点，项目组织都是临时组织，成员无法安心工作，此时应强化目标概念，强调团队精神。

（6）跨职能部门

项目是一个综合系统，项目组织内部需要多领域专业人员的协作。由于项目成员来自多个部门，须注重跨职能部门的横向协调。

24.1.3 组织设计的一般原则

组织是人们为了达到某个目的而形成的，合理的组织设计有助于高效率、低成本地实现组织目的，而不合理的组织设计不仅不能促进组织目标的实现，还可能阻碍组织目标的实现。自古以来，人们在实践或学术领域都在研究合理组织设计的理论与方法。普遍接受的组织设计的一般原则有：

1）目标一致性原则。组织是为了组织目标而组建的，然而组织又是一个可以细分的系统，自上而下、从左到右，相互联系的各部门及人员都会有自己部门或个人的目标，只有使各部门或个人的目标整合与组织目标一致时，组织的目标才能有效实现。因此，组织的设计应有利于实现组织的总目标，真正建立起上下层层保证，左右协调的目标体系。

2）有效的管理层次和管理幅度原则。管理幅度是指一个上级管理者直接领导下级人数的多少。管理层次是一个组织中从最高层到最低层所经历的层次数。在组织规模一定的前提下，管理幅度与管理层次成反比：增加管理幅度会减少管理层次；减少管理幅度会加大管理层次。

由于任何一个领导者其能力、精力、知识及经验都有一定限度，为了有效进行领导，管理幅度不可能过多。许多学者对有效的管理幅度进行了研究，但并没有一致的意见，普遍的观点是：高层管理幅度宜小，为4~8人；基层的管理幅度可多，可在4~30人。

管理层次的多少也会影响组织的效率及效果，层次过少，将造成幅度过大；而层次过多，会造成信息传递延迟、信息传递失真等，同时也会助长官僚主义。因此对于一个组织而言，要结合具体情况制定出合理的管理层次和管理幅度。

3) 责任与权利对等原则。组织设计要明确各层次不同岗位的管理职责及相应的管理权限，更特别注意管理职责与管理权限的对等。若有权无责，或责任小于权利，会产生瞎指挥、乱拍板，滥用职权的问题；有责无权，或权利太小，一方面不利于职责的完成，另一方面会束缚管理者的工作积极性和创造性。

4) 合理分工与密切协作原则。组织是在任务分解的基础上建立起来的，合理的分工便于积累经验和实施业务的专业化。分工既指横向的分工，也指上下级的工作分工。合理的分工有利于明确职责，然而在强调合理分工的同时还要强调密切协作，只有密切协作才能将各部门各岗位的工作努力合成实现组织整体目标的力量。

5) 集权与分权相结合的原则。管理就是要借他人之手完成预定的目标和任务，各级管理组织机构之间就有集权和分权的关系，集权有利于组织活动的统一，便于控制；分权有利于组织的灵活性，但使控制变得困难。因此集权与分权要适度，适合组织的任务与环境。一般而言，凡是关系到组织全局的问题要实行集权，但要通过授权使中层或基层具有一定的管理职责与权限，这也是分工原则的体现。

6) 环境适应性原则。组织是一个与环境有着资源、信息等交换的开放系统，受环境发展变化的制约，因此组织设计要考虑环境变化对组织的影响，一方面要建立适应环境特点的组织系统；另一方面要考虑在环境发生变化时组织所应该具有的灵活性及适应性。例如，职能制组织形式就不如矩阵制组织形式适合于项目型企业运作。

项目组织设计的目的是要组织各方力量完成项目的任务，因此，项目组织设计的效能高低就成为决定项目成败的关键因素。在进行项目组织设计时，不仅要遵循一般组织设计的原则，还必须反映项目管理的特征，项目组织设计将在本章第3节具体介绍。

24.1.4 正式组织中的非正式组织

组织设计的目的是建立合理的组织结构，规范组织成员在活动中的关系。设计的结果是形成所谓的正式组织。正式组织有明确的目标、任务、结构、职能以及由此而决定的成员间的责权关系，对个人具有某种程度的强制性。合理、健康的正式组织无疑为组织活动的效率提供了重要的保证。

非正式组织是伴随着正式组织的运转而形成的。在正式组织展开活动的过程中，组织成员必然发生业务上的联系。这种工作上的接触会促进成员之间的相互认识和了解。他们会渐渐发现在其他同事身上也存在一些自己所具有、所欣赏、所喜爱的东西，从而相互吸引和接受，并开始工作以外的联系。频繁的非正式联系又促进了他们之间的相互了解。这样，久而久之，一些正式组织的成员之间的私人关系从相互接受、了解逐步上升为友谊，一些无形的、与正式组织有联系，但又独立于正式组织的小群体便慢慢地形成了。这些小群体形成以后，其成员由于工作性质相近、社会地位相当、对一些具体问题的认识基本一致、观点基本相同，或者在性格、业务爱好以及感情相投的基础上，产生了一些被大家所接受并遵守的行为规范，从而使原来松散、随机性的群体渐渐成为趋向稳定的非正式组织。

由于形成过程和目的的不同，决定了它们的存续条件也不一样。正式组织的活动以成本和效率为主要标准，要求组织成员为了提高活动效率和降低成本而确保形式上的合作，并通过对他们在活动过程中的表现予以正式的物质与精神的奖励或惩罚来引导他们的行为。因此，维系正式组织的主要是理性的原则。而非正式组织则主要以感情和融洽的关系为标准。它要求其成员遵守共同的、不成文的行为规范。不论这些行为规范是如何形成的，非正式组织都有力迫使其成员自觉或不自觉地遵守。对于那些自觉遵守和维护规范的成员，非正式组织会予以赞许、欢迎和鼓励，而那些不愿就范或犯规的成员，非正式组织会通过嘲笑、讥讽、孤立等手段予以惩罚。因此，维系非正式组织的主要是接受与欢迎或孤立与排斥等感情上的因素。

由于正式组织与非正式组织的成员是交叉混合的，人不仅是理性的动物，而且是感情的俘虏，且感情的影响在许多情况下更甚于理性的作用，因此，非正式组织的存在必然要对正式组织的活动及其效率产生影响。

1. 非正式组织的积极作用

1）可以满足员工的需要。非正式组织是自愿性质的，其成员甚至是无意识地加入进来。他们之所以愿意成为非正式组织的成员，是因为这类组织可以给他们带来某些需要的满足。例如，工作中或工余间的频繁接触以及在此基础上产生的友谊，可以帮助他们消除孤独的感觉，满足他们"被爱"以及"施爱于人"的需要；基于共同的认识或兴趣，对一些共同关心的问题进行谈论、甚至争论，可以帮助他们满足"自我表现"的需要；从属于某个非正式群体这个事实本身，可以满足他的"归属"和"安全"的需要等。

2）有利于强化组织协作。人们在非正式组织中的频繁接触会使相互之间的关系更加和谐、融洽，从而易于产生和加强合作的精神。这种非正式的协作关系和精神如果能带到正式组织中来，无疑有利于促进正式组织活动的开展。

3）有利于建立互帮互助的良好氛围。非正式组织虽然主要是发展一种工余的、非工作性的关系，但是它们对其成员在正式组织中的工作情况往往是非常重视的。对于那些工作中的困难者，技术不熟练者，非正式组织的伙伴往往会给予自觉地指导和帮助。同伴的这种自豪、善意的帮助，可以促进他们技术水平的提高，从而可以帮助正式组织起到一定的培训作用。

4）有利于维护正式组织的秩序。非正式组织也是在某种社会环境中存在的，就像环境的评价会影响个人的行为一样，社会的认可或拒绝也会左右非正式组织的行为。非正式组织为了群体的利益，为了在正式组织中树立良好的形象，往往会自觉或自发地帮助正式组织维护正常的活动秩序。虽然有时也会出现非正式组织的成员犯了错误互相掩饰的情况，但为了不使整个群体在公众中留下不受欢迎的印象，非正式组织对那些严重违反正式组织纪律的害群之马，通常会根据自己的规范、利用自己特殊的形式予以惩罚。

2. 非正式组织可能造成的危害

1）非正式组织的目标如果与正式组织冲突，则可能对正式组织的工作产生极为不利的影响。例如，正式组织力图利用员工之间的竞赛以达到调动积极性、提高产量与效益的目标，而非正式组织则可能认为竞赛会导致竞争，造成非正式组织成员的不和，增加工作量，从而会抵制竞赛，设法阻碍和破坏竞赛的展开，其结果必然是影响组织工作成效。

2）非正式组织要求成员一致性的压力，往往会束缚成员的个人发展。有些人虽然有过人的才华和能力，但非正式组织一致性的要求可能不允许他冒尖，从而使个人才智不能得到充分发挥，对组织的贡献不能增加，这样会影响整个组织工作效率的提高。

3）非正式组织的压力还会影响正式组织的变革，形成组织的惰性。这并不是因为所有非正式组织的成员都不希望改革，而是因为其中大部分人害怕变革会改变非正式组织赖以生存的正式组织的结构，从而威胁非正式组织的存在。

不管承认与否、允许与否、愿意与否，上述影响总是客观存在的。正式组织目标的有效实现，要求积极利用非正式组织的贡献，努力克服和消除它的不利影响。

1）利用非正式组织，首先要认识到非正式组织存在的客观必然性和必要性，允许乃至鼓励非正式组织的存在，为非正式组织的形成提供条件，并努力使之与正式组织吻合。例如，正式组织进行人员配备工作时，可以考虑把性格相投、有共同语言和兴趣的人安排在同一部门或相邻的工作岗位上，使他们有频繁接触的机会，这样容易使两种组织的成员基本吻合。又如，在正式组织开始运转以后，开展一些必要的联欢会、茶话会、旅游等旨在促进组织成员间感情交流的非工作活动，为他们提供业务活动的场所，在客观上为非正式组织的形成创造条件。

2）通过建立和宣传正确的组织文化影响非正式组织的行为规范，引导非正式组织提供积极的贡献。非正式组织形成以后，正式组织既不能利用行政方法或其他强硬措施干涉其活动，又不能任其自流，因为这样有产生消极影响的危险。因此，对非正式组织的活动应该加以引导。这种引导可以通过借助组织文化的力量，影响非正式组织的行为规范来实现。

许多管理学者在近期的研究中发现，不少组织在管理的结构上并无特殊的优势，但却获得了超常的成功，成功的奥秘在于有一种符合组织性质及其活动特征的组织文化。所谓组织文化是指被组织成员共同接受的价值观念、工作作风、行为准则等群体意识的总称，属于管理的软范畴。组织通过有意识地培养、树立和宣传某种文化，来影响成员的工作态度，使他们的个人目标与组织的共同目标尽量吻合，从而引导他们自觉地为组织目标的实现积极工作。

如果合理的结构、严格的等级关系是正式组织的专有特征，那么组织文化则有可能被非正式组织所接受。正确的组织文化可以帮助每一个人树立正确的价值观念和工作与生活的态度，从而有利于产生符合正式组织要求的非正式组织的行为规范。

24.2 项目管理的组织形式

项目一旦确立，首先要面临两个问题：一是必须确定项目与公司的关系，即项目的组织结构形式；二是必须确定项目内部的组织构成。项目组织对于项目的顺利完成很重要，它能为项目经理的工作打好基础，构筑组织机构是企业高层领导人的职责，组织设置是否合理，将影响到项目经理工作的成效。实际中存在多种项目组织形式，并没有证据证明有一个最佳的组织形式，每一种组织形式都有各自的优点与缺点，有其适用的场合。因此，在进行项目组织设计时，要采取具体问题具体分析的方法，选择适合的组织形式。

一般项目的组织形式有职能式、项目式和矩阵式等。

24.2.1 职能式组织形式

职能式组织形式是按职能以及职能的相似性来划分部门，这种组织形式属于纵向划分组织结构，如图 24-3 所示。在这种组织形式中，各职能部门在自己职能范围内独立于其他职能部门进行工作，各职能人员接受相应的职能部门经理或主管的领导。

采用职能式组织形式的企业在进行项目工作时，各职能部门需要根据项目的情况承担本职能范围内的工作，共同完成。每个职能部门只有唯一的一个上级领导或上级部门，即上下级呈现直线型的领导与被领导的权责关系，一级服从一级，上级工作部门在所管辖的范围内对直接下级具有直接的指挥权，也就是说企业主管根据项目任务需要从各职能部门抽调人员及其他资源组成项目实施小组。例如，开发新产品可能要从营销、设计及生产部门各抽调一定数量的人员形成开发小组，当项目进行时，设计人员只对设计主管负责，生产主管无权对设计人员下达命令。

然而这样的组织界限并不十分明确，小组成员既要完成项目中需本职能完成的任务，同时，由于他们并没有脱离原来的职能部门，因此，项目实施的工作多数属于兼职工作性质。这样的项目组织的另一特点是没有明确的项目主管或项目经理，当涉及职能部门之间的项目事务和问题时，各种职能的协调只能由处于职能部门顶部的部门主管或经理来协调。例如，一个开发新产品的项目，若营销人员与设计人员发生矛盾，只能由营销部门经理与设计部门经理来协调处理，同样各部门调拨给项目实施

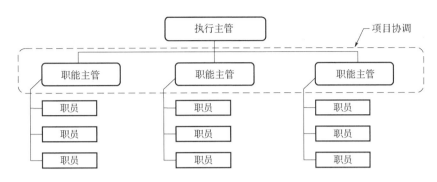

图 24-3 职能式组织结构示意图

组织的人员及资源也只能由各部门主管决定。

职能式组织的优点主要有：

1）有利于技术水平的提升。职能式组织是以职能的相似性划分部门的，同一部门的人员可以交流经验及共同研究，有利于专业人才专心致志钻研本专业领域理论知识，有利于积累经验、提高业务水平。同时这种结构为项目实施提供了强大的技术支持，当项目遇到困难时，问题所属职能部门可以联合攻关。

2）资源利用的灵活性与低成本。在职能式组织形式中，项目实施组织中的人员或其他资源仍归职能部门领导，因此职能部门可以根据需要分配所需资源。当某人从某项目退出或闲置时，部门主管可以安排他到另一个项目去工作，可以降低人员及资源的闲置成本。

3）有利于从整体协调企业活动。由于每个部门或部门主管只能承担项目中本职能范围的责任，并不承担最终成果的责任，而每个部门主管都直接向企业主管负责，因此，要求企业主管要从全局出发进行协调与控制。因此，有学者说这种组织形式"提供了在上层加强控制的手段"。

4）有利于专业人员晋升。成功的项目虽然可以给参加者带来荣誉，但是他们在专业上的发展和进步还需要一个相对稳定的职能部门作为基础。由于职能部门主管了解该职能部门专业人员的情况，因此在他们晋升时就具有发言权。

简而言之，职能式组织形式具有的最大优点是有利于专业化水平的提高，有利于集权管理，但是这种组织形式也存在一定的缺陷。

职能式组织形式的缺点主要有：

1）对客户利益关注不足。在职能式组织形式中，客户不是项目活动关心的焦点，对客户要求的响应比较迟缓和艰难。这主要是由于职能部门有自己的日常工作，项目和与项目相关的客户的利益不是优先考虑的问题，此外，项目和客户之间存在多个管理层次，这也加大了与客户沟通的难度。

2）协调的难度加大。由于职能的差异性及本部门的局部利益，每个职能主管容易从本部门的角度去考虑问题，而且项目经理和部门经理之间存在许多交叉，当发生部门间的冲突时，部门经理之间很难进行协调。项目不是全部工作，这会影响企业整体目标的实现。

3）项目组成员责任淡化。由于项目实施组织成员只是临时从职能部门抽调而来，有时工作的重心还在职能部门，因此很难树立积极承担项目责任的意识。尽管说在职能范围内承担相应责任，但是职能部门的工作方式常常是面向本部门的活动，而项目采用的工作方式是面向问题的，两者之间存在很大的区别。当需要处理的问题在项目的利益与部门利益发生冲突时，成员往往会将部门利益放在第一位，因此，职能式组织形式不能保证项目责任的完全落实。

24.2.2 项目式组织形式

项目式组织形式是按项目划归所有资源，属于横向划分组织结构，即每个项目有完成项目任务所必需的所有资源,组织的经营业务由一个个项目组合构成,每个项目之间相互独立。

每个项目实施组织有明确的项目经理或项目负责人,责任明确,对上直接接受企业主管或大项目经理领导,对下负责本项目资源的运用以完成项目任务。在这种组织形式下,项目可以直接获得系统中大部分的组织资源,项目经理具有较大的独立性和对项目的绝对权力,项目经理对项目的总体负责。项目式组织结构如图 24-4 所示。

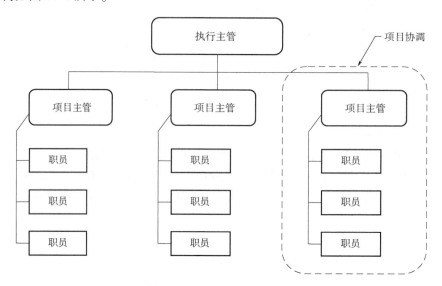

图 24-4　项目式组织结构示意图

如某企业有 A、B、C 3 个项目,企业主管按项目 A、B、C 的需要获取并分配人员及其他资源,形成 3 个独立的项目组 A、项目组 B、项目组 C,项目结束以后项目组织随之解散。这种组织形式适用于规模大、项目多的公司。

项目式组织形式的优点:

1)目标明确及统一指挥。项目式组织是基于某项目而组建的,圆满完成项目任务是项目组织的首要目标,而每个项目成员的责任及目标也是通过对项目总目标的分解而获得的。项目成员只受项目经理领导,不会出现多头领导的现象。

2)有利于项目控制。由于项目式组织按项目划分资源,项目经理在项目范围内具有绝对的控制权,尽管他必须向单位的高层领导报告,但项目经理享有最大限度的决策自主权,因此,从项目角度讲有利于项目进度、成本、质量等方面的控制与协调,可以统一协调整个项目的管理工作。

3)有利于沟通协调。项目从职能部门中分离出来,使得沟通途径变得简洁,而且项目经理可以对客户的需求和单位高层的意图做出快速的响应,而不像职能式组织形式或矩阵式组织形式那样,项目经理必须通过职能经理的协调才能达到对项目的控制。

4)组织结构简单易操作。各项目组独立核算,能充分发挥他们的积极性、主动性和创造性,同时各项目组之间的竞争有利于提高整个企业的效率。

5)有利于全面型人才的成长。项目实施涉及计划、组织、指挥、协调与控制等多种职能,因此,项目式组织形式提供了全面型管理人才的成长之路,从管理小项目的小项目经理,经过管理大中型项目的项目经理,成长为管理多项目的项目群经理,直至最后成长为企业的主管。另一方面一个项目中拥有不同才能的人员,人员之间的相互交流学习也为员工的能力开发提供了良好的场所。

项目式组织的缺点:

1)机构重复及资源闲置。项目式组织形式按项目所需来设置机构及获取相应的资源,会使每个项目有自己的一套机构,一方面是完成项目任务的必须,另一方面是企业从整体上进行项目管理之必要,这就造成了人员、设施、技术、设备等的重复设置。同时，在包括人员在内的资源使用方面，每种资源项目都要拥有，当这些资源闲置时，其他项目也很难利用，造成闲置成本较大。

2）不利于企业专业技术水平的提高。项目式组织并没有给专业技术人员提供同行交流与互相学习的机会，往往只注重于项目中所需的技术水平，因此不利于形成专业人员钻研本专业业务的氛围。

3）不稳定性。项目的一次性特点使得项目式组织形式随项目的产生而建立，也随项目的结束而解体。因此从企业整体角度看，企业的资源及结构会不停地发生变化。而在项目组织内部，由新成员刚刚组建的组织会发生相互碰撞而不稳定，随着项目进程的进展而进入相对的稳定期，但在项目快结束时，所有成员预见到项目的结束，都会为自己的未来而做出相应的考虑，使得"人心惶惶"，而又进入不稳定期。

24.2.3 矩阵式组织形式

职能式组织形式和项目式组织形式各有其优缺点，而且职能式组织形式的优点与缺点正好对应项目式组织形式的缺点与优点。如何建立一种组织形式既有两种组织形式的优点，又能避免两种组织形式的缺点呢？矩阵式组织形式能较好地解决这一问题。矩阵式组织形式的特点是将按照职能划分的纵向部门与按照项目划分的横向部门结合起来，构成类似矩阵的管理系统，在组织资源合理配置与利用方面显示出强大的优越性。

当很多项目对有限资源的竞争引起对职能部门的资源的广泛需求时，矩阵管理就是一个有效的组织形式。传统的职能组织在这种情况下无法适应的主要原因是：职能组织无力对包含大量职能之间相互影响的工作任务提供集中、持续和综合的关注与协调。因为在职能组织中，组织结构的基本设计是按职能专业化和职能分工的，不可能期望一个职能部门的主管会不顾他在自己职能部门中的利益和责任，或者完全打消职能中心主义的念头，使自己能够把项目作为一个整体，对职能之外的项目各方面也加以专心致志的关注。

在矩阵式组织形式中，项目经理在项目活动的"什么"和"何时"方面，即内容和时间方面对职能部门行使权力，而各职能部门负责人决定"如何"支持。每个项目经理要直接向最高管理层负责，并由最高管理层授权。而职能部门则从另一方面来控制，对各种资源做出合理的分配和有效的控制调度。职能部门负责人既要对他们的直线上司负责，也要对项目经理负责。这种组织形式不仅利于项目的综合管理，也有利于各管理职能部门的横向联系与协调。矩阵式组织形式首先在美国军事工业中实行，它适应于多品种、结构工艺复杂、品种变换频繁的场合，图24-5是一种典型的矩阵式组织形式。

1. 矩阵式组织形式的基本原则

矩阵式组织形式的基本原则是：

1）必须有一个人花费全部的时间和精力用于项目，且具有明确的责任，这个人通常即为项目经理。

2）必须同时存在纵向和横向两条通信渠道。

3）要从组织上保证有迅速有效的办法来解决矛盾。

4）无论项目经理之间，还是项目经理与职能部门负责人之间，要有确切的通信渠道和自由交流的机会。

5）各个经理都必须服从统一的计划。

6）无论是纵向或横向的经理（或负责人）都要为合理利用资源而进行谈判和磋商。

7）必须允许项目作为一个独立的实体来运行。

矩阵式组织中的职权以纵向、横向和斜向在一个企业里流动，因此在任何一个项目的管理中，都需要有项目经理与职能部门负责人的共同协作，将两者很好地结合起来。要使矩阵组织有效地运转，必须考虑和处理好以下几个问题：

1）如何创造一种能将各种职能综合协调起来的环境？由于具有每个职能部门从其职能出发只考虑项目的某一方面的倾向，考虑和处理好这个问题是很必要的。

2）一个项目中比其他要素更为重要的要素是由谁来决定的？考虑这个问题可以使主要矛盾迎刃而解。

3）纵向的职能系统应该怎样运转才能保证实现项目的目标，而又不与其他项目发生矛盾？

要处理好这些问题，项目经理与职能部门负责人要相互理解对方的立场、权力以及职责，并经常进行磋商。

2. 矩阵式组织的几种形式

根据横向划分和纵向划分相结合的强弱程度，矩阵式项目组织形式又可以分为强矩阵式、弱矩阵式和平衡矩阵式。

（1）强矩阵式项目组织形式

图 24-5 是一种典型的矩阵式组织形式，常称之为强矩阵组织形式。这种组织形式是在原有职能式组织形式的基础上，由组织最高领导者任命对项目全权负责的项目经理，项目经理直接对最高领导者负责，或者在组织中增设与职能部门同一层级的项目管理部门，项目管理部门再按照不同的项目委任项目经理，直接对最高层领导者负责。在强矩阵组织中资源均由职能部门所有和控制，每个项目经理根据项目需要向职能部门借用资源。各项目是一个临时性组织，一旦项目任务完成后就解散。各专业人员又回到各职能部门再执行别的任务。项目经理向项目管理部门经理或总经理负责，他领导本项目内的一切人员，通过项目管理职能，协调各职能部门派来的人员，以完成项目任务。强矩阵式组织形式对实施大型、复杂项目比较有利。

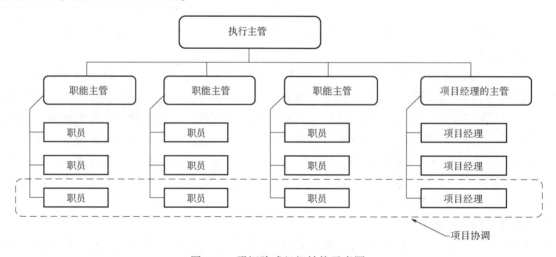

图 24-5　强矩阵式组织结构示意图

（2）弱矩阵式项目组织形式

弱矩阵式组织形式（图 24-6）基本上保留了职能式组织形式的主要特征，但是为了更好地实施项目，建立了相对明确的项目管理团队，这样的项目管理团队由各职能部门下属的职能人员所组成，这样针对某一个项目就有对项目总体负责的项目管理人员。但这种组织形式并没有明确对项目目标负责的项目经理，即使有项目负责人，他的角色只不过是一个项目协调者或项目监督者，而不是真正意义上的项目管理者，项目人员的唯一直接领导还是各自职能部门的负责人。对项目管理而言，弱矩阵式组织形式优于项目的职能式组织形式，但是由于项目化特征较弱，当项目涉及各职能部门且产生矛盾时，因为没有强有力的项目经理，各职能部门的项目人员很可能会过多地从本部门的利益出发来处理问题。

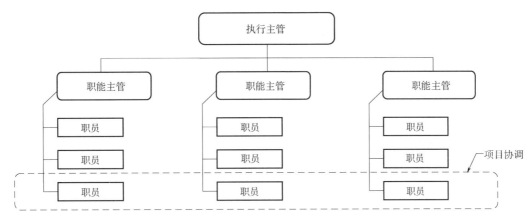

图 24-6 弱矩阵组织结构示意图

（3）平衡矩阵式项目组织形式

平衡矩阵组织形式或称中矩阵组织形式是为了加强对项目的管理而对弱矩阵组织形式的改进，与弱矩阵组织形式的区别是从职能管理部门参与本项目的人员中选出一位对项目负责的管理者，即项目经理，对此项目经理赋予一定的权利，使其对项目总体与项目目标负责，如图 24-7 所示。平衡式组织形式与弱矩阵式组织形式相比，对项目管理更有利。在平衡式组织形式中，项目经理可以调动和指挥职能部门中的相关资源来实现项目，在项目上享有一定的权利。

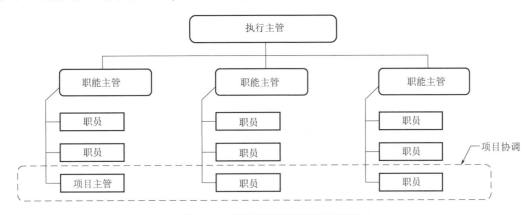

图 24-7 平衡矩阵组织结构示意图

矩阵式组织形式项目经理与职能经理的权限变化趋势如下：

1）强矩阵式组织形式：项目经理的权利 > 职能部门经理的权利。
2）弱矩阵式组织形式：项目经理的权利 < 职能部门经理的权利。
3）平衡式组织形式：项目经理的权利 = 职能部门经理的权利。

3. 矩阵式组织形式的优缺点

矩阵式组织形式具有如下优点：

1）强调项目组织是所有有关项目活动的焦点。
2）项目经理拥有对人力、资金等资源的最大控制权，每个项目都可以独立地制定自己的策略和方法。
3）职能组织中的专业人员既可到项目团队中发挥自己的才能，又有机会获得专业知识的提升。项目结束后，人员回到职能部门中，通过相互交流学习，可获得专业上的提高，丰富了经验和阅历。
4）由于交流渠道的建立和决策点的集中，对环境的变化以及顾客的要求能迅速做出反应和及时满足，对环境变化有较好的适应能力。

5）由于关键技术人员能够为各个项目所共用，充分利用了人才资源，使项目费用降低，又有利于项目人员的成长和提高。

6）集中全部的资源为各项目服务，项目目标能够得到保证，而且企业在人员及资源上统筹安排，优化整个系统的效率，而不会牺牲其他项目去满足个别项目的要求。

7）通过内部的检查和平衡，以及项目组织与职能组织间经常性的协商，可以得到时间、费用以及运行的较好平衡。

8）项目中有来自职能部门的人员，不仅可以保证组织的稳定性和项目工作的稳定性，而且在执行规章制度时与企业保持一致，从而增加了企业高层领导对项目的控制。

9）打破了传统的以权力为中心的思想，树立了以任务为中心的思想。这种组织的领导不是集权的，而是分权的、民主的、合作的，所以领导者的管理风格应该适应这种变化。

矩阵式组织形式也有一些缺点：

1）职能组织与项目组织间的平衡需要持续地进行监督，防止双方互相削弱对方。

2）由于存在双重领导，工作人员有时无所适从。而要解决双重领导的问题，就会使协调工作量加大，如会议多、报告多。

3）在开始制订政策和方法时，需要花费较多的时间和劳动量。

4）每个项目都是独立进行的，容易产生重复性劳动以及对稀缺资源的争夺。

5）必须具有足够数量的经过培训的强有力的项目经理。

6）对时间、费用以及运行参数的平衡必须加以监控，保证不因时间和费用而忽视技术运行。

3. 复合式组织形式

尽管矩阵式组织形式结合了项目职能式组织形式和项目式组织形式的优点，但它自身也有一定的不足。矩阵式组织形式的不足也正产生于如何恰当地运用项目式及职能式组织形式的优点之时。项目有项目行政和职能两个上级，其不足主要表现在以下方面：一方面项目成员受到多头领导而无所适从，另一方面多项目争取职能部门资源时由于协调不好使资源得不到有效配置，最后是项目成功之时职能经理与项目经理争抢功劳，而当项目失败之时，两者又会争相逃避责任。因此，尽管从图形上看任何一种矩阵式组织形式都是棋子状，然而现实中可能会出现不规则的鱼网状形态。

另外在实际中还会出现矩阵式组织形式与其他形式混合使用的情况。例如，当一个部门的某个小组成员经常为某项目提供服务之时，一般可以将该小组作为一个独立的职能单元，而从项目管理角度出发可以将这部分服务作为独立子项目转包给这个职能小组。这种复合式矩阵组织形式如图24-8所示。

这种组织既有职能部门，又有为完成各类项目而设立的矩阵组织和项目式组织。从项目式组织的特性来说，这种组织有自己专门的项目团队，这种项目团队可以设立自己的一套管理规章制度，可以建立独立的报告和权力体系与结构，而不按本企业的直线职能部门的规章制度行事等。同时这类组织的直线职能部门和项目部门与项目团队还可以完成一些特定的项目而按照矩阵式组织的方法去组织项目团队，在项目完成后这种项目团队的成员可以回到原有的职能部门或项目部门中，因而这种组织形式还具有强烈的矩阵式组织的特性。

复合式组织形式的优点如下：

1）企业可根据具体项目与具体情况确定项目管理的组织结构形式，而不受现有模式的限制，因而在发挥项目优势与人力资源优势等方面具有方便灵活的特点。

2）让同一个专业人士在不同的项目担任职务，能最大限度地发挥专业技术人员的长处，既节省了人力资源，又减少了因大量人员在一起而增加的关系协调问题，提高了工作效率。

3）有专门的项目管理办公室，享有一定的权限，从而能够对客户的需求和高层的意图做出更快的反应，能为客户提供更满意的服务。

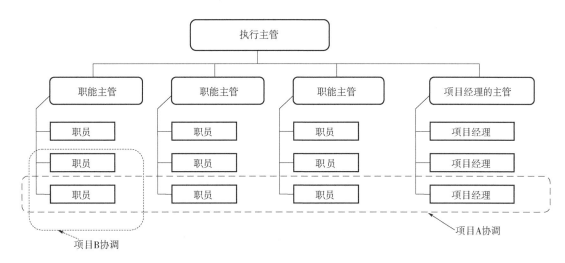

图 24-8 复合式组织结构示意图

4）可以像职能式组织形式一样设立详细的规章制度，编制员工手册，使每一个项目成员都有自己明确的权限和责任，有利于统一指挥和管理。

复合式组织形式的缺点如下：

1）每个项目要从不同职能部门汇集大量专业人才，由于各个专业人员的技能和社会声望不同，常常造成技能强和社会声望高的人员忙不过来，而另一些人则工作量不满的局面。

2）同一企业的若干项目采用不同的组织形式，由于利益分配上的不一致性，容易产生资源的浪费和各种矛盾。

项目的组织结构对于项目的管理实施具有一定的影响，然而任何一种组织形式都有它的优点和缺点，没有一种形式是能适用于一切场合的，甚至是在同一个项目的生命周期内。所以，项目管理组织在项目生命周期内为适应不同发展阶段的不同突出要求而加以改变也是很自然的。项目应围绕工作来组织，工作变了，项目组织的范围也应跟着改变。在实际工作中，必须注意这一点。一般来讲，职能式结构有利于提高效率，项目单列式结构有利于取得效果。矩阵式结构兼具两者优点，但也会产生某些不利因素。例如，各个项目可能在同一个职能部门中争夺资源；一个成员有两个顶头上司，既难处，也难管。

24.2.4 案例：解析 IBM 的矩阵组织结构

1. IBM 矩阵关系的"官僚化"

人们通常嘲笑那些只会在文件上签"同意"的官僚作风的处长。实际上，在美国国际商用机器公司（IBM）前 CEO 郭士纳大胆引进"矩阵式组织结构"之后，也逐渐出现了类似的多重领导局面，而且一度给员工带来不小的麻烦。

在盈科中心 IBM 办公大楼里，财务部朱利正在为查尔斯核算财政支出，看看是否还有余额为他招收一个计划外的业务人员。查尔斯首先通过内部的 Notes 系统给朱利和人事部雪莉发送了一封邮件说明情况。在朱利核算之后，查尔斯需要经过大中华区 CEO 周先生的同意，然后再由人事部总经理和财务部总经理签字通过。完成这些程序之后，雪莉才可以发出招聘启事。这整个的批复过程大概需要 3～4 天的时间，当然，这位业务人员的行为由查尔斯负责，朱利和雪莉不承担责任，她们只是提供建议而已。

在 IBM 朱利是战略与发展部的财务人员，同时也是 IBM 财务部的业务人员。雪莉和朱利一样，也身兼两职。这样，她们就直接对两个人负责：一个是财务部和人事部的总经理；另一个是战略与发展部总经理查尔斯。然而朱利和雪莉并不是 IBM 员工中上司最多的人。通常，许多的 IBM 业务人员同时要对 3~4 个甚至 5 个人负责。

台湾系统部总经理，同时也是 I 系列产品总经理。在日常工作中，他要直接对 3 个人负责，一个是台湾区总经理，一个是大中华区系统部总经理，另一个就是大中华区 I 系列产品总经理。但是，当他被调到 I 系列产品在福建地区的推广项目中，他还要对这项目的总经理负责。

这正是前任 CEO 郭士纳先生为 IBM 引进矩阵组织结构后带来的一个结果。新进入 IBM 的员工需要花很长时间来寻找自己的领导，弄清楚自己的年终总结需要通过哪些人的审核，经过多少道程序才可以得出结论。

有咨询师甚至用"官僚化"来比喻这种多人批复一个文件的现象，但是正当人们质疑这种现象的时候，IBM 却已经用矩阵组织结构给它带来的利益说明了一切。

2. IBM 从矩阵中获得了惊人的利益

多重领导所带来的麻烦只是 IBM 矩阵的一个侧面而已，IBM 从矩阵中更多的是获得利益，而其中最为直接的效果就是大大削减了人力成本。

在这种组织结构中，多重领导是指每一个员工都肩负着几个不同的职责，就像朱利和雪莉一样。这样也就意味着每一个员工可以做更多的工作。

IBM 雇员在高峰期达到了 45 万人，经过郭士纳改革，最低谷在 26 万人左右，现在随着公司业务的发展，目前的雇员达到了 32 万人。如果按照 10 万人民币的平均年薪来算，IBM 每年大概节约了 25 亿美元的人力成本，而目前 IBM 的年营业额在 850 亿美元左右。

而且，通过多个领导审核可以最大限度地降低决策失误。即使是解决一个小客户的投诉电话，IBM 通常也需要调动两三个部门的五六个员工，这样可以保证决策的正确性。

通常情况下，使用 IBM 产品的企业一旦遇到了问题，他们首先找到的是软件部。因为，企业通常认为运行速度慢是软件出了问题。但实际上，当软件部的研究人员到达时，发现是客户的整个硬件过于滞后。因此软件部在为客户做了应急措施之后，必须马上找到负责客户的秦尚民先生，由他来统一调配人员，为这个客户重新设计一套管理系统。而这其中可能涉及的人员有 BCS 部门的行业咨询师、软件部的研发人员、某个硬件产品的负责人、还会有这个区域的负责人。

当然，在这个业务中，每一个员工都有自己负责的一个领域，负责 P 系列服务器的员工不会因为 Browser 界面出了问题而负责任。通过这样的组合团队，IBM 可以很大程度上确保决策的正确性。

矩阵结构给 IBM 带来的另一个管理上的好处就是它让每一个 IBM 员工都明白自己属于 IBM 而不属于某一个区域总经理，因为这个区域总经理不再是唯一领导。这样就分散了区域总经理的权利而集中了公司整体的决策权和统一调配权。事实证明，现在的 IBM 总裁可以直接通过全球统一的信息交流平台将信件发送给每一个员工，再也不会出现相关信件被区域总经理拦截的现象。

管理学专家吴春波教授曾指出，矩阵式组织结构的一个突出特点就是关注客户，结构中每一个节点都是一个客户群的集合。这一点在 IBM 的矩阵组织结构中尤为突出。它的每一个客户都有 3 个以上的 IBM 员工关注，这样可以让更多的人了解 IBM 甚至购买 IBM 的产品，这也是矩阵组织结构为 IBM 带来的一个决定性的利益。

当上海国泰君安正面临营业部过于分散的困扰时，IBM 准确地判断出了国泰君安需要为其量身定做的 FINSTO 01 系统，需要 IBM 的 RS6000/S80 服务器（现在为 P 系列）和 Browser 界面。这是以前那个对客户需求反应迟钝的 IBM 做不到的。当时，IBM 单纯地按照职能将公司分为市场推广、营销、技术研发等部门，那时很难想象一个北京总部的市场部突然有一天发现上海的国泰君安需要 IBM。

而实行矩阵式组织结构之后，国泰君安这个企业至少有三四个 IBM 员工关心它。最突出的就是 IBM 上海金融部，他们会最早发现整个上海甚至整个大中华区的证券公司都面临着管理体系跟不上企业发展速度的行业问题。而 IBM 软件部和系统部的员工也会马上跟进，因为他们可能需要提供产品来支持 FINSTO 01 系统。为了给国泰君安设计全新的系统，IBM 几乎动用了一个排的人力。这样 IBM 可以最大限度地关照每一个客户，从而争取到更多的客户。查尔斯说道："现在，IBM 的客户每年都在以成倍的速度增加。"

罗伯特·格林伯格也许能够让员工更容易地工作。正如查尔斯所说："并不是所有企业都能尝试矩阵，IBM 也是最近两年才真正消化了这个错综复杂的结构。员工是否能在多重领导的基础上，更高效率地工作是引进矩阵成功的关键。" IBM 的员工之所以愿意如此勤奋地工作，首先是因为他们意识到这个企业并不属于某几个股东，而是属于他们。因为大部分高层经理人都持有公司的股票期权，有一些是通过公司统一发放，有一些是通过入股形式持有。而且，IBM 员工包括福利在内的固定收入都只占总收入的一小部分，他们的大部分收入是与公司的股价直接挂钩的。另外，他们的工资并不是单纯的以个人的业绩或者是单个部门的业绩来核算，而是同时核算公司整体的表现。

IBM 的业绩考核制度也在推动员工不断地为整个公司工作，而不是为个人或者某个部门工作。他们通过结果、执行、团队 3 个方面来考核一个员工在本年度是否合格。而最后"团队"这一项就决定了 IBM 员工必须积极主动配合临时组建的解决方案小组，这种临时的小组只有在矩阵组织结构中才会出现。也就是说，IBM 的业绩考核体系直接支持着组织结构，而没有让组织结构孤军奋战。

当然，在大家愿意积极工作的基础上，还必须为员工创造能够积极工作的条件。IBM 的员工之所以能够高效率地工作有赖于内部信息系统的不断完善。

"我们通常都是通过内部的 Notes 系统通知开会，通过公司的内部数据库可以准确地找到我的空闲时间，而且我也可以很快收到开会通知，因为 IBM 对每一个员工的要求是随时带上你的笔记本，这比打电话快了许多。" IBM 的员工说。这种信息化的交流方式可以为他们节省 20% 的精力。

但是矩阵制组织结构多个领导的弊病给 IBM 员工带来的麻烦也是必须要解决的。IBM 全球 CIO 罗伯特·格林伯格近日给 IBM 中国带来的"随需应变的工作场所"，也许可以解决由复杂的矩阵组织结构给 IBM 员工带来的多重领导的困惑。

这一次，罗伯特·格林伯格和他的团队为 IBM 全球的每一个员工制作了一张电子名片，上面包括员工所有的信息，如联系方式、工作部门、以往经历和专长。而这些电子名片被储存在 IBM 全球共享的数据库当中。"我们希望他们能够更容易地工作。"他在描述这套工作理念时说。而查尔斯也很骄傲地说："它可以帮助 IBM 员工在 24 小时内找到自己需要找的人，无论他在地球的哪个角落，而且他们找到的都是专业人士。这样可以尽量减少员工找人的时间。"这个理念给 IBM 带来的最有意义的一项改革就是员工可以通过内部的交流系统直接进行部分文件批复，这也是 IBM 针对多重领导做出的一个回应。IBM 中国才刚刚开始执行这套系统，它的员工也都在不断地学习和适应这套新的运作理念，他们将在一种更为开放的环境中工作。

3. 信息块：多维矩阵式组织结构

一个企业不再单纯地以地域、产品、职能或者行业来划分部门，而是同时使用其中的两个或者多个方法来划分部门，这样可以最大限度地覆盖自己的客户群，而且可以很好地保证决策的正确性。目前，一些全球跨国公司如惠普、微软都在采用这种组织结构。但是，多维矩阵组织结构的一个弊病就是每一个员工有多个领导，导致沟通困难。

矩阵组织结构是有机的，既能够保证企业稳定地发展，又能保证组织内部的变化和创新。所以，IBM 公司常常流传着这样一句话：换了谁也无所谓。

24.3 项目管理组织的设计

24.3.1 项目管理组织的规划

项目管理组织规划是对项目管理机构进行的系统性思考，其成果质量的高低直接关系到项目各项工作开展的效果，也直接关系到项目各项分目标和总目标的最终实现。该项工作需要项目经理及其工作小组的积极投入，才能达到预期效果。

项目组织规划是指根据项目的目标和任务，确定相应的组织结构，以及如何划分和确定这些部门，这些部门又如何有机联系和相互协调，共同为实现项目目标而各司其职并相互协作。一般而言，项目管理组织规划应该明确谁做什么，谁要对何种结果负责，并且在各部门及个人之间有非常明确的任务分工和管理职能分工，以消除由于分工含糊不清而造成执行上的障碍，此外还要提供能反映和支持项目目标的控制、决策和信息沟通网络。对大部分项目来说，项目管理组织规划的主要工作属于项目定义阶段工作的一部分，但是这一部分的工作成果应该在整个项目管理过程中随着项目目标和环境的变化不断地进行评价和改进，以确保项目组织的适应性。此外，我们还应该明白，由于项目的一次性和项目组织的临时性，项目管理组织规划工作的内容和方法与一般企业组织规划有所不同。

一般而言，项目管理组织的规划应由公司总经理负责，项目经理参与，这是由于项目管理组织规划涉及项目所在企业的管理体制，涉及企业的决策程序，涉及企业内部的集权与分权，涉及企业的监督与控制体系，涉及企业人力资源的配置等敏感问题，而这些相关信息只有企业高层管理者才能获得。总经理应该领导一个组织规划小组，开展具体的组织机构方案的构思和设计。

1. 项目管理组织规划依据

项目管理组织规划必须依据一定的信息资料综合考虑，才能设计出既能满足项目目标要求，又简单干练的项目组织结构规划方案。项目管理组织规划的依据主要包括以下几方面：

1）项目的工作任务。项目目标和项目产出物生成的项目工作任务是项目管理组织规划中最重要的依据，其中最重要的就是项目工作分解结构（WBS）。

项目工作分解结构是将项目分解成可以管理和控制的工作单元，从而能够更为容易也更为准确地确定这些单元的成本和进度以及明确定义其要求。从严格意义来说，每一个工作单元都应该包括5个方面的要素：①工作过程或内容；②任务的承担者；③工作对象；④完成工作所需的时间；⑤完成工作所需的资源。

2）项目范围说明书。项目范围说明书是对项目所要求完成的工作的叙述与说明，一般包括项目合理性说明、项目目标、项目可交付成果、项目描述及其组成描述和技术规范等。

3）项目的人员需要。项目组织有多大、每个机构需要多少人，都必须依据项目人员需要的基本预测数据而定。

4）项目的限制因素。项目的限制因素是指限制人们做出不同的项目组织规划方案选择的各种因素，主要包括执行组织的组织结构、集体协商条款、项目管理小组的偏爱、预期的人员分配等。

5）项目的各种接口和关系。项目实施组织中存在的各种关系和接口直接影响着项目组织规划，主要包括组织接口和关系、技术接口和关系以及人际接口和关系等。其中，组织接口和关系指项目实施组织的不同部门之间的隶属、协作与报告关系。例如，建设一个复杂的奥运场馆可能要花费大量的时间去协调众多的分包商，而修正场馆中照明系统可能只需要通知相关的工作人员就行。技术接口和关系是指不同的技术专业之间的报告和协作关系。技术层面存在于项目各阶段之中，如场馆后期土木工程师的设计方案必须与前期结构工程师提出的上层构造方案相匹配；也存在于项目各阶段之间，如音响设计小组与照明设计小组之间就要相互配合。人际接口和关系是指项目工作的个人之间的关系和接口，例如，设计公司雇佣的建筑师向建筑承包商的项目管理小组解释关键性的设计思路，而该项目小组与该建筑师并无直接关系时，人际关系接口和关系就存在。

6）企业人力资源状况。项目发起人企业的人力资源状况，专业技术人员、管理人员的多少，也是项目管理组织规划的依据。从工作需要出发构思组织机构和部门设置是一种合理的做法。

7）企业内部管理制度。项目所在企业的内部管理制度会直接影响项目组织的构成。如企业的集权与分权、企业内部监管程度、企业内部控制体系，以及企业的法人治理结构等。

2. 项目管理组织规划原则

项目组织规划原则是在组织设计原则基础上，结合项目特性而产生的组织规划的指导思想，是项目组织构思过程中必须遵循的工作原则。项目组织规划的原则主要包括以下几方面：

1）目标统一原则。任何一个项目都有其特定的任务和目标，项目的各个参与方从属于不同组织，具有不同的利益和不同的目标，但要使一个组织高效运转，各个参与方必须有统一的目标。

2）整体性原则。项目管理组织规划时需要以系统论的思想来指导。项目组织是一个由若干子系统组成的总系统，在组织规划时对于部门设置、层级关系管理跨度、授权范围等都应从全局性出发，使项目组织形成一个有机整体。

3）统一指挥原则。项目的独特性、约束性和成果不可挽回性要求项目管理应有统一指挥，项目组织也应遵循这个原则。

4）责权利平衡原则。在项目管理组织规划中，对项目成员委以重任的同时，应明确责任，给予必要的权利并享有相应的利益，这是充分调动各级管理部门和管理人员工作积极性的重要手段。

5）分工协作原则。分工有利于专业化水平提高，责任划分明确，是提高工作效率的有效手段。协作是组织内部门之间、个人之间的协调配合。组织中各部门不可能脱离其他部门单独运行，必须与其他部门之间相互协作、相互配合，才能实现项目目标。因而，项目管理组织规划时要做到分工合理，协作明确。

6）集权与分权相结合原则。要想保证项目的有效管理，必须把该集中的权利集中起来，该授予的权利就授予下级。这样不但能使高层领导把工作重心放在项目的战略性、方向性的大问题上，而且能够充分调动下属发挥他们的积极性和创造性，以保证管理效率的提高。

7）管理跨度合适原则。与一般组织设计相似，项目组织规划时也要设定适当的管理幅度和管理层级，这也是建立高效率项目组织机构的基本条件。

8）弹性原则。项目管理组织应该随着项目的进展，所涉及范围的大小，子项目的多少以及所需专业领域的不同，对项目组织机构进行动态的调整。其弹性还表现在部门的弹性、岗位的弹性以及职务的弹性等。

3. 项目管理组织规划程序

无论项目规模大小，项目管理组织规划都是一个完整的过程，整个项目管理组织规划可以按照以下程序进行，如图24-9所示。

1）组织规划目标。项目的组织规划目标通常包括以下4个方面：①建立项目团队；②决定组织内部的运行原则；③确定各部门的权责范围；④提出各部门负责人的人选。

2）组织规划人员。根据项目规模以及复杂程度，考虑参与项目规划的人员。

3）组织规划原则。在进行项目组织规划时，要根据项目情况制定每一个具体项目的组织规划原则。

4）组织规划依据。组织规划依据是项目组织规划的前提，没有规划依据就无法进行项目组织规划工作。

5）收集资料与信息。收集项目规划有关的资料和信息，是项目管理组织规划的前提条件之一，主要包括企业组织结构资料、其他相关企业组织结构资料、各类项目组织资料以及组织配套制度和运行机制的信息。

6）构思规划方案。组织结构方案的提出是一个反复推敲的过程，一般要构思几个方案进行比较分析，然后修改创新，从而提出一个较优方案。

7）方案审批。项目组织规划方案确定以后，还需经过上级领导的审批。只有主管领导批准，才能正式试行，否则要重新构思，再提出新的组织结构方案，提交上级领导审批，直至通过。

8）获准试行。项目组织规划方案审批通过以后，就可以试行。即设置职能部门与单位，确定各单位的工作岗位，规定部门与岗位的职责范围，选择适当的工作人员，组建项目团队。

9）信息反馈。项目组织结构在运行过程中，会暴露出各种各样的问题，项目经理和主管部门应善于收集意见与反映，并及时进行信息反馈，调整管理制度和协调机制，以保证组织机构的正常运行。

10）调整与完善组织结构方案。在试运行过程中，项目组织机构暴露出的问题，要通过结构的调整和修改，才可以克服，因而组织结构调整是一个不断完善的过程，只有通过一次次的修改，才可以使项目组织的效率与效能进一步提高。

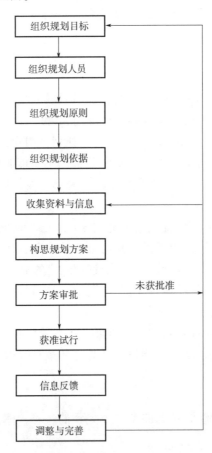

图 24-9 项目管理组织规划程序

4. 项目管理组织规划内容

项目管理组织规划是指对项目组织开展工作、实现目标所需要的各种资源进行安排，以便在适当的时间、适当的地点把工作所需的各方面力量有效地组合到一起的一项管理活动过程。项目管理组织规划的主要包括三方面的内容：组织结构的设计、组织职能的设计和组织管理方式的设计。

组织结构的设计是一个建立或改造组织的过程，是对活动框架与组织结构的设计或再设计，通常包括结构类型确定、组织部门设置、管理幅度和管理层级的设计。

组织职能设计是对组织的管理业务进行总体设计,确定组织的各项管理职能及其结构,并层层分解为各个管理层次、管理部门、管理岗位的业务工作,通常包括部门职能设计、部门职权设计和组织规范设计。

组织管理方式的设计是指在组织结构和组织职能设计之后,设计并采用科学合理的管理手段和管理方式,确保组织功能得到充分发挥,其通常包括组织决策机制设计、组织集权分权设计、组织执行机制设计、组织协调机制、组织健全与完善等。

24.3.2 项目管理组织形式的选择

项目组织结构的选择就是要决定项目实施与公司日常业务的关系,即使是对于一个有经验的专业人士来说,这也是一件非常困难的事情。前面介绍了几种可供选择的项目组织形式,那么究竟哪一种形式最好呢?或者说对于某一项目来说有没有唯一的最优选择呢?要回答这一问题是非常困难的,一方面是衡量选择的标准是什么?项目成功的影响因素很多,即使采用同一组织也可能有截然不同的结果。另一方面正如人们常说的管理是科学,也是艺术,而艺术性正体现在权变性地将管理理论应用于管理实践中去。项目的内外环境的复杂性及如上所述每种组织形式的各种优劣,使得几乎没有普遍接受、步骤明确的方法来告诉人们怎样决定需要什么类型的组织结构,它可以说是项目管理者知识、经验及直觉等的综合结果。

前面介绍的三种项目组织形式,即职能式、项目式和矩阵式,各有各的优点和缺点,主要的优缺点见表 24-1。其实这三种组织形式具有内在的联系,它们可以表示为一个变化的系列,职能式结构在一端,项目式结构在另一端,而矩阵结构是介于职能式和项目式之间的一种结构形式,如图 24-10 所示。随着某种组织结构的工作人员人数在项目团队中所占比重的增加,该种组织结构的特点也渐趋明显;反之,则相反。

表 24-1 三种组织结构形式的比较

组织结构	优点	缺点
职能式	没有重复活动 职能优异	狭隘、不全面 反应缓慢 不注重客户
项目式	能控制资源 向客户负责	成本较高 项目间缺乏知识信息交流
矩阵式	有效利用资源 所有专业知识的共享 促进学习、交流知识 沟通良好 注重客户	双层汇报关系 需要平衡权力

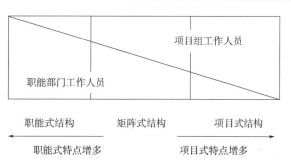

图 24-10 组织结构的变化

不同的项目组织形式对项目实施的影响是不同的，表24-2列出了主要的组织结构形式及其对项目实施的影响。

表 24-2　项目组织结构形式及其对项目的影响

特征	组织形式				
	职能式	矩阵式			项目式
		弱矩阵	平衡矩阵	强矩阵	
项目经理的权限	很少或没有	有限	小到中等	中等到大	很高，甚至全权
全职工作人员的比例	几乎没有	0～25%	15%～60%	50%～95%	85%～100%
项目经理投入时间	半职	半职	全职	全职	全职
项目经理常用头衔	协调员	项目主管	项目经理	项目经理	项目经理
项目管理行政人员	兼职	兼职	半职	全职	全职

在具体的项目实践中，究竟选择何种项目的组织形式没有公式可循，一般只能在充分考虑各种组织结构特点、企业特点、项目特点和项目所处的环境等因素的条件下，才能做出较为适当的选择。因此，在项目组织形式的选择时，需要了解哪些因素制约着项目组织的实际选择，表24-3列出了一些可能的因素与组织形式之间的关系。

表 24-3　影响组织选择的关键因素

影响因素	组织结构		
	职能式	矩阵式	项目式
不确定性	低	高	高
所用技术	标准	复杂	新
复杂程度	低	中等	高
持续时间	短	中等	长
规模	小	中等	大
重要性	低	中等	高
客户类型	各种各样	中等	单一
对内部依赖性	弱	中等	强
对外部依赖性	强	中等	弱
时间限制性	弱	中等	强

一般来说，职能式组织结构比较适用于规模较小、偏重于技术的项目，而不适应于环境变化较大的项目。因为，环境的变化需要各职能部门间的紧密合作，而职能部门本身的存在以及权责的界定成为部门间密切配合不可逾越的障碍。当一个公司中包括许多项目或项目的规模比较大、技术比较复杂时，应选择项目式的组织结构。同职能式组织相比，在对付不稳定的环境时，项目式组织显示出了自己潜在的长处，这来自于项目团队的整体性和各类人才的紧密合作。同前两种组织结构相比，矩阵式组织形式无疑在充分利用企业资源上显示出了巨大的优越性，由于其融合了两种结构的优点，这种组织形式在进行技术复杂、规模巨大的项目管理时呈现出了明显的优势。

24.3.3　项目组织规划的成果

项目组织规划不应该仅停留在形成概念和思想上，而应该提供一个可交付的成果，这个成果至少应该包括项目组织结构图和项目组织管理制度两部分内容。

1. 项目组织结构图

项目组织结构图是由项目组织全部职能部门和单位组成的框图,它反映了项目组织内部的命令报告关系、上下级关系、平级关系,也体现了各职能部门和单位的责任和权力。例如,某工程项目组织结构图,如图 24-11 所示,图中矩形框表示各个工作单位或部门,指令关系用单向箭线表示。

由图 24-11 可以看出:

1)项目经理直接接受业主代表的指令,按照其指令办事。

2)设计协调、施工管理、造价与合同管理以及项目管理办公室可以通过工程监理方来指挥下层职能部门的质量安全、进度和造价,也可以直接指挥下层各级职能部门。

3)设计协调、施工管理、造价与合同管理以及项目管理办公室等各级职能部门只接受项目经理的指挥,相互之间则没有指令关系。

从图 24-11 中可以看出,组织结构图应该清晰地反映出系统各单位互相之间的指令关系。

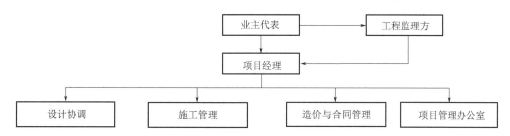

图 24-11 某工程项目组织结构图

2. 项目组织管理制度

项目组织管理制度是针对项目组织结构图而制定的,为日后组织运行提供帮助。一个好的组织结构图并不能保证组织自然顺利地运行,产生良好的运行效率与效能,必须要有相应的管理制度相配合,并在项目运行过程中进行不断地调整和完善。

项目组织管理制度主要包括:职位说明书、决策程序、协调机制、例外情况的应对措施以及激励约束机制等。

职位说明书:包括工作的名称、主要的职能、职责、职权以及此职位与组织中其他职位的关系以及与外界环境的关系。

决策程序:在部门职责明确的基础上,为提高决策效率,在决策程序上做出的相应规定。

协调机制:在组织内部出现矛盾时,部门之间如何沟通、解决矛盾与棘手问题的制度安排。组织协调机制是分工与协作原则的具体体现。

例外情况的应对措施:项目组织是在一定的社会环境中生存的,社会环境的变化会给项目组织提出一个个新的问题,而这些例外情况是无法预料的,所以当出现例外情况时,组织就需要考虑由哪个部门负责,由谁牵头负责处理例外事件,这些都应该在组织规划时以文件的形式规定并记录。

激励约束机制:各部门的职责权限明确以后,还必须设计相关员工的激励约束机制以调动员工的工作积极性。

24.4 项目团队管理

24.4.1 项目团队的概念与角色

1. 项目团队的概念

资金、技术、设备都是影响项目成功的因素,但是,有主动性的项目经理和团队才是项目成功的关键。项目获得成功需要有一个有效工作的团队。

团队是在特定的可操作范围内，为实现特定目标而共同合作的人的共同体，或者说团队是为了达到某一确定目标，由分工与合作及不同层次的权力和责任构成的人群。团队的概念包含以下3个方面：

1）团队必须具有明确的目标。任何团队都是为目标而建立和存在的，目标是团队存在的前提。

2）没有分工与合作也不能称为团队，分工与合作的关系是由团队目标确定的。

3）团队要有不同层次的权力与责任。在分工之后，赋予每个人相应的权力和责任，以便于实现团队目标。

项目团队是为了完成某一项目而建立的团队。项目团队的具体职责、组织结构、人员构成和人数配备等方面因项目性质、复杂程度、规模大小和持续时间长短而异。项目团队的一般职责是项目计划、组织、指挥、协调和控制。项目组织要对项目的范围、费用、时间、质量、风险、人力资源和沟通等进行多方面管理。

由以上定义可知，简单地把一组人员调集在一个项目中一起工作，并不一定能形成团队，就像公共汽车上的一群人，不能称为团队一样。项目团队不仅是指被分配到某个项目中工作的一组人员，它更是指一组互相联系的人员同心协力地进行工作，以实现项目目标，满足客户需求。而要使这些人员发展成为一个有效协作的团队，一方面需要项目经理付出努力，另一方面也需要项目团队中每位成员积极地投入到团队中去。一个有效率的项目团队不一定能决定项目的成功，而一个效率低下的团队则注定要使项目失败。

2. 项目团队的角色

所有成功的项目团队都具有如下基本特点：领导有力、目标明确、决策正确、实施迅速、交流通畅、掌握按时完成任务所必需的技能技巧、全体成员共同朝一个方向努力，最重要的是找到有利于项目团队发展的最佳队员组合。项目团队是在一个项目实施期间组织起来的一组成员，共同负责这个项目，如建造一个新的设施，需要大量的子团队、子任务以及详细计划和严格的训练，依赖于队员之间的相互理解和组织良好的工作习惯。

项目团队管理是所有成功管理的基础。管好项目团队对每一位管理人员，不论是新手还是老手而言，都是一个重要且具有刺激性的挑战。

（1）考虑角色

要发挥团队的最大功效，几个关键角色是不可或缺的，主要包括：协调员、出主意者、评论员、外联负责人、执行人、队长及督察。酝酿队员人选时，必须将这些角色因素考虑进去，虽然决定队员人选的另一要素是他们是否具备完成团队任务所必需的技能和技巧。一支团队最重要的功能是完成手头的任务，这一点必须牢记在心。另一点是，作为团队成员必须具备友好、坦率的性格，并且有能力也愿意与其他成员共同工作。

（2）角色分配

把所有人放到同一模式里的方法是行不通的。也许能找到一位完美的外联负责人或评论员，但更可能的是找不到，所以要尝试根据角色挑选适合的队员，没有必要让每个人都只承担一种职责。如果团队仅有少量的成员，那么让一个队员扮演多个角色是可行的，只要保证这的确是真正满足团队的需要，同时也要让队员对自己所扮演的角色满意。团队的各个关键角色队员角色特点如下：

1）队长。发现新成员并提高团队合作精神；对队中的每个成员的才能和个性有着敏锐的判断力；善于克服弱点；一流的联系人；善于鼓舞士气，激发工作热情。

2）评论员。能使团队保持长久高效率工作的监护人和分析家。他是分析方案、找出团队弱点的专家。坚持错误必须要改正，而且铁面无私；能提出建设性意见，指出改正错误的可行性方法。

3）执行人。保证团队行动的推进和圆满完成。思维条理清楚，是天生的时间表；能预见发生的拖延情况并及时做出预防；具有"可以完成"这种心理，且愿意努力完成；能够重整旗鼓，克服失败。

4）外联负责人。负责团队的所有对外联系事务。具有外交才能，善于判断他人的需求；具有可靠、权威的气质；对团队工作有一个整体了解，处理机密事物时小心谨慎。

5）协调人。将所有队员的工作融合到整个计划中。清楚困难任务之间的关联；了解事情的轻重缓急；能够在极短时间内掌握事情的大概；擅长保持队员之间的联系；能熟练处理可能发生的麻烦。

6）出主意者。维持和鼓励团队的创新能力。热情、有活力，对新主意有强烈的兴趣；欢迎并尊重他人的新主意；将问题看作成功革新的机会，而非灾难；永不放弃任何有希望的意见。

7）督察。保证团队工作高质量完成。严格要求团队遵循严格的标准，有时甚至显得迂腐；对他人的表现明察秋毫，发现问题绝不拖延；奖罚分明。

在一个高效的团队中，成员们都清楚地知道各自所扮演的角色。但除了自身的力量、技能和担负的职责外，他们还必须为整个团队的"凝聚力"做出自己的贡献。整个团队"凝聚力"的实现则是项目经理们的职责。

24.4.2 项目团队的组建

1. 项目新团队的建立

第一步，进行项目工作分析。该项工作可以通过工作分解结构（WBS）及其工作说明得到。由于企业很多项目都是基本相同的，因此，企业有必要建立各类项目的标准 WBS 和相应的工作说明（WBS 词典）。这样，在执行具体项目时就会有章可循。

第二步，在工作分析的基础上，了解和定义完成项目各项工作都需要何种角色，这些角色都需要具备哪些技能、何时需要这些角色。

第三步，从人力资源信息系统中了解企业有哪些人具备担任这些角色所必需的技能，有哪些人有过类似的工作经验，有哪些人有合适的时间能够担任这些角色。在此基础上，预选项目组成员。角色需要的能力可以通过员工所拥有的基础素质（如基本技能、知识等）、经验、构件和态度而得到。按照国际项目管理协会（IPMA）的定义，能力是知识、经验和态度的集合。但是，用构件来代替个人的经验可能是更有效的。构件是企业利用其他项目中积累的经验提炼而成的技术化产品。有了构件，可以缩短员工为积累个人经验而需要的时间，也比个人经验具有更高的可靠性。

第四步，对这些预选出的成员进行人气/性格、团队角色和谐性分析。团队成员之间性格和角色分配上的和谐性能够弥补许多激励方面的不足。如果有人明显与其角色分工不和谐或在性格/人气方面与其他团队成员有冲突，则需要重新选择。

第五步，进行角色分工，初步确定项目团队成员并合理分配项目角色。

第六步，判断团队与项目客户及其他利益相关者的性格/人气和谐性。因为项目很少能由项目团队单独完成，它的成功一般需要利益相关者之间的配合。当然，这种人际关系的不足也可以通过团队成员高超的技术能力等来弥补。但对于很多企业来说，这样做的代价会很大。

第七步，如果初步确定的项目团队成员能够与客户及其他利益相关者在性格/人气方面具有较高的和谐性，或他们拥有的技能能够弥补那些性格/人气方面不足，那么就可以将其确定为项目团队成员了。否则，就需要返回第三步进行重新选择。

2. 项目团队成员的获得

团队成员的获得最终是要满足项目工作的需要，因此在团队成员的选择上应有其特殊要求。实际上，团队的成功首要取决于团队成员的选择上。如何选好团队成员，对于一个团队的建设来说是至关重要的。

依角色定员是核心。在选成员时，要依团队特点明确每个角色人才的核心点，主要可依工作说明书进行明确。在与候选人交谈之前先草拟职责简介，有针对性地与其沟通，重点是个人特质与角色特质的匹配上。在用人上不能带来感情色彩，切不可因某个领导认为 A 适合团队的某个角色，就由 A 来担任这个角色。

对于准成员，要对照其个人的具体情况，侧重挖出其软性的内涵。可由准成员对未来的角色的认识写出个人见解，拟定个人适合的特质，有针对性地考查，这样可以提高工作效率，还可以进行情景模拟，不可只听其夸夸其谈而名不符实。

团队在一般情况下对选定的员工要求一专多能，且成员之间最好能形成知识、技能互补，不可因欣赏其某个特殊经验而忽视了其他不足，要认真考虑到他们的缺点，要尽可能地避免晕轮效应。在一专多能的要求上，也不可吹毛求疵，人无完人，不要多在过往的经历上去找类似的过错，力求在选人时做到全面考虑。

每个人都有自己独特的工作与生活方式，特别是成年人，他的某些习惯可能已无法改变了。在选人时要注意到其为人处事的方式与方法，与团队的主流方式是否能相融，注意任何为人处事的不足，不能忽视其不适合成为团队成员的信号，也不能期望他们可以在工作中克服自己多年来形成的某些不好的习惯，对于这些弱点要认真审视，不能为团队在今后的发展带来阻力。

通过综合的考虑、深层次的挖掘、全面了解准成员之后，还要了解到准成员在角色中能为团队带来最大贡献的是什么，成员在今天的工作定位与发展，是否会与团队长期合作与成长。

团队领导在选人时不仅要从如上几点进行考虑，还要考虑优秀成员在团队中做出贡献后的奖励。如果某位成员在某项技能上做出优秀的贡献，但团队不能及时给予相当的奖励，那么他也许会离开团队。

总的来讲，团队成员的选择应满足如下基本要求：
1）候选人具备项目工作所需要的技能。
2）候选人的需要可以通过参与项目而实现。
3）候选人应具有与原有员工相融的个性。
4）候选人应不反对项目工作的各种约定。

此外，在项目团队成员的选择上应该综合考虑如下原则：
1）具有应付挑战的勇气和能力。
2）目标导向型人才。
3）具有合作精神。
4）具有商业运作或者技术以及管理等技能。
5）是专才或通才。

24.4.3 项目团队的发展阶段与领导风格

1. 项目团队的发展阶段

项目团队从组建到解散是一个不断成长和变化的过程，这个发展过程可以描述为 5 个阶段：组建阶段、磨合阶段、正规阶段、成效阶段和解散阶段。几乎所有的项目都经历过大家被召集到一起的初始阶段，这是一个短暂的时期。接着进入磨合阶段，这时成员之间互相不了解，时常感到困惑，有时甚至会产生敌对心理。接下来在强有力的领导下，团队的工作方式在正规阶段得以统一，随后团队以最大成效开展工作，直至项目结束，项目团队解散。团队发展阶段如图 24-12 所示。

图 24-12 项目团队的发展阶段

（1）组建阶段

任何项目在形成时期总是带着一点试验性质的，因而团队环境就成为新思想、新方案绝佳的试验场。每个方案都应当加以仔细检验，给予它们公平的争取成功的机会。大量的团队工作是围绕怎样尽早发现错误和怎样在不引起恼火和责难的情况下改正错误而展开的。如何对待失败的方案是团队在"组建期到成效期"的发展过程中所应当学习的一步。在团队发展的不同阶段，需要不同的方案。

在组建阶段，团队成员从原来不同的组织调集在一起，大家开始互相认识，这一时期的特征是队员们既兴奋又焦虑，而且还有一种主人翁感，他们必须在承担风险前相互熟悉。一方面，团队成员收集有关项目的信息，试图弄清项目是干什么的和自己应该做些什么；另一方面，团队成员谨慎地研究和学习适宜的举止行为。他们从项目经理处寻找或相互了解，以期找到属于自己的角色。

当成员了解并认识到有关团队的基本情况后，就为自己找到了一个有用的角色，并且有了自己作为团队不可缺少的一部分的意识，当团队成员感到他们已属于项目时，他们就会承担起团队的任务，并确定自己在完成这一任务中的参与程度。当解决了定位问题后，团队成员就不会感到茫然而不知所措，从而有助于其他各种关系的建立。

（2）磨合阶段

团队发展的第二阶段是磨合阶段。团队形成之后，队员们已经明确了项目的工作以及各自的职责，于是开始执行分配到的任务。在实际工作中，各方面的问题会逐渐显露出来，这预示着磨合阶段的来临。现实可能与当初的期望发生较大的偏离，于是，队员们可能会消极地对待项目工作和项目经理。在此阶段，工作气氛趋于紧张，问题逐渐暴露，团队士气较组建阶段明显下沉。

团队的冲突和不和谐是这个阶段的一个显著特点。成员之间由于立场、观念、方法、行为等方面的差异而产生各种冲突，人际关系陷入紧张局面，甚至出现敌视、强烈情绪以及向领导者挑战的情形。冲突可能发生在领导与个别团队队员之间，领导与整个团队之间以及团队成员相互之间。这些冲突可能是情感上的，或是与事实有关的、或是建设性的、或是破坏性的、或是争辩性的、或是隐瞒的，不管怎样，都应当力图采用理性的、无偏见的态度来解决团队成员之间的争端，而不应当采用情感化的态度。

在这一时期，团队队员与周围的环境之间也会产生不和谐，如队员与项目技术系统之间的不协调，团队队员可能对项目所采用的信息技术系统不熟悉，经常出差错。另外，项目在运行过程中，与项目外其他部门要发生各种各样的关系，也会产生各种各样的矛盾冲突，这需要进行很好的协调。

（3）正规阶段

经受了磨合期的考验，团队成员之间、团队与项目经理之间的关系已确立好了。绝大部分个人矛盾已得到解决。总的来说，这一阶段的矛盾程度要低于磨合时期。同时，随着个人期望与现实情形即要做的工作、可用的资源、限制条件、其他参与的人员相统一，队员的不满情绪也减少了。项目团队接受了这个工作环境，项目规程得以改进和规范化。控制及决策权从项目经理移交给了项目团队，凝聚力开始形成，成员有了团队的感觉。每个人都觉得他是团队的一员，他们也接受其他成员作为团队的一部分。每个成员为取得项目目标所做的贡献能得到认同和赞赏。

这一阶段，随着成员之间开始相互信任，团队的信任得以发展。成员开始大量地交流信息、观点和感情，合作意识增强。团队成员感觉到他们可以自由地、建设性地表达他们的情绪及评论意见。团队经过这个社会化的过程后，建立了忠诚和友谊，也有可能建立超出工作范围的友谊。

（4）成效阶段

经过前一阶段的磨合，团队确立了行为规范和工作方式。项目团队积极工作，急于实现项目目标。这一阶段的工作绩效很高，团队成员有集体感和荣誉感，信心十足。项目团队能开放、坦诚、及时地进行沟通。在这一阶段，团队根据实际需要，以团队、个人或临时小组的方式进行工作，团队相互依赖度高。他们经常合作，并在自己的工作任务外尽力相互帮助。团队能感觉到高度授权，如果出现问题，就由适当的团队成员组成临时小组解决问题，并决定如何实施方案。随着工作的进展并得到表扬，团队成员获得满足感，个体成员会意识到为项目工作的结果是他们正获得职业上的发展。

相互的理解、高效的沟通、密切的配合、充分的授权，这些宽松的环境加上队员们的工作激情使得这一阶段容易取得较大成绩，实现项目的创新。团队精神和集体的合力在这一阶段得到了充分的体现，每位队员在这一阶段的工作和学习中都取得了长足的进步和巨大的发展，这是一个 $1+1>2$ 的阶段。

（5）解散阶段

对于完成了某项任务，实现了项目目标的团队而言，随着项目的竣工，该项目准备解散。这时，团队成员开始骚动不安，成员们开始考虑自身今后的发展，思考"我以后可怎么办"，并开始做离开的准备。此时团队仿佛回到了组建阶段，必须改变工作方式才能完成最后各种具体任务。项目经理需告诉各成员还有哪些工作需要做完，否则，项目就不能圆满完成，目标就不能成功实现。

也正是这时，成员们领悟到了凝聚力的存在。由于项目团队成员之间已经培养出感情，所以彼此依依不舍，惜别之情难以抑制。

2. 项目经理在不同阶段的领导风格

在团队不断发展的过程中，团队管理者的职责、角色是不断变化的。

（1）组建阶段

在组建阶段，项目经理发挥着重要作用，为了使团队队员明确方向，项目经理必须向队员介绍项目的背景及其目标；说明队员们的岗位职责及承担的角色。项目经理的主要工作包括两个方面：一方面是构建团队的内部框架，包括确定项目团队的任务、目标、角色、规模、人员构成、规章制度以及队员行为准则等。通常，项目经理是根据项目的任务与目标来确定团队的角色、规模，然后再根据团队的角色和规模来挑选团队的队员，具体流程如图 24-13 所示。

另一方面是建立团队与外界的初步联系，主要包括建立项目团队与各职能部门的信息联系及相互关系；确立团队的权限，如自由处置的权限、须向上级报告请批的事项、资源使用权、信息接触的权限等；建立对团队的绩效进行评估、对团队的行为进行激励与约束的制度体系；争取对团队的技术支持、专家指导及物资、经费、精神方面的支持；建立团队与项目组织外部的联系与协调的关系，如建立与项目客户、社会公众的联系，努力与社会制度和社会文化取得协调等。

这阶段的领导行为主要是组织和指导班子成员的工作，使每个人都对具体活动负起责任，在解释每个人的任务时激发其责任感，将项目团队建立起来，其角色是组织者。

（2）磨合阶段

在磨合阶段，项目经理应在团队中树立威信以排除冲突。项目领导和队员都应积极促成冲突的解决，并且要清楚地认识到协调成员的差异和安定大家的情绪需要一定的时间，绝不能采取压制的方法，而应积极有效地引导大家力求在冲突与合作中寻找理想的平衡。

领导行为以支持为主，建立切实可行的行为和工作标准，向成员解释应当做哪些工作，通过反馈激发成员的行为动机。一旦团队安定下来，角色就变成了顾问和困难解决者。

（3）正规阶段

在正规阶段，项目经理应鼓励团队建立一个创造性的工作模式，尽量减少指导性工作，给予更多的支持工作，加快工作进展，提高效率，对项目团队取得的进步予以表扬。

在项目正常运作时，领导行为以指点为主，让其他队员构造任务，共同进行工作。团队还需要有鼓舞人心的领导者以保持团队发展的势头。

（4）成效阶段

在成效阶段，项目经理允许个人和小组以自己的方式开展工作，对这样一个成熟的团队已相当满意和放心，并授予团队队员充分的权力，鼓励队员发挥自己的主动性、积极性和创造性，

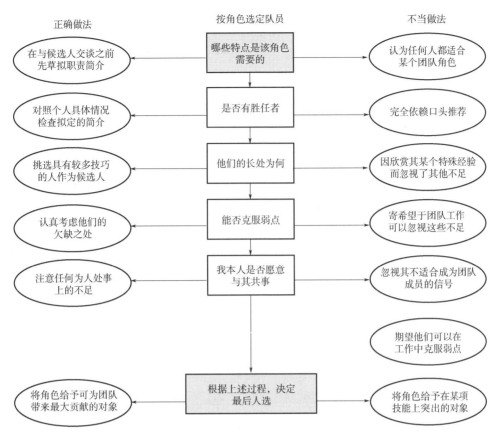

图 24-13 项目团队成员的挑选

这阶段的领导行为以委托为主,将工作和相应的权限交给成员,放手让成员自主完成项目任务,通过有效的控制、尊重和信任来激发成员。

(5) 解散阶段

在解散阶段,项目经理最好采用措施收拢人心,稳住队伍,调动团队的凝聚力,让大家"站好最后一班岗",同时,也要考虑成员以后如何安排的问题,把项目的结束工作做好。

24.4.4 构建高效的项目团队

正如项目本身的独特性一样,没有哪两个项目团队会一模一样。但是,项目团队能否高效地开展项目管理活动,主要体现在以下 5 个方面。

1. 共同的目标

每个组织都有自己的目标,项目团队也不例外。正是在这一目标的感召下,项目队员才能凝集在一起,并为之共同奋斗。对于一个项目而言,为使项目团队工作富有成效,就必须明确目的和目标。每个团队成员必须对如何实现项目目标有共同的思考。因为成员在项目里扮演多种角色、做多项工作、还要完成多项任务,而任务的确定要以明确目标和了解相互关系为基础。

项目团队有一个共同憧憬,这是团队之所以存在的主观原因。项目团队的共同目标是共同憧憬在客观环境中的具体化,并随着环境的变化而有着相应的调整。每个队员都了解它、认同它,都认为共同目标的实现是达到共同憧憬的最有效途径。共同憧憬和共同目标包容了个人憧憬与个人目标,充分体现了个人的意志与利益,并且具有足够的吸引力,能够引发团队成员的激情。

2. 合理分工与协作

每个成员都应该明确自己的角色、权力、任务和职责。在目标明确之后，必须明确各个成员之间的相互关系。如果每个人彼此隔绝，大家都埋头做自己的事情，就不会形成一个真正的团队。每个人的行动都会影响其他人的工作。因此，团队成员需要了解为实现项目目标而必须做的工作及其相互间的关系。项目团队在建立初期，在团队成员的参与下花费一定的时间明确项目目标和成员间的相互关系，可以在以后项目执行过程中少花许多时间和精力去处理各种误解。

3. 高度的凝聚力

凝聚力指成员在项目内的团结与吸引力、向心力，也指维持项目团队正常运转的所有成员之间的相互吸引力。团队对成员的吸引力越强，队员坚守规范的可能性越大。一个有成效的项目团队，必定是一个有高度凝聚力的团队，它能使团队成员积极热情地为项目成功付出必要的时间和努力。影响团队凝聚力的因素有：团队成员的共同利益、共同目标，团队的规模大小，团队内部相互交往、相互合作等。如果团队规模越小，那么彼此交往与作用的机会就越多，就越容易产生凝聚力；经常性的沟通可以提高团队的凝聚力；项目目标的压力越大，越可以增强团队的凝聚力；团队凝聚力的大小是随着团队成员需求满足的增加而加强。因此，在形成一个项目团队时，项目经理需要为最大限度地满足个体需要提供保障。

4. 团队成员相互信任

成功团队的另一个重要特征就是信任。一个团队的能力大小受到团队内部成员相互信任程度的影响。在一个有成效的团队里，成员会相互关心、承认彼此存在的差异，信任其他人所做和所要做的事情。在任何团队工作，都有不同意见，要鼓励团队成员将其自由地表达出来。项目经理应该认识到这一点，并努力实现这一点。因此，在团队建立之初就应当树立信任。通过委任、公开交流、自由交换意见来推进彼此之间的信任。

5. 有效的沟通

高效的项目团队还需具有高效沟通的能力，项目团队必须装备有先进的信息系统与通信网络，以满足团队的高效沟通。团队拥有全方位的、各种各样的、正式和非正式的信息沟通渠道，可以保证沟通直接高效。团队应擅长运用会议、座谈这种直接的沟通形式。沟通不仅是对信息的沟通，更重要的是情感上的沟通。每个队员不仅具有很好的交际能力，而且拥有很高的情绪商数，团队内要充满同情心和融洽的情感。项目团队具有开放、坦诚的沟通气氛，队员在团队会议中能充分沟通意见，倾听、接纳其他队员的意见，并经常能得到有效的反馈。

24.4.5 案例：如何组建高效的项目团队

岗位是属于部门的，而项目则需要跨部门进行工作分工，这种分工是通过角色而不是岗位形成的。

由于我国的软件企业大多属于集成商，它们的生存靠的是一个个集成项目。很多企业都梦想着成为大的软件承包商，尤其是能够成为国外厂商的承包商。

有一次，美国一家中介公司到国内寻找一个合适的软件承包商。在经过拉网式的筛选后，该公司决定从两家国内重点软件企业中选择一家作为最后的赢家。张总以其中一家企业人力资源部经理的身份参加了角逐，并最终赢得了胜利。但是，在商务谈判过程中，外方一句简单的问话却让他无法回答："贵公司的系统分析员一小时的报酬是多少钱？"当然，他们有系统分析员一个月的工资水准数据，如果将其除以一个月的工作时间即可得到所要的答案。但遗憾的是，他们并不知道他/她一个月究竟工作了多长时间！公司平时关心的只是岗位，只是岗位薪酬，没有足够的信息知道企业的每一个员工的具体工作信息。而有效的项目人力资源管理，本质上是一种基于项目角色的管理。

基本信息包含该员工的年龄、性别、政治面貌、籍贯等。这些信息几乎所有的企业都会记载，可惜它们与工作的关系并不大。"成功的项目经历"是指该员工曾经做成过哪些、哪种项目，在这些项目中承担过何种责任、扮演过何种角色；"工作状态"则是指该员工目前的工作负荷和在项目等工作中承担的角色与责任；"价值取向"表示该员工在目前阶段最看重的、最需要的激励方式；"人气/性格取向"表明该员工的性格特征；"团队角色取向"是指该员工在项目团队中更倾向于扮演何种团队角色；"技能/知识等级"表示该员工拥有的技能/知识种类及其程度，以及这些技能/知识等级能够胜任哪些项目角色。

项目执行效率的重要性不言而喻。要提高项目的执行效率，一种常用的办法是雇佣有能力的复合型人才。事实上，没有比这种做法更迷惑人了。过度地对复合型人才的依赖会使企业忽视积累属于企业的知识/技能，这样做的结果又会使企业更加依赖复合型人才。

由于培育复合型人才需要较长的时间，这些人员日益紧俏，他们越发不愿意将个人的知识/技能贡献出来以形成企业的知识/技能。高素质的复合型人才最后又常常会"跳槽"，从而使企业陷入恶性循环。

因此，对于一个面向临时性任务的动态组织（项目组）来说，"角色"这个词比"岗位"更值得关注。一个角色需要的能力是相对单纯的。在构件的帮助下，这种能力很容易形成。因此，应该通过角色划分和整合来降低对稀缺的复合型人才的依赖，缩短新人到位的时间，以提高团队的效率。

第 25 章 项目人力资源管理

本章要点

人是项目中最重要的资源。人的素质、资质、能力、工作态度和责任心是决定项目成败的重要因素。项目的临时性和独特性决定了项目人力资源管理与企业人力资源管理有着较大区别。本章从阐述项目人力资源管理的基本特征出发，较为系统地介绍项目人力资源管理配置、激励、绩效和薪酬管理等方面的内容，并通过项目管理案例阐述项目人力资源管理的应用。

25.1 项目人力资源配置

在项目的实施过程中，人力资源是最基本、最重要、最具创造性的资源，是影响项目成效的决定性因素。一个新项目的开始，意味着新的人员的配置、激励、绩效、薪酬管理；一个新项目团队的产生，需要项目经理根据实际情况权变地选择管理方式。这些都要求员工及管理者具有很强的适应性和机动性。因此，项目的成功在很大程度上取决于人的作用，进行有效的人力资源管理是项目成功的基础。

项目人力资源管理要求项目管理人员做正确的事和正确地做事。做正确的事意味着项目管理人员做使项目成功的事，正确地做事意味着项目管理人员用正确的方法高效地做事。项目人力资源管理就是根据项目的要求，任命项目经理，组建项目团队，分配相应的角色并明确团队中各成员间的信息传递路径和命令关系，并且对项目团队进行绩效考评，并根据团队成员对项目的贡献发放薪酬，激励他们工作的积极性，以确保项目团队成员的能力得到最有效发挥，进而能高效、高质量地实现项目目标。项目人力资源管理也可以理解为对人力资源的取得、培训、保持和利用等方面所进行的计划、组织、指挥和控制活动。

项目人力资源管理的主要工作包括人力资源配置、有效激励、绩效管理、薪酬管理等。

项目人力资源配置指如何把企业和社会现有的人力资源分配到企业项目中。由于企业中往往有多个项目同时进行，所以需要根据项目的优先级进行企业人力资源的分配。项目人力资源的配置包括以下几个过程。

25.1.1 项目人力资源计划

项目人力资源计划是项目人力资源管理的首要任务。项目人力资源计划是项目整体人力资源的规划和安排，是按照项目目标和项目人力资源计划具体安排和配置项目人力资源。项目人力资源计划就是要对整个项目所需的人员及其管理进行更加详细的规划，明确项目需要什么样的人、如何获得、怎样配置、如何管理等问题。

1. 项目人力资源计划制订原则

项目人力资源计划的制订影响着项目人力资源管理的方向和质量，在制订过程中应遵循以下原则：

（1）严格服从项目目标

项目人力资源计划和项目的其他活动一样，最基本的原则就是服从项目目标；否则，再好的计划也没有任何意义。

(2) 要与项目的内外部环境相适应

项目人力资源计划的方向、目标、内容和规模,要适应项目内外部环境,包括国家经济、政治和社会环境以及项目所在组织发展的需要。随着项目的不断发展,组织活动日趋复杂,对人力资源的数量和质量要求会不断变化,人力资源计划应针对可能出现的情况做出风险预测和应对策略。

(3) 要在详细分析现有人力资源状况的基础上进行

在进行项目人力资源计划时,要坚持内部招聘为主,外部招聘为辅的原则;要充分掌握组织目前人力资源的情况,分析哪些人员可为项目所用、哪些人员是组织不能提供而必须从外部选择的,这样既可以避免招聘的盲目性,又可以充分利用企业现有资源,节约人力资源和项目成本。

(4) 要给计划留出可以动态调整的空间

项目人力资源计划不是一次成型就完全不变的,项目在不同时期有不同的要求。在项目进行过程中,要根据实际情况及时进行动态调整,不断修正,并对这些修正进行总结,分析出使计划发生偏差的原因,为以后的项目积累经验,并作为项目资产记录下来。

2. 项目人力资源计划依据

项目人力资源规划与设计的主要依据包括三大类:一是组织环境因素;二是组织的历史信息;三是项目自身的相关信息。它们所涉及的具体内容如下。

(1) 组织环境因素

这是指项目团队相关组织和项目所处的环境,包括项目发起组织的情况、项目团队成员所在组织的情况、项目将涉及的组织的情况和项目环境情况等。项目人力资源计划所需要参照的环境因素还包括项目所处的宏观(国家级)、中观(行业级)和微观(企业级)的环境情况,以及项目所涉及的经济、技术、市场、地理位置等因素。

(2) 组织的历史信息

这包括项目实施组织已完成项目的历史信息和组织的各种规章制度和要求等,这些为项目的人力资源管理提供重要依据。这类信息包括组织在以往实施项目的过程中所保留下来的有关人力资源计划的相关资料(包括组织结构图和岗位描述等)、在以往项目人力资源管理过程中所积累的经验与教训以及人力资源配备管理计划等。

(3) 项目自身的相关信息

在制订项目人力资源计划时还必须对项目自身的相关信息进行收集与分析,其中最重要的项目信息包括项目的工作任务、项目的人员需求、项目进度计划以及项目限制因素等。这些方面的信息具体如下:

1) 项目工作任务。其中最重要的是项目工作分解结构和项目活动清单,因为项目组织就是为完成项目任务而设立的,所以项目人力资源规划与设计必须首先依据项目的工作任务及结构。通常,项目人力资源规划与设计都必须先做依据项目产品范围和目标所进行的项目工作分解结构(WBS)。

2) 项目人员需求。项目根据 WBS 分解出的活动配备相应人员,构建项目组织的基本框架(OBS)、部门、岗位,最后确定需要的人力资源。但是项目组织究竟需要多少人还必须依据项目人员需求的基本预测数据,包括项目总体人员需求和项目各类人员的需求预测数据以及能力和素质要求数据等。

3) 项目进度计划。这是对项目各项工作实施顺序进行的安排。根据项目进度计划可进一步分析项目在何时需要哪些人员,以及这些人员什么时候可以离开项目组织等信息。因此,项目进度计划也是制订项目人员配备计划的直接依据之一。

4) 项目限制因素。是指限制人们做出不同的项目人力资源规划与设计方案选择的各种因素,主要包括项目组织的组织结构限制、各种劳动法或工会规定的限制、项目环境和条件、项目管理团队的能力和偏好限制、项目重要资源及关键工作人员的要求等。

3. 项目人力资源计划编制过程

项目人力资源计划具体工作一般包括项目组织设计、项目组织岗位与角色分析和项目组织中的工作设计。

（1）项目组织设计

主要是根据项目的具体任务需要（如项目工作分解结构），设计出项目组织的具体组织结构（如项目组织分解结构）。

（2）岗位与角色分析

通过分析研究确定项目实施和管理中的特定岗位或角色的责权利内容及三者之间的关系。

（3）项目组织工作设计

指为了有效地实现项目目标而对各角色和岗位的工作内容、职能和关系等方面进行的设计。

项目人力资源计划编制可以看作是战场上的"排兵布阵"，就是确定、分配项目中的角色、职责和汇报（命令）关系。企业层次上的人力资源计划编制好比是大的"战役"，而每一个项目就像"战役"下的每一次"战斗"。项目人力资源计划编制需要参考资源计划编制中的人力资源需求子项，还需要参考项目中各种汇报（命令）关系（又称为项目界面），如组织界面、技术界面等。一般采用的方法包括参考类似项目的模板、分析项目利益相关者的需求等。

如图 25-1 所示，编制项目人力资源计划需要依据项目工作分析（WBS 和 WBS 词典）、活动资源需求、事业环境因素和组织过程资产。在对项目人力资源全面了解的基础上，结合项目组织结构及组织分解结构（OBS），根据责任分配矩阵（RAW）来安排人力资源，依据组织理论和人际交往中形成的经验知识进行计划的制订，最终输出项目人力资源计划，包括角色和职责、项目组织机构图、人员配备管理计划等。

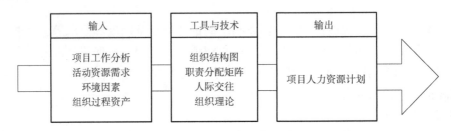

图 25-1 项目人力资源计划编制过程

4. 项目人力资源计划编制的结果

项目人力资源计划编制完成后，需要输出文档或相关计划，包括角色和责任分配以及人员配备管理计划等。

（1）角色和责任分配

项目角色和责任在项目组织管理中必须明确，否则容易造成一项工作没有任何人负责，最终影响项目目标的实现。为了使每项工作都能够顺利完成，就必须将项目分解的每项工作分配到具体的个人（或小组），明确不同的个人（或小组）在这项工作中的责任，而且每项工作只能有唯一的负责人（或小组）。同时由于角色和责任可能随时间发生调整，在结果中也需要明确这层关系。表示这部分内容最常用的方式为责任分配矩阵（RAW）。针对大型项目及企业多项目管理（可以看作战略计划下的大型项目），可在不同层次上编制责任分配矩阵。

（2）人员配备管理计划

主要描述项目团队什么时候需要什么样的人力资源。为了清晰地表明此部分内容，需要明确什么时期做什么工作，这些工作需要什么人力资源，再使用资源直方图，在图中明确标明各类人员在不同阶段所需要的数目。由于在项目中对各类人员的需求可能不是很连续或者不是很平衡，容易造成人力资源的浪费和成本的提高。例如，某项目现有 20 人，设计阶段需要 5 人；审核阶段可能需要 1 周的时间，但不需要项目组成员参与；编码阶段是高峰期，需要 30 人，但在测试阶段只需要 10 人。如果专门为高峰期提供 30 人，可能还需要另外招聘 10 人，并且这些人在项目编码阶段结束之后，会出现没有工作安排的状况。为了避免这种情况的发生，通常会采用资源平衡的方法，将部分编码工作和设计并行进行，在某部分的设计完成后立即进行评审，然后进行编码，而不需要等到所有设计工作完成后再执行编码工作。将工作的次序进行适当调整，削峰填谷，尽量做到人员需求的平衡，会更利于降低项目的成本，同时可以减小人员配置和调度的难度。在公司管理中，这种调整更多的是从公司层面对整体资源进行合理调配来解决，可以通过多项目人力资源的平衡来合理安排资源，发挥资源潜力，以更好地发挥专业人员的才智且提高管理效率。

25.1.2 项目人力资源获得与匹配

确定项目人力资源计划后，根据计划招募所需人员，将人员合理安排到工作岗位是项目下一阶段的工作。

1. 项目人力资源招聘

项目人力资源招聘是指通过一定的方式和程序，将具备应聘条件和能力的申请者吸引到项目空缺岗位的过程。这项工作需要根据人员配备管理计划以及组织当前的人员情况和招聘的惯例来进行。项目中有些人员来自组织内部，对于短缺或特殊的人力资源，可能每个项目都希望得到，这就需要通过沟通和项目的优先级管理来解决这个问题。另外有些人员可能组织中没有或无法提供，这种情况下就要考虑是对现有的人员进行培训，还是通过招聘来获得，或者通过外包来完成，并根据所获人力资源的技能、素质、经验、知识等进行工作安排和配备，从而构建一个资源配置合理的成功的项目组织或团队。项目人员的获得主要有内部招聘和外部招聘两种方式。

（1）内部招聘

指在项目组织内部人力资源中，通过提升、工作调配和重新聘用等方式挑选出项目组织所需人员的一种方法。

内部招聘有很多优点：管理者对内部人员的业务素质和品行、优点和缺点有较多的了解，除人员相对稳定外，也更加便于合理利用；有利于组织中人员的可持续发展，人员在项目中的经验积累可以继续为原组织所用，获得的荣誉也可以帮助其在组织中获得更好地提升和发展；内部员工比较了解组织的情况，为胜任新的工作岗位所需要的指导和训练会比较少。但同时也存在缺点：项目所需人员有限，可能会造成人员之间的不良竞争，没有得到提拔的员工会不满，因此需要做好解释和激励工作；项目内部选聘的人员过多，将企业中的文化带入项目中，不利于项目的创新发展。项目中多数员工应该从项目组织内部根据项目目标需要和员工特点进行选拔聘用。

（2）外部招聘

指通过广告和各种媒体宣传、校园招聘和猎头公司等方式，从项目组织外部获得项目所需的人员。

外部招聘的优点有：有利于项目在更广阔的空间选择更为合适的人才，为项目注入新鲜血液；外部招聘的人员一般都有较强的专业知识背景与工作能力，可以为项目带来新技术，有利于项目质量的提高。但外部招聘也有一些缺点：面临长时间获取不到合适人员的风险；外部招聘人员在工作习惯或文化背景方面与原组织存在差别，在招聘过程中，项目经理更关注人员的专业技能，对人员的性格等在短时间内难以完全掌握；项目团队需要一定的时间相互协调配合，故会经历一定阶段的磨合期。所以，项目中个别关键岗位项目组织中无合适人选而时间要求又比较紧的，可以采用外部招聘。

这部分工作结束后将得到项目团队清单和项目中人员分配。

2. 项目人力资源与岗位匹配

通过招聘获得项目所需人员后，将合适的人安排到合适的岗位上，就成为项目人力资源配置需要考虑的问题。通常，项目人力资源配置应遵循以下原则：

1）职能匹配原则。项目团队成员的能力需要与岗位要求的能力匹配，岗位所要求的能力应是工作承担者所具备的，而工作承担者也能胜任该岗位的要求。每种职位所要求的能力不同，组织团队应尽可能人尽其才。

2）内部人员为主原则。在进行项目人力资源配置的时候，优先选择和使用企业内部人员，可调动组织内项目成员的积极性，也可以将项目获得的经验留在企业内部，防止项目结束人员离职带走项目管理经验和企业组织机密。

3）动态调整原则。人员配置不是一次性的工作，项目管理者由于对项目团队成员不是完全了解，在初次岗位配置的过程中，可能并不能完全地做到职能匹配。这就要求在项目开展过程中，根据具体工作岗位的变化和人员在工作中的信息反馈，适时地对人员配置进行动态调整，以保证始终将合适的人安排在合适的岗位上，满足项目的需要。

4）权责对等原则。权就是职权，责就是职责。职权就是人们在一定职位上拥有的权力，主要是指决策或执行任务时的决定权。职责就是在一定职位上完成任务的责任。权责对等是管理组织中的一项重要的原则。通过科学的组织设计，将各种职务、权力和责任等形成规范，正式发布，使担任各项工作的人员有所遵从。

3. 项目人力资源的配置方式

人力资源的配置方式一般有委任制、选择制、考任制、聘任制等。在项目的人力资源配置过程中，根据不同的职位选择恰当的方式，见表 25-1。

表 25-1 项目人力资源配置方式

委任制	选择制	考任制	聘任制
项目经理和管理职位	担任监督或工会领导等职位	专业技术职位	项目中临时或辅助性的职位

人力资源配置的优劣决定着项目团队成员作用发挥的程度，从而影响项目整体目标的实现。好的人力资源配置不仅能够使个人能力得到最大的发挥，保证项目的运转，而且有利于组织和个人的成长。

25.1.3 项目人力资源培训与调整

项目人员培训是指使项目团队成员具备完成各自任务所需的知识、技能和能力等。科学管理的鼻祖泰勒曾说过，不愁没有一流的工人，就怕没有一流的经理。招聘的人员只有经过开发与培训，达到项目经理对于素质和能力的要求，才能最大限度地发挥出他们的潜能。虽然人员培训会带来一定的成本和付出一定的代价，但是适当的人员培训不仅可以提高项目团队的工作效率，还可以鼓舞团队士气、留住人才。

人力资源培训的形式多种多样，如企业自办大学、代职、边工作边培训等。较常见的在职培训又包括职务轮换、预备实习等。职务轮换可使团队成员熟悉更多的工作岗位，对项目活动有更多了解；新员工的预备实习，一般是由有经验的老员工指导新员工来完成工作，这样做的优点是节约时间，降低成本，而且受训者可以边工作边学习，能够加快掌握所学的各种知识和技能，能够根据项目工作的实际需要有针对性的培训，达到更好而实用的培训效果。

培训计划是培训工作的行动指南，应根据人力资源配备计划、项目进度计划、工作说明书及工作规范等文件的要求，做出项目目标实现过程中对项目组织各类人员的培训安排。

编制培训计划一般包括以下步骤：评估培训需要、确定培训目标、选择恰当的方法和手段、安排时间、确定培训效果评价等。

(1) 评估培训需要

为了使培训工作具有针对性，在制订培训计划时，首先应对培训需求进行评估。一般而言，当出现下列情况时可以认为存在培训需要：①工作行为不恰当；②知识或技能水平低于工作要求。培训工作是"补人之短"，所以，当项目组织成员存在以上两方面问题时，应及时对其进行必要的培训。

(2) 确定培训目标

培训目标为培训方案的设计提供依据，目标也是培训效果检验的标准，根据培训目标可以判断培训方案的有效性。

(3) 选择恰当的方法

培训的方法有很多，如课堂讲授、在职培训、脱产培训等，应根据培训目标和要求，选择恰当的方法。

(4) 安排时间

根据项目的进度计划和人力资源配备计划，合理安排对各类人员的培训时间，以保证培训工作既不干扰项目工作的正常完成，又能够保证组织成员及时达到岗位要求，有效地完成所承担的各项工作。

(5) 确定培训效果评价

在培训计划中，还应对如何进行培训效果评价做出安排。规定具体评价的方式、方法及时间安排，从而不断总结培训工作的经验和教训，不断提高培训工作的有效性。

25.2 项目人力资源激励

项目人力资源激励是指以相关动机理论为基础，以项目目标为方向，通过对项目团队成员采取恰当的激励手段和措施，激发组织成员的潜能，引导组织成员的行为，使其在项目工作范围内发挥最大限度的主观能动性和创造力，以有效促进项目目标的达成。

25.2.1 激励理论

激励理论是从分析人的动机和需求出发，先后产生了需求层次理论、双因素理论、公平理论、强化理论和归因理论等。这些理论可归纳为四大类型：内容型激励理论、过程型激励理论、改造型激励理论和综合型激励理论。

1. 内容型激励理论

内容型激励理论主要包括需求层次理论、成就需求理论、双因素理论。

(1) 需求层次理论

马斯洛在1943年出版的《人类激励理论》一书中，最早提出人们的需求在各个时期不同，从而激励的手段和方法也必然不同的观点。根据马斯洛的理论，人类价值体系中存在两类不同的需求，一类是沿生物谱系上升逐渐变弱的本能或冲动，称为低级需求或生理需求；另一类是随生物进化而逐渐显现的潜能需求，或称为高级需求。具体来讲，人们主要有五种需求，即生理需求、安全需求、社会需求、尊重需求和自我实现需求。

(2) 成就需求理论

成就需求理论是由戴维·麦克利兰提出的。麦克利兰认为在生存需要基本得到满足的前提下，人的最主要的需要有成就需要、亲和需要、权力需要三种平行的需要。其中，成就需求是最重要的。人们都有按高标准工作的愿望或者在竞争中取胜的愿望，并且人们总是被这些成就愿望所激励。

(3) 双因素理论

它是由弗雷德里克·赫茨伯格提出的。双因素理论又称"激励因素-保健因素"理论，是针对组织中影响人的行为动机的各种因素提出来的。双因素理论将影响人的行为动机的因素划分为两类，即保健因素（维持因素）和激励因素（满意因素）。保健因素是满足人们对外部条件的需求，它的改善可以预防员工的不满，但没有直接激励作用。激励因素是满足人们对工作本身的要求，如出色地完成任务的成就感等，它的欠缺会导致员工的不满，影响员工潜力的发挥，而其改善则可以使职工感到满意，产生强大、持久的激励作用。

2. 过程型激励理论

过程型激励理论主要包括期望理论、公平理论、目标设置理论。

(1) 期望理论

期望理论是由维克多·弗鲁姆提出的。该理论认为，当人们预期到某一行为能给个人带来既定结果，且这种结果对个人具有吸引力时，个人才会采取这一特定行为。

(2) 公平理论

这是美国心理学家亚当斯于1956年提出的一种激励理论。该理论认为人们总会自觉或不自觉地将自己付出的劳动代价及其所得到的报酬与他人进行比较，并对公平与否做出判断。公平感直接影响职工的工作动机和行为。因此，从某种意义来讲，动机的激发过程实际上是人与人进行比较，做出公平与否的判断，并据以指导行为的过程。公平理论研究的主要内容是职工报酬分配的合理性、公平性及其对职工产生积极性的影响。因此，公平理论也称为社会比较理论。

(3) 目标设置理论

它是由美国马里兰大学心理学教授洛克提出的。该理论特别强调目标在引导个体行为的方向，使个体的思想和行为沿着特定的轨道进行方面具有重要的作用。当个人认同了有难度的、具体的目标时，会导致较高的努力程度和绩效。

3. 改造型激励理论

改造型激励理论主要包括强化理论和归因理论。

(1) 强化理论

强化理论是斯金纳首先提出的，这是一种与期望理论联系紧密的、以学习的强化原则为基础的、关于理解和修正人的行为的学说。强化，从其最基本的形式来讲，是指对一种行为肯定或否定的后果（报酬或惩罚），它至少在一定程度上决定这种行为在今后是否会重复发生。

(2) 归因理论

这是美国行为科学家凯利和韦纳等人在前人研究的基础上提出的。归因是指为了预测和评价人们的行为，并对环境和行为加以控制而对他人或自己的行为结果所进行的因果解释和推论。归因理论的要点是：根据人的行为的外部表现，对其心理活动进行解释和推论；研究人们心理活动的产生，主要归纳其原因，并对其未来行为进行预测。

4. 综合型激励理论

综合型激励理论是将上述激励理论进行综合，把内外激励因素都考虑进去而形成的一种理论，它系统地描述了激励的全过程。

(1) 激励力量理论

罗伯特·豪斯在双因素理论和期望理论的基础上提出了一个整合模型，即激励力量＝任务内在激励＋任务完成激励＋任务结果激励。这个模型的贡献在于把内在激励与外在激励有机地结合起来。

(2) VIE 理论

布朗认为激励是绩效（Value）、手段（Instrument）和期望（Expectancy）三者的乘积，其中任何一项要素为零,激励就等于零,该理论实际是目标设置理论和期望理论的综合。

(3)综合型激励模型

波特和劳勒的综合型激励模型是西方重要的激励理论之一,它较全面地反映了人在激励中的心理过程,是外在激励和内在激励综合考虑的典型模式。在波特和劳勒的综合型激励模型中,内在激励主要包括劳动报酬、工作条件和企业政策;外在激励主要包括社会、心理特征的因素,如认可、人际关系等因素。

25.2.2 项目人力资源激励模式

为了使项目人力资源在项目实施期间始终将精力高度集中在项目目标上,特别是在规模较大、人员较多的项目中,要保持人员长时间的高聚合度,就需要基于项目人力资源的特征并结合常用的激励理论对项目成员进行激励。

1. 项目人力资源激励特征

与一般的人力资源激励相比,项目人力资源具有以下特征。

(1)激励目标更加清晰和具体

企业项目的激励目标基本上是组织的长期战略规划和短期的经营策略,非营利组织的项目则更加侧重自身的价值体系和使命感,这些激励目标中有些是不可估量和虚化的东西,而项目的激励目标更为清晰、具体和明确。

(2)激励方式更加侧重物质激励和能力开发

项目团队是临时性的组织,对项目人力资源进行激励时不可能大量使用需要长时间或较大投资才能实施的激励手段。在激励过程中,激励措施不但要便于实施,还需要在短时间内凸显效果,否则就起不到应有的作用。根据马斯洛需求层次理论,物质激励是目前员工最迫切的需求,它能最大限度地调动成员积极性,满足其生理及物质需求。通过对成员的能力培训、全面的沟通,使成员能力得到最有效的发掘是保证项目成功的关键。

(3)激励中较少采用负激励

在项目中,每个人员都是必不可缺的,在项目中发挥着重要的作用。采用负激励不仅会对受激励者造成一定的负面影响,还会间接地影响周围其他人。一旦项目团队成员情绪低落将延误项目进度,临时调用或换用人员的成本也较高,所以,项目的人力资源激励一般多采用正激励,较少采用负激励。

(4)多种激励方式结合使用

项目激励方式很多,如物质激励、目标激励、安全激励、尊重激励、成就激励、绩效激励、压力激励和精神激励等。各种方式适用的范围不同,所起的作用也不同。在项目实施过程中,需要根据项目的特征、员工的个性和项目环境选择几种合适的方式结合起来使用,从而达到综合的激励效果。

2. 项目人力资源激励程序

项目人力资源激励程序具体如下:

(1)了解和满足个人的需求

在有利于完成项目目标的前提下,尽可能满足个人需求,将个人利益和项目实施的根本利益有机结合,充分调动项目人员的能动性和创造力。

(2)设置切实可行的目标

项目总体目标或阶段性目标应该是鼓舞人心的,要从目标设置上给人以期望,由此激发项目人员的内在动机。此外,项目目标的设置不能脱离特定的环境,应使项目人员感到所制定的目标切实可行,可以促使他们的能动性在较长时间内保持稳定。

(3)分析环境条件

分析项目的环境条件和管理班子可以采取的激励手段，据此计算激励需要付出的成本和可以带来的收益。

（4）制定激励措施

根据项目人员个人需求以及项目环境条件的分析结果，制定详细的项目人员激励措施，引导项目人员产生需要，激发动机，并采取行动。

（5）评估项目人员绩效

由项目人力资源管理班子对有关项目人员工作业绩加以考核，评估项目人员工作绩效，并以此作为奖惩调升的基本依据。

（6）兑现奖惩

对项目人员行为予以肯定或否定。肯定是正强化，否定是负强化。项目人员的行为表现与项目利益发生矛盾或趋于一致时，相应利用正强化或负强化促使项目人员自觉地去维护项目利益，同时也使个人需求得到最大可能的实现或满足。

（7）绩效沟通与辅导

绩效考核结束后，由上级领导根据绩效考核的结果，与员工进行绩效沟通，对绩效表现优异的员工给予表扬，以强化激励效果；对表现差的员工，帮助其分析问题的原因，找到工作改进的方法，以提高绩效，使工作得到持续的改进。

3. 项目人力资源激励方式

结合项目人力资源激励特征与激励理论，可以建立综合激励模式（图25-2）。

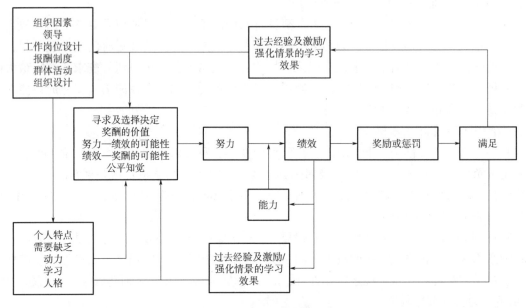

图25-2 综合激励模式

全面而透彻地理解综合激励模式，将对我们了解项目个人激励中的许多因素有很大帮助。此模式的重点是努力，即一个人在工作中所用力量的程度。努力受个人特点、组织因素以及特殊行为模式的影响，通过发挥个人工作能力而产生实际绩效。其次，根据绩效标准给予奖惩，最后得到满足。奖惩兑现成为激励过程的关键。反馈使激励循环，通过充分发挥人的主观能动性，使工作得到持续改进和提高。

4. 项目中的人力资源激励

实现项目团队的有效激励至关重要，它包括以下几个方面。

（1）物质激励

物质激励主要指薪酬激励，满足项目成员的物质需求，提高薪酬水平。如果薪酬没有诱惑力则很难使胜任的人参与到项目团队中去。这就是常说的："金钱不是万能的，但没有钱是万万不能的。"高薪是吸引人才、稳定队伍和发挥潜力的重要保证。所以在保证项目管理有效、项目效益充分发挥的前提下，保证项目员工在同地区、同行业比较高的工资奖金水平，可以起到稳定员工队伍、增强团队凝聚力和调动员工工作积极性的作用，达到较好的项目管理效果，最终实现项目目标。

(2) 目标激励

任何一个项目都有明确的项目目标，目标是对项目活动预期结果的主观设想，是项目活动的预期目的。目标为项目活动指明方向，具有维系组织各个方面关系和激励组织成员的核心作用。项目目标需要遵循 SMART 原则，需要对总目标进行分解，通过子目标的实现来保证总目标的实现。项目组织需要采用目标责任制，明确目标责任，根据完成目标的情况进行奖惩，从而调动员工的积极性。

(3) 成就激励

对人员激励的最大动力来自于他们对成功的渴望，而现实生活中对人员激励的假设是因为人们隐藏了自己的能力。这种思想实际上是将激励者与被激励者的关系对立起来。事实上，善于用别人去取得成功与帮助他们取得成功是真正的管理者要做的事。

(4) 能力激励

矩阵式组织结构能够为员工搭建成长平台。职能部门与项目组相结合的组织结构，既有利于企业在人手不足的情况下完成比较繁重的任务，又有利于员工在不同的项目组里接受锻炼，快速成长。特别是针对新手而言，既能在专业部门里向有经验的研发人员进行专业方面更深层次的学习，又能在项目组里与各部门的同事在项目的实战中协作交流，积累宝贵的经验。成长是员工的普遍需求，为员工成长提供平台和机会，能够最大限度地调动员工的积极性。

(5) 晋升激励

对项目组织内部招聘的人才给予岗位晋升机会，对项目实施过程中表现优异的员工给予肯定和表扬，项目结束后委以更有挑战性或期望的岗位，为组织培养、推荐和留住人才。但要注意不要将所有的优秀技术人员都提升到管理岗位上，不要使技术人员认为只有晋升到管理岗位上才能得到更好的发展，确保技术人员有其发展通道，不然有可能会使组织得到平庸甚至拙劣的管理人员。

(6) 文化激励

在项目中通过构建符合项目特点的项目文化，明确项目员工应该追求的价值观和人生观，建立项目组织的愿景，构建良好的人际关系和组织氛围，建立科学规范的项目规章制度和行为规范，保证项目良好的项目秩序，可以提高项目效益。

25.2.3 案例：华为人力资源激励机制[⊖]

华为人力资源激励机制具体表现在以下几个方面。

(1) 文化激励

华为代表性的文化为以下两点：一是"狼"文化。其核心是互助，团结协作、集体奋斗，这是华为文化之魂。二是"家"的氛围，华为一直强调"企业是家"的理念，让员工感觉到时刻是在为自己的家服务。

(2) 物质激励

物质激励包括股权期权和高薪激励。

华为全员持股的制度是对员工长期激励的有效办法。全员持股制度的推行使得企业与员工的关系

⊖ 资料来源：华为人力资源激励机制案例分析（百度文库）。

得到了根本性的改变，员工与企业由原来的雇佣关系变成了伙伴式的合作关系，员工对公司的归属感进一步增强，将自己视为真正的主人。

华为同时也是我国员工收入最高的公司。华为的高薪一方面使得优秀人才聚集，另一方面也激励了人才的积极性。

（3）精神激励

华为大多数员工为知识型员工，他们十分在意实现自身价值并强烈期望得到组织和社会的承认和尊重。

华为各种各样的奖励应接不暇，荣誉部专门对员工进行考核、评奖。只要员工在某方面有进步就能得到一定的奖励。

（4）其他激励方式

1）完善的绩效管理促进员工在企业不断成熟，员工队伍逐渐稳定，不但满足了员工的需求，更有利于实现组织的目标。

2）公平的考核结果使得高度追求公平感的员工心理得到平衡。

3）百草园是华为人在深圳的家园，里面有超市，活动中心、饭店、美发厅等，不管是购物还是吃饭，一张小小的工卡全部解决。这对整日搞技术研究，无暇顾及自己日常生活的研究人员来说无疑是一项很大的福利。

25.3 项目人力资源绩效管理

利用绩效管理确认员工的工作成就，改进员工的工作方式，奖优罚劣，有利于提高工作效率和项目效益。绩效管理可以发现项目管理中的问题，通过绩效沟通，提供反馈信息，改进员工的工作，提出培训的需求，可为员工职务升迁提供依据。项目人力资源绩效管理是项目人力资源管理整个系统必不可少的内容。

25.3.1 项目人力资源绩效管理体系

绩效管理体系的建立是项目实现员工激励的重要手段，也是避免产生内外不公平的主要方法。通过建立项目绩效管理体系，可实现与企业目标管理体系、计划实施体系的有效对接。其核心是促使员工自觉地提升自我绩效，实现项目目标。

1. 绩效管理含义

项目人力资源绩效管理是指运用科学方法，按照一定标准，对项目团队成员在工作中的表现和业绩进行综合评价，依据评价结果进行绩效沟通，改进工作。完善的项目人力资源绩效评估体系一般包括对项目中个人的评估和对整个项目团队的评估，这里所说的主要是前者。

绩效管理与绩效考核虽然只有两字之差，但其包含的内容、实施的步骤等都存在着差别。绩效考核是对照工作目标或绩效标准，采用科学的考评办法，评定员工的工作完成情况、员工的职责履行程度。而绩效管理是制定考核标准，对员工的实际工作状态与标准进行对比，依据对比结果与员工交流沟通，并确定对员工的奖惩，强调的是对绩效考核结果的分析及应用策略，是对反馈结果的回应。两者之间的差别如表25-2所示。两者也存在一定的联系，绩效考核是绩效管理的一个子环节。只有在绩效考核的基础上，绩效管理才能展开。

表 25-2 绩效管理与绩效考核的区别

绩效管理	绩效考核
关注未来绩效的提升	反映过去的绩效，侧重对员工的评价
侧重管理者及员工的参与，彼此沟通	侧重于上对下的评估行为
侧重评估结果和过程	注重评估结果
属于人力资源管理的程序	属于绩效管理的程序
是一个完整的过程	是绩效管理的环节之一

2. 项目绩效管理程序

项目绩效管理必须按照一定的程序来完成，如图 25-3 所示。

绩效管理的第一步是建立绩效考核指标体系和绩效考核方法。根据项目的特征和工作内容，针对项目团队的角色和职能，利用平衡计分卡（BSC）和关键绩效考核指标（KPI）建立绩效考核指标体系。项目绩效考核可以采用定性与定量考核相结合，以定量考核为主的方法，采用目标考核法等方法对项目团队及成员进行考核，以保证考核的有效性。

绩效管理的第二步是建立业绩标准。绩效考核与评价必须以标准为前提条件。标准的内容必须准确化、具体化和定量化。一方面，标准的建立要以工作分析信息为依据，而不是任意制定；另一方面，这些标准应足够清楚和客观，以便被理解和测量。项目经理对项目成员的期望也要明晰，以便能够与成员进行准确无误的沟通与交流。项目组织需要与员工共同建立绩效标准，需要员工对标准给予确认，这些标准作为绩效考核的重要依据。标准可以根据环境条件的变化而调整。

绩效管理的第三步是业绩测量。为正确评价业绩，必须取得有关信息：测量什么、如何测量、数据多少。测量什么可能比如何测量更关键，因为选错了标准很可能导致严重的功能紊乱后果。这些标准在很大程度上决定了组织成员的努力方向。项目业绩测量通常有 4 种信息来源：个人观察、统计报表、口头报告、书面报告。每种来源各有长处和短处，综合使用各种信息可提高信息可靠性。

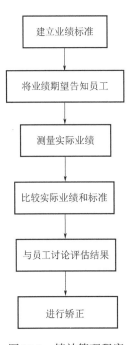

图 25-3 绩效管理程序

绩效管理的第四步是将实际表现和评价标准作比较。绩效考核需要计算出具体的考核结果，考核结果需要与绩效工资和奖金挂钩，以调动员工的工作积极性。

绩效管理的第五步是绩效沟通。通过考核，注意到标准和工作绩效之间的差异。对于出色完成任务而绩效考核结果好的员工，应通过沟通，对其取得的成绩给予肯定和表扬，对于表现不好的员工帮助其分析原因，采取矫正措施改进工作，提高工作绩效。矫正措施有两种类型，一种是迅速及时的，并且主要处理征兆问题；另一种是基础的，主要探讨原因，并想办法消除这些原因。迅速的矫正行动通常被称为"灭火"，基础行动追究偏差的起因，并试图永久性地消除病灶。有些时候，管理者可能借口没有时间进行基础矫正行动，从而满足于迅速的"灭火"行为。而优秀的管理者则清楚他们必须抽出时间去分析偏差，并在经济合理的前提下，永久性地消灭导致偏差的原因。

3. 项目绩效评估体系的标准

员工的绩效受技能、激励、环境和机会等多种因素的影响，是员工个人素质和工作环境共同作用的结果。因此，绩效评估是一项较为复杂且具有一定难度的工作，在现实操作中容易出现问题。例如，项目经理不愿在绩效评估上投入足够的时间，有时他们往往奖励的是资历和忠诚而不是绩效，而且项目经理对成功定义的理解彼此不相同或不能辨别雇员在成功方面的作用。在评估过程中，不能把评估工作只建立在工作分析的基础上,而没有关于如何填写评定表格的书面指令,且缺少对评估系统的管理承诺,造成上下级间沟通不良,评估者既缺少观察技能又缺少反馈技能等。要解决这些问题,首先要建立绩效评估系统的标准。

一般认为有效的绩效考核体系应同时具备敏感性、可靠性、准确性、可接受性和实用性5个特征。

(1) 敏感性

敏感性指的是绩效评估系统具有区分工作效率高的员工和工作效率低的员工的能力,否则既不利于项目进行管理决策,也不利于员工自身的发展,而且会挫伤主管人员和员工的积极性。如果绩效评估的目的是升迁推荐等人事管理决策,评估系统就需要收集关于员工之间工作情况差别的信息;如果绩效评估的目的是促进员工个人的成长发展,评估系统就需要收集员工在不同的阶段自身工作情况差别的信息。

(2) 可靠性

可靠性指的是评估者判定评价的一致性,不同的评估者对同一个员工所做的评价应该基本相同。当然,评估者应该有足够的机会观察工作者的工作情况和工作条件。

(3) 准确性

准确性指的是应该把工作标准和项目目标联系起来,把工作要素和评价内容联系起来,从而明确一项工作成败的界限。绩效评估标准是就一项工作的数量和质量要求具体规定员工行为是否可接受的界限。

(4) 可接受性

绩效评估体系只有得到管理人员和员工的认可和支持才能推行。因此,绩效评估体系经常需要员工的参与。绩效考核标准、方法和考核方案都需要商量确认并宣讲。绩效评估中技术方法的正确性和员工对评价系统的态度都很重要。

(5) 实用性

实用性指的是绩效评估系统的设计、实施和信息利用都需要花费时间、努力和金钱,项目使用绩效评估系统的收益必须要大于成本。绩效评估系统具有可操作性,才能达到预期的激励效果。

25.3.2 项目人力资源绩效评估方法

绩效评估的方法很多,但没有适合一切目的的通用方法。绩效管理方面的问题就是确定某种绩效评估方法以达到所追求的目的。因此,绩效评估方面的问题就是要设计一种方法,既适合评估目的又适合每一组织的特点。下面介绍一些绩效评估的主要方法及其优缺点。

1. 描述法

这是传统的评估方法,分为鉴定法和关键事件法两大类。

1) 鉴定法。评估者以叙述性的文字描述评估对象的能力、态度、成绩、优缺点、发展的可能性、需要加以指导的事项和关键性事件等,由此得到对评估对象的综合评价。优点是结果比较可靠,资料相对完整。但是往往费时较多、篇幅较长,而且写作水平直接影响评价印象,难以对多个对象进行相互比较。

2) 关键事件法。在应用这种评价方法时,负责评估的主管人员把员工在完成工作任务时所表现出来的特别有效的行为和特别无效的行为记录下来,形成一份书面报告。评估者在对员工的优点、缺点和潜在能力进行评估的基础上提出改进工作绩效的意见。如果评价者能够长期观察员工的工作行为,对员工的工作情况十分了解,同时也很公正和坦率,那么这种评价报告是很有效的。其缺点是记录事件本身是一项很烦琐的工作,而且会造成上级对下级的过分监视。表25-3以某项目施工过程为例,管理人员应负有的责任、计划取得的目标及关键事件构成了该成员的绩效评价表。

表25-3 运用关键事件法对项目管理人员进行工作绩效评价举例

负有的职责	目标	关键事件
安排项目的施工计划	充分利用项目中的人员和资源，及时发布各种指令	为项目建立新的施工计划系统；上个月的指令延误率降低了10%；上个月资源利用率提高20%
监督施工材料采购和库存管理	在保证充足的施工材料供应的前提下，使库存成本降到最低	上个月使施工材料库存成本上升了15%；A材料和B材料的定购富余了20%；而C材料的定购却短缺了30%
监督施工设备的维修保养	不出现因施工设备故障而造成的停工	为项目建立一套新的施工设备维护和保养系统；由于及时发现设备故障而阻止了设备的损坏

2. 比较法

对评估考评对象做出相互比较，采用排序而不是采用评分，从而决定其工作业绩的相对水平。

排序形式包括简单排序和配对比较。简单排序要求评定者依据工作绩效将员工从最好到最差进行排序。配对比较法则是评定者将雇员相互进行比较。如将雇员1与雇员2、雇员3相比，雇员2与雇员3相比。赢得最多"竞赛"的雇员获得最高等级。在表25-4中，员工A的工作态度是最好的，而员工B的工作态度是最差的。

表25-4 就"工作态度"要素的绩效评估配对比较表

比较对象	A	B	C	D	E
A		+	+	+	+
B	-		-	-	-
C	-	+		+	+
D	-	+	-		+
E	-	+	-	-	

比较法的优点是成本低、实用，评估所花费的时间和精力非常少。而且这种绩效评估方法可有效地消除某些评估误差，如避免了评估者可能给每位员工都做出一个优秀评价的宽厚性错误。实际上，只有50%的雇员能达到平均水平之上。通过强制使评估者具体指出绩效最好的人与最差的人，从而使雇佣决策（如提薪和晋升）也更容易实施。

比较法也有几个缺点。因为判定绩效的评分标准是模糊或不实在的，评分的准确性和公平性就可能受到严重质疑，而且比较系统没有具体说明一个员工必须做什么才能得到好的评价，因而不能充分地指导或监控雇员行为。最后，组织用这样的系统不能公平地对来自不同项目的员工的绩效进行比较。例如，A项目的第6名雇员可能比B项目的第1名做得更好。

3. 强制分布法

强制分布法要求评定者在每一个优胜档次上（如"最好""中""最差"）都分派一定比例的雇员。强制分布法类似于在曲线上划分等级，一定比例的学生得A，一定比例的学生得B等。在项目绩效考核中分为团队考核与个人考核。而每个团队负责人对本团队成员进行考核时往往存在打高分的现象。为避免这些问题的发生，可以采用强制分布法。

强制分布法的优点是避免团队领导打高分，造成考核不客观公正的现象；缺点是按固定比例进行评价太教条，同样存在不客观公正的现象，所以个人考核往往需要与团队考核结果挂钩来解决。

4. 量表法

量表法是利用一系列标准化的量表进行考核评价，将一定的分数分配给各项考核因素或指标，使每项考核因素都有一个评价尺度，然后由评估者用量表对评估对象在各个考核因素或指标上的表现做出评判、打分，最后汇总计算出总分，作为评估对象的考绩结果。现在，量表法已经在各类项目中得到广泛应用，常用的量表法有图解式评定量表法（GRS）、行为锚定式评定量表法（BARS）和行为观察量表法（BOS），下面介绍后两种。

（1）行为锚定式评定量表法

行为锚定式评定量表法要求评估者根据个人特征评估员工，典型的行为锚定式评定量表包括多个个人特征，被称作"维度"，每一个可以采用5级或7级量表加以锚定。它是用反映不同绩效水平的具体工作行为的例子来锚定每个特征。表25-5是项目经理能力行为锚定量表的一个样本。

表25-5 项目经理能力行为锚定量表

	A 动机
	A1 成就需要
0	喜欢中等难度、挑战性不高的任务，对之抱有成功的期望
1	热衷于精力充沛地实现目标，保持旺盛的精力，在完成任务的过程中获得快乐
2	密切注意自己的处境，要求不断地得到反馈意见，以了解自己的工作和计划的适应情况
3	注重工作结果，展示个人应得的成果，表彰团队成员的业绩
4	工作效率高，从实现项目目标，获得成就中衡量自我价值，能基本满足个人成就需要
5	他人对项目团队的良好表现留下深刻印象
	A2 积极性与主动性
0	只做一般和必要的工作，遇到问题和困难时不到万不得已不去解决
1	凡事都需要上级领导的帮助和指导，在期限范围内能完成项目任务
2	工作兢兢业业，能及时解决常规性的问题和困难
3	不知疲倦，不断进取，能在出现问题的第一时间到达现场
4	勇于挑战，不畏困难，各项工作事先安排妥当
5	对工作狂热，能使绝大多数问题在发生前得到有效遏制

行为锚定式评定量表法的优点：行为锚能够更准确地评分，因为它们能使评估者更好地诠释评定量表上不同评分的含义。行为锚定式评定量表最大的优点是它具有指导和监控行为的能力。行为锚使员工知道他们被期望表现哪些类型的行为，给评估人提供以行为为基础的反馈的机会。

行为锚定式评定量表法的缺点：制定行为锚定式评定量表要花费大量时间和精力，而且评估者在尝试从量表中选择一种员工绩效水平的行为有时可能会遇到困难。例如，有时一个雇员会表现出处在量表两端的行为，使得评估者不知应为其分配哪种评分。

（2）行为观察量表（BOS）

行为观察量表包含特定工作的成功绩效所要求的一系列合乎期望的行为，行为观察量表的开发像行为锚定式评定量表一样收集关键事件并按维度分类。在使用行为观察量表时，评估者通过指出雇员表现各种行为的频率来评定工作绩效。行为观察量表被分为"极少"或"从不"到"总是"。将员工在每一行为项上的得分相加得到总评分，高分意味着一个人经常表现出合乎希望的行为。表25-6是A公司对克服改革阻力的能力行为观察量表。

表25-6 A公司克服改革阻力的能力行为观察量表

A公司克服改革阻力的能力						
向下属说明改革的细节						
从不	1	2	3	4	5	总是
解释改革的必要性						
从不	1	2	3	4	5	总是

(续)

A公司克服改革阻力的能力							
与员工讨论改革对他们产生的影响							
从不	1	2	3	4	5	总是	
倾听员工所关心的问题							
从不	1	2	3	4	5	总是	
在推进改革的过程中寻求下属的帮助							
从不	1	2	3	4	5	总是	
如果需要，指定下一次会面的日期，并对员工关心的问题做出答复							
从不	1	2	3	4	5	总是	

行为观察量表法的优点：研究发现，与行为锚定式评定量表和图解式评定量表相比，经理和下属都更喜欢以行为观察量表为基础的评估。因为评定者不用选择最能描述一个员工的绩效水平的行为，所以前面提到的与行为锚定式评定量表有关的问题就不会出现。而且，像行为锚定式评定量表一样，行为观察量表在指导雇员行为方面也有效，因为它具体指出了雇员需要做什么才能得到高绩效评分。经理也可以有效地使用行为观察量表去监控雇员行为，并用具体行为的条件给出反馈，这样，雇员们便知道他们正在做的哪些是正确的事，哪些行为需要加以矫正。

行为观察量表法的缺点：像行为锚定式评定量表一样，行为观察量表要花费很多时间来开发，而且每一工作都需要一种单独的工具（因为不同的工作要求有不同的行为），因此，这一方法有时不实用。除非一项工作有许多任职者，否则为该工作开发的行为观察量表使用效率较低。

25.3.4 案例：华为公司的绩效管理

1. 管理者在绩效管理中的职责

管理者要通过管理下属来达成所管辖组织的绩效。通过关注员工的发展帮助他们提高自身能力，建设高绩效的团队，以最终实现组织的绩效目标。

绩效管理是管理者与员工就绩效目标及如何达到绩效目标达成共识，协助员工成功地达到绩效目标的管理方法。绩效管理应该是管理者日常管理工作的一部分。

作为管理者，在绩效管理中要做哪些事情？

1）帮助员工深入理解他们所承担的职位职责，了解哪些工作任务更为重要，并明确你期望他们达到的目标结果。

2）持续地与员工进行双向沟通，收集并观察员工的关键行为和结果，帮助员工了解自身的优势与不足，辅导员工提高能力并和他们共同探讨如何才能改进个人绩效。

3）区分绩效优秀和绩效一般的员工。充分认可高绩效员工并给予相应较好的回报；激励绩效中等偏上和绩效正常的员工，使他们快速成长；识别需要改进的员工，让他们了解到自己的绩效所处的位置及产生问题的原因，并辅导和督促他们不断改进。

4）聚焦持续的绩效改进，在项目团队中营造高绩效的文化氛围。

2. 华为公司对绩效管理的要求

绩效考核是立足于员工现实工作的考核，强调员工的工作表现与工作要求相一致，而不只是基于其在本部门的工作时间进行评价。绩效考核必须自然地融入部门日常管理工作中，才有存在价值。双向沟通的制度化、规范化是考核融入日常管理的基础。帮助下属提升能力，与完成管理任务同样都是管理者义不容辞的责任。

管理者要以日常管理中的观察、记录为基础，注意定量与定性相结合，强调以数据和事实说话，强调员工的工作表现与工作要求相一致。对于跨部门的员工，工作分为本部门工作和跨部门团队的工作，没有派出的概念。考核期初功能部门应界定绩效评价者，考核前，须充分征求绩效评价者（如 PDT 经理、项目经理）和被评价者的意见与评价，并依此作为考核依据；作为绩效评价者也应及时提供客观的反馈，被评价者接受考核结果，并持续不断地改进工作绩效。

3. PBC 绩效管理循环

运用个人绩效承诺（Personal Business Commitment，PBC）进行绩效管理，是一个循环往复、不断改进的过程。这个过程分成 4 个步骤：绩效目标、绩效辅导、绩效评价、绩效反馈。

（1）PBC 绩效目标

PBC 是华为公司绩效管理的重要工具，是绩效管理的载体，PBC 的使用贯穿整个绩效管理过程的始终。在 PBC 绩效目标阶段，管理者与员工应就绩效考核目标达成共识，共同制定个人绩效承诺，制定的个人绩效承诺应符合 SMART 原则。

设定 PBC 目标的来源：

1）来源于"部门目标或公司战略目标"，体现出对部门绩效的支撑。

2）来源于职位应负责任。

3）来源于业务流程最终目标，体现出该职位对流程终点的支持。

4）来源于跨部门团队，体现出该职位对跨部门团队目标的支持。

（2）PBC 绩效辅导

PBC 绩效辅导阶段是管理者辅导员工共同达成目标的过程，也是管理者收集及记录员工行为/结果的关键事件或数据的过程。管理者应注重在部门内建立健全"双向沟通"制度（包括周/月例会制度、周/月总结制度、汇报/述职制度、关键事件记录、周工作记录制度等），实施绩效跟踪，根据实际工作情况对目标进行必要的调整，辅导员工，共同解决问题。

（3）PBC 绩效评价

在 PBC 绩效评价阶段，管理者综合记录和收集考核信息，对照员工的 PBC 个人绩效承诺，依据公司的"绩效等级标准定义"和比例要求，给出考核结果并做出客观的评价。绩效等级评价标准见表 25-7。

表 25-7 绩效等级评价标准

绩效等级		评价标准
A	杰出实际绩效	经常显著超出预期目标或岗位职责/分工要求，在目标计划或岗位职责/分工要求所涉及的各个方面都取得特别出色的成绩
B	良好实际绩效	达到或部分超过预期计划/目标或岗位职责/分工要求，在目标计划或岗位职责/分工要求所涉及的主要方面取得特别出色的成绩
C	正常实际绩效	基本达到预期目标计划或岗位职责/分工要求，无明显失误
D	需改进实际绩效	未达到预期计划/目标或岗位职责/分工要求，在很多方面或主要方面存在明显的不足或失误

对于主要精力投入到跨部门项目工作中的人员，功能部门在进行季/年度考核时，原则上采用项目组的评价结果；若有不同意见，须与项目组充分沟通，达成一致。

在华为公司，管理者、绩效评价者和员工共同承担考核责任。

1）员工所在部门的直接主管为考核责任者，综合各绩效评价者提供的意见和依据，对照被考核者的个人绩效承诺，做出客观的评价。考核责任者对员工考核结果的公正、合理性负责。

2）项目组是员工的绩效评价者，根据员工个人绩效承诺的达成情况，做出客观的评价并提供客观事实依据。绩效评价者对绩效评价的公正、公平性和事实依据的真实性负责。

3）直接主管的上级主管为考核复核者，对考核结果负有监督、指导的责任。考核复核者不得擅自更改员工的考核结果。若对考核责任者的评价有疑义，应同考核责任者沟通协调解决。

(4) PBC 绩效反馈

评价结果经考核复核者同意后，直接主管作为考核责任者须就考核结果向员工进行正式的面对面的反馈沟通，内容包括肯定成绩、指出不足及改进措施，共同确定下一阶段的个人绩效目标。对于考核结果为"需改进（D）"者，还需特别制订限期改进计划，并加大检查频度，直到达到预期效果。

25.4 项目人力资源薪酬管理

项目人力资源薪酬管理是人力资源管理的重要部分。对项目成员最直接有效的激励手段便是薪酬。薪酬管理将项目激励与绩效管理紧密结合在一起，根据素质、能力和绩效评估结果决定薪酬水平。项目的特殊性使得项目薪酬激励不同于其他项目的激励方式。运用得当的薪酬体系可以提高项目成员的积极性，而且科学完善的薪酬体系也将提升整个项目的综合效益。

25.4.1 项目人力资源薪酬管理概念

薪酬是指个人为组织劳动并从组织中获得的各种形式的报酬，既包括以工资、薪水、奖金等形式支付的直接薪酬（货币薪酬），又包括以各种间接货币形式支付的间接薪酬（非货币薪酬）。

项目人力资源薪酬管理是指项目组织在发展战略的指导下，根据成员所提供的服务和对项目的贡献来确定其应得的报酬，并对薪酬水平、薪酬体系、薪酬构成、薪酬结构做出适时调整的动态管理过程。薪酬管理通过建立公平合理的薪酬水平和福利制度等措施，可以吸引、保持和激励员工很好地完成工作。

项目具有临时性、一次性等特征，因此，项目薪酬管理不同于一般意义上的企业薪酬管理。

1. 重视货币薪酬

由于项目具有生命周期特征，成员难以通过项目获得晋升，因此，项目薪酬管理应侧重直接薪酬，即货币薪酬。而企业日常管理工作是重复的，其薪酬管理体系是固定循环的，员工可以有多种薪酬激励方式，其中，非货币薪酬方式更为普遍。

2. 项目薪酬管理是面向任务的

工作分解结构将项目分解为工作包，按月末、季末等时间节点进行考核奖惩会造成工作量计算的混乱，因此，按照里程碑方式进行考评更具有科学性。可在每一个工作包完成后及时计算工作量，作为薪酬管理依据。

3. 基于组织形式进行绩效考核与工资分配

如果采用弱矩阵项目组织形式，项目成员在项目结束后终究要回到职能部门。若职能经理负责绩效考核与工资分配，则项目经理对成员的控制力就会下降；若考核与工资分配权掌握在项目经理的手中，那么，项目成员又会陷入两难境地。因此，绩效考核与工资分配应分别由项目经理和职能经理负责。项目经理将项目成员考核结果反馈到公司，由公司负责对职能部门的薪酬奖惩。项目成员是职能部门为项目提供的资源，项目成员的表现决定了职能部门的支持力度，因而职能部门可根据项目的成员工作表现完成工资等薪酬分配。这样可以避免多头领导让项目成员左右为难的情况发生。如果采用强矩阵项目组织形式，项目成员长期存在于项目中，应由项目经理负责团队成员的工资分配。

4. 项目薪酬管理注重过程

项目团队是临时组建的。项目经理对项目成员的技能以及项目任务不能完全掌握，在项目前期制定绩效考核指标与建立薪酬管理体系面临很大的困难。而项目结束后，项目成员将回到企业的原职能部门，项目难以在事后对项目成员进行绩效评价。因此，项目薪酬管理应将重点放在项目实施过程中，若项目成员在项目实施过程中未得到有效激励，会大大降低其积极性，直接影响项目目标的实现。

25.4.2 影响项目薪酬分配的因素

影响项目薪酬分配的因素主要来自以下两个方面。

1. 企业的薪资水平

企业的薪资水平主要分为3种：一种是企业内部的薪资水平，另一种是同行业之间相似工作的薪资水平，同时，还要考虑本地区的薪酬水平。如果工程项目面向社会进行项目工作人员的公开招聘，则需要对同行业和当地进行薪资调查，然后确定本项目的薪资水平。如果只在企业内部招聘项目工作人员，则只需对本公司内部正在进行的相似的工程建设项目的项目薪资水平进行调研，同时结合本工程项目的工程预算，制订出合适的项目薪资计划。

2. 绩效考核结果

绩效考核的结果为项目管理人员对项目成员的工作效果和工作状态提供分析依据，同时也是项目薪酬分配的一个重要原则。薪酬分配除了与企业的薪资水平相关外，还与绩效考核结果相关。项目薪酬管理作为人力资源激励中的重要组成部分，可以大大提高员工的积极性。薪酬的制定与工作计划和任务目标的完成情况、考核结果等相关。

25.4.3 项目的薪酬结构

根据项目组织或项目各职位的业务特点和素质能力要求，采取不同类型的薪酬结构设计方案，以满足不同层级、不同工作性质人员的激励需求。每一薪酬模块需明确定义其功能、发放标准、发放方式以及发放周期。

薪酬结构分为3种类型，具体如下：

1）项目承包制。适用于对项目总体目标实现负责的岗位，包括公司及项目经理、副经理等。

2）计件工资制。适用于项目施工一线生产员工。

3）绩效工资制。适用于除1）、2）规定以外的其他所有人员。

1. 项目承包制薪酬结构

实行项目承包制的岗位，以项目责任和完成项目目标为依据，按照公司相关薪酬管理办法，经过充分协商，与项目公司确定整个项目薪金总额及奖励方案。项目总经理（项目经理）需与公司签订目标责任书。考核办法及指标、工资奖金分配方案应由双方签订的目标责任书确定。每月发放基本工资，年底（或里程碑事件）根据绩效考核的结果发放部分工资奖金，项目完成交付后根据最终的考核结果进行工资奖金结算并发放，具体发放周期由目标责任书确定。项目承包制薪酬结构如图25-4所示。

2. 计件工资制薪酬结构

计件工资制的岗位由资信工资、计件工资、补贴、奖励工资和福利构成，如图25-5所示。资信工资是为激励员工忠诚公司、诚信做人，不断提升个人能力和素质而设立的，具体包括学历、职称、专业资格证书、司龄、多能工等内容。该工资根据员工个人情况而确定。

1）学历。为了吸引和留住高学历的人才，专科及以上学历计入资信得分。学历需要国家承认的全日制学校授予，且与岗位要求专业相符。

2）职称和专业资格证书。为了鼓励员工加强学习和提高技能水平，采取社会取得和公司聘任相结合的办法。

第 25 章 项目人力资源管理　　245

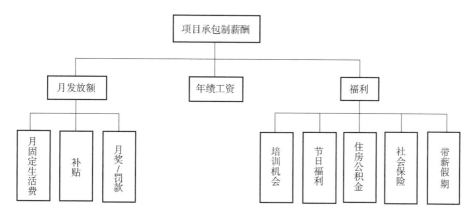

图 25-4　项目承包制薪酬结构图

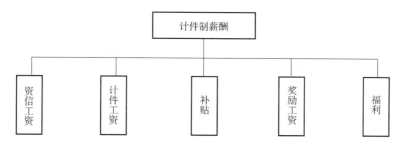

图 25-5　计件工资制薪酬结构

3）司龄。为了鼓励员工忠诚于企业，以员工在本公司服务的年限为准。

4）多能工。为了鼓励施工一线员工努力学习，掌握多种技能，成为一专多能的人才，多能工由公司组织评价认定。

计件工资以每月完成工作量的情况按照计件工资标准计算应得收入，计件工资制薪酬按月发放。

3. 绩效工资制薪酬结构

岗位绩效工资由基本工资、绩效岗位工资、补贴、奖励工资和福利构成，如图 25-6 所示。

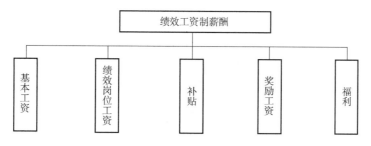

图 25-6　绩效工资制薪酬结构图

基本工资由基础工资、资信工资组成。基础工资是为保障员工最基本的生活水平而设立，参考当地物价水平、生活费标准、国家规定的企业最低工资标准及公司实际情况而调整。岗位绩效标准工资＝岗位绩效工资基数×岗位绩效工资系数。岗位工资基数于每年度初由公司按地区确定；岗位绩效标准工资额是根据员工对项目的贡献，与员工的月度绩效完成情况挂钩。岗位绩效工资＝岗位绩效标准工资额×岗位绩效考核系数。岗位绩效工资按月考核，按月发放。

第 26 章 项目经理

本章要点

项目经理是项目团队的灵魂,是决定项目成功与否的关键人物。项目经理的管理素质、组织能力、知识结构、经验水平、领导艺术等对项目的成功具有决定性的影响。本章针对项目经理的概念和作用、项目经理负责制、项目经理的责任和权力、项目经理应具备的素质能力以及项目经理的挑选、培养和考核进行讨论。

26.1 项目经理概述

26.1.1 项目经理

项目管理是以个人负责制为基础的项目管理体制,项目经理就是项目的负责人,有时也称为项目管理者或项目领导者。项目经理负责项目决策、计划、组织实施及控制的全过程,以保证项目目标的成功实现。成功的项目无一不反映了项目经理的卓越管理才能,而失败的项目同样也说明了项目经理的重要性。项目经理在项目及项目管理过程中具有关键性作用。

项目经理是企业法定代表人在项目上的一次性授权管理者和责任主体。项目经理是项目管理的第一负责人,全面负责项目管理工作,具体负责调配资源、合理组织施工,控制工期、质量、成本,全面履行建设合同,完成施工任务,实现项目目标。

项目经理的主要任务是对项目进行全面地管理,具体体现在:对项目目标有全局的认识、制订计划、报告项目进展、控制及反馈、组建团队、在不确定环境下对不确定问题进行决策、在必要的时候进行谈判及解决冲突、保证项目的成功实施。在一个实施项目管理的公司中,公司总经理往往也是从项目经理做起来的。

项目经理是项目的管理者,具有管理者的角色特点。加拿大管理学者亨利·明茨伯格提出的经理角色理论充分说明了管理者在实际工作中的角色特点,有利于人们对于管理者工作的理解。按照明茨伯格的研究,企业领导者的职责涉及人际关系、信息交流和决策过程 3 个方面的 10 种职责,见表 26-1。

表 26-1 企业领导者的职责

序号	角色	类型	内容
1	人际关系角色	挂名首脑	头面人物的作用,完成若干礼仪性的职责
2		领导者	利用领导的权威与个人魅力带动团队实现项目目标
3		联络者	和同行或者有关单位保持个人或组织的横向联系
4	信息角色	收听者	通过聆听收集信息,掌握企业内部和外部环境的变化
5		传播者	综合分析各种信息并传播给公司或项目内外各部门及有关人员
6		发言人	代表项目组织向上级、社会或有关部门通报情况

(续)

序号	角色	类型	内容
7	决策角色	企业家	项目组织各种重大变革的创始者、战略目标的制定者和组织的设计者
8		混乱驾驭者	及时处理各种危机事件
9		资源分配者	合理有效配置资金、时间、材料、设备、人力等资源
10		谈判者	为项目组织的巩固和发展寻求资源或资源交换

项目经理尽管也是一个管理者，但他与其他管理者具有很大的不同。首先，项目经理与部门经理的职责不同，在矩阵组织形式中可以明显看到项目经理与部门经理的差异。项目经理对项目的计划、组织、实施负全部责任，对项目目标的实现负终极责任。而部门经理只对项目涉及本部门的职能工作施加影响，如技术部门经理对项目技术方案的选择、设备部门经理对设备选择的影响等。因此，项目经理对项目的管理比起部门经理来更加系统全面，要求具有系统思维的观点。其次，项目经理与公司总经理的职责不同。项目经理是项目的直接管理者，是一线的管理者，而公司总经理是公司的高层管理者，负责公司战略问题，负责多个项目的管理。

26.1.2 项目经理负责制

项目经理在项目管理中起着非常重要的作用。项目管理的主要原理之一是把一个时间有限和预算有限的事业委托给一个人，即项目经理，他有权独立进行计划、资源分配、指挥和控制。项目经理的位置是由特殊需要形成的，因为他行使着大部分传统职能组织以外的职能。项目经理必须能够了解、利用和管理项目技术方面的复杂性，必须能够综合各种不同专业观点来考虑问题。但只有这些技术知识和专业知识是不够的，成功的管理还取决于预测和控制人的行为的能力。因此，项目经理必须通过人的因素来熟练地运用技术因素，以实现项目目标。也就是说，项目经理必须使他的组织成为一支具有战斗力和凝聚力的真正的队伍，一个工作配合默契、具有积极性和责任心的高效率群体。项目经理是项目管理中的全权代表，是项目决策的关键人物，是项目实施的最高组织者和最大责任者，因此，项目经理在项目管理中处于中心地位。

所谓项目经理负责制，即企业内部按照经理负责制的原则，以项目合同书的形式确定项目经理与企业的责权利关系，按企业的运行机制运作，使项目经理在项目运作全过程中履行其责任、权利和义务，有效地进行项目组织管理。项目经理负责制是完成项目管理目标的最终落脚点，落实项目经理负责制，就是要把公司的各项指标层层分解，都落实到项目基点上，实行项目全方位、全过程的计划、组织、协调和控制。

项目经理是推行项目经理负责制的关键人物，项目经理是项目的总设计师，是工程项目实施中的组织者和领导者。他对上须向总经理负责，对内向项目团队成员负责，对外向客户负责，对项目全过程的质量、进度、效益负责到底。责任是项目经理负责制的核心，项目经理必须完成企业交给的任务，实现项目的目标。

项目经理负责制起源于工程项目法施工。项目法施工是根据工程建设项目单件性特点，组成一次性项目经理部，对承建工程实施全面、全员和全过程管理。实行项目经理负责制，是实现承建工程项目合同目标，提高工程效益和企业综合经济效益的一种科学管理模式。项目经理是施工企业在工程项目上的代理人，受企业法人的委托，指挥工程项目的生产经营活动，调配并管理进入工程项目的人力、资金、物资、设备等生产要素，决定项目内部分配方案和分配形式，处理有关的外部关系。项目经理接受企业、建设单位或建设监理单位的检查与监督，及时处理工程施工中的问题，按期汇总和上报报表、资料等。项目经理实行持证上岗制度,对工程项目质量、安全、工期、成本和文明施工等全面负责。

26.2 项目经理的责任和权力

26.2.1 项目经理的责任

项目经理作为项目的负责人,有其相应的责任。简而言之,项目经理的责任是通过一系列的领导及管理活动使项目的目标成功实现并使项目利益相关者满意。这里的项目利益相关者包括一切参加或可能影响项目工作的所有个人或组织,主要有:

1) 政府——项目宏观管理者。
2) 用户——项目产品使用者。
3) 业主——项目发起人。
4) 供应商——机器设备及物料提供者。
5) 金融机构——资金提供者。
6) 承包商——项目实施的组织。
7) 管理公司——提供项目管理、监理等咨询的单位。
8) 社会机构——司法、执法机构、社会大众。
9) 内部人员——项目组织成员。

项目经理的责任可以粗略分为对于所属上级组织的责任、对于所管项目的责任和对于所领导项目小组的责任。

(1) 项目经理对于所属上级组织的责任

对所属上级组织的责任包括资源的合理利用,及时、准确的通信联系,认真负责的管理工作。但必须强调的是让所属上级组织的高级主管了解项目的地位、费用、时间表和进程是非常有用的,必须让高级主管了解未来可能发生的情况。项目经理应注意项目推迟和出现赤字的可能,并了解减少此类问题的有效方法,向上级的报告必须准确、及时,这样才能得到上级的信任,使公司不必冒大的风险,并能及时得到高级主管的帮助。主要表现在以下几个方面:

1) 保证项目目标符合于上级组织的目标。项目往往从属于更大的组织,项目与组织的其他工作一起配合协调完成组织的目标,因此在项目目标的确定、目标的分解以及计划制订、实施的全过程都要有利于总目标的实现。

2) 充分利用和保管上级分配给项目的资源。组织的资源是有限的,保证资源的有效利用是管理者的职责。项目要充分有效利用上级分配给项目的资源,使资源的效能得到最大限度地发挥,而且能从企业总体角度出发优化资源的使用。企业往往不止一个项目,如何让资源在项目内部及项目间有效利用是项目经理的责任。

3) 及时与上级就项目进展进行沟通。项目与上级组织目标的实现息息相关,及时将项目的进展信息,如进度、成本、质量等向上级汇报,企业就可以从宏观角度进行项目群的管理,同时可以取得上级对本项目的各方面的支持。

(2) 项目经理对所管项目的责任

项目经理对所管项目应承担的责任具体表现在以下两个方面:

1) 对项目的成功与否负有主要责任。

2）保证项目的完整性。项目经理应从项目全局，系统管理各利益相关者的工作，保证项目系统协调配合，运转高效。

（3）项目经理对项目小组的责任

项目经理对项目小组的责任主要表现在以下 3 个方面：

1）项目经理有责任为项目组成员提供良好的工作环境与氛围。项目经理作为项目的负责人及协调人，应该保证项目组成员形成一个良好的工作团队，成员之间密切配合，相互合作。

2）项目经理有责任对项目小组成员进行绩效考评。项目经理要建立一定的考评制度，以便对成员的绩效进行监督与考评。

3）由于项目小组是一个临时的集体，项目经理在激励其成员时还应考虑他们的将来，让他们在项目完成之后有一个好的归属。

26.2.2 项目经理的职位描述

项目经理的职位职责主要包括以下几个方面：

1）确保项目目标实现，保证业主满意。这一项基本职责是检查和衡量项目经理管理成败、水平高低的基本标志。

2）确定项目阶段性目标，制订项目总体控制计划。项目总目标一经确定，项目经理的职责之一就是将总目标分解，划分出主要工作内容和工作量，确定项目阶段性目标的实现标志。

3）组织精干的项目管理班子。这是项目经理管好项目的基本条件，也是项目成功的组织保证。

4）科学决策。项目经理需亲自决策的问题包括实施方案、人事任免奖惩、重大技术措施、设备采购方案、资源调配、进度计划安排、合同及设计变更、索赔等。

5）履行合同义务，监督合同执行，处理合同变更。项目经理以合同当事人的身份，运用合同的法律约束手段，把项目各方统一到项目目标和合同条款上来。

由于项目所处行业、规模、复杂度各异，很难给出一个统一、详细的职位描述。下面以建筑行业项目经理的职责为例进行说明。

（1）计划

1）对所有的合同文件完全熟知。

2）为实施和控制项目制订基本计划。

3）指导项目程序的准备。

4）指导项目预算的准备。

5）指导项目进度安排的准备。

6）指导项目的基本设计准则及总的规范的准备。

7）指导现场建筑活动的组织/实施和控制计划的准备。

8）定期对计划和相关程序进行检查评价，在必要的时候对项目的计划和程序进行修改。

（2）组织

1）开发项目组织图。

2）对项目中的各职位进行描述，列出项目主要监管人员的职责、范围。

3）参与项目主要监管人员的挑选。

4）开发项目所需的人力资源。

5）定期对项目组织进行评价，必要时对项目组织结构及人员进行变动。

（3）指导

1）指导项目合同中规定的所有工作。

2）在项目组中建立决策系统，以便在适当的层次做出决策。
3）促进项目主要监管人员的成长。
4）设立项目经理目标，并为主要监管人员建立绩效标准。
5）培养团队精神。
6）辅助解决存在于承担项目的不同部门或小组之间的分歧或问题。
7）对项目总体进展情况保持了解，避免或减少潜在问题的发生。
8）对关键问题确立书面的战略指导原则，清楚定义责任和约束。

(4) 控制

1）监督项目的活动，使项目的进展与项目目标及公司总体政策相一致。
2）监督项目的活动，使项目的进展与合同、计划、程序及顾客的要求相一致。
3）对人员进行控制，保证其遵守合同条款。
4）密切监督项目的有关活动，建立有关变更的沟通程序，对有关项目范围可能的变更进行必要的评价和沟通。
5）对成本、进度及质量进行监控，保证及时报告。
6）与顾客及有关组织保持有效沟通。

26.2.3　项目经理的权力

既然项目经理担负着保证项目成功的重大责任，那就必须赋予他一定的权力，使他能在一定的范围内行使这种权力，以保证项目得以顺利实施。

1. 项目经理权力的类型

项目经理的权力有两种类型。第一种是法定权，即项目管理中命令或行动的合法或正当的权力。这种权力的本质是一种项目组织合法地给予或收回支持项目资源的权力。项目经理的合法权力通常包含在某种形式的文件（如授权书）中，另外这种必需的文件必须包括与项目有关的其他经理的互补角色。第二种是指自然影响力，即在项目管理中通过个人知识、专业技术、人际关系技能或人际魅力产生的影响力。这种项目权力可以被任何项目客户、经理或项目团队成员运用。

项目经理权力的重要度量源于他们的职能和他们履行职能的方式。项目经理在项目管理中面临着独特的权力挑战，他们的权力既不全是理论上的（有特定的法律文件），也不全是事实上的（在环境中实际实行的和接受的影响）。进一步而言，他们的权力是项目环境中理论因素和实际因素的综合。在这种背景下考虑，项目经理的权力没有组织的或职能的限制，而是通过他们的职务在组织内或超过组织扩散，寻找他想或需要影响和控制的事物和项目利益相关者。

2. 项目经理权力的表现

权责对等是管理的原则。"权大于责"可能导致乱拍板，无人承担相应的后果，而"责大于权"又会使管理者趋于保守，没有创新精神。

项目经理权力的大小取决于项目在组织中的地位以及项目组织结构形式。对于项目组织来说，权力主要取决于项目的重要性和项目的规模。一般而言，项目经理的权力表现在以下3个方面。

(1) 项目团队的组建权

项目团队的组建权包括两个方面：一是项目经理班子或者管理班子的组建权，二是项目团队队员的选择权。

项目经理班子是项目经理的左膀右臂，因此，授予项目经理组建班子的权力至关重要。主要包括：项目经理班子人员的选择、考核和聘用；对高级技术人才、管理人才的选拔和调入；对项目经理班子成员的任命、考核、升迁、处分、奖励、监督、指挥、辞退等。

建立一支高效、协同的项目团队是保证项目成功的另一关键因素。主要包括：专业技术人员的选拔、培训、调入；管理人员、后勤人员的配备；团队队员的考核、激励、处分甚至辞退等。

(2) 财务决策权

实践证明，拥有财务权并使个人的得失和项目的盈亏联系在一起的人，能够较周详地顾及自己的行为后果，因此，项目经理必须拥有与该角色相符的财务决策权。否则，项目就难以展开。通常，财务决策权包括以下几个方面：

1) 具有分配权。项目经理有权决定项目团队成员的利益分配，包括计酬方式、分配的方案细则。项目经理还有权制定奖罚制度。

2) 拥有费用控制权。项目经理在财务制度允许的范围内拥有费用支出和报销的权力，如聘请法律顾问、技术顾问的权力，管理顾问的费用支出，工伤事故、索赔等的营业外支出的权力。

3) 拥有资金的融通、调配权力。在客户不能及时提供资金的情况下，资金的短缺势必影响工期，对于一个项目团队来说时间也具有价值。因此，还应适当授予项目经理必要的融资权力和资金调配权力。

(3) 项目实施控制权

在项目的实际实施过程中，由于资源的配置可能与项目计划书有所出入，有时项目实施的外部环境会发生一定的变化，从而使项目实施的进度无法与预期同步，这就要求项目经理根据项目总目标，将项目的进度和阶段性目标与资源和外部环境平衡起来，做出相应的决策，以便对整个项目进行有效地控制。

授予项目经理独立的决策权对于项目经理乃至项目目标的实现都至关重要。除了少数重大的战略决策外，大部分问题可以让项目经理自行决策、自行处理。许多问题和商业机会都具有时效性，如果经过冗长、费时的汇报批示，可能会错过时机，甚至可能导致无法挽回的损失。

26.3 项目经理的素质和能力要求

实践证明，并不是任何人都可以成为合格的项目经理。项目及项目管理的特点要求项目经理必须具备相应的素质与能力。通常一个合格的项目经理应该具备良好的道德素质、健康的身体素质、全面的理论知识素质、系统的思维能力、娴熟的管理能力、积极的创新能力以及丰富的项目管理经验。

26.3.1 项目经理的素质要求

1. 良好的道德素质

人的道德观是决定人行为处事的准则。项目经理必须具备良好的道德品质。这种道德品质大致可以分为两个方面：一方面是对社会的道德品质，另一方面是个人行为的道德品质。

(1) 社会道德品质

良好的社会道德品质是对社会的安全、文明、进步和经济发展负有道德责任。虽然有些投资项目预期的经济效益可观，但有可能是建立在牺牲社会利益基础之上的，如造成环境污染和生态环境的破坏。还有些项目，表面上看有很大的盈利空间，而实质是触犯国家法律法规的。面对这些项目时，项目经理应注重社会公德，保证社会利益，严守法律和规章。尽管项目经理并不能阻碍客户的投资动机，但具有高度社会责任感的项目经理，可以通过项目规划和建议将上述项目的社会负效应降到最低程度，最终保证社会、客户和自身利益的统一。

(2) 个人道德品质

个人行为的道德品质决定着个人行为的方式和原则。项目经理要有强烈的责任感，诚实可靠，讲究信用，性格正直，公正公平，实事求是。

责任构成了项目经理的工作压力，是确定项目经理权利的依据。因此，一个项目经理应该具有高度的责任感。责任感体现在两个方面：一是把工作看成是自己的份内事，二是把每一项工作都看成是一项关系大局的事情来对待。如果没有强烈的责任感，一个项目经理很难每天都保持着相同的工作热情。所以，项目经理应主动承担一定的责任，具有诚实可靠、言行一致的道德品质。

在项目组织中，项目经理是一个特殊的角色，处于矛盾的焦点。如果责任权利不平衡，项目经理要做好工作是很艰难的，很有可能各方面对他都不满意。例如，业主希望项目经理听从自己的指令，无条件维护自己的利益，从而苛刻要求承包商；承包商又常常抱怨项目经理不能正常执行合同，偏向业主，不公平，所以双方矛头都有可能指向项目经理。因此项目经理不仅要化解矛盾，而且要使大家理解自己，同时又要能经得住批评指责，不能放松自己的工作。

2. 健康的身体素质

项目管理的工作负荷要求项目经理要有相应的身体素质。一个庞杂的大规模的项目，从项目计划的制订到执行过程中冲突的解决都需要项目经理的参与，这样大的工作负荷没有健康的身体素质是不行的。

健康的身体素质不仅指生理素质，也指心理素质。项目经理应该性格开朗，胸襟豁达，易于同各方人士相处；应该有坚毅的意志，能经受挫折和暂时的失败；应该既有主见，不优柔寡断，能果断行事，又遇事沉着冷静，不冲动，不盲从。

26.3.2 项目经理的能力要求

1. 专业知识能力

项目经理需要掌握以下3个方面的知识：

1）项目所在领域的相关专业技术知识，如工业、农业、建筑方面的专业知识。一些大型复杂的项目，其工艺、技术、设备的专业性要求很强，对项目经理的要求也很高。不难想象，作为项目实施的最高决策人的项目经理，如果不懂技术，就无法决策，也就无法按照项目的工艺流程的阶段来组织实施，更难以鉴别项目计划、工具设备及技术方案的优劣，从而对项目实施中的重大决策问题没有自己的见解，因而也就没有发言权。不懂专业技术往往是导致项目经理失败的主要原因之一。项目经理如果缺少基本的专业知识，要对大量错综复杂的专业性任务进行计划、组织和协调都将十分困难。例如，在沟通交流中，项目有大量的专业知识和术语，如果项目经理不具备一定的专业知识，沟通是很困难的。

2）管理方面知识。一般管理知识，如管理学、经济学、社会学、法学、技术经济学、系统工程、组织行为学、财务管理等理论和方法都是优秀的项目经理应该掌握的。特别强调的是项目经理需要具备系统的项目管理理论知识，如美国项目管理协会的项目管理知识体系、欧洲国际项目管理协会指定的项目管理知识体系及我国项目管理研究会指定的中国项目管理知识体系等。

3）应用领域知识。优秀的项目经理要有广博的知识面。项目的管理涉及范围管理、风险管理、时间管理、质量管理、费用管理、采购管理、整体管理、沟通管理、人力资源管理和利益相关者管理等职能领域。这些领域的管理都需要项目经理涉猎广泛的知识领域，并对一定领域的知识有所精通。项目经理永远不能停止学习，需要不断地进行知识和经验的积累与沉淀。

总之，一个优秀的项目经理要管好项目，必须在不断提高自身素质的同时，不断加强学习，扩充自己各方面的知识，提高自己的能力。只有这样才能使自己的管理水平在竞争激烈的市场经济条件下得到不断地提高，从而不断地壮大企业的实力。

2. 综合管理能力

（1）决策能力

一个项目从开始到结束会出现各种各样的问题，如项目的确定、方案的选择等。项目中会有各种各样的决策问题要求用不同的决策方法去解决，因此项目经理必须具有很强的决策能力。决策能力不是短时间内能够培养起来的，需要长时间的锻炼与磨练。

（2）计划能力

项目经理要在一定的约束下达到项目目标，必须有细致周密的计划，对项目从开始到结束有一个系统的安排。一个项目经理需要对所有的合同文件完全熟知，为实施和控制项目制订基本计划，要有指导项目程序的准备，指导项目预算的准备，指导项目进度安排的准备，指导项目的基本设计准则及总的规范的准备，指导项目的组织、实施和控制计划的准备。同时，项目经理应懂得如何运用计划去指导项目工作。

（3）组织能力

项目经理的组织能力是指设计团队的组织结构，配备团队成员以及确定团队工作规范的能力。项目经理要开发项目组织图，要参与项目中主要监管人员的挑选，要开发项目所需的人力资源，要定期对项目组织进行评价。所以，这就要求拥有较高的组织能力的项目经理，一方面能建立科学的、高效精干的组织结构；另一方面能了解团队成员的心理需要，善于做人的工作，善于激励员工，使参加项目的成员为实现项目目标而积极主动地工作。

（4）领导能力

为了使团队中的每位成员都能最大限度发挥潜在能力，每一个项目经理都应该找到最可能获得成功的领导方式，找出最适合自己个性的领导和沟通的方式。一个优秀的项目经理应掌握解决冲突和管理人事事务的方法，掌握分析团队发展阶段和最大限度提高团队效率的实践经验。

（5）协调能力

项目经理的协调能力是指正确处理项目内外各方面关系，解决各种矛盾的能力。一方面项目经理要有较强的能力协调团队中各部门、各成员的关系，全面实施目标；另一方面项目经理要能够协调项目与社会各个方面的关系，尽可能地为项目的运行创造有利的外部环境，减少或避免各种不利因素对项目的影响，争取项目最大范围的支持。在协调能力中，最重要的是沟通能力。良好的沟通能力是以高度发展的个人自觉及差异性为核心。优秀的沟通者清楚地知道自己内在的作用，以及他人呈现的外在作用。

（6）信息能力

项目经理必须具备一定的信息能力，即项目经理要掌握企业内部和外部环境所发生的变化，及时调整战略战术；要能够综合分析各种信息，将其传达给内部各部门；要能代表本企业向上级汇报和向有关部门通报情况。

（7）激励能力

项目经理的激励能力就是调动团队成员积极性的能力。项目团队成员有其自身的需求，项目经理要进行成员的需求分析，制定并实施系统的激励与约束制度，对员工的需求进行管理，调动团队成员的工作积极性，从而有效地完成团队任务。

（8）人际交往能力

项目经理的人际交往能力就是与团队内外、上下左右人员打交道的能力。项目经理在工作中要与各种各样的人打交道，只有正确处理了与这些人的关系才能使项目进行顺利。人际交往能力强、待人技巧高的项目经理，会赢得团队成员的欢迎，形成融洽的关系，从而有利于项目的实施，为团队在外界树立起良好形象，赢得对项目更多的有利因素。人际交往中的关键是取得对方的信任。信任是一切有意义的人际关系的核心所在。没有信任，就没有付出，没有人际关系，也就没有风险承担。项目经理怎样才能赢得人们的信任呢？项目经理可以通过良好的工作绩效、承担项目目标的责任、公平对待众人以及在艰难时刻的表现赢得团队的依赖和领导的认可。

26.3.3 项目经理的特殊要求

主要有以下 3 个方面。

（1）积极的创新能力

项目的一次性特点使项目不可能有完全相同的以往经验可以参照，加上激烈的市场竞争，这要求项目经理必须具备一定的创新能力。创新能力一方面要求项目经理在职位能力上创新，包括对问题的敏感性、思维的流畅性、思维的灵活性、对问题的重新认识能力等；另一方面要求项目经理要敢于突破传统的束缚。传统的束缚主要表现在社会障碍和思想方法的障碍。所谓的社会障碍是指一些人会自觉不自觉地向社会上占统治地位的观点看齐。这些观点和风尚已经进入管理者的经验之中，如果完全被已有框框束缚住，真正的创新是不可能实现的。

（2）系统的思维能力

系统的思维能力是指项目经理应具备良好的逻辑思维能力、形象思维能力，以及将两种思维能力辩证统一于项目管理活动中的能力。系统的思维能力还要求项目经理具有全面分析和综合的能力，具有从整体上把握问题的系统思维能力。在运用系统的概念与观点分析处理问题时，要把研究的对象作为一个整体来分析，既要注意整体中各部分的相互联系和相互制约的关系，又要注意各要素间的协调配合，服从整体优化的要求。综合考察系统的运动和变化，以保证科学地分析和解决问题。

（3）丰富的项目管理经验

项目管理是实践性很强的学科，项目管理的理论方法是科学，但是如何将理论方法应用于项目管理实践是一门艺术。通过不断的项目及项目管理实践，项目经理会增加他对项目及项目管理的悟性，而这种悟性是通过运用理论知识与项目实践的总结而得来的。要丰富项目管理经验不能只局限在相同或相似的项目领域中，而要不断变换从事的项目类型，这样才能成为卓越的项目管理专家。

一个项目经理的职业道路通常是从参加小项目开始的，然后是参加大项目，直到授权管理小项目和大项目。例如，某项目经理的职业道路可能是：小项目 U 的工具管理，较大项目 V 的技术管理，大项目 W 的生产管理，大项目 X 的执行项目管理，小项目 Y 的项目经理，最终成为大项目 Z 的项目经理。如果一帆风顺的话，项目经理可以升任公司的执行主管、生产经理、总经理直至董事长。

26.3.4 案例：项目经理团队管理的误区

李先生最近荣升为项目团队的项目经理，他信心百倍，带着分配给自己的十几个人一头扎进了项目的研发中。刚开始，整个团队踌躇满志，大家都把精力投入到研发工作中，可随着研发难度的增加和时间的推移，团队里出现了一些不和谐的现象。

每当为大家分配好工作后，李先生就自顾自地钻进自己的实验室进行工作。当他发现有的团队成员并未完全理解自己的意图、未能及时跟上整个研发进程时，索性将下属的工作拿过来自己做。特别是最近，李先生发现大家好像不愿意和他一起探讨问题，即使在探讨工作时要么应付，要么等自己拿主意，眼看着团队组建有一段时间了，而研发工作进展却非常缓慢。李先生在项目团队管理上到底走进了哪些误区呢？

1. 缺乏学习精神和培养意识

项目经理在管理团队成员的同时，还需要具有培养人才的意识。作为项目团队的管理者，不能放任员工自生自灭，要帮助他们学习和成长。当员工犯了错误时，不应指责项目成员，而是应该协助他分析为何会犯这样的错误。作为项目团队的管理者，不仅需要帮助项目成员解决当前的问题，更需要教会他们如何掌握解决类似问题的方法，使每个项目成员形成良好的工作习惯，这样整个项目的管理就会形成自觉工作的氛围。

项目经理要让员工在工作过程中得到培养、得到进步。争取做到做一个项目，带出一批人才，让有潜质的员工得到及时的指导，将来为企业承担更多、更重要的工作；让落后的员工得到改进，不断提高个人的工作技能和团队协作能力。

学习氛围的创造是项目经理义不容辞的责任。建立日常学习机制，提供员工相互交流的机会，搭建技术、经验共享的平台，以至在项目组织中创造出学习的良好氛围都是项目经理应该做的。通过这些方式，能极大提高员工工作的自主性和热情，让员工在工作中学习，又在学习中增强工作的热情。

2. 交流沟通渠道受阻

项目经理必须学会与员工交流沟通，这也是除了单纯的工作之外的第二项重要工作。员工在工作上达到或达不到工作要求，项目经理都必须与员工进行坦诚的交流，及时肯定和指导员工的工作。另外，项目部的员工为了项目，和家人在一起共处的时间减少，所以要在工作上、生活上及时给予他们帮助和关心。如果项目经理只顾着工作，而忽视了与员工的基本交流，就会导致团队成员产生离群的情绪，而这种情绪是可以蔓延的。

项目经理要经常询问员工工作的执行情况和进度情况。一方面，根据执行具体问题及时调整原任务中不合理的要求；另一方面，对于员工已经完成的部分要给予肯定，并鼓励他们继续努力完成后续工作。对于员工在工作上遇到的问题和困难要给予有力的帮助，要让员工时刻感受到自己正在紧张为之付出努力的工作，在上一级管理者心目中很重要，从而进一步激发员工的工作热情。同时，对员工的生活也要给予关注与关心，及时了解掌握员工的思想情况，以便及时帮助他们。

同时，在项目团队内部，要求部门主管也应主动和员工进行交流，了解员工的工作生活情况。在项目内部形成一个通畅的交流渠道。平时还可以举办一些活动，如一起给员工庆祝生日等，增进员工之间、员工与项目领导之间的交流和沟通。

项目经理要关注项目员工取得的成绩，多与他们进行交流，更应该经常注意员工是否有不良表现。不良表现不仅影响项目目标和任务能否顺利实现，而且不良思想、行为、情绪具有传染力，很容易形成团队的不良风气，沉淀为团队的不良价值取向，积重难返。看到有不良表现的员工，应主动与其交流，而不是轻信他人的评论，妄下结论。对于需要帮助的员工，应积极帮助他们解决困难；对于思想偏激的员工，应帮助员工了解真相，使其尽早恢复工作的热情。

3. 没有建立正确的价值导向

对项目部员工获得的成绩，如果项目经理没有及时给予肯定，没有及时树立标杆，或者没有建立项目部的价值导向，有了成绩和没有成绩一个样，这会对获得成绩的员工造成一定的消极影响，同时也将波及其他员工对成绩的追求。反之，对于员工发生的错误没有及时给予批评和制止，酿成的后果将给项目部这个团队带来更恶劣的影响。

有的项目经理对员工的成绩或过失未及时表明态度，导致员工对项目部的价值导向不明，就会逐渐与项目经理疏远。长此以往，员工还可能对项目经理下发的任务产生抵触情绪，严重的可能会直接影响到项目的实施。

其实，肯定和赞扬作为一种低成本、有效的激励形式早已被多数的管理者广泛使用。经常与员工沟通，对他们做出的成绩、取得的成果提出肯定和表扬，将大大激发员工的工作热情。同时，对于员工的错误行为给予及时批评或制止，让全体项目员工看到项目团队所倡导的价值取向和工作取向，在今后出现类似情况时，项目团队成员能自觉知道怎么去做。项目经理不仅是项目的管理者，同时也应是项目成员的"啦啦队"，要为他们鼓气加油。

4. 未能有效建立个人人格魅力

项目部员工在议论团队领导时，有时会说，某某项目经理工作能力强，工作上有一套；某某项目经理严于律己，原则性强；某某项目经理的身后总是聚集一群非常优秀的员工；某某项目经理爱打麻将、爱喝酒，整个项目团队氛围不好等。

所以，作为项目经理，要服众，要让别人愿意追随你，首先得在很多事情上，特别是大是大非上以身作则，如果自己都不能做到，又凭什么去要求下属做到呢？员工又凭什么相信你呢？

员工服从项目经理的命令是因为项目经理的权力。那么项目经理的权力基础又是什么呢？权力显然来自公司的授权。要想使员工心悦诚服地听从命令，项目经理除了必须拥有广泛的专业知识，还必须拥有值得员工尊敬的人格魅力。自信负责的工作态度、高尚的道德操守、牺牲奉献的工作精神才是一个项目经理的权力基础。也只有拥有这样的人格魅力，员工才会积极听从项目经理的指挥和领导，才能最大限度地做好项目工作。

一个项目的成功或失败，其关键因素是人。项目成员步调一致，能够积极主动地朝着同一目标前进，才是项目顺利开展直至最终完成的基本前提。

有些新上任的项目经理往往忽视了自己新的角色和定位，按原来的经验和角色行事，如为了显示权威，对团队成员粗暴地发号施令，这将不利于团队协作和成员积极性的发挥。有的项目经理上任后只顾着和一堆资料、文件打交道，或是紧盯着眼前的一些工作，没有特色鲜明的工作作风和风格，难以控制大局。项目经理是团队的领导者和管理者，项目经理的工作重心是计划、组织、协调和控制。对这些工作，项目经理需要通盘考虑，抓住人心；塑造管理风格，培养团队个性。总之，项目经理需要聪明地工作，而不仅仅是努力地工作。

项目经理通过自身的学习，采用现代的科学管理方法，调动所有项目参与人的积极性，建立有效的工作机制，才能最终实现项目目标。

26.4 项目经理的挑选与培养

26.4.1 项目经理的挑选

项目经理是决定项目成败的关键人物，因此选择合适的项目经理非常重要。项目经理的挑选主要考虑两方面的问题：一是挑选什么样的人担任项目经理；二是通过什么样的方式与程序选出项目经理。

1. 挑选项目经理的原则

选择什么样的人担任项目经理，除了考虑候选人本身的素质特征外，还要考虑两大因素：一是项目的特点、性质、技术复杂程度等；二是项目在该企业规划中所占的地位。

挑选项目经理所应遵循以下四条原则。

（1）考虑候选人的能力

关于项目经理应具备的能力，前面已经进行了充分的阐述。候选人最基本的能力主要有两方面，即技术能力和管理能力。对项目经理来说，技术能力要求视项目类型不同而不同。对于一般项目来说，并不要求项目经理是技术专家，但他应具有相关技术的沟通能力，能向高层管理人员解释项目中的技术问题，能向项目小组成员解释顾客的技术要求。技术能力是项目经理的必备能力，但只有技术能力是不够的，无论何种类型的项目，都要求项目经理具有很强的管理能力。项目经理应该通过有效的管理能力，保证准时、及时的汇报和沟通，保证资源能够及时获得，保证项目小组的凝聚力，保证项目按照规定工期在预算内高质量完成，实现项目目标。

（2）考虑候选人的敏感性

敏感性具体指三方面，即对企业内部权力的敏感性、对项目小组及成员与外界之间冲突的敏感性及对危险的敏感性。对权力的敏感性，使得项目经理能够充分理解项目与企业之间的关系，保证其获得高层领导必要的支持；对冲突的敏感性能够使得项目经理及时发现问题及解决问题；面对危险的敏感性，使得项目经理能够避免不必要的风险，及时规避风险。

（3）考虑候选人的领导才能

项目经理应具备领导才能，能知人善任，能吸引他人投身于项目，保证项目成员积极努力地投入工作。

（4）考虑候选人应付压力的能力

压力产生的原因有很多，如管理人员缺乏有效的管理方式与技巧，所在的企业面临变革，或经历连续的挫折而迫切希望成功等。由于项目经理在项目实施过程中必然面临各种压力，项目经理应能妥善处理压力，争取将压力变为动力，提高项目管理效率，确保项目获得成功。

2. 项目经理应具有的技能

下面列出的是对项目经理的一般要求：①较深的技术功底；②讲求实际，注重实效；③成熟的人格与良好的品质；④与高级主管有良好关系，与团队建立良好的人际关系；⑤使项目成员保持振奋；⑥在几个不同的部门工作过；⑦临危不惧，沉着应对；⑧丰富的项目管理经验。

这些要求是不错，但漏掉了最为关键的因素，那就是能完成任务的人。高级主管也知道，努力的工人是容易找的，缺的正是那些把完成任务放在第一位的人。在项目经理的所有要求中，完成任务的强烈意识可以作为项目经理选拔的最重要标准。但光有这些还是不够，这些技能必须得到别人的承认，事实和感觉同等重要。

（1）信任

项目经理要有两种信任，第一是技术信任，他必须被委托人、高级主管、职能部门以及项目工作人员等认为具有足够的技术知识来指导项目。但项目经理不必有高深的专业知识，不必和领域的专家相比较，只要求他了解项目中的基本知识，能向高级主管解释项目中的技术问题，能把委托人（或高级主管）的技术要求向下属说明白即可。

第二是管理信任，项目经理必须使人们确信自己具有领导项目和组织实施项目的能力。对委托人和高级主管负责——使项目及时完成并及时、准确地给出项目报告；对工作成员负责——使材料、设备、人员各尽其用；对项目涉及的成员的利益负责——项目经理是"中间人"；对项目的权衡决策负责——有机敏的判断能力和干事业的勇气。

（2）直觉

前面谈了许多项目经理需要的行政手段，除了灵敏的行政触角，项目经理还要了解成员之间或成员与外界人员的矛盾。成功的项目经理不回避矛盾，相反，应尽早知晓并处理它，防止它升级为内部冲突。

项目经理要使下属保持冷静，这不容易。善良、对抗、嫉妒、友谊、丑恶都存在，项目经理要让下属保持合作，不要太看重喜欢或不喜欢的个人情感，一切为了完成任务。

项目经理还要有灵敏的感觉，称职的、诚实的工作人员有时也企图掩盖他们的失误，不能在压力下工作的人最好不要加入项目。在充满压力的进程中，失败特别令人恐惧，特别是要把有攻关意识的人组织在一起。目前，工作人员好像不能承受失败（尽管很少有人能承受），总是企图掩盖它，不敢承认它，因此项目经理要能了解被掩盖的事实。

（3）领导

领导是为了达到某种特殊的目的，在各种情况和各种交流过程中施加的人与人之间的影响。这种影响从何而来？它来自前面说的所有技能和性格因素，再加上热情、乐观、精力充沛、勇气和成熟的人格。做一个成功有效的领导是很难的,项目经理必须利用下属的能力,看清他们的缺点,知道什么时候接管,什么时候放手,何时惩罚,何时奖励,何时交流,何时沉默。总而言之,项目经理必须想尽办法让别人承担项目的责任,他必须是个领导者。

3. 如何避免选择不合适的项目经理

即使在高层管理人员充分了解项目经理所应具备的个人特征及素质要求的基础上,甚至项目经理的职位也已经详细描述了,但高层管理人员仍然不可避免地会选错人。以下是造成错误选择的一些因素:

1)成熟。成熟老练的项目管理者意味着他能够成熟地待人接物。高层管理有可能被候选人外表的成熟所迷惑。成熟的项目经理应该是参与过几个不同类型的项目,而且在项目组织内担任过不同的职位,在各职位中以良好的工作绩效展示自己的管理素质和能力。可能一个项目经理在同一类型的项目中有 10 年的项目经理经历,但这并不表明他能够很好地管理其他类型的项目,因为面对新的项目,他有可能固守老项目的管理经验,反而不利于新项目的有效管理。

2)强硬的管理作风。对下属强硬并不是一个好的项目管理风格,项目经理应该给下属充分自由的空间,创造良好的工作气氛,而不应该是没完没了地监督与指导。项目经理应该让下属清楚在一定的阶段,他们会面临压力,而不是时刻不停地监督与施压。如果项目经理态度太过强硬,那么下个项目他就很难再找到合适的项目组人选。职能部门经理由于掌管着下属员工的薪水,他可以采取强硬的方式来控制下属,而项目经理对下属工资待遇没有决策权,应该采取相对宽松的管理方式,从另外的角度来激励下属。

3)技术专家。高层管理人员总愿意提拔技术部门的经理或技术专家来负责项目。一般来说,技术专家难以从项目的技术方面分身而成为一个好的项目经理。如果项目是 R&D 项目,技术本身关系着项目的成败,那么具有一定管理天赋的技术专家充当项目经理可能更为合适。但让高级技术专家充当项目经理也有一定的危险性,因为,技术专家的技术越高,越易沉湎于技术细节,而忽略了管理问题。项目经理必须了解如何有效地发挥项目组成员的作用,如何很好地与人相处,而这些往往是技术人员的薄弱之处。

4)面向用户。高层管理人员可能会应用户的要求而任命一个项目经理。如果只能屈服于用户的要求,则应同时建立一个强有力的支持团队。

5)培养人才的误导。高层管理人员可能从岗位轮换的角度考虑让一个人担任项目经理,这样做的目的仅仅是为了让他对项目管理有所体验。如让职能部门经理担任 18 个月的项目经理,然后再调回,这样会对项目或企业本身造成风险。18 个月的项目经理体验不但可能导致他技术上的荒疏,也有可能令他对项目管理不会完全投入,从而造成项目的失败。

高层管理人员在选择项目经理的过程中,应该尽量避免以上这些误导因素。

4. 项目经理的挑选方式与程序

一般企业选任项目经理的方式有以下三种:

1)由企业高层领导委派。这种方式的一般程序是,由企业高层领导提出人选或由企业职能部门推荐人选,经企业人事部门听取各方面的意见,进行资质考察,考察合格则经由总经理委派。这种方式要求公司总经理本身必须是负责任的主体,并且知人善任。这种方式的优点是能坚持一定的客观标准和组织程序,听取各方面的评价,有利于选出合格的人选。企业内部项目一般采取这种方式。

2)由企业和用户协商选择。这种方式的一般程序是,分别由企业内部及用户提出项目经理的人选,然后双方在协商的基础上加以确定。这种方式的优点是能集中各方面的意见,形成一定的约束机制。由于用户参与协商,一般对项目经理人选的资质要求较高。企业外部项目,如为用户安装调试设备、为客户咨询等,一般采取这种方式。

对于企业外部项目,还存在一种特别的形式,即企业方有一个项目小组,而顾客方同时也有一个项目小组，每个项目小组各有项目经理负责。这种形式要求两方的项目经理充分沟通，保证项目要求及项目最终完成的一致性。

3）竞争上岗的方式。竞争上岗主要局限于企业内部项目，具体方式不拘一格。其主要程序是由上级部门（有可能是一个项目管理委员会）提出项目的要求，广泛征集项目经理人选，候选人需提交项目的有关目标文件，由项目管理委员会进行考核与选拔。这种方式的优点是可以充分挖掘各方面的潜力，有利于人才的选拔，有利于发现人才，同时，有利于促进项目经理的责任心和进取心。竞争上岗需要一定的程序和客观的考核标准。

5. 项目经理选拔信息

对项目经理的选拔应在获得充分信息的基础上进行，这些信息包括个人简历、学术成就、成绩评估、心理测试以及员工的职业发展计划等。

26.4.2 项目经理的培养

项目经理的培养主要靠工作实践，这是由项目经理的成长规律决定的。成熟的项目经理都是从项目管理的实际工作中成长起来的。

1. 项目经理的培养

项目经理首先应从参加过项目的工程师中选拔，特别要注意发现那些不但对专业技术熟悉，而且具有较强组织能力、社会活动能力和兴趣比较广泛的人。这些人经过基本素质考察，可作为项目经理苗子来有目的地培养。在他们取得一定的现场工作经验和综合管理部门的锻炼之后调动其工作，让他们独立承担一定的任务和责任，在实践中进一步锻炼其独立工作的能力。

一般来说，作为项目经理人选，其基层实际工作的阅历应不少于5年，具有坚实的实际经验基础。没有足够深度和广度的项目管理阅历，项目经理就会先天不足。

取得了实际经验和基本训练之后，对比较理想和有培养前途的对象，应在经验丰富的项目经理的带领下，委任其助理的身份，协助项目经理工作，或者令其独立主持单项专业项目或小项目的项目管理，并给予适时的指导和考察，这是锻炼项目经理才干的重要阶段。对在小项目经理或助理岗位上表现出较强组织管理能力者，可让其挑起大型项目经理的重担，并创造条件让其多参加一些项目管理研讨班和有关学术活动，使其从理论和管理技术上进一步开阔眼界，通过这种方式帮助其逐渐成长为经验丰富的项目经理。

2. 项目经理的培训

除了实际工作锻炼之外，对有培养前途的项目经理人选还应有针对性地进行项目管理基本理论和方法的培训。项目经理作为一种通才，其知识面要求既宽又深，除了已具备的工程专业知识以外，还应参加业务知识和管理知识的系统培训，内容涉及管理科学、行为科学、系统工程、价值工程、计算机及项目管理信息系统等，具体内容应包括：

1）项目管理基本知识。主要包括项目及项目管理的特点、规律，管理思想、管理程序、管理体制及组织机构，项目沟通及谈判等。

2）项目管理技术。主要包括网络计划技术、项目预算、质量检验、成本控制、项目合同管理、项目协调技术等。

具体培训方法有以下两种：

1）在职培训。让选拔出的有前途的项目经理人选与有经验的项目经理一起工作，并分配给其多种项目管理职责，进行岗位轮换，这是一种正规的在职培训。与此同时，还应使候选人参与多个职能部门的支持工作，并与顾客建立联系。

2）概念培训/学校培训。让项目经理参加课程、研讨班以及讲座。具体上课方式采取讲授、交流及案例分析相结合的方式。对于项目管理基础知识和管理技术应采用系统的理论讲授的方式。对于项目管理技术的应用，一般采取经验交流或学术会议的方式，通过研究讨论、成果发布、试点经验推广、重点项目参观等方式，把项目经理们组织起来，有针对性地进行专题交流。项目案例分析是培训的最好形式之一。由于项目的实施具有复杂性、随机性、多变性和灵活性，这些内容不是靠讲授系统的方法所能深刻揭示的，而应通过一个典型案例的深刻剖析，使学员从不同角度得到综合训练。在案例教学的同时还可以进行一些模拟训练，采取模拟项目实际情况的方式，让与会者分别充当或扮演不同角色，让所有人都身临其境，这样可以培养学员的综合判断能力和灵活应变能力。

3. 项目经理的职业化

项目经理作为项目执行的实际领导者对项目实施的成败起到非常关键的作用，项目管理的专业化发展使得项目经理的职业化成为一种发展趋向。其主要原因是：丰富的项目管理经验是领导好一个项目的基础，专业化的项目管理知识是项目成功的保证。

实际上，一个项目经理的成长应该是一个漫长的过程，需要经过许许多多成功与失败项目的系统总结，他们需要具有应用项目管理工具和方法的基本技能，更需要具有克服重重困难和综合协调的勇气和能力。

项目管理的职业化发展使得项目管理人员在职业生涯的规划中，可以将自己的一生就定位在管理大大小小的项目中，从一个小的项目经理逐渐成长为一个大的项目经理，而不是最终脱离项目去担任职能部门的经理。

AT&T 公司是项目经理职业化发展的倡导者之一，该公司总结的项目经理职业化发展的主要优势有：

1) 有利于提高项目管理人员的项目管理能力。
2) 有利于促进项目管理的职业化道路发展。
3) 有利于树立项目管理的职业荣誉感。
4) 改变了过去拯救困难项目为英雄行为的观点。
5) 鼓励项目经理从一开始就胜任自己的工作，并善始善终。

下面是 AT&T 公司项目经理职业道路的设计，充分结合了项目经理的教育与培养。

1) 项目管理成员。接受 6 个月的项目管理岗位培训。
2) 成本/进度分析工程师。担任 6~18 个月的项目经理助理，直接向项目经理汇报。
3) 现场经理。做 6~12 个月的现场经理，负责一个大型的现场，向大项目经理汇报。
4) 小项目经理。独立负责一个 100 万~300 万美元的项目。
5) 项目经理。负责一个 300 万~2500 万美元的项目。
6) 大项目经理。负责一个长达多年的 2500 万元美元以上的项目。

可以看出，项目经理的成长和培养是一个漫长的过程。项目经理需要经过专业的培训教育和长期的实践提升，最终才能成为一名合格的项目经理。

第 27 章 组织项目管理模型

本章要点

项目管理模式已经为越来越多的企业带来了变革的活力,企业多项目管理模式的应用促进了企业项目管理的发展。本章主要介绍组织项目管理的几种模型,包括组织项目管理能力模型(Delta)、组织项目管理能力基准(OCB)、国际卓越项目管理基准(PEB)、国际项目管理能力基准(ICB)、组织项目管理成熟度模型等。

27.1 组织项目管理能力模型(Delta)

27.1.1 Delta 含义

组织项目管理,即以高层管理者的角度对企业中各种各样的任务进行项目管理,其主导思想是把任务当作项目来进行管理,是一种以项目为中心的长期性组织管理方式,通过项目来实现组织目标。组织项目管理扩展了项目管理的范围,是与公司的组织架构和职能相结合的一个概念。项目管理不是个人或小团队较为随意的过程,而是需要提升到组织级别来关注的,需要形成一些组织级的固化的过程。组织项目管理是对组织中项目管理活动的支撑,组织项目管理不是针对具体的项目,而是为项目管理提供支持和帮助,通过组合监控项目以符合组织绩效。

IPMA Delta®是国际项目管理协会(IPMA)在全球推行的面向组织(包括企业、事业单位和政府部门等)项目管理能力的国际认证体系,因其认证体系由面向"组织"(Organization)的 O 模型、面向"项目"(Projects)的 P 模型和面向"个人"(Individuals)的 I 模型 3 个模型组成(图 27-1),故取名为 IPMA Delta®,国内简称为"'金三角'组织项目管理能力国际认证"。

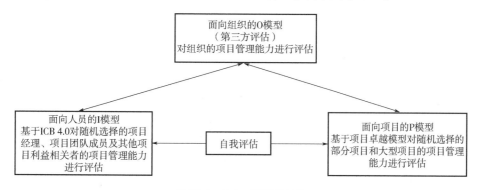

图 27-1 Delta 模型的结构

该认证以"企业能否高效地组织资源完成任务以实现预期的目标"为导向,可以让组织更好地了解项目管理的现状,提高组织中项目管理的可视性,对项目管理的不足之处与改进措施有清晰的认识,提升组织的市场竞争地位。

27.1.2 Delta 模型内容

I 模型以 ICB 4.0 为基础模型，即针对组织中个体的能力标准，包括对组织中的各级项目经理、项目团队成员、人力资源部、采购部、质量部等各职能部门的主管及相关人员，特别是企业的高层领导等的能力要求。

P 模块是针对组织中单一项目管理能力的标准。P 模块由 IPMA 用于评估卓越项目的 IPMA 卓越模型构成，P 模型从项目实践的角度考察项目管理的过程，包含项目管理和项目结果，其中项目管理考察项目目标、领导、人员和资源，以及项目过程是如何监控的；项目结果考察各方对项目的评价以及项目的绩效和结果，最后从项目维度考察项目对组织以及项目对个人的影响。

O 模块则涉及了组织项目管理中仅靠项目经理和单一项目所不能涉及的领域，如对项目进行选择与决策的机制，在企业层面对资源进行优化与整合的机制，企业项目管理的组织架构及企业项目管理委员会、项目管理办公室等重要组织单元的作用等。

Delta 模型的评估过程和工作内容如图 27-2 所示。

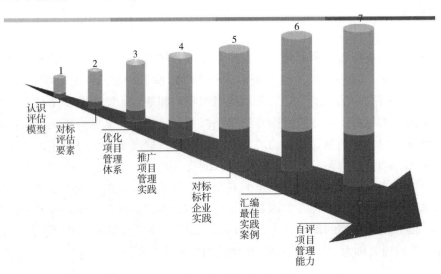

图 27-2 Delta 模型的评估过程和工作内容

27.1.3 实施 Delta 的目的

图 27-3 形象地描述了 Delta 模型的实施目的，主要包括：
1) 了解组织的项目管理现状。
2) 明确组织的项目管理最佳实践。
3) 对组织项目管理的不足之处及改进措施有清晰的认识。
4) 开始一个设定具体目标的持续改进过程。
5) 提高组织中项目管理的可视性。
6) 通过标杆管理与其他组织进行比较。
7) 通过更有效的治理模式和运营结构获取更好的项目、项目群、项目组合的结果。
8) 通过认证向客户、合作伙伴或其他组织展示自身专业水平，以提高市场竞争力。
9) 获得经验丰富的国际和国内的认证评估师的指导。

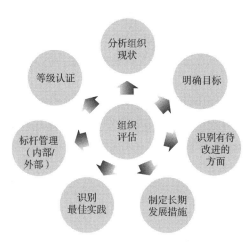

图 27-3 Delta 模型目的

27.1.4 IPMA Delta 认证评估等级

IPMA Delta 认证评估从低到高分为个性化管理级、规范化管理级、标准化管理级（认证目标）、体系化管理级、持续优化管理级 5 个循序渐进的等级，分别为：

1）个性化管理级。项目管理成效处于个体层面，该组织尚未建立正式的项目管理标准、结构与流程，沟通局限于少数个体之间。

2）规范化管理级。部分定义了项目管理标准、结构与流程，部分内容已经用文件形式固定下来并应用到项目管理中，且已为绝大多数利益相关者所熟知。

3）标准化管理级（认证目标）。已定义了正式的项目管理标准、组织与流程，绝大多数内容已经用文件形式固定下来并应用到项目管理中，且已为所有利益相关者熟知。

4）体系化管理级。已全面定义了项目管理标准、组织与流程，并已全面应用于该组织的各个方面，且其应用受到该组织管理层的监控。

5）持续优化管理级。已全面定义了项目管理标准、组织与流程，并已全面应用于组织的各个方面，该组织管理层积极监控其有效应用并对其进行持续改进与优化。

27.2 组织项目管理能力基准（OCB）

27.2.1 OCB 概述

有效项目管理的重要性越来越被认为是实现组织战略目标的关键，每一个项目都应该得到有效运行。但是，项目的成功或失败受其组织所影响。IPMA 组织项目管理能力基准（IPMA OCB）针对的是组织在支持治理和管理系统内整合和调整项目、项目群和项目组合中人员、资源、流程、结构和文化的能力。

IPMA OCB 将项目视为一个组织的组成部分。因此，一个组织（一群由共同利益或目标确定的人）需要建立管理其项目组合的能力体系。根据组织的使命、愿景和战略，提升组织的项目管理能力，以实现组织的战略目标，这是高层管理人员和高级管理人员的关键任务。考虑到项目相关工作的复杂性，组织管理项目的能力以人员和所有资源为基础，并将必要的流程、结构、文化与内外部合作伙伴的流程、结构和文化相结合，它还将面向项目的治理和管理系统与公司治理和管理系统联系起来。该 IPMA OCB 标准定义了项目管理中组织能力概念的基础、组成部分及其相互作用，解释了组织可以做些什么来不断提高项目管理能力。IPMA OCB 为参与开发项目管理能力的高级管理人员、管理人员和顾问提供管理改进活动的标准或基准。

IPMA OCB 的主要目的是清楚地表明组织在管理项目、项目群和项目组合相关工作中的作用。它描述了与管理项目、项目群和项目组合相关工作的组织能力的概念，以及如何以可持续的方式实现组织的愿景、使命和战略目标。它还展示了项目、项目群和项目组合的治理和管理应如何不断进行分析、评估、改进和进一步开发。

27.2.2 OCB 受众及作用

IPMA OCB 可以作为组织内人员教学、培训和指导的基础，也可以用来分析、评估、开发并不断改进项目、项目群和投资组合（PP&P）的管理系统，还可用于组织 PP&P 体系的基准或认证。该准则的受众及各自的作用如下：

1）组织的高级管理人员可以使用该标准了解 PP&P 体系在执行和控制任务、愿景和战略方面的作用。该准则可以帮助高级管理人员理解自己在管理项目的组织能力概念中的角色，分析组织在项目管理方面的能力状况，确定需要改进的领域，并指导利益相关者管理项目的能力。高级管理人员可以使用这个标准作为参与外部合作伙伴进行基准评估、认证和咨询的基础。

2）指导项目管理活动的主管（如项目总监、项目管理办公室主任）可以采用与高级管理人员类似的方式使用该标准直接参与项目。他们可以更好地理解变更要求（如评估结果），确保组织的项目管理能力不断满足组织的使命、愿景和战略，并实现预期的结果。该标准可帮助管理人员、高级管理人员与项目内外部人员进行更有效的交流（如能够清楚地展示项目管理的价值）。

3）显示了项目管理人员运作的背景。项目管理人员需要在管理项目、项目群和项目组合时考虑到这一点。该标准将有助于他们理解这一概念及其在组织管理项目能力方面的作用。该标准将帮助项目管理人员理解如何实施建议，以便改变在管理项目中与组织能力最相关和潜在有效的要素，并报告这些要素变化的影响。他们可以使用这个标准作为直接改善项目、项目群或项目组合管理的基础。

4）内部或外部顾问可以使用该标准与组织的高级管理人员、管理人员、项目管理人员及员工合作，以整体方式发展组织管理项目的能力。顾问可以提供诸如具体专业知识，独立观点和额外能力等好处，并提供诸如基准测试，培训和开发等服务。

5）内部或外部教育工作者、教师或培训人员可以使用该标准作为开发适合组织需求的个人能力的课程基础。培训课程应该展示组织内项目相关活动的背景，以及在执行项目、项目群和项目组合时应如何考虑这些内容。培训课程还应强调每个人能够为持续发展组织管理项目的能力所做出的贡献。

6）认证机构及其评估人员可以使用该标准作为进行评估的基准，根据文件中描述的能力对组织进行认证，并为组织提出建议，以提高组织管理项目的组织能力。

7）研究人员可以使用该标准进行理论研究。通过对基线和变更数据的分析可以确定良好实践和创新，获得项目、项目群和项目组合领域的最佳实践。

27.2.3 OCB 内容

IPMA OCB 描述了 5 种组织能力。

1. 治理能力

PP&P 治理是组织治理的一部分，涉及项目、项目群和项目组合。它通常由高层管理人员参与指导委员会的工作。具体包括：

1）PP&P 的使命、愿景、战略。组织项目管理能力的长期发展应该以 PP&P 的使命、愿景和战略为指导，这些使命、愿景和战略是基于组织的使命、愿景和战略的。使命确定了 PP&P 功能的基本原理和目的；愿景解释了 PP&P 职能的预期目标和目的，为其成员和其他利益相关者指明了方向和重点；战略显示了 PP&P 组织应该如何实现愿景。

2）PP&P 管理发展。PP&P 管理需要不断发展，以应对不断变化的内部和外部环境。所有开发活动都应以 PP&P 的使命、愿景、战略为指导，并使组织能够满足利益相关者的需求。PP&P 管理可以使用各种开发方法。

3）领导力。基于 PP&P 的使命、愿景和战略，所有管理层都应积极参与 PP&P 管理，表现出承诺，提供领导力，并寻求不断发展的 PP&P 管理体系。通过定义和沟通 PP&P 的明确目标来显示组织的领导力。

4）绩效。在竞争激烈的环境中，组织力争在 PP&P 管理中取得优异的绩效。他们通过调配人员和资源以达到组织的使命、愿景和战略的最佳效果，以有效和高效的方式实现 PP&P 目标。绩效可使用关键绩效指标（KPI）进行监控和控制，信息和文件管理系统应支持 PP&P 的管理和绩效报告。

2. 管理能力

PP&P 管理是组织管理系统中处理项目、项目群和项目组合的一部分。它通常由组织的长期和临时部门的不同级别的管理职能来执行，并为所有能力要素的可持续发展提供人员、方法、工具、指导方针、决策、监督/控制以及方向。主要包括：

1）项目管理。一个组织执行项目以达到预期的结果。因此，它应该有一个项目管理标准（如流程、方法、工具）。这些标准是组织管理体系的一部分，项目管理由人员通过有效的沟通和流程进行。ISO 21500 描述了从项目启动直至项目结束的整个过程。每个项目都是独特的，因此项目管理的标准应该适合每个项目的需求。

2）项目群管理。一个组织开展项目以实现收益，应该具有实现 PP&P 使命、愿景和战略的项目群管理标准（如流程、方法和工具）。这些标准是组织管理体系的一部分。通过项目群管理，可使项目群得到协调，从而实现项目群的理想益处。这包括但不限于启动、规划、控制和关闭项目群以及分配必要的资源。

3）项目组合管理。通过项目组合，一个组织可以协调的方式管理项目和项目群。它应该有能够实现 PP&P 使命、愿景和战略的投资组合管理标准（如流程、方法、工具）。这些标准是组织管理体系的一部分。通过组合管理，使项目群或子项目组合被协调，从而实现 PP&P 的使命、愿景和战略。通过法规和指导方针，向 PP&P 管理人员和员工展示如何使用这些投资组合管理标准。

3. 调整能力

这是一种涉及确保重要组织和 PP&P 管理要素之间一致性的能力。它由 PP&P 经理在其他职能经理的支持下进行。在这个小组中，有内部和外部各方协调 PP&P 的流程、结构和文化的能力元素。这些能力元素都得到团队合作和有效沟通的支持。主要包括：

1）流程调整。用于 PP&P 管理的流程应与相关内部各方（包括运营和支持）以及外部各方（包括客户和供应商）保持一致。协调一致旨在通过协调相关内部和外部各方的流程，确保有效和高效地实现 PP&P 目标和绩效目标。协调工作得到团队合作和有效沟通的支持，应向所有相关管理人员和员工确定与 PP&P 管理相关的内部和外部流程。

2）结构调整。项目和项目群通常使用临时组织进行管理，而项目组合由永久性功能进行管理。涉及 PP&P 管理的组织单位和职能应与相关内部和外部各方保持一致。组织应有可用于确定所有界面结构的一致性和有效性的规章和准则，以及如何调整 PP&P 管理中使用的结构，应定期审查结构调整并采取行动，以保持组织有效。

3）文化调整。项目、项目群和项目组合在特定的文化环境中进行，影响管理它们的人的行为。PP&P 文化应与相关内部和外部各方的文化保持一致。应向 PP&P 管理人员和员工确定与 PP&P 管理相关的内部和外部组织单位的文化环境（如价值观、愿景、规范、标志、信念和道德）。该组织应该有文化调整的规章和准则，以确定文化可以保持一致，应定期审查文化路线并采取行动以保持一致。

4. 资源能力

PP&P 资源能力是针对高层管理人员设定的资源可用性和利用率的目标和期望，由 PP&P 管理人员与财务、法律、采购和技术等支持职能一起进行。它为确定资源需求、收购和可持续发展 PP&P 资源提供了指导。主要包括：

1）资源需求。项目、项目群和项目组合需要资源（如财务资源、技术诀窍、材料和能源）。为了实现 PP&P 的使命、愿景和战略，应明确资源需求。组织应确定所有项目、项目群和项目组合的短期、中期和长期资源需求，并将这些需求与当前可用的资源进行比较。可用资源和所需资源之间的差距表明资源获取和开发可能需要付出的努力。

2）资源状态。应该根据既定的要求确定可用资源的当前状态。通过比较已确定的需求和可用资源的当前状态可以确定资源差距。组织应规划如何满足已确定的资源差距，其中包括获取所需资源和开发现有资源。

3）资源获取。组织需要有足够的资源（如财务资源、技术诀窍、资产和支持服务）来承担其项目、项目群和项目组合。组织应采取适当行动收购缺失资源，识别潜在来源（如资源供应商和服务提供商）。组织应确保其采购、合同流程的高效性和有效性。资源的选择应该基于预定义的要求，这些要求也应该用于确定项目、项目群和项目组合的资源分配。

4）资源开发。为了满足资源需求，需要开发项目、项目群和项目组合所需的资源。目标是以可持续的方式确保资源的可用性和利用率。该组织应提供一个框架以及开发资源的规章和指导方针，包括将外部合作伙伴整合到组织的供应链，内部支持功能（如财务、法律和 ICT 功能）以及获取实施 PP&P 所需的知识。

5. 人员能力

PP&P 人员能力是指高层管理人员的总体目标和对人员能力的期望，包括团队合作、沟通、表现和认可，由 PP&P 管理人员在人力资源管理和其他职能管理的支持下进行。如果一个组织长期为了利益相关者的利益而实现其目标，那么它是成功的。PP&P 人员能力要素包括人员能力要求、人员能力现状、适应能力、获取能力和可持续发展能力。

1）人员能力要求。项目、项目群和项目组合由人员执行。为了满足组织的 PP&P 使命、愿景和战略，应明确规定参与项目、项目群和项目组合的管理人员、团队成员和人员所需的能力，包括团队合作和沟通以及从事项目、项目群和项目组合管理所必需的能力要求。

2）人员能力状况。应该根据定义的人员能力要求来确定组织人员能力的当前状态。将定义的要求与当前的竞争力状况进行比较，确定个人、团队和组织层面的优势和改进领域。组织应计划如何利用已确定的优势以及如何改进其他方面。对于个人来说，包括培训和发展、辅导和指导；对于组织来说，包括聘任合格的员工以及现有员工的培训和发展计划。

3）人员能力获得。组织必须拥有适合其项目、项目群和项目组合的适当人员。因此，组织应采取适当行动以获得具备适当能力的人员。组织应从内部或外部确定合适的人员来源，获得具有正确能力的合适人员。组织应确保其聘任流程（如招聘和合同）有效和高效。

4）人员能力发展。项目、项目群和项目组合中的人员能力需要应根据组织所定义的能力要求来定义。能力发展也满足了人们对个人发展的期望。组织应提供一个框架以及有关能力发展的规章和指导方针，展示个人职业发展机会和发展能力的可用方法（如辅导、培训、指导、在职培训、模拟和认证）。人员发展目标应来自能力要求，并由个人与其管理人员达成一致。

6. 各能力间的关系

IPMA OCB 是一个复杂的模型，各组成元素之间存在相互作用。在发展管理项目的组织能力时应考虑这些相互作用。对相互作用的分析表明，治理能力要素"PP&P 的使命、愿景和战略""PP&P 发展""领导力"对其他能力要素影响最大。它们可以被视为组织设定框架和指导项目、项目群和项目组合内活动的主要推动者。培养项目管理组织能力的重点应放在这 3 个能力要素上。"绩效""项目管理""项目群管理""项目组合管理"这 4 个能力要素被认为受到其他因素的强烈影响，这 4 个要素需要不断审查和更新，以保持一致。

27.3 国际卓越项目管理基准（PEB）

27.3.1 常见的项目管理基准

1. 全面质量管理模型

全面质量管理模型（Total Quality Management，TQM），是一个组织以产品质量为核心，以全员参与为基础，目的在于通过让顾客满意和本组织所有者及社会等相关方受益而建立起一套科学严密高效的质量体系，提供满足用户需要的产品的全部活动，是改善企业运营效率的一种重要方法。TQM 的核心理念包括：

1）顾客满意。顾客即所提供产品的接受者，可以是组织内部的，也可以是组织外部的。

2）附加价值。用最小的投入获取最大的功能价值，追求组织最大的经营绩效和个人最大的工作绩效。

3）持续改善。建立以 PDCA 循环为基础的持续改善的管理体系。

2. 业务卓越模型

越来越多的管理者关注业务卓越化管理，而欧洲品质管理基金会建立的 EFQM 业务卓越模型（European Foundation for Quality Management，EFQM），则给组织提供了一个用于自我业务评价和改进的工具。

EFQM 模型承认有各种各样的办法可达到可持续的卓越绩效。但是，EFQM 同时假定，不管是从绩效、员工、顾客，还是从社会角度来衡量，达到卓越的前提必须是：在有力的领导下，战略决策通过人际合作、资源及流程得到贯彻执行。

EFQM 模型是欧洲大陆使用最广泛的质量管理架构。该模型是一个非硬性规定的全面质量管理架构，包括 9 个原则，其中 5 个属于"引擎"（Enablers），4 个属于"结果"（Results）。"引擎"原则指导企业怎么做；"结果"原则指导企业达到具体目标。"引擎"导致"结果"，来自"结果"的反馈可进一步提高"引擎"。其中，主要基本原则包括：

1）引擎类原则。领导、战略与策划、人力、合作关系和资源、过程。

2）结果类原则。顾客结果、员工结果、社会结果、主要绩效结果。

3. 项目管理知识体系

当前，项目管理已成为一个系统、全面而独立的管理专业，而作为最早推出的项目管理专业知识体系——项目管理知识体系（PMBOK）已经在全球获得了普遍认可。所谓"普遍认可"，是指 PMBOK 中收录梳理的知识、方法、工具，在大多数时候适用于大多数项目，并且其价值和有效性都已获得验证，使用这些知识、方法、工具能够提高很多项目成功的可能性。从其知识领域上划分为如下 10 个板块：①项目整合管理；②项目范围管理；③项目时间管理；④项目成本管理；⑤项目质量管理；⑥项目人力资源管理；⑦项目沟通管理；⑧项目风险管理；⑨项目采购管理；⑩项目利益相关者管理。

27.3.2　PEB 概述

2001 年，国际项目管理协会正式推出卓越项目模型（Project Excellence Model，PEM），同时开展了以卓越项目管理模型为准则的国际项目管理大奖评选活动。大奖评估模型经历了三次大的调整。2015 年，IPMA 正式发布了最新的评估模型，即 PEB 模型（Project Excellence Base Model）。在模型的架构和基本理念上，IPMA 主要基于全面质量管理（TQM）和欧洲质量管理模型（EFQM）完成了 PEB 模型的设计工作。

IPMA 在卓越项目"成功"的定义上，引入了 TQM 的基本理念，即卓越项目应是一个让利益相关者均满意的项目；卓越项目应是一个能给企业或社会带来附加价值的项目；卓越项目应是一个能够通过 PDCA 持续改进的进程。这三大理念奠定了 PEB 模型的基础评估思路，无论是指标的设定还是评估方式的设计都将围绕这三大理念进行。

基于对 EFQM 模型的研究，IPMA 在设计 PEB 模型上主要引入了两个核心内容：卓越项目的成功应是在高效领导下，在正确战略指引下，在合理资源管控过程下，实现社会、利益相关者、成员及绩效多方面的成功；PEB 模型将以"引擎" + "结果"的模式作为基本指标结构。

设置 IPMP 国际卓越项目大奖的目的，一方面是为了能认识更多的来自不同国家、不同行业、不同组织的项目；另一方面，也是为了激励项目团队不断提高项目管理水平。相比于其他评奖模式，国际卓越项目管理大奖更加强调项目过程管理，以及取得成果的可靠性、可持续性和以人为本。

PEB 模型的典型特征是以项目结果和项目管理两个部分为基本指标结构，明确提出客户满意度、人员满意度和社会效益是通过目标管理、领导能力、人员管理、资源管理和过程管理来实现的，并最终产生突出的绩效。

27.3.3　PEB 模型框架和内容

国际卓越项目管理基准模型由整体、部分（项目管理与项目结果两个部分）、指标（9 个指标）、评价标准（22 个评价标准）4 层结构构成。

国际卓越项目管理模型分为"项目管理"和"项目结果"两大部分，两者为因与果的关系，是相辅相成的两个方面。项目管理是以价值为取向的，卓越的项目管理是取得卓越项目成果的保证，而通过总结取得卓越成果的项目管理实践活动，又可以使项目管理的知识得到积累，项目管理的水平得到提升，从而在追求卓越的道路上实现学习和创新，达到新的高度。"项目管理"和"项目结果"两大部分又细分为 9 个评估指标。在"项目管理"方面包括项目目标、领导力、人员、资源、过程 5 个指标，反映了成功项目管理方面的关键要素；在"项目结果"方面，包括客户结果、人员结果、其他相关方结果、主要成就和项目结果 4 个指标，呈现了现代项目管理评价项目成功与否的重要标准。"项目管理"部分的 5 个指标用于评估项目管理方面的卓越程度，评估项目在管理方面的优势及可以进一步改进的空间；"项目结果"部分的 4 个指标用于评估项目所取得成果方面的卓越程度，从客户满意度、项目团队满意度、项目其他方满意度及项目主要绩效等方面评价项目所取得结果方面的情况。国际卓越项目管理模型整体框架如图 27-4 所示。

27.3.4　PEB 模型的评价指标

1. 指标内容

国际卓越项目管理基准模型 9 个指标中的每个指标下面均设有评价标准，从而更清晰地展示该指

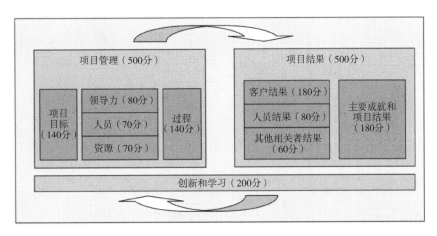

图 27-4 国际卓越项目管理模型整体框架

标所涵盖的内容。整个模型共有 22 个评价标准，其中"项目管理"部分的 5 个指标下面分设了 14 个评价标准，"项目结果"部分的 4 个指标下面分设了 8 个评价标准。卓越项目管理模型 9 个指标的主要内容见表 27-1。

表 27-1 国际卓越项目管理基准模型指标内容

指标名称	具体内容
项目目标	说明如何基于充足的项目利益相关者的需求信息来设定、开发、跟踪检查并实现项目目标的情况。展示如何识别并确定项目利益相关者的期望值和需求，如何综合、权衡、优化项目目标，以及项目团队如何对项目目标形成共识和承诺，如何实施、检验、调整并实现项目目标
领导力	体现领导者如何激励、支持和促进"卓越项目"的情况。显示领导者追求卓越，积极有效推进项目，并关心客户、供应商和其他利益相关者的情况
人员	评估项目团队成员如何参与项目，他们的潜力是如何被识别、开发、维护和发展并为项目目标的实现而发挥作用的，以及项目团队成员如何被授权并独立开展工作的情况
资源	评价如何充分、高效力、高效率利用现有资源的情况。需说明项目是如何计划并使用财政资源、信息资源、供应商所提供的服务，以及其他必要资源（包括能源和环境资源）的情况
过程	评价如何确定、审核、并在必要时变更项目过程的情况。说明项目成功所需的过程是如何被系统化地确定、管理、审核、调整和优化的；项目管理的方法和体系是如何被选择、有效采用、并加以改进的，以及如何将过去和当前的经验教训提取、积累并文档化，并使自身及其他项目受益的
客户结果	指项目在实现客户的期望值和满意度方面的情况。即客户是如何评价项目所取得的绩效和成果的，包括可直接评价的绩效和成果，以及可进一步间接评价的绩效和成果
人员结果	项目团队成员对项目的满意度和期望值的实现情况。需说明员工和项目经理是如何评价该项目、评价项目过程中的团队合作以及项目绩效和项目结果的。人员结果包括可直接评价的人员结果及可进一步间接评价的人员结果
其他相关方的结果	项目在实现其他相关方的期望值和满意度方面的情况。需说明该项目对其他利益相关者所产生的影响，包括可直接评价的利益相关者的结果及可进一步间接评价的利益相关者的结果
主要成就和项目结果	主要成就和项目结果是指项目成果的实现情况。包括预期成果和额外成果、设定目标的实现、及可度量的其他绩效情况

2. 指标结构

为了便于评估和帮助对指标的理解，模型的每个指标下面还给出了相关评价标准，这些标准来自于最佳实践活动，以供使用时参考。卓越项目管理模型指标结构如图 27-5 所示。

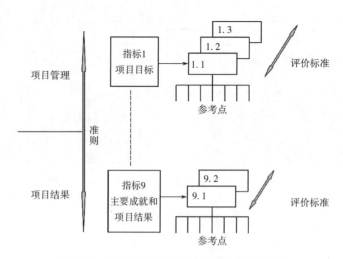

图 27-5　国际卓越项目管理基准模型指标结构

3. 指标量化

在国际卓越项目管理基准模型中，9 个指标分值所占比例不尽相同，但应该强调的是，模型中的 9 个指标均十分重要，是评价项目管理和项目结果的核心指标。表 27-2 呈现了模型中各指标分值的分布及权重情况。

表 27-2　国际卓越项目管理基准模型指标量化表

方面及指标	分值（共1000分）	权重（%）	子准则数	评价标准分值分配
项目管理方面	500	50		
项目目标	140	14	3	平均分配（140/3）
领导力	80	8	2	平均分配（80/2）
人员	70	7	2	平均分配（70/2）
资源	70	7	4	平均分配（70/4）
过程	140	14	3	平均分配（140/3）
项目结果方面	500	50		
客户结果	180	18	2	平均分配（180/2）
人员结果	80	8	2	平均分配（80/2）
其他相关方的结果	60	6	2	平均分配（60/2）
主要成就和项目结果	180	18	2	平均分配（180/2）

27.3.5　PEB 模型的项目管理评价标准

PEB 模型的项目管理评价标准如下。

（1）项目目标

1）识别项目利益相关者期望和需求。

2）协调各方利益来制定项目目标。

3）项目目标的分解落实、实施、验证和调整。

（2）领导力

1）"卓越项目"目标的建立、推广、支持和改进。

2）关心客户、供应商以及其他组织。

(3) 人员
1) 员工潜力的发现、发挥、维护和发展。
2) 员工参与及在授权范围内自主行动的情况。
(4) 资源与环境
1) 项目资金资源的计划、使用和控制。
2) 项目的信息计划和应用。
3) 供应商及其服务的计划、管理和使用。
4) 其他资源的计划和使用。
(5) 过程
1) 项目过程的识别、管理、检查、修正和优化。
2) 项目管理方法和系统的选择、使用和改进。
3) 项目的经验总结、整理和文档化。

27.3.6 PEB 模型的项目结果评价标准

PEB 模型的项目结果评价标准具体如下。
(1) 客户结果
1) 客户直接评价项目绩效和结果的方式。
2) 客户间接评价项目绩效和结果的方式。
(2) 人员结果
1) 员工和经理直接评价项目、团队工作、项目绩效和结果的方式。
2) 员工和经理间接评价项目、团队工作、项目绩效和结果的方式。
(3) 其他利益相关者结果
1) 其他利益相关者直接评价项目的方式。
2) 其他利益相关者间接评价项目的方式。
(4) 项目结果和主要成就
1) 项目目标的实现程度。
2) 在项目目标之外的其他项目成果。

27.4 国际项目管理能力基准（ICB）

27.4.1 ICB 概述

IPMA 个人能力基准（IPMA ICB）是项目、项目群和项目组合管理中个人能力的全球标准。IPMA ICB 通过提供跨项目、项目群和项目组合的能力要素的完整清单，支持发展个人能力。IPMA ICB 能力标准旨在提供个人和组织综合能力清单。但是，IPMA ICB 并不是一本指南或一本用于管理项目或项目群、项目组合的手册，而是描述了个人需要具备或开发的管理工作包、项目、项目群或项目组合的"食谱"。所以，它没有描述项目、项目群或项目组合管理中涉及的流程或步骤。

能力的发展既是个人的旅程，也是社会的需要。IPMA 将能力视为个人、团队和组织的职能；个人能力指通过经验来丰富知识，提升技能；团队能力指为达成目的而加入的个人的集体表现；组织能力指自我维持单位人员的战略能力。

ICB 自 1992 年被提出以来,已经进行了多次的修改和完善。1999 年,ICB 2.0 版正式发布。在得到全球 40 多个国家应用的基础上,2006 年,ICB 3.0 版正式发布。

未来,专业人士未来将在分布式的环境中工作,不得不面对来自利益相关者的各种重叠甚至冲突的诉求,面对海量信息却无法充分沟通所带来的挑战,项目经理应该能够通过实时数据和绩效管理工具,根据短期或长期战略适时地提供产品或服务并创造收益,甚于此,IPMA 于 2016 年发布了项目管理个人能力基准 4.0（IPMA ICB 4.0）版本。

27.4.2　ICB 4.0 受众和用途

IPMA ICB 4.0 旨在支持多种形式的广泛受众,它是以这些受众为中心开发和编写的。IPMA ICB 4.0 的受众和用途见表 27-3。

表 27-3　ICB 4.0 的受众和用途

受众	可能的用途
评估员 认证董事会 IPMA 成员、协会	评估和认证的基准 推动会员协会发展和吸引新会员的全球标准 项目、项目群和项目组合领域的新的评估和教育产品
教练、顾问	无障碍,适用于客户的个人标准 开发附加服务和产品的平台
企业 政府 商业 非营利性组织	全球运行项目的一个标准 企业不必重塑一套能力标准 国际员工发展基础 通向胜任的项目经理和项目成功的途径
教育家、培训者	更新课程 教学项目、项目群和项目组合管理指南 更好的培训机会,适合更具体的角色
从业人员	专业发展的基准 进行评估和认证的基础 实践社区的共同语言 团队的能力发展 易于读取的基准线 自我评估
研究人员	研究发展的新标准 论文和会议的基础 基于团队的研究平台

27.4.3　ICB 4.0 的框架和结构

IPMA ICB 4.0 不会根据特定角色（如项目经理）讨论能力,而是从领域（如在项目管理中工作的个人）角度讨论能力。理由是,角色和角色职位因语言、行业和重点而异。因此,IPMA ICB 4.0 对项目管理、项目群管理和项目组合管理提出了重要的能力要求,这些能力被划分为三大方面：大局观能力、人际关系管理能力、实践能力。这些能力在每个项目领域（项目、项目群、项目组合）都有所需要的知识和技能清单,关键能力指标（KCI）为 3 个领域内的成功的项目、项目群和项目组合管理提供了明确的指标，并且描述每个 KCI 详细的绩效点的措施。

ICB 4.0 的 3 个能力领域及相关要素如下。

1. 环境能力（Perspective Competences）——5 个元素

因为项目是基于组织或社会的外部要素驱动而发起的，也就是说项目的发起需要符合组织的战略目标。项目经理实施项目的过程中应该尽可能清晰地把握项目可能带来的组织目标或部门目标。

1）战略。项目经理应该清楚了解项目目标需要和企业战略相匹配；在项目组合管理中，应根据企业战略设定项目优先级。

2）治理、架构与过程。项目经理应清楚了解组织或者项目外部的组织治理方式、组织结构和管理实施过程。项目组织的设定、项目的实施过程很大程度上依赖于组织的外部结构和方式，有时候会让项目经理感到笨重，有时候会让项目经理游刃有余。因此要了解情况，顺势而为。

3）遵循的要求、标准与规则。项目经理应该了解组织的行为标准和规则、制度是反映企业行为习惯和战略决策的评价导向之一。

4）权力与利益。项目经理应该清晰，组织中非正式的权利、利益关系往往是影响项目成败的另一个关键要素，因为项目目标不仅是实现利益相关者的正式需求，还担负着实现利益相关者的非正式需求。

5）文化与价值。这属于组织中的非正式要素之一，项目经理要清楚地了解企业的价值观和文化，以便于了解项目所在的大背景。

2. 行为能力（People Competences）——10 个元素

这个能力领域描述了在项目、项目群或项目组合中工作的个人需要具备的能够实现项目成功的个人和社会能力。所有的个人能力都始于自我反省的能力。最终，通过成功实现商定的任务证明个人的能力，也就是说，让利益相关者满意。

1）自我反思与自我管理。能够了解和管理自己的情绪、行为、偏好和价值观，知道自己的情绪、行为、偏好和价值观会对组织其他人带来的影响。

2）诚信与可靠。个人的正直和可靠可以让项目成员感到信任和安全，这种特性可以支持其他人，并得到其他人的支持。

3）人际沟通。包括能够选择正确的时机，能够准确地交流或传递信息，能够找到正确的利益相关者传递信息。

4）关系与参与度。具有和其他人相处的能力，能够维护良好的社会关系，和成员之间维护关系可以通过分享个体目标和团队目标来实现。

5）领导力。领导的能力，包括在不同条件下选择不同的领导风格。

6）团队工作。能够让团队成员之间相互协同。因为项目团队是多样化的（为了配合、为了防止冗余），所以需要选择正确的团队成员，促进团队成员正确交流。

7）冲突与危机。解决冲突的能力、危机处理能力。

8）谋略。拥有处理各种挑战、冲突、危机的能力。

9）谈判。为项目争取资源，平衡团队内部成员利益、平衡外部成员利益。

10）结果导向。面向项目输出的能力（包括团队成员的结果导向）。

3. 技术能力（Practice competences）——14 个元素

具有项目计划能力，熟知项目的目标、范围、时间、组织和信息、质量、财务、人力等资源，了解采购、计划和控制、风险和机会，熟悉利益相关者。变革和转型、选择和平衡等实践能力是在项目、项目群或项目组合管理中工作的个人必须考虑到的因素。

1）项目、项目集群与项目组合策划。项目、项目群或项目组合策划是一个"木炭素描"，定义了该项目、项目群或项目组合的高层选择（如制造或购买，线性或迭代，可能的资金或资源选择，如何管理项目、项目群或项目组合）。在其他技术能力要素中，这些基本决定中的每一个都将被指定、实施和管理。

2）需求、收益与目标。包括对结果和目标的各种要求和期望，以及如何优先考虑这些要求和期望。

3）范围。描述项目、项目群或项目组合的特定边界。

4）时间。侧重于交付的顺序和计划。

5）组织与信息。涉及项目、项目群或项目组合及其内部的信息和通信流程的组织。

6）质量。描述过程和最终产品质量及其质量控制的要求。

7）财务。项目、项目群、项目组合的结果取决于投资者的金钱投入。

8）资源。项目、项目群、项目组合的结果取决于人力等资源的投入。

9）采购与伙伴关系。获取项目、项目群、项目组合所需资源的采购能力。

10）计划与控制。描述集成和控制所有活动的能力要素。

11）风险与机会。明确风险和机会的能力，以及处理风险和抓住机遇的能力。

12）利益相关者。描述明确利益相关者以及与其沟通的能力要素。

13）变化与变革。必要的组织变革和转型可以满足项目的必要需求。

14）选择与权衡。描述项目群和项目组成部分的选择和权衡能力。

27.5 组织项目管理成熟度模型

27.5.1 项目管理成熟度模型

1. 项目管理成熟度模型的概念

项目管理成熟度（Project Management Maturity，PMM）表达的是一个组织（通常是一个企业）具有的按照预定目标和条件成功地、可靠地实施项目的能力。成熟度意味着组织在发展过程中不断地充实和改善项目管理的能力，从而提高项目的成功率。模型意味着从低级向高级的发展过程和阶段。因此，项目管理成熟度模型（Project Management Maturity Model，PMMM）就是用来帮助项目管理组织评估和改进自身项目管理水平的一种方法和工具。

项目管理成熟度模型的要素包括改进的内容和改进的步骤，由组织项目管理能力及相应的结果、评估能力的方法及提升能力的顺序3个基本组成部分，如图27-6所示。

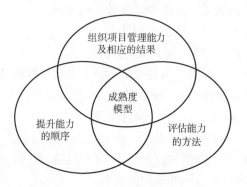

图27-6 项目管理成熟度模型构成

2. 项目管理成熟度模型的作用

项目管理成熟度模型的目标是提供一种开发企业项目管理能力的基本方法,并使企业的项目与战略紧密联系起来。项目管理成熟度模型主要应用于以下 4 个方面:

1)过程评估。确定一个企业或组织的项目工作过程状态,为领导层进行过程改善提供支持。
2)能力评价。识别企业在预定的预算和进度条件下完成要求的产品的可行性、可能性和可靠性。
3)组织体系改善。以提高项目管理成熟度和成功率为目标,对企业现有的组织管理体系进行重构。
4)过程改善。按照有效地描述企业项目管理成熟度的准则,通过有选择地引用项目管理的关键实践来指导项目管理过程的发展和完善,从而实现项目成本、进度、功能质量和用户满意等目标。

项目管理成熟度模型具有以下作用:

1)通过内部的纵向比较、评价,找出企业改进的方向。
2)通过外部的横向比较,提升企业在市场中的竞争力。
3)总结项目管理中的最佳实践经验,包括项目资源分配、项目业绩的度量标准、项目的调整和优选、过程的整合和标准化等。
4)通过评价和宣传,提升企业形象。
5)按照项目管理成熟度模型的标准,评估企业项目管理能力达到的成熟度等级,作为项目控制的手段,以便更好地提升企业的项目管理水平。

3. 几种常用的项目成熟度模型

目前成熟度模型总数超过 30 种,其中比较有影响的是:美国卡内基·梅隆大学软件工程研究所(SEI)提出的 CMM(Capability Maturity Model For Software)、著名项目管理专家 Harold Kerzner 博士提出的项目管理成熟度模型 K-PMMM、美国项目管理协会 PMI 发布的组织项目管理成熟度模型 OPM3(Organizational Project Management Maturity Model)和 PM Solution 提出的项目管理成熟度模型 PMS-PMMM 等。而 PMI 发布的 OPM3 是目前最具理论水平和权威性的模型。不同的模型从不成熟到成熟划分阶段的标准、命名及在每个阶段中所关注的重点是不一样的。

(1)SEI 的软件过程成熟度模型(CMM)

1987 年,美国卡内基·梅隆大学软件工程研究所(SEI)受美国国防部委托,率先在软件行业从软件过程能力的角度提出了软件过程成熟度模型(CMM),随后在美国和全世界推广实施。该标准用于评价软件承包能力并帮助其改善软件质量的方法,主要用于软件开发过程和软件开发能力的评估和改进,它侧重于软件开发过程的管理及工程能力的提高与评估。CMM 模型分为 5 个级别,如图 27-7 所示,共计 18 个关键过程域、52 个目标、300 多个关键实践。

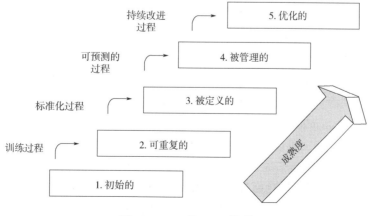

图 27-7 SEI 的 CMM 模型

CMM 模型的 5 个层次分别为：

第 1 层：初始的（Initial）。在这一成熟水平的组织，其软件开发过程无序，进度、预算、功能、质量不可预测。企业一般不具备稳定的软件开发环境，常常在遇到问题的时候就放弃原定的计划而只专注于编程与测试。

第 2 层：可重复的（Repeatable）。在这一成熟水平的组织，建立了基本的项目管理过程来跟踪软件项目的成本、进度和功能。这些管理过程和方法可供重复使用，把过去成功的经验用于当前和今后类似的项目。

第 3 层：被定义的（Defined）。在这个水平，管理活动和软件工程活动的软件过程被文档化、标准化，并被集成到组织的标准软件过程之中。在该组织中，所有项目都使用一个经批准的、特制的标准过程版本。

第 4 层：被管理的（Managed）。在这一水平，组织对产品与过程建立起定量的质量目标，并在过程中加入规定得很清楚的连续的度量。软件过程和产品都被置于定量的掌控之中。

第 5 层：优化的（Optimizing）。处于这一成熟度模型的最高水平，组织能够运用从过程、创意和技术中得到的定量反馈对软件开发过程进行持续改进。

（2）Kerzner 博士的项目管理成熟度模型（K-PMMM）

K-PMMM 模型由 Harold Kerzner 博士于 2001 年在其著作《项目管理的战略规划》中提出，通过在北电网络等公司的试验得到了认可。Harold Kerzner 博士重新诠释了项目成功的定义：不仅要实现项目时间、费用和性能三大目标并让客户满意，还要使项目的进展具有最少的或者双方同意的范围变更、没有干扰组织的企业文化或者价值观以及工作进程等。K-PMMM 模型从企业的项目管理战略规划角度着手，像 CMM 一样划分为 5 个层次，如图 27-8 所示。

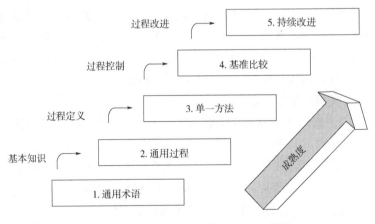

图 27-8　Harold Kerzner 的 K-PMMM 模型

第 1 层：通用术语（Common Language）。处于这一层次的项目组织第一次认识到项目管理的重要性，对项目管理有一个粗略的了解。认识到项目管理重要性的组织会鼓励员工学习项目管理知识。

第 2 层：通用过程（Common Processes）。组织内成员掌握了一定的项目管理的知识，开始运用项目管理的原理和方法管理项目，并定义和建立了通用的过程和方法，以重复以前成功的经验。

第 3 层：单一方法（Singular Methodology）。在该层次中，组织将多种方法结合成一个单一的方法论，通过一种单一方法的开发，可以更好地实现协同效应和过程控制。

第 4 层：基准比较（Benchmarking）。它是一个不断将组织中的项目管理实践与国际龙头企业的实践相比较的过程，目标是为了获得信息以帮助改善组织的绩效。通过基准比较，可以帮助改善组织的项目管理过程以及执行这些过程的方法，增强企业在市场中的竞争力。

第 5 层：持续改进（Continuous Improvement）。在这个层次中，组织将评估在基准比较中获得的信息，并实施为改进项目管理过程中所必需的一些变更。在该层次中，组织认识到项目管理的追求是一个永无休止，不断完善的过程。

K-PMMM 模型把项目管理成熟度分成了 5 个层次，实际上某些层次也会发生重叠，但每个阶段被完成的顺序是不能改变的。K-PMMM 模型采用了与众不同的问卷打分方法，各层次分别用 80、20、42、24 和 16 个问题来进行评估。通过这些问题的回答，可以分析、整理、判断出企业项目管理中存在的问题，为改善和提高企业项目管理水平提供依据。

（3）PM Solutions 的项目管理成熟度模型（PMMM）

PM Solutions 是一个专注于提高组织项目管理能力的中型咨询公司，于 2001 年出版了《项目管理成熟度模型》。该模型借鉴了 PMI 的项目管理九大知识体系与 SEI 能力成熟度模型的架构，将两者进行了有机结合，构成二维的模型。该模型提供了一个框架，使得组织能够与最好的企业或自己的竞争者进行比较，最终确定一个结构化的改进路线。

以上三种项目管理成熟度模型的综合对比分析见表 27-8。

表 27-8 项目管理成熟度模型对比分析表

名称	主要特点	存在不足	应用范围
SEI 的 CMM	应用较早、专业化	应用面窄、针对大型企业	软件项目开发
Kerzner 的 K-PMMM	理论化程度高	评价试题过于烦杂、专业用语太强	高层次项目管理人群
PM Solutions 的 PMMM	涉及面广	概括、抽象，可操作性指标太少	项目驱动型企业

27.5.2 PMI 的 OPM3 模型介绍

组织项目管理成熟度模型（OPM3）是美国项目管理学会（PMI）在结合大量研究成果的基础上，于 2003 年 12 月最新发布并全面推广的一项全球性项目管理标准，是一个较为全面、系统的成熟度评价模型。PMI 将 OPM3 定义为："不仅是评估组织通过管理单个项目和组合项目来实施自己战略目标的能力的一种方法，还是帮助组织提高市场竞争力的工具"。OPM3 标准的目标是"帮助组织通过开发其能力，成功地、可靠地、按计划地选择并交付项目而实现其战略"，可以帮助组织"在全球经济条件下，用正确的途径完成正确的项目"。OPM3 为使用者提供了丰富的知识和自我评估标准，用以确定组织的当前状态，并制订相应的改进计划。

1. OPM3 模型的构成

OPM3 模型是一个三维的模型（图 27-9）。OPM3 模型在借鉴以往各种模型的基础上，除了在项目管理 5 个过程（启动、计划、执行、监控、收尾）和过程改进的 4 个阶梯［标准化（Standardizing）、可测量（Measuring）、可控制（Controlling）、持续改进（Continuously Improving）］两个维度之外，结合项目管理的特点，在组织项目管理层次方面增加了第 3 个维度，即单个项目管理（Project Management）、项目群管理（Program Management）和项目组合管理（Portfolio Management）3 个领域。不同领域处理组织内部不同层次的项目管理问题。

OPM3 模型由 3 个互相嵌套的基础模块组成：知识模块、评估模块和改进模块。知识模块阐明了组织项目管理和组织项目管理成熟度的相关概念，强调了这些概念的重要意义，并说明了如何认可组织的项目管理成熟度（需要达到的能力和相应的输出）；评估模块是组织按照一定的流程，并根据知识模块中所设计的指标框架来评估组织的项目管理成熟度；改进模块提供了信息，能够帮助组织定位其应该首要关注的最佳实践和相关能力，并规划出一条通向目标成熟度的改革路径。

OPM3 模型认为，能力是组织中必然存在的特殊竞争力，用以确保组织实现项目管理和提高项目管理的产品与服务。随着能力的不断增长，组织将形成一项或多项最佳实践。每一项最佳实践由两个

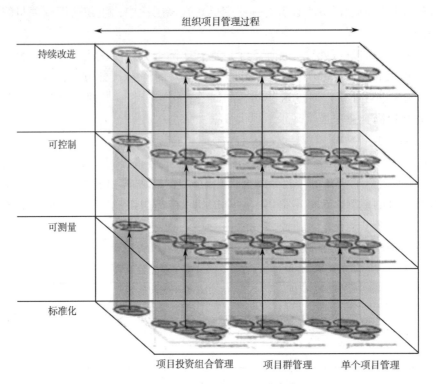

图 27-9　OPM3 模型的构成要素

或多个能力所构成。对于组织项目管理能力的评估主要是通过对最佳实践的识别。按照不同的梯级和领域，OPM3 模型包括 600 多个最佳实践、2100 多种能力，每个能力都对应于相关的成果和关键绩效指标。另外，OPM3 中的能力还可以按启动、计划、执行、控制和收尾 5 个项目管理过程组来分类。该模型在体系上较为合理，对于项目管理能力的考察不再局限于组织内的单个项目，而是着重于组织面向多项目管理的能力和水平。

2. OPM3 模型的作用

OPM3 对于组织的主要作用在于：

1）遵循项目管理原则和应用项目管理实践，有效地推进组织战略目标的实现，从而将单个项目与组织战略目标联系起来。

2）识别并全面阐述了组织层面项目管理的最佳实践。

3）能够帮助企业识别已经具备的最佳实践和相关能力，以及尚缺少的最佳实践，从而评价企业当前的组织项目管理成熟度。如果企业希望提高其成熟度，OPM3 则能指导企业定位关键瓶颈，并为改进路径做出规划。

3. OPM3 模型的特点

OPM3 模型主要具有以下特点：

1）现实可信。该模型是根据广泛、深入和有效的试运行结果而开发建立的。这些试运行又是在多个有代表性的组织中实施的。

2）实用。该模型给出了提升能力和实现目标的路线图，并且提供了进行投资必须建立的项目管理基础设施和能力培育的方法。

3）容易使用。具有高中学历的人经过学习就可以理解并使用它，用户不需要特殊的技能就可以进行自我评估，自动得出评估结果。

4）有效。对从一个评估到下一个评估能提供有效的指引，也可以对一个组织的下级组织进行评估和比较。

5）准确。该模型使用稳定的、可重复的方法来评估组织能力和目标，确定组织在项目管理成熟度模型中的位置。

6）着重于基准测定和绩效提高。绩效改进和提高依赖于模型中的每种能力。

7）表明原因和结果。该模型定义了能力、项目成果和绩效指标之间的相互依赖关系和因果关系。

4. OPM3 模型的应用过程

OPM3 模型的应用过程包括组织评估、确定改进重点和路径、制订改进计划、改进实施、重复进行和不断提高等一系列过程，如图 27-10 所示。

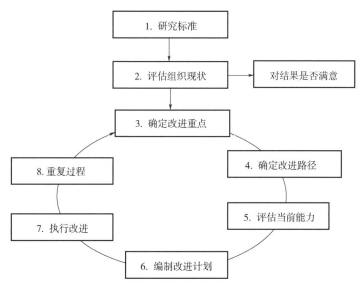

图 27-10　OPM3 模型的应用过程

（1）研究标准

组织必须尽可能透彻地了解该模型所依托的各种概念。包括研究比较标尺的内容、熟悉组织项目管理以及 OPM3 模型的组成和操作程序等。

（2）评估组织现状

主要是评估组织的项目管理成熟度。为此，组织必须把自己当前的成熟度状态的特征和 OPM3 模型所描述的具有代表性的特征进行对比。通过对比，识别自己的当前状态，包括自己的强势和弱势，以及在组织项目管理成熟度中处于哪个梯级，从而可以决定是否需要制订和实施改进计划。

（3）确定改进重点

OPM3 的自我评估帮助组织识别自己的状态，了解自己目前在项目管理方面已经具备的基本特征，还缺乏哪些基本特征。这样使用者就可以把重点放在与"最佳实践"相关的、需要改进的那些特征上来，并制订适当的改进规划。一旦使用者知道哪些"最佳实践"是需要测定和致力于改进的，那么这种"最佳实践"以及对它们的描述，都可以在 OPM3 模型给出的目录中查找出来。

（4）确定改进路径

使用者从目录中查看到希望完成的"最佳实践"所需要的一系列能力，也就找到了改进的路径，知道了如何才能达到需要的"最佳实践"，以便将当前的成熟度梯级提高一步。

（5）评估当前能力

组织需要确定自己具备了哪些首先必备的能力，这些能力应是在上一个步骤中提到的。该评价将帮助组织决定为了达到预期的成熟度需要培育哪些特定能力。

（6）编制改进计划

以上步骤的完成将构成组织改进计划的基础。组织可以对这些结果所反映的所需能力的优先程度进行排序，编制出管理改进计划。

(7) 执行改进计划

这是组织真正实施变革的步骤。一旦计划被制订，组织必须一步一步地将其贯彻下去，也就是必须实施改进活动来获得必需的能力，并沿着组织项目管理成熟度发展的道路不断推进。

(8) 重复过程

完成了计划中的一系列改进活动后，组织将重新评估当前的项目管理成熟度状态，即回到第（2）步；或开始进行其他的在先前的评估中确定下来但还没来得及实施的"最佳实践"，即回到第（5）步，重新评估当前能力，从而更新改进计划。

第七篇

案例应用与 IPMP 认证

现代企业的发展将更多地采用以项目管理为主的管理模式，
项目管理的发展已经走上了专业化和职业化发展的道路，
学习、实践与认证是项目经理职业化发展的必经之路。

第 28 章　成功项目管理的应用

本章要点

应用与实践是学习成功项目管理的基本目的，了解项目管理应用中的核心问题对于成功应用项目管理至关重要。本章主要内容包括：传统项目管理应用的症结、现代项目管理应用的特点与项目管理应用中的问题；项目管理的适用性、应用项目管理的观念与应用项目管理的关键原则。同时，展示了项目管理核心方法的综合应用，包括工作分解结构、网络计划技术、资源费用曲线的综合应用案例。

28.1　现代项目管理的应用特点

28.1.1　传统项目管理应用的症结

传统的项目管理已使人类能够完成许多不可思议的事情。例如，它为美国国家航空航天局（NASA）提供了把人类送上月球的管理能力；它使在北冰洋建造钻井平台成为可能；它为飞机制造商提供了设计和制造复杂商用飞机的管理规程。但是，随着商业环境的变化，传统项目管理的应用已经出现了缺陷，主要表现在如下几个方面。

1. 忽视了顾客的重要性

忽视顾客的重要性主要表现为顾客的满意度常被当作一种事后考虑的问题，项目管理人员的大部分精力集中在满足时间、预算和性能指标这 3 个限制条件上。评价项目成败主要看它是否满足工期、预算与性能指标的要求，而不是看是否让顾客完全满意。

当然，注重以上 3 个限制条件与让顾客满意在某种程度上是一致的，因为其中的限制条件之一——性能指标——应该包含了顾客的需要和要求。从理论说，这是正确的。然而，这些性能指标在实践中并不能充分反映顾客的需求，因为它们是由缺乏与顾客打交道的训练和技巧的"专家"制定的。这些"专家"并不懂顾客的业务，只凭自己的个人兴趣来设计和制造产品，他们常常倾向于制造一些令同行羡慕的东西。在这种情况下，让顾客满意成了次要考虑的问题。

2. 过分注重方法和工具的应用

传统项目管理过分注重常规的处理工期、预算以及资源分配的固定工具，这些工具是众所周知的。在处理工期方面，主要有甘特（Gantt）图和 PERT/CPM 网络图；在预算方面，有 S 形预算曲线；在资源分配方面，则有责任矩阵、资源负荷图以及各种资源甘特图。项目管理者的工具箱中还有许多辅助的概念和工具。项目管理与这些工具的关系如此密切，以至于当有人问"你懂得项目管理吗"，实际上他们是在问是否懂得这些工具，如绘制 PERT/CPM 网络图和 S 形曲线。

精通这些工具本身并没有错，所有人都可以在运用这些工具的过程中受益。然而，出现的问题是，过分注重这些工具就容易无暇顾及其他重要的事情，如管理和满足顾客的需求、激励员工以及提高政治技巧。事实上，很少因为 PERT/CPM 系统的崩溃而造成项目失败，却常常因为诸如部分员工不负责任、政治风波以及不能有效沟通等一些非技术性原因而造成项目失败。

3. 项目范围的定义太狭窄

传统项目管理对项目应考虑问题的范围定义太狭窄。这一点可以从两方面来看。

一是传统的项目管理常常把项目的生命周期限定为 4 个阶段：概念、计划、执行和结束。从表面上看，这似乎很合理。然而在激烈竞争的全球环境中，让顾客满意显得极为重要，而这种项目生命周期的严格定义就显得不足了。如此定义项目的生命周期，容易让项目组成员认为只要把项目移交给顾客后就万事大吉了，他们在移交的那一刻就退出了项目，如果项目以后出现问题，他们就可能持这种态度："这可不是我们的问题——去找维护人员"。

为了让顾客满意，项目的生命周期必须延伸以增加一个阶段，即"运行与维护"阶段。必须让项目组成员意识到他们的工作并非简单地把项目建成，还必须保证项目移交后能正常运行，令顾客满意。

二是传统的项目管理对其管理领域的定义太狭窄：对项目经理的工作职责持一种狭义的观点，把项目经理看作项目的执行者。而另外的一些人对应支持哪些项目并做出决策，在项目成果的特性被确定之后，再移交给项目经理，项目经理的职责只是在限定的范围内完成工作。有一项对 113 名项目经理进行的调查表明，只有 29% 的项目经理对他们所从事的项目的选择工作发挥了直接作用。该调查还反映出在项目经理的权力方面也存在一些不足：少于三分之一的项目经理认为他们对项目的盈亏负有责任。实际上，大多数项目经理反映他们甚至没有足够的预算资料以负起有意义的成本责任。大多数项目经理还指出，他们只参与项目生命周期的一部分工作，根本不可能对项目负全部的责任。

实际上，项目经理的活动领域被限制在如此狭窄的空间里，他们很难有效地为顾客服务。如果让顾客满意是项目管理的最终目标，必须重新定义项目经理的作用，以使他们能够充分发挥作用。

在过去的日子里，传统的项目管理为我们服务得很好，然而为了使之适应强大的全球竞争压力，传统的项目管理到了必须改变一些做法的时候了，尤其是必须适应组织所面临的新环境：对让顾客满意、压缩规模、组织结构扁平化、给员工授权以及利用外部资源的认可。

28.1.2　现代项目管理应用的特点

探讨项目管理如何在新的商业环境中更有效地发挥其作用，并不是要否定传统的项目管理，这里只是强调传统项目管理必须进行变革，以适应新的商业环境。

下面的 3 个论点是新项目管理应用的核心。

1. 以顾客为中心的需要

项目经理传统上用是否满足项目的"三大约束"来衡量项目的成败。如果项目延期、成本超支或产生的可交付成果不满足性能指标的要求，则项目就算失败了。这种传统的观念正在飞速地发生变化，越来越多的项目管理专业人士意识到，最惨重的失败是所完成的项目不能让顾客满意。

为什么必须考虑以顾客为中心的问题？对这一问题有许多不容置疑的答案。

首先，顾客已开始追求好的产品和优质服务。日本人在了解顾客的这类期望方面取得了重大进展。通过注重让顾客满意，他们得以在市场上击败那些自以为是的竞争对手。例如，在汽车制造领域中，他们注重质量，注重推出"全副装备"的汽车（包括美国的公司通常作为备选部件出售的那些部件），注重提供周到的售后服务，从而赢得了绝大部分的市场份额。

其次，强调以顾客为中心增加了再次合作的可能性。若项目成员尽力让顾客满意，他们的努力将会受到顾客的赞赏，顾客会考虑通过再次与项目组合作开展业务以示回报。

最后，让顾客满意意味着能更快地结束项目。每一个有项目经历的人都会遇到类似的情况：顾客拒绝签字接收项目的成果，因为他们认为还存在某些问题。例如，他们也许会觉得项目成果没有完全具备所承诺的特点或在质量上有缺陷。这种僵局将使项目拖延，最终导致项目末期付款的延期支付或增加额外的开支。事实证明，更多地关注顾客的感受会降低类似事件发生的概率。

2. 掌握非传统项目管理技术的需要

传统的项目管理强调掌握进度安排、预算以及人力和物质资源的分配等方面的基本技术。这些是项目经理的主要工具，也是工程技术人员的重要工具。

要想更有效地扮演新的角色，项目经理需要精通诸如基本的合同管理技术、商业财务、成本/进度综合控制、工作进展测量、质量监控以及进行风险分析的"硬"技术，并熟练掌握诸如谈判、变化管理、政治敏锐以及了解他们所交往人员（包括顾客、同级人员、职员以及上级主管）需求的"软"技术。

3. 重新定义项目经理的作用

在稳定的环境中，传统的项目管理方法很有效。在这种环境下，目标是明确的，几乎没有竞争压力。然而，当今的商业环境既不稳定又充满竞争压力。过去的假设已不再成立，必须出现一种为新项目经理的责任与作用提供指导的新范例。

（1）项目经理必须注重以顾客为中心

如上所述，在传统的项目管理中，项目经理常常被界定为项目计划的执行者，而无须关心让顾客满意的问题。然而，在当今动荡和竞争的商业环境中，这种方法已经不适应。例如，就通过与顾客签订合同筹集到资金的项目而言，就很难明确销售人员、授权的管理人员以及设计人员是否在很好的各司其职。常常会听到项目成员这样抱怨：项目销售人员想扩大销售额，常向顾客做不切实际的承诺，而项目人员无法为顾客完成这样的系统，至少不能在常规的期限和预算范围内完成。管理者由于想扩大业务也下达了这些任务，然而不幸的是，他们并不完全了解这种承诺对项目意味着什么。在大多数组织中，远离顾客的设计人员却认为他们正在努力设计符合向顾客所做承诺的系统。在设计过程中，他们则常常根据自己的设计思路理解顾客的需求，显然很难做到让顾客满意。当今复杂多变的商业环境要求项目经理特别注重以顾客为中心。

（2）项目经理必须被授权以有效地运作项目

授权意味着项目经理能独立做出多数决策，而不必经过冗长的命令链的传递。让顾客满意的一项关键内容就是提高响应速度。当顾客提出疑问或建议做某些变动时，他们想尽快看到结果。加快反应速度的方法之一就是授权给项目经理，使他们能够直接而有效地对顾客的疑问和要求做出反应。

授权使项目经理能真正对项目的盈亏负责，使项目经理在很大程度上把自己看成独立的经营者，独立运作自己的业务；授权也使得项目经理具备在新的商业环境中有效经营的知识和技能。授权的重要基础是能力，缺乏基本经营能力和技术技能的项目经理并不能通过被授权而真正变得有效。传统的项目管理强调对培养技术技能的需要，因为作为单纯的方案的执行者，项目经理并不需要具备经营知识。而现如今，项目经理的作用已超出了执行者的范畴，顾客同时要求项目经理帮助他们开发经营方案。在这种情势下，要求项目经理具备满足顾客要求的经营能力。

28.1.3 项目管理应用中的问题

在过去的40年间，随着世界不断发生的一次次的变革，无论是在工作中，还是在社会环境中，项目已经触及人们生活的方方面面。旧的、传统的、循规蹈矩式的管理体制限制了组织在变化的环境中驾驭变化的能力，使组织不能保持竞争优势。在这样的背景下，项目管理脱颖而出。然而，对于既是科学又是艺术的项目管理，真正要利用它将愿景变为现实，还需要付出很大的努力。所有的项目管理人员在应用项目管理知识体系去实施项目的过程中，总是会或多或少地出现这样或那样的问题。

1. 错误概念引发的项目管理应用中的问题

（1）"要么完全是项目，要么完全就是运作"

项目的表现形式总是多种多样的，试图去精确定义一个本身就不精确的事物，就会使管理人员对待所从事的工作持"要么完全是项目，要么完全就是运作"的态度，从而引发管理中"形而上学"之类的问题。实际上，如果将运作和项目看作一个范围区间的两个极端，而工作本身就是处在这个区间内的不同位置，在不同的位置应用不同的、及时变化的管理手段，就可以减少这类问题的发生。

(2)"项目范围管理只是一个概念,没有实质性的内容"

实际上,项目工作范围的确定,正是由项目目标,也就是期望获益所驱动的,它是项目管理的两大基本功能之一。许多项目管理者在项目实施过程中只强调项目的质量、成本和时间,而忽视了项目范围持续不断的界定,最终导致项目失败。对范围的管理,要通过对产品和工作的分解来进行。

(3)"只要计划好,项目管理就好"

越来越多有关项目管理的资料都在强调项目计划编制的重要性。的确,做项目必须要有计划,计划为项目提供了一个指导框架。但是,过分关注计划的管理人员忽视了一个根本问题,那就是无论多科学、多详细的计划都不能改变项目本身所具有的一个必然的特性——不确定性。因此,项目管理的本质并不是做一个完美的项目计划,而是实现对项目风险和不确定因素的科学管理。

(4)"项目的质量、成本、时间目标达到了,项目就成功了"

传统项目管理认为,只要项目的质量、成本、时间目标达到了,项目就成功了。这样的判断标准过于简单,严重时甚至会对项目的管理造成致命的打击。时间、质量、成本只是项目规划阶段人为设置的约束条件,而项目本身的不确定性又影响了这些约束条件的科学性和准确性。因此,项目管理者必须综合考虑各项因素,制定完善的评价标准,对项目进行合理的判断。

2. 项目启动阶段常见问题

(1)项目计划与组织的商业计划不一致

由于项目刚刚启动就忙于制定项目的细节内容,结果常常使项目计划与组织计划不一致,最终导致项目失败。

(2)管理项目的程序没有定义

项目都是暂时的,项目团队需要很快地组建并执行项目,因此建立一套结构化的管理程序是非常必要的。

(3)项目的优先级在项目参与人员中没有很好地进行沟通

在没有就项目优先级进行良好沟通的前提下,项目管理人员常常会按照自己的标准得出不同的优先级次序,这样往往使项目团队成员不能很好地合作,使工作无法进展。

(4)项目各方没有共同的远景目标

缺乏共同的远景目标,会降低对项目管理人员的激励作用,也不能促使项目各方履行各自的承诺,实现项目目标。

3. 项目计划阶段常见问题

(1)只在一个层面编制项目计划

在这个阶段,很多项目管理人员总是习惯只编制一个层面的计划,而无论是缺少项目详细的执行计划,还是缺少项目的高层指导计划,都对项目的成功极为不利。

(2)所用的编制计划工具笨重、复杂且不友好

对项目管理的重视直接引发了项目计划工具的不断开发和完善,但是过于复杂、笨重的项目计划编制工具不但不能起到应有的作用,反而会在项目实施过程中影响项目成员的有效沟通,从而导致项目失败。

4. 项目实施阶段常见问题

(1)缺乏合作

实际上,在任何一个项目中,项目参与各方即便隶属于同一个组织,各自也会有一些非公开的目的。如果在项目实施阶段缺乏清晰的项目远景目标,也没有通过协商等方式获得项目团队成员的一致同意,那么在项目实施过程中,项目团队成员将很难合作进行工作。

(2)资源在需要时不能获得

资源不能及时到位而最终影响项目的情况在绝大多数项目中都可能出现,所以制订合理的计划就

是规避这种风险的有效措施之一。

(3) 管理责任没有清晰定义

在定义项目的角色时,项目管理人员通常只考虑非管理性质工作的角色,而忽视了管理角色,如决策管理、信息管理、进度管理等。这些管理工作也占用时间和资源,项目中对管理角色进行清晰定义,可以有效避免这些因素对项目的负面影响。

(4) 无效的沟通

无效的沟通并不一定是因为沟通太少造成的,在很多情况下,恰恰因为沟通太多,过于复杂和庞大的垃圾信息,反而影响了项目管理人员的有效判断。

5. 项目控制中的常见问题

(1) 项目成员不理解控制的意图

相当一部分项目管理人员会认为,项目控制就是召开会议,谈谈进度。而实际上,项目控制是要检测项目进度,比较实际情况与项目计划的差别,并为了实现项目目标做出必要的纠正措施。

(2) 没有对项目计划和进度报告进行综合管理

没有基准,项目控制就成了无本之木,因而项目控制必须要基于一个基准,这个基准就是项目计划。

以上内容是对项目管理应用过程中一些常见问题的总结和分析。在实施项目的过程中,任何一个小的问题都有可能引起连锁反应,最终导致项目失败。因此,项目管理人员必须注意项目管理中的各个细小环节,真正实现项目的科学管理。

28.2 应用项目管理的观念问题

28.2.1 项目管理的适用性

如今,项目管理的概念已被广为接受,并应用于军事、工业、建筑、IT 等各个不同领域中。但是,项目管理并非万能管理,不是所有场合都适用。项目管理只有在适当的条件下应用才有效,是否需要采用项目管理的方式以及项目管理是否能发挥积极的作用,取决于有关技术的复杂性、组织的相互关系、公共团体或用户的需求以及其他因素。关于这个问题,并没有一个简单划一的评判标准可遵循,但一般来说应考虑以下几个方面的因素:

1) 必须是一个单一的、可辨认的完整任务。
2) 任务是复杂的且具有风险,有赖于交叉组织与技术的相互依存。
3) 任务的完成需要多个职能部门之间的配合协作,而传统的职能组织对管理这样的任务显得不充分。
4) 任务具有一个明确的生命周期与终止日期。

根据一些应用过项目管理的公司的经验,应用项目管理除了有其必要性和适用性以外,还有一些优点:

1) 有更好的工作能见度,更注重结果。
2) 对不同的工作任务,可改进协调和控制。
3) 项目成员有较高的工作热情和较明确的任务方向。
4) 广泛的项目职责能够加速管理人员的成长。
5) 能够缩短项目任务的执行时间。

6）能够减少总计划费用，提高利润率。
7）项目的安全控制较好。

但与此相反，应用项目管理也容易产生一些问题：

1）容易形成一种各项目与各职能部门之间职能、技能重复，从而导致职能组织忽视他们的工作而让项目组织替他们工作的倾向。
2）由于相对优先权的改变，项目间人员流动频繁。
3）内部作业较复杂，从而使管理也变得复杂。
4）有可能导致公司政策的应用不一致。

28.2.2 应用项目管理的观念

项目管理的应用非常广泛，但能否取得令人满意的效果并不是单一项目管理模式所能决定的。任何企业、任何组织在推行项目管理时必须注重以下 4 个方面的观念问题。

1. 思想与工具

不可否认，项目管理需要使用计算机、软件等重要工具，但是比工具更为重要的是项目管理中蕴涵着的哲理思想。不更新管理思想，不改变管理体制和管理办法，单纯追求工具的完美是做不好项目管理的。不少单位用于项目管理的计算机并不算少，拥有的项目管理软件也很先进，但项目管理的成效并不显著。更有甚者，有的单位在软硬件装备后不久，新鲜劲一过，再加上推广项目管理过程中必然会遇到管理体制和管理思想上的一些问题，所购的软件便束之高阁，还要再加上一句"不适合中国国情"，这种现象在现实中并不少见。

项目管理作为管理科学的一个重要分支，正日益引起各个国家项目建设者的广泛重视。它是一种运用系统科学的原理对工程建设项目进行计划、组织和控制的系统管理方法。对工程项目建设进行有效的管理是一项自然科学和社会科学紧密结合的庞大而复杂的系统工程，同时也是一门知识密集、技术密集的专业工作。它既涉及管理体制、管理思想、管理水平、管理规范、人员素质、组织形式等方面的问题，也涉及信息学、运筹学、决策科学等多种学科知识的运用；它还要充分利用以电子信息技术为代表的多项高新技术为最终全面实现项目目标而服务。同时，工程项目建设还是一项多人参加和协作的群体行动。显然，项目管理的任务不是一个人或几个人就能够承担的，更不是单纯开发或引进一个计算机软件便能达到预期目的的。那种以为购进了一个功能齐全的先进软件，项目管理便会顺利开展的想法实在是一种天真的想法，要知道拥有软件并学会使用仅仅是"万里长征"的第一步。

要实现项目管理的目标就必须以先进的管理思想为指导，建立一个综合的、专业化的、相对独立的、严密的项目管理组织，健全各种数据采集、管理制度，采用科学的方法和适宜的技术。同时，要统一思想，统一标准，统一步骤，促使领导、技术人员和工人都能在工程项目建设的全过程中自觉地学习并掌握和运用项目管理的原理、方法和技术，齐心协力，共同奋斗。只有这样，才能达到预期的效果，实现项目管理的目标。

2. 主动与被动

开展项目管理的单位往往有一个从被动到主动的过程。鉴于世界银行等国际金融机构的严格规定，不少参与外资或合资项目的建设、设计、施工、监理等单位常常被动开展项目管理活动。随着建设项目进度的深入，加上项目管理人员锲而不舍的努力，项目管理的效益逐渐为众人所关注。新的需求不断提出，新的思想不断融汇，这些单位逐渐完成了从被动到主动的转变。在三峡工程建设中，作为业主方的三峡工程建设开发公司，不仅在工地现场建设了计算机网络供承建单位和监理单位使用，还为他们统一配备了 P3 软件，以帮助他们开展项目管理工作；早在工程招标阶段就将对项目管理的要求列入投标条件，最终以合同形式规范项目管理活动，为项目管理由被动向主动转变创造了必要条件。我国工程建设合同范本若能尽快吸取三峡工程建设开发公司这一难能可贵的做法，必将有助于加快我国项目管理的发展步伐。

3. 综合与单项

如前所述，项目管理是一个多目标的复杂系统工程，进度、资金、质量与人、机、料、能等单项管理很难获取最大的经济效益，走综合管理是必然之路。但是，我国工程建设存在上述各项管理各行其是，"铁路警察，各管一段"，有时甚至是"井水不犯河水"的现象。不少单位在开展项目管理时，往往只是从某一部门（计划或概算）的单项应用入手，而忽视了其系统性；个别单位甚至认为用计算机画出甘特图就算是项目管理了，对各分项之间的逻辑关系、众多资源的调配利用问题考虑得较少或根本没有考虑。这种状况长期下去，对广泛推广项目管理极为不利。这个问题不是单纯的软件应用问题，而是一个事关全局的重大问题，解决要点有 3 个方面：一是管理体制和管理思想要变革；二是管理人员的素质要提高；三是全员信息意识要加强。

4. 基础与应用

修路要筑路基，盖房要打地基。工程建设正式开工前要五通一平，即电、水、公路、铁路、通信五通，场地平整。项目管理在有了计算机、计算机网络和相关软件后，是否就可以顺利开展工作呢？答案是否定的。项目管理本身需做的基础工作仍然很多，不重视这些基础工作，就会像沙滩上盖高楼，终有一天会坍塌。项目管理本身的主要基础工作有下列 5 项，且各项难度均不小，值得各方人士的高度重视。

1）项目信息种类与信息的属性与项目数据字典。
2）项目信息的存储要求、传递途径、加工和安全要求。
3）项目的结构、费用、工艺过程（工序）的分解（包括原则、方法、具体划分表等）。
4）项目信息标识代码。
5）全部项目信息的电子文档化及传递。

这些基础工作做得越深入细致，项目管理的应用就会越广泛通畅，且长盛不衰。

28.2.3　应用项目管理的关键原则

1. 项目经理必须关注项目成功的 3 个标准

简单地说，项目成功的 3 个标准有：一是准时；二是预算控制在既定的范围内；三是质量以用户满意为准则。项目经理必须保证项目小组的每一位成员都能对照以上 3 个标准来进行工作。

2. 任何事都应当先规划再执行

就项目管理而言，很多专家和实践人员都同意这样一个观点：需要项目经理投入的最重要的一件事就是规划。只有详细而系统的由项目小组成员参与的规划才是项目成功的唯一基础。当现实的世界出现了一种不适于计划生存的环境时，项目经理应制订一个新的计划来反映环境的变化。规划、规划、再规划就是项目经理的一种工作方式。

3. 项目经理必须以自己的实际行动向项目小组成员传递一种紧迫感

由于项目在时间、资源和经费上都是有限的，项目最终必须完成，项目小组成员要有紧迫感。但项目小组成员大多有自己的爱好，项目经理应让项目小组成员始终关注项目的目标和截至期限。例如，可以定期检查，可以召开例会，可以制作一些提醒的标志置于项目的场所。

4. 成功的项目应使用一种可以度量且被证实的项目生命周期

标准的信息系统开发模型可以保证专业标准和成功的经验能够融入项目计划。这类模型不仅可以保证质量，还可以使重复劳动降到最低程度。因此，当遇到时间和预算压力需要削减项目时，项目经理应确定一个最佳的项目生命周期。

5. 所有项目目标和项目活动必须生动形象地得以交流

项目经理和项目小组在项目开始时就应当形象化地描述项目的最终目标，以确保与项目有关的每一个人都能记住。项目成本的各个细节都应当清楚、明确、毫不含糊，并确保每个人都对此达成了一致的意见。

6. 采用渐进的方式逐步实现目标

试图同时完成所有的项目目标是不现实的，项目目标只能一点一点地去实现，并且每实现一个目标就要进行一次评估，以确保整个项目可控。

7. 项目应得到明确的许可，并由投资方签字实施

在实现项目目标的过程中获得明确的许可是非常重要的，应将投资方的签字批准视为项目的一个出发点。道理很简单：任何有权拒绝或有权修改项目目标的人都应当在项目启动时审查和批准这些项目目标。

8. 要想获得项目成功必须对项目目标进行透彻的分析

研究表明，如果按照众所周知记录在案的业务需求来设计项目的目标，则该项目多半会成功。所以，项目经理应当坚持这样一个原则，即在组织机构启动项目之前，就为该项目在业务需求中找到充分的依据。

9. 项目经理应当责权对等

项目经理应当对项目的结果负责，这一点并不过分。但与此相对应，项目经理也应被授予足够的权利以承担相应的责任。在某些时候，权利显得特别重要，如获取或协调资源，要求得到有关的中小企业的配合，作相应的对项目成功有价值的决策等。

10. 项目投资方和用户应当主动介入，不能坐享其成

多数项目投资方和用户都能正确地要求和行使批准项目目标（全部或部分）的权力。但伴随这个权力的是相应的责任——主动介入项目的各个阶段。例如，在项目早期，要帮助确定项目目标；在项目进行中，要对完成的阶段性目标进行评估，以确保项目能顺利进行。项目投资方应帮助项目经理去访问有关的中小企业和目标顾客，并帮助项目经理获得必要的文件资料。

11. 项目的实施应当采用市场运作机制

在多数情况下，项目经理应将自己看成卖主，以督促自己完成投资方和用户交付的任务。项目计划一旦批准，项目经理应当定期提醒项目小组成员该项目必须满足的业务需求是什么，以及该怎样工作才能满足这些业务需求。

12. 项目经理应当是项目小组成员的最佳人选

最佳人选是指受过相应的技能培训，有经验、素质高的人。对于项目来说，获得最佳人选往往能弥补时间、经费或其他方面的不足。项目经理应当为这些最佳的项目成员创造良好的工作环境，如帮助他们免受外部干扰，帮助他们获得必要的工具和条件，以充分发挥他们的才能。

28.3　项目管理的综合应用案例

28.3.1　工作分解结构在项目范围管理中的应用

范围管理是项目管理中不可缺少的部分，范围管理保证项目包含了所有要做的工作而且只包含要求的工作，它主要涉及定义并控制哪些工作是项目范畴内的，哪些不是。

"工欲善其事，必先利其器"。一个项目经理要想真正做好项目范围管理，没有必要的技术和方法肯定是不行的。工作分解结构（Work Breakdown Structure，WBS）为确定项目范围提供了一种系统分解的思路，应用该方法可以将项目分解成较小和更加便于管理的工作，从而明确该项目的工作范围，便于项目目标的实现。

本案例以《致加西亚的信》为例说明 WBS 在项目工作范围管理中的应用。

1. 项目背景

一段时间以来，一本流传了 100 多年，曾被无数次地重印和翻译了的小册子——《致加西亚的信》，在中华大地上风靡一时。这本小册子中的故事，相信很多人都读过或听过。故事说的是 1898 年 4 月，美西战争爆发之际，美国总统麦金莱急于与在南美古巴崇山峻岭中打游击反抗西班牙统治者的起义军首领加西亚将军取得联系，但是没有人知道加西亚将军的确切地点。陆军情报局于是推荐了一名年轻的军官安德鲁·罗文中尉，让他务必把一封重要的联络信交给加西亚将军。罗文中尉什么也没说，拿了信就走。其后他冒着生命危险，历尽艰辛，最终找到了加西亚将军并把信交给了他，从而创造了"美国陆军史上一个可歌可泣的奇迹"。

从罗文中尉送信的故事来说，他无疑是成功的，而且是一个智勇双全的大英雄。他的英勇事迹，尤其是他的敬业精神，值得大家学习和效仿。这也是《致加西亚的信》这个小册子历经 100 多年而不衰、被评为"有史以来全球最畅销图书第六名"的原因。

故事中罗文中尉的行动深深地打动了每一个读者。然而，当从项目管理的角度来分析这个故事时就会发现：虽然这个"送信项目"最终由于罗文中尉的出色表现而成功了，但从项目管理技术的角度来说，整个"送信项目"却很难说是完美的。事实上，这里面存在着很多"硬伤"。例如，麦金莱总统和陆军情报局的瓦格纳上校根本没有项目管理的基本思想，没有计划、没有控制、没有风险分析、没有进行资源配置，甚至没有激励和沟通。不过，考虑到这个故事发生在 100 多年前，那么这些问题的存在亦无可厚非。对此，应当给予理解，因为当时项目管理的基本概念还没有建立起来。

2. 从现代项目管理视角分析《致加西亚的信》

不妨设想一下，假如处在与当时完全相同的条件下，如果懂得应用现代项目管理知识体系，是不是可以做得更好呢？以下就是运用科学的现代项目管理理念分析这个"送信项目"，看看应该怎样运作。

（1）项目定义

这里的项目就是"送信"，也就是在一定的时间（如 30 天）和预算范围（如 50 万美元）内，在充分考虑风险的情况下，通过严密的组织、计划和控制，将信送给加西亚将军本人。在这里，预算不是主要约束条件，主要约束条件是时间。在项目质量要求方面只有一条，那就是信的内容绝不能泄密。

（2）目标描述

项目目标是项目预期的结果或最终产品。目标描述是指对项目的目标进行描述性的表示。通常的目标描述涉及项目目标、项目进度、项目成本 3 个方面。"送信项目"的目标如下：

1) 可交付成果：将信送给加西亚将军本人。

2) 时间：30 天。

3) 成本：50 万美元的预算范围。

（3）主要利益相关者分析

项目利益相关者指的是和项目工作相关的工作人员。"送信项目"的利益相关者如下：

1) 麦金莱总统（代表美国政府）。他相当于企业的总经理，负责项目战略控制、资源授权以及项目成果评价与奖惩。

2) 瓦格纳上校（代表陆军情报局）。他应担当起项目经理的角色，负责主持制订项目计划、进行资源配置、安排项目实施、控制项目进展、组织项目风险评估和应对，并负责项目集成管理。在组织结构链上，他直接对麦金莱总统负责，应及时向总统汇报项目进展。

3) 罗文中尉。他是项目执行组的组长，主要负责"送信项目"的实质性执行。

4) 项目组织成员。在故事中，项目执行者只有罗文中尉一人。但在我们的项目管理中，项目组的成员是一个团队，所以故事中的执行者可以分为 5 个小组。

①执行组成员 3~5 人，由罗文中尉领导，负责执行送信使命。一旦罗文中尉因被捕、伤亡或其他原因不能正常履行使命，其他成员要负责确保将信的正本或副本继续送达。

②安全组成员 12 人左右。应挑选忠诚、精干、老练的特种兵组成敢死小分队，负责保护罗文中尉和其他执行组成员，甚至在关键时刻不惜以生命掩护他们以助其完成使命。

③后勤组成员 8~10 人。负责为送信项目提供资金、武器、装备、设施和一切必要的物资支援。

④信息组成员 4~6 人。负责对有关信息进行收集、整理、分析、编码、发布、接收、解码，以确保信息的准确、及时和畅通，对项目各阶段的进展、风险进行分析、评估和发布。

⑤专家顾问组成员 15 人左右。覆盖众多专业领域，如国际政治专家、军事专家、信息学家、项目管理专家、地理学家、气象学家、心理学家、语言学家、南美民俗专家、野外生存专家等，为本项目提供全方位的专业咨询和智囊支持。

5）古巴盟友。在故事中，没有人告诉罗文中尉，他可能得到谁的帮助。罗文中尉经猜测分析后想到，在牙买加有古巴联络处，他们可能会帮助他。于是他单独去寻找并经过一番努力后找到了在牙买加的古巴人，得到了他们的自发帮助。但在项目管理中，一切都要经过周密的筹划、组织，古巴盟友的出现应该是在计划之中的，要确保其在需要的时候能够准时到位，并为罗文中尉提供一切必要的支持。

6）西班牙统治者。其包括的范围和人数均较多，可能有西班牙军队、警察、情报人员、其他政府机构成员，甚至有所有可能告发这一项目的西班牙人，他们是"送信项目"坚决的反对者和阻挠者。

(4) 项目风险分析

风险在任何地方都存在。在项目管理中，风险指的是所有影响项目目标实现的客观不确定性事件或因素的集合，是在项目管理中不希望发生的。"送信项目"可能存在的风险可以分为以下四大类：

1）组织风险。如政府和军方可能有许多更重要的项目要做，则"送信项目"的优先级别低，得不到足够的重视，也不能得到足够的资金、资源和信息支持。

2）项目管理风险。如资源配置不够，项目时间安排不合理，项目计划的质量不高，项目管理原则应用不足等。

3）技术、质量或绩效风险。如寻找加西亚将军的方法、路径有可能出错，项目有可能泄密，有可能无人知道加西亚将军的去处，甚至有可能加西亚将军已经不在人世等。

4）外部风险。包括外部阻挠风险，如西班牙人的盘查、扣留和扑杀，以及不可抗力风险，如地震、洪水、动乱等。

由于"送信项目"事关国计民生，总统亲自部署，优先级别极高，因而第一类组织风险极低，对此类风险可以不予重点考虑。而对于第二类项目管理风险，只要组织重视，计划得当，项目管理团队充分应用项目管理知识体系，也可以降到最低。第三类和第四类风险是应该重点考虑的，应有针对性地做出风险控制计划，采取减缓、转移、规避等措施进行控制。当然，对于不可抗力风险，可采取紧急情况下的补救方法。

3. 项目描述

在以上分析的基础上，对"送信项目"进行描述，见表 28-1。

表 28-1 "送信项目"描述表

项目名称	"送信项目"
项目目的	把联络密信送给加西亚将军
项目意图	与加西亚将军取得联系，共同抗击西班牙统治者
项目发起人	麦金莱总统（代表美国政府）
项目经理	瓦格纳上校（代表陆军情报局）

(续)

项目名称	送信项目
项目组成员	执行组、安全组、后勤组、信息组、专家顾问组全体成员
完成期限	30 天
总预算	50 万美元

该项目的假设条件、约束条件和重要里程碑如下。

(1) 假设条件

1) 加西亚将军健在并且还在领导起义军反抗西班牙人。
2) 一定有知情者知道加西亚将军的活动范围。
3) 一定有志愿者愿意为寻找加西亚将军提供支援。
4) 通过某些途径和方法有可能找到这些知情者和志愿者。

(2) 约束条件

1) 时间：必须在 30 天内找到加西亚将军并把信送给他本人。
2) 质量：任何情况下不得对西班牙统治者泄密。
3) 西班牙统治者的阻挠和干扰是项目成功的最大障碍。

(3) 重要里程碑

1) 第 3 天，项目组成立并召开项目启动会议。
2) 第 5 天，项目组有关成员出发。
3) 第 17 天，项目组有关成员抵达牙买加。
4) 第 19 天，项目组有关成员抵达古巴。
5) 第 29 天，见到加西亚将军本人并把信交到他手里。

4. 工作分解结构

为了进一步制订计划、配置资源、明确责任，以利于项目实施和控制，对该项目进行分解，项目工作分解结构如图 28-1 所示。

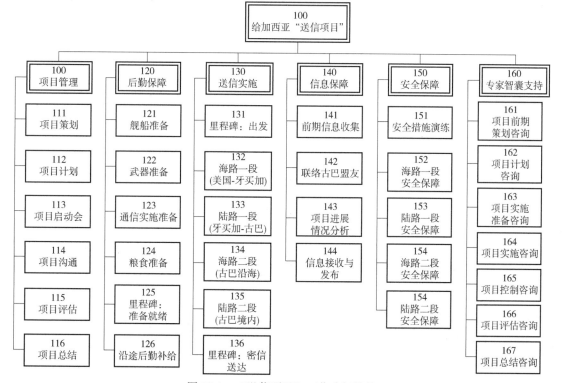

图 28-1 "送信项目"工作分解结构

图 28-1 是 WBS 分解的"树形"结构，这种结构模式可以很清楚地表达项目执行者所要从事的具体工作内容。由于工作分解结构为三层次，工作编码采用三位编码。但 WBS 不能完整地表达每项工作的责任人等信息，因此用列表的形式给出，见表 28-2。

表 28-2 "送信项目"工作分解结构（WBS）列表

编码	任务名称	工期	起始日	结束日	紧前任务	主要责任人
100	送信项目	30 天	4月8日	5月7日	—	加西亚
110	项目管理	30 天	4月8日	5月7日	—	项目组全体成员
111	项目策划	3 小时	4月8日	4月8日	—	总统、上校
112	项目计划	2 天	4月8日	4月9日	111	项目组全体成员
113	项目启动会	3 小时	4月10日	4月10日	112	项目组全体成员
114	项目沟通	1 小时/天	4月10日	5月7日	113	项目组全体成员
115	项目评估	2 小时	5月7日	5月7日	136	总统、军情局
116	项目总结	3 小时	5月7日	5月7日	115	项目组全体成员
120	后勤保障	27 天	4月11日	5月7日	—	后勤组
121	舰船准备	3 小时	4月11日	4月11日	113	后勤组
122	武器准备	1 小时	4月11日	4月11日	113	后勤组、安全组
123	通信设施准备	2 小时	4月11日	4月11日	113	后勤组、通信组
124	粮食准备	2 小时	4月11日	4月11日	113	后勤组
125	里程碑：准备就绪	0	4月11日	4月11日	121~124	后勤组
126	沿途后勤补给	26 天	4月12日	5月7日	131	后勤组
130	送信实施	25 天	4月12日	5月6日	—	执行组
131	里程碑：出发	0	4月12日	4月12日	125	执行组、安全组、后勤组、信息组
132	海路一段（美国-牙买加）	13 天	4月12日	4月24日	131	执行组
133	陆路一段（牙买加-古巴）	2 天	4月25日	4月26日	132	执行组
134	海路二段（古巴沿海）	2 天	4月27日	4月28日	133	执行组
135	陆路二段（古巴境内）	8 天	4月29日	5月6日	134	执行组
136	里程碑：密信送达	0	5月6日	5月6日	135	执行组
140	信息保障	30 天	4月8日	5月7日	—	信息组
141	前期信息收集	3 天	4月8日	4月10日	111	信息组
142	联络古巴盟友	14 天	4月11日	4月24日	141	信息组
143	项目进展情况分析	1 小时/天	4月10日	5月7日	113	信息组
144	信息接收与发布	3 小时/天	4月10日	5月7日	113	信息组
150	安全保障	27 天	4月11日	5月7日	—	安全组
151	安全措施演练	4 小时	4月11日	4月11日	113	安全组
152	海路一段安全保障	13 天	4月12日	4月24日	131	安全组
153	陆路一段安全保障	2 天	4月25日	4月26日	132	安全组
154	海路二段安全保障	2 天	4月27日	4月28日	133	安全组

(续)

编码	任务名称	工期	起始日	结束日	紧前任务	主要责任人
155	陆路二段安全保障	9天	4月29日	5月7日	134	安全组
160	专家智囊支持	30天	4月8日	5月7日	—	专家顾问组
161	项目前期策划咨询	2小时	4月8日	4月8日	111	专家顾问组
162	项目计划咨询	2天	4月8日	4月9日	111	专家顾问组
163	项目实施准备咨询	2天	4月10日	4月11日	113	专家顾问组
164	项目实施咨询	2小时/天	4月12日	5月6日	131	专家顾问组
165	项目控制咨询	3小时/天	4月12日	5月6日	131	专家顾问组
166	项目评估咨询	2小时	5月7日	5月7日	136	专家顾问组
167	项目总结咨询	2小时	5月7日	5月7日	115	专家顾问组

以上是一个简单的WBS分解表，只分解到第二层任务。但从这个简单的WBS分解表中就已经可以看出，这样一个重大的项目，其任务与活动之复杂，需要的参与者之众多，确实并非100多年前的总统和上校所想象的那样简单。而在做出让罗文中尉一个人单打独斗地完成如此重大项目的决策之际，总统和上校当时究竟有没有想到可能的风险与后果，有没有考虑万一罗文中尉失败了该怎么办，有没有研究多种备选方案和确保万无一失的保证措施等问题，现在不得而知。不过，从有关的史料记载来看，似乎的确考虑得欠周到。而从罗文中尉的角度来看，他"一句话不说，拿了信就走"，固然可谓服从命令、行动果敢，但其行为方式也有待推敲。试问，在这样一个重大任务面前，他为什么不咨询相关领域专家的意见？为什么不与军情局相关人员充分沟通，共同研究出一整套可行的计划方案，分析途中可能要得到哪些援助，并且分析即将面临的风险和所能采取的措施？他有没有跟军情局高层讨论如何保持联系，何时用电报传递信息，用什么样的密码与暗号进行沟通？

虽然罗文中尉最后成功了，但是这种成功完全是建立在其个人出色能力基础上的，而且带有极大的偶然性，甚至有点"悬"。在整个送信途中，罗文中尉可谓一路"吉星高照"，居然好几次侥幸逃命，有惊无险。试想，如果不是罗文中尉"运气"这么好，一再传奇般地躲过厄运，那么这个项目还能成功吗？事后，美国军方人士都认为这是一件不可思议的事情。用军方高层的话来说，罗文中尉"创造了一个奇迹"。

然而在项目管理的实践中，按照现代项目管理理念，所追求的不应当是奇迹的发生，而是要确保项目的成功。项目的范围管理是项目成功的基础。换言之，就是要运用现代项目管理理论运作项目，尽可能减少项目成功的偶然性，增加其必然性。

28.3.2　网络计划技术在进度计划编制中的应用

1. 项目概况

金龙公司在自行车行业中产量排名第三，但是最近的销量却萎靡不振，市场空间急剧萎缩。该公司面临两个选择：一是退出自行车行业；二是开发电动自行车。该公司对市场进行了如下分析。

随着人民生活质量的提高和节奏的加快，代步工具已经成为人们所追求的热点。机动摩托、助动燃油车由于受上车牌费用、燃油价格、尾气排放等因素的影响，其发展速度受到一定程度的制约。与其相比，电动自行车却因具有能耗低、噪声小、无污染、运行费用少、维护方便等特点而逐步被人们所选择，并且随着电动自行车上的可充电电池、电机、控制器等关键部件和相关技术的已臻成熟，很有可能会成为我国工业经济的又一个新的增长点。

据相关资料统计，目前全国自行车拥有量为5亿辆左右，大城市有20%的人有购买电动自行车的愿望。假如全国平均有20%的自行车换购电动自行车,则每年有1000万辆的需求,年产值至少有150亿元。所以,电动自行车是一个前景光明的产业,目前很多地方政府部门、企业都在准备或已积极投入到该行业中。

电动自行车虽有诸多好处,但也面临许多挑战。目前社会上对电动自行车究竟是机动车还是非机动车仍难做定论,国家相关部门暂时也没有出台电动自行车的产业政策,大部分省市对电动自行车上路行驶的合法性还没有做出明确的规定,消费者的权益得不到保障。但是,电动自行车因其符合我国国情和消费者的需求而具有潜在的巨大商机。要挖掘电动自行车的市场潜力,关键在于解决它本身的技术问题。现在电动自行车上所使用的电机和电池性能不稳,容易产生故障,并影响电动自行车的整体性能和使用寿命。另外,预计3年后,一种完全无污染的电动车将会出现,将真正做到轻便、舒适、快捷、无污染。在运用高科技解决电动自行车自身技术缺陷的同时,会使其生产成本大大降低,其价格也会随之而降低。

另据全国自行车标准化中心介绍,在即将实施的有关电动自行车的国家标准中,对电动自行车的重量等性能指标作出了具体规定,如整车重量不得超过40kg,充一次电行驶里程不得低于25km,一旦电池用完还可继续正常骑行一定路程等。

通过对上述资料的分析,为了抢占市场,争取更大发展空间,金龙公司决定着手进行电动自行车的研制。该公司计划投资500万元人民币,专门组建项目组用半年时间研制出新型电动自行车,研制工作从2002年1月1日开始进行。

经过研究分析,电动自行车研制项目具有如下特点:

1)电动自行车是在自行车技术上做出的改进,金龙公司有一定的经验。
2)电动自行车的研制面临许多新的技术,如电动机的研究与试验、配套电池的研究与试验。
3)由于国家即将出台有关电动自行车的标准,所以在自行车的重量及电池的标准上要符合有关要求,尽量开发轻便、无污染的产品。

2. 项目范围的确定

(1)项目目标与项目描述

为了完成电动自行车研制项目的任务,项目负责人与公司高层领导经过多次研究协商确定了项目的主要目标如下:

1)交付物成果。新款电动自行车样品。
2)工期要求。研制总工期为6个月,即从2002年1月1日起,至2002年6月30日结束。
3)成本要求。项目投资总额为500万元人民币。

同时,为了使项目各相关方和项目团队成员准确理解项目内容、明确项目目标,项目组用简练表格形式对项目进行了描述,见表28-3。

表28-3 电动自行车研制项目描述

项目名称	电动自行车研制项目
项目目标	6个月内交付电动自行车的样品,总投资额500万元人民币
交付物	电动自行车的样品
交付物完成准则	符合即将出台的电动自行车国家标准,满足公司未来产品开发战略要求,样品必须经过组织的专家评审团的评估验收
工作描述	为确保项目目标的实现,整个项目应分为总体方案设计、车体研制、电动机研制、电池研制和总装与测试几个阶段,将各阶段工作分解落实并配备相应资源。确定各阶段工作结果并予以检验,通过与公司的交流,最终保证通过专家评估,提交令公司满意的电动自行车样品
工作规范	依据国家建设建筑工程的有关规范
所需资源估计	人力、材料、设备和资金的需求

(续)

项目名称	电动自行车研制项目
重大里程碑	开工日期2002年1月1日，总体方案设计完成日期2002年2月4日，车体研制完工日期2002年4月8日，电动机研制完工日期2002年5月6日，电池研制完工日期2002年4月22日，总装与测试完工日期2002年6月3日
项目负责人审核意见：按要求保质保量完成任务	
签名：××× 日期：2002年 月 日	

（2）项目重大里程碑

针对项目的目标要求，拟订该项目的重大里程碑计划，制作该项目实施的反映重大里程碑事件关系的里程碑计划图。

1）项目里程碑计划是项目实施的战略计划，显示了为实现项目总目标在实施过程中项目所需达到的一系列状态。

2）项目里程碑计划是根据项目的特点和业主的要求，在某一特定时间的项目可交付成果而编制的。

3）本项目里程碑包括总体方案设计完成、车体研制完成、电动机研制完成、电池研制完成、总装与测试完成。

根据项目工期要求，制订的里程碑计划见表28-4。

表28-4 项目里程碑计划

里程碑事件	时间					
	1月	2月	3月	4月	5月	6月
总体方案设计完成		▲4天				
车体研制完成				▲8天		
电动机研制完成					▲6天	
电池研制完成				▲22天		
总装与测试完成						▲3天

3. 工作分解结构在项目工作分解中的应用

为了确定项目的工作范围，项目组根据历史信息在咨询专家的基础上应用工作分解结构的原理对项目进行分解，经过与公司高层管理者协商，最终确定项目的工作分解结构如图28-2所示。

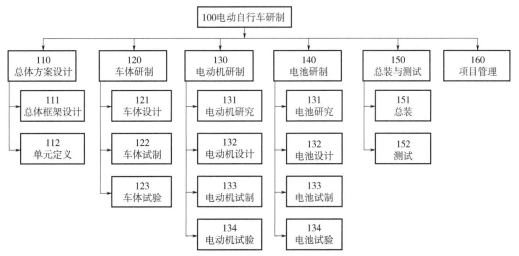

图28-2 电动自行车研制项目工作分解结构图

4. 网络计划技术在项目进度计划编制中的应用

为了准确编制项目进度计划，需要确定项目各项工作的先后关系，同时估计各项工作的工作量和延续时间。在项目实施过程中，有些工作之间存在明确的先后关系，但有些工作可以平行进行，先后关系不明确，正是这些工作的先后顺序影响项目的总工期。由于项目工序很多，且工作之间存在一定的先后约束关系，如果工作量估计不准，则会引起一系列的连锁反应，甚至会使项目工期延长和费用增加。为此，项目组遵循工作独立的原则，经过认真分析研究，综合协调各方面的情况，并结合历史信息，通过与公司高层管理者多次讨论，确定了项目各项工作的先后关系（表28-5），对项目各项工作的工作量做了比较客观准确的估计，同时根据初步计划的人力资源情况对每项工作的工作时间进行了初步估计。

表 28-5 电动自行车研制项目工作先后关系表

工作名称		工期（天）	紧前工作
110 总体方案设计	111 总体框架设计	10	
	112 单元定义	15	111
120 车体研制	121 车体设计	20	112
	122 车体试制	15	121
	123 车体试验	10	122
130 电动机研制	131 电动机研究	15	112
	132 电动机设计	25	131
	133 电动机试制	10	132
	134 电动机试验	15	133
140 电池研制	141 电池研究	20	112
	142 电池设计	15	141
	143 电池试制	15	142
	144 电池试验	5	143
150 总装与测试	151 总装	10	123，134，144
	152 测试	10	151
160 项目管理		120	

在上述工作的基础上，项目组依据项目的工作分解结构和各种限制约束条件等制订了以单代号网络计划图表示的项目进度计划，如图28-3所示。

28.3.3 资源费用曲线在项目计划编制中的应用

1. 项目概况及甘特图计划

（1）项目概况

某发电厂为了从根本上提高供电能力，规划建设装机容量为8台600MW等级的燃煤发电机组，一期先建设1号、2号各两台国产600MW亚临界燃煤机组，二期工程扩建容量为4台600MW等级燃煤发电机组。项目建设要做到12个一次成功，即锅炉水压、风压、酸洗、制粉投入、配电、汽动给水泵启动、汽机扣盖、抽真空、冲转、发电机充氢、厂用受电、机组并网等一次成功。项目的主要目标如下：

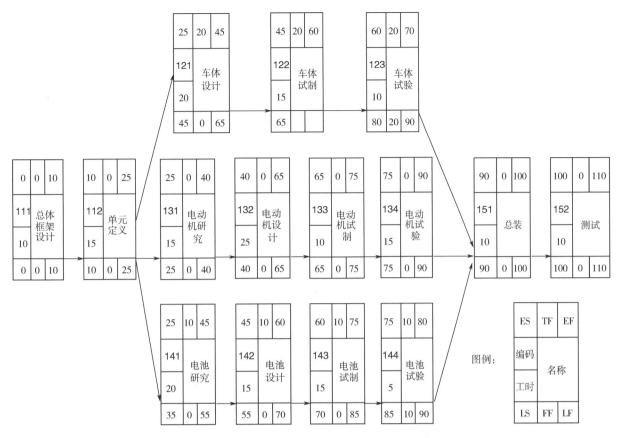

图 28-3 电动自行车研制单代号项目网络图

1) 项目交付物。一期 1 号、2 号各两台 600MW 机组工程施工合同完成。

2) 项目工期目标。从 2001 年 10 月 1 日起,至 2004 年 6 月 30 日竣工移交。

3) 项目费用目标。51 000 万元。

4) 项目质量目标。高水平达标投产,创 600MW 机组精品工程,创国家优质工程、鲁班奖。

5) 项目安全目标。人身死亡事故零目标,重大人身伤亡事故零目标,重大机械设备事故零目标,重大交通人身伤亡事故零目标,重大火灾事故零目标,重伤事故频率≤0.3‰,负伤频率≤2‰,环保达标。

(2) 项目特点

1) 工期紧。自 2001 年 10 月 1 日开工,工期 33 个月,大大少于当时同类型机组的工期指标。

2) 气候条件差。项目所在区域特殊,属台风多发地带,雨季来临早,降水量大,空气湿度大,给施工组织与现场施工带来诸多不便。

3) 施工环境特殊。现场为岩石基础,往往是边爆破边施工,增加了施工组织难度,使施工进度和安全管理更难控制。

4) 新工艺、新技术多。大体积混凝土排水管冷却技术、小汽轮机弹簧基础施工、凝汽器冷钛管自动焊接技术、EDTA 锅炉清洗技术、大口径预应力砼管道施工技术等一大批新技术的应用,对项目的施工技术管理提出了挑战。

(3) 项目管理特点

1) 地区文化的差异。地区文化的不同,往往会造成许多意想不到的管理困难,特别是在沟通方面,如供应商的经营方式不同,造成部分物资、机械组织上不能及时到位。

2) 施工技术条件。施工图样不到位,造成边设计边施工,变更频繁且滞后,给施工的技术准备工作带来相当大的困难。

3）远程施工。由于距离公司本部较远，给人员、机械、物资的调拨带来诸多不便，同时也加大了工程成本控制的难度。

（4）项目 WBS 及进度计划

任何一个项目，在计划过程中都必须完成相应的各类可操作管理计划的编制。其中，资源计划和费用计划极为重要。而这两类计划的编制，除了需要掌握国际通用的现代项目管理方法工具外，还必须对项目的范围和进度完成初步确认。依据项目的目标及主要工作内容，项目编制了 WBS 分解示意图，如图 28-4 所示，作为资源和费用计划编制的主要依据。

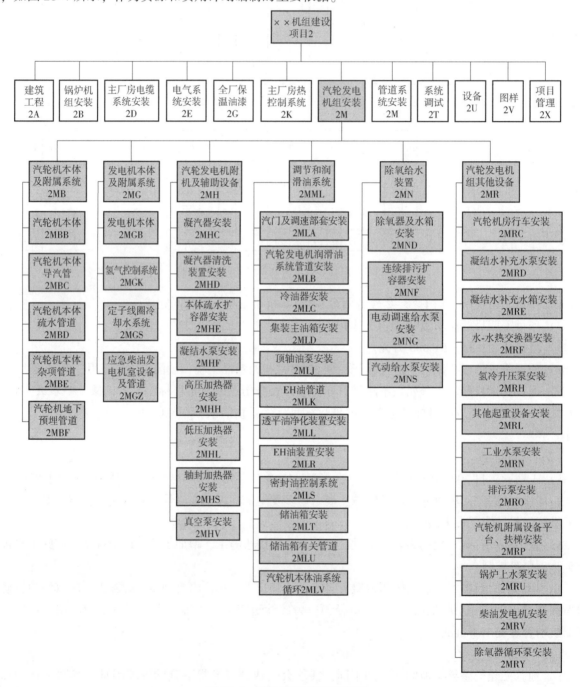

图 28-4　项目 WBS 分解示意图

根据项目的主要工作内容和时间要求，项目建立了详细的进度计划体系，其中一级计划为组织层面的里程碑控制计划，主要关键工作及时间节点见表28-6。

表 28-6 关键工作及时间节点表

关键工作	时间节点	关键工作	时间节点
浇灌第一方砼完成	2001-11-01	厂用受电完成	2003-10-30
主厂房钢架结构吊装完成	2002-02-28	汽机扣盖完成	2003-12-01
锅炉钢架吊装完成	2002-05-01	锅炉酸洗完成	2004-03-08
主厂房封闭完	2002-09-15	机组冲管开始	2004-03-28
锅炉汽包就位	2002-11-15	汽机冲转完成	2004-04-18
汽机台板就位	2003-04-10	一次并网成功	2004-04-28
发电机定子吊装就位	2003-07-10	168 结束	2004-06-30
锅炉水压试验完成	2003-07-31		

2. 资源负荷图的应用

项目资源配置是根据项目 WBS 所界定的项目工作包内容和进度计划所要求的时间期限配备人力和物力资源，并根据人力和物力资源的可利用性对作业时间和逻辑关系进行调整。

项目管理中的资源一般指人力资源、材料和机器资源及借用资源（工程分包），资金资源是上述资源的转化形式和通用形式。

一般而言，项目中的资源配置在项目的不同管理层面、不同项目阶段会以不同的形式进行。从形式上，项目的资源计划可以分为 3 种类型，即职责性资源配置、工作指派性资源配置和计划性资源配置。在这 3 种类型中，职责性资源配置最常见的形式是结合项目组织结构设计完成工作责任分配矩阵，是项目组织层面用于协调整体资源的主要工具；工作指派性资源配置则是针对项目操作层面应用的具体到个人的工作分配；在项目实施过程中，计划性资源配置是针对同类型资源而设置的计划工具。

（1）资源计划表

根据项目的工作内容，在完成资源计划的过程中，首先是根据 WBS 设计针对每个工作包对所需人力资源做出预算，再根据进度要求，将项目实施过程中每个时间单位内所有工作包所需资源进行累积，即可得到项目人力资源计划表，见表 28-7。

（2）人力资源负荷图

根据项目资源计划表，可利用资源负荷图直观形象地表示出资源的计划内容。

根据表 28-7，资源负荷图横轴为项目实施的时间，纵轴为资源所需数量。在绘制资源负荷图过程中，可不区分资源类型完成整体人力资源负荷示意图，如图 28-5 所示；也可针对不同类型的资源绘制单个资源负荷图，如图 28-6 所示。

（3）物资需求计划

在资源配置中，物资资源配置又称为项目的物资需求计划。物资需求计划是不同专业人员根据项目的任务清单提出的物资需求，是采购人员编制物资供应（汇总）计划、物资采购计划、物资储备计划的基础资料。由于项目对物资的需求种类繁多，一般物资需求计划是按照不同的类别分别编制需求计划表，包含品种、类型、名称、数量、规格和需求时间等内容，见表 28-8。

表28-7 项目人力资源计划表

(单位：人)

序号	资源类型	2001年 四季度 平均	2001年 四季度 高峰	2002年 一季度 平均	2002年 一季度 高峰	2002年 二季度 平均	2002年 二季度 高峰	2002年 三季度 平均	2002年 三季度 高峰	2002年 四季度 平均	2002年 四季度 高峰	2003年 一季度 平均	2003年 一季度 高峰	2003年 二季度 平均	2003年 二季度 高峰	2003年 三季度 平均	2003年 三季度 高峰	2003年 四季度 平均	2003年 四季度 高峰	2004年 一季度 平均	2004年 一季度 高峰	2004年 二季度 平均	2004年 二季度 高峰
1	木工	250	300	270	300	180	230	140	160	80	120	50	80	40	60	15	25	10	10				
2	钢筋工	160	200	120	150	100	140	80	100	50	60	20	40	20	30	15	15						
3	砼工	80	100	80	100	50	80	25	50	10	20	8	10	8	8	5	5	5	5				
4	架子工	50	100	50	80	50	80	50	90	35	80	10	20	20	40	25	40	30	70	20	20	10	10
5	瓦工	5	10	20	40	20	40	20	40	100	120	100	120	50	80	40	60	25	40	25	25	10	10
6	机械工	15	20	20	40	40	50	40	60	60	60	35	45	30	50	30	60	25	30	20	20	15	15
7	水暖、空调工					15	25	55	70	25	40	35	45	30	50	30	60	25	30	10	10	5	5
8	锅炉钢架工			20		50	50	80	60	90	100	80	150	100	180	80	100	40	60	20	20	10	10
9	加热面工							60	80	100	130	120	150	50	80	180	90	50	60	40	40	10	10
10	汽机工			30	30	30			40	20	40	50	70	60	90	80	120	60	80	20	30	10	15
11	管道工						20	20	60	60	80	70	90	90	120	80	90	80	110	40	25	15	10
12	辅机工	10	25					20	50	30	35	45	70	70	110	70	150	50	60	100	100	10	10
13	电工	20	40	40	40	30	30	20	40	60	80	90	120	120	150	80	100	120	120	10	20	10	20
14	仪表工									5	10		15	10	10	10	40	10	20	5		10	10
15	高压焊工	20	40	40	60	40	60	40	85	60	90	80	100	40	50	30	50	40	50	5	120		
16	中低压焊工	20	40	40	50	50	70	60	90	70	20	70	80	50	170	150	180	100	120				
17	结构焊工	30	40	40	10	20	30	30	30	30	100	90	100	140	80	60	60	60	20	100	120	50	50
18	铆工	5	10	10	20	30	40	60	80	80	100	80	120	60	100	100	80	60	60	20	20	10	10
19	保温油漆工	5	5	20	30	20	30	40	50	40	60	40	60	60	80	60	60	40	50	40	40	20	20
20	起重工	15	20	20	30	30	40	50	60	60	60	60	60	60	60	60	60	50	50	30	30	20	20
21	技术人员	15	20	20	30	30	40	40	50	60	60	60	60	60	60	60	60	50	60	20	20		
22	管理人员	30	30	30	30	40	50	50	60	60	60	60	60	60	60	60	60	50	60	30	30	20	20
	合计	695	920	800	1025	850	1165	1035	1355	1165	1555	1293	1680	1338	1653	1210	1435	905	1070	515	565	210	215

第 28 章 成功项目管理的应用 303

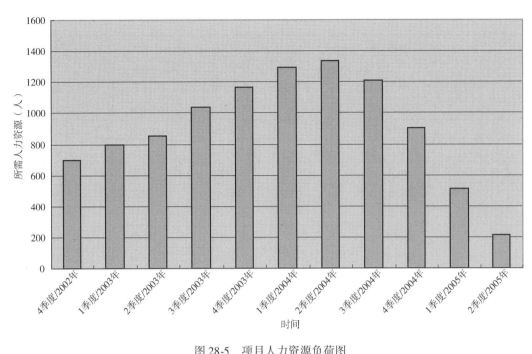

图 28-5 项目人力资源负荷图

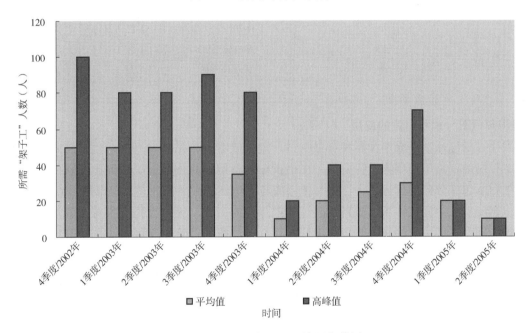

图 28-6 项目"架子工"资源负荷图

表 28-8 项目物资需求计划表

序号	机械名称	型号	数量	计划进场日期
1	液压提升装置	GYT-200	1 套	2002-10-01
2	250t 履带吊	CC1400	1 台	2002-01-10
3	150t 履带吊	P&H7150	1 台	2001-10-01
4	50t 履带吊	QUY50	1 台	2001-10-01
5	40t 履带吊	P&H400	1 台	2001-10-01
6	50t 汽车吊	NK500	1 台	2001-10-01

(续)

序号	机械名称	型号	数量	计划进场日期
7	40t 汽车吊	NK400	2 台	2001-10-01
8	20t 汽车吊	NK-200BE	1 台	2001-10-01
9	100t 塔吊	DBQ3000	1 台	2002-03-10
10	50t 龙门吊	LMQ5042	2 台	2001-10-01
11	63t 龙门吊	LMQ6342	2 台	2001-12-01
12	10t 龙门吊	LMQ1022	1 台	2001-10-01
13	双笼施工电梯	SCD200/200	2 部	2002-03-10
14	电动葫芦	GQ1010t	2 台	2002-03-10
15	低驾平板车	DJ-250	2 辆	2001-10-01
16	解放载重车	CA4170	3 辆	2001-10-01
17	解放载重车	CA4120	4 辆	2001-10-01
19	日野载重车	ZM443	2 辆	2001-10-01
19	叉车	CPCD5A2Z	2 台	2001-10-01
20	液压盘车机	DYP	2 台	2003-02-01
21	液压扭矩扳手	HY-10XLT	1 个	2003-02-01
22	车床	C620G/2000	2 台	2001-10-01
23	车床	CW6163/3000	1 台	2001-10-01
24	摇臂钻	Z3050*16	2 台	2001-10-01
...		...		

3. 费用负荷图与累积曲线的应用

项目费用计划包括项目成本预算和资金收付计划，成本预算是从费用的角度对项目进行规划。对于实现成本控制的项目工程预算，在完成工程招投标的费用预算方面，要估算出招投标的工程造价费用，确定项目承包或分包的可行性，作为与甲方或与分包方签订承包合同及进行费用结算的依据。

项目根据施工图样完成施工图预算，同时根据图样的变更、甲方委托工程等实际情况对工程可能发生的各种合同变更费用及附属合同费用进行预算，经过商务经理批准的施工图预算成为签订工程分包合同的基础，同时为网络施工进度计划中的资源分配提供基础数据，使其成为工程项目资金使用计划的基础数据，为材料采购预算提供参考，并可作为材料支出和材料费用控制的依据。在完成造价预算后，对每一个 WBS 节点套定额进行计算，得到各个节点的基本直接费的测算数据，根据定额费率得出其他直接费、现场经费、间接费等预算费用，并汇总出各分项工程、分部工程、单位工程的预算成本，得出各项工程造价费用作为项目成本控制的依据。这里以总包工程费用为例进行说明。

根据本项目建设内容，总包工程费用依据工作包按照人工费、材料费、机械费、其他直接费和管理费 5 个科目进行预算，再根据进度计划进行累积，可得出总包工程费用的费用预算表。总包工程费用预算表见表 28-9，项目费用负荷图如图 28-7 所示，项目费用累积曲线图如图 28-8 所示。

表 28-9　总包工程费用预算表

费用类别	时间										
	4 季度/2002 年	1 季度/2003 年	2 季度/2003 年	3 季度/2003 年	4 季度/2003 年	1 季度/2004 年	2 季度/2004 年	3 季度/2004 年	4 季度/2004 年	1 季度/2005 年	2 季度/2005 年
人工费	138.0	401.0	425.0	441.0	612.0	738.0	821.0	1 005.0	1 428.0	1 210.0	860.0
材料费	177.0	610.0	554.0	603.0	941.0	1 198.0	1 358.0	1 842.0	2 878.0	2 194.0	1 469.0

（续）

费用类别	时间										
	4 季度/ 2002 年	1 季度/ 2003 年	2 季度/ 2003 年	3 季度/ 2003 年	4 季度/ 2003 年	1 季度/ 2004 年	2 季度/ 2004 年	3 季度/ 2004 年	4 季度/ 2004 年	1 季度/ 2005 年	2 季度/ 2005 年
机械费	224.0	428.0	510.0	475.0	486.0	543.0	663.0	786.0	1 243.0	970.0	665.0
其他直接费	24.0	64.0	177.0	96.0	201.0	172.0	210.0	258.0	556.0	367.0	147.0
管理费	56.3	150.3	166.6	161.5	224.0	265.1	305.2	389.1	610.5	474.1	314.1
合计	619.3	1 653.3	1 832.6	1 776.5	2 464.0	2 916.1	3 357.2	4 280.1	6 715.5	5 215.1	3 455.1
费用累计	619.3	2 272.6	4 105.2	5 881.7	8 345.7	11 261.8	14 619.0	18 899.1	25 614.6	30 829.7	34 284.8

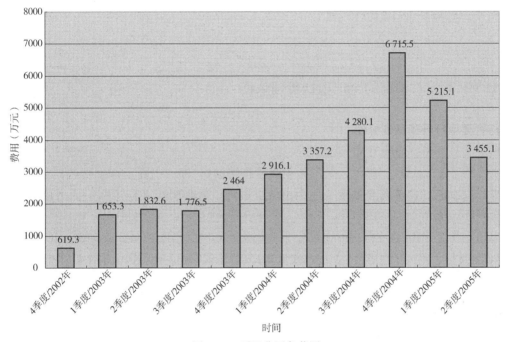

图 28-7　项目费用负荷图

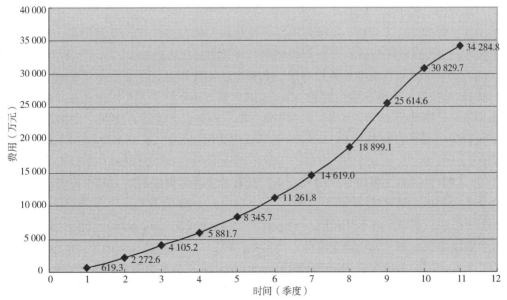

图 28-8　项目费用累积曲线图

第 29 章　IPMP 认证核心环节介绍

本章要点

本章主要介绍国际项目经理资质认证（IPMP）核心环节考核的主要内容及要求，包括 IPMP 认证的申请、认证考核、笔试、案例讨论、项目报告撰写及面试等。

29.1　关于 IPMP 认证的申请

29.1.1　IPMP 有效性最高的全球项目管理认证

1. 全球主要项目管理认证介绍

（1）国际项目管理协会的 IPMP 认证

国际项目经理资质认证（IPMP）是国际项目管理协会（IPMA）在全球推行的四级项目管理专业资质认证体系的总称。IPMP 是全球唯一一个由会员国项目管理组织共同运作的证书体系，目前有 70 多个国家的项目管理组织引进并推广了 IPMP，全球已有超过 30 万人获得认证。

IPMP 认证基准是 IPMA 建立的国际项目管理能力基准（IPMA Competence Baseline，ICB）。ICB 自 1992 年提出以来已经进行了多次修改和完善，1999 年 ICB 2.0 版正式发布。在得到全球数 40 多个国家应用的基础上，2006 年 IPMA 正式发布了 ICB 3.0，2017 年在进一步修改和完善后正式发布了 ICB 4.0。

IPMP 认证强调的是综合能力认证，因此是多级别认证，认证过程全面、复杂，需要经过资格审查、笔试考核、案例讨论、项目报告撰写、面试考核等多个环节，"能力＝知识＋技能＋才能"是 IPMP 认证总的基本定义。

（2）项目管理协会的 PMP 认证

PMP 是由项目管理协会（PMI）发起的项目管理专业人员资格认证，其目的是为项目管理人员提供一个行业标准，使全球的项目管理人员都能够获得科学的项目管理知识。

PMP 认证考试采用纸笔答题或计算机答题，共有 200 道选择题，主要是基于 PMI 面向全球推出的《项目管理知识体系指南》《PMBOK®指南》的十大知识领域进行知识考核，时间是 4 小时。

PMP 认证考试及格线是 1δ（1 西格玛），即 68.5%，答对 137 道题为及格。从 2005 年 9 月 30 日开始，报名参加 PMP 考试的及格线为 61%（200 道单选题中随机抽掉 25 道不计分，剩余的题目答对 106 道题即为及格）。

可以看出，PMP 的考核主要以知识考核为主，没有对项目管理应用能力的考核要求。

（3）英国商务部的 PRINCE2 认证

受控环境下的项目管理简称 PRINCE2（Project In Controlled Environment）。PRINCE2 是英国政府推广的认证，主要面向投资方，关注商业论证。

PRINCE2 资格证书分为两个级别：基础级别（Foundation）和实践者级别（Practitioner）。

基础级别：考题形式为单项选择；考试时间为 1 小时的闭卷考试；75 道题，50% 正确即为通过。

实践者级别：考生需要展示其在特定项目环境和项目情节中对 PRINCE2 方法论的应用和灵活使用；考题格式为 8 道问题，提供一个完整的项目管理案例，包括项目环境、情节背景和附加信息；考试时间为 2.5 小时，开卷考试；55% 正确即为通过。

2. IPMP 有效性最高的全球项目管理认证

国际项目管理认证体系有 IPMP、PMP、PRINCE2 等，各种认证体系的申请条件和资格要求、考核覆盖面及广度、评估过程严谨性等互不相同，各种认证的效果究竟如何，说法不一。针对这一问题，国际项目管理协会前副主席、美国高级项目管理促进会主席 Stacy A. Goff 经过调查研究，给予了系统而全面的分析。研究结果充分表明：IPMP 各级认证的有效性在各类认证中普遍居高。

Stacy A. Goff 在"Comparing PM Certifications: Which Is Best For You?"一文中对各种证书有效性研究之后的比较结果如图 29-1 所示。

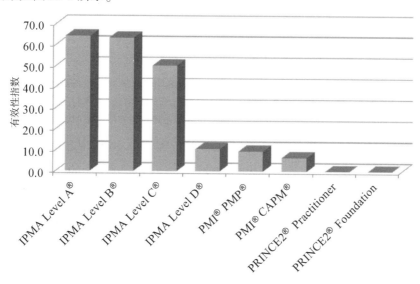

图 29-1 全球主要项目管理认证证书的有效性

可以看出，IPMA 各级认证的证书有效性是各种认证中有效性最高的认证，特别是 IPMA 的中高端 A/B/C 3 个级别的认证，其有效性评分具有明显的优势。

29.1.2 IPMP 认证的申请

1. IPMP 证书体系介绍

IPMP 证书体系分为项目、项目集群、项目组合 3 个领域，项目领域分为 A/B/C/D 4 个等级，项目集群分为 A/B 两个等级。相应领域各等级的证书名称见表 29-1。

表 29-1 IPMP 四级证书体系

		领域分类（Domain）		
		项目 (Project)	项目集群 (Programme)	项目组合 (Portfolio)
等级划分 (Level)	A	认证的特级项目经理 (Certified Project Director)	认证的特级项目集经理 (Certified Programme Director)	认证的特级项目组合经理 (Certified Portfolio Director)
	B	认证的高级项目经理 (Certified Senior Project Manager)	认证的高级项目集经理 (Certified Senior Programme Manager)	认证的高级项目组合经理 (Certified Senior Portfolio Manager)
	C	认证的项目经理 (Certified Project Manager)		
	D	认证的项目经理助理 (Certified Project Management Associate)		

2. IPMP 各级证书的申请资格要求

不同级别的 IPMP 认证对申请者的资格要求不同，一般来讲级别越高对申请者的项目工作经历和在项目中的职位要求越高。各级别对申请者的资格要求见表 29-2。

表 29-2 IPMP 对申请者的资格要求

级别	项目管理	项目集群管理	项目组合管理
D	无工作经验要求	—	—
C	在最近 6 年（特殊情况可延长至 10 年）中，有 3 年以上担任一般项目的项目经理经历，或 3 年以上担任复杂项目的项目管理角色的经历	—	—
B	在最近 8 年（特殊情况可延长至 12 年）中，有 5 年以上担任项目经理的经历，其中 3 年以上承担复杂项目的领导职能	在最近 8 年（特殊情况可延长至 12 年）中，有 5 年以上担任项目集群经理的经历，其中 3 年以上承担复杂项目集群的领导职能	在最近 8 年（特殊情况可延长至 12 年）中，有 5 年以上担任项目组合经理的经历，其中 3 年以上承担复杂项目组合的领导职能
A	在最近 12 年中，有 5 年以上承担非常复杂项目领导职能的项目经理经历，其中 3 年以上为战略层面的管理经历	在最近 12 年中，有 5 年以上承担非常复杂项目集群战略层面领导职能的项目集群经理经历，或有 4 年以上承担非常复杂项目集群领导职能的项目集群经理经历及 3 年以上承担非常复杂项目战略层面领导职能的项目经理经历	在最近 12 年中，有 5 年以上承担非常复杂项目组合战略层面领导职能的项目组合经理经历，或有 4 年以上承担非常复杂项目组合领导职能的项目组合经理经历及 3 年以上承担非常复杂项目或项目集群战略层面领导职能的项目经理或项目集群经理经历

3. IPMP 申请表的填写

申请者首先应该明确自己申请的认证领域以及认证级别，以独立项目管理为主的项目管理人员应该申请项目领域的认证，并根据本人在项目中的角色和项目复杂程度决定相应的申请级别；以多项目管理为主的项目管理人员应该申请项目集群或项目组合领域的认证。项目集群与项目组合的最大差异在于项目集群偏向于多项目的实施管理，项目组合偏向于多项目的组合选择与配置管理。

申请表填写的关键是项目管理、项目集群管理、项目组合管理的实践摘要填写，要能够选择最能代表本人管理水平的一个或多个典型项目、项目集群或项目组合进行填写，IPMP C 级以上要求本人是项目的实际负责人，能够对项目的管理过程起到领导作用。IPMP 申请表中项目执行报告摘要的填写，可以参照 29.4 关于 IPMP 项目管理报告撰写的内容。

29.2 IPMP 认证评估与笔试考核

29.2.1 关于 IPMP 认证评估

根据 IPMP 认证规则 ICR4 要求，IPMA 四级认证体系基于 ICB 4.0 定义的能力要素（CE）及其关键能力指标（KCI）进行能力评估，分 3 个领域，见表 29-3。

表 29-3 IPMP 认证各领域的能力要素考核

领域	能力要素						合计	
	环境能力		行为能力		技术能力			
	CE	KCI	CE	KCI	CE	KCI	CE	KCI
项目管理	5	24	10	49	13	60	28	133
项目集群管理	5	24	10	49	14	62	29	135
项目组合管理	5	22	10	49	14	49	29	120

根据 IPMP 认证规则 ICR4 要求，A/B/C/D 各级别采用的评估方式如下：

1）D 级。仅限于项目管理领域，主要通过笔试方式进行评估，笔试要求覆盖全部 28 个能力要素。

2）C 级。仅限于项目管理领域，通过"笔试 + 案例模拟/角色扮演 + 面试"或"笔试 + 长时面试"两条路径之一进行评估，其中笔试环节主要对技术能力要素进行评估，案例模拟/角色扮演环节重点对行为要素进行评估，面试环节进行综合评估。

3）B 级。适用于项目管理、项目集群管理和项目组合管理领域，通过"笔试 + 报告 + 案例模拟/角色扮演 + 面试"或"笔试 + 报告 + 长时面试"两条路径之一进行评估，其中笔试环节主要对技术能力要素进行评估，报告环节对不少于 80% 能力要素进行评估，案例模拟/角色扮演环节重点对行为要素进行评估，面试环节进行综合评估。

4）A 级。适用于项目管理、项目集群管理和项目组合管理领域，通过"报告 + 案例模拟/角色扮演 + 面试"或"报告 + 长时面试"两条路径之一进行评估，其中报告环节对不少于 80% 能力要素进行评估，案例模拟/角色扮演环节重点对行为要素进行评估，面试环节进行综合评估。

基于所选择的评估路径，对每一个能力要素的评估可采用一种或多种评估方式进行评估。

29.2.2 关于 IPMP 笔试

笔试考核是 IPMP 认证中一种主要方式，在 IPMP D/C/B 级中都有笔试，笔试时间为 3 小时。IPMP 笔试与其他类型考试的笔试方式不同，IPMP 笔试不仅注重考核申请者项目管理知识与方法工具的掌握程度，而且注重于考核申请者应用项目管理知识与方法工具解决实际问题的能力，试题以项目管理案例为导向。在 IPMP 不同级别考核中，笔试考核的特点与目的有所差别。

IPMP 笔试考核主要是基于 ICB 4.0 的 28 +1（项目集群与项目组合）个能力要素（CE）及其相应的关键能力指标（KCI）进行考核，每套笔试试题包括大题和小题，每个大题原则对应一个 CE，每个大题以能够充分考察相应 CE 是否达标为原则，下设多个小题，每个小题对应一个 KCI，每个小题可以设计多个问题，以能够充分考察相应 KCI 是否达标为原则。

IPMP D 级笔试注重项目管理理论与实际案例相结合，考核申请者掌握项目管理理论与方法工具的全面性和实际应用能力。IPMP D 级笔试满分为 150 分，90 分合格。IPMP D 级笔试题目涉及 ICB 中全部的 28 个 CE 的考核，考核以项目管理知识体系的内容为主，特别是包含对项目管理知识点的考核。因此 IPMP D 级笔试的题型是以判断题、选择题、问答题、情景题相结合的。

IPMP C 级笔试主要涉及 ICB 4.0 中技术能力要素，每次必考的 10 个技术能力要素是：需求与目标；范围；时间；组织与信息；质量；财务；资源；采购；计划与控制；风险与机会。另外，每次笔试考核随机抽查其他 5 个能力要素进行考核。IPMP C 级笔试满分为 150 分，90 分合格。IPMP C 级笔试是主要通过问答题与情景题，来考核申请者对项目管理知识和方法的掌握程度，以及解决问题的实际应用能力。IPMP C 级笔试注重对项目管理核心方法工具的考核，强调通过案例来考核申请者对项目管理方法工具的应用。

IPMP B 级笔试与 IPMP C 级笔试基本相同，只是 B 级笔试更加注重考核申请者对实际项目管理案例从整体上、宏观上的战略管理。

IPMP 级别越低，笔试考核涉及的项目管理能力要素越全面，笔试考核越注重知识与方法层面的理论考核。

29.3　关于 IPMP 案例讨论

29.3.1　案例讨论的考核形式

案例讨论是 IPMP 认证特有的、开放型的考核方式，它是以限定数量的团队成员一起在长达 6 小时不间断地参与过程中、共同协作完成"同一项目案例"的一种考核方式。通过案例讨论，既可以反映整个考试团队成员在临时项目经理的组织下，在限定的时间内、利用有限资源共同实施同一项目案例命题的协作态度，又可以对申请者的行为能力、项目管理技能和方法应用、解决实际问题的能力等进行全面考评。

案例讨论环节旨在为应试者提供一个在临时性项目团队中与其他团队成员共同实现项目目标的工作情境，以展示每位应试者在项目管理中的个人能力。案例模拟过程中主要对每位应试者所展现出来的个人行为能力及案例涉及的部分环境能力和技术能力进行评估。因此，案例模拟团队应以交付成果为导向，注重得出结果的过程、方法及逻辑（理由）的呈现，强调通过共同"讨论"和适当的冲突解决机制，得出趋于一致的结果。

每次组织案例讨论时，由两名 IPMP 评估师进行跟踪考核。首先，根据申请者的人数情况，分为若干个讨论大组，每个大组 8~12 人；其次，每个大组以 4~6 人为一组再分为 2 个讨论小组，讨论小组的划分及案例题目的选择采用随机抽签的方式进行；然后，在案例讨论过程中，每个案例讨论小组要指定临时项目经理，并对各成员进行角色分配，分别承担不同的工作，要求案例小组在规定的时间内完成完整的案例讨论项目报告；最后，每位申请者要就讨论中的某一个或几个问题做 5 分钟的总结陈述，并且在申请者报告过程中评估师和其他申请者可以针对有关问题进行提问。

在申请者进行讨论和报告过程中，评估师对申请者所表现出的团队精神、个人素质、项目管理方法的应用能力、团队协作与沟通能力、解决实际问题的能力等进行现场综合考核。

在案例讨论考核过程中，申请者要注意团队精神和个人能力间的关系，申请者既要运用自己的项目管理知识和经验完成自己的工作，充分表现个人能力，又要注意与其他组员的协作，发挥团队精神，保证本组项目案例讨论成功完成。

29.3.2　案例讨论流程

案例讨论的基本流程如下：抽签确定讨论小组→抽取案例试题→推举临时项目经理→成员合理分工→制订案例讨论计划→案例讨论执行→完成案例讨论报告→小组、个人演讲，案例讨论全过程将由两位评估师进行跟踪和评判。

案例模拟环节相关的工作程序和内容见表 29-4。

表 29-4 案例模拟环节的工作程序和内容

步骤	工作内容	材料
案例模拟之前	评估师根据将参加案例模拟环节的应试者的行业背景情况，选择确定用于模拟环节的案例	认证机构（中国认证委员会）根据应试者的行业背景情况，提供一定数量的相关行业背景的案例
案例模拟 1	8:00—8:20 评估师介绍案例模拟程序和要求、评估师的双重角色及选用的案例；评估师为应试者组建案例模拟团队	应试者名单 评估师介绍案例模拟环节用 PPT 案例背景资料 "抽签"分组用具
案例模拟 2	8:20—12:00 案例模拟工作（第1阶段）	案例背景资料 案例模拟用设施和材料 评估师准备的引导用材料 案例模拟评估表格
案例模拟 3	12:00—13:00 午餐/休息	—
案例模拟 4	13:00—14:00 案例模拟工作（第2阶段）	应试者演示汇报用 PPT 案例模拟评估表格
案例模拟 5	14:00—15:00 应试者全体集中进行案例模拟成果的演示汇报	应试者演示汇报用 PPT 案例模拟评估表格 评估师关于团队表现的反馈意见
案例模拟之后	评估师给每一位应试者打分	案例模拟评估表格

29.3.3 案例讨论的问题

案例讨论的问题包括必选题和可选题两个部分，必选题要求案例小组必须完成，可选题由案例小组结合小组成员自身的优势进行选择。

1. 必选题

下列各题要求案例小组必须完成。

1）基于案例描述确定项目的目标要求，并对该项目的工作范围进行分解。要求目标明确、范围清晰、形式规范、易于检查（CE 4.5.2 ~ CE 4.5.3）。

2）基于假设的公司组织结构建立项目的组织。要求明确组织设计的原则、组织结构类型及 OBS（CE 4.4.6 ~ CE 4.5.5）。

3）建立项目的生命周期阶段模型并制订项目的主进度计划。要求明确项目的里程碑并运用网络计划技术和甘特图制订项目的进度计划（CE 4.5.4 ~ CE 4.5.10）。

2. 可选题

下列各题每个案例小组至少选择 3 个进行深入讨论，要求必须结合案例进行情景假设、提出针对性的相对具体的策略或方案。

1）制订与项目进度计划相配套的资源计划与费用计划，要求采用可视化图表方式表达资源、费用计划（CE 4.5.7 ~ CE 4.5.8 ~ CE 4.5.10）。

2）识别项目所应遵循的要求、标准和规则，要求列出重要的相关法律法规、行业标准与规范及管理制度等（CE 4.3.3）。

3）识别主要的项目利益相关者及其对项目的期望与影响（CE 4.5.12），并利用"权力和利益"相关的技术（CE 4.3.4）制定相应的利益相关者管理策略（CE 4.4.4）。

4）建立项目信息交流与沟通机制，要求涉及主要的利益相关者信息沟通方案、项目进展报告及信息综合机制等（CE 4.4.3 ~ CE 4.5.5 ~ CE 4.5.10）。

5）分析项目实施过程中可能发生的冲突与危机，要求分析冲突与危机的原因和后果并制定适当的应对措施（CE 4.4.7）。

6）对项目的风险进行分析，要求识别主要风险事件及其对项目的影响，并提出应对策略（CE 4.5.11）。

29.4 关于 IPMP 项目管理报告

项目/项目集群/项目组合（PP&P）管理报告的编制，是 IPMP A/B 级认证中极为重要的一个环节，报告是考核的重点，也是全面体现申请者综合能力的一份核心书面材料。

29.4.1 项目管理报告的撰写要求

1. 报告反映的内容

项目管理报告是申请者综合应用项目管理理念、知识、工具与方法，展示个人魅力，发挥综合项目管理能力的集中体现；是申请者对自己所管理的一个复杂项目/项目集群/项目组合的管理过程的客观回顾；是对项目/项目集群/项目组合成功管理的认真总结。

项目报告书是申请者在项目/项目集群/项目组合管理领域知识和实际经验的综合反映，主要包括：

1）描述一个不超过申请日之前 8 年内执行的已经完成或者在申请日期已经接近完成的复杂项目/项目集群/项目组合。

2）申请者是该项目/项目集群/项目组合的负责人或在该项目/项目集群/项目组合中起决定性作用。

3）应用的项目管理能力要素和理念方法对项目/项目集群/项目组合的成功起到关键作用。

2. 报告撰写的原则

IPMP 项目管理报告反映的是：一位高级项目经理如何应用系统的管理思想、现代项目管理的工具、方法与手段，通过一个专门的、临时性的柔性组织，实现一系列子目标，最终成功完成项目/项目集群/项目组合的管理过程、管理成效。所以，报告中尽量不反映或少反映项目/项目集群/项目组合实现过程中的技术问题、工艺问题、学术研究问题及施工过程的描述。

几种不同类型报告内容的比较如下：

1）工程报告侧重工艺过程的实现。

2）技术报告侧重研究方案的设计与成效的对比。

3）总结报告强调经验与成果的总结。

4）项目管理报告侧重反映管理思想、管理过程、管理成效，强调对项目组织的有效管理。

从写作形式上来讲，非一般的项目工作执行报告、非一般的项目执行成果报告、非一般的项目实施技术报告，强调的是撰写如何进行对项目/项目集群/项目组合的组织与实施的项目管理报告。

从写作内容上来讲，涉及 ICB 4.0 的 29 个能力要素：环境；战略；治理、架构与过程；遵循的要求、标准与规则；权力与利益；文化与价值；行为：自我反思与自我管理；诚信与可靠；人际沟通；谋略；领导力；团队工作；冲突与危机；应变能力；谈判；结果导向；技术：项目、项目集群、项目组合策划；需求、收益与目标；范围；时间；组织与信息；质量；财务；资源；采购与伙伴关系；计划与控制；风险与机会；利益相关者；变化与变革；选择与权衡。

报告要体现现代项目管理工具与方法的具体应用，方法应用应该反映项目的特点，主要包括项目组织机构、工作分解结构、责任分配矩阵、里程碑计划、甘特图、网络计划技术、资源费用图、挣值法等。

3. 报告撰写的项目/项目集群/项目组合选定

项目/项目集群/项目组合管理报告是 IPMP A/B 级认证的核心考核内容，撰写项目报告选择的项目/项目集群/项目组合是否符合申请要求尤为重要，现提出几点参考建议：

1）能够符合 IPMP A/B 级认证复杂性要求的项目/项目集群/项目组合。

2）近几年已完成的成功项目/项目集群/项目组合。

3）本人在所选项目/项目集群/项目组合中承担角色和职责符合 IPMP A/B 级认证条件的要求，原则上应该是所选定项目/项目集群/项目组合的实际负责人。

4）有丰富资料、经验积累、项目管理体会深刻的项目/项目集群/项目组合。

5）项目管理过程中涉及的项目管理能力要素比较全面，并取得良好效果的项目/项目集群/项目组合。

项目/项目集群/项目组合的复杂性需要通过表 29-5 进行复杂度评价，项目/项目集群/项目组合复杂度评估得分要求：A 级≥4.5 分，B 级≥3.5 分。

表 29-5　项目/项目集群/项目组合 (PP&P) 复杂度评估表

复杂性指标	复杂性得分 (非常低 =1 分；较低 =2 分； 一般 =3 分；较高 =4 分；非常高 =5 分)
目标和结果评估（与产出相关的复杂性）：该指标描述了源自模糊、严格和相互冲突的目的、目标、要求和期望的复杂性	
过程、方法、工具和技术（与过程相关的复杂性）：该指标描述了与任务、假设和约束的数量及其相互依赖的关联复杂性；过程和过程质量要求；团队和沟通结构；以及支持方法、工具和技术的可用性	
包括财务在内的资源（与投入相关的复杂性）：该指标描述了与获取和为必要预算提供资金的相关复杂性（可能有几个来源）；资源的多样性或缺乏可用性（包括人力和其他资源）；管理财务和资源方面（包括采购）所需的过程和活动	
风险和机会（与风险相关的复杂性）：该指标描述了与风险概况，PP&P 的不确定性水平以及有关举措相关的复杂性	
利益相关者及其整合（与战略相关的复杂性）：该指标描述了对组织正式战略的影响，以及可能影响 PP&P 的标准、规定、非正式战略和政治事务。其他因素可能包括组织成果的重要性；利益相关者之间协议的考量；围绕 PP&P 的非正式权力、利益和阻力；任何法律或法规要求	
与常设组织的关系（与组织有关的复杂性）：该指标描述了 PP&P 的接口与组织的系统、结构、报告和决策过程的数量和相互关系	
文化和社会背景（社会文化复杂性）：该指标描述了由社会文化动态导致的复杂性，这些可能包括与来自不同社会文化背景的参与者、利益相关者或组织的接口，或者必须应对分布式团队	
领导力、团队工作和决策（与团队相关的复杂性）：该指标描述了来自 PP&P 内的管理/领导力需求。这个指标着重源自与团队关系及其成熟度的复杂性，以及团队需要交付的愿景、引导和指导	
创新程度和一般条件（与创新相关的复杂性）：该指标描述源自 PP&P 技术创新程度上的复杂性。这个指标可能聚焦于创新和（或）使用不熟悉的结果、方法、过程、工具和（或）办法所需的学习和相关的谋略	
对协调的需求（与自主相关的复杂性）：该指标描述了 PP&P 的经理（领导）被给予或接受（展示）的自主和责任的数量。该指标侧重于与他人协调、沟通、促进和维护 PP&P 的利益	
总平均分	

4. 报告撰写的一般信息

每位申请者的项目管理报告为 20~35 页 A4 纸（不包括封面、摘要与目录），可另外附带 15~20

页的附录，附录中的材料必须与报告正文相互引用。

项目管理报告格式要求：正文 5 号字，宋体，单倍行距，左右边距 2cm，页眉和页脚 2cm。

29.4.2 报告撰写的参考目录

报告撰写分为两大部分：第一部分是项目背景信息描述，主要是项目基本信息的介绍；第二部分是项目管理中的挑战，涉及所有的项目管理能力要素，采用情景化 STAR 方法进行描述。

1. 项目背景信息

本部分最长不超过 4 页（包括图表），并应向评估师提供有关项目的背景信息。可以复制和粘贴项目执行摘要报告中的信息。如果已获得许可，将正在进行的项目作为参考项目撰写本报告，则应该在这里记录自提交项目执行摘要报告以来所发生的更改。

（1）项目范围和主要目标

描述项目范围、主要的目标以及项目开始预期的项目结果。

（2）主要利益相关者

列出主要的利益相关者，以及他们对项目的影响或重要性以及对项目成功的期望。

（3）项目组织以及本人在组织中的角色与责任

给出项目的组织结构，描述本人在项目中的角色，说明本人的任务、权利和职责，说明项目与其他项目和项目集群的关系。

（4）资源

描述项目中本人负责的资源（参见 ICB 4.0 能力要素 4.5.8 资源）。

2. 项目管理中的挑战

在本部分中，描述本人在项目中必须克服的项目管理挑战、如何管理项目以及如何掌控这些挑战。尽量用具体的管理情景来描述本人的能力，描述本人在特定情况下采取的行动，并总结和反思结果。基于情景分析 STAR 方法描述每个能力要素的管理行为，STAR 方法应用指南随后介绍。建议使用以下的版面空间进行描述：20% 用于情景和任务描述，60% 用于描述本人的行为，20% 用于结果反映。特别要强调的是，要用项目中的例子来证实本人的陈述，用第一人称写作，能够让评估人员识别或评价出本人的能力水平。必须根据本人所撰写项目报告背景项目中的具体情境和做法描述自身的能力。项目报告中应以标题的形式列出了 ICB 4.0 的所有能力，本人必须在报告中描述其中至少 23 个能力要素，本人可以选择描述哪些能力要素。在描述本人的行动时，参考 ICB 4.0 的关键能力指标结合项目情景进行描述。为此，在适当的文本段落的括号中，输入 ICB 4.0 的相关能力指标编号（章节号）。如果在所撰写背景的项目中没有发现足够复杂的情况，可以使用其他项目的情况，但要指出上述情况源自哪个项目。对于撰写项目报告背景项目的情况，不需要输入此信息。

针对每一个要素的描述形式如下：

1）能力要素名称。在 ICB 4.0 中对应的编号，如战略（4.3.1 IN ICB 4.0）。

2）情境与任务。在 PP&P 中遇到的具体情景、任务或挑战描述。

3）行动。采取了哪些具体措施、使用了哪些方法应对所面临的挑战。

4）结果。取得的成果描述以及取得的收获或反思。

3. 报告撰写的参考目录

下面是项目领域项目管理报告撰写的参考目录，其他领域是类似的，主要差异是引用的 ICB 编号不同。

1. 项目背景信息

1.1. 项目范围和主要目标

1.2. 主要利益相关者
1.3. 项目组织以及本人在组织中的角色与责任
1.4. 资源
2. 项目管理中的挑战
2.1. 环境能力要素
2.1.1. 战略（4.3.1 in ICB 4.0）
2.1.2. 治理、架构与过程（4.3.2 in ICB 4.0）
2.1.3. 遵循的要求、标准与规则（4.3.3 in ICB 4.0）
2.1.4. 权力与利益（4.3.4 in ICB 4.0）
2.1.5. 文化与价值（4.3.5 in ICB 4.0）
2.2. 行为能力
2.2.1. 自我反思与自我管理（4.4.1 in ICB 4.0）
2.2.2. 诚信与可靠（4.4.2 in ICB 4.0）
2.2.3. 人际沟通（4.4.3 in ICB 4.0）
2.2.4. 关系与参与度（4.4.4 in ICB 4.0）
2.2.5. 领导力（4.4.5 in ICB 4.0）
2.2.6. 团队工作（4.4.6 in ICB 4.0）
2.2.7. 冲突与危机（4.4.7 in ICB 4.0）
2.2.8. 谋略（4.4.8 in ICB 4.0）
2.2.9. 谈判（4.4.9 in ICB 4.0）
2.2.10. 结果导向（4.4.10 in ICB 4.0）
2.3. 技术能力
2.3.1. 项目策划（4.5.1 in ICB 4.0）
2.3.2. 需求与目标（4.5.2 in ICB 4.0）
2.3.3. 范围（4.5.3 in ICB 4.0）
2.3.4. 时间（4.5.4 in ICB 4.0）
2.3.5. 组织与信息（4.5.5 in ICB 4.0）
2.3.6. 质量（4.5.6 in ICB 4.0）
2.3.7. 财务（4.5.7 in ICB 4.0）
2.3.8. 资源（4.5.8 in ICB 4.0）
2.3.9. 采购（4.5.9 in ICB 4.0）
2.3.10. 计划与控制（4.5.10 in ICB 4.0）
2.3.11. 风险与机会（4.5.11 in ICB 4.0）
2.3.12. 利益相关者（4.5.12 in ICB 4.0）
2.3.13. 变化与变革（4.5.13 in ICB 4.0）
2.3.14. 选择与权衡
3. 附录

29.4.3 STAR 方法应用指南

情景化分析 STAR 方法是项目报告撰写使用的基本方法，每个要素均需要通过这一方法进行展示，以便评估师更好地评估应试者的项目管理能力。下面对 STAR 方法给予简单介绍，以便在撰写项目报告时更好地使用这一方法。

1. STAR 方法概念

STAR 方法，即 Situation（情景）、Task（任务）、Action（行动）和 Result（结果）4 个英文单词的首字母组合。STAR 方法是结构化面试当中非常重要的一个理论。

S 指的是 Situation，中文含义是情景，是在面谈中要求被评估者描述他在所从事岗位期间曾经做过的某件重要的且可以当作考评参考的事件所发生的背景状况。

T 指的是 Task，中文含义为任务，是要考察被评估者在其背景环境中所执行的任务与角色，从而考察该被评估者是否做过其描述的职位及其是否具备该岗位的相应能力。

A 指的是 Action，中文含义是行动，是考察被评估者在其所描述的任务当中所担任的角色是如何操作与执行任务的。

R 指的是 Result，中文含义为结果，即该项任务在行动后所达到的效果。通常被评估者求职材料上写的都是一些结果，描述本人做过什么，成绩怎样，比较简单和宽泛。

在面试的时候，则需要了解被评估者如何做出这样的业绩，做出这些业绩都使用了一些什么样的方法、采取了什么样的手段。通过这些过程，可以全面了解被评估者的知识、经验、技能的掌握程度以及他的工作风格、性格特点等与工作有关的方面。而 STAR 方法正是帮助人们解决上述问题的有效手段。

2. STAR 方法的 4 个主要问题

1) S（情景）。那是一个怎样的情景？什么因素导致出现这样的情景？在这个情景中有谁参与？

2) T（任务）。你面临的主要任务是什么？希望达到什么样的目标？

3) A（行动）。在那样的情景下，你当时心中的想法、感觉和想要采取的行为是什么？采取的具体措施和应用的管理方法是什么？

4) R（结果）。最后的结果是什么？过程中又发生了什么？

3. STAR 方法应用举例

问题：请讲述一件你通过学习尽快胜任新工作任务的事。追问：

1) 这件事发生在什么时候？……………………………… S

2) 你要从事的工作任务是什么？…………………………… T

3) 接到任务后你怎么办？………………………………… A

你用了多长时间获得完成该任务所必需的知识？……………深层次了解其学习能力等

你在这个过程中遇见困难了吗？………………了解坚韧性以及处理事件的灵活性

4) 你最后完成任务的情况如何？……………………………… R

4. STAR 方法的基本工作程序

STAR 方法是面试过程中涉及实质性内容的谈话程序，任何有效的面试都必须遵循这个程序。

首先，要了解被评估者工作业绩取得的背景（Situation）。通过不断提问与工作业绩有关的背景问题，可以全面了解被评估者取得优秀业绩的前提，从而获知所取得的业绩有多少是与被评估者个人有关，多少是和市场的状况、行业的特点有关。

其次，要详细了解被评估者为了完成业务工作，都有哪些工作任务（Task），每项任务的具体内容是什么样的。通过这些可以了解评估者的工作经历和经验。

再次，继续了解该被评估者为了完成这些任务所采取的行动（Action），即了解他是如何完成工作的，都采取了哪些行动，所采取的行动是如何帮助他完成工作的。通过这些，可以进一步了解他的工作方式、思维方式和行为方式。

最后，关注结果（Result）。每项任务在采取了行动之后的结果是什么，是好还是不好，好是因为什么，不好又是因为什么。

这样，通过 STAR 式发问的 4 个步骤，一步步将被评估者的陈述引向深入，一步步挖掘出被评估者潜在的信息，为企业更好地决策提供正确和全面的参考，既是对企业负责（招聘到合适的人才），也是对被评估者负责（帮助他尽可能地展现自我，推销自我），获得一个双赢的局面。

举例学习能力：在面试之前，首先要了解对学习能力的含义及等级定义，以便从面试中判断。学习能力的等级含义（分 0、1、2、3 级）如下：

0 级。不愿意更新自身知识结构，不注意向同事学习，忽视同行业的发展状况。

1 级。为了满足本职工作的需要去学习改进，愿意并善于向同事学习，获得必要的知识或技术。

2 级。为了进一步提高自身素质，从事不太熟悉的任务，能够钻研资料，获得必备的知识或技能，以尽快适应新工作要求。

3 级。深入了解当前最新的知识与技术，能够意识到这些知识与技术在产业界的应用。

5. 前期准备

1）在面试之前了解所要考核的经验、知识和能力。知识可以不用 STAR 展开问答，但一定要对相关知识有深入认识。

2）相关经验 STAR。注重说明在什么背景（时间、场所）做过什么样的工作/项目（Task），这个工作/项目最好与所应聘工作相关，怎么做的，和谁一起做的，自己在团队中的角色（Action），最后的结果（Result）。

3）相关能力 STAR。如果要考察被评估者的团队能力，那么很多问题就是关于团队能力的，如请你举一个实例说明你的团队能力。这时绝对不能简单地说自己有非常好的团队合作能力、有好多好朋友之类的肤浅语句，要真正举出一个有信服力的实例，按照 STAR 的原则来说明。

STAR 考核原则就是要通过被评估者的过去行为推断未来表现。只有过去有所作为并在应试前有所准备才能在应答时侃侃道来。过去的实例成功与否不是最重要的，最重要的是本人从实践中是否总结出经验和教训，并在此基础上继续学习和探索。

29.5 关于 IPMP 认证面试

29.5.1 IPMP 面试

面试是 IPMP 认证中特有的考核方式，也是考评申请者个人综合能力的重要途径。在 IPMP C/B/A 3 个级别的认证中均设置有面试考评，IPMP D 级认证只有笔试考试。

面试方式：封闭式，两位评估师同时独立评估一位考生，其他考生不得在场。

IPMP 面试分为常规面试（进行案例模拟时）和长时面试（不进行案例模拟时），常规面试时间 A/B 级为 90 分钟，C 级为 60 分钟；长时面试时间 A/B 级为 120 分钟，C 级为 90 分钟。

面试环节能够评估的 KCI 数量通常为：

1）C 级常规面试 60 分钟，15~20 个 KCI；长时面试 90 分钟，25~30 个 KCI。

2）B 级常规面试 90 分钟，20~30 个 KCI；长时面试 120 分钟，35~45 个 KCI。

3）A 级常规面试 90 分钟，20~25 个 KCI；长时面试 120 分钟，30~40 个 KCI。

IPMP A/B 级认证面试考生要进行大约 30 分钟的项目管理报告汇报，余下时间由两位评估师进行轮流提问，考生回答。IPMP C 级认证面试考生首先进行 5 分钟的自我陈述，余下时间由两位评估师进行轮流提问，考生回答。

IPMP 面试是评估师综合考生填写的申请表内容及完成的项目报告，依据"国际项目管理能力基准

ICB 4.0"对各能力要素评估的要求，通过与考生零距离、面对面、真诚的交流及问题的探讨，对考生所具备的项目管理综合能力给予客观、公正的评判，说到底就是评估考生是否具备相应级别项目管理的能力要求。

申请表及项目管理报告是评估师了解考生并作为评分的主要依据，是面试的问题导向，评估师发问的 70% 的问题来源于自己填写申请表或项目管理报告的内容，源于自己表述的项目、项目管理知识结构和成果描述。考生能否正确、客观、全面、较合理回答问题，很重要的因素取决于填写申请表内容的客观性和真实性，这将从一定程度上影响到面试成绩。所以务必详细、认真、客观填写，不可轻视。

在认证评估过程中，需要涵盖 ICB 4.0 能力要素（CEs）的 80% 以及这些能力要素（CEs）中 50% 的关键能力指标（KCIs）。对于"项目"领域，这意味着 24 个 CEs 和 65 个 KCIs。在常规面试中，重点可能是技术和环境相关的要素（CEs），因为团队能力要素（CEs）在基于案例讨论的场景模拟中可能已经得到充分的评估。延长面试应包括团队能力要素（CEs）以及 ICB 4.0 中的相关要求。

29.5.2 IPMP 面试的方法

为了评估基于能力的面试问题，评估师通常使用 STAR（情景、任务、行动、结果）方法。STAR 面试问题一般都是开放式问题（要求不仅仅用"是""否"、数字或单词来回答）。评估师提问问题的方式通常类似如下的方式。

1. 情景

"描述情景"。评估师要求考生展示最近碰到的一次挑战和典型情况，说明关于他/她认证级别的某个特定能力要素（CE）和关键能力指标（KCI）。

2. 任务

"你要达成什么目标"。评估师将寻找考生在这种情况下试图达到的目标。

3. 行动

"你做了什么"。评估师将寻找关于考生做了什么，他/她这么做的原因以及备选方案的信息。

4. 结果

"你们行动的结果是什么""通过你的行动取得了什么成就，你达成目标了吗""你从这次经历中学到了什么""从那以后你一直在使用这种学习经验吗，以什么方式"。评估师将评估考生的结果导向。

以下是一系列典型的基于行为的问题，以 Damir J. Stimac 的"终极求职包"为导向，面试官所要求的能力列在括号中。

1）给我举一个具体的例子，说明团队成员在别人面前批评你的工作的情况。你如何回应？这件事是如何影响你和其他人交流的方式？（口头沟通）

2）给我举一个具体的范例，说明你向客户推销某个想法或概念的时候，你是如何做到的？结果是什么？（自信）

3）描述你所使用的用于跟踪多个项目的系统。你如何追踪进度，以便项目能在截止日期前完成？你如何保持专注？（对任务的承诺）

4）给我讲讲你曾经面对挑战时想出创新的解决办法的经历。挑战是什么？其他人扮演什么角色？（创造力和想象力）

5）描述你为项目解决的特定问题。你是如何解决这个问题的？其他人扮演什么角色？结果如何？（决策力）

6）描述一下你让彼此不喜欢的项目团队成员一起工作的情况。你是怎么做到的？结果如何？（团

队合作）

7）告诉我，你没有按时完成任务的一次经历。你有什么事情还没有完成？有什么影响？你学到了什么？（时间管理）

8）描述一下你把自己的需求放在一边来帮助团队成员理解任务的经历。你是如何帮助他/她的？结果是什么？（灵活性）

9）描述你为自己设定的两个具体目标，以及你在实现这些目标时的成功程度。什么因素导致你成功实现目标？（目标设置）

参考文献

［1］中国（双法）项目管理研究委员会．中国项目管理知识体系（C-PMBOK2006）［M］．北京：电子工业出版社，2006.

［2］国际项目管理协会．个人项目管理能力基准［M］．4版．北京：中国电力出版社，2019.

［3］International Project Management Association. IPMA Organisational Competence Baseline［R］. Switzerland：IPMA, 2016.

［4］International Project Management Association. IPMA Project Excellence Baseline［R］. Switzerland：IPMA, 2016.

［5］中国（双法）项目管理研究委员会．国际卓越项目管理评估模型及应用［M］．北京：电子工业出版社，2008.

［6］美国项目管理学会．项目管理知识体系指南（PMBOK®指南）［M］．6版．北京：电子工业出版社，2016.

［7］美国项目管理学会．组织级项目管理成熟度模型（OPM3）［M］．3版．北京：电子工业出版社，2015.

［8］国家发展和改革委员会．关于印发中央政府投资项目后评价管理办法和中央政府投资项目后评价报告编制大纲（试行）的通知：发改投资［2014］2129号［A/OL］．［2014-09-21］．http://www.ndrc.gov.cn/gzdt/201411/t20141127_649790.html.

［9］国家技术监督局．质量管理体系要求［M］．北京：中国标准出版社，2016.

［10］白思俊．项目管理案例教程［M］．3版．北京：机械工业出版社，2018.

［11］白思俊．现代项目管理概论［M］．2版．北京：电子工业出版社，2013.

［12］白思俊．现代项目管理：升级版［M］．北京：机械工业出版社，2010.

［13］白思俊．系统工程导论［M］．北京：中国电力出版社，2013.

［14］白思俊，郭云涛．国防项目管理［M］．哈尔滨：哈尔滨工程大学出版社，2009.

［15］郭云涛．项目范围管理［M］．北京：中国电力出版社，2014.

［16］刘荔娟．现代项目管理［M］．3版．上海：上海财经大学出版社，2008.

［17］刘荔娟．现代采购管理［M］．上海：上海财经大学出版社，2007.

［18］戴大双．项目融资［M］．2版．北京：机械工业出版社，2009.

［19］丁荣贵，杨乃定．项目组织与团队［M］．北京：机械工业出版社，2005.

［20］卢向南．项目计划与控制［M］．北京：机械工业出版社，2004.

［21］王祖和．项目质量管理［M］．北京：机械工业出版社，2004.

［22］吴守荣．项目采购管理［M］．北京：机械工业出版社，2004.

［23］马旭晨．现代项目管理评估［M］．北京：机械工业出版社，2008.

［24］乌云娜．项目管理策划［M］．北京：电子工业出版社，2006.

［25］沈建明．项目风险管理［M］．北京：机械工业出版社，2004.

［26］陈劲，伍蓓．研发项目管理［M］．北京：机械工业出版社，2004.

［27］薛四新，贾郭军．软件项目管理［M］．北京：机械工业出版社，2004.

［28］戚安邦．项目论证与评估［M］．北京：机械工业出版社，2004.

［29］谭术魁．房地产项目管理［M］．北京：机械工业出版社，2004.

［30］哈罗德·科兹纳．项目管理：计划、进度和控制的系统方法［M］．杨爱华，王丽珍，杨昌雯，等译．12版．北京：电子工业出版社，2018.

［31］杰克·吉多，詹姆斯·P. 克莱门斯. 成功的项目管理［M］. 张金成，译. 3版. 北京：电子工业出版社，2007.

［32］杰克·R. 梅雷迪斯，小塞缪尔·J. 曼特尔. 项目管理：管理新视角［M］. 4版. 北京：电子工业出版社，2002.

［33］魏江. 管理沟通：成功管理的基石［M］. 4版. 北京：机械工业出版社，2007.

［34］丁建忠. 商务谈判［M］. 北京：中国人民大学出版社，2003.

［35］张欣莉. 项目风险管理［M］. 北京：机械工业出版社，2008.

［36］哈罗德·科兹纳. 项目管理的战略规划：项目管理成熟度模型的应用［M］. 张增华，吕义怀，译. 北京：电子工业出版社，2002.

［37］戚安邦，张连营. 项目管理概论［M］. 北京：清华大学出版社，2008.

［38］汪小金. 项目管理方法论［M］. 2版. 北京：中国电力出版社，2015.